中華民國史

檔案資料滙編

中國第二歷史檔案館編

鳳凰出版傳媒集團　鳳凰出版社

第五輯　第二編　附錄（上）

图书在版编目（ＣＩＰ）数据

中华民国史档案资料汇编. 第5辑. 第2编. 附录 /
中国第二历史档案馆编. -- 南京 : 凤凰出版社, 1997.9
（2020.12重印）
ISBN 978-7-80519-931-3

Ⅰ. ①中… Ⅱ. ①中… Ⅲ. ①档案资料－汇编－中国
－民国 Ⅳ. ①K258.063

中国版本图书馆CIP数据核字(2010)第085839号

书　　　名　中华民国史档案资料汇编
　　　　　　　第五辑　第二编　附录（共二册）
编　　　者　中国第二历史档案馆
责 任 编 辑　陈晓清
出 版 发 行　凤凰出版社(原江苏古籍出版社)
　　　　　　　发行部电话025-83223462
出版社地址　江苏省南京市中央路165号,邮编:210009
出版社网址　http://www.fhcbs.com
印　　　刷　上海世纪嘉晋数字信息技术有限公司
　　　　　　　上海市汇金路899号,邮编:201700
开　　　本　850毫米×1168毫米　1/32
印　　　张　46.875
字　　　数　1176千字
版　　　次　1997年9月第1版
印　　　次　2020年12月第3次印刷
标 准 书 号　ISBN 978-7-80519-931-3
定　　　价　330.00元
　　　　　　　(本书凡印装错误可向承印厂调换,电话:021-69214197)

说　明

　　《中华民国史档案资料汇编》(1912—1949年)，是为了适应中国近现代史的科学研究与教学需要，就馆藏历史档案中具有一定史料价值的资料编辑而成的一套综合性档案资料汇编。

　　本档案资料汇编，系以前副馆长王可风生前主持编辑的《中国现代政治史资料汇编》(1919—1949年)初稿为基础，进行修订补充的，全书扩编为五辑：第一辑《辛亥革命》(1911年)；第二辑《南京临时政府》(1912年)；第三辑《北洋政府》(1912—1927年)；第四辑《从广州军政府至武汉国民政府》(1917—1927年)；第五辑《南京国民政府》(1927—1949年)。

　　本档案资料汇编第五辑《南京国民政府》的主编为施宣岑、方庆秋。

　　第五辑全书分为三编：第一编为《南京国民政府的建立与十年内战》(1927.4—1937.7)；第二编为《第二次国共合作与八年抗战》(1937.7—1945.8)；第三编为《蒋介石发动全面内战与南京国民政府的覆灭》(1945.8—1949.9)。以上每编各按政治、军事、外交、财政经济、文化教育等分为若干分册。

　　本分册为第五辑第二编的附录《日伪在沦陷区的统治》。由于馆藏档案资料的限制，伪满洲国方面的资料没有收录。本书分为五个部份：〔一〕华北与南方伪政权的建立及其反动政治措施；〔二〕拼凑伪军及"清乡"与"治安强化运动"；〔三〕实行文化统制与奴化教育；〔四〕横暴的财政搜刮与金融掠夺；〔五〕对沦陷区经济事业的摧残与掠夺。

本分册档案资料，由魏振民选辑校勘，方庆秋统编，施宣岑审阅定稿。

本档案资料汇编篇幅大，涉及面广，我们限于水平，在史料的选辑等方面难免有缺点和错误，谨希读者批评指正。

编　例

一、本汇编所选资料，为保持档案文件原貌，全文照录。但对少数文件因内容重复及与主题无关者，则酌予删节。资料出处，于文件篇后注明之。

二、本汇编所选资料，按类项，并依文件形成时间先后为序。但属综合性或追述性的资料，则按其内容酌加调整。

三、本汇编所选资料，一般以一篇为一题。但同属一事，彼此间又有直接联系者，则以一事为一题。

四、文件标题、标点，均为编者所加，沿用原标题、原标点者，则予篇目之后加注说明。

五、本汇编所选资料，一般均用简体字，但遇有可能引起文义歧异者，则保留原来繁体字。

六、本汇编所选资料，凡有破损缺漏或字迹不清者，以□号代之，错字、别字和衍文的校勘以及简单注释，均加在正文之后，以〔〕号标明之；较长的注释，在正文之后以①②等号标明之；增补的字，以【】号标明之，文件内容删节者，以……符号标明之；待考的字，以〔?〕符号标明存疑。

南京国民政府时期

第 二 编 附 录

日伪在沦陷区的统治

目 录

（三）伪维新政府

（四）伪联合委员会

3

（六）汪伪国民政府

一、行政组织及其施政概况

〔二〕拼凑伪军及"清乡"与"治安强化运动"

（一）拼凑伪军

伪临时政府治安部颁行自卫团暂行办法

(三)推行所谓"治安强化运动"

〔三〕实行文化统制与奴化教育

(一)钳制舆论灌输奴化思想

（二）强制学校推行奴化教育

14

(二)对沦陷区人民的捐税榨取与对日侨的特殊待遇

一、榨取捐税办法与实施概况

收呈

（三）发行敲诈勒索的公债库券

〔五〕对沦陷区经济事业的摧残与掠夺

（一）掠夺沦陷区经济之概况

（二）日本在沦陷区的"国策公司"

(四)对沦陷区交通的摧残与掠夺

(五)对粮食物资与物价的统制

一、粮食统制

〔一〕华北与南方伪政权的建立
及其反动政治措施

（一）伪 蒙 疆 政 府

魏道明抄送一年来伪蒙军政设施调查报告致财政部函

（1939 年 3 月 2 日）

照抄　原函

　　奉发下中央执行委员会组织部本年二月二十一日函送《一年来伪蒙军政设施调查报告》一件，除抄送内政、军政、教育、交通、经济五部及蒙藏委员会外，相应抄同原附报告，函达查照。此致财政部

　　　　附钞送原附报告一件

行政院秘书长魏道明

二十八、三、二、

照抄原附件　一年来伪蒙军政设施调查报告

　　敌人占据察、绥一年以来，其重要设施虽屡有报告，但多系片断鳞爪，未能悉尽全情，兹谨就所知，再具系统报告如下：

　　一、军事　敌人将察、绥两省及晋北十三县划为蒙疆区，以蒙疆司令官为最高指挥官，与关东军职权相等，而受华北最高指挥官节制。现蒙疆司令官为莲治蓉中将，曾任敌军第九师团长，系一蒙古通，轮流驻于宣化、大同、平地泉三处，近其行踪多在百灵

1

庙滂江间。察哈尔设有警备司令官负警备该地责任，现司令官为常冈治宽，七七事变时曾任旅团长，与敌陆相板垣交处最稔。张家口特务机关长松井语久郎，新陆少将，近已回国，继任未详。其军事布置，以苏联、外蒙为目标，第一道防线在察北滂江，筑有坚固工事，军医院、粮台、兵房及无线电台均已设备完成，并闻辟自多伦至张家口至百灵庙公路三干线。第二道防线在阴山山脉张北漠诺坝一带，去年雇民伕三千人，挖掘山洞半年，近正赶筑联村公路。其兵力配备，在察境有两个联队，由树岷常指挥，多伦、沽源、赤城有伪满第七军管区之四十及四十五两团，蒙古军队则调动无常，只张北驻有二百余人，其军需品大部份在多伦附近之大滩，其次在宣化、大同。

二、政治　建立蒙古国说已成过去，因敌人不愿将热河蒙旗划入，至宁夏蒙旗又另谋建回教帝国故也。近仅拟在蒙疆军管区建立蒙疆国，其刍形虽已具备，但未确定为帝国抑共和国耳。以现情论，似为联邦制，由内蒙、察南、晋北三伪自治政府[①]联合成立一蒙疆政府联合委员会[②]，定张家口为首都，下设总务、财政、产业、交通、民生、治安六部。并于伪府设最高顾问，各部设顾问。伪府首领人选按各逆资格，当推德王，但有一部敌人不满意德王，故迄未决定。最高顾问金井章二系东京医学博士，在东北多年，为敌人参与建立伪满主要份子之一。总务部部长（实即行政部长）卓什海（察哈尔蒙人）；顾问野田清正，曾任伪满国务院参议官。产业部部长金永昌，热河蒙人；顾问久井辉马。财政部部长马某；顾问寺归英雄。交通部部长杜运宇，曾任察省府财政厅秘书及敌人入察时任伪察南自治政府最高委员，因遇事多

---

① 察南、晋北、蒙古联盟三伪自治政府分别成立于1937年9月4日、10月15日和10月28日。

② 伪蒙疆联合委员会成立于1937年11月22日。

自作主张，被敌人忌愤，将其调任，乃明为升级，而实夺其政权也；顾问久坞猛。民生部部长杜运宇兼；顾问野田清正兼。治安部部长陶克陶，辽宁哲理木蒙人，留日学生，曾为德王随从秘书；顾问伊藤祐大佐。伪中央部之下，晋北十三县组为晋北自治政府，由夏恭主持。察哈尔省分割为三部份，锡林果勒盟，盟长德王，大体仍旧。别以十二旗群典口外九县组为察哈尔盟，盟长卓什海，统归绥远省之内蒙自治政府管辖。又划察南十县为察南自治政府，下设总务、民生、财政、保安四厅。最高委员于品卿，河北人，曾任张家口魁兴高布店经理、市商会委员，虽为伪府行政长官，实同傀儡，不但不令其批阅公文，即其私章亦由日人保管，事权旁落，常为下属所揶揄；顾问竹内元平，由伪满调来，一切行政皆归独揽。总务厅长兼民生厅厅长陈玉铭，东北人。保安厅厅长高木一也。财政厅厅长杨金声，曾任察省会公安局督察长，自昔与杜运宇同以敌谍见称。察南各县政府内各设一参政官，公安局内乃设一指导班长；参政官由最高顾问委派日人充任，指导班长由张家口特务机关委派日下级士官充任。在整个伪蒙疆政府内，敌人顾问皆由伪满调来，曾参与制造伪组织者。各部厅内公务人员多为东北人，因被奴化较久，对国人残酷甚于敌人。敌在察绥策略，严分蒙、汉界限，挑拨感情，将汉人土地强迫交于蒙人，是以一般汉人深为愤恨也。

三、产业　敌人在察绥对于产业之统制与侵占，实与其经济侵略同时并进，双管齐下，冀以迅速攫取目的，在张家口设有产业组合，由日人关口主持。凡森林、矿产等不动产，无论私有公有，均不准自由出卖、购置，如因经济困难必须出卖时，应由产主呈请县府转报产业组合派人查看后估价收买。对于动产之统制，设有大蒙古公司，凡杂粮、皮毛、麻、牛、羊、烟土均由其定价收买，不准私自出口。此种办法最为毒辣，因其使用不兑现纸币，等于无给收没，如此不出数年，即可将全部土地豪夺以去，而产业不能自营，一任剥削兼并，社会经济日趋破产，终将致人民于死命也。此外更搜罗征索我各种生产原料，开办工厂，制造军实，以供敌伪侵略之需。据报敌国商人如来蒙疆经商，所携资本均须缴存敌国银行转汇蒙疆银行，换取蒙钞备用，实则敌银行早将现钞换成公债，一转帐间，已成为蒙疆银行存在敌国之基金，故倭商名系懋迁，实则赤手来蒙，作无本营生也。又敌军在察、绥军饷亦系以敌公债掉换蒙钞发给，据倭商谈，在伪满蒙及华北一带用此方法可销敌公债三分之一强，我如无适当对策，仅此种侵略办法已可将我资金吸尽，使财政陷于无可收拾之境。近且明令统制储蓄，凡伪府下公务人员及人民款项均须存在蒙疆及察南实业银行，倭商须以纯收益百分之六十购买公债。可见不惟我民饱尝苛敛之苦，而寇竭泽而渔，即倭商垄断所得，亦无多少沥余可供分享耳。

四、交通建设　敌人在察省建设事业最先举办者为电气事业，由伪顾问酒井辉马、久间（一作坞）猛等主持办理。组织有电气株式会社，在下花园正建筑一大规模电厂，将来完成开工后，除可供给龙烟铁矿、鸡鸣山煤矿电力及张家口市用灯光外，尚可供全省工业动力之用。交通事业则电话网早已完成，联村电话及联村汽车路亦将次第完成。至铁路虽计划修筑张家口至多伦及蔚县两线，惟现尚未动工。邮政将独立办理，邮政总局组织条例及章则均已颁布，所以犹未实现者，因伪满邮政迄未为国际邮政总会承认，故踌躇未即举办。然敌伪向来不顾正义，成为事实亦迟早问题耳。

五、民生　敌在伪蒙所谓民生，实即奴化教育与各种麻醉人心之设施而已。现伪察南民生厅长由总务处长陈玉铭兼任。一年来敌用文化力量经营我沦陷区域之事项重要者，为驱策宏报系招谣鼓惑，假为宣传之具，以分化我民族，并统制学校施行奴化教育，以制造顺民，使与祖国分离两端。所谓宏报系者，为一群小汉奸之同污集团，隶属伪民生厅，暗受敌特务机关之指挥。该系利用无耻智识分子，尽量吸收文盲，以广号召，并负宣传调查之责。凡察省文人报名加入，月可领乾薪三十元，现中等学校教职员参加者已有三十余人，以冯云阶、钟向南、王学熙三人为首。冯万全人，北平师大毕业，曾任塞北中学校长。钟怀安人，任孤儿院长及职校教员。王怀来人，曾任张家口女师校长。冯为敌主办察南月刊，高唱日察一家。钟则率领孤院学生组织剧团，代敌宣传，反对中央，丑态毕现，居心行事均极可诛。又出刊蒙疆日报，理事长日人松本于兔男，开办基金四十万元，由伪府拨发，日出两大张，强派各村镇、学校、商店订阅，不能拒绝，否则处罚。现在之宏报系将来有演进为伪府御用团体，如伪协和会、北平伪府新民会之趋势。至敌对当地教育亦极重视，设有察南学院，为伪府察南最高学府，去年九月中开办，以为制造汉奸干部之用。我如不设法讲求对付，则虽国土收复，而谬种流传，贻患亦且无穷矣。

六、治安　察省治安由警备司令常冈宽治负责，保安厅厅长高木一也只能指挥各县警察。户口调查颇严，五家为一连环保，一家有事，四家连带受处分。人民出外必须带良民证，否则认为土匪，随时有性命之虞。主要关卡及大路口均守有敌兵，并利用汉奸检查行人。如在张家口上车，先将旅客囚于一室，衣物完全搜查殆遍，鞋底且为刺破。遇有发现游击队，村镇附近房屋及行李烧毁，并令沿铁路及公路村镇组看路队，日夜派人看守，如道路为我游击队破坏，则该管村长必受处罚，故伪府势力所有区域，均已成为恐怖世界。

〔国民政府财政部档案〕

东北蒙旗联络专员张士英关于伪蒙古联合自治政府成立及其组织状况报告①

(1941年5月6日)

(一)伪政府成立经过 伪蒙古联盟、察南、晋北三伪自治政府合流事，在敌人之高压策动下，酝酿数月，卒于二十八年九月一日在张垣成立，定名为蒙古联合自治政府。汉奸德王、夏恭、于品卿等诸逆，为虎作伥，高揭亲日防共之标旗，取媚日寇，毁灭祖国。二十八年九月一日在张垣伪蒙疆联合委员会顾问室内有蒙古德王、李守信、卓世海、晋北夏恭、察南于品卿及伪蒙疆联合委员会最高顾问金井章二、兴亚院联络部长酒井等出席，先举行主席推举仪式，当推定德王为该伪政府主席，夏恭、于品卿为副主席，伪政府之首脑遂见决定。继由德逆举手宣誓朗读："在神佛清鉴之下，至诚宣誓，愿体建国之精神，对防共协和厚生作最大之努力，以迈向东亚新秩序之建设，以永固光辉建国之丕基。"

(二)伪政府成立阴谋 敌为化分我民族，加强统治，利用汉奸，组织傀儡，并划蒙疆区域为防共特区，其阴谋毒计，蓄意亡我国家，灭我种族，已昭然若揭。谨将其伪政府最高顾问金井章二之谈话及伪政府成立宣言，附录于次，以供参考：

1. 金井谈伪新政权："蒙古联合委员会今改其从来之形式，而转为高度自治的新政府者，乃因其行政机构有飞跃的发展，是理所当然者。由新政府核心之政务局，罗致回教、佛教、旧教、红卐教等各宗教，以及农民等之代表上观之，地域内少数民族之意志颇为充分反映，故新政府之成立，现地方军与兴亚院当局全无异

---

① 节录自张士英编送之《伪蒙古联合自治政府调查专报》之政治部份。《此调查专报》由张士英于1941年5月6日呈送蒙藏委员会。

议。由此与友邦日本联络益将繁密之新政府之成立，则必与外蒙及西北中国以重大之影响者，其可预料。"

2．伪政府成立宣言："维成吉思汗纪元七百三十四年，中华民国二十八年九月一日，合蒙古、察南、晋北之三治，于兹建设蒙古联合自治政府，转移运会，兼济时难，为开大同大顺之宏图，奠久安长治之丕基，爰乃昭示境内各族民众，并敬告东西邻邦世界列国曰：我蒙疆宏域，为史上著名之故疆，民风朴厚，资源丰富，人强而勇，安于牧畜耕耘之业者久矣。地势挟山岳而兼有大陆，幅员吞长城而跨北海。及民国成立，虐政害民，军阀攫夺，凌暴百般，几使我民不堪命者，已二十余年矣。蒋为何人，伪定一时，不择手段，及其开府于南京也，则以联苏容共为国是，以割蒙抗日为至计，终开衅日本，连败无救，今仅保余喘于岷峨之间，而乘其虎狼来解体之间，使之吞噬翰海百旗之野，咆哮跳跃，薄我门墙，而窥我堂奥之日，已将近矣。窃我蒙古、察南、晋北之三治，凤以同休同戚之心，俱誓防共安民之志，时既如此，防维苏联，颇不容有毫发之支吾，势亦惟急，治标治本，尤以遍力合作为善。其期则在防共、协和、厚生，其念则在东亚永久之和平与宣扬东洋之道义。应以蹶然裂帛之意气，以屠共党，以光道义之光，照遍宇宙。兹合三治肇建蒙古联合自治政府。爰以提携友邦日本，巩固日、蒙、满、华之连系，以迈向兴亚新秩序之建设，以使东亚悠远之道义，光被世界，而冀人类之福祉也。其政府组织法及一切经过，另著在案。通国各种民族，其无内无外，咸赖有庆，东西邻邦，世界列国，幸事鉴察。皦日有知，上天护之。"

(三)伪政府之国旗　伪蒙古联合自治政府国旗之形式如下：

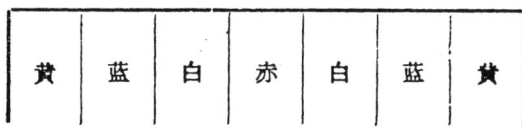

黄	蓝	白	赤	白	蓝	黄

（四）伪政府及各政厅各盟公署主要人事

1．伪蒙政府主席德穆鲁克栋鲁普，副主席夏恭、于品卿。最高顾问金井章二。参议府参议吴鹤龄，参议府秘书处长村谷彦次郎。政院院长卓特巴札普（卓什海），政务院咨议雄诺多尔布、特克希卜彦。总务部部长关口保，总务部次长（缺）。民政部部长松井旺楚克，民政部次长大场辰之助。治安部部长丁其昌。司法部部长陶克陶，司法部次长波多野义熊。财政部部长马永魁，财政部顾问（次长事务取摄）日比野农。产业部部长杜运宇，产业部次长野尻哲二。交通部部长金永昌，交通部次长伊藤佑，交通部顾问满尾君亮。牧业总局长郭尔卓尔札布，牧业总局副局长泉名英。榷运清查总署长吉尔嘎朗，榷运清查总署副署长高须进一。蒙疆学院院长关口保（兼），蒙疆学院副院长甲边寿利。中央警察学校校长（缺）。税务监督署副署长原信夫。经济监视署署长宇和田源藏。

2．伪察南政厅长官陈玉名，次长竹内元平，民生厅长李焕瀛，实业厅长杨金声，警察厅长高木一也。

3．伪晋北政厅长官田汝弼，次长前岛昇，思想厅长文击君，经济厅长郑熊，警务厅长广濑晋。

4．巴彦塔拉盟盟长补英达赖，副盟长默勒根巴图尔，参与官泽井铁马，民政厅长贺云章，警务厅长森一郎，劝业厅长李树声，官房庶务科长宇都巢二。

5．察哈尔盟盟长卓特巴札普（兼），副盟长特穆尔博罗特，参与官简牛耕三郎，总务厅长中川义治，民政厅长卞学，劝业厅长穆克业宝。

6．锡林郭勒盟盟长林沁旺都特，参与官中村浚吉。

7．伊克昭盟盟长（缺），副盟长阿拉坦鄂济尔，兼任参与官代理清永顺辅，民政厅长吉尔格朗，劝业厅长鄂齐尔胡雅克图，兼任警务厅长犹原情一郎。

8．乌兰札布盟盟长巴宝多尔济，副盟长沙拉巴多尔济。

(五)伪政府之组织　伪政府首都设于张家口，其纪之年号为成吉思汗纪元。附伪政府暨政厅盟公署组织表二。

1．伪蒙古联合自治政府组织表如下页：

(六)伪政府施政纲领

1．宣扬东亚道义，期其实践。

2．使诸族大同协和，以人民之总意为基础，大施经纶。

3．新兴民生，确保安宁，以完全人民之幸福。

4．由共产主义毒害中解放诸族，以资强化世界防共线。

5．与盟邦相结，同志相契，以协助东亚新秩序之建设。

(七)伪蒙古联合自治政府岁入岁出预算〔略〕

(八)各政厅及各盟公署概况〔略〕

(九)敌在伪蒙疆新建之公路铁路〔略〕

〔国民政府行政院档案〕

察南专员李正之关于伪蒙疆联合自治政府各机构变迁情形报告①

(1945年3月3日)

1．敌寇兴亚院伪蒙疆联络部之任务与组织　敌寇为贯彻其大陆政策中之满蒙政策，并为加强占领区之统制，于民国二十七年十二月间在倭国东京设立兴亚院，由敌国内阁大臣任总裁，陆、海、外务、大藏四大臣任副总裁，为辅助敌寇内阁侵华最高策划督导机关，其主要任务计分五种：(1)处理战事进行时在敌军占领区内所发生之政治、经济、文化等事项。(2)策划推进在敌军

---

① 节录自察南专员李正之编送之《察哈尔省敌伪政治经济侵略 情形报告》之政治部份。此《报告》由察哈尔省政府于1945年3月3日以代 电抄 送行政院。

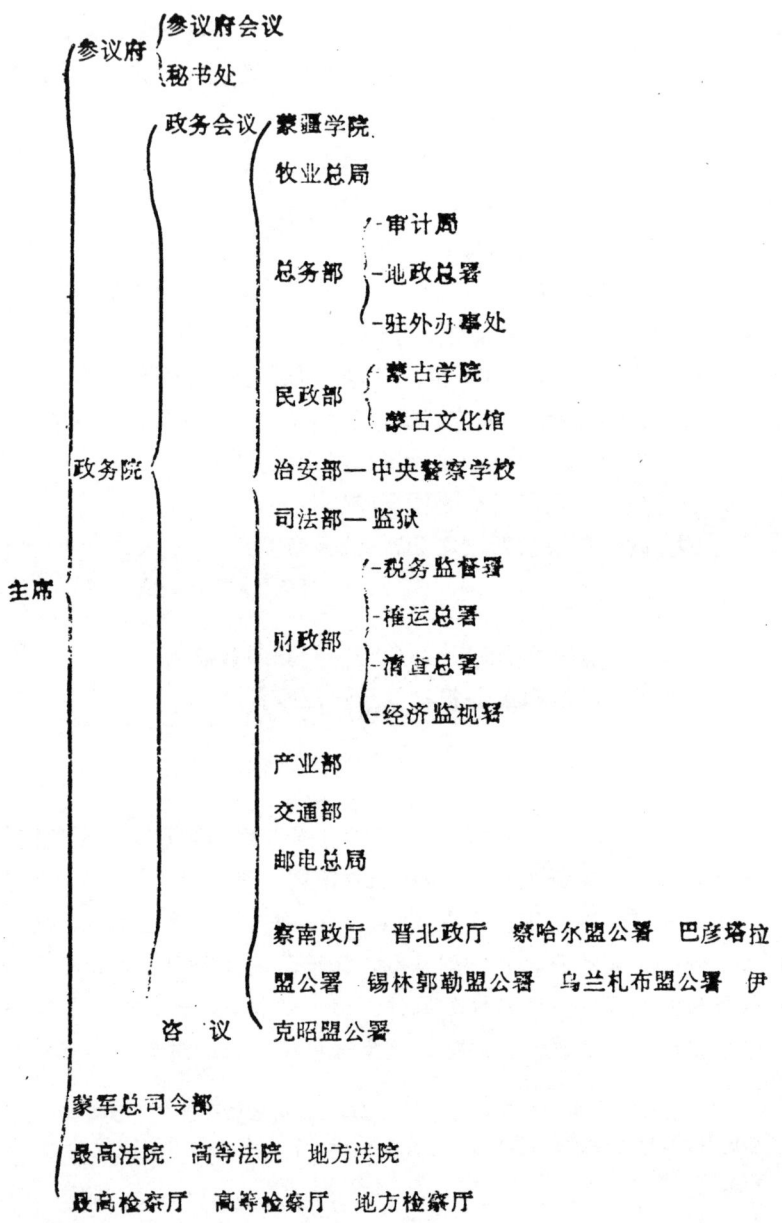

主席
├─ 参议府
│   ├─ 参议府会议
│   └─ 秘书处
├─ 政务院
│   ├─ 政务会议 — 蒙疆学院
│   ├─ 牧业总局
│   ├─ 总务部
│   │   ├─ 审计局
│   │   ├─ 地政总署
│   │   └─ 驻外办事处
│   ├─ 民政部
│   │   ├─ 蒙古学院
│   │   └─ 蒙古文化馆
│   ├─ 治安部 — 中央警察学校
│   ├─ 司法部 — 监狱
│   ├─ 财政部
│   │   ├─ 税务监督署
│   │   ├─ 榷运总署
│   │   ├─ 清查总署
│   │   └─ 经济监视署
│   ├─ 产业部
│   ├─ 交通部
│   ├─ 邮电总局
│   └─ 咨议 — 察南政厅　晋北政厅　察哈尔盟公署　巴彦塔拉盟公署　锡林郭勒盟公署　乌兰察布盟公署　伊克昭盟公署
├─ 蒙军总司令部
├─ 最高法院　高等法院　地方法院
└─ 最高检察厅　高等检察厅　地方检察厅

```
                                          ┌ 官    房
                            ┌ 察南政厅 ┤ 民  生  厅
                            │          │ 警  务  厅
                            │          └ 劝  业  厅
                            │
                            │           ┌ 官    房
                            │ 晋北政厅 ┤ 民  生  厅
                            │          │ 警  务  厅
                            │          └ 劝  业  厅
                            │
            政  务  院 ┤            ┌ 官    房
                            │ 巴彦塔拉盟公署 ┤ 民  生  厅
                            │                │ 警  务  厅
                            │                └ 劝  业  厅
                            │
                            ├ 察哈尔盟公署
                            ├ 锡林郭勒盟公署
                            ├ 乌兰札布盟公署
                            └ 伊克昭盟公署
```

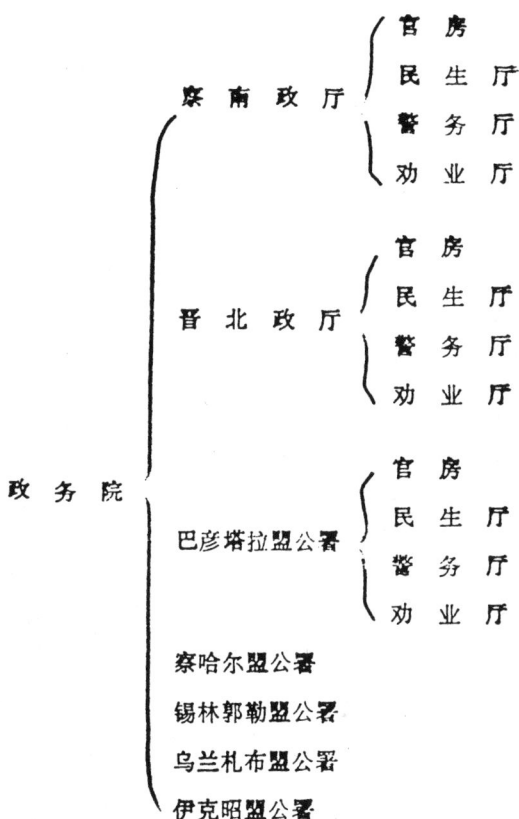

（各盟公署组织与巴盟同）

接近地区对我国之政治、经济、文化等破坏工作。（3）监督协助
敌国军民在占领区内之各种企业，剥夺或破坏在该区内原有之我
国商民及外商企业，并调查采取占领区内之所有物资。（4）树立
操纵各傀儡组织。（5）破坏在敌军占领区内外人原有之特权与利
益等。敌寇兴亚院为贯彻此项政策，秘派金井章二担任联络，于
二十八年春成立兴亚院伪蒙疆联络部长官署，初以酒井隆为长官，
继以竹下继任。其长官署初设归绥，继移张垣，所有内部组织，

于长官署下设置政务、经济、文化三科，去年夏扩大组织，改科为局。长官署总理一切。政务局负对伪蒙古政权之督导及情报搜集任务。经济局分设财政、金融、贸易、铁路、航空、邮电、土木、马政、农政、林政、畜产、商工、矿山、物资各班。文化局分设总务、民生、文教各班。各种侵略计划直有如水银泻地，无孔不入矣。

2. 伪蒙古联合自治政府成立之经过与机构选次改组之概述　金井章二以敌寇关东军嘱托资格，于民国二十六年八月间随军侵入察省，组成伪察南自治政府，以汉奸于品卿（河北省新河县人，张垣魁星高布铺经理）、杜运宇（山东省人，前财政厅秘书）为伪政府最高委员，自任最高顾问。继于同年九月间随军侵入晋北大同县，组成伪晋北自治政府，以夏恭（大同县人，前清科甲出身）为伪政府最高委员，始则自任最高顾问，嗣以日人前岛实继任。关于处理晋北重要事项，仍由金井一人解决。迄至同年十月十三日，又随军侵入归绥，组成伪蒙古联盟自治政府，以德穆楚克栋鲁普为伪府主席，金井章二复兼任伪府最高顾问。追二十七年夏间，组成察南、晋北、蒙古三伪自治政府联合办事处[①]，金井章二兼任该处办事处长，自是三伪自治政府大权操于金井一人之手。至二十九[八]年九月一日，将察南、晋北、蒙古三伪自治政府并合为一，改组为伪蒙古联合自治政府，以德逆为伪府主席，于、夏两逆为副主席。同时，察南、晋北两伪政府改为察南、晋北两政厅，以陈玉铭为察南政厅厅长，竹内元平为次长，田汝弼（山西浑源县人）为晋北政厅厅长，森井雄次郎为次长。至三十二年一月一日，察南伪政厅改为宣化省，晋北伪政厅改为大同省，而伪蒙古联合自治政府亦改为蒙古自治邦。伪蒙大政

---

① 三伪自治政府组成伪蒙疆联合委员会是1937年11月22日。1938年8月1日复改组扩大。

权成立之初，于伪主席下置陆军、内政、财政、产业、交通、治安、司法七部，各部次长均由日人充任，各科处要职亦为日人。三十年六月一日，伪府政治机构改组，于主席下增设政务院，任吴逆鹤龄为院长，取消七部制，改组为四委员会、两部、一局制。四委员会即伪回教委员会，以蒋逆辉若为伪委员长；兴蒙委员会，以松津旺楚克为伪委员长；司法委员会，以杜逆运宇为伪委员长，总力委员会，由吴逆鹤龄兼任委员长；伪内政部以丁逆其昌为部长；财政部改为经济部，以马逆永魁为部长；伪交通部改为交通总局，以金逆永昌为总局长。去年春季，又改组为伪内政、经济、交通、司法、产业五部，仍任丁逆其昌为内政部长，以吉尔嘎郎为经济部长，穆克登堡为交通部长，杜运宇为司法部长兼产业部长，伪回教、兴蒙、总力三委员会仍旧。此伪蒙古联合自治政府成立之经过，及机构迭次改组之大概情形也。

3．伪蒙疆领域与省、市、盟各伪公署之组织　伪蒙疆领域内共辖二省，一伪宣化省，二伪大同省，一特别市为伪张家口特别市，五盟为伪察哈尔盟、锡林郭勒盟、乌兰察布盟、巴彦塔拉盟、伊克昭盟。省、市由伪内政部管辖，五盟由兴蒙委员会管辖，均直隶于伪政务院。兹将省、市、盟各伪公署组织各举一例如下：

（子）伪宣化省公署　伪宣化省公署由察南政厅蜕变而成，所辖计有宣化、赤城、龙关、延庆、涿鹿、蔚县、阳原、万安、怀来、涞源（民国三十年春间，敌寇将察省万全、怀安两县并为一县，改名万安，随又将河北省涞源县划归伪察南政厅管辖）十县，民国三十二年一月一日，始改组为省，由伪察南政厅厅长陈玉铭任省长，次长为泽田真一。同年三月间，陈逆调回原籍，由李焕瀛继任（察省怀安县人，前充伪察南政厅民政厅长），去春李逆病故，由文画君（单名竹，字画君，山西浑源县人，前清拔贡，曾充伪晋北政厅思想厅厅长）继任。同年六月间，又将伪宣化省公署由张垣移至宣化县城天主堂内。所有伪公署内部组织，于省长下置次长一人，由日人充任，又分设总务、民政、实业、建设、治安五处，惟治安处长由伪内政部直接委任。林殿元任总务处长，崔玉堃任民政处长，韩光森任实业处长，宋万里任治安处长。省公署次长泽田真一旋调伪府总务厅服务，现由伪察哈尔盟参与官森一郎接充。至伪大同省，省长为刘继广（河北省人），次长森井雄次郎，至内部组织，与伪宣化省同。

（丑）伪张家口特别市公署　伪张家口特别市公署于民国二十九年冬成立，其管辖范围除察哈尔省垣外，万全县周围十五里以内地域皆属之。初分为二十二区，嗣伪府通令各县市强化街、镇、村，缩编为十二区，每区置区长一人，主任一人，吏员三人至五人。区长均荐任职待遇。所有区内实权完全由伪市公署主持，区长仅供驱策而已。关于情报之搜集，住民之稽查，尤为认真，因之全市治安颇为稳定。且伪署内有区长市例会、邻保市例会种种规定，讨论全市应兴应革事宜，遇必要时并召集临时会议。伪署内设有张家口特别市青年指导员训练所，以日人菅原任所长，分期招生训练，以供该署指导全市青年之用。至张家口警察署及张家口都市建设处，亦均由该署管辖。三十三年五月十二日，伪府防卫令下布后，该伪署内并设有张家口特别市防卫本部（防卫法详后）〔缺〕。

（寅）伪察哈尔盟公署　伪察哈尔盟公署由察哈尔部正蓝、正白、厢黄、厢白、太仆寺左翼、太仆寺右翼、上都、明安各旗群暨多伦、张北、唐保、商都、崇礼、尚义、新民（原名化德县，敌寇现改为德化县）、宝源（敌寇于二十七年将察北宝昌、沽源两县并为一县，改名宝源）等县所组成。伪盟公署设于张北县城内，以卓特巴札普（旧名卓世海）为盟长，森一郎为参与官。署内组织与伪宣化省相同。盟等于省，旗等于县，所不同者仅建设处改为实业处耳。

4．各县伪县公署组织之概略　各伪县公署组织，于伪县长、参事官下置有三科十二股：（1）总务科，分设文书、庶务、弘报、经理四股。（2）民政科，分设行政、财务、教育、土地、土木（土地、土木两股长由伪内政、交通两部直接委派）五股。（3）实业科，分设工商、农林、粮谷三股。间有因情形特殊，增设股数者，如伪万安模范县，于民国三十三年因征用民夫、车马，事务纷繁，于伪署民政科内特增设劳务股。同年五月间，伪府勒令种植鸦片，各县署内又增设特产科，分烟政、盐务两股，科长均由日人充任。至各县警务改局为科后，虽并归伪县署内，而警务科科长及首席指导官系由伪内政部直接委派，不受县长与参事官节制。三十三年夏虽有各县参事官得兼任警正之伪令，然亦仅有调遣伪警察队之权，其警务机构固仍系独立性质也。

5．伪警务机构迭次改组之略述　各县警务机构当敌寇初期侵略时，仍称公安局，置局长一人，由伪警务厅直接委派。其内部组织，分警务、特务、保安、司法四股，逮民国三十年夏，伪警务厅改组为治安处，同时各县公安局亦改为警务科，虽附于伪县署内，但归伪内政部直辖，分设三股：（1）警务股，设警务、企划、训练三系。（2）保安股，设保安、经济、卫生三系。（3）警备股，设警备、司法、特务三系。三十三年夏，改股为班，班名系数复行更易，计警备、警务、训练三班：（1）警备班，设警备、司法两系。（2）警务班，设警务、经理企划、保安、卫生四系。（3）训练班，设训练、督察两系。同时特务系取销后，关于特务工作，由各县伪警察队增设特务一小队，负责办理，保安则划归警务班，与卫生系合并。同年秋间，伪内政部长丁其昌为划一警察队起见，每县编为三个警察中队，号称一大队，以警务科为本部，警务科长为大队长，而实权操于日籍首席指导官一人之手。此伪警察机构迭次改组之经过情形也。

6．伪中央警察学校组织之鸟瞰　伪中央警察学校设于张垣西沙河山麓，校长由伪内政部长丁其昌兼任，聘日人坂田为教头，丁逆徒拥虚名，所有该校一切事务完全由该教头一人主持。教头下设主任教官、讲师、助教等十数人，十分之八系日籍。其内部组织分高等、普通、讲习三科，训练期间分三种，长期二年，短期一年，最短期三月。初受短期训练，服务后回该校受长期训练者约达十分之三，先后在该伪校卒业学生计有六期共五百余人。每期均有多数日籍学生混合受训，现该校卒业学生悉数在伪蒙疆境内各治安机关服务，负各地区治安责任。敌寇卵翼下之蒙古傀儡组织，其治安稳定，虽以各街、镇、村为基础，而各街、镇、村推行政治得以顺利无阻，其得力于该校养成之伪警官者甚多也。

7. **伪警察队之特殊训练与优遇**　敌寇为利用一班伪警察队作其鹰犬，以冀达成其以华制华之目的，对于各地驻防之伪警察队一律加以特殊训练。每日晨起由日籍指导官或伪队长集合全体人员，先向日、蒙伪国旗行最敬礼，再向东遥拜静默三分钟，宣读昭和宣战诏书及德逆发布之兴亚教书，合诵伪府五项施政纲领及四大纲领，由指导官或伪队长及干部人员讲演共荣圈暨建设东亚新秩序之利益，并宣传敌寇种种胜利等事。且有规定表式，逐日依式填写，每旬汇齐报告于伪内政部，参加警官几名，警兵几名，领导行礼是何官级（伪警官编制有警监、警正、警佐、警尉、警尉补、警长等名目），讲演事项系何题目，均须逐一注明，派有敌寇指导官之队部，由指导官负责盖章，无指导官者，即由本部队长负责盖章，以敌伪蒙古政权下之警察人员受敌寇特殊训练，亲日色彩异常浓厚。至其待遇，平时尽职，有赏与金之奖励，作战勇猛，有起群警察章之褒奖。每遇阵亡，除优给恤金外，必开会追悼，伪内政部并派遣专员吊祭。且于年假、暑假发给双饷，以示体恤。余如一切配给从优，购物按照官价。各县组有伪警察后援会，专备赡养伪警察队伤亡家属。故察晋边境一

16

带，有育女嫁警察，不嫁天津买客之谚。至若伪警察官之凭藉势力，或公开赌博，肆意抽头，或广种鸦片，大批贩运，因之富甲一邑，田连阡陌者，十居八九，更甚于直接优遇万万也。

8．敌寇第五次施政跃进运动之期间与目标　敌寇历次举行施政跃进运动，均以强化治安，肃正民众思想，检举抗日分子等事为中心工作。民国三十三年四月一日起至五月末日止举行第五次施政跃进运动时，张垣伪张家口特别市公署与伪宣化省公署皆有施政跃进指导班及督励班之组织，各伪市县盟旗亦均有巡迴讲演班及座谈会等组织。在运动期间内，各伪街、镇、村、甲公所及民商各户门首均贴有实践第五次施政跃进运动，完遂大东亚战事种种标语。至其运动目标有三：（1）治安之绝对确立。（2）邨民组织之再编成及总力集结体制之确立。（3）物资劳力之增产增强。敌寇对伪蒙古政权之政治侵略实愈逼愈紧矣。

〔国民政府行政院档案〕

（二）伪临时政府

平津地方治安维持会联合会成立及结束文件

（1937年9月—12月）

（1）平津地方治安维持会联合会成立宣言（ 9月22日）

事变勃发以还,原有各机关公务人员相率逃亡,致行政机能一时全陷停顿,地方秩序因而紊乱,物资流通因而停滞,以致败兵不逞之徒,横行掠夺,人民惨遭糜烂,其景象真有令人不堪闻见者。

幸赖我友邦之莫大援助,不忍令平津人民过受惨祸,于是平、津两市得成立地方治安维持会,并渐次及于平津毗连之各县,行政机构日渐就绪。凡此仁义设施,当莫不同深庆幸,而表示感激者也。

平津两市唇齿相依,休戚与共,所有施政方针若不联合一致,非惟不能满足民众之期望,且恐贻患于将来。至对外事项之处理,更感觉应有一代表机关,因而组织平津地方治安维持联合会,适应时势之要求。复查冀东政府与平津有密切关系,亦亟应与之联络提携,而为相互必要之措置,以后当协力同心,共为华北人民造和平之福。特此宣言。

中华民国二十六年九月二十二日

平津地方治安维持会联合会首席代表　　高凌蔚

代表　　钮传善

同　　冷家骥

同　　周肇祥

冀东防共自治政府联络员　　　　　　任国梁

（2）平津地方治安维持会联合会章程

一、本会定名为平津地方治安维持会联合会（以下简称平津地方治联会）。

二、本会由北平、天津地方治安维持会各派代表二人组成之，处理平津有关之共同事项暨对外问题，与冀东政府采取密切联络。

三、本会设首席代表一员，综理议事。首席代表由互选推定之。

四、本会于必要时得召开会议。

五、本会设秘书局，设办事人员如左：

秘书局长　一

秘　　书　四

通　　译　二

文　　牍　四

打字员　二

顾问、嘱托　若干

夫　　役　八

六、秘书局长承首席代表之命，处理平津地方治联会事务，并综理秘书局事务。

七、秘书、文牍承秘书局长之命，处理事务。

八、顾问、嘱托协助秘书局长办事。

（3）京津地方治安维持会联合会结束宣言（12月14日）

本会为图统一京津两处及各地机关事务起见，于本年九月二十三日宣告成立，并设秘书局处理一切事务。成立以来，为日虽浅，而各地机关赖以联络，重要事务多已着手进行，但本会之产生实系因时势之需要，并不具有永久性质。兹幸中华民国临时政府已于本月十四日在北京成立，发表宣言，其内容各点均与本会设立之意志若合符节。本会深信，临时政府必能使中国速臻统一，地方日就安宁，邦交益形敦睦，以后统筹大计，责有专司，本会自无存在之必要，谨于本日起宣告结束。凡本会所管事务均移交临时政府办理。至于秘书局及其所有印信、卷宗及车辆、器具、什物等项造具清册，一俟临时政府派员接收，即行点交移管，以清手续。特此宣言。

中华民国二十六年十二月十四日

联合会

〔伪临时政府行政委员会档案〕

伪中华民国临时政府成立宣言

（1937年12月14日）

国民党窃据政柄，欺罔民众者十有余年矣，灾害洊臻，税敛苛毒，内则劫持民生，虐政相踵，外则土地日削，反复容共，倒行逆施，不顾社稷之将覆。犹且不早悔悟，拾共产唾余，为党权高于一切之邪说，私国家为己有，遂至构衅邻邦，同种相噬。日以焦土抗战为号召，而百战百败，未数月而丧失其国都，省、市几失其半。夫既自知窳朽，何以轻动干戈；业已备战十年，何以脆弱至此。频年以来，托名于国防，而消耗之金钱，不知几十亿万何，莫非吾民之膏血，果使涓滴用于正途，必不至摧枯拉朽至于此极，其中不实不尽无待钩稽。党人方且标榜清廉，脚不为怪，实则攒金外国，化名存储，已成公开秘密。日倡礼义廉耻，而魑魅魍魉白昼横行，盘据要津，荡无法纪，加以钳制舆论，颠倒黑白，广蓄瘦狗，狙杀正人，此又十余年来昭然之事实也。首都既失，犹复不负责任遁逃不能收拾。嗟我同胞，何所托命。同人习闻天下兴亡，匹夫有责，询谋金同，乃于中华民国二十六年

20

十二月十四日于北京树立临时政府，旨在恢复民主国家，煎涤污秽党治，同时绝对排除共产主义，发扬东亚道德，辑睦世界友邦，开发产业，使民生向上，厘定权责，使中外相安。凡从前政府对外义务业经公诸国民者，临时政府代负其责。国民党亟宜悟容共之非，谢罔民之罪，自承失败，引咎下野，是非听诸公断，政权还之吾民，若复高睨大谈，意存掩饰，则陆沉之痛，有非口舌所能尽者。以上所言，皆为国民党政策上之错误，国民党中不乏老成硕望，想亦人同此心。吾人初无畛域之见，甚盼诸君惠然肯来，共襄大局，均是炎黄子孙，何所用其龃龉。天下本为公器，尤不许有所把持，区区此心，可誓天日。且同人饱经事变，年皆垂暮，久甘淡泊，何所企图，行谊所在，无俟言说。但生为中国人民，不忍坐视神圣河山断送于妄人之手，以故甘冒大难，行其所信。事变略定，我中华民国政治稍有轨道可循，自当联袂引去，以纾罪戾。特此宣言。

〔伪临时政府行政委员会档案〕

伪中华民国临时政府组织大纲

（1937 年 12 月）

第一条　中华民国临时政府设左列各委员会：

一、行政委员会；

二、议政委员会；

三、司法委员会。

各委员会组织大纲另定之。

第二条　中华民国之行政权由行政委员会，立法权由议政委员会，司法权由法院执行之。

行政委员长代表中华民国临时政府。

第三条　本大纲自公布之日施行。

〔伪临时政府行政委员会档案〕

伪临时政府公布行政委员会组织大纲令稿

（1937 年 12 月 31 日）

临时政府令

　　兹制定临时政府行政委员会组织大纲，公布之。此令。

　　行政委员会组织大纲

第一条　行政委员会为临时政府最高行政机关。

第二条　行政委员会设委员长一人，委员五人。
前项委员长及委员得兼任所属各部部长。

第三条　左列事项应经行政委员会之议决：

（一）提出于议政委员会之法律案。

（二）提出于议政委员会之预算及决算案。

（三）提出于议政委员会之宣战、媾和及缔结条约案。

（四）特赦、减刑及复权案。

（五）所属各机关简任官吏之任免。

（六）所属各机关权限争议事项。

（七）经本委员会认为应行议决之事项。

第四条　行政委员会会议规则另定之。

第五条　行政委员会设秘书厅及行政、治安、教育、法部、振济五部。各厅、部之组织大纲另定之。

第六条　行政委员会为收行政上实益，得聘用顾问、参议或咨议。

第七条　行政委员会为明瞭各地方行政状况，得酌设调查员。

第八条　行政委员会为监核预算、决算，得设审计专员。审计规则另定之。

第九条　本大纲自公布之日施行。

〔伪临时政府行政委员会档案〕

伪临时政府公布议政委员会组织大纲令稿

（1937 年 12 月 31 日）

临时政府令

兹制定临时政府议政委员会组织大纲，公布之。此令。

议政委员会组织大纲

第一条　议政委员会为临时政府最高议政机关。

第二条　议政委员会设委员长一人，常务委员五人，委员无定额。

第三条　左列事项应经议政委员会之议决：

（一）施政方针；

（二）法律案；

（三）预算案及决算案；

（四）特任官之任免；

（五）宣战媾和及缔结条约案；

（六）经本委员会认为应行议决之事项。

第四条　议政委员会会议规则另定之。

第五条　议政委员会设秘书厅，其组织大纲另定之。

第六条　本大纲自公布之日施行。

〔伪临时政府行政委员会档案〕

伪临时政府公布司法委员会组织大纲令稿

(1937 年 12 月 31 日)

临时政府令

兹制定临时政府司法委员会组织大纲，公布之。此令。

司法委员会组织大纲

第一条　司法委员会为临时政府最高司法机关。

第二条　司法委员会设委员长一人，委员五人。

前项委员长及委员以曾任简任以上司法官或司法行政官，并富有经验者充任。

第三条　左列事项应经司法委员会之议决：

(一)统一解释法令；

(二)变更判例；

(三)提出于议政委员会之主管事项；

(四)所属各机关简任人员之任免；

(五)经本委员会认为应行议决之事项。

第四条　司法委员会会议规则另定之。

第五条　司法委员会设秘书厅、最高法院、行政法院、公务员惩戒委员会。各厅、院之组织大纲另定之。

第六条　本大纲自公布之日施行。

〔伪临时政府行政委员会档案〕

伪临时政府公布治安警察法令稿

(1938 年 4 月 9 日)

临时政府令　临字第五四号

兹制定治安警察法，公布之。此令。

　　　　　行政委员长
　　　　　行政部总长
　　　　　治安部总长
　　　　　法部　总长
中华民国二十七年四月九日

　治安警察法

　　第一条　行政官署为维持公共安宁秩序及防止一般之危害，对于左列事项得行使治安警察权：

　　一、制造、贩卖、运输或私藏军器及爆裂物者；

　　二、携带军器、爆裂物及其他危险物者；

　　三、政治结社及其他关于公共事务之结社；

　　四、政谈集会及其他关于公共事务之集会；

　　五、屋外集合及公众运动、游戏或众人之群集；

　　六、通衢大道及其他公众聚集往来场所粘贴文书、图画，或散布、朗读，又或为其他言语形容并一切作为者；

　　七、劳动工人之聚集。

　　第二条　除依法令得制造、贩卖或运输军器及爆裂物者外，不得制造、贩卖，或运输军器及爆裂物。

　　警察、官吏遇有违犯前项者，应迳将其军器或爆裂物扣留，其认为有违犯前项之嫌疑者，得向本人或为隐庇者迳行搜索。

　　第三条　行政官署因维持安宁秩序认为必要时，对于已经许可私有之军器或爆裂物得禁止之。

　　第二条第二项规定于违犯前项或认为有违犯前项之嫌疑者适用之。

　　第四条　除军人、警察、官吏及其他依法令得携带军器者外，不得携带军器。

警察、官吏遇有违犯前项者，应迳将其军器扣留，其认为有违犯前项之嫌疑者，得迳行搜索。

第五条　行政官署因维持安宁秩序认为必要时，对于不违法令之携带爆裂物，或一切物件有军器、凶器或爆裂物之装置设备者，得禁止之。

警察、官吏遇有违犯前项者，应将其物扣留，其认为有违犯前项之嫌疑者，得迳行搜索或检查。

第六条　政治结社须于该社本部或支部组织之日起三日内，由主任人出名，按照左列事项呈报于本部或支部事务所所在地之该管警察官署。其呈报之事项有变更时亦同。

一、名称；

二、规约；

三、发起人；

四、加入者；

五、重要职员；

六、事务所。

第七条　关于公共事务之结社，行政官署因维持安宁秩序认为必要时，得令其依前条规定呈报。

第八条　左列各人不得加入政治结社：

一、褫夺公权尚未复权者；

二、未成年人；

三、军人；

四、警察、官吏；

五、僧道及其他宗教、教师；

六、小学校教员；

七、学校学生。

第九条　行政官署对于结社认为有左列情形之一者，命其解散：

一、结社宗旨有扰乱安宁秩序之虞者；

二、结社宗旨有妨害善良风俗之虞者；

三、其他秘密结社者。

第十条　政谈集会须于集会十二小时前，由发起人出名，按照左列事项呈报于会场所在地之该管警察官署：

一、场所；

二、年、月、日、时。

于呈报之日时不开会者，其呈报为无效。

第十一条　关于公共事务之集会，行政官署因维持安宁秩序认为必要时，得公〔令〕其依前条规定呈报。

第十二条　左列各人不得加入政谈集会：

一、褫夺公权尚未复权者；

二、未成年人；

三、军人；

四、警察、官吏；

五、僧道及其他宗教、教师；

六、小学校教员；

七、学校学生。

第十三条　警察、官吏对于集会认为有左列情形之一者，得中止其讲演或命其解散：

一、集会之讲演议论有涉及刑法上之犯罪，未经公判以前之事件及禁止旁听之诉讼案件者；

二、集会之讲演议论有煽动或曲庇犯罪人，或赞赏庇护犯罪人及刑事被告人，或陷害刑事被告人者；

三、集会之讲演议论有扰乱安宁秩序或妨害善良风俗之虞者。

第十四条　屋外集合或公众运动、游戏，须于集合二十四小时前，由发起人出名，按照左列事项呈报于集合所在地之该管警察官署，但婚丧庆祭，宣讲所，学生之体操运动及其他惯例所许可者，不在此限。

一、场所；

二、年、月、日、时；

三、须经过之路线。

第十五条　警察、官吏对于屋外集合及公众运动、游戏或众人之群集，认为有左列情形之一者，得限制、禁止或解散之：

一、有扰乱安宁秩序之虞者；

二、有妨害善良风俗之虞者。

第十六条　警察、官吏对于结社之主任人集会及屋外集合公众运动、游戏之发起人有所询问，应据实答复。

第十七条　关于政谈集会，警察官署得派遣警察、官吏着制服监临；关于其他不涉于政治之集会，屋外集合及公众运动、游戏，警察官署因维持安宁秩序认为必要时亦同。

于前项情形，警察、官吏得向发起人要求设监临席。

第十八条　于集会会场及屋外集合或公众运动、游戏之地，故意喧哗骚扰举动狂暴者，警察、官吏得制止之，若不服时，得令其退出。

第十九条·依法令组织之议会议员为预备议事之团结，不适用第六条之规定。

第二十条　依法令组织之议会议员为预备选举会合选举人、被选举人之集会，在投票前五十日内，不适用第十条之规定。

第二一条　警察、官吏对于通衢大道及其他公众聚集往来场所，粘贴文书、图画或散布朗读，又或为其他言语形容，并一切作为认为有左列情形之一者，得禁止并扣留其印写物品：

一、有扰乱安宁秩序之虞者；

二、有妨害善良风俗之虞者。

第二二条　警察、官吏对于劳动工人之聚集，认为有左列情形之一者，得禁止之：

一、同盟解雇之诱惑及煽动；

二、同盟罢业之诱惑及煽动；

三、强索报酬之诱惑及煽动；

四、扰乱安宁秩序之诱惑及煽动；

五、妨害善良风俗之诱惑及煽动。

第二三条　违犯第二条第一项及违犯第三条第一项者，依刑法第一百八十六条、第一百八十七条处断。

第二四条　违犯第四条第一项及违犯第五条第一项者，处以二十日以下之拘留，并科二十元以下之罚锾。

第二五条　违犯第六条者，处以三十元以下之罚锾，呈报不实者，处以四十元以下之罚锾。

第二六条　违犯第七条者，处以十五元以下之罚锾，呈报不实者，处以二十元以下之罚锾。

第二七条　违犯第八条，加入政治结社者，处以二十元以下之罚锾。使入社者亦同。

第二八条　违犯第九条各款规定结社或加入第九条各款结社者，处以一年以下之徒刑。

第二九条　违犯第十条第一项者，处以二十元以下之罚锾，呈报不实者，处以三十元以下之罚锾。

第三十条　违犯第十一条者，处以十元以下之罚锾，呈报不实者，处以十五元以下之罚锾。

第三一条　违犯第十二条发起政谈集会者，处以十五元以下之罚锾，加入者处以十元以下之罚锾。

第三二条　不遵第十三条中止解散之命者，处以五个月以下之徒刑，或十元以上五十元以下之罚锾。

第三三条　违犯第十四条者，处以十元以下之罚锾，呈报不实者，处以十五元以下之罚锾。

第三四条　不遵第十五条限制、禁止或解散之命者，处以二十日以下之拘留，并科二十元以下之罚锾。

第三五条　不答复第十六条之询问或不据实答复，及拒绝第十七条第一项之监临或第二项监临席之要求者，处以三十元以下之罚锾。

第三六条　不遵第十八条退出之命者，处以十日以下之拘留，或十元以下之罚锾。

第三七条　不遵第二十一条禁止扣留之命者，处以二十日以下之拘留，并科二十元以下之罚锾。

第三八条　不遵第二十二条禁止之命者，处以五个月以下之徒刑，或五元以上五十元以下之罚锾。

第三九条　依本法科拘留及四十元以下之罚锾事件，由该管警察官署长官或其代理官吏即决之。

第四十条　关于本法公诉之时效为六个月。

第四一条　本法自公布日施行。

〔伪临时政府行政委员会档案〕

伪临时政府内政部治安部附送北京附近模范区域暂行保甲法等件会函稿

（1938 年 11 月 10 日）

迳启者：前准临时政府行政委员会函开：以治安会议议定剿匪工作分期进行，第一期为北平市及宛平、大兴、通县，第二期为昌平、顺义、房山。等因。准此。兹由本两部会订北京附近区域暂行保甲法，并附治安区域设定要领、户籍调查规定，以期正本清源，逐渐推行。除函复临时政府行政委员会查核备案，并会令宛平、大兴、通县三县切实遵办，并会省署转令昌平、顺义、房山三县依次进行，以昭划一外，相应将会订北京附近模范区域暂行保甲法暨治安区域设定要领、户籍调查暂行规定送请贵部查照为荷。此致

法部

　　附北京附近模范区域暂行保甲法

　　　北京附近模范治安区域设定要领〔略〕

　　　户籍调查规定共三件

　　　　　北京附近模范区域暂行保甲法 ①

　　第一章　总则

　　第一条　本保甲法为施行保甲制度于北京附近模范治安区域（北京四郊、大兴、宛平、通县、房山、顺义、昌平县）内而制定者。

　　第二条　本法施行区域内原有之自卫组织于保甲制度成立后，应依之改变，但县保卫团依县之状况，如有必要得留置之。

　　第三条　本法内关于县知事（县公署）之事项，适用于北京市长（市公署），关于县警察分局长之事项，适用于北京四郊警察署长，关于县警察分驻所长之事项，适用于北京四郊警察派出所长。

　　第二章　编成

　　第四条　保甲以户为单位，十户为甲，十甲为保。

　　第五条　甲之编成于同一乡镇之行政区划内，按居住之邻次，由一方顺序行之。编余之户不满一甲时，六户以上为一甲，五户以下，合并于同一乡镇内附近之甲。以甲编保之要领亦同右。

　　一乡镇内不足十甲，或甲数在十一以上十四以下时，均编为一保。若在十五甲以上，即编成二保。以一乡镇内设有二保以上

---

　　① 此件文末附图第一——附图第四及附表第一、附表第二均略。

时，各保连合称为连保。

第六条　户设户长，甲设甲长，保设保长及副保长，连保设连保长及副连保长。

第七条　保甲之干部依左记要领互选：

一、甲长由甲内之户长互选。

二、保长（连保长）及副保长（副连保长）由保（连保）内之甲长互选。

依前项互选时，甲长、保长、副保长经警察分驻所长，而受警察分局长之认可；连保长及副连保长须由警察分驻所长经警察分局长，而受县知事之认可。保长（设连保时之连保长）以乡镇长充之。但于特别时机，得以乡镇长以外之人员充之。

当实施保甲制度时，首任之甲长、保长及副保长可由县警察分局长指定；连保长及副连保长由县知事指定。

第八条　甲长得兼任保长或副保长，保长及副保长得兼任连保长或副连保长。

第九条　有左记各项之一者，不得充任保甲之干部：

一、未满二十岁者；

二、在本地居住未满六个月者；

三、剥夺公权者；

四、禁治产者；

五、吸食鸦片或其他代用品者。

第十条　保甲干部之任期为一年，但无妨连任。

第十一条　保甲干部如经指定或被选及现任其职者，若无正当理由，不得辞退。对于保甲干部之不胜任者，指定或认可之官署得取消之。

第十二条　编组保甲应先调查户口，印制户口调查表，令各户张贴门牌。

户口调查表样式，按户籍调查暂行规定行之。门牌样式如附图第一。

第十三条 保甲之名称为某县第何区何乡第何保（设连保时何乡连保第何保）第何甲第何号户。

第三章 业务

第十四条 连保长、保长及甲长各别担任维持其连保、保及甲内之治安。

副连保长（副保长）辅佐连保长（保长）之业务，连保长（保长）有事故时代行其职务。

第十五条 保甲之指挥监督系统如左：

县知事→警察分局长→（警察分驻所长）→（连保长）→保长→甲长→户长

第十六条 甲长之职务如左：

一、保甲规约之执行；

二、关于户口调查及门牌规定之执行；

三、自卫团员之决定及训练；

四、关于甲内之警备及犯罪事件之处理事项；

五、关于补助军警及保长搜捕匪犯事项。

第十七条 保长之职务如左：

一、甲长之指挥监督；

二、保甲规约之执行；

三、保内户口及统计之报告；

四、自卫团之训练及指挥；

五、关于保内之警备及犯罪事件之处理事项；

六、关于补助军警搜捕匪犯事项；

七、保甲武器之保管。

第十八条 连保长以连络统制乡镇内各保为主。

第十九条 甲长之办公处在甲长之住宅，保长（设连保时之连保长）之办公处以设于乡镇公所为原则（门首标以木牌，其样式如附图第三，保甲之图记，其样式如附图第四）。

第二十条　各户长遇左记事项时，应速报告于甲长：

一、知有匪贼及关于对临时政府叛乱阴谋工作之情报，并铁道、通信线被破坏时；

二、有家族之异动时；

三、知有隐匿匪犯或赃物者时；

四、认为有形迹可疑者潜入时；

五、水火灾害或疫疠发生时。

第二十一条　甲长或保长知有前条第一之情况，应即报告附近之军队或警察官宪等。

甲长接到前条第二之报告时，应速报告于保长。

甲长及保长接到前条第三、第四之报告，应即报告警察官宪，并先讲求搜索逮捕之处置。

第二十二条　保长逮捕匪犯，速送官署，依法惩办，不得私讯。

第二十三条　保甲捕获赃物，如系兵器，速经警察分局报告县公署，其他赃物应提交警察官宪公布，而交还遗失者。

第二十四条　保甲编成指定保甲长后，警察分局长令各保长（编设连保时之连保长）继续召集甲长开保甲会议，制定保甲规约。

保甲规约应于左记诸项中，按现地之状况，就必要事项而具体规定之：

甲之规约经保长而受警察分局长之认可；保（连保）之规约经警察分局长而受县知事之认可。

一、对于匪贼之警戒防御，并报告通报要领；

二、铁道、通信线之保护要领；

三、通行者之检查及取缔要领；

四、保甲经费之出纳保管及公布要领；

五、保长、甲长、户长对自卫团员懈怠职责，而处以一元以下之罚金，或代以劳役之规定；

六、尽力保甲者之奖恤。

编设连保时，应制定连保规约，以代保之规约。

第二十五条　保甲编成后，各保长造具保甲编成表、自卫团编成表及户口调查表各四份，以一份存于本保内，其余分呈警察分驻所及警察分局并县公署（表式如附表第一、二）。但户口调查表可利用现正实施中之户口调查表。

第四章　自卫团

第二十六条　保长及甲长为保或甲之自卫，可编成自卫团。

第二十七条　保甲内十八岁以上至四十岁之男子均编入自卫团，受公民训练而任自卫，但有左记事项之一者，得免除编入：

一、因本人之编入而一家之生计困难，有乡（镇）长证明者；

二、公务员（除保甲干部）；

三、残废及废疾者。

第二十八条　甲之自卫团由甲长指挥，保之自卫团由保长指挥，连保之自卫团由连保长（副连保长）指挥。

第二十九条　因剿匪工役服务或合同训练等连合，保或连保之自卫团使用时，于警察分驻所及警察分局之管区连合之。前者由警察分驻所长指挥，后者警察分局长指挥之。

第三十条　自卫团之训练，各保于农闲期实施之。训练期间通常一年不得超过一个月。其训练课目如左：

一、术科　国术、射击、密集及战斗教练。

二、学科　千字课、公民、常识、新民主义、农村自治、农事合作、卫生知识。

当训练期间，应置重点于术科而实施之。

第三十一条　自卫团之集团训练，除利用青年训练外，更于农闲期在乡镇公所所在地，利用学校或其他公共场所行之，以附近之日本军队并青训指导者，或县公署派遣教官等任其训练。

第三十二条　遇匪袭或灾害等，比邻自卫团应互相援助。

自卫团员之服务，以令各人平均为要。

第三十三条　自卫团所用之枪械，由警察分局检查烙印，且登记之。

保甲内各户私有之枪械亦同右。

前二项之枪械，军警不得借用或没收。

第三十四条　保自卫团应备铜罗或钟一个，以便团员之呼集。又保自卫团应备团旗一面，其式样如附团第二。

第五章　连坐法

第三十五条　甲之住民中有左之行为时，除本人依法处罚外，警察分局长对该甲内之各户长（甲长在内）得课以三元以下之连坐金。但该甲之住民中犯罪于官署发觉以前自首时，得将连坐金减额或免除。

一、通匪与以便宜，或隐匿匪徒令其脱逃时；

二、对临时政府有叛乱阴谋，并对铁道及通信线施行破坏，或知情隐匿庇护时。

第三十六条　有前条之情事时，甲长及保长由县知事施以左之处罚：

一、免职；二、记过；三、谴责。

第六章　经费

第三十七条　保甲之职员及自卫团员均不给薪，但为其职务行动于距离或因役务紧急不能归时，得酌给若干给养。

第三十八条　保甲及甲长之事务费应由保甲会议议决，经警察分局长而受县知事之认可，但其额数每月保长不得过三元，甲长不得过一元。

第三十九条　保甲之必要经费，除由县公署支出外，经保甲会议议决，而得警察分局长之许可后，可由保甲内住户征收，或由乡镇之公金、公产等财源支出。

第七章　赏恤

第四十条　有左记诸项之一者，除依保甲规约赏恤外，得由县知事报内政部及治安部救恤之：

一、侦知匪情迅速报告以安地方者；

二、战斗勇敢功绩显著者；

三、将著名匪首（特于"共匪"）捕获或杀害者；

四、因公务致死伤或罹病者；

五、其他尽力保甲事宜功劳甚大者。

附则

一、关于本保甲法事项由内政部（民政局）及治安部（警政局）掌管。

二、本保甲法自公布之日施行。

户籍调查暂行规定　中华民国二十七年十一月　　日

第一条　本规定所定之户籍调查事项，凡县民须一律遵守之。

第二条　县民应速往所管局所具呈居住呈报书，凡十五岁以上六十岁以下之男子，可领取居住证明票。

第三条　凡与左列各项该当者须呈报所，同时呈缴居住证明票，或领取居住证明票：

一、凡家中之家族、仆妇更换或增减时，于三日内须具呈报书呈报，但外出不逾五日者不在此限。

二、凡店铺、工场、寺庙、公共处所之丁口仆豢增减更换时，其管理者在三日内须具呈报书呈报。

三、旅馆、公寓、妓馆等之住客于当日中呈报，此际无论其有无居住证明票，须一并呈报。

四、户长之更换及承继者变更时，呈报书于三日内呈报。店主及住持之更换亦与前同。

第四条　工场或商店，其仆夥在三十名以上者，除照第三条之二项外，在每月末应呈报人名移动报告书。

第五条　居住证明票须常带身边，如遗失时，须具明理由，附手续费一角，速具呈报书。

第六条　凡门内居住者全部之人名、职业等须明书于门牌上。

第七条　各警察分局所设户口调查之专任者，常巡逻管内任精密户口之调查。

第八条　局所员警关于户口事项赴各户调查时，须详实告知，不得隐匿虚伪或担〔阻〕挠。

第九条　呈报书用纸由所管局所分发，关于呈报事项自己不能填记者，亦可求该局所代填之。

第十条　凡有不受局所之调查，隐不呈报，及填报、呈报不

居 住 证 明 票

白 布 制

职 业
年 龄
氏 姓
住 所
居住证明票
警察局第
〇〇县
号

调查户口注意事项〔略〕

38

实，或逾期不报，及未带居住证明票者，依违警罚法第三十四条处罚。

附则

本规定在保甲制度确立后，由保甲实施之。

(参照)违警罚法第三十四条：

"有左列各款行为之一者，处十日以下之拘留，或十元以下之罚金"。

〔伪临时政府内政部档案〕

伪临时政府治安部颁行《模范治安区域设定要领》

(1938 年 11 月 11 日)

模范治安区域设定要领　临时政府治安部部令施行

第一　目的

一、肃清北京近郊，发挥首都之气象。

二、恢复治安秩序，作成安居乐业之模范区域，令其与在蒋政权下时代相较，因中日提携之结果，予民众所得之幸福如何，并给一般住民以实物之体验。

三、予担任肃清治安之中国各机关，作成治安肃清之实际模范作为蓝本，而增进治安工作之效率。

四、令各省均仿此种模范区域，更使各地设置模范区域，逐次扩大之，以图恢复临时政府辖境之全般治安。

第二　设定区域

一、第一期

北京市四郊

宛平县

大兴县 〕之大部

通　县

二、第二期

宛平县（除山地）⎫
大兴县　　　　 ⎬之残部
通　县　　　　 ⎭

房山县

顺义县（除山地）

昌平县（除山地）

第三　实施课目

中国行政机关以日本军队之掩护完成左记诸项：

一、匪贼之剿灭扫荡；

二、确立谍报网；

三、调查户口；

四、确立保甲制度；

五、整备警备用交通网；

六、依青年训练之普及，善导思想，强化自卫力；

七、依合作社复兴民生。

第四　统计连络

本计划之实施系依中国行政机关之活动与日本军队伟力之综合，以全其成果，故为图两者绵密之连络，业务之统制，必由中日两机关各派所要之人员开治安会议。

第五　各机关之业务

一、各机关之业务概如左：

（一）内政部及治安部指导各县调查户口，确立保甲制度。

（二）财政部准备所要之经费而分配之。

（三）新民会动员在北京市四郊及大兴、宛平、通县三县实施青年训练，并于前项地域内创设合作社，其要领如左：

　1．青年训练，于北京四郊各设一所，在宛平、通县、大兴各县公署所在地各设青年训练所；

40

2．合作社于青年训练之业务告一段落后,着手在前项区域内组成模范的合作社。

(四)北京市及大兴、通县、宛平县实行调查户口及保甲制度之确立。

二、本肃清期间,大兴、宛平及通县关于肃清工作不经河北省公署,而直接受内政部之监督指导。

三、内政部及治安部并北京特别市公署之职员,应巡视肃清区域内努力指导宣传并监督等工作。

四、以河北省警察增援本肃清期间之大兴、宛平、通县等之警察。

第六　调查户口

一、调查户口须于全肃清区域内严密实施。

二、由其他乡村而来无一定职业之游民,应讲求令其归还乡里之处置。

三、调查户口实施要领应按调查户口暂行规定行之。

第七　保甲制度

保甲制度实施要领应按北京附近模范区域暂行保甲法行之。

第八　警备用交通网之整备

一、警备用道路之建设由建设总署任之,警察及日军则援助其关于警备等事项,但对一般道路之修理、改修等则指导青年自卫团及爱护村民等自为进行。

二、为警备须将县有电话整理增强。

三、四郊及县有电话之建设由通信会社担任,其经费则由临时政府别为支给。

第九　青年训练

一、青年训练于北京四郊(四个所)及各县公署所在地各约开设一所,召集县内各乡村之干部施行约一个月之合宿训练 届,令其归还各乡村,对乡村之青年实施训练,将乡村全部之青少年均行训练，但既于各地开设青年训练所者则仍继续其教育。

二、青年训练所需之经费由新民会负担。

三、青年训练之细部实施要领由新民会计划之。

第十　合作社

一、合作社以普及模范区域之农村全部，而令农民均依合作社蒙增进福祉之恩惠。

二、合作社组成之要领由新民会计划之。

三、合作社组成之必要经费由新民会负担。

第十一　宣传

一、于各县城及青年训练所各备无线电受音器，施行整理工作之宣传。

二、颁布宣传用册子等。

〔伪临时政府治安部档案〕

伪临时政府解消宣言

（1940 年 3 月）

临时政府组织成立之初，适值事变正剧之际，人情惶骇，无所统承，爰于扰攘之中，暂当维持之责，本意稍有轨道可循，即当退避贤路。两年以来，心力交瘁，事会乖牾，殊鲜补苴，每念民困之未苏，益感初衷之难副。兹幸国民政府改组还都，宣布两端，实现和平与实施宪政，均与临时政府素所揭橥并无二致，旨趣既属相同，统一可期奠定。用于二十九年三月三十日国民政府举行还都典礼之际，即行宣告解消。特此宣言，以告中外。

〔华北政务委员会档案〕

（三）伪维新政府

伪中华民国维新政府成立宣言

（1938年3月28日）

近年百政腐败，群小盈廷，不谙外交，但矜豪语，不教民而使作战，无军备而恃空言，不啻以民命为牺牲，以国家为孤注，遂致神州涂炭，京邑邱墟，万灶无烟，四民失业。当国者丧师愈众，报捷愈频，失地愈多，搜括愈甚，未闻举一事以省愆，出一言以罪己。焦土政策，等于自戕，容纳共产，俨同召寇，是中国有史以来惟一之恶政府，其居心行事，盖桀纣所不肯为，闯献所不忍出者也。现虽苟安巴蜀，潜伏荆湘，但以窃号自娱，已失统御之力。同人等激于义愤，急起救亡，除旧布新，与民更始，爰于三月二十八日在南京重建中华民国维新政府。其惟一使命，则在使领土主权，复现战前状态，与邻邦樽俎折冲，归于敦睦，务使国人免锋镝之苦。同种无箕豆之争，本吾国旧有道德，确立东亚之和平，更与欧美列邦保持联络。至维新政府之成立，系根据苏、浙等省之事实，原为暂时性质，与临时政府初无对立之心，向来中央所管事项之不可分析者，仍由临时政府商酌办理，一俟津浦、陇海两路恢复交通，即与临时政府合并。盖同人等雅不愿国内有对峙之两政府也。至于恢复秩序，抚辑流亡，安定农村，复兴商业，皆目前最急之务。谨当集合群力，逐一进行，俾我父老子弟诸姑伯姊各安常业，渐复生机。为人民减少一分兵燹，即为国家多留一分元气。譬之医病，急则治标，必待标病既除，徐图培补，不敢空谈治理，高语富强，以欺我困苦颠连九死一生之民众也。明知荆棘遍地，烽燧弥天，复旧国于灰烬之余，抚穷黎于伤残之后，程工不易，着手尤难，惟有各尽知能，完成使命，天视民视，矢志不渝。用特宣言，敢告民众。

伪中华民国维新政府组织大纲稿

（1938年3月）

第一条　中华民国维新政府总揽中华民国之治权。

第二条　中华民国维新政府以左列三院组织之：

（一）行政院；

（二）立法院；

（三）司法院。

第三条　行政院、立法院、司法院各设院长一人，副院长一人。

第四条　行政院为中华民国维新政府最高行政机关。

第五条　行政院以左列各部组织之：

（一）外交部；

（二）内政部；

（三）绥靖部；

（四）财政部；

（五）教育部；

（六）实业部；

（七）交通部。

部之设置得因政务繁简情形裁并增减。

第六条　行政院内置左列各厅局：

（一）秘书厅；

（二）铨叙局；

（三）考试局；

（四）统计局；

（五）典礼局；

（六）印铸局；

（七）侨务局。

第七条　行政院设议政委员会，置常务委员三人，视政务必要时召集委员会议。行政、立法、司法院长及行政院各部部长皆为当然委员。其组织另定之。

第八条　立法院于国会未成立前，议决法律案、预算案、大赦案、宣战案、讲和案。

立法院组织法另定之。

第九条　立法院设立法委员四十人至六十人，会议时以院长为主席。

第十条　司法院为全国最高审判机关。关于司法行政事项，设司法行政部；关于行政审判事项，设行政法院。

司法院组织法暨各级法院组织法另定之。

第十一条　本大纲自公布日施行。

〔伪维新政府系统档案〕

伪维新政府各部官制通则稿

（1938 年 3 月）

第一条　各部设部长一人，总揽部务，监督所属职员。

第二条　各部设次长二人，承部长之命，分别处理部内之政务常务。

第三条　各部设参事四人，审议撰拟部之法令及单行规则。

第四条　各部设司长四人至六人，视部务之繁简，以部令定之。各部设简任秘书二人，荐任秘书二人。

第五条　各部每司设科长二人至五人，每科设科员九人至十二人，视事务之繁简以部令定之。

第六条　各部设官员额，除官制已有规定外，其变更增减，须由各部长官提出于议政委员会。

第七条　部与部间不能解决之权限或争执，由议政委员会定之。

第八条　本通则自公布日施行。

〔伪维新政府系统档案〕

伪维新政府省政府组织大纲稿

（1938年4月）

第一条　省政府受中央政府之委任，于省之区域行政内为该省地方政府之最高机关。

第二条　省政府于不抵触中央政府之法令范围内，对于省行政事项得发省令，并得制定省单行条例及规程。但关于限制人民自由，增加人民负担者，非经中央政府核准，不得施行。

第三条　省政府对于所属各机关之命令或处分，认为违背法令，逾越权限，或其他不当情形时，得停止或撤销之。

第四条　省政府设省长一人，总揽全省政务，监督所属职员。

第五条　省政府置左列各厅：

（一）民政厅；

（二）财政厅；

（三）教育厅；

（四）建设厅；

（五）实业厅；

（六）秘书厅。

第六条　省政府各厅暨厅长一人，承省长之命，综理厅务。

第七条　厅之官制另定之。

第八条　本大纲自公布日施行。

〔国民政府财政部档案〕

伪维新政府特别市政府组织大纲稿

（1938 年 4 月）

第一条　特别市政府直隶于行政院。

第二条　特别市政府得依法令掌理本市行政事务，监督所属机关及自治团体。

第三条　特别市政府于不抵触法令范围内，得发布市令，制定市单行规则。

第四条　特别市设市长一人，总揽市政，监督所属职员。

第五条　特别市政府设左列各局，每局设局长一人：

（一）社会局；

（二）公安局；

（三）财政局；

（四）工务局；

（五）教育局；

（六）卫生局；

（七）土地局；

（八）公用局；

（九）港务局。

以上各局除社会、公安、财政、工务四局为必须设置外，其他各局视市政有必要时，得酌量增设。

第六条　特别市政府设秘书长一人，掌理文牍、庶务及不属于各局事项。

第七条　特别市政府设参事二人，审议撰拟市令及单行法规。

第八条　市政府因事务上之需要，得聘用专门技术人员。

第九条　本大纲自公布日施行。

〔国民政府财政部档案〕

伪维新政府道组织条例

（1938 年 6 月 10 日）

道组织条例　二十七年六月十日
第七次立法会议议决通过

第一条　道之管辖区域为旧道尹所管区域，或由省长酌量变更，咨请内政部核定，转呈行政院呈准维新政府公布之。

第二条　道设道尹一人，简任，隶属省长，管理所属各县各机关行政事务。

第三条　道尹得由省长特保，呈请政府任命之。

第四条　道尹依法律、命令执行所属行政事务，并受省长委任，监督道区内各项行政事务。

第五条　道尹为执行法律、命令、省章程或依法律、命令、省章程之委任，得发布道单行章程。

第六条　道尹对于所辖区内各县知事之命令或处分，认为有违背法令，妨害公益，侵越权限时，得停止或撤销之。

第七条　道尹受省长之命令，得指挥驻扎辖区内之警备队。

第八条　道尹于非常急变之际需用兵力，或为防卫起见，需用兵备时，得以文电呈由省长请驻屯附近之军队或军舰长官派兵协助。

第九条　道尹遇有非常急变或特别重要事件，除以文电呈报省长外，并得迳报行政院及内政部。

第十条　道尹公署因办理机要事件，设荐任秘书一人至四人。

第十一条　道尹公署因办理道行政事务，得分科办事，设荐任科长四人，分掌科务。

第十二条　道尹公署得酌设科员若干人，办理各科事务。

第十三条　道尹公署得酌用办事员及书记。

第十四条　道尹公署处务规则由道尹另定之。

第十五条　本条例自公布日施行。

〔伪维新政府系统档案〕

国民党中统局关于伪维新政府二十八年度施政大纲情报

（1939年）

照抄中央调查统计局第一组送来情报

伪维新政府二十八年度施政大纲（上海十日电）

兹将伪维新政府二十八年度行政大纲列报如下：

第一、施政方针　亲善友邦，复兴农村，充实各种建设事业，确立财政，强化行政机构，刷新人事。

第二、行政院　甲、以肃正治安、复兴农村，为指导行政之重点。乙、广用人才，施行考试制度，刷新人事。丙、改善各院部组织，强化行政机构。丁、筹划复兴三年计划，并从速实施。戊、整顿宣传局，以强化宣传事业。己、设立戒烟局。庚、设立

49

审计局。

第三、绥靖部

甲、军政事项：

（一）编制及装备：（1）分苏、浙、皖三省治安工作，进展区域为四个绥靖司令部（各冠以地名），于苏州、杭州、南京、蚌埠四地，各区保有兵力二团五千人。（2）上项部队整备后，本年度内，更拟扩大，在淮阴、会稽、安庆、芜湖等四区，设立绥靖区筹备处。（3）本年度内整备长江、太湖、杭州、黄浦江等四水巡队。五月内设立水巡队筹备处，六月内成立二分之一，九月内成立四分之二〔三〕，十二月完成全部。（4）整备炮舰炮艇。

（二）制定服务进级办法，编制教育，军管区礼节、服制、刑法、赏罚等条令。

（三）设立工厂：（1）整备修械所。（2）设立修械所于各绥靖司令部。（3）设立被服厂。

乙、军队教育：（1）编纂各兵操典及教范。（2）本年度内设立教导队，须于九月上旬成立筹备处。（3）规定军队教育及检阅制度。（4）实施检阅。

丙、陆地测量及修浚水路事：设立陆地测量及水路机关。

丁、规定经理规则，统一薪饷，刷新经理业务。

戊、卫生整备及设备。

第四、内政部

甲、整备行政组织：（1）为彻底实施地方行政起见，速即着手改革省行政，强化联邦制度。（2）强化县自治制度，刷新县行政组织。

乙、警备机构之整备：（1）确定各县警察机关之整备计划。（2）配置水上警备船于各重要都市之海港及水路，以强化水上警备。（3）扩充警官学校及警士教练所，使警察官之能力素质进步。（4）确立防共青年团制度，以彻底防共精神，并强化各镇乡之自卫能力。（5）彻底实行户口调查及连坐法制度。（6）恢复原有交通信线，并立法以保护之。

丙、社会设施：（1）卫生设施之完备，规定县立病院制度，设置官立病院。（2）促进社会事业，强化社会团体之指导，刷新救济慈善事业，以安民心。

丁、县政刷新之调查及准备：（1）改订诸法令。（2）整顿各项统计。（3）养成统计人员。

戊、其他：（1）上海都市建设，根据院定计划，实施第一年度事业。（2）海港检疫所，废止现海关检疫所，另设海港检疫所，以建立海港防疫事业之独立。（3）设立中央防疫所及中央卫生试验所。（4）治水事业，恢复破损之海港，促进治水事业。

第五、财政部

甲、关于税务事项：（1）调整统税机关。（2）统税机关应即属于财政部。（3）设立盐务管理机关。（4）统制盐运及盐商。（5）设立盐务警察。

乙、海关：（1）整顿运输出入护照制度等之海关规定。（2）以确立日、满、华三国经济协同体为目标，改订海关税率。

丙、诸税法之调查及改订：（1）以本年度为调查及审议期间。（2）改订与海关及盐税有关之税法。

丁、确立币政，设立银行，使通货及金融得以周转。

戊、确立预算、决算制度，自民国二十九年度起，确立年度预算，各部每年八月底前，编成次年度预算案，向财政部提出，而财政部须于十月中旬审查完后，或提行政院，付议政会议审后，预算核准令须于十一月中到达各部。

第六、交通部

（一）公路：（1）调查既设公路及水路之状态。（2）修复重要都市间之公路。（3）增筑治安上必要之公路。

（二）铁路：（1）设立铁路公司。（2）着手修理铁路。（3）充实输转材料。（4）扩充联络都市之汽车事业。

（三）电讯电话：（1）开通铁路沿线之主要都市间之电话。（2）充实无线电讯事业，并恢复对欧美之联络线。（3）恢复各县警备通讯网。

（四）邮政：即掌握华中邮政实权。

（五）航空：设立航空公司。

（六）水运：（1）充实航政局之机构，确立华中水运行政之基础。（2）收回第三国之人民船舶，由中、日两国协同发展华中水运。（3）督励内河汽船公司及民船工会，使水运力增大及圆滑。

第七、实业部

（一）农村之复兴及改良策划：复兴农村之三年计划，本年度内着手事项预定如下：（1）设立农业专门人员训练所。（2）设立中央农业试验所。（3）设立农业实验区。（4）设立中央森林管理局。（5）农村家庭工艺之调查研究。（6）设立棉业指导所及其分所。（7）组织棉业改进会。

（二）水产事业之振兴：策划水产事业三年计划，本年度内预定着手下列事项：（1）设立水产养植试验场。（2）设立水产专门人员训练所。（3）设立水产礼合。（4）令华中水产公司根据计划开发舟山群岛之水产事业，并实施岛民之福利设施。

（三）设立农业交易所：以三个月为筹备期间，设立指导员训练所五所，可在各县城及其他主要市场设立交易场。

（四）蚕丝业：令华中蚕丝公司制造优良蚕丝业之一切制度。

（五）工业：（1）促进各种工场之复兴。（2）劝诱原有经营者之复兴。（3）劝诱友邦之资本及技术之援助。

（六）矿业开发计划：促进铁矿及煤矿产量之增加，并令华中铁矿业公司调查矿区，以为开发矿业之资料。

（七）公共产业：令各关系公司根据既定计划，恢复电气水导等公共事业。

（八）制度之改良：改良有关于振兴农业及渔业之度量衡、商标制度等诸制度。

第八、教育部

（一）恢复诸学校：（1）确立各省中学之补助制度。（2）南京、上海各设男女模范中学二所，男女师范学校一所。以上六校于本年七月开校。

（二）小学教科书之改编。

（三）为实施教育起见，在南京市竺桥路竺桥小学校旧址，设立教育部直辖临时教职员养成所。

（四）在南京中央大学文学院旧址，设立国立南京大学。

第九、司法行政部

（一）设立尚未设立之地方法院，及整顿已设立之各级法院。

（二）司法人员之选定及考成：（1）规定司法人员之采用及考查法。（2）设立司法人员养成所。

第十、外交部　彻底改革外交部之组织。

查以上伪施政方针，由敌华中特务部制订，经由敌方核准，交伪维新遵办。

〔国民政府财政部档案〕

（四）伪联合委员会

伪中华民国政府联合委员会预备会议记录

（1938 年 9 月 20 日）

日期　中华民国二十七年九月二十日

时间　午后二时七分至三时二十五分

地点　勤政殿

出席者　王委员长克敏　　王总长揖唐　　朱总长深

　　　　梁院长鸿志　　　温院长宗尧　　陈部长群

　　　　喜多部长　　　　原田部长　　　根本少将

　　　　真方中佐　　　　滨田中佐　　　野村部长

　　　　须贺大佐　　　　堀内参事官　　清水书记官

　　　　陈部长箓（事务部长）

喜多部长　敝人对于联合委员会之成立会稍尽棉薄之力，谨以此资格及日方军部关系者之资格，拟请诸位准许敝人在本日预备会议初开会时代为进行议案。

第一是主席委员之互选，根据组织大纲第四条，由委员中互选主席委员，此事依照上次准备委员会之商洽，已规定自临时政府委员中选出之，请各位即行互选为幸。

梁院长　在大连所商定者，似乎不仅此数种。

王委员长　是还有谅解事项，不过只有两份（随即交梁院长一份）。

梁院长　本席觉得在互选主席前，先将组织大纲、两种办事规则加以研究，或修正文字，然后再推选主席委员及常任委员。

喜多部长　关于此事，敝人愚见，联合委员会大体上由中国委员主持进行会议，因此主席委员、议长、常任委员选出后，在议长、主席之下，来讨议组织大纲、宣言及其他事项。不知各位以为如何？那么先请互选主席委员。

梁院长　两政府谅解事项中已有规定，又组织大纲第四条第三项有主席委员由委员中互选之。不过我想不如推举，各位以为如何？

各委员　赞成。

梁院长　公举王克敏委员为主席委员。

各委员　赞成。

王委员长　那我也不说客气话了。

梁院长　本席代表维新政府推举温宗尧先生为常任委员。

王委员长　本席代表临时政府推举朱深先生为常任委员。

喜多部长　那么此联合委员会主席委员为王克敏阁下，两政府委员中所指定之常任委员，维新政府为温院长，临时政府为朱总长。其次，根据第五条，开会时应设议长。

王委员揖唐　似可不必另选议长，即以王主席委员为议长。全体无异议。

各委员　王主席委员。

喜多部长　关于事务部之职员等，请中国方面各位商定。照豫定表，敝人应担任者至此终了，此后应议事项请议长为主席而进行之。

梁院长　事务部长谅解事项中规定，由维新政府推荐，本席拟请陈箓总长担任。

梁院长　事务部办事人员等事，可请陈部长与主席委员另行商定，此席上专谈议案。

王委员长　好，请陈部长入席（陈箓事务部长入席，梁委员向各委员介绍）。

王委员长　今天是政府联合委员会预备会第一次会议，承两方陆军、海军、外务各方面有关各位光临，觉得非常光荣。此次组织联合委员会，蒙各方赞助，经长时间的研究，又在福冈、大连蒙各位帮助商榷，于是完成草案，实在是感激之至。今日即以已议定之草案为根据，求各委员讨论。鄙人想此草案甚为适宜，织织大纲、办事规则、宣言等均极妥当，请大家商讨。但我想并无很大问题也，不过文字的斟酌耳，议案一定会很顺利通过的。鄙人等谨向今日光临之友邦各位表示感谢。

陈部长　组织大纲等拟请逐条读一遍，以便修正文字。主席委员照读：

一、中华民国政府联合委员会组织大纲。

二、中华民国政府联合委员会办事规则。

三、中华民国政府联合委员会事务部办事规则。

四、谅解事项。

五、宣言。

经修正后完全通过。

真方中佐　组织大纲及两种办事规则既已决定，拟将其概要发表，但谅解事项并不发表，宣言则在成立典礼举行后始发表。

喜多部长　本日所议决之组织大纲及办事规则均抄写两份，双方政府各执一份，有关系的各处最好亦各抄给一份，不过不知道要多少份。

根本少将　南北陆、海、外各一份，共须六份。

王委员长　今天联合委员会的组织大纲及两种办事规则全都通过，谅解事项也谅解了，本日的议案全部圆满通过。我们委员们对于今天光临的友邦各位谨表谢忱。

散会。

联合委员会准备会之谅解事项

中华民国临时、维新两政府对于联合委员会组织大纲之适用谅解如左：

一、主席委员之互选，依投票之形式，但对于临时政府所希望者须全体一致推举之。

二、会议地点暂在北京及南京轮流开会。

议长由管辖会议地点政府所选定委员中推举之。

三、事务部长由维新政府方面选派之。

四、事务部之职员，依左记之分配，由两政府选派之：

如有新加入联合委员会之政府，则处员以下由各政府平均选派之。

临时政府　秘书长一

秘　书一（次席）

政务处员　二（金融、税务主任；交通、通信、邮务主任）

维新政府　政务处长　一

秘　书　一（首席）

政务处员　一（一般政务、外事、文教、思想及其他主任）

〔伪临时政府行政委员会档案〕

伪中华民国政府联合委员会组织大纲

（1938年）

第一条　中华民国临时政府与中华民国维新政府设立中华民国政府联合委员会（以下简称联合委员会），以便统制关于政务上共通事项，使新中央政府易于成立。

第二条　联合委员会对于交通、通信、邮务、金融、海关、统税、盐务、文教及思想等，其中需要统制事项协议之。

第三条　联合委员会暂设在北京。

第四条　联合委员会设置委员六名。

前项委员由各政府选派三名，各代表其政府。

由委员中互选主席委员，代表联合委员会处理会务。

由各政府代表委员中各选出常任委员一名。

以主席委员及常任委员组成常任委员会。

第五条　联合委员会依各政府认为必要时，得随时指定地点开会，每月一次。会议时设议长，于出席委员中推举之，主持会议之议事。

第六条　常任委员会在闭会期内，得处理例行事务。

第七条　联合委员会及常任委员会之议事，非得出席委员全体赞成，不得议决。

第八条　联合委员会所议决事项，按其性质，由联合委员会或各政府执行之。各政府所执行事项须报告联合委员会。

第九条　联合委员会内设事务部，置事务部长一名，部员五名，及所需事务员若干名。

事务部长由联合委员会任免之，承主席委员之命，指挥所属职员处理联合委员会事务。

事务部职员以各政府所任命官吏充之。

第十条　联合委员会所需经费各政府分担之。

第十一条　本大纲自公布日施行。

〔伪华北政务委员会档案〕

伪中华民国政府联合委员会成立宣言

（1938 年 9 月 22 日）

自党府专权，轻开战衅，师徒败绩，日不绝书。临时政府、维新政府应时势之要求，先后成立，皆所以缓和战祸、恢复邦交，救中国垂死之遗黎，兼以树东亚百年之大计也。数月以来，两政府悉心体察，觉对开两府，因感政务之不易推行，即树立中枢，亦须各方之详加考究，几经商榷，而中华民国政府联合委员会遂于今日产生。本共进之精神，求方来之效率，责任綦重，不特入会政府当努力从事，誓践此言，即未隶两府版籍之朝野诸贤，亦望其深憬民难，保全国脉，参加组织，共策进行。其民众之误信宣传者，亦宜力戒盲从，急图觉悟，认明安危利害，而自造于福利之途。至于共产主义不适于国情，国民政府以前之秕政，尽人皆知，勿待复说。惟昔之以党祸国，今之容共入党操纵之者，实惟蒋介石一人。今虽势蹙技穷，犹以国家为孤注，又复出爪牙，肆为簧鼓，不讲立国之道，专感在远之人，国中有识分子亦不免受其威胁利诱，堕入彀中。蒋氏遂藉此负嵎，延长战祸，以造成今日之局。须知我两政府同人之抱负，联合委员会会务之所进行，皆不愿中国受悲惨之牺牲，华人增无穷之苦痛也。果使中国安定，即东亚立现和平，则世界举蒙其福。然则联合委员之设，非徒为中国而已，世界人士若能共鉴此诚，即向来通好之国家皆吾素友，皆吾弟昆，自当履行以往条约，尊重既得权益。其有阴助蒋氏，假托旁观，而冀收渔人之利者，则当以仇敌视之，非欲开罪于操纵时局之列强，实不忍国内同胞之如水益深，如火益热也。谨此宣言，用告中外。

中华民国廿七年九月廿二日下午一时发表

〔汪伪维新政府系统档案〕

伪中华民国联合委员会第一次会议速记录

(1938 年 9 月 23 日)

日期　二十七年九月二十三日（星期五）上午十一时十五分

开议

　　地址　本会会议厅

　　出席委员　王主席克敏　　朱委员深　　　王委员揖唐

　　　　　　　梁委员鸿志　　温委员宗尧　　陈委员群

　　列席人员　真方中佐　　　吉野中佐　　　滨田中佐

　　　　　　　清水书记官　　陈事务部长箓

　　主　　席　王主席委员

　　纪　　录　胡祖佑　　　　白陈群

甲、报告事项：

　　主席报告　现在本会成立宣言、准备会谅解事项及组织大纲、办事规则、事务部办事规则均经制定公布，请各委员补行签字。

　　梁委员　嗣后本会议事日程，应由主席委员饬事务部用中国文字拟定分送。

　　主席　以后议事日程用中国文字拟定。至本会职员待遇问题，可以照临时政府俸级规定办理，政务处长、秘书长均比照简任官等级待遇。

　　梁委员　自南方来之高级职员，除俸给外，应另支公费。

　　主席　可给食宿费二百元，委员不支公费，助理员及书记不自南方物色，拟就地取材录用。

　　梁委员　依大纲规定，事务部职员由政府官吏兼充，但助理员、书记南方既不便来，可由事务部长自行选用。

　　主席　外边流言各委员南方籍较多，因只朱委员是北方籍，但本席在北方多年，北京系第二故乡，职员似拟宜多用北方人，以资调和。

　　乙、讨论事项：

　　主席　本会已经成立，一切事务均须进行，在此政局甫定，本席主张一切政务逐渐推进，不可急于求功。至以后之议案如何进行，希望诸位委员发表意见。

温委员　事务进行缓急须视环境之如何。

梁委员　次期会议议题应于前次会议拟订。

主席　前次会议规定下次会议议事日程，如临时有事，随时电商诸君。有无异议。众无异议。通过。

主席　第二次会议日期、地点如何拟定，二次会议于下月下旬在南京举行，诸君有无异议。众无异议。通过。

将来蒙疆政府加入本会时期应如何决定。

梁委员　加入日期似不便决定。至委员额数，以现在比例不得过三人。至秘书长等均有定额，不便增加，其他职员似可酌为增加。

主席　蒙疆政府加入本会须视时机为转移。

梁委员　此系事实问题，委员如只能加入一、二人，则不必拘定三人为妥。

主席　本案即照梁委员主张，蒙疆政府加入本会须视时机，其委员至多不过三人，职员可酌量增加。诸君有无异议。众无异议。通过。

主席　联合委员会之使命系基于救国精神，实现反共，应以如何方法召集国民大会，请诸君发表意见。

梁委员　本会之使命在反共，如何召集开国民大会。

主席　应研究用何方法使之召集。

梁委员　广义选举之会甚难，狭义选举较为容易。

陈委员　召集开国民大会之意义为何？

主席　意在反共亲日。

梁委员　反共亲日系政策之一种，本席以为开国民大会当在中央机构完成之后，本案理由当然承认，不过进行及办法应加详细研究。

主席　所谓办法系使国民明瞭共产之害，在此时期非中日合作不可。

温委员　使人民明瞭应从宣传上做工夫。

主席　宣传系根据事实，否则空洞宣传毫无效果，一般人均能明瞭亲日反共，然后促成之，国民大会方能收效。

梁委员　一方在宣传，一方重事实，现在中国人民尚谈不到国富兵强，应设法使人民能安居乐业。然言之匪艰，行之维艰，如办理有成效，人民自然相信，否则不能解除其痛苦，难免激成之为共党，故两政府责任甚为重大。

主席　安居乐业之前提首在治安、交通之恢复，但此二事亦与时局有关系。

梁委员　国民心理无不愿安居乐业，为政者应迎合国民心理作去，即友邦亦甚注重中国安定，深恐中国人民尽成赤化。

陈委员　准备召集国民大会，一方先从事宣传，一方应有组织。即是使思想方面开发。即如现时父子之思想不同，亲友之思想更异，应如何使之思想一致，除宣传外，应有组织，使之思想变化。此为文化问题。学校教育如何，社会教育如何，应与友邦人士研究开发思想，然后方能谈到如何防共。故政府应研究如何领导青年使之归于正轨。

主席　本京大学之农、工、医、师范各学院均已开课，拟于春假后开办文、理等科。南方之黄道会是否政党性质？

陈委员　黄道会不是政党性质。

梁委员　黄道会与维新政府并无关系。新民会是否有政党性质，但其组织是否健全？

主席　新民会非政党性质。

梁委员　该会经费是否由政府支给？

主席　由政府支给，但性质不甚分明。

梁委员　该会用人之权如何？

主席　由该会自行办理。该会既非政党，又非民众团体　系雏形的组织。

梁委员　该会之工作如何？

主席　其工作注重农事方面，即如散给各县种籽，教导农民播种，着重为农民解除困难。近来工会方面亦渐渐发动领导，但其工作性质总觉不甚分明。

梁委员　据主席委员所说，该会系以劳农为根据，不以政治为根据。

温委员　本会使命在计划政治之设施，就现在情形而论，不能即召集国民大会。因国民大会须选举，必须候人民心理转变后方能进行，现应从事预备。如文化教育等，一方改变旧学生之思想，一方领导新青年，思想变为一致后，方能办理选举。

陈委员　在南方曾闻友邦人士问及中国政治是否应用一种招牌下作政治工作，此点研究并无结果，不知临时政府曾否感到应选用招牌与否？

主席　现在北方盛倡新民主义，但是否与国民心理相合，尚待考究。

朱委员　现在人民识字者多，实际有知识的人方可领导一般民众，如智识阶级不回头，是无办法。但在此状况，南北一致忧患均是人民荡然离居，应先使其能安居，渐渐的能乐业，然后方能再言思想问题。

梁委员　顷朱委员所谈最为紧要，安居乐业二字系临时、维新两政府应办之要政，否则势必不可收拾，政府同人如何自责亦无以谢国人。现在南方各省除铁路线外，均有土匪，政府命令当然不出都市，即离城三、五里外即有土匪，友军亦无办法。因来中国之友军一方作战，一方顾虑连络、一方预备后方诸事，实无暇代中国剿办土匪。就大概推想，土匪数目大约多于友军三、五倍，人民有资产者可以移居城内，或入租界，贫寒者无法迁移，又不能安居乐业，更受赤化之煽惑，现倾向赤化者约一半。长此以往，恐赤化日多一日。假如尽为赤化，则根本无办法。故同人应研究第一步，凡友军未到之地方如何能使人民安居乐业，至于办党等等，均为骗人工具，现在无须进行。

主席　临时政府对人民安居乐业亦极注意，安居要恢复治安，但是根本办法是在停止战事，如能停战，则人民方能安居乐业。战争之时，友军无力代为剿匪，虽再续增一百万人，亦不足用。战事不停，则扰乱治安之溃兵四散抢掠，无法收束。故战事不停，则扰乱不止，因对方善于宣传，是治安问题，现无彻底解决之办法。现可从第二点改变人民心理入手，但是应先谋中国人的出路，能有出路，使能改变心理领导民众者在知识分子，如能将此项份子思想改变，则政治方有办法。知识分子又多在教育界，旧的教育弃而不用，新的教育多从欧美输入，不合国情，留学生知外国事情，不明中国学问，与社会情形不合。现在一般青年旧有教育多不明瞭，故年至四十、五十以上始知中国旧有之教育为可贵，是教育为根本问题。为人民求出路，又为实际之问题，如专恃空口宣传，并无效果，且中国识字者少，文字宣传效力甚薄。

王委员揖唐　停战问题现似尚谈不到，本席以为欲使人民安居乐业，须先恢复交通，将来京汉、津浦两路交通完全恢复，对于沿线地方由近及远切实整顿，自能逐渐恢复旧观。切实整顿之方法，鄙意以为慎选牧民之官，为最紧要，昔曾文正公亦曾屡言及此。亲民之官，当大战之后，须以不扰民为心。一县能得良吏，则一县百姓能安居乐业，全国各县皆能得良吏，则全国百姓皆能安居乐业矣。

梁委员　主席、王委员所谈二点，一个安居，一个停战，但诸事不能候停战之后再办，必须交通路线疏通后，治安始易于恢复，然后人民始能安居。南方内政、绥靖等部与特务机关开一治安会议，陈部长在座，可以略述为北方的参考。

主席　关于召开国民大会，诸君发挥甚多，现在作一收束结论，可由两政府各拟具开国民大会前应办事件，互相交换签注后，提出下次会议再行讨论。

主席　拟派陈策为本会事务部长，李宣威为秘书处长，夏奇峰为政务处长，诸君有无异议。众无异议。通过。

主席　现事务部部长业经派定，其他各职员可由陈事务部长开单呈请派充。旋由部长念名单，均无异议。通过。

王委员揖唐　本会速记录应分送各委员签字，以昭郑重。议事日程亦应于开会前分送各委员。

梁委员　速记关系重要，一人恐难应付，至少须派用二人。

主席　现在办速记者系二人，由行政委员会及行政部调用者。

王委员揖唐　速记录编成后，分送各委员核对签字后方为定稿。

主席　嗣后议事日程在开会前一星期分送各委员，速记录亦同时分送。

梁委员　本会办事机关不能随便移动，为明瞭公事起见，拟嗣后所有公事拟由事务部照钞一份寄维新政府，以便参阅。

主席　以梁委员动议咨询，均无异议。通过。

主席　宣告议事已毕。散会。

时下午十二时五十分。

〔伪临时政府行政委员会档案〕

伪中华民国政府联合委员会通知成立日期启用印信咨

（1938年9月30日）

中华民国政府联合委员会咨　天字第十号

为咨行事：本会业于本月二十二日成立，暂设北京中南海勤政殿，即日开始办公，并于同日启用印信。文曰：中华民国政府联合委员会印。除分咨外，相应咨达，即祈查照为荷。
此咨
中华民国临时政府
中华民国二十七年九月三十日

〔伪临时政府行政委员会档案〕

伪中华民国政府联合委员会第二次会议纪录

（1938年11月2日）

　　日期　　二十七年十一月二日上午九时三十分
　　地点　　南京颐和路六号联合委员会会议厅
　　出席者　主席委员王克敏　　　委员王揖唐
　　　　　　常务委员朱深　　　　常务委员温宗尧
　　　　　　委员梁鸿志　　　　　委员陈群
　　列席者　事务部长陈箓　　　　滨田中佐
　　　　　　吉野中佐　　田中中佐　　小别富中佐
　　　　　　清水书记官　　秋山书记官
　　　　　　事务部政务处长夏奇峰
　　　　　　临时政府行政委员会事务处长张仲直
　　　　　　南京特务部联络员冈田尚
　　(一)首由王主席委员提议推举梁委员鸿志为本次会议议长。众无异议。通过。议长就席，宣告开会。
　　讨论事项：
　　(二)讨论议事日程
　　议长谓：本日所讨论者系议程，并非议事内容，请公决之。

（议决）依照所定议事日程讨论之。

（三）宣言案

议长谓：关于宣言，业经数次修正后，兹已定稿，其题为《中华民国政府联合委员会第二次宣言》。并由议长将全文宣读。

（议决）修正通过。附原稿。

（四）蒙疆加入案

议长提请王主席委员克敏报告该案接洽经过情形。

王主席委员克敏谓：此案系第一次联合委员会在北京开会时所议，惟现在蒙疆政府主席德王已赴东京，日前过北京时，仅派代表至临时政府一次。关于加入联合会一节，未与接洽，恐目下尚未达成熟时期，似可从缓。

温委员宗尧谓：时期既未成熟，此案暂时保留。

（议决）保留。

议长提议：第一次在北京开联合委员会，关于反共救国民众大会提案已有议决案，议决由南、北两政府拟具具体方案，交第二次联合委员会讨论之。目下该项提案已由临时政府与维新政府分别拟就，咨会交议，现在是否讨论，由两政府合并或分别办理之。

王主席委员克敏主张由两政府分别办理。

议长提议：本案关于两政府之意见既属相同，目下应实施开始办法。

（议决）（一）由南、北两政府分别办理之。

（二）推定临时政府王委员揖唐，维新政府陈委员群，定于十一月二日下午二时三十分开会讨论之。

议长谓：午前规定议事日程已经讨论完毕，现在时间尚早，关于午后议程应否继续讨论。众赞成继续讨论。

（五）全国代表大会开会筹备方法

议长谓：此案在昨日预备会议中已经略行讨论，今日再作进一步详细研究。

王主席委员克敏提议：关于全国代表大会应先讨论代表人数如何产生及地点、时间、办法。

议长谓：代表大会之规模是否广大和狭小，应加以讨论。

朱委员深谓：各省分办，在同一日期时间中开会，并电各省、市知照反共救国大会办法。

王委员揖唐主张各省同时分办。

议长提议：

（一）南、北政府各省、市同日同时开会。

（二）各省由各县推举一人，届时至省城与会。

（三）各省推举代表三人，至各政府所在地与会。

（四）准备事宜两政府取一致办法，由内政部分别筹备。

（五）开会日期定十二月以内。

出席各委员均无异议，一致通过。

（六）下次会议日期及议题

（议决）（一）日期　十二月中旬

　　　　（二）地点　假定北京

　　　　（三）议题　由常任委员会拟定（常任委员会定本月下旬在北京开会）

临时动议

（一）电贺友邦各司令长官案

王主席委员克敏谓：广东、汉口相继陷落，本席提议以中华民国联合委员会名义，对于友邦各司令长官发电致贺，并请指定起草委员。（议决）通过。

一、分电致贺（附名单）

畑大将司令长官　冈村司令　东久迩宫军司令殿下　海军及川司令长官　华北寺内司令长官　古庄军司令长官　海军盐泽舰队司令　青岛第四舰队丰田司令长官

二、电稿推定王委员揖唐、陈委员群起草（由王、陈两委员即席起草，经全体修正，并附录电稿全文）。

（二）派遣慰问特使案

（议决） 由南、北两政府各派代表携款慰问。

（三）规定南、北两政府休假日期表。

（议决） 通过（休假日期表附录）。

议长宣告散会。时十二钟。

王克敏　梁鸿志　朱　深　温宗尧

王揖唐　陈　群

〔伪临时政府行政委员会档案〕

伪中华民国政府联合委员会第二次宣言

（1938年11月3日）

我中华民国，向称礼仪文物之邦，有史至今，从未闻有邪说诐行，如今日之甚者。蒋介石柄政以来，滥窃兵权，排除异己，虐民之政，罄竹难书。自西安被劫后，只图联共保躯，不惜摧残国本，逞凶肇衅，遂使神皋沃壤，陷于水深火热之中。一年以还，长江、黄河及珠江流域，庐舍灰烬，禾黍漂流，悉受其焦土决堤之所赐。比者，粤、汉相继失陷，彼蒋介石者，虽刎颈以谢天下，尚不足以蔽其辜，乃犹大言不惭，罔知悛悔。据各地传闻，尚欲继续抗战，以图苟延旦夕，虽牺牲民命财产，皆所不恤。似此执迷不悟，是直使目前仅仅幸存之西北、西南数省，不旋踵亦卷入漩涡，兵凶战危，将无噍类。本会负千钧一发之责，谨与我父老昆弟诸姑姊妹，披沥陈之。须知邪正不能两存，不反共不足以救国，不倒蒋不足以清共，不反共倒蒋，不足以实现和平，不实现和平，则吾全国人民救死不遑，安能图复兴之建设。若仍倾

69

向赤化，拥护独夫，不与新政府共同奋斗，则迷途益远，国命将倾，神州陆沉，噬脐曷及。生死关键，在此须臾，和平曙光，摄于群力，急起自救，毋渝此言。

〔伪临时政府内政部档案〕

伪中华民国政府联合委员会第四次宣言

（1939年3月1日）

吾国新兴政权之基础，至今日而益臻巩固，此固各地民众热烈拥护之成功，亦友邦真诚提携之明效。临时、维新两政府业将党政府留与民间之秕政恶税一举而扫除之，俾我水深火热之同胞重睹天日，此本联合委员会洵可欣然告慰于天下者也。

往者，蒋介石与其万恶之党人军阀把持国政，但谋一己之利益，不顾人民之疾苦，倒行逆施，国已不国，最后复勾结人道公敌之共党，以搆衅邻邦，实足速国家于灭亡，陷吾民于涂炭。天相中国，新政权应时而生，顺逆成败之分，昭然可睹，党权溃灭，指顾可翔。乃英、俄等国，犹于此时公然援蒋，揣其用心，无非欲牺牲我东亚民族，助战祸之延长，以遂其毒计，阴鸷险恶，孰逾于斯。

虽然，彼等之阴谋以之利用途穷日暮之蒋介石则有余，以之欺弄我审势识时之人民则不足，数月以来，我各地民众揭橥和平救国之正义，参加反对援蒋各国之运动者日多一日，诚有沛然莫御之势。夫以吾国民众既能抉发其奸，强盛之友邦亦何曾受其影响，故无论英、俄等国之阴谋如何，而两政府与友邦防共灭蒋之进行，迄不因之而稍懈。本联合委员会用再阐明斯旨，昭示天下，我四万万同胞其各努力拥护新政府既定国策，挽回历史以来未有之危局，以早现东亚之曙光，世界前途庶几有矣。若仍执迷

70

不悟，幸乘鹬蚌之争，坐收渔人之利，实公理之蟊贼，和平之恶魔，当与天下共弃之。邦人君子，其各勉旃。特此宣言。

〔伪维新政府系统档案〕

伪中华民国政府联合委员会宣布结束公告

（1940年3月）

政府联合委员会成立以来，历时两年，开会八次，本双方同力合作之旨，为促成和平统一之谋。今读行政院长兼代主席汪先生就任宣言，所揭橥两大方针，一为实现和平，一为实施宪政，与临时、维新两政府平日主张本无二致。统一之初基已奠，和平之进展愈宏。本联合会任务业已完成，应即日结束闭会，昭告内外，咸使闻知。

〔伪华北政务委员会档案〕

（五）伪华北政务委员会

王克敏等陈报各就华北政委会新职电稿

（1940年3月30日）

南京国民政府行政院汪院长暨各院院长、各部部长、各委员会委员长均鉴：俭电敬悉。克○等遵照政府命令，敬于三月三十日各就华北政务委员会新职，除呈报外，谨电请察核。华北政务委员会委员长王克○，常务委员兼任本会内务总署督办王克○，常务委员兼任本会财务总署督办汪时璟，常务委员兼任本会治安总署督办暨华北绥靖军总司令齐燮元，常务委员兼任本会教育总署督办汤尔和，常务委员兼任本会实业总署督办王荫泰，常务委员兼任本会建设总署督办殷同，常务委员兼领政务厅长朱深。委员董康、王揖唐、苏礼仁、余晋龢、赵琪、江朝宗、马良、潘毓桂等同叩。卅。印。

〔伪华北政务委员会档案〕

王克敏为汪伪国民政府成立发表布告

（1940年3月30日）

为布告事：照得国民政府改组，还都典礼经于本日告成，为使华北各省市就近有所秉承，并处理其他政府委任各项政务起见，设置华北政务委员会，组织条例亦经公布有令，特派委员十五人，以克敏为委员长。查国民政府还都宣言中所指示本会者，及此次在南京开中央政治会议与汪代主席所商定者，约有数端，本委员长兹特郑重明白以申言之：一、前临时政府所办事项，本会当继承，暂维现状。二、本会甫经成立，条例亦甫经公布，殊难即日一一实行，但必随事态之推移，逐渐使其实现。三、前临时政府在统辖区域内所实施之政治、经济、金融、建设等之各种工作，均仍旧接续办理，不以本会初设内有变更。凡此三项，悉关重要。又查国民政府政纲第八条虽有重建中央银行，统一币制之文，惟临时政府所设之中国联合准备银行不使摇动，该银行前后发行之各种钞券，亦已确定一律照旧通行无阻。尔军民人等本具丹忱，复亲赤帜，不啻观海之升白日，更如拨云而见青天，全面和平，同心拥戴，庶成中兴之盛兴，毋忘先导之德邻。用告有众，咸使闻知。

华北政务委员会委员长王克敏

〔伪华北政务委员会档案〕

汪伪行政院抄发华北政务委员会组织条例训令

（1940 年 4 月 19 日）

行政院训令　字第五号

令内政部

为训令事：案奉国民政府文字第三号训令内开：为令行事：查华北政务委员会组织条例现经制定，明令公布，应即通饬施行。除分令外，合行抄发该条例，令仰知照，并转饬所属一体知照。此令。等因。奉此。除分令外，合行抄发该条例，令仰知照。此令。

附抄华北政务委员会组织条例一件

中华民国廿九年四月十九日

院长　汪兆铭

华北政务委员会组织条例

第一条　国民政府为处理河北、山东、山西三省及北京、天津、青岛三市境内防共、治安、经济及其他国民政府委任各项政务，并监督所属各省、市政府，设置华北政务委员会。

第二条　本会设委员十七人至二十一人，就中指定一人为委员长，并指定五人至九人为常务委员。其人选由行政院院长提请中央政治委员会通过后，国民政府特派之。

第三条　委员长综理本会会务，对外代表本会，并指挥监督本会职员。

第四条　常务委员襄助委员长处理本会会务。

第五条　本会会议规则另定之。

第六条　本会设左列各总署及厅：

一、内务总署；

二、财政总署；

三、治安总署；

四、教育总署；

五、实业总署；

六、建设总署；

七、政务厅；

八、秘书厅。

第七条　本会各总署设督办一人，由委员兼任，各厅设厅长一人，简任，掌理各总署、各厅事务。各总署及厅之组织及办事细则另定之。

第八条　本会得设顾问、参议、咨议、专员、调查各若干人。

第九条　本会对于管辖区域内各机关荐任以下公务员得先行任免之。

第十条　本会关于防共及治安事项之处理，在中央法令规定之范围内，得为便宜之处置。

第十一条　本会为维持华北治安，得设绥靖军并指挥之。

华北绥靖军设总司令一人，由治安总署督办兼任之。

第十二条　本会为开发华北资源，得就中央法令所规定之范围内，为便宜之处置。

第十三条　本会为调节华北经济及对外物资需给关系，在中央法令所规定范围内，得为便宜之处置。

第十四条　本会受国民政府之委托，得管理国有财产。

第十五条　本会受国民政府之委托，得处理对外关系之地方事件。

第十六条　本会在职权范围内，得指挥并监督所属各省、市政府。

第十七条　本会在中央法令范围内，得发布命令及单行法规。

第十八条　本会经费由国民政府统筹支给之。

第十九条　本会会址设在北京。

第二十条　本条例于必要时，得呈请国民政府修改之。

第二十一条　本条例自公布之日施行。

（附注）一、华北政务委员会组织条例草案第一条及第十六条内，各省、市政府将来如用公署名义时，即改为各省市公署。

　　　　二、各总署督办之下设署长，为简任职。

　　　　三、华北绥靖军兵力另行商定之。

〔汪伪组织系统档案〕

日兴亚院华北连络部指示华北反共
方针致华北政务委员会函

（1941 年 1 月 8 日）

译文

北连政第三号

军政务关系者会议时，军方及兴亚院首领开示诸方针由。

迳启者：民国二十九年十二月十九日起至二十三日止，在北京举行特务机关长会议时，军方及兴亚院首领如另纸开示各种方针，兹随函检送，以备贵会参考。

关于另纸方针及其具体的施策之树立实施等，应与贵会协力而行，紧密连络，以免除实现时之困难，于贵会最近举行省、市长会议或其他机会，可将上述之意旨彻底使之明瞭为荷。再者，兹附上另纸三十五份，为请贵会分送各总署，以备供其参考。此致华北政务委员会委员长

王兴亚院华北连络部长官森冈皋启

民国三十年一月八日

军政务关系者会议时军方及兴亚院首脑者所指示之各种方针

一、政务关系事项

现在及将来，扰乱华北治安之最大敌人，乃共产党及共产军也，故当实施华北政务时，有注重剿共工作之必要。

为此政治建设之计划与指导，宜避免普遍，而将一切努力集中于模范地区工作及新民会之积极活动与发展上。

模范地区工作，须藉保甲制度、警备队、青少年训练、合作

社之整备与强化，以谋自卫、保安、经济等民众组织之完备。同时并须藉新民会之发育与强化，使华北民众对政务委员会具有表里一体之活动。

欲谋获得华北一亿民众之民心，对于共产党及共产军之后方扰乱工作而实施之对策，实有积极推进之必要，为达成此项目的，希望华北政务委员会及各省、县等自动开始积极活动，我方当倾注全力，加以协助。

二、经济关系事项

经济对策之基本方针，乃在于藉中日两国实质上经济结合之强化，俾以开发资源为中心之华北建设得以推进，一面谋华北自给力之向上，用以确立治安，同时对东亚经济自足圈之确立亦应有所贡献也。

是以对于华人须与以光明及指导方向，同时并须使其产业活动不受任何拘束，俾得活用其民族之资本、商机与商业知识，而自动努力于华北经济力之向上。

此乃中日经济提携之实质方策，同时亦为在华北之政治上深获民心之要缔也。当开发资源时，须先竭力开发农产资源，以谋民生之向上，然后为确立东亚经济圈计，应力谋华北特产资源之增产，并使其他地区物资圆满交换。

由于三国同盟之缔结，可以预窥之英美之经济压迫，当可使华北之对外依赖益见困难，为应付此种局势，其对策在于藉一般生产力之扩充，与资金材料之重点使用，及现存资金材料之全面动员，以谋华北经济自给力之集中。

其次，因敌方经济工作渐趋组织化与积极化，其手段在通货、物资双方搅乱我方经济之征候，亦渐臻浓厚，故杜绝我方物资之流入彼方，与吸收彼方之必要物资，均宜速谋强化。同时并应施以慎重巧妙之对策，实为重要。

三、文化关系事项

华北之教育、思想、宗教等各种文化工作，须依据顺应世界新情势之新东亚建设精神，使民心——尤其知识分子之思想——日趋稳健，以巩固中日两国精神上之结合。

因此须注力于中日教员资质之选择与向上，日语教育之普及与彻底，以及实业教育之强化与普及。

〔伪华北政务委员会档案〕

伪华北政委会录送兴亚院关于华北华中交界地带处理要纲译文公函稿

（1942年1月27日）

华北政务委员会公函

迳密启者：查苏北地区自民国三十一年起移归中央直辖，兹准关系方面送到华北、华中交界地带处理要纲。除分函外，相应录同原件译文一份，函请察收密存备查为荷。此致
内务总署王兼督办
财务总署汪督办
治安总署齐督办
教育总署周督办
实业总署王督办
建设总署殷督办
　　附要纲译文一份
中华民国三十一年一月二十七日

　　华北华中交界地带处理要纲　昭和十六年十二月二十日
　　第一　方针
　　苏北及淮北地区自民国三十一年起脱离华北，划归国民政府

直辖。故此先行准备，其已完竣者，即逐渐实行。在实施本办法时，务使人心安定，善为处理。其转移细部另定之。

第二　要领

一、政务

（甲）苏北、淮北暂定为国民政府直辖特殊地区，其中国方面之政务由苏淮特别区行政公署（假称）行之。

苏淮特别区行政长官（假称），隶属于国民政府行政院长。

（乙）苏北及淮北地区之经济指导事项由华北军担任之。

（丙）为谋苏北及淮北地区之经济问题处理圆滑容易计，由总军、华北军及当地军方关系各机关人员随时连络会商之。

二、财政

将华北中央税应拨之苏淮特别区行政公署行政补助费，依国民政府命令，由华北政务委员会直接汇交该公署。

三、治安

（甲）绥靖军仍按现状，隶属于军事委员会。

（乙）警察队、自卫团等地方治安机关之组织系统，仍按现状继续之。

（丙）治安费编入该公署财政预算经常费内计算之。

四、教育

（甲）教育组织及监督系统仍按现状继续之。

（乙）教科书在可能范围内务令速换国府制定者。

五、社会施设社会团体

可按国府之计划办理，其于国府施策无碍者，不妨继续存在。

六、思想

新民会省总会、道办事处及特殊地区办事处应行撤废，但在中国施策之东亚联盟组织能吸收者，则吸收之。

七、交通通信

（甲）铁路仍按现状继续之。

（乙）大运河、内河等之水运，应与华北、华中之内河船并存利用，谋物资流动圆滑。

（丙）连云港之建设及其运营与铁路有关，应按现状由华北交通公司办理之。

（丁）汽车运输事业亦按现状作为华北交通公司事业之一经营之。

（戊）通信亦按现状继续之。

八、通货

苏北及淮北地区之通货工作，按照现状办理之。

九、物资

物资流动应谋圆滑，尤应考虑华北之需要（主要为农产物），讲求特别措置，以资确保。

注：继续现状者，不可以维持现状为满足，应逐渐改善，以谋发展，而于经济关系更应加强华北计划。

〔伪华北政务委员会档案〕

伪华北政委会增订省道县公署组织大纲有关文件

（1942 年 1 — 10 月）

（1）伪内务总署修正省县公署组织大纲草案经过情形节略（1 月）

查修正省公署及县公署组织大纲草案，原系关系方面鉴于道公署之组织，于廿九年因划分添设关系有所修订，其他省、特别市及县、市组织迄未变更，尤其省、县两级关系最大，上年春夏间，连络部曾以省县组织修正意见见商，原案传系军方根据各地特务机关意见而拟定者，往复研究，计自上年二月以迄十一月，对于其中事理以及文句，几于每隔一、二星期必有接洽一次，约简括如下：

1．省长究应定为简任抑特任，结果仍照旧定为简任。

2．省既定为简任机关，则按行政系统对于主管总署、行文体制及合于主管系统应改用呈用令，且必须规定程序，以资专责而免纷缠。

3．各厅既系联合办公，应否设置秘书及秘书主任。

4．县之知事为一县行政之长，责任重大，宜否略照禁烟及其他征榷机关局长之例，优以待遇，改为简任抑应酌择升调。

5．根据以上，则县之秘书科长均有连带争持。

6．县之设科如遇必要应否全设，应有伸缩余地之文句方式。

7．警察之应设科、或局、或所。

种种问题，往复酌商十月之久，由本署拟订折中案，经关系方面同意后正式呈请政委会核示施行。最近连络部谷部调查官来署催促，并称关于此案本人继石井调查官之后，经贵署及军部关系各方面折冲，费时半年始克完成。当此为适应重大时期计，恐不仅贵署及本院与军部方面无不期待其早日修订公布。因与确立地方治安及强化行政效率均有关系，是以日前曾赴政会交涉，请早日公布。当由政厅筱浦日系职员代答，并提出五点：一、省、县修正大纲委员长并不知道。二、第二条第二项与现例不合。三、修正与中央立场难合拍。四、县长简任，秘书科长荐任不妥。五、内容无大异，无修正变动之必要。均经本人一一据理答复。总之，此案已经贵署与各方面经过半年之苦心流血，竟尚遭此质难，殊以为憾，仍希努力促请早日实现。此其前后经过之大略情形也。至于各级卫生机关，当时本拟似可仿照以前各省之河务、水利及各征税榷运等机构，原直属于中央，而为特别委省监督之机关，故未研讨列入组织。究竟应否添列，拟请核示施行。合并声明。

附省县公署组织设员系统比较表一纸〔缺〕

（2）伪华北政委会秘书厅付（10月24日）

秘书厅为移付事：本年十月二十二日第二二九次常会主席提出：（一）省公署组织大纲增订案。（二）道公署组织大纲增订案。（三）县公署组织大纲增订案。当经议决�@过。等因纪录在卷。相应录案，检同原组织大纲增订各案等件，移请贵厅查照办理。此移

政务厅

附法制局签呈暨改订省道县组织要点各一件又省道县组织大纲 ①
增订案暨组织大纲现行法各二份〔组织大纲现行法略〕

华北政务委员会秘书厅启

卅一、十、廿四、

黄俊签呈

谨按此次拟改订省、道、县组织一案，现正由连络部妹尾事务官赶办中，已面请从速办理送会，以便转陈。谨呈

委员长

职黄　俊②谨呈

九月二十三日

谨将此次拟改订省、道、县组织要点列左：

一、省　乃将职掌及员缺分别补充，与前次所拟无大出入。

二、道　此次拟改订之点大要有三，即：一、将普通市仍改

---

① 省、道、县组织大纲均于1942年10月22日同时公布。

② 黄俊为法制局科长。

归省直辖。二、道尹不兼驻在地之县知事。三、各县预算须经道尹审查，并呈报省长。

三、县　乃将职掌及员缺分别补充，与前次所拟无大出入。

省公署组织大纲增订案

第一条　省设省公署，为全省行政机关。

第二条　省公署于不抵触中央法令范围内，得发布省令，并得制定省单行规则，但关于限制人民自由，增加人民负担者，须呈请华北政务委员会核准。省公产之处分亦同。

第三条　省公署置省长一人，简任，综理省政，并指挥监督所属机关与道、普通市县及其职员。省长因事故不能执行其职务时，得派厅长或秘书长代行，其休假过久时，须呈请华北政务委员会派员代理。

第四条　省长指挥监督全省之警团及警备各队，为处理或防卫非常事变需要兵力时，得请求驻扎邻近之军事长官派兵会同办理。

第四条之二　省长对于省公署所属全省荐任以上职员之任免、奖惩，须呈请华北政务委员会核办，委任以下者，由省长行之。但道、普通市、县各公署及其所属机关之委任以上者，须饬所管之道尹或普通市长先行呈报。

第四条之三　省长对于所属机关及普通市、县各公署之命令或处分，认为有违法越权或其他失当时，得停止或取消，及命其变更，但以不抵触诉愿法及行政诉讼法者为限。

第四条之四　省长关于县政之指挥监督，如以文书直接颁发县公署时，须同时将该文书抄发该管道公署。

第五条　省公署设左列各厅处。

一、秘书处；

二、民政厅；

三、财政厅；

四、教育厅；

五、建设厅；

六、警务厅；

七、宣传处。

第六条　秘书处掌左列事项：

一、关于撰拟、保存及收发文书事项；

二、关于会计、庶务事项；

三、关于编制及统计、报告事项；

四、关于典守、印信事项；

五、关于纪录省公署各厅、处职员之进退事项。

六、关于省令之起草及省政会议并一切机要事项；

七、其他不属于各厅处事项。

第七条　民政厅掌左列事项：

一、关于道、普通市、县行政官吏之提请任免事项；

二、关于道、普通市、县所属地方自治事项；

三、关于赈灾及其他救济事项；

四、关于礼俗、思想、宗教事项；

五、关于土地行政事项；

六、关于户籍统计事项；

七、关于民生及与民生有关之民众团体之指导监督事项；

八、关于地方职员之训练事项；

九、关于地方自治之经费事项。

第八条　财政厅掌左列事项：

一、关于省税及省公债事项；

二、关于省预算、决算事项；

三、关于省公产管理事项；

四、其他省财政事项。

第九条 教育厅掌左列事项：

一、关于学校教育事项；

二、关于社会教育事项；

三、关于图书馆、博物馆、公共体育场等事项；

四、关于青少年及妇女团事项；

五、其他教育行政事项。

第十条 建设厅掌左列事项：

一、关于农业、林业、矿业、水利及畜产等事项；

二、关于工商业事项；

三、关于交通、通信事项；

四、关于一切建筑及测量事项；

五、关于合作社及劳工事项；

六、其他建设行政事项。

第十一条 警务厅掌左列事项：

一、关于警察事项；

二、关于卫生事项；

三、关于消防事项；

四、关于调查户口事项；

五、关于保甲及其他有关治安事项。

第十一条之二 宣传处掌左列事项：

一、关于情报事项；

二、关于宣传事项。

宣传处之组织及职员另定之。

第十一条之三 省长得将其职务之一部委任道尹或普通市长办理。

第十二条 秘书处置秘书长一人，简任；秘书四人，荐任；委任各二人。秘书长综理秘书处事务，秘书分掌秘书处事务。

置参事二人至四人，简任或荐任，掌理各项规则之起草、审查及省政设施之企画审议事务。

第十三条　各厅置厅长一人，简任，综理各厅事务。

第十四条　各厅、处分科办事，每科置科长一人，荐任，科员、办事员若干人，委任，分掌各科事务。

各厅置秘书二人至四人，荐任或委任，承长官之命处理该厅事务。

各厅得酌置技正、技士、督察、督学及视察员，荐任或委任，其员额应斟酌实际情形定之。

第十五条　省公署为缮写文书得酌用雇员。

第十六条　省公署及各厅、处之办事细则由省长定之，但须分别呈请主管总署转呈华北政务委员会备案。

第十七条　省公署设省政会议，左列事项应经省政会议之议决：

一、关于本大纲第二条所定事项；

二、关于省行政区划之确定及变更事项；

三、关于省行政设施及变更事项；

四、关于省预算、决算事项；

五、关于省财政上一切缔结契约事项；

六、关于省公署所属全省荐任以上官吏任免事项；

七、其他经省长认为应行议决事项。

省政会议之组织及议事细则另定之。

第十八条　本大纲自公布之日施行。

道公署组织大纲增订案

第一条　道设道公署，为所辖各县之行政监督指导及省长委任事项之执行机关。

第二条　道公署于不抵触中央及省之法令范围内，对于所辖之行政监督指导得发布道令及道单行规则，但关于限制人民自由，增加人民负担者，须经由省长呈请华北政务委员会核准。

第三条　道公署按其所辖县数之多寡及政务之繁简分三等级，其等级由省公署酌定，呈请华北政务委员会核准。

第四条　道公署置道尹一人，简任，承省长之命指挥监督所辖各县之行政并所属机关与所辖各县之职员。

第五条　道尹对于驻扎本道区之警团及警备各队得节制调遣，为处理或防卫非常事变需要兵力时，得迳向邻近驻扎之军事长官请求派兵会同处理，同时向省长报告之。

第六条　道尹于必要时得组织道警备队，其组织规则由道尹拟定，经由省长转呈华北政务委员会备案。

第七条　道尹对于道公署及所属机关职员之任免、奖惩由道尹行之，但委任以上须呈请省长核办。其所辖各县公署委任以上职员之任免、奖惩亦同。

第八条　道尹对于所辖各县知事，每届年终应举行考绩一次，拟具奖惩意见呈报省长。

道尹对于所属机关及所辖各县公署职员，如有违法怠慢职务或其他渎职行为时，得予以记过或申诫之处分。

执行上项处分时，应立向省长呈报。

第九条　道尹对于所辖各县之地方行政应随时巡视，并派员视察之。

第十条　道尹对于所辖各县之命令或处分认为违法失当时，得命令停止或撤销之，但同时须呈报省长核定。

第十一条　道尹于必要时得召集所辖各县知事举行会议。道尹须审查所辖各县之预算，呈报省长。

第十二条　道公署设左列各室科：

一、秘书室　掌理文书、会计、庶务、典守、印信、情报、宣传及其他不属各科事项；

二、民政科　掌理关于民政事项；

三、财政科　掌理关于财政事项；

四、教育科　掌理关于教育事项；

五、建设科　掌理关于建设事项；

六、警务科　掌理关于治安警察事项。

第十三条　道公署按其等级置左列职员：

一等道署荐任秘书、委任秘书各一人，科长五人，视察二人，督学、技正各一人，均荐任，并得置技士一人至二人，科员十人至二十人，办事员十五人至二十人，均委任。

二等道置荐任秘书、委任秘书各一人，科长五人，视察、督学、技正各一人，均荐任；并得置技士一人，科员十人至十五人，办事员十人至十五人，均委任。

三等道置荐任秘书、委任秘书各一人，科长五人，视察、督学各一人，均荐任；并得置技士一人，科员十人至十五人，办事员十人至十五人，均委任。

第十四条　道公署得依事务之繁简酌用雇员，或以一科科长兼任他科科长。

第十五条　本大纲自公布之日施行。

县公署组织大纲增订案

第一条　县设县公署，为一县行政机关。

第二条　县公署于不抵触中央及省、道之法令范围内，得发布县令，并得制定县单行规则，但关于限制人民自由，增加人民负担者，应经由道尹呈请省长转呈华北政务委员会核准。

关于县公产之处分，应经由道尹呈请省长核准。其关于县预算亦同。

关于县公产之处分，已行前项呈请时，省长得令县知事再付县政会议复议。

第三条　县公署置县知事一人，荐任，综理县政，并指挥监督所属机关及职员。县知事因事故不能执行其职务时，得派资深秘书或科长代行。其休假过久时，须经由道尹呈请省长派员代理。

第四条　县知事指挥监督本县之砦团及警备各队，为处理或防卫非常事变需要兵力时，得呈由道尹请驻扎邻近之军事长官派兵会同处理，并应同时经由道尹呈报省长。若遇急迫情形时，得迳向各军事长官请求，并应分别立向道尹、省长报告。

第五条　县知事对于县公署及所属机关职员之任免、奖惩，委任以上须由道尹转呈省长核办，其他得由县知事行之。

第六条　县公署按事务之繁简，酌置左列各室、科、所。

一、秘书室　掌理文书、会计、庶务、典守、印信、人事、县政会议纪录、撰拟县令及县章则、情报、宣传及其他不属于各科、所事项。

二、民政科　掌理户籍、民生、宗教、灾害、救济、社会及慈善团体之指导、监督地方自治及土地行政等事项。

三、财政科　掌理征税、县债、县预算、决算、金融及管理县公产等事项。

四、教育科　掌理教育、文化及青少年与妇女团等事项。

五、建设科　掌理农矿、森林、渔牧、水利、工商、交通、通信、土木、建筑、合作社、劳工及其他建设事项。

六、警察所　掌理警察、警务、消防、调查户口保甲及其他有关治安事项。

前第四、五两项事务按照各县情况，得归并民政科办理，但各科之废置分合，须经由道尹呈请省长转向主管总署备案。

第七条　秘书室置秘书一人至二人，委任或荐任；各科置科长一人，委任或荐任，科员一人至四人，委任，并得酌用雇员。

警察所之组织及职员另定之。

第八条　县公署各室、科、所之办事细则由县知事定之，但须经由道尹转呈省长核准。

第九条　县公署设县政会议，左列事项应经县政会议之议决：

一、本大纲第二条第一项所定之事项；

二、县预算、决算事项；

三、县公产处分事项；

四、县公共事业之经营管理事项；

五、其他经县知事认为应行议决事项。

县政会议之组织及议事细则另定之。

第十条　本大纲自公布之日施行。

〔伪华北政务委员会档案〕

伪华北政委会检送1942年度施政要略公函稿

（1942年4月24日）

公函

迳启者：案准贵会第五四号公函，为各省道本年度联合协议会即将开始举行，嘱将本会卅一年度施政方针或工作计划检寄三十份，俾便分发应用等由。准此。兹将本会卅一年度施政要略检送三十份，即请查照为荷。此致

新民会中央总会

　　附施政要略卅份

　　　　　　　　　　　　　　　　　华北政务委员会

华北政务委员会民国三十一年度施政要略

本会为华北政治中枢，一切行政设施胥为总汇，施政计划历经确定方针，力求推进。本年适值大东亚战争勃发，华北应负之

责任较前愈益加重，政务设施更须缜密筹计，次第施行，期使命之完成，为战胜之后盾。兹将三十一年度施政方针要略列举如后：

（一）确保治安及安定民心　现正筹设治安强化运动总本部，并暂设各地方治强本部，以加紧推进治强运动之效果。

（二）重要物资之开发及食粮对策　应以全力开发固有资源，并开辟新兴资源，奖励生产，改善农作，节制消费，务期自给自足。

（三）非常时经济体制之树立　扩充需要生产，规定配给消费，严密对敌封锁，以确保我方之胜利。

（四）实施水利事业之计划　厘定华北土木事业企画大纲，消除华北多年水患，兼谋水利之普及。

（五）设置咨询会议　确立协力体制，礼聘耆老，藉资访询，以提高华北政治力量。

（六）设立华北综合调查研究所　促进华北各种建设，以图增进人民福利，并搜求各种资源，以利厚生。

（七）举行第四次治安强化运动　以解放东亚，剿共自卫，勤俭增产为目标，强毅迈进。

以上诸大端，或已见诸实施，或正努力迈进，前途顺利，屈指可期。此不独本会悬的以赴之初衷，当亦为华北一亿民众所深切企望者矣。

〔伪华北政务委员会档案〕

伪华北政委会抄送华北各级剿共委员会组织大纲公函稿

（1943年4月2日）

公函

迳启者：查本年三月二十九日本会第二六七次常务会议临时

动议，主席提出剿共委员会组织大纲，经整理文字，并将标题修正为华北各级剿共委员会组织大纲，提请公决案，经议决修正通过，纪录在卷。除由会即日公布并分令外，相应抄同该组织大纲，函请查照为荷。

此致

新民会

　　附抄组织大纲一份

中华民国三十二年四月二日

　　华北各级剿共委员会组织大纲

　　　第一章　通则

　　第一条　华北政务委员会为集合华北方面政、军、会、民之总力，研讨决定剿共方策，并与关系方面取得密切联络，藉以发挥协力精神，积极剿灭共产党军起见，特于管辖区域内，按照现行行政系统，设立各级剿共委员会。

　　第二条　华北剿共委员会总会附设于华北政务委员会，为各级剿共委员会之最高机关，对于华北所有剿共事务之推进，负指导监督之责。

　　各省及特别市剿共委员会附设于省或特别市公署，道及县、市剿共委员会，附设于道或县、市公署，均受直接上级剿共委员会之指挥，对于所属下级剿共委员会会务之推进，负指导监督之责。各乡村镇剿共委员会附设于乡村镇公所，为剿共委员会之最下层组织，受县、市剿共委员会之指挥，从事协力剿共工作。

　　第三条　各级剿共委员会关于剿共之实际工作，应按事务之性质，由各该级主管机关担当实施。

　　第四条　各级剿共委员会因处理会务所需之经费由华北政务委员会统筹之，其因实施前条事务所需之费用，由各该主管机关自行负担，不得假借任何名义向地方民众征收。

第二章　总会之组织

第五条　总会委员之设置如左：

一、委员长一人，由华北政务委员会委员长兼任，综理本会一切事务。

二、委员若干人．除华北政务委员会常务委员、政务厅厅长及新民会正副会长为当然委员外，余由华北政务委员会委员长延聘，或选派适当之人充任之。

三、常务委员五人，由华北政务委员会兼内务、治安两总署督办之委员，政务厅厅长及新民会正、副会长兼任，辅佐委员长处理会务。

第六条　总会设左列各处，分科办理本会事务：

一、总务处　设文书、会计、庶务、交际四科。

二、企划处　设政务、军务、会务、经济四科。

三、传报处　设宣传、情报、调查三科。

第七条　总会设处长三人，科长十一人，科员、助理员各三十人，雇员若干人，分配各处、科办理主管事务。

第八条　总会设事务主任一人，承委员长及常务委员之命，指导并监督各处处理会务。

第九条　总会设秘书三人至五人，以一人为主任秘书，承委员长及常务委员之命，办理机要、会议及其他交办事务。

第十条　总会因事务之必要，得聘任顾问及参议各若干人，藉备咨询及办理联络事务。

第三章　各省及特别市会之组织

第十一条　各省及特别市会委员之设置如左：

一、主任委员一人，由省长或特别市长兼任，综理各该会一切事务。

二、委员若干人，除在省由省公署秘书长、各厅厅长、宣传处处长、驻省会之治安军司令或团长，及新民会事务部部长；在特别市由特别市公署秘书长、各局局长，及新民会事务部部长为当然委员外，余由主任委员呈请总会委员长延聘或选派适当之人充任之。

三、常务委员若干人，在省由省公署秘书长、民政、警务两厅厅长，驻省会之治安军司令或团长，及新民会事务部部长兼任；在特别市由特别市公署秘书长、社会、警察两局局长，及新民会事务部部长兼任，辅佐主任委员处理各该会事务。

第十二条 各省及特别市会设左列各科，分股办理各该会事务：

一、总务科 设文书、会计、庶务、交际四股。

二、企划科 设政务、军务、会务、经济四股。

三、传报科 设宣传、情报、调查三股。

第十三条 各省及特别市会设科长三人，股长十一人，股员、助理员、雇员各若干人，分配各科股办理主管事务。

第十四条 各省及特别市会设事务主任一人，承主任委员及常务委员之命，指导并监督各科处理会务。

第十五条 各省及特别市会设秘书二人，承主任委员及常务委员之命，办理机要、会议及其他交办事务。

第四章 各道县市会之组织

第十六条 各道、县、市会委员之设置如左：

一、主任委员一人，在道由道尹，在县由县知事，在市由市长兼任，综理各该会一切事务。但该道、县、市驻有治安军，其长官官阶较高于该道、县、市行政长官官阶时，应以该军事长官兼任主任委员。

二、委员若干人，在道由道公署荐任秘书、各科长、当地军事长官及新民会事务部部长兼任；在县由县公署资深秘书、各科科长、警察所长、当地军事长官，及新民会事务部部长兼任；在市由市公署资深秘书、各局局长、当地军事长官，及新民会事务部郁长兼任。但主任委员于认为必要时，得呈请上级委员会主任委员增派之。

三、常务委员三人，由主任委员就委员中遴选，呈请上级委员会主任委员派充。但新民会事务部部长为当然常务委员。

第十七条　各道、县、市会设左列各股，分别办理会务。

一、事务股　办理文书、企划、会计、庶务等事务。

二、联络股　办理交际、宣传、情报、调查等事务。

第十八条　各道、县、市会不设股长，设事务主任一人，承主任委员及常务委员之命，处理两股事务，每股设股员二人或三人，雇员四人至六人，承事务主任之命，办理各该股主管事务。

第五章　各乡村镇会之组织

第十九条　各乡村镇会委员之设置如左：

一、主任委员一人，由乡村镇长兼任，综理各该会一切事务。但该乡村镇地方如驻有治安军，应以该驻军长官兼任主任委员，如驻有警察分所、分驻所或派出所，应以该警察分所所长或警官兼任主任委员。

二、委员若干人，由未兼任主任委员之乡村镇长、联保主任、保长兼任，其不足一保之村，并得由甲长兼任。主任委员于认为必要时，亦得呈请上级委员会主任委员增派之。

第二十条　各乡村镇会得雇用调查员二人至四人，办理侦察、防谍、情报、联络等事务，书记二人至四人，办理文书、缮校及其他事务。

第六章　联络事项

第二十一条　各级剿共委员会关于剿共事务应随时随地与关系方面为紧密切实之联络，并由左列部分人员负联络专责：

一、总会　传报处。

二、各省及特别市会　传报科。

三、各道、县、市会　联络股。

第七章　附则

第二十二条　各级剿共委员会会议规则及办事细则另定之。

第二十三条　华北防共委员会及其类似之机关于剿共委员会成立之日均撤销之。

第二十四条　本组织大纲自公布之日施行。

〔伪华北政务委员会档案〕

军事顾问部长大桥熊雄拟具关于剿共委员会

（1943年）

关于剿共委员会　军事顾问部长大桥少将

已于剿共委员会总会立案之剿共计划纲要案，业经拜见。在原则上该案诚属巨构，然纲要案若即原封发交下级剿共委员会，则内容颇为广泛，且需莫大经费，不仅工作流于不统一，而更难获得最重要之工作员，深有不得取舍之虞。现察华北情势，贪官污吏土豪劣绅颇多，无不榨取民众，大众之经济生活一部遭受破坏，或则濒于破坏，此盖实情也。此种客观的情势若不纠正，则任何剿共工作亦难得民众协力，且万一引起负担之增加，剿共工作显将归于失败矣。

凡谋肃清贪官污吏，减轻民众负担之事可委诸政务委员会之企划，至剿共委员会方面可由目的在于剿共之有效而容易，且无需巨额经费之事项开始，似较适当也。因此，暂时可见诸实行之事项如左：

一、民众组织（军、政、会、民之结成）；

二、情报之搜集及宣传（下意上达）。

民众自卫组织结成要领

一、总则

（一）民众自卫组织之结成乃确立地方治安之当前急务，然此民众之爱乡心虽有伟大之自卫力，惟装备及其他之战力比较的薄弱，故对于共产党土匪等不良部队，为保护民众计，应勿坐失机会，确实以省、县保安队加以增援。总之，必须由绥靖军或日军援助，抵制共产军土匪，绝对保护民众。援护之责任应在身为县保安队长之县知事。

（二）组织之名称虽无统一华北全体之必要，然其性质为保甲自卫团（无饷），依照省长、特别市长所规定，统制名称，但无需全省划一。

又旧有之红枪会、联庄会等亦无妨使用名称，收容于组织内。

（三）自卫组织之单位为乡或镇，由数部落而成之乡镇，应于每部落各设分团，统制于乡镇。

乡镇自卫团长以乡镇长兼任为原则，但特别场合，得县知事认可，亦得以地方上有信望而有产者充任团长。

（四）自卫团员以全体无饷为原则。

自卫团长不得课收摊款。

但必需之最少限度之经费，依照省长、特别市长所规定，由省或县交付；或按顺序，经省长特别市长认可，由乡长赋课交付之。无论任何场合，亦严禁自卫团长自由摊款。

发交之自卫团经费，其支出应公开之，且须经县而报告于省。

（五）各乡自卫组织可于每区连合各乡，组织联合自卫团，其名称等应根据省长、特别市长所规定。

（六）历来之有饷自卫团应从速整理。

但素质优良而自卫力大者可暂时保留，另行改编，或编入无饷之保甲自卫团。

（七）自卫组织之构成分子限于居住其土地，有一定之生产者，且为年龄由十八岁至四十五岁之男子，但省、特别市长得视必要而变更之。

二、自卫组织之结成

(一)乡镇自卫团长以乡镇长充任为原则，然再有适当任者时，得依乡镇长之申请而由县知事委任之。

(二)乡镇自卫团结成之主任者为乡镇自卫团长，并视所需，由县、道、省等派遣必要人员以期结成自卫团，而支援协力。

(三)为结成自卫团计，先排除可为障碍者，且为援护工作员计，得视所需，而由县知事派遣保安队，再有需要并可向治安军或日军请求应援。

(四)自卫团之结成先由个个部落开始，因此应行调查各部落之户口，决定自卫团员。

团员数多时，得分为若干班。

(五)自卫团员之武装应可用以枪、棍棒、火器等，尽量以旧有者充用之，步枪、手枪及其他火器之设备，可向县保安队长申请，保安队长与日军连络许可之。但为防其散失计，应行登记，至保管之责当由自卫团长负之。

(六)自卫团员任乡村自卫之责。

凡结成自卫团之部落，除有乡村长以上之证明书者及身分确实者以外，不准接近该村。

倘身分不明者、共产党员及工作员等接近时，即加以逮捕，送交警察、保安队或乡镇长。

(七)对于新返该村之当地出身者，不问男女，应一律附带五名以上之该村居住者之保证书，向乡镇长呈报。

被保证人通匪通敌实行共产党工作时，保证人应负连带责任。

(八)各村自卫团结成完毕，则加以综合而组织乡镇自卫团。

(九)各乡自卫团结成，则连合之，结成区自卫团。

区自卫团长以区长充任为原则，然有特别适任者时，得依区长之申请而由县知事委任之。

（十）乡镇自卫团之结成完毕，则县知事进行配置武装警察，或保安队，其组织宜于有事之际，此等武装团体接到报告后，不问昼夜，能于一小时以内开到现地。

三、自卫组织之活动

（一）自卫组织以因其活动而增进民众之安宁与福利，减轻负担为目的，故必须使之适合此目的。

自卫团之活动视县知事以下公务员、保安队、警察、区乡镇长之热意如何而被左右之处甚多，故形式的、表簿的自卫团之存在，毋宁谓反而有害无益也。

（二）为自卫团活动计，需有下列设施：

1．警报设施　为集合解散而利用钟、大鼓、铜锣、及其他旧有之物。

为邻村连络而于昼间用烟，夜用狼火，或用马、自行车、徒步传令等以为副通信。

2．规定紧急集合位置（可为一处或数处）。

3．利用旧有之物以为简单之村落防御设施，因此应极力避免负担之增加。

（三）勤务员负轮班看守及检点出入者之责，人员应为必要之最少限度，其他者仍营其平常之生业。

（四）勤务员之行动：

1．勤务员负看守及检点出入者之责，凡来历不明者应送交警察、保安队、或乡长。

2．有匪袭时，或有匪袭危险时，即发警报，与所需方面连络。

3．关于有无异状及匪情，应由各村自卫团每日一次定例的与团长连络。但急需时则可随时向所在日军及军警报告连络。

4．乡镇团长应每日一次向附近日军及保安队或警察连络情况，接受所需之指示。

5．区长每周一次汇合情报向县知事报告。但有匪袭时可随时报告。

6．各县知事每月十五日及月底将治安情报经道尹而报告于省长。但有匪袭时应速报告其要旨。对于所在日军及所在治安军亦然，又对于关系方面亦应传达情报。

四、业务监督

(一)自卫团一切业务由县知事负监督之责。

(二)乡镇方面有不正不良行为者由自卫团加以逮捕，送交警察、保安队、乡镇长，然对于公务员之行为不当者得呈告道尹或省长。道尹、省长调查实情，从速处置。

五、结成准备

(一)民众自卫组织于其性质上虽以新民会为主而担任，然亦可依照省长、特别市长所规定而训练指定工作指导员，俾得适合现下实情。但乡镇自卫组织之责任者为乡镇长，指导员乃辅佐乡镇长者。

(二)县知事整理一切对于乡镇之不当摊款及不当榨取，因此必要时得行使武力。

(三)省长、道尹、县知事应刷新其管理之省、道、县保安队、警察官之军纪风纪，且规定给养法，使之励行，以防止不正行为。并须严重取缔不当榨取，尤其确立食粮之官给制度，严禁自由收买。

(四)公务员贪污及土豪劣绅加以断然处治。

(五)以治安军为主，分担援护、瞽戒、讨伐等业务。至于县保安队之整备，则从速对之委派业务，集结待机于一地或数地，以为警备之后据。

尤其对于实行食粮增送或事前聚集，使军队无征发机会一点更应讲求万全之策。

六、经费

一、自卫组织结成所需经费由省、县及新民会负担，以不由乡村征收为原则。但为装备及其他而直接为其乡镇自卫团所需经费之实费，经省长、特别市长认可后，得赋课之。

二、自卫团经费一切均应公开，并按顺序报告于省长、特别市长。

〔伪华北政务委员会档案〕

（六）汪伪国民政府

一、行政组织及其施政概况

汪伪中央政治会议组织纲要

（1940年）

一、根据中国国民党代表大会之决议，由汪主席会同既成政府、在野合法政党及社会上负有重望之人士组织中央政治会议，放弃一党专政，以期收获各党各派合作之效。

二、参加中央政治会议之既成政府及在野合法政党之名单，由汪主席与既成政府当局及在野各合法政党领袖分别会商决定之。社会上负有重望之人士，由汪主席延请之。

三、中国国民党参加中央政治会议之名单，由汪主席指定之。

四、中央政治会议设主席一人，由汪主席任之。设议员三十人，其名额分配如左：

（一）中国国民党中央执行委员、中央监察委员共十人。

（二）临时政府代表五人。

（三）维新政府代表五人。

（四）蒙古联合自治政府代表二人。

（五）在野各合法政党代表共四人。

（六）社会上负有重望之人士四人。

五、中央政治会议应行议决之事项如左：

（一）授权汪主席决定中日新关系调整方针及中央政府树立大纲。

（二）关于中央政府之成立事项：

甲、中央政府之名称、首都及国旗。

乙、中央政府成立之时期。

丙、中央政府之构成。

丁、临时政府及维新政府名称之废止及其善后问题。

（三）中央政府之政纲。

（四）对重庆政府之方策及其善后问题。

（五）关于召集国民大会及实施宪政事项。

（六）中央政治会议之决议，按照议题性质，由过半数或四分之三以上之同意决定之。

〔汪伪中央政治委员会及国防委员会档案〕

汪伪国民政府立法院抄发修正国民政府组织法的训令

（1940年12月23日）

国民政府立法院训令　　立字第三九五号

令本院法制委员会

奉国民政府二十九年十一月二十八日府文一训字第一九一号训令开：据本府文官处签呈称：准中央政治委员会秘书厅中政秘字第六六二号公函内开：查二十九年十一月二十八日中央政治委员会第二十八次会议讨论事项第三案，委员陈公博、褚民谊等二十二人提：查国民政府组织法第十一条规定，国民政府主席不负实际政治责任，此种规定本为责任内阁制国家宪法上之条规，于我国政情诚非适合，兹谨提请修正，将本条"但不负实际政治责任"九字删去，又十二条"国民政府主席不得兼任其他官职"，与前条有连带关系，亦应全条一并删去，以下条文数目即依次递升。是否有当？敬候公决案。当经决议：通过。送国民政府公布，并通知立法院，记录在卷。除分函立法院查照外，相应录案函达，请烦查照转陈明令公布。等由。理合签请鉴核等情到府，自应照办。除明令公布并分行外，合行抄发修正中华民国国民政府组织法一份，令仰知照。此令。等因。并抄发修正中华民国国民政府组织法乙份。奉此，除提交本院第二十九次会议报告并分令外，合行抄发修正国民政府组织法，令仰该委员会知照。此令。

计抄发修正国民政府组织法一份

中华民国二十九年十二月二十三日

院长　陈公博

中华民国国民政府组织法　民国二十九年十一月二十八日修正公布

第一章　总则

第一条　国民政府依据中华民国训政时期约法第七十七条之规定，制定中华民国国民政府组织法。

第二章　国民政府

第二条　国民政府总揽中华民国之治权。

第三条　国民政府统率海、陆、空军。

第四条　国民政府行使宣战、媾和及缔结条约之权。

第五条　国民政府公布法律、发布命令。

第六条　国民政府行大赦、特赦及减刑、复权。

第七条　国民政府授与荣典。

第八条　国民政府以左列五院独立行使行政、立法、司法、考试、监察五种治权：

一、行政院；

二、立法院；

三、司法院；

四、考试院；

五、监察院。

前项各院得依据法律发布命令。

第九条　国民政府于必要时，得设置各直属机关，直隶于国民政府，其组织以法律定之。

第十条　国民政府设主席一人，委员二十四人至三十六人，各院设院长、副院长各一人，中央政治委员会选任之。

第十一条　国民政府主席为中华民国元首，对内对外代表国民政府。

第十二条　国民政府主席任期二年，得连任一次，但于宪法颁布时应依法改选之。

国民政府主席出缺或因故不能执行职务时，由行政院院长代理之，行政院院长同时出缺或因故不能执行职务时，由其他各院院长依次代理之。

第十三条　国民政府所有命令、处分以及关于军事动员之命令，由国民政府主席署名行之。但须经关系院院长、部长副署始生效力。

第十四条　宪法未颁布以前，行政、立法、司法、监察、考试各院各自对中央政治委员会负责。

第三章　国民政府委员会

第十五条　国民政府委员会以国民政府主席及委员组织之。

第十六条　院与院间不能解决之事项，由国民政府委员会议决之。

第十七条　国民政府委员会会议规程另订之。

第四章　行政院

第十八条　行政院为国民政府最高行政机关。

第十九条　行政院设各部分掌行政之职权，关于特定之行政事宜，得设委员会掌理之。

第二十条　行政院各部设部长一人，政务次长、常务次长各一人；各委员会设委员长、副委员长各一人，委员若干人。

行政院各部长、委员长之人选，由行政院院长提请国民政府主席依法任免之。各部之政务次长、常务次长及各委员会之副委员长、委员由行政院院长提请国民政府主席依法任免之。

第二十一条　行政院院长因事故不能执行职务时，由副院长代理之。

第二十二条　行政院会议由行政院院长、副院长、各部部长、各委员会委员长组织之，会议时以行政院院长为主席。

第二十三条　左列事项应经行政院会议议决：

一、提出于立法院之法律案；

二、提出于立法院之预算案；

三、提出于立法院之大赦案；

四、提出于立法院之宣战、媾和案；

五、荐任以上行政、司法官吏之任免；

六、行政院各部及各委员会间不能解决之事项；

七、其他依法律或行政院院长认为应付行政院会议议决事项。

第二十四条　行政院所有命令及处分，其关于一般行政者，须经全体部长之副署，其关于局部行政者，须经各关系部部长之副署始生效力。

第二十五条　行政院之组织以法律定之。

第五章　立法院

第二十六条　立法院为国民政府最高立法机关。

立法院有议决法律案、预算案、大赦案、宣战案、媾和案及其他重要国际事项之职权。

第二十七条　立法院院长因事故不能执行职务时，由副院长代理之。

第二十八条　立法院会议时，各院院长及行政院各部、会长得列席说明。

第二十九条　立法院设立法委员四十九人至九十九人，由立法院院长提请国民政府主席依法任免之。

第三十条　立法院委员任期二年，但得连任。

第三十一条　立法院委员不得兼其他官职。

第三十二条　立法院会议以立法院院长为主席。

第三十三条　立法院之组织以法律定之。

第六章　司法院

第三十四条　司法院为国民政府最高司法机关。

关于特赦、减刑及复权事项，由司法院院长依法提请国民政府主席署名行之。

第三十五条　司法院设最高法院、行政法院及公务员惩戒委员会。

第三十六条　最高法院院长得由司法院院长兼任，公务员惩戒委员会委员长得由司法院副院长兼任。

第三十七条　司法院院长对于行政法院及公务员惩戒委员会之审判认为有必要时，得出庭审理之。

第三十八条　司法院院长因事故不能执行职务时，由副院长代理之。

第三十九条　司法院关于主管事项得提出议案于立法院。

第四十条　司法院之组织以法律定之。

第七章　考试院

第四十一条　考试院为国民政府最高考试机关，依法行使考试、铨叙之职权。

第四十二条　考试院院长因事故不能执行职务时，由副院长代理之。

第四十三条　考试院关于主管事项得提出议案于立法院。

第四十四条　考试院之组织以法律定之。

　　第八章　监察院

第四十五条　监察院为国民政府最高监察机关，依法行使弹劾、审计之职权。

第四十六条　监察院院长因事故不能执行职务时，由副院长代理之。

第四十七条　监察院设监察委员二十九人至四十九人，由监察院院长提请国民政府主席依法任免之。

第四十八条　监察委员之保障以法律定之。

第四十九条　监察院会议以监察委员组织之，监察院院长为监察院会议之主席。

第五十条　监察委员不能兼任其他公职。

第五十一条　监察院关于主管事项得提出议案于立法院。

第五十二条　监察院之组织以法律定之。

　　第九章　附则

第五十三条　本法自公布日施行。

〔汪伪立法院档案〕

汪伪立法院抄发最高国防会议组织纲要的训令

(1943年1月19日)

国民政府立法院训令　立二字第21号
　　　　令本院经济委员会

　　奉国民政府三十二年一月十二日第十三号训令内开：据本府文官处签呈称：准中央政治委员会秘书厅中政秘字第二四二一号公函开：查三十二年一月九日中央政治委员会临时会议讨论事项第四案主席交议：兹拟具最高国防会议组织纲要请公决案，当经决议：通过。记录在卷。相应录案并抄附最高国防会议组织纲要函达，至希查照转陈通饬知照等由，理合签请鉴核。等情。据此。自应照办。除分令外，合行抄发原附抄最高国防会议组织纲要一份，令仰该院知照，并转饬所属一体知照。此令。等因。并附发最高国防会议组织纲要一份。奉此，除提院会报告并分令外，合行抄发最高国防会议组织纲要一份，令仰知照。此令。

计抄发最高国防会议组织纲要一份

中华民国三十二年一月十九日

院长　陈公博

最高国防会议组织纲要

一、中央政治委员会在战时设最高国防会议，决定关于国防之重要事宜。

二、中央政治委员会在战时应于时局得为紧急处分，对于现行法律得停止其效力，对于法律案应于必要得省略法定程序，迳送国民政府公布，交立法院备查。

三、中央政治委员会在战时每月开会一次，闭会期间其职权由最高国防会议行使之。

四、最高国防会议每星期开会一次，有必要时得开临时会议。最高国防会议决定之事项，在中央政治委员会开会时应提出报告。

五、最高国防会议以中央政治委员会主席为主席。

六、最高国防会议委员以左列人员充任之。

军事委员会委员长及常务委员一人①。

行政院院长、副院长②。

---

① 《纲要》于1944年11月18日修正时，此处修正为"军事委员会委员长及副委员长"。

② 《纲要》修正时，此处修正为"五院院长"。

华北政务委员会委员长。

总参谋长、陆军部长、海军部长。

内政、外交、财政、实业、宣传各部长。

中央及地方军政长官有必要时，得由最高国防会议主席令其出席或列席。

七、最高国防会议设秘书长--人，以中央政治委员会秘书长任之，副秘书长二人，以中央政治委员会副秘书长任之①。并由行政院秘书长、经济委员会秘书长、外交部政务次长、军事委员会总务厅长参加，以副秘书长待遇。

〔汪伪立法院档案〕

汪伪修正中央政治委员会组织条例

（1943 年 4 月 1 日）

民国三十二年四月一日中央政
中央政治委员会组织条例　治委员会第一二二次会议通过
修正施行

第一条　中央政治委员会为全国政治之最高指导机关，左列事项应经中央政治委员会之决议：

一、立法原则；

二、施政方针；

三、军事及外交大计；

四、财政及经济计划；

五、国民政府主席及委员，各院院长、副院长暨各政务官之人选；

---

① 《纲要》修正时，"任之"以下均经删除。

六、中央政治委员会主席认为应交会议之事项。

第二条　中央政治委员会设主席一人，在宪政准备时期内，由中国国民党中央执行委员会主席任之。

第三条　中央政治委员会设委员二十四人至三十四人，由主席就左列人员中分别指定或延聘之。

一、中国国民党中央执行委员及中央监察委员；

二、其他合法政党干部人员；

三、在社会上负有重望之人士。

中央政治委员会委员任期一年。

第四条　中央政治委员会设常务委员六人至八人，由主席就委员中指定之。

第五条　中央政治委员会开会时，委员不得派代表出席。

中央政治委员会开会时，主席团因政务人员之请求，得随时许可其列席报告。

第六条　中央政治委员会不直接发布命令及处理政务，其决议交由国民政府执行之。

中央政治委员会之决议提交国民政府及各院暨军事最高机关讨论或执行时，由各该长官负责办理之。

第七条　关于本条例第一条所列各款事项，如因事机紧急不及提会决定者，中央政治委员会主席得为便宜之处置，交国民政府执行，但须于最近会议中提请追认之。

第八条　中央政治委员会设法制、内政、外交、军事、财政、经济、教育及其他专门委员会，各设主任委员、副主任委员各一人，委员九人至十三人，分别担任审查与设计事宜，其人选由主席指定之。委员会组织规程另订之。

第九条　中央政治委员会置秘书厅，设秘书长一人，副秘书长一人或二人，秘书及办事人员若干人，由主席任命并指挥之。秘书厅组织规程另订之。

第十条　中央政治委员会议事规则及办事细则另订之。

第十一条　本条例自决议之日施行。

汪伪修正公布省政府组织法

（1943 年 6 月 30 日）

省政府组织法　民国三十二年六月卅日修正公布

第一条　省政府依国民政府建国大纲及中央法令综理全省政务。

第二条　省政府于不抵触中央法令范围内，对于省行政事项得发省令，并得制定单行条例及规程，但关于限制人民自由，增加人民负担者，非经国民政府核准，不得施行。

第三条　省政府设省长一人，特任，承行政院院长之命，综理全省行政事务，并指挥监督所属职员及各机关。

第四条　省政府置左列各厅：

一、政务厅；

二、财政厅；

三、教育厅；

四、建设厅。

省政府得置保安处、警务处、经济局、社会福利局、粮食局、宣传处。其组织另定之。

第五条　政务厅掌左列事项：

一、关于撰拟、审核及保管文件事项；

二、关于一切机要及省政会议事项；

三、关于典守省府印信及会计、庶务事项；

四、关于编译、统计、报告、公报及其他刊物事项；

五、关于承办省行政官吏之考核、任免事项；

六、关于地方自治及其经费事项；

七、关于保甲之训练、编制及其推进事项；

八、关于礼俗、宗教事项；

九、关于地方行政区域之变更及划分事项；

十、关于选举事项；

十一、关于各种土地测丈、征收及其他土地行政事项；

十二、其他不属各厅、处、局事项。

第六条　财政厅掌左列事项：

一、关于省税及省公债事项；

二、关于省政府预算、决算编制事项；

三、关于省库收支事项；

四、关于省公产管理事项；

五、关于地方金融事项；

六、其他财务行政事项。

第七条　教育厅掌左列事项：

一、关于各级学校教育事项；

二、关于社会教育事项；

三、关于教育及学术团体事项；

四、关于图书馆、博物馆、公共体育场等事项；

五、关于保存史迹、名胜、天然纪念物事项；

六、其他教育行政事项。

第八条　建设厅掌左列事项

一、关于农林、蚕桑事项；

二、关于农地整治事项；

三、关于矿业及地质事项；

四、关于电气事业及瓦斯事业事项；

五、关于交通管理事项；

六、关于河工堤坝水利事项；

七、关于航运事项；

八、关于海港事项；

九、关于建筑及不属土地行政之测量事项；

十、其他建设行政事项。

第九条　省政府设参事四人至六人，简任，撰拟、审核省单行法规及各厅、处、局法案事项。

第十条　省政府各厅设厅长一人，简任，承省长之命，处理各厅事务。

第十一条　省政府各厅设秘书主任一人，秘书科长若干人，荐任，科员、办事员若干人，委任，承长官之命，办理各项事务。

第十二条　省政府各厅得设视察、编译、技正、荐任，技士，委任或荐任。

第十三条　省政府各厅于必要时得酌用雇员。

第十四条　省政府一切文书概以省长名义行之，但所属各厅、处、局，除政务厅外，在不抵触省令之范围内，得发布厅、处、局令。

第十五条　省政府设省政会议，左列事项应经省政会议之审议：

一、关于本组织法第二条规定事项；

二、关于增加或变更人民负担事项；

三、关于地方行政区划之确定及变更事项；

四、关于全省预算、决算事项；

五、关于处分省公产或筹划省公营业事项；

六、关于地方自治监督事项；

七、关于省政府所属荐任以上官吏任免事项；

八、关于省长交议事项。

第十六条　前条省政会议，各厅、处、局长及参事均应出席，并以省长为主席。

第十七条　省政府处务规程由省政府定之，并报行政院备案。

第十八条　本法自公布日施行。

〔伪华北政务委员会档案〕

汪精卫发表还都宣言

（1940年3月30日）

国民政府根据中央政治会议之决议还都南京，谨以诚敬昭告海内，实现和平，实施宪政两大方针为中央政治会议所郑重决议，国民政府当坚决执行之。所谓实现和平，在与日本共同努力，本于善邻友好，共同防共，经济提携之原则，以扫除过去之纠纷，确立将来之亲善关系。过去所采政策及法令有违反之方针者，必分别废弃或修正之，务使主权之独立自由及行政之完整得以确保，并于经济上实现互惠平等之合作，以树立共存共荣之基础。中日两国本义同兄弟，一旦不幸致动干戈，自此次调整之后，永保和平，共安东亚，同时对于一切友邦亦本此和平外交之方针，以讲信修睦，增进友好关系也。所谓实施宪政，中国国民党第五次、第六次全国代表大会宣言中已有明白之决定，全国贤智之士亦已一致赞同，当此战后百废待举，端赖举国同胞集中心力物力，勇往迈进，以完成现代国家之建设，过去个人独裁必当摧陷廓清，使无遗毒。至于各级民意机关之设立，地方自治之举办，以及国民大会之召集，宪法之制定颁布，皆当剋期见之实行，以慰海内人民之望。

以上实现和平，实施宪政，为国民政府所执行之最大方针，亦即国民政府所担负最大任务。兹值国民政府还都之始，对于我阵亡之将士，殉难之人民及为和平运动之诸先烈，谨致无限之哀悼与敬礼。国民政府所当引为己责者，厥为安抚战后之人民，使其生命财产自由得受国家法律之保障，各安其业，以从事于经济产业之复兴，文化之发展。国民政府谨当率其僚属，以廉洁勇敢任劳任怨之精神，以与我孑遗之人民同甘苦共生死，以蕲致于国家民族之复兴也。其次，则对于现在重庆及各地服役中之公务人员及一般将士开诚布告，凡属公务人员，自此布告以后，务必于最近期间回京报到，对于此等报到人员，一经确实证明，概以原级原俸任用。其有怀抱忠诚，就其所处，苦心斡运，有所贡献者，尤当优予任用。凡属一般将士，自此布告以后，务必一体遵守，即日停战，以待后命，其非正规军队散在各地担任游击者，亦务必遵命停止活动，听候点验收编。此为和平建国之始基，所当共勉者也。

国民政府此次还都南京，为统一全国，使向于实现和平实施宪政之大道勇猛前进。全国以内，只有此唯一的合法的中央政府，重庆方面如仍对内发布法令，对外缔结条约、协定，皆当然无效，所望重庆方面，破除成见，亟谋收拾，共济艰难。至于事变以来临时、维新等政府先后成立，为保全国脉，维持民命，致其心力，鞠躬尽瘁，劳苦备尝，兹已以一致之同意统一于国民政府，对其所办事项当暂维现状，并当本于大政方针迅速加以调整。自此以后，全国在统一的指导之下，同心同德，涤战后之疮痍，谋将来之发展，国家民族之复兴，东亚之和平胥系于此。有厚望焉。

〔汪伪外交侨务系统档案〕

汪伪中央政治委员会秘书厅检送国民政府政纲函稿

（1940年3月30日）

迳启者：案查接管卷内，三月二十一日中央政治会议第二次会议第一案"国民政府政纲案"，当经决议通过。关于文字之修正，授权汪主席决定，并奉主席发下修正国民政府政纲一份。等因。奉此。相应检送国民政府政纲一份函达，至希查照转陈明令公布为荷。此致
国民政府文官处
　　附国民政府政纲一份

中央政治委员会秘书厅启
二十九年三月卅日

国民政府政纲

一、本善邻友好之方针，以和平外交求中国主权行政之独立完整，以分担东邻持久和平及新秩序建设之责任。

二、尊重各友邦之正当权益，并调整其关系，增进其友谊。

三、联合各友邦，共同防制共产国际之阴谋及一切扰乱和平之活动。

三、对于拥护和平建国之军队及各地游击队分别安辑，并建设国防军，划分军政、军令大权，以打破军事独裁制度。

五、设立各级民意机关，网罗各界人才，集中全国公意，以养成民主政治。

六、召集国民大会，制定宪法，实施宪政。

七、欢迎各友邦资本与技术之合作，以谋战后经济之恢复及产业之发展。

八、振兴对外贸易，求国际收支之平衡，并重建中央银行，统一币制，以奠定金融之基础。

九、整理税制，减轻人民之负担，复兴农村，抚绥流亡，使其各安生理。

十、以反共和平建国为教育方针，并提高科学教育，扫除浮嚣空泛之学风。

〔汪伪中央政治委员会及国防委员会档案〕

汪伪行政院关于对华北政委会所辖区域机关行文规定的训令

（1940年5月31日）

行政院训令　字第一七四号
　　　　　　　令财政部

现准国民政府文官处处文一公字第二七二号公函开：案查中央各机关对华北政务委员会所属各机关及暂辖之三省三市行文，现经本处签奉主席谕示：中央各机关对该会所属各机关及省市行文，应统由五院及军事委员会咨行该会承转。等因。奉此。自应遵办。除分函外，相应函达，请烦查照办理，并转饬所属一体遵办。等由。准此。除分令外，合行令仰该部遵照。此令。

院长　汪兆铭

中华民国二十九年五月三十一日

〔汪伪财政系统档案〕

汪精卫：国民政府还都一年

（1941年3月30日）

三月三十日国府还都周年纪念于国府大礼堂对全国广播演词

去年今日，国民政府本于中央政治会议的决议还都南京，宣布以和平反共建国为施政根本方针，向着实现和平实施宪政奋励前进。关于实现和平，承友邦日本派遣阿部大使及国民使节前来南京，开诚商榷，中日两国彼此协力扫除过去纠纷，开辟将来光明大道，于是中日两方，遂开始调整邦交的交涉。到了十一月三十日，中日调整邦交基本条约成立，中日满三国宣言同时发表，彼此相约建设以道义为基础之新秩序，互相尊重其主权及领土，并于政治、经济、文化等各方面讲求互助敦睦之手段，以期达到共存共荣复兴东亚之共同目的，中日两国关系从此遂开一新纪元。中国同志更本于此基本精神，进而发起东亚联盟运动，标举政治独立，经济合作，军事同盟，文化沟通四大纲领，要使国于东亚之诸民族，皆得各本于自由独立之立场，向于共同目的，共同努力，以蕲致共同幸福。关于实施宪政，基本精神在于全国有力之士，不分党派，团结一致，造成中心力量，以奠定国本。中央政治委员会即是由于此基本精神而发生成长的。及至东亚联盟运动发起以来，国内各党派，如共和党，兴亚建国运动本部，大民会等皆相继为发展的解消，并且相继加入中国国民党，以期中心势力得所增进，政治、经济一切建设推动更易。此外更有宪政实施委员会之设立，其第一步，是将五五宪草重加审议，现在分组审议已经竣事，正从事于联合审议。总之，基本精神既已确立，则机关组织各项问题自能为合理的解决，宪政实施伴着和平实现而日益扩展，有必然的。

以上所述，是一切建设的基本方针。我相信国民政府只有本于此方针，并力前进，绝不会有所参差。至于一般施政以及社会情形是怎样呢？我决不肯说一句客气的话，也不肯说一句诿卸的话。一年以来，政治经济各种情形，不能说没有一点进步。但是全面和平没有实现，战争状态仍然继续，因之随着战争状态而发生之事实，仍然存在，甚且日益扩大。所以在施政上，无论是行政的效率，以及经济生活的改善，都受着限制与束缚，不能有充分的发展，这都是全面和平没有实现的缘故。然则为全面和平之障碍的是谁呢？是重庆当局。重庆当局明知抗战下去了无意义，明知和平之当及早恢复，甚至明知非反共不能和平，非和平不能建国，但是因为撇不开个人权利之私，时而首鼠两端，时而盲人瞎马，一意冥行，以致全面和平迟迟至今不能实现。这种误国殃民之罪，我不能不诉诸于国民的。然则重庆当局果能始终为全面之障碍吗？这是决定不能的。我们今日唯一方法，是就国民政府力所能及之地，先做出一个和平的模范来。根据着和平反共建国的根本方针，聚其全力于确立治安，改善社会人民经济生活，只要局部和平能得做好，全面和平自然到来，这正是孟子所谓："民之归之如水之就下"，决定不是重庆当局所能始终加以障碍的。如今且就确立治安，改善经济生活两者，作一些简单的叙述。

在叙述以前，先有两点要注意的：

第一，去年四月二十六日，我曾发表《罪己的精神》一篇论文。我以为实现全面和平以后，中国与日本合作的事情很多，我们如果没有这种精神，无论那件事情，都无从做起。在今日全面和平还未实现的时候，则这种精神，更应该时时刻刻提撕警觉。现在治安状况，经济生活状况，是很痛苦的。这种痛苦固然是重庆当局给予人民的。然而国民政府既未能使重庆方面接受和平，同纾国难，则只有于可能范围内确立治安，改善经济生活，做得一分是一分，用不着悲观，更用不着夸大。

第二，确立治安，改善经济生活，需要精神，也需要物质。所谓物质，就是财政，励行廉洁，严惩贪污。确立会计制度，是第一要著。并且对于各种建设，都应该采取重点主义，以期无一钱的滥费，尤其每用一钱，必先计较，务使用之于最紧要最有效的所在。

以上两点，是一切的根本，我们由之所能做到的事，约略如下，先就财政、经济方面来说，财政方面最重要者，举例如下：
（一）关于岁入岁出事项。在国府还都之初，每月预计收入约一千六百万元，即就此分配支出，经财政当局切实调整，尚能实际适合，财政基础，遂以树立。惟嗣后事业费及其他必要支出，陆续增加，又以季节关系，收入不无淡旺之分，未能按月绝对平衡。但一年以来均差足供给支应，基础益形巩固。近自三十年度开始，每月约需支出二千六百余万元，较之还都时，虽已月增一千余万元，而财政当局所采取之稳健有效步调，非但财力得有余裕，且能使和平建设事业，迈进直前，打开种种难关。（二）关于召集地方财政会议事项。财政部去年十一月一日，曾召集整理地方财政会议，通过议案四十余件，已由各省市切实执行。地方财政，渐已趋入调整之境，所印会议汇编，颇为详尽，足资参证。（三）关于开办中央储备银行事项。财政部于上年五月间所筹备设立之中央储备银行，业于本年一月六日正式成立。现在上海分行，苏州、杭州支行亦已相继开业，发行新币，已著信用。此后调整物资，平衡金融，皆当逐步推进。（四）关于增加税率事项。关、盐、统三税，本是财政上大宗收入，均经加以慎重考核，非有特殊性质，不妨碍民生的，绝不轻事增加税率。例如菜蔬、蛋类免除转口税之类，与增高卷烟、雪茄、洋酒、啤酒等税率，先后实行，于增加收入之中，仍寓有减轻负担之意。（五）关于开征所得税事项。所得税系向纳税者直接征收，较间接税之得以转嫁者不同，实为财政上之良税。现在对于公务员薪给报酬所得，业已实行课税。其他如第一类营利事业所得，与第三类之证券存款所得，俟届适当时期，亦拟着手开征。（六）关于整理盐场事项。盐为人民食用所必需，我国盐产虽有海盐、池盐、井盐之别，而以海盐产量为最多。海州盐场，自事变以来，煮盐设备，又蒙天灾之损失，产盐数量骤减。现正依照计划，实行恢复盐场，增加产量，用供民食。广东省之盐务机关，并已调整就绪，收效颇大。盐政设施，将来自不难逐渐恢复，使盐之供给充裕，售价低减。（七）关于废除苛杂。苛捐杂税，扰害民生，国府还都之始，即宣布明令，切实废除。以上七端，不过举例。总之，岁出入之平衡，实为财务行政最要之枢纽，而地方财政之整理，又为国家财政之基本，故财政部首先注重及此。国之本在民，废除苛杂，增加盐产，即所以培养元气，而国民担税能力之伸缩性，亦即寓于其中。至若国家银行之设立，重在活动金融，调节经济，增税等项，则不过财政政策一时之效用，藉以谋收支双方之适合而已。

经济方面，去年三月二十日，日本军总司令部已有军管理工厂交还之宣告，五月间工商部成立日本军管理工厂接收委员会，去年十月收回四厂，十二月收回四厂，本年二月收回六厂，共十四厂。计纺织厂三，机器染织厂二，面粉厂、水泥厂、制造机器厂、毛纺织厂、橡胶厂、轧花厂、纺织印染整理厂、袜衫厂、铜厂各一。又中日厂商自行协议，或合办，或收买，经日本大使馆函知工商部解除军管理者五厂，计机器炼染厂、漂染厂、面粉厂、纱厂、造纸厂各一。又广东方面所收回的，计有电力厂、自来水厂、士敏土厂、饮料厂、纺织厂、硫酸苏打厂、肥田料厂、纸厂各一，糖厂二，此十厂均粤省省营或市营事业。其中电力厂、自来水厂、士敏土厂、糖厂，饮料厂收回后，由省府仍委原经营日商暂代经营，纸厂还有若干交涉事宜。综计已收回工厂，至三十年三月止，共达二十有八厂。凡此都是友邦尊重中国主权，援助中国恢复经济繁荣并谋其发达的善意表示，中国应该更加奋发，从事振兴。现时工商部所着手办理者，举例如下：（一）因为要明瞭战后工业现状，特咨行各省、市政府，依照部颁工厂登记规则，举行工厂登记，以资考核。（二）全国工厂状况，除由工商部直接调查统计外，并咨行各地方政府分别调查，以供拟订复兴计划之参考。（三）关于发展工业金融，复兴纺织工业，复兴华中面粉工业等，均已拟有具体计划。（四）草拟"协助工厂复业暂行办法"。（五）修改管理小型制丝工厂办法。（六）恢复全国度量衡制造所，督促各省市设立检定所，举办检定人员登记，并核定度量衡各种章则。（七）整理技师、技副登记证，已由工商、农矿两部会同拟办。（八）增进各商业行政机关之工作，如商标局、商品检验局、茶叶丝茧两运销管理局等，经一年来之整顿，商标、商检两局工作已渐恢复战前常态，两运销管理局亦已渐入正轨，对于茶丝之出口有所裨补。（九）关于商业团体，如京、沪两市商会，已经工商、社会两部予以整理，并由两部令饬从速恢复各同业公会，使各种商业团体之组织日臻健全。（十）筹设国际贸易局，为谋统制对外贸易，以谋平衡本国之国际收支，及巩固新法币之基础起见，工商部已拟订方案，准备从新设置国际贸易局及国际贸易公司，统筹办理此项统制事宜。（十一）整理公司商号登记及查验会计师证书。以上所述，只是关于工商部分之举例，农矿、交通、铁道各部分亦在同样积极进行。一年以来，交通工作之足述者，邮政方面首先收回邮权，直接由部方指挥监督，并统一邮政管理，于去年九月二十三日，全国同时增加邮资，毫无畛域之分。至苏浙皖区储金业务最近已刻期恢复，将原储、新储划分清楚，交各地邮局兼理，由部改订规章，严密监督。电政方面，与宣传部协力接收改组各地电台。航政方面，除整理上海航政局外，并审察航务实况，恢复广州等处航政局，同时积极整顿船业公会，以减轻船户负担。道路方面，铁路损失，较公路为重，还都以来，中日双方开诚商榷，铁道事业，仍本于中国之旨趣，以国有国营为原则，惟在全国和平尚未实现，战争状态仍在继续的时候，只能于可能范围内，加以调整。农矿事业，对于国民经济关系至大，亦正在计划进行中。经济部门，虽各有专司，然其性质是互相关联的，并且是整个的，最近行政院有经济委员会之组织，以院长为委员长，副院长为副委员长，财政、工商、农矿、交通、铁道五部部长为委员，其他各部、会长，有必要时，亦得出席。此所以谋整个经济现状之改善，与整个经济计划之进行。专就中国来说，是要发展经济，以充实民力，充实国力。就中日两国关系来说，是要实行经济提携，以共谋东亚之繁荣，责任至大，所当并力以赴的。

于此还有一件重大的事，要特别提出报告：就是米的问题。"民以食为天"，"中国以农立国"这是人人知道的，然而事变以前，中国的米就不够吃，海关统计米的入口数目字，年年增加。事变以后，情形就更严重了，"大兵之后，必有凶年"，这是不可免的事实，何况加以"匪共"的游击战、焦土战，以致生产日以短少，交通日以阻塞，米之一天一天的贵起来，更是势所必至。加以重庆当局滥发纸币，上海奸商投机渔利，一般人民更是慄慄不可终日。治本的方法，只有清除"匪共"，安定农村，并用种种科学方法，政治手段来奖励农业，增进生产。至于治标方法，则只有先从事于平定米价，调剂盈虚了。粮食管理委员会之设置，即是担负此紧急的使命的。自上年十月开始工作以来，即注全力于此，其工作经过概况如次：米价之涨，多半由于竞买居奇。京镇一带，米价向以皖南芜湖为标准。苏常一带，向随上海租界而涨落。近经种种设施，上海与内地渐将脱离联系，故苏常米价尚不至与上海相等。粮委会复注力于芜湖米价，特订征集米谷办法，督饬粮食公会组织联合办事处，在一个机构之下，限定价格，集中收买，不准各方自由竞收。最近米价虽以货稀见涨，尚未容许突破七十元之关，一面由政府购备米谷，尽量补充，故京镇一带米价尚能保持官定之限价，假如不加统制，恐芜湖市价早达一百元，而京镇一带亦已超出百数十元了。以上所述，是防止竞买居奇。至于调剂盈虚，上年米谷歉收，各地匪患未靖，专就苏、浙、皖三省京、沪两市已经恢复秩序之地带而论，其产米总额，仅两千四百余万石，按其消费量，需二千九百余万石，不足五百余万石。近来各地人民虽大半兼吃杂粮，但约计所缺尚多，业经粮委会努力补充，并承友邦竭诚赞助，近已购备五分之四，足敷维持至新谷登场之需，现已陆续分运南京、镇江、丹阳、南通、杭州、芜湖、蚌埠等处，接济民食，一面仍在继续搜购，总使青黄不接之时期民食得告无虞。要之，米的问题，诚然是当前最严重的问题，政府竭其全力从事应付。去年夏间，公务员捐薪以助平粜，财政部并于万分拮据之中，筹措巨款，以添购米粮，这是外间所知道的。至于其中繁杂曲折，一时未易尽说，只能概括一句，政府必尽全力以负全责而已。

粮食管理委员会的使命，不过治标而已。至于治本，则不但是农矿部的责任，而且是行政院的责任，并且是国民政府全体的责任。我们时时刻刻想着"民以食为天"，"中国以农立国"，中国想由农业国进于工业国，必须在农业上有大大的改进，这是一切经济政策之出发点，我们只有尽力从事。

中国今日人民痛苦固在米的问题，而其他痛苦亦须顾及。国府还都以后，鉴于各地灾情之重，灾区之广，设置赈务委员会，担任赈灾的工作。当四、五月间，正是青黄不接粮食腾贵的时候，于财政拮据之中，拨赈款一百万元，办理苏、浙、皖、粤四省及京、沪二市平粜。先后实拨一百二十四万元，首都及江、浙两省会又加办急赈，动支二十六万余元，及至新谷登场，又即筹办冬赈。除四省二市外，兼及赣、湘、鄂、豫四省及汉口市，计共八省三市，实拨赈款一百三十八万余元。此三项施赈，连同其他零星赈济，一年间支拨赈款计达三百万元（其中国府于正款之外加拨四十万元）。首都方面由赈务委员会与各部、会地方机关团体协力办理冬赈，集款达七十万元，受赈者十六万余人。并直接管理救济事业，经常收容二千二百余人，冬赈期间曾达三千四百余人。此外江、浙两省覆车惨剧及匪灾火患，亦尽力施救，略同义赈团体。所可惜的是各地方交通未尽畅达，每每为人力所不及。

以上所述，限于赈款，而赈款之外，还有救灾准备金五十四万元．以后如果财政状况许可，还要逐月增加的。此外水利关系亦极重要，水利的反面即为水灾，水利委员会不断的培修江堤、运堤、淮堤、海塘，以防溃决之祸，而筹堵黄河中牟决口，则尤为重要。现已由国民政府特设筹堵委员会，专司其事，而中牟以东至利津，约长一千余里之黄水入海故道已多淤塞，如果不从事疏浚，以利宣泄，则鲁、豫等省，此堵彼决，为患无穷，这亦当深切注意而慎重从事的。

以上所述，是经济生活方面，与经济生活相辅而行的，是文化生活。二十七年十二月二十九日，我在艳电里曾经郑重提出，要在教育思想上确立方针，以奠定两国永久和平之基础。去年十一月三十日，中日基本关系条约里，对于文化之融合创造及发展，尤有郑重的规定。改造事实，应从改造心理着手，这是必然的。还都以来，除行政院原有教育部外，所设宣传、社会两部，这两部在事变前，是设在中国国民党中央执行委员会里的，还都以后，改设在行政院里。社会部除社会事业外，并致力于社会运动，其于教育宣传，关系极深。宣传部将政府的主义、政策宣传于社会民众，使之了解，使之奉行，其于社会教育关系亦极深。三部合力的结果，一年以来，于文化上已有不少的贡献。关于宣传方面的重要之例，约举如下：（一）为新闻报导机构之调整。首于去年五月合并中联社、中华社，成立中央电讯社，为代表国家统一新闻电讯之唯一机关。次即改组中联贩卖部为中央书报发行所，接收报业联络室，改组为中央报业经理处，以辅助各报发行上广告上设备上之发展，并以谋报业经营之合理化。（二）为上海新闻检查所之接收，由宣传部直接行使新闻检查权。（三）为电影检查委员会之设立，收回电影检查权。（四）为中华电影公司之调整。（五）为中国广播事业建设协会之设立，接收改组各地电台。（六）为各地宣传机构之调整，制定省市宣传处组织规程，省市宣传会议组织通则，颁布施行。（七）为宣传干部人员之训练，中央宣传讲习所业已举办至第二期。综合言之，一年以来，宣传机构逐步确立，宣传工作逐步推进；其有需交涉调整者，亦皆已圆满解决。就中尤以广播事业一项，各地电台原为事变后日本方面所经营者，机件设备耗费不赀，今以寄附或借让方式无条件供协会使用，在在均足以见友邦尊重我国主权之决心与宣传合作之诚意。我以为这样努力不懈的做去，对于改造心理，以为中日两国新关系及东亚新秩序之心理的基础，必有巨大的效果。

关于教育方面，先就教育方针来说，教育之真价，首在教育方针是否能独立自主。关于此点，一般人必以为和平区内之教育，必阙独立自主性，然我们以实际一年间经过，敢向国人切实证明此种揣测，实为错误。现在试举几个例如下：（1）各大、中、小学校学生，还都以来，即已一致恢复唱国歌。（2）国民政府所实行之学制，在维新政府时期，曾偶改为日本之五年制，然现在已恢复三三制。（3）中、小学校教科用书，可由教育部自行编辑，除反日排日资料已由我们改换善邻友好资料外，其他阐发国家与民族的意识的资料，仍自由编配，毫无窒碍。（4）各学校课程，除外国语一种，加授日语外，其他与事变前，一无所异。（5）训育方针，在此一年中，曾由教育部召集各省市教育当局，详加讨论，拟订方案，友邦方面，从无丝毫干涉。（6）学校内之军训以及童子军教育，亦已次第恢复。（7）体育一科由教育部颁发国民体操图说，各省市已通行了。总之，以往一年间的教育方针，除反日排日一点，已与友邦方面约定，彼此改采互尊互亲之方针外，一切俱保持独立自主之精神，艳电所说："中日两国壤地相接，善邻友好有其自然与必要，历年以来，所以背道而驰，不可不深求其故，而各自明暸其责任。今后中国固应以善邻友好为教育方针，日本尤应令其国民放弃其侵华侮华之传统思想，而在教育上确立亲华之方针，以奠定两国永久和平之基础"。还都以来，我们对于这一点，实已努力做到，而日本方面对于我们之援助及不干涉，是令我们十分感奋的。再就国民教育之实际来说，亦在著著推动，虽各市县地方破坏之后，地方教育费苦无所出，然中央以左列各种方法补救之：（1）补助大量之教育经费，苏、浙、皖三省京、沪两市中央负担之补助教育费，年达三百万以上（粤、鄂两地及北方，俱能就地自筹）。（2）由中央直接培养师资，各地方中、小学师资，事变后质量两有问题，而各省、市未能恢复师范学校，遂在首都地方创设国立师范学校，以图师资之补充与改进。（3）事变后各地私塾林立，实为辅助国民教育之有力旁枝，中央对各地私塾非但不加取缔，且采扶持辅导方针，俾分普及教育之劳。（4）于正常小学及私塾外，中央对于各地方已经恢复之民众教育馆，更督促其以实施补习教育为中心工作，中央并编发民众读本，俾各地方大兴民众学校，中央且更创立一补习教育新体制，以达提高国民教育，及补充职业技能之两目的。（5）另对教育学术团体，奖进其协助推进国民教育工作，如中国教育建设协会之举办多数简易小学，中国儿童教育协会之举办报童学校，与妇女慈俭学会之举办难童学校等，中央均与以精神物质两方面之提倡，即在宗教团体所立学校，中央亦不采干涉主义，而设法命其自动改进。因上种种设施，虽不敢谓文盲已经扫除，然正在向扫除文盲方面迈进，以植立事变后复兴之基础，则可举以告诸国人的。再就高等教育之复兴来说，事变中损害最甚者，实为高等教育，因之恢复工作亦大不易，因为校舍与物质两俱无存。然各地方公、私立中学，已如雨后春笋，则中学毕业生不能不有升学地点，且为国家造就专门人才计，高等教育之复兴，亦甚急要。因之除广东大学继北京大学而恢复外，中央且于还都以后，即着手恢复中央大学，四月间即成立中央大学复校筹备委员会，七月二十五日正式复校，设置文、法商、教育、理工、农、医药等六学院。此外另设文、实两先修班，师范、农业专修科等之培育从学人数计达六百余人。第一年,即拨经费百万元,从事设备。武汉、上海两地,亦正在筹拟促进公、私立大学。事变前,各大学失之滥设,今后一面复兴,一面并预防滥设,以期养成深造的人才。再就生产教育之提倡来说,事变后第一难题,厥在社会穷困,实为教育上最应注意之点,故对原有之中学制,正在力图根本改进。在未改进以前,先竭力提倡生产教育,除编译《学徒教育》、《青年学校》、《生产教育》各书,以促起各界注意外,并由中央创设国立第一、第二职业学校于首都,并规划第三国立职业学校于上海。一面更督令各省、市地方限制普通高级中学,而多设职业学校。现在如苏州、杭州、昆山、蚌埠、滁县各地方,均有公立职业学校,其他私立职业学校亦均闻风兴起。虽成效尚待切实推进,生产教育之基础则已稍稍树立。从来教育通病,在制造高等游民,今后拟竭力矫除,以宏教育之实效,而适合社会之要求。即在社会教育方面,亦已以推进生产技能与公民训练补习之学校为中心事业。再求文化机关之新设与恢复来说,除中央大学已经恢复外,其他文化机关,如中央图书馆,不独可集中文献,且为社会教育之中心,如编译馆,不独可出版教科书以外之参考书籍,且可集中一部份学者研究学术,均于还都后次第恢复。事变后,各中等学校最感困难者,为理科设备,现在首都已有国立理科实验所之设立。更鉴于各地方学校理科设备之困难,即在该所内,筹设一标本制造所,以廉价分给各地方,此亦可告慰于国人的。

关于社会事业及社会运动方面,国民政府还都之始,为适应时代之要求,针对现实之需要,于行政院之下,增设社会部,使之执行社会政策,掌理社会行政,其性质略同日本厚生省,英、法、德之劳工部,苏联之劳工委员会,与德国之失业部,法国之公共训练部,意大利之法团部,亦复相似。成立以来,关于社会政策之施行,社会事业之推进,与夫人民团体之指导监督,民众之组织训练，皆能于其中斟酌缓急，次第推行。举其简要者，如劳资纠纷之调解与消弭，劳资协作之促进，社会福利事业之倡办，公益救济事业之改进，合作事业之改善与推广，合作人员之征集与训练，各种人民团体之整理，民众组训工作之励行，及各省、市社运分会之设立等，尚能把握现实，切实工作。该部为新创之行政机构，综其任务，在将一切社会问题觅取合理解决之道，使人民受其福利，社会趋于健全，并纳人民之思想行动于正轨，使之与国策吻合一致，共集于和平反共建国旗帜之下，一致为复兴而努力。

最近有一事，应该提出特别报告：日本大使馆通知外交部，将此次事变中，在南京、杭州、上海等处所搜集保管整理的文化资料及设备移交中国，其中资料部分：（一）南京、杭州、上海保管之图书杂志、其他出版物及图画；（二）南京保管之档案；（三）南京、杭州保管之学术标本类；（四）南京保管之古物设备部分：（1）南京紫金山天文台；（2）南京北极阁气象台及地震仪；（3）南京前中央研究院之建筑；（4）南京前实业部地质调查所之建筑；（5）杭州前浙江省立西湖博物馆之建筑；（6）杭州前浙江省立图书馆孤山分馆之建筑。以上各种资料设备，不惟不罹兵燹，并且经日本方面加以整理，其中有因此而殉职者，而且连同附加的物件及设备一并移交。其爱惜中国文化，防其散佚，谋其复兴之热忱，实在令人感佩。现在组织文化保管委员会慎重接收，并继续努力谋其发展，以期毋负在东方文化上互相协力之盛意。

关于侨务，注重使华侨明瞭和平反共建国之大义，于宣传教育社会运动各方面都有相当努力。华侨与祖国安危休戚，息息相关，从前被重庆方面朦蔽住了，如今宣传与事实日益证明，将来必能以其力量，贡献于和平反共建国运动。关于边疆，注重在腹地与边地之休戚相关，及国内民族之协和，其于和平反共建国运动，关系亦至重要。

以上所说，都是关于改善经济生活与文化生活，如今就于确立治安，也叙说几句。

确立治安与改善生活互为因果的。治安愈确立，生活愈改善，同时治安愈改善，生活也愈确立。因为治安确立，人民始能安居乐业，从事经济的开发；生活改善，除了极少数的捣乱分子之外，谁也不愿做社会的蟊贼。所以国民政府还都以来，对于两方面同时并进。

担任确立治安的责任的，是内政部、警政部、司法行政部和军事委员会。

先就内政部来说：还都以来，曾召集民政会议，督促各省取消各县自治会、维持会或县政府筹备处等等名目，恢复原有县制，督促各省对于任免各县县长，应依照法定手续办理，训练县政人员，添设现任县长训练班，以期地方行政逐渐健全。其关于卫生行政方面的，成立杭州、芜湖、蚌埠各处省医院，扩充中央医院设备，并特拨巨款，筹建第二中央医院，修订中央医院及防疫科、卫生实验科暨省县医院组织规程，修订医师药师助产士暂行条例，修订护士中药成药药商各规则，卫生训练所先后成立护士班、高级护士班及助产士班。其余如办理土地征收，调查土地登记，征集各省市县图志，审核上海市建设计划，调查名胜古迹古物，推进襃扬善行，审核内政各项统计，颁发各种内政调查表式，绘制各种统计图表，都在积极进行。

再就警政部来说：还都以来，鉴于确立治安之重要，特设警政部。成立以来，调整各地警察机构，召开全国警政会议，整理各地警察人事，调训各级干部，俾警察效率得以增进。协助司法行政部，收回上海第二特区地方法院，设立全国感化院，恢复京沪、沪杭甬铁路警务处，均是荦荦大者。还有一件，是加强警察与特工之团结，因为"匪共"及和平蟊贼，对于和平运动种种破坏，无所不用其极，因之不能不严密防范，以期消弭隐患。惟是

131

手段虽然严密，用心却极其仁恕，所拿获的犯人，只要真心悔过，无不予以自新，这是人所共见的事实。

再就司法行政部来说：一年以来，工作推进约举如下：（一）管辖区域之扩张。除苏、浙、皖、冀、鲁、晋、豫七省各级法院，自还都以来，即隶属于国府外，粤、鄂两省的亦相继恢复或改组。又鄂省高院暂兼理湘、赣两省司法，上海第二特区法院监所亦于去年十一月改隶中央。统计管辖区域十一省及上海第二特区，共有检察署及检察分署各一所，高等法院九所，高等分院五所，地方法院四十三所，监狱十七所，看守所四十三所，平均每月处理民刑诉讼等案件一万六千余件。（二）法院之调整。为符合法院组织法，将江宁地方法院仍改为首都地方法院，并将其组织大纲加以修订。昆山等七处地方分院恢复为地方法院，浦东、沪西两分院归并于上海地方法院，以符旧制。（三）减轻人民诉讼负担。凡以前各法院呈部核准加征之讼费，依职权送达裁判正本之抄录费等，概经明令禁止征收。（四）司法人员之训练。司法行政部附设之法官训练所，本年已有书记官班及监狱官班受训学生毕业，当即依据毕业考试成绩，分发各法院任职或实习。事变后武汉设有司法训练所，有法官班受训学生一班，因该所之存在不合体制，已令本部法官训练所派员到汉举行毕业及甄别考试，及格者分别派往各法院任职或实习，不及格者调京继续受训，武汉司法训练所即予裁撤。（五）监督所属。为防止人民蒙受审判上不公允之待遇，司法行政部特公布收受人民呈递书状办法调查细则，收效甚宏，同时严令各级法院，不得滥予羁押人犯。（六）办理赦免、减刑。关于赦免案件，早已办理完竣，计被赦者七百八十名，减刑案件亦即将办理完毕，据最近统计，被减刑者三千八百四十八人。（七）司法统计表册关系重大，以前之司法统计表册，率系历年凑编而成，未免繁简失当，格式差异，有重复的，有错误的，现已将月报、年报各种统计表册，均予修订公布。

至于军事委员会之工作，因关系秘密，有许多不能公开报告的。本来军事目的，在于国防，中国自今以后，要根据中日基本关系条约及中日满三国共同宣言，结成东亚轴心，以保卫东亚的和平，进而保障世界的和平，这是建国之目的，同时也就是建军之目的。本于这个目的，中国军队的精神，要从新振作。自从鸦片战争以来，中国军队不知道爱国的不用说了，知道爱国，而不知所以爱之之道，则名为爱国，实则误国。我们应该知道，没有东亚，断不会有中国，我们更应该知道，如果不和东亚先进国结合一致，则保不住东亚，也就保不住中国。所以爱中国与爱东亚是一条心的，这是建国的新精神，也就是建军的新精神，将来一切国防计划，都从此点出发。至于目前，则当务之急，惟在确立治安，本来确立治安是警察的责任，但是目前确立治安的责任，军队不能不分担，因为事变以来，"共匪"假借抗战名义，想把整个中国化为第三国际侵略东亚以至侵略世界之地盘，三年有半以来，无日不汲汲于扩充自己的军队，所谓游击战、焦土战，无非以人民为食粮，来养肥自己的军队，这种残民以逞的不正当武力，只有为国为民的武力才能打破他。重庆当局不足以语此，只有由我们担任起来了，以军队来做摧陷廓清的工作，以警察来做细针密缕的工作，两者并用，"匪共"才能肃清，治安才能确立。去年十一月三十日，签订中日基本关系条约时，附属议定书第三条明白规定："于两国间恢复全面和平战争状态终了时，开始撤兵，并应伴治安确立，二年以内撤兵完毕"。我们看了这规定，便可知道，我们今日第一步，要将和平区域内匪患肃清；第二步要将和平区域扩展起来至于全国。必须这样，中国才保得住，必须这样中国才能得到独立自由。所以中国建军之目的，就远大说是国防，就切近说是确立治安。

军事委员会便是基于此目的而成立的，委员长由国民政府主席兼任，所统属的，有参谋本部、军事参议院、军事训练部、政治训练部、军政部、海军部、航空署等。还都以来，军事建设集中于此，如今将其概略举例如左：

关于陆军方面的：(一)国内各处部队受和平反共建国的感召，先后来归的，计有二十个师，六个独立旅，三个独立团，共计人数约二十万余名。其武器装具均配备齐全，饬由方面军总司令，及各绥靖总司令，各绥靖主任，分别统率担任清剿匪共事宜。(二)最近李长江率部三万余来归，亦经特派为第一集团军总司令，其部队正在改编中。(三)华北现有七个集团军，计辖三十个团，约五万人，分任华北治安肃清"匪共"之责。(四)江苏、浙江、安徽、湖北、广东暨南京、上海、汉口各省、市，武装警察次第成立，合计不下二万人，其他地方自卫团队尚不在内。(五)陆军军事教育，业经分别举办中央军校，广州、武汉分校，及军士教导团，现正加紧训练，储备建设新军下级干部，并增强军事力量。

关于海军方面的：(一)造就人材。中央海军学校，由水巡学校改组而成，第一期学生，乙种十一名，已毕业练习中，甲种三十五名，行将毕业。第二期学生，一百四十一名，已修业一年。第三期学生，招考在即。练兵内分水兵、轮机兵、看护兵、军需兵、管鸽兵及特修各科，已毕业四期，共计一千三百六十余人。(二)建造舰艇。除旧有舰艇海绥、海靖、江绥、江靖及接收之永绩命名为海兴外，另造江平级炮艇十二艘，江一号级炮艇十八艘，改装测量艇和风、江风、绥和、靖平等四艘，接收威海卫时，友邦又归还永翔军舰，命名为海祥，另有炮艇四艘。(三)设立要港部及基地部队。南京为首都所在地，特先成立南京要港部，统辖长江下游各基地队及驻泊舰艇，以拱卫近畿。沿江要点如南京、江阴均成立基地队，无锡、闵行均成立基地区队。威海卫为华北海疆要冲，特设基地部以统辖华北炮艇队，及青岛、烟台、海州、石岛、石臼所各基地区队。(四)测量水路。设立水路

134

测量局，专司测量水路，及绘制海图事宜，并设水路士官技术养成所，以造就测量人材。

关于空军方面：自还都以后，即有谭世昌驾机来归，飞行及机械人员来归者，前后已有数十人。关于设立航空学校，建设航空根据地，培养航空人员，亦正在积极筹备进行。

于此有须特别提出的，在全面和平尚未实现的时候，有许多人以为国府在军事方面必不能得到友邦的援助，而其实际则大不然，友邦方面无时不盼望国府自己能有充分的力量，来保障和平展拓和平，早日结束事变，共同致力于保卫东亚的重大使命。所以对于国府的建军，在人才技术上，在武器补充上，种种援助，不遗余力。凡来归国府的军队，无不以友谊相待。海军于去年国府还都以后，即将永绩军舰交还，并于去年中日基本关系条约签订以后，又将永翔军舰及其他同等舰艇共九艘，以及刘公岛练兵营舍，青岛、芝罘、石臼所、连云港等处派遣队兵舍交还，对于广东江防舰队，亦有同样的援助。凡此种种，无非表示睦邻友好的善意，期望中国的复兴，这是我们所深深感奋的。最近更将厦门、鼓浪屿、金门岛等处海军所管理的官署、学校、医院、电报局、飞机场、图书馆等建筑物，合计二百三十四所，交还厦门特别市政府管理，定于本日举行，以表示对于国民政府还都周年纪念之祝贺，这更使我们对于中日合作共保东亚，感到极大的兴奋。

最近国民政府有清乡委员会之组织，因为清乡工作，政治约占十分之六七，军事约占十分之三四，非合行政院与军事委员会两机关之力，不能胜任愉快。我们相信清乡委员会成立后，对于确立治安，定然有所贡献。

最近军事委员会召开全国军事会议，聚南北各省军事当局于一堂，对于建军之目的，远大是国防，切近是确立治安，必更能认识清楚，而勇猛精进。

综合以上所述，还都以来，对于改善 经济生活，文化生 活，及确立治安，都已有了一些成就。于此有须注意的， 这 一 些 成就，不是那一部那一会所能单独得来的，行政、立法、司法、考试、监察各院虽各有权限，而其脉络无不息息相关。 中央与各省、市虽相隔辽远，而身臂相联，没有一件事不互相呼应。而全国拥护和平反共建国的民众，也没有一件事不是甘苦相共，忧乐相关。所以这一些成就，实在是政府人民齐心努力所得来的。当然我们不能以这一些成就为满足，然由此一些成就，可见和平反共建国前途已现出一线光明，由此一线光明，努力不已，进步不已，则全面和平必能实现，反共必能贯彻，三民主义的中华民国之建设，必能完成，东亚的永久和平，共存共荣，必能达到。我们惟有以全部的心力，贡献于国家民族，以 完 成 此 重 大 的 使命！

〔汪伪组织档案〕

汪伪宣传部编国民政府三年来施政概况

（1943年3月）

一、序言

岁月匆匆，流光如驶，国民政府还都于今，业已三年，坚苦不拔之精神，凌厉无前之勇气，盘根错节之工作，遗大投艰之任务，固已彰彰在人耳目，不特和平区内人民深体时会之艰难，明识当局之用心，矢忠矢勤，竭诚拥护，即渝方劫持下之民众，亦闻义响慕，于于然来归，计自还都迄今，户口之增加者，不知凡几。是可见国民政府还都三年来无日不在努力奋斗之中，既须把握现实，不能好高骛远，又须开拓将来，不能因循苟且。凡事之可行者，固唯力是视，竭蹶以趋，黾勉以赴，即一时形 格势 禁，有不便于即行者，亦必迂回曲折，求其实现。此种况味，在人民或有的未知，而当局亦不必求知于人民，苟目的可达，任务可成，中华由是而兴复，东亚由是而保卫，则固已可稍稍自慰，而亦可以告慰于人民。今者，国内统一，尚有所待，东亚共荣，亦正萌芽，求全面和平之实现，大东亚战争胜利之完遂，固有待于今后的继续努力，而国内统一之必得实现，大东亚共荣圈之必得建立，则已于此三年中而奠定其基础，曙色已启，光明在望，苟上下协力，共向鹄的以趋，则当前难关必能克服，而终极目的亦不难达到。是在我全国人民之努力耳！

当国民政府还都之初，适当大难甫平之后，疮痍满目，十室九空，都市则户口凋残，市面零落，而乡郊则更伏莽遍地，盗匪如毛，破碎门面，正不易收拾。且也友邦日本虽竭诚助我，不特不以战胜自居，更处处与我提携合作，凡事之足以阻滞我发展者，罔不自动改善；然而在我处此战乱之余，危难之间，兴复国家，本非易事，而内经事变之浩劫，外遭英、美帝国主义百年来之侵略，正是重重困厄。犹之人体，平时元气，已极大伤，血枯髓竭，弱不经风，而一旦又突逢病菌侵袭，大病累月，是其急待调养，有十百倍于常人者。故国民政府三年来一切对内对外措施，一方面正视现实，一方面坚定立场，以努力迈进。其所成就者，虽若有限，尚未能尽如人民理想之所期，而此中工作之艰巨，当为国人所能体会。三载而还，因签订中日基本条约，而东亚得以团结，中日得以合作，奠定共荣圈之柱石；因参加大东亚战争，而英、美对我之侵略势力铲除净尽，即友邦日本，意大利，以及法兰西等，亦自动放弃在华治外法权及租界等等特权，以完成我国之自由独立；是我人之终极目的，虽尚未完成达到，而已进入实现之阶段。正如孤舟浮于大海，风雨如晦，四顾茫茫，其倾覆已迫在眉睫，今因操舟者之主持有方，同舟者之相与协力，因得望见岸畔，脱离险境。虽此后尚须继续努力，以完成登岸之愿望，然既岸畔在望，诞登有日，亦可自庆自幸，得到相当之成功。故苟回溯国民政府还都三年来之施政概况，亦非无足记述，用供国民周知者。本篇之作，盖以此也。

语曰："不知古，何知今"，故古代史官左记事，右记言，不特备当时之浏览，亦以供后人之参考。国民政府还都至今，虽时经三年，而一切对内对外大事，实具有划时代性之意义，而为中华民国历史上重要之一页。本部于民国三十年十一月三十日中日签订基本关系条约一周年之时，曾发刊《国民政府之进展》一书，至去年三月还都二周年纪念时，又续刊《国民政府施政概况》一书，而九月中，又刊布《国民政府现况》一册；计至于今又为半年，而此半年中又适逢国民政府对英美正式宣战，且承友邦日本等好意，对我取消不平等条约，是更宜大书特书用告多方者。今乘国民政府还都三周年纪念之日，将国民政府三年来施政情况，提纲挈领，撮要钩玄，特著是篇，布诸有众。此亦古代悬诸象魏之意义，而亦司铎政者应有之职责焉。今为明瞭起见，以时为经，以事为纬，将三年来国民政府施政概况，划为四个时期：第一时期，为和局奠定时期，自中华民国二十九年三月三十日还都后以至同年十一月三十日中日签订基本关系条约时为止。第二时期，为时局进展时期，由中日签订基本关系条约后以至民国三十年十二月八日发生大东亚战争前为止。第三时期，为协力战争时期，自民国三十年十二月八日大东亚战争发生时起以至三十二年一月九日我国民政府正式宣布对英美参战前为止。第四时期，为参加战争时期，自民国三十二年一月九日我国民政府正式宣布对英、美参战时起以至还都三周年纪念时止。其中所述政绩，有偏重于对内者，有偏重于对外者，而同一对内，有偏重于治安者，有偏重于经济者，大概视其一时期中最最扼要者而定，凡关涉兴复中华，保卫东亚者，又必追本寻源，以示其旨趣，而无关大局，事较琐屑者，则概不录入。然国民于此，亦可周知国民政府还都后三年来施政情况之一斑，而有以发奋努力矣！

二、第一时期——和局奠定时期

自中华民国二十九年三月三十日至同年十一月三十日

此一时期，为期较暂，系国民政府还都后至中日签订基本关系条约时为止。此时期中国民政府一切措施，大抵对内集中在收拾时局上，对外集中在调整邦交上，以确定和平建国的基础，而图和平统一之进展。国民政府还都，一切典章制度，本不必多所更张，不妨一仍其旧，不过因民国二十六年发生事变后，种种情势已非复旧观，不得不顺应时势，以相机应付，上而中枢政治方针，下而人民权利义务，必须有明确规定，庶全国上下，得以依是进行，不至旁惶无措。故在此一时期中，建国之基础渐告奠定，骚动之人心得以稳固，残破之局面得以整理，一切皆沿轨道以进行，不至格格而不入；而对于中日条约之签订，又煞费经营，竭诚折冲，经相当之时日，始得告成，一扫数十年来中日间之纠纷，而以合理公平之原则为基础，务使有利于中国，有利于日本，更有利于整个东亚。故此第一时期，实为国民政府奠定和局之时期，今后一切发展，皆由是而萌芽，其苦心擘划，实非局外人所能深悉也。

甲、调整中枢机构

国民政府还都典礼，成立于中华民国二十九年三月三十日。和运之发动，尚早在民国二十七年十二月二十九日之艳电声明，以后各方风从，群起响应，而二十八年八月，更由中国国民党在上海召开第六次全国代表大会，经三日之慎重讨论，一致议决授权汪主席负责调整中日邦交，确定和平反共建国方策。自是而后即与日本开诚商榷，并决定还都，历相当之时日，始大体就绪，因于民国三十年三月十二日，汪主席以中国国民党主席名义，发布和平宣言，申明和平之意义及今后建国之方策。至十七日，来京召集各方负责人士及全国名流，商讨还都事务并调整中枢机

139

构，当于二十日开始召开中央政治会议，决定今后一切方针。中央政治会议共开会三日，在汪主席领导之下，一切顺利进行，出席委员包括各党各派、无党无派以及蒙古王公代表等，共有三十人，除决定一切政务外，并公决于三月三十日举行还都典礼，由汪主席任代理国民政府主席，领导民众，主持国是，使全国民心有以振奋，且从此有统一目的，统一方针，而各地既成政权，并一致于三月二十九日宣告解消，由国民政府统一全国。中央政治会议中最重要决议案，则如下列：一、中日新关系调整方针；二、中央政府树立大纲；三、国民政府政纲；四、中央政治委员会组织条例；五、修正中华民国国民政府组织法；六、国民政府组织系统；七、华北政务委员会组织条例。此中央政治会议闭幕后，国民政府即依据决议案于三月三十日上午十时在国民政府大礼堂举行还都典礼，由汪主席代理国民政府主席，率领中枢各文武群僚，升旗就位，并宣读还都宣言；即日下午，召开第一次中央政治委员会，修正各院、部、会组织法及各机关经费支配标准等重要议案。国民政府组织系统，则见左列图表：

国民政府各院、部、会分别成立后，均于四月一日开始办公，并即日召开第一次行政院会议，通过会议规则并各院、部简任、荐任各公务员。自此而后，中枢政治机构，悉已确立，各院、部、会组织法，亦经立法院依法一一通过，大概十之七、八，仍依民国二十六年前所有制度，而以时势之变迁，为应付现实计，为增进政治效率计，不得不修正十之二三。如社会部、警政部、宣传部，则均为国民政府还都后特设者，盖以增加其效率，强化其体制，不得不如此也。至国民政府主席一职，理应汪主席担任，天下风从，万民仰戴；然汪主席以此职依法应为林森，今林森虽为渝方暴力所劫持，一时未能自由，然国民政府还都而后，情势一变，渝方暴徒或有悔悟之一日，矢诚来归，不若暂为保留，以俟后日。故还都之时，汪主席以国民政府代理主席名义

```
                                    ┌ 内    政    部
                                    │ 外    交    部
                                    │ 财    政    部
                                    │ 军    政    部
                                    │ 海    军    部
                                    │ 教    育    部
                                    │ 司 法 行 政 部
                                    │ 工    商    部
                       行   政   院 ┤ 农    矿    部
                                    │ 铁    道    部
                                    │ 交    通    部
                                    │ 社    会    部
                                    │ 宣    传    部
                                    │ 警    政    部
国 民 政 府——                       │ 振 务 委 员 会
中 央 政 治 委 员 会                  │ 边 疆 委 员 会
                       立   法   院  │ 侨 务 委 员 会
                                    └ 水 利 委 员 会

                       司   法   院   最 高 法 院

                       考   试   院 ┤ 铨    叙    部
                                    └ 考 选 委 员 会

                       监   察   院   审    计    部

                                    ┌ 参 谋 本 部
                       军 事 委 员 会 │ 军 事 参 议 院
                                    │ 军 事 训 练 部
                                    └ 政 治 训 练 部
```

主持国政。然而延至十月，时越半载，而渝方暴徒竟全无悔祸之心，虽其劫持下之民众、官吏及军队每多自拔来归，拥护和平，矢志服从，而握有实力之少数独裁者，则仍怙恶不悛，于是昔日所望于渝方政权者，至是已成绝望。然而国民政府主席一职则不可一日虚悬，虽由汪主席代理，照常执行职务，并不因而有所窒碍，然究未能尽慊民心，故于十一月二十八日，从中央政治委员会一致决议，将国民政府组织法予以修正，并全体公推汪主席正式任国民政府主席，即于二十九日宣誓就职。中枢机构，益臻健全。

此外，更于华北设立华北政务委员会，其地位与五院相等，直属于国民政府，管理河北、山西、山东、河南四省以及北京、天津、青岛三特别市。下设六署两厅，计为内务总署、财务总署、治安总署、教育总署、实业总署、建设总署，并政务厅及秘书厅。每署设督办一人，即由华北政务委员会委员兼任，政务委员十七人至二十一人，指定一人为委员长，并指定五人至九人为常务委员，由行政院提请中央政治委员会通过后交由国民政府特派之。凡在国民政府还都而前，由既成政权临时政府职权所应办之一切事务，此后统由华北政务委员会接收，秉承中枢意志，处理其事务。至其外各省、市制度，则一仍旧贯，暂维现状。至十月三日，又经中央政治委员会决议，改汉口市为特别市，直隶于行政院。

乙、确定建国方策

国民政府既以和平建国，出而领导民众，主持国是，故于未还都前，中央政治会议中即已确立国民政府政治大纲，以为还都后施政之标准。其大纲于三月三十日还都时，由国民政府发布，计共十条，全文如左：〔略〕

此十条政纲发布后，国民政府即依次逐渐实施，还都后数日，各主管院、部、会即努力筹划。财政部先发布财政方针八端，计一为稳定金融；二为维持债信；三为整理国税；四为蠲除苛细；五为疏导游资；六为调整贸易；七为调节民生；八为补助生产。盖金融为国家命脉，必金融方针确定，然后人民生活乃得安定，社会事业乃得繁荣，而国家一切政事亦得顺利推行，故国民政府首先注意及此，以为立国之本。此外中央政治委员会于四月二日开二次会议，决议国民政府还都以前法令适用及修订案，使人民间私人权利义务不至因国民政府还都而有所波动，以安定社会状态。七日，更由国民政府下令各地军队，立即停战待令，以实现和平方针。至外交具体方案，则中央政治委员会于四月十一日三次会议时，决议指定外交部根据政纲拟订，以便着手求外交之调整。之后，国民政府各院、部、会各按其职责内应办之事务，分头积极进行，以奠定国民政府之柱石，使和运益益拓展。其荦荦大者：财政方面，则组织中央银行筹备委员会，准备重建中央银行，发行新币，以促币制之统一，健全各地经营。军事方面，则分别改编所有军队及建立新军，以扩充国家之武力，计华中三省两市则有和平建国军及绥靖军，华北方面，则有华北绥靖军，开封及武汉方面，亦设立绥靖军公署；而渝方军队之来归者，如渝方驻绥西"骑兵第六师"等，分别予以安插；至首都地区，为国民政府所在地，其警卫尤极重要，又设立警卫师，以资拱卫。宣传方面，于国府还都时，即创办中央电报通讯社，为全国唯一通讯机构，不问中外消息，苟事涉国策者，一体由中央电讯社发布，使全国宣传得以统一；并于宣传部中设立宣传讲习所，以造就宣传人才，毕业后派往各宣传机关服务。教育方面，则教育部成立而后，即着手恢复国立中央大学、广东大学，并考选留日公费学生前往日本留学，并派员东渡，参加东亚教育大会；而对于各省市中、小学，亦通令各主管机关切实整理学风，扩充学校，设法恢复二十六年事变前之旧；更拟定补助清寒学生办法八条，以补助清寒子弟之有志深造者。至关于实业方面，则承友邦诚意协助，于中央政治会议召开决定国民政府还都日期之际，即向我宣言交还和平区内一切矿山及工厂，除关涉军事者外，陆陆解除军管理，于是国民政府即组织接收委员会，陆续接收，在还都前呈奄奄一息气象之农工商业，因国民政府还都后，而顿呈蓬勃气象；且自四月一日起，将从前六种购买统制，如植物油、猪鬃、鸡旦、禽毛、茶、兽肠等，一律撤废，无论中国商人及日本商人，均可自由购买；且于七月九日特设粮食管理委员会，以调整民食，使人民生活得以安定。考试院方面，则以发展人才起见，于成立而后即筹划考试事宜，先于五月二十五日在华北举行高等文官考试，而华中高等文官考试，则于十月二十五日开始，并由铨叙部依据公务员任用法及甄审条例，将中外各级机关公务员予以甄别，以整官方而增效率。此外各院、部、会亦皆有同样进展，依照国民政府还都时所发布之政纲，一一按步实施，而对于确立治安、安定民生更尽先从事，黾勉以赴，故警政部于八月二十日召集全国警政会议一次，财政部于十一月一日召开地方财政整理会议一次，务使全国之地方治安及人民生活皆有圆满之发展，以奠定国民政府和平建国之基础。

丙、签订中日条约

国民政府还都，其唯一目标即在调整中日关系，使不幸之事变从而结束，在东亚史上创一新纪元，化敌为友，以共同发展东亚，解放东亚，确立东亚共存共荣之不坏基业。日本当然亦同具是心理，故对于国民政府还都，以满腔诚意全力协助，而于国民政府还都后，即派前首相阿部信行大将任驻华全权大使，协商调整中日邦交方案。日本驻华当局，更根据还都初交还中国矿山及工厂之声明，陆续将军管理之工厂发还我国。而日本政府且于我国民政府还都时，为表示中日邦交融和起见，特派阿部信行大将来华祝贺，而日本国民亦组织国民庆祝使节团，随同阿部大将于四月二十二日抵京，向我国民政府致贺。其在我国，除于五月十八日国民政府特派陈公博、周佛海等为赴日答礼使节，东渡向日本政府答礼外，而文化界及新闻界，亦组织国民答礼使节团，随同赴日。之后，更恢复驻日使领馆，于东京先设办事处，而在神户、长崎、横滨、台北等处则一律恢复领事馆，派遣总领事及领事等赴日。而在国内则于七月二十八日成立中日文化协会，以谋中日两国文化之沟通。故中日邦交之调整，不待中日基本关系条约之订立，而已彼此提携合作，中日两国国民之精神，打成一片矣。

日本阿部信行大将于四月二十三日抵京，其使命为庆祝国民政府还都典礼，然未几日本政府即发表为驻华全权大使，故日本国民庆祝使节团，于任务完毕后即行回国，而阿部大使则留京未返，准备中日邦交调整会议事宜。第一次开会为七月五日上午九时，我中国方面为汪行政院长，委员则为外交部长褚民谊，财政部长周佛海，工商部长梅思平，宣传部长林柏生，及外交部次长徐良、周隆庠；日本方面为阿部大使，委员则为日高参事官，安藤调查官，影佐陆军少将，须贺海军少将，松本参事官，犬养随员。双方会见而后，汪行政院长即披沥一般见解并此次会议之基本原则，日本阿部大使亦有致词；彼此发表意见，极为率直，且均露出满腔之热诚，在中国不仅为中国一国打算，同时更为日本打算，为东亚打算；日本亦然。其后于六日接开第二次会议，关于日本方面提案要项，交换一般意见。九日开第三次会议，根据日本方面提案，进行具体交涉，由中国方面发表意见。十五日开第四次会议，继续审议关于中日邦交调整基本事项。十九日开第五次会议；二十二日开第六次会议；二十六日开第七次会议；此三次会开后，双方对于基本事项，固已获得一致之意见，而附属事项原则，已审议妥洽。三十一日，开第八次会议，确认双方意见一致之各点。八月二日开第九次会议，审议附属事项条文。九日开第十次会议；十四日开第十一次会议；此二次会议皆为审议细目事项。十七日开第十二次会议，就一致意见之各项条文予以审议。二十一日开第十三次会议；二十四日开第十四次会议；此二次会议，均就关于调整中日邦交基本事项及细目事项加以整

145

理，并处理其他事项。二十八日开第十五次会议，审议全部基本事项，附属事项，及细目事项，全部会议至此告成。三十一日开第十六次会议，双方对照以前所决议之全部条文，并举行草约签字，于是中日基本关系条约，经两个月之时间，十六次之会议始告完毕。最后，汪行政院长及日本阿部大使相互致词，共饮香槟，以表祝意，并召集中外新闻记者发表谈话。

草约签字后，双方经法令手续核准，阿部大使于十一月二十六日来京，于三十日上午九时，由汪行政院长及阿部大使率领交涉委员等在国民政府大礼堂正式签字盖印，即日公布。于是中日邦交从此创一新纪元，不特一释过去数十年之误会，放弃敌对行动，更进而实现提携合作，共向东亚共存共荣之途迈进，东亚之光，亦世界前途之福。

与中日基本关系条约同时公布者，尚有中日满三国共同宣言。中日满共同宣言，由汪行政院长，日阿部大使及满洲国参议臧式毅，各代表本国签字发表。虽仅寥寥二百余字，然意义甚为深长，将中、日、满三国间隔阂完全一扫而清，而东亚之团结一致，亦从此确立其基石，兹录其全文如左：〔略〕

此外又有一事可记述者：当此中日基本关系条约签字及中日满三国共同宣言发表之前，在十一月二十七日，汪主席特向渝方报告，冀其从速悔悟，幡然来归，共谋中国之复兴，实行中日团结。乃渝方竟怙恶到底，全不悔祸，于是汪主席于二十八日经中央政治委员会之一致决议，正式就任国民政府主席，而于三十日以行政院长资格，与日本签订条约，并与日满两国发表中日满三国共同宣言。

附中日基本关系条约〔略〕

三、第二时期——时局进展时期

自中华民国二十九年十二月一日至三十年十二月七日

此一时期为期恰一年，系中日邦交调整后至大东亚战争勃发

146

之前夕止。此时期中和建基础业经巩固，国际形势亦呈好转，全国上下一心一德，悉以和平统一为念，努力向此鹄以进，故凡一切措施罔不依此为旨归。其中心方针则为确立治安，安定民生，使农工商业日趋繁荣，内以树立国力，实行全面和平，外以起人之敬，谋取消不平等条约。故凡在此一年之中，一切施政，如强化党权，建立军队，调整币制，统制物资，办理清乡，敦睦邦交，提倡新运，以及展开文化等等，靡不以是为出发点。经此一年而后，国内外形势日有进展，在国内则已达到确立治安，凡从前游匪、"共匪"盘踞肆扰之区，因清乡而日告肃清，而人民生活，亦得因治安确立及种种经济上之发展，而得以大定，人口日增，市面日繁。至国际方面，则因我国内政治之日上轨道，时局之日渐展开，群对我国正式承认，在国际上取得相当之地位。此诚国民政府还都后承前启后之一个大时期，应永永留于国人脑际中而不容去者也。

甲、强化中心势力

中国在此训政时期内，本以党治国，由党的力量，推动到政治，故中国国民党而外，不许有第二政党同时存在。但自民国十七年后，被独裁者所把持，借"以党治国"的名义，来垄断政治，把训政要义逐渐变质，故此次国民政府还都，经中国国民党第六次全国代表大会决议，准备于还都后实施宪政，而还都后发布政纲中，亦有实施宪政之明示，并组织宪政实施委员会，且容许各党各派同时存在，不过仍以中国国民党为唯一之中心势力。民国二十九年十二月十七日，中国国民党召开第六届第三次中央执行委员会，集结党的势力，来推动政治上对内对外工作，将人民思想集中于国民党之三民主义及大亚洲主义，因之大民会、共和党、兴亚建国运动本部等三团体，悉自动宣告解消，投入中国国民党，共同奋斗。从此中国国民党中心势力，益益弥漫于全国人民心目中，全国中只有一个中国国民党，确定统一之基础。大民会等三团体之自动解消，以加入中国国民党，正是适应时势，适应环境，以加强中心势力之发展，足以促成中国复兴伟业之早日实现。

乙、增厚军事力量

天生五材，民并用之，军事力量实为捍卫国家绥靖地方必要者，苟一国而缺乏此种力量，其国必不能自强，更无以应付对我侵略者之野心。国民政府还都而后，即着手于此，且承友邦日本诚意协助，陆续还我飞机库，还我军舰，更代我制造炮艇，使我中国军事力量，得日以发展。当国民政府还都之际，军队力量甚是脆弱，后军事委员会及军政部等成立，着手于此，在此时期中经不断之努力，已有相当成就。其在建设方面：陆军则扩充警卫师，设立首都宪兵司令部，改编苏、浙、皖绥靖军，收编李长江部，收编渝方来归各部队。计截至大东亚战争发生前，绥靖军改编为第一方面军，其所属部队有七师三旅二团，即为第一师至第七师，并独立第八、第九两旅，及一教导旅，暨第十、第十一两团，分驻于苏、浙、皖各省，悉隶属于第一方面军。李长江部自来归国民政府后，改编为第一集团军，共四师两旅一团，即暂编第二十四师至第二十七师及独立第十、第十一两旅暨直属军部特务团，驻苏北各地，担任警备任务。其外更将各地来归之军队分别改编，计有十八师五旅三团，即自第十师至第二十三师，并第二十八师至第三十一师，又第二、第三、第五、第七、第十二各独立旅暨第四团至第六团。至从前还都时所成立之和平建国军，予以撤销。海军则于民国二十九年十二月十三日因友邦交还各军舰及各港，在威海卫设立海军基地部，于三十年三月一日更成立江阴基地队，至十月三十日又设立广东要港司令部。至言空军，除航空署已订有三年计划，按步实施外，更购进飞机多架，于三十年十月在常州设立飞机场，而渝方空军，亦有谭治中等驾驶飞机来归。此外为绥靖地方计，特设苏皖边区绥靖总司令部、驻广州绥靖主任公署、军事委员长苏北行营。至教练方面：陆军则设立中央陆军军官学校、陆军将校训练团、军官训练班、军士教导团、中央陆军初级军官养成所、军官讲习所、宪兵学校；海军则设立中央海军学校；空军则设立中央空军学校。

丙、调整经济制度

国民政府还都而后，其第一步工作即在奠定基础，而奠定基础之最先者，当为确立治安与安定民生二事，而安定民生尤为急务；故还都而后，财政部即发表财政方针八端，更筹设中储银行，发行新币，使金融顿呈活泼之状。中央储备银行创立于民国三十年一月六日，总行设立首都，分行则设上海，同时更于苏州、杭州、蚌埠三处设立支行。国民政府除颁布中央储备银行法，以确定中央储备银行为唯一之国家银行外，更因发行新币故，颁行整理货币暂行办法、外汇基金管理章程、妨害新法币治罪暂行条例、新旧法币兑换办法等法规，以资遵守。自中央储备银行新法币发行后，币制渐趋安定，而各地农工商业因中央储备银行之扶助，经济亦日趋繁荣，计新法币发行之数额，自一月六日开始后，截止十一月初，甫过十月已达一万五千二百余万元。且也政府以人民欢迎新币日众，新币之流通日展，因于九月起，凡人民完纳关税、盐税、统税以及各种地方赋税，在新法币流通区域，一律改用新法币。而同时又将中央储备银行努力扩充，在农工商较繁盛之地区，如芜湖、常熟、南通、嘉兴、镇江、扬州、太仓各地成立办事处，以流通新法币。至对于旧有银行及新设银行，则更颁布修正银行注册章程及施行细则，并订定省市银行及信托公司暂行条例，以实施监督。故在民国三十年一年中，各地银行呈经核准复业及注册给照者，计有农商、华兴、南京兴业、南洋商业、中亚、建华、汇源、苏民、浙民、安民及江苏地方、广东省、南京市等，共有十三家，而大成银号、天津信孚信托公司、上海中国金业交易公司、中央信托股份有限公司亦均准予立

案 又在七月中，英、美无故将中日物资冻结后，二十九日行政院会议中，当即提出对案，一致决议处理指定人资产办法，由财政部即日公布；旋又根据各项办法，先后将北美合众国领属全部及菲律宾联邦，大不列颠、加拿大与北爱尔兰联合王国、以及婆罗洲、印度、缅甸、锡兰、怯尼亚、乌干达、马来、新西兰、香港、南非联邦，皆为指定人适用范围。

丁、发展农工商业

安定民生，固不仅调整经济制度，更须努力增产，发展农工商业，始得生产丰富，物资饶多，价格抑平，使人民生活得以安定。当国民政府还都之初，得友邦谅解，首先将植物油等六种购买统制予以撤销，此后更与友邦磋商，得其协助，按次推进，谋实行物资管理，以公平之价格，作合理之分配，不特消费者不致受过高价格之威胁，而生产者亦可获得相当之利润。于是先于民国三十年一月颁订茶叶运销管理规则，将茶叶运销部分由日军交还我国管理。至九月间更将范围扩充，凡所有丝、茧、蚕三项运销，亦统归我国管理，因将原有之运销局裁撤，另组特种商品运销管理局，将丝、茧、茶、蚕四项物品之运销，悉由特种商品运销管理局办理。同时更与友邦洽商后，组织中央物资统制委员会，且于各地方分设地方物资统制委员会，每日依照各地需要之申请，作尽量合理之配给。凡此皆为大东亚战争发生前调整物资经过，其有形无形之中，实发展各地农工商业不鲜。此外在直接发展农工商方面情形，除订定食粮增产计划，于各地设置稻作示范区一百区，以增加农业生产外，更设置特约农家二百家，以谋逐渐普及，而造林育蚕，亦同样注意。前者设置国立原种制造场，以改良蚕种，又召开蚕茧生产调整会议，以求茧丝之畅运；后者恢复中央模范林区管理局，创设经济林场，以期造林运动，普遍推行。至工商业方面，自订定中日基本关系条约后，友邦依据条约，陆续将军管理工厂交还我国，由我国商人自行接办。计

150

截止大东亚战争发生前，由于事实上之处置而解除军管理者，计十三家；日本军部自动解除军管理者，计十八家；由政府交涉而发还者，计二十六家，而广东方面，又有九家；华北方面，亦由华北政务委员会另行接收。而中日合办公司，亦陆续调整。又国民政府为发展全国经济起见，更于民国三十年一月八日，于国民政府下，特设立全国经济委员会，其主要工作，一为设计，一为审议。于是调整金融，发展实业，皆有跃飞猛进之成绩。

戊、开始举办清乡

还都之际，各地方治安尚未确立，除城区外，而四乡伏莽遍地，其一部为渝方军队中之散兵游勇，在民国二十六年大兵撤退时逃窜者；其一部为当地之流氓地痞，于事变中劫得枪械，而于当地作恶者；又一部则为共产党徒，乘此事变招集一部分游兵散勇、流氓地痞，割踞一乡一镇，以共产来号召者。故其名称，有所谓忠义救国军者，有所谓游击队者，有所谓新四军者，骚扰乡里，无所不为。国民政府还都而后，即着手于确立治安，一以保护良民，一以改善生活，务使闾阎祸患肃清，人民疾苦解除，而和运心理普遍深入，不使有一乡一镇受其阻碍。因是于民国三十年五月一日，组织清乡委员会，开始举办清乡，而以同时举办匪易，特划定地区，分期进行，以收摧陷廓清之效。清乡开始实施则为七月一日，在三十年中计分二期，第一期为七月一日至九月底，第二期为十月一日至十二月底，每期三个月。其清乡地区：计第一期为江苏之太仓全部，昆山西北部，常熟东半部，吴县北部。第二期为江苏之吴县西北部，常熟西半部，江阴东部，无锡北半部。参加人力除友邦部队协助外，计动员第一方面军一部，第二军一部，税警队一部，警卫队一部；此外更有清乡宣传队、政治工作团、模范青年队，一体加入。凡各地方经清乡后，其治安于是确立，凡昔时因游匪、"共匪"而逃遁于外者，渐渐归来，农工商业方面逐逐发展，其生产量几趋过未清乡前数倍。在清乡工作中，友邦予以种种之协力，尤足以示中日合作之楷范。

己、敦睦中外邦交

中、日、满三国关系，既因签订中日基本关系条约及中日满三国共同宣言而予以确定，因即由国民政府特派褚民谊为首任驻日大使，廉隅为首任驻满大使，完全恢复平时邦交。民国三十年六月十三日，主席偕周佛海、徐良等东渡访日，备受日本朝野之欢迎。此行意义极为重大，不特在国际仪式上表示亲密，而于中日间之提携合作，尤有相当之进展。故主席东渡后，即以行政院院长资格与日本朝野开诚商榷，交换意见，凡所讨论无不得到合理之解决，并于二十三日与日本首相近卫文麿公发表共同宣言，于是中日两国在政治、军事、经济、文化上皆确定其具体计划，相互协助，在精神上打成一片。且也自中日签订基本条约后，我国为贯彻中日永久和平之伟业起见，由中国国民党中坚干部及社会名流，于民国三十年二月一日正式组织东亚联盟中国总会，发表宣言，阐明意义，且标出东亚联盟运动之四大纲领：政治独立，军事同盟，经济提携，文化沟通。本会成立而后，各地相率响应，参加入会者极为踊跃。至在欧洲各国邦交方面，在国民政府还都之初，意大利首相墨索里尼即有私人祝贺电文。后至民国三十年七月一日，德意志、意大利、西班牙、匈牙利、斯洛伐克、保加利亚、罗马尼亚、克罗地等八国，同时正式承认国民政府，而意大利大使戴尼礼及德意志总领事费利浦特，入觐主席致敬。并以国民政府经一年余之努力奋斗，基础已固，当然为中华民国唯一之中央政府，故纷纷承认。是国民政府在国际上之地位，已不可动摇，而中华民国在国际上之地位，无形中亦已增高，而和建国策，且已得国际上广大之同情。至十一月二十五日，日本与德、意等国续订防共协定，又邀我中国加入，是在国际地位上，又益益巩固。

庚、拓展文化势力

文化事业与国家民族盛衰有息息相联之关系，故国民政府还都后，即注意于此。除由教育部召开全国教育会议，编订中、小学教科书，在教育上积极活动外，更于民国三十年四月十七日由中央政治委员会决议组织文物保管委员会，将事变中经日方管理之文物，着手整理，于二十一日移交我国接管，以保存我国古有之文物史迹。而宣传事业在文化中固站重要位置，而在此一个大转捩期尤为重要。因由宣传部订立出版法，通行全国，且对于旧有报纸之处理，特制定宣传部直属报社组织通则及宣传部直属报社分区改进委员会组织通则，于民国三十年十月十日，将旧有之华中三十八家报社，一体改为宣传部直属报社，更定名称，委派社长，组织董事会，从此各地报社组织划一，机构强化，以发挥宣传之效能。其外如中华日报、南华日报，以及国民政府还都后新兴之各地报社，亦依出版法而纷向宣传部呈请登记。宣传部在此一年中，曾于民国三十年六月一日召开全国宣传会议一次，指示并决定今后宣传方针，一方宣扬和建国策，使国民心领神会，一致协力，以共同推进国事，而又一方更力谋文化之发展，提高国民文化水准。中央电讯社，本为全国唯一之通讯机构，于国民政府还都时创立后更努力扩充，使通讯网布及全国，一年而还，除各地纷设分社及通信处外，更在日本东京亦设立分社。同时更设立国际宣传局，专司国际上之宣传；设立书报发行所，以统一国内外书籍杂志报纸等之发行；设立广播协会，调整电影公司，以广播与电影来阐扬文化，指示国策。此外于八月三日又在广州召开东亚新闻记者大会一次，集合中、日、满三国新闻记者于一堂，交换意见，团结感情，共策东亚前途之光明。至文化团体，除已成立中日文化协会外，更成立中德文化协会，而世界大同会、中国作家联谊会、中国教育建设协会、中国工程学会、中国自然科学会、中国法学会更纷纷设立，各就其本体，作适当之活动，以推进中国之文化。

　　四、第三时期——协力战争时期

　　　　自中华民国三十年十二月八日至三十二年一月八日

　　中日形势自中华民国三十年十二月八日大东亚战争勃发后，而形势顿为一变，光明前途日即日近，不特中日两国如此，即整个东亚，其局势亦陡然一变。我国民政府本于中日共同立场，共同目标，且深知欲中国复兴，必先求得东亚解放，而欲求东亚解放，必先打倒侵略东亚之英、美帝国主义。故对于大东亚战争，当然取协力态度，与友邦日本及其他东亚各国家各民族，站在同一阵容上，同甘共苦，紧密团结，以期达到兴复中国及保卫东亚之目的。在此一时期中，除由国民政府于十二月八日大东亚战争开始之日，即发表声明，一致协力，同甘共苦外，凡国内一切施政行事，无不以此为归趋，而勇猛迈进。故在昔日以和平统一为中心者，在此时期中，则以全力奔赴于协力大东亚战争之一途，专以协力大东亚战争为唯一中心。其中荦荦大者，则为推行新国民运动，继续举办清乡，实施统一通货，调整金融机构，加紧管理物资，紧密东亚提携，调整军事机构，而因大东亚战争所实现者，则为接管英、美特权，如接收津、粤英租界行政权，接收上海特一区地方法院，接管英美系教会、学校等等。我中国百年以来，自清代鸦片战争一役后，签订不平等条约，受尽英美帝国主义之层层束缚，全国上下喘息无从，积弱至今，日趋陵夷。故欲中国之复兴，必先肃清英、美在华之侵略势力，而此次大东亚战争，实即为全东亚争取解放而战，亦即为我中国取得解放之一个极好时机。故战争开始后，友军在南洋各地固已克奏肤功，将英、美恶势力歼灭殆尽，南洋中广大之土地，丰富之资源，众多之人口，悉归入大东亚共荣圈中，取得解放。而我中国亦同样将英、美恶势力驱逐，凡英美在我国所掠夺之一切非法权益，全部取消。此诚我中国千载一时之机会，故全国上下无不尽其力以贡献于大东亚战争

154

中，凡所措施，群以此为鹄，以促成中国早日复兴，东亚早日解放。

甲、全国励行新运

新国民运动实发生在大东亚战争前，民国三十年十一月召开中国国民党第六届第四次中央执行委员会议，一致决议推行新国民运动案。其要旨：在精神建设方面，务使人人养成至诚恻怛，舍身救世之素养；在物质建设方面，务使人人养成劳身焦思，铢积寸累之习惯。盖此新国民运动，既不偏重于精神建设，亦不偏重于物质建设，是冶精神建设与物质建设于一炉，以建设新中国，庶当前难关可以克服，终极目的可以贯彻。自大东亚战争发生后，瞻观内外情势，益感于新国民运动推行之必要，因于民国三十一年元旦，主席特颁新国民运动纲要，以期人人能恢复廉洁果敢之精神，坚强刚毅之志气，刻苦勤朴之风尚，以协力大东亚战争。其着手方法，先之以宣传，继之以训练，先普及于一般同志，再推行于全国民众。至六月间更设立新国民运动促进委员会，直隶于行政院，专司组织青年，训练民众，来励行新国民运动。七月四日新国民运动促进会开第一次全体委员会议，通过新国民运动青年训练纲要，第一期组织计划大纲，中国青年模范团组织原则，中国童子军组织原则。自是而后，即着手办理全国优秀大学生暑期训练班，由各地大学生中选拔优秀学生，抵京集中训练，自七月二十七日起至八月十六日止，共为三星期。而同时宣传部中亦创办新国民运动暑期讲习会，期间为一个月。八月一日开学，八月底完毕。训练班与讲习会皆由新国民运动促进委员会负责训练，其训练科目，二者虽不尽相同，要皆以新国民运动为骨干；前者分军事训练、政治训练、社会服务三科，后者则分精神教育、思想、智识、技能、行动、生活、劳动七项。此两班受训学生，前者为五十七人，后者为二十五人，受训而后各回原校或原有职务，本其受训所得，以推行于全国各学校，复普及于全国青年，再普及于全国民众，以养成全国人民皆为新中国之国民，多贡献，少享受，公而忘私，以精神与物质来建设新中国并新东亚。

附新国民运动纲要〔略〕

乙、继续举办清乡

在大东亚战争未发生前，清乡固属重要，而在大东亚战争发生后，因确立后方治安，增加各种生产，则清乡一事更不可缓，且须继续加紧，以完成大后方之工作。况第一及第二两期清乡办竣后，成效大著，即无大东亚战事，亦固有继续举办之必要，而况大东亚战争，又适于此时猝发，我国民政府既声明协力，确保后方治安，正是在协力中最最重要之一端。民国三十一年一月，接办第三期清乡，此第三期清乡期间为六个月，由一月一日至六月底，其地区为武进全部，昆山南部，吴县南部，无锡南大部，江阴西半部。此第三期完竣后，清乡委员会决定赓续举办，拓展至太湖东南地区一带，兼跨苏、浙两省。其时期亦为六个月，但分为两期，第一期自七月一日至九月底，为三个月；第二期自十月一日至年底，亦为三个月。至其他地区，第一期为江苏省之吴江、松江、青浦，浙江省之嘉兴、嘉善，以及江苏省吴县及昆山各一部；第二期为江苏省之金山，浙江省之平湖、海宁、海盐。同时上海特别市亦举办清乡，于九月一日开始，计三个月，先从奉贤、南汇，及旧上海县境入手，期满后，预拟再推及嘉定、昆山，及旧上海市区。溯民国三十年七月江苏开办清乡起，以至三十一年年底止，此一年半中，每一期清乡完成后，主席必躬往视察，更召集清乡区内父老及办理清乡人员，谆谆告诫，以"清乡必先清心"为言，而对于协力大东亚战争意义，更详晰阐述；而确立后方治安，励行新国民运动，更一一晓谕靡遗，使清乡区内民众心领神会，共负起兴复东亚，保卫东亚之责任。又每一区办理清乡，名虽三月或六月，然实际上事前之擘划筹备，事后之劳来安系．皆须甚长时间，故至今所有各清乡地区，仍在不断努力办理善后，尚未完竣。盖军事工作，固以一时期为断，或三月或六月，而军事工作完成后，又须政治工作，如抚戢流亡，兴办教育，发展农工商业，在在均非短时间所能完成，决不能限以一定之岁月。

丙、实施统一通货

国民政府于民国三十年一月六日发行新法币，颁布各种条例，因顾念到人民皆持有旧法币，未便遽而停止使用，致遭受莫大损失，故虽具整理币制之决心，而于整理货币暂行办法中，仍规定新法币暂与旧法币等价行使，然又为异日改革地步，故又明白规定得随时变更。因此，人民财产得有保障，金融市场亦全无变动。然而渝方因此更滥发纸币，且大量流入上海，藉英、美帝国主义为护符，在租界内大量发出，致物价踊腾，民生日蹙，其流弊更波及于和平区内。因是人民益益厌恶旧法币，信赖新法币，在表面上虽等价行使，而实际上则竟发生差价，金融市场，大为紊乱。国民政府因于民国三十一年三月三十一日，毅然由财政部下令，将整理货币暂行办法第三条、第四条，第六条予以修正、废止新旧法币等价，并规定人民完纳赋税及其他对政府一切收支，除特殊者外，概使用新法币。同日中央储备银行挂牌，以旧币作七七折计算，即每旧币百元，作为新法币七十七元。自是而后，旧币即如江河日下，逐日贬价，至五月二十日竟至七四，由是而七一而六六而六〇而五三而五一，一泻而直下，无可挽救。五月二十七日由财政部布告，确实规定新法币为二对一比率，即旧币二百元，折合新法币一百元，并于六月一日颁行整理旧法币条例，同时中央储备银行亦颁发收回旧币办法，更发行安定金融公债条例及安定金融公债特种会计办法。于是苏、浙、皖三省及京、沪两特市内，自六月八日起至二十一日止，凡持有旧币者，尽量可持向中央储备银行及指定之各兑换机关，以二对一之比率，兑换新法币，而自二十二日起，旧币一概禁绝使用，违者除没收外，另依法治罪，并同时颁发禁止使用旧币办法七条，以资遵守。故六月二十二日起，三省两市已以新法币为唯一通货，不再有旧币见于市上矣。自苏、浙、皖三省及京沪两特别市通货统一后，继即普及于各地，友邦日本更以诚意协助，贷款一万万元，以供整理金融基金之用。更于五月二十一日起，与我约定确立军票与新法币之比率，凡新币一百元，兑换军票十八元，另由日方通知日商及各公共机关，凡昔日以军票为唯一使用之通货者，一律可依百元对十八元之比率，兼收新法币，故凡对日商交易及购买火车票、轮船票等等，从此可用新法币。新法币得日方协助，于是渐推行于广州、汕头、厦门、武昌、汉口、汉阳、九江、南昌、宜昌、沙市，以及各和平区。除华北因本然关系，仍使用联银券外，和平区内不问华中、华南，一体行使新法币。当局为体念乡僻人民利害计，或恐上次交换时之不及交换，因下令于十一月一日起华中三省两市再为最后兑换一次，人民持有旧币，得尽量兑换，为期一个月，至十一月三十日截止，过此不特不准行使，更不许持有，凡家中收藏旧币者，除没收外，一体治罪。于是旧币至是完全肃清，而通货遂告统一。

丁、调整金融机构

国民政府调整金融机构，本为固定之政策，但在大东亚战争发生前，一般金融机构蟠伏于英、美帝国主义之上海租界，为渝方作爪牙之用，故一时政令有所不及，未能彻底调整。迨大东亚战争勃发后，上海租界上英、美恶势力已被友邦日军一扫无余，凡平日依存英、美势力，不受国民政府节制者，至是既失其凭依，不得不俯首听命，相率依法向国民政府申请换证注册，一依法令办理。至八月二十日特颁管理金融机关暂行办法，规定凡金融机关，应依照规定，将支付存款之准备金，存入中央储备银行，另规定中央储备银行对金融机关有检查监督金融之权；迨至九月十八日又公布施行细则，凡活期存款及特种活期存款，须提出百分之五以上，定期存款须提出百分之十以上。于是和平区内及上海租界内任何金融机关，皆须依法办理，非经财政部核准注册，不得开业，而开业以后，须受中央储备银行之检查及监督。至渝方原设在上海租界内之中央、中国、交通、农民四银行，除中央及农民予以清理外，与友邦当局协商结果，设立中交两行复业委员会，特许中国及交通两银行复业，于八月二十八日颁行修正中国银行条例及修正交通银行条例，确认中国银行为协助生产发展贸易之银行，交通银行为发展全国实业之银行。除取消其纸币发行权外，照常复业，当于九月一日中、交两行恢复营业。自是厥后，金融机关已悉上轨道，而各地方设立之金融机关亦一一依法调整，苟有不合法者，悉令其改组，而同时中央储备银行亦在各地纷设分行，以事扩充，使全国金融机构脉络贯通，纲目毕举，而完成一金融网。

戊、严密管理物资

统制物资，在今日已成全世界任何一国所必需，而在战事国家为更甚，故大东亚战争发生后，对于管理物资一事，更严密从事，以期贯彻，因是原有办法不足以适应时势，而通货统一后，物价上更易生变动，六月三十日行政院会议通过平定物价暂行条例，而实业部在六月二十四日先已召集各部、会长官会商抑平物价办法，斟酌后始于三十日行政院会议中提出通过。自是而后，又商得友邦同意，于九月十六日将原设之中央物资统制委员会改组为中央物价对策委员会，而将各地方所设立之地方物价统制委员会，改组为地方物价管理局，而在实业部中又设立物价总局，以总其成，至各地方及小地区，更设立联络委员会。同时颁布中央物价对策委员会组织条例，而对于物价管理事宜，又颁布安定物价临时办法及平定物价暂行条例，更颁订附属法规之商业仓库取缔规则、银钱业商品担保放款取缔规则、主要商品同业公会暂行业务规则、县市物价评议委员会组织规程，及取缔私抬物价暂行条例。至从前各地方所订定之各种有关物价规则，一体予以废止。更为防止私入敌区起见，又由接近敌方之各地地方政府分别划成经济封锁地带，指派警察严密封锁，以杜走私。其后至十一月二十一日，经中央物价对策委员会之通过，订定华中物价对策纲要，力谋供求之调整，物价之平衡；大纲中计分列七项，由各主管机关次第予以实施。至物资配给，则先由米粮入手，由全国粮食管理委员会主办，七月一日在上海实施，八月十七日在南京实施，由粮食管理委员会购买大批米谷，核定官价，按当地之户口数，分期配给，使人民不特免受米粮高价之压迫，且可免去米粮缺乏之恐慌。至其他日用物品，亦正拟实施配给制，大概不久即可实现。

己、紧密东亚团结

自大东亚战争发生后，东亚形势骤然明朗，然东亚团结亦益须紧密，必须同心共德，站在一条阵线上，来打破此难关，实现大东亚共存共荣。民国三十一年五月四日，主席特访问满洲国，此行虽仅为国际酬酢性质，并无外交上任何任务，然因此一举，中满间的感情益为热烈，而印象更极深刻，中满关系从此又倍加密切。至六月初，国民政府又派外交部长褚民谊东渡访日，与日本朝野名流交换意见，以加紧中日间之团结。七月中满洲国特派首相张景惠来华答礼，益增中满间邦交。九月十五日满洲国举行建国十周年纪念，国民政府又特派专使，前往满州国祝贺，而在此数个月中，又派遣各种团体代表，赴满州国参加东亚教育、厚生、体育以及操觚者等各种大会。至九月中，日本亦特派三特使平沼前首相、有田前外相、永井前铁相来华答访，于中日邦交上益增其亲密，而印象之深意义之厚，实足加紧中日间之团结。此外日本在大东亚战争后，除将津、粤两地之英租界行政权交还我国接管外，凡英、美系学校之开设在我国各地者，如南京、北平、天津、苏州、广州等处，亦由各地军事当局移交我当地教育机关，予以接收调整。至各地军管理工厂，计共一百四十厂，日军当局依据中日基本关系条约所定，陆续解除军管理，交由我国接收者，计自民国二十九年十月三十一日起至三十一年十二月八日止，前后共发还十次，计共九十五厂，而在华南及华北者尚不在内，计华南发还十一厂，华北五十四厂，合共一百六十厂。工厂而外，更有海军基地、军舰、农场、以及其他文物古迹等，亦陆续交还我国不少，由国民政府派员接收管理。十二月十九日，主席又东渡赴日，并以行政院院长资格，与日本当局交换意见，商讨一切，于是中日提携益形紧密，彼此同向建设大东亚共荣圈一途迈进。至中、日、满三国邦交而外，因大东亚团结一致，从未与我发生正式邦交之泰国，亦于民国三十一年九月七日正式承认国民政府，开中泰未有之局面，昔日东亚仅以中、日、满三国为轴心者，至是则扩展而为中日满泰四国，在保卫东亚上又增加一个强有力的伙伴。至欧洲各国方面，德、意两国均已特派大使来华，于三十一年一月十九日，德、意两大使正式呈递国书，且为沟通文化起见，又成立中意文化协会，是又由东亚之团结进而为世界之团结。

　　庚、调整军事机构

　　中枢机构在国府还都时业已调整，不尽同于事变而前，然因时局之推移，环境之适应，在民国三十年中曾再调整一次。将警政部裁撤，而改为警政署，隶属于内政部；将社会部裁撤，改为社会运动指导委员会，直隶于行政院，并将交通及铁道二部并合，改组而为交通部；将农矿及工商二部合并，改组而为实业部，而在司法院中，更陆续成立行政法院及高等公务员惩戒委员会。至中枢军事机构，则因大东亚战争勃发后，我国为强化军事力量计，亦实有调整之必要，使军事趋于一元化；因于民国三十一年八月中由中央政治委员会缜密讨论后，决议将军政、军令及军事教育三者打成一片，以收指挥统一之效。军事委员会本为军事上最高机关，然依原有组织，军政部及海军部，均直隶于行政院，而不属于军事委员会；在军事委员会下，只有参谋本部、军事参议院、军事训练部、政治训练部四机关，专司军令及军事训练；其后更将委员会中第一厅及第二厅裁撤，而将第三厅军需厅改组为经理总监署，专以办理军需事务，而扩大其范围。兹为适应时局及统一军权起见，更将军事委员会强化。军事委员会中，于最高领袖委员长外，更设一参谋总长，为委员会之幕僚，其下设次长二人，总务厅长一人，以为补助。至原有之军事委员会办公厅及参谋本部，一体裁撤，而军事训练部及政治训练部，亦一并撤销，另设陆军编练总监公署。同时更将军政部改为陆军部，与海军部同隶属于军事委员会下，不仅专司军政，更兼司军事训练。至军事编制，在大东亚战争发生后，曾有不少渝方将士自拔来归，其最著者，如孙良诚等，军事委员会已一一予以收编，改为第二方面军。此外原有军队，亦稍有变更，或归并或改编。而武汉绥靖公署，更改组为军事委员长武汉行营，同时又将警卫师及独立第十四旅合并，改编为警卫第二师。

辛、接管英美权益

大东亚战争发生后，所有英、美在华攫取之非法权益已一蹴而去，其最著者为各地租界。上海及鼓浪屿两租界系公共性质，非专管租界。美国在华专管租界，在上海租界未变更章程前，虽然有美租界之设立，然其后因章程之变更，与英租界合并，而成为国际间公共租界，故美国在华并无专管租界；而在英国，则汉口及九江二处租界，已于民国十五年国民革命军北伐时予以收回，其残存者尚有天津及广州二处。大东亚战争发生后，友邦日军进入租界，将英人恶势力肃清，于是日本为基于道义精神，协助我独立自主，毅然将英国在天津及广州两处租界行政权，先交还我国民政府。国民政府于民国三十一年三月十一日接到日方通知后，十七日即特派外交部长褚民谊，北行接收天津英租界，行政院秘书长陈春圃南行接收广州沙面租界。褚部长北行后，于二十八日上午在天津旧英租界工部局会议室，举行接管典礼，改为天津特别市特别行政区，设立区公署，受天津特别市政府管辖。陈秘书长南行后，于二十五日下午在沙面旧英领事馆民政署后面广场上，举行接管典礼，并改为特别区，直隶于广东省政府。至汉口英租界，本已由我国在民国十五年收回，改为特别第三区，然英国势力依然存在。此次大东亚战争发生，日军进入后，将区内市政管理局接收，至四月十二日，华中日军当局亦正式宣布将汉口第三特区市政管理局全部管理权，交还我国汉口特别市政府管理，即于下午举行接收仪式。至上海公共租界中之中国机关，虽非英、美特权，为我中国自设之政治或经济机关，为国内行政权之一部，然在大东亚战争未发生前，则固凭藉英、美势力，倚存渝方，抗不受命，至今日英、美势力既去，遂改由国民政府接管，其中除中央、中国、交通、农民四银行外，而特一区法院亦由国民政府司法行政部派员接收，予以调整。上海法院，除地方法院外，公共租界中，则设有特一区地方法院及江苏高等法院第二分院；法租界中，则设有特二区地方法院及江苏高等法院第三分院；后者早于民国二十九年十一月八日由国民政府接收，在国民政府管辖下，行使其职权，而后〔前〕者因英、美帝国主义之阻挠，迄未实现，直至大东亚战争发生后，始于民国三十年二月二日正式接收，归国民政府管辖。

五、第四时期——参加战争时期

自中华民国三十二年一月九日至三月三十日还都三周年

大东亚战争发生后，我国已以同甘共苦之精神，与日本站在同一阵线上，以肃清英、美侵略势力为双方共同目标。我国民政府以时局更行进展，为表明立场起见，特于民国三十二年一月八日正式向英美宣战，不特对内益益欸起国民同仇敌忾之精神，加紧协力战争，以促大东亚战争胜利之早日完遂，而对外更益益表示我国在大东亚战争中所处之地位，加紧东亚之团结，以共同努力于大东亚共荣圈之建立。故此次参战，实为我中华民国转弱为强之一个大转捩点，兴复中国保卫东亚，在此一举。自经参战而后，一切措施当然以参战为中心，确立战时体制，来尽量发挥其力量。现日参战，本为总力参战，凡人力物力皆在总力之中，故不仅要恃武力，而武力以外，人力物力均极重要，无一不为战争胜利之源泉。我国在大东亚战争中，虽未派兵遣将冲锋陷阵，在战场上发挥其武力，然确立治安，增加生产，节约消费，集中人力，厚积物力，正为总力参战争取胜利应有之努力。参战至今不过三月，而其局势已日有进展，如调整中枢及地方行政机构，如接管英、美在华财产，如友邦交还租界，如改善物资统制，罔不以参战为出发点，而尽力以从事。今后岁月正长，苟循是进行，努力不息，则前途之发展正未有艾。是诚足以期待，而亦为参战后应有之收获。

　　甲、确立战时体制

　　国民政府于中华民国一月九日正式向英美宣布参战后，即确立战时体制，凡一切措施均依战事为中心。宣战布告，国民政府于一月九日上午十时发出，义正辞严，全国人民罔不感奋，布告如左：〔略〕

　　此宣战布告发出后，系由中央政治委员会于事前召集临时会议一致通过者。同时并决议设立最高国防会议，凡关于战事上一切事务，均由最高国防会议决议施行，但仍须报告中央政治委员会；中央政治委员会，改每月召开一次，其闭会期间，一切授权于最高国防会议，最高国防会议每星期开会一次，有必要时得开临时会议。国防会议于一月十三日开第一次会议，即决议调整中枢机构，凡行政院各机关，以采单一制为原则，以明责任而期敏捷。因决议将全国经济委员会及新国民运动促进会，均直隶于国民政府；考试院之铨叙部改隶于行政院；社会运动指导委员会与赈务委员会合并，改组为社会福利部；粮食管理委员会改组为粮食部，兼管粮食增产事宜；边疆委员会及侨务委员会均裁撤，前者并入内政部，设立边疆局，后者并入外交部，设立侨务局；交通部与水利委员会合并，改组为建设部；行政院之秘书处、参事厅及法制局合并，改组为秘书厅；各部原有之政务次长及常务次长名义撤废，每部改设次长一人。最高国防会议于二十日开第二次会议，又决议调整地方行政机构，省政府改设省长制，设省长一人，现任省政府委员一律免去委员名义，兼任各厅、处长职者，一律改为事务官，专任其原有职务，并将秘书处及民政厅合并，改组为政务厅；省政府又设省政会议，其性质相当于市之市政会议及县之县政会议。二十七日第三次会议，决议确定战时经济政策纲要，并令二十二日召集全国经济委员会开第一次会议，予以审议。其后最高国防会议每次开会，均有重要案决议，以符合战时体制。兹将国民政府现日组织系统表录下页：

此外，关于参战后确立战时体制，又特开各种会议，商讨应付参战后之时局。故于参战之次日即一月十日，召开各地方行政长官会议，协议战时施政对策。十一日司法行政部亦召集全国司法行政会议，并组织战时法规研究委员会，协订战时法律，不问刑法、民法以及各种法令，凡与战事直接间接有关者，一体明订于战时法律之内，以符合于战时体制。二十一日已开首次会议，今正在协订中。十三日，新国民运动促进委员会亦召开会议，检讨各地推进新国民运动实况及商讨今后实施方策。十四日，中国国民党开第六届中央执行委员会第五次全体会议，发表宣言。至二月十二日，全国经济会议揭幕，商讨战时经济政策，并增加生产，调剂物价，节约消费，稳定币值及调整金融，改造经济机构，以及物资交还等问题，均--致圆满通过。十五日召开全国军事会议，研讨参战后军事上重要问题，以谋集中力量，协力完遂大东亚战争胜利，会议共三日，各方提案极众，关于确立后方治

国民政府组织系统表

国民政府——
最高国防会议
中央政治委员会

- 行政院
  - 内政部
  - 外交部
  - 财政部
  - 教育部
  - 司法行政部
  - 实业部
  - 宣传部
  - 铨叙部
  - 社会福利部
  - 粮食部
  - 建设部
- 立法院
- 司法院
  - 最高法院
  - 行政法院
  - 公务员惩戒委员会
- 考试院
- 监察院
  - 审计部
- 军事委员会
- 清乡委员会
  - 军事参议院
  - 总务厅
  - 陆军部
  - 海军部
  - 航空署
  - 经理总监署
  - 陆军编练公署
  - 调查统计部
  - 参赞武官公署
- 华北政务委员会
  - 内政总署
  - 财政总署
  - 治安总署
  - 教育总署
  - 实业总署
  - 建设总署
  - 政务厅
- 宪政实施委员会
- 全国经济委员会
- 新国民运动促进委员会
- 筹堵黄河中牟决口委员会

安，扩充警备区域、暨教育、训练、服装、给养问题，均有极详细之讨论，一致通过。二十六日又召开全国教育会议，集合南北教育负责人及名流，商讨战时教育方针，并扩充及改善等种种计划。故自一月九日国民政府向英美正式宣战后，直至于今，凡所措施，无一不着手于战事体制，以期达成建国任务。且也我国既向英、美宣战，后方治安更须确立，因将清乡地区予以扩大，于三月起开始成立镇江及苏北两地区清乡办事处，其地区包括丹徒、丹阳、扬中，以及大江以北之江都、如皋、南通、海门、启东等各县，而同时浙江、上海以及浙东并安徽等处，亦相率扩充清乡地区。新国民运动亦积极推进，除曾举办青年干部学校，以养成推行新运干部人才外，更经中央政治委员会决议，将各学校童子军撤销，与青年团合并，改组为中国青少年团，颁布规则，加紧训练，以增强战时体制。

国民政府于二十九年还都时，因与渝方有所区别起见，故中央政治会议中，关于国旗一事，特决议于国旗上另附黄色三角长方形小标帜，上写"和平反共建国"六字，以表示国民政府建国方策，更使盘踞重庆一隅之地方政权，不得再冒用中央政府名义。转瞬至今已将三载，国内基础固已巩固，国际上亦已取得相当地位，而渝方政权偏处一隅，已失去内外信仰，因于二月五日起下令一律除去国旗上方黄色标帜；而华北各地一般人民相沿已久，或有仍用旧日之五色旗以代国旗者，亦下令禁止，自后概不得使用。此虽与战时体制并无重大关系，然亦为参战后一新全国民众耳目之一举，其足以鼓舞群伦者，至深且切也。

乙、接管在华敌产

英美在我国之财产，为数甚夥，而上海一地，更占绝对大多数，此平日用以榨取我膏血，麻醉我思想，以及作成各种侵略之工具。民国三十年十二月八日大东亚战争发生后，在华之英、美侵略势力，已全部肃清，所有英、美在华财产，均由友邦日本依照战时国际公法予以没收管理。我国民政府虽已声明与日本同甘

167

共苦一致协力，然尚未向英美正式宣战，在战时国际公法上，尚非正式敌性国家，自不便过问此事。迨今岁一月九日，我国民政府向英、美正式宣战后，我中华民国已与英、美为交战国，所有英、美敌人在华财产，友邦日本因即声明依法交还我国，由我国接收管理。二月八日，日本在--年来业已整理完毕之主要敌产，计有一千零零三件，由现地日军当局正式移交我国，当派外交部长接收其中计华北方面包含蒙疆各地为七百七十件，华中方面为二百三十三件。其中华北方面敌产、普通敌产为六十八件，文化敌产为七百零二件；华南〔中〕方面敌产，普通敌产为一百零九件，文化敌产为一百二十四件。国民政府接收后，即于九日行政院会议中，决议设立敌产管理委员会，一方从事管理，同时又予以调整，使此一千零零三件之敌产，得为我国增加生产及发展文化之用。其外尚有若干敌产，尚未经日军整理完竣或含有军事性质者，现正由日军陆续整理。此次日方移交我国接管之敌产中，其中包括种类甚多，有纤维、机械、化学、汽车、食粮品各种工业，以及造船厂、仓库、码头、广播电台、通讯社等各种设施，及百货公司、旅馆、大厦、学校、医院、教会等。其中最占重要而为英、美在经济上文化上侵略据点者，在华北则有大德洋行、和记洋行、中美冷藏公司、福特商会，北京、天津泰晤士报，燕京大学等，在华中则有罗斯福及华通两码头、五洲大药房、华美晚报及大美晚报两电台、和记洋行、中国化学工业社、怡和丝厂、卜内门洋碱公司、沙利文工厂、上海机器冰厂公司、美光火柴公司、申新九厂二厂、统益等纺织厂、上海惠罗公司、上海福利公司、美国企业公司、英国制电公司、永安公司、大新公司、先施公司、金陵大学、圣约翰大学，以及英美商娱乐所及旅馆等。此各等敌产中，亦有少数本为我中国人所有，在事变后转售于英美人者；亦有至今原为我中国人所有，而在事变后竟甘心冒用英、美人出面向英美领使馆注册者。属于后者，日方在整理敌产之际，曾洞烛其事，下令我中国人在一定期限内申请、叙明事实，开列证据，以便审核后解除军管理，予以发还，免中国人因一念之差，致遭受莫大损失。上海方面，经依法申请者，为数亦殊鲜，当由日当局审核后分别发还；其延不申请，甘心牺牲者，则亦爱莫能助。以故在大东亚战争初期时经日军认为敌产而予以扣押者，其数甚众，其中经整理后已有不少发还原主，而未经整理完竣者，亦尚有若干，而此次移交我国之一千零零三件，则为已经整理完毕之法律上纯正英、美敌产。

丙、接收专管租界

当民国二十九年十一月三十日中日签订基本关系条约，其中第七条即有日本撤废在华治外法权及交还租界之条文。大东亚战争发生后，英国在津、粤二处所设立之租界，亦已由友邦日本占领后，移交我国民政府接管。此次国民政府于一月九日对英美宣战后，日本即与我政府发表共同宣言，以谋两国紧密协力，完遂对英、美两国之共同战争，且以不动之决意与信念，在军事上、政治上、经济上作完全之协力。日本依据此共同宣言本旨，更为协助我国达到自由独立之域，即于一月九日由日驻华大使重光葵与我签订交还租界及撤废治外法权等协定八条。此举在我国为取消不平等条约之嚆矢，由次殖民地进而至自由独立之初步成功，而在东亚，则为历史上空前光明之一页，而为国际间一种创举。其协定如后：〔略〕

此协定成立后，一月十四日，意大利继之，亦发出同样声明，而法兰西不令人独为君子，于二月二十三日亦对我发出声明，放弃在华一切特权。至中日方面，自签订协定后，即分别组织委员会，专司其事，三月四日双方委员召开第一次会议，开始协议关于实施交还日本在华专管租界之具体细目，会谈后之双方意见，完全一致，至九日双方签订条约，至十四日正式签字，计交还实施细目条款三条，了解事项四款。其文如左：〔略〕

此条款经双方签字后，于是日本在中华民国区域内之专管租界，已自动放弃，于三月三十日我国民政府派员正式接收，其当地行政权，概归当地地方政府管理。此后日本又与我签订交还北京东交民巷使馆区域实施细目暨了解事项及交还厦门公共租界实施细目暨了解事项，均定三月三十日正式实施交还。此外上海公共租界行政权及治外法权，日本固将依据协定而陆续交还及撤废，将不平等条约全部撤消，而意大利及法兰西在中国所设置之租界及治外法权等特殊权益，亦将依据其所发之声明，而实践交还我国，如天津意租界，上海、天津、汉口、广东等处法租界，皆将一一移交我国收回；我中国永久不再有租界一个不祥名词，有此一个不幸制度。其外如瑞士等各国，在华虽未尝设置租界，而治外法权今尚存在，此后亦可陆续撤废，以完全摆脱不平等条约之束缚。又友邦日本为加紧东亚团结及协助国府强化起见，三月三十日东条内阁总理大臣特亲自来华，答访主席去岁十二月访日，并与我国中枢当局对时局有密切恳谈。此实为日本数十年来对华第一次盛举。今后我国在国际方面，在大东亚轴心方面，更必有相当之进展。

丁、改善物资统制

国家在战事状态中，一切物资皆应受严格之统制，况我今日以生产之不足，消费之过多，对于统制物资一事，更为必要。当国民政府还都而前，日本军事当局对于必要物资已有统制之措施，迨国民政府还都后即与日本当局折冲，将统制事务一部收归我国民政府自行办理，因是有物价对策委员会及粮食管理委员会等机构之设置，一方谋统制物资，使不流入敌区及不使有无谓之浪费，而又一方则使人民受到种种便利，不至因统制而感到生活上之影响。迨一月九日我国民政府正式向英、美宣战后，国家已入于战事状态，故一切措施皆须依战时体制而定其方策，二月十二日全国经济会议之召开，其用意虽不仅在统制物资一事，而于统制物资上亦有重要之决议案。三月五日最高国防会议第七次开会，决议健全工商团体组织，使成为纯粹经济机构，不参加政治运动。至十一日最高国防会议第八次开会，更决议设立全国商业统制总会，将一切统制物资事宜完全由商业团体自行办理，一方使无遗漏，又一方使民众得到相当便利。在实施办法方面，更订定战时物资移动取缔条例，实施物资移动事宜，而在从前所有清乡地区物资移动及搬出入取缔规则及其他取缔物资移动之类似规定，除米粮另有规定外，一切废止。全国商业统制总会，以实业部及其他主管部指定之各省、市商业团体为会员，其职权：为关于统制物资之收买配给事项，关于国内各地域物资交换之营运事项，关于输出物资之供给事项，关于输入物资之配给事项，关于军需物资之采办事项，以及实业部及其他主管部指定或委托之事项。此全国商业统制总会，得于主要都市设立分会，但每一区域设立分会，以一会为限。而此全国商业统制总会，不得直接经营物资之买卖，但因调节物价，得呈准实业部或其他主管部或依其命令，就特定物资实行统制统销，而未经加入全国商业统制总会之商业团体，不得受统制物资之配给。故全国商业统制总会实为管理全国物资统制之一个商业自治机构，协助政府推进国策。此条例颁发后，实业部即指定发起人，于十一日下午在上海召开首次发起人会议，十五日即告正式成立，在上海开成立大会。至粮食方面，在大东亚战争发生后，即已由粮食管理委员会筹定整个计划，予以统制。七月一日在上海开始取配给制，而八月十七日南京继之。采办之责，属于粮食管理委员会，而配给之责由当地公粜委员会办理，确定价格，按口授粮。迨国民政府对英美宣战后，粮食更关重要，因于三月十五日召开全国食粮增产会议，除努力谋增加生产外，更由当局订定苏浙皖米谷运销管理区，而于开会之前先已于三月十二日由国民政府颁发苏浙皖米谷运销管理暂行条例，计十三条。凡各地米谷之搬运，悉须依照管理暂行条例办理，而此管理区之决议，即根据此管理暂行条例而来。自此战时物资移动取缔暂行条例及苏浙皖米谷运销管理暂行条例颁发，并全国商业统制总会成立后，国内一切物资，不特加紧统制，可以免除无谓消耗，杜绝接济敌区，而物价且得逐逐安定，永绝投机囤积，居奇操纵之恶风。至人民方面，亦得有所遵循不至因不知法令而误触法网。且此全国商业统制总会成立后，得友邦日本之同意，诚心协助，将现行之限制物资移动予以撤废，悉以统制主权交还我国，自行处理。从此统制物资事宜，悉由我国主管机关自行主持，且官商合作，上下协力，不难以此而达到安定民生，复兴经济之目的，并确保战争进行上之必要物资。

同时财政部更为安定物价起见，特于三月三日训令上海银钱业公会订定限制银钱业放款办法三条：其一，各银行、钱庄之放款，务须慎重处置，其用途是否正当，尤须严格审查，倘有运用于投机方面者，一经查实，定即严予取缔。其二，各银行、钱庄之抵押放款，其抵押品之折算，应以公定价格为标准，不得依照黑市市价。其三，各银行、钱庄凡以粮食、棉纱等及其他日用品为抵押放款者，其放款一经到期，绝对不得展期，嗣后关于此项放款，不得再行承受。于是凡投机囤积者，其在金融上将受到一大打击，不复能运用自如，以少数之资金来做无限制之囤货。而最近财政部又筹设中央储蓄会，订定中央储蓄会章程，以鼓励人民储蓄，吸收游资，以减少投机，安定物价。最近且由日本当局声明，于四月一日起停止军票发行新钞，凡国库金之支出，银行放款、存款、汇兑等之支付，悉改用中储券，是中储券在华中已为唯一之通货，完成统一通货政策。今后经济上之发展定可预卜，而人民生活更得日趋安定。

六、结论

上文所述，为国民政府二十九年三月三十日还都后直至民国三十二年三月三十日止三年中一切施政情况。其中所述尚不逮十分之一，不过略述其荦荦大者数节，苟与国家复兴上无直接关系或为普通行政上所应有者，概从割爱。故于四个时期中所列举项，每多偏重于一二点，或重于此，或重于彼，并不普遍列举；且为行文便利计，凡已见于前者不复见于后，已见于此者不复见于彼，甚有在前一时期中之事，而为便利计，追叙于后一时期中，不过标明其施政之时日，以免有所误会。至时期之分配，亦不过举其灼然可见者，而略为划一整齐之。其实天下事皆有因果可循，决无无因之果，亦无无果之因，互相邅递，无始无终，并非此事只可行于此时，即不能行于彼时，亦非在此时可行者，即不能行于彼时。且也不问在何期中所施之政，一方固适应当时环境，而同时又往往即承前一时期而来，决无突然而至者，即以大者言，不生事变即无还都，不有还都即无中日基本关系条约签订，而协力大东亚战争，正式向英、美宣战，亦即根本不致发生。故凡今日所施之事，几无一不从还都时之情势而来。今国民政府已向英、美正式宣战，而一百年来所百端企求之取消不平等条约，亦于今日参战后而入于实践阶段，达于自由平等之域。所望而今而后，全国上下一致协力，以共谋国事之发展，国家之复兴，在精神方面实践国民精神总动员，刻苦耐劳，勇猛精进；在物质方面，一致增加生产，节约消费，使人力物力得以充沛，以促成大东亚战争之早日完遂。有一分耕耘，即有一分收获，而今日正是耕耘之时，前途工作正多艰巨，必须念兹在兹，一心一德，努力奋斗，以克服当前之难关，然后可以达到终极目的，为万世之计。至当局在此还都后三年中所经过之一切情况，则已大致悉见于此寥寥一册中，此中实不少险阻艰难，其始则明知其不可为而为之，其继也则根据于国家民族之共同利害，以实心实力谋国事之进展，做到一点是一点，走过一步是一步，而今则光明已启，前途希望正是无穷。故此寥寥一册中，虽所述国民政府施政情况，有挂一漏万之嫌，未能举其全豹，然而事关国计民生者，罔不略述其大概，因果分明，脉络贯通。国人于此，亦可恍然有以知当局之不易，国步之多艰，而有以坚其信念，尽其职责，以为国家民族前途一申其忠悃乎！

〔汪伪组织档案〕

二、遍设日本顾问

伪临时政府行政委员会为日军特务部决定任命
行政法制顾问辅佐官人员致法部公函

（1938年7—8月）

（1）7月18日公函

中华民国临时政府行政委员会公函　函字第633号

　　迳启者：准日本军特务部函开：关于任命顾问辅佐官一事，决定行政顾问辅佐官为安中忠雄，法制顾问辅佐官为山田久就、宫崎太一，相应照会等因。用特函达，即希查照为荷。此致

法部

行政委员长　王克敏

中华民国二十七年七月十八日

（2）8月9日公函

中华民国临时政府行政委员会公函　函字第陆玖零号

　　迳启者：准日军特务部函开：关于任命顾问辅佐官一事，决定法制顾问辅佐官为桦岛千春，相应照达等因。用特函达，即希查照为荷。此致

法部

行政委员长　王克敏

中华民国二十七年八月九日

〔汪伪财政司法内政单位档案〕

日军特务机关本部关于原田派充为维新政府
最高顾问的通告

（1939年1月5日）

译特务机关本部一月五日通告

军特务部业于一月五日撤消，前部长原田少将于同日奉华中派遣军司令部派充为特务机关本部部长及维新政府最高顾问。特此通告。

维新政府外交部

特务机关本部

〔维新政府系统档案〕

伪维新政府财政部附送日籍人员简略履历单函稿

（1939年9月1日）

迳复者：案准大函，嘱将本部日籍职员之履历及薪俸等见示。等由。准此。兹将本部日籍职员姓氏及略历，先行开单送上，所有履历俟汇齐再行续送。用特函复，即希查照为荷。

此致

兴亚院华中联络部

附单一纸

财政部启

中华民国廿八年九月一日

财政部日籍人员简略履历

姓　氏	官　　职	薪　俸	支 给 处 所
堀内照志	税则委员会嘱托	日金二五〇	税则委员会支给
中滨义久	同　前	日金二四〇	同　　前
鹤　节	同　前	日金一二〇	同　　前
大西健吉	同　前	日金一二〇	同　　前
永田勋	同　前	日金一二〇	同　　前
出良义郎	同　前	日金三七〇	同　　前
藤井实	同　前	日金三八〇	同　　前
米增觉	盐务管理局秘书		以下盐务日籍人员二十名薪俸支给处所俟查明另单开送
加藤谦一	海州区局副局长		
松冈毅	海州区局助理		
关二郎	海州区局总务科副科长兼产销科副科长		
小池楮三郎	海州区局会计科副科长		
三重野垣彦	海州区局秘书		
石川务	海州区局秘书		

财政部日籍人员简略履历

姓　氏	官　　职	薪　俸	支　给　处　所
天野清生	海州区局济南场副场长		
乡田为盛	海卅区局中正场副场长		
佐藤太郎	临兴场副场长		
下野静夫	海州区局盐警局长		
川上岩根	海州区局指导官		
林　政雄	同　　前		
奈贺喜沼	同　　前		
大轮吾作	同　　前		
筑濑宪	同　　前		
川本丈太郎	同　　前		
松永未好	同　　前		
有满健吉	同　　前		
幡野滕太郎	同　　前		

〔伪维新政府系统档案〕

伪维新政府行政院秘书厅抄送政府顾问约定等件致各省市函稿

(1939年10月19日)

迳启者：兹抄送中华民国维新政府顾问暂行约定及附表，并附属约定各一份，即希查照密存为荷。此致

各省长

各特别市长

附抄件

行政院秘书厅启

中华民国廿八年十月十九日

政府顾问约定

大日本帝国日本兴亚院华中联络部长官（以下称日本方面），以协助中华民国维新政府之政治、经济、文化等之充实改善及保全统一为目的，与维新政府行政院长约定如左：

第一条　日本方面派遣所要之人员于中华民国维新政府中央及地方各机关为顾问，关于维新政府之政治、经济、文化等事项令其协力援助。

关于前项顾问之身分、权限及待遇等，于附属约定中另定之。

第二条　中华民国维新政府以技术家、专门家为遂行企画必要之业务或改善其业务时，由日本方面之推荐任用，或招聘所要之日本人为职员。

关于前项职员之身分、权限、待遇及配属等事项，于附属约定中另定之。

第三条　本约定自盖印之日发生效力。

第四条　本约定作成日文、华文各二份，各约定者保存日文、华文各一份。

本约定之解释发生疑义之场合，依据日本文为正文。

昭和十四年　月　日
　　　　　　　　　　　于南京
中华民国二十八年　月　日

　　　　大日本帝国日本兴亚院华中联络部长官　　　津田静枝
　　　　中华民国维新政府行政院长　　　　　　　　梁鸿志

　　　附属约定

第一条　以顾问中一名为中华民国维新政府最高顾问，统辖各顾问。

第二条　顾问关于其担当事项为向该机关长官开陈意见，或应答右长官之咨询。

第三条　各长官关于其所管事项中重要之事项，尤其关于左记各项，须预先与该顾问充分开诚协议后处理之：

一、关于中央及地方机关之重要会议之事项；

二、预算及重要人事；

三、与日本及日本人有关系之事项；

四、与第三国及第三国人有关系之事项。

第四条　顾问应该长官之要请，得出席中央及地方机关之各种会议，开陈意见。

第五条　顾问关于其担当事项，得请求职务上必要资料之提出或主办职员之说明，并应于必要时得阅览文书、检查其实施。

第六条　顾问得设置业务执行上必要之补助员。

第七条　中华民国维新政府对于最高顾问予以院长之待遇，对于各机关首席者于以准该机关长官之待遇。其他顾问之待遇概照右条规定。

第八条　顾问及补助员之薪给由日本方面负担，而业务执行上必要之经费由中华民国维新政府支付。其细目另定之。

第九条　依据政府顾问约定第二条之职员为专员、技术官、教授、教官、教导官等，而其推荐由最高顾问部行之。

关于前项职员之身分、权限、待遇及配属等之事项，俟协议之后定之。

第十条　前条所要职员之经费，由中华民国维新政府支付。其细目另定之。

第十一条　顾问之人员及配属依照附表。

昭和十四年　月　日
　　　　　　　　　　　　于南京
中华民国二十八年　月　日

　　　　　大日本帝国日本兴亚院华中连络部长官　津田静枝
　　　　　中华民国维新政府行政院长　　　　　　梁鸿志

　　　附表　人员及配置

（一）中央政府

区　　　分	顾　　　　　　　　　　　问
行　政　院	三
内　政　部	四
财　政　部	五
实　业　部	四
交　通　部	四
外　交　部	二
教　育　部	三
立　法　院	二
司法行政部	三
计	三〇

（二）地方政府

区　　　分	顾　　　问
江苏省政府	四
浙江省政府	四
安徽省政府	四
上海特别市政府	四
南京特别市政府	四
计	二〇

谅解事项

一、以行政院顾问中之首席者为维新政府最高顾问。

二、中华民国维新政府及日本方面洽议之后，得变更配置及员数。

三、第八条仅限于在兴亚院有职务者适用之，其他暂照现状。

〔伪维新政府系统档案〕

刘郁芬检附顾问同辅佐官配置一览表及业务分担表公函

（1943 年 1 月 8 日）

军事委员会公函　会总字五九九号

案准本会最高军事顾问松井太久郎军顾人第八八号通牒，为关于各机关、部队、学校顾问及 辅佐官之配置，嗯照附表 所列，分别转知各该有关机关、部队、学校等由。除登记并分函外，查全国经济委员会、内政部、首都警察总监署、中央警官学校、上海特别市警察局、税警总团、税警学校、江苏、安徽、浙江各省警务处等机关均属贵院管辖范围，相应检阅原表十二份，函请查照，分别转饬各该有关机关知照为荷。此致
行政院
　　附顾问同辅佐官配置一览表业务分组表各十二份
　　　　　　　　　　　　　　　　总参谋长　刘郁芬
中华民国三十二年元月八日
　　　　　　表如下页

汪伪全国经委会为派遣顾问分驻各地任财经密项咨询联络希转饬各省市知照致行政院函 [①]

（1943 年 3 月 25 日）

国民政府全国经济委员会公函　字第一八八号
　　案查本会为便于浙、皖两省政府及南京、上海、汉口特别市政府有关财政及经济等事项之咨询及连络起见，现派顾问海口守三常川驻宁，顾问船津辰一郎常川驻沪，顾问川上亲文常川驻在杭州，顾问榎谷孝典常川驻在汉口，顾问辅佐原田清常川驻在蚌埠，壁与所驻各地省、市政府遇事连络，藉备咨询。除由本会分函各该顾问及顾问辅佐知照外，相应函达，即希查照转饬浙江、安徽两省政府及南京、上海、汉口特别市政府知照为荷。此致
行政院
　　　　　　　　　　　　　　　委员长　汪兆铭
中华民国三十二年三月二十五日
　　　　　　　　　　　　　　〔汪伪行政院档案〕

_____

①本年 3 月以后，广州、苏州、九江、徐州亦先后派遣有同类顾问。

最高军事顾问松井中将

中央服务者	
滨田　大佐	湘泽　少尉
冈田(主)大佐	城田　少尉
中森　大佐	岩仓　少尉
斋藤(宪)大佐	小川(主)少佐
冈本　中佐	渡边　少尉
(兼)大井(宪)中佐	山口　少尉
	柳濑　准尉
木户　大尉	(兼勤)山本(医)中佐
河合　中尉	(兼勤)深海　中佐
竹村　中尉	(兼勤)高森　中佐
斋藤(主)中尉	(兼勤)小笠原　少佐
有吉　中尉	(兼勤)肥后(兵技)少佐
	(河口　中尉)

派遣者

区　分	驻　地	顾问同辅佐官
中央军官学校	南　京	原口　大佐 增井　少佐 中田　中尉 伊势　少尉

区　　分	驻　地	顾问同辅佐官
中央将校训练团	南　京	(兼)中　森　大　佐 (兼)林　　　少　佐 (兼)岩　仓　少　尉 　木　村　少　尉
警卫第二师	南　京	林　　　少　佐
委员长卫士团		池　尻　大　尉 吉冈(宪)大　尉 森　本　中　尉
首都警备司令部	南　京	山　田　少　尉 角　谷　少　尉 大　山　少　尉 鸟　井　少　尉 松　野　少　尉 松　崎　少　尉 原　田见习士官
第一方面军总司令部	南　京	(兼)滨　田　大　佐 (兼)木　户　大　尉

最高军事顾问松井中将

<table>
<tr><td rowspan="19">最高军事顾问同松井中将</td></tr>
</table>

区　　分	驻　　地	顾问同辅佐官
第　一　师	杭　州	梅　岛　少　佐
第　五　师		
教 导 旅 独 立 营		望　月　中　尉
暂编第二军司令部	苏　州	川　合　大　佐
第一方面军教导旅（除独立营）		
第　　二　　师		市　川　中　佐
税 警 总 团 一 部		
空军教导队（警备）		三　浦　中　尉
苏　北　行　营	泰　县	村　上　中　佐
第 一 集 团 军（暂编第二十四、二十五、二十六、三十七、二十七师、十一旅）		长　友　大　尉
		藤　堂　大　尉
暂编第十九师		谏　山　中　尉
暂编第二十二师		佐　内　中　尉
暂编第二十八师		四　方　中　尉
胡 冠 军 部 队		中　村　中　尉
暂编第三十二师		斋　藤　中　尉
暂编第三十三师		村　上　少　尉
暂编第三十四师		
暂编第三十五师		

区　　分	驻　　地	顾问同辅佐官
第　师(除独立团) 第　四　师 第　九　师 暂编独立　第七旅	镇　江	菊　池　少　佐 濑　川　中　尉
第　六　师 第　七　师 独立　第　十　团 暂编独立步兵团 独立第十一团 第三师独立团	芜　湖	中　岛　中　佐 小　出　中　尉
驻广东地区部队	广　东	(兼勤)唐生　中　佐
开封绥靖主任公署 第二方面军 (暂编第四五军、暂 编第卅八师)	开　封	儿　玉　中　尉
武汉行营 (军事训练团暂编第十 一、十二、二十九师)	武　汉	(木　村　教　官) (长　友　教　官)
苏豫边区绥靖总司令部 (暂编第一军、暂编第十 五师)	归　德	

最高军事顾问同松井中将

区 分	驻 地	顾问同辅佐官
暂编第十师	宁 波	
暂编第三十六师	海 州	
税 警 学 校 税警总团(上海地区)	上 海	(堀 教 官) (山 本 教 官)
调 查 统 计 部	各 地	(兼)滨 田 大 佐 中 岛 中 尉 近 江 中 尉
全国经济委员会	南 京	(兼)冈 田(主)大 佐
内 政 部	南 京	警政关系(兼)斋藤 (宪)大佐 卫生关系(兼)山本 (医)中佐
中 央 军 官 学 校 首都宪兵司令部 首都警察总监署	南 京	大 井(宪)中 佐
上海特训警察局	上 海	(兼)斋 藤(宪)大 佐 (兼勤)久川(宪)中尉
江苏省警务处	苏 州	(兼)斋 藤(宪)大 佐 (兼勤)土屋(宪)大尉

最高军事顾问松井中将

188

安徽省警务处	蚌埠	(兼)大井(宪)中佐 (兼勤)吉多(宪)少尉
浙江省警务处	杭州	(兼)斋藤(宪)大佐 (兼勤)中马(宪)少尉

备考	一、兼差者谓军事顾问部以外人员,令同如执行顾问业务, 兼者乃本职以外之兼职

中央服务者业务分担表　　昭和一七、一二、一五
军事顾问部

	主任者	副任者	辅佐将校	分担业务
最高军事顾问松井中将	滨田大佐	小笠原少佐	有吉中尉	关于清乡工作事项
			城田少尉	关于特务工作事项
			斋藤(主)中尉	关于机密费事项
		中森大佐	庶务 柳濑准尉	一、全般统辖 二、关于高级人事事项 三、关于牒报谋略事项 四、关于国民党东亚联盟及其他思想战事项

主任者	副任者	辅佐将校	分担业务
中森大佐	滨田大佐	木户大尉	一、关于用兵整军补充事项 二、关于情报宣传事项 三、关于收编事项
		竹村中尉	一、关于编制装备事项 二、军事章制事项 三、通信统制事项
			一、关于教育训练事项 二、关于税警事项
冈田(主)大佐		小川(主)少尉 渡边　少尉	一、关于军事预算事项 二、关于经济战事项 三、军队会计制度之确立及给养改善 四、关于金融、财政、经济事项 五、关于借款事项
冈本中佐		河合中尉 斋藤(主)中尉 相泽少尉	一、庶务事项 二、涉外(除作战政务)事项 三、关于兵器弹药资财事项

最高军事顾问松井中将

最高军事顾问松井中将	斋藤(宪)大佐	大井(宪)中佐	山口少尉	关于口渡队之指导事项
				关于警察指导事项
	(兼)大井(宪)中佐	大井(宪)中佐		一、关于宪兵事项 二、关于路警事项
	(兼勤)深海中佐		竹村中尉	一、关于航空事项 二、关于空军教导队事项
	(兼勤)高森中佐	肥后(兵技)少佐		一、关于修械技术指导事项 二、关于陆海空军修械所事项
	(兼勤)山本(医)中佐			关于国民政府之医务卫生指导事项
备考	一、小笠原少佐主要为于现地担任清乡工作 二、最高顾问除统督本表各业务外，并应政治、经济、文化联系事项之咨询			

〔汪伪政府档案〕

汪伪军委会抄送关于派遣日籍教官助教对保安
队警察教育训练函豕行政院咨

(1943 年 4 月 19 日)

军事委员会咨　　会机字第三九三号
　　　　　　　　　中华民国三十二年四月十九日
　　　案准本会顾问部军顾警第三七号公函，略以关于保安队、警察之教育训练一案，拟根据我方之请求，由当地日军及宪兵队派遣所需之教官及助教，协助教育训练事宜，请指导各省、市直接向连络部长接洽等由。准此。当以此项办法尚属可行，经由会函复同意在案，相应抄同顾问部来函，咨请查照，并希转饬各省、市政府遵照办理为荷。此咨

行政院
　　　附抄送顾问部军顾警第三七号来函一件

　　　　　　　　　　　　　　　委员长　　汪兆铭

军顾警第三七号
　　　关于保安队警察之教育训练通牒
　　　昭和十八年四月十三日　军事委员会最高军事顾问柴山兼四
　　　　　　　　　　　　　　　　　　　　　　　　　　郎
　　　军事委员长汪精卫阁下：关于本案，准民国三十一年十月一日行字第七八四号函，虽经请派军事顾问于各警察机关协助警察之训练，但保安队本年度始采渐入中央统制之形式，故迄未向各省市派遣军事顾问。然目下鉴于保安队，警察之教育训练为当前急务，此次爰于前述指导警察军事顾问之外，根据中国方面之请求，由当地日军及宪兵队派遣所需之教官、助教，对警察、保安

192

队之教育训练，于受最高军事顾问节制之连络部长支配下，协助教育训练事宜，以应各省、市之需求。至教官、助教之派遣方案，请指导各省、市直接向连络部长接洽为荷。

〔汪伪行政院档案〕

汪伪国民政府附发华北政委会关于聘用日人为顾问职员办法的训令

（1943年7月3日）

国民政府训令　字第三二九号
　　　令华北政务委员会
　　兹特订定该会关于聘用友邦日本人士为顾问职员等之办法，仰即遵照。此令
　　　附发办法一份
中华民国三十二年七月三日

主　　　席　汪兆铭

兼行政院院长　汪兆铭

华北政务委员会关于聘用友邦日本人士为顾问职员等之办法
一、华北政务委员会得聘用左列日籍顾问职员：
(一)华北政务委员会之经济顾问、技术顾问、连络专员。
(三)华北政务委员会直属重要经济建设机关之专门技术官。
(三)省公署及特别市公署之技术顾问。
(四)北京、天津、青岛各特别市公署警察局之职员。
(五)教育机关之教授、教官。
　　二、前项顾问之职权及服务规程暨职员之任务，由华北政务委员会就中央法令之范围内制定，呈请中央核准。

〔伪华北政务委员会档案〕

汪伪军委会抄送军事顾问部关于中国侧武装团体指导要员配当表的公函

(1944年2月1日)

军事委员会公函　　会令六字第18号
　　　　　　　　　　中华民国三十三年二月一日

　　案准军事顾问部军顾教第五号公函：前于登步队施行教育终了之中国方面武装团体指导要员日本官兵若干名，如附表所列，派遣于中国各部队，相应通知查照。等由。除分行外，相应照抄原件，函请查照，并转饬各有关保安队知照为荷。此致
行政院
　　附抄送原件一份

　　　　　　　　　　　　　　　　　委员长　汪兆铭

　　　　表如下页

在北京日本公使为按新办法聘任顾问职员事宜与伪华北政委会来往文件

(1944年2—3月)

　　(1) 盐泽清宣函(2月25日)

译文

北大总政秘第一五号

　　迳启者：此次废弃昭和十三年(即中华民国二十七年)四月二十七日日本军最高指挥官与中华民国临时政府行政委员会委员长间在北京所约定之政府顾问规约，及昭和十四年(即中华民国二

194

中国側武装団体指导要员配当表

部　　　　　隊		将　校	下士官	兵	合　计
第一方面军	第　一　师				二二
	第　二　师				
	第　三　师				二一
	第　四　师				二〇
第　二　十　二　师					一〇
第　二　十　四　师					一〇
第　二　十　六　师					一〇
第　三　十　七　师					一〇
苏北绥署补充团					一〇
第　一　五　师					一九
苏　保　安　队					一一一
杭　州　保　安　队					九
江苏保安队教导团干部队		一	三	六	一〇

部　　　　　队	将　校	下士官	兵	合　计
同　　　　补充队	一	三	三	七
上海保安教导团	一	二	七	一〇
南汇保安队	一	三	六	一〇
常熟保安队	一	三	六	一〇
和桥镇保安队	一	三	六	一〇
合　　　计				二〇九

〔汪伪行政院档案〕

十八年）二月二十五日青岛总领事馆与中华民国临时政府行政委员会委员长间所约定关于青岛特别市组织等之交换公文，嗣后华北政务委员会及其直属行政机关聘任日人顾问、职员（军事顾问除外）时，须依据中华民国三十二年七月三日国民政府对贵会训令第三二九号所规定之"华北政务委员会关于聘任友邦日本人士为顾问职员等之办法"办理。唯贵会依据前项规定聘任日人顾问及职员时，拟请贵会函知本使，而由本使推荐。

再关于以前聘任之顾问、职员，亦拟依据本公文之趣旨，逐次实施必要之调整。兹特开具另纸，各省市政府顾问及顾问辅佐官中由军方支薪者名单，送请查照，设法改为中国职员之身分为荷。此致
华北政务委员会委员长

在北京大日本帝国大使馆事务所长
特命全权公使　盐泽清宣
民国三十三年二月二十五日

另纸

北京特别市	辅佐官	余村　实
	同	冈野诚治
	同	井上音松
	同	松田小二郎
天津特别市	顾问	饭野稻城
	辅佐官	村主正一
	同	夏目武夫
	同	大城户　享
河北省	顾问	千坂高兴
	辅佐官	埜村次男
	同	友添健策
	同	矢口亲信
河南省	辅佐官	贵岛　亮
	同	上条　愿
	同	中村武夫
	同	入江雅好
	同	望月信威
山西省	顾问	甲斐政治
	辅佐官	小西康孝
	同	吉村芳松
	同	田中忠三郎
	同	城野　宏
山东省	顾问	园田庆幸
	辅佐官	深泽　忠

（2）伪华北政委会照会稿（ 3 月15日）

照会

为照复事：准贵大使馆北大总政秘第一五号公函译开：此次废弃昭和十三年（即中华民国二十七年）四月二十七日日本军最高指挥官与中华民国临时政府行政委员会委员长间在北京所约定之政府顾问规约，及昭和十四年（即中华民国二十八年）二月二十五日青岛总领事馆与中华民国临时政府行政委员会委员长间所约定关于青岛特别市组织等之交换公文，云云。叙至兹拟先将另单各省、市政府顾问及顾问辅佐官中由日本军支薪人员改为中国职员之身分、待遇，特此照会。等因。已分令各省、市政府照办。至顾问及顾问辅佐官之待遇，并饬与当地关系方面妥为连络，拟定办法呈报，一俟复到，再行函达。相应先行照复查照为荷。须至照会者。右照会

在北京大日本帝国大使馆事务所所长

特命全权公使盐泽清宣阁下

中华民国三十三年三月十五日

〔伪华北政务委员会档案〕

三、所谓"交还"与"收回"租界

汪伪外交部译录日军交还天津广州两英租界
行政权所抱之希望呈

(1942年3月18日)

案准日本大使馆函开:根据前次帝国政府之声明,兹由日本军将天津及广州两英租界之行政权移交国民政府管理,惟日军为求移管后运用能率之增进,并为促进中日两国紧密关系计,有希望数点,开列于左,特此通知等由。并附件到部。准此,除陈奉主席面谕赞同,当由本部函复该大使馆查照外,理合译录原件,呈请钧院鉴核备案。谨呈

行政院院长汪

　　附件

外交部部长褚民谊

中华民国三十一年三月十八日

　　日军关于交还天津广州两英租界行政权所抱之希望
　　一、租界之地域,考虑从来之经过情形及租界之特质,暂定为特别行政区。
　　二、关于行政上之机构及行政实施,应与当地兵团长密切联络。
　　三、特别行政区内,日军所接收之权益,除依日军之意志移·交国民政府管理者外,仍由日军管理之。
　　四、为实施租界行政起见,聘请所要之日籍职员。

五、关于治安警备，由中日两国军警协力为之，至特别行政区内之警察，聘请所要之日籍职员。

六、细则由当地中日当局协议之。

〔汪伪行政院档案〕

汪日签订关于交还租界及撤废治外法权协定

（1943年1月9日）

大中华民国国民政府及大日本帝国政府依据本日所签订之关于协力完遂战争之中、日共同宣言之本旨，本尊重中华民国主权之旨趣，协定如左：

第一章　专管租界

第一条　日本国政府，应将日本国在中华民国国内现今所有之专管租界行政权交还中华民国政府。

第二条　两国政府应各任命同数之委员，使协议决定关于前条实施之细目。

第三条　中华民国政府于依据前二条租界交还实施后，在该地域内施政时，关于日本国臣民之居住、营业及福祉等至少应维持向来之程度。

第二章　公共租界及公使馆区域

第四条　日本国政府依据另行协议所定，应承认中华民国政府尽速收回上海公共租界行政权及厦门鼓浪屿公共租界行政权。

第五条　日本国政府应承认中华民国政府迅速收回北京公使馆区域行政权。

第三章　治外法权

第六条　日本国政府对于日本国在中华民国国内现今所有之治外法权业经决定速行撤废，两国政府应各任命同数之委员设置专门委员会，使审议拟订关于上述之具体方案。

第七条　中华民国政府应随日本国之撤废治外法权而开放其领域，使日本国臣民得居住营业，且对于日本国臣民不予以较中华民国国民为不利益之待遇。

前条之专门委员会并应讲求关于前项之具体方案。

第八条　本协定自签字之日起实施之。

下列签字者各奉本国政府正当之委任，将本协定签字盖印，以昭信守。

中华民国三十二年一月九日
昭　和　十　八　年　一　月　九　日
订于南京（以中文及日文各缮本协定二份）

大中华民国国民政府行政院长　　汪兆铭

大日本帝国特命全权大使　　　　重光葵

〔汪伪外交侨务系统档案〕

褚民谊发表关于交还租界与撤废治外法权的谈话

（1943年2月23日）

中华民国外交部长发表谈话　一九四三年二月二十三日

自我国政府以独立自主之立场在本年一月九日对英、美宣战后，深得友邦各国之同情与协助，是以宣战后一小时，友邦日本即与我国签订协力完遂战争之共同宣言，同时又签订交还租界与撤废治外法权之协定。意大利政府亦于一月十四日发表交还租界与撤废治外法权宣言。此种真正友好之实证，诚具有划时期之历史性，足使我国政府与人民非常兴奋与感谢。中法邦交素称敦睦，本人留法甚久，对于法国倍寄同情，近年来法国所遭遇之困难亦非常关怀领会，盖法国今日国家之情形如此，皆受英、美之欺骗与摧残所致也。中国之租界与治外法权滥觞于英、美帝国主义，此为世界所周知，兹若各国均声明交还在华租界，撤废治外法权，而法国独保留此种英、美之残骸，不特为国人所不能忍受，抑亦有玷于法国国家之荣誉与威信也。所幸法国贤明当局高瞩远望，毅然自动正式声明交还租界，撤废治外法权，从此东亚之天地为之廓然一清，日趋明朗，而中法之关系亦必更形友好，本人至深欣慰，并盼其他国家亦能追随其后焉。

〔汪伪外交侨务系统档案〕

日汪交还专管租界实施细目与了解事项①

（1943年3月9日）

（1）实施细目

专管租界交还实施细目条款，根据中华民国三十二年一月九日，即昭和十八年一月九日，在南京签字之中华民国、日本国间关于交还租界及撤废治外法权等之协定，为协议决定关于实施交还在中华民国国内之日本专管租界之细目。

中华民国政府任命：外交部部长褚民谊，特命全权大使李圣五，特命全权大使吴颂皋，外交部次长周隆庠。

日本国政府任命：特命全权公使堀内干城，大使馆参事官中村丰一，特命全权公使田尻爱义，特命全权公使盐泽清宣为该协定第二条所定之委员。

以上两国委员，在南京会同议定条款如左：

第一条　在杭州、苏州、汉口、沙市、天津、福州、厦门，及重庆之日本专管租界行政权，定于中华民国三十二年三月三十日，即昭和十八年三月三十日，实施交还。

----

① 节录自汪伪《国民政府三年来施政概况》。

第二条　专管租界内之道路、桥梁、阴沟、沟渠，及堤防等诸设施，应无偿移让与中国方面。

第三条　中华民国政府应按照现状，尊重并确认日本国政府及臣民在专管租界地域内所有关于不动产及其他之权利利益，并应对此取必要之措置。

以上条款，用中日两国文字各缮二份，由两国委员签字盖印，双方保存中日文各一份为证。

中华民国三十二年三月九日 于南京

昭和十八年三月九日

　　　　　　　褚民谊　李圣五　吴颂皋　周隆庠

　　　　　堀内干城　中村丰一　田尻爱义　盐泽清宣

（2）了解事项

（一）专管租界地域行政实施上所必要之文书纪录等，应尽速移交中华民国当地地方官宪。

（二）中华民国当地地方官宪，应接用从来日本方面为实施专管租界行政而雇用之中国籍巡警，及为管理维持道路、阴沟等而雇用之中国籍从业员。

（三）根据细目条款第二条所应移让之公共设施，包含附属于该公共设施之固定诸设备。

（四）关于细目条款第三条之具体的事项，应由中、日两国当地地方官宪间协议之。

中华民国三十二年三月九日 于南京

昭　和　十　八　年　三月九日

　　　　　　　褚民谊　李圣五　吴颂皋　周隆庠

　　　　　堀内爱义　中村丰一　田尻爱义　盐泽清宣

〔汪伪组织档案〕

汪伪外交部录送日本交还厦门鼓浪屿公共租界文件量

(1943年3月29日)

关于日本交还全部专管租界一案，所有协定暨实施条款以及互换照会，送经本部呈报钧院鉴核在案。现厦门鼓浪屿公共租界复因友邦日本同意于我国之收回，业经本月二十七日与日本重光大使签订厦门鼓浪屿公共租界收回实施条款，并彼此互换照会。又日方以中央与厦门地方关系亟须调整，由重光大使来照陈述愿望，亦经本部照复允行各在案。理合照录厦门鼓浪屿公共租界收回实施条款及本部答复日本重光大使照会各一件，呈请钧院鉴核。谨呈

行政院院长汪

　　附件

外交部部长　褚民谊

中华民国三十二年三月二十九日

　　关于调整中央与厦门特别市间关系事外交部复驻华日本大使馆照会　三月二十六日

　　迳复者：本日准贵大使照会内开：关于厦门日本专管租界之交还，已签订其细目条款等，又关于厦门鼓浪屿公共租界收回之承认，亦即将签订其条款，实堪同庆。

　　此时为谋调整厦门地方与中央政府间之关系，愿陈述如附录所载，因此项附录所载各点，希望于还都三周年纪念日以前实施，应请贵部长查照，并希望将中国方面之意见尽速见复为荷。

　　并附录一件内开：

　　一、对于厦门市改为直属行政院之特别市并无异议。

二、关于在厦门市之中、日间军事协力及经济提携事项，希望讲求必要之措置，俾能作圆滑之地方的处理。又现在有效之诸种条款，系根据上述之旨趣而缔结者，希望加以承认。

三、现在厦门特别市之职员，为适合当地情形而期行政实施之圆滑起见，希望能暂时接用，作为新特别市之职员。关于其详细事项，希望另行协议之。各等由。准此。国民政府对于来照附录所提各节，可予同意。相应照复贵大使查照为荷。本部长顺向贵大使重表敬意。此致
大日本帝国驻华特命全权大使重光阁下

外交部部长　褚民谊

厦门鼓浪屿公共租界收回实施条款

根据中华民国三十二年一月九日，即昭和十八年一月九日，在南京签字之中华民国日本国间关于交还租界及撤废治外法仅等之协定第四条，关于实施收回厦门鼓浪屿公共租界，下列签字者议定条项如左：

第一条　根据厦门鼓浪屿公共租界土地章程而设之租界行政权，定于中华民国三十二年三月三十日，即昭和十八年三月三十日，由中华民国政府实施收回。

第二条　在厦门鼓浪屿公共租界内属于工部局之一切公共设施、资产及负债，应由中国方面按照现状继承之。

第三条　中华民国政府应按照现状，尊重并确认日本国政府及臣民在上述租界内所有关于不动产及其他之权利利益，并应对此取必要之措置。

本条款用中、日两国文字各缮二份，由下列签字者签字盖印，双方保存中日文各一份为证。
中华民国三十二年三月　日于南京
昭和十八年三月　日

大中华民国国民政府外交部部长　褚民谊

大日本帝国特命全权大使　　　重光葵

　　了解事项

　　一、根据厦门鼓浪屿公共租界土地章程而设之工部局及其他一切机关应行解消。

　　二、工部局所保管之关于租界行政之文书、纪录等，应随需要而尽速移交中华民国当地地方官宪。

　　三、中华民国当地地方官宪应接用从来工部局所雇用之职员。

　　四、根据上述土地章程而设之厦门会审公堂，应并入中国方面司法机关。

　　五、根据条款第二条所应移让之公共设施，包含附属于该公共设施之一切固定设备及为管理维持用之器具、材料等。

　　六、关于条款第三条之具体的事项，应由中、日两国当地地方官宪间协议之。

　　七、中华民国政府于上述租界行政权收回实施后，在该地域内施政时，关于侨居该地域内之日本国臣民之居住、营业及福祉等，至少应维持向来之程度。

　　八、上述租界行政权收回实施后，为充作中国方面在该地域内行政上所需经费之一部起见，于根据日本国在中华民国国内现今所有之治外法权而起之课税问题尚未处理以前之期间内，日本国政府应将相当于向来日本国臣民所负担之赋税金额，向侨居该地域内之日本国臣民征收后，补助中华民国当地地方官宪。

中华民国三十二年三月二十七日　于南京

昭和十八年三月二十七日

大中华民国国民政府外交部部长　褚民谊

大日本帝国特命全权大使　　　重光葵

关于收回厦门鼓浪屿公共租界事外交部复驻华日本大使馆
照会 三月二十七日

迳复者：本日准贵大使照会内开：关于收回厦门鼓浪屿公共
租界一事，本日贵部长与本大使间业已签订其实施之条款，是为
本大使所最引为欣快者。兹乘此机会，关于该公共租界之实施收
回，愿陈述日方之希望及见解如左：

一、随厦门鼓浪屿租界之收回，日本国政府及臣民所有在
该地域内关于土地之权利（永租、租借、借地等），希望加以确
认，一律改为永租权。至确认上述权利所需发给地契等之手续，
希望不取值，或仅取实费，以处理之。

对于前项土地之地租，按照条款第三条，在根据治外法权而
起之课税问题尚未处理之前，希望能维持现状。

二、上述租界收回实施后，希望该地域不设立特别行政区，
而并入厦门特别市之一般行政组织内。

三、了解事项八所定之补助金额，希望由中、日两国当地地
方官宪间协议决定之。

以上诸问题，应请贵部长查照，并希望将中国方面之意见见
复为荷。等由。查厦门鼓浪屿公共租界承贵国方面同意于我国之
收回，国民政府甚为欣感、其来照所提希望各节，自可赞同。相
应照复贵大使查照为荷。本部长顺向贵大使重表敬意。此致
大日本帝国驻华特命全权大使重光阁下

外交部部长 褚民谊
〔汪伪行政院档案〕

法国维琪政府与汪伪关于交还厦门
鼓浪屿公共租界往来照会

（1943年4月8日）

（1）柏斯颂照会

法国驻华大使馆代表柏斯颂参事致褚部长照会
译文抄件

逕启者：本参事代表本国驻华大使馆敬向贵部长知照，法国政府决定自四月八日起放弃其在厦门鼓浪屿公共租界之行政权，如此项办法贵部长认为满意，则本照会及贵部长之复文确认双方对于下列各项予以同意：

一、法国根据一九四三年二月二十三日之声明，决定放弃其在厦门鼓浪屿公共租界之行政权，并于一九四三年四月八日起实行。

二、法国自同日起，放弃其在厦门鼓浪屿工部局一切公共设施，及凡属于工部局其他资产部份亦行放弃，但其负债亦由中国方面继承之。

三、中国方面应按照现状，尊重并确认法国政府及人民在上述租界内所有关于土地不动产及其他享有之权益。

特此照达，即希查照为荷。本参事顺向贵部长重表敬意。此致
中华民国国民政府外交部褚民谊阁下

法国驻华大使馆代表参事柏斯颂
一九四三年四月八日南京

(2) 褚民谊照会
褚部长复法国驻华大使馆代表参事柏斯颂照会
抄件

逕复者：接准贵参事代表贵国驻华大使馆本月八日照会内开：〔内容同法驻汪伪大使馆代表柏斯颂照会〕等语。业经诵悉。兹中华民国国民政府对于上开各项予以同意。特此照复，即希查照为荷。本部长顺向贵参事重表敬意。此致
法国驻华大使馆代表参事柏斯颂

中华民国国民政府外交部部长　褚民谊

中华民国三十二年四月八日

〔汪伪行政院档案〕

汪伪与维琪政府签订交还天津汉口沙面专管租界文件

（1943年5月18日）

（1）天津汉口沙面法国专管租界交还实施细目条款

根据中华民国三十二年二月二十三日，即一千九百四十三年二月二十三日，法国政府关于撤废在华治外法权并放弃北京公使馆区，上海、鼓浪屿公共租界及上海、天津、汉口、沙面各法租界行政权之声明，中国接收法国专管租界委员会委员与法国特派代表团代表，双方协议决定关于实施交还在中华民国国内天津、汉口、沙面三处之法国专管租界之细目条款如左：

第一条　在天津、汉口、沙面之法国专管租界行政权，定于中华民国三十二年六月五日，即一千九百四十三年六月五日，一律移交中国政府。

第二条　专管租界内之道路、桥梁、码头、阴沟、沟渠及堤防等诸设施，应无偿移交与中国政府。

第三条　中华民国政府在收回租界后，应按照现行法律状态，尊重并确认法国政府及人民在各专管租界内所有关于确属持有之不动产及土地之权利利益，并应对此取必要之措置。

以上条款用中、法两国文字各缮二份，由两国委员及代表签字盖印，双方保存中、法文各一份为证。

中华民国三十二年五月十八日　　　于南京

西历一千九百四十三年五月十八日

中华民国接收法国专管租界委员会委员

国民政府审计部　部长　　　夏奇峰
特命全权大使　　　　　　　吴凯声
特命全权大使　　　　　　　吴颂皋
政务参赞兼外交部次长　　　周隆庠

法兰西国代表团全权代表

驻华大使馆参事　柏斯颂
总　　领　　事　葛尔邦
领　　　　事　　高　兰

（2）了解事项

一、专管租界地域行政实施上所必要之文书、纪录等，应尽速移交中国当地官厅。

二、中国当地官厅应接用从来法国公董局方面为实施专管租界行政权而雇用之中国职员、巡警，及为管理维持道路、阴沟等而雇用之中国从业员。

三、中国当地官厅对于租界内之法国，或中法合办之文化，或纯粹慈善事业，仍维持其现状，并对若干事业按照法公董局现予之津贴，继续酌予补助。

四、中国当地官厅对于各法公董局于中华民国三十二年二月二十三日，即一千九百四十三年二月二十三日，法国政府交还在华租界之声明以前所订立之契约，尤其关于公共设施之契约（如水电、公共交通等），应充分尊重原来之规定。关于本条之执行方式，由中、法两国地方官厅间协议之。

五、居住租界内法籍侨民之地位，应依照现行条约之规定，在中国政府管理之下，得继续享受现在之居住、职业及合法之行动自由等权利。

警务处移交中国政府后，在治外法权制度依照法国政府于中华民国三十二年二月二十三日，即一千九百四十三年二月二十三日之声明解决以前，法国在天津、汉口之领事于必要时仍得雇用若干法籍警士，以执行领事命令及司法判决。

六、根据细目条款第二条所应移让之公共设施，包含附属于该公共设施之固定诸设备。

七、关于细目条款第三条之具体的事项，应由中、法两国地方官厅间协议之。

中华民国三十二年五月十八日　于南京

西历一千九百四十三年五月十八日

　　　　　　　夏奇峰　吴凯声　吴颂皋　周隆庠

　　　　　　　柏斯颂　葛尔邦　高　兰

　　　　　　　　　　　　　　〔汪伪行政院档案〕

汪伪外交部译录日本大使馆关于交还厦门鼓浪屿公共租界日本与关系各国折冲情形节略呈

（1943年5月22日）

案准日本大使馆节略，以日本政府关于交还厦门鼓浪屿公共租界行政权事，曾在日本并令海外使臣与关系各国（法国、西班牙、瑞典、丹麦）锐意折冲，由是国民政府于收回该项特权终得圆滑而合理的实施。现日本政府已训令当地日本官宪，使市参事会议长（日本总领事兼）随时得应国民政府之请，将该租界行政权实施移交。等由。除备文答复日本大使馆表示感谢外，理合译录原文，密呈钧院鉴核，并请令饬厦门特别市政府与日本关系机关接洽办理，实为公便。谨呈

行政院院长汪

　　附译录原文一份

　　　　　　　　　外交部部长　褚民谊

中华民国三十二年五月二十二日

日本政府关于交还厦门鼓浪屿公共租界行政权事，曾在日本并令海外使臣与关系各国（法国、西班牙、瑞典、丹麦）锐意折冲，使对此事表示协调，现在折冲之结果：

法国政府已于四月八日与国民政府间缔结关于交还该行政权之条款。丹麦国已向日本政府表明，对于将该租界行政权交还国民政府事，于主义上并无异议，当训令丹麦驻华公使，将此旨通知国民政府，同时丹麦驻东京公使，并已以公文将此意通知日本政府。西班牙政府于四月二十九日向日本政府表明谓，对于国民政府实行片面的接收，造成既成事实之举，不拟提出抗议。瑞典政府已于五月八日向日本公使表明谓，对于国民政府收回鼓浪屿公共租界之措置，并不发生何等反应，请了解云云。

由是国民政府对收回该项特权，终得圆滑而合理的实施，一如日本政府所预期者。现日本政府已训令当地日本关系官宪，使市参事会议长随时得应国民政府之请，将该租界行政权实施移交，而无窒碍。

日本政府所以勉力向第三国交涉，竭尽万能使彼等认识东亚之新事态，进而允诺对于此事之调整者，无非认为此事于东亚新秩序之建设上实为必要而已。

彼等因处于历史上空前之战乱中，其最为关切者，即务求使欧洲危局不致累及本国，对于地理上远隔之东亚，无认识其新事态之余暇，故此事交涉，虽遭遇极大之困难，但对于英、美侵略东亚之历史上的产物，即该地租界，终能实施收回，可谓于大东亚新秩序之建设上有重大之贡献。

兹日本政府对于中华民国政府及国民衷心表示庆祝之忱。

〔汪伪行政院档案〕

汪伪外交部录送日本交还上海公共租界有关文件呈

（1943 年 7 月 3 日）

查关于收回上海公共租界一案，业经本部于六月三十日与日本驻华谷大使签订实施条款及了解事项，并互换照会在案。除录案咨请上海特别市政府查照外，理合照录本案关系文件全文，呈请钧院鉴核。谨呈

行政院院长汪

　　附件

　　　　　　　　　　　外交部部长　褚民谊

中华民国三十二年七月三日

　　关于实施收回上海公共租界之条款

　　根据中华民国三十二年一月九日，即昭和十八年一月九日在南京签字之中华民国日本国间关于交还租界及撤废治外法权等之协定第四条，为实施收回上海公共租界，下列签字者议定条项如左：

　　第一条　根据上海公共租界土地章程及其附则等而设之租界行政权，定于中华民国三十二年八月一日，即昭和十八年八月一日，由中华民国政府实施收回。

　　第二条　属于上海公共租界工务局之一切公共设施、资产及财产上之诸权利，应按照现状无偿移让于中华民国。又属于工部局之一切负债，亦应由中华民国按照现状继承之。

　　第三条　中华民国政府应依照现状，尊重并确认日本国政府及臣民在上海公共租界及其越界筑路等地所有关于不动产及其他之权利利益，并应对此取必要之措置。

第四条　中华民国政府于根据上海公共租界土地章程及其附则等而设之行政权收回实施后，在该地域内施政时，关于侨居该地域内之日本国臣民之居住、营业及福祉等，至少应维持向来之程度。

第五条　关于实施本条款之具体的事项，应由中、日两国当地地方官宪间议定之。

本条款用中、日两国文字各缮二份，由下列签字者签字盖印，双方保存中、日文各一份为证。

中华民国三十二年六月三十日
昭和十八年六月三十日　于南京

　　　　　大中华民国国民政府外交部部长　褚民谊

　　　　　大日本帝国特命全权大使　　　　谷正之

关于实施收回上海公共租界之了解事项

一、上海公共租界工部局所保管之关于公共租界行政之文书、纪录等，应于收回租界同时移交于中华民国当地地方官宪。

二、根据条款第二条，所有公共设施、资产暨财产上诸权利之移让，及负债之继承，除去工部局监狱关系外，由工部局与中华民国当地地方官宪间办理之。

三、根据条款第二条，所应移让之公共设施，包含附属于该公共设施之一切固定设备，及为管理维持用之器具、材料等。

四、关于条款第三条之具体的事项，必要时由中日两国当地地方官宪间协议之。又对于日本国臣民永租地之地租，于根据日本国在中华民国国内现今所有之治外法权而起之课税问题尚未处理以前之期间内，维持现行之税率。

五、中华民国政府于实施收回根据上海公共租界土地章程及其附则等而设之行政权后，为充作该地域内行政上所需经费起见，应就该地域内仍袭实施租界公共上海工部局之租税手续费等一切赋课之现行制度，作为暂行措置。

此时日本国政府于根据日本国在中华民国国内现今所有之治外法权而起之课税问题尚未处理以前之期间内，应取令侨居该地域内之日本国臣民向中华民国当地地方官宪完纳此等赋课，作为补助金等措置。

六、中华民国政府对于中华民国当地地方官宪所应接用之公共租界工部局职员及其他被雇用者，应仍袭适用。关于其薪给、休假、退职金、年金等之一切规定，将来如变更此等规定时，应依据尊重被雇用者既得权之趣旨而处理之。

中华民国三十二年六月三十日　于南京
昭　和　十　八　年　六　月三十日

大中华民国国民政府外交部部长　褚民谊

大日本帝国特命全权大使　谷正之

迳复者：本日准贵大使照会内开：关于收回上海公共租界，本日阁下与本使间已签订其实施之条款及了解事项，是为本使所最引为欣快者。兹乘此机会，关于实施收回上海公共租界，陈述日方之希望及见解如附录所载，应请贵部长查照，并希将中国方面之意向见复为荷。

并附录一件内开：

一、日本方面对于上海中国方面施政之进步及治安之确保甚为关切，希望于根据上海公共租界土地章程及其附则等而设之行政权实施收回后，中国方面固须维持向来施政之程度，即在公共租界以外之一般地域内，亦望不断努力以改善其施政。

又当实施收回时之工部局职员及其他被雇用者，希望中国方面概予接用，作为暂行措置。

二、上海法租界及现市中心区之一部，暨其他公共租界毗邻市区，希望尽速与公共租界地域合并，而于上海特别市市长之下设一行政区，俾统一施政。

又法租界当与公共租界同时收回之。

三、鉴于上海所占地位之重要，于实现中日协力上尤望能讲求左述之措置：

（一）市政府令其所接用之工部局职员及其他被雇用者中之日籍人员退职时，事前由中日两国当地地方官宪间协议之。

（二）市政府经中央政府之许可，得聘用日籍经济顾问，必要时并聘用日籍技术顾问。

（三）设置中日联络恳谈会，由市政府高级人员及日本居留民方面代表合组之。关于影响于日本方面之重要市政事项预咨询于该会，中国方面对日方所陈述之意见等充分尊重之。

关于上述中日联络恳谈会之组织及其营运等之具体事项，交由中、日两国当地地方官宪间协议决定之。

四、关于上海公共租界收回实施之了解事项四，日本方面更了解如左：

（一）将来中国方面对于公共租界工部局之租税手续费等一切赋课之现行制度须加改变时，应事前由中日当地地方官宪间协议之。

（二）法租界收回后，对于使侨居该地域内之日本国臣民，向中国方面完纳从来法公董局之赋课作为补助金之问题，应准照关于公共租界工部局赋课之措置处理之。

（三）上海公共租界及法租界收回实施后，中国方面应设法使第三国人亦完纳从来公共租界工部局及法租界公董局之赋课。各等由到部。业经阅悉。对于上述希望及见解，本部长兹加以确认。相应照复贵大使查照为荷。本部长顺向贵大使重表敬意。此致
大日本帝国驻华特命全权大使谷阁下

外交部部长　褚民谊

〔汪伪行政院档案〕

德驻汪伪大使韦尔曼与褚民谊关于
收回租界事宜来往照会

（1943年）

（1）韦尔曼照会

德国大使致外交部长照会

迳启者：鉴于因大东亚战争而在中国发生之完全新局势，又鉴于中国收回前北京使馆区、上海与厦门（鼓浪屿）公共租界暨其他各地前外国租界行政权之事实，本大使敬知照贵部长，德国政府希望贵国国民政府对于德国政府、德国人民及商业团体之权利及利益，如关于居住、职业、地产及不动产等，本诸现在法律情形，尤以平等互惠原则为基础之现行中德条约加以尊重及保护一节，予以证实。相应照请贵部长查照为荷。本大使顺向贵部长重申敬意。此致

中华民国国民政府外交部部长

德国驻华特命全权大使　韦尔曼

（2）褚民谊复照

外交部长致德国大使照会

迳复者：贵大使照会内开：〔内容同德驻汪伪大使照会〕等由。业经诵悉。本部长兹以国民政府名义，对于上述一节予以证实。相应照复贵大使查照为荷。本部长顺向贵大使重申敬意。此致

德意志国特命全权大使韦尔曼阁下

中华民国国民政府外交部部长　褚民谊

〔汪伪外交侨务系统档案〕

汪伪外交部抄送意大利交还上海
公共租界文件呈

(1943 年 7 月 30 日)

　　查中日关于实施收回上海公共租界之条款及了解事项，业经中日双方代表于本年六月三十日鉴订，并经呈报钧院鉴核各在案。兹复于本年七月二十三日，与意大利国驻华特命全权大使戴良谊签订关于实施收回上海公共租界之条款及了解事项与换文等，理合抄同原条款及了解事项暨往来换文各一件，具文呈请钧院鉴核备案。谨呈
行政院院长汪
　　计抄呈中意关于实施收回上海公共租界之条款及了解事项，并往来中、西换文各一件

外交部部长　褚民谊

次长　周隆庠代行

中华民国三十二年七月三十日

　　　关于实施收回上海公共租界之条款（抄件）
　　依照意大利国政府本年一月十一日关于交还中华民国租界与特权所定原则之声明，由下列署名者商订条款如左：
　　第一条　根据上海公共租界土地章程及其附则等而设之租界行政权，定于中华民国三十二年八月一日，即西历一九四三年八月一日，由中华民国政府实施收回。
　　第二条　属于上海公共租界工部局之一切公共设施、资产及财产上之诸权利，应按照现状无偿移让于中华民国；又属于工部局之一切负债，亦应由中华民国按照现状继承之。

第三条　中华民国政府应依照现状尊重并确认意大利国政府及臣民在上海公共租界及其越界筑路等地所有关于不动产及其他之权利利益，并应对此取必要之措置。

第四条　中华民国政府于根据上海公共租界土地章程及其附则等而设之行政权收回实施后，在该地域内施政时，关于侨居该地域内之意大利国臣民之居住、营业及福祉等至少应维持向来之程度。

第五条　关于实施本条款之具体的事项，应由中义两国当地地方官宪间议定之。

本条款用中、意两国文字各缮二份，由下列签字者签字盖印，双方保存中、意文各一份为证。

中华民国三十二年七月二十三日订于南京

西历一九四三年七月二十三日

中华民国国民政府外交部部长　褚民谊

意大利国驻华特命全权大使　戴良谊

关于实施收回上海公共租界之了解事项（抄件）

一、上海公共租界工部局所保管之关于公共租界行政之文书、纪录等，应与收回租界同时移交于中华民国当地地方官宪。

二、根据条款第二条，所有公共设施、资产暨财产上诸权利之移让及负债之继承，除去工部局监狱关系外，由工部局与中华民国当地地方官宪间办理之。

三、根据条款第二条，所应移让之公共设施，包含附属于该公共设施之一切固定设备，及为管理维持用之器具、材料等。

四、关于条款第三条之具体的事项，必要时由中、意两国当地地方官宪间协议之。又对于意大利国臣民永租地之地租，于根据意大利国在中华民国国内现今所有之治外法权而起之课税问题尚未处理以前之期间内，维持现行之税率。

五、中华民国政府于实施收回根据上海公共租界土地章程及其附则等而设之行政权后，为充作该地域内行政上所需经费起见，应在该地域内仍袭实施上海公共租界工部局之租税手续费等一切赋课之现行制度，作为暂行措施。

当实施上述暂行措施时，意大利国政府于根据意大利国在中华民国国内现今所有之治外法权而起之课税问题尚未处理以前之期间内，应取令侨居该地域内之意大利国臣民向中华民国当地地方官宪完纳此等赋税，作为补助金等措施。

六、中华民国政府对于中华民国当地地方官宪所应接用之公共租界工部局职员及其他被雇用者，应仍袭适用关于其薪给、休假、退职金、年金等之一切规定，将来如变更此等规定时，应依据尊重被雇用者既得权之趣旨而处理之。

中华民国三十二年七月二十三日 订于南京

西历一九四三年七月二十三日

中华民国国民政府外交部部长　褚民谊

意大利国驻华特命全权大使　　戴良谊

意大利国驻华特命全权大使致中华民国国民政府外交部部长照会（抄件）译文

迳启者：本大使兹以意大利国政府名义，敬请知照如左：

根据实施收回上海公共租界条款第三条，中华民国国民政府确认并尊重关于意大利政府所辖大使馆及领事馆在上海不动产现有之权利。

又在治外法权问题尚未解决以前，意大利国总领事得雇用警察若干名，执行领事命令及司法判决。相应照请贵部长查照为荷。本大使顺向贵部长重表敬意。此致

中华民国国民政府外交部部长褚阁下

意大利国驻华特命全权大使戴良谊

西历一九四三年七月二十三日

中华民国国民政府外交部部长复意大利国驻华特命全权大使照会〈抄件〉

　　迳复者：接准贵大使本日照会内开：〔内容同意大利驻汪伪外交部部长照会〕等由。本部长对于上开各节，声明本国政府完全同意。相应照复贵大使查照为荷。本部长顺向贵大使重表敬意。此致
意大利国驻华特命全权大使戴良谊阁下
　　　　　　　　中华民国国民政府外交部部长　褚
中华民国三十二年七月二十三日

汪伪与意大利签订交还天津租界文件

（1944年7月14日）

　　中华民国意大利国间关于交还天津租界撤废在华治外法权及放弃驻兵权之协定
　　大中华民国国民政府及大意大利社会共和国政府，依据中华民国三十二年一月十一日，即西历一千九百四十三年（法西斯历二十一年）一月十一日，意大利国政府关于交还在中华民国租界与撤废在华治外法权声明之宗旨。
　　本尊重中华民国主权之意旨协定如左：
　　第一条　意大利国政府应将意国在天津现有之专管租界行政权交还中华民国政府。
　　第二条　意大利国政府应将意国在中华民国国内现有之治外法权从速撤废。

第三条　意大利国政府根据北京辛丑条约（光绪二十七年西历一千九百〇一年九月七日）及其有关之文书取得之驻兵权概予放弃。

第四条　关于实施本协定之具体事项，应由中意两国政府间议定之。

第五条　本协定自签字之日起实施之。

左列签名者各奉本国政府正当之委任，将本协定签字盖印，以昭信守。

中 华 民 国 三 十 三 年 七 月 十 四 日
西历一千九百四十四年(法西斯历二十二年)七月十四日　订于南京

（用中意两国文字各缮二份）

大中华民国国民政府外交部部长　褚民谊

大意大利社会共和国政府驻华代办　施毕纳利

（2）附属议定书

当本日签定中华民国、义大利国间关于交还天津租界撤废在华治外法权及放弃驻兵权之协定时，下列签名者关于协定第一条条款议定如左：

第一条　在天津之意国专管租界行政权定于中华民国三十三年七月十四日，即西历一千九百四十四年（法西斯历二十二年）七月十四日实施交还。

第二条　专管租界内之道路、桥梁、码头、阴沟、沟渠及堤防等诸设施应无偿移让与中国方面。

第三条　中华民国政府应按照现状，尊重并确认意大利国政府及其国民在专管租界地域内所有关于不动产及其他之权利利益，并应对此采取必要之措置。

第四条　关于实施本议定书之具体事项，应由中、意两国当地地方官厅间议定之。

本议定书用中、意两国文字各缮二份。

左列签名者签字盖印，以昭信守。

中　华　民　国　三　十　三　年　七　月　十　四　日 订于南京
西历一千九百四十四年(法西斯二十二年)七月十四日

　　　大中华民国国民政府外交部部长　褚民谊

　　　大意大利社会共和国政府驻华代办　施毕纳利

（3）了解事项（关于附属议定书）

一、专管租界地域行政实施上所必要之文书、纪录等，应移交与中华民国当地地方官厅。

二、中华民国当地地方官厅，应接用从来意国方面为实施专管租界行政而雇用之中国籍巡警，及为管理维持道路、阴沟等而雇用之中国籍从业员。

三、意国租界交还之日，公董局所有各项资金应移交中国政府。同时中国政府亦应承受公董局之债务。

四、中华民国政府于意国实施交还租界后，在该地域内施政时，关于侨居该地域内之意国国民之居住、营业及福祉等，至少应维持向来之程度。

五、意国国民在意租界内永租地所纳之捐税，在其所享有治外法权而生之免税特税制度未处理前，应仍维持现行税率。

六、意国交还租界实施后，为充作中国方面在该地域内行政上所需经费之一部起见，于根据意国在中华民国国内现有之治外法权而起之课税问题尚未处理以前之期间内，意国当局自愿按照上述租界公董局成例，向意国侨民、征收适当数目之款项，送交中国当地地方官厅。

七、根据附属议定书第二条所应移让之公共设施，包括附属于该公共设施之固定设备，及为管理维持用之器具、材料等。

中华民国三十三年七月十四日

西历一千九百四十四年（法西斯历二十二年）七月十四日
订于南京

　　　大中华民国国民政府外交部部长　褚民谊

　　　大意大利社会共和国政府驻华代办　施毕纳利

（4）谈话纪录

中华民国国民政府代表外交部部长褚民谊与意大利社会共和国政府代表驻华代办施毕纳利谈话纪录

意大利代表声明：意国政府对于中国一九四三年九月十日单方接收天津意国租界事，绝无意引起法律及责任问题。

意大利代表声明：意国政府对于中国自此日期始至正式交还日期止之期间内，在该地域内施政及管理措置亦具同样态度，且该已成事实既在自愿默认，意国政府为以交换文书形式承认现在事态起见，提议签订协定，并提议会商缔结中、意两国未来关系。

中国代表：对于意国代表声明表示满意。双方决定在本日签订协定各点，或全部议定书及了解事项，遇有实施上困难时，可由双方商得同意，将交还日期之效力予以回溯。

中国代表声明：以下各点如：

甲、天津意公董局意籍职员之特殊情形问题。

乙、中国政府能否辅助有益于中国民众之意国文化、慈善机关等问题。

丙、意国方面希望维持意国 S.A.I(Forum) 公司组织机构及活动问题。

丁、天津意公董局之房屋建筑能否将来改充中意协会之会址问题。

中国政府自当本于友好合作之精神加以考虑，并同意将该各项问题交与天津之中意两国当地地方官厅共同研究解决之。
中华民国三十三年七月十四日订于南京

褚民谊

施毕纳利

〔汪伪中央政治委员会及国防委员会档案〕

四、投靠日本的反共卖国契约

汪日签订中日间基本关系条约有关文件

（1940年11月30日）

（1）条约

关于中华民国日本国间基本关系条约

大中华民国国民政府及大日本帝国政府，希望两国互相尊重其本然之特质，于东亚建设以道义为基础之新秩序之共同理想下，互为善邻，紧密提携，以确立东亚永久之和平，并希望以此为核心，而贡献于世界全体之和平。为此订立基本原则，以律两国间之关系协定如左：

第一条 两国政府为永久维持两国间善邻友好之关系，应互相尊重其主权及领土，并于政治、经济、文化等各方面讲求互助敦睦之手段。

两国政府相约，互相撤废政治、外交、教育、宣传、交易等事项足以破坏两国间好谊之措置及原因，且将来亦禁绝之。

第二条 两国政府关于文化之融合、创造及发展应紧密协力。

第三条 两国政府相约，对于足以危害两国安宁及福祉之一切共产主义的破坏工作共同防卫之。两国政府为完成前项目的计，应各在其领域内铲除共产分子及其组织，并对防共有关之情报、宣传等紧密协力。

日本国为实行两国共同防共计，在所要期间内，依据两国间另行议定驻屯所要之军队于蒙疆及华北之一定地域。

226

第四条　两国政府相约，在派遣于中华民国之日本国军队，依据别项所定撤兵尚未完了之前，对共通治安之维持紧密协力，在必需维持共通治安之期间内，日本国军队之驻屯地域等事项，两国间另行协议定之。

第五条　中华民国政府允认日本国基于历来之惯例及为确保两国共迎利益，在所要期间内，依据两国间另行议定，得驻留其舰船部队于中华民国领域内之特定地域。

第六条　两国政府基于长短相补有无相通之旨趣，并依照平等互惠之原则，应行两国间之紧密的经济提携。

关于华北及蒙疆之特定资源，尤其国防上必要之埋藏资源，中华民国政府允诺两国紧密协力开发之。关于其他地域内国防上必要之特定资源之开发，中华民国政府应予日本国及日本国臣民以必要之便利。

关于前项资源之利用，考虑中华民国之需要，而中华民国政府积极的予日本国及日本国臣民以充分之便利。

两国政府为振兴一般通商及使两国间之物资需给便利而合理计，应讲求必要之措置。两国政府对于长江下游地域通商交易之增进，及日本国与华北、蒙疆间物资需给之合理化，尤应紧密协力。

日本国政府对于中华民国之产业、金融、交通、通信等之复兴与发达，应依两国间之协议，对中华民国作必要之援助，乃至协力。

第七条　随本条约所规定之中、日新关系之发展，日本国政府应撤废其在中华民国所享有之治外法权，并交还其租界，而中华民国政府则应开放其领域，使日本国臣民得居住、营业。

第八条　两国政府关于为完成本条约之目的所必要之具体的事项，再行缔结约定。

第九条　本条约自签字之日起实施之。

下列签字者各奉本国政府正当之委任，将本条约签字盖印，以昭信守。

中华民国二十九年十一月三十日 订于南京（以中文及日文各缮本
昭和十五年十一月三十日　　　　　　 条约二份）

大中华民国国民政府行政院院长　汪兆铭
大 日 本 帝 国 特 命 全 权 大 使　阿部信行

（2）附属议定书

附属议定书

当本日签订关于中华民国日本国间基本关系条约之时，两国全权委员议定如左：

第一条　中华民国政府谅解日本国在中华民国领域内继续现正从事之战争行为之期间内，随上述战争行为之实行有特殊事态之存在，并谅解日本国为完成上述战争行为之目的取必要之措置，因对此讲求必要之措置。

前项特殊事态纵在战争行为继续中，于不妨碍完成战争行为目的之范围内，务须按情势之推移，准据条约及附属文书之旨趣调整之。

第二条　前中华民国临时政府、中华民国维新政府等所办事项，业由中华民国政府继承，暂维现状。是以上述事项中之应调整而尚未调整者，应随事态之所许，依两国间之协议，准据条约及附属文书之旨趣速行调整之。

第三条　日本国军队除根据本日所签订之关于中华民国日本国间基本关系条约及两国间之现行约定而驻屯者外，于两国间恢复全面和平，战争状态终了时，开始撤兵，并应伴治安确立二年以内撤兵完毕。中华民国政府在本期间内，保障治安之确立。

第四条　中华民国政府应补偿日本国臣民自事变发生以来在

中华民国因事变所受之权利利益之损害。

日本国政府应与中华民国政府协力以救济因事变而生之中华民国难民。

第五条　本议定书与条约同时实施之。

为此，两国全权委员将本议定书签字盖印，以昭信守。

中华民国二十九年十一月三十日

昭和十五年十一月三十日　　订于南京（以中文及日文各缮本议定书二份）

大中华民国国民政府行政院院长　　汪兆铭

大日本帝国特命全权大使　　　　　阿部信行

（3）了解事项

中日两国全权委员间关于附属议定书了解事项

当本日签订关于中华民国日本国间基本关系条约之时，上述条约附属议定书第一条及第二条之规定相关联，两国全权委员间成立了解如左：

第一　中华民国之各种征税机关，现因军事上之必要，在特异状态中者，应本尊重中华民国财政独立之旨趣，速行设法调整之。

第二　现在日本国军管理中之公营、私营之工厂、矿山及商店，除有敌性者及有军事上必要等不得已之特殊情由者外，应依合理的方法，速行讲求必要之措置，以移归华方管理之。

第三　中日合办事业，其固有资产之评价及出资比率等如需修正者，根据两国间另行议定，讲求矫正之措置。

第四　中华民国政府有统制对外贸易之必要时，当自行统制之，但不得与条约第六条中日经济提携之原则相抵触。又在事变继续期间中，上述统制应与日方协议之。

第五　关于中华民国交通、通信事项之需调整者，依两国间另行议定，尽事态所许，逐行设法调整之。

中华民国二十九年十一月三十日 订于南京（以中文及日文各缮本
昭和十五年十一月三十日　　　　了解事项二份）

大中华民国国民政府行政院院长　汪兆铭

大日本帝国特命全权大使　阿部信行

〔汪伪外交侨务系统档案〕

汪精卫签订中日满共同宣言

(1940 年 11 月 30 日)

大中华民国国民政府、大日本帝国政府及满洲帝国政府，希望三国互相尊重其本然之特质，于东亚建设以道义为基础之新秩序之共同理想下，互为善邻，紧密提携，俾形成东亚永久和平之轴心，并希望以此为核心，而贡献于世界全体之和平。为此，宣言如左：

一、中华民国、日本国及满洲国互相尊重其主权及领土。

二、中华民国、日本国及满洲国讲求各项必要之一切手段，俾三国间以互惠为基调之一般提携，尤其善邻友好，共同防共，经济提携得收实效。

三、中华民国、日本国及满洲国根据本宣言之旨趣，速行缔结约定。

中华民国二十九年十一月三十日

昭和十五年十一月三十日于南京

康德七年十一月三十日

大中华民国国民政府行政院院长　汪兆铭

大日本帝国特命全权大使　阿部信行

满洲帝国参议臧式毅

〔汪伪外交侨务系统档案〕

汪伪加入国际防共协定文件

（1941年11月）

（1）汪伪外交部致德国外交部长电（11月25日）

柏林。外交部长里宾特洛夫阁下：中华民国国民政府接受贵国及意、日政府邀请，参加国际防共协定后，业于一九四一年十一月二十五日加入。本部长深望对于贵国暨意日两国，以及其他参加该协定国家之邦交，从此益加密切。敬祝政祺

外交部长　褚民谊　十一月二十五日

（2）汪伪外交部致德国外交部长照会（11月25日）

迳启者：中华民国国民政府接受贵国政府、意大利政府及日本帝国政府邀请，加入国际防共协定后，本部长兹声明中华民国乐于参加该协定，即一九四一年十一月二十五日在柏林由上述各国政府，及匈牙利政府、满洲帝国政府与西班牙政府所缔结之议定书，而将其延长者。相应照请贵部长查照为荷。本部长顺向贵部长重表敬意。此致
大德意志国外交部长里宾特洛夫阁下

外交部长　褚民谊　十一月二十五日

（3）希特勒致汪精卫电（11月25日）

南京。中华民国国民政府汪主席阁下：兹值贵国国民政府加入国际防共协定之日，谨以至诚之意，敬祝贵主席政躬安康，及贵国国运昌隆。

希特勒　十一月二十五日

（4）汪精卫复希特勒电（11月26日）

德意志国元首希特勒阁下：本国加入国际防共协定，特承电贺，至为欣感。兹以至诚之意，敬祝阁下政躬康泰，贵国国运昌隆。

汪兆铭　十一月二十六日

（5）德外长致汪伪外交部电（11月25日）

南京。中华民国国民政府外交部长褚民谊阁下：关于贵国政府决定参加国际防共协定，遗向贵部长阁下驰电申贺，是足以证明贵国政府为反对共产主义而奋斗，即在贵国国旗上已能使人明了。余对于贵国决定加入建设新秩序国家之阵线，尤表示万分欣慰。

德国外交部部长　里宾特洛夫　十一月二十五日

（6）外交部复德外长电（11月26日）

柏林。外交部长里宾特洛夫阁下：尊电敬悉。和平反共向为我国国策，今得加入国际防共协定，实深荣幸。敬祝阁下政祺

中华民国外交部长　褚民谊　十一月二十六日

〔汪伪外交侨务系统档案〕

汪伪行政院转陈参加国际防共协定经过情形呈

（1941年12月8日）

据外交部呈称：案查国际防共协定，系缔结于西历一九三六年十一月二十五日，即民国二十五年十一月二十五日，有效期间为五年，截至本年十一月二十五日，业已五年届满，日、德、意三国政府即于是日在柏林与匈牙利、满洲、西班牙各国政府缔结协定书，而延长其效力。本年十一月二十二日下午三时，日本驻

华特命全权公使日高，德国驻华代办飞师尔，意国驻华特命全权大使戴礼尼来部，正式邀请我国政府参加，本部当即禀承钧意，予以赞同。经于同月二十三日及二十五日，分别函电德国外交部长，声明中华民国对于由上述议定书，而延长效力之防共协定，乐予参加。同时，并分别备文知照日、德、意驻京各国使节。所有本部办理此案经过情形，业经呈报在案。谨再检同国际防共协定、国际防共协定附属议定书、日本国、意国及德国间议定书、关于延长国际防共协定效力议定书，以及原致德国外交部长函电，暨日、德、意驻京大使馆照会各二份，呈请钧院鉴核，转送中央政治委员会依法办理。等情。附呈参加国际防共协定关系文件二份。据此，除将附件抽存一份备查外，理合检同参加国际防共协定关系文件一份，呈请钧会鉴核。

谨呈

中央政治委员会

　　附检呈参加防共协定关系文件一份〔略〕

　　　　　　　　　　　行政院院长　　汪兆铭

中华民国三十年十二月八日

　　　　　　〔汪伪中央政治委员会及国防委员会档案〕

汪伪国民政府抄发对英美参战布告的训令

（1943年1月12日）

国民政府训令　字第九号

　　　　令立法院

　　据本府文官处签呈称：准中央政治委员会秘书厅中政秘字第二四二九号公函开：查三十二年一月九日中央政治委员会临时会议讨论事项第一案，主席交议：拟自三十二年一月九日由国民政府宣告对英、美处于战争状态，并拟具参战布告，请公决案。当经决议：通过，送国民政府及交立法院。记录在卷。相应录案，并抄附参战布告，一并函达，至希查照，转陈明令公布，并令饬立法院知照。等由。理合签请鉴核。等情。据此。自应照办，除布告暨分行外，合行抄发该布告文，令仰该院知照。此令。

计抄发布告文一份

中华民国三十二年一月十二日

主　　　席　汪兆铭
兼行政院院长　汪兆铭
立法院院长　陈公博

前年十二月八日大东亚战争发动之始，国民政府根据中日基本关系条约之精神，声明决与友邦日本同甘共苦，自是以来，着手新国民运动，从事保障治安，改善民生，期于增进国力，协助大东亚战争之完遂。乃英、美等国仍沿用其百年以来分裂东亚之政策，且变本加厉，竟勾引渝方分子，参加所谓英美战线，出兵缅、印，以东亚人残杀东亚人。最近因其暴力已次第为友邦日本陆海空军所击破，侵略东亚之根据地亦已丧失，乃益逞狡谋，且嫉视国民政府统治区域之和平发展，唆使渝方分子不断侵扰，以阻挠各种建设之进行，并迳以自国飞机，藉渝方为根据，向我武汉、广州等处屡施轰炸，残害平民。在渝方分子，甘受英美驱使，躬为东亚叛逆，固属可耻，而英美对于东亚处心积虑，尽其挑拨离间之能事，以图遂其最后并吞之欲，尤为东亚民族所当同仇敌忾。国民政府为此宣告，自今日起对英、美处于战争状态，当悉其全力，与友邦日本协力，一扫英、美之残暴，以谋中国之复兴，东亚之解放。满泰两国，夙敦友好，对于东亚共荣，尤具同心，今后当益谋提携，以期共同建设以道义为基础之东亚新秩序。德、意诸友邦，数年以来，在西方与英美势力周旋，迭获胜利之光荣、我国今兹参加大东亚战争，当相与呼应，以期对于世界全体之公正的新秩序有所贡献。凡我国民，当知此为实现国父大亚洲主义之唯一时会，中华民国之复兴，大东亚共荣建设之实现，世界全体正义和平之获得，胥系于此，其一德一心，戮力始终，以贯彻此伟大时代之伟大使命。

〔汪伪立法院档案〕

汪伪立法院抄发汪精卫重光葵共同宣言的训令

(1943年1月18日)

国民政府立法院训令　立二字第十九号
　　　　令本院军事委员会
　　奉国民政府三十二年一月十二日第一一号训令内开：据本府文官处签呈称：准中央政治委员会秘书厅中政秘字第二四三零号公函开：查三十二年一月九日中央政治委员会临时会议讨论事项第二案，主席交议：国民政府参加大东亚战争，为谋与友邦日本紧密提携，以完遂共同胜利起见，拟与日本政府签订共同宣言，请公决案，当经决议：通过，交行政院宣布，并送国民政府备查。记录在卷。相应录案，并拟附共同宣言函达，至希查照，转陈备查，并分令行政、立法两院知照。等由。理合签请鉴核。等情。据此。自应照办。除由府备查暨分令行政院外，合行抄发该项宣言，令仰该院知照。此令。等因。并附发宣言一件。奉此。除提院会报告并分令外，合行抄发该宣言，令仰知照。此令。
　　计抄发宣言一件
中华民国三十二年一月十八日

　　　　　　　　院长　陈公博

关于协力完遂战争之中日共同宣言如左：

大中华民国国民政府及大日本帝国政府两国紧密协力，以谋完遂对美、英两国之共同战争，而于大东亚建设以道义为基础之新秩序，为此宣言如左：

大中华民国及大日本帝国为完遂对美国及英国之共同战争，兹以不动之决意与信念，在军事上、政治上及经济上作完全之协力。

中华民国三十二年一月九日　于南京
昭和十八年一月九日

　　　　　大中华民国国民政府行政院院长　汪兆铭

　　　　　大日本帝国特命全权大使　　　重光葵

〔汪伪立法院档案〕

汪伪立法院抄送汪精卫谷正之签订之
中日同盟条约的公函

（1943年11月2日）

立法院公函　立二字第四一八号

准贵厅本年十月二十九日中政秘字第二九四七号公函开：查中央政治委员会三十二年十月二十九日临时会议讨论事项第一案，主席交议：兹与友邦日本商订中华民国日本国间同盟条约、附属议定书及换文，以前签定之中日基本关系条约及一切附属文件，自新约签字之日起，一律失效，请公决案。当经决议：中日同盟条约通过，交立法院，附属议定书、换文通过，交立法院备查。记录在卷。相应录案，抄附条约等件，函请查照为荷。等由。并附抄送中华民国日本国间同盟条约及附属议定书暨换文等件。准此。经将中日同盟条约提交三十二年十月二十九日本院第八十九次会议讨论，当经决议：通过，呈国民政府。纪录在卷。除呈请国民政府鉴核外，相应录案，并抄同条约全文一份，函复查照转陈为荷。此致

中央政治委员会秘书厅

附抄送中华民国日本国间同盟条约一份

立法院院长　陈公博

中华民国三十二年十一月二日

中华民国日本国间同盟条约

民国三十二年十月二十九日立法院第八十九次会议决议通过

大中华民国国民政府及大日本帝国政府，期望两国互为善邻，尊重其自主独立，并紧密协力而建设以道义为基础之大东亚，俾贡献于世界全体之和平，并坚定决心，铲除对此有障害之一切祸根。协定如左：

第一条　中华民国及日本国为永久维持两国间善邻友好之关系，应互相尊重其主权及领土，并于各方面讲求互助敦睦之方法。

第二条　中华民国及日本国为建设大东亚，并确保其安定起见，应互相紧密协力，尽量援助。

第三条　中华民国及日本国应以互惠为基调，实行两国间紧密之经济提携。

第四条　为实施本条约所必要之细目，应由两国该管官宪间协议决定之。

第五条　自本条约实施之日起，中华民国二十九年十一月三十日，即昭和十五年十一月三十日签订之关于中华民国日本国间基本关系条约，连同其一切附属文书一并失效。

第六条　本条约自签字之日起实施之。

下列签字者各奉本国政府正当之委任，将本条约签字盖印，以昭信守。

中华民国三十二年十月三十日
昭和十八年十月三十日
订于南京（以中文及日文各缮本条约二份）

大中华民国国民政府行政院院长　汪兆铭
大日本帝国特命全权大使　谷正之
〔汪伪立法院档案〕

汪伪立法院抄发中日同盟条约附属议定书及换文的训令

(1943年11月9日)

国民政府立法院训令　　立二字第四二〇号
　　　　　　　　　　中华民国三十二年十一月九日

令本院法制委员会

　　准中央政治委员会秘书厅本年十月二十九日中政秘字第二九四七号公函开：查中央政治委员会三十二年十月二十九日临时会议讨论事项第一案，主席交议：兹与友邦日本商订中华民国日本国间同盟条约、附属议定书及换文，以前签定之中日基本关系条约及一切附属文件，自新约签字之日起，一律失效，请公决案。当经决议：中日同盟条约通过，交立法院，附属议定书、换文通过，交立法院备查。记录在卷。相应录案，抄附条约等件，函请查照为荷。等因。并附抄送中华民国日本国间同盟条约及附属议定书暨换文各一件。准此。中华民国日本国间同盟条约业经本院第八十九次会议通过，呈奉国民政府指复在案。中日同盟条约附属议定书及换文应提会报告，分令知照，除分令外，合行抄发该议定书及换文，令仲知照。此令。

计抄发中日同盟条约附属议定书及换文各一件

院长　陈公博

附属议定书

当本日签订中华民国日本国间同盟条约时，两国全权委员议定如左：

第一条　日本国约定于两国间恢复全面和平，战争状态终了时，撤去其派在中华民国领域内之日本国军队。

日本国根据北清事变北京议定条款及其有关之文书，所有之驻兵权概予放弃。

第二条　本议定书应与条约同时实施之。

为此，两国全权委员将本议定书签字盖印，以昭信守。

中华民国三十二年十月三十日　订于南京（以中文及日文各缮本议
昭和十八年十月三十日　　　　　　　定书二份）

大中华民国国民政府行政院院长　汪兆铭
大日本帝国特命全权大使　谷正之

换文

迳启者：当本日签订中华民国日本国间同盟条约时，本院长与贵大使间成立了解如左：

现在中华民国所存既成事项，如鉴于本条约之旨趣须要调整者，应于两国间恢复全面和平，战争状态终了时，准据本条约之旨趣，加以根本的调整。

虽在战争状态继续中，应按照情形所许，逐次由两国间协议，准据本条约之旨趣，加以所要之调整。

上述了解应请贵大使查照，予以确认为荷。本院长顺向贵大

使表示敬意。此致

大日本帝国特命全权大使谷阁下

               大中华民国国民政府行政院院长　汪兆铭

中华民国三十二年十月三十日于南京

     换文

     迳复者：本日准贵院长来照内开：〔内容同汪精卫照会〕等由。本大使对于此项了解加以确认，相应照复贵院长查照为荷。本大使顺向贵院长表示敬意。此致

大中华民国国民政府行政院院长汪阁下

              大日本帝国特命全权大使　谷正之

昭和十八年十月三十日于南京

                     〔汪伪立法院档案〕

汪伪立法院抄发大东亚共同宣言的训令

（1943 年 11 月 27 日）

国民政府立法院训令　　　立二字第四三三号

               中华民国三十二年十一月二十七日发

        令本院外交委员会

     奉国民政府三十二年十一月二十七日第五五〇号训令内开：据本府文官处签呈称：准中央政治委员会秘书厅中政秘字第二九八三号公函内开，查中央政治委员会三十二年十一月十一日第一二九次会议讨论事项第一案，主席交议：据行政院呈，此次院长赴盟邦日本出席大东亚会议，于本月六日在东京以中华民国国民政府代表资格，与日本国、泰国、满洲国、菲律宾国、缅甸国代

表签署大东亚共同宣言，请鉴核等情，请公决案。决议：通过，送国民政府，并交立法院备查。纪录在卷。相应录案，抄同大东亚共同宣言函达，至希查照，转陈令饬行政、立法两院知照。等由。理合签请鉴核。等情。据此。自应照办。除分行外，合行令仰该院知照。此令。等因。并附抄发大东亚共同宣言一份。奉此。除提会报告并分令外，合行抄发原附件，令仰知照。此令。

计抄发大东亚共同宣言一份

院长　陈公博

大东亚共同宣言

夫世界各国各得其所，相倚相扶，以同享万邦共荣之幸福，此乃确立世界和平之根本要谛。惟英、美两国唯己国之繁荣是图，压迫其他国家其他民族，尤以对于大东亚横加侵略，恣意榨取，并肆行其奴化大东亚之野心，致大东亚之安定根本推翻，此次大东亚战争发生之原因即在于此。

故大东亚各国应互相提携，力求完成大东亚战争，使大东亚解脱英、美之桎梏，保障其自存自卫，根据左列纲领建设大东亚，俾有助于世界和平之确立：

一、大东亚各国共同确保大东亚之安定，以道义为基础，建设共存共荣之秩序。

一、大东亚各国互相尊重其自主独立，力求互助敦睦，以确立大东亚之亲和。

一、大东亚各国互相尊重其传统，发展各民族之创造性，以阐扬大东亚之文化。

一、大东亚各国本于互惠紧密提携，以促进其经济发展，增进大东亚之繁荣。

一、大东亚各国增进于万邦之友谊，撤废人种的差别，普行沟通文化，进而开放资源，以期贡献于世界之进展。

〔汪伪立法院档案〕

241

〔二〕拼凑伪军及"清乡"与
"治安强化运动"

（一）拼 凑 伪 军

伪临时政府治安部颁行自卫团暂行办法

（1938年2月7日）

自卫团暂行办法　　民国二十七年二月七日
　　　　　　　　　临时政府治安部部令颁行

第一条　联庄自卫，定名为自卫团。

第二条　自卫团以防剿"匪共"，缉捕盗贼为主旨。

第三条　自卫团按村庄散布情形，由一村组成者，名为某村自卫团，由若干村组成者，即以主任居住之村庄名之（如某村自卫团），或以人口较多之村庄名之。

第四条　自卫团设主任一人，由该团区域以内之公正人士中公推一人充任之，必要时得公推一人或数人为副主任。

第五条　自卫团主任得设立办事处，以便处理公务。其办公费（如灯油、纸张、巡更、茶水等）每月至多不得过十元，由全团各村公摊，但主任每月须将收支情形公布一次。如主任办公情愿自备，不欲公摊者听之。

第六条　自卫团团员以该团区域内之居民壮丁编练，均为无给职。

第七条　自卫团团员之训练以不误其本来职业为原则。

第八条　自卫团之武器概用该团区域内人民自有之枪枝子弹，但遇公用消耗子弹时，由全团公共摊价购买补充。

第九条　自卫团担任该团区域以内巡更缉盗，必要时盘查旅客，并协助该县团警剿办土匪。

第十条　自卫团组成后，须呈报各本县县公署，转呈省公署备案。

第十一条　各自卫团须施行联防，互通声息，以期防护周密。

第十二条　各县原有联庄会、自卫社、自卫团等，须于可能范围内照本办法组织办理。如有未尽事宜及一切公约等未经指示者，仍按其素来之习惯成规办理，但须将其现状呈核备案。

〔伪临时政府治安部档案〕

伪临时政府公布县保卫团组织暂行办法

（1938年2月9日）

县保卫团组织暂行办法　二十七年二月九日
临时政府临字第二五号令公布

第一章　总则

第一条　为增进人民自卫能力，辅助军警维持治安起见，各县组织保卫团。

第二条　凡各县固有之保卫团以及改称为保安队者，均应依本办法之规定改组为保卫团。

第三条　各省公署得依照本办法之规定，参合地方情形，拟具施行细则，报送治安部查核备案。

第二章　编制

第四条　县保卫团设团长一人，由县长兼任之，副团长一人，由团长就本县具有军事知识及统率能力者遴选，呈请省长委任之。

团部设事务员一人，书记一人，均由团长委任之。

团部之编制及薪公饷项如附表第一。

第五条　县保卫团依各县实际需要情形，分设若干队，各设队长一人，每队分为三分队，各设分队长一人，每分队分为三班。各队长、分队长由团长就本县具有军事知识且能直接训练者遴选，呈请省长委任之。

队设司事一人，由团长委任之。

队之编制及薪公饷项如附表第二。

第六条　各县保卫团最多以四队为限，在财力支绌之县得以二分队为一队；如设有二队以上，并得由副团长兼任其中一队之队长。

第七条　各县如因特殊情形须将本办法所定编制酌加增减时，得由县长呈请省长，转呈治安部另行规定。

第三章　训练及防务

第八条　县保卫团以集中使用为原则，但在设有二队以上之县，于有驻之必要时，亦可分驻。

第九条　县保卫团应授以浅近军事知识及剿抚侦探等技术，其训练大纲及课目另定之。

第四章　征集及遣退

第十条　县保卫团丁以就各地方良民中征集为原则，但在征集办法未实行以前，得以募集行之。

前项征集办法另定之。

第十一条　县保卫团征集团丁办法实行后，每届二年应遣退一部，每次遣退额以全部团丁三分之一为度。

前项遣退团丁之详细办法另定之。

第五章　枪械服装旗帜及钤记

第十二条　县保卫团应使用各县原有之枪械，不敷用时由县
备价呈请治安部及省公署核办。

第十三条　县保卫团服装概用棉布，其色式另定之。

在新订服式未颁布以前，准暂着原有服装。

第十四条　县保卫团官长及团丁之识别证如附件第一〔略〕。

第十五条　县保卫团之旗帜如附件第二〔略〕。

第十六条　县保卫团团部之钤记如附件第三〔略〕。

第六章　奖惩

第十七条　关于县保卫团奖惩之章程另定之。

第七章　经费

第十八条　县保卫经费概要地方款项下筹给，但须由县公署
编制预算，呈报省公署核准施行。

第十九条　各县县长应随时将办理保卫团一切情形呈报治安
部及省公署查核。

第二十条　本办法如有未尽事宜，得随时由治安部呈请政府
修正之。

第二十一条　本办法自公布之日施行。

县保卫团团部编制暨薪公饷项一览表〔见第 246 页〕

〔伪临时政府治安部档案〕

伪临时政府治安部公布陆军征募暂行规程

(1938 年 4 月 2 日)

陆军征募暂行规程 民国二十七年四月二日
临时政府治安部总字第二八号令公布

第一条　在兵役法未颁布以前，新兵之征募暂以招募为原
则。

职　别	员　数	每人月支薪饷	共　计	月支公费	备　考
团　长	一	不支薪			由县长兼任
副团长	一	三〇至五〇元		三〇元	
事务员	一	二〇	二〇		
书　记	一	一四	一四		
伙　夫	一	七	七		
传　达	二	八	一六		
附记	副团长之薪水姑定上数为范围，视各县之财力及一切情形，由县长酌定之。上列薪饷之数系最高额数，如能减少时可尽量减少。				

县保卫团各队之编制暨薪公一览表

职　别	人　数	每人月支薪饷	共　计	月支公费
队　长	一	三五	三五	一〇
分队长	三	二五	七五	
司　事	一	一四	一四	
传　达	二	八	一六	
班　长	九	一〇	九〇	
副班长	九	九	八一	
团　丁	八一	八	六四八	
总　计	一〇六		九五九	一〇
附　计	上列之数系最高额数，如能减少时应尽量减少。			

第二条　招募新兵事务由治安部主管，各省、市长官暨地方官吏有协助办理之责。

第三条　招募新兵时，于治安部统辖下设招募处一处，以专责成。该处之编制另定之。

第四条　每省就壮丁之多寡及行政之便利区划为若干招募区，依次冠以一至若干之番号。每区设主任一员，办事人员若干员，办理本区应募新兵之验选、会计、卫生、输送事务。其编制另定之。

第五条　每招募区设招募员若干员，区分为若干班，每班以级高资深者为之长。

第六条　每招募区就本区划为若干分区，每分区派出招募班一班，在本分区内巡回施行招募。

第七条　新兵之标准资格如左：

一、年龄在十八岁以上三十岁以下者；

二、身家清白，确系本招募区土籍者（客籍及无业游民不收）；

三、身长在四尺八寸以上者；

四、身体健壮无嗜好暗疾者；

五、以前未犯刑事案件者；

六、粗识文字者（不识字亦须合上述各条所规定）。

第八条　新兵报名后，由招募员按规定审查其资格，资格如与规定相合，再由卫生人员验其体格。

第九条　资格、体格均合之新兵，须填具志愿书及保证书，经将保证书核对无讹后，始得作为合格新兵。

第十条　每招募班如有合格新兵十人以上时，即送交招募区验收，招募区如收足五十人以上时，应请示招募处听候送处，或由招募处通知部队派员具领。关于验收及具领手续另定之。

第十一条　新兵之输送以徒步为原则，但距离较远且可就近乘用火车时，得适用治安部规定之军人乘车办法。

第十二条　新兵由验选合格之日起至送达到处或由部队具领之日止，每人每日发给伙食费二角五分，但行进间每人每日加发五分。

第十三条　本规程如有未尽事宜得随时修正之。

第十四条　本规程自公布之日施行。

〔伪临时政府治安部档案〕

永津佐比重提出军事警务意见与王克敏往来函

(1939年6月)

(1) 永津佐比重函（6月4日）

译文

方军顾庶第一〇四号

关于军事警务之意见

敬启者：依据政府顾问附属约定第三条，并军事顾问服务章程第二条，就临时政府之军事及警务关系事项陈述如另纸之意见。此致

行政委员长王

治安部总长齐

临时政府军事顾问　　永津佐比重

六月四日

附件

第一意见

派遣军官学校毕业生赴日本内地参观约一个月为宜。

说明

一、中日亲善之最紧要者，乃在先谋两国军队及军人之亲

248

善，盖在战时状态下，唯一实力团体之两国军队及其构成分子之军人，若互相反目，则其他任何团体（文化团体或经济团体）纵有亲善关系，亦不能影响大局。然军队较其他任何团体富有国粹的与排外的，古今东西其揆一也。故欲使军队及军人与他国之军队及军人亲善一事，即在最紧密之同盟国尚有甚大困难，此乃许多前例所明示者。故临时政府施策中，近来将组织之治安军使其尽量亲日，相信较其他任何施策尤为重要之事项，而欲使新设治安军队与日本军队亲善，必须使干部将校先理解日本，因此派彼等赴日本内地参观，以亲炙体验日本之风土人情，乃最有效适切之手段，自不待论。同时日本本国人见新政府之新军人时，使之特感亲密，亦属必要之手段。

二、由前述见地，使现在军官学校学生于八月末毕业后，派往日本内地参观约一个月（往返在内），乃属必要。其必要程度，相信较派遣新民学院毕业生往日本参观者尤为重要，故政府虽减削其他经费（经济道路文化关系），无论如何亦须实行。

第二意见

由六月起至十月末止，每月给付警防队谍报费一千元，对于共产八路军之进入冀东，应构成完全之情报网。

说明

一、去年底共产军由冀东撤退时，残留地下工作人员并对住民谓："于明年繁茂期，拟再侵入"云。最近随冀中、冀南方面之讨伐，敌匪渐次北上，有再侵入冀东方面之征候，而匪团之侵入路，乃由南部察哈尔沿长城线来至密云、平谷方面之公算为最大，现以警防队之驻屯方面恰当其冲。

二、警防队关于侦探匪情，有日本军队以上之独特长所，故此时急宜完成警防队之情报网，探知前述匪团之侵入冀东，尤以警防队之驻屯地方（平谷、蓟县、密云、怀柔）而讲应付方法，殊属紧要。

第三意见

对警防队应增发靴鞋。

说明

一、警防队讨伐肃正冀东四县之任务，经第一期及第二期之讨伐，四县内之匪团大体溃灭，目下蓟县东北满洲国境附近，仅有一部分之匪团，其他均已分散潜入地下，仅时时组十余人或数十人之小部队而出没。对此，警防队应树立第三期讨伐计画，各部队分任责任区域，使其连续施行示威行军等，以抑压潜在匪之抬头。

然对于警防队之中国靴，因讨伐行军而破损，所发给者不足敷用（每月需一双），下士官兵每以自费补修或购买。故大、中队长有踌躇于讨伐行军之实情，此时希由政府对下士官兵发给用靴，以便其充分发挥讨伐能力。

第四意见

由六月起至十月止，须派建设总署建筑技师二名，兼任治安部事务，以当新设治安军队用兵营之建筑。

说明

目下治安部经理局谨有建筑技师一名，现正忙于修筑清河镇教导团兵舍之残部，及补修建设陆军医院、陆军被服厂、修械所等建筑物，实无余力建设补修收容十月拟招募之新设治安军队之新兵舍（北京、天津、开平、马厂、济南、保定、正定等）。因之，临时派建设总署建筑技师二名，服务于治安部，以当前述治安军队用兵舍之设计及监督构筑，乃属必要，否则迄至十月，兵舍决不能完成。

第五意见

应派宪兵一中队（约九十名）于天津，并支给其所需经费（第一次费用三百元，经常费每月四百元）。

说明

一、天津不仅为重要都市，且近时租界问题紧迫，与日军协力之中国宪警大有必要，故应派驻北京之中国宪兵一中队开往天津，并希迅速实行，及支给所需经费。

(2) 王克敏复函稿（6月）

迳复者：准贵顾问方军顾庶第一〇四号公函，关于军事警务各事，附同意见五项，并各具说明，送达到会，当已分别咨令有关部、署，按照所开意见办理矣。相应函复查照。此致
永津顾问阁下
中华民国廿八年六月　日

〔伪临时政府行政委员会档案〕

余晋龢为松冈部队长提议由日军援助成立新军队检抄治安军新兵招募要项呈

(1939年9月12日)

呈为呈报事：案据本局东郊警察署报称：兹经友军松冈部队召集东、南两郊警察署长会议，当即前往该队参加，经松冈部队长提议，拟在北京临时政府之下，由日军援助成立中国新军队一案，经议决，依案进行，并经纪录，及规定临时政府治安军队新兵招募要项，发交查照办理等因。除分别照办外，理合检同纪录及要项，一并报告等情前来。理合抄同原件，备文报请鉴察。谨呈
委员长

北京特别市公署警察局局长　余晋龢
中华民国二十八年九月十二日

251

九月五日

松冈部队长会议事项

一、拟在北京临时政府指挥之下，由友军援助成立中国之新军队，此军队系为保护本地治安，不向外地作战。

二、务选良民子弟素质优良的青年编成之，其以前之军人或不良份子及素有嗜好者，概不挑取。

三、宣传法，各郊集合各段巡官、村长，说明成立军队之意义，使其努力宣传。

四、外省、外县者均可，但仅限于住在本管界者。

五、九月二十日、三十日分两次报告其报名之总数。

六、至十月十五日造成名册，报告本管警备队。

七、十月十五日至三十一日之间，在各郊本署内施行体格检查。

八、将来在北苑训练。

九、合格年龄、身长及程度、待遇等项，参照招募新兵要项册内有详细之规定。

临时政府治安军队新兵招募要项

第一　要旨

一、此次依日本军援助将拟新设临时政府所属治安军队，而招募素质优良的青年，那目的就在编成未前例的纯洁，并能谅解时局，确实为东亚新秩序之础石的新军队。

二、本军队非如早先在中国军阀的私兵，而在临时政府指挥下协力和日本军当自卫的军队，所以不招以前在皇协军、剿共军、游击队里者，只招良民子弟，以编成军队。

三、此次募兵和现在施行的青年训练没有关系。

第二　招募人员及区域

四、招募人员的标准如下：

东郊管内　二五〇

南郊管内　二五〇

第三　采用资格

五、被采用者，就不可不备下记条项，并合格依日本军医官的身体检查者：

（1）年龄　起十七岁到二十三岁的男子。

（2）背高　一概四尺八寸以上，可是不到二十岁，而想将来娶伸长背高者，虽然不到四尺八寸也采用。

（3）身元　确实身元，而良民子弟，且以前不在皇协军、剿共军、游击队里者。

（4）健康　身体强健，素行老实，而没有如吸鸦片的恶习者。

（5）学历　不问学历。

六、愿投募者要具备户长和外一名的保证。

第四　待遇

七、对于下士官和兵，不但被服等给与下记的月薪（月薪、食费）：

二等兵　一五圆

一等兵　一六圆五〇钱

上等兵　一八圆

下士　　二等级　二〇圆五〇钱
　　　　一等级　二三圆五〇钱

中士　　一等级　二六圆五〇钱

上士　　二等级　二六圆五〇钱
　　　　一等级　二九圆五〇钱

准尉　　四等级　四五圆
　　　　三等级　五〇圆
　　　　二等级　五五圆
　　　　一等级　六〇圆

还依公务或战斗，为了死亡、废失者，给与赈恤费，而且在队五年以上而除队者，给与退职费。

八、被采用者，初次当二等兵，而第二年度升上等兵或一等兵，倘良好成绩者，在第二年度任下士官，而尔后渐渐累进，不但上了准尉，使极优秀者上军官学校，任将校。

第五　募兵筹备

九、当招募新兵，临时政府公表在新报、公报、布告等而宣传，且饬县知事使乡镇民众彻底得知，还依日本军指示各警察署长，应该指导管内各村长，以努力宣传。

十、当宣传募兵，须强张治安军队设立主旨（治安军队就是当自卫乡土的军队，而非军阀的私兵，并所谓汉奸行为），对于志愿者给放心，而努力获得多鉴良质的投募者。

〔伪临时政府行政委员会档案〕

北支方面军军事顾问部编北支方面军
占据地域内自卫力概见表[①]

（1940年5月）

（1）华北政务委员会自卫力一览表

省别/区分	警备队 人员	警备队 兵器	既设县数	警察 人员	警察 兵器	既设县数	自卫团 人员	自卫团 兵器	既设县数	摘要
河北省	26,233	二一、七七七 ケ一三〇六八 十六一 八ケ	135	14,950	六、六六六 ケ一〇八四	135	474,189	三七、四三七 ケ 一三六	115	
山东省	16,288	一二、三三二 ケ一五二三 十三三六	97	8,462	三、四〇八 ケ 三二四	96				
山西省	5,114	四、三三六 ケ三二〇 十 七三七	62	3,814	一、六七五 ケ 二〇七	62				
河南省	4,999	三、七七六 ケ 四五六 十 二	34	4,104	七七〇 ケ 一九	38				
江苏省	3,106	一、一三九 ケ 九八 十 一	14	1,884	五四一 ケ 一二	16				
安徽省										
合计	55,743	四三、二六〇 ル八二一 十一一五 八ケ	342	33,214	一三、〇六〇 ケ一、六四六	347	474,189	三七、四三七 ケ一三六	115	

---

① 此二表统计截至 1940 年 3 月末止.

（2）特别市及省会警察及警备队一览表

区分	警员	警备队		警察			备考
		小计	器械	警员	小计	器械	
北京特别市	（警察队）一，五五四	一，二四五	一一六	一〇，〇二七	九，五一〇	一，二〇三	警备队中约百名，警察队又合乙
天津特别市		七一〇	二〇六	七，一九〇	三三〇	八〇	
青岛特别市	一，二〇〇			一，四七三	一〇五	一，〇五八	
徐州市				六，四五〇	六四五	一一一	
济南市				二，五一六	五一六	一九八	
太原市				六三九	六三九	一七	
合计	二，七五四	一，九五五	三二二	二二，三二九	一，六九五	四，三三六	

（伪华北政务委员会治安总署档案）

齐燮元附发治安军编制表训令

（1940年9月27日）

治 安 总 署　　　　　务字第143号
　　　　　　　　训令　中华民国二十九年九月二十七日
华北绥靖军总司令部　　　于北京发

令警政局局长王桂林

　　为密令事：案查治安军编制表业经本署修正印制，合行随令附发一份，除令各部队遵照于三十年一月一日改编外，仰即知照。此令。

　　附发治安军编制表一份〔节录其中二表，见第258、259页〕

　　　　及说明一份〔略〕

　　　　　　　　　　　　　督　办　齐燮元
　　　　　　　　　　　　　总司令

〔伪华北政务委员会治安总署档案〕

齐燮元附发治安军第二期建军部队驻地编成表

（1940年10月16日）

治 安 总 署　　　　　务字第156号
　　　　　　　　训令　中华民国二十九年十月十六日于
华北绥靖军总司令部　　　北京发

令警政局

　　为密令事：本署第二期续建新军，计集团司令部四，集团通信队四，步兵团十四。兹将各部队番号、隶属、驻在地列表附发，除官佐任命，士兵募补另案办理外，仰即知照。此令。

治安军集团编成系统表

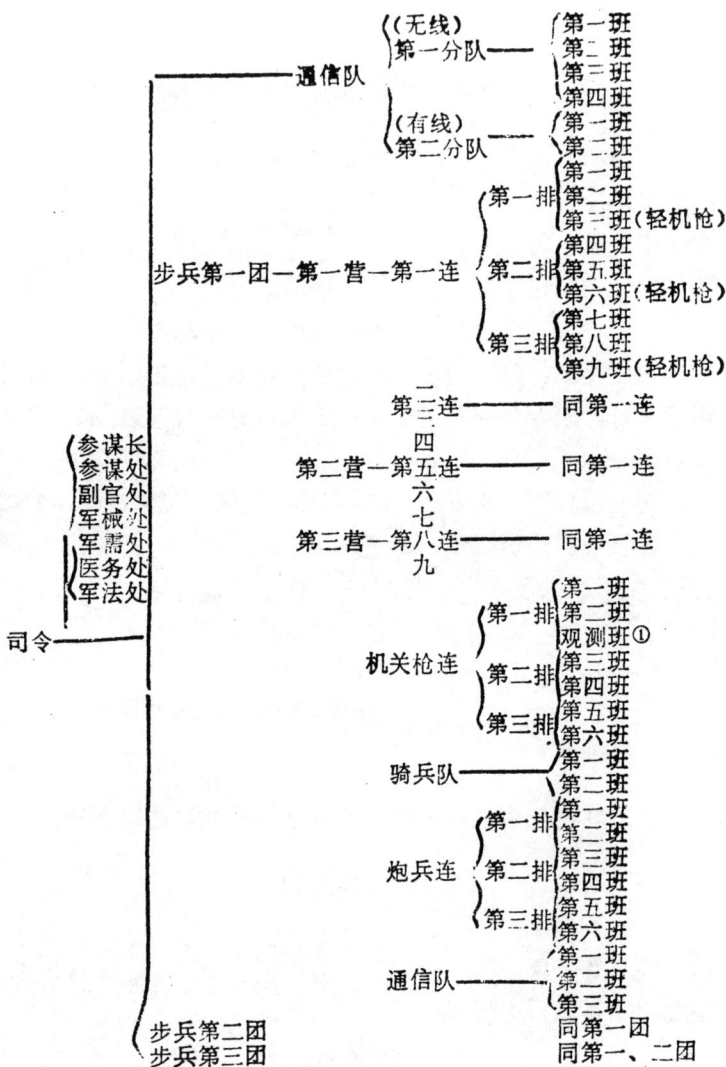

```
                                                  ┌ 第一班
                              ┌ (无线)              ├ 第二班
                              │ 第一分队 ─────────── ┤ 第三班
                   ┌ 通信队 ───┤                    └ 第四班
                   │          │ (有线)             ┌ 第一班
                   │          └ 第二分队 ─────────── └ 第二班
                   │
                   │                              ┌ 第一班
                   │                    ┌ 第一排 ─┤ 第二班
                   │                    │        └ 第三班(轻机枪)
                   │                    │        ┌ 第四班
                   │ 步兵第一团─第一营─第一连─┤ 第二排 ─┤ 第五班
                   │                    │        └ 第六班(轻机枪)
                   │                    │        ┌ 第七班
                   │                    └ 第三排 ─┤ 第八班
                   │                             └ 第九班(轻机枪)
                   │                  一
                   │         第三连 ─── 同第一连
                   │                  四
                   │         第二营─第五连 ─── 同第一连
                   │                  六
                   │                  七
                   │         第三营─第八连 ─── 同第一连
                   │                  九
         参谋长处   │                              ┌ 第一班
         参谋处     │                    ┌ 第一排 ─┤ 第二班
司令 ─── 副官处 ─────┤                    │        └ 观测班①
         军械处     │          机关枪连 ─┤ 第二排 ─┤ 第三班
         军需处     │                    │        └ 第四班
         军医处     │                    └ 第三排 ─┤ 第五班
         军法处     │                             └ 第六班
                   │                             ┌ 第一班
                   │          骑兵队 ──────────── └ 第二班
                   │                              ┌ 第一班
                   │                    ┌ 第一排 ─┤ 第二班
                   │                    │        └ 第三班
                   │          炮兵连 ─┤ 第二排 ─┤ 第四班
                   │                    │        └ 第五班
                   │                    └ 第三排 ─── 第六班
                   │                              ┌ 第一班
                   │          通信队 ──────────── ┤ 第二班
                   │                              └ 第三班
                   │
                   ├ 步兵第二团                     同第一团
                   └ 步兵第三团                     同第一、二团
```

① 据伪华北治安总署军务局更正，炮兵连第一排观测班误印于机关枪连。

（内华北政务委员会治安总署档案）

治安军集团人员统计表

区分	少将(中将)	上将(中将)	中(少)校	少校	上(中)尉	中(少)尉	准尉	佐小计	上士	中士	下士	上等兵	一等兵	二等兵	兵小计	合计
集团司令部	1	1	6	10	6	13		46	13	3	3	31	23	17	71	136
集团通信队			1	3	1	4		13	7	3	3	19	47	22	88	114
团本部			1		11	8	4	30	11	6	10	14	27	11	52	109
营本部			1		2			5	2	2	3	16	10	10	36	48
步兵连				1	1	3	1	5	1	10	9	20	26	66	112	137
机关枪连				1	1	3	1	5	1	5	6	17	25	41	83	100
骑兵队					1			2	1	3	4	9	10	16	35	45
炮兵连				1	1	3	1	5	1	6	6	26	33	39	98	116
通信兵队				1	1	1	1	3	2	5	3	11	23	17	51	64
合计（一团）	1	1				42	15	105	31	121	119	305	382	748	1435	1811
集团（二团制）	1	2				94	38	269	82	248	244	660	834	1555	3049	3872
集团（三团制）	1	3				136	53	374	113	369	363	965	1216	2283	4464	5683

附记

一、每集团编成二团、三团。

二、集团司令部之编成。

三、司令部内计廿四，打字机员四，本部雇员四，内系雇用工二十五，司机五，系雇用工。

附发治安军第二期建军部队驻地编成表一份

督　办
　　　　齐燮元
总司令

治安军第二期建军部队驻地编成表

驻　　地	旧司令部	新司令部	新　团	旧　团	方面顺序
北　京		4B	9, i 10, i		一、北京附近
通　州		5B	11, i 12, i		
涿　县		△	13, i		二、京汉路线
保　定	2B		14, i	3, i	
定　县		△	15, i		
正　定		6B	16, i	4, i	
韩家墅		△	17, i		三、北宁路线
冯家沟		7B	18, i 19, i		
滦　县		△	20, i		
济　南		△	21, i		四、津浦路线
益　都		△	22, i		
附　记	一、△独立团 二、计共四司令部六独立团				

张士英关于伪蒙军实力及日军布防状况报告①

（1941年5月6日）

（一）伪蒙军

1. **伪蒙军近况** 伪蒙军受敌军指挥，饷项充足，共有九师，每师三团，每团三连（骑兵二连、机枪一连，但因事实困难，仍未实行）。第一师附电台一部，驻包头，前师长丁其昌，调伪蒙古政府治安部长，现由郭秀珠代理师长。第一团长朱恩武，现改编为张垣伪政府治安队新编第一团团长，遗缺有调总部参谋处长郭先举（字鹏）充任之说。第二团编余团长崔守塾调任一师参谋长，原参谋长常匡扶调总部，现第二团即为以前之第十五团于振瀛部，现驻前后田子。第三团团长郭焕章，字秀珠，驻包头大东街（代理师长），拟以该团一连连长耿昆明充该团团长。第二师驻归绥，师长陈生。第六团已反正。第四团长门树槐仅余二连，一连驻小校场，二连驻浑津桥一带。第五团驻小校场。第三师驻平地泉，附电台一部，师长王振华。第七团已反正。第八团驻平地泉。第九团驻旧凉城（敌以新堂镇为凉城县）。第四师编遣师长鲍贵廷（蒙名宝音德勒格尔）调任总部，鲍前曾在四十一军孙殿英部参加抗日。该师汉人编遣，蒙人编入其他各师（按：十团编入第五师，十一团、十二团编入第九师）。第五师师长依恒额请假，将以宪兵队长哈莎巴雅尔充之，现驻德化。十四团驻托县啦嘛湾，编遣团长安恩达调任五师参谋长。现十三团即为前第四师之第十团，驻德化。十五团编入第一师。第六师现驻武川及岔口一带，师长吴云飞，蒙名突布格日勒图。十六团驻白灵淖一带。十

---

①节录自张士英编送之《伪蒙占联合自治政府调查专报》之军事部份。

七团并入第二一师。前十八团编余团长商广茶调总参谋，同时以独立团补充，十八团团长巴图现驻五福乡一带。第七师驻武川大滩，所部第二十团大部驻白灵庙、大滩一带，一部驻苏尼特锡拉穆林庙。第八师驻固阳，师长札青札布，所部第二十五团仍驻贝子庙嵚济特右旗、中旗，附电台一部。第九师驻包头大树湾，师长仓都楞，附野炮二门。十一团、十二团驻大树湾。二十四团驻后脑包乌兰不浪一带。第二十八团驻和林与清水河间，人数不满三百。

2．伪蒙政府之治安队　伪政府之治安队设于张家口，总队长朱恩武（即蒙古军第一团改编）。计四中队，内有重机枪一中队，弹药充足，服装用警察制服，帽花用铜三角形。其一部驻蔚县一带。去年十月间由北平运到大批军火及军用品甚多。

3．伪蒙古军之军事训练机关及其他：

（1）炮兵训练处处长郭勒敏色，驻归绥西茶房附近，新修理野炮二门，山炮一门，迫击炮数不详。

（2）骑兵训练处设归绥小校场，新募二个骑兵连，正在训练中。

（3）辎重队长王占元，驻包头，有骡驼七十头，大车四十余辆；另一部驻归绥，有大车二十余辆，辎重兵七十余名，使用捷克式枪。

（4）通讯训练处设归绥小校场，处长郭尔勒图，训练有无线电训练兵。

（5）炮兵队长哈斯巴根，有野炮三门，山炮四门，重迫击炮二门，编制野炮二个连，山炮一个连，重迫击炮一个连。

（6）宪兵有二个中队，第一中队驻绥远，人数二十名；第二中队长傅荣久，驻包头，人数十一名

（7）特务队长李铁生，驻归绥，有钢甲汽车二十辆。特务一中队驻平地泉，队长海龙，有汽车十辆。二中队驻包头，有汽车

十辆。

4．**伪巴彦塔拉盟之防共自卫团**　伪巴盟公署招收绥省之土匪流氓，成立防共自卫团两师。伪第一师长李维业（前在三十五军充下级军官，二十八年冬，遗缺由该伪副师长郝更五充任），第二师师长王潘五（绥远莎县人，土匪出身）。每师三支队，每队兵力一百一十人，师下设参谋、副官、军需、军械、军医、特务等六处。全师官兵约四百余人，两师共计八百余人，枪马六成，乌合之众，毫无战斗能力。其防地为：第一师驻归绥城东毫沁营子至黄尔哈哨村一带，北至大淸山，南至陶全齐，师长设豪沁营子村；第二师驻归绥城西台阁牧至察紊齐，北至大青山各沟口，南至北帽村一带。

5．**晋北之塞北剿匪军**　伪塞北剿匪军驻大同至丰镇一带，司令为剧中兴，晋省山阴人，兵力约千余名，乌合之众，无战斗力。

(二)敌军

敌军在伪蒙疆区域之分布概况

(1)**张家口**　驻莲沼兵团司令部，敌军约一千六百余人。

(2)**大同**

A．大同为军事重镇，故敌军分布亦较周密，驻大同之敌军为后宫中将，二十六师团隶属莲沼，担任大同及晋北之警备。莲沼所属之飞行队根据地亦设于大同，飞机在二十架以上，爆炸机十五架，时飞绥西五临示威。

B．黑田部队驻大同骑兵司令部院内（按黑田部队原为旅团)，转战经年，现有骑兵二百余，炮兵二百余，步兵二百余。

C．西谷部队驻大同东西营盘，有步兵二百余。

D．吉冈部队驻大同卧虎湾，有步兵二百余。

E．樱井部队驻大同车站一马路警局者百余名，驻城内同丰粮栈者百余，驻大同女师者百余，共计步兵三百余名。

F．井上部队驻大同十里河第三中学者七十余，驻大同骑兵司令部者百余，驻大同东站者三十余，共计步兵二百余名。

G．内田部队驻大同南关永茂栈、大兴栈，有步兵百余名。

（3）丰镇　驻敌军河野省步兵三百余名。

（4）集宁　驻敌军椿板步兵三百余名。

（5）归绥

A．吉田上将部队驻绥远女师约步兵百余。

B．安达部队驻归绥新城西街约步兵百余。

C．黑石少将部队驻新城约敌军千余，有野炮四门，山炮数门，置于平绥铁路北师范学校内。

（6）莎县　城内西大街万恒店驻敌步兵五十余名，西街天淼店驻步兵三十余名，后炭市任和卿院驻敌步兵十余名，南菜园驻敌骑兵百余名，东菜园驻敌骑兵百余名，西北菜园驻敌骑兵八十余名，兴盛店驻敌炮兵五十余名，并有汽车十余辆，炮在汽车内装置。

（7）麦达召车站　该站附近何家圐圙驻敌骑兵百余名。

（8）双龙镇　驻敌骑兵石井部队百余名。

（9）包头　吉田部队他调，现为小岛中将部队约千二百人，附有昭和八年造高射炮四门，并有三年式平高两用机枪十余挺，野炮三门，山炮二门。龙王庙街存有汽油约三千余箱，汽车三十余辆，坦克车六辆。

（10）安北及乌兰脑包一带　驻敌近藤（大佐）部队约七百余名，汽车三十辆（系十一月东日由大同方面开往者）。前有敌军千四百余名，内骑兵三百余，汽车数十辆。

（11）固阳　驻有敌军七百余，附山炮数门。

（12）武川　驻有日军近森部队二百余名。

（13）和林　驻敌军寺尾伸武部队百余。

（14）托县　驻敌军彭田部队五十余名。

（15）旧凉城　驻有敌军二百余名。

〔国民政府行政院档案〕

汪伪国民政府检发陆海空军军人训条
暨兴亚院提出修正意见有关文件

(1941年4月)

（1）汪伪国民政府致华北政委会训令（4月4日）

国民政府训令　字第40号

　　　　令华北政务委员会

　　查陆海空军军人训条，现经制定，明令公布，应即通饬施行。除分令外，合行检发该训条一份，令仰该会知照，并转饬所属知照。此令。

　　计检发陆海空军军人训条一份

中华民国三十年四月四日

主　　　　　席　汪兆铭

兼行政院院长　汪兆铭

军政部部长　鲍文樾

兼代海军部部长　任援道

　　陆海空军军人训条　三十年三月二十九日公布

　　一、矢忠矢信，贡献一切于国家。

　　二、实行三民主义及大亚洲主义，以复兴中国，复兴东亚。

　　三、认定当前国家危机，人民痛苦，在"共匪"之猖獗，应尽心竭力根绝赤祸，以救国救民。

　　四、以智仁勇严为立身行己之本。

　　五、爱护人民，珍惜物力，以培养国家社会之元气。

　　六、对长官服从，对同僚和衷，对部属爱护，以举精诚团结之实。

七、洁己奉公，刻苦耐劳。

八、研究学术，务求精进。

九、严守纪律，励行训练。

十、奉行职责，视死如归。

十一、视武器为军人第二生命，平时爱惜，虽遇危难，绝不放弃。

十二、整饬军容，恪尽礼节，注重卫生，勉成健全之军人。

(2) 兴亚院致华北政委会函（4月30日）

关于陆海空军军人训条案

关于本案第二条所称实行三民主义及大亚洲主义各点，敝方意见，因鉴于华北之现状，遽难认为适当。希贵会对于属下转达该训条时，务请按左开意旨改正后，再行办理为荷。

记：

一、应复兴中国，以求于东亚之兴隆有所贡献。

〔伪华北政务委员会档案〕

汪伪内政部公布各县警察队编组大纲

(1942年10月23日)①

各县警察队编组大纲　内政部公布

(一)凡地方未靖之各县警察局，限于经费未能编组警察队者，得依本大纲呈准该管警务处成立警察队，其已编有警察队者，亦应依照本大纲整理之。

(二)各县不须要之警察所、分驻所或派出所，应尽量裁并，

---

① 此系汪伪国民政府公报第398号刊发日期。

抽调精壮长警编组警察队。

（三）警察队之编制，每班警士十名，警长一名，三班成一分队，置分队长，其有二分队以上者，得编为中队，置中队长。

（四）警察队官长除中队长得由该管警察局长兼任，另设队附外，其余官长应就现任警官中，择其年富力强出身军旅而有作战经验者任之。

（五）警察队长警之饷给，应较高于一般长警，其需增之经费，由局呈请县政府筹措。

（六）警察队之枪械应由各该局就原有枪械尽先补用，或请县政府补充之。

（七）警察队除同时训练普通警察知识及军事教育学科外，应加强术科及战斗之训练，并依实际之需要，分组派充巡逻。

（八）警察队之制服准用警察制服条例之规定，但于领章及襟章上应标明警队二字。

（九）警察队之办事规则由各省警务处制定之，并呈内政部备案。

（十）本大纲自公布日施行。

〔汪伪外交侨务系统档案〕

汪伪军委会检发1943年度国军整备要纲暨驻苏浙皖军队整编大纲密令

（1943 年 3 月 13 日）

军事委员会密令　会厅军四字第 6 号

　　　　　　　中华民国三十二年三月十三日

　　令经理总监何炳贤

　　值此参战期间，为整理现有军队，重建优良新国军起见，特

267

制定民国三十二年度国军整备要纲及驻苏、浙、皖军队整编大纲，以便依照规定分期实施。除分令外，合行检发该项整备要纲及整编大纲，令仰该总监遵照，就主管范围，依照该要纲及大纲所示要旨，分别拟具细部计划，呈候核夺为要。此令。

附发　民国三十二年度国军整备要纲一份

驻苏浙皖军队整编大纲一份

委员长　汪兆铭

民国三十二年度国军整备要纲

第一　要旨

一、本要纲依据国民政府直辖军队整备要纲规定（其与本要纲抵触者以本要纲为主)，本年度应行军队整备之概要。

二、军队之整备依左列各项实行之：

1．新军之建设。

2．现有军队之整理。

三、本年度应建设或整备之部队如左：

1．警卫第二师之充实。

2．警卫第一、第三师之编成。

3．其他。

四、本年度现有军队之整理，以驻防苏、浙、皖军队为主，约紧缩原兵额十分之四。

第二　新军之建设

五、警卫各师之建设及整备，依左列各项实施之：

1．警卫第二师以补充现有之缺额而完成其编制。

2．警卫第一师以现在之卫士团编成一团,其他两团新编成之．

3．警卫第三师新编成之。

4．警卫第二师之缺额及第一、第三师之新编部队所需兵员，以征募良民子弟为主，不以来归部队或战俘补充。

5．军官以军官学校毕业学生，及曾在将校训练团、编练总监公署教导团受训者，及其他选拔充当之。

6．军士以新招考及由中央派员挑选各部队之士兵，约授以八个月之教育后充当之。

7．新编部队之新兵入伍完成日期，预定为本年十一月上旬。

第三　现有军队之整理

六、本年度现有军队之整理，以改善军队给与，解除地方负担为主要目的，淘汰兵员，约减少十分之四，同时并行部队之整理，实施改编。

七、为彻底肃正现有军队，使其具备真正新国军之条件起见，自本年度开始实行整理之。

八、本年度之整理依左列各项实施之：

1．驻苏、浙、皖三省部队之整理依另册（驻苏浙皖军队整编大纲草案）实施之。

2．武汉方面部队之整理应暂告一段落（自去年底实行至本年初），以强化内容之整备。

3．华北方面之部队依去年六月所定（现正实施中）之整理要领办理之。

4．在广东方面之部队依另行之计划实施之。

驻苏浙皖军队整编大纲

第一　方针

一、依中日之协力，迅速整理素质、训练、装备均不完备之现有军队，重建为编制装备充实之新国军，以期增强大东亚战争共同之力量，并准备今后建军工作。

二、整军后之兵力约为现有兵力十分之六（约七〇，〇〇〇名），概于一年内整理完竣。

第二　整理要领

三、现有军队之整编工作，概分整顿再编为优良军队，及淘汰改编为地方团队二种。

四、再编为优良军队，系以比较良好之现有军队约九五，〇〇〇名（总兵力百分之八十五）中淘汰十分之三，用十分之七改编新国军。

改编为地方团队，以前项以外之现有军队约一五，〇〇〇名（总兵力百分之十五）中淘汰十分之五，改编地方团队。

五、编成新国军之目标，仍在于保境安民，但考虑将来，逐渐转变为国防军。

六、每一师之编制为三团制，约五，〇〇〇名（但暂时得缺一部），共编为十七师，两独立旅（或为十七师一独立旅）之基干部队，应于必要将其主力编成为适宜之军等（方面军、集团军或军）。

七、整备兵站机关之设施，以谋军之运用及补给等之圆滑适当。

八、基于整编大纲之细部计划及准备事项，须于民国三十二年二月底以前筹备完竣，继之着手实施整编，预定年底整编完成。

九、实施整编之际，严行秘匿企图，并研究防止军队动摇之对策，并须注意勿与作战警备以显著之影响。

十、实行整编，以军事委员会之责任而断行之，当地日本军须协助之。

十一、所需经费由国民政府负担之。

十二、关于新来归部队，依另行之规定办理之。

第三　编制编配及驻防地

一三、整编以后，军以下各单位部队之新编制表如另册（警卫军编制表）。〔缺〕

一四、新编成之军队隶属系统及改编并编配之概要，如附表第一、第二。

一五、新国军预定驻防地如附表第三。

一六、兵站机关设施之概要如左：

军需厂　　一处（各部、署会商意见：保留至必要时再议）担任兵器、粮秣、被服等之业务。

军医院　　三处（各部、署会商意见：应设几处，由陆军部拟办）

担任患者之治疗。

第四　整编顺序及时期

一七、基于整编大纲应先拟具为整军而改编及编配之要领，淘汰改编地方团队之要领，训练要领暨配置预算等具体计划，须于民国三十二年二月底以前概为完成之。

一八、整编工作之阶段，概分为移防整备、裁兵改编、训练等三期，全期间预定为四个半月。但依情形得伸缩之。

一九、军队之整编，全体同时开始实施，约自民国三十二年三月起至十月间行之。

但淘汰改编地方团队之工作不依前项规定，自民国三十一年底开始至民国三十二年四月以前完竣。

二○、兵站机关之设施及扩充，应以民国三十二年底以前筹备就绪。

第五　经费（暂作为一案，尚有再检讨之必要）

二一、整编后所需经常费预定月额为八三○万元，年额约一亿元。即较之现下之月额六○○万元相比，增加十分之四，其计算之基础如附表第四（各部、署会商意见：保留，再作研究）。

二二、整编后之所需临时费预定年额为二，○○○万元，其计算之基础如附表第五（各部、署会商意见：保留研究）。

二三、为实施整编所需之临时费预定为一，九○○万元，其计算之基础如附表第六(各部、署会商意见：保留研究)。

附表第一

新整编军队之隶属系统表

军事委员会
- 首都警备司令部
- 警卫军(三个师)
- 第一方面军(四个师 ——二——军)
- 苏北行营
  - 第一集团军(四个师)
  - 五个师
- 第十师
- 暂编独立二个旅(现第三十六师)(或为一独立旅)
- 特科部队
- 兵站机关

备考：暂编第十五、第十六两师虽在苏淮地区，暂不列于本整编内。

附表第二

国军之改编编配概要表

现 编 成		新 编 成	
部 队	兵 数	部 队	兵 数
警卫军　警卫第二师　卫士团　其他	约6,000	警卫军　警卫第一师　警卫第二师　警卫第三师　直辖	约13,000（本年末）
第一方面军　总司令部　师八个　旅一个　团三个　营其他　刘子清部队	约29,000	第一方面军　总司令部　四个师　直辖	约18,500

	一 个 旅	约2,260			
暂编第□军	一个司令部 三个师 其他团	约11,000			
第一集团军	总司令部 五个师 一个其他团	约18,500	第一集团军	总司令部 四个直辖师	约13,000
苏直辖北师	七 个 师	约33,500	苏直辖北师	五 个 师	约19,000
其他 合计	第 十 师 约3,100 暂编第三十六师 约5,000	约108,300	其他 合计	第 十 师 约3,100 两个独立旅 约4,000 （或为一个旅）（或为2,000）	约70,600 或为68,600
备考	一、行营殆无变化 二、本表仅示概数 三、刘子清部队归并于第一方面军内				

附表第三

整编后新国军之预定驻防地点表

部队	预定驻防地
警卫军	南京周围地方
第一方面军	三角地带（南京、上海、杭州） 淮南沿线地方 安庆地方（极少一部）
第一集团军 苏北行营直辖军	苏北行营管区
第十师	宁波地方
独立二个旅（现第三十六师）	先驻海州地方

附表第四

整编后所需经费核算之基础（储备券）

一、所需经常费总额（月额）八三〇万元

二、所需经常费内计

薪饷（伙食在内）七〇〇万元

注：每五〇〇名以五〇，〇〇〇元计算，兵之最底〔低〕给养为九五元

办公费　一〇〇万元

注：每五〇〇名约为七，〇〇〇元

特别办公费　三〇万元

注：每五〇〇名约为二，〇〇〇元

附表第五

整编后临时费核算之基础（储备券）

一、所需临时费总额（年额）二，〇〇〇万元

二、所需临时费内计

1. 被服费　　七〇〇万元

2. 兵器费　　八〇〇万元

3. 建筑费　　三〇〇万元

4. 其　他　　二〇〇万元

5. 共　计　　二，〇〇〇万元

附表第六

为整编实施所需临时费核算之基础（储备券）

一、所需总额（年额）　　一，九〇〇万元

二、所需经费内计

军队关系

1. 移防费　　　　一〇〇万元

2. 调查及点验费　三〇万元

3. 整编经费　　　七七〇万元

归农费	四〇〇万元
建筑费	二五〇万元
杂　费	一二〇万元
4．合计	九〇〇万元

注：归农费按三个月薪饷计算，每人发给一〇〇元

兵站关系

　1．兵器关系　四〇〇万元（以修理、擦拭、交付、运输等费为主）

　2．粮秣关系　一〇〇万元（以保管、交付、运输等费为主）

　3．被服关系　五〇万元（以采办、保管、交付、修理等费为主）

　4．军医院之新设费四五〇万元（三处）

　5．共合　一，〇〇〇万元

〔汪伪组织档案〕

汪伪军委会抄送建立新军招募计划草案咨

(1943年7月9日)

军事委员会　　会厅军四字第307号
　　　　　　　中华民国三十二年七月九日

　案据陆军部部长叶蓬签呈：为遵令拟具建立新军征兵计划草案，其他规定俟本计划核定后再行拟呈，遄检同所拟征兵草案，请鉴核示遵，等情。业经提出本会第一三一次常会讨论，决议：修正通过。纪录在卷。除令行外，相应抄同该修正草案，咨请查照为荷。此咨

行政院

附抄送建立新军招募计划草案一份

委员长　汪兆铭

建立新军招募计划草案　中华民国卅二年七月

第一　方针

一、为建立适合时代之新军，除各级干部严格选任外，其所需士兵，以招募民间适龄强健之良民编成之。

第二　要领

二、设立一"建立新军招募处"，隶属于陆军部，办理招募士兵之计划、指导、检验等事宜。

三、按照和平区域内各省及各特别市（特别区）人民素质及风土习俗，将所需士兵额数适宜分配于各省、市（区），责成省、市长（特别区长官）负招募之全责，并将所招募之士兵输送到京，点交于招募处。

四、为期招募迅速确实，由招募处选派曾经带兵之高级将校为招募委员，报请委员长核定，令派于各省、市协助省、市长办理招募事宜。

五、为求士兵素质良好，由招募处会商教导总队筹备处，选派确有带兵经验之青年军官，分遣各省、市为验选委员，按士兵三百名检验委员一人之标准选派之。

六、招募期限，自开始日起至本年十二月末，各省、市（特别区）均须按照分配名额办理完竣。

第三　士兵合格标准

七、招募之士兵，必须合于左列之标准，有一不合者不取。

1．有中华民国国籍之男子；

2．年龄在二十五岁以下，十八岁以上者；

3．体格健全、无暗疾宿疾，且体重身长及格者；

体重以五〇·五（公斤）为及格

身长以一·五八———一·六四(公尺)为及格

4. 行为端正无不良嗜好者；

5. 地址固定，户口清白，所属保、甲长出具保证者；

6. 稍通文字者。

第四　士兵名额分配

八、按照建立新军之预定计划，除将警卫第二师编入外，尚有招募士兵一万四千名，各省、市应分担招募之名额分配如左：

1. 山东省　　　　　　　　　　三,五〇〇名

2. 河南省　　　　　　　　　　三,五〇〇名

3. 苏淮特别区　　　　　　　　一,五〇〇名

4. 安徽省(皖北、皖中地区)　　二,〇〇〇名

5. 江苏省(苏北地区)　　　　　一,五〇〇名

6. 浙江省(浙东地区)　　　　　五〇〇名

7. 湖北省(鄂北豫南地区)　　　一,五〇〇名

第五　招募实施要领

九、各省、市长(特别区长官)按照前条分配名额，适宜分配于所属之各县(前条指定地区之各县)，县长按照省、市(特别区)分配于该县之名额，适宜分配于各区，以逮于保、甲。

十、保、甲长于其保甲内选送合于第七条规定之及格者，其人数须为规定名额之一倍。送至区公所验收；区长选定超过规定名额四分一之及格者，转送县政府，经县长或派员复验，选出规定名额之及格者，转请驻县之选验委员，详加选验，不及格者退回原区，责令补送。

十一、某县规定名额之及格者选齐后，由县政府解送省、市(特别区)政府所在地，由省、市(特别区)政府派员验收，并请招募委员派员复验，如有不及格者，退回原县补送，派驻该县选验委员议处。

十二、省、市(特别区)政府按照交通状况，分批将招募之及

格士兵派员解送南京招募处，招募处须再行最后之检验。倘仍有不及格者退回原省、市(特别区)责令补送，派驻省、市(特别区)之招募委员议处。

第六　招募经费规定

十三、省、县、区、保、甲为招募士兵所应支之公费等，比照名额另文规定，由军事委员会发给之。

十四、凡应招者业经县政府及驻县选验委员认为及格之后，由县政府当时发给每名三日之给养代金，以为由保、甲转送至县之沿途用费。由县政府接收之后，其给养则由县政府逐日发给，经检验委员证明，转报省、市(特别区)政府核销，或请领归垫，省、市(特别区)政府验收之后，则由省、市(特别区)政府逐日发给给养代金，直至到南京点交之日为止。由省、市政府(特别区)汇齐所发给养金及转发各县之款，取得驻在省、市(特别区)招募委员之证明，一并报请军事委员会核销，或具领归垫。但复验不及格及解送时逃亡者之费用剔除。

十五、士兵每名每日给养代金，按照各省、市(特别区)实际状况分别另文规定之。省县发给给养代金之簿册或文件，须经驻在该省县之委员出具证明始有效。

十六、由县送省、市(特别区)，由省送京之输送费，由省、县按照实际状况，先期编具预算，汇报军事委员会核定发给之。省、县实支输送费之报销，除一般单据外，须有驻在委员之证明始有效。

第七　附则

十七、其他详细规则由招募处拟订、呈核施行。

〔汪伪组织档案〕

汪伪内政部缴送壮丁训练计划草案修正案呈

（1944年2月7日）

案奉钧院院字第三三六八号训令，以准军事委员会咨送壮丁训练计划草案修正案，检件令饬审议具复。等因。奉此。遵经悉心审议，均尚适切，惟原计划草案第五条条文内有"民政厅"及"社会局"字样，核与现制名称不符，似应修正为："省（特别区）或院辖市设壮丁训练委员会省（特别区）、市分会，省（特别区）由政务厅、保安处及保甲委员会，市由秘书处、警察局及保甲委员会共同组织之。省、市分会各级人员由省政务厅、保安处、保甲委员会，市秘书处、警察局、保甲委员会现任职官兼任之，不另设专员，以符名实。是否有当？理合备文呈复，仰祈鉴赐核办。

谨呈

行政院院长汪

计呈缴原发壮丁训练草案修正案一份

内政部部长　梅思平

中华民国三十三年二月七日

壮丁训练计划草案

甲、总则

第一条　壮丁训练计划（以下简称本计划），以训练全国适龄壮丁，完成协力大东亚战争之准备为目的。

第二条　凡有中华民国国籍而未具备免训条件之适龄男子，均有参与壮丁训练之义务，概不得藉故图避。

第三条　本计划之实施，因业务上之关连性，由陆军部、内政部会同办理之。

乙、训练机构之组设

第四条　国民政府军事委员会下设全国壮丁训练委员会，由陆军部、内政部共同组织之。全国壮丁训练委员会各级人员，概由陆军部、内政部现任职官兼任之，不另设专员。其组织如次：

设委员长一人，由陆军部长兼任，总理全国壮丁训练事宜。

设副委员长二人，由陆军部、内政部次长兼任之，协助委员长办理全国壮丁训练事宜。

设督练组长一人，由陆军部有关司长兼任之，办理训练督导设计一切事宜。

设管理组长一人，由内政部有关司长兼任之，办理壮丁调查暨每届受训壮丁簿册之保管统计事宜。

设秘书、组员、办事员若干人，由陆军部、内政部遴选干员，秉承正、副委员长及各组长之命，分担推进壮丁训练之一切事宜。

第五条　省（特别区）或院辖市设壮丁训练委员会省（特别区）、市分会，省（特别区）由民政厅、保安处，市由社会局、警察局共同组织之。省、市分会各级人员由省民政厅、保安处，市社会局、警察局现任职员兼任之，不另设专员。

省（特别区）、市分会之组织与全国壮丁训练委员会之组织办法同，但各级负责人员得由省（特别区）、市长指定，咨行（呈报）全国壮丁训练委员会备查。

第六条　县设壮丁训练总队，总队长由县长自行兼任。总队长以下设总队附一人，队长三人，分队长九人，除总队附（少校）、队长（上尉）由省（特别区）、市分会任命，或由县总队长遴选资深军官，呈请省（特别区）、市分会任命外，其余分队长概由中央选拔优秀军官分发任用之。

第七条　训练机构组织系统如附件一。〔略〕

丙、抽训办法

280

第八条　壮丁训练以三个月期限为一届，每县每届平均须训练壮丁二百七十名（队按步兵连之现编制，每队每届九十名，合三队，总名额如上数）。

每队须教练班长九名，三队共须二十七名，由各县县保安团、队或当地驻军资深军士中聘用之。

第九条　县政府于壮丁训练未开始前，应以全力协助壮丁训练总队作如次之准备：

一、由县政府遴选公正人员若干员，为壮丁调查委员，分赴各区办理壮丁调查事宜。

二、确实调查现有适龄壮丁，造册呈报壮丁训练委员会省（特别区）、市分会暨全国壮丁训练委员会备查，但调查人员应根据左列各点办理之：

（1）凡有中华民国国籍，自年满十八岁起至四十五岁止，而未具备免训理由之男子，均为应受壮丁训练之壮丁，不得遗漏。

（2）适龄壮丁而具有左列理由之一，经调查属实者，得予免训。

A．国籍不明者。

B．身体残废或有精神病，终身无法治愈之望者。

C．判处无期徒刑或褫夺公权终身者。

D．因现服军役，或因担任公务而不能中辍者。

（3）适龄壮丁而具有左列理由之一，经调查属实者得予缓训。

A．现在学校肄业，经学校正式证明者。

B．在外国旅行一时不及返国者。

C．身患疾病不堪行动，且在短期间内无健复之望者。

D．判处有期徒刑，现在执行期中者。

三、现有壮丁经确实调查后，按照每届应训练之壮丁额，视情形之缓急，分期逐次抽训之。

第十条　壮丁受训期间之服装给养等项，由各该县政府依当地之生活程度，事先拟具预算，呈请在各该县地方经费项下动支。

第十一条　每届受训终了之壮丁，由县各别发给证明文件，登入簿册存案，并呈报省（特别区）、市分会暨全国壮丁训练委员会备案。

第十二条　壮丁调查登记簿及各届受训终了壮丁名册式样如附件二，免训缓训申请书式样如附件四。

第十三条　凡经受训后之壮丁，必要时得由国民政府命令征集之。

丁、教育纲领

第十四条　壮丁训练应一律施以左列教育：

一、完成新兵初期教育。

二、实施军人精神教育。

三、贯输防空、防毒及救护等必要常识。

四、授以筑城、筑路、架设桥梁诸技能。

五、授以各种必要之健身运动技能。

第十五条　壮丁训练教育方案暨其他细则，由全国壮丁训练委员会统一订定颁发施行。

戊、附则

第十六条　本计划自令颁之日起施行。

附件一——附件四〔略〕

壮丁训练计划草案说明〔略〕

〔汪伪行政院档案〕

(二) 反 共 清 乡

汪伪清乡委员会筹备谈话会记录

(1941年4—5月)

《1》清乡委员会第一次筹备谈话会记录（4月14日）

日期　民国三十年四月十四日

临时地点　首都北平路三十四号

到会者　李士群　汪曼云　陈光中　余百鲁　唐生明

唐惠民　戴英夫　马啸天　黄尔康　包志超　晴　气

中　岛　大　西

主席　李士群

记录　包志超

甲、报告

　　主席报告：

　　今日举行清乡委员会第一次筹备谈话会，到会者均系中日两方与清乡有关之人员，联成一体，相互研讨，以共同目标作一致之努力。

　　清乡委员会业经中央政治委员会决议组织设立在案，工作机构在求周密，务必避免官僚习气，严守纪律，不畏艰险，苦干实干，以增强清乡效率。此项预期当不难达其目的。至于清乡委员会工作人员，现正从事罗致，慎重甄选，今日到会诸位其关系尤为密切与重要。

　　清乡工作，军政并进，剿抚兼施，是由城而乡，遍及全区，将有碍和运之敌性"匪共"铲除歼灭，而使颠连困苦之人民安居乐业，以确立地方之治安。因须处处顾到，自有其特殊性质，故与警政特工之事功显有区别，惟得以警政之设施，特工之活动，从侧面协助清乡工作之推进，以期适应此特殊环境，而完成其重大使命。所以今日谈话会中警政与特工之同志，均有在座也。

报告情形大致如是，还请各位尽量发挥意见，俾资集思广益耳。

乙、发表意见

一、参谋团晴气中佐发表意见

关于清乡问题去年与李主席时常研讨，最近即本此过去之研讨所得，逐渐见诸实现，进而推行其所抱负之清乡意旨，对于此意旨李主席已向各位报告，兹再乘此机会，略事发表意见，以供参考与采择。

诸位皆知特殊环境地区内敌匪频仍，悍徒横行，兵至则四散，兵去又潜聚，往复如梭，终无宁日，则社会之惊扰，民众之疾苦，可想而知。故亟宜指定应清地区，从事清剿，继以政治，辅以党务，以矫正其观念，了解和运之真缔，整理之，建设之，以健全之行政机构恢复乡村秩序，则地方之治安庶可确立。

清乡委员会之工作系秉承国民政府之命令，以发挥军事与政治之力量，向清乡地区迈力推进，以扩展和平区域。惟以应清之区域辽阔，如杭州绵延迄至芜湖，地方广大，必须分区，假定先从太仓至镇江间划为一区，局部实施，再一步一步扩展之，一年后在此绵延广大区内，将各个单位地区次第整理，分别竣事，而后打成一片，俾克完成任务而为统治区域。惟此任务非常重大，其完成自非易事，盖此中天时、地利、民情、习俗非但敝国军队之经历不甚明了，即贵国政府恐亦未必了如指掌。

清乡工作之步骤，即就划分之各地区权其缓急，于每进一区时，先行封锁，建筑碉堡，就封锁线内从事收编游兵股匪，抚辑流亡离散，使能转移观感，取获信念。如渝共反动份子，游击匪徒，以及分化之新四军等奸凶叛逆，须设法感化，令其诚服来归，为政府效命而成劲军，使流离失所衣食堪虞之人民咸得安居乐业，拥护政府成为良民。

清乡之事功以军事言，国民政府目前正规军之军力有限，不足以应付艰巨，克服环境，必须敝国军队为之协助，在贵国则偏重政治运用，共驱有碍中日邦交之敌匪，使肃清工作进行顺利有效，发扬而广大之。

在一区内办理清乡之军队，敝国可派军力约有两联队，即六大队，至贵国可有国军一万二千人，再加原有警察及新练警察共五千人。因为军力关系，所以分区肃清，一区肃清后将军队向第二区线内移动，则第一区线内改调保安警察接防，以维持治安警戒，敌人再行混迹侵入，使其区内无接触民众之机会。以后即照之类推，假定第一期为六个月，第二期共为八个月，第三期共为十一个月，则一年期限其任务自可完成，此不过述其梗概而已。

每一地区内与肃清任务先后推进者，如严整保甲编制，整顿农村生产，推动教育发展，加强党务活动，以及训练民众，扩大宣传，调整交通，调济金融等等，均为当今之急务而不可或缓者也。

不久之将来，有清乡督察专员公署之设置，直隶于清乡委员会，以专司若干地区清乡之责，如江南者与江苏省政府划分区界，一面归省府，一面归清乡公署，各别治理，以冀分工合作而增肃清效能。省者如是，县者亦复如是，即如无锡一县而论，城厢由县政治理，乡区则归清乡整饬，此其一例耳。

以上所述，未知当否？前经拟送之"治安肃清要纲"，因人地情况隔阂，殊多未能彻底明了，所举自难尽善，还请不弃，各抒意见，并祈予以教正是幸。

二、影佐机关中岛中尉发表意见：

关于清乡事宜各要点，晴气中佐已详为阐述，兹就贵国特工

285

总部与敌国影佐机关之性质而论，原为一体之特务工作之枢机，互相呼应，通力合作，对于清乡方面亦自有其连系性，正如李主席报告之意旨相同。盖清乡工作固以军事政治为中心，而特工只可在外围施展其威力，以协助清乡工作之推进，若与清乡并为一谈，则体制不同，事权各异，此所以只在外围协助之，庶可相得益彰焉。

兹将特工协助清乡之要点约略言之：

1．调查　就清乡地区内翔实调查，如敌方军情之动态，政体之趋势，经济之组织，及交通之线网等等，并可调查区内之纯正人士之行为，腐恶份子之举动，以及日方人事之调度，查明其线索，为肃清之响导。

2．谍报　肃清工作自第一地区推进至第二地区，或自第二地区推进至第三地区，以及逐步扩展之下，均须于事前将每个阶段区内情形，根据调查所得，以明细正确机密敏捷之动作报告之，故谍报之功效颇为伟大。

3．义勇队（谋略队）　清乡区内所有之敌性组织与腐恶份子隐匿其中者，须由该队以迅速之行动设法摧毁、解散、分化，甚或诱捕与歼灭之，以绝其根源。

4．秘密警察　设置秘密警察，经过相当训练，专任侦察区内敌方所有武装、枪械、弹药及军需品等物资之匿藏，并与宪兵合作，设法破获没收之。在清乡竣事后，可将该项秘密警察归并于地方警察机关。

就以上之配合，则特工在清乡外围协助其推进，收效必宏。以后特工总部江南肃清工作委员会如设立在苏州，而得李主席之同意，亦可将影佐机关分驻苏州，共同作特工上对于清乡之协助，将来随时需要协助工作，见机应变之处，自必甚多。谨以区区刍荛之见，聊作贡献耳。

三、李主席补充意见：

顷聆晴气中佐及中岛中尉指示清乡工作之卓见说论，获益良多，实深钦佩与感谢。惟晴气中佐主张清乡主管机关与地方政府同在清乡地区划界治理一节，鄙意似未尽同。盖城乡分治，各自为政，行政机构既不统一，肃清事功自亦各异，清乡业务难免弱化，易滋困难与纠纷。

在从事彻底清乡政策下，必须抛弃人情，在每一地区对于清乡业务，统由清乡主管机关施号发令，指示机宜，不论其为省府也，县府也，军队也，党务也，以及其他机关，均须服从指挥，竭尽忠诚，协助清乡工作之推进。如依照晴气中佐二元化办法，固未始不可推行，而实际深恐延误时期，降低效能，不如以一元化办法较为直捷了当，收效宏速。诸位以为如何？

四、晴气中佐补充意见：

对于李主席之一元化办法固有相当理由，而所谓人情则非也。至鄙意之二元化办法，亦不过冀奏速效。惟兹事体大，仍须互相研讨，从详计议。

五、警政部唐惠民次长发表意见：

军事、政治、党务及教育均为清乡之中心工作，在清乡主管机关所在之地区，其军政官吏、党务及教育各级人员，如对于清乡意旨认识不清，协助不力，均得弹劾，令其撤换，以健全行政机构，而统一肃清阵线，如是清乡工作得雷厉风行，自易着手。

在剿抚期内，所有划定地区之一切行政权，均须集中清乡主管机关，统筹规划而成一元化，不论省府、县府以及其他机关，只偏重参咨而已。所以二元化彼此分治之论，鄙意深觉人事、经济、时间均多糜费而不实惠。如清乡公署指挥监督各县政府、区公所、乡镇公所及至保甲长，从点而线而面遍及全区，在同一系统下，以策动清乡工作之推进，一俟清乡竣事，进入靖平时期，所有行政权仍概归当地地方政府循轨治理之。

以前蒋政权之清乡办法，自可舍短取长，以适应目今之环境，故于清乡方针必须先事解决确定，则有法可循，而顺利推行矣。

丙、讨论结果

决定依据清乡委员会临时组织大纲之规定，拟订组织条例及计划书，由汪曼云、陈光中、余百鲁、唐生明、戴英夫、唐惠民等六位起草，并定同月二十三日继续开会。

丁、散会　五时散会。

(2) 清乡委员会第四次筹备谈话会纪录(5月1日)

日期　民国三十年五月一日上午九时

地点　首都马台街二十二号本会会议室

到会者　李士群　汪曼云　陈光中　唐生明　唐惠民
马啸天　戴英夫　包志超　梅凯生　晴　气　小笠原
中　岛　大　西

主席　李士群　　　记录　包志超

甲、报告

　主席报告

今日开会，原定下午二时举行，兹因本席届时因公赴沪，故先征得诸位同意，提前开会。

此次谈话会并无特殊问题，惟冀于所商讨者获一结论，各项文件均将整理蒇事，当交由参谋团转十三军参酌之。预算书业经重行编造，容俟复查，呈核汪委员长。谈话稿已拟就交来，当可分发各报披露。人事分配即须发表，与清乡工作连系之江南肃清工作委员会主任委员办事处行将成立，藉收协助之效。

历次谈话会所商讨者，俱为清乡工作之始基，而于组织须事扩大，以便延揽人才，经已请示汪委员长、周副委员长，拟增设"处"及"委员会"，大致可无问题。清乡委员会与省政府之系统，亦奉汪委员长指示，以命令行之。

汪委员长深悉近来吾等对于本会筹划之认真与努力，而获良好之印象及相当之信任，如送请介绍人员，均表示授权本席甄选任之，即于会计方面，虽已签请指派干员，迄未定夺；初时原拟派潘达同志担任，惟潘同志因沪西特警职务繁重，事实上势难兼顾，故尚待商酌，再请另派也。

乙、发表意见

一、参谋团晴气中佐发表意见：

李主席报告中，扩大组织固可延揽人才，事诚善也，惟如人数众多，情形易趋庞杂，自宜缜密考虑，冀能与敝国交涉上得进行顺利，而免阻碍与纠纷。

今后清乡工作，军政相辅而行，可谓三分军事，七分政治，以政治为中心，而以军事推动之，且特工又从旁协助，则展开至易。盖欲达其目的，惟政治之是赖。现既知政治为清乡工作之中心，就应研究如何达到此目的之方针，尤须配合整理建设以完成之，所以须先确定清乡之方针，方可开始工作。兹一言以蔽之曰：清乡地区军事行动之肃清工作期为三个月或四个月，于肃清后归清乡督察专员公署从事组织民众，以民众为基干，推进整理建设之任务。

凡敌性组织及"匪共"等等，宜如何感化，使其就范，坚其信念而后诚服来归，此全恃贵国运用政治力量以处理之。其措施要素尤赖宣扬孙总理三民主义及汪主席和平反共建国之国策，以领导民众，把握现实，惟是尤须网罗地方人士，共同协力，以发展之。此外尚须施行特教、宣传、民训等工作，以纠正人民之心理与观念，不然力量不能增强，效力则无由获得。

李主席所谓预算一节，已经各方商洽，不致有何变动，至其中有关县政补助费，则视地方情形，权其需要程度而酌予补助之，肃清工作推进数月后，自可就地征收赋税，以自给自足之力量，减除补助费用。惟此力量何时可能开始，自属问题，此须先事设计考核行之。

二、李主席发表意见：

关于清乡各项原则，实应从详计议，俾有依据，以期达到目的，完成任务，故期望至为殷切。盖事之成功，固有其要素，万一失败，亦有其原因，惟事在人为耳。

第一、凭本席过去和运之经验，清乡事业中、日必须紧密合作，不使外交复杂，以收外交上单纯之效。但有其他机构常因缺点而易引起外交上之纠纷，致有失败之事实昭示吾人，所以深盼日方本此意旨，勿使外交情形增多复杂，则各事推行自可顺利，如发生任何问题，仅与影佐机关洽商解决，此外不必多予干涉与周旋，否则途径分歧，于事无济，反多缠扰。在吾人亦须竭尽努力，以获取日方之协助，则外交事项当迎刃而解，故在清乡立场上，冀此期望获得实现，尤盼影佐机关多予实质上之巨大协助。

其次，以一般工作而论，事事在求改进与强化，如各人所负工作之缺点甚多而成薄弱，即须将此缺点确切改进，反薄弱而成强化，改进成功必须经过相当艰险，而非偶然可成。如江苏省民众运动一事而言，可谓降至零度，若吾同人负起责任矫正之，感化之，以从事改进，而更促其强化，试问苏省之现实其能否负此任务。例如一地之警察其自身训练未臻健全，何能领导民众，所以警察既不良善，民众则更无论矣。对于苏省民运之改进强化已有相当准备，希望在整个计划监督指导之下，有新的成就，如遭去之执其事者被日方干涉，盖有其恶劣印象有以致之。是类不良之辈，即为清乡之障碍，因清乡正在开始，难免不引起若辈之攻势，则必须加以淘汰，勇往直前，无可畏缩。

清乡之实现自有其办法与步骤，必须抱有牺牲精神，消除自私观念，忠诚负责，无可推诿，不论如何逆境，当不难移转也。

丙、讨论

一、关于日方参谋团为清乡委员会之军事顾问，其地位应属中国方面。

二、日方已准备清乡之肃清作战计划，须加拟"教令参考资料"，以日方立场规定军队工作范围，并在肃清区内应行与不应行之事项印成小册，分发士兵，简明指示，诰诚遵守，俾有遵从，而免军队与民众发生误会与摩擦。推定汪曼云、余百鲁、唐生明、唐惠民、马啸天、戴英夫等六位草拟"教令参考资料"，于五日以前送阅。

三、特种教育之实施为清乡工作政治部门中重要之一，惟此种工作重在思想，而于普及义务教育及推广民众教育中实占首要，寓思想战之要素，务求质精量宏，以担当此项任务。因此特教工作人员之训练，特教教材之编辑，以及将来特教之设施，均须有详细之准备与计划，而于经费一项尤关重要。故须先决工作要点与经费概算，推定戴英夫次长拟具计划，编造最低限度预算，再行提付讨论。

四、民众运动及党务指导问题，此后民运力量自可超过以前数倍，并可获得民众之信仰，党务亦有最低效率之把握，决不予任何人包办，此亦须先事预备，方有准绳。

五、清乡区内将来应厉行禁烟禁毒政策，如行政长官、公务人员其吸食鸦片、吗啡等毒品者，即责成彼辈办理禁政，促其醒悟，先自戒除，以身作则。

六、清乡委员会增设"处"，实觉不甚适宜，若增设过多，力量易于分散，且呈请修正组织大纲亦感不便。

七、清乡区内之物资，务须尽量流通，如米、盐、日用品及各种产品等之供求平衡使能合理化，一元化，须请日方予以巨大协力，以解除民众痛苦。此于民生改进，经济改善，均有密切关系，如交由中国方面管理，或比现状为胜。其物资统制若由中日合办，亦可俟地方组织健全，保甲制度调整，即可实施，故须先事通盘筹划，厘订办法，推定汪曼云、余百鲁、陈光中三位草拟

"肃清区内物资统制办法"。

八、从事清乡工作人员须拟订服务规则，并制订誓词，俾资信守。

九、清乡区内之省府主席应为清乡委员会委员，即签请委员长鉴核。

十、决定同月七日上午十时再继续开会。

丁、散会 十二时散会。

(3) 清乡委员会第七次筹备谈话会记录（5月14日）

日期 民国三十年五月十四日下午三时

地点 首都马台街二十二号本会会议室

到会者 李士群 汪曼云 陈光中 余百鲁 唐生明 唐惠民 戴英夫 马啸天 包志超 晴 气 小笠原 大西

主席 李士群

记录 包志超

甲、报告

一、主席报告：

今日谈话会现即开始。关于上次讨论决定对外采用新闻发表，本会各要项业由各报披露，此后本会即为国民政府之正常机关。尚有须待最近中央政治委员会通过者，计有临时组织大纲之修正。加派江苏省政府高主席为本会委员。第四处（掌理社会福利事业）之增设，并须先行签请汪委员长核准之。

党务指导委员会问题，情形虽较复杂，业与各方商洽妥善，均已获得谅解与同情，处理自不难顺利。宣传委员会之设置，亦经协商就绪，如各地已有宣传机构者，可监督指导之，而照常推进，其工作人员有生活费者，可不另支给。至宣委会人选已请宣传部林部长推荐。

本会会计干员拟再请汪委员长指派，倘一时不能派来，只有另选人员担任，盖会计事项至为重要，亟须有人负责。再本会经费迄未领取，近奉周副委员长谕知，以需用时尽可迳向财政部具领。

二、参谋团晴气中佐报告：

关于清乡委员会参谋团，暂由敝国军事人员为主干，因贵国目前尚无充分军备，将来贵国军事渐趋强化，则敝国军事人员自可次第退出，因目前为第一阶段，俟达到第二阶段时，即可由贵国自行产生组设之。

在清乡委员会最近之将来之军事行动，系由中、日双方合作，及至贵国军力渐形充实，即由贵国独自组设之参谋团配备工作，并可扩大以贵国军事为主体，所以现在之参谋团范围，并不求其庞大也。

三、第一处陈光中处长报告：

关于预算，业与各方数度洽商，并已确定总额为一千二百万元，即依此数额编造各项预算书。所有重要法规均将草拟竣事，容待详细整理，再行汇送影佐机关参阅。

乙、讨论

一、铁肩队（输送队）与军事作战上有紧密之连系，务求灵活迅捷，决由日方负责配备，不必另行组织担任。

二、召集清乡委员会首次会议，临时地点拟借颐和路三十四号汪委员长官邸，并于最近期内举行，确期容请示决定。

三、各项工作人员训练之地点，查苏州现有相当之房屋，可容一千五百人至二千人，惟基干人员仍宜在京训练，以谈话会方式举行之，故房屋不论在京在苏，均属需要，以便分别训练。

四、各项工作人员训练之类别如左：

1．谋略部队　约五百人（特工总部办理）

2．调查人员　约一百人（特工总部办理）

3．政治工作团　（宣抚班）约三百人

4．特种教育师资　约二百人

5．地方行政人员　约二百人

6．民众训练工作人员　约二百人

以上至少共需一千五百人。

五、下次谈话会日期临时再定。

丙、散会　五时散会

附录同月十五日商讨各要项如左：

一、组设法规编审委员会，以专事编撰及审查各项法规事宜，指定汪曼云、陈光中、余百鲁、唐生明、唐惠民、马啸天、戴英夫、包志超等八员为委员，并由汪副秘书长曼云召集，每逢星期三、六两日各开会一次，遇必要时临时召集之。

二、清乡委员会对省政府既以命令行之，应咨请行政院令饬该省府遵照。

三、本会正式成立日期，请示汪委员长决定之。

四、设置招抚编练委员会。

五、现在划定第一期清乡地区，即沿京沪铁路之北，计太仓、昆山、常熟、吴县、无锡、江阴、常州、丹阳、镇江、扬中等十县。

〔汪伪清乡委员会档案〕

汪伪公布修正清乡委员会临时组织大纲

（1941年6月11日）

第一条　国民政府为积极办理各省市清乡事宜，特设清乡委员会为最高指导机关。

第二条　国民政府授权清乡委员会，关于清乡区内之军政事宜得迳为制定法规，发布命令，或咨商行政院暨军事委员会，分别执行之。

第三条　清乡委员会设委员长一人，由军事委员会委员长兼任之，副委员长二人，由军事委员会常务委员一人及行政院副院长兼任之。

委员十人至十六人，由关系军、政各部、会长官及当地省政府主席兼任之。

第四条　本会处理及审议事项如左：

一、关于清乡军、政法规之制定事项；

二、关于清乡设施之各方联络事项；

三、关于清乡区域之划定事项；

四、关于清乡区内行政设施之指导监督事项；

五、关于清乡实施军、警部队之指定派遣事项；

六、关于招抚事项；

七、关于军警部队之给与事项；

八、关于保安队、警察之设置及保甲编组事项；

九．关于清乡区内特种教育及民众训练事项；

十、关于建筑碉堡事项；

十一、关于交通、通信、运输事项；

十二、关于封锁匪区事项；

十三、关于清乡区内经济统制及经济建设事项；

十四、关于清乡军、政方面之人事调整事项；

十五、关于清乡实施经、临各费之筹措及预算、决算之审核事项；

十六、关于兵器、弹药、器材、粮秣之补给及工事构筑等事项；

十七、委员长发交审议事项。

第五条　为执行清乡区内之政务及统率指挥保安队暨警察，得分区设置清乡督察专员公署主持办理之。清乡督察专员公署组织另定之。

第六条　清乡区内军队之指挥调遣事宜，得设参谋团计划之。参谋团组织另定之。

第七条　本会设秘书长一人，承委员长之命，副委员长之指导，处理会内事务，副秘书长一人助理之。

第八条　本会设左列各处：

一、第一处承办总务事项；

二、第二处承办政务事项；

三、第三处承办军务事项；

四、第四处承办社会福利事项；

五、会计长办公处承办会计事项；

各处组织另定之。

第九条　本会因事务上之必要，得聘用参议、咨议及设置秘书、专员、服务员。

第十条　本会于必要时得设各种委员会。

第十一条　本大纲自公布日施行。

〔汪伪清乡委员会档案〕

汪伪清乡委员会第一次会务会议记录

（1941年6月18日）

日期　三十年六月十八日上午十时

地点　本会会议室

出席者　李士群　汪曼云　陈光中　余百鲁　唐生明（萧祐承代）　彭　年　何廷桢　唐惠民　马啸天

冯 节 张炳康 曹慎修 朱浩元 卜 愈

列席者 黄山崖

主席 李士群 记录 王一鹏 管元春

甲、报告事项

一、主席报告

本会兹举行第一次会务会议，所欲为诸同志告者，本席前奉最高领袖手谕，派至本会驻苏办事处处长，兹已定于本月二十三日赴苏，本会各单位负责同志及大部份办事人员亦均须同时前往工作。盖本会在京工作原约可分为两大部门：一为各种清乡法规章则之拟订，以为发号施令之准则；一为各种干部人员之训练，以为推行实际工作之需要。今后为实施第一区清乡计划，故前项驻苏工作实甚重要。本会原系新设机构，工作紧张，事所必然，关于训练工作，有于五六个月以前即已筹办者，有早已办理在一年以上者，其地点分布蚌埠、苏州、杭州、上海及南京各处。大致一般训练以在上海、苏州、南京为主，上海方面系属军事训练，受训人员均为各军部队之旅团营长，盖因时制宜，上海方面既有现成房屋，配合较易，且友邦方面亦正同样施训，彼此交换训练，事功易著。惟训练时间甚暂，约为一星期。至教育方面之特种师资及区长、乡镇长训练，则在南京举行。又封锁工作人员将在苏州训练，此项封锁总办事处等组织原均根据友邦要求，故本会同志今次调苏，友邦关系方面亦同时前去，如军事顾问梅机关及十三军干部等，已定本月二十、二十四等日几均全部迁苏，本会在京亦只留少数办事及训练人员而已，其工作紧张，概可想见。

本会在此紧张工作之中，务须遵照最高领袖之训示，对外谦恭自重，对内和睦负责。此次清乡计划，无论军略、政略，原均由我方决定，以供友邦方面采择施行，我人为国宣劳，自当负责。本席承领袖之命，尤绝对以和睦为前提，所愿与诸同志协力迈进，惟竞争乃人之常情，因此人事纠纷势所难免，尤望诸同志各以国事为重，勿以意气相斗争。我最高领袖又尝训示清乡委员会，为军事机关只有绝对服从，今我人既均为最高领袖之忠实信徒，自必仰体训示，和衷共济，至于负责，无论成功失败，尤应始终负责到底。本席负责清乡，曾就各方面力量详加估计，经一年余来之苦心计划，以为付之实施，定必成功无疑，遑论尚有友邦之协助，即我自身力量亦可应付裕如。盖我人今以三个师团之兵力，第一步先从事围剿苏州、太仓、昆山、常熟四县之数千匪类，张以电网，围以堡垒，有金汤之固，无失败之理。此后更逐步推进扩展，清乡工作之完成，实不难指日而待。此次清乡工作，十分之三为军事力量，十分之七在政治工作，盖政治固须军事扶植，而军事发展实有赖政治感化，唯望诸同志同心协力，完成使命，有厚望焉。

二、和平义勇队马队长啸天报告：

谍报团部队已定本月二十二日赴苏训练。谋略部队共十二小队，每队有日宪兵十二人，亦定明日开拔赴苏，每一小队以三十人为一组，与日军同赴清乡区域工作，该三十人中各设翻译一人。

三、民众训练委员会唐副主任委员惠民报告：

民众训练工作人员干部训练班已于本月十六日与师资训练班同时开始办公，最初报到者计九十八人，至昨日止共到一百八十人，因已超过额定数目，故昨已去电各处请予停止保送。至各学员资历，类多曾受军事训练，有曾充军职者，有历任区长、科长职务者，以一般论，质素上似尚整齐。训练时期拟至六月底止，训练课目除清乡智识外，关于保甲常识因各员本身已经具备，拟予简单讲述，并多予解释实际问题，因此辈学员一旦回归各地，即须负起训练民众之责也。同时课余各种小组研究，亦均已规定，似此二周以后，各员回归现地工作，对清乡概念可谓已经具备，惟各员程度终究难免参差，兹拟分作二班，一班于六月底送往苏州，一班则延长二周，此盖就事实所需，与其因人多而闲散，实不如多予训练之为愈。又政治及文化测验，亦已举行三次，正备统计呈会中。

四、第一处陈处长光中报告：

(一)各处呈请派委人员虽归各处主管负责，但于呈准派委之后，应即通知第一处登记，因此项人事登记至属必要，否则第一处实感办事困难（附办理人事各种手续说明及表格）。(二)各委员会训练班等原由各该会主办，但如有困难，第一处可随时协助之。(三)本会各级职员任用办法，今已呈准，略有变动，此后各处如需向各机关调用人员，应即通知第一处，由本会备函向应调各员原服务机关请予调用。(四)食米问题刻正与粮食管理委员会交涉中，惟此项食米乃专供本会各低级人员之用，高级职员实难以设法。(五)关于本会各级职员俸薪等级，本席以为调用者似可照一级薪额支给津贴，专任者则支二级薪，因调用人员津贴为数有限也。

五、特种教育委员会卜委员愈报告：

特种教育委员会所办之师资训练班，原定学额为二百人，已于本月十六日开课，报到者计一百八十人，昨日增至一百九十人，因程度不齐，特分为三班，其中有初中毕业者，有高中未毕业者，亦有曾经师资审查合格者，但均任事有年，且十之七现在均有职务，刻均在受训中。训练时期定为三星期，每日授课六小时，每三日举行讲演及课外实习。其他各地方特殊情形，则尚待详细调查，以便将来可以分配工作。

六、宣传委员会冯主任委员节报告：

宣传委员会现已开始办公，地点在宁海路三十五号，内部组织均已就绪，人员大多向中央宣传团远东剧团及政训部建国剧团调用，拟组宣传队十大队，每队分十二分队，另设流动宣传队一队，大约七月以前均可组织完毕，出发工作。其他电讯方面亦已与中央电讯社拟定合作办法，派员至各地担任通讯，以便前后方消息之联系。又宣传部最近拟发动清乡宣传周，除由宣传部主持办理外，宣传委员会人员将全部参加，以扩大宣传。

七、何会计长延桢报告：

会计长办公处内部组织计分三科，一科掌稽核；二科掌会计；三科掌出纳。其组织与以前军政部会计长办公处似略有不同，惟现在本处对于审核预算因原案均甚简单，一切情形不尽明瞭，于稽核增减殊感不易着手。又如各种组织，如谋略部队等章则系统隶属等等亦均因无从查考，难期尽悉，希望诸同仁加以注意。

八、第四处彭处长年报告：

第四处工作人员大部系属调用，明后日可全部到处办公，名单即可呈会。

九、第二处余处长百鲁报告：

第二处开始工作已一月余，其间主要工作为各种法规之拟订，现在清乡督察专员公署组织规程已奉核准，清乡地区行政会议亦已结束，惟该会议因筹备急促，不免舛误，所幸到会人员极为踊跃，结果尚称圆满。又干部工作人员训练，本席奉命兼任教育长，关于乡镇长训练，亦已发出通知，先从苏州、昆山、太仓、常熟四县办起，各受训人员约二十日均可到京。

十、经济设计委员会朱副主任委员浩元报告：

经济设计委员会工作正在进行中，现已派员分赴苏州、常熟、昆山调查，以后本席尚拟亲赴苏州，与江苏省政府各厅接洽调查。

十一、第三处报告：

(一)关于招抚整编工作，本会已成立招抚整编委员会，所有主任委员及各委员亦已由会分别令派及聘任。(二)清乡区域内参加清剿各部队，已由会汇表转函日军登部队查照。(三)清剿部队各级军官训练，已限于本月十四日前赴沪报到，本处并已会同参谋团派员赴沪主持办理。(四)清剿区域内日方所委地方自卫团、警卫队等，已由会函请友邦梅机关、驻沪登部队长交还本会统筹改编。(五)计划设立军事训练班，计军官队一，军士队一。(六)绘制各种碉堡构筑图样。(七)计划设立军械库。(八)草拟招抚整编委员会组织暂行规程等各种法规，共计十七种。

乙、讨论事项〔略〕

〔汪伪清乡委员会档案〕

汪日签订关于苏州地区清乡工作之日华协定

(1941年6月18日)

一、日本方面关于清乡工作计划指导之最高指挥官为登集团司令官，中国方面最高负责者为清乡委员会委员长。

二、日本方面主在担任关于作战及封锁事项，中国方面主在担任政治工作

三、清乡委员会委员长将用于清乡工作之属下华方军队，并直接担当构成封锁幕之保安队、警察、其他武装团体，在清乡工作实施期间，使受登集团司令官之指挥。并且在清乡区内，其余中国方面保安队、警察及其他武装团体，关于作战及警备上，使受当地日军之调遣。

四、登集团司令官依据上项规定，在其指挥下之中国方面军队等用于作战及封锁。

中国方面军队等当开始时加入日军中工作，逐渐集中于各方面，及至能担任独立任务，日本方面负工作上所需之训练。

五、关于作战及封锁之经费，日华双方各自理之。但筑城及交通设施材料费，由日本方面担任，中国方面军队等之卫生费、

运输费及日军宿舍费由中国方面负担。

六、对于中国方面之军队、保安队、警察及其他武装团体之弹药补充，由日军担任。

清乡委员会尽速将上项弹药返还日本军总司令部。

七、封锁上必要之筑城其他设施及清乡区域内之通信、道路、水路等整备，在日军指挥之下由中国方面担任之。

八、中国方面军队如需要时，则保安队所需粮秣，为灵活补给并减轻民众负担起见，以主要食粮及加给品为限，可由日军尽量援助补给。

此时清乡委员会应将其实际所费（包含运输费)，付给日本军总司令部。

在日军指挥下之中国方面警察所需之主要食粮亦准此。

清乡工作中之中国方面军队等伤病者由日军尽力收容。

九、中国方面军人等如有非法行为须处罚者，除特别紧急场合外，日军不能自行处罚，而由中国方面处断，尽速将处断结果通知日本方面。

十、中国方面军队等，在清乡区内捕获间谍或俘虏时，由中国方面处理，而通知日本方面。日本方面捕获间谍或俘虏等，由日本方面作必要之处置后，以引渡中国方面为原则。

> 登集团军　参谋长
> 清乡委员会秘书长
> 〔汪伪清乡委员会档案〕

汪伪公布清乡委员会征募条例

（1941年7月4日）

第一条　国民政府清乡委员会为统筹办理清乡各部队征募事

务起见，特制定本条例，以资遵守。

第二条　各清乡部队因事实上之需要，得设立征募处，办理征募事宜。

第三条　各清乡部队设立征募处，须呈报清乡委员会核准备案。

第四条　征募处之任务如左：

一、订定征募计划；

二、实施征募；

三、士兵伕之检验及运送；

四、征募经费之出纳；

五、征募实况之报告。

第五条　征募处设主任一人，征募委员若干人。

前项人员由各该部队最高长官任命之，呈报清乡委员会核准备案。

第六条　征募数额由各清乡部队依事实上之需要决定之。

第七条　征募实施时，为征募便利计，得请该地行政官吏协助之。

第八条　征募人员假藉名义扰乱人民者，依陆海空军刑法处罚之。

第九条　征募士兵伕须适合左列各项之资格：

一、年龄在十八岁以上三十五岁以下，粗识文字者；

二、身体强壮者；

三、品行端正，未犯刑律者；

四、有确实保证者。

第十条　征募经费由各该部队核发之。

第十一条　本条例如有未尽事宜，得随时以命令修正之。

第十二条　本条例自核准日施行。

〔汪伪清乡委员会档案〕

汪伪公布清乡委员会清乡地区军事征发法

(1941 年 7 月 4 日)

第一章　总则

第一条　清乡部队于战争发生时或将发生时，为军事上紧急之需要，得依本法征发军需物品。

第二条　征发军需物品须确为军事上所必需者，及应征人所能供给而不致妨害本人及其家属之基本生活者为限。

第三条　征发物以征发区域或应征人现有者为限。

第四条　外国人之财产除条约另有规定外，得依本法之规定。

第五条　军事征发权限于左列各长官行使之：

一、国民政府清乡委员会委员长；

二、清乡督察专员；

三、担任清剿各部队之师长、独立旅长。

第六条　军事征发应视征发标的之性质，人民之便利，及地方之供给力量，划分区域行之。

第七条　实施征发之时期及区域，由清乡最高机关以命令决定之，但遇战机紧迫不及由其决定时，有征发权限之长官得先行决定，呈请补行核准。

第二章　征发标的

第八条　左列各物除本法另有特别规定外，得征发之：

一、弹药、枪炮、电信器具、材料及其他作战之工具；

二、粮食、饮料、饲料、燃料及烹饪器具；

三、军用服装及服装材料；

四、卫生、医药之器具及材料；

五、军事上所必需之房屋及仓库；

六、车辆、船舶等交通用具；

七、可供军用之工厂；

八、医院。

第九条　左列各款非在战争紧急危难之时，而确有征发之必要者，不得征发之：

一、政府及自治机关使用之场所、建筑物及执行职务所必要之物；

二、消防机关及地方公用机关使用之场所、建筑物及执行职务所必要之物；

三、文化机关及教育机关之场所、建筑物及执行职务所必要之物。

第十条　左列各款绝对不得征发之：

一、外国使馆、领事馆及其所属人员之财产；

二、慈善机关使用之必要场所、建筑物之设备；

三、该区域中人民生活上所必需之物品；

四、应征人职业上所必需之物。

第十一条　有征发权者对于征用标的，得视军事上之需要，为左列之处分：

一、使用；

二、其他军事上之处分。

第十二条　征发左列各物时，得一并征发其操业者：

一、车辆、船舶之驾驶人及技术人员；

二、可供军用工厂之工人及技术人员；

三、医院之医士、看护士及司药。

第三章　征发程序

第十三条　征发由有征发权者签发征发文书，交付于清乡地区内行政长官，由该行政长官酌量地方之供给力，实施征发。

第十四条　应征人无正当理由拒绝或怠于交付征发物时，得强制执行。

第十五条　有征发权者收到或占有征发物后，应立即填发受领证，由该地行政长官转交与应征人收执。物主或占有人于实施征发时，不在征发地者，其受领证由该地警察机关或自治机关留行保管，并应立即通知物主或占有人。如无法通知时，得登报纸公告之。

第十六条　清乡地区之行政长官受委托办理征发事务者，或应征人如认为不当征发，或征发不合法定手续，得向有征发权者请求纠正。

有征发权者不为纠正时，办理征发事务之行政长官或应征人得向清乡最高机关提起诉愿。

第四章　赔偿

第十七条　应征人之物品因征发所受之损害，除本法另有规定外，应赔偿之。其损害之赔偿，以现实直接者为限，赔偿金额依据征发物之法定标准价格定之。

征发物若无法定标准价格时，则由应征人及有征发权者，或征发区域之行政长官协议定之。

第十八条　依第十二条被征发之操业者，应按其征发期间之薪金标准，给予相当之代价。

第十九条　对于左列各款之使用，除有重大损坏或减少价值之情形外，不得请求赔偿：

一、无建筑物之空地；

二、牧场；

三、森林。

第二十条　应征人对于赔偿金额认为不足时，得向军事征发评定委员会声明异议。

军事征发评定委员会之组织另订之。

第五章　处罚

第二一条　应征人无正当理由而拒绝或怠于应征者，处二月以上，一年以下之拘役，或一百元以上五百元以下之罚金。其教唆犯亦同。

第二二条　清乡地区之行政长官受委托办理军事征发事宜，滥用职权查明属实者，处一年以上，三年以下之徒刑。

第二三条　有军事征发权者滥用职权，藉端扰民者，按犯罪事实之轻重，依陆海空军刑法处罚。

第二四条　依第二十一条处罚者，由普通法院审判之。

第二五条　依第二十二条处罚者，由清乡最高机关审判之。

第二六条　依第二十三条处罚者，由清乡最高机关组织高等军法会审审判之。

第二七条　非中华民国国籍之清乡部队长官有征发权者实施征发时，滥用职权查明属实者，得由清乡最高机关开具事实，照会该部队直属长官处罚之。

第六章　附则

第二八条　本法施行期间及区域，由清乡最高机关以命令行之。

第二九条　本法于呈准后公布施行。

〔汪伪清乡委员会档案〕

汪伪公布清乡地区交通管理暂行规则

(1941年7月13日)

第一条　凡清乡地区封锁线之交通管理，依本规则办理之。

第二条　本规则所称移动封锁线，系由所在地日本军最高指挥官指挥下之日、华诸部队担任之；关于固定封锁线之封锁事务，由中国方面封锁办事处所辖之各检查所担任之。但对上列管理事务，由日本军指挥之。

第三条　为严密清乡地区与该地区外交通封锁起见，凡出入封锁线内外之人，一律受大检查所之检查。但规定检查所以外之交通一概禁绝。

第四条　封锁线之通行除左列以外一概禁绝：

(一)携有军队及日华双方所认可之特别通行证者；

(二)清乡地区内之良民持有乡镇长所发给之旅行证及良民证者；

(三)住于封锁线内侧邻近之乡镇良民，持有该乡镇长所发给指定通过检查所之良民证者；

但此种乡镇应由日本军指挥官规定之，封锁线外侧邻近乡镇之良民，亦得按上列办法处理之；

(四)封锁线以外之良民为乡镇长或自治公共机关确认为有正当性者及归乡者，但当通过时，大检查所对于前者发给指定归着地点之期限旅行证，对于后者发给归乡证；

(五)交通从业员及公务员等持有封锁总办事处或特别区封锁办事处所发给之身份证或特别通行证者；

(六)确系江岸之渔民，而持有乡镇长所发给之指定通过检查所之渔民证者；

(七)日本人及第三国人持有该国官宪所发行之身份证者。

第五条　合于第四条之二、四、五、七项者，限在大检查所通行之。

第六条　适合第四条第一项者，当离开封锁线时，其所持有之特别通行证原则上当寄存于该检查所，不得携出封锁线外，待归还时由检查所发还之。

但归还时，自不出发之检查所归还者，必须有上级长官之职印证明，自得将该证携行出外。

第七条　通行者乘用或带同之汽车、船舶、马车、自行车等，必须经过登记手续。

但从封锁线外来之未登记车辆，须领取鉴札，此于归还时仍行返还之。

该车马、船舶之同行者，除被特别认可者外，限在大检查所通行之。

第八条　在所定检查所以外之封锁线，交通一概严禁之。

第九条　除有日本军指挥官之特别规定外，于封锁线附近之夜间交通一律禁止。

第十条　凡违反本规定之交通者，依封锁监察及赏罚等规定赏罚之。

第十一条　本规则于指定清乡地区适用之。

第十二条　本规则自公布之日施行，如有未尽事宜，得随时修正之。

〔汪伪清乡委员会档案〕

汪伪公布实施清乡地区物资统制及运销管理暂行办法

（1941年7月15日）

一、凡清乡地区物资运输统制一切事宜适用本办法之规定。

二、凡封锁线内（以下称境内）物资运输及运入运出之统制，除自用日用品及少数自用物资外，悉依本办法处理之。

三、左列各项为绝对禁运品，禁止人民在境内运输或运出运入：

1．枪械弹药；2．火药及其原料（但经硝磺局许可者不在此限）；3．阿片及麻醉药（但经戒烟局许可者不在此限）；4．其他由于协议特别规定之绝对禁运品。

四、左列各项物资凡在境内运输或通过封锁线，须有统税、盐税或其他中央捐税之纳税证明书，或统税局验讫印花或盐务局之运销许可证。

火柴、洋灰、棉纱布匹、烟草、酒、汽水、酒精、盐、面粉、其他应缴中央捐税之物资。

五、左列物资由境内口岸载运出境或运往上海，须申请清乡督察专员公署发给原产地证明书，并由登集团司令官指定之许可机关"支那派遣军总司令部第七号上海出张所"依据该证明书发给规定之许可证，方准载运出境。申请书式样另定之。

1．金属矿石；2．米、小麦、面粉、豆类；3．棉花（包括废棉）、茧；4．麻及麻制品；5．牛、猪、羊；6．鸡蛋及鸡旦制品；7．猪鬃、禽毛；8．肠衣；9．茶；10．桐油；11．生丝及废丝；12．烟叶；13．皮革；14．空瓶。

六、左列物资由上海载运入境，须申请清乡督察专员公署发给实需证明书，并由登集团司令官指定之许可机关支那派遣军总司令部第七号上海出张所依据该证明书发给规定之许可证，方准由上海载运入境。申请书式样另定之。

1．前条所列物资；2．机器；3．肥皂；4．石油、重石油、汽油；5．木材；6．火柴、蜡烛；7．盐；8．烟草；9．食用油；10．棉纱、布匹及棉织品；11．绒线、毛织品；12．人造丝、人造丝织品；13．糖；14．药品、颜料、医疗用工业试验品。

七、一切物概禁止运往非和平地区，但经特许者不在此限。其办法随时另定之。

八、左列物资运往上海以外及封锁线外之和平地区，须向清乡督察专员公署申请发给运销护照：

1．米、麦、面粉；2．牛、羊、猪；3．蛋；4．棉花；5．茧、生丝及废丝；6．棉纱、布匹及棉织品；7．盐；8．石油、汽油；9．烟草。

九、关于境内物资移动及通过封锁线物资运出运入之事宜，由清乡委员会主管机关及当地军警、税卡等会同日方驻军办理之。

十、凡物资通过封锁线，须受查验机关之检查。

十一、本办法得于必需时修正之。

附则　本办法所称清乡区域之范围另定之。

〔汪伪清乡委员会档案〕

李世庸拟清乡计划原稿①

(1941年11月1日)

一、序言

和平反共建国为救民族兴东亚的基本国策，所以非肃清共匪之破坏阻梗力量，不能奠定建国基础；非巩固局部和平，不能促进全面和平。于是清乡工作既提到实行和平反共建国兴亚的初步日程程序。看出此种工作最为艰巨，非为一村一乡之工作，实为全国之工作，非为短时间之工作，实需相当时日也。

所以计划必要周详，动员必须多面。余写计划时清乡工作已开始施行三月，想高论谠言，已为党国领袖所发挥无遗。余来也晚，且学术荒疏，仅就办法方面，概括论列。

(一)清乡对象

清乡不是撵老百姓，而是清除扰害老百姓的败类。其败类大约可提出三部份：

1．共党：共党是奉行第三国际使命，违反民族利益，危害中国，扰乱农村，破坏东亚合作的唯一之大敌。

_____

① 此稿缺结论部份。

2．土匪地痞：自七七事变之后，土匪地痞到处利用抗战美名，厉行抢掠勒索之实，骚扰农村，同"共匪"沆瀣一气。

3．新旧土豪劣绅：为国民革命应打倒之对象，其平居操纵村政，鱼肉乡民，钻营权势，藉为自私自利之图，制造农村黑暗。

以上农村三害，互相串通，应一扫而廓清之，始能奠定新政治之永恒基础。

(二)先决问题

清乡工作是繁难持久的工作，不能浅试辄止，所以得顾虑到以下先决问题：

1．充实财力，否则中途拮据，事事受顿挫。

2．事权统一，否则不能主动机动，遇事掣肘，容易贻误事机。

3．武力充实，否则兵不经练，弹药不济，人数不足，实不能摧毁恶势力，而顺利的完成清乡使命。

4．干部调整。干部决定一切，干部是领导执行任务的中坚份子，故无健全干部，则任何良好政策皆不能圆满的完成。

5．与友邦密切联系，共同协力，始得弥补我们新建军之弱点。

(三)军事问题

1．指挥统一，始能主动机动，有得心应手之妙。

2．编制配备。编制要庞大而整练，或短小而精悍，配备要因时因地因人因事而制宜，不必拘于成规旧法。

3．战略战术。我占据交通城镇，则应采用攻击战、防守战、闪电战、包围战等战略。至于稳扎稳打，步步为营，均为佳妙之战术。以后另有政策以申述之。兹从略。

(四)政治问题

关于政工人员最低要做到以下各点：

1．不贪污，不腐化。

2．不扰民，不害民。

3．能奉公，能守法。

4．能组织，能训练。

如此则弊绝风清，政治廉明，人心归向，而乱源永绝矣。过去政治腐败，压迫人民生活，也为造成"共匪"、地痞、豪绅等之大动乱的一主要原因。

(五)经济问题

经济与老百姓成为血肉相连的密切关系，况战后农村如涸辙之鱼，待水滋润，修养生息，尤待扶持。

1．如物产之开发，劳力之利用，资本之流通等。

2．各种合作制度之推行。

3．金融之调整。

(六)教育问题

1．恢复已有教育机关。

2．设立新教育（以教、学、做一致为主体，不偏于劳心或劳力）。

a．各种短期训练班。

b．平民校(包括男女成年人)。

c．半日校　（农隙讲学，或报告生产经验和时事问题，以启

d．夜校　　民智)。

e．轮回识字班。

以上军事、政治、经济、教育一齐动员，治标治本，兼筹并顾，方能收事半功倍之效果，获一劳永逸之成算。

不过清乡中心工作，首重军事，军事如不能开拓，其他一切皆无从设施。清乡对象，首在"共匪"，如"共匪"清除，则其他跳梁小丑皆消声匿迹矣。所以以下所陈四大政策，仍以军事为主，以新四军为显明对象。

(七)囚笼政策

"共匪"占领广漠之农村和荒野之僻地，有流氓地痞为之爪

牙，耳目灵通，此击彼窜。如隔断为大块小块，则成笼中之囚，行动拘限，然后分区扫荡，使内少逃窜之机，外乏援救之力。分割办法：

1．凡铁路两傍皆筑沟壕。

2．交通要冲，皆设堡垒。

3．集中河道两旁之船支，以便统制。

如此设备成功，我有瓮中捉鳖之易，而彼无此击彼窜之便，或分进合击，或各个击破，均有得心应手之妙。

（八）堡垒政策

这是稳扎稳打步步为营之插钉政策。这是共党得意之作的游击战术的死对头。因为共党缺乏飞机、大炮和子弹之补充，对于攻打堡垒最感头疼。兹将堡垒之功用，分别提出：

1．使"共匪"的行动受拘束，在夜间行动也不方便。

2．可作为前进之阵地。

3．可作为交通之距点。

4．可作为政治工作、宣教工作之集合修养地。

5．可作为合作事业、物资交易之贸易场。

6．可以镇压附近居民，对堡垒成为归心力。

7．可以使敌方精神不安，挫其锐气。

守堡垒之注意：

1．夜间"共匪"围攻时，切勿出击，延至天明，彼必自退。

2．与后方堡垒交通，要保持联系。

3．白天巡视堡垒附近有无沟、坑，以防地道袭击或埋地雷。

4．清除堡垒附近之一切引火物。

5．堡垒内之人口，要严格登记，有生客来要立时报告，以便检查。

6．附近食粮集合在堡垒内，免被夺取。

每以堡垒筑成之后，在二十里地内实行保甲编练，户口调查，领发居住证。一切宣抚成功后，再以大兵力压迫前进，至相当地点再行新建堡垒，完成后留少数兵力即可据守。如此步步前进，而敌方之活动范围日窄，民众离心也越强，我之成功信心也增高也。

(九)封锁政策

完成战争的任务，要摧毁敌方兵力，涸竭物资，挫败其意志，而封锁政策，即能协助完成以上大部份之使命。

1．物资封锁：

a．检查车站及水路码头，至水路船舶统行登记，至夜间均须集合在附近据点处。

b．检查城门及夜间城墙及流水沟之走私活动。

c．统制物资，凡医药、化学品及日用必须品等，对购买人要索居住证及原商号之证件（指大批）。

d．各要冲酌设临时检查所。

2．情报封锁：

a．凡军队番号、人数、配备均保持秘密。

b．军事行动迅速而秘密，非至出发之当时，不能向士兵宣布目的。

c．行动要少动员民伕，以免透露消息。

d．在公共场所，戒饬军人不得谈论军情。

3．军事封锁

a．在水陆重要交通线，分段动员附近保甲之壮丁，站岗放哨。

b．夜间各岗位设置联络灯号及警钟。

c．夜间在各封锁线之远距离处，设一守犬，以补人力之不足。

d．夜间在各要冲临时添派步哨，以防"共匪"乘隙窜扰，昼撤回。

(十)剿抚政策

善用兵者，主张攻城为下，攻心为上。况此次清乡之对象，虽有"匪共"之外形，实具胁迫盲从，地域之拘限，环境之刺激等等不得已之内容。故应剿抚兼施，恩威并用。以武力临之以威，以宣抚怀之以德，则心悦诚服，永止乱萌矣。

1．关于剿伐：

我据有交通及物资丰富之市镇，士兵之营养，弹药之补充，均属好过敌方，况有友军之飞机炮火等优势为之协助。根据此种优越条件，宜采取全能战术，正以打击对方之游击战术。全能战术之基本概念：

a．缜密计划。

b．突然发动，出其不意，攻其不备。

c．出奇制胜，善守者敌不知其所攻，善攻者敌不知其所守。

d．集中攻击，打击最弱之一环。

e．兵力胜过对方，出动具压倒之势。

不战则已，战必决心，须致敌人歼灭或消弱而后已。至行军驻军之注意：

a．注意警戒左右翼之便衣游击队。

b．注意废墟中之地雷，并防阴雨大风中夜袭。

c．进人家时，注意门上所系之手榴弹。

d．注意宿营附近有无暗沟，以防夜袭。

e．注意监视残留之老太婆、妇女、儿童为敌人之侦探。

以上系敌人惯用之技术，故特别提出。余属军事常识，不再赘言。

2．关于宣抚

国民之为匪好乱，半由于政府领导治化不够，半由于环境教育之不良。古人说："苛政猛于虎"，今当为政以宽，始得收拾人心，与人以改过迁善之机。所以宣抚为清乡治本之办法：

a．宣传国策，假如人民知道不亡国，有饭吃的策略，必不致轻掷生命，铤而走险，所以宣传使之知道，进至信仰。孔子说："不教而杀为之虐"。

b．宣传方式方法，要多搜集对方事实材料，列为讲话、文字、漫画、戏剧、诗歌等之活泼内容。文字要注意浅白通俗，使平民易于消化。

c．赈济农民，如在战场中所得敌人之公粮，分配给贫民，春耕时贷款或种子，或办理合作社，供给以廉价之必需品。

〔汪伪行政院档案〕

汪伪江苏封锁管理处与日方集会计议
清乡地区封锁事宜记录①

（1942年2月12日）

主席报告：

自清乡机关与省府合并后，召开封锁会议，此系第一次。关于此次何以召开会议，其目的有二：一、第三期封锁工作方针之决定；二、封锁工事所需材料（竹篱）征集办法之商决。第一点，本处现已编就第三期地区封锁机关展开及工作要领，分发各位请详加检讨；第二点，当由在坐友邦清乡特务机关代表提出意见，共同讨论。至于本处成立一月以来的工作经过，可分四点提出报告：一、机构之改革；二、人事之调整；三、业务之改进；四、第三期工作之准备。以上四点详情，请参阅本处制成之工作

---

① 此系节录自《江苏省封锁管理处第一次封锁会议记录》。会议主席为张北生，出席者日方代表2人，伪方包括各县县长及各封锁管理所长等共23人。

报告。更有进者，过去封锁人员之工作效力，尚有未能尽量发挥之处，并且往往发生不正当行为，或渎职舞弊，或藉故留难，是则希望在坐各县管理所长嗣后应严加督率，务使过去缺憾，不再发现于未来。况今后第三期实施封锁，因封锁线推展至太湖边沿，故其工作较诸第一、二两期尤为困难，是则应由在坐各位加倍振作精神，严厉执行。本人希望各封锁工作人员以清白之态度，坚决的毅力，来推进工作，庶几可以完成重大的使命。

省政府代表致训词：

今天是江苏省封锁管理处首次召开封锁会议，本人奉命代表出席，非常幸快。今天上午，封锁业务训练班举行毕业典礼，接着下午就开封锁会议，足见封锁当轴努力之一班。封锁业务可说是清乡工作的基本工作，封锁不能严密，清乡难期成功，这意义是很明显。过去第一、二两期封锁业务，已在张兼处长领导之下，成绩斐然。现在第三期封锁正在展开，因为第三期清乡地区滨接太湖，所以封锁工作较诸一、二两期尤为困难，是则更须在坐诸位在张兼处长领导之下，加工努力，庶几能与第一、二两期同样获得圆满之收获。此次会议对于今后实施封锁之计划方案，及应如何改进推进之处，提案颇多，本人代表省政府希望在坐各位，各纾意见，详加检讨，将来根据议决案努力做去，则封锁前途可以乐观厥成矣。

梅机关椋木先生致词：

封锁业务，现已与清乡工作一并归省政府办理，兹就本人对于今后实施封锁之要点，作一简单之报告：（附绘简图）第一、二两期封锁工作，业已完成，至第三期封锁，一俟日本军部队肃清工作开始后，即随之展开。第三期封锁线与第一、二两期封锁线，同样配置大小检问所，执行封锁。至第一、二两期之封锁线，除中间封锁线（苏州至福山段）俟第三期封锁完成后应予撤除外，其余并不变更。第三期实施封锁后，凡人民交通物资运输，仍照以前办法办理。第三期封锁线，日本军定于本月十八日开始构筑竹篱笆，全线长度约计三百公里，希望在坐各县长、各所长与日本军合作办理。夫封锁工作，譬之如玻璃之花房，玻璃之作用，能使日光透入而不使暴风雨之侵入，庶几花房内之花朵得以发育，本人希望封锁工作亦能发生如玻璃花房一般之作用，使清乡地区治安巩固，逐渐繁荣，是则全仗在座各位之努力矣。

特务机关代表田边先生致词：

现在第三期封锁工作即将展开，在展开工作前，首先集合工作人员，到达当地日本军部队，至是项部队，已先在各该当地等待，到达后共同配合成立大检问所。在此时间，民众往往因不明封锁法规，而致发生误解，所以首要工作，即为对当地民众宣传讲解封锁意义各种法规，尤其对于物资运输，更应确切晓谕。民众在此时期，如因不明封锁手续，运输货物，大检问所切不可轻易予以没收，应晓谕其运输手续，嘱令返回原地，按照法规办理。

此次第三期清乡展开前，日本军方面曾有利用河汊以为封锁线之动机，但研讨结果，仍以竹篱构筑封锁线为妥善，综计全线长度约三百公里，所需材料颇多，而经费有限，所以决定竹竿由各县当地县政府分向民间征集。所需竹竿数量，以一米须用十五枝竹竿，每枝长六尺计，共计吴县方面实需一百五十万枝，无锡方面实需七十五万枝，武进方面实需五十七万枝，江阴方面实需四十八万枝，昆太方面实需九十三万枝。但各地竹枝产量互有多少，兹根据各地产量，规定各地应行征集之数量，计吴县方面征集五十万枝，无锡方面征集 五万枝，武进方 面征集二十七万枝，江阴方面征集四十八万枝，昆太方面征集六十三万枝，其余不足之数，由日本军负责办理。以上应征数目，务请在坐各县长向民间征集，至开始征集日期及集合地点，可与当地友军接洽决定之。

〔汪伪清乡委员会档案〕

李士群检送关于清乡工作训令案暨清乡工作要领译件签呈①

（1942年6月6日）

窃查关于进展清乡工作训令案暨附件清乡工作要领，原系由日文移译中文，因是行文字句似尚不免可资斟酌之处，兹经重加校阅，略予修润，庶于原意既益明朗，而行文亦较畅达。理合检同修正本签请鉴核，以便遴派专员分发各个单位，以臻机密而昭妥慎，是否有当，仰祈核示祗遵。谨呈

委员长汪

附呈关于进展清乡工作训令案，并附清乡工作要领一件

职　李士群

进展清乡工作训令

（一）国民政府在本年下半年度，为刷新清乡工作计，同时将清乡地区扩张至苏、浙、沪各地，于长江下流重要地域，建设确实之理想区，以归一全国民心，而资巩固国本。

（二）清乡委员会秘书长必须刷新扩充苏州地区清乡工作，同时实施太湖东南地区第一期清乡工作，工作开始时期，预定为七月一日。

（三）浙江省政府主席担任太湖东南地区第二期清乡工作，须先有周到之工作准备，其工作开始，预定十月初。清乡工作期内，以划定之清乡地域直辖于清乡委员会。

（四）上海特别市市长对于辖境内必需清乡之地域，独立实施

---

① 汪精卫批："照修正办理。铭。6.7"

清乡工作，其一工作实施方法，由清乡委员会给与所需之援助，工作开始时期另定之。

（五）各地区清乡工作之实行方法，由各负责者根据附册内清乡工作要领为标准，择要详订统一计划之实行要领。

（六）清乡工作为中日军政之联合策划，各负责者对于工作之运用方法，应特别注意使日本军之军事设施与中国之政治建设，能紧密协力合作。

（七）关于经费及工作之细则，以清乡委员会命令另行指示。

民国三十一年六月四日

清乡委员会委员长　汪兆铭

附册

民国三十一年度下半年度清乡工作要领

第一　要旨

（一）中国方面担任政治建设，日本方面担任军事、治安，军事与政治之间力图一体化，以坚壁清野之方式，彻底肃清，并努力政、卫、养之一体化，以期政令能完全贯彻。

（二）在军事上，改除从来之高度分散配置式，根据划期划地法，采用鳞次形跃进式，逐次进展地域，划分工作。

（三）在政治建设上，须有周密之工作准备，然后与军事之进展密切并行，神速向重点跃进，因此先以确立官治为第一，其次则按自治、自卫、自生等之顺序，逐次决定各时期之重点而实施之。应特别注意国民精神之提高，及民生之向上。

（四）军事由日本军统一指挥，中国军警于清乡工作期内，临时配属于日本军，至工作终了后之治安确保，须预先强化练成中国军警及民众自卫组织，使能在日本军援助之下，由中国方面自行担任治安。

（五）关于政治由中国方面独自行之，但与军事须确保密切之协同，尤鉴于欲确立模范的政治，须注意清乡干部之训练，同时务求廉洁心之涵养。又须力戒政治之分权，并图各级责任者之健全，对政治负责者务使掌握地方武力，兼掌教化之权，使有强固之实行力。

第二　太湖东南地区第一期清乡工作要领

其一　地域　期间

（一）本工作称为太湖东南地区第一期清乡工作。

（二）本工作之地域，为苏嘉线以东（包括铁道线在内）、嘉兴以东之沪杭线以北（包括铁道线在内），至上海特别市西端境界，及周绕已清乡之清乡地域，即为包括青浦县全部、吴江县、松江县之大部，嘉兴、嘉善、昆山、吴县各一部份，其境界之概要如另纸附图〔略〕。

惟黄渡以西之京沪线（铁道线包括在内），以南之嘉定县一部份亦包含之。

（三）开始工作预定七月一日，约以三个月一概扫荡肃清，必须完成。至各种治安、政务、经济、建设等工作，应于本年底一概完成。

其二　军事

（一）开始扫荡剔除，同时实行清乡地域之外围封锁设施，防遏敌匪潜入，并剔除潜藏之敌匪及在内部之敌方工作人员，并利用机会覆灭封锁线以外之敌方策动根据地。

（二）沪杭沿线属于第二军之第十三师（师长丁锡三）为直接协力日本军参加作战，六月初旬左右向钱塘江南岸前进。

又在本清乡区域内之上海特别市保安队，须集结于上海特别市区域内。

（三）本工作期间属于第二军之暂编独立第六团（约一、三七〇名）及暂编独立第五团（约八五〇名）因参加清乡工作，暂由日本军指挥，应迅速集结一地，实行特种训练。

（四）应由清乡完了之地区转用江苏省保安队及清乡警察队各一部份之兵力，暂属于日本军指挥之下，从事肃清，俟工作进展后，经与日本军协议后，解除其指挥，归还独立任务。

（五）随肃清工作之进展，速组织民众自卫团（尤其是爱乡会），以地域内全民众总力，防遇敌匪潜入。民众自卫所担当之任务为警防（以监视、警戒、速报为主），不另给武器，专以发现报告敌匪之潜入为主，由军警及日本军实行协同训练以练成之。

（六）保安队及警察队应于开始工作时，即已准备练成为维持治安所需要之兵力，因此应在经费允许范围内，于开始工作之前即准备练成保安队、警察队之一部份。

（七）民众自卫组织及保安队、警察队与担任各级行政人员间之关系，毋使隔离，务使行政官能确实掌握，以图政治及武力之一体化，能全面贯彻至民间。

（八）有关军队及保安队、警察队之补给、给养、卫生、通信，由日本军协助，可按照苏州地区清乡工作之办法办理。

（九）关于封锁之要领及施设，按照苏州地区之清乡工作施行。

（十）清乡地域内之军队、保安队、警察队须严正军纪，使民众钦仰，此应特别顾虑之。

一切不得征发，须支付宿舍费。至日本军使用之侦探及通译等，倘有非法行为时，应不失时机通报于日本军，使民众能归依于中国军警之真面目。

（十一）为训练保安队、警察队，暂时接受日本方面之一部份干部之协助。

其三　政治

（一）本地域为清乡委员会直辖区域，由秘书长负责直接统辖．得设立嘉兴办事处。

（二）本区域内之嘉兴、嘉善两县，可合为一区，称为兴善特别区，按照一县办理。

（三）各县设立特别区公署，与县政府合为一体，处理该县内之行政、官吏、乡镇保甲长及各种政治工作员，以由其地域内选定之为原则。

（四）政治工作之进展，按官治、自治、自卫、自生之顺序，逐次决定各时期之重要点而实施之。

（五）为确立官治、须预先选定要员，于开始工作之前，应实施二十日至三十日之训练。在此期间，力图上下融和，务求能确实掌握。

准备应乎日本军之扫荡，能协力直接展开为要。

（六）鉴于确立自治各种工作之基础，须注意假托和平建国之份子，严密选定乡镇保甲长及其训练，勉励县长（特别区公署长）及区长等之结合，迅速确立保甲制度，调查土地及地契，并整理土地簿册，此等均为工作之重点。

（七）为确立自卫计，以民众警防组织为主，使服永续性之简易任务，同时置重点于监视设施之准备，及报告传达等之训练。

废止有薪给之自卫团，由民众全体组织爱乡会，为确立本工作，须与日本军密切联系。

（八）为确立自生，须普及教育，交易畅通，及赋税以平均负担为重要原则，并须注意掌握青年而育成之。

（九）为确立党务，以国民党为中心，将青年工作、社会运动、思想宣传等统一施行，须求一般政务内外之一体化。

（十）树立各种工作，须有统一计划，决定其基本细项，尤以与军事之紧密连系，每月须作成预定表，通达日本方面，以资遂行以政治进展为主体之军事。

（十一）特务工作，按照苏州地区清乡工作，情报希勿失时机，迅速送达日本方面。

其四　经济

(一)关于物资之搬运及其管理，以苏州地区清乡工作为施行标准，关于民众之便利尤应特别爱护供给之。

(二)限制物资之许可业务，除苏州外，并分派于嘉兴及松江，以资民众便利。

(三)关于由上海向本清乡区域之物资摊派及配给，按照苏州地区行之，但在指导上力谋增加，至中日有关机关，须密切连系。

(四)关于利用铁道，向本清乡区域外流动之物资，尽可自由，但必要时得取缔之。

(五)税务工作，在清乡工作开始时，同时展开，在下半期期得收获相当成效。

(六)关于合作社，以民生之向上及助成产业之发达为主体而准备之。

第三　太湖东南地域第二期清乡工作要领

其一　地域　期间

(一)本工作之地域，为嘉兴以东，沪杭线以南（铁道线不在内)，嘉兴以南，沪杭线以东，及围绕上海特别市地域，包括金山县、平湖县、海盐县，及嘉兴、嘉善、松江县之一部份。

其境界如另纸附图〔略〕。

(二)开始工作，预定十月一日，另以命令行之。

至本年底，一概肃清，同时确立其各种工作基础。

(三)太湖东南地区之第一期及第二期工作概略完结后，其中所有划分之清乡区域，应归复其原属之省份，但时期另行指示之。

其二　准备

(一)鉴于浙江省实施第一次之清乡工作，延长其准备时期，以期周详。

六、七两月以中日军政合作要领之协议及核准之计划为主，八、九两月则实行具体准备。

（二）各种要领法规以苏州地区清乡工作为标准，其经费大部份由清乡委员会发给。

（三）保安队及警察队务于事前编成之，实行集结训练，并确实掌握，使成为工作开始后之核心。

（四）担任工作之干部，于事前须预先准备，研究所要之训练，并预先勤习目前已得之苏州地区清乡工作之经验及教训。

（五）准备工作期间，在嘉兴设置办事处，准备调查，庶于工作之推进不发生障碍。

其三　实施

按照太湖东南地区第一期清乡工作要领实施之。

〔汪伪组织清乡委员会档案〕

李士群编具江苏省一年来之清乡及省政报告

（1942年7月）

绪言

国民政府为贯彻确立治安，改善民生之旨，组织清乡委员会，以江苏省沿京沪线地区，为江南文物精华所在，乃划常、太、吴、昆之一隅，先行举办清乡，设置驻苏办事处，负责办理。士群蒙派为清乡委员会秘书长，兼驻苏办事处处长，受命之初，遵奉钧座训示，认定"清乡必须政治力量与军事力量相辅而行，始能使'匪共'绝迹，生民解倒悬之厄"，更认定"确立治安与改善经济生活二者互为因果"，故开创之始，不求规范阔大，但求脚踏实地，步步做去，且以不流血、不扰民为原则，昕昕竞惕，不敢息忽。幸赖友邦将士之协助，诸同人之戮力，人民之同情，得以顺利进行。自去年七月一日正式开始迄十二月，第二期工作亦告完成。旋中枢命士群兼主省政，清乡与省政合流，今年二月第三期清乡工作开始，即改由省政府兼办，西向延伸至武进，南向推展至铁路线以南，亦已竣事。而自开始至今，适满周年，清乡区内，举凡中枢之所殷殷属望者，如"匪共"肃清，交通恢复，农村复兴，一般民众均蓬勃振作，富有朝气，并能恪遵和平反共建国国策，奉行新国民运动纲要。至尚未举办之清乡各县，政教亦渐入正轨，人心尤望风响附，同趋明朗。期不在远，斯皆钧座之诚信格人，得以清乡工作为奠定建国大业之基础。兹者清乡已逾周纪，而士群董治省政亦及半载，爰将清乡机构之组织，暨军事、民政、财政、教育、建设、警务、宣传、粮食管理、社会运动、党务等十项设施撮要分述，用备考核，并资惕励。谨缮成报告一份，恭呈钧鉴，伏乞训示祗遵。

职　李士群

三十一年　月　日

清乡机构

清乡业务艰巨，机构不健全，不足以达其目的，中枢有见于此，特设清乡委员会为最高指导机关，直辖于国民政府，合军事委员会、行政院鼎足而三，自身有独立之权能，相互间有联络之效用。在地区则设督察专员公署，为中间承转机关，清乡区内之军政工作推进之枢组。以下分设特别区公署区公所、乡镇公所、保甲办事处，均为现地的执行机关，秉承上级的指导和企划，紧密联系，切实推进。犹身之使臂，臂之使指，层层相接，息息相通，各就其本位以发挥权能，完成使命。清乡委员会为推进其政务上之便利，除设四处五室，各有职掌外，复设驻苏办事处，以为发号施令，现地监督指挥机关，同时有十六个平行的单位，负全部清乡的实地责任。

一、宣传委员会，担任向民众宣传清乡的意义，与一切为清乡而有所设施的铨释清乡宣传队，即属于此。

二、民众训练委员会，担任关于民众任何训练之计划设计。

三、特种教育委员会，担任清乡区内教育思想改造工作。

四、经济设计委员会，担任全部或一部经济之设计与整理。

五、地方行政研究委员会，担任研究地方行政之如何推进与改善。

六、招抚整编委员会，担任关于响化和运部队之应否招抚与如何整编。

七、参谋团，主持全部清乡之军事设施。

八、清乡警察总队，辅助军队为实地清乡工作。

九、和平义勇总队，其任务与清乡警察同，而附有谍报队，以负谍报责任。

十、军事训练班，主持关于军事上各项训练之实施。

十一、后方病院，担任为清乡而需医药疗治之任务。

十二、政治工作团，担任深入清乡区之民间，指导民众参与清乡工作，与纠正民众错误的思想行为，以利清乡政令之推进。政工队即属于此。

十三、第一区清乡专员公署，上承清乡委员会与驻苏办事处之命令，下统各特别区公署，以实现清乡之一切设施，实即为清乡之骨干。

十四、清乡封锁总办事处，下附各特别区分办事处，司封锁事宜。

十五、第一区赋税管理处，下附各特别区分处与沙田局，司田赋捐税事宜。

十六、第一区赋税查缉办事处，下附分办事处，司查缉事宜。复有干部人员训练所，训练清乡干部人员，会计人员训练所，训练会计人员，此两所系有临时性质者。此外则为中国国民党中央组织部清乡区内党务办事处，担任清乡区内党务之推进与主持。

至于驻苏办事处之构成，除二训练所外，上述十六个单位，或迳以原单位移苏办事，或设驻苏分会，具体而微，秉承委员会之意思，以指挥推动下级机关实施工作。

国民政府为欲观清乡工作之早获成效，对于机构之如何调整，与进展机构如何而益敏捷，随时在企求与改进之中。上述各节，系三十年七月至十二月之状况。迨及年终第一、二期清乡各县实况渐趋明朗，应再进谋建设，于是感觉与省政府有打成一片之必要。本年一月，将江苏省政府改组，取消驻苏办事处与第一区督察专员公署，原有各单位虽略有改动，而政属省政府，军属保安司令部，党属党务办事处，三部分厘然不淆，各自发挥其特质。其他政工团，封锁办事处等仍继续存在。第一、二期清乡之完成，与第三期清乡之推动，即以此组织为总发动机。

军事

清乡军事工作计分两段：一、自去年七月起至十二月止为上半年，是为清乡办事处第三组工作。二、自本年一月起至六月止为下半年，是为保安司令部工作，胪陈于后：

计分：一、围剿；二、招抚；三、训练之三要点。

一、参加第一期第一段（昆、太、常、吴）清乡工作之部队共十三个单位，计陆军一万另九百员名，警察及税警二千六百九十四员名，合计兵力一万三千五百九十四员名，共有步枪九千枝，轻机枪二百五十六枝，重机枪三十三挺，迫击炮一门，配弹子一万万另四万五千六百发。参加第二段清乡部队及配备武器弹药与第一段相同。又和平义勇队共有官兵四百七十三员名，驳壳枪一百枝，配弹五十发，步枪一百零五枝，配弹五千二百五十发，轻机枪二挺，配弹二千发，协助友军担任苏垣防务及近郊警戒，并以一部份协同清剿部队，办理情报事宜。第一段清乡工作，于去年七月一日开始，实施封锁围剿，陆续将重要市镇克复。"匪共"崩溃之后，大部化整为零。第二段清乡地区于九月十五日开始，实施克复重要市镇，"共匪"主力崩溃，一部分流窜于江阴起山附近，派队围剿。第三段在武进方面实施，至十二月止，匪共一律肃清。

二、清委会办事处成立以后，即责成招抚整编委员会办理招抚整编事宜，计接受各申请点编之杂色部队共有二十四部队，经审核实在，分别呈请，暂予新编大队名义委用，以资维持各部队之存在。总计各部队人员共一六，三八八名，武器长、短枪共一一，九〇一枝，皆经有关机关商定，依清乡地区分为三个阶级，逐渐分批点验施训后，改编为当地保安团队。

三、在开办清乡以前，先于六月十二日召集清乡部队营、团、旅长、参谋团附等各军官，集中上海维新学院短期训练，阐明和平反共建国国策及清乡之意义，并军人之使命暨剿匪之战术与其他应注意之事项。又于去年七月十八日成立军事训练班班本部，开始办公，除由参加清乡部队选送连、排长编成军官队分批受训外，另由税督学校及陆军第十三师抽调士兵共五百名，编成军士队第一、二两队，于八月一日同时开始授课。又由招抚整编委员会先后选送下级军官两批受训。其余部队训练，则由招委会派员督练之。

下半年工作：

本年一月江苏省政府改组，撤销清委会办事处，成立保安司令部，继续清乡工作。首从调整干部人事入手，继而改编清乡地区土著部队，成第一、二、三、四、五、六、七大队，成立教导大队，饷项服装及各种供给，均归一律。除军事训练所外，复设立整训处，加紧训练，已受训完毕者，计有第四、五、六、七大队，分派各防地驻防。未经训练者，亦复继续调苏，加以训练，总期各部队员兵深明责任，爱护地方，达到确保治安目的。现在第二区清乡开始，保安队六、七大队已开至太湖东南地区，协同友军办理清剿工作。

民政

自去年七月一日办理清乡迄今，可分二个时期：

(一)第一区清乡督察专员公署和各特别区公署办理时期，自七月一日至十二月底止。(二)划归省政府赓续办理时期，自本年一月一日至现在为止。民政方面自去年一、二两期清乡区域分吴、昆、太、常、锡、澄六个特别区后，本年一月清乡机构奉令调整，所有专员公署和各特别区公署分别撤销裁并，清乡业务划归省府赓续办理，清乡地区各县，由县政府负责办理，清乡责任，同时展开第三期清乡，其地区是昆山、吴县、无锡三县铁路以南全部，与江阴、武进两县的一部，是拿清乡工作来推动地方政治的健全。在已完成清乡的各县，施政方面力求内容充实，机构健全，运用灵活，业经办理的，有下列九项：(一)训练各县佐治人员。第三期清乡地区吴、昆、锡、澄、武各县，就划定清乡地区的区长和区助理员，在省垣集中训练，使明瞭清乡意义和现地工作要领，便于推进工作。各县保送学员，共计六十九名，结业后发回各县工作。(二)召集县长会议。清乡机构变更后，先后在一月二十四日、三月三十日召开清乡地区县长会议，议案都侧重清乡的中心工作，如自治、自卫、自生等事项，所有议决各案，均分别通饬实施。(三)促进清乡地区各县联合协办议会和自治会，目的在建树现时代的"官民一律"政制。联会协议会是官民一体，政教合一的团体，使上情得以下达，下情得以上陈；各级自治会是民众本身的协议实施机关。联合协议会在去年十月，即由专员公署饬属实施，现仍由该厅接办，积极进行。在清乡地区各县，按月公开会议时，由该厅派员分别指导。乡镇自治会规定本年二月底，先后通饬各县成立，再循序推行至各保各甲。(四)甄选区长。在清乡地区，区政最与民间切近，区长人选尤为重要。

因区长是推行地方自治的基干，亦即是办理清乡的基干，人选方面，关系极重，该厅特订定各区长甄用暂行办法七条，通饬遵行，务期用当其才，使清乡得手，自治前途日趋明朗。（五）训练乡镇长。最近训练完毕者，有昆山一县，其他各县正在统一训练中。（六）是规定区公所经费，按照地方财力与事实，酌量增加经费规定，区政已纳入正规。（七）编组保甲。去年一、二两期清乡地区的各县，保甲早经编组完成，现运用保甲，积极推进自治、自卫、自生的工作。该厅以保甲为拓展清乡工作的重心，特设保甲编查室，负责办理保甲，同时又于各县设保甲室，负设计督导之责。各乡镇公所，保甲长在县保甲室指挥之下，推行保甲工作，连贯一气。该厅于本年一月间接收前专员公署移交的保甲指导员训练所，实施复训，结业后分发清乡地区工作，由县府负监督考核之责。现再甄别留有保甲指导员十八名，以四名轮流督导各县，以十四人分驻各县指导关于补充保甲法规，订定呈准施行的有友邦人士协助保甲工作事项十一条、保甲注意事项二十条，各县发给良民证暂行办法二十六条。每月复召集各县保甲室主任，来省会听取报告，策划进展方针，已召集过会议三次。民政厅长又于三月间，巡视无锡、武进、江阴等县实施考查工作，据报结果尚合要求。吴、昆、常、太、锡、澄、武各县保甲，业已编查完成，兹将数字列下：

（一）吴县已编十一区　计乡镇241　保1961　甲20961

　　　户218395　人口男487150　女432528　合计919678

　　　壮丁181061

（二）昆山已编　九区　计乡镇65　保446　甲4829

　　　户47103　人口男118082　女124096　合计242178

　　　壮丁46196

（三）常熟已编　十区　计乡镇229　保2233　甲22404

　　　户234876　人口男499894　女643891　合计1143785

壮丁160781

（四）太仓已编　六区　计乡镇94　保701　甲6887　户72297
人口男155076　女151444　合计306520　壮丁57742

（五）无锡已编　八区　计乡镇181　保1852　甲19581
户218251　人口男505056　女466997　合计972053
壮丁148985

（六）江阴已编　八区　计乡镇125　保1506　甲15612
户177717　人口男425286　女380871　合计806157
壮丁141630

（七）武进已编　三区　计乡镇67　保773　甲8042　户91099
人口男213841　女195266　合计412107
壮丁77843

（八）充实自卫力量。清乡地区各县组织自卫团，增进人民自卫力量，为强化清乡各县人民自卫力量和统一组织训练起见，每县指派自卫督练员一人，专负训练之责。本年三月间举办自卫干部人员讲习会，学员八十一人，结业后遣回各县，担任各县镇自卫训练。现在清乡各县自卫总团部业已成立，由县长兼任总团长。一、二两期清乡各县受训壮丁，现正担任守望、会哨、修筑工事等各项业务。

吴县十一区团　壮丁合计11311　瞭望台统计未完

常熟十区团　壮丁合计28,152　瞭望台2233

昆山九区团　壮丁合计27,809　瞭望台334

太仓六区团　壮丁合计18,058　瞭望台465

无锡八区团　壮丁合计7,020　瞭望台统计未完

江阴八区团　壮丁合计7,241　瞭望台1,297

武进先成三区　壮丁合计2,646　瞭望台460

（九）卫生亦积极注重，改组清乡区各县卫生机构，施种牛痘，注射防疫针，现正筹备夏令防疫，对于卫生需要，逐项切实

施行。

财政

财政工作可分左列三项：

甲、整顿田赋

本省各县，对于田赋虽已设立财政局，以负整理专责，但四乡未靖，征收困难，为各县搪塞之藉口，致田赋收数，未见畅旺。然田赋为本省最大之税源，目下开支，较诸已往既有巨额之增加，对于原有之最大税源，自应首先注意积极整理。因将清乡地区各县财政局一律裁撤，改设赋税管理处，不仅一县税收可以统一整理，开支方面，亦可稍加撙节。其征收方法，暂仍适应当地环境，采用租赋并征制度。按租赋并征，是合官厅与业主之力，共同征收赋与田租，即由官厅协助业主征收田租，再由官厅将收到之田租内划分应得之田赋，及征收用费。清乡地区吴县、昆山、太仓、江阴、无锡、常州等县，均皆采取该项并征制度。惟各征收机关开支漫无标准，致本省赋收未见有何增加，而业主利益，暗中受损颇巨。本省有鉴及此，因将征起租赋明定界限，同时规定租赋并征机关之开支，不得超过征起租赋百分之十，以资保障业主利益，而免征收人员中饱之弊，并将各县租赋并征委员会加以改组，俾业佃双方均得参加意见。复查以前财政局所取提成经费制，其主要目的，以为提成经费足以鼓励经征人员之努力，安知各县环境不同，情形互异，其征数畅旺之县份，除开支而有余，其税收困难之县份，求开支而不敷，非惟苦乐不均，且因此弊窦丛生矣。爰经将各县赋税管理处经费分别加以核定，一面另定奖惩办法，以资鼓励，是在整顿赋收之中，仍寓体恤民艰之意。经查上年一至五月份，清乡地区，吴县、昆山、太仓、常熟、无锡、江阴、武进等七县，共收田赋五十八万二百九十六元三角四分，本年一至五月份共收二百三十二万三千四百四十七元九角一分，是较上年收数增加四倍之多。倘以二十九年份一至五月，全省共收五十三万八千八百六十一元二角六分 相 较，不啻七县之收入较全省之收入，增加达四倍之多矣。

乙、整顿营业税

查本省营业税，向系设局征收，其商业较大之县份，则一县设立一局，其商业较小之县份，则以二县或三县合设一局，但该项征收局，虽不发给经费，而按月提成，虚耗公帑，亦不在少。且该项提成，此多彼少，又非公允之道，爰将清乡地区各县营业税局，一律裁撤，归并赋税管理处征收，以一事权。复以调查营业税收，其间流弊甚多，事前倘无缜密之计划，隐匿中饱，其弊有不胜言者。兹经规定，先由各县赋税管理处派员复查各商行号之资本额及营业额，以为整理之根据，并于初查完毕后，再由财政厅遴派专员分赴各县实地按户复查，各县复查人员既未便草率将事，而各商行号又未敢再存侥幸之心。再本省营业税，事变以后，改为按月征收，不仅人力物力消耗颇大，且于调查工作影响尤甚，因是本年份起将本省营业税恢复按季征收。现查清乡地区吴县、昆山、太仓、无锡、常熟、武进、江阴等七县，三十年度全年共收四十余万元，较诸去年，不啻增加十倍以上。

丙、整顿其他各种捐税

其他各种捐税，虽种类繁多，要以屠、牙、契税为最 重 要，当初屠、牙两税均系招商承包，此额较前固亦略有增加，但各县认商往往任意积欠，未能月清月结。自本年度起，清乡地区各县，一律改由赋税管理处直接征收，同时分别加以整顿，故本年一至五月份，清乡地区各县屠、牙、契税，已征得二十二万四千三百〇三元三角五分，较诸往年，亦已渐见起色。

教育

清乡教育以彻底纠正思想，训练青年和儿童，使能确信三民主义为建国的最高原则，共同实践和平反共建国的国策，爱护国家，保卫东亚，以完成"确立治安"与"改善民生"的使命，更配合现实迫切的需要起见，决定依照四个目标前进：

一、统一民众意志，巩固并推行现行国策之信念，完成清乡工作。

二、启发民众思想，致力反共、反英美之宣传，以建树确立治安与改善民生的基础。

三、使民众彻底了解大东亚战争中自身地位，努力推行新国民运动，以求东亚共同使命之完成。

四、培养民众生活知能，发展农村新事业，以求生活之向上。故一年来的重要设施可分下列十项：

一、转变思想。在本年度内先后举办训育人员讲习会和清乡地区中小学教师训练班，对于原有在业的教育人员加以生活、思想一致的训练，贯彻清乡的理念，以求教育工作之纯化和向上。

二、强化机构。在清乡地区教育委员会成立以后，吴、虞、昆、太、武、锡、澄七县又先后成立分会，负责推进清乡教育。又为谋人材之发掘起见，更组织初等教育研究会，团结小学教师，研讨进修方法。

三、改善生活。地方教育工作人员待遇低微，生活清苦，经多方苦心的擘划和洽商，已陆续增加教师俸给，并研究配给低廉物资方法，先从吴县入手，已获得良好成果。并发动各县举行学生献米运动，吴、武、昆、澄等县均已举办。

四、接管敌性学校。为彻底摧毁英、美文化侵略起见，在大东亚战争爆发后，得友邦机关的诚意协助，很顺利的将省会所在的第三国系教会学校全数的接管，计有私立成智中学等十四校，视其环境和性质的差异，分别予以"废止"、"合并"、"改造"的处置。

五、集体化训练。举办儿童清乡大会，各县运动会和第一届全省联合运动大会，并在苏州举办中学生星期学术讲座，以及新国民运动的倡导，以求德育、智育、体育、群育、集体化训练的推行。

六、友军胜利宣传。大东亚战争中，友军建立不朽之伟绩，我们为尽宣传职责起见，在友军收复香港，攻陷新加坡和科勒吉多的几次伟大战绩后，均督饬全省中小学学生参加庆祝提灯会与演说竞赛会。

七、统一课本补充教材，国定教科书。在清乡区内一律予以圆滑的配给，并编辑汪精卫主义读本，以求和建国策的深入掺透。又改造"江苏教育"月刊，创刊《新学生》，以充实教育杂志的内容，和学生课外读物的补充。

八、注意生产教育，整饬社会教育，调查并着手整理生产教育实验区和教育林的现况，维持民众教育、社会教育和生产教育之一般机构的存在，并举行社会教育播音，提倡各项小工艺之实验与推进。

九、沟通中日文化。清乡地区中曾举办友邦国民学校介绍展览，在吴、虞、锡等地巡回放映，并请山口博士来苏作学术讲演，在四四儿童节纪念里，特选中日两国小学生代表，用中日两国语言相互广播，充分表现中、日文化的交流与友好情绪的热烈。

十、数字的增加。未清乡以前，各县的教育情形非常混乱，有不多学校为"匪共"所把持，经过三期的清剿，"匪共"绝迹，民庆昭苏。各县教育情形，在数字上比较，已呈突飞猛进的现象，仅就小学方面说，计增加一百廿八校，三百四十三级，增加学生一万九千七百人，增加教师四百七十人，经费则每月增加五万六千四百五十元。

建设

建设工作可分左列六项：

甲、关于水利部份

一、兴修常熟白茆闸闸座及启闭机件，已经测量完竣，拟具计划方案呈请拨款兴修。

二、常太海塘工程业已测绘竣事，并拟具计划送请水利委员会拨款兴修。又因桩石工程浩大，拟呈行政院指拨的款以便兴工。

三、办理征工浚河工程，已督率各县积极进行。

乙、关于航政部份

一、改革各县船舶登记制度，施行以来，尚称便利。

二、办理轮船、航船、机器划船登记事宜。

丙、关于路政部份

一、赶修苏锡路、镇澄路武澄段路面桥梁工程，均能依照限期完工。

二、修筑苏常路、锡沪路常太段、昆山路苏昆段路面工程，亦已如期完工。

丁、关于市政部份

一、为整顿省会市容力求街衢清洁起见，集中菜场，并将吴县清洁队移交省会警察局办理。

二、铺筑火车站至金门、平门各道路弹石路面，又东北街、西北街、卫前街、道前街、十梓街、凤凰街及护龙街、饮马桥南段各道路煤屑路面，均已完工。

三、兴修临顿桥、南仓桥，均已完工。

四、修理渔郎桥、东护桥、水荷香桥、新石桥之桥面及桥梁。

五、修理观前街、颜家巷等各地之路面沟渠工程。

六、通知业知拆卸已毁之建筑物，以免危险而壮市容。

戊、关于农矿部份

一、设置吴县、太仓等十县农业改进区，并训练农业技术人员分别各区指导。以上各县之农业改进，已切实筹备，但限于经费，进展比较迟缓，正在力谋扩充预算，以期收效宏大。

二、为改良本省农作物起见，特配给麻子及优良棉籽。

三、拟具食粮增产计划，分令各县切实办理，并召开食粮增产会谈，以期集思广益，安定民生。

四、派员调查荒山荒地，奖励人民垦植。

五、对于灌溉需用之柴油，予以合理的酌给。

六、改组蚕业改进区，将全省并为五区，机构强化，管理亦比较完密。

七、推进全省造林工作。

八、实地调查各矿区情形，藉可清理积案，确定矿区，增加生产。

九、设置棉业取缔所，恢复事变前检棉工作。

己、关于工商部份

一、制定通则，督促各县组织物价评议会，实施平价，限制高抬，安定民生。

二、调查各地工厂，并举办厂商登记。

三、审定商用、民用之度量衡器。

四、督促各清乡地区合作社之筹设，并派员指导其工作。

五、对工商团体实施管理。

六、经济局正式成立，计划及执行本省经济建设事宜。

警务

警务工作可分左列五项：

甲、调整机构

一、设置警务督察室。为加强清乡地区警察局队工作起见，将本处原有之视察室改组为督察室，派员轮驻清乡地区各局队实地督导，以期增进工作效能，业经呈奉省政府转呈清乡委员会核准。

二、改编清乡警察队。前隶属清乡委员会之清乡警察总队，及第一区清乡督察专员公署所辖之清乡警察一大队，三独立中队，于本年一月均拨归本处指挥，重行分别编组，共组成五大队，分驻清乡地区，担负防剿任务。

三、改组清乡地区各县警察局。清乡工作，循序推进，清乡地区之警察机构，如省会及昆、太、虞、吴、澄、锡、武等县，均按照实际需要，分别加以调整。

乙、规划经费。查各县情形不同，警察经费亦互异，所有清乡地区之警察局队经费，已分别规划。在三十年七月至十二月间，清乡警察总队之经费，由清乡委员会发放，清乡地区警察局队之经费，由第一区清乡督察专员公署呈请拨发，本年一月份起，清乡地区警察局及清乡警察各大队之经费，由警务处通盘规划，编造预算，交由财厅拨发（原有之中央补助本省警察经费，亦由财厅统收统支）。

丙、补充装械

一、制发夏季服装。清乡地区警察局及清乡警察各大队，本年夏季服装，按照需用数量编造预算拨款制发。

二、补充局队械弹。为加强清乡地区各局队实力，将库存之械弹，按照需要，已分别补充。

丁、清剿收获

一、清乡警察队之收获。先后在清乡区获得机枪三挺，步枪一〇五枝，手枪一三枝，驳壳枪六枝，红缨枪一二枝，马枪一枝，鸟枪三枝，机枪弹一七〇一发，子弹一四，八六三发，手榴弹七〇枚，炸弹一枚，刺刀四把，火刀五五四把，苗刀一把，军毯一一条，军服一〇〇套，军稻五〇担，钢盔二顶，钢铁五〇〇斤，雨衣一件，民船一只，生铁三〇担，食盐水三四瓶，自由车一辆。

二、清乡地区各局之收获。一年来清乡地区各局计获得步枪三〇枝，手枪一一枝，手榴弹三六枚，子弹八，七五二发，迫击炮弹一枚，西药九箱，炮弹二枚，土枪一枝。

戊、训练长警

一、训练特种警察，抽调清乡区各局警士五十名，施以特种训练，派驻京沪路昆山至武进一段各车站，担任检查工作。

二、抽调清乡区各局队长警实施训练，为强化清乡地区警察教育，抽调武进县武装警察八十四名，及武进县警察局官警一百〇六名，暨各局队警察一百〇九名，在省教练所集中训练，增强素质。

三、招募模范警士。查第四期清乡，行将开始，原有警力不敷分配，本处分饬各局，招募模范警士共一千名，设班训练，期以两月毕业，分发第四期清乡区服务。

四、举办补习教育。清乡地区各局队长警，除抽调训练外，并令各局就地举办长警补习班，增强智识。

粮食管理

清乡区内粮政机构，在二十九年十月已有行政院粮食管理委员会苏松常区办事处之组设，至三十年十一月，该处始改组为江苏省粮食管理局，其时清乡早已展开，管理粮食行政之需要愈形迫切。追本年三月，复经一度人事之调整，粮政之进展遂更入紧张与积极之阶段。

清乡区内粮政方面之设施，综计一年以来，工作之实况其最要者，为左列十一项：

（一）管理省会民食。省垣人口将近三十六万，较之战前有增无减，所需食米，数巨可知。际此粮源匮竭，民食恐慌之时，实有妥筹管理之必要，当经订定省会粮米暂时管理办法，又暂时管理之罚则暨充赏办法，以及省会民户储米申请登记规则等等，分别公布，切实实施，省垣民食，藉告安定。

（二）清乡区内各县之米粮调节。查调节民食，与地方治安攸关，清乡区各县粮食产供之调节，商市之管理，米价之平抑，仓储之准备，以及无益消耗之限制等等，均待切实办理，当经订定清乡区内各县米粮调节办法，公布施行，并督饬各县认真办理。

（三）平抑米市。各地米价继续增高，升斗小民生计告绝，当经集合有关机关及粮商公会各代表，开抑平米价会议，决定抑平办法，分饬各县一体遵行。而省会方面，经订定限价，严厉执行，并将米源设法疏通，存米严加管理，省垣米市遂纳常轨。嗣以省垣以外各地米价较昂，环境所趋，来源发生影响，乃复集合有关机关，商洽变更限价，略予提高，既而各处米粮产地市价益高，与省垣相差过巨，以致来源困绝，存底亦空，转成严重情势。当经顾全事实，紧急应付，一面订定紧急救济办法，责令粮食行店尽量采办，一面暂准取销限价，但对于市价仍须以成本加合法利益为准则，以资限制。现正积极筹拟根本办法，总期奠定粮市，以安民食。最近常熟方面亦复发生类似情形，亦经饬令参照省垣办法，妥予应付。

（四）举办平粜。省垣米价虽较各地为平，但环境所限，仍不免在继增续涨之中，为救济平民计，当经订定省会公粜处暂行办法，暨发给公粜购米证临时办法，即于本年五月举办临时公粜一次，计设立公粜处十五所，每所配米四十石，共计配米为六百石，每所购米人数为一，四三〇人，共计二一，四五〇人，既属不多，而延跛引领，待缓求济者，触处皆是。于是复筹设计划，决定组设负责机关，专办省会公粜事宜。一面先行订定省会公粜委员会组织规程，积极筹组，准备于七月一日正式成立，一面将省会各商店封存之米，以及向粮食管理委员会请拨之洋米五千石，作为公粜之需（将来粮食管理委员会方面可逐月拨运五千石来苏）。此外并将吴县粮行业公会募助之三十万元（系旧币）充公粜之资产，一俟组设完成，实施公粜，省会民食当可无虞，普通米市亦可自然平抑。

（五）整顿省会粮食市场。省垣米市以前早经吴县组有粮食市场管理所，实施管理，当以办理不善，弊窦丛生，商民交困，遂于本年一月由粮管局直接管理，改为省会粮食市场。二月间取销管理所名义，撤销省会市场，所有省会粮食管理事宜仍由粮食管理局直接办理。最近为彻底整理计，拟再加改组，并拟订省会粮食市场暂行管理办法，务使投机操纵买空卖空之一切非法交易予以根绝。

（六）取缔粮食行店违章营业。省垣粮市，自订颁粮米暂时管理办法及粮米暂时管理罚则，暨充赏办法等各项规章后，已感安定，惟间有无知商民，祗顾私利，罔恤公义，或私藏隐报，或所报不实，或高价私售等暨其他种种违章营业，经查明属实，分别处罚，以资惩儆。计受罚者成泰、新泰洽、西裕盛、明记、潘仲良、庆裕、裕盛、孙恒记、彭裕凤等共九行店。

（七）筹备省会公务人员食米配给。省垣平民食米既因举办公粜已得解决办法，而一般公务人员之食米亦不能不兼筹并顾，以期安心从公。当拟举办省会公务人员之食米配给，现已着手详细调查各机关所属公务人员之人数及各该公务员需米实况，以凭统筹支配，一俟调查竣事，米粮配置完妥，即可实施。

（八）设立清乡区各驻县专员办事处。清乡区内各县粮政之设施推进，与当地清乡行政具有深切之关系，倘非派定负责之员，驻县办理，不足以收联络便捷之功。经拟订驻县专员办事处组织规程及经费概算，一俟决定，即当慎选人员，照案组设。

清乡区内各县粮食之调查统计，为粮政计划设施之根据，据以往业经翔实调查所得，其最重要者如下：〔略〕

宣传

宣传工作可分左列十三项：

一、设立清乡地区各县宣传科。还都以前，各县原设有宣传委员会，自二十九年四月裁撤，改设宣传股。兹以清乡意义亟需宣传，乃于清乡地区各县增设宣传科，由宣传处训练人员，分发各县任用，并拟具江苏省设置县宣传科暂行办法，提交省政府会议议决，准暂施行。其非清乡区各县，亦经令知斟酌财力，筹备设立。

二、创办清乡新报。前清乡委员会宣传委员会曾出版清乡日报，分发清乡区各县。自宣传处成立，接收办理，更名为清乡新报，日出四千份，革新内容，改良编制，复版以来尚见进步。

三、组织清乡剧团。戏剧为宣传之利器，可以把握民心，爰组织清乡剧团，罗致团员十五人，编演有关清乡宣传之戏剧。成立以来，迭赴武进、无锡城乡各区巡迴排演，颇能获得一般民众拥护。

四、举办流动宣传。前宣传委员会，曾向宣传部中央宣传团，借用宣传卡车，及宣传处成立后，继续借用，在苏州、江阴、无锡各县城乡地区从事宣传工作，并备有广播机、电影机，随时随地广播放演。

五、组织巡迴电影班。为使民众明了大东亚战争情形，特向日军报道部及中华电影公司商借电影机，组织巡迴放映班，至清乡区放映，先后在苏州、武进、江阴、无锡各县共放映五十余次。

六、举办廉卖船。为谋使清乡区民众得受清乡实惠，易收宣传效力起见，特向各商业组合，批发火柴、肥皂、白糖、食盐等日用品，设置廉卖船，分往各乡照原价廉卖，所到之处万人空巷，争来购买，实为宣传之最好机会。

七、筹设特种宣传室及漫画摄影巡迴展览。文字宣传须曾受教育者始能明了，而图画则虽文盲妇孺亦能领会，因而设置特种宣传室，绘之木架，随地架拆，作流动展览。

八、实行火车宣传。火车旅客川流不息，实为宣传之良好对象，特摄取清乡区风景，清乡工作，并加入时事照片，制成镜架，悬于车厢，并派宣传队随车演讲（照片镜架正在制作中，即可悬挂)，已于封锁宣传周及全南洋解放庆祝时举行二次。目前日金涨价，车费过巨，未能经常办理，倘交涉免票成功，当逐日办理之。

九、改制墙壁标语。过去清乡区内各地墙壁标语字句已失时效，现正由加以改制，各县同时分别办理，以期唤醒民众。

十、特殊宣传网之组织。为求宣传能深入民间起见，拟于各县布置宣传网，庶宣传能达于各乡镇村保各民众阶层。现先划昆山、常熟二县为实验区，俟办理有效，即将推行至各县。

十一、指导视察工作。为明了及指导各地宣传工作情形起见，曾由宣传处长及该处工作人员，先后分赴昆山、太仓、常熟、江阴各县分别视导。又清乡新报曾派记者至各县考察，其任务不限于宣传工作，对于一切清乡工作，亦尽其报导之职责。

十二、举行宣传会议。为明了各地情况起见，曾由宣传处召集清乡区宣传科长会议一次，听取报告，指示方针。月内且将召集清乡区外各县宣传人员举行会议，以期整齐步伐。

十三、举行各种庆祝及集会。自大东亚战争发动后，捷报频传，各种庆祝大会时有举行，加之新国民运动、清洁运动、保甲宣传周、封锁宣传周，以及各种纪念日亦需举行集会，均由宣传处负责办理。并由该处组织大东亚解放运动常设宣传委员会，以专责成。清乡周年纪念亦举行扩大庆祝会。

社运

江苏省社会运动指导委员会系受总会所辖，而由本府指挥监督，该会为领导民众，推行现行国策，促进全面和平。一年来对于民众组训工作，暨农工福利事业，规模粗具。此外，对于友军大东亚战争之胜利，亦热烈庆祝宣扬，以期东亚共荣圈早日建立。兹胪列如左：

一、组织人民团体。一年以来，经该会指导筹备成立及派员整理之各种人民团体，总计九百七十七个单位。内已经成立者：计农民十一，渔民三，工人七十五，商人二百三十个，青年五，妇女一，文化十二，教育六，自由职业七，慈善一，同乡七，公益一，理教一八，帮会二，共三百八十三个单位。着手筹备者，农民三，渔民八，工人四，商人二十，青年五，妇女八，文化二十二，教育十二，自由职业九，宗教八，慈善二，同乡五，公益二，理教二，帮会五，时钟二，共一百十七个单位。正在整理中者，计农民十六，渔民四，工人六十八，商人三百七十七，青年一，妇女四，文化一，教育三，自由职业三，共四百七十七个单位。

二、训练民众思想。该会为训练民众思想，统一民众意志，经举办各种人民团体座谈会。如文化界座谈会，新闻界座谈会，工商界座谈会，青年界座谈会，暨农渔工商等团体演讲会，或每月举行一次，或间月举行一次。遇有偶发事项，则临时召集之。如友军占领新加坡后，举办庆祝南洋解放农民联欢会、座谈会，及特种团体座谈会。

三、办理农工福利。关于农工福利事业，该会另设农工福利委员会办理之。惟限于经费，未能多所推行，现蕴成立农工施医处。以后经费如有办法，当力图扩展。此外工人因生活程度日高，常因要求改善待遇，发生劳资纠纷，经农工福利委员会依法调处解决者，前后共计八十四件。

四、庆祝友军胜利。友邦为解除英、美之束缚，建设大东亚共荣圈，发动大东亚战争。我国为东亚共荣圈之一环，友军之胜利，即我人之胜利，允宜领导民众热烈庆祝，除事前印发宣传大东亚战争漫画，分令各县指导员散发张贴，并组织宣传队分头演讲外，先后发起举行庆祝友军收复香港，占领马尼拉，及南洋解放等民众大会，并提灯游行。一面出版解放南洋特刊，分令各戏院、游艺场半价开放，以示庆祝。并组织青年、妇女、文化、教育诸团体化装演讲队，阐扬友军占领新加坡之意义。同时举行庆祝南洋解放献金运动，举办话剧义卖，救济南洋侨胞，举办会书义卖，慰劳友邦前线将士等等。

党务

最初的组织。三十年七月清乡工作正式开始，清乡委员会在苏设立驻苏办事处，中国国民党中央组织部为求展开清乡地区党务，亦在苏设立"中国国民党中央执行委员会组织部清乡区内党务办事处"，以王敏中同志为主任，七月十六日正式开始办公，接受清乡委员会之指挥，而成为驻苏办事处之一单位。内部组织，分组织指导，训练宣传，调查统计三部门。同年九月王敏中同志辞职，由后大椿同志继任主任。此为党务办事处之第一时期，亦即党务工作与清乡工作发生密切关系之始。

改组以后。本年三月六日中央执行委员会常务会议决议清乡地区组织部党务办事处改为"清乡区党务办事处"，暂时行使该省党部职权，并派士群为主任。由于第三期清乡工作与省政为一元化之实施，因此党务工作亦必须配合新省政之要求，当三月二十三日举行宣誓就职典礼时，中央特派陈常委群莅临监督，训词中，对党政军一元化特别强调，具见中央关怀之切，感奋不已。从此即步入第三时期。

党训班成立。事变以来，党员之素质逐渐低落，而另一方面，目前须要多数知能健全之党员参加与领导各方面之工作，因此于扩大改组之际，即决定举办"党政训练班"，以训练党员知能，造就大量人才。第一届于一月十六日开学，为期十五天，学员共一百人，训练完毕后，即分别分发工作，数月以来，参加政工团及各级党部工作，活动于第一、二、三期清乡地区，从省会到县城，从县城到乡镇均有彼等之足迹。第二届于五月一日开学，为期十五天，学员共一百二十四人，俱系由各县党部保送，训练完毕后，大部份回至本职工作，一部份分发新的工作。第三届于六月初开学，地点在常熟，盖为党员之普编训练，现地较为便利之故。

展开宣传攻势。关于宣传工作，最初接收省党部之清乡宣传予以扩大组织，进入各乡区作流通性之宣传工作。此项工作，至省政府宣传处成立后停止。自扩大组织后，宣传工作与省宣传处发生极密切之联系，为最有力之配合，其联系与配合之原则，为规定省宣传处宣传工作为一般性的，而办事处之宣传工作以党为中心的。此外办事处之宣传工作，以东亚联盟运动，新国民运动之教化，清乡工作之意义为其重要内容。

推进东联运动。三月十四日东联委会举行中等以上学校演说竞赛会于苏州中学大礼堂，参加学生二十余人，俱系各校预先以竞赛方式选拔之选手，雄辩滔滔，对东亚联盟之理论颇多阐发，具见东联思想在学生群中已形成深刻之概念，当经分别评定名次，予以奖励，并将首先三名之演辞在报纸发表。同月二十二日，举行文化界东联运动座谈会，中、日文化界人士及新闻记者之参加四十余人，对东联现阶段理论上若干疑问，各自发表意见，而归结于一致之论点，情绪极为热烈，具见文化界对于东联运动之关切。四月初，东联委会发表征文办法，题材为：一、东亚联盟运动与大东亚解放战争。二、东亚联盟运动与清乡工作。三、东亚联盟运动与我人应有之努力。应征者共五十六人，录取十名，于四月卅日举行给奖典礼，奖金共为一千元。同月举行广播宣传周，每日在规定时间，假苏州广播电台轮次广播。此外并感于音乐有鼓舞人心提高兴趣之效能，特召集省会各界发起成立江苏音乐协会，编制和运歌曲，如"东亚联盟运动歌"等流传颇广。

组新运促进团。新运指委会为积极推行新国民运动，务使党员、公务员切实励行起见，特组织党员、公务员新国民运动促进团，以每一党部，每一机关为单位，组成一团，（例如江苏省政府公务员新国民促进团）。办事处新国民运动指导委员会之监督指挥，以推进一切工作。

〔汪伪行政院档案〕

陈公博与小林信男签订关于上海地区
清乡工作中日协定

(1942年8月16日)

一、本清乡工作，系依中日合作，实现汪主席之抱负，建设模范理想之境，令民心归一，以确立国民政府之基干。

日本方面，以担任军事事项为主。

中国方面，以担任政治工作为主。

二、关于本工作之计划援助，及实施之指导。

日本方面最高指挥官为小林部队长。

中国方面最高责任者为清乡委员会上海分会主任。

关于军事与政治连接一体化事项，由上海特务机关担任之。

三、清乡委员会上海分会主任所使用之本工作隶下中国保安队、警察队，在本工作期间，关于作战警备事项，应受小林部队长之区署，税警队则受日本军之指挥。

四、小林部队长对于前项部队内之税警队，以使用于封锁为主，保安队、警察队则使用于作战警备。特对于保安队、警察队，为将来欲使其能担当独立任务起见，应预先加以必要之援助，图谋日本军之集中。

五、关于作战及封锁之经费，中、日双方各自担任之。

已有日本军担任之中国部队等之卫生费及输送费，应由中国方面负担。

六、本工作有关之中国方面各部队所需汽油，并既定兵器之不足，及所必要之弹药等，由日本方面担任之。注："械、弹各为有价"

七、为封锁之用所需要之筑城各种设施，以及于清乡区域内之通信、道路及水路等之警备，在日本军区处之下，由中国方面担任之。

八、关于中国方面保安队、警察队、税警队所需主要食粮之补给，日本军应尽可能援助之。

中国方面受得补给时，须交付实费与日本方面，清乡期间中国方面伤病之军警，日本军应与以收容治疗之便利。

九、中国方面各队员如有违法行为，须受处罚者，除紧急者外，日本军不得自行处理，应由中国方面处理，并将其结果从速通报日本方面。

十、在清乡区域内，中国各部队若有逮捕到间谍或俘虏时，等由日本行必要处置后，即以引渡与中国方面为原则。

中华民国三十一年八月十六日

昭　和　十七年八月十六日

清乡委员会上海分会主任　陈公博

小　林　部　队　长　　小林信男

〔汪伪清乡委员会档案〕

张北生呈送太湖东南第一期清乡地区保安司令部清乡军事工作报告

（1942年9月4日）

（甲）清乡工作开始前时期

（一）勘定部址　本地区司令部于本年六月下旬奉令筹组，在嘉兴县城福音医院耶苏堂旧址设置司令部，开始筹备各项事宜。

（二）成立日期　于七月一日正式成立，开始计划各项清乡军事工作之推进。

（三）系统管辖　直属于江苏省保安司令部，并秉承清乡委员会驻嘉办事处之命令指挥。下辖警卫中队一，保安大队二。

（四）部队分配　在清乡工作开始前，为便利搜剿"匪共"，维护地方治安计，将所属部队，酌量地方情形，分别配备如下：

1．警卫中队　嘉兴城区（兵力一二〇员名）。

2．保安第六大队　松江、青浦两县境内（兵力四二三员名）。

3．保安第七大队　吴江县境内（兵力四二三员名）。

（乙）清乡工作开始后时期

（一）设置情报网　为求明瞭匪伪之动态，以作军事之计划准备，实有赖于情报之协助，故在工作开始初步，派选干练情报人员，分布各地，以便随时得有正确之密报。

（二）收（改）编部队　清乡军事工作首须有健全之部队，本地区正式之清乡部队外，所有各地地方自卫团体复不少，然组织训练方面殊不健全。故在七月下旬起，协助分别加以改编，以巩固地方自卫力量，促进清乡工作。改编部队列下：

1．青浦县保卫队。

2．吴江武装警察队。

3．松江自卫团改编为武装警察队，驻原地担任防务。

4．吴江武装警察队、青浦保卫团、肃抚军白子奇等部队，编为暂编第四、五、六大队，调苏训练。

（三）搜剿情形

1．随时令饬各部队严密防范匪伪之活动。

2．搜剿工作进行时，吴江县境之保安第七大队由友军平松部队协助指挥。松江、青浦方面，由友军柳泽部队协助指挥。

3．自清乡军事工作开始以来，至最近止（八月底），匪伪动态绝少，大都已归顺或他窜，本清乡区内已无匪伪活动情事，治安可保无虞。

（四）工作方针：

秉承江苏省保安司令部、清乡委员会驻嘉办事处之命令指挥，并于每月预定计划逐步推进。

〔汪伪清乡委员会档案〕

汪伪清乡委员会1943年度上半年清乡工作要领

（1942年12月1日）

一、民国三二年度上半年之清乡工作，为求现在清乡地区内各种建设之迅速进展及强化刷新，同时更向区外四周要地扩大，以巩固国民政府之基础，而对大东亚建设积极协助。

二、扩大地区定为苏北南通附近，镇江、丹阳、常州附近，崇明、嘉定附近，杭州、海宁附近，及余姚盐场四周。实施工作之纲要另详于"附录一"，内容与既往之清乡工作纲要相同。

清乡扩大地区之名称及境界另详。

三、参加清乡工作之武力以各地区之保安队及警察为主体，而第一方面军暂编第三四师及税警总队亦得各参加一部分。

四、民国三二年度清乡工作所需要之第一次经费约七,九〇〇万元，其中六,〇〇〇万元由中央拨款补助，而余者则由各地自行筹划。

第一次清乡工作完成后，中央对各地区之经费则停止补助，第二次清乡工作须以自力继续推进。

五、清乡委员会秘书长李士群应自三月十日起开始镇江地区之清乡工作，自四月一日起于南通附近开始苏北地区第一期清乡工作。前述之第一次工作各应于九月十日及九月底前完成。本工作地区直属于清乡委员会。

苏州地区第一、二、三期及太湖东南第一期地区之清乡工作，为求其内容充实，而推行清乡强化工作。苏州地区之清乡应于六月底前完成第三次工作。

六、清乡委员会上海分会主任陈公博应于三月底前完成上海第一期清乡地区之第一次工作，而继续迅速推进第二次工作，并自五月一日起于崇明、嘉定附近开始上海第二期清乡地区之第一次工作，而该项工作应于十月底以前完成。

七、清乡委员会驻浙办事处主任傅式说应于四月底以前完成太湖东南第二期清乡地区之第一次工作，而继续推进第二次工作，并实施清乡强化工作。同时自六月二十日起开始杭州地区之清乡工作，杭州地区第一次工作暂定于十二月底以前完成。

八、清乡委员会沈尔乔应自二月一日起于余姚盐场附近开始清乡工作，工作推进时，盐务行政得移交行政院财政部管辖，其日期虽予定为八月一日，但得视情形而更正。

九、清乡委员会委员高冠吾应自五月一日起于蚌埠附近或芜湖设立模范地区，开始清乡准备工作。上述两处究择于何地，开始工作，容当再定，而暂定于十月底以前完成。

十、清乡工作推进时，为求军政统一，而实现中、日真正之合作起见，各地区负责者得各与当地日本军取得密切连络，并各与当地日本方面担任工作之部队长订立清乡工作之"现地协定"，并树立清乡计划而作报告。

日本方面担任部队之内容另详于附录四。

民国三十一年十二月一日

清乡委员会委员长　汪兆铭

附录一　清乡工作实施纲要

第一宗旨

日本方面担任军事工作，中国方面担任政治工作，而求军政一元化，以坚壁清野方式彻底扫荡，尤期中国方面能将一元化之军政教透彻运用。

第二纲要

一、工作推进之一般顺序概要

清乡工作之各种工作，定每六个月为一期，共分三期，计一年半，在此期间完成国民政府素具抱负模范乡村之理想。

第一次工作以确保治安，彻底实行政令为主，先行确立政治基础。第二次工作之主要目标为团结响应于第一次工作中之实施各种策略而产生之民众组织。于求民意之伸达。第三次工作则为对各种策略之施行予以刷新充实及扩大，同时力求官民一致，军政教统一，而达中国以自力确保独立之境地。

其详细顺序如左：

1．第一次（六个月）

置重心于彻底实施政令，而求上意下达，以官治为中心，故务须著重于政治工作与军事之统一，由官治开始，逐渐顺次展开自治、自卫、自生各项。

2．第二次（六个月）

置重心于集中民力，而求下意上达，以民治为中心，故务须著重于以政治为中心之军教统一，树立官治（政军教组织之统一）并须顺次确立民治、民卫、民生。

3．第三次（六个月）

置重心于官民一致，发挥实力，以官民融合为主体，故务须著重于自力刷新及极力扩充，以求刷新官治，整顿军事，普及教育，而图改善民生。

二、第一次工作期间（六个月）内各种工作之纲要

1．军事由日本方面负责施行。

2．各地中国方面清乡负责人管辖下之中国保安队、警察队，于参加本工作之作战警戒时，得受当地日本方面最高指挥官之支配。

3．各地日本方面最高指挥官对上项部队得于作战警戒时及封锁时使用之，尤其对保安队、警察队应予以必要之援助，以求

其于将来能单独担当任务。

4．与本工作有关之中国部队，其兵器之不足以及必要之弹药、材料由军事委员会负担，该项兵器、弹药应有相当之代价。

5．封锁时必要之隔绝筑城及其他设施，并清乡地区内通信、道路及水路等警戒，得于日本军之支配下，由中国方面军队担任之。

6．工作开始时，即实行讨伐扫荡，其后则推进肃清工作。

7．开始讨伐扫荡时，对工作地区外施行封锁，防止匪敌潜入，并对潜伏之匪敌及敌方工作人员反复施行肃清工作。

又苟能获得良机，则对封锁线外之敌人根据地进行消灭工作。

8．施行肃清工作时，迅速成立民众自卫组织，以防匪敌潜入。民众自卫之任务为"警防"，故不发给武器，而专司报告匪敌踪迹。训练得由日本军专一担负之。

9．自卫组织及保安队、警察队不得与中国行政官吏疏远，而应有政治负责者确切掌握，以图军政统一，而彻底推进政治。

10．欲求警察队、保安队于工作开始时得以维持治安起见。中国方面得于工作开始前在经费情形许可下，准备训练必要数量之队伍。

11．关于中国军警主要食粮，得由日本军援助发给之。

中国方面收得发给食粮后，得向日本方面付给代价。

12．中国军警因参加本工作时而负伤或患病时，则日军得给与医治上之便利。

13．日本方面得派遣部队或宪兵队之一部份，以训练中国方面之保安队及警察队。

14．有关作战及封锁之经费，由中、日双方各自负担。

在日本军队中担任工作之中国部队，其卫生及运输经费须由中国方面负担。

15. 封锁线以竹篱或壕沟构建，应于工作开始后之十五日内完成之。封锁线之建造由日军担任，且视当地情形而决定其范围、大小及检问所之位置。

16. 封锁工作于封锁线及大小检问所完成后，依照规定实施之，而对人民进入清乡地区及物资运出清乡地区两项，尤应严密办理。

17. 关于封锁之各种条例，尤其对于交通取缔及物资搬运各项，均以苏州地区之封锁条例为根据。

三、政治

政治工作之推进，以顺次确立官治、自治、自卫、自生为根本，并决定各时期之重要事项，以便施行。

1. 确立官治

设立清乡工作各地区办事处，制订清乡宣言、中日基本协定、组织纲要及各种法规，并准备颁布各种法规。

对于各地行政机关长官、干部、保甲、自卫、税务、封锁、宣传、教育、党务等重要工作人员加以训练、使其了解清乡之目的，而得上下确切连络，以期扫荡完成后能迅速展开工作。

至于官治之确立工作，则务希勿为当地旧有政治、经济各种机构所拘束，而果敢断行人事刷新，录用优秀人才，以求工作迅速推进。

2. 确立自治

确立自治，为各种工作之基础，故主要为选委非敌性之乡镇保甲长加以训练后，与官治机构连结，迅速确立保甲制度。

对于乡镇保甲长之选委及训练，于工作开始前努力施行，而于工作开始后，由保长指导员全体人员举办第二次训练。

3. 确立自卫，乃使民众警防组织化为目标，派与有永久性而简易之任务，尤应注重训练施行监视及传达报告，并解散既往出资供养之自卫团，而设立爱乡村以组织民众。

356

自卫组织直属于自治机关（乡镇长），与保长形成二者一体之有机机构。

对于各地方行政机关及保甲工作人员指示编练自卫团之纲要，并同时于各地施行自卫团干部之集中训练。

4．确立自生，应着重于教育及税额负担之均衡，而对容纳青年界之希望一点尤须注意。

5．关于财务工作，由于物资价格之高涨，对既往税率应予修正，以田赋税及营业税为主要财源。为确立本年度下半年以后健全财政之基础起见，于工作开始前则应刷新税务机构，工作开始二、三月后则对各地机构施行之。

6．关于确立党务，则以国民党为中心，统一青年运动工作、社会运动工作及思想宣传工作等，且为求其与一般行政在内外均得统一起见，于各清乡地区设立党务办事处，而事专任管辖指导党务工作事宜。

7．教育工作，为振作民众及普及学校教育，彻底施行党化教育，而使民众觉悟中国国民对大东亚共荣圈之责任起见，对教职员应重行训练，并注重整理教材及改善待遇〔遇〕。

8．日本方面对于各种政治工作之连络，由特务机关担任之，军队对人事及预算两项不得过问。

9．中国方面各种法规、计划及每月工作预定表，尽可能预先通知日军，俾便军事与政治易得密切合作。

10．各种法规及布告，得依照苏州地区清乡工作，而于各地可得准备。

11．关于特务工作中之实际工作，应与宪兵队密切连络。

关于特务工作之情报，应向日军迅速通知。

四、经济

1．迅速铲除敌性之经济势力及机构，而使进入国民政府之势力圈内。

2．关于清乡地区内外物质之互通，不必在难保圆滑之情形下勉强采用保护性经济，而统一成立以旧有经济机构为基础之中日合作新配给收集机构，以达改善民生之目的。但同时特别注意民族资本之活用。

3．为图扩充农畜水产企业，而使民生改善得以培养战争实力起见，应改除消费舶来物质之习惯，俾使因大东亚战争而波及民众之经济负担减至最低限度，而对增产事宜尤应注意处置。

4．关于交通网，则应特别注意修复航运机构，以资复兴经济。

5．金融方面则尽量强化新法币之流通，以图增进经济力，而驱逐敌性势力。

6．迅速成立合作社，以求改善民生，同时尽力防止敌方之经济扰乱工作，并铲除奸商及贪官污吏。

附录二　清乡扩大地区武力配备纲要

一、清乡地区内军队、保安队、警察兵力配备之标准如左：

（1）每一公里平均二·五人至三人。

（2）每人口一万，配保安队、警察约三十人，军队约二十人，共计五十人。随清乡工作之进展逐渐增加，但欲由中国方面军力单独确保治安，则应于每一万人口中配备一百名。

二、苏北第一地区

（1）保安队

由军事委员会派遣保安队二，五〇〇名。

（2）警察

将现有警察一，三三二名改编为一，〇〇〇名，更将当地各种自卫团一，〇一四名改编为五〇〇名之警察队。

自苏州清乡地区调用清乡警察一大队（三〇〇名）增加警察一，二〇〇名。合计配备警察三，〇〇〇名。

（3）军队

令暂编第三四师中之两团（约二〇〇〇名）参加清乡。

（4）改编、训练、分配等自一月起开始。

三、镇江地区及苏州第四期地区

（1）警察（总人数二,七〇〇）

现有警察一,六六九名改编为一,二〇〇名,自太湖东南地区调用警察一大队。增加警察一二〇〇名。

（2）保安队（总人数一,四〇〇名）

将现有自卫团一,一七二名改编为六〇〇名,调用在训练中之保安队八〇〇名。

（3）军队

令第一方面军第二师（二,〇〇〇名）参加清乡工作。

（4）镇江地区及苏州第四期地区之兵力分配,由清乡委员会秘书长李士群与日军协商后决定之。

四、杭州地区

（1）警察（总人数三,〇〇〇名）

将现有警察二七四九名改编为二四〇〇名,另行增加六〇〇名。

（2）保安队（总人数一,二〇〇名）

由军事委员会派遣保安队五〇〇名,并将现有自卫团六五八名改编为三三〇名。另行增加三七〇名,或自钱塘江南岸调用之。

（3）军队

令杭州地区内之中国军队参加清乡工作。

五、上海地区

（1）警察（总人数一,六〇〇人）

现有警察六〇〇名,增添一〇〇〇名。

上述之一〇〇〇名警察得自上海市调用或另行增添。

（2）保安队（总人数一,六〇〇名）

嘉定地区将现有保安队一,一七八名改编为八〇〇名,并将崇明地区之一,二五八名,改编为八〇〇名。

（3）在本地区内不使用军队。

六、余姚地区

令现在参加上海第一地区清乡之税警第一支队（缺一营）自二月一日起,调往余姚盐场参加工作。现在盐场之保安队（约三五〇名）将来编入税警队。

由宁波地区之第十师中挑选一营,自一月一日起参加清乡工作。

七、安徽省清乡准备地区得以自力设置保安队及警察队。

八、各地区增设之保安队及警察队,得自军事委员会陆军部队管理之兵器中各补充步枪三,〇〇〇支（附弹药另件）。

九、训练及装备等费用应自分配于各地区之经费中拨用之。待遇以苏州地区为标准。

十、苏北及镇江两地区新增警察之干部,得由军事委员会在一月底以前补充一五〇名。

附录三　民国三十二年度清乡工作经费支出纲要

一、各地区之清乡工作于第一次工作推进期间,得由清乡委员会中央拨款补助。然中央对第二次工作之推进则不予补助,而应自行筹划。

二、第一次工作期间之征税得于清乡工作开始约二、三月后办理之,税率应尽量减低,并依照现在物价修正之。

三、随清乡工作之推展,中央对各省及特别市之行政补助费应逐渐减少或废除,而由各省及各市自行负担。

四、中央对民国卅一年度清乡工作地区中或第一次工作之未完成之地区,继续拨款补助。即对上海第一期地区之二〇〇万元及太湖东南地区之三〇〇万元，于上半年内络续发给。

上述地区内第一次工作之不足经费，应由各工作地区内税收中拨款补助，而使工作继续推进。

五、中央对镇江地区及苏州第四期地区之清乡工作补助费，合计一，〇〇〇万元，其他之五〇〇万元则由已清乡地区内税收中拨付。

镇江地区及苏州第四期地区经费，由清乡委员会秘书长李士群决定分配。

六、苏北第一期地区之必要经费二，四五〇万元由中央发给。

七、中央对上海第二期地区发给补助费五〇〇万元，其余之三〇〇【万】元则由上海分会主任自第二期工作地区内及上海第一期地区税收内拨付之。

八、中央对杭州地区发给补助费一，二〇〇【万】元，其余不足之数额约三〇〇万元得自太湖东南第二期地区及杭州地区中之税收内拨付之。

九、余姚盐场地区则以拨用产盐区之盐场税收自力推进为宗旨，但中央另行发给补助费五〇万元。

十、中央对安徽省清乡准备地区发给补助费二〇〇万元，以为凤阳县或芜湖周围之模范县工作及设置省保安队之费用。

十一、中央对各地区之补助经费，上半年及下半年之发给数额另详附表。

十二、各地区应迅速成立预算，并向清乡委员会报告。

附录四　各清乡地区内日军之担任部队

一、苏北第一期（南通附近）之军事工作，由南部部队担任之。

二、镇江地区由山内部队（于南京）担任，而中日间之连络由南京特务机关（机关长原田少将）担任之。

三、苏州第四地区由小林部队担任，中日间之连络由苏州特务机关（机关长金子中佐）担任之。

四、上海第二期地区由小林部队担任，中日间之连络由上海特务机关（机关长渡边大佐）担任之。

五、杭州地区由内田部队担任，中日间之连络由杭州特务机关（机关长德江中佐）担任之。

六、余姚盐场地区由内田部队担任之，中日之间连络由宁波特务机关（机关长长泉大佐）担任之。

七、关于安徽省清乡准备地区则容后决定。

八、关于与各地区军事负责者日军指导官订立之"现地协定"，则以苏州地区者为标准。

附表

民国卅二年度清乡工作经费图表

工作地区	必要总数	中央补助费		自筹数额
		上半年	下半年	
镇江地区 苏州第四期地区	1,500万元	750	250	500
苏北第一地区	1,450	1,400	1,050	
浙江地区	1,500	200	1,000	300
太湖东南 第二期地区	600	300		300
上海第一期地区	400	200		200

上海第二期地区	800	250	250	300
余姚盐场地区	350	50		300
安徽省清乡准备地区	200	50	150	
预　　　备	100		100	
合　　　计	7,900	3,200	2,800	1,900
备　　考	苏州地区第一、二、三期地区及太湖东南第一期地区，及各地区之第一期工作(六个月)以后，应自行筹款推进工作。			

〔汪伪清乡委员会档案〕

汪伪首都警察总监署抄发治安协定等件的密训令

(1943年3月2日)

首都警察总监署密训令　政字第2006号

　　令警察医院

　　案奉首都警备司令部参备字第六号密训令开：案奉军事委员会三十二年二月二十日会厅军四字第四号密令开：值此参战期间，期与友军保持紧密连系，互相协力起见，关于地方治安肃清事项，应依照前参谋总长杨揆一与日本派遣军总参谋长板垣征四郎所签订之治安协定办理。除分令外，合行检发治安协定及治安协定说明，令仰该司令遵照，并将此项协定下达至连为止，务须彻底了解，切实施行为要。等因。附发治安协定、治安协定说明、治安协定精神之说明各一件。奉此，自应遵办。除分令外，合行检发上项协定及说明各一份，令仰该遵照，并转饬所属彻底了解，切实施行为要。此令。等因。奉此。正转行间，又奉军事委员会会厅军四字第五号令同前因。除分令外，合行抄同原附件密令知照，切实施行为要。此令。

附抄发治安协定及治安协定说明、治安协定精神之说明各一份。

中华民国三十二年三月二日

总监　邓祖禹

照抄　原治安协定

关于治安肃清上日本军与中国方面治安机关（军队、宪兵、警察之总称）间相互关系之协定

一、基于中日新关系调整要纲，日本军事各机关及中国军警各机关保持紧密连系，互相协力担任国民政府行政区域内之治安肃清。

二、基于前条之趣旨，日本军各军司令官、各兵团长、各地区警备队长及各地宪兵队长，并准此部队长暂时之间关于治安肃清上重要事项有必要时，对于在其担任地域内之中国方面治安机关之长官得指挥之。

前项记载之日本军各指挥官，尤以在必要之场合，得使其部下指挥所要之中国方面部下指挥官。

三、华北方面、武汉方面、扬子江下流地域，并华南方面之日本军最高之指挥官，及该地方中国方面治安机关之长官，须遵守基于本协定之相互关系。

四、本协定在日本军及中国方面治安机关以外，均保持秘密。

国民政府参谋本部代理参谋总长　杨揆一
中国派遣军总参谋长　　　　　　板垣征四郎

照抄　原治安协定说明

关于治安肃清上日本军与中国方面治安机关（军队、宪兵及警察之总称）关系协定之说明

第一　协定第一项之说明

一、准据日华新关系调整要纲第一项及第三项，尤其该要纲附件第二之第四，即"关于日华两国共通之治安维持之协力"之原则，于第一项中明示日本军与中国治安机关以协力为基本观念。

第二　协定第二项之说明

二、当协力之军队行共同作战警备时，为使其战力之发挥绝无遗憾起见，则统一指挥为必须之条件，然以完全的统一指挥为理想，亦考虑中国方面之立场，于第二项中限定于施行必要范围内之指挥。

且某国军统一指挥担任共同作战之他国军，决不侵犯其国之主权，且又不妨害其军队之自主，过去曾有几多之先例，乃军事上之通念。盖如斯之统一指挥系由军事上必要而生之手段，有仅止于限定事项范围之性质故也。

三、所谓"日本军各军司令官、各兵团长、各地区警备队长及各地宪兵队长"者，概限制为联队长及准此之部队长以上，而且负有指挥权之上级团队长。

四、所谓"暂时之间"者，以时间言限于共同治安肃清行动之必要的期间，以本质言乃表示处理特殊事态之措置，而非恒久的性质之意。

五、所谓"治安肃清上之重要事项"者，中国治安机关并非全面的在日本军指挥官之指挥下，其主要为作战扫匪警备时之实施，即关于治安肃清之事项，而且不涉及细部之重要事项接受指挥之意。

六、所谓"有必要"者，仅限于认有指挥之必要场合之意。

七、所谓"指挥"者，应以不包含人事、补给、给与等解释

之。又关于指挥之方法，亦当保持中国方面之体面加以考虑，即军事上之命令、指示等，除不得已之场合外，以经由军事顾问传达为原则，且关于其形式等加以注意。

第三　协定第三项之说明

八、明示各方面，日华两军最高指挥官基于本协定，应行细部之协定。

民国二十九年六月二十四日

陆军少将　影佐祯昭

治安协定精神之说明

1．联合军统一指挥，并不害及主权，因仅限于作战暂时的非永久不变也。

2．日本及中国治安机关以外，均保守秘密者，此为军事行动之通例。

3．兹规定下达单位至连为止。

4．治安协定说明数项，日本军再对其部下恺切说明，不至有所违反。

〔汪伪警政部档案〕

李士群与山内正文签订关于镇江地区
清乡工作日中现地协定

（1943年3月4日）

关于镇江地区清乡工作日中现地协定事项要旨

本协定事项系除由登集团协定之事项而外，另定于镇江地区清乡工作实施上之日中互相关系上必要细部事项。

协定事项

1．分驻于本工作地区内之日本军，有向中国方面工作机关要求或连络之一切事项，应经过特务机关处理为本则。

2．对于分驻于现地各地之日军，华方要积极励行搜集各种情报，并为提供。

3．对于日军之作战或讨伐时，倘有征用劳力之必要者，华方要迅速提供之。

日军除万不得已外，须于事前经由特务机关与华方行政机关协议关于提供事宜，倘因不得已直接征用之时，日军须于征用后，迅速将其情形通报华方。

4．在于清乡地区内采办物资时，务以正当价格向正确之物主购办为本则。

关于为现地日军生活上有添补必要之粮食、燃料及其他之衣粮诸品，并建筑材料等物之于现地采办者，乃依照第一号标准表处理之。但采办时务积极利用区公所等使其供出。

华方采办主要粮秣之价格，须依照日中协定价格为本则，唯有必要时，日军得统制其物资及其收买价格。

日军于作战或警备等因紧急致不得已直接采办者，须依据第二号表之征发证交与货主。倘货主不在时，可将此征发证贴其屋内，使货主带此证向当地日军领取代价。

又现地日军代华方采办粮秣及其他诸物资于交与华方时，须发送证与华方，同时向其责任者征取领收证，以此为凭，向华方请领其实价。其样式依照第四号表。

5．雇用伕役或运搬器具等时，务经过该地之关系机关而调办之。伕役之工资依照第四号表为标准。

日军为住宿借用民家者，乃依照第五号表给与房租，但三月末日以前之房租，即由日军代为垫支，而后再由华方清还与日军。

关于前记第四第五两项，华方应积极供便宜与日军。倘华方

367

军警及保安队征用此等时，乃依照日军办法为标准，由华方目为处理之。

6．华方有所要求者，不得直接向日军申请，均须经由特务机关而行为本则。

日军于工作进展上，对此华方之有所要求时，则尽量善为援助之。

7．华方部队单独讨伐而卤获之兵器、资材（手枪、轻机枪、火炮除外），则归华方之所有，如与日军协同讨伐而卤获者，别由兵团裁处，明其分与数量，而后交与主任公署。

8．华方对于自国诸队员及诸机关人员有功绩显著者，应极力褒赏之。

于作战或警备有特别功劳者，在日军方面亦另有所考虑之。

9．封锁材料之现地供出，依照第六号表，由华方准备之。至于技术的作业有所必要者，则由日军援助其所要。

10．大检问所之设置地点，依照别纸要图设置之。

11．关于镇江港、镇江县、扬中县间，及扬中县、丹阳县间水道之封锁，依照如左之办法：

一、华方对于构筑封锁之诸材料，须根据现地日军所提示之计划，限定于三月五日以内要集积于所定之地点。

二、现地日军以此材料，须于三月二十五日以内筑成封锁施设之大概，而于三月三十日以内完竣一切。

12．封锁规定定三月二十五日起适用之。

13．日、中双方将施行之诸法规、诸布告等，须预先互相通告而后实施之。

14．要使归属日军之敌方工作人员为间牒或其他之工作者，须预先内报主任公署使其留意，以免乘其策动，倘有内报而外之人自称谓日军密侦而行不法行为者，华方可于随时抓捕，而后将其情形通报日军。

日军所抓捕之敌匪及敌性份子之中，有关于军律者，于宪兵队处理之。

15．关于日本居留民之户口，华方有所要请时，应由特务机关通报之。

16．日军要缉捕自新户时，除紧急者外，务于事前通报华方。但紧急者亦须于事后通报之。又对于自新户之登记者，华方要确实通报于日军。

17．本协定事项而外，倘有临时协定之必要事项者，得由日中互相连络而后定之。

昭和十八年三月四日

现地日本军最高指挥官　山内正文

中国侧责任者清乡委员会秘书长　李士群

〔汪伪清乡委员会档案〕

李士群与小林信男签订关于苏州第三期清乡地区扩张工作之协定

（1943年3月）

一、本扩张工作地域为无锡县第八区未清乡地区（许舍乡、五塔乡等），包括在苏州第三期清乡地区之内。

二、本地区之工作，依照苏州已清乡地区工作要领实行之，于四月一日起开始，五月底完成。

三、本工作日本军方面由第六十师团长负责，中国方面由清乡委员会秘书长李士群负责。

四、本工作所需经费，由江苏省政府总预备费中另行设法负担。

昭和十八年三月　　日

民国三十二年三月 日

矛部队长　　　　　小林信男

清乡委员会秘书长　李士群

〔汪伪清乡委员会档案〕

汪伪清乡委员会编两年来的清乡工作

(1943年3月27日)

一、清乡工作的拓展

清乡工作的开始，系在三十年七月，先是根据同年五月十一日中央政治委员会的决议成立清乡委员会，当时以江苏省为首都所在地，在地理上较为重要，就择定吴县、太仓、昆山、常熟四县，京沪铁路线以北地区先行举办。第一期清乡于清乡委员会之下，设立各处及各种委员会，并于苏州设立办事处，统辖初期江苏省清乡事务。至九月底工作完成，于是将地区扩展至无锡、江阴两县，京沪线以北区域，至十二月底完成第二期清乡。去年二月间，江苏省第三期清乡工作开始，改由江苏省政府兼办，由以上地区扩展至京沪铁路线以南，至六月底圆满完成。从去年七月一日起，清乡工作即由江苏省地区扩展至太湖东南，第一期工作由清乡委员会驻嘉办事处主办，其地域为江苏之吴县、昆山、松江的一部分，和吴江、青浦两县，及浙江之嘉兴、嘉善两县一部分，共分六个特别区，至九月底工作完成。自去年十月一日起，清乡委员会驻浙办事处展开太湖东南第二期清乡工作，其地域包括浙江之嘉兴、嘉善、平湖、海宁、海盐各县的一部分，及江苏之金山、松江的一部分。同时上海附近地区北桥、奉贤、南汇亦展开。上海地区的第一期清乡工作由清乡委员会上海分会主办，从九月到十月二个月内，如期完成军事工作，同时政治工作之推进，亦颇顺利。今则太湖东南第二期的清乡工作大部已告完成，松南及金山两特区业已交还江苏省，而第一期清乡的善兴特区亦归由浙江省接收。至于本年度清乡的计划，更将地区扩展至苏北、镇江、安徽与浙东，现已设立苏北地区清乡主任及镇江地区清乡主任两公署，及清乡委员会浙东办事处、清乡委员会驻皖办事处。所有苏北、镇江两地区清乡工作，统由〔清乡委员会秘书长李士群〕负责，镇江地区的工作业已于三月十日开始，苏北地区则规定于四月一日开始。浙东的清乡工作由清乡委员会浙东办事处处长沈尔乔负责，亦已于二月一日起开始。至安徽省的清乡工作，由清乡委员会驻皖办事处主任高冠吾负责，规定自五月一日起开始，最近择定芜湖附近为模范地区。所以从去年以来，清乡工作日益增强，清乡地区日益拓展了。

二、清乡工作的一般成果

由于清乡工作的推进奏效，举凡经过清乡之处，匪共肃清，生产增加，人口激增，而人民负担减轻。如太湖东南第一期清乡后之人口较未清乡前超出十八万八千一百四十四人，第二期及上海地区方面，据调查所得，亦有增加。至于清乡区内财政，因为苛杂取消，田赋的大宗收入增加，遂使一方面人民负担反而减轻。委员长去年在武汉答复新闻记者时也说，清乡区的财政收入比较未清乡区的收入增加三十五倍，而人民负担反而较未清乡区的人民减轻。由此可以证明清乡的成果，对于国家的贡献是如何之大。

现在将经过清乡的吴县、太仓、昆山、常熟、武进、无锡、江阴、吴江、松江、青浦、嘉兴十一个地方的概况作一个综合的统计。这十一个经过清乡地区的面积，共有三万五千平方公里，人口五百六十万，耕地一千五百万亩，铁路四百四十公里，公路七百五十公里，河道一千四百公里，江岸线约二百三十公里，舟车往来，极为便利。稻的产额约二千四百万石，豆一百八十万石，棉花六十万担，丝十二万担，水产目前尚无统计。地方警卫力量足以确保当地治安，人民安居乐业，行旅均获安全。教育方面有大学一所，专门学校及中学四十六所，小学一千零五十一所，学生约共二十万人，职业学徒约五万人。县政府或特别区公署共十一个，区公所八十二所，乡镇公所一千二百六十二所，保的组织约一万二千余个，甲的组织约十二万余个，县党部十一个，区党部八十二个，区分部或爱乡会共约八百个。党员已领党证者约四千人，与全人口数为一与一千四百之比。爱乡会员约八万人，与全人口数为一与七十之比。新国民训练所十二所，受训者已有一千二百人。

三、太湖东南地区第二期清乡工作概况

太湖东南地区第二期清乡工作，系由本会傅委员兼驻浙办事处主任式说担任实施之责，于三十一年八月一日成立筹备处，除举行会议，修订各项章则，确定全部预算之外，并组织清乡工作人员训练团，分别训练政工、封锁、财务、宣传、保甲、教育各班人员共约七百名，另设常务人员、清乡警察、特务警察各种训练班。九月十五日驻浙办事处成立，地点设在嘉兴，筹备处即告结束，并自十月一日起开始实施清乡工作。办事处机构分设五处二室，其外设清乡地区保安司令部及党务办事处，设置两嘉、海盐、平湖、海宁、金山、松南六特别区公署，各种工作悉依照预定计划次第实施。军警方面，计有各镇自卫团改编之甲种保安队一大队五中队，乙种保安队一中队，独立步兵第六团改编之保安队三大队，及保安特务队一中队，清乡警察共有两大队，各特区警察局共有员警□□□□□□名。各特别区保甲编组完成之后及举行户口调查，计全地区共有人口一百十五万一千六百零四名，封锁线周围长一百八十七公里，设置大检问所二十一处，小检问所十九处。全地区内之教育状况，中学共有六所，完全小学共四十七所，初级小学一百七十七所，民教馆二十三所。订定中学校训为"勇猛精进，刻苦耐劳"八字，小学校训"勤学力行"四字。关于财务方面，各特区成立赋税管理处及稽征所，取消临时营业税及其他各项苛捐杂税，成立总金库及两嘉、平湖、海宁、松南、金山等区分金库，成立土地查报处及土地丈量队，成立各特区船舶管理所，修理□硖、硖临、杭平、海□、松枫、吕千、嘉濮各公路。关于卫生事项，现各特区设有清乡病院及诊疗所、保健团及保健分团，并为救济贫病起见，组织巡回诊疗队二队，分赴各区实施工作。举办中医审查，存优去劣，以利病家。关于党务，各特区区党部均于十一月一日同时成立，继续征求新党员，及旧党员登记。组织商业人民团体。而政工团方面，并商请华中电影公司巡回放映宣传影片，暨公演画片剧，观众拥挤，收效甚宏。

四、上海分会清乡工作概况

上海地区清乡工作，系由本会陈副委员长兼上海分会主任公博担任实施之责，以二分军事，八分政治为原则，厘定各种规程，分设各处、团、室、科十三个单位，掌理军政、经济、封锁、党务、宣传各业务，于去年八月中将各项实施计划及训练工作完成。自九月一日起开始，在南汇、奉贤、北桥三区展开清乡工作，于区公署之下设立分区乡镇公所，办理调查户口，编组保甲。计全地区共分三特别区，十九分区，四十三镇，一百六十一乡，总计一万八千八百八十七保，十九万六千三百甲，二十万四千零十八户，人口男女合计八十七万四千六百六十九人。举办佐治保甲、封锁人员训练班，抽调各区公署工作人员，并招考大宗学生受训，结业人员共计四百余名，先后分发各区实地工作。其他举凡励行自治，整顿教育，取销苛捐杂税，整理金融，抑平物价，奖励农产，严密封锁，整理警务，加强文化宣传工作，推进党务及社会福利事业等，皆按照预定计划逐步顺利实施。全地区设立三个特区封锁管理所，十八大检问所，二十三小检问所。财务方面设立赋税管理处及稽征所。关于组训方面现北桥、南汇、奉贤三区党部共有合格党员六百五十人，划分三十九个区分部，均经委派区分部执行委员，正式宣告成立。关于民运方面，先后在北桥、奉贤、南汇组织成立各种人民团体二十三个单位，及核准许可组织者三个单位。再对于推进新国民运动，亦经组织上海分会公务员新运促进团、奉贤、北桥二特别区公署公务员新运促进团，及奉贤、南汇、北桥三区党部党员新运促进团，以期在纵横两方面分别推进工作。至清乡部队之配备，则有上海特别市保安队第一团及第二团一大队，第三团两个大队，第四团一个大队，保安队、特务队两个中队，保安独立大队一个中队，中央税警总团第一支队，上海特别市警察总队，总计人数□□□□□□名，除保障治安之外，先后会同友军进行讨伐搜剿工作，计捕获游匪宋礼、盛才生等五十六名，并毙匪百余名，"匪共"投诚的有游匪马柏生部中队长周云生、李银楼等四十余名，又忠义救国军官兵三十五名。此外尚有商民人等，因受感化，深明清乡意义，自动缴出枪枝子弹者，亦属实繁有徒。由此更可知人民之拥护和平，将随清乡之拓展而日益增加了。

〔汪伪组织清乡委员会档案〕

李士群与小林信男签订苏北第一期
地区清乡工作实施之协定

（1943年4月8日）

第一　宗旨

一、中日合作，军政一体，双方协力，从速实现国民政府之抱负，建设模范的地理想乡。

二、工作开始期日为四月十日，各种军政、政治工作限九月末日以前以予概成。

第二　军事

一、封锁线特勉以竹杆筑成，海岸、沙田地带则构筑监视楼等，考究特种设施。

封锁线及检问所归各日本现地部队与有关之中国方面县政府协同预先实施塔查之后，适应现地情形定之。

二、封锁所需资材，归中国方面整备，至于搜集输送，则日军适宜以予援助。封锁线在日军指导之下，中国方面旦任之。封锁业务预定在四月底开始。

三、为本工作须要整备之中国方面地方武力，若财政有把握，则迄本年底整备人口千对三之比率。

四、以保安队及警察为主，在中国行政官领导之下，使为官治面渗透之支撑。

但关于作战警备，须要受日军指挥官之指挥。

五、随剔抉工作之进展，确立民众组织，在地域内从速编成自卫团，以防遏敌匪之潜入。又努力捉〔促〕进爱乡会之结成与发展。新编之自卫团不使武装，且以警防（监视、警戒、速报）为任务，主重潜入匪之发见与报告，日军支援其训练。

第三　政治经济

一、政治工作之进展，从官治、自治、自卫、自生之确立顺序逐次决定重点而行。

其实施要领与苏州地区工作同。

但特以确立民众组织及把握民心为重点。

二、关于诸工作之中日间之连络要经连络部，中国方面要预先将诸法规、计划目次、予定表等通达日军。关于军事、政治方面双方须密切合作。

三、关于中日军警调达物资，对于正当之供出者，须以正当价格购入为原则，此际尽量利用特别区公署（县公署）、区乡镇公所等使其供出。

中国方面之主要粮秣购入价格，据中日协定价格购入为原则，有非常必要时，由日本军统制物资及购入价格，人夫、运搬具、佣役、赁银等亦准前项。

第四　其他

一、于日军监督指导之下，中国方面须要担任常续的检问及检索。

二、中国方面独自扫荡剔抉时，卤获之兵器资材，中国方面自己使用，但其数量应从速通报日军。

又协同日军时，由矛部队司令部分给中国方面所定机关。

三、有自称日军密探作不法行为者时，得由中国方面拘捕而后向日军通告之。

中国方面之特工工作，日军须以与全面之支援。

四、除本协定以外有临时必要之际，应其所要随时另外协定之。

昭和十八年四月八日

　　　　现地日军最高指挥官　　　　-　　　小林信男
　　　　华方现地负责人清乡委员会秘书长　　李士群

〔汪伪清乡委员会档案〕

汪伪行政院公布清乡事务局暂行组织规程

（1943年6月1日）

行政院清乡事务局暂行组织规程　　三十二年六月一日
　　　　　　　　　　　行政院公布

第一条　行政院为统率办理各省、市清乡事务，特设清乡事务局。

第二条　本局直隶于行政院，掌理各省、市清乡事务之计划及审议事宜。

第三条　本局设局长一人，承行政院之命，综理本局事务，副局长一人，辅助局长处理事务。

第四条　本局设秘书二人至四人，承局长、副局长之命，办理指定事务。

第五条　本局设左列四科：

一、第一科　掌理关于本局总务事项。

二、第二科　掌理关于清乡地区民政、教育及警政之计划审议事项。

三、第三科　掌理关于清乡地区财政及建设之计划审议事项。

四、第四科　掌理关于清乡地区军政之计划审议事项。

第六条　本局设科长四人，科员二十五人至三十人，办事员十五人，承主管长官之命，办理各科事务。

第七条　本局因事务上之必要，得设置专员二人至四人，视察四人至六人，并得酌用雇员。

第八条　本局局长、副局长及秘书二人简任，其余秘书科长、专员、视察及科员十人荐任，其余科员、办事员委任。

第九条　本局因事务之进展，得设置各种委员会。

第十条　本局处务规程另订之。

第十一条　本规程如有未尽事宜，得随时修正之。

第十二条　本规程自公布日施行。

〔汪伪外交侨务系统档案〕

周佛海与松井签订关于清乡工作中日协定

（1943年6月20日）

一、本协定规定关于清乡工作中日协力关系之大纲。

二、日本军以担当关于作战警备事项为主，中国方面以担当关于政治工作事项为主。

三、中国方面决定为本工作应使用之军队、保安队、警察及其他之武装团体，在工作中必要期间，应受日本军队指挥官之指挥。

为使政治工作与军事行动密切符合起见，关于政治工作之企划指导，中国方面应与日本军密切连系。

四、为本工作通常施行若干期间之准备，至工作开始后约六个月间，依于日本军之军事行动与中国方面之政治工作紧密协同而确立工作之基础，其后务必迅速将一切移交于中国方面，俾得担任之。

五、依据本协定，各工作实施地域之中日最高责任者（包含中国方面军事机关），关于详细部份得再协议决定之。

中华民国三十二年六月二十日

行　政　院　副　院　长　周佛海

军事委员会总参谋长　　　鲍文樾

支那派遣军总参谋长　松井左久泉

附　谅解事项

一、在工作上有必要之交通、通信之整备及因封锁之诸设施等，于现地日本军指导下，由中国方面担任实施之。

二、工作所需之经费及补给，以自给自办为原则。

三、依于工作而卤获之兵器、弹药及俘虏（间谍）等，以归属交付于中国方面为原则。

〔汪伪清乡委员会档案〕

陈春圃与木下勇签订关于扬子江下游地域清乡工作协定

(1943年8月21日)

一、在国民政府管辖下，登集团之作战地域内关于清乡工作之计划指导事项，日本军最高责任者为登集团司令官，中国方面最高责任者为行政院长及军事委员会委员长。

关于各地区之工作实施，日本军最高责任者为该地区兵团长，中国方面最高责任者为该地区省长，或特别市长。

二、日本军及中国方面之最高责任者于每年十二月及六月二次就下半期工作计划之大纲协议决定。

三、封锁为中日共同之责任，但封锁事务由中国方面担任实施之。

四、关于各地区工作实施之最高责任者当根据本协定实施工作（包括开始前之准备）之时，为军事与政治连络适合起见，对于必要事项应行规定。

中华民国三十二年八月二十一日

行政院秘书长　　　　陈春圃

军事委员会总参谋长　鲍文樾

登集团参谋长　　　　木下勇

附　属谅解事项

一、对于工作区内中国方面军队、保安队、警察及其他武装团体之工作上必要之训练，在日本军指导之下实施之。

民众自卫组织之训练为中国方面所担任，由日本军援助之。

二、关于对中国方面军队等之补给，日本军就其需要，应为左记事项之援助：

　　1．中国方面军队等及资材之运送。

　　2．前线小部队主要粮秣之交付。

　　3．兵器、弹药之补充。

　　4．伤病者之收容及卫生材料之补充。

　　三、日本军指挥中国军队等作战时所卤获之兵器、弹药中，由中国方面之战果所得者，交付中国方面。

　　四、工作间地区内之中国方面军队军人等，或有违法行为应处罚者，除特别紧要事项外，日本军不自担当，由中国方面处断之，将其结果速行通告日本军。

　　五、中国方面军队等于清乡区域内，逮捕间谍或俘虏时，由中国方面处理之，通报日本军，日本军所逮捕之间谍或俘虏，以在日本军执行必要之处置之后，移交中国方面为原则。

　　　　　　　　　　　　　　　　〔汪伪清乡委员会档案〕

汪伪清乡事务局局长汪曼云拟具苏北地区第一期清乡工作视察报告

(1943年9月23日)

(一)组织概况

　　苏北地区第一期清乡范围共三，六〇〇平方公里，计分四个特别区，二十九个自治区。其组织系统如左：

　　(二)编组保甲

　　一、本年四月一日由苏州调派曾受训练合格保甲指导员担任保甲编查工作，但以各地环境不同，推动情形遂亦各异，所幸保甲工作人员之不断努力，亦已大部编组完成。兹将各特别区编组保甲办理情形述后：

清乡主任公署　主任／副主任

秘书室（秘书主任）
　第一组
　第二组
　第三组
督导室（督导主任）
　第四组
　第五组

启东　海门　如皋　南通　特别区公署
　赋税管理处　警察局　教育局　封锁管理所

区公所—镇公所／乡公所—保—甲

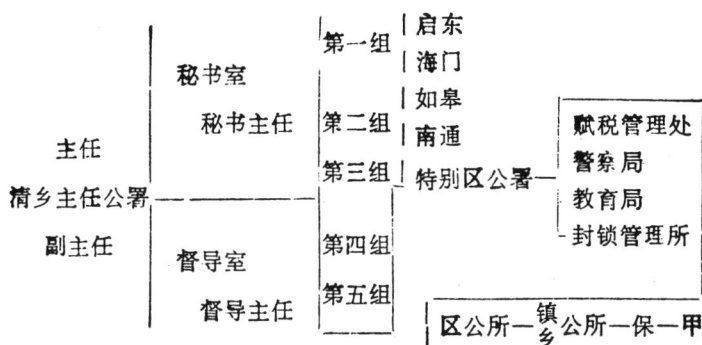

1．南通特别区　计分十二区,除第十二区之编组保甲工作于本月底完成外,其余各区已编完。

2．海门特别区　计分八区,除第八区之编组保甲工作于十月底完成外,其余各区已编完。

3．启东特别区　计分五区,所有编组保甲工作已全部编完。

4．如皋特别区　计分四区,所有编组保甲工作已全部编完。

二、为求编组保甲工作迅速完成起见,曾于六月十一日组织督导团先后出发督导四次:第一次为六月十五日;第二次为七月十四日;第三次为八月十八日;第四次为八月二十五日,每次以二十日为限。

(三)封锁

一、本地区于六月五日会同友军全面封锁。

二、设置封锁管理所四所,外周封锁设大检问所三十四所,现为三十一所,配备封锁人员三九四名。小检问所现未开设。

三、办理封锁人员训练,受训学员男为三五六名,女为六三名,现已分配各大检问所工作。

四、封锁爱护村已组织完成。

五、碉堡南通十二座,海门三座,启东六座,均能达到封锁目的。

六、监视楼已完成。

（四）教建

甲、教育

1．学期划分四月至七月为上学期，八月至三月为下学期。

2．学校小学一百所，另增加女子高中、男子高中、普通科各一所。

3．社教增设民教馆三所，连前计七所。

4．教师待遇已提高至百分之八十。

5．举办教育人员训练班，受训者为一百二十人。

乙、建设

1．公路及干道已修好。

2．九门闸西牌溪已修好。

（五）保安

一、现有六个大队，官长一九五名，士兵三，一八二名。

二、武器计掷弹筒二三个，手枪八七支，手提机枪八支，枪弹三六，六〇三发，轻机枪四三支，步枪二，三六八支（内有十分之七可用）。

三、举办军士训练所，分学员队（即军官队）、军士队、整训大队（现编为教导第一大队）。

四、收编杂色部队，编为教导第二大队，现已配属山本部队担任工作。

五、保安队分驻在南通、海门、启东、如皋各一大队，教导一、二两大队配属山本部队。

（六）警务

一、警察机构自四月十日起，计成立特别区警察局四，甲种警察署四，乙种警察署二五，并于冲要地点设置分署室及分驻所三十四。九月中旬，为求区政一元化起见，以区长兼任警察署长。

二、警察人数，南通官、警、夫一，一七八名，如皋四七五员名，海门六八二员名，启东五〇二员名，清乡警察队第一、二、三大队九八〇名，共计三，八一七名。

三、官警来源：1.苏北招募之模范学警六百名，2.南通点编训练合格之长警七百名。

四、警察武器，南通有重机枪二挺，轻机枪二挺，盒子枪七枝，手枪四枝，手提式四枝，自动步枪一枝，步枪四四八枝，总计四六八枝。如皋有枪四四二枝，启东二五六枝，海门四四二枝。

五、弹药每枪平均仅有十五发，现地区二人合用一枪，尚嫌不足，另有三分之一枪枝不能使用。

六、警力支配每区约一百人至一百五十人。

(七)财务

一、废除苛捐杂税，减轻人民负担。

二、整理合法捐税。

三、励行会计制度，成立代理金库。

四、田赋三十一年以前旧欠赋已转清缓征，三十一年份田赋现已开始继续征收，三十二年新赋在十月下旬开征，预计可收一万三千万元，至今年年底可收五千万元至六千万元。各税中以营业税、田赋收入为最多。

五、田赋册已散失，启东、海门二县已搜集完整。

(八)死亡报告

一、保甲长因反抗被匪杀害者约百人。

二、前如皋岔河大检问所主任凌月东四月八日在天生港被匪击毙。

三、前南通摇网港大检问所主任陶源五月八日在山芋镇被匪掳去杀害。

四、如皋环镇大检问所女检查员朱雁齐九月三日下午六时被匪掳去，生死不明。

（九）困难

一、本地区武力不足，应设法加强保安队力量。

视察意见

查苏北地区第一期清乡工作尚称努力，惟于下列三点应行设法改进：

一、苏北清乡地区范围较大，治安工作尚未能臻于强化，应行设法加强保安队武力。

二、地方恶势力犹复潜在，应设法肃清，以靖地方。

三、工作进度未能如期完成，苏北地区第一期清乡工作原定本年九月底完成，现拟延长三个月，至十二月底终了。其工作费用，拟着自行筹划，以节公帑。

附件名称〔略〕

〔汪伪清乡委员会档案〕

傅式说陈送浙江省第二清乡区清乡工作协定与工作实施要领呈

（1943年10月）

浙清秘呈字第三六号

案查本省杭州地区第一期清乡工作，遵令于十月一日起开始实施，并经择定海宁县长安镇，成立第二区清乡督察专员公署，业经分别呈报各在案。兹依据"中央清乡工作中日协定"第五款之规定，应友军枪部队之要求，于本年九月二十九日由第二区清乡督察专员徐季敦代表，与该部队长在浙省连络部签订"浙江省第二清乡区清乡工作协定"。正拟呈报间，旋又准浙江省连络部送来"浙江省第二清乡区清乡工作实施要领"，理合将上项协定暨实施要领谨各译缮一份，一并备文呈送，仰祈鉴核备案。遵呈

国民政府行政院院长汪

计呈送浙江省第二清乡区清乡工作协定暨第二区清乡工作实施要领译本各一份

浙江省省长　傅式说

中华民国三十二年十月　　日

关于浙江省第二清乡区清乡工作之协定

一、枪部队及浙江省政府自民国三十二年十月一日起，开始实施浙江省第二清乡区之清乡工作。

二、本协定中未定事项．均依据关于清乡工作之中日协定、关于扬子江下流地区清乡工作之协定施行。

三、十月一日以后，左列中国方面之武力暂时受日本军指挥官之指挥。

左列：

嘉兴县保安队长、警察局长—野村部队长

桐乡
崇德 ⎫县保安队长、警察局长—山根部队长
海宁 ⎭

前项日本军指挥官得使其部下指挥官指导前项中国方面保安队长、警察局长之部下指挥官，且在必要状况时，得使部下指挥官指挥中国方面之部下指挥官。

四、当工作推进时，须彻底集中军事、政治之总力而使用之，由地域之一部逐次推进及于全部。十月一日以后，中日之工作重点先须依据附图之地域，约以二个月时间完成在原定工作要领中之第一次工作（即治安之确立，官治方面之实践、自治、自卫方面之展开）。又该地域须按照清乡区外周而实施其外周之封锁（大小检问所位置另行协定）。关于此后工作之推进再行协定。

五、在清乡地区外周封锁线之构筑，大小检问所之设置及封锁事务之开始，除海杭线以南之海宁县外，须逐次实施。

中华民国三十二年九月二十九日

浙江省长

枪部队长

浙江省第二清乡区清乡工作实施要领

一、浙江省第二清乡区清乡工作系基于根据关于清乡工作之中日协定及扬子江下流地域清乡工作之协定及清乡工作作战教令，且参考左列条文实施之。

左列：

1．民国三十二年度上半期清乡工作训令。

2．关于清乡工作之规定。

3．清乡军事工作例集。

二、扫荡、检举、检问，搜索等勤务由中国方面之武力负担，日本军方面负责指导监督并为其后援。

三、当工作推进时，须彻底集中军事、政治之总力而使用之，由地域之一部逐次推进及于全部。

四、在清乡地区外周封锁线之构筑，大小检问所之设置及封锁事务之开始，须逐渐实施。

五、当本工作开始时，中国方面军队及地方武力约计如左：

军队　第一方面军第一师之一团（约一，二〇〇名）

保安队　约一，五〇〇名

警察队　约一，〇〇〇名

六、浙江、江苏两省清乡区域之境界之清乡工作，依据江浙交界地域封锁事项协定之关于沿封锁线河流之航行等事项，须与中国方面协议决定之。

〔汪伪清乡委员会档案〕

傅式说陈送浙江省第二清乡区清乡工作
推进中之中日协定及封锁要领呈

（1943年12月7日）

案查本省第二清乡区清乡工作已于十月一日开始实施，先从重点区域着手逐渐推进，兹因该区重点工作业已完成，此后工作即将推及全部，爰根据浙江省第二清乡区清乡工作协定第四款之规定，续与友邦枪部队长签订浙江省第二清乡区清乡工作推进之日华协定及封锁要领，以资遵循。除令行本省第二区清乡专员公署知照外，理合将是项协定暨要领各译缮一份，备文呈送，仰析鉴核备案。谨呈

行政院院长汪

计呈送浙江省第二区清乡工作推进之日华协定及封锁要领译本各一份

浙江省省长　傅式说

中华民国三十二年十二月七日

关于浙江省第二清乡区清乡工作推进之中日协定
（根据昭和十八年九月二十九日协定四之末项）

十二月二十日以后，扩大工作于浙江省第二清乡区重点地域以外之全部，并强力推进之。

实施上项工作之封锁，依附件要领规定之。

民国三十二年十二月四日

枪部队长　内田孝行
浙江省长　　傅式说

附件　浙江省第二清乡区工作推进上之封锁要领

一、依然严密确保浙江省第一清乡区西边，原定重点地区四周，铁道以南，海宁县西边暨南边，以及嘉西地区北边之封锁线。

二、十二月二十日止，于大运河以北，嘉兴、桐乡县境设新封锁线，又强化长安以西之铁道警备封锁线。此等封锁线与原定重点地域封锁线俱为内部封锁线，阻止已清乡地区内部敌匪之逃逸，以资扫荡剔抉。本清乡区四周其余部份之封锁线，于十二月十五日起开始构筑，至本年年底概成之。

〔汪伪清乡委员会档案〕

汪曼云关于明定各地区清乡工作阶段及期间暨实施项目的提案①

(1944年2月22日)②

提案者　行政院清乡事务局局长汪曼云。

案　由　拟清明定各地区清乡工作阶段及期间暨实施项目，以速成效案。

理　由　查清乡工作开始于三十年七月，迄今已历二年又半，在昔清乡委员会时，原系采取划区分期办法，将各清乡地区一切政务、军务事项概由该管省市移归清乡委员会直接处理。自三十年七月至三十二年五月清乡委员会结束时止，其清乡工作已经终了各地区，计有江苏之第一、二、三期地区，及太湖东南第一期地区；其尚在继续推进或强化高度清乡工作者，计有上海之

---

① 此提案经由汪伪行政院197次会议"原则通过"。

② 此系用汪伪行政院会议通过日期。

第一、二期地区，江苏之苏北地区、镇江地区，太湖东南第二期地区及浙东余姚地区，至正在准备清乡者，则为安徽之芜当地区，及广东、湖北两省。清乡工作迨至三十二年五月，奉最高国防会议决议，清乡委员会结束，所有清乡事务移归行政院统率办理，各省市清乡事务概归各省市政府负责办理。同年六月，行政院清乡事务局成立以后，除对正在继续推进或强化高度清乡及准备清乡各地区工作仍照既定计划继续促成外，复于十月一日起开始浙江省第二清乡区清乡工作。但以过去各地区清乡工作之阶段及期间并其实施项目均尚未有统一之规定，致于预期成效不无参差。兹为便利实施清乡工作，以速成效起见，拟请明定各地区工作阶段及期间暨实施项目，俾昭划一而利事功。

办法　凡各地区清乡工作虽因实际情形互有异同，但拟请以左列各阶段及期间为其实施项目之基准，其概略如下：

一、准备工作时期约三个月

1. 各地区清乡工作连络委员会之构成。

2. 划定清乡地区。

3. 决定特别区及自治区经界。

4. 各级行政人员及军队、保安队、警察之调整与训练之完成。

5. 各种民众团体组织准备完成。

6. 各种调查工作与实施计划之确立。

7. 地方士绅之征询与延揽。

8. 封锁线之决定与构筑完成

9. 各种资材征集之完成。

10. 招抚整编工作之实施。

11. 各种收支概算之确定。

12. 碉堡、公路、桥梁、河道等各种交通事业之整理与建设。

13. 准备工作之检核。

二、本格工作时期约六个月

1．实施军事扫荡及讨伐工作。

2．各级行政及封锁机构组织成立。

3．完成编组保甲清查户口及其他保甲部门之各项自治工作。

4．爱乡会组织完成。

5．成立自卫团及训练壮丁。

6．保安队及警察之配备完成。

7．整理赋税及一般经济状况之改善。

8．各种生产机构组织完成。

9．办理土地查报及督励增加生产。

10．各种教育文化及社会公益事业之整顿与推进。

11．新国民运动及青少年团之组织完成。

12．封锁工作之强化。

13．政工及剔抉工作之施行。

14．全部工作之检核及今后工作之拟定。

三、补充工作时期约为三个月

各地区清乡工作务于本格工作时期内终了，但如因事实上之必要，得于本格工作时期终了后，延长补充工作时期约三个月，分别实施各项补充工作，务使一般行政效率积极向上，以底于清乡工作之完成。所拟是否有当？敬请公决。

决议　通过。送请行政院参酌办理。

〔汪伪清乡委员会档案〕

杨揆一与佐野忠义签订关于武汉地区治安肃正现地协定

（1944年8月18日）

一、日本军各机关与中国关系各机关须互相保持 紧 密 之 连系，互相协力，以担当国民政府行政区域内之治安肃正。

为此，日本军主要担当关于作战警备事宜，中国方面主要担当关于政治工作事宜，更为使日本军现地兵团之军事行动与中国方面现地机关之政治工作符合一致起见，中国方面关于政治工作之企划指导须与关系日本军现地兵团紧密连络之。

二、基于前条之趣旨，武汉方面日本军最高指挥官、各兵团长、各地区警备队长及各地宪兵队长以及准此之部队长，暂时关于中国方面治安机关之配备，军事行动等政治肃正上之重要事项，于必要时得有指挥该担任警备范围内之中国方面治安机关长官之权。

前项日本军指挥官之指挥权暂时规定，对于全殷武汉方面中国治安机关，则归日本军最高指挥官，对于中国方面正规军师、旅长，则归联队长或独立大队长以上者；对于省县政府保安队长、省市县警察，则归当地兵团长、地区警备队长及宪兵队长以及准此之部队长。

前述日本军各指挥官特认为必要时，得使其部下为指挥官指挥认为必要之中国方面部下指挥官。

但此时委任指挥之日本军指挥官，须将其意趣明示中国方面指挥官。

三、前述各条之趣旨，日本军及中国方面治安机关须使与此有关之部下了解。

四、本协定除日本军及中国方面治安机关以外，须严守秘密。

民国三十三年八月十八日

武汉方面日本最高指挥官　　佐野忠义

驻武汉绥靖主任

湖　北　省　省　长　　　　杨揆一

驻九江绥靖主任

江　西　省　省　长　　　　高冠吾

附属谅解事项

一、对于中国方面军队、保安队、警察以及其他武装团体之治安肃正上必要之训练，于必要时日本军得援助之。关于民众自卫组织之训练，虽由中国方面担任，但日本军得予以支援。

二、关于对中国方面军队等之补给，日本军于必要时得有左列事项之援助：

1．中国方面军队及资材等之输送；

2．主要食品粮秣之交与末稍部队；

3．伤病患者之收容及卫生材料之补充。

三、日本军于指挥中国方面军队作战时，所卤获之武器，弹药中如系中国方面之战果者，则交与中国方面。

〔汪伪组织档案〕

汪伪安徽省三十三年度清乡工作报告

（1944年12月）

（甲）本省清乡沿革

查本省清乡工作，自三十二年二月即行开始筹备，初国府清乡委员会设驻皖办事处于芜湖，令派本省高前省长冠吾兼任办事处主任，办理芜湖、当涂两县四角地带（东至丹阳湖，南至清水河，西至长江，北至姑溪河）清乡准备工作。嗣以清乡与行政一元化，以期增进效率，乃于同年六月间，遵奉行政院令，结束驻皖办事处，所有本省清乡事务，改设省清乡事务局负责办理，遴派谢泽同为局长，以负清乡行政专责。在此时期清乡行政工作，大致除组织机构，配备人事，草拟各项有关清乡单行法规章则外，虽已从事于民政、财务、教育、建设、治安、增产、党务宣传等诸大端之措施准备，然犹为清乡工作之萌芽时期。

本年二月，罗省长主皖，清乡事务局长改派蔡龥舜继任，赓续办理清乡事宜。至三月底，清乡事务局复由芜湖迁驻蚌埠，斯时以蔡龥舜另有任用，清乡局长一职遂又改派孔宪铿继任，同时在芜湖设立安徽省第一区清乡督察专员公署，派蔡龥舜为专员，就近督导实施芜、当两县清乡准备工作。于是本省清乡事务之基础，始自萌芽进至建树。

迨四月间，按诸清乡工作实施要领，原应就芜、当两县四角地带以内已经准备之区域开始本格工作，一面并就四角地带以外之区域（芜湖、当涂两县全境）同时实施准备工作，嗣以奉令拓展芜、当两县清乡工作为全境化，遂又将以前之四角地带之准备工作，扩充至全境准备工作，期成强化，并依限于六月底准备完成。

旋至五月，奉行政院令，各省应组设省清乡连络委员会，办理清乡工作计划、检核、清乡划区、经费、军务及清乡中日现地协定，与各省市清乡连络委员会之连络等事项。本省遵于五月卅日在省政府成立清乡连络委员会，由罗省长君强兼主任委员，皖省樱庭连络部长兼副主任委员（现由中山连络部长接任），胡政务厅长泽吾、郭保安处长尔珍、满警务处长其蔚、孔清乡事务局长宪铿（现由清乡事务局长接任）为委员。先后召开会议六次，并对于清乡准备工作决议再延展，以六、七、八三个月为正式准备工作时期。嗣为充分准备起见，乃又延长一个月，自十月一日起开始本格工作，当经第一区清乡督察专员公署，遵照院颁实施要领，拟定准备工作计划大纲，以为实施之依据。此项工作，业经分别按照既定计划，次第依限完成。

八月间，清乡事务局长孔宪铿调任他职，遴缺简派魏曙东接充，第一区清乡督察专员亦改派罗省长兼理，踵继前规，赓续办理清乡事务。复由专署遵照院颁清乡实施要领，并参配地方环境实际情形，拟定本格工作实施要旨及计划大纲，现正循序逐渐进行。预计于三十四年度三月底可以完成第一区清乡本格工作。

（乙）第一清乡区工作概况

组织机构

卅三年三月间，清乡事务局由芜湖迁至蚌埠，于是第一区清乡督察专员公署亦于三月底遵令组织成立，注设芜湖，以便就近督导实施清乡工作。所有组织依照规定于专员下分设秘书室及第一、二、三、四、五各科，分别掌理机要、总务、民政、自治、保甲、财政、建设、警政、自卫、封锁、教育、宣传、军务、军法、审判各项事务。一面复于八月间遵令组织第一区清乡连络委员会，为清乡工作检讨审核之机构，以芜当两县县长、芜湖警察局长、芜湖保安队副队长、省特务团团长（现改由驻芜第二大队长接充）、第三师第七团长（现已移防出缺），及芜湖防卫司令部南部司令官或宪兵队长。芜湖连络支部长为委员，先后共已举行会议四次。此外，又拟定政治工作团组织大纲，现正着手组织中。

工作概况

本地区清乡工作，自清乡专员公署成立以来，先后拟订准备工作及本格工作计划大纲，以为实施之依据。一面又依照计划大纲，按月订定工作预定表，将各项工作分别部门，评定施行步骤及开始完成日期，每届月终复将实施情形，制成工作进展概要及报告书，提出地区或省方清乡连络委员会检核。截自最近止，为期虽觉甚暂，然于清乡工作已可稍奠础基，循以迈进，当不难于预定期限内完成清乡使命。

至于本地区清乡工作实施要旨，首在确立治安，改善民生，而针对现实环境之迫切工作，对于争取民众，把握民心，尤属视为急务。是以举凡匪伪之扫荡，不良份子之剔抉，保甲自卫之强化，检问工作之厉行，不法武装团体之取缔等。无不缜密策划进行，而济以实干硬干精神，不尚形式，专重实际，翔使清乡工作在不扰民不害民之原则下，得以平静顺利推行，而告圆满完成。兹将本年度工作概况摘要列述如后：

民政

（1）组织本地区各县区联合协议会，并按月各举行会议一次。

（2）组织爱乡会。

（3）拟订收受人民呈递书状办法，公布施行。

（4）每月一次或数次由专员偕同主管人员，前往各县及乡区视察地方治安状况，封锁检问情形，县区施政成绩，人员办事勤惰，并随时考察民间疾苦，宣传国策，激发人民爱国爱东亚之观念。

（5）本地区于七月份青黄不接时期举办公粜四期，计两个月。

（6）严禁所属军警不得骚扰人民，勒索供应，其有证收类似苛捐杂税者，并随时从严取缔，以轻人民负担。

（7）强化社会公益福利事业。

（8）组织地方救济会。

（9）举办冬赈。

保甲

本地区编组保甲工作，在清乡事务局驻设芜湖期内，原已编查十分之六强，嗣准备工作开始，同时两县保甲委员会亦于四月间遵令组织成立，为求户口编查精确彻底起见，除由该会依照省保甲委员会颁发之第一期实施计划工作纲要重行着手办理外，一面复依本署每月规定保甲工作项目参照施行，俾资同一步调。现两县户口已经编组完成，刻正着手办理抽查、复查，并一面积极整理保甲图籍及连坐切结等工作，预计最短期内，可以全部完成。至其他有关保甲及强化区政，训练及调整保甲人员等工作，其可记述者，约有下列诸端：

（1）举行乡镇长及联保主任训练。

（2）举行保、甲长训练。

（3）召集各区公所户籍员，各乡镇、各联保办公处书记等举行保甲训练。

（4）举行办理户籍之警察训练，授以调查户口等必要智识。

（5）举行区长会议。

（6）举行区政会议。

（7）办理警保连系。

（8）利用保甲机构，组织匪警情报网。

（9）利用当地报纸公布保甲法规，藉资宣传。

（10）强化芜湖县保甲自警团，组织当涂保甲自警团，按月抽调团员予以严格训练，并厉行值岗。

（11）拟定本地区充实各区及乡镇公所或联保主任办公处机构纲要，通饬施行。

（12）组织本地区各乡镇保甲自治工作策进会。

（13）调整各区人员，并随时派员视察区政。

（14）颁发良民证。

附：芜当两县保甲调查表〔略〕

财政〔略〕

建设〔略〕

经济〔略〕

警政

清乡地区之警察，不仅在维持地方秩序，推行政令，更须协助清查户口，搜集情报，检举不良分子，及担任匪盗之清除，故警政之良窳实与地方治安有密切之关系。本地区自清乡工作开展以来，于警政之整顿，可分为整顿与训练两个时期。

（1）整顿工作：

396

(一)淘汰老弱及不合标准之警官。

(二)剔除种种不良积习与流弊。

(三)重行切实整编。

(四)厉行工作考核。

(五)指派干部随时分赴各乡区或各警察所、分驻所巡视督导。

(2) 训练工作：

(一)举行警士训练。

(二)于九月一日起至九月廿日止,分两期抽调干部举行训练。

(三)延请中、日名流及地方父老作精神讲话。

两县官警及枪弹数目表

局　　名	警察所数	分驻所数	派出所数	警官人数	警士人数	装　　　　备				
						重机	轻机	掷弹	步枪	手枪
芜湖警察局	三	九	一	一〇一	四二六			二	二一一	二五
当涂警察局	一三	五	一	三一八	六八二	八			三七二	二二
合　　计	一六	一四	二	四一九	一,一〇八	八	二		五八三	四七
附　注	（1）芜湖警察局另有水巡队、消防队、侦缉队、警察队及第一分队各一,人员均统计在内 （2）当涂警察局另有警察大队一个,中队三个,分队十个,人员均统计在内									

至关于组织警防团,定期举行匪警及防空演习,检查卫生暨参加扫荡等工作,亦均分别积极进行,并随时予以强化。

自卫

保卫团组织情形　本地区各县保卫团之组织,设总团部于县政府,总团长由县长兼任,下设团务主任一人,综理全县各团部一切事宜,另设指导处,掌理编训工作。各区设区团部,由区长兼任区团长。各乡镇设乡队部,由乡长或镇长兼任乡队长。每乡队设若干排,由保长兼任排长。排设若干班,由甲长兼任班长。

凡各乡区十八岁以上四十五岁以下之男子，均编为团员，由总团部派训练员分赴各乡队担任训练。武器以刀矛为主体，其有自备枪枝者，遇有匪警，亦得用以自卫。惟以前保卫团之组织，大率有名无实，自清乡工作开始以来，首先着手整理、切实编训，并随时派员前往点验。一面又举行保卫团会议，商讨推进改革事宜，暨抽调各乡区训练员施行训练，授以保卫团必要之智识及封锁上之任务，藉以强全人民自卫力量，确立地方治安。

（2）组织情报网　拟定组织规定于本年十月十七日呈准施行，现各县区大都已分别着手组织，刻正力求强化。

（3）调查民间武器。

保安

本地区各县保安队之编制，芜湖保安队计有八个中队，十六个分队，另设特务、军乐各一队，总计官佐七十二人，士兵九百卅人。当涂保安队计有七个中队，总计官佐一百卅四人，士兵八百十五人。合计两县官兵共有一千九百五十一人。至训练方面，除芜湖县自七月一日起分期抽调各中队施以短期之训练外，本署又于九月一日起至廿日止分两期抽调干部举行训练，一面并由各该大队部指派干部前往各防地视察，俾对防务及封锁上随时有所督导而资强化。

两县保安队官兵及装备表

部别	中队数	特务数	军乐数	分队数	官佐	士兵	武器					弹药				
							迫炮	重机	轻机	步枪	手枪	迫炮	轻机	步枪	手枪	手榴
芜湖县保安队	8	1	1	16	72	930			7	418	108			25,416	454	
当涂县保安队	7			17	134	815			9	518	41		1,650	8,423	301	90
合计	15	1	1	33	206	1,745			16	936	149		1,650	33,839	755	90

两县保卫团员人数表

县别	名　　称	队数	团员	武器	备　　注
芜 湖 县	第四区团部		2610	1079	
	第五区团部		2516	2717	
	第六区团部		850	785	
	第七区团部		474	7	该区目前武器数目尚未呈报
	第八区团部		62	414	
	第九区团部		436	200	
	小　　计		6948	5212	
当 涂 县	第一区团部	二	78	63	
	第二区团部	十	1234	5	刀矛数未详
	第三区团部	七	1571	300	
	第四区团部	六	2516	47	
	第五区团部	二	1887	868	
	第六区团部				组织不久,人数武器尚未呈报
	第七区团部	五	1937	1534	
	第八区团部	三	1080	835	
	第九区团部	六	1370	414	
	第十区团部		398	366	共集中组织一团
	黄池临时区	四	1098	1108	
	黄池游巡队	一	90		
	小　　计	四六	13259	5540	
总　　计		四六	20207	10752	

封锁

本地区封锁线系沿两县边沿利用天然河流、山脉构筑，一面并沿封锁线建筑碉堡，均于本格工作开始前分别建筑完成。嗣芜湖县为加强治安起见，拟于市区外围增设碉堡十三座，终以经费困难，尚未着手兴工。关于封锁机构，于两县各设封锁管理所，下辖各大小检问所，自十月一日本格工作开始后，检问工作亦同时实施。兹将工作概况及碉堡、检问所设置情形等分述如下：

（1）工作人员训练与分发　本署奉令筹办清乡工作人员训练班，于四月初开始招生，二十九日举行考试，当经录取一百名，于五月四日正式上课。原定训练期间为两个月，嗣因准备工作时期展延，于是训练期间亦展期至九月底结束。同时又因前清乡干部训练班毕业学员在准备工作时期，原经分发芜、当两县各乡区充任区政助理员，或城区调查员，为增加各该员智识能力及集中分发计，复于九月二十二日起至二十九日止一律调回，举行再训练，训练期满，即与上项清乡工作人员训练班毕业学员同时分发，充任检问员及各乡区调查员、督察员等职。

（2）检问章则之公布及检问范围之决定　关于检问章则及衰式，经地区清乡连络会第二次会议，除封锁管理所物资运输申请书等章则表式四种外，其余一概遵照规定办理。同时对于检问范围亦经第三次省清乡连络委员会决议：（一）注重行人身份的考查；（二）检问人员不许凭藉职权收取任何费用及接受馈赠；（三）进口物资除违禁品外（如武器、毒品等），其余一概准许自由通行；（四）物资出口除有特殊规定者外，悉依普通法令办理，以不妨害合法流通为原则。当经本署通令所属遵照，并一面布告暨利用报纸广事宣传。

（3）举行大检问所主任会议　为检讨过去工作及商讨今后推进事宜起见，每月举行会议一次。

（4）检问员奖惩情形　担任检问工作人员，凡办事努力，或有违法渎职行为，均随时予以奖惩。综计受嘉奖者二人，记过者五人，申斥者一人，撤职者五人，判处徒刑者二人，通缉者二人，正在查办中者一人。

（5）巡视封锁线及各检问所　随时派员前往巡视，并加督导。

（6）利用民间组织协助封锁　在两个距点中间，利用保卫团担任流动哨，协助封锁，一面并与担任封锁之军警取得密切连络。

（7）本地区碉堡及大小检问所设置地点表〔略〕

教育〔略〕

宣传

清乡地区宣传工作之主旨，端在促使民众认识清乡工作之真谛，瞭解与拥护清乡国策，并启发自治、自卫、增产运动，一方面针对"匪共"的毒化宣传，展开炽烈的思想战。其中心工作内容：

（1）宣扬政府国策、法令，推动民众拥护和运，并激发参战情绪。

（2）宣传清乡真义，动员民众协助清乡。

（3）抨击"匪共"毒化宣传，宣扬正确理念。

（4）争取中间份子及"匪共"外围份子转向，发动匪区宣传。

（5）强化新闻报道。

（6）启导文化运动。

至其工作方式，计分：（甲）文字、图画宣传；（乙）言语宣传；（丙）艺术宣传；（丁）行动宣传等四种。兹将工作情形摘述如下：

（1）组织清乡宣传队及流动宣传班。

（2）组织清乡剧团，并巡迴乡区演出。

（3）发行清乡周刊。

（4）举办清乡论文。

（5）举办清乡征文。

（6）招考宣传员。

（7）印发宣传员基本讲稿。

（8）拟定清乡宣传标语。

（9）招待江淮爱路流动宣传队。

（10）实施芜、当两县农村宣传。

（11）利用各种纪念日举行扩大宣传。

（12）推行社运、青运。

（13）争取渝方青年来归，并组织招待所。

军务

（1）兵力　本地区兵力依照规定，为芜湖、当涂两县保安队、警察，暨驻芜之第三师第七团及中警队部第二大队（现改为省特务团驻芜军士第二大队），由芜湖防卫司令部领导进行，一面并由两县随时策动保卫团出动协助，实力相当优厚，故地方治安除当涂北部治安发生问题暨芜湖边沿不时有小股匪伪待机蠢动外，大体尚称巩固。十一月二十日，第三师第七团奉命移防，所有警备铁道责任改由当涂保安队派队接防，地方治安并不因此而有所影响。

（2）扫荡概况　扫荡讨伐工作，依照清乡实施要领，应于本格工作开始后实施，但在准备工作时期为确立地方治安，以便推行清乡工作计，凡有匪伪盘踞之区，莫不随时予以清剿,作一时局部之扫荡。迫至本格工作开始,遂由芜湖防卫司令部南部司令官领导芜、当两县军警先作缜密之计划，一面策划配备兵力，更集合各部份日军展开大规模之扫荡。盖本地区所辖当涂县北部，与江宁、高淳、溧水三县接壤间，匪伪利用地理上之特殊，盘踞已久，几成巢穴，故此次扫荡工作亦几完全以此为目标，俾资彻底肃清，作一劳永逸之计。各该地区匪伪自经此次扫荡，受创极巨，地方治安乃得渐上轨道。同时凡经扫荡之区域，随由保安队及警察局派队接防，从事抚辑整理工作，一面本署为求扫荡工作配合政治工作起见，复经拟订方案，令饬当涂县遵照施行，藉收军政兼施之效。至该两县其他各乡区虽不免时有小股游匪窜入，自被保安队流动清剿以来，已告敛迹。

（3）招抚收编　（一）收编渝方当涂常备队第三中队长夏良瑞及管辖之官兵及枪枝；（一）招抚其他零星官兵，编入保安队。

（4）组织芜湖军警联合督察处　芜湖位居要冲，且为水陆交通之枢纽，因此在治安上不得不作严密之注意。在准备工作时期，为取缔游兵散勇及防范匪盗起见，曾联合各有关机关组织巡逻队，严厉执行，成绩良好。自本格工作开始后，因策动各军警从事边区扫荡工作，对于市区治安为求进一步强化计，爰将巡逻队扩充为军警联合督察处。对于非法之武装团体之被取缔者，先后有苏浙皖剿匪军总司令部暨军事委员会特派员公署等组织，及派委之支队或官兵。

（5）调整各官兵待遇，整顿军风纪，制发军服。

（6）召开治安会议。

（7）拟订冬防计划。

（8）枪决盗匪两名。

附：本地区兵力配备表〔略〕

〔汪伪清乡委员会档案〕

汪伪浙江省第二清乡区督察专员公署编1944年度清乡工作实施情况总报告

（1945年）

浙江省第二清乡区三十三年度清乡工作实施情况总报告

403

概述

窃查本清乡区清乡工作，自三十二年十月开始实施，根据当时原定计划，全地区划为第一、第二两重点区，分期实施，每期为时各两个半月（十月一日至十二月十五日为第一重点区实施期，十二月十六日起至三十三年二月底止为第二重点区实施期）。故三十三年一月一日起，正当第二重点区实施期中，至三十三年三月底止，如期完成全地区第一期初度清乡工作。依照前清乡委员会三十一年十二月一日颁布之"清乡工作实施纲要"内第二项第一节"清乡工作推进之一般顺序概要"之规定，又自三十三年四月至九月（六个月）完成其第二期高度清乡工作。嗣经省府认为本地区清乡工作尚有继续补充实施之必要，原定三十三年十月起至十二月底止（三个月）为补充工作时期，因本署人事调动及充分准备，以期顺利实施起见，奉令展延至三十四年一月开始实施。谨将本地区三十三年度一年来清乡工作实施情况，就其荦荦大者，分别胪陈于后：

官治部门

（一）人事更动　本署专员一职，自三十二年十月一日起，原由前浙江省教育厅厅长徐季敦兼任，嗣于三十三年四月十五日辞职照准，经奉行政院令，由前本省清乡事务局局长章颐年接充。始于三十三年十一月二十八日，又奉行政院令，由希文兼任，所有各科室人事，除自动辞职者外，均予蝉联，俾驾轻就熟。

（二）文书处理　为迅速敏捷处理文书起见，依据奉颁清乡督察专员公署暂行组织通则第五条规定，制定本署办事细则凡三十五条，经呈奉省府核准施行。三十三年全年度共计收文三、六〇一件，发文三，四二五件，所有公文，均随到随办，并无积压情事。

（三）订颁法规　本署于筹备工作时期，关于本地区各种法规章则，除中央令颁及通用一般法规外，余均参照过去太湖东南二

404

期清乡时颁行者，重行斟酌修订，呈准施行。三十二年十月清乡开始后，及三十三年一年过程中，应事业推动之需要，又先后令颁多种。

（四）计划方针　自三十二年十月份起，至三十三年三月份止，六个月初度清乡工作时期所有清乡工作方针，采取划时划地，鳞比形跃进方式进行。四月份至九月份止，六个月高度清乡工作时期，就原有各种组织及各部门施政予以调整、刷新、强化及增厚，俾更臻完密。此后补充工作时期，虽展延至三十四年一月实施，但自十月份起至十二月份止，更就过去已有之一般工作进展状况，予以质的改进及量的补充，俾此后补充工作实施时得顺利推进。

（五）管内巡视　为明瞭各县各部门施政实况，及防务配备是否完密，以作适当之指导起见，专员按月偕同本署主管科长赴各县巡视，每次巡视结果，均有书面报告省府备查。

（六）召开会议　本署每月必举行联席会议一次，除本署秘书、科长及各县县长、财政局长、警察局长、教育局长暨保安大队副大队长等均应出席与议外，省府各机关暨盟邦长官亦惠临指导。每次会议除听取报告以凭检讨外，并指示各种施政方针。

自治部门

（一）复查户口　三十三年三月第一期六个月初度清乡告一阶段时，为明瞭各县所属区乡镇保甲户口是否完整，平时户口异动登记是否认真办理，实有举行全地区普遍性总复查之必要，非惟藉以矫正保甲户口上之谬误，抑且可获觇自治工作人员工作上之勤惰。爰特订正总复查暂行办法，定三月二十七日一天为举行总复查日期，分饬各县遵办。本署同时亦组成复查班五组，分赴各县实施复查，复查结果成绩尚称良好。

（二）办理户籍　户籍为编组保甲及清查户口后之主要工作，如稍有松懈疏忽，则原有户口数字必失去准确，而其中之效用亦必因以减低。本署对于户口异动工作极为注意，并使办理户口异动手续有所遵循起见，特订颁户口异动查报办法及程序表解等，令发各县，按月遵办具报来署，以凭转报省府备查。兹将本地区各县乡镇保甲户口数字截至十二月底止，列表如后〔见下页〕：

（三）自治督导　各县编组保甲，清查户口，固能认真将事，树立基础，然是否办理确实，以及各级自治工作人员品性之良窳，操守之廉污，工作之勤怠，地方舆情之融洽与否，实有缜密督导及调查之必要，爰任用自治督导员三名，常川轮赴各县区乡镇作普遍之督导，亦澄清吏治之一助也。

（四）保甲指导　本地区各县服务之保甲指导员，至三十二年十二月底止，经调整结果，原有及新增人数为一百二十名，三十三年四月份起，奉省令就现有人数，裁汰三分之一，计留用八十名，迄九月底止，逐渐淘汰至六十四名。同年十月份起，所有各县自治事务业已步入正轨，为节省人力公帑计，每县留用各三名，又留署服务三名，合计十五名。

（五）训练干部　自治人员为推进地方自治之基干，其知能德性与地方自治之进展，关系至巨。本署有鉴及此，俾增强各县各级自治工作人员效率，以期健全地方行政机构起见，对现任区长、区公所助理员、乡镇长、乡镇公所事务员，于三十三年五月一日起，至六月二十四日止，分成八期予以分别抽调训练。所有训练详情，业已呈报省府备查。

（六）勤怠考成　区乡镇长人选之得失，影响行政效率至深且巨，本署为澄清吏治，以苏民困起见，先后订颁各县区乡镇长人事调查表，自治人员考成暂行办法，暨考成表各乙种，令饬各县遵办具报，俾凭考成。考成范围分工作（占百分之五十）、学识（占百分之二十五）、操行（占百分之二十五）三种。

（七）励行民治　本署为谋破除官民间之隔阂，使民众有贡陈其意见，以为行政当局施政之参考，又使上情下达，构成官民一

浙江省第二清乡区各县保甲户口统计表　三十三年十二月三十一日

项别 市县别	区别	乡数	镇数	保数	甲数	户数	男	女	人口总数	附注
海宁县	6	12	16	710	6,859	71,376	172,082	152,390	324,472	
崇德县	6	23	5	422	4,233	47,646	111,883	90,2?2	222,085	
桐乡县	6	22	6	343	3,354	34,642	71,284	60,513	131,797	
德清县	2	7	1	69	745	8,736	19,913	15,750	35,663	
合　计	20	75[?]	28	1,544	15,241	169,172[?]	375,162	318,855	694,017	

体化起见，特订颁各县联合协议会组织大纲及乡镇保甲自治会组织大纲各一种，令饬各县遵照组织实施。各县每月召开上项会议时，常呈请本署派员出席指导，会后并呈报本署备查。

自卫部门

（一）成立各县自卫团队　各县各级自卫团队截至十二月份止，计有二十个区团，一〇六个大队，三六三个中队，一，〇八九排，三，二六七班，团丁三八，七七二人。最近期间，进而拟将尚未编练之壮丁，继续实施训练，尽量编入各团队，并扩充各队、排、班数目。

附简明统计表如左：

浙江省第二清乡区各县各级自卫团队统计表

县　别	团　　队　　数				班	团 丁 数
	区队	大队	中队	排		
海　宁	六	三六	一三二	三九六	一，一八八	一一，八八〇
崇　德	六	三三	一〇八	三二四	九七二	一三，六〇八
桐　乡	六	二九	九九	二九七	八九一	一〇，六九二
德　清	二	八	二四	七二	二一六	二，五九二
统　计	二〇	一〇六	三六三	一，〇八九	三，二六七	三八，七七二

三十三年十二月三十日

（二）训练干部　本署各县各级自卫团队排班长，均系由县区乡镇保甲长兼任，似嫌空洞，为强化各级组织起见，特于区团之一级，设专任副区团长一人。是项副区团长人选，由各县遴选适当人员，呈送本署甄别合格，于三十三年二月十日起，至二月十六日止，在本署设班训练一星期，分发各县区团部服务，俾副区团长服务时有所遵循起见，并订颁副区团长服务规则。

（三）训练壮丁　本地区各县壮丁，除规定免训者外，均集中乡镇大队经常施以学术科及精神教育等训练。是项负责训练人员，当时均感缺乏，经本署订颁各县教练员实施训练暂行办法，饬各县训练大批专任教练员，分发各乡镇大队专负担任壮丁训练事宜，是项专任教练员亦于三十三年二月份起，各县一律设施。

（四）征收经费　各县各级自卫团队于三十三年三月间相继组织成立后，关于各种设备及经常办公用费等自应决定，特由本署订颁各县自卫团经费征收暂行办法，规定征收等级，分二元、四元、六元、八元四种，按户征收。征收总额百分之八十五留为乡镇队经费，百分之七·五解为区团部经费，百分之四·五解为总团部经费，百分之三解本署转解金库。待三十三年六月十四日，本地区高度清乡联席会议决定，是项经费征收等级改为五元、十元两种，各级提成数亦予以变更，经呈奉省府核准施行。同年十二月二十五日本署召开本清乡区清乡补充工作座谈会，复经提出，以现时物价高涨，原订五元、十元两种等级，已不敷应用，拟请改订增加，决定由本署斟酌各县情形，重行订定。兹正在斟酌拟订中。

（五）检阅团队　各县自卫团办理成绩如何，各种设备是否周全，实有举行检阅之必要，特于三十三年三月二十九日至四月一日，由专员兼区保安司令会同盟邦连络部长安出张所所长出发至各县检阅，成绩大致良佳。

（六）组织情报网　本署为防止敌伪"匪共"等各种动态起见，特策动各县自卫团严密组织情报网，吸收内外围分子，并规定情报传递方法，奖惩罚则等，饬各县遵办。十二月二十五日，本清乡区清乡补充工作座谈会时，并指示各县应强化原有情报网之组织，并实行一日一报主义。

（七）举办守望岗　守望工作为自卫团应有任务之一，每一乡镇成立一中队，中队长由乡镇队长兼任，队士由原有壮丁遴选充任。其设备有警棍、警笛、警铃等，各县政府所在地之城镇均已着办，现正扩展普遍举办中。

(八)成立常备队 本署为补充保警之缺额，改善保警之素质起见，特饬各县举办常备队一中队，计一百二十名，事先由总团部成立训练班，抽调优良壮丁，分期集中训练。至三十三年十月底止，各县先后呈报办理训练结束，已正式成立常备队，将来如何补充保警，正在计划中。

财务部门〔略〕

经济建设部门〔略〕

警察部门

(一)补充警力 本地区在未清乡前，各县原有警额计四一八名，深感警力薄弱。及清乡开始之初，由警务处抽调警察总队及各县警士五百名，分派本地区各县补充警力，计分配桐乡县二一八名，崇德县一〇五名，海宁县六六名，嘉兴县六六名，连各县原有警额共计八七三名。迨三十三年十二月止，总计警额已达一千四百余名。

(二)增设警所 三十三年一月份起，除原有各县警所外，复增设桐乡县之□□，爻山两警察所，崇德县之灵安、斯家浜两警察所，嘉兴县之嘉濮、顾林桥、九里、汇双桥四警察所，及德清县之五杭、博鹿、大麻三警察所。同年六月一日起，嘉兴县嘉西地区与海宁一、二两区交换管辖警察，机构亦经分别调整。截至十二月底止，计海宁县警察所四处，分注所七处，派出所十二处，共有警察三五班；崇德县警察所六处，分驻所十二处，共有警察三十班；桐乡县警察所六处，分驻所十二处，共有警察三八班；德清县警察所二处，分驻所二处，派出所一处，共计警察十一班。

(三)实施冬防 三十三年冬防期届后，本署为谋治安益臻巩固起见，查照三十三年成案，实施冬防。除造具本年实施冬防支

410

出经费概算，呈请省府核示外，已将实施要领，令饬各县遵照办理。

（四）调查娼妓　娼妓，有关人民健康，本署准连络部长安出张所之嘱，查管内娼嫽、歌妓，以及舞女、向导等，业已制成调查表，令据各县查报来署，已汇送长安出张所查照。

（五）实施防空防谍　为防范敌机侵袭及敌伪骚扰起见，特策动各县实施防空、防谍工作，并参照杭州市各种防空实施章则等，令饬各县遵照办理。

封锁部门

（一）设立检问所　本地区封锁工作自始以来，首先规划封锁线之确定与兴建手续，以及各县封锁管理所暨大小检问所之设立，封锁人员之遴选。其次即随扫荡剿决之完成，而逐渐推进。在第一次重点区，海宁县设置长安、周王庙、斜桥三大检问所，第二、三、四小检问所；崇德设置城区、石湾二大检问所，桐乡县设置濮院，万寿桥、韩家浜三大检问所，小石桥、灵官庙小检问所。第二次重点推进者，计海宁之许村、施家堰、翁家埠三大检问所；桐乡县之乌镇、桓市二大检问所；德清县之新市、大麻、五杭三大检问所；嘉兴县之思古桥、来法庙二大检问所。总计大检问所十八处，小检问所五处。

（二）裁撤检问所　三十三年四月底，奉令将内围封锁线各检问所一律撤销，藉便行旅。七月十四日，第二次高度清乡联席会议决定，裁撤各县小检问所，九月一日起裁撤各县封锁管理所，所有封锁业务改归县政府直接管理。自本年十二月底止，所余大检问所，计德清县新市、小南□、五杭三所，桐乡县濮院、青镇、桓市三所，其余均经络〔陆〕续撤销。

教育部门〔略〕

宣传部门

一、宣传机构　初期清乡时，因民众大多对清乡曲解，为加强力量起见，特组织宣传大队，内包括文字宣传、口头宣传及歌咏、演奏、戏剧表演等活动，逐月分赴各县各乡镇作巡回流动宣传，并分派各县宣传员久驻该县担任经常宣传工作，迨宣传并在各县设立民众宣传网，由本署所派宣传员担任。

二、布置清乡环境　为强化本地区民众之清乡意识起见，在本署所在地及沿铁路区域绘制墙壁标语及大幅壁画，以引起民众注意。

三、临时扩大宣传　凡重要纪念日及临时纪念等事项，即举行扩大宣传，由本署订定办法，印制各项宣传品，分发所属各县一致举行。

四、经常宣传　如宣扬清乡意义及参战意义等，每月举行二次宣传，纪念周为每月中心工作。

五、固定宣传　印制清乡标语及各种纪念告民众书，分发各县张贴。

六、活动宣传　宣传队定期巡迴出发各县公演话剧，举行演讲，实施家庭访问。

七、文字宣传　撰拟各种纪念日时事论文，在浙江日报登载，俾使民众对和运清乡有深切之认识。

八、电影宣传　为普遍使一般乡民均能认识和运了解清乡起见，特聘请中华电影巡迴班赴各县作巡迴放映，所放映影片均极名贵，并含有和运意识及清乡动态，民众观后均感极大兴趣。

军事部门

一、增强实力合并组织　奉令以直辖保安第三大队归并为德清县保安大队，于三十三年八月十日前交接完竣。

二、组织治安部队　海宁县保安大队于八月间抽调精壮官兵一百廿员名，组织治安部队，出发扫荡，敌伪势馁，望风溃散，仅有少数游匪潜抵诸桥地方，于八月二十二日与该队遭遇，当被击散。九月九日又窜入许巷地方，将许巷驻军包围，掳去士兵三

412

名，步枪五支。经本署第五科长前往调查属实，一面再调该队士兵八名防守，并将第二中队调回该大队部训练，另由大队抽调干部接防。治安现尚巩固。

三、组织情报站　崇德县防地较其他地区辽阔，地距匪区更近，故接触尤多，该队与友军为确保治安起见，随时联合扫荡外，并派干员担任特务情报，组织情报站，故最近情况尚称安谧。

四、调查部队驻地及统计人员马匹　奉令检发人员马匹统计表、官佐简历表、部队主管姓名驻地及警备区域调查表等各种式样一份，已转饬遵照依限填报。

五、饬属营救匪绑劫案　各县因防务配备单薄，穷乡僻壤之处难免有匪徒骚扰情事，最近先后据报抢劫被绑等案许多，业已令饬各县督属严加防围外，并设法营救被绑居民出险，严缉匪徒，务获解究。

卫生部门〔略〕

〔汪伪清乡委员会档案〕

413

（三）推行所谓"治安强化运动"

林文龙为日方授意就治安强化运动要旨拟撰广播稿送审致齐燮元函

（1941年3月6日）

函齐督办

抚翁督办钧鉴：谨启者：敝局经由军报道部及兴亚院之授意，恭请钧座就治安强化运动题旨，于三月二十一日晚间向全国广播演讲十分钟，并祈将演讲词稿于本月十二日以前赐下，以便送转各关系方面审阅。专肃奉达，敬请钧安。

附呈广播演讲要旨一份

林文○[①]谨启

对治安强化运动齐总司令向全体官民广播讲演草案（三月二十一日晚向全国转播十分钟以内）

要旨

一、确立治安乃绝对为安居乐业之先决条件，友军不惜牺牲，勇往前进，实亦不外因此之故。

二、然中国之治安殊不应久依友邦及友军代劳，其责任由中国军、官、民负起，乃为理所当然。

三、华北之治安迄于今日，本仅依由友军担任，此乃变通办法，亦即为事变发生后，华北于实际不得自己确保治安之非常情

---

① 林文龙为伪华北政委会政务厅情报局局长。

414

势，故结果不得不依由友军代劳矣。

四、然目下华北之实情，已因友邦及友军之努力，一切均渐整备，并已渐至能由自己力量迈进强化治安之时期。

五、当此之时期，我王揖唐委员长特于国民政府还都，华北政务委员会成立一周年纪念日起，至四月三日止，积极举办治安强化运动，五日且通令华北全体一致实行，诚为最合机宜之措置。本总司令既司治安之责，对此运动自当身先努力。

六、华北治安之责虽由本总司令及属下全部治安军担任，然不得全体官民热烈协力，亦难达到真正目的，且如不能达到此项目的，民生即不能安定。故切望全体官民务必认清自己之责任，积极协力。

七、然当前之责任已由本总司令及治安军分向各地之治安军指示，令其根据所示，使重点趋向于乡镇等之最前线，贯彻治安军之名誉光荣责任，率先努力，以期不落他人之后。

〔伪华北政务委员会档案〕

伪华北政委会印发强化治安运动之实施及宣传计划训令函稿

（1941年3月11日）

训令　字第　　号

　　　　令　　各省市公署
　　　　　　　治安总署
　　　　函新民会

为训令事：查华北地广人稠，资源丰富，自全东亚言之，处于中、日、满三国之核心，实兴亚之锁钥，自国内言之，亦为华北一万万人民生命财产之所寄。我民众渴望安居乐业久矣，然安居乐业端赖治安为之保障，否则非止缘木求鱼，其后果直不忍言，是故确立治安厥为今日最大急务。本委员长于此，早具有热烈之信念，夙兴夜寐，以求闾阎安堵，其道惟在上下一致，群策群力，方足以集事功。年来华北地方，幸有友邦军队，不分畛域，努力维持，乃得渐臻安谧。然互助则可，倚赖则不可。至于以有此可恃之支援，转而忘却本身责任，以求目前苟安，尤大不可也。本委员长心以为危，亟思有以振奋之。故前当各省、市长来京与会之际，一再阐明斯义，冀其归告所属，善抚民众确立治安，耿耿此心，有如一日。兹值国府还都暨本会成立一周年纪念之期，为克臻前述之愿望，爰定于本月三十日起至四月三日止，全华北举行大规模之"强化治安运动"，兹并制定是项运动之实施及宣传计划，颁发施行。各机关团体切须率先努力，积极实行，其以乡镇为重点，与所在友军协议之下，善为指导民众，以完成其职责。务使全民众晓然于地方治安关乎切身利害，服从指导，坚固团结，一德一心，奋力迈进。同时以本运动为契机，维系此种精神与工作，永久持续存在，庶几萑苻悉靖，匕鬯不惊，俾一万万民众运用自力，克保治安之确立，以建设明朗之华北，则大之可树立兴亚之基石，小之亦不失为民众安居乐业之堡垒，有厚望焉。除分令外，合亟印发强化治安运动之实施及宣传计划一份，令仰遵照，并转饬所属各机关，即便转饬所属及各地驻军并转饬所属各总会及团体一体遵照办理。切切。此令。

计发强化治安运动之实施及宣传计划一份

中华民国三十年三月十一日

强化治安运动之实施及宣传计划

本计划为期使实施及宣传各项工作易于收效起见，凡关发表事项不得在三月二十日以前公开，即在三月二十日以后亦不得先期发表每日之工作，须于当日发表之。

第一　运动之宗旨

一、华北境内之治安工作向由友军代为主持，惟华北治安之确立实为华北全体官民安居乐业之基础，应由华北全体官民本身担负此种责任。以是华北全体官民积极强化治安，实为切要之图。

二、以三月三十日华北政务委员会成立周年纪念之机会，由华北全体官民于华北全境实施强化治安工作，并于各地乡村强化自治、自卫工作，可谓适合时势之举。

三、华北全体官民为谋复兴华北起见，当奋然而起办理强化治安工作，观其自动积极所表现之光荣事业，诚可予国内外之敌对者以莫大之反省，甚至有消灭战意之效果。

第二　强化治安运动之开展

一、由三月三十日起至四月三日止，计五日间为华北政、军、会（新民会等）各机关及全体民众戮力同心举行强化治安工作之期间。

但各地方得斟酌实地情况，对上述期间加以延长或缩短。

二、以政、军、会各地方机关为实践本运动之主体，经与各该地友军商定后，即可实施本运动一切工作。

本计划之实施应由各长官及政、军、会各机关斟酌地方实情与民众连络协力推进，并应不分上下，官民一致负担责任，不可袖手旁观，敷衍塞责。

三、一切工作概须由左列要目中选定重点，加以实施，惟不可因举办事项过多，致生草率了事之弊。

甲、对于乡村地方之自治、自卫组织加以扩大强化。

1．肃清共产党并破坏其组织。

2．对于行政机关职员加以相当训练。

3．扩大保甲制度之施行区域。

4．一体实施户口之调查。

5．扩充训练自卫团。

　　6．实施警备演习。

　　7．传达情报。

　　8．修筑道路、城墙、电杆、壕沟、桥梁等。

　　乙、扩大强化民众组织。

　　1．扩充强化合作社

　　2．扩充训练青少年团、妇女会、劳工协会等。

　　丙、剿灭扰乱治安份子之工作

　　由治安军、警备队、警察等自行讨伐，或协同友军共作剿灭及示威行军等。

　　四、为视察本运动之实情，以作将来强化治安工作之参考起见，由齐总司令及各关系者分赴各地巡视。

　　五、地方之政、军、会各机关对于每日本运动进行之经过及结果，务以妥速方法报告华北政务委员会，以便由会发表，并可作将来强化治安工作及委员长事后评定成绩之参考。

　　第三　宣传

　　一、准备（至三月十九日止）

　　1．印制并发送各种宣传印刷品（由政委会担任）。

　　2．各省长由三月廿三日起至廿六日止计四日间之广播讲演原稿（讲演时间为十分钟以内，述明业承委员长之意旨，赶紧筹办本运动之决意）及三月二十九日广播讲演原稿（讲演时间为十分钟以内，表明响应委员长是日之勉励讲演，及对各该省内官民尽力本运动之希望），务于三月十日以前准备完成，以备华北广播协会之收录。该会定于十日派遣录音人员分赴各省预先收录演稿。

　　前述讲演转播全国，为绝对必要之举。

　　前项讲演于录音完后，须将原稿送交本会情报局，以便汇交中外各报一律刊登。

3．应以办理本运动之机会，使华北所有各电影馆、戏院、主要车站等常备广播收音机，由本月二十日起收听各要人关于本运动之讲演（讲演中停止映画或演戏），以供观众收听，以后即作为常久设备，俾便应时作必要之收听。

该收音机之装置业与华北广播协会接洽就绪，由各地广播电台代装，每机收价七十五元。

二、期前应办事项（自三月二十日至三月二十九日）

1．自三月二十日起开始本运动之公表及宣传。

2．三月二十日本会应将强化治安运动之实施事项以委员长命令公表之，是晚委员长向全国中继广播，藉以勉励华北全体官民。

在前项广播时间，华北所有各电影馆、戏院（应停止映画或演戏）、主要车站等，即用此次装置之收音机收听（以下逐日准此而行）。

3．三月二十一日晨刊中日各报纸须刊登二十日本会所公表之委员长广播内容，治安标语等开始积极活动。

是日一律张贴委员长关于强化治安运动之布告。

广播放送须在各广播节目前后一再插入适当之强化治安标语，各电影馆亦须演映适当之标语影片（由华北电影公司供给之）。

（嗣后报纸、广播、电影每日之宣传概准此而行）

4．三月二十一日晚间，齐治安总署督办（兼华北绥靖军总司令）以最高责任者之地位，利用全国中继广播讲演 阐明委员长之命令，并对华北军、官、民作勉励之词。

5．三月二十二日晚间，林情报局长亦以全国中继广播讲演，说明本运动之公表及宣传之重要性质。

6．自三月廿三日晚至廿六日晚，计四日间，由各省长（每日一人）广播上述"准备"项内所列之讲演。

7. 三月廿九日晚，以本运动开始前晚之立场，再由委员长以全国中继广播讲演对华北全部军、官、民作勉励之词。

8. 三月二十九日晚在委员长讲演广播后，复由各省长继续广播按照上述"准备"项内所列之讲演。

9. 三月二十四日，将华北政务委员会周年庆祝画片"复旦光华"一律张贴。

10. 三月二十六日张贴治安画片。

11. 三月二十七日至廿九日之间，报纸及广播新闻均须刊载或发表各地之强化治安运动准备之进展状况，并将责任者之职名、地方名称、团体名称等具体之事实详细公表。

12. 在三月二十七日至二十九日之间，张贴并散布强化治安传单及本会成立周年庆祝传单。

三、同时应办事项（自三月三十日至四月三日）

1. 三月三十日中日各报晨刊，对于庆祝本会成立一周年事项固当注意编辑，尤应鼓励一般军、官、民振刷精神，向复兴华北之途勇往迈进。

2. 三月三十日，王委员长以全国中继广播讲演将庆祝国府还都与本会成立一周年最光荣纪念日为使其成为极有意义起见，将自本日开始，强化治安运动之意旨对全体军、官、民讲演勉励之词。

3. 三月三十日以后，各种报纸公表强化治安运动事项不可流于抽象，宜以具体事实将政、军、会各机关及其他民间主要人物在本运动阵头积极活动之现状，并将实际情况、机关名称、团体名称、地方名称等积极明晰公表。至于广播新闻、新闻照像、电影新闻等，均应将各省长、市长、道尹、县知事等以及高级政府职员活跃于第一线治安工作之地方情况，摄影刊登于各该报主要版上。

4. 本会情报局按照前载第二之第五项，应将所属政、军、会各机关每日之报告，及依其他方法所得之情报，连日在内外报纸上发表。

5．为公表本运动之实情派往各地出勤之新闻通信记者，应共同协力促进地方治安之强化，并应不分畛域，不问其所属系何通讯社，对该地报社及广播电台须提供其所得之情报（已与取得连络）。

6．各地方报社除具体报告工作实况外，其派往各该地之各新闻通讯社特派员，务必在各地方机关指导之下，尽量搜集资料）。

四、过期应办（四月四日起至四月六日止）

1．政、军、会各地方机关对强化治安运动之经过及结果，应照前述每日向本会从速报告外，尚需编制本运动全期间效果报告书一份，至迟于四月五日上午迳送本会情报局，以备四月六日本会汇集公布本运动之效果，并由委员长查核评定。

2．四月六日本会公布强化治安运动汇总之效果。

3．四月六日晚，委员长以全国中继广播本运动之成绩，并列举各地具体实例，详加评判，并训示本运动此后应常久继续之意旨。

4．四月六日晚委员长广播后，再由友邦军参谋长或报道部长，以全国中继讲述关于本运动效果之感言。

5．本会当饬华北电影公司制作"强化治安运动特辑篇"，由新民会巡回映演。

第四　对于新闻记者摄影班电影班等予以便宜

为宣传本运动之报告而出勤各地之新闻记者、摄影班、电影班等活动地方如无旅馆时，得由省、道、县供给食宿（日人则由各地日本机关供给之）。

〔伪华北政务委员会档案〕

421

伪津海道公署编舆强化治安运动报告书

（1941年6月1日）

一、各地治安确立情形及确保治安之具体办法

本道辖区，计有天津、静海、青县、大城、文安、新镇、霸县、永清、安次、武清、宝坻、宁河等十二县及塘大警察署，在二十九年七月一日，本道署成立当时，各地治安尚未十分确立，今略举其概况如左：

1．治安确立县分

天津、武清、宁河等三县及塘大警察署当时治安已告确立。其次静海东部与新海设治局交界之双窑村，大丰堆村等村，新镇西北部与雄县新城交界地方之张青口、王各庄等村，宝坻北部与蓟县、玉田交界地方之三岔口、辛集镇、新安镇等村镇，时由邻封县分窜入"匪共"，局部治安屡被扰乱，但均能随时击退，全县治安大体尚称不恶。

2．治安不靖县分

青县所辖四〇一村中，西部与河间、献县交界地方之艾辛庄、官亭、杨召宦等约五十余村为"匪共"盘据。此外与大城交界地方之汤家庄、马家庄等约百余村时有"匪共"出没滋扰，政令难达。

大城所辖三五六村中，西南部及西北部与河间、任邱、文安交界地方之演马村、邓家坞等约二十余村为匪盘据。此外东部与青县交界地方之空城、官务营等约二十余村时有"匪共"出没骚扰，政令难达。

文安县所辖三四八村中，南、西两部与任邱、雄县、大城交界地方之安祖店、荀家务、岗家务等约五十余村为"匪共"盘

据。此外东部与大城交界地方之马庄、越庄、大印宅等约九十余村，时有"匪共"出没骚扰，政令难达。

霸县所辖三五六村中，西南部及东部与新城、文安交界地方之冯村、牛岗村、煎茶铺等约四十余村为"匪共"盘据。此外东北部与永清交界地方之坨里、北杨村等约八十余村，时有"匪共"出没骚扰，政令难达。

永清所辖三一六村中，南部、东部与霸县、安次交界地方之后奕镇附近村庄，大小青堡、三圣口等约二十余村，为"匪共"盘据。此外北部与安次县交界地方之河西营等约二十余村，时有"匪共"骚扰，政令难达。

安次县所辖四二三村中，西南部与固安交界地方之白家务等约十余村，为"匪共"盘据。此外东、西两部与霸县、大兴、武清交界地方之万庄、榆垡、廊房等附近村庄及南辛庄等约四十余村，时有"匪共"出没骚扰。

此后节经道尹周历各县实地视察督导，极力扩充警队，加强讨伐工作，一年以来，辖区治安日趋良好，除与邻道边界地方虽尚有零星"共匪"时作蠢动，但全境已无"匪共"盘据，今将本道区现时治安状况，略述如左：

（1）天津、静海、新镇、武清、宁河等五县及塘大警察署辖区治安均已完全确立。

（2）宝坻靠近玉田、蓟县边界地方偶有"匪共"窜扰，但随时即被警队击溃，大体治安亦尚良好。

（3）永清靠近霸县边界地方，偶有"匪共"窜扰，但随时即被警队击退，大体治安亦尚良好。

（4）青县四〇一村中，除西部与河间、献县交界地方约三十余村时有"匪共"窜扰外，其余各村政令均可畅达。

（5）大城所辖三五六村，除西南、西北与河间、任邱、文安交界地方之四十六村时有"匪共"窜扰外，其余各村政令均可畅达。

（6）文安所辖三四八村，除南部及东、西两部与大城、任邱、雄县交界地方之七十九村时有"匪共"出没骚扰外，其余各村政令均可畅达。

（7）霸县所辖三五六村，除西部与新城、固安交界地方之五十四村尚有"匪共"不时骚扰外，其余各村政令均可畅达。

（8）安次县所辖四二三村，除西部与固安交界地方之八村不时有匪共潜扰外，其余各村政令均可畅达。

兹为彻底铲除"匪共"，现正督导各县连络友军，加强讨伐，一面积极养成人民自卫力量，以期"匪共"无从流窜。并拟饬各县联成治安网，将县境毗连各县分别联防，编组联合讨伐队，联合兜剿，一面实行强化互助精神，一县有警，各县动员，互相援应，既无此拿彼窜之虞，则"匪共"自趋于溃灭之一途。

二、强化治安运动之实况与其效果

本年三月三十日，为我华北政务委员会成立三周年及国民政府还都一周年纪念之期，由我委员长倡导举行强化治安运动，在此次运动期前，由本署会同新民会道办事处，依据"强化治安运动之实施及宣传计划"拟具强化治安运动实施要领，颁发各县遵照实施。自三月二十一日起，各县大都按照实施要领陆续举办宣传工作，如通衢讲演，粘贴标语漫画，散放传单、宣言及告民众书等等。本署于五月二十七日，假天津县公署举办强化治安运动大会，以作各县强化治安运动之第一声，唤起民众之醒觉。道尹并于三月二十六日起，至四月十四日止，周历各县实地视察督导，各县均知努力，尤以讨伐一项成绩最为显著者为大城、青县。大城在运动期间，打伤"匪共"二十七名，俘匪九名，获大小枪二十一支、手榴弹八个，子弹三百二十四粒。宝坻县俘匪一名，获大小枪四支，子弹一百六十粒。青县西部向为"匪共"潜伏之区，食粮尚不能运销，此次讨伐后，民间食粮已能源源运城贩卖。以上为强化治安运动之概况与其效果之一端也。

再道尹于三月三十一日午前八时，前往天津西郊外韩树树参观治安军大演习，并对于士兵讲演国家练兵之精神。

三、依据夏防要纲之强化治安对策

1．联防讨伐

查"匪共"出没，往往利用各县交界处所，此拿彼窜，现经督导各县，审查各县当时状况，于邻封县分相互实行联络，成立联合讨伐队，随时会商联防讨伐办法，以期遇警不分畛域联合讨伐，而免此拿彼窜之患，藉收肃清匪共之效。并由道署为中心时与各县警备队组织讨伐队，由道尹率领指挥，在夏防期间驰赴匪共窜扰边界地区，实行游击讨伐。

2．密侦工作

查密侦工作人员，必须得到人民信仰，方能得到确实情报，能得确实情报方能不失机宜，予以痛剿，使无逃脱机会。现经督导各县极力整顿特务工作，并利用保甲组织由联保主任督率保甲自卫团，担任侦查情报之责。缘保甲自卫团，居住本村，见闻较确，关于搜集情报，如在严行督饬之下，必能收获莫大之效果。

3．强化各县警队及保甲人员之训练

查增强警队及保甲人员之素质，必须先行强化各县警队及保甲人员之训练，本署业经督导各县，由县训练处彻底实施，以期增进各项工作效率。兹特别纠正一般人民思想，力求官民感情格外融洽，俾得把握民心，使讨伐工作早观厥成。

4．补充枪弹

查警队武力全在枪弹，枪弹不敷，则不足以壮其胆量，现在各县警队枪弹，多感缺乏，以致遇警为匪所乘。现已督导各县联络友军，设法补充，枪以每人一支，弹以每枪二百粒为度，使武力加强剿匪胆壮，歼灭"匪共"早日可期。

5．推行保甲制度

查推行保甲制度，为确立治安之基本工作，本署对于各县编组保甲，如保甲自卫团之编练，户口之清查，保甲连坐法等之实施，早督导各县努力推进。现又督饬各县填发居住证明书，以期良民得以保障，莠民不得潜伏，"匪共"无从侵扰，治安早得确立。

6．修理警备电话及警备道路

查警备电话及警备道路，为灵通消息及利便行军之最要工具，必须随时巡护，使其毫无障碍，业经督饬各县责成各该管警察及附近村民一体爱护，遇有破坏，随时修补，以利消息而便行军。

以上强化治安对策六项，现正积极督饬彻底实施，务期"匪共"早日肃清，以靖地方。

〔伪华北政务委员会档案〕

兴亚院华北联络部制定1941年度经济封锁要领

（1941年6月20日）

中华民国三十年度经济封锁要领①

第一　方针

一、加强经济封锁之机构，同时中日军及官民等协心合力，对敌方地域及占据地域内之匪区施以封锁，以防一切利敌物资之流出，而削灭敌方之战斗力。

对于占据地域内之匪区则施以反复之讨伐，而逐渐推进封锁线境以剿灭之。

在敌方地域内所存有之我方必要之物资，于可能范围内设法

---

① 此系译件。伪华北政务委员会于7月8日训令各属与驻防日军接洽，协助进行。

吸收之。

第二　指导要领

一、施行封锁同时加强各种统制，同时对物资之搜集及配给机构之整理及运用等应加以援助而促进之，并防止因施行封锁而减低华北经济机能。

二、现行之封锁继续进行中，并对今后应作充分之准备，加强设施，期于本年九月以后依据本要领施行本项封锁。

第三　实施要领

一、封锁机关及其任务

(一)凡在封锁地带内之各机关，尽行参加，加强封锁，以期功效宏大。其主要机关如下：

1．日本军队；

2．中国军队；

3．新民会督察专员；

4．督察专员；

5．道县各机关；

6．保甲自卫团；

7．物资对策委员会；

8．爱路诸团体。

(二)在封锁地带之中国方面军队，因该地封锁关系，须按前项所订，受该地兵团长之指挥或差派。兵团长对中国方面军队是否使之担任封锁地区抑或使之补充后方等，兵团长得按敌方情形及中国方面军之现状，而决定适宜之用途。

(三)新民会直接指导下各团体机关，为施行本项封锁均行动员，特别对于一般民众应指导使之彻底了解本项封锁之意义，而期其自发的积极实行。

(四)中国方面之行政机关关于封锁事宜，在兵团长指挥下，应积极活动之。

省长为督察封锁业务，得于每一封锁地域派遣督察专员。督察专员之任务及编制如下：

（1）专员在驻防封锁地区军队指挥官之指导下，为树立封锁施策及进行上便利计，并为肃清官吏纪律计，应不断督察封锁业务。

（2）专员可督察封锁地区内关系县知事。

（3）专员之编制根据兵团长之要求，由省长担任之，由关系公署、新民会等选出所需人员编成之。

（五）以县为直接实行封锁之单位。

为此，在封锁地区军队指挥官之指导下，所有各机关，尤其新民会应作有机的运用，以期建树封锁之实效。

以下列事项为进行之准绳：

（1）县警备队除担任讨伐警备等职责外，同时并对特别工作队及警察等之工作予以援助。

（2）警察指导并督察各乡村对于物资输出入之检查、没收等事宜，同时并亲行担任此等物资之没收、扣留、阻止等事宜，特别在封锁地带内，应促进游动经济警察之活动，以防范违反行动。

（3）特别工作队担任对共产党工作员之扑灭工作。

（4）保甲自卫团动员各机关人员对流出之人员、物资之阻止、扣留等事宜，予以协力，同时并担任扑灭共产党工作员之工作。

（5）合作社应顺应封锁工作上之必要与地方市场协力，担任物资之配给及土产之收集等事宜。

（6）前列各项任务之分担，遇必要时得行变更之，但应注意勿使封锁施策发生缺欠地方。

（六）对前项各机关以外之商贾买办各结社及宗教团体等施以有效而适当之指导，使之协力从事于吸收敌匪地区之物资，及防止物资之流出输送之警护等事宜。

(七)在封锁地区内各乡村之自卫组织优先武装而加强其功效，同时保甲自卫团分巡察、通信、连络等任务编制之，为推进封锁工作，指导其组织上具有灵活之运用。

二、封锁交通以阻止物资之流出及吸收敌方物资

(一)对敌匪地区除特别规定者外，禁绝一切物资之流出，尤其对以下各项物资更应特别注意：

　　1．兵器、弹药类，硫黄、电池、洋灰、染料及其他化学药品。

　　2．棉花、棉布、皮革、羊毛、麻。

　　3．石油、石炭、火柴、纸烟、蜡烛、纸、钢笔水。

　　4．盐、砂糖、米、麦、杂谷。

　　5．各种机械，特别对于印刷、制丝、织布等机械及资料。

　　6．金属品（铁、锡、铜、铅）、钨金及建筑材料。

　　7．医疗药品。

(二)对敌匪地区禁绝物资之流出作有效之措置计，在封锁地带内及邻近被封锁地区之居民，施行配给票制度，配给下列各种生活必需品之最少限度：

　　(1)　盐。

　　(2)　石油、蜡烛、火柴、医疗药品。

除上开各项物资外，兵团长根据当地之需要，可规定其他必需之物品。再天津、北京、青岛、济南等海港都市，关于物资之输出入等应严行取缔，对于兵器、弹药、硫黄、印刷机械等显系可以供敌使用之物资，若向敌匪地区搬出时，应行阻止之。

(三)为断绝供给敌方食粮计，除加强运用收买机构外，在可能时并于封锁地区内各村落或聚若干部落设置保管仓库，农村各户所存之食粮，除其生活上必需量以外，尽行收容于该仓库内保

管之。其邻近敌区之小数散在部落，必要时加以整理，分为数个集团分别设置之。

（四）向敌匪地区邮寄之小包邮件一概禁止，向其封锁地带邮寄者，施以适当之检阅。

（五）若需要由敌匪地区吸收物资时，务以阿片、化妆品、果子酒、人造丝等与战斗力及生活上无关系之商品以交换方式流出之。

此际为从事交换商品，可开辟一定之路径。

三、通货工作

（一）为强度施行联银券之强化政策及溃灭敌方通货计，用以谋略而企搅乱敌方经济。

（二）联银券之强化对策除依一般施策进行外，并努力使流通范围深润扩大，同时力谋确保物资，以维其购买力。对于敌方通货以既定之取缔方法禁止流通，必要时得按情况对违犯者处以刑罚。

（三）没收（日本军获得者）之通货，按照正当手续处理之；中国方面军队及其他方面获得之敌方通货，用为获得敌方物资使用之。但伪造纸币工作，除有必要并得有方面军之认可者外，不准为之。

（四）敌方发行联银券伪造纸币，一经发见，即行没收之，并追究其来源，速报关系机关警戒之。

四、封锁之监察

（一）宪兵与封锁指挥官，共同协力监督在其指挥下之中日军队及官民等之封锁工作，并指导中国方面警察使其办事能力进步，以增进活动之效果，且对于违误加意防范之。

（二）方面军定期派封锁视察班视察封锁情形，并调查封锁之效果。

五、其他

（一）公布封锁上必要之布告，应彻底阐明封锁意义，以期均能积极协力参加。

（二）敌地区内之居民等凡来归顺者，可查其效向，由兵团长采适当之措置，若兵团长不能处理时，则可向方面军呈报之。但对优良份子并有利用价值者，按其能力分配其职务，以为有效之利用。

（三）本项封锁所需要之经费，除军方自身实施者外，以由地方财政（省、县、市）支出为原则。

〔伪华北政务委员会档案〕

伪华北政委会检发第二次强化治安运动实施及宣传计划训令稿

（1941年7月2日）

训令　政情字第4265号
　　　　各特别市公署

　　令各　省　公　署

　　　　苏北行政专员公署

　　为训令事：查第一次强化治安运动已以本会成立一周年纪念之机会，自本年三月三十日起共五日间在华北各地方积极举行，虽其成绩未能遽称为优良，但因此获得之教训与印象亦复不少。其最要之点即为全华北军、政、会与民众果能融合成为一体，且倾注其全力向此纯一之目标迈进，则不问情势如何，定可收得相当之效果，此可由前次运动赓续实施之经过而证实上述观察之无误，并愈益坚持其信念。为此，定于七月七日起始，以两个月之期间举行第二次强化治安运动，俾为新生之华北扫除惟一病癌之中共，使民众克享安居乐业之福利。本会并规定第二次强化治安运动实施及宣传计划，以为实行之步骤，甚望各地方长官善体斯意，恪切遵守，并随时与各关系机关务为紧密之联系，庶几克尽全力，实践诸般工作。各该地方对于本运动之经过，应于每星期报告一次，送由本会情报局汇呈，是为切要。除分令外，合函检同第二次强化治安运动实施及宣传计划一份，令仰遵照，并转饬所属一体遵照。此令。

计发计划一份

中华民国三十年七月二日

第二次强化治安运动实施及宣传计划　　华北政务委员会

第一　实施时期及地域

一、自七月七日起举行第二次强化治安运动，期间约二个月。

二、地域为本会统辖下各省市区。

第二　运动之目的

本运动之目的乃就第一次强化治安运动之成效及其状况扩大而强化之，俾达到次列之效用：

一、首先将全华北宣布为确立反共思想之区；

二、军、政、会及民众融合为一体，而发挥其统合的威力；

三、特别扩充乡村之防共自卫力；

即由上述之程序进而为积极的剿共工作，以图全华北之肃清。

第三　实施要项

一、运动及宣传以实践第一主义展开之。

二、第一次强化治安运动现在虽尚未脱离消极防御之域，但经第二次运动后，则定当移入积极的攻势。

三、夏防运动应与此次运动以不可分的关系而合作之。

四、此次之运动工作及宣传须适应各级地方与当地之现实。

432

五、此次运动须具有长期持续性质。

六、在此次运动，自本会委员长、各督办、各常务委员以下，乃至各中央地方长官、新民会中央地方干部，暨各界重要人物指导者各率先在其职务范围内，务须对于所属躬任积极的指导与督励，同时且须挺身于第一线，躬自参加实践运动，以资所属奉为模楷，而利此重要工作。

七、中央、地方各军政机关须先就各该机关内部断行公务员之肃清，并使之恪守规律。

第四　实施事项

本运动及宣传应依据上列之目的及实施要领，在中央或地方由关系各机关团体等相互紧密连系与合作之下，而企划实施．兹并规定基准的实例如次：

其一　运动实施事项

一、编成剿共实践工作班

由警务机关、新民会、民众合作下，编成剿共实践工作班，而实行其工作。

1．清查没收一切共产主义的书籍及其宣传资料或材料。

2．将共产份子之组织行动加以破坏、搜查、举发等等。

二、编成反共视察班

由警务机关、新民会、民众合作编成反共视察班，在各地视察，实行反共剿共之工作，并加以指导与协力，以及搜集反共剿共工作应用之各种资料材料。

三、剿共实践

将乡村自卫团扩大强化，同时且在各乡村横断的连系之下，由军警共同协力对中国共产党以及共产军采取积极的长期继续攻势。

四、对中共经济封锁

在军、政、会、民众合作之下阻止对匪共区域内之物资流入，同时依据连坐制强制施行证明书制度，或居住证制度，对于不领此等证明者，禁止生活必需品之买入以及旅行、住宿。

五、破坏中共经济建设计划

在军、政、会、民众合作之下，实行对匪共区物资之吸收，并其他中共经济建设计划之破坏工作。

其二　宣传实施事项

一、宣布反共思想。

二、暴露中共内容。

三、暴露蒋、共关系深刻化。

四、解剖日、苏关系及苏联参战与中共之关系。

五、解剖最近国际情势及援蒋之关系。

六、解剖中原作战。

七、比较蒋、共与日本之现状。

（以上各项供中央地方各报纸、杂志、讲演而宣布之）

八、广播

在全期间中举办中央地方之军、政、会以及各界名士、学者、宗教家之讲演本运动消息，重要行事之中继及其他彻底宣扬本运动旨趣之各种广播。

九、电影

1．"看呀！我们的坚垒"（情报局制作三卷）

是将第一次强化治安运动实况收录而摄成者，在本运动期间中使之在全华北电影院演映及巡迴演映（由中央各机关共同担任）。

2．"肃清'匪共'"（情报局制作五百尺）

系本运动目标之"反共"影片，定在本运动期间中演映或巡迴演映于全华北电影院（由中央各机关共同担任）。

十、设定"反共时间"

在各学校、各工厂及其他必要处所，应恒久的设定"反共时间"，而行反共教育。

十一、大宣传牌

在北京市建立记载中日共同防共基础之中日基本关系条约第三条条文，以及嵌入汪主席、日本近卫首相肖像之大宣传牌。

第五　配布宣传资料

由本会情报局制成本运动用之下列宣传资料，配布于全部统辖下之各机关：

一、画片

1．"中日共同防共"（两开）

印有中日共同防共基础之中日基本关系条约第三条条文，以及汪主席、日本近卫首相像片。

2．"中日协力"（全面）

以中日两国少女为中心。

3．"和平建国"（全面）

以和平建国文字为中心。

（右列之中，2、3．画片是藉本运动前提"兴亚运动"之良机，按仿本运动共同精神制作而成者，故特采录之）

二、传单

1．画片传单

系将上述三种画片缩小印刷，尤其对于画片（1）之部份，为将来供给小、中学用"反共时间"之教材，特别多加印制。

2．标语传单

以反共剿共标语而制成贴布用，撒布用，两种传单。

三、布告文（两开）

印刷关于本运动实施王委员长之布告。

四、中日共同声明文（两开）

印刷六月二十三日汪主席与日本近卫首相连名之彻底中日合作共同声明文。

〔伪华北政务委员会档案〕

伪山西省治运实行委员会委员长苏体仁
编送山西第二次治运总报告

（1941年9月15日）

本省自奉令实行第二次强化治安运动，截止九月六日止，限期已满，所有省、道、市、县实行委员会之组织暨实施要领、宣传计划，及省长与各厅处长、参事分区巡视日期与县份，并巡视所得之情形，以及各道、市、县治运随时进行之报告，均经先后分别呈报在案。兹将此次全省治运成果分项综合报告于左，敬祈鉴核。

一、省道长官前线巡视情形

查强化治安实际工作，因在各县而能否收到预期目的，则全视领导者之能否实施其领导与监督。本省于治运开始后，首由省长率同参事、处长等员出巡寿阳、平定、阳泉各处，次由各厅处长、参事依照原定计划次第分巡汾阳、平遥、祁县、太谷、介休、榆次、太原、崞县、代县、繁峙、忻县、临汾、曲沃、翼城、运城、安邑等十六县。同时各道道尹亦各就所辖县份赴前线视察，据报四道共计视察过四十三县。查本省共收复县份为七十六县，此次共视察六十二县，已达全省县份八成以上，其所得各县治运成绩固有不同，然因长官亲身分巡督导，而各县之勤奋热烈确皆具有惟恐我后之精神。现仍令饬各县本治安之持续性，继续努力，故各地治安近日益趋明朗矣。

二、太原市治运情形

查太原市治安向已稳固，故该市实行委员会此次治运工作偏重在训练、宣传两项，以期坚定一般民商之思想与应有之觉悟。其实施事项，计为青少年团训练，各分会员役训练，街闾邻长训练，商业团体人员训练，学生体育训练，非常警戒训练，**防共强化检查**，兴亚讲义放送，各工厂巡迴宣传，民众讲演大会，学生街头讲演，各团体现状调查，并有关人民认识之各项放送。其训练日期多者十日，少者二日。其参加受训人数，商业团体一百五十余人，街闾邻长九百八十余人，其他少年团、分会员役则为四十至五十人不等，其成绩经考查颇称良好。

三、各县治运实际工作情形

甲、宣传情形

综合各县报告，治运开始工作大都皆注意宣传，因强化治安安非民众一体觉悟奋起协力不为功。按各县宣传方法，先由县知事、新民会、连络员等带同队警分区召开民众大会，次由县公署科长、情报班、灭共班及各机关人员逐日分赴各村召开民众大会，或利用其他工作乘机宣传，或将县公署及各机关人员分编若干宣传组，分区前往各村宣传，并有将村公务人员、小学教员、自卫团等均施以短期训练。其宣传要点，综合为兴亚意义，新政权认识，大局现状，敌共没落情形，强化治安之必要等项。至其方式，多半以口头与文字宣传并行，间有刊发通讯及旬刊等书面宣传，务期唤醒民众，使有正确之认识，以攻破伪县政府及共产党之虚伪与欺骗，而讨伐部队同时即继其后，以故各县民众对于治运大半皆有协力之表现。

乙、讨伐部队之编制

按各县报告，此次治运讨伐部队之编制，大半系按县内治安情况，将警察所、警备队混合编制，分为若干班，每班十名至二十余名，并配以各区村之自卫团若干，随时出动搜剿，有时并配以情报、宣传人员，随时开会讲演。如匪情重要时，则配合友军，并联络邻县队警，严予讨伐，较平时临时配备收效自较宏大。以故自治强运动实行以来，少数匪共及伪县政府工作人员潜伏滋扰情形大见敛迹，惟尚有少数县仍系依照已往办法，临时得有匪情始行各方抽调集合出动，致成兵来匪去，兵去匪来之现象，均经分别饬令改正，期收实效。

丙、讨伐之成果

查治运期内，已据报到各县讨伐成果，总计四百九十余次，俘获人数四百七十余名，击杀人数五百七十余名，击伤人数三十二名。至卤获枪械，计有迫击炮三门，步枪二百二十二枝，手枪二十支，轻机枪九挺，子弹二千六百余粒，手掷弹一百六十五颗，炮弹五颗。其他卤获，如小麦二百余石，棉花数千斤，并宣传品等多件，此外并有骡子二头，马三匹。

丁、灭共工作

查各县灭共工作，夏防开始后，即饬令各县组织灭共班，经济警察班及特务、警察，分任关于灭共各事项。经此次治强运动，各县灭共班等组织大半均已完成，其工作亦均加紧。综合各县报告，灭共班、特务、警察多负侦察责任，逐日分途密赴伪县府、"匪共"潜伏地区侦察其活动，一面即协同部队讨伐，收效甚大。经济警察则专负关于各项物资调查封锁责任，工作甚属积极。

戊、自卫团之强化

查各县自卫团已组织者共有六十七县，团丁共有十七万六千四百余名，仅余蒲县等情形特殊十数县尚未组织。此次治强运动开始，各县皆认为要治安强化，非民众力量增强，一致协同，官军动员，不能收得彻底效果，以故各县于治运开始，均注意自卫团之训练。其训练之方法，有择优秀团丁，召集县城或区公所为集中训练，有遴派员警分赴各区村轮回单独训练；有由警察所、警备队官长随时下乡招集检阅，并予以应有知识之指示。据省、道长官巡视情形及各县报告，自卫团力量确较治运前为增强，惟汾阳县于普通团丁外，另行编组特种自卫团，系由普通团丁内选拔优秀分子，分区编设，配备枪械，施以正式军事训练，一面协助军队讨伐，一面参加训练，普通自卫团，对于治安收效甚大。继该县办理者，有阳曲、盂县、定襄等三县，其他各县现已令饬仿照编制，严加训练矣。

己、户口调查情形

各县户口于夏防开始后，治安区内均已照章编制完成，综核治运期内报告，均为调查与训练村长副等工作。其调查方法约可分为：一、由警察所指定员警，或责成区长逐日分赴各村为普遍之调查；二、由警队派员随时下乡抽查；三、有令各村重行编造户口清册，整顿身份证；四、有查酌情形施以特别之检查。至村长副之训练，有定期召开村长副会议，研讨一切村政之进行者，有由区随时召集训练者。按照各级长官之巡视及各县之报告，经过此次之调查与训练，各村户口整备确属进步，同时敌共潜伏已大见减少。

庚、保甲编制情形

查各县保甲在治运期内，据报业经照章编制完成并施以保甲长之训练者，计有汾阳、曲沃等二十七县，连同夏防案内据报编成之闻喜等十三县，计共四十县，其中编训确实成绩较著者，则为平遥等十余县。其余未经完成县份，按历次周报，有已开始编制正在赶办中，有现正计划办理者，核其情形，多因环境恶劣所致。业经分别令饬赶速依章编制，务于夏防期限届满时一律编制完竣。

辛、警备电话安设情形

综查各县警备电话架设情形，最多者为汾阳县，已完成十九处，计划安设者尚有七处，正与关系机关商购材料中。其次为祁县，已完成十处，介休完成六处，计划安设者三处，临汾、新绛等县或完成三、二处，或完成一、二处不等。其余如平遥、曲沃、安邑、崞县等多县，均已拟有架设计划，一俟材料购得，即可着手架设。此外各县据报，多正在计划中。至未架设各县，据报告情形，多以财政拮据所致，间亦有以所需材料购备困难，是以未能如期完成也。

壬、垒堡构筑情形

各县堡垒有择要隘村庄构筑者，如长治、汾阳十余县；有沿交通线构筑者，如临汾、翼城等县；有督令各村将旧有村围堡墙普通整修者，如介休等县。其余各县或督饬各村正在修理，或正在计划构筑。

四、查此次治强运动所得各县报告及各级长官巡视情形，综合效果可归纳如左之数点：

1. 各县经此次治运后，一切警队团等治安力量较前确见增强。

2. 各县关于治安基本工作，如清查户口，编制保甲，确较以前为完密。

3. 经此次热热宣传，人民心理虽未能全般彻底明瞭，而十分之七、八已见觉悟。

4. 各县报告虽有详略，成绩虽有轩轾，而努力工作确是一致。

〔伪华北政务委员会档案〕

伪山东省长唐仰杜编送山东第二次治运综合报告

（1941年9月19日）

（一）实施情形概要

本省自七月七日起开始推进第二次强化治安运动，至八月底截止，共计五十余日。所幸军官民均能一心一德，群策群力，不但在训导民众思想上收得良好之成果，即对于剿共灭匪亦树立伟大之实绩。缘此次治运，除灌输民众反共思想外，尤重实践工作，其重点计有七项：(一)讨伐共匪；(二)破坏共党组织及肃清不良份子；(三)构筑防御工事；(四)完成保甲组织；(五)训练保甲自卫团；(六)对共匪经济封锁；(七)修筑并保护警备道路及电话。凡此诸端，本省各道、市、县、区署及警备队等，均能遵照切实办理，在军、政、会、民协力之下，孜孜迈进，所收各机关治运工作报告，日可数十件。以此，今次治运，除完成第一次治运未竟工作之外，又收获预期以上之光辉效果。兹特分述于后。

(二)综合成果概要

自治运动开始以来，一般民众在反共观念及兴亚思想上之进步，大有可观。全省民众均能彻底认识共产党及八路军为和平建设之障碍物，对于敌方一切虚伪歪曲宣传，鉴别甚是清楚，此后当不致再受匪共欺骗，并能一致坚定灭共信念，齐向兴亚大道迈进。此种思想上之进步，可从民众热心协助治运工作之中证实之。是乃积极宣传之效果也。兹将所得实际效果，撮要列举如左：

1.各地方实施治运计划，均能置重点于剿共讨伐工作，在此期间，截至八月三十一日止，所收沂州道公署、枣临道公署、烟台市公署、龙口警察署、威海卫专员公署及牟平等六十四县公署关于讨伐工作报告，所获战果，殊可惊人。综计讨伐次数，共为二百二十七次，毙匪七百六十三人，伤匪六百六十二人，俘虏二百九十一人，卤获各色枪枝七百五十七枝，土炮二百零三尊，手榴弹一千三百五十二枚，子弹三千九百四十五粒，马二十四匹，脚踏车十四辆，军用电话一架。此不过仅就本署所收报告约略言之，其实各县所得之战果，尚不止此，将来全盘统计起来必更有可观。此种赫赫之战果，足以表示治强阵容之威严，以寒残余丑类之胆。

2.本省推进治运，首在唤醒被匪共所胁迫者，使之觉悟，翻然自新，以是各处自愿投诚归顺者，时有所闻。据调查所知，携辄归顺者计有八百一十九人，足征彼辈迷梦，以为治运所觉，即此可卜，"共匪"之瓦解消灭，只在指顾间耳。

3．本省自实行对共经济封锁以来，所有食盐、火柴以及其他重要物资，均不准向匪区运输。据报各地匪共，确感生活困难，于是大肆掠夺，匪区民众咸恨共匪毒辣，日盼我方进剿，大有"后来其苏"之势。

4．本省各中联银券区，自推进治运以来，旧币绝迹，因之金融流通，一般商民咸称便利。

5．自治运推进以来，人民自卫力量逐渐强化，兹举一、二实例以证明之：如茌平县人民自卫团李团长率团丁三百余人，在该县四区张官屯，破坏共党组织，搜出共党训练军士书籍多种，均付之一炬。汶上县县中乡乡长郑鉴堂，率该县自卫团与匪首刘荣庆鏖战，卒将匪众击溃。郓城县第二区保甲自卫团，在陈楼与匪激战，截获肉票三人。昌邑县第三区区丁徐凤瑞，从事谍报工作，突遇"共匪"五人，该团丁迎头开枪射击，当场击毙"共匪"一名，获手榴弹一枚。凡此种种，皆民众自卫力量强化之明征也。

(三)治运期间之实绩

前项所述，乃本省推行第二次治运所获之显著效果，此种效果之所以获得，乃出于下列几种之良好实绩：

1．本省自治运开始之日，所有全省各机关公务员一致遵守纪律，埋头苦干，尤其省长、各厅长、道尹、县知事等干部人员，对于实施治运工作，必先站在第一线，领导民众努力推行。

2．各道、县警备队及警察所为巩固夏防计，其人员与装备，大都加以补充，对于联防会哨，清乡讨伐，搜索匪类，破坏共党组织及检举不良份子等工作，均能彻底实行。

3．全省各市、县、区编组保甲，多已完备，至关于训练壮丁，整备武器，修筑防御工事等工作，亦正在积极进行中。

4．各市、县警备道路，自治运开始，即着手整理，但为"匪共"破坏者，亦所在多有，幸能随时修补，交通尚无阻碍。

5．各县对于敌情之探索，概由警察所联络警备队及各区公所保甲自卫团，组织情报网，通报消息，至为敏捷。

6．各道、县警备电话网，多已确立，但刻下仍在增加架设中，预料将来全省电话网完成后，则传递消息，必更灵便矣。

7．此次强化治安运动，在省公署组织有促进委员会，为全省实施治运工作最高机关，各县组织有灭共清乡委员会及灭共班等．并派有专员负责编辑治运通讯及报告事项。

8．京、津各报记者前来采访消息，随时拍发电报或寄通讯对治运工作之报道，给与相当协力。又本署宣传室此次治运稿件之大量编发，及随时供给各报馆之采用，各方对之殊为满意。

9．查共产主义是以赤化全世界为最终目的，在华北之共产八路军，依据第三国际指导下中国共产党之指令，极力避开主力战，利用游击战术，企图扰乱新政权治下之后方。一方又于其占据地区，组织伪政府，努力获得民众，以巧妙宣传煽动，夺民众之耳目。是以治安上最大之关心事，厥惟早日将彼辈灭尽。强化治安运动自第二次实施以来，于军、政、商、民一致协力之下，匪共所受之致命打击，已倍胜寻常。省公署警务厅为求增加灭共效率起见，曾以循环式，派员赴各县实际指导各该县剿共班工作，并适应山东情形，一再令饬各剿共班长力求强化。数月以来，所得效率殊多，各剿共班长，对搜集"匪共"情报、伪宣传品，均能不遗余力。关于"匪共"摩擦情形，各地共党之地下工作状况，对于匪区物资统制状况，"匪共"枪弹来源及修械所之所在地，"匪共"最近之企图及移动情形，均已调查明详，先后呈报到厅。关于情报网之普遍侦查"党匪"，破坏其团体组织，检索匪化份子并诱导归顺，把握地方知识份子勿为"匪共"诱惑，亦均能逐步实现之。并于七月中旬，八月下旬，分别在青岛及济南举办山东省各市县剿共班长会议，研讨对歼除"匪共"之根本对策。中日军政各长官之莅临指导，及恳谈结果，出席之各剿共班长对"共匪"组织状况已有充分认识。惟所引为遗憾者，即各县之剿共班虽均组织成立，努力工作，而武力方面尚感缺乏，且经费不裕，尤为一大缺点。为使民众得安居乐业，治安政治得稳固明朗，使赤化势力毫无侵入余地，完成坚固灭共阵营，早日完成奠定东亚新秩序之重大使命计，对各县剿共班已决定自三十一年度加强组织，增加预算。其计划以各县之匪共情状，分甲、乙、丙三等，而定其人员、经费之额数，兹将其计划表列左，以供参考。

民国三十一年度各县剿共班组织及经费预算表〔略〕

民国三十一年度各县剿共班预算计划统计表〔略〕

民国三十一年度剿共班规定县份表〔略〕

〔伪华北政务委员会档案〕

伪天津特别市公署警察局陈报实施
第二次治运经过情形折呈

(1941年9月)

谨将天津特别市公署警察局实施第二次强化治安运动经过情形胪陈于后，恭祈鉴阅。

一、广播讲演 家琦为唤起人民，重视治安运动，曾迭次假天津广播电台为广播之讲演，阐述治强运动之重大意义及"匪共"之祸国殃民事迹，以期警民合作，协力灭共，实施东亚新秩序建设的实践工作，并树有三原则：(一)振奋精神，加强工作，暂以警察为建设东亚新秩序之先锋；(二)矫正人民思想，铲除一切邪说；(三)实行警民合作，严防"匪共"潜滋，希望本市民众彻底明瞭治安强化运动之真义，俾共完成重大使命。

一、视察警政　家琦到任后，即先随同市长视察全市警政，嗣复随时考察各分局管内治安状况及应行兴革事项，详加指导，使其逐项进行，以期警务日有起色。

一、合组剿共实践工作班　由本局会同新民会，就各分局保甲及地区分会人员编组，于七月底合组完成，实施搜索共党主义书报文字，以资肃清共党组织，纠正人民思想，期达成剿共实践之目的。

一、组织反共视察班　由本局会同新民会，各选派得力人员若干人组织之，于七月底组成。此项人员担任视察指导剿共实践工作班人员工作，各班员均能体念治强运动意旨，各尽职责，认真工作。

一、居住证之办理及所收效果　自治强运动开展工作后，以居住证一项所关至重，当经加派人员积极赶办，于七月底办理竣事。复于八月十六日起开始居住证大检查，各分局分设检查地点，配备官警，严厉施行，对于汽车、电车于不妨碍交通秩序中抽查之，并由本局保安科第五股全体职员组成检查班，逐日分赴各分局抽查及协助检查，家琦并率同保安科长等随时到各检查处所视察各员工作情形，当时工作均甚紧张。至水上居住证，由水上分局分乘巡艇沿河检查，异常详细，家琦亦偕同保安科长邹景炎等搭乘巡艇沿河视察，同时并有特务机关宣传班人员在日本桥西岸码头参观。此项大检查至八月十九日截止，结果圆满，于本市治安之巩固收效甚大。虽有发生遗失及未携带者，已均分别诰诫，并饬登报声明，对于转借者予以处罚，涂改者依法讯办。

一、关于保甲之训练　查本市保长、甲长、牌长等前曾普遍轮流受训一次，现以励行第二次强化治安运动之际，更须加强训练，以期促进保甲机能向上。经拟定训练办法及课程表等，再将全市保甲人员施以第二次之训练，自八月上旬开始实施，计分保甲干部人员与保甲基本人员二种。干部人员（保长、副保长等）由本局高级职员担任训练，基本人员（甲、牌长等）责由各该管分局长、局员等担任训练。课程为保甲须知，保甲施行办法．精神讲话等，现仍在继续训练中。家琦不时前往训话，使各自肃自戒，努力迈进，养成纯良思想，共谋东亚之复兴，以达成新建设之阶段。

一、户口之彻底调查　经拟定彻底户口清查反复施行计划，在治运期间，由各分局户籍员生警会同保甲人员实施反复调查，并随时对人民宣传剿共兴亚和平建国之真理，本局随时派员分赴各分局抽查与指导。又本局会同关系各方面编拟之"市民须知"及市署编印之"强化治安问答"两种小册，均由市署制发，经饬令各分局户籍警挨户散送，以广宣传，同时并作户口调查一次。

一、防卫工事之建筑　经召集第六、七两分局长到局详加研讨，于各该分局界内各建防空壕一所，以征用民力，训练民众为原则，从事修建，于八月底完成。

一、关于破坏中共经济建设计划　本局一面令剿共实践工作班认真工作，一面由本局特务科派遣干员化装混入各级社会侦查，于八月间特务科曾查获宋文德邮寄旧货币，希图在津兑换购货案件一起。

一、关于阻止"匪共"区域之物资流入　本局严饬各分局及各检查所认真办理，并由特务科派员侦查制止。自实行工作以来，计查获未经请领搬出愿书向市外私运面粉及煤末等项案件共五起，均已分别依法处办。

一、关于强化治安宣传论文　经与各报社社长联络，将撰拟宣传之稿件送交市署宣传股，核转北京情报局审核发表。

一、关于水陆上之宣传　除陆上由各属宣传及张贴标语外，其水上船户一律悬挂治强标语，并由水上分局征用槽船四只，于各河流域民船集聚之所讲演治安运动与船民生活之关系，及警民应一致反共之必要性。

一、情报传达之演习　由本局关系部分及各分局队官警配布实行，将假想之匪情、放火、爆炸、暗杀等情报以警备电话报告本局，本局闻报后当即指示应付办法，其需要应援之处，立派官警驰往肇事地点协力剿捕，结果因传达之敏速、防堵之周密，假饰潜伏滋扰之匪党均未得逞，各自溃窜或被捕获。演习之事态虽属假饰，但警备及搜捕情形则无殊于真实，足资练习官警对于传达情报之方法。

一、警备演习　由本局特务、保安两科及督察处、各分局队官警配备于市区各重要地区实行演习，以若干人饰为匪部，以若干人为官警。假设匪徒拟分路企图进扰市区，官警闻报立即分头出击，于指定之地方发生接触；假设当场击毙匪人数名，并捕获数名，及得获匪人枪械若干，余匪以众寡不敌即行溃逸。演习情景如临大敌，官警精神振发，动作敏捷。

一、检问检索　为防止匪共之潜入，自八月二十一日至二十七日由本局及各分局选拔精练官警，会同友邦宪兵队，在市内及边区严行检问检索，经一周间之检查，宵小敛迹，地方治安颇为安谧。

一、关于防卫实力之补强　本局以第二次治强运动已展开工作，且值夏防时期，水陆治安极关重要，经家琦分别筹划，力谋实力之补强，以资捍卫地方。水上分局已添购汽艇一只，拟再续购一只，以厚实力。又增设河防栅栏门及障碍物，以阻止"匪共"之潜入，对于各边区之原有炮楼、碉堡正分别勘修中。

一、训练官警　查警察、官警职在保护地方，安宁秩序，所负责任重大，家琦为使官警振奋工作，以收效果计，将所属官警加以训练，由八月中旬起开始训练本局督察处官员，除授以术科外，并由家琦作精神讲话。其各分局休息长警，于每日晨七时，午前九时，午后五时，共三次，由各该分局召集，派官长率领来局，由家琦训话，详予讲释治安运动意义及官警应励行自肃自戒之真理。现在**督察处官员已经训练完毕**，仍计划继续训练本局各科职员及各分局官长，以增服务智能。

一、举行职员反共自肃运动周　本局及各分局队于每月最末之一周举行职员反共自肃运动周，由该管高级官长对其所属讲述反共自肃及中日条约之要义，并张贴标语，以资自肃。本局及所属均按规定举行矣。

一、分列阅警式及武装行军之演习　经规定演习实施计划及应需图表等，先期召集各分局队官警练习，于九月一日上午九时在特一区市立第一女中操场举行正式演习。市长为检阅官，村野顾问、田中辅佐官及家琦为陪阅官，总指挥周督察长，副指挥官第一分局鲍分局长，参加官警共一千零五十七员名，临时共编三营，每营五连，每连三排。届时市长偕同雨宫特务机关长及各参事等到达检阅广场开始检阅，检阅毕由市长讲话后，即作武装行军。由特一区阅警式场出发，经特一区中街、英租界中街、法租界中街、日租界旭街东马路至青年会前止。官警精神焕发，其昂扬威壮之气概，殊足表现集团训练之尚武精神。行军经过英法租界时，两旁观众如堵，西人尤众，对我新中国地方之卫士已有一种钦敬表示。至水上行军，由水上分局官警配备实行，计巡舰五艘，每艘警士二十名，官长一员，由海河该局门前出发开驶，鱼贯行于河中，经金钢桥至市长官舍。检阅台前作巡艇分列式，向市长致敬，受检毕即驶回水上分局。此次演习，水陆上行军秩序井然，颇博得市民之赞扬。

一、举行自行车队行军　九月六日上午八时开始行军，就各分局车警队及警察队长警酌派五百余名，临时编为一团，计八连，由局长担任指挥，经过本市各重要街路与全市边境村庄，车警列队鱼贯巡行，阵容肃然，路旁观众无不表示欢迎。

代理天津特别市公署警察局局长阎家琦谨呈

〔伪华北政务委员会档案〕

伪华北政委会抄发兴亚院所拟第三次治运实施要领训令稿

(1941年10月22日)

训令

苏北行政专员公署

令各省公署

各特别市公署

为训令事：案查以前两次举办治安强化运动，地方安宁赖以增进，现在时届冬令，为求再行增强治安起见，特举办第三次治安强化运动。除分令外，合行检发此次运动实施要领，令仰遵照办理具报。此令

计抄发第三次治安强化运动实施要领一件

中华民国三十年十月二十二日

译文

第三次治安强化运动实施要领

第一　方针

扩充已往治安强化运动之效果，更进而为有机的攻击的活动，以期治安永固。尤应侧重经济，以谋经济彻底封锁，促进重要物资之生产流通，强化我之战斗力、经济力，摧残敌匪之抗战意志。

第二　指导要领

一、为谋华北民生安定，治安永固，须将彻底实施经济封锁之必要原因，使一般民众普遍谅解，使之自动参加此项运动。

1．现在敌匪之抗战力，其物资全赖由我势力范围内采取及

第三国之援助培养，故防范利敌物资走漏，实为现时使敌方最感痛苦之经济危机益形增大，渐呈破绽，放弃抗战。此种有效适切之手段，应令一般民众理解。

2．一般民众应令其自觉加强敌区物资昂贵，经济危机，若不与敌区经济隔绝、则我因敌方之故，亦有卷入经济紊乱漩涡之虞。故应使其认清，彼为个人利益而与敌区交易者，乃为扰乱大众经济生活之人，加以排击。

二、欲谋华北民生安全，须脱离依赖英、美、苏经济。在东亚共荣圈内确立自给自足经济，其必要性，应使之彻底了解。因华北方面如能加强各种资源生产，而本年秋收之期又能促进农产流通，于确立自给自足经济实有贡献。

三、自治、自卫组织与机能训练，经前此两次治安强化运动已有莫大之进步，此次为谋扩充强化起见，拟藉前项经济封锁及物资取得运动，促进各种自治、自卫组织形成连环之有机活动，对于"匪共"组织更作攻击的活动，以期建设巩固之治安经济阵容。

四、欲强化经济封锁，尤须乡村民众及商工各界（如巨商公司及合作社等）之自觉的积极协助，应详述理由，以期经济封锁之彻底而谋物资流通机构之整备。

五、经济封锁虽按各指导者之指示分行，但须发挥中日军、官、民之总力，更须积极实行，严密施策。

六、此次运动对于新民会之自主积极活动应较前特别支持，务使新民会势力亦得藉此运动扩充强化。

七、检讨既往治安强化运动之实绩，在运动开始之前，总期此次运动之趣旨得收实效，斟酌情形，计划准备，而于运动尤应集中重点，俾无遗憾。

第三　实施要领

一、十一月一日起，至十二月二十五日止，为本运动实施期限，但因农忙，或当地特别情形，得随时变更之。

二、此次实施，鉴于已往治安强化运动之实绩，及华北之现状，应注意左列各点：

1．首应充分进行准备工作，使中日军、官、民彻底理解本运动之趣旨要点，而自幼参加，但此项工作应饬新民会任之。

2．检讨第二次治安强化运动成绩，研究优劣所出之原因，铲除祸根，重行整备，以期此次运动得收充分之实效。

3．希望各种自治、自卫组织能作互相有机的活动，应留意左列各点：

甲、邻接保甲应谋连系，以防村与村间，县与县间发生间隙。

乙、经营合作社，以谋促进经济封锁，协助物资流通，但须与保甲组织、交易场所、农业仓库等处取得密切连系。

丙、省县警备队、保甲自卫团，及各种武装团体、宗教团体等，须常取有形无形之密切连系，遇危急时，应有立即互助之设施训练，俾免被匪房去，或被解除武装，而乡村自卫尤应巩固其必胜之信念。

丁、各工作队之任务，应分担清楚，互相连系，避免相剋摩擦。

4．敌方对于治安强化运动渐有积极妨碍之势，为反击此种妨碍，并在敌匪区内扩大我方势力计，应促进各种自卫组织之攻势。例如在省、市长、道尹、县长等一元统制之下，对敌行动厉行数县联合讨伐，或省县境附近讨伐。

5．利用秋收时期，在各机关及民众密切连系之下，力谋农产之收藏确保，除在各地设立农业仓库外，并应强化其防御设施。

6．指导各公司、组合、买办、巨商以及其他一般商工各界，务使其经济观念适合于新体制。又为促进经济封锁及物资流通计，须改革整备必要之机构，使其于治安强化运动自动积极协助。

7．擅与敌亚交易,存货不卖者，为民之公敌，应指挥民众加以排击。

又节约消费，奖励储金，收用废品等项，均为安定民众经济之最要，应作民众运动，展开活动。

8．各矿山、煤矿、工场、公司,其雇用多数华人者，为自治、自卫以及增产起见，应于左列设施，整备强化：

甲、含有职员及其家族之社员组织，应加整备，使共匪无潜入之余地。

乙、职员及其家族与居住乡村之厚生设施，应加整备，令其于所属矿山、公司，自守自爱，并培养供给劳力之资源。

丙、施行上述事项时，应与新民会紧密连系。

9．已往之治安强化运动因各机关、各团体首脑者之热烈倡导，致使民众奋起，今为推进扩大，各首脑者应于当地认真巡视，加以适切指导，鼓舞激励，以期本运动之积极化。

又省长、市长、道尹、县长等不特须以行政机关长官资格实行活动，并须以新民会职员之资格从事运动，以期行政机关与新民会表里一体，而谋新民会势力之扩大强化。

〔伪华北政务委员会档案〕

吴赞周编送视察顺德冀南真定各道治强工作实况报告

(1941年12月13日)

十一月二十四日，赞周为视察顺德、冀南、真定各道治安强化工作实况，经济封锁办理情形，并慰问现地驻在友军，于本日上午十一时四十九分偕同河北省陆军特务机关铃木机关长、新谷课长、松本少尉、新民会河北省总会河野次长、叶教化科长暨随员，并日、华新闻记者，携带慰问品由省垣启程，乘京汉火车南下赴顺德。下午三时十分途经东长寿，在站检阅新乐县警察警备队、青少年队及保甲自卫团。三时五十分途经正定，在站检阅正定县警备队及保甲自卫团，正定县知事吴伟如到站报告该县治安状况及经济封锁办理情形。四时五十分途经窦妪，在站检阅元氏县第五区保甲自卫团。五时三十分途经元氏，在站检阅元氏县警备队及保甲自卫团，元氏县知事王英杰到站报告该县治安情况。五时四十分途经大陈庄，在站检阅元氏县第二区保甲自卫团。六时途经高邑，在站检阅高邑县警备队及保甲自卫团，高邑县知事张权本到站报告该县治安情况。七时途经内邱，在站检阅内邱县警备队及保甲自卫团，内邱县知事许国宪到站报告该县治安情况。下午八时到达顺德，下车后即在驿长室内接见顺德道尹王季章及顺德道管内邢台县知事张栋、沙河县知事王廷翰、南和县知事桑新民、平乡县知事陈贡家、广宗县知事张云亭、巨鹿县知事邢少鹤、任县知事崔法天、临城县知事寇鸿谟、隆平县知事黄学渊、南宫县知事何祖昌、威县知事和梦九、清河县知事安涤尘，并听取报告各该县治安强化工作状况及经济封锁工作办理情形，当经分别予以指示。

十一月二十五日上午九时，赞周偕同铃木特务机关长访问洪部队长斋藤、宪兵队长、陆军病院重成部队长，慰问伤病兵，赠送慰问品，表示感谢之意，并访问治安军第一〇二集团高德林司令。九时三十分，视察顺德道公署，听取道尹王季章报告该道治安状况，云本道自奉令实施第三次治安强化运动以来，即召开干部会议，妥拟实施计划，令县遵办。并加强本分部内部组织，于原有之情报工作宣传三班外，又增设纠察、总务两班，实地进行。继又召集邢、沙、内、临等毗连山地四县警察所长及联保长举办经济封锁讲习会，同时道办事处亦召集各县督察专员暨新民会职员施以严格训练，促其加紧工作，促进治运效能。并通令各县知事召集管下各大商贾、组合、会社举行经济封锁恳谈会，同时并组织宣传队，实地下乡宣传，使人民得以彻底认识。道尹为考察各县之实际工作情形，亲赴邢台、沙河等县视察，随时随地于以指导。嗣应石门特务机关长之召，赴山东观光，临时委派第三科长代表分赴内邱、尧山、临城等县视察，所到之县均偕同县知事、顾问亲往履勘山地经济封锁线、惠民壕、碉堡。据该科长报告，各项工程经人民之协力修筑，均已大致完成，各要塞路径配备有力之保甲自卫团与县警备队，昼夜防守，设有检问所、密侦队，以防物资流入匪区。并在尧山出席友军大队长召集内、尧、临等县之治安会议。其余各县亦正分别视察中。其他各县治运情形，如内邱之山岳地带经济封锁线蜿蜒长达八十余华里，均用山石砌成，极为坚固，并筑碉堡七处，坚实高大，工程颇巨。隆平县知事亲率警团讨伐，查获伪冀南行政公署用品多件，俘虏便衣八路军七名。广宗县查获私运铁锅、食粮、纸张多件。尧山、临城、邢台、沙河等县于各检问所处亦查获有布匹、食粮、枪弹甚多。又任县、威县、清河、巨鹿、南宫等县屡出讨伐，截获匪方物资及俘掳甚夥。平乡、南和、柏乡等县办理之良民仓库，手续清楚，颇得人民信赖。他如实施物资配给，奖励生产，废物利用，消费节约，组织联合讨伐等重要工作，经督饬各县，已均次第举办。赞周听取报告后，当即指示第三次治运工作之重点及加强经济封锁之办法。九时五十分在道署礼堂对管内各县知事、新民会、道县公署各机关职员训话。十时二十分，至新民会广场检阅邢台县第一区保甲自卫团及省立顺德道乙种警察教练所受训学警并训话。十一时二十分于兴亚会馆前广场出席民众大会并训话。下午一时二十分，视察顺德道毕。由顺德乘京汉火车南下赴邯郸，二时十分途经沙河，在站检问沙河县警备队及保甲自卫团。二时五十分到达邯郸，下车后即赴河北银行接见冀南道尹薛兴甫，及管下邯郸县知事杨肇基、永年县知事何举之、鸡泽县知事李泽远、曲周县知事孙述、肥乡县知事安亮清、广平县知事朱宪章、成安县知事何士举、磁县知事黄希文、大名县知事李泽新、南乐县知事李铁珊、长垣县知事金梦祖、清丰县知事庞仲祷代表教育科长吕乔华，报告各该县治安状况及经济封锁工作推进情形，旋由冀南道尹薛兴甫报告，说明邯郸新市区计划及本道各项建筑状况。三时十分，视察新建道署、简易师范学校，道立医院各建筑地。三时三十分，访问铃木部队长、柿治宪兵队长、陆军病院守屋部队长，赠送慰问品，慰问伤病兵。四时视察邯郸物资统制第六号焦窑检问所。查该县共设物资检问所九处，每处设武装警察三名，警备兵三名，此外，更于各要路口设十处物资检问处，每处设武装警士二名。其任务专司检查运输物资流出，依据邯郸物资对策委员会发给之通行许可相符登记物资输出报告表予以通行，自实施以来，因手续简便，人民尚不感觉痛苦，而所收物资统制之效果成绩甚佳。旋即赴京汉铁路西侧视察惠民沟封锁线，此沟宽约十尺，深九尺，北自永年县边境起，南至磁县止，长五十五里。此封锁线对经济战之意义甚大，在攻击方面，对敌匪物资遮断，励行经济封锁，在防御方面，可使物资确保，促成经济自给自足，功用甚大。四时四十分，访问邯郸陆军特务机关冈田机关长。五时二十分，视察冀南道公署，召开经济封锁恳谈会，参加人员除赞周及铃木机关长、新民会河野次长外，更有邯郸防卫军司令官、铃木部队长代表山森大佐、冈田邯郸特务机关长，及冀南道尹薛兴甫、饭田连络员，并管下各县知事。开会后，首由道尹报告第三次治强运动工作计划及联合讨伐，经济封锁等成果。继由冀南道联剿区第一区主任、邯郸杨知事，第二区主任、大名李知事，第三区主任、永年何知事，分别报告管区治强工作情形。次由赞周及铃木机关长训示第三次治强运动工作要点，最后由邯郸县知事杨肇基代表各县知事答词，至下午七时散会。

十一月二十六日上午八时五十四分，视察冀南道毕，赞周僧问铃木机关长及全体随员乘京汉火车北返，赴石门市。下午二时十分到达，下车后即访问饭沼部队长、吉田部队长、泷山总领事、菊池宪兵队长、吉永宪兵队长、石门陆军特务机关石田机关长，赠送慰问品，表示慰问感谢之意。四时二十分，视察真定道公署，听取道尹杨缵臣报告第三次治安强化运动实施计划，石门市长张格报告治强运动实施经济封锁状况，井陉县知事王景岳、藁城县知事高书臣，元氏县知事王英杰，冀县知事董翰臣，报告各该县治安情况。四时四十分，对道、市公署及各机关职员训话，训话毕，接见日华新闻记者，发表谈话。同时据道尹报告，管下获鹿县知事朱能云因公折伤臂骨，勇于负责，故于五时三十分偕同铃木机关长至同仁医院慰问朱知事，并赐洋百元，以便疗养。下午六时，饭沼部队长在养心庄招宴恳谈。九时四十五分，应石门广播电台之约，广播演讲"治安强化与民众协力"，激励民众实践治强工作。

十一月二十七日上午八时二十分，赞周偕同石门陆军特务机关石田机关长、吉田部队黑官中佐及全体随员，由石门乘石太火车赴井陉。九时五十分，途经微水，在站检阅井陉县第四区保甲自卫团。十时三十分到达井陉车站，下车后即换乘汽车至县境西南核桃园视察履勘山地封锁线及检问所情形（由车站至核桃园约三十余华里）。据县知事王景岳报告，为因地制宜起见，乃随山岭之起伏，于县境之西、南、东三方面修筑围墙，以代惠民壕。均用山石砌成，高约七、八尺，厚约四、五尺，自县境西北杨家沟起，经马头山、梅家庄南峪至县境西南核桃园，由此折而向东，经七狮窑、南王庄、尖山至县境东南苗峪，由苗峪经头泉、牛山至县境东北裴村止，全境周围共计长二百九十八里。沿封锁线建筑惠民堡二十九处，设检问所十二处，配备有力之保甲自卫团与县警备队昼夜防守，以防物资流入匪区。视察毕，循原路返抵县城，访问吉田部队长、本间宪兵队长。十二时，视察井陉县公署. 听取县知事王景岳报告县政情况, 并对县署各机关职员训话。下午二时四十分, 由县城乘汽车赴井陉炭矿视察 (由县城至炭矿约二十余华里)。三时三十分到达, 当由矿长宫岛庚子郎报告说明该矿总埋藏量约一亿吨, 再加附近小矿埋藏量, 总计可达二亿吨, 面积四十方里, 最厚煤层有七米半, 事变前年产量为八十万吨。现在矿局职员日籍者七十人, 中国籍者二百三十人, 共三百人, 工人二千余名。现有炭井四个, 每日出产量为二千三百吨, 每月六、七万吨, 计划不分昼夜, 努力增加生产, 年产量可达一百万吨。惟目前感觉困难者: 一、木材缺乏, 所以现在积极奖励植林; 二、井陉县境多为山岳地带, 食粮感觉缺乏, 请求各方多多援助; 三、劳动力不足, 现有工人二千余名, 拟积极增加, 最近即可再增七百人, 将来每日出产量可达三千吨。此外, 炭矿附属设备有小学校, 学生三百余人; 有病院及生计所配备物资, 以谋工人之福利。炭矿惠民沟周围约三千米, 一切设备均极周密。听取报告后即召集该矿全体日华职员及小学生训话, 并视察矿井及机械工场。五时五十分视察毕, 乘汽车至微水驿换乘石太火车返石门。七时途经获鹿, 在站检阅获鹿县警备队及保甲自卫团, 县知事朱能云因公伤臂, 在石门疗养, 由秘书贺逸文报告该县治安情况。七时四十分返抵石门市。

十一月二十八日上午十时, 赞周偕同铃木机关长及全体随员, 由石门市乘汽车出发, 赴本市东郊槐底村视察惠民沟, 并召集村民训话, 激励努力推行治运, 实践经济封锁。十一时三十分, 返回市内。下午二时二十五分视察毕, 由石门市乘京汉火车北上回保, 六时十分返抵省垣, 对新闻记者发表此次视察之感想如左:

本人此次赴顺德、冀南、真定三道区视察治安强化运动进展情形, 并沿途慰问友军, 已于今日完毕, 一切经过及所得印象极为良好。此次治运方针, 系完成以前两次未竟之事务, 并以经济封锁为中心工作，以冀残匪早日肃清。据此次沿途所见，各县市皆极努力，如邯郸、邢台之检问所、惠民沟，井陉核桃园山地一带之惠民墙，以及石门市郊区之惠民沟，工程至大，对于经济封锁必能发挥伟大效能。至于人民方面，经两次治运之后，已能彻底了解治运之目的，以及治运对于自身之利益，更有进一步自动奋起与政府协力之趋势。本人曾与地方商人谈话，询以经济封锁之感想，据答经济封锁虽在实行之始稍有不便之感，习惯以后自能臻于圆融，且实为保持物资之必要手段，各地惠民沟所费虽巨，而将来实有无穷之利益。商人皆极明了，足见人民对于此次治运咸有自动与政府协力之信念。各道、县公署方面，蒙当地友军及关系机关之指导协助，各有相当成绩，顺德、冀南两道之保甲自卫团较前亦有进步，惟所得之效果与预期之目的相距尚远。本人作事向主脚踏实地，今后当在王委员长领导之下，激励所属，更图迈进，深望各方一本既往热忱，协助指导，以便全省人民早达安居乐业之目的，而从事于建设东亚新秩序之伟业也。

署理河北省省长　吴赞周

〔伪华北政务委员会档案〕

陈静斋报送视察豫东豫北道各县第三次治强运动报告呈

（1941年12月—1942年2月）

（1）陈静斋呈　（1941年12月31日）

为呈报事：窃省长于十一月七日赴豫东道商邱等十一县视察第三次治安强化运动，并于十一月十五日视察完竣返省，业经先后呈报各在案，所有视察情形，理合拟具报告书一册，备文呈请鉴核备查。谨呈

华北政务委员会委员长王

　　附呈报告书一册

河南省省长　　陈静斋

中华民国三十年十二月三十一日

　　　　视察豫东道商邱等十一县第三次治强运动情形报告书

一、治安强化运动之实际活动状况（即民众动员情形）

　　（1）商邱县　查该县于第二次治运工作时，即编成治安强化讨伐大队，内设总队部、顾问部、企画组、医务组、宣传组、司法组、清乡组、后援队等，同时集合警察一百零七名、县警备队一百零一名，常备自卫团二一三名，县职员二十三名，共计五百四十二名，于第五区一带大举讨伐，检举犯人四名，依法惩处。并赴各区召集保甲长及民众，宣传讲演，一般住民深明大义，对于治运均能彻底协力，地方治安日见恢复，人民生活日见安定。现当第三次治安强化运动，已着手计划实施。

　　（2）鹿邑县　查该县共分五区，第二、三、四区"匪共"盘踞，人民涂炭，政令不能推行，迨施行治运以后，该地住民了解真义，协助县署，一致奉行，匪人日见消灭，治安渐臻平靖。第三次治运该县正筹划实行。

　　（3）淮阳县　查该县自治运开始后，首先在县东北方黄集一带于民众总动员之下，修筑新黄河堤防。并组成灭共班二十名，赴南北关及各村召集民众宣传讲演治运根本意义。并组成童子军四大队，共计三百七十六名，全体授以防共防匪之运动。同时督饬各区保甲长清查户口，肃清"匪共"。此次治运对于经济封锁加强工作，除派员密查外，并联合各区常备及后备自卫团全体动员，对于治运工作颇著成绩。

　　（4）拓城县　查该县在治运期中，将各区驻在之县警备队抽调二分之一集结城内，分赴第四区史大庄及第三区开荒店等十余

459

处，会同搜剿，匪患立见肃清，保甲长及常备后备自卫团对于治运亦能协力。至于第三次治运正在计划实施。

（5）虞城县　查该县在第一、二次治运工作时，彻底宣传已深入民间，对于治安运动一般民众深知努力与切实之利害，城关以至乡区无不协力推进。第三次治运已由县公署、警察所、新民会彻底指导全县官民总动员，加强工作。

（6）夏邑县　查该县于第一次治运即组成治安强化委员会，分期实地宣传并指导全县武装团体实施讨伐及检举破坏"匪共"之工作。于第二次治运，依照省令组成剿共灭匪队，由警察所干部担任队长及组长，并以各区长为中队长，各联保主任为分队长，各保长为班长，实行民众总动员，收效颇大。第三次治运根据一、二次治运之组织及方策，对于经济封锁均能彻底实施。

（7）宁陵县　查该县于治运活动时期，集合保甲自卫团，及一般民众协力之下，实行联防会哨，致力于清剿工作，颇收实效。其第三次治强运动正在计划实施中。

（8）睢县　查该县自治运展开后，督饬警察及县警备队实行剿捕，并将各区保甲自卫团及集中民众团体武力，由保甲长督率实施户口调查，检举匪类，并于夜间联防会哨，治安确立为各县之冠。第三次治运工作计划已组成经济封锁委员会及联合讨伐合作社人员之训练，警备道路，及警备队之建设均正逐次推进中。

（9）杞县　查该县对于治运之意义，由官家散布传单及布告，并派员赴各区村宣传讲演，一般民众尚能明了协助县署竭力工作。第三次治运现正计划实施中。

（10）陈留县　查该县毗近省垣，民智早开，对于治运之真义均能彻底明瞭，官民一致努力治运工作，组成治强运动实施委员会，实行乡村宣传，集中保甲长实地训练，并定期联防会哨，巩固保甲之堡垒。第三次治运侧重经济封锁，正在计划实施。

（11）太康县　该县对于治安强化运动在一、二次官民协力之下，实行讨伐，清查户口，乡村治运巡迴讲演，努力工作，颇收宏效。第三次治运现正计划实施中。

二、经济封锁实施状况并民心之动向

（1）商邱县　该县于经济封锁实施后，即组成物资禁止输出督察专员分会，于各分所设立经济班，于城关及要隘实行检查。后因民众购物困难，由警察分所及大买公会、宪兵队发给购货证明书及搬运证明书，同时取缔私运私销。实施以来，人民尚称顺利。

（2）鹿邑县　该县三十年二月一日成立经济班，向民众宣传冻结英、美资金之真义，一般官民均能了解。对于购货办法，乡区由联保主任出具证明书，其输出者均由县公署作成证明书，请求驻在之日本军队许可，方为有效。

（3）淮阳县　查该县有经济警察十八名，日本宪兵队七名，并派四名长川驻于黄河北岸各渡口，检查往来商贾，其余警察逐日分赴城乡密查，对敌经济封锁工作颇称严密。

（4）拓城县　查该县自实行经济封锁，即与当地日本驻军及宪兵队紧密连络，并遵照华北政委会颁布之经济警察服务要领，每日协同宪兵于各重镇要隘实行检查，一面派员分赴各处召集民众讲演经济封锁之真义，并派经济警察对各商家之存货数目及贩卖数切实调查。该县人民对于经济封锁均甚明瞭，尚能协力。

（5）虞城县　该县商家无几，仅于警察所设有经济警察班，加紧训练，对于奸商之行动侦查尚属严密，实施以来颇收实效。

（6）夏邑县　查该县商务萧条，均系小本，并无大商巨贾。关于经济封锁工作，警察所及各区均成立经济班，每日分赴各乡村严密彻查。惟该县日用品稍感缺乏，物价较为昂贵，一般民众深明封锁成功，物资自然充足，故均能努力协助。

（7）宁陵县　该县自经济封锁以来，于县警察所内设有经济封锁班，并与保甲长连络，于各村镇之要路口实地工作，并派专员分赴各区镇召集保甲民众，实地宣传经济封锁之意义。民众之日用品全由县合作社廉价配给，尚属得当。

（8）睢县　该县对于经济封锁，县内组成经济委员会，并设经济督察班，长警十名，专司经济封锁事务。凡物资搬运，必须请领许可证，民心动向，诚恐在封锁时期物资缺乏，购买不便。现物资合作社次第成立，对民众用品较前购买便利，亦民众明瞭真义，极为协力。

（9）杞县　该县设有经济委员会，凡物资搬出输入，必有经济委员会及宪兵队之许可后，派警察及县警备队员分赴各区镇实地励行封锁工作，民众因日用物资并不缺乏，均尽力协助。

（10）陈留县　该县奉令后，即组成经济委员会，凡物资搬出购入均定有许可证，并于县城外各道口派便衣警士日夜监查。又于第三区曲兴集派经济警察五名，专任检查物资。自实施封锁后，一般民众深明为消灭"匪共"，免受扰乱，而工作均甚协力。

（11）太康县　该县自封锁后，凡一般物资搬出及输入，均得有日本宪兵队之许可，方为有效。并于东关及马厂二处指定渡船场，派警察昼夜检查，实地励行封锁工作，收效颇大，而人民对于封锁意义大致均甚了解，尚能协力。

三、物资搜集状况，如物资搜集不振之实情，并县方之对策

（1）商邱县　1．一般农产物大部份于各区集镇之粮栈搜集，而城内之搜集量不过占一县十分之三，其一般日用品各商家由特务机关成立之大卖配给公会发给购货证，在华北各都市购入，物资现状尚不缺乏。2．该县本年因雨水不足，并时受"匪共"之窜扰，对于农产物比去年减收十分之五。近来大卖配给公会极力设法维持，然因铁路车辆不足，由外埠输入稍感困难。3．该县现正与当地中、日各机关及大卖配给公会设法补救。

（2）鹿邑县　该县地临战区，"共匪"时扰，水旱连年，以致

物资生产量减少,用量日多,颇感不振。该县现正与当地中、日各机关周密计划,督饬各区保甲长努力改良农村,提倡物资生产效率。

(3)淮阳县　该县生产物向来自用自足,不仰外助,近因黄河泛滥,占全县境十分之五、六,均成泽国,民不聊生,正轨生产物日见减少,不足需用。现正组织合作社及物资对策委员会与各机关联络,设法由敌方购入物资,调济民生。

(4)拓城县　该县自经济封锁后,物资购买颇感不便,县方为调济此项问题,特设经济委员会,由驻在友军指导下,所有该县需用物资,统由委员会批发,及公会代购,再行配给各商号推销,每日所售出数量,均呈报委员会及县公署备查。对于物资搜集,尚无困难。

(5)虞城县　该县因治安关系,物资搜集颇感不振,现该县计划召集当地各机关开经济会议,设法搜集。

(6)夏邑县　该县地瘠民贫,生产不丰,消费较多,自经济封锁后,物资不能流入敌方,因此物资搜集较易。现该县筹设经济委员会,统制物资,并于各区各联保成立合作社,对于一般物资搜集及配给尚无缺乏之虞。

(7)宁陵县　该县自经济封锁后,加以统制,一般物资搜集大致尚无不振。惟煤油一宗稍感缺乏,现正设法购入,施行配给。一般日常用品无若何困难。

(8)睢县　该县在经济封锁前,因物资时有流入敌方,搜集物资颇感不振,封锁后一般民众深明大义,县境所产尚可自给。现县公署督饬各区公所组织合作社,对于物资尽力搜集及配给,尚不缺乏。

(9)杞县　该县每年所产之农产物如不输出,尚可自给,对于一般日常用品均由开封输入。物资易于搜集,物资现无缺乏之虞。

（10）陈留县　该县对于物资搜集，现正与新民会县总会联络，筹设农仓，并成立经济委员会，专办物资搜集事宜。

（11）太康县　该县自黄河决口后，遍地汪洋，县城围于水中，交通间隔，物资不但缺乏，而且搜集亦感困难。自开始经济封锁后，该县即与当地关系机关设法搜集，尚无不振之虞。

四、保甲组织并实际活动状况

（1）商邱县　该县依照保甲条例，组织先后成立，十区公所保甲长除三、五两区外，其余均于本年四月以前分为八期训练完了，协助调查户口及保甲自卫团讨伐工作，颇称活跃。

（2）鹿邑县　该县保甲自事变后，因经费不足，人员不敷分配，仍依原旧办法，尚未促新编整。

（3）淮阳县　该县共分六区，对于保甲，现正调查编组中。

（4）拓城县　该县保甲依保甲条例规定，全县共编九十九联保，三二九保，三，七〇四甲。一切政令尚能奉行协助推行。

（5）虞城县　该县保甲业已遵章组织完成，一般保甲民众对于连坐法切实奉行，协助县署检举盗匪，颇收成效。

（6）夏邑县　该县依保甲条例，现经编成者共二十七联保，及二四〇保，二，〇〇三甲。一般保甲民众均能遵守保甲规约，并能协力肃清匪类。其余九十三保因匪患未清，尚未编成。

（7）宁陵县　该县依保甲条例，共编七三联保，二五八保，二，五四九甲，业经完竣。一般保甲长尚能协助官宪，对于户口调查，并指挥保甲自卫团，防匪工事之建设，警备工作，均甚活跃。

（8）睢县　该县保甲组织编为五十六乡镇，三四一保，三，八八四甲。每乡镇设团长一人或二人，每保设保队长一人，每甲设甲队长一人，担任召集本管内之壮丁训练，剿捕"匪共"，检举反动份子，并协助经济封锁诸般工作。

（9）杞县　全县八区，共编成四四六保，四，四五八甲。保甲长督饬保甲自卫团协助县警备队清剿匪类，并补修警备道路，工作尚称紧张。

（10）陈留县　该县遵省令，于本年一月对于保甲编组完成共二十三联保，二二三保，二，五七九甲，并组成保甲情报网，收效颇宏。

（11）太康县　该县保甲仅于城关及第一区编组完竣，业已召开保甲长会议，并自卫团员训练。其他各区之保甲编组尚在着手进行中。

五、各机关团体互相连系状态

（1）商邱县　该县与所在中、日各机关团体均能互相协助，其有紧密连系者，惟警察、县警备队、宪兵队及友军为最。

（2）鹿邑县　该县现在友军及和平救国军指导之下，各机关团体均能互助合作。

（3）淮阳县　所在各机关团体感情融洽，颇能合作。

（4）拓城县　所在各关系机关团体均抱提携之精神，事务连系情形颇浓。

（5）虞城县　该县各机关团体遇事均互相连络，分工合作。

（6）夏邑县　所在各机关团体凡事均取密切之连络。

（7）宁陵县　各机关凡属公事，均能互相协助及联络，感情颇佳。

（8）睢县　所在各机关团体均能精诚团结，和衷共济。

（9）杞县　对于公务，事无大小，各机关团体均有互相间之连系。

（10）陈留县　各机关团体凡属公事，均能互相连系，一致迈进。

（11）太康县　该县由治安强化实行后，各机关团体对于事务连系日见亲密。

（2）陈静斋呈　（1942年2月16日）

为呈报事：窃省长于三十年十二月十二日，赴豫北道新乡等十县视察第三次治安强化运动，已于十二月十六日视察完竣返省，业经先后呈报各在案。所有视察情形，理合附具报告书一册，备文呈请鉴核备查。谨呈

华北政务委员会委员长王

　　附呈报告书一册

河南省省长　陈静斋

中华民国三十一年二月十六日

视察豫北道新乡等县第三次治运状况报告

一、第三次治安强化实际活动状况

（1）新乡县　1．查该县自第三次治运开始后，除完成一、二两次治运外，即于管辖八区之各区公所所在地，每日派警官一名，情报员一名，督饬保甲自卫团四出探取伪方之情报，以作肃清工作之资料。并于十一月二十日编成保甲指导训练班，共分三班，有新民会员、警察、警备队各一名组成，分赴各区，分期实地巡迴指导与训练，颇收效果。2．在治运期中，该县为强化乡区警察行政起见，乃于十一月十五日由各区选送优秀自卫团员共六十名，在县临时训练二周间，现已分发二、三、四、五、六、七、八各区分驻所服务。对于治安工作，尚称紧张。

（2）获嘉县　1．查该县自此次治运展开，当即公布经济封锁详细办法，并强化各区村之自卫团，使其互相连系，成立各区联村自卫团。2．该县为图全县治安早日恢复，极力扩充县警备队，并与修武、辉县、新乡等县举行联防会哨，共同讨伐，颇收实效。3．该县知事率同警察所人员，不时分赴各地督饬治运工作，并视察工作之成效，甚能促进治运官民等精神之振作。

（3）修武县　1．该县为强化情报网起见，于警察所特务系专

设情报员四名，分配四乡，深入匪区侦查伪匪之动向，并于每日午后八时报告一次，如有匪情时，即与现地驻军率同县警察及警备队人员，合力剿捕。2．该县为肃清不良份子起见，特组成户口清查班，分赴各区镇协同各保甲长实行调查，并不时派专员到各乡镇，召集保甲民宣讲治运与安居乐业之重要性。

（4）焦作警察署　1．查该署对于此次治运，赓续第一、二两次治运未完之活动，全体总动员，与新民会取得同一之步骤，侧重经济封锁，并强化保甲自卫团，办理尚称良好。

（5）清化县　1．查该县于十一月中旬，以督察专员之命令，成立经济封锁督察处，内设督察主任（县长兼），督察员四名，由县警察所特务系长及保安系长、新民会员兼任，侧重经济封锁，一切日用物资，一丝一毫不得流入敌区。该县甄知事办事认真，是以收效颇宏。

（6）沁阳县　1．查该县自治运展开后，于十一月八日起至十二月十五日止，由警察所督饬各区保甲长，实施调查乡村户口，办理尚属认真。2．该县自二十九年十二月间，以至三十年中原会战以来，对于保甲始终未能编组完竣，此次治运中，经该县知事严厉督促，现已编成一一四保。3．该县将保甲编成后，即于十一月八日至十一月二十九日止，派警察所各系长轮流分赴城关及各区，召集保甲长及保甲自卫团，加强训练。4．该县将各区保甲自卫团，由警察分所纠合附近自卫团，举行县内各区联防会哨，颇收肃清之实效。

（7）温县　1．查该县于十一月一日，对于第三次治运展开之日起，由县公署召集当地各机关各团体全体总动员。并组织宣抚调查班、农村指导班及讨伐队，于官民协力之下，分赴各区镇彻底加强工作，并严行训练保甲自卫团，清查户口，对于治安工作，颇为努力。

（8）盂县　1．该县此次治运，首先强化内部，募集长警，加强训练，并令各保组织乡村自卫团，增加民众之武力。至于全县之居住证，已普遍放发。同时对于孟沁、孟温、孟济三条警备道路，及各道之要冲处，建筑瞭望楼，亦皆先后完成。并组织情报网，密令各保甲长协助警察人员，搜集伪方情报，如发现匪情，即命县警备队联合驻在友军一致讨伐，治安渐次稳定。

（9）济源县　1．查该县自治运开始以来，即与驻在友军及新民会协同一致组织讨伐队，并联合保甲自卫团，各区巡回讨伐。成立户口清查班，由警察协同保甲长一齐实施户口调查。同时完成警备道路，以及电话之架设，颇著成绩。

（10）延津县　1．查该县对于此次治运之重点，除侧重经济封锁外，依然赓续第一、二两次治运未尽之事宜，加以彻底活动，治安益形确定。

（11）封邱县　1．查该县自第三次治运开始之日起，首先召集各区保长，举行治运座谈会，同时发给多数治运标语，令各保长张贴于重镇要冲之处，使乡村民众彻底明瞭治运之真义。并派警察、官吏三十名，分赴各区实施户口调查，肃清不良份子。

二、经济封锁实施状况

（1）新乡县　该县于城外廓建筑一丈宽一丈深之封锁沟，现已完成。于出入口处设置有经济检问所八处，由县警备队及警察所每日派员轮流检查，对于商民购货或输出，非经许可不得私自流通交易。每星期六日午前十时召集各区保甲长齐集县公署，由警察所督察长及特务系长讲演经济封锁之真义，并于该县第六区小冀镇筹设经济警察班，各区均设有经济封锁班，其班长由警官充任，实行巡回巡视。人民日常用品，与当地宪兵队及特务机关、新民会商治统制办法，于十二月一日起，实行物资配给，办理认真，收效颇宏。

（2）获嘉县　查该县对于经济封锁，与驻在友军及各机关之首领连络，组成经济封锁委员会，专任经济封锁计划，及物资统制配给之工作，并由该县新民会与商民联合会主办，物资输入输出之工作尚称周密。

（3）修武县　查该县自励行经济封锁以来，即由警察所经济班采取物资集中县城，实施配给之方策，并于辖境之待王镇、五里源镇警察一、二分所，及其他各要冲之地，设置经济游动监察班，对于物资购入输出非经许可，不得流通，防范严厉，颇收成效。

（4）焦作警察署　查该署对于经济封锁，首先于矿区各爱护村张贴漫画，同时组成经济封锁巡回讲演队，分赴各保甲公所，召集一般住民说明经济封锁之真义，并与当地各机关紧密连络之下，实施禁止输出，对于敌方物资，设法吸收。至于物资统制及配给，非有居住证或特别许可者，不得购买日需品，其大量输出根本禁止，工作状况尚属努力。

（5）清化县　查该县对于经济封锁实施如左办法：

该县接近敌区有十八部落，划为经济封锁线，禁止物资流出，对该部落住民日需品之搬出，非经友军、警备队许可者无效。并设置经济警察班，附属于宪兵队内，专司经济取缔事宜。凡该县商民对于物资购入输出，必须由新民会之核准，然后再申请警察班发给物品购入或持出证，才得交易。同时由新民会主办，设立各区镇合作社，对于住民之日需用品实行配给，更由中日各机关长官指定于边境之柏山、大辛庄、江陵堡、新店村都河口、西良仕河口、刘村寨河口、武阁寨以及清武公路交界处，设监视所八处，除柏山由暂编二十一师，大辛庄由回教兴亚青年团负责外，其余各处均由自卫团负责检查往来运输之物资。

（6）沁阳县　查该县对于经济封锁，实行物资出境许可制，凡物资输出，须先经县公署审查，然后发给许可证，方准运输。并于警察分所所在地，各设有经济检问所，以便检查通过之物品。至于城郊附近，则组织巡查班，昼夜巡迴，严密侦查，防止奸商偷漏。

(7) 温县　查该县成立有经济警察班,对于该管境内之土产,及外来物品之价格,实行统制。至于物资之输出,非经县警察所许可,不得输出,对于运输货栈时,派干警检查,若无许可,或与许可量不符者,即行严禁输出,各要道路口及河口均派有负责人员监视调查。

(8) 孟县　查该县对于经济封锁,责成各区保长,调查境内出产物资,严禁输出,并于城关要隘各处派员密查,对于物资无许可之输出者,即与宪兵队连络,严厉取缔。

(9) 济源县　查该县对于经济封锁,以长警五名组织经济班,附属于宪兵队,并于城内外通行之各要隘,派员彻底实行巡迴检查物资之输出。

(10) 延津县　查该县经济封锁,凡在辖境内各商民购入或输出时,必先将数量、价目以及用途呈报县警察所特务系,审核确无资敌情形,然后发给许可证。如购入之物品,仍送警察所查验,是否与申请时相符。并组织经济检查班,每日派警分赴各要隘,实行严密检查。

(11) 封邱县　查该县自经济封锁展开后,即行组成经济警察班,凡物资之输出,非经县警察所之许可,绝对禁止,并每日派警察人员,赴各要隘地点实施物资搬运之检查。同时对于日常用品,已先行调查实施统制与配给。

三、经济封锁民心之动向

(1) 新乡县　查该县位于京汉及道清两铁路之交点,交通便利,民智开化,对于经济封锁,深明大义,故能协力推行,颇称顺利。

(2) 获嘉县　查该县在经济封锁之先,即将封锁之意义周遍宣传,深入民间,故一般人民均能明瞭经济封锁之真像,官民一致,颇收实效。

（3）修武县　查该县一般住民，对于经济封锁之真义，尚能充分认识，故民心一致协力，县公署推行顺利。

（4）焦作警察署　查该署在经济封锁时，即召集矿区管内保甲长，说明封锁之意义，传于民间，故一般百姓颇明大义，均能协助封锁工作。

（5）清化县　查该县对于实行经济封锁工作努力，匪区居民对于日常用品颇感缺乏，生活困难，相率来归者日见增加，官民合作收效甚宏。

（6）沁阳县　查该县一般住民深知现处大东亚战争之际，对于伪方物资封锁，实有莫大之必要性，尚能协力官署一致迈进。

（7）温县　查该县自经济封锁以来，对于物资之输出，依规定手续予人民之便利，虽有一部份物资少感缺乏，而民心尚能安谧。

（8）孟县　查该县自经济封锁后，敌区之住民日有来归，故我方之住民对于新政权之倾向，日渐浓厚。

（9）济源县　查该县自经济封锁实施以来，因物资丝毫不得流入伪方，而我方之日常用品，日见充裕，故一般住民均能协力。

（10）延津县　查该县一般居民对于经济封锁之意义深为明瞭，协助官署一致实行，颇著成绩。

（11）封邱县　查该县实施经济封锁以前，为使民众明瞭其意义，召开商民座谈会，剀切演讲，一般民众皆能明瞭真义，与官署一德一心，协力工作。

四、治安状况

（1）新乡县　查该县居于京汉、道清两铁路之会合点，交通便利，商业发达，向来为治安平靖之区，自治安强化运动实施后，在官民协力进行之下，全县治安日见确立，惟边区一带虽一小部份之"匪共"时有窜扰，尚无大害。

（2）获嘉县　查该县已全部恢复，治安良好，仅于二、三两区之边界处尚有小股匪人及伪县政府潜伏，时有滋扰，自治运开展之后，连经讨伐，已逐渐歼灭，治安日趋巩固。

（3）修武县　查该县地近太行山脉，一般治安尚称良好，惟有二、三区之边境，有小股土匪，时常窜扰，自治运展开以来，与现地友军连络实施讨伐，渐次安靖。

（4）焦作警察署　查该署所管境内，四周均经友军设置电网，地方颇为安谧。

（5）清化县　查该县自治运展开后，即与驻在友军连络，大举讨伐，全县治安日见巩固，仅该县北部山岳地带有少数土匪，盘踞思逞，惟临近大新庄回教兴亚青年团实力充足，防守得法，尚不致有窜扰之虞。

（6）沁阳县　查该县在治安强化运动期间，加强训练警察及县警备队，以驻在各要冲之处，治安日见确立，而在山麓之附近，虽盘踞有少数之"匪共"，对于治安上亦无重大之影响。

（7）温县　查该县自县政恢复后，虽经一部分绥靖军之叛变，当时地方秩序少感不安，自治运展开以来，经该县知事极力推进，随时协力驻在友军实施讨伐，地方治安日见确定。惟尚有一小部份未能恢复，该县正在计划肃清中。

（8）孟县　查该县自治运展开以来，各项行政逐渐推进，地方尚无不安气象。

（9）济源县　查该县恢复之日期虽浅，而一、三、四各区之全部，二、五、六各区半部亦已恢复秩序，行政得以顺利推进。仅有第七区山岳地带，时有"匪共"骚扰，经该县随时讨伐，尚无大碍。

（10）延津县　查该县恢复较早，治安确立，复经此次实施治强运动以来，对于行政之推行，日益迈进，地方愈称安靖。

（11）封邱县　查该县辖境完整，复经此次治运活动以后，治安日益巩固。

〔伪华北政务委员会档案〕

伪山东省长唐仰杜编送山东省治安强化运动本部报告书

（1942年1月17日）

本省自十一月一日开始推进第三次治安强化运动，同时遵照华北政务委员会秘字第六八五七号训令颁发实施要领，拟定山东省各级治运本部组织暂行办法，并将前山东省治安强化运动促进委员会改组省治安强化运动本部，各道、县、市亦先后于十一月上旬成立治运本部，所幸军、官、民均能明了治运意义，努力工作，不但在训导民众思想上收得良好效果，即对于剿共灭敌已树立伟大功绩。兹将本次治运实施重点及实绩，分别报告，敬备参考。

（一）对敌匪区经济封锁情形及实绩

经济封锁之方针，为发挥中日军、官、民建设东亚新秩序一致之综合力，防止利敌物资向匪地区流入，以谋敌方抗战力量无形挫折，而达到急速恢复治安为目的。现在山东省实行经济封锁，划定鲁南为匪地区，计有莒县、沂水、日照、诸城、安邱、昌乐、益都、莱芜、新泰、蒙阴、临沂、费县、博山、临朐等十四县。此十四县之中，仅莒县、沂水、日照三县为完全被封锁之匪地区，其余十一县均系一部份，因有敌匪驻在该地，而被划为封锁区。

此外，尚有日本军兵团指定之匪地区，乃武定道所管辖之无棣、利津、沾化等三县。此三县亦仅只一部份，因有敌匪驻在该地，而被划为封锁区。除以上十七县之外，其余在封锁线范围以外之地域，仍为自由交易地区。当实施经济封锁之前，依据第三次治安强化实施要领，制订防止物资流入匪区要领及事务处理办法，随同白话布告颁布实行，全省辖境无不慎重遵照办理。同时令饬各被划定为封锁区之县公署，对敌匪驻在地，构筑经济封锁遮断壕及碉堡、墙壁，并在封锁线周边重要地点，设置经济检问检索所，及编制经济检问检索游动队，巡回流弋于封锁线周围最前线，以防物资偷漏入匪区。最近月余，关于经济违反者之检举没收利敌物资甚多，各属正继续呈报审核中。据各县情报，自经济封锁实施以来，各地敌匪已陷于物资缺乏之苦境。现在之封锁圈，已随同日本军与县警备队之讨伐工作逐渐缩小，效果卓著，敌匪消灭之期谅不远矣。

(二)各属联合讨伐之战果

自本次治运展开以来，第一重点在对匪地区实施经济封锁，第二重点即在强化警团力量，实行联合讨伐。综计自十一月三日起至十二月二十五日止，所属各道、县出师联合讨伐，共为二六九次，与匪接战一二六次，毙匪一，一五八名，伤匪一，一八〇名，俘掳四三一名，收抚六三九名。卤获各色枪一，五六二枝，轻机枪五挺，土炮一，〇〇四枝，各色子弹五，一五二粒，又二箱，手榴弹七四九枚，军用铁铣五〇〇把，刺刀三三柄，银元五箱约一，〇〇〇斤，伪钞票三七元四角，毛边纸币三〇，〇〇〇元，马一一二匹，牛、骡、驴一六〇头，自行车五辆，杂粮六〇万余斤，又六小车，各种物资二〇车，棉花六〇〇斤，军衣被服一七九件，鞋袜五〇〇双，兵器制造修理器一车，铁器一，五〇〇斤，裁缝机三架，铅印、石印机共一一架，石炭一五〇〇斤。其他旗帜、手榴弹柄及一般零星杂件不计其数。此乃仅就本部自十一月三日起至十二月二十五日止所收战果报告统计之数，其实各县所得之战果，或有遗漏呈报，将来全盘详细统计，必更有可惊之数。此种赫赫战果，实足以表示治运伟大成绩。

(三)扩大宣传剿灭敌意义，励行经济封锁政策之实绩

本省自展开治运以来，关于宣传工作，以省公署秘书处宣传室为主干，各级人员一致迈进不遗余力，尤以此次治运异常紧

张，每日印制传单、标语分发各道、县、市张贴宣传。凡本部收得各种情报及战果，一面转报华北政务委员会政务厅情报局，一面即由宣传室印成壁报露布，或利用报纸及广播电台，分别宣传讲演，务使人民对于剿共灭敌意义及对敌匪地区实施经济封锁政策均能彻底明瞭，克服一般不良思想，俾便治运工作得收指臂屈伸自如之效，而人民自觉自卫力量亦因之加强。此种无形效果，尤属伟大。

（四）构筑防御工事情形及实绩

本省治安强化运动以一、二两次为胚基，自第三次治运展开以来，人民对于剿共灭敌之意义即已彻底明了，一切工作积极推进，紧张万状。关于各县重要地域，构筑碉堡城壁，及经济封锁线构筑遮断壕，铁道沿线构筑安民壕，均经主管官厅次第督催兴工建筑，一般人民深感往昔敌匪蹂躏痛苦，对于此种防御工事踊跃兴工。除一部分封锁线遮断壕须明年三月方能完成外，其余工事现已大多建筑完竣。此后交通得庆安全，治运得收奇效，治安得以恢复，人民得享太平。此种防御工事，诚可称为本次治运第一成绩。

（五）完成保甲制度之实绩

本省各地保甲制度自治安确定而后，大多经主管官厅督促，编制完成。本次治运期间，实施联合讨伐，各地自卫团亦均协同战备，并防卫本村作战，所著效果极为宏大。现为强化保甲制度，增进各村镇自卫效率起见，复经主管官厅督饬各县组成自卫团指导班，巡迴分担各该管乡镇自卫团训练指导之责，并随时举行假定村自卫团防御本村战备演习。如此积极训练，补助军警之力日见增强，徇为本次治运一大成果。

（六）完成各县警备道路及电话网之实绩

查推进治运恢复治安，各部机能本无轩轾，而警备道路及电话之建设与保护尤为重要。本省在治运开始以前，关于各道、县、市警备道路及电话业经主管官厅督促积极兴修，不遗余力，其间虽有被敌匪破坏者亦随时恢复，一遇匪警或联合讨伐，交通电信尚称便利。现在本省警备电话网之设计，欲谋各县互相取得连络，仍在增加架设中，将来警备机能必更强化。

（七）省本部工作概要及实绩

自本年十一月一日成立治运本部以来，各关系官厅同时总动员，对于第三次治安强化运动努力推进不遗余力。为明了各地实施情形及督导起见，除召集各道督察专员会议，指示治运要领，分别进行工作外，本部长及委员、干事、督察专员等分期分班赴各道、县、市实地视察，计第一期视察封锁线之县区，第二期视察模范县及铁道沿线县区，第三、四期视察各指定都市及其他县区，切实指导。并召集民众讲演治运要义，务期彻底明瞭以利进行，所收实效殊为伟大。关于一切视察情形，均另编有详细报告书，以备参考。其他本部一切工作状况以及各属呈报治运实绩，均随时列表统计，可供考核，勿庸赘叙。

附参考表件〔选录三件〕

防止物资流入匪区要领　民国三十年十一月二十一日实施
　　　　　　　　　　　　山东省物资对策委员会

第一　方针

一、本要领为切实防止物资流入匪区起见，特先将应行实施之重要事项指示之，其余事项则斟酌今后实行状况，另行规定。

第二　向匪区搬入之统制

二、向匪区（鲁南匪区及各兵团设定之匪区）内搬入左列物品时，除持有日本军大队长以上之许可证者外，一律禁止。

1．兵器、弹药品、硫黄、电池。

2．铁、铜、锡、铅、钨。

3．印刷、制丝织布等机器、印刷用油墨。

4．医疗药品。

5．棉花、棉布、棉纱。

6．皮革、羊毛、麻。

7．盐、火柴。

8．蜡烛、纸。

9．煤油、煤炭。

10．洋灰。

11．烟草。

12．白糖、大米、麦、杂粮。

注：

(一)关于兵器弹药类

甲、输送则仅限于中国方面军队及行政机关，持有日本特务机关所发之输送证明书者，许可之。

乙、个人持有时，日本人应具有领事馆之证明书，中国人应具有日本军队（部队长或宪兵队长）及日本特务机关，或依据中国法令发给之证明书者，许其携带。

(二)关于棉花、皮革、羊毛、麻

依据"轻工业原料检查并输送规定"而输送时，均限于持有野战货物厂长发行之输送许可证者，许其输送。

遇有上列(一)(二)情形时，须具有二种许可证或证明书方可。

三、凡拟向匪区内搬入前项指定物资者，应向其居住地之最近管辖日本军部队本部，提出左列各项呈请许可。

1．呈请者姓名及住所。

2．品名、数量。

3．搬入事由。

4．搬入经过道路及运输方法。

5．搬入目的地。

6．搬入预定日数。

本项呈请为便宜上起见，得向最近日本军警备队提出之，日本军警备队接到此项呈请时，以电话或其他迅速方法请示管辖大（联）队本部，受有许可之指令后发给许可证。

四、管辖部队长如认为匪区内之征税地域确无利敌性者，对其实需数量之最小限度得许可之。并在搬入许可证上须考虑搬入经过道路及输送方法，标明有效期间（搬入许可证式样如另纸一）。

五、封锁地带最前线，应设置互相有连系之检问检索所，以便检查。

第三　由指定都市搬出物资之限制

六、指定都市规定如左：

德县、禹城、济南、烟台、龙口、威海卫、高密、坊子、潍县、益都、张店、博山、周村、泰安、滋阳、济宁、滕县、枣庄、临清、临沂、惠民。

七、由前项指定都市搬出左列物品时，须领取许可证。

1．兵器、弹药类。

2．硫黄、印刷器。

3．五金类（铁、铜、锡、铅）。

4．五金制品（五斤以下者，不在此限。又平常使用之农具及农具之像具等之修理品，其他因迁徙而搬出时，以常识判断，认为无利敌性者，勿庸呈请许可）。

5．医疗药品（认为家庭日常使用量者，勿庸呈请许可）。

八、前项之指定物品，拟由指定都市搬出时，在济南、烟台市者，应填列左记各款，向各该地日本特务机关请求发给搬出许可证；于各县城及各特区者，应向县公署及特区专员公署（日本人及第三国人应向日本宪兵队，如无日本宪兵队时，应向日本军警备队）请求发给之。于其他都市者，应向日本宪兵队请求发给之。

1．请求者姓名（商号或负责者姓名）住址（或营业所在地）。

2．种类、数量。

3．搬出事由。

4．搬出经过道路及输送方法。

5．搬出目的地。

6．到达预定日数。

九、日本特务机关、县公署、特区专员公署、日本宪兵队、或日本军警备队接到前项请求，如认为有许可之理由时，得发给搬出许可证，并记明有效期间（搬出许可证样式如另纸二）。

十、持有第四项之搬入许可证者，拟由指定都市搬出第七项之指定物品时，须呈验该搬入许可证后，按第八项之办法，向日本特务机关、县公署、特区专员公署、日本宪兵队、或日本军警备队，呈请发给搬出许可证。

十一、日本特务机关、县公署、特区专员公署、日本宪兵队或日本警备队，接有前项之呈请时，如无特别情事，应按第九项之规定，发给搬出许可证。

第四　赏罚

十二、因处分没收物资（没收之盐，依据私盐取缔规则变卖没收之，火柴，以规定价格八成，使经销店合作社收买之），或运用没收物资所得之款项，得充当办理经济封锁所需之各种经费，并以其代价之五成以内，作为违禁品查获者之赏金。对于密告者，得准此办理。但关于轻工业原料，以另定办法处理之。

十三、没收物资之处分及褒赏分配，应迅速办理之。

十四、封锁工作认为战斗行为，日本军大队长以上，及县知事以上之行政长官，对于在被封锁地带内之中国人违犯者，有执行左列处罚之权限：

1．无许可向匪区搬入物资，或拟搬入之现行犯，枪决之。

2．对于前款现行犯之保（或甲），处以一千元以下之罚金。

3．对于第一款现行犯之家族，没收其财产后驱其出境。

4．如知有第一款之现行犯，而不向军、官、宪通报者，处以三千元以下之罚金。

5．对于其他之现行犯以外之违犯者，及利用封锁而获不当利益者，按前列各款处罚之。

十五、日本人、第三国人，或前项以外地域之中国人违犯者，应即拘送就近之日本宪兵队，由日本宪兵队裁处之。

样式〔略〕

防止物资流入匪区要领事务处理办法

兹为对于防止物资流入匪区要项缜密慎重以便工作起见，特将疑难之点及施行手续详加铨释如左：

方针（解释要领第一之一项）

甲、经济封锁，为发挥中日军、官、民建设新秩序一致之综合力，防止利敌物资向匪地区流入，以谋敌之战意无形挫折，而达到急速恢复治安之目的。

乙、已恢复治安之地区，对于匪区所存之必要物资，应努力渐次吸收之。

丙、已经恢复治安之自由交易地区，对一切经济状态应使之健全，勿生障碍，并须注意一般良民生活上之安定，勿使感受痛苦。

经济取缔之对象地域（解释要领第二之二项）

丁、所谓匪地区者，乃鲁南之匪地区及日本军兵团所指定之匪地域而言，且此种匪地区必须随同剿匪之进行，而渐次缩小之。

(1) 鲁南匪地区，为莒县、沂水、日照、诸城、安邱、昌乐、益都、莱芜、新泰、蒙阴、临沂、费县、博山、临朐等十四县，但以上十四县仅莒县、沂水、日照三县为完全封锁之地区，其余十一县均系一部分之封锁区。

（2）日本军兵团指定之匪地区，仅为武定道属之无棣、利津、沾化三县，且此三县亦系一部分之封锁区。

（3）凡认为匪地区而加以封锁之地区，系指挖掘遮断壕以内之地方而言，其区域由现地日本军商同县知事划定之。

（4）凡在封锁线以外之区域，仍为自由交易地区。

（5）凡向前列鲁南匪地区及日本军兵团指定之匪地区搬入要领第二之二项所列之物资时，须先领得搬入许可证。

（6）封锁区附发地图参考。

戊、防止物资流入匪区要领第二之二项所列物品，以禁止搬入封锁匪区为原则，但匪地区内居住之良民（持有官公署所发给之良民证或居住证明书者），经匪地区外自由交易地域（封锁线外）搬入要领第二之二项所列之物品，或拟由匪地区通过时，须向最近日本军警备队请求，只限有日本军大队长以上之搬入许可证者许可之。匪地区外之居住者，绝对禁止向匪地区内搬入前项所列物品兵器弹药类，及棉花、皮革、毛羊、麻，仍按照要领第二之二项之注一、二取缔之。

封锁线及经济检问检索（解释要领第二之五项）

己、封锁线乃匪区周围之地点，各地方机关与日本军缜密连络确定构筑封锁遮断壕或城壁及堡垒。

（1）在封锁线重要处，设立经济检问检索所，严重取缔向匪地区流入要领第二之二项1—12所列之物品。

（2）关于经济检问检索分二种，一为固定经济检问检索所，应设于封锁线之重要处，一为经济检问检索游动队，须选拔品行端正优秀者，以便衣编成之（即以前经济游击队）。在封锁线外围周边，检问检索，并须深入敌匪地区内，破坏敌之经济运营，以期经济封锁之完成。

对于指定都市经济之取缔（解释要领第三之六及七项）

庚、指定都市，为要领第三之六项所列之二十一都市，此二十一都市，并非被封锁地区，乃物资配给基地。此种配给基地，须取缔物资经过自由交易地带向匪地区流入，但向指定都市搬入物资时，以自由为原则。

（1）要领第二之二项之4，及第三之七项之5，所谓医疗药品，系指东西洋药品及中国成药而言，其他一切本草（树皮草根）之中国普通药材不在此限。

（2）指定都市住民，除搬出要领第三之七项1至5所列之物品者（第5中国本草上普通药材不在此限，以下同），须领取许可证外（无许可证者取缔之），搬出其他物品，则勿庸呈请许可。

（3）凡指定都市之住民，拟搬出要领第三之七项1至5所列物品者，应分别依照左列办法：

（子）济南市、烟台市之住民应向该管区公所（联保主任）提出需要证明书，经其证明后迳持向日本军特务机关，请求发给许可证。

（丑）威海卫、龙口特区之住民，应向该管联保主任提出需要证明书，再转向专员公署请求发给许可证。

（寅）德县、禹城、高密、潍县、益都、博山、周村、泰安、滋阳、济宁、滕县、临清、临沂、惠民等县之住民，应向乡镇公所提出需要证明书，再持向该管县公署请求发给许可证。

（卯）坊子、张店、枣庄等三处之住民，应向该管乡镇公所提出需要证明书，再持向驻在该处日本宪兵队请求发给许可证。

（辰）指定都市以外之住民，拟由指定都市要领第三之七项所列1至5之物品时，须向该管乡镇公所提出需要证明书，并须经所在地之县公署盖印证明后，转向欲至之指定都市核发许可证机关，请求发给搬出许可证。

（己）指定都市之住民，拟由其他指定都市搬出要领第三之七项1至5之所列物品时，须依照前列（子）（丑）（寅）（卯）各款程序领得需要证明书，并请求各该审核机关之盖印证明后，转向欲至之都市核发许可证机关，请求发给搬出许可证。

(午)需要证明书格式（如另纸第三样式),颁发各机关作为样本，用纸由提出人自备。

赏罚（解释要领第四之十二项及十四项）

辛、本要领对敌匪地区断行经济封锁，完成剿共工作，以期迅速恢复治安为目的。但规定严重之处罚，对于人民之权利，实有重大之影响，故办理时须慎重处理之，不得有虚伪密告及诬陷良民，并利用封锁冀获不当之利益。

（1）没收物资有处分权限之官厅为济南、烟台市警察署(所)长，县知事、特区专员。

（2）要领第四之十二项括弧内所载没收之盐，应依照山东盐务管理局颁行之私盐取缔规则处理之。

（3）没收变卖违禁品所得之款，以五成充经济封锁所需之各项经费，以五成充破获者及告密者之赏金。

（4）凡破获违禁品，其一案价值在二千元以上者，须呈准省长许可后处理之（如另纸第一式),其价值在二千元以下者，应随时将处分情形，呈报省署查核（如另纸第二式）。

但关于处分一件之赏与，不拘发见及告密者人数之多寡，不得超过五成。

（5）关于没收变卖款项之收支，应作为特别会计，不得与县款混淆，每月将没收之五成经费及赏金多寡残余若干，一切支配情形，须呈报省长察核。

壬、关于封锁地带以内之中国人有违反行为者，其处分官厅，限县知事以上之行政长官。

（1）要领第四之十四项之2，关于保（或甲）之处罚，凡发生现行犯之保及甲处以一千元以下之罚金，处罚比例，除本甲分担三成外，由本保其余各甲分担七成。

（2）要领第四之十四项之3，关于同项之1，所指之现行犯之家族，以根据户口调查规则所调查之户口，在一户内同住之户主以下，父母兄弟妻子为限，并须于呈准省长后执行之，罚款由处罚机关单独保管之，听候省令处理。

（3）要领第四之十四项之4，"关于知有第一款之现行犯，而不向军官宪通报者"，须经严密调查，证明确系知情，而密不报告者处罚之。但发觉有挟嫌诬告之行为时反坐之。

（4）要领第四之十四项之5，后段所载"利用封锁而获不当利益者"，包括执行经济封锁之公务员。凡从事于经济封锁之公务员，如滥用职权，违反要领各项之规定，或利用封锁，而获取不当利益者，按要领第四赏罚第四之十四项之5严格处罚之。

（5）县知事对于要领第四之十四项1至5之执行，须呈经省长核准，但同项之1如因情形紧迫，不及呈请时，应于执行后，立即呈报省署备查。

附一、发见日本人及第三国人时，应速送日本宪兵队。

二、在被封锁地带以外之地域之中国人违反者，应速送日本宪兵队。

另纸〔均略〕

伪华北政务厅情报局遵日方旨意召开第四次治运宣传会议暨军部高田讲话文件

（1942年2—3月）

（1）林文龙签呈（2月23日）

为签呈事：窃查本会前经举办治安强化运动，华北各地热烈奉行，成绩斐然。兹经关系方面决定，拟自三月三十日开始，连

鲁南匪区及武定道属三县经济封锁设施状况
山东省治安强化运动本部民国三十年十二月制

县别	遮断线里数	碉堡数目	检问检索所数目	备考
莒县	二三〇华里	一五座	一五处	
沂水	一二〇	五〇	一五	
诸城	三〇	二	一	
昌乐	二〇一	一二	一二	
莱芜	二二〇	三〇	一五	
新泰	一四〇	八	八	
蒙阴	一〇〇	一九	九	
临沂	一五〇	二一	二一	
费县	一四〇	一七	七	
博山	一五〇	五七		
临朐	一六〇	一七	七	
安邱	里数不详	三	一〇	
益都	里数不详	五	九	
日照	六三			已修成一八华里,未修成四五华里
无棣	二一六	七	八	
沾化	三八	五	三	
利津	五四	一〇	四	
合计	二,一一二	二七八	一五四	

说明	本表系依据各督察专员视察报告制成,但各县实施时或有增减

续举办第四次强化治安运动，为期二个半月。现为谋集思广益起见，拟订于三月十日、十一日两日在京召开宣传会议，邀请各省市宣传处长、副处长及新民会中央总会宣传局长等出席会议，共商大计，并由职主持此次会议，以专责成。是否有当？敬请鉴核示遵。谨呈厅长转呈

委员长

情报局局长　林文龙

二月二十三日

（2）高田讲话① （3月20日）

军部高田大尉致词略谓：

诸位皆久从事宣传工作之人，对于治安强化运动如何宣传，早有相当之经验与完善之方法，故关于宣传本身方面已毋庸鄙人置喙，今只就日军对于治安强化运动之感想与如何协力两点，来谈一谈。

治安强化运动已经举行三次，敌人所受打击非常之大，故当此次运动开始之前，吾人须严守秘密，否则为敌人所知，彼即有备，且必竭力设法破坏阻挠。须知吾人不以此运动向其攻击，彼必反攻于我，故双方胜负关键均在此运动之如何推进。王委员长在去年曾说，治安强化运动乃华北民众自卫自存之运动，欲求华北治安确保，民生安定，非实行此运动不可。故此运动对于华北之自立甦生，正如子孙之能绵延宗祧，同等重要。能实行此运动，定能安居乐业，否则民不得生。关于此点，诸位务要尽力宣示于民众，使其彻底了解。

再说关于推进工作方面，凡需要日军分担者，日军决不惜最

---

① 此系节录自伪华北政务厅情报局所编"华北政务委员会第四次治安强化运动宣传会会议录"。

大努力，尤其武力方面，日军认为必要时，还要特别援助中国工作人员，并于可能之范围内，绝对不遗余力，正如中、日对大东亚战争，各尽所能以求最后之胜利一样。诸位过去之努力，日军方面非常明瞭，故愿将各事交由诸位去办，诸位仍要本过去之精神与经验，担任此重大使命。日军绝对能竭力协助，使此运动成为华北全民运动，成为华北甦生之运动。

最后，再说过去三次治运，中国方面之宣传方法以及标语、文字、图画等，经日军详细考虑，认为非常完善，非常巧妙。即以北京市而言，其宣传方法真有日人所不能想及，与日人所未曾注意者，其他各省市之宣传当亦如此。今兹第四次治运开始，适逢各省市之宣传处甫经成立，诸位又皆干练精明，可谓天时、地利、人和三者俱备，预计成绩当更有可观。将来鄙人尚拟赴各地参观，希望彼时成绩之收获，能出吾人此际之所预期。按昨今两年，国府还都暨华北政务委员会成立纪念一、二周年相互比较，各方面之成绩均见突飞猛进，以此类推，则明年同日之成绩表现较之今年当更有莫大区别也。

诸位务要切记，日本各地驻军莫不希望诸位能推进治强运动，且均愿竭力协助，望诸位回任后，与之密切联络才好。

〔伪华北政务委员会档案〕

伪华北政委会检发第四次治运实施要纲暨补充实施要领的训令

（1942年3月）

（1）3月3日训令

华北政务委员会训令　政法字第一三五一号

令　教育总署

为训令事：查历次举办治安强化运动，地方安谧，赖以确立。兹为增强地方治安起见，特再举办第四次治安强化运动。除分令外，合行检发此次运动实施要纲一份，令仰知照，并转饬所属一体知照为要。此令。

计抄发第四次治安强化运动实施要纲一份

中华民国三十一年三月三日

华北政务委员会委员长　王揖唐

第四次治安强化运动实施要纲

第一　方针

此次治强运动系为华北方面中日军、官、民集中总力，向(一)东亚解放；(二)剿共自卫；(三)勤俭增产等三大目标努力迈进，积极展开思想战与实行运动，以资完成大东亚战争，而期治安上获得飞跃之强化。

第二　指导要领

一、从治强运动中确立华北思想战之基础，以备应付大东亚战争，并于此次治强期内务必集中全力，以各种手段向所辖地域内与敌人方面宣传，阐明大东亚战争之意义及友邦日本之实力。

二、于前三次治强运动中，其所体得之自卫心与自卫力向上之成果应加予扩充强化，并将自治、自卫之对共施策加以具体实施。是以务须促使各县各村联合协力担任剿抗共产党军，同时由中日军、官方面不断给予相当援助，藉期于此次治强运动期中得以扶植剿共自卫之不动信念。

三、为完成大东亚战争与安定民生起见，对消费部门应须力行节省，对生产部门则专谋增产，以资育养克勤克俭之美德。

四、上述三项，中日军、官、民亟应举全总力采取有机办法，努力实行，方能收其成果，如纸上谈兵，则当戒之。

五、此次治强运动立需准备完善，期于华北政务委员会成立二周年纪念日（三月三十日）开始实行，并以二个半月终毕。

（2）3月16日训令

华北政务委员会训令　政情字第1586号

令　教育总署

为训令事：查本会举办第四次治安运动，业经制定要纲，通令颁发京内外各重要机关遵照办理在案。兹以本运动在大东亚战争进展中举行，意义尤为重大，我华北军、政、会各机关及全体民众尤宜与友邦日本军、官、民紧密联系，一德一心，结成总力，彻底实施。关于本运动三大目标，亦应分别规定实施要令，以利切实奉行。爰于前发要纲之外，兹再制定补充实施要领一份，令仰遵照，并转饬所属一体遵照办理。此令

计发补充实施要领一份

中华民国三十一年三月十六日

华北政务委员会委员长　王揖唐

第四次强化治安运动补充实施要领

一、本运动为团结中、日各机关团体及民众总力，各依其任务与特性为有机的综合的实施其主要工作，应向前次所发要纲中三大目标集中实行。

二、各省市之省长、特别市长、道尹、县知事、市长宜以行政机关长官而兼新民会会长之职权，对辖境内中国方面一切机关团体等组织加以一元的指挥统制，以期本运动全体彻底为有机性综合性之实施。

三、本运动实施之地区可分为下列三种：（一）治安地区，（二）准治安地区；（三）未治安地区。应各依其特质为因时制宜之有效的对策。其实施之重要目标，在未治安地区，专以解放东亚为主，在准治安地区，须以解放东亚及剿共自卫并重，在治安地

区，则宜以解放东亚，剿共自卫，勤俭增产三者相兼而实施之。

四、本运动第一大目标为"解放东亚"，其实施要领如次：

1．应阐明大东亚战争决不仅日本对英、美作战，而为全东亚对英、美作战，实即大东亚之解放战，故华北应与日本共同负其责，荣誉亦共同享受，务使各阶级彻底周知此义，同时且宣明解放东亚乃为到达新东亚建设的过程，东亚自有其可贵之文化，决不稍逊于欧美，人人应坚持其高度自尊心，以东亚本身固有之高度理想，共向前推进。

2．使民众彻底周知日本在奋战，以求赫赫之战果，及其卓绝之武力与经济、政治等一切部门之实力，大东亚共荣圈之经济实力，及大东亚共荣圈力足以抑压英美，并对英美经济封锁等事实，俾人人皆有东亚必胜之把握及英美必败之坚固信念。

3．根据上列实施要领，须特别倾注全力，以新颖方法强化宣传，尤须特别利用并指导智识阶级，学校、文化、宗教各团体及各种结社，咸能致力于此，以期万全。

五、本运动第二大目标为"剿共自卫"，其实施要领如次：

1．剿灭共产势力，实为肃正建设，安定民生之根本，尤其在大东亚战争勃发后，华北应完遂兵站基地之特殊使命，使各阶级彻底周知此种重要性，宜以"剿共即华北的大东亚战"的意气与信念，向剿共自卫而突进，而实施思想工作尤为重要。

2．实施剿共自卫等方法，须适应各该地方之情况及其特性。

3．自卫力之强化扩充，实为强化治安之基础，故宜置重于充实各自卫机关团体，并予以彻底训练，情报连络及监视组织之整备并训练之，彻底遮断壕，其他各种防备施设之整备等等方法，俾强化实施自卫力。

4．自卫力纵能强化，如果运用不得其宜，则亦不能发挥其充分效力。故各省长、道尹、县知事等宜特别加意，各将辖境内中国方面一切机关团体为一元的指挥统制，在数村数县甚或数道联合剿共时,宜扫除其境界观念,不分畛域,并与友邦军、治安军共同作战,而实行一元的有机的综合的运用。

5．时时举行户口调查,并检查居住证,对于潜在之"共匪"及隐匿不报,甚或予以便宜,并供给禁止品等之通匪者,应依连坐制严罚之。各机关团体先自厉行肃正内部,并彻底封锁匪敌等方法,使"共匪"之潜入并其工作完全灭绝,并将良民与匪分离。

6．对于匪方之经济封锁,并须使其强化。

六、本运动第三大目标为"勤俭增产",其实施要领如左：

1．期民生之安定,应以粮食自给自足为最大对策,而华北对大东亚战争应肩负兵站基地的使命尤为必要,俾完遂依军需资源之对日彻底协力。上述要领亦宜使各阶级彻底周知,并加以积极指导,俾能表里一体,共同以坚强之毅力,实行粮食及各资源之消费节约与增加生产,各以热诚向勤俭增产迈进。

2．消费之节约宜置重于都市,尤须厉行储蓄,爱护物资,更生废品,禁用奢侈品,简易婚葬,废止虚礼,促进禁烟禁毒等工作。尤宜由各机关团体首先实践示范。

3．为增进生产能率起见,须依强化助成及指导各种春耕,充实合作社,表彰农产物矿工产物产之比赛,或为多收获多产之比赛,积极促进奖励生产。又在各机关团体宜赏罚严正,积极力图增加能率。

4．为促进物资之搬出及配给合理化,尤须注重合作社与保甲交易场、农仓等等相互关系,为有机的紧密化,充实诸制度、机构,取缔暴利,严罚囤积,及其他适切工作。

七、前述四、五、六项均有相互关联性,而思想战与实践运动尤有不可分离关系,故在实施之际务须注意,不可偏重于一方而致减少运动效果。

八、不论对于军、官、会、民,均视本运动全部之成果如何,而明定其赏罚。

〔华北政务委员会教育总署档案〕

伪华北政委会公布华北治强运动总本部组织大纲令稿

（1942年5月11日）

华北政务委员会令　会字第五一六号

　　兹制定华北治强运动总本部组织大纲，公布之。此令。

　　　　　　　　　　　　　　　　　　　　　委员长

中华民国三十一年五月十一日

华北治强运动总本部组织大纲

　　第一条　为综持治强工作及运动，并使其运行协调圆滑计，于华北政务委员会下设华北治强运动总本部（简称总本部）。

　　第二条　华北政务委员会直辖各官署及各省、各特别市全面治强事务，均由总本部统辖并决定之。但关于治强工作之实施，各总署、各级地方官署仍依其固有职权分别处理。

　　第三条　各省、各特别市按各该省、市实情，准照总本部组织各设治强运动本部，除遵照总本部纲领推行外，并得依各该地方实际情形，拟订施行细则，呈由总本部核准实施。

　　第四条　各省、各特别市相互或共同间需要援助时，得呈请总本部酌量情形，商请友军或核转治安军及邻近省市予以协力。

　　第五条　省以下道、县、市各地方，由省酌量事实情形，设置治强运动分支部，分别隶属于各该上级治运官署。

　　但各省特别区治强工作，另由其专设之清乡总本部办理之，并于所属各县设置清乡分部。

　　第六条　总本部置总部长一人，由华北政务委员会委员长兼任，综持一切部务。部务主任一人，由委员长遴任，处理日常事务。

第七条　总本部设左列各室处：

一、秘书室，掌理机要、连络、交际及其他特交事项。

二、第一处，掌理文书、人事、会庶、会议及不属其他各室处事项。

三、第二处，掌理企划、调查、编辑、宣传各事项。

四、第三处，掌理指导、整备、视察各事项。

各处视事务繁简，得分科办事。

第八条　秘书室置秘书三人，以一人为首席秘书。各处各置处长一人，处员、助理员、雇员各若干人，分办所管事务。除雇员外，均以兼任为原则。

必要时，得置专任人员办理机要及视察事务。

第九条　总本部为与各关系方面紧密联系计，置连络员若干人，由总部长遴任，办理连络事项。

第十条　总本部于适当期间举行部务会议，由总部长召集之。

第十一条　总本部经费制定预算，由华北政务委员会经费内匀支，必要时临时请领。

第十二条　本大纲自公布日施行，如有未尽事宜，得随时修正之。

〔伪华北政务委员会档案〕

伪河北省长吴赞周视察保定冀南等道区第四次治运情形有关文件

（1942年5—6月）

(1) 吴赞周报告　（5月26日）

为报告事：赞周为明了保定道清苑县及省会警察署第四次治

强运动工作推进情形，当于五月二十六日由省出发视察，是日上午十时偕同省公署顾问部松泽辅佐官及随员等首先到达保定道公署。据道尹冉杭报告：此次治安强化运动鉴于过去之经验，以保定道管辖区域内中日军、官、民之总力，向东亚解放，剿共自卫，勤俭增产三大目标迈进，以期彻底集中发挥，俾无遗憾。故联合新民会保定道总会为一体，设置治安强化运动保定道分部，专任道区内本运动之统辖指导，并令各县与新民会、合作社及其他关系机关组织强力的治强运动支部，注重实际工作之推进。在本运动期间，决意将平地方面治安设法完全恢复计，平地方面准治安地区、不明朗地区（比准治安地区治安较为不良地区）及京汉线东面十粁以西之平地地区，及保定南部（如高阳、蠡县、博野、安国、定县等县）为推进本运动之工作重点，实行剿共自卫。关于勤俭增产，则由各县支部长、各机关干部人员率先实行，以为民众之模范。提倡新国民运动，实行勤劳奉仕，奖励人民储蓄，以谋经济力之充实。严禁栽种鸦片，一面力行扩充稻田、麦田面积，以期主要食粮之增产。另举办天主基督教讲习会、儒学讲习会、回教讲习会，使宗教团体了解东亚新秩序之意义，发挥全民总力，协赞圣战，以期达成东亚解放之目的。赞周听取报告后，即召集全署职员训话，并至治强分部各办公室及儒教讲习会讲室视察。十一时至清苑县公署，首先检阅县警察、警务队及武装自卫团，旋在县知事办公室听取县知事于凤桐报告。据称：自第四次治强运动展开以来，积极搜集情报资料，督饬县属警备队昼夜讨伐。现在全县村庄业已完全恢复编组大乡，按照所辖村庄，参酌地势，以一千户编成一乡镇为标准，全县共编四十三乡、七镇，严密保甲组织，实行剿共自卫，召开村长会议，阐明此次治运重点。实施凿井，本年预定应凿井数为一千三百四十眼，业经各关系机关分别担任，督促各村开凿。计华北交通公司担任五十一村，应凿井二百六十八眼；合作社联合会担任四十二村，应凿井五百三十六眼；棉产改进会担任三十六村，应凿井五百三十六眼；截至目前止，已完成六百一十八眼，现仍积极督促以期早日完竣，俾生产增加。并召开棉蚜虫驱逐会议，实行种籽消毒，提倡造林，普遍植树，加强农场组织，调查耕作面积，总数为五十五万九千七百三十一亩。现各种作物均已播种，预计本年秋收定有良好成绩。报告完毕，赞周在该署大礼堂召集该署及新民会县总会各机关职员训话，并就近视察保定市政筹备处，听取处长刘恺升报告筹备期间企划调查等项工作推进情况。十一时四十分至省会警察署，先行检阅警察队，继由署长王文波报告，该署辖境面积为一五·五平方公里，户口数（四月末调查）为二二，八八九户，男六〇，七一八名，女四四，七一四名，共一〇四，八九二名口。在第四次治运期间，为根绝乱源计，彻底清查户口，并令保甲长监视管内居民动向，复由干部人员随时举行大检查。并举办警察训练、保甲训练，修筑郊外道路，检查卫生，平衡物价，严禁商民暴利囤集，检查物资输入输出，厉行检问检索，以期确保治安，俾无遗憾。赞周听取报告后，并召集全体官警训话。至下午一时，始视察完毕。

署理河北省长　吴赞周

（2）吴赞周呈 （6月4日）

敬呈者：窃查第四次治安强化运动关系重大，自非力求实践，不足以收得预期效果。赞周前为视察各地治运状况起见，曾赴冀东、燕京等道实行指导，所有经过情形业经分别折报。兹又赴冀南、顺德、真定、渤海暨真渤特区各地视察，并慰问友军，藉表谢忱，合将一切详细情形缕陈于后，恭请鉴核。

计开：

五月二十八日上午十一时四十九分，赞周偕同省公署顾问部松泽辅佐官及随员等，带慰问品由省垣出发，乘京汉火车赴顺德，下午二时三十分途经东长寿，在站检阅新乐县警备队及保甲自卫团，新乐县知事柳子东到站报告该县治安情况。三时十五分途经正定，在站检阅正定县警察、警备队及保甲自卫团。四时三十分途经窦妪，在站检阅元氏县第五区保甲自卫团。五时途经元氏，在站检阅元氏县警备队及保甲自卫团。五时五十分途经高邑，在站检阅高邑县警备队、青年团、保甲自卫团及各校学生。六时三十分途经内邱，检阅内邱县警察、警备队。下午七时三十分到达顺德，下车后当即入城，访问吉田部队长、顺德特务机关、宪兵队、治安军第一零二集团高德林司令，赠送慰问品，表示感谢之意。

五月二十九日上午九时，视察顺德道公署。据道尹报告，自四次治强运动以来，道属地区西面推进三十里，东面已完全确保，直至省境与山东交界地带，在任县等处收复一百一十七村。关于东亚解放工作自宣传入手，已组织巡迴演剧团及随军宣传队，并刊发报纸、小册、标语、漫画，随地召开民众大会，俾人民了解东亚解放之意义。至于剿共自卫，已充实各县警力，实行大乡制，加紧训练保甲自卫团，并举行联合讨伐，捕卤伪巨鹿、柏乡等县县长，毙匪获械极夥，地方日臻安谧。关于增产事业，凿井完成一万五千四百六十六眼，正在挖凿者尚有一千余眼，并在邢台、任县两地扩充稻田，开垦荒地，预计食粮当有大量之增加。赞周听取后，旋召见邢台、巨鹿、广宗、隆平、任县、沙河、清河、平乡、南和等县知事，询问治运推进状况，并在大礼堂对道署各机关职员及各县知事训话，指示治运工作重点。九时四十分访问鹭三九一九部队青野队，慰问伤兵，赠送慰问品。十时视察邢台北小汪村模范水田。据该知事报告：该处于三十年开始播种稻田三千亩，本年又增辟一千五百亩，利用达活泉、野狐泉、大汪泉三处泉水灌溉，计有干渠十一，支渠四十，水闸二十，水门二十二，稻种皆系陆羽一三二号，每亩可收一石。又拟于今年开发七里河等地稻田，可扩充至四万亩，现正积极进行中。十时五十分在新民会前广场检阅邢台县保甲自卫团，参加者一千四百余名，举行阅兵分列式及密集教练，并予训话。下午一时乘京汉车南下赴邯郸，途经沙河，在站检阅该县警队及保甲自卫团。三时到达邯郸，在站外检阅该县警察、警备队、保甲自卫团、青年团，旋访问特务机关冈田机关长，铃木部队长。四时三十分在运动场召集警团及一般民众训话，勉以协力政府，强化治安。训话毕，视察道立医院、省立简师及冀南道公署等机关新舍建筑状况。六时赴冀南道公署视察，据道尹薛兴甫报告，该道关于东亚解放运动，已组织妇女宣传队及青年宣传队，从事宣传，"匪共"因而觉悟投诚者颇不乏人，一般人民亦能了解大东亚战争之意义。此次治运期内，尤注意覆灭伪县区之地下工作，先后举行联合讨伐七次，收复村庄二百三十村，乡镇四处，卤获匪械及伪宣传品、伪币极多。至于增产之实施，刻已扩充植棉地区至一百五十七万亩，并凿井三千五百八十九眼。他如指导植树及奖励农村副业，已皆分别进行。旋据道属邯郸、永年、磁县、大名、肥乡、成安、南乐、清丰、鸡泽、广平、曲周、长垣、濮阳、东明等县知事报告各该县近况，赞周分别予以指示，并在道署大礼堂对各该知事及道署职员举行座谈会，即席训示，勖以加强训练团警，注意城防，努力强化治安，使冀南地区日臻明朗，以协力于大东亚战争，完成本身任务。

五月三十日上午九时三十分，视察邯郸县公署，据该县知事杨肇基报告此次治强运动，关于东亚解放方面，系由宣传着手，已举行青年大会、学生大会、士绅座谈会及敬老会，并编制宣传品，广为散发。复于黄梁梦庙会期间，特组宣传队作游动演讲，以使人民了解东亚解放之真谛。关于剿匪工作，因县境并无大股匪军，先后于与永年、武安交界地带搜索残匪，并随友军赴陈窑讨伐，皆予匪部以歼灭打击，蟠踞邯、永交界之郭化民部四百余人，经予宣抚，已全部携械投诚。至于增产方面，本年已植棉十七万六千余亩，凿井已完成六百眼，尚拟开凿四千八百眼，又利用滏阳河水引水灌田五百余顷。此外植树造林暨改良肥料、种子，消毒等项，亦皆在积极推进中。赞周听取后即于该署大礼堂召集县署及警备队、警察所职员、官警训话，勉以秉承政府方针，谋地方治安之永久确保。旋视察该县物资配给所。十一时访问黑濑部队，赠送慰问品。下午三时乘京汉车北上，途经王化堡，检阅邯郸县第五区保甲自卫团。九时四十分到达石门。

五月三十一日上午七时四十分，赞周偕同河北省陆军特务机关铃木机关长松本中尉由石门出发，乘石德线火车东下赴束鹿县属辛集镇。八时四十分途经藁城，在站检阅藁城县警察、警备队及保甲自卫团。藁城县知事高书臣报告，该县共辖二百三十二村，计分五区，共编为五百三十四保，五千四百二十甲，自卫团员三万六千六百七十八名，政令完全达到，治安良好。对于勤俭增产之实施工作，力谋食粮自给自足，增加生产，实行节约。设立县劝农场，切实指导改良种子消毒，完成凿井计划，并由县购买除虫药水配给农民，以利生产。赞周听取报告后，当即指示第四次治运工作重点，并接见地方士绅，咨询地方情况。九时四十分途经晋县，在站检阅晋县警队及保甲自卫团。十时二十分到达辛集镇，下车后即在站外检阅束鹿县第三区保甲自卫团，旋即访问谷第四二零一部队长及石门陆军特务机关辛集镇办事处，赠送慰问品，表示感谢之意。并视察束鹿县辛集镇办事处，听取束鹿县知事冯梦周报告该县治安状况，计分五警区，共有镇村三百二十四村，其第二警区尚未恢复，第一、三、四、五各区至本年三月底止，政令可达之村为一百七十一村。第二区南智邱附近为匪军盘据，窜扰石德、沧石、两路线，素为匪人扰乱重点，但我方连络紧密，炮楼密布，惠民壕多已完成，是以沿路治安尚无变故。关于勤俭增产工作，除设紧急食粮增产委员会积极督促外，并议定各镇村每地九十亩凿井一眼，至四月底已完成三千五百四十六眼。该县北部土质肥沃，适于种棉，由县贷予棉子，以期积极增加产量。赞周听取报告后，并予指示。正午十二时四十分由辛集镇出发，乘石德线火车赴德县。下午二时途经衡水，在站检阅衡水县警察、警备队及保甲自卫团，并对地方士绅训话，勉以努力治安，求其实践。四时二十分到达德县，下车后即在站长室接见各机关代表及真渤特别区管下各县知事。四时四十分视察真渤特别区行政公署，听取署长雷垣成报告筹备经过情形。四时五十分，访问清水部队长、真渤特别区特务机关本间机关长及宪兵队长，赠送慰问品，表示感谢之意。五时三十分访问山东省东临道王道尹，并视察德县公署。

六月一日上午十时，参加真渤特别区行政公署成立典礼，并致训词。下午五时接见日籍新闻记者，发表谈话。

六月二日上午十时十分由德县出发，乘津浦车赴沧县，十二时十分到达，下车后即赴渤海道公署视察。据道尹谢华辉报告该道治强运动，该道所属各县剿匪计划系用圈剿办法，以道清乡大队为基本，实施讨伐，并编成清乡保甲指导班，随军办理新复村镇之保甲事务。关于增产方面，已督饬各县设立劝农场，并训练农务人才。全道各县已完成凿井四千八百三十眼，交河、东光两县并计划引用运河之水灌田，将来稻田当有增加。至于宣传方面，以策动指导民众运动为目的，以传单、标语等宣传品随时散发，唤起人民协力治强工作。他如电话之整备，情报网之强化，亦皆在积极进行中。又据沧县知事刘其昌报告该县治运，关于东亚解放，系派员深入民间，改善人民思想，并召集士绅座谈会，详述治运主旨及大东亚战争之意义，俾其协力。县境残匪，经警备队迭次进剿，业已溃灭，现正加强碉堡、堑壕等防御工事，以冀永保安宁。关于增产事项，以推广植棉暨整顿碱地为重心工作，并拟凿井一千眼，以利灌溉。赞周听取毕当予指示，随赴友军小野部队暨陆军病院、宪兵队等处访问，赠送慰问品，表示感谢之意。下午二时二十分由沧县乘津浦车北上，八时十分到达北京。

以上视察省属冀南、顺德及真渤特区渤海各地四次治运情形，逐日分别详细记录，折呈鉴核。谨呈

华北政务委员会委员长王

署理河北省省长　吴赞周

中华民国三十一年六月四日

〔伪华北政务委员会档案〕

吴赞周编送视察保定道属定县安国博野蠡县治强工作实况报告

（1942年6月25日）

六月十六日赞周为视察保定道属定县、安国、博野、蠡县等地治强工作实况，并慰问现地驻在友军，于本日上午七时三十分携带慰问品由省出发，乘京汉火车南下赴定县，九时十五分到达，即在车站检阅定县警察、警备队、青少年团及保甲自卫团。并在站长室接见各机关首脑，听取该县知事（秘书尹铭绩代）报告：自三月三十日第四次治强运动展开以来，本过去之经验，参酌地方治安情形，拟具计划方案，逐步实施。成立县支部，由县会干部、职员及各宗教团体、各校学生组成宣传班三班，分任城乡宣传工作，期使人民彻底了解大东亚战争纯为东亚民族求解放，坚定其必胜信念。更召开民众大会，保甲训练，加强民众对友邦日本之信赖心，排除妨害中国更生之共党阴谋，阐述治运主旨，俾人民对治运意义有彻底认识。此外，更设自卫、厚生两班，专任剿共自卫及勤俭增产工作。自卫班以县警备队组成警备游击队，日夜随时出发各警备区积极搜剿，确保县境治安。厚生班注意节

500

约消费，利用原已组成之食粮及棉花增产委员会，物资对策委员会组成凿井监督班三班，督促凿井事宜。至五月三十一日，小深河等九十一村凿井四百二十五眼，棉产改进会凿井八眼，并修补各村旧井十余眼。提倡新国民运动，奖励勤俭储蓄，实施劳动奉仕，获得实践效果。赞周听取报告后当予以指示，旋即入城访问友军大江部队长，赠送慰问品，表示感谢之意。访问毕即换乘汽车，循安定公路（长七十华里）赴安国县，十一时到达。入城后即访问白龙部队长、山下宪兵队长、河北省陆军特务机关安国出张所，赠送慰问品，表示感谢之意。十一时五十分视察安国县公署，听取县知事王永言报告县境内治安情况，近三个月以来，承友军之支援，及县警队之用命，现在全县一百九十六村均能推行政令。在四次治运以前，政令到达仅八十三村，实施四次治运之结果，新收复者计一百一十三村，总计现今政令畅达者全县一百九十六村。为确保治安计，于各要冲村庄新建炮垒二十座，原有九座，共计二十九座，此外现正从事建筑中者二座，总计三十一座。县境内凿井数眼，本年预定凿井二百四十眼，现已完成者四十五眼，其余正在督促开凿中。关于增产情形，除积极实施凿井工作外，并实施种子消毒，改良土质及农作物，家禽注射，病虫害之预防，及食粮贮藏等工作。赞周听取报告后，并指示治运工作推进之重点。下午二时由安国出发赴博野县（安博公路长三十华里），二时三十分到达，入城后即访问山形部队长、中村宪兵队长，赠送慰问品，表示感谢之意。访问毕，视察博野县公署，听取该县知事（县知事吴清源因讨伐未归，由秘书唐同声代）报告：全县共划为三区，第一区四十村，第二区四十三村，第三区五十五村，共计一百三十八村。第一、第二两区治安良好，第三区位于县之南境，因有潴龙河之阻隔，为匪盘踞经年，未行收复。自第四次治运实施以来，蒙友军之协力，实施大讨伐，已将第三区五十五村完全恢复，刻正实施清乡工作，铲除不良份子，并续筑成碉堡二十四座，办理编乡保甲，以期确保治安，达成治运目的。赞周听取报告后，指示注意城防及推进工作要点。下午三时由博野出发赴蠡县（博蠡公路长二十华里），三时三十分到达，入城后即访问浜坂部队长，赠送慰问品，表示感谢之意。旋视察县公署，听取县知事王作新报告：全县共分四区，二百三十七村，以前次第收复者一百八十四村，最近新收复者五十三村，刻正清查户口，编组保甲。为确保治安计，积极建筑惠民堡，以前次第建筑者十八座，最近新建筑者二十四座，共计四十二座。第四次治运期间，所得战果，计掳获大枪一百九十七枝，手枪三十七枝，马枪六支，独出手枪一百六十四支，土枪三十七支，手提式枪二挺，冲锋式枪十挺，重机关枪一挺，子弹、地雷及其他军用品等甚夥。赞周听取报告后，即召集县署职员、警备队及地方士绅训话。下午四时三十分由蠡县乘汽车回保定（由蠡县至保定公路长九十华里），中途经过张登镇，并检阅清苑县警备大队第五中队。下午六时二十分返抵省垣。

署理河北省长　吴赞周

〔伪华北政委会内务总署档案〕

伪青岛市公署关于第四次治运前后警务活动概况报告

（1942年8月）

一、市外肃正工作（一月至三月）

1．游动警察队之编成

李村、夏庄两警察分局，各由三小队编成一中队，中队长以下计百二十名，由各该分局长指挥之，实施讨伐。各项工作讨伐次数如下：

李村分局三五次，夏庄分局三三次，劳东分局二次，沧口分局一一次，海西分局一〇次，台东分局一〇次。

2．讨伐结果

击毙匪方连长一名，遗弃尸体五具，捕虏十六名，救回被掳者二名。卤获品，手枪三支，子弹一六九粒，步枪一支，子弹四粒，手榴弹十四个，自行车二辆，及其他军用品、匪方传单等甚夥。

二、防御壕内外肃正工作

查本市防御壕自沧口分局管界之板桥村起，经李村至台东分局管界之山东头止，于上年十一月开工筑至本年三月，大体完成。在三月二十日至二十五日间，实施壕内部大检索，肃清不良分子，并将防御壕全线警备配署完竣。其状况如下：

1．内部肃正工作状况

市南、市北、海西各分局及特务刑事两科职员，总计一百六十名，在深夜及黎明潜伏各要路实施检问检索，以期壕以内地区之治安确保。

2．所得结果

甲、检举潜入匪四名。乙、检举通匪者一名。丙、检举嫌疑犯三二名。丁、经济警察违犯者一五名。戊、无居住证者八一名。己、与匪交战二次。庚、没收物品：土炮一，手枪一，棉布等。

3．防御壕之警备警戒

甲、防御壕全线共设防塞十三处，配备警察官严重戒备，禁止通行。

乙、成立山东头分驻所，派遣长警四十名，专司壕内肃正督备线巡迴连络，以期警备线之确〔保〕。

丙、强化营子村检查所，严重检索出入境之人民。

丁、海西、台东、沧口市南各分局海岸线严重警戒，以防不良分子之潜登陆地。

三、第四次治安强化运动概况（三月三十日至六月十五日）

1．关于宣扬东亚解放之意识

甲、对于内部之宣传　警察局利用每朝点检之机会，由局长及科长对全体职员训话，宣扬东亚解放之意识，述说大东亚战争之战况，各分局由分局长对于一般员警亦实施前项之训话，结果均有彻底之认识矣。

乙、对外之宣传　警察局召开各区长会议，讨论人民协助第四次治运各事项，各分局亦分别召开民众大会，宣扬大东亚战争之意识，以期促成东亚解放之自觉及剿共自卫之目的。

2．剿共自卫

甲、讨伐

本期出动讨伐交战计二十三次。

匪方延〔？〕人员一千七百二十名，战果如次：逮捕匪一九二，遗弃尸体一五二具。卤获品：步枪四二支，同子弹四二八发，手枪二一支，同子弹二二七发，手榴弹二五五个。我方损害：战死四名，负伤六名。

乙、各项工作事项

李村分局以剿共自卫工作为目标，编成特务工作队（四十八名），在日本宪兵队指导下，从事管内之特别肃正工作。本局以强化自卫为目的，于管内汉河村、鸿园村、东葛家村三处成立分驻所，配备员警，以期治安之万全。

各乡村分驻所以强化自卫为目的，编成保甲训练指导班，实施各村之防御设施及自卫团之辅育工作。

防御壕全线配置员警一百四十二名，实施特别警戒，严密检查，以达经济封锁之完壁。

3．完成通信网

在已完成之警备电话外，增设夏庄分局至大劳分驻所间线，李村分局至汉河分驻所间线，李村分局至鸿园村分驻所间线，夏庄分局至劳东分局间线。

4．检问检索之实施

本期间，由特务科、刑事科及分局实施检问检索，计检举潜入匪及杂匪、"共匪"共四十六名。

四、夏防工作概况（自六月二十六日开始至八月末）

1．市外地区讨匪工作

甲、游动讨伐队之编成　台东、沧口两分局各编成游动讨伐队一中队，每中队由巡官长警二十名结成，其任务专司防御壕内外之肃正工作，并随时与各关系方面连络，肃清匪化地带，向治安第一主义努力迈进。

乙、讨伐次数及战果　讨伐共四十二次，敌方战死一，捕掳八，负伤四一。卤获手枪三枝，步枪一枝，弹药九六，手榴弹一九，夺还被匪绑架日人一，华人三。

2．市街地肃正工作

甲、检问检【索】之实施　本期中共检问检索三十一次，出动人员九七七名，检索户数共一，七六〇户，检问户数共四，六八四户，其中不审讯问者五〇二名，刑事犯四四名，训诫一，四一八名，违警犯一三二名。

乙、自行车巡逻队之编成　市区各警察分局编成自行车巡逻队，在夜间梭巡不息，防止盗犯之发生。

（所有夏防各项工作现仍赓续办理中）

五、防空训练概况

自五月二十日起，本市实行灯火管制，经各关系方面之协力，所有屋内灯一律装置遮光罩，屋外灯及窗间装饰灯一律熄灭。并召集各警察分局开会，说明本市防护指导部之组织，并指示灯火管制之要领。

自五月二十五日实施灯火管制，至六月二十五日解除。兹将一般状况开列如下：

关于保安事项　在此次灯火管制下，各分局保安警察对于交通风纪等事项严属〔厉〕取缔，以期万全。本期内仅发生交通事故一件，尚无其他违反事项发生，保安状况尚属良好。

关于刑事事项　本署警察局刑事科侦缉股及市内各分局之特务勤务者二名至三名组成一班，在本期间每日午后八时半出动，与身着制服之警察官取得连络，监视刑事，要视察工人之动静，以检问检索潜伏为重点，防止一切事故之发生，并努力检举工作。

关于特务事项　本期间特务员警及刑事员警协力密行检举共产党，以期万全。

六、经济警察工作状况

自本年一月起至八月底止，共检举违反经济案件计二六七件，内重要者七件。兹详列于次：

1．一月二十四日有吴宜富、薛存有合租舢舨装载白纸八捆，纸两条，胶皮八块，红纸半刀，白布半匹，又快乐牌烟一大盒，胶皮六块，洋线一小捆等，无许可证，私运出境，被检举。

2．三月七日有刘成先买得孙御卿火柴两大箱（计八三八封），又一二〇小盒，意欲密运市外，被查获。

3．三月十日有李继侃家中藏有旧法币共一，九〇〇元，并由刘振东左袄袖内检出旧法币六八〇元。

4．六月六日有昌文溇贩卖法币，当由床上棉被内查出旧法币一〇，〇〇〇元。

5．七月一日有王丕昌之雇佣由五号码头增源丸上李姓手中卸下旧法币一四八，九一五元，在搬运时被查获。

6．八月十七日有刘胜春冒充宪兵队，至文宝银楼诈欺金戒指二枚，经检举将赃物追回，发还原主。

7．八月二十五日有风船船主李传余、程立俊二人，每船各装运黑棉布二十五匹，面袋布二八〇条，白洋毛边纸一三刀，黑棉布十八匹，白布四匹，黑鞋绳四小把，铁印色盒一二个，化学墨七二个，玻璃纸夹二七〇个，麻手帕九四条，化学圆章及铁盒二十四个，铁练二十四打，铁鞋钉五〇小盒，颜料二〇盒又二盒，花边一八〇条，白洋线四轴，大小白洋布一八块，红花布三块，洋钉子四斤半，白模造纸、白腊纸各一捆，面袋二五〇个，白纸二十斤，麻袋六袋。以上之物系由青口来青客人数名购买，欲运到船上运往青口，并无许可证，因被检举。

七、户口统计（七月份调查）

本市中外户口数目共为十三万零九百八十五户，男三十八万五千零六十五人，女二十七万九千零九十二人，男女合计六十六万四千一百五十七人。

八、核发本市市民居住证数目统计

警察局核发本市市民居住证，男三十一万七千六百十六人，女十五万八千三百四十三人，计四十七万五千九百五十九份。

〔伪华北政务委员会档案〕

伪华北政委会检发第五次治运实施纲要的训令

（1942年8月20日）

华北政务委员会训令　政秘字第5411号

令　教育总署

为训令事：查地方治安为一切行政设施根本，历次治强运动经本会详细指示，督促办理，华北各省市治安情形，比年以来显有进步。本年第四次运动终了，继办夏防，现夏防工作行将结束，第五次运动复有举行之必要。兹特定第五次治安强化运动以自本年十月八日起至十二月十日止，约两个月为实施期间。所有实施纲要并经制定，合亟检发，令仰该总署速就职掌及所属机关实际情形，拟定详细实施办法，呈会核定。此令。

附发第五次治安强化运动实施纲要一份

中华民国三十一年八月二十日

华北政务委员会委员长　王揖唐

第五次治安强化运动实施纲要

第一　方针

第五次治安强化运动，系继续前四次运动之精神，而谋扩大其成果，同时于武力推行运动之中，加以文化充分辅助，以期工作之目标及实施之内容得与民众之生活相吻合，而促成其自主之活动，实现上下通力合作中日军、政会、民总力体制之国民运动，使治安强化工作得有飞跃之进展。故推行此次运动，必须依照左列目标，适应各该实施地域之特殊环境，并针对其工作之对象，以谋工作之顺利推进。

一、我们要建设华北，完成大东亚战争。

二、我们要剿灭"共匪"，肃正思想。

三、我们要确保农产，减低物价。

四、我们要革新生活，安定民生。

第二　实施期限

实施期限，自十月八日起，至十二月十日止，约两个月。

第三　指导要纲

一、此次运动，仍以自动运动为主旨。

二、由十月八日大东亚战争纪念日起，准备妥当，一齐开始，于最初两星期间，在展开夏防运动之地方同时并行，扩充成果，并于十二月二日至八日举办大东亚战争周年纪念，互为声援。

三、督励各机关，在此次运动实施一个月以前，必须分别制定实施纲要。

四、制定实施纲要时，须与当地友邦机关紧密连络，并适应各机关之特质与地方之状况，以前四次运动之成果为殷鉴，而谋增长补短。

五、各省、市、道、县对于此次运动，须通令所属各机关团体彻底推行，不得遗漏，对于实践，尤须督促周到。

六、此次运动须切戒徒具形式，应注重于上下彻底，扩大成果，确保实效。

七、各机关首领须率先临阵指挥，其上级机关对下级机关之督促，应以实质推行为主，其视察时应竭力避免欢迎、招待、宴会等事。

八、各机关官吏固应以身作则，亲立于第一战线，而对于公私生活，严守廉洁，自肃精神，躬行实践，尤为必要。在官公吏强力展开治强运动之时，并须注意其对于治强运动是否热心，考察其确实之程度，以作表彰或人事异动之重要资料。

九、对于行将公布之"东亚解放新国民运动"如有指示时，须特别注意指导，但此次运动期间暂不揭示名称，只作逐渐具体活动之准备。

十、对于友邦人民应保持密切连络，并谋取得其人力与物力之充分援助。

十一、此次运动应以各阶级之青少年男女为主要工作对象，除指导各级学校使之积极活动外，并须利用宗教团体、社会教育团体，实行普遍之宣传。

十二、此次运动之宣传工作，中日各机关团体均须按照另定计划，尽力实行。尤须利用各阶级间之特殊心理，实施少年对少年、女性对女性、农民对农民之各别宣传方式，以收事半功倍之效。

十三、关于第一目标 英美势力在东亚之崩溃，乃建设新华北之良机，各级机关团体均应自动积极推动反抗共党破坏工作，一面继续前此宣传之成果，将大东亚战争之意义及其发展之现状竭力宣传，以期唤醒一般民众对于时势之谬误思想，而加强其正确认识，使能衷心协力，完成总动员之体势。同时将国防资源尽力开发增产，并收集废品，以谋协力战争体制之强化。

华北之建设须以中日提携共存共荣为中心理念，是以对于日语普及运动，以及中日文化之沟通，亦应加以策划。

十四、关于第二目标　继续第四次治强运动之精神，及其实施之成果，积极强化剿共工作，同时并将都市、农村融成一片，彻底根除共产思想。

为达成前述目的，利用各种方式，将共产党之残暴行为、活动之现状，以及其策略阴谋广为宣传，使民众对之发生厌恶，以谋破坏其下层组织活动。新民会在此次运动期间，必须结成青年同盟，促进宗教团体之反共积极活动。关于惠民壕及望楼之构筑，对于治安关系甚重，亟应计划增强，但其实施之际，对于征发劳工之时期与方法以及劳工之分担，事前均应加以充分之考虑，尽量避免违害农时，同时更应设法诱发民众自动积极剿共之信念。各地治安军、警备队、警察队以及乡村自卫组织，应更加强化努力培养其新民精神。同时赞扬县知事之亲自指挥，并按其当时之状况，奖励县知事等敢行亲自指挥，实行讨伐，以谋彻底完成联防组织。

为恢复民间淳朴情感，诱导其自动反共思想，亟应提倡"护乡"、"爱家"、"敬老"、"扶幼"、"节孝"等中国固有之美德，以顺民心。

十五、关于第三目标

确保农产　此次运动恰值秋收之后，饥困之共产党势必争夺食粮，此际必须激发民众反共意识，确保农产，以期彻底实行对共之食粮封锁。

减低物价　努力推行华北紧急物价对策，使一般民众皆能了解而予以协力。并彻底扫除奸商乘机操纵，尽力维护善良商民，信赏必罚。对于农村方面，利用合作社之活动，务使物价保持低廉。

十六、关于第四目标

革新生活　对于各机关应提倡廉洁自肃，对于民众应将各地之恶俗陋习彻底革新，同时更须养成人民勤劳奉公之精神，互相纠正缺陷，励行自戒自肃。

安定民生　当此大东亚战争之际，华北民生之安定，以及生产消费之合理化，实为当前要务，故应切实注意。此次运动除继续上次治运精神奖励勤俭增产外，更应谋促进物资圆滑周转，以完成食粮对策，而谋民生之安定。

十七、此次运动之成果及其实效，胥为举办下期运动之必要参考资料，不能仅以概括观察，推究其实效，对于民生之动向及其现状，亦务须缜密观察，以期得有正确之认识。

十八、此次运动经费之支配方法，须作有效的使用，避免无益的支出。

〔伪华北政务委员会教育总署档案〕

兴亚院华北联络部代表在伪华北政委会第五次治运实施会议上的讲话[①]

(1942年9月14日)

(1) 重富讲话

兴亚院代表重富书记官致词略谓：

第四次治安强化运动自三月三十日开始，最大之目标有三：(一)解放东亚；(二)剿共自卫；(三)勤俭增产等项。第五次治强

---

① 节录自"华北政务委员会第五次治强运动实施会议议事录"。

运动办法曾于七月上旬由军部、兴亚院、大使馆、华北政委会、新民会等五机关开会讨论，综合各方意见，制订新目标，今日上午开会，华北政务委员会王委员长已将此意说明，所应进行之程序，已于日方各机关取得连络，实施之细目纲要亦经各机关团体商订，意见一致。兴亚院又于八月二十九日召集开会，到场之日本各团体及公司代表共一百四十余名，由兴亚院指示说明，照所订之办法进行，决定继续第四次治强运动精神而办第五次运动，就所订各点解释，最注重者为封锁匪区经济，此次举行之宗旨，华北一般人民均应明瞭，站在第一线工作者尤应认清此种目标。又提倡革新生活，亦为吾人目标之一，系以青年男女为对象。第四次治运之本身应锻炼自肃，根据第四次治运之经验，此次治运应注重口头宣传，其功效必较文字宣传为大。为何改用口头宣传？因受第四次治运之经验，华北人民识字尚未普及，如专恃文字宣传，收效颇鲜。嗣经各机关、各团体会议，多方考虑遂一致决定注重改用口头宣传。此次治运标语，上午开会业已说过，兹就应注意各项再为说明：

（一）应注意标语之对象对之说明此次治运之真义，比如在京津都市向学生宣传确保农产，定属不宜，必以肃正思想，较为恰当。盖宣传重点，不仅注意时间空间某地某校，更应想到应用何种方法，用何种手段，始能使对方彻底了解。

（二）由第四次治运经验，感觉以前之连络偏于纵的连络，缺乏横的联络，此次治运则应同时注意"横的连络"，以补第四次治运之缺点。

（三）此次运动期间，如在各地发现新闻佳话资料，即可向各报登载，以广宣传而资鼓励。

（四）此次治运，由华北政务委员会、新民会热心商拟各项办法，军部及兴亚院愿尽力作为后援。

兴亚院曾召集各机关、团体详为说明治运各项要点。其在第五次治运开始后，作中间之报告，自应加以批评，运动终了后，尤应作一总报告，此层亦曾向各机关、各团体说明。至于详细办法及实施办法，上午开会时已详细指示，兴亚院勿庸重述。兴亚院自当尽力协助华北政务委员会及各地方政府以及各方面，想将来必有良好之结果，不胜企望。

此次宣传计划，上午开会亦已说明，惟在本月二十六日以前暂勿发表，望各位代表注意，并盼此后努力进行，以观厥成。

(2) 专田讲话

兴亚院华北连络部代表专田政务局长：

各位所谈，本人已听明白，各位之质问夏厅长、林局长，亦已答复。兹就本人所见者，略述一、二，如有错误，仍请夏厅长更正。

黄河水灾及蝗灾区域之救济及修道路、桥梁经费不足等，在今日现状之下，如需多数经费及物资不易办到，现在无论世界任何国家均无经费充足者，无不以极少之款办甚大甚多之事，收甚大之效果。夏防运动由九月二十日起，现正在进行中，本人相信必有相当之效果，因此想到水灾、蝗灾虽是天灾，亦可说是夏防之对象，吾人应用人力以防止之。故各省、各县对于夏防终了以后，认为灾案无法办理，未免错误，望各位对于天灾以各地为中心，设法防止。华北政务委员会只能督饬协助，事实上似不能专恃中央政府办理，人力当然不能敌天灾，但应先尽人力以防止之。各位回省后不必凡事均希望中央办理，应先自己设法，如实无办法，再呈请华北政务委员会代为解决。至第五次治强运动，各省、市经费当然不足，华北政务委员会已允补助，仍须以极少之经费努力主办。

又如青岛代表说，汽油缺乏，恐以后油更为缺乏，望早自觉悟，亦应用最少之汽油设法通行更远之道路。当然吾人亦代设法增加，恐一、二年内虽增加亦难如事变时之量数。

山西省代表谈及县知事等问题，无论任何人对之均有同感，治强运动固以各省、市、道为中心，如用最大之努力必能成功。

日本方面各机关、各会社对治强运动之实施方案必能遵行，望各位代表回省后与各方面各公司切实连络。

〔伪财政司法内政单位档案〕

吴赞周编送关于视察冀东等五道第五次治运工作报告

(1942年10—11月)

(1) 视察冀东道报告（10月17日）

十月一日赞周以第五次治安强化运动即将展开，为督励全省军官民准备推进治运工作，并慰问友军，于本日正午十二时四十六分偕同河北省陆军特务机关铃木机关长、省公署千坂顾问并率随员，携带慰问品，由省垣出发，乘京汉火车北上，赴冀东道区视察，下午五时零五分到达北京。

十月二日上午七时，赞周偕同铃木机关长、千坂顾问由京转乘京山线火车赴唐山，十一时五十分到达，下车后即访问原田部队长，赠送慰问品，表示感谢之意。下午一时视察唐山市公署，听取市长于文成报告市政情况及准备第五次治强运动推进工作，挖修防共堤、警备路及建设炮楼情形。赞周听取报告后，指示第五次治强运动工作之重点，并召集市署全体职员训话。下午三时乘汽车至市区边境礼尚庄视察本市官民勤劳奉仕挖修之土壕、炮楼及警备道路（由京山铁路郑庄子西南起，经过侯边庄东南陡河西岸北行，至女织寨东陡河岸止）。计土壕长度约为八千二百公尺，宽为四公尺，深三公尺，在距壕六十公尺处建筑顺壕警备道路，宽为六公尺，两旁修六公寸之水沟，又在壕路之间距壕十公

514

尺处再修二层炮楼九座。此项工程已于九月二十六日开始兴工，预计二十日竣工，工程完竣后则唐山市之治安当可确保无虞矣。赞周于视察之便，并召集勤劳奉仕之坊长训话，勉以一致协力建设华北，完成大东亚战争。下午五时访问唐山陆军特务机关堤机关长。五时四十分视察冀东道公署，听取道尹韩则信报告该道所辖各县市处治安状况。昌黎县、乐亭县、临榆县、抚宁县、唐山市治安良好。滦县铁路以北九、十两区治安稍差，其余地方平静。丰润县南部治安良好，县城北境治安稍差。迁安县一、二两区治安良好，三、四、五、六、七各区治安稍差。遵化县东部、北部山岳地带治安稍差，其余甚好。卢龙县东部尚安，西部稍差。玉田县自第四次治运实施后，地方治安逐渐良好，恢复甚速。兴隆办事处周边时有匪警，近经兜剿，已告敉平。赞周听取报告后，指示应本五次治运四大目标，中日军、官、会、民总动员，通力合作，以期达成大东亚建设之目的。下午六时在道公署大礼堂召集全体职员训话。

十月三日上午九时，赞周偕同铃木机关长、千坂顾问参加省立唐山第二中学校（前丰滦中学校）开学典礼并训话。十时由唐山乘汽车出发赴丰润县，十一时到达，入城后视察县公署，听取知事朱宝仁报告。该县治安状况大部良好，惟北部多山，恒为匪共盘踞利用。自第四次治运实施以来，经屡次联合讨伐，大股匪共均被歼灭，其零星小股则窜踞邻封山岳地带，前因青纱帐起，恃为凭藉，又大股啸聚，窜扰县境，幸赖友军及治安军之协力痛剿，匪未得逞，即行窜去。现在窜扰县境之小股匪伪，因我方防御周密，不足为患。现第五次治运即将开始，为遮断匪共窜扰计，已开始建设惠民壕，增加炮楼，以期确保境内治安。赞周听取报告后，指示第五次治运工作重点，并对县署职员训话。十二时访问极第二九零二部队田浦部队长，赠送慰问品，表示感谢之意。旋乘汽车由丰润县出发赴玉田县，下午二时到达，入城后视察县公署，听取知事隋明福报告，该县治安情况经历次治安强化运动，匪已远飏，境内日趋明朗，居民已告安谧。今后五次治强运动即将开始，治安防范更应加强努力。对于边腹各地兵力已有相当配备，并与民众结成一体，俾情报迅速，无使匪共滋蔓。对于省县公路及惠民壕均已分别筑成，并于要地建设碉堡，以便防御匪患。赞周听取报告后，召集县署职员、警队及学生、民众训话，并因该县自卫团总团长王秉孝能实践护乡爱家之精神剿共自卫，功在地方，颇堪嘉尚，故由赞周当众颁给奖金三百元；铃木机关长颁给奖金一百元，以示奖励。下午四时由玉田县出发，返回唐山。

十月四日上午七时二十分，赞周偕同铃木机关长、千坂顾问由唐山出发，乘京山火车赴昌黎。九时三十分到达，下车后即入城视察县公署，听取知事闻骧翩报告。该县治安素称良好，自第四次治运实施以来，加强宣传组织，以期人民思想肃正，协力建设新东亚，同时推进乡政，强化保甲，振兴教育，力行增产。现全境治安由于历次治强运动所获成果，益臻巩固，人民咸能安居乐业矣。赞周听取报告后，指示境内治安良好仍应加以防范，并遵照五次治运目标肃正人民思想，革新生活，确保农产，以建设华北，完成大东亚战争。旋召集县署职员训话，并访问白川部队长，赠送慰问品，表示感谢之意。十一时由昌黎赴滦县，十一时五十分到达，入城 视察县公署，听取知事王文琳报告。全县共划分十区，治安状况分成两部，计铁道南部三、四、五、六、七、八区治安良好，划为治安区，一、二两区划为准治安区，铁道北部九、十两区地多山岳，治安稍差，划为非治安区。现因五次治运即将开始，积极建设惠民壕及碉堡，以遮断匪共窜扰之路，同时更组设清乡委员会，军、政、警、民一致展开绵密之警备网，县境治安不难确立。赞周听取报告后，当即指示清乡剿共工作重点，并召集县署全体职员训话。下午二时访问山川部队长、小野部队长，赠送慰问品，表示感谢之意。旋视察省立滦县师范学校，并对学生训话。下午四时由滦县乘京山火车返回唐山，并于车中对新闻记者发表视察感想。

十月五日上午八时五分，赞周偕同铃木机关长、千坂顾问视察毕，由唐山乘京山火车返回北京。

十月六日上午十时，铃木机关长陪同赞周至军司令部访问华北军冈村司令官。

十月七日午后一时，赞周偕同铃木机关长、千坂顾问公毕由京乘京汉火车南下回保，五时三十分返抵省垣。

署理河北省长　吴赞周

（2）视察真定等三道报告（11月27日）

十一月二日，赞周为督励推进五次治运工作，并慰问友军，于本月上午八时四十分偕同省公署友添辅佐官、新民会河北省总会张宣传处长及随员等，携带慰问品由省垣出发，乘京汉火车南下赴真定道视察。十二时四十分途经正定，在站检阅正定县警备队、保甲自卫团及青年团，正定县知事吴伟如到站报告该县治安情况。下午一时二十分到达石门，下车后在站外检阅石门市警察队、市区自卫团及青少年团，旋即赴行辕接见日华新闻记者，发表谈话。二时四十分访问鹫第三九零六部队林部队长，赠送慰问品，表示感谢之意。三时二十分访问石门陆军特务机关加岛机关长；三时五十分访问石门宪兵队菊池队长、吉永队长；四时二十分访问陆军病院横山部队长，慰问伤病兵，赠送慰问品，表示感谢之意。五时十分访问鹫第三九零五部队兵器部长根东大佐，并视察修械所。

十一月三日上午九时视察真定道公署，听取道尹杨缵臣报告第五次治运工作情形，略谓在治强运动未展开前，于准备期间即遵照政府所颁实施要纲暨省署所定实施办法召开县知事、市长座谈会，重新组织治运分部，调整人事，加强机构。对于各县市警察及特务人员实施特务教育，以期彻底领导民众，实践五次治运四大目标。自全面运动展开后，于十月十七日联合石门市及赵县、栾城、高邑、元氏等五市县之兵力，编成讨伐队，赴赵县所属六市庄一带施行讨伐，获得相当战果等语。赞周听取报告后，勉以积极推进治运工作，建设明朗华北，完成兴亚伟业。旋即在道署大礼堂召集道署全体职员训话。九时四十分视察石门市公署，听取市长张格报告，略称该市于第五次治运开始前，为使全市官民均能了解治运之意义，上下一体协力推进治强工作起见，特召集市公署职员、新民会市总会职员及全市各机关团体职员，共计六十名，举办治运工作人员训练班。治运开始后，即以此项受训人员为主干，按照计划，分别实施。一般市民因具有历次治运之体验，加以本次运动确能了解治运意义，发挥自主的活动，协力治运之进展等语。赞周听取报告后，指示五次治运四大目标应求实践，不尚空谈，以期获得预期效果。旋并召集市署全体职员及警官训话。十时二十分至石门综合运动场参加明治节，奉祝第五次治安强化运动日华体育大会，并致训词。下午一时由石门乘汽车出发赴薰城县（石门至薰城，公路七十华里），下午二时到达，入城后视察县公署，听取薰城县知事高书臣报告该县治安及行政状况，云：该县辖境共二百三十二村，现时完全收复，治安良好。划分五区，共编为五十三个乡镇，推行自治尚称顺利。警备队已编成六个中队，枪枝足用，驻在重要村镇，并均设有警备电话网，防务尚称得力。此次治强运动展开后，由县公署、新民会、合作社组织清乡工作班三班，各区官兵实行总动员，并依照大乡编组各村自卫团为联保队，加强训练，俾养成人民自动护乡爱家之坚固体制，完成治运工作等语。赞周听取报告后，旋即访问石泽部队长，赠送慰问品，表示感谢之意。下午三时至城东兴安村视察石津运河开凿工事，四时三十分返回县城，在新民会前广场召集各机关职员、乡长、保甲长、自卫团、各校学生及民众训话。下午五时三十分视察毕,由藁城县乘汽车循原路返回石门。

十一月四日上午九时四十分,由石门出发,乘京汉火车南下赴顺德,一时十分途经窦妪,在站检阅元氏县第五区保甲自卫团。十时三十分途经元氏,在站检阅元氏县警备队及保甲自卫团,元氏县知事王英杰到站报告该县治安情况。十一时途经高邑,在站检阅高邑县警备队及保甲自卫团,高邑县知事张权本到站报告该县治安情况。十二时途经内邱,在站检阅内邱县警备队及保甲自卫团。十二时四十分到达顺德,下车后即在站长室接见各机关首领,旋即访问春第二九二九部队、第二九八八部队吉田部队长、菊池部队长,赠送慰问品,表示感谢之意。下午一时三十分访问顺德陆军特务机关野田机关长、宪兵队获原队长,赠送慰问品,表示慰问感谢之意。三时三十分视察顺德道公署,听取道尹王季章报告,云自奉令实施第五次治强运动以来,即于九月二十六日开始准备,首先召集道、会干部职员及各县责任者会议,商讨实施计划,调整治强分部,加强人事阵容,上下团结,努力迈进。为使各地民众对五次治运有深切认识起见,除由道尹亲赴南和、任县、平乡、沙河、内邱、尧山、隆平、临城、柏乡等县视察督导,并召集农民、学生、妇孺讲话外,并特组巡回演剧团,分赴各县演剧宣传,唤醒全民,一致协力。至于肃正工作,自十月八日起至月底止,各县警备队讨伐总计三百三十六次,击毙"共匪"一百二十名,俘掳二十六名,击伤一百二十六名,投降三十三名。卤获大小枪三十八支,子弹四百八十六粒,手榴弹五十三枚,其他战利品甚夥。各县警队均能发挥单独讨伐能力。此外,关于官吏廉洁自肃运动,青少年团检阅结成式及学艺辩论会,奖励畜产,减低物价等工作正在积极推进中等语。赞阅听取报告后,指示五次治运工作重点注重实践,不尚理论空谈。旋并召集道署各机关职员训话。下午四时三十分在兴亚会馆前广场召集邢台县民众、学生及保甲自卫团训话。

十一月五日上午九时，由顺德乘汽车出发赴南和县视察（由顺德至南和，公路长四十华里），九时四十分到达，在西门外检阅南和县警备队及保甲自卫团。入城后视察县公署，听取知事秦新民报告，此次治运推进状况，除成立县支部外，为普遍宣传深入民间起见，并成立乡镇支部，以乡镇公所事务员、各学校教员及新民会分会长编成启蒙班四十六班，实施启蒙宣传，由县支部供给宣传材料，对一般民众讲解治运意义。现一般民众均能背诵四大目标，显然已收相当效果。同时县警备队并组织夜间巡查班，担任搜剿工作。全县惠民沟已于今年一月间完成，各碉堡电话亦已完竣，县境治安可保无虞，云云。赞周听取报告后，并召集职员训话。十一时二十分视察县修械所及城关镇公所，访问饭田部队长，赠送慰问品，表示感谢之意。十一时五十分在城内大操场检阅保甲自卫团，并召集民众、学生训话。下午二时视察毕，仍循原路乘汽车返回顺德。二时三十分视察道立警备队干部训练所，并对学警训话。四时十分视察省立邢台简易师范学校，并对学生训话。五时十分视察省立邢台农业职业学校，并对学生训话。下午六时视察省立顺德道区劝农模范场，并对职员训话。

十一月六日上午九时，视察顺德省立乙种警察教练所，并对学警训话。下午一时由顺德乘京汉火车南下赴邯郸，二时二十五分到达。下车后在站外检阅邯郸县警备队、保甲自卫团及青少年团。旋即访问小松崎部队长及邯郸陆军特务机关冈田机关长，赠送慰问品，表示感谢之意。三时三十分在城南广场检阅冀南道立警备队、干部训练所学员阅兵分列式，并参观道立忠魂碑。下午四时视察省立简易师范学校，出席第五次治强运动冀南道各县学生代表讲演会并训话。四时四十分视察冀南道公署，对道署及各机关职员训话。五时十分出席冀南道各县知事座谈会，听取道尹薛兴甫及邯郸县知事杨肇基、磁县知事黄希文、大名县知事李泽新、永年县知事何举之、曲周县知事卜锡祜、肥乡县知事安亮清、成安县知事何士举、广平县知事朱宪章、鸡泽县知事李泽远、清丰县知事顾仲涛、南乐县知事李铁聊分别报告地方治安状况，及五次治运推进情形。赞周听取报告后，即席指示治运工作推进重点及办法。

十一月七日上午九时，由邯郸县乘汽车出发赴永年县视察（由邯郸至永年，公路四十五华里），十时到达，在南关外检阅永年县警察、警备队及保甲自卫团。入城后视察县公署，听取知事何举之报告。该县全境共分五区，计三百七十八村。在四次治运期间，督率警队剿抚兼施，政令均可达到，惟永年南和边区郑西集一带，及西北之东讲武等十余村不时尚有"匪共"窜扰。自五次治运展开以来，按照指定目标，官民团结一致推进，督率警队奋勇讨伐，所有边区窜扰"匪共"均经先后击灭，并在郑西集及东讲武建修惠民堡，派兵驻防，以资镇摄。现在治安确立，政令直达全境，人民均可安居乐业。赞周听取报告后，并召集县署全体职员训话。十一时视察城防及军器厂，旋访问棚田部队长，赠送慰问品，表示感谢之意。下午一时三十分出席永年全县学生妇女大会并训话。视察县立中心小学校，并捐赠纪念金五十元。下午三时由永年县乘汽车出发至城北大北汪镇视察碉堡（由永年至大北汪，公路三十华里）。三时四十分由大北汪出发赴临洺关（由大北汪至临洺关，公路三十华里），下午五时到达，在北关外检阅永年县第四区保甲自卫团及永年警备队第二中队。入城后视察永年县驻临洺关办事处，接见地方绅士，听取报告治安状况。六时十五分视察毕，由临洺关乘汽车返回邯郸。

十一月八日，赞周偕同友添辅佐官视察毕，率同随员由邯郸乘京汉火车北上回保，下午五时三十分返抵省垣。

署理河北省长　吴赞周

（3）视察燕京道报告（11月27日）

十一月十四日上午十时四十三分，偕同河北省陆军特务机关铃木机关长、新民会河北省总会叶组织处长及随员等，携带慰问品，由省垣启程，乘京汉火车北上赴燕京道视察，下午二时五十分到达北京。

十一月十五日上午九时，偕同铃木机关长及随员等，由京乘汽车出发，赴宛平县管下石景山制铁矿业所视察，十时到达，先由该所出□农夫说明，随即参观镕铁炼炭各部。十一时，由石景山出发，十二时到达门头沟，视察该镇镇公所暨宛平县警察第六分所，接见县公署干部职员及门头沟乡镇长、商会会长，咨询地方情形。据宛平县知事韩桂泉报告，全县治安已大致恢复，现正实施大编乡制；县属第一、第二及特区等三区业已编组完竣，并拟于每一大编乡，设立完全小学一所，其余各村另设分校。建设方面，以确保治安为目标，注重于山岳地带公路碉堡之修筑，物产以小米、玉米、花生、高粱为主要产物，但不足供给当地消费。矿产以石炭为特产。今后施政，在平原地带以民政为中心，山岳地带以治安为中心，并奖励食粮增产，以期自给自足。此外，原在门头沟设有办事处，现因事实需要，已移至东斋堂。赞周听取后分别指示。旋赴镇公所前广场，检阅宛平县警备队第五中队及保甲自卫团分列式，并召集民众训话，勉以同心协力，完成五次治运工作。下午二时半，视察土采煤窑暨门头沟煤矿公司，由该公司军官代表白岛吉乔说明该矿所产为无烟煤，适合家庭之用。每日平均产量五百吨，现有直井两个，华系工作员三百余人。旋参观发电所、矿井等处。下午五时归还北京。十一月十六日上午九时三十分，偕同铃木机关长访问北京陆军特务机关松崎机关长及胃第二九九零部队田中部队长，赠送慰问品，表示感谢之意。十时三十分视察燕京道公署，接见道署干部职员，听取道尹李少微报告。该道所属十五县，治安皆尚良好，惟蓟县、三河、密云、平谷等四县山岳地带，尚有少数残匪，现迭次讨伐，并于本年夏防期内由道尹统率联合讨伐队大举清剿，各该县秩序益趋安定。最近设定剿共模范地区，成立剿共自卫团，已在宛平、昌平、固安、蓟县、三河等地实施，各该县自卫力量更形充实。近自展开第五次治运以来，经联合新民会道总会暨合作社道办事处，会组五次治运道分部，督饬各县认真进行，并组设巡回推进班，深入各地实行工作，各县支部，亦能秉承指示，工作尚属紧张。至于一般政务，则注重于食粮增产，以期民食自给。积极编组大编乡，除宛平、三河、蓟县外，已编制完竣，对于地方之自治自卫推进益觉便利。今后施政方策，仍以政治暨武力两方并进，总期治益求治，安益求安，使全道地区早告敉平。赞周听取后，当略予指示，旋在该署大礼堂召集道公署、新民会、合作社等全体职员训话，勉以领导各县努力完成五次治运工作。训话毕，复视察新民会道总会、合作社道办事处暨道修械所，均分别予以指示。

十一月十七日上午九时，偕同铃木机关长及随员等，由京乘汽车出发，赴昌平县视察。十时三十分途经小汤山村，检阅昌平县小汤山村剿共自卫团，访问甲第一八二七部队森部队长，赠送慰问品，慰问伤病兵，表示感谢之意。十二时抵南庄村，在该村镇公所前山地检阅昌平县剿共自卫团攻防演习，参加团员二千四百余人，动作整齐，精神旺盛。演习毕，集合训话，勉以防共自卫，完成五次治运工作。下午一时半到达昌平，在东关外检阅该县警队暨青少年团。入城后视察县公署，在县署办公室听取该县知事纪肇斌报告。该县地处边陲，三面环山，地势特殊，以往屡有匪共盘踞，目前迭经讨伐，加以警团及保甲自卫团严密防守，地方治安已日见良好，现在全县境内残匪均已远飏。近来推进五次治运，集合县属各机关团体及新民会组成各种工作队，深入民间，分工合作，尤以讨伐工作队业已实施讨伐二十三次，获匪卤城，尚著成效。其他各项县政，亦皆能循序推行。赞周听取后，当分别指示。下午二时四十分赴县境十三陵视察，参谒明成祖长陵。

十九日下午一时公毕出京，乘京汉火车回保，五时三十分返抵省垣。

署理河北省长　吴赞周
〔伪华北政务委员会档案〕

伪山西省治运本部长冯可直编送第五次治运工作汇总报告

（1943年2月20日）

一、大东亚战争意义及发展宣传

1．雁门道　该道各县组设宣传队，分赴各区村召开民众大会，讲演大东亚战争意义，以及战争胜利情况、并举行座谈会，学生观摩会，广为宣传，又散发多种宣传品，以期民众一致了解。

2．冀宁道　该道拟定五次治运实施章则，令饬各县遵办，发动各种宣传组织分赴各地宣传，现临汾、洪桐、赵城、霍县、灵石、介休、平遥、祁县、太谷、汾阳、交城、文水、离石等县所有民众，对大东亚战争意义及治运四大目标，已有百分之七十以上民众能深刻了解，并能协力推广治运。至宣传区亦较四次治运扩大三分之一。其他方山、中阳、汾西、蒲县、浮山、安泽等县，因治安不良，故宣传未能普遍。

3．河东道　该道督导各县，分别召开座谈会、民众大会，印发宣传品，举办农民及妇女识字班，并饬令县署人员组织巡迴宣传班，对民众及妇女等详释大东亚战争意义，因之民众均有深刻了解，且均抱有牺牲决心，愿与友军合作，同甘共苦，争取大东亚战争之最后胜利。

4．上党道　该道拟定各县五次治运宣传办法,饬各县遵照实行,如召开座谈会、讨论会等,详加研讨五次治运之意义,印发宣传品多种,举办展览会,以期一般民众对治运目标有深刻之认识,藉以唤起民众之协力实践,收获预期以上之成果。

二、国防资源之开发

1．雁门道　该道对于已开发之矿产,力谋增加产量,计清源月产煤九十万斤,寿阳增加石炭产量九千吨,阳曲煤产量十一万三千三百五十四吨。其他平定等县对于未开发之石膏、煤矿等资源,现正积极计划进行开采中。

2．冀宁道　该道各县已开发之国防资源,计有煤、棉、皮毛等,煤年产二十余万吨,棉年产二百六十三万余斤,皮年约产二万二千余张,毛年约产四万余斤。按上列数目较之上年同月生产量约增十分之二。其未开发之矿产, 有灵石县之铁与石膏二种,铁之埋藏量约六万余吨,石膏埋藏量约四万余吨。石膏业已开发。棉花一项,各地棉产改良分会均有奖励增产推广办法,各县署协办正在积极进行中。

3．河东道　该道各县已开发之资源,计食盐年产量为二,七六大,九九〇担,较上年减少40%; 棉花年产量为七, 九三七,三六五斤,较上年减收50%(强);煤年产量为三十万斤,现仍在积极开采中。

4．上党道　该道国防资源之生产,以煤矿为最甚,计沁水产煤八百余万斤,潞城七百五十吨,长子二千七百七十吨,襄垣五十四万斤。其他各县正在统计中。

三、金属废品之收集

1．雁门道　该道属之平定县,收铁一万公斤,收铜九千斤,其他金属废品二千斤;神池、徐沟二县,各收铁一万斤;盂县收铜、铁共七千斤。根据各县已呈报数字统计,共收集七万零五百八十斤，其未呈报之各县，尚未列入统计。

2．冀宁道　该道现已收集废铁统计一万八千八百一十六斤，铜三百五十一斤，子弹壳三百粒，较上月增收三分之一。此项收集，以文水、灵石、汾阳、祁县、平遥等五县为最多；临汾、太谷、霍县、离石等四县次之；其余交城、洪桐、赵城、介休、汾西、安泽、中阳、浮山、方山、蒲县等十县均无收数。

3．河东道　该道共计收集铜、铁等总数为四万五千二百八十一斤，责成合作社及商会主办。

4．上党道　该道属之壶关县计收集烂铁三，三二四斤，铜二〇一斤，罐头筒一，二一〇个；襄垣收集铜币二一五枚；长子县计收集铜铁合计三〇，〇〇〇斤；沁水县收集铜一四六斤；长治县收集铜铁二〇〇斤；潞城县收集铁四，二〇〇斤，铜一〇七斤，锡二斤十两；晋城收集铁二〇，〇〇〇斤。其他未呈报之各县尚未列入统计。

四、日语普及之运动推进

1．雁门道　该道积极督导各县推进日语运动，如举办日语巡回教员讲习团，分赴各乡村讲授日语，以期分期普及，促进中日语言之勾通。现计全道受讲人员共九千四百余名。

2．冀宁道　该道设有日语讲习班，训练道署职员，县新民小学校，亦均增授日语并组成日语讲习班，计男学员三七四名；女学员一一六名。复举办日语征文、日语试验，按成绩给奖。该道署曾举办日语学艺会一次。现计民众粗通日语者，已达一千二百八十八名。

3．河东道　该道令饬各级学校一律加授日语，并于县立各级学校附设民众日语讲习班。各级机关举办公余日语讲习班，举行日语检定及试验，日语学艺会、日语征文等，以资鼓励。

4．上党道　该道各县属各级新民小学校一律加授日语课程，并普遍举办日华语讲习班，现在学习人数，已达一千余人。日语推进运动，成绩颇佳。

五、剿灭"共匪"

1．雁门道　匪徒概数九千余名，讨伐次数四千〇七次。搏获枪械，步枪一百一十五枝，手枪二枝，子弹一千八百七十二粒，手榴弹二百四十五枚，地雷二十四颗。俘获人数一百五十二人，投降二十六人。伤亡，毙匪一百二十三人；我方死亡五百六十人，伤匪四十四人；我方伤九十三人。奖恤人数十三人。

2．冀宁道　该道计有决死队一万二千余名，共产军三千七百余名，晋系军四万余名。经讨伐后，仅余决死队约六、七十名，共产军一千余名，晋系军一万四千余名。讨伐次数九八〇次，卤获枪械，冲锋枪八枝，步枪二五三枝，轻机枪七枝，手枪二十四枝，子弹二、九二六粒，手掷弹一八七枚。俘虏人数五三〇名，投降人数八一名，伤亡人数，毙匪三九八名。殉职人数一八名，奖恤人数七一名。

3．河东道　匪徒概数八，五二〇名，讨伐次数五六九次。卤获枪械五一二枝，子弹一，〇七〇粒，手掷弹一一二枚。俘获人数四一二名，投降人数四一〇名，伤亡人数，毙匪二九三名（我方伤一二名）。殉职人数一三名，奖恤人数二六九名。

4．上党道　该道有伪二十七军及伪四十军盘据，活动于长治、壶关、陵川之东南部及高平、晋城之东部，又有八路军第一、十、五各旅，决死第一、三两纵队，数目不详。前后讨伐二百三十四次，搏获步枪、手枪八支，轻机枪一挺，子弹一，一一九粒。俘匪二〇五名，伤亡匪军五六九名。殉职一六名，奖恤一四名。

六、扫除共产思想之宣传

1．雁门道　该道督饬各县派员分赴各区村召开民众大会，宣传共产赤化之阴谋。悬赏征集论文，广贴漫画、标语，藉以坚强民众反共信念。并由各县灭共班督饬各学校组织学生宣传队，讲说共产党之暴行。

2．冀宁道　该道祁县、平遥等县,在各城市乡村,举办讲演会、座谈会,以揭穿共产党之罪恶,并将宣传品向敌方散发,冀收扩大宣传宏效。汾阳、文水等县,组有灭共班,随时下乡调查检举。赵城举行化装讲演;交城县举行时局座谈会,对共产主义之谬误作彻底之反驳。

3．河东道　该道督饬各县组织巡迴宣传班,于城市村镇扩大宣传。召开民众大会、讲演会、纸剧等,向学生民众反复讲演共产党祸国实迹,民众闻之莫不深恶痛绝。

4．上党道　该道利用各种宣传方式,以民众为主要对象,在各县城区村展开此项宣传工作,树立民众反共决心。

七、民间固有道德之提倡

1．雁门道　该道为举行中国固有美德运动,派员分赴各县区村,倡道忠孝、仁爱、信义、和平、敬老、扶幼、护乡、爱家等固有美德,并调查孝子节妇事实,分别褒扬,以示提倡。

2．冀宁道　该道督导各县对于孝悌节义,敬礼耆老,鼓励节约,抚恤贫弱等积极提倡,现各县对于节约均能力行实践。霍县、洪桐、赵城各举行敬老会一次;祁县印制通俗道德故事;交城成立道德会,表彰孝子节妇,并搜集嘉言懿行,编制教材,列为学校课程之一;文水规定节约办法。其他各县亦积极提倡中。

3．河东道　该道各县调查年高德劭者,加以表彰,并举行敬老会,由各县知事亲书匾额,分别表扬。并抚恤贫弱,编定八德宣传方案,由学生编列成队,分赴各村扩大宣传,而于宣扬尊孔,尤为热心。

4．上党道　该道召开民众大会,对于敬老扶幼等意义切实倡导,并表彰孝子节妇,以资鼓励。

八、农作状况

1．雁门道　该道各县本年多因先旱后涝,兼受虫害,农作物大受影响，各县除谷子、豆类收成较丰外，其他高粱、玉蜀黍等仅收上年十分之二。

2．冀宁道　该道各县本年收获以谷类较多，小麦次之，然因雨水不调，故收成欠佳。如临汾、洪桐、赵城、文水、交城等六县均遭重大水灾；汾阳、离石、霍县、灵石、介休、平遥、太谷、安泽、方山等九县，均被水害；祁县、太谷、文水、平遥、汾阳又受虫害风灾，因之高粱谷子，秀而不实，本年农作物较上年减收一半。惟各县本年筑井三九〇〇眼，临汾、赵城、介休、洪桐开发水田一万六千二百亩，对于收获，裨益匪浅。

3．河东道　该道本年农产，以小麦为最多，棉花次之，惟因雨少风多，故收量极薄。迄至秋季大雨，汾浍及黄河水涨，各县沿河村庄房屋倒塌，田禾淹没，灾情惨重。

4．上党道　该道本年农产以谷子为最多，但因雨缺，仅收四成。至潞城一带因秋季雨水泛滥，灾情颇重。

九、匪区食粮封锁之情形

1．雁门道　该道各县分设检问所、谷物保管委员会，对物资外流采取严重监视态度，或责成经济警察及自卫团严加防范，以杜绝食粮流入匪区情事。

2．冀宁道　该道对匪区食粮封锁甚严。如赵城、灵石、祁县、介休、离石、中阳等县由经济警察，不时稽查；平遥规定每人携带小麦不得过五升，杂粮不得过一斗；汾阳对匪区设有遮断壕，长五十余里；临汾没收敌存小麦四千八百余斤；文水县施用物资购买票；洪桐设有经济检问所十五处；交城成立物资流动取缔所；太谷设有检索所。严防物资外流，成绩颇佳。

3．河东道　各县划定封锁线，由经济警察班、警备队、自卫团驻防各村，不时严查，并由经济督察专员及巡回指导班，巡查监督。又防止食粮流入匪区，设立农仓，储存民间食粮，按月配给。

4．上党道　该道各县设检问检索所，并警告民众不准运动食粮外出，指定县联合会为觇觇地区，以杜绝食粮流入匪区。

十、农村合作社之推进

1．雁门道　该道原设合作社一九一处，资本总额一二〇，一七三元，社员数四五，九一四名。在此次治运中，增加资本二，三四〇元，社数二〇处，社员二，一二二名，成绩颇佳。

2．冀宁道　该道共有县区合作社六二七处，社员一六五，八七九人，资本总额六九，四四四元。社数、社员、资本，与上月比较，均各增二分之一。

3．河东道　该道各县设有合作社八四六处，社员三二二，五八八人，现有股金七七〇，二八〇元，刻下仍在继续推广中。

4．上党道　该道各县共设合作社八三〇处，社员总数九四，四四八人，资本总额二二〇，五四〇元。逐月均有增加之势。

十一、减低物价之施行

1．雁门道　该道励行廉价制度，全体商号一致恪遵公定价格，并设立物资对策委员会，办理评定物价，分配物资，并明密彻查奸商囤积居奇暗码交易，以保物价减低之效。

2．冀宁道　该道对各商号订有公定价格，并定有奖惩办法，商民均能恪遵，货物颇感足用。惟麦粉缺乏，未能按公定价格交易，已由经济警察督察调查，并鼓励商民自动检举，以期彻底实现减低物价政策。

3．河东道　该道订有公定价格，恪遵者予以奖励，违反者予以处分。并严禁囤积操纵，由经济督察专员及经济警察班巡迴监督，严密查察，成效颇著。但有因价格公定，而发生物资缺乏情形之弊。

4．上党道　该道各商号均能恪遵公定价格，并无高抬市价情形，对遵守公定价格及违反者之商号，由各县署及商会酌予奖惩。

十二、物资需供之情形

1．雁门道　该道最需要之物资以棉花、石油、小麦、砂糖、煤油等为最，但本年秋收欠佳，杂谷并不敷用，除以代用品代替外，显有供不应求之势。

2．冀宁道　该道物资需供尚称圆滑，惟麦粉、煤油、糖类等最感缺乏，食盐、火柴由合作社配给，尚敷应用。

3．河东道　该道以煤油、糖、火柴、煤炭最感缺乏，以食盐存量最丰，现以植物油代替煤油，以蜂蜜代糖，凡日用物资，均由合作社配给。面粉、杂谷、植物油、肥皂、布匹等尚不缺乏。

4．上党道　该道土产物资尚称足用，惟食盐、砂糖、火柴、煤油最感缺乏，现植物油代替煤油，日用物资以配给票购买。供需情形不甚圆滑。

十三、人民自肃自戒之倡导：

1．雁门道　该道规定各县每月八日，实行民众清扫道路，劝导节约，禁烟毒，禁缠足，禁溺女、戒奢侈等事，并鼓励一致努力于自肃自戒及储蓄之运动，以裕民生，而期促成新国民运动之实践。

2．冀宁道　该道对于人民自肃自戒之节约储蓄，勤劳拒毒等事无不竭力提倡，督导各县每月举行节约储蓄运动周，每月八日，举行勤劳奉仕，修筑道路。并于十一月十六日举行禁烟拒毒禁赌周，分设戒疗所五处，以期戒绝毒瘾情事。

3．河东道　该道督饬各县分设戒毒所，实行烟民登记，勒令戒除。并严禁赌博、早婚、男子蓄发、女子烫发，励行勤劳奉仕，实行早起早眠，鼓励储蓄，规定婚丧酒席价格，以杜绝靡费。

4．上党道　该道通令各县厉行禁毒戒烟，散发宣传品，唤醒民众一致革新生活，崇尚节约，并利用各种集会，扩大宣传，对于勤俭美德莫不积极提倡，而挽颓风。

十四、官吏自肃自戒之倡导：

1．雁门道　该道厉行廉洁政治，严惩贪污，实践节约，实行新民体操，并倡导官吏发扬勤劳奉仕、灭私奉公之精神，以促进政治效率，戒绝不良嗜好，以祛除官场恶习。

2．冀宁道　该道对官吏自肃自戒却实推进，对酬酢宴会均有规定。各县举行朝会及勤劳奉仕，公务员改着新民服，并推进新国民运动。

3．河东道　该道署职员更着新民服，每晨举行早操及朝会，凡染有嗜好者勒令戒除，禁止无谓应酬及一切不合理之消耗，励行廉洁，认真节约，举办邮政储金，服用土货，并对大东亚战争献金，以作民众之倡导。

4．上党道　该道各县职员对公私生活，均有规律，一扫萎靡不振之风。对于储蓄、早操、朝会、着用新民服等事，均经先后实行，并严厉提倡勤劳奉仕，励行节约。至于赌博吸烟等不良嗜好，或令戒除，违者严惩，以达自肃自戒之目的。

〔伪华北政务委员会档案〕

伪河北省政府等关于经济封锁事宜呈

（1943年12月—1944年6月）

（1）伪河北省政府密呈（1943年12月5日）

河北省政府密呈　謷字第三八零号

案准关系方面通知，以冀西山地敌人经此次盟军冀西作战及收集敌区物品之打击，现已陷于苦境。该敌方目下正拟狂奔吸收我方物资。兹为防止一切物资之流出计，规定冀西山地经济封锁计划及罚则十条，应与剿共施策促进强化同为重要，自本月八日起施行。并准河北省剿共委员会总字第一零九七号公函内开：迳启者：查十二月二日本会召开第六次全体委员会议，关于命令案及冀西山地经济封锁计划等经全体议决，记录在卷。除分行外，相应检送该案十册，即希查照，并转饬所属遵办为荷。等因。准此。查此案日本军铁西地区司令官已决定自本月八日起施行，除由本政府密令保定、真定、燕京各道及沿京汉、石太铁路各县遵照实施并布告周知外，理合检同本政府布告一张、冀西山地经济封锁计划一份，暨铁西地区司令官布告一纸，一并备文呈请鉴核备案施行。谨呈。

华北政务委员会委员长王

    附呈：河北省政府布告一张〔略〕

        冀西山地经济封锁计划一份

        铁西司令官布告一纸（此件系索阅并非铁西司令官交送）〔缺〕

        搬出许可申请书及证明书式样各一纸〔略〕

        河北省政府秘书长暂行兼代省长 陈曾杺

             民政厅长 陈赞虞代

中华民国三十二年十二月五日

别册第一 冀西山地经济封锁计划

    方针

    对于日军施行之"京汉线及京汉线以西地带对于冀西军区一切物资流出之封锁遮断"施策，应予密切协力，同时立于剿共施策促进强化重要地位之立场。凡属于燕京道、保定道、真定道地域中之京汉线及京汉线以西，石太线及石太线以北之山地封锁线间地带，冀西山地之一切物资流出，均予封锁遮断，以期冀西军区战力陷于涸竭。

    实施要领

    一、实施地域及实施日期

除依照"剿共施策促进强化指导计划"外，并应如左处理之：

实施地域　除属于保定道、真定道之京汉线及京汉线以西，石太线及石太线以北之山地封锁线地带外，且追加属于燕京道之京汉线及该道京汉线以西至山地封锁线间之地带。

实施期间　第一期自十二月三日至十二月七日为态势整备期间。

二、直接实行体

直接实行体，为县级机关团体，在县知事统制下，以县公署为中枢，使官、会、民各机关团体为有机的活动。

另外，在日本军现地部队方面，由部队本身行之，并应互相密切连络。当此之际，由于日本军部队之要求，将武装团队之一部，在某期间须列入日本军部队之指挥下。

三、封锁要领

为封锁遮断对于冀西山地一切物资之流出计，在遮断地带主要应为左列施策：

(一)封锁线之设立

封锁线约为三线：

第一线　沿着铁道的封锁线；

第二线　旧山地封锁线；

第三线　新山地封锁线。

右封锁线由日本军现地部队设定之，其封锁遮断之活动，由该部队施行之。

此际中国方面武装团队之一部，有列入该日本军部队长指挥下之必要时，须应诺之。

(二)设置盘问及检查所

在各封锁线上主要交通路之通过点（应由日本军部队设置之）、铁路车站、县城、县内主要物资集散地等之主要出入关口设暨盘问检查所，对于搬出物资应特别严加监视，以期明瞭搬出经路。

(三)编成督察班(员)并厉行巡迴督察

为督导监察遮断地带内物资搬运状况计，由省、道、县委任官以上(或上项机关团体职员)为首脑之督察班(员)，使之担当管内地区之督察。

(四)为彻底宣传经济封锁之趣旨

对于一般官民使之理解经济封锁之必要性，并使更进一步协力本施策。

(五)物资搬运限制

在遮断地带内之物资搬运，其限制如左：

1．在夜间(日没后三时起，日出前三小时止)禁止搬运一切物资。

2．向敌地区邮寄之小包邮便，一概禁止。

3．昼间按照物资之种类，其限制如左：

第一类　绝对禁止流动。

第二类　不问量之大小，需要县知事以上之行政长官发行许可证明。

第三类　只限于一人，在自力范围内徒手携带，不准使用规定容器定量以外之用具搬运。在定量以上之搬运，需要县知事以上之行政长官发行许可证明。

属于第一类至第三类物资之品名区分，如附录第一。

4．只限于属于中日军、官、宪自行携带，或持有该管长官所发给记有品名、数量及搬运方法之证明书，不加限制。

5．在山地封锁线，特别严禁一切物资之流出。

(六)关于违犯之处置

在遮断地带内，凡违犯物资之搬运限制者，经审讯后，依法处置之。

违犯物品由县方没收之。

违犯事件之特殊者。

没收物资中属于特殊重要者。

急速经由道公署报告于省长，同时并应与现地日本军连络。县知事对于没收物资之处置，须于商询县剿共委员会后决定处理之，于必要时，得以该物资之三成以内赏与密报者，或发现因而获得者。

公务员及各机关团体之职员有违犯行为者，依军法处分之。对于违犯者之罚则，如附录第二。

（七）报告

县知事关于物资之流动，其重要或紧急者，可依情节随时经由道尹呈报省长。

其他关于下记事项，应由每月八日前，将前月县内官、会、民机关团体之实绩汇总，经由道尹而呈报省长。

1．没收物品一览表。

2．第二类、第三类物资搬运许可证发给状况一览表。

3．赏罚事项。

4．关于物资流动情报。

5．其他关于经济封锁重要之意见书。

附录第一

遮断地带内搬运限制（昼间）物品名称区别表〔见下页〕

附录第二

罚则

第一条 凡往敌区内搬运物品或有搬运之行为者，处死刑，并没收其财产。

第二条 凡以向敌区搬运为目的而收买物品者，以现行犯论

区　分	品　　　　　名
第一类物品	兵器、弹药、硫黄、火药及其原料、烈性毒药
第二类物品	金属、建筑用材料、印刷机、印刷材料、药品（烈性药品除外）、各种机械
第三类物品	饮食料品、皮革及其制品、麻及其制品、棉及其制品、油脂类、各种嗜好物品、日用物品类、杂货类

罪，准用前条之规定。

第三条　屡犯禁止或限制事项者，准用第一条之规定。

第四条　保内发现第一条或第二条之犯罪者，处二千元以下之罚金，其本保与本甲各担任罚金二分之一。

第五条　对于予敌区收买物品而予以便利及搬运者，处一千元以下之罚金。

第六条　凡利用经济封锁而行不法利得或利用他人而利得者，除没收其全部利益外，并处五百元以下之罚金。

第七条　凡违犯第五、第六两条之规定者，该罚金如至期不缴，得以三元折易拘役一日。

第八条　犯罪行为于发觉以前自首于军、官、宪之前者，按其罪状得减刑或免除之。

第九条　凡违犯本罚则之规定者，经审判后即时执行之。

第十条　凡公务员或各机关、各团体之职员，于执行其职务时有扰乱经济之行为或利用经济封锁营利者，以违犯军律论罪。

（2）伪河北省政府密呈（1944年2月17日）

河北省政府密呈　警字第三六号

案查本省规定冀西山地经济封锁计划，业经呈奉钧会三十二年十二月十四日总字第四零八号密指令内开："呈件均悉。除备案外，仰仍妥慎协力进行为要"。等因。奉此。兹复准关系方面通知，以第二期经济封锁基于日本军自行实施并变更区域，另行规定第二期经济封锁实施要领拔萃及中国方面经济封锁监察要领，协力施行，期收宏效。除由本政府密令保定、真定、顺德、冀南各道及所属各县市遵照外，理合检同第二期经济封锁实施要领拔萃及中国方面经济封锁监察要领各一份，备文呈请鉴核备案施行。谨呈

华北政务委员会委员长王

附呈第二期经济封锁实施要领拔萃及中国

方面经济封锁监察要领各一份

河北省政府秘书长暂行兼代省长　陈曾栻

中华民国三十三年二月十七日

第二期经济封锁要领拔萃

第一　方针

一、以冀西及太行区为经济封锁之对象，并以旧封锁线为实施封锁之重点，拟加强监察督察工作，以期达成经济封锁目的。

二、封锁线定为三线，于封锁期间内准许物资南北交流，但重要都市、县城之物资禁止流出外地（京汉线、石太线，石德线县城，及京汉线以西地区之县城）。

第二　实施要领

其一　封锁地带与违禁品之许可

三、以封锁线之最前线为新封锁线，着重于旧封锁线及京汉线、石太线、石德线，以期封锁之完璧，并以新、旧封锁线间之地区为重点。

四、封锁地带内设左开三线，严行防御物资流入敌区、匪区。

（参照附表第一）〔缺〕

1．第一线（新封锁线）

一律禁止通行，破坏敌人搬运物资，力谋第二线重点封锁之完壁，以搬进（路线）为重点。

2．第二线（旧封锁线）

以第二线为封锁重点，一律禁止通行。

设备遮断壕障碍物及检问所，并对日本军所在地以外之检问所一律撤消，以遮断壕防御物资流入匪区。

3．第三线（重要都市、县城及车站）

本线主要监视物资配给之根源，防御第一项物资及统制品流入匪区。

其二　封锁部队（机关）及任务

五、封锁地带内所有部队（机关）应集中总力强化封锁，以资实现，其主要者如下：

1．日本军；

2．新民会（道、县、顾问）；

3．合作社；

4．华方行政机关及武装团体；

5．监察队。

六、日本军为实施封锁之中心，统筹指导各机关，办理封锁事宜。

七、封锁地带内所有华方武装团体，应受日本军警备大队长之指挥节制。

八、华方行政机关应与连络部紧密连络，以便积极实施封锁。

九、各县为实行封锁之直接单位，应与日本军紧密连络，彻底实行检问检索。

十、新民会辅佐行政机关，务使一般民众明了封锁目的，并认清敌方通货之毫无价值，督促积极实行。

十一、合作社及采运社应顺应此次之封锁，利用地方市场圆滑配给物资，并积极搜集土产物资。

其三 阻止物资流出致力取得敌方物资

十二、禁止通过封锁线之物资，分类如左（许可证限三天有效）：

1．第一类（如无兵团参谋长之许可，禁止搬运）

兵器、弹药、硫黄、火柴、颜料、洋灰、毒物剧药、药品、棉花、通信机材料电池、手灯。

2．第二类（日本军部队长——包括连络 部长——以上 认为必要者，许可搬运）

杂谷、盐、棉织品（土布、纱布、洋布）、铁器、及铁制印刷机、机器、石油、煤炭、纸张、火柴、蜡烛。

十三、搬运物资通过第二封锁线时，限于领有兵团参谋长所行之输送证明书者。

十四、一律禁止向敌匪区寄送邮包。

十五、非有兵团之命令及许可，不得由敌匪区取得任何物资，发放廉价物资同之。但发放廉价物资时，须与现地日本军取得紧密连络。

十六、所扣留之通货及物资，须如数送交日本军保存。

十七、封锁亦系战斗行为，如有违犯者，一经发觉，即交委员会按军律处分，并适用连座罚规定。

宪兵分队长及县长以上之行政长官方有处分权。

十八、华方武装团体因公因私携带兵器移动时，须领有县长以上之证明书。

十九、绥靖军及皇协军与日本军相同。

其四 督察封锁

二十、按照附件，华方经济封锁督察要领，由各有关道、县编制之。

其五　其他

二一、华方机关对于此次封锁，应以布告、讲演、传单、标语等方式积极协力活动之。

中国方面经济封锁监察要领　昭和十九年二月七日　第三九〇六部队　保定陆军连络部写

第一　方针

一、监察经济封锁之实况，谋强化封锁施设检问检索之彻底，以期封锁之完璧。

二、其重点指向山地封锁第一线；铁道沿线及车站、重要都市县城。

第二　监察班之编成

三、监察班如左编成之：

1．真定道、顺德道、冀南道、保定道

　　监察班

　　　　班长　道尹

　　　　班员　道主任者

　　　　同　　道新民会员

　　　　同　　道顾问

2．县（市）监察班

　　　　班长　县长（市）

　　　　班员　警察所长

　　　　同　　警备副队长

　　　　同　　警察所主任者

　　　　同　　新民会员

　　　　同　　县连络员

第三　监察班之任务

四、道监察班随时管内随地行动，监察与指导封锁施设之适否，任检问检索之该村内（华侧）状况，同时研讨物资流出之根据，经济及敌方工作等，收集情报，任县监察班指导之。

第四 监察实施

五、各县监察班准据前项，任监察指导之。

六、监察事项大略如左：

1. 封锁施设之良否；

2. 检问检索实施之良否；

3. 中国方面商人之物资处理状况；

4. 道民对于封锁之认识与热意；

5. 敌方争取物资之手段、经路；

6. 物价及民众之生活；

7. 其他必要之事项。

第五 报告

七、道、县（市）监察班长，上月末日以前，下月之监察计划提出关系部队，同时其结果必须月底提出关系部队之。

八、提出文件须具备之要件：

1. 实施月日及地址；

2. 编成及人名；

3. 监察事项之详细；

4. 处理事项；

5. 所见。

（3）华北剿共委员会总会呈（1944年6月10日）

为呈报事：据河北省剿共委员会呈称：案查本省第二期经济封锁业经呈报钧会在案。兹准关系方面函开，以第二期经济封锁任务终了，应予解除，复规定对敌经济封锁要领一册，请通饬所属遵照实施。并将此次施策转换时期暨兵力配备等，应与各现地部队密切连络协议办理。等因。准此。除抄发原要领转饬遵照实

施外，理合备文呈报，恭请鉴核备查。等情。据此。事关对敌经济封锁施策，理合照抄该要领，据情报请钧会鉴核备查。谨呈
华北政务委员会
　　附呈对敌经济封锁要领一份
　　　　　　华北剿共委员会总会委员长　　王克敏
中华民国三十三年六月十日

对敌经济封锁要领

　　方针

　　为昂扬并活用日华军、政、会、民总力，及中国方面之责任与创意，以期防止战争必须物资之流入敌方。

　　因此，于管内物资之交流及不防〔妨〕害取得敌地区之物资而处理之。

　　要领

　　一、封锁仅限于日军指定之对敌根据地实施之。

　　二、日本军指定之封锁为晋察冀边区之敌根据地封锁之，互相连系，而日本军分驻地之无接连线区域，则详细斟酌现地情形，由日本军定之。

　　三、日本军之指定封锁者，非对物资生产丰富之匪地区实行，仅限于有封锁必要之重要敌根据地，并非阻害管内物资正常交流。

　　四、日本军所实施之经济封锁施策，系限于封锁线，封锁线之后方即于我方占据地域内，关于封锁之诸施策，由大东亚省现地机关及中国方面各机关办理之。

　　五、封锁线依现地之实情，得设封锁壕（壁）、监视（炮楼）、检问检索所等，并配备浓密之日本军及中国方面武装团体等，且究明对敌物资流出状况，以期遮断而无遗憾。

　　六、于封锁线之检问检索及非法违法物资之押收处分等，主

543

要由中国方面实施之。关于封锁之非法违法行为取缔，规定于封锁线上，由日本军部队，对封锁线后方，由中国方面定之。

七、通过封锁线者，除持有日本军中队长以上发行之许可证，并为交易而搬出物资时，得有兵团长以上，大东亚省现地机关长，或中国方面县长以上之行政长官所发行之许可证者外，其他禁止之。但为实施交易而搬入物资时不在此限。

八、交易由兵团长以上所定之一定地域许可之交易时，须留意战争必须物资之流入敌方。

九、为取得敌地区之物资，许可其交易，而流出物资时，须择选无强化敌方之战力者为要。

日本军所许可之品种略如左：

（1）纸、化装品、陶冶等之杂货类；

（2）盐、酱油、砂糖等调味品；

（3）烟卷、酒、阿片、茶、点心等之嗜好品；

（4）人绢类及布丝类；

（5）医疗药品、染料等。

前列者外，日本军依现地情形，得另行规定品种。

十、大东亚省现地机关及中心方面机关之对于经济封锁协力要领略如左例：

（1）谋我方占据地域内物资统制之合理化，并防止战争必需物资之流入敌方。

（2）于我方占据地域内物资统制之合理化，并防止阻害物资交流起见，将各种物资之搬出入许可制度废除之，并排除各地区互相之经济障碍。同时整备配给收买机构，及谋运用之适正化。

（3）接近封锁之各县，于封锁线附近，依下列要领协力封锁：

甲、新民会直接指挥下之团体机关，使动员本封锁同时，对一般民众彻底其封锁之趣旨，并指导其自体积极实行。

乙、县保安队及其他中心方面武装团体等担任封锁线之整搬出入物资之检查，及非违物资之押收，并支援警察、自卫团等之工作。

丙、警察担任搬出入物资之检查，非违物资之押收，因此特使游动经济警察活泼活动，并指导监督各村之封锁。

丁、保甲自卫团互相保持紧密连系，协力阻止物资之流出。

戊、民众为非违行为之事前防遏起见，得迅速与附近日本军供给情报。

〔伪华北政务委员会档案〕

伪华北政委会抄送1944年度华北夏防纲要函稿

（1944年7月24日）

函　字第　　　号

迳启者：查现值夏令，青纱障起，为芟除匪患，确保治安计，应即援照历年成例，举办夏防，以期绥靖地方。兹经制定三十三年度华北夏防纲要，业于七月三日第六十五次常会议决，并经核定本年度夏防经费计七十万元。除分令各省、市、区切实遵照认真办理外，相应抄附夏防纲要一份，函请查照办理为荷。此致新民会中央总会

附本年度夏防纲要一份

三十三年度华北夏防纲要

一、兹值决胜时期，为青纱障起，芟除匪患，确保治安，以完成兵站基地而安民生，并推行一贯计划，制定今年度夏防纲要。

二、各省、市、区、道、县须于夏防开始前，依据本纲要，并斟酌各该地实际情形，制定个别计划，分别呈请各上级机关核

定（县以道为核定机关，道、市以省为核定机关，省、特别市及直辖特别各区迳呈政委会核定）。铁道沿线及特种工业地区之夏防计划，应由该主管机关与该管道署会商，报省转呈政委会核定，直辖特别各区就近与道署会商后，亦迳呈政委会核定。

三、为达成本年度夏防之目的，应置重点于食粮、棉花、煤、盐、铜、铁、皮革及其他军需品之生产扩充，对于不急需物资，注意限制运输，并倾注全力剿灭共党，而完遂增产增运。

四、夏防期间规定为三个月，自七月五日起至十月五日止，但地方情形特殊者得呈请提前或延长之。

五、夏防期间应厉行讨伐，实施联防，彻底训练警队、甲团，强化思想，利用宣传，尤应以其他素有人民信赖之固有各种团体或学校、青少年团等组成宣传队或勤劳奉仕队之活动，以唤起民众之自觉自励。

六、夏防期间，强化取缔囤积，及严防物资流入匪区，研求破碎敌匪宣传，以固民众信念。

七、各地之防御交通等工事（如壕堡沟堑、瞥备路、电话等），在匪患未清地方，亟应确保完整，如有残损，迅与关系机关筹商修补。以上各种工作，征发劳役，以利用农隙为主，勿害农忙，致涉苛扰，并查核当地情形，酌给伙食，以工代赈，不得藉端滋事，增民负担。

八、各地剿灭"匪共"，应与驻防国军或驻屯友军取得紧密联络，以及剿共委员会、新民会等各团体之协力务期连系，而收宏效。

九、清查户口，搜集情报，检举奸宄，联合卡哨，联络会剿，确保物产、交通等项均为夏防基本工作，各地应按照实施需要，切实办理。

十、为夏防而伤亡之将士、警队、甲团等及其他地方官吏，省、特别市及直辖特别各区得从优给恤，并将死难之姓名、职衔呈会查核。

十一、夏防终了，举行总考评后，各省区、道得摘治安特著县份之县长、警察所长、保安队副大队长、保甲自卫团，胪陈实绩，由省区呈会查复后，分等颁给奖金或奖状。

十二、对于协力治安之各种民众团体，地方官署亦得比照前项办法，择尤呈由省区核奖。

十三、各省、特别市、直辖特别各区于夏防期间，按月将实施情形呈报一次，遇有重要事项随时呈报。夏防终了后十五日内，将各该地夏防期间之设施存废分别呈候上级机关核定。

十四、本年度夏防费共七十万元，分配及用途如左：

1．奖励金十万元，由政委会办理，颁给奖金、奖状等费之用。

2．预备金四万元，预备视察指导奖赏补助各地夏防等费之用。

3．新民会四万元，办理协助各地夏防等费之需用。

4．地方分配金五十二万元，分发各省、市，主要用于保安队、警察、保甲自卫团剿匪；其次用于修筑防御工事，警备道路及宣传情报等，事后据实报销。

甲、河北省　　　十二万元

乙、山东省　　　十三万元

丙、山西省　　　九万元

丁、河南省　　　九万元

戊、第一直辖区　二万元

己、北京特别市　二万元

庚、天津特别市　一万元

辛、青岛特别市　一万元

壬、冀东特别区　三万元

〔伪华北政务委员会档案〕

〔三〕实行文化统制与奴化教育

（一）钳制舆论灌输奴化思想

伪维新政府宣传局陈报与日方会商电影统制问题附送在华电影政策实施计划等件签呈

（1939年5月15日）

谨签呈者：查本月四日，顾问部秘书处送来关于电影统制案之文件一束，当将该文件译为国文呈阅。旋职赴沪，兴亚院方面由高桥少佐召集一会议，于本月十日在新亚酒店举行。参加者在日本方面有兴亚院高桥少佐、陆军滨田中佐及外务省代表，在我国方面则职本人。当时只系就大体上略为讨论，照所定计划拟设一统制委员会，为最高主持电影事业之机关，在此委员会之下，设剧本审查、影片检查等委员会（章程、大纲见附件一），专办关于统制工作。另设一制片公司（章程见附件二），由中、日、满合资经营。其后职与滨田中佐晤谈，据称关于电影公司之股本分配，略有变更，原定股本为一百五十万元，今改为一百一十万元，维新政府方面占五十万元，日本政府占二十万元，日本电影协会占十五万元，满映占二十五万元。又理事之分配，亦变更如下：维新政府理事长一人，理事一人，监事一人，日本方面常任理事一人，理事一人，监事一人，满映方面理事一人，监事一人。又维新政府对该制片公司于最初之二、三年内，应每年给予补助费二十万元。今谨将本案有关之文件译本承奉，请予察阅。窃查电影事业与治安、风俗、文化及国策之宣传均有极大关系，在前国民政府时代，关于电影之检查，由教育、内政两部会同中央宣传部设立检查委员会办理，至于电影剧本之编制，电影片之制作与及关于电影统制工作，则完全由中央党部宣传部办理。今我维新政府设有宣传局，其职权与前党政府时代之中央党部宣传部相当，则电影事业自应归宣传局主管，即宣传局之组织条例，亦如此规定也。惟现拟设之电影统制委员会既有日方委员加入，且又自成一系统，则该会应隶属何机关，似有研究必要。即维新政府方面应派何人为该委员会委员，与及制片公司之理、监事等项，亦均须研究。职意以为该会仍可隶属于宣传局，以符定制。维新政府方面可派宣传局长及内政部、教育部代表各一人为电影统制委员会委员，而以宣传局长为该会委员长，该会之经费亦应付入宣传局预算之内。至维新政府应派往制片公司之理事长、理事及监事，亦可由同一人员兼任，仍以宣传局长为理事长，以一事权。是否可行，仍候钧裁。谨呈

院长梁

宣传局局长孔宪铿签呈　　五月十五日

附呈　　一、在华电影政策实施计划（日、国文各一件）

二、华中电影统制委员会章程（日、国文各一件）〔略〕

三、中华电影股份有限公司设立要纲（日、国文各一件）

四、统制电影起见第一年度编成施设及所要经费（日、国文各一件）〔略〕

在华电影政策实施计划

一、目的

处理此次事变起见，确立中、日、满一体思想的基础使之强化，将蒋政权十余年来培养之抗日侮日之思想于国民脑海者使之

绝灭，故利用电影宣传，收效果甚巨，且有重大之意义。

今次事变后，中国电影界复兴意气非常旺盛，若放弃不问，有再为蒋政权利用之忧。故乘此机会，予以指导及利用之，从情操方面启发民智，其他积极的利用之。宣传国策为刻下之急务。

因此，现地官宪谋映画统制起见，故成立委员会，为指导援助之准备，即电影法规之制定及特殊会社之设立，使中国电影事业与日、满之电影事业密接联络，使之健全发达。

二、方针

(一)要旨　鉴于中国映画实情，有在华北、华中地方设立电影政策实施机关，依据经营方面达成中、日、满协力为目的。但南北政权分立现况之下，行政部门及华北之特异性当加以考虑，复求由日本从事指导，以统一精神利用宣传。

(二)电影统制委员会之编成及运用

(甲)于政府所在地方遂行电影政策之统制指导机关，如电影映画统制委员会，由当地之电影关系官宪及日本官宪中选出若干人为委员。

(乙)委员会别定章程，主体为电影政策之检讨及电影法规之制定，及电影片制作、分配、开映之统制及指导。

(三)电影法规之制定

准备前项目的，在中国之映画法规之制定及其内容，分配事业之独占及制作事业之许可。

(四)配给

以中国全体为一市场，与满洲保持密接之关系，谋统一连系之影片分配（出入口在内），此于影片统治上极为重要。关于电影特殊会社，于华北、华中设立，在全中国之中、日、满影片分配事业，及与满洲映画协会成立协定，使中国之影片向满洲销耗，予以独占之权限。设两公司于上海及华北，设立根据，制定公司协定，将来合并达到一元的经营为目的，将来中国之影片向日本及外国输出时，统由该两公司经手。

至若西洋影片之输入时，原则上承认，但鉴于适宜情势，故要善处之，

(五)制作

(甲)一般主旨

华北、华中速准备电影制作机关。华北方面，文化影片、新闻片冲洗并录音为主体之制作机关赶速设立。

至于在华中方面，虽要赶速新设，但目前暂时将现有之中国制影片工厂指导及利用之。

(乙)文化影片、新闻影片

达成政策目的起见，从国策的见地，须要制造此种片子或代各机关拍制。

华北、华中政府文化影片各要十卷以上。

(丙)新旧剧之影片

全中国一月要制六卷。

关于制造新片，目前暂利用上海华人之摄影场外，采用满洲映画协会制品。

华北、华中两政府一年须要制五卷以上之国策影片（宣传影片）。

开映

将破坏之电影馆修改及新设电影馆。此外，组织移动电影班，在各地公开。

以上事业统由特殊会社指导实施。

中华电影股份有限公司设立要纲(案)①

第一　方针

——————

① 此系用伪维新政府议政委员会6月10日修正通过之件。

在中国经营电影事业，而于中、日、满互相提携之下，以思想融和及文化进展为目的，设立维新政府特殊法人之中华电影股份有限公司。

第二　要领

一、名称

中华电影股份有限公司（暂定）。

（日名：中华映画株式会社）

二、目的

（1）制造影片；

（2）影片之配给并进出口；

（3）影片之映画并企业。

（4）对于同种事业之投资并金融。

（5）附带以上各项之各种事业。

三、资本

资本总额　百万圆。

计开：

　　五十万圆　维新政府

　　二十五万圆　日本映画业者团

　　二十五万圆　满洲映画协会。

附注一、出资金是一次缴纳全额。

　　　二、由日满追加出资，以及由台湾出资，是于将来增资时予以考虑。

　　　三、维新政府自动推辞其出资应得之红利分配。

四、国籍及本行地址

认为维新政府特殊法人，而本行设在上海。

五、委员

委员之董事四人以上，及监查人三人以内为限。董事中设社长一人及常务董事一人。

六、特许

（1）在中、日、满制造之影片，专使本公司配给于华中方面。

（2）维新政府对于本公司拨发必要补助金，以资发展。

（3）对于本公司为摄影、上映、录音，并印片需要机器、照片（含内既印片或未印片），免除海关税。

（4）日本政府对于本公司交付本年度补助金二十万圆，于次年度以降，为考虑所要之补助。

七、特殊义务

（1）政府关于本公司事业，得为公益上及监督上必要之命令。

（2）左各事项者，非得政府之核准不得为之：

（イ）关于变更章程之事项。

（ロ）关于公司合并并解散之决议事项。

（ハ）关于理事长、理事及监事选任并解任之事项。

（二）关于招募、增资、社偿及处分利益金之事项。

备考

（1）本公司暂时不依据招股之方法，因发起迅速设立，但将来于适当时期，得许为一般民本公司股东，此际对于出征者及其家族、友邦人等，特与特别考虑。

（2）本公司员采用之时，对于出征者及其家族、友邦人等，于得许环境之范围内，特与特别考虑。

〔伪维新政府系统档案〕

汪精卫拟订宣传工作人员训条

（1941年6月1日）

宣传工作人员训条

一、认识建国必须以一个主义为中心思想，以一个中心势力为最高领导。

二、认识三民主义系根据人类进化之历史律例与融合近代科学智识结晶而成的革命原则，惟有三民主义始能包含各派社会思想之优点而免除其谬误。

三、认识三民主义中之民族主义系以大亚洲主义为重要内容，中国之独立自由与东亚之永久和平为不可分，而世界之永久和平亦必于此求得其基础。

四、认识三民主义中之民权主义于欧美历来之民治制度及最近孳生之极权制度均已撷其精华，防其流弊，尤为中国今后政治制度不易之方针。

五、认识三民主义中之民生主义为使中国脱离次殖民地地位及消弭马克斯共产主义流毒之最良方药。

六、认识和平反共建国主张为当前救国救民的唯一南铖，和平反共建国之途径是于和平中谋建设，决非于和平中图苟安。

七、认识东亚联盟四大纲领，政治独立、军事同盟、经济合作、文化沟通为东亚民族共同生存共同发达之基本原则。

八、要有诚明坚毅的精神。

九、要说老实话，负责任。

十、要有牺牲的决心，遇变不乱，临难不苟。

十一、要深入民众做领导的工作，做推动的工作。

十二、要以条理的宣传代替空洞的煽动。

中华民国三十年六月一日

汪兆铭
〔国民党中央宣传部档案〕

华北日伪关于检查禁书及其处置方法有关文件

(1941年)

(1) 周英译文

关于与抗日及共产有关之图书新闻杂志等之处置　　周英译

一、违禁书物之现状

(甲)与抗日有关者

图书馆、新民教育馆、学校等所收藏与抗日有关之图书、新闻、杂志等类，在事变后曾经军方之检查处置与其后之经过（参阅别项)，而现时以供一般阅览者，此当无何问题。然在检查时，尚有：1．仍留原处盖印保存者；2．因违禁限度不明，未经整理，依旧保管者，则恐不乏此类违禁书物之存在。

即供一般阅览之图书中，因卷帙浩繁，亦或恐不免因检点错误而有极少量之违禁书物杂入在内，而尤以第三国系之大学等，其从来之处置是否彻底，亦不无疑问。

(乙)与共产有关者

与共产思想有关联之图书、新闻、杂志等，因前国民政府时代曾有相当之取缔，故在图书馆、学校等处公开阅览之藏书中，尚不多见。然关于违禁书物之措置，从来多偏重于抗日方面，此类与共产有关之书物，或恐不无若干之残余存在。又如社会主义、马克斯派社会主义之图书，以及有此等倾向之哲学、历史、文艺作品等，亦难保不无混列在一般藏书之中，而尤以第三国系之大学，如前项所述，其从来之处置彻底与否，尚属疑问。

二、违禁书物之处置

因有上述之情况，故在此时机有再度处置之必要。此次之处置，由教育总署主动的施行。处置之方法：

(甲)施行处置时，由教育总署发布命令于各校、各馆。其内容如左：

　　1．关于内容有抗日及共产思想之图书，前曾一度检查完毕，而以供一般之阅览者，谅当不致有何问题，然惟从来所封存而在保管中者，则恐不乏此类违禁书物之存在。凡属教育总署直辖各校、馆，应迅将该项书物检查清理，备文呈送来署，其他之各校、馆，则呈送所直属之公署。

2．未经整理而在保管中者，应从速着手调查，与前项取同样之处置。

3．凡所收藏之书物，此时应再全部检查，若有认为思想不妥者，照第一项取同样之处置。

4．应受禁止处分之图书、新闻、杂志，在查其内容系与(1)抗日；(2)共产主义；(3)社会主义；(4)马克斯派社会主义等，直接或间接有关联，且系确认此等思想者。

5．其内容良否不易鉴别之图书，检送时另封注明(经专门家之鉴定，内容并无不妥者返还之)。

6．以上之处置，预定本年十月底办理完毕。

(乙)收到违禁书物之公署，与所在地之特务机关取得连络，从速送达各省、各特别市公署。

(丙)教育总署、各省、各特别市公署收到送达之违禁书物，予以封存。

(丁)新民会中央总会受教育总署之委托(此系在形式上如此)，派遣调查员于各省、各特别市，就封存中之图书妥为选择，分别处置。

1．应毁弃者。

2．应留作资料保存者。

3．应返还者。

(戊)对第三国系之学校(以大学为主)，为期获举实效，由军方(宪兵队)、兴亚院特别督励之，必要时并检查之。

(己)对各地所在之学校、图书馆，为期获充分之效果，与教育总署之发令同时，并由军方通知特务机关督励之。

(2) 伪华北教育总署密咨稿(9月6日)

教育总署咨(密)

556

为密咨行事：查有关抗日及共产学说之图书及新闻、杂志等，于事变后已由各省、市当局就所属之公私立各级学校、图书馆暨新民教育馆等分别检查封存，不准公开阅览在案。第恐此项书籍虽经封存，尚有未经详加整理者。再则上述各机关现供阅览之图书，数目繁多，难免无禁书混入其中。兹为彻底检查起见，特由本署将此次检查禁书之性质及处理之方法，规定如下：

甲、禁书之性质　各种图书及新闻、杂志等，其记述内容与(一)抗日；(二)共产主义；(三)社会主义；(四)马克斯主义等有直接或间接之关联，且主张上述四种思想者。

乙、处理方法

(一)已经查出封存保管者，应由各该保管机关悉数送呈直属上级机关。

(二)已经封存保管而未经整理者，应由各该保管机关进行检查整理后，呈送直属上级机关。

(三)各该机关应就现供阅览之图书、新闻、杂志等，再加详细检查，其具有上开禁书之性质者，应即检送直属上级机关。

(四)收到禁书之机关，应与所在地之特务机关联络，迅将禁书送呈各省、市公署，并由各省、市公署将禁书封存。

除甲项所列各种性质之禁书外，倘有内容是否纯正难于判断者，应即另行包封，注明理由，一并送呈直属上级机关，由专家审定后认为不属于禁书之列者，仍当发还。此次检查书籍，务求彻底，并期于本年十月底以前全部工作完成。除分行外，相应咨请贵公署查照，迅即转饬所属遵照办理，并希见复为荷。此咨

河北
河南
山东　省公署
山西
北京

天津　市公署
青岛
苏北区行政专员公署

教育总署督办　周○○
〔伪华北政务委员会教育总署档案〕

汪伪宣传部附送新国民运动推进计划呈

（1942年1月16日）

窃查新国民运动意义至为重大，本部已拟具推进计划，经中央宣传会议第十次会议修正通过。除首都方面由本部及教育部、社运会会同负责实施；各省、市政府并已分别咨令查照办理在案，所有华北方面，拟请由钧院转咨华北政务委员会参酌办理。理合检呈计划两份，仰祈俯赐核转，实为公便。谨呈
行政院院长汪
　　　附呈新国民运动推动计划两份
　　　　　　　　　　　　　　宣传部部长　林柏生
中华民国三十一年一月十六日

　　全国新国民运动推进计划
　　一、本运动之推动分下列三个时期
　　1．第一期　为普遍宣传，务使一般国民了解何以要做新国民之意义。
　　2．第二期　本期为实际训练，选择各学校、各机关团体优秀分子为集体训练，使接受如何做成一新国民。
　　3．第三期　本期为推广期，由经受训练分子扩充普遍于一般民众。

558

二、第一期工作计划

1．由教部通令全国学校，以新国民运动纲要列为公民特别课程之一，宣传部编纂新国民运动纲要讲授大纲，颁由各地宣传教育机关派员分赴各校讲演。

2．全国各报通讯社撰发论文、新闻，由各报发起征集关于新国民运动之意见，注重各人提出对于国民过去缺点劣点之反省。

3．印发新国民运动纲要小册。

4．制贴标语、横额。标语横额定"厉行新国民运动"，"实现大东亚解放"二种。

5．举行演讲、歌剧、演奏。

6．举行万众签誓：

　　A．印制签书册（另附誓词）；

　　B．派员先行到各校巡迴演讲，散发传单及新国民运动纲要小册，并动员各当地学生分散所属行政区划劝签，随时将参加签书人姓名披露。

7．悬奖征求新国民运动徽、歌曲、剧本。

8．广播。

本期工作由各当地宣传、社会、教育机关会同办理，二月一日开始，以全月之时间全部实施完成。

第二期、第三期工作计划另行订定之。

　　附誓词全文
　　誓词

余誓以至诚接受最高领袖之指导，服膺三民主义，厉行新国民运动，完成中国革命，实现东亚解放，尽忠竭力，贡献一切于国家。增进生产，节约消费，知识科学化，行动纪律化，不掠美．不诿过，不贪污，不渎职，务使政治修明，弊绝风清，措国基于永固，致世界之和平。如有违背誓言，愿受一切制裁。此誓。
中华民国　　年　　月　　日

〔汪伪行政院档案〕

559

汪精卫发表新国民运动与精神总动员的广播词

(1942年2月1日)

在去年十二月八日大东亚战争开始第一天，我曾经以国民政府主席的名义发表声明，阐述这一次大东亚战争的重大意义，中国要与日本同甘共苦。随后我更广播全国同胞，阐明中国要赶快做到三件事：一是确立治安；一是加强军事力量；一是增加生产、节约消费。所谓同甘共苦不是白说的，所说的三件事也不是随随便便就可以做到的。今年元旦我更发表新国民运动纲要，郑重提出现在四年有余的中日事变，已一转而为保卫东亚的大战争。在这新关头，没有新精神不能担负这新责任。换句话说，全国同胞对于这一次大东亚战争，要认定是东亚生死关头，也即是中国生死关头，立刻以精神总动员来担负这责任。新国民运动纲要，就是指出精神总动员的内容和条件的。

现在的战争是总力战。所谓总力，一切心力物力都包括在内。我痛恨重庆方面"精神胜过物质"的标语，而代之以"精神创造物质"。这两句话虽相似，实不相同。"精神胜过物质"，这句话重庆是用之以掩饰一切文事武备之苟简的，其流弊与义和团的思想差不多。精神创造物质则不然。以武器为例，一切最新武器，不外科学研究的结果，而科学的力量就是能将从来所有的物质加以变化，加以组织。一样的铁，从来只能制造刀剑，如今科学的力量，加以变化，加以组织，便能制造出坦克车大炮来。精神胜过物质，是把精神与物质看做两件事，并且比出高低，分出优劣。须知过分重视物质，忘却精神，正如孟子所说"委而去之"，固然不对，然若因此而把物质看做等闲，则对于一切都成为空口说白话了。我们今日必须认定精神创造物质。所谓创造，其最大效用，便是把一切原有的简单的物质，加以组织，加以变化，使原有的简单的，成为新的复杂的力量大过千万倍的东西。我们必须认定，若精神不能创造物质，只能说是没有精神。精神总动员的最大目的，就是要创造一切物质，使中国从至穷极困的环境中拯救出来。现在世界有几个强国，他的国里尽管缺乏原料，尽管能七拼八凑的制造出大量的工业品，这是因为创造力强的缘故。中国虽不算得怎样地大物博，但有几种原料并不见得缺乏，何以工业如此不振，这是因为创造力不够，应当愧死。最近四年有余的消耗，更使国内物质断丧到了极点，一切经济建设均无从说起。我们此时只有提起精神，从事创造。第一步将残余的加以收拾，加以整理，第二步更求扩充。没有整个的有系统的计划，不能做合理的进行，没有铢积寸累的决心，虽有计划亦不能实现。我们越感觉到物质的缺乏，便只有越鞭策自己的精神。既使之无中生有，又使之积少成多，除了这样，绝无天外飞来的侥幸。各位同胞总看过明朝亡国的历史了，那时候的士大夫有一种风气，是"心空嘴硬"。所谓心空，是指他肚里的学术是空疏的，施之于政治军事都是虚枵的。所谓嘴硬，是指他口头上却唱得高，喊得响。这样心空嘴硬的结果，就义形于色的把国家民族断送了去。最近四年有余以来，似乎又要走到心空嘴硬这条路上去了，我实在寒心。我觉得除了提起精神创造物质，国家民族决没有第二条出路。

中国向来说到精神，总是自修方面多，团结训练方面少。这是中国精神教育上一个最大缺点。新国民运动要注意到每一个人都能发生力量，增进力量，同时还要注意到每一个人都能将发生增进的力量组织起来，使成为整个团体的力量。不止这样，现在要求生存，每一个国家都知道单独行动是不够的，犹如每一个人都知道单独行动是不够的一样。所以同时要注意到，每一个国家都能将发生增进的力量组织起来，使成为集团国家的力量。

我们想平等，同时要知道，若要得到地位平等，先要责任平等，而欲做到责任平等，先要能力平等。每一个人在团体里想平等，要如此，每一个国家在集团里想平等，也要如此。

我们想自由，说到这里，我们想起法国元首贝当的一句话来了。法国人最爱自由，贝当却对法国人说："你们现在有什么自由，有受苦的自由，有饥饿的自由。"这是何等沉痛的话。然而我对于中国人，却不由得不更沉痛的说："你们有什么自由，有堕落的自由，有腐败的自由。"英、美人也是爱自由的，他们自己的自由到底怎样，暂时不说，至于他们所给予中国人的自由是怎么样，只看从前的上海公共租界，只看香港，便可明白了。中国人要大出丧是自由的，中国人要大投机是自由的，中国人要摹仿奢靡的嗜好，要享受放纵淫佚的生活是自由的。中国人在这种自由环境里，只有堕落更堕落，腐败更腐败。现在呢，在大东亚战争中，在大东亚的长期战争中，以上一切一切的自由，不得不请你们通通收起来，换上一个协力的自由。什么叫做协力的自由，在国家里要协力，在集团国家里要协力，不要问能享受多少自由，只要问能贡献多少力量。贡献犹如耕耘，自由犹如收获，若要收获得丰富，只要耕耘得又勤又快。在大东亚战争中，日本自己发出了无限的力量，同时也盼望中国发出力量。必须这样，才能支持长期战争，才能在长期战争中确保胜利。日本是要中国协力的，我们用不着顾虑。我们要顾虑的，是我们现在究竟有多少力量，我们现在怎样才能够发生力量，增进力量。因为有"力"，才有"协"，如果根本连"力"都没有，从何"协"起。然而力是相摩相激，然后发生的。我们不要听历来英美的甘言，那是骗我们的，什么"自由的中国"，说得好听，其实只盼望我们自由的堕落下去，腐败下去。日本的舆论常常有责备我们的话，这所谓"良药苦口利于病，忠言逆耳利于行"。英美的甘言，是愿意我们堕落下去，腐败下去；日本的责备，是看见我们这样堕落、这样腐敌，心里恨极了，所以狠狠的指出来。我们要知道，在大东亚的长期战争中，不必问将来怎样同甘，只要问现在怎样共苦，协力的意义是如此的。全国同胞，我告诉你们一句话，协力就是自由，我们丢弃了从前堕落的自由，腐败的自由，换上一个协力的自由。

精神总动员的要义是如此了，以责任能力求平等，以协力求自由。一个人在国家里要如此，一个国家在集团国家里也是如此。至于具体条件，则具载新国民运动纲要里头。纲要里头所列举的八项，不是什么文章辞藻，是我六十年来受了无限苦痛，才体验出来的。对于缺点我首先自己承认，自己责备。只责人不责己，固然要不得，只责己不责人，也不是平等的办法，并且容易偏重于自己修养，而忽略了团体训练。所谓"各人自扫门前雪，不管他人瓦上霜"，便是从此而来的。所以我盼望人人都注意于自己修养，同时又都注意于团体训练，实行新国民运动纲要中每一句话，以精神总动员来协力大东亚战争。

〔汪伪外交侨务系统档案〕

伪新民会中央总会订东亚解放新国民运动纲要

（1942年）

东亚解放新国民运动纲要

战争为对于一国国民总动员严峻无比之检阅，亦即对于一国国民精神力之总检阅与最后之总考评。

自事变爆发，已逾五载。在此期间内，吾中国国民所有之短长优劣，已一一暴露无遗，不容掩讳，尤其中日事变之长期激荡，竟一转而为大东亚解放战争。于此吾人之国家与人民，已踏上历来未有之艰苦途径，非加意善处，实莫由冲破难关。同时未来之时代，将不容吾人沉迷故徹，无新的精神即无以负起新的责任与新的使命。因之，吾人不能不振奋身心，检点过去，顺应现实，以发挥最大之总力。至所谓新精神者，要不外乎洗脱旧染，锐意自新，换言之，一面应发挥所长，一面应矫正所短。对于腐化恶化之不良思想，更应以最大决心与勇气，彻底澄清。此次华北发动"东亚解放新国民运动"之根本意义，即在于此。关于运动本质，推行原则，暨其基本要领，次第说明如次。

一、"东亚解放新国民运动"之本质。

本运动以新民精神为基础，以东亚解放为目的。

所谓新民精神，久已构成华北唯一的指导原则。此原则之一面，为"日新又新"之革新精神，其又一面则为"居仁由义"之固有精神。至对于共产主义、自由主义，以及功利思想等，在本运动开展之中，更应根据此种精神，予以彻底的排斥。

所谓东亚解放，乃东亚民族共同之绝对要求，依此发动之大东亚战争，实关系全东亚之兴废存亡。此后吾人之一切行动，当然须以争取东亚解放之绝对胜利为定鹄。

我国，尤其华北，在大东亚战争进展期中，具有非常之任务与地位。此次展开之本运动，必须适合此种非常需求，俾华北一亿民众共同致力于"精神及物质之总动员"，以遂成物心两面之建设。同时即以国民总力，争取大东亚战争之最后战果。尤其数十年来我国思想体制，反复为世界资本主义及共产主义之附庸，此后在推行本运动中，对于此等旧体制旧思想，自应彻底清算，以确立新思想新体制之阵营，并完成大东亚战争所要求"东亚新秩序"之建设。

二、东亚解放"新国民运动"推行之原则。

推行本运动以下列三原则为主：其一为官民合一，上下合一之原则。依此，政府与新民会在表里一体精神下，以指导活动，诱发国民之自发活动。在民众层中，则以其自发活动，仰体政府意旨，而实行自肃自卫与自存。此种指导的活动与自发的活动，必须以相辅相成为原则，亦惟有以相辅相成之精神，本运动始能得圆滑之进展。其二为知行合一之原则。依此，本运动不尚空论，特重理论实践之统一，一面以理论指导实践，一面以实践充实理论。其三为主观性客观性合一之原则。依此，本运动第一必须适应国民之要求，第二必须适合时代之要求，同时更使国民与时代互为适应。盖不适合时代则不能推行，如不适应国民则不易推行也。

三、"东亚解放新国民运动"之基本要领

政府提倡本运动，乃基于国民精神力之内在需要与环境之现实要求，其目的则在于统一国民理念、高扬国民精神，及完成国民组织三大基准。依此基准，发挥国民总力，以达成物心两面之建设。兹将伴随三大基准之六项要领分列如左：

1．忠国家；

2．爱东亚；

3．重道义；

4．尚勤俭；

5．负责任；

6．守纪律。

就此六大要领，所应为简单说明者如次：

1．忠国家 须认识个体之自由与国家之自由为不可分。因此必须废除党派、阶级、职业、地域等等私利偏见，统一意志，集中力量，以大同团结为旨趣，举国一致，以树立华北新体制。对于以阶级斗争与一党专制为目的之共产党，乃国家之绝对罪人，必须彻底剿灭。

2．爱东亚 须知国家之自由与东亚之自由为不可分，中国之安危与东亚之安危亦为不可分者。故为发扬东亚民族之共同意义，团结东亚民族之共同力量，尤须与友邦日本协力，以完成东亚新秩序之建设，而于东亚解放中求中华民族之生存。

以上二项为国民理念统一之基本。

3．重道义　崇尚东亚传统的道义精神，将自由主义、个人主义之功利思想予以清算，以灭私奉公精神，而求全体之幸福。幷须明礼义，知廉耻，以涵养"富贵不能淫，贫贱不能移，威武不能屈"之精神。

4．尚勤俭　"俭以养廉"，故勤俭之实行，不但可以节约物质，增加生产，并可以改善风气，澄清吏治。况当大东亚战争方酣之日，为实行国民"心""物"之总动员，尤宜以此倡导国民精神之高扬。

以上二项为国民精神高扬之基本。

5．负责任　吾人必须具有责任观念，果敢从事，断不许苟且偷安，敷衍塞责。又必须于其职责之范围内，尽忠职守，以各部门各尽其力于国是，藉收分工合作之效。

6．守纪律　我国至今尚未树立"近代国家"之体制，实由于国民之漫无组织，而国民之无组织，又由于不重视秩序与纪律所致。故今后无论个人或全体，必须力求纪律化。

以上二项为国民组织完成之基本。

今将以上解说，表列于下：

又表中之"(←→)"符号，为表示其直接间接具有关连性者。

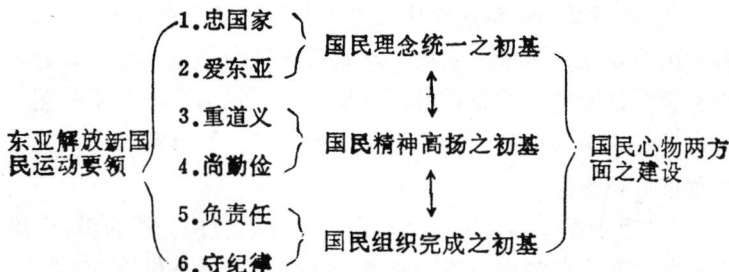

东亚解放新国民运动要领	1.忠国家 2.爱东亚	国民理念统一之初基	国民心物两方面之建设
	3.重道义 4.尚勤俭	国民精神高扬之初基	
	5.负责任 6.守纪律	国民组织完成之初基	

以上所举各项为总括精神方面之总动员，及物质方面之经济

建设者。至其细目则由政府（主管官署）根据本纲要，随时制定，公布实施。

此外属于一般行政之思想善导，公民轨范，礼仪、风俗，乃至一切生活式样等等，华北政务委员会、各总署自应依其固有职掌，在与本运动表里互应下，另以法令行之。

〔伪华北政务委员会教育总署档案〕

新国民运动指导委员会附发清乡区国民呼暂行办法的训令

（1943年2月22日）

中 国 国 民 党   新国民运动指导委员会训令　新字第肆号
清乡区党务办事处

令省会① 各公务员新运促进团

查新国民运动促进委员会，为振奋全国国民，已订有国民呼办法一种，公布施行。本会为振奋清乡区民众情绪起见，特参照该项办法，订定清乡区国民呼暂行办法，呈准党务办事处公布施行。合即随令颁发清乡区国民呼暂行办法一份，仰即遵办为要。此令。

附发清乡区国民呼暂行办法一份

中华民国三十二年二月二十二日

主任委员　史训迁

清乡区国民呼暂行办法

中 国 国 民 党   新国民运动指导委员会订
清乡区党务办事处

甲、本会为振奋清乡区民众情绪起见，特参照新国民运动促

---

① 指伪江苏省会苏州。

进委员会颁布之"国民呼暂行办法",订定本办法。

乙、凡青年团体、学校、训练班、各机关、各社团之重要集会，及升降旗时，应依本办法之规定，举行国民呼。

丙、凡遇最高领袖亲临训话时，于训话完毕，亦应举行国民呼。

丁、国民呼以在场最高级人员为领导。

戊、国民呼用语如左：

一、（领导人）服从领袖，实行主义。（全体）我们要服从领袖，实行主义。

二、（领导人）勇猛精进，刻苦耐劳。（全体）我们要勇猛精进，刻苦耐劳。

三、（领导人）兴复中华，保卫东亚。（全体）我们要兴复中华，保卫东亚。

四、（领导人）拥护李省长，完成清乡。（全体）我们要拥护李省长，完成清乡。

五、（领导人及全体齐呼）领袖万岁！东亚联盟万岁！中华民国万岁！万岁！万万岁！

己、前半段由领导人高呼，全体紧接齐声高呼，后半段领导人及全体同时齐声高呼。

庚、遇必要时，第四节第五节之间，得加插临时口号，领导人及全体同时齐声高呼。

辛、本办法由清乡区党务办事处公布施行。

〔汪伪外交侨务系统档案〕

汪伪国民政府公布战时文化宣传政策基本纲要

（194■年6月10日）

战时文化宣传政策基本纲要　三十二年六月十日公布

568

第一　方针

国民政府战时文化宣传政策之基本方针，在动员文化宣传之总力，担负大东亚战争中文化战、思想战之任务，与友邦日本及东亚各国尽其至善至大之协力，期一面促进大东亚战争之完遂，一面力谋中国文化之重建与发展，及东亚文化之融合与创造，进而贡献于新秩序之世界文化。

为贯彻上述基本方针，首须激扬举国一致之战时意识，根据国情，适应战时需要，从事于体制之创立，力量之集中，思想之清厘，观念之肃整，与科学技术之发展。

第二　要领

一、认定大东亚战争之完遂为一切东亚理想实现之前提，国家集团主义为东亚新秩序建设之准则，中国文化为东亚文化之一环，应把握中日文化之实体，发扬东亚文化，巩固东亚轴心，完遂战争之使命。

要目

(一)国父遗教、三民主义及其重点大亚洲主义，为兴复中华保卫东亚之最高指导原理，领袖言论为国父遗教之阐扬与发展，应普遍此认识，并纠正国际共产主义及其他曲解误解之不正确观念。

(二)中国与日本为生死与共，中日在东亚为共存共荣，其间共同之命运有不容逆转之自然关系，应普遍此认识，并纠正英美及渝共挑拨中伤之不正确观念。

(三)东亚联盟四大纲要，政治独立，经济提携，军事同盟，文化沟通，为团结东亚民族，保障东亚和平之纯正理念，应普遍此认识，并纠正英美及其他企图破坏者所散播之不正确观念。

(四)中国对英美宣战，与友邦日本合力完遂大东亚战争，无论在军事上、经济上均具有必胜之把握，应使国民彻底认识国府参战与友邦协力之意义，并策励国民总力参战之精神与努力。

二、清算英美侵略主义之罪恶，扫除英美个人自由主义之毒素思想，消灭依赖英、美之卑劣心理，提高国民打倒英美侵略主义之敌忾情绪。

要目

(一)揭发英美宰割世界，分割东亚，侵略中国，侵略印度，侵略南洋，侵略菲律宾之史实，激发国民之反英美思想。

(二)实现共存主义，排除侵略主义。

(三)发扬道义精神，排除功利思想。

(四)实现全体主义，排除个人自由主义。

(五)实现民主集权主义，打倒虚伪的民主政治。

三、防止国际共产主义之扰乱，扫除阶级斗争之毒素思想，发扬中国固有之民族伦理观念。

要目

(一)揭发共产主义扰乱社会、煽动战争之阴谋。

(二)提倡协力精神，排除煽动阶级斗争及挑拨人类仇恨之好乱心理。

(三)提倡建设性与诱导式之文化，铲除破坏性与暴露式之文化。

四、养成勤劳的、积极的、向上的、自肃的人生观，革除享乐的、颓废的、虚无的、放任的末流习气，以实践的责任心，协力战时体制之完成，增强国家战斗之总力。

要目

(一)人生以服务为目的，过去一切争夺贪图之不良风气，应予以匡导。

(二)勤劳为增进民力充实国力之本源，过去一切享受苟安之不良习惯，应予以匡导。

(三)个人不能离国家民族而独存，过去一切放任清谈旁观漠视之不良态度，应予以匡导。

（四）奸淫邪盗伦常变故为社会罪恶，过去藉词渲染迎合听闻之记述，不啻助长社会罪恶，于国家元气损害至大，应予以匡导。

（五）负责任，重实行，勇猛精进，刻苦耐劳，为战时国民行动之不二准则，国家总力之发挥，国民生活之改善，悉系于此，应予以倡导。

五、统合国家民族共同意志，发挥全体之创造能力，复兴固有文化，吸收外来文化，并纠正盲目复古，盲目崇外排外之错误思想，以强化中国文化之基干。

要目

（一）建立全体主义文化，纠正自由主义之错误观念。

（二）确立文化事业之公的性格，排除私有与纯营利之观念。

（三）不忘本，不泥古。

（四）以创造的进步的文化，代替占有的自满的文化。

六、普及科学教育，掖助科学研究，改进科学技术，奖励科学发明。

要目

（一）以发展中国实业协力东亚共荣圈建设之成功，并蕲致中国为其中强力之重要构成份子为目标，掖助科学研究，改进科学技术，奖励科学发明。

（二）以确立科学技术总力为方针，在国家统一计划之下，集中并培养科学人才，动员并增进技术能力。

（三）扫除玄虚妄诞之观念，普及科学知识，提倡科学精神，特别注重青年之科学教育与技术训练。

七、集中文化人才，团结文化力量，调整文化事业，确立文化宣传总力体制。

要目

（一）所有文化方面之人力、物力及各种事业机构，均应为合理之调整与编配，统合于全国唯一的综合组织之下，以共同的努力，谋计划的发展。

（二）以此机构为政府与人民之共同组织，一方面协助政府推行国策，一方面统一民意，沟通民情，革除过去政府与人民对立之错误观念。

（三）以此机构统合各种文化事业，及其从业者，规定其应之职责，予以合法之权益及保障，革除过去组织散漫、意见分歧、利害冲突之积弊。

（四）认定此机构及其所统属之事业为国家公有事业，非个人营利之结合。

第三　实施

一、充实强化现有关于出版、新闻、著述、广播、电影、戏剧、美术、音乐各部门之机构，其有未足以担负事业推进之健全机构者，分别组成协会，采统一主义。俟各协会组织完备之后，组织统一性单一性之总会（假定名称为中国文化总会），将各种协会隶属于总会之下，以谋文化宣传体制之整备。

二、调整充实强化现有各种检查机构，务求机构简素，事权统一，责任分明，联系紧密，由有关各机关派出检查人员，会同实施图书、新闻、杂志、电影、戏剧、唱片、歌曲、广播等有关文化宣传作品之严格审查及检查，采积极指导方针，不仅在消极方面删除违反国策之文字，尤应在积极方面指导符合国策之思想。

三、实施各国在华出版物之登记与检查，严厉取缔敌性新闻电讯，以谋宣传力量之统一。

四、强化中央电讯社，使能执行其对内对外唯一全国性质新闻电讯机关之各项特权。

五、强化中国广播事业建设协会，严厉取缔敌性广播，并谋对外宣传之积极与强化。

六、强化电影事业，对制作、发行及戏院三方面之经营，速谋统筹办法之实施，以收调节集中之效。

七、整理报纸，除重要地点外，采一地一报政策，在重要地点有设立一报以上之必要者，亦应分别确立其特质，各遂其发展。

八、整理杂志，除地方性质外，其属于全国性质者，采一事一刊政策。培养及指导现有之中央导报，使成为全国公务人员必读之刊物，加深公务人员对政府施策及时局动向之认识。

九、调整强化印刷事业，以便利出版事业之推进。

十、强化制纸事业，以供应出版事业之需要。

十一、筹集文化基金、科学奖励金，扶助文化事业之发展及科学智识之普及与深造。

〔汪伪立法院档案〕

汪精卫对伪高级军政长官训词择要

（1943年）

国民政府主席兼
军事委员会委员长　对全国高级军政长官训词择要

自从大东亚战争以来，凡是东亚的民众都发生种族的自觉，知道这次战争是东亚兴废存亡的战争，非共苦无以求同甘，非下了共死的决心无以求同生。先进国日本以其国力，以其明治维新以来所生聚教训的一切精神力、物质力，立于保卫东亚的前线，以击灭英、美为己任。对于东亚阘胞，中国、满洲国、泰国加紧善邻友好的关系；对于缅甸、菲律宾，扶助其独立，完成其建设现代国家的愿望；对于英属、荷属南洋殖民地，解放其政治上、经济上的桎梏，洗涤殖民主义的余毒，以道义精神相号召，期于团结东亚全体民众，共同保卫东亚，实现共存共荣的建设。就中日关系而论，于本年一月九日，订立提前交还租界，撤废治外法权的协定，八月一日遂见之实行。中日关系基本条约订立于二十九年十一月卅日，其时大东亚战争未起，英美势力依然盘踞中国以内，顾虑环境，不得已而有特殊约束，如驻兵问题，军事上、经济上设置特殊地带问题，都是由此而生的。大东亚战争以后，这种环境顾虑已经不存在了，因而有根本修正的声明，如今修正的原则已经决定了，将来的新约纯然在善邻友好的立场上，以独立自由互惠平等为不易之原则了。日本对于中国，除了同心协力，切断英美关系，完遂大东亚战争之外，别无其他要求了。今日在座的袍泽诸君，也有从前是立于抗战阵线的，从前的抗战，认为中日不能共存，如今中日共存不但有理论可凭，并且有事实可证。抗战的意义早已失其存在了。只有心安理得的遵循着国父所昭示的大亚洲主义，与日本同心协力迈向前进，此外更无可走的路了。重庆方面应该知道，如果不向着这条路走，便会把中国送入悲惨的前程，例如现在重庆将中国领土供给美国作为空军根据地，武汉、广州等处所轰炸的，无非自己的同胞。这样以自己的土地供给他人为轰炸自己同胞之用，这是如何悲惨，我们万万不忍重庆这样做，兄弟终是兄弟，重庆在良心上也万万不忍这样做。又如英美方怂恿重庆进攻缅甸，试想想，缅甸是东亚同胞的一份子，久受英帝国主义的压制，最近才得日本的扶助，培养出一些独立的萌芽。孔子说得好，"己所不欲，勿施于人"，我们中国想独立自由，缅甸自然一样也想独立自由，重庆方面如果自觉为东亚人，那么追随英美之后，向着这一个新独立的缅甸进攻，定要他回复到奴隶的境遇，这是何等的忍心害理。我们万万不忍重庆这样做，兄弟终是兄弟，重庆在良心上也万万不忍这样做。一月十一日英美也曾向重庆提出废止不平等条约，须知道今日中国以内，已无复英美的势力存在了，他们依据鸦片战争以来的不平等条约，所得到的特权，如租界、治外法权等等，自大东

574

亚战争以来，早已被中、日协力将他粉碎无余了，英美在这时候来说废约，比空口说白话更要无聊。况且还只是一张预期支票，其能否兑现要到战后才加以考虑，那么连空口白话也说不上。今日的问题，不是英美在东亚的势力能否恢复的问题，而是重庆能否觉醒的问题，因为英美在东亚的势力是绝对不能恢复的了。英美今方倾其全力以向欧洲，欧洲的德国，其兵力与资源远非上次大战可比，英美虽在海角得些小小便宜，而上陆以后，必大大的碰壁，即使一时不致全然崩溃，而长期战是必然不免的，英美那有空闲在东亚恢复势力呢。英美在东亚的希望，全在蛊惑重庆，使之执迷不悟，在东亚团结的历史上，留一些污点，重庆如其终不觉醒，实在是可痛的。重庆今日的抗战，已与从前的抗战意义全然不同，从前的抗战，因为认中日不能两存，现在理论事实看着证明中日可以两存了，那么还抗战什么，这不是为中国而战，乃为英美而战了。有人以为重庆既站在英美阵线，此时如果脱离英美，岂不是和意国巴特里奥脱离轴心阵线一样吗？大大不然。第一、中日冲突远在欧洲战事以前，如今中日冲突的原因已经消灭，中日冲突自然应该停止，不能与欧洲战事混为一起。第二、中日冲突的原因现在已经消灭，固不俟言，而且因东亚的关系，中日团结已经重新开始，其精诚坚固远过于从前，日本尽力援助中国，完成独立，中国尽力协助大东亚战争，解放东亚，即以解放自己，光明正大，岂意国巴特里奥的背盟弃信所可同日而语。我有一句话，兄弟终是兄弟，重庆终必和我们走一条路的，不过我所盼望的是愈早愈好，不要徘徊观望，增加同胞的痛苦。在座的袍泽诸君听了我的报告，回去之后务必以这种真实的消息，确切的论断，遍告同僚及其部属，使人人认清时局，坚定信念，同时把大东亚战争的真义与中国当前唯一解放的途径，普遍宣传及于全国，使全面和平早日实现，复兴中华，保卫东亚的使命，早日完成！

〔伪华北政务委员会档案〕

伪华北政委会抄发励行新国民运动实践大东亚
宣言实施要纲的训令

（1944年3月6日）

华北政务委员会训令 总情字第二八七六号
中华民国三十三年三月六日

令教育总署

为训令事：案准新民会中央总会第二五一号公函略开：为继续上年新运成果，并使新运使命彻底完成起见，特制定三十三年度"励行新国民运动实践大东亚宣言实施要纲"，仍本"剿共建国"，"增产救民"，"肃正思想"，"革新生活"四大目标，以育成民众自治、自卫、自给之力量为基础。惟上项要纲所规定之内容，亟待政会双方合力推动，共策进行。相应检具该要纲，函请查照，通令所属协助进行。等因。准此。查励行新国民运动实践大东亚宣言，系属当前急务，自应一致协力，共策进行。除分令外，合亟抄发原要纲，仰该总署遵照，并转饬所属一体照案实施为要。此令。

附发励行新国民运动实践大东亚宣言实施要纲一份

华北政务委员会委员长　王克敏

中华民国三十三年度励行新国民运动实践大东亚宣言实施要纲

第一　基本方针

本年度上半期新国民运动之实践，适值大东亚共同宣言发表之后，为具体实践大东亚宣言，决以宣言之精神贯输于本期新国民运动之中。同时为继续过去新运之成果，及对应当前环境之要求，并采纳一般民众之希望，仍以剿共建国、增产救民、肃正思想、革新生活为四大目标，而以育成民众自治、自卫、自给之力量为基本工作。

第一、就基本目标言，决以剿共建国之实践，促进政治建设，进而达成东亚各国之独立亲和，以与大东亚宣言中之政治纲领相配合。又以增产救民之实践，促进经济建设，进而达成东亚民族之互惠提携，以与大东亚宣言中之经济纲领相配合。又以肃正思想之实践，促进文化建设，进而达成东亚文化之创造发展，以与大东亚宣言中之文化纲领相配合。又以革新生活之实践，使国民能有新精神、新生活、新组织，以奉行新国民运动，而实践大东亚宣言。

第二、就重点工作言，在去年十月二十八日全体联合协议会所发表之宣言中，曾谓本期新国民运动之四大目标，原系根据保民、养民、教民之原则而定。即剿共建国属于保民工作，其最后目的在于促进政治建设。增产救民属于养民工作，其最后目的在于促进经济建设。肃正思想、革新生活属于教民工作，其最后目的在于促进文化建设。吾人以为依据此四大目标及现实之环境，华北当前之要图及新运之重点工作，端在育成民众自治、自卫、自给之力量，进而完成乡村建设。盖以新运初期工作之三清运动而论，清乡向须民众有自卫之组织，清政、清毒尤须民众有自治之能力与决心。再就本期新运实践之四大目标而论，剿共建国固须民众之协力，增产救民亦须民众之奋勉，而肃正思想与革新生活，尤赖民众有自觉自强之决心与自主自发之活动。故当前华北新运之推行，乃至一切施策一切工作，均须以育成民众自治、自卫、自给之力量，为重点中之重点，核心中之核心。惟有如此，始能真正发挥国民总力，以克服华北当前之种种困难，而贡献于内除共祸，外破英、美之伟大使命。自今以后，吾人甚愿在我政会当局之领导下，唤起华北全民，共同努力云云。本会认为此种建议甚为正当，应即以为重点工作。

本年度新国民运动之实践，即以上述意旨为基本方针，而举其全力以赴，以期达成预期之目的。

第二　指导要纲

(一)新国民运动为中国参战后之自主自发的国民运动，而本会在华北则为新国民运动之实践指导体，本会同志均应有此自觉，领导民众彻底实践，以期继续发挥新国民运动之成果，而建树具体之业绩。

(二)本会应与政府及其他关系机关紧密协力，共作指导的活动，以诱导人民作自发的活动，而达成官民一体之实，并将本要纲送达政府参考，请其制定方案，协力推行。

(三)本运动为与在华北之友邦人士的运动紧密提携，必须与其兴亚翼赞运动连络协力。

(四)新国民运动既为国民运动，而国民运动的原理乃以"觉世牖民""移风易俗"为主，非如政府法律命令之含有绝对的强制性。故本期运动仍本以往之精神，务以诱发国民之自觉自主的活动为最高目标。

(五)本年度本运动之实践，以自三月九日起至七月末止为第一期，自八月一日起至明年一月九日止为第二期，于每期中各级总会应依本要纲分别切实拟定实施方案，逐渐推行。

(六)本期运动应以大东亚共同宣言之精神贯输其中，而在剿共建国，增产救民，肃正思想，革新生活之目标下，以育成民众自治、自卫、自给之力量为重点工作。

(七)本运动期间，除普遍致力于本要纲所列各项工作外，并应选择一、二工作以为重点中之重点，特别竭力以赴，期望具体之实效。

(八)本运动之实践，以县、市为基本单位，即以中央总会为综合指导体，以省总会为连络指导体，以道总会为实践指导体，以县总会为实践推进体，而期新国民运动普遍渗透民间。

（九）各级总会依据本计划而制作实施方案时，可以在本会计划范围内，因时制宜，因地制宜，因人制宜。易言之即在不同的时间，不同的地域，不同的阶层，应分别实践要领及实践方法而加以运营，并将所作方案送达同级行政机关参考，请其制定方案，协力推行。

（十）各级总会所拟实施方案，须按级呈报中央总会备案。

第三、实践要纲

（一）本运动期间各项重点工作，仍以剿共建国，增产救民，肃正思想，革新生活为目标，以与大东亚宣言之纲领相配合。至于各项重点工作之实施，则以育成民众自治、自卫、自给之力量为基准。

（二）在剿共建国之目标下，应谋集结政、军、会、民之总力，以对抗中共党政单一体之态势。更须积极发挥会的性能，以思想对思想，以组织对组织，以力量对力量，而期达成彻底根绝共祸之目的。

（三）强化各级委员会之组织与机能，并以县为基本单位，务使地方公正热心而有力之绅士参加运营，藉以发动并促进民众之自治、自卫工作，而奠定自治、自卫之基础。

（四）各地分会予以切实强化，特别强化各地农村分会及地区分会之组织与运营，并彻底活用各县训练所，实施最必要之自治、自卫、自给训练，以促进乡村建设之进展。

（五）发动各地教育分会及青少年团，领导知识阶层，展开乡村启蒙运动，以辅助乡村建设之进行。

（六）实施会务职员、公务员、教职员、青少年团，以及民众自卫武装组织之严格训练，充实其反共知识与斗争技术。

（七）强化民众团体反共大同盟之组织与运营，并期其核心组织之反共工作团积极活动，以协助当局之剿共工作。

（八）本会精锐组织之新民工作先锋队，应加强训练与组织，乡村情报网亦应扩大改进，并与政府、治安军及其他剿共部队、剿共委员会、合作社等保持紧密连络，发挥有机的功能。

（九）团结各级联合协议会之代表，组织"联友会"，利用其在社会各阶层之领导力，协助民众自治、自卫工作之进展。

（十）在增产救民之目标下，根据增产救民之本旨，拟定实施要纲，发动各级组织及外围团体，并领导全体民众协力政府食粮政策之推进，使食粮自生产以至消费，其间所包含之收买价格流通分配等问题，俱能圆满而合理的解决，逐渐迈向乡村建设及确定新经济体制之途，以完成华北后方基地之重要使命。

（十一）为明了剥削中饱，投机操纵，囤积居奇等不正行为之实况，以便断然予以排除，并检讨食粮收买工作情形及食粮政策实行后各方面之影响，以期逐步改善。由中央派员领导各地展开都市、农村双方之调查网，使生产者及消费者之损失得以减除，增产救民运动得以推行尽利。

（十二）为确保农业增产与低物价政策之有机的调和，决本以往精神及既定计划，继续举办第三次农产物生产费调查，以实现增产救民运动之本旨。

（十三）为求农业增产技术方面之改良与向上，由本会妥拟计划，指导农业技术增产方法，并联合各关系机关分工合作，指导农事改良，以昂扬农民增产之热心，并促其逐步走向合理的经营方式，俾技术方面的增产与政治力量之统制同时并进。

（十四）协助各关系机关，积极对敌实行物资封锁，勿使一毫一粟为匪方所获，以确保我方民众之生活资料。

（十五）发挥国民组织指导体之性格，领导全体民众，励行消费节约，容忍战时不可避免之困难，以换取将来永久之福利。

（十六）协力各关系机关开发产业，并促进爱路工作，圆滑运输。

（十七）与各关系机关紧密协力，特别须强化各县委员会之运营，排除地方贪污土劣等妨碍增产救民及乡村建设之事态，以期达成后方基地之任务。

（十八）在肃正思想之目标下，为展开强烈之思想战、宣传战，肃正自由主义、共产主义及落伍之封建思想，本会应与各机关之宣传机构紧密协力，共同迈进。并须统一指导各文化团体，结成战时文化同盟，集结文化人之总力，以期树立中心思想，而纳民于轨物。

（十九）以中日同盟条约及大东亚宣言之真义，本宣传即实践，实践即宣传之原则，唤起对方军民之觉悟，参加新中国之建设与协力东亚解放之圣战。

（二十）在各种国民组织中，施行国民训练工作，特别须普遍设立义务识字夜校，展开普遍之国民识字运动，并于其间配合以思想训练，发挥政教合一之功能，使广大民众对于当前时势具有明确之认识。

（二一）为针对物资之缺乏及民众知识水准之低下，在思想战、宣传战之技术下，应置重点于口头宣传。因此必须整备宣传机构，扩大宣传网，并充分利用各阶层特有之心理传播力，使其互相传播，互相影响，确立民众之思想壁垒。

（二二）努力收集各地宣传品，审慎研讨宣传效果与反映，并召开宣传责任者会议，举办宣传责任者训练，以完成思想战之万全对策。

（二三）以本运动期间各级联合协议会之召开为契机，利用各代表在各社会层之领导地位，使成为宣传网之一翼而活动。

（二四）对于青少年团干部训练，及青少年训练实施之际，特别注意肃正思想之工作。

（二五）各级训练处在实施各种训练，特别是国民训练时，应以肃正思想为中心工作，藉以统一国民理念。

(二六)发动各级总会所属之外围团体，利用其在民间之潜势力，而使执行思想战之任务。

(二七)在革新生活的目标下，各机关首领应躬亲实践，率先垂范，以使生活革新蔚成风气。本会应与各机关、各团体、各学校等连络，务使各自拟定革新生活实施办法，率先举行，以为一般民众倡导。

(二八)本会与兴亚翼赞会华北本部连络，以每月八九两日为决战生活日，领导民众彻底实行，以培养决战生活之风气。

(二九)在各都市应特别注意勤俭自肃，力挽颓风，在乡村应特别注意革除一切积弊陋习，促使民众生活之向上。

(三十)发起国民勤劳报国运动，确立劳动员体制，并以青少年团之活动为中心，渐次普及一般民众。

(三一)强化新民会各地妇女会之组织与运营，发动全华北之正确的妇女运动，由知识妇女推及一般妇女，使贡献其伟大力量于家庭生活之革新，养成勤劳、朴实、节约、清洁等美风，促进国民生活之合理化。

(三二)在决战生活之意义下，应提倡防空运动、防谍运动、废物收集运动、铜铁献纳运动，本会各级总会须指导全体民众，努力实践。

(三三)勤俭二端，乃战时国民生活最宜注意之事，本会必须领导各种分会、青少年团、外围团体，以及一般民众，励行废除虚体，提倡节约，避免一切不正当的消费，并倡导廉洁自肃的风气。

(三四)励行拒毒运动，彻底禁绝烟毒，并革除一切嫖赌等生活恶习。

(三五)各地应斟酌情形，分别举行新国民生活训练期间（或旬间)，例如负责任守纪律训练周间，守时训练周间，一列励行训练周间、清洁训练周间等。

附则

(一)本期运动开始之前，各级总会应先扩大宣传，以唤起一般民众之认识与努力。

(二)本要纲所列各项工作，均系最具体实际之事，各级总会应速本此制作切实之实施方案，全力推行。中央总会则以各级总会推行之情形与成果，作为考绩之重要条件。

〔伪华北政务委员会教育总署档案〕

周佛海关于封闭国民公论周报社的手令稿

(1944年9月25日)

查《国民公论》捏造事实，诬蔑政府，在作战时期，决不容许此类淆乱听闻煽惑人心之刊物存在。着首都警察总监部会同南京市政府即日封闭，永远禁止发行。如有违抗者，着即拿办。

兆铭　　佛海代

九·廿五·

〔汪伪政府系统档案〕

(二)强制学校推行奴化教育

伪临时政府教育部为河北省署顾问要求各中小学添派日籍日语教员与行政委员会往来函

(1938年8月)

(1) 伪临时政府教育部公函（8月10日）

中华民国临时政府教育部公函　函字第六五一号

　　敬密陈者：案据河北省教育厅厅长陶尚铭函称：本月二十三日省署顾问邀职厅张科长儒林面告,此后各中、小学校应添聘日籍日语教员一员,人选由省署铨衡办理,并由职厅分派各学校服务,薪津另行规定,至其职权,听其语气,似有与闻校内一切事务之意等情。兹事关教育行政,不得不加以考虑。查各县小学为数甚多,且程度较低,本无添设外国语文之必要（冀东情形特殊,不在此例）,况地方秩序多未恢复,保护难周,安全亦有问题。此应考虑者一也。至于中等学校添用日籍日语教员,在吾国此项教员不敷支配以前,似可暂于照办,惟职权一层,似应于聘用时明白规定。此项外籍教员除担任学课外,总以不直接干预校务为原则,如有改革意见,不妨向校长或主管机关提议。此应考虑者又一也。厅长管见所及,谨以上陈,究应如何应付之处,伏祈鉴核,迅赐训示遵行。等情到部。当经饬由本部教育局函复,以中、小学聘请日籍日语教员,须斟酌各校状况及各地方需要情形,在本国日语教员不敷时,可量予聘用,但聘用手续及方式,务先期呈请主管教育厅转呈教育部核示备案,以便考查。至聘用之日籍教员,应以任课为专责,对于校务及行政事项,万万不宜

干涉，如有意见，得采取建议方式，以清权责，统希查照等语，饬知在案。理合录案密陈，函请鉴核备查。谨上
行政委员会

教育部总长　汤尔和
中华民国二十七年八月十日

（2）伪行政委员会函稿（8月13日）

函六九九号

迳启者：准贵部函字第六五一号密函，关于河北省各中、小学添聘日籍日语教员一节，此事一两日内即将谈判，自必坚持。希通知河北教育厅告省顾问，正在谈判，尚未定议，所拟应稍从缓，陶厅长本人可暂静听，无须出面。相应函复贵部，至希查照办理为荷。此致
教育部
中华民国二十七年八月十三日

〔伪临时政府行政委员会档案〕

余晋龢为南云防卫司令交办青年训练事宜附送青年训练所规定组织纲要等件呈

（1939年2—8月）

（1）余晋龢呈①（2月10日）

呈为呈报事：案查前据警察局呈报，关于各郊自卫团青年训练事宜，经拟就青年训练计划纲要，并经南云司令订有青年训练要项及分期抽调受训各情，经据以呈报鉴核在案。兹于二月二日

————————

① 此件于1939年2月14日伪临时政府行政委员会指令照准备案。

南云防卫司令召集会议，并发给青年训练所规定一件，嘱即转饬照办到署。除将该规定译印令饬警察局转饬各郊区署遵照办理外，理合检同训练所规定一份，具文呈请鉴察备案。谨呈

行政委员会委员长圣

　　　附呈青年训练所规定一份

　　　　　　　　　　　　北京特别市市长　余晋龢

中华民国二十八年二月十日

南云部队地区青年训练所规定

　　第一　总则

　　一、关于南云部队地区青年训练所事项，依照本规定办理。

　　二、各青年训练所隶属于各该市长，县知事，并冠以某县某某（地区之名）青年训练所之名称。

　　但目下由日本军队监督指导之。

　　三、青年训练所长以警察署长、各县警务局长、警务分局长，或其他有力者充任之。

　　四、青年训练所受训者，以十五岁以上二十五岁以下者为限。

　　五、关于青年训练所经费，由各该市、县、乡、村负担之。

　　六、青年训练所之所旗，目下由日本军队发与之。

　　第二　教育训练方针

　　一、精神教育　对于中华民国青年，就新政府成立之意义，日本军队之使命，以及共产主义亡国灭身之最要原由加以阐明，务使其明确觉悟并认识，以期本此日华亲善之实，努力迈进于东亚新秩序之建设。

　　二、教练　关于教练，就徒手敬礼动作、各个密集教练，及联络、报告、搜索、警戒等各简单课目，务反复彻底施以训练，锻炼其身心，并陶冶其众心一致，灭私奉公及规律节制之诸习

586

惯，以使其亲近日本军队，增进自村自卫之能力。

三、社会生活教育　务努力于精神教育及教练之实在生活化，并以其陶冶所得之进取、建设及实行力量，适应于各乡村之实在需要。例如或对于铁路、桥梁、电报、电话等交通通信机关加以积极的保护，或对于乡村内之军用其他公共物、庙宇等施以警备、爱护、清扫，同时养成其对于一般个人之卫生清洁之思想，习得产业之知识技术，以使其努力于农村经济之振兴发展，并使其领会社会生活之向上，乃收效于精神教育及教练之功。

第三　教育训练实施要领

一、教育训练以市警察署员及县警务局员为指导官，并就曾受青年训练者之中，择其优良者为助教，实施训练。

但目下由日本军队援助指导之。

二、入所之始（约十日间），每日实行教育训练。此项基础的训练完毕后，每月须实施训练二次。

三、各乡村内各种团体代表者及学校长，或任为服务员，或任为顾问，使对于青年训练之发展，为直接间接之援助。

第四　赏罚

一、凡成绩优良堪为模范之青年训练所，或训练生，由青年训练所长以上予以表彰。

二、曾受半年以上之青年训练而成绩优良者，对其就职予以尽先录用，并由青年训练所长以上向各方面推荐之。

三、青年训练生素行不良，或有不正行为者，依其犯行如何，量予处罚之。

(2) 余晋龢呈（ 8月30日 ）

呈为呈报事：窃奉南云司令官阁下交办，查四郊青年训练所早经成立，城区青年训练应即着手筹办，除饬外三区署先行试办外，其余城内各区署并应继续办理，于九月一日以前一律结成等因。查外三区署青年训练所业于七月二十九日举行结成式，并蒙南云司令官阁下莅临训示。兹再依照指示各点，拟定城区青年训练所组织纲要暨训练课目进度表，并规定筹备办法，一并通饬各区署遵照，克期筹办训练。除将开办费及经常费预算呈请市公署核示办理，并举行结成式日期与地点，另案规定呈报外，理合检附拟定各件，备文呈报钧会备查。谨呈

委员长

　　附呈城区青年训练所组织纲要、筹备办法暨课目预定进度表各一份

　　　　　　北京特别市公署警察局局长　余晋龢

中华民国二十八年八月三十日

　　　　北京特别市城内各区青年训练所组织纲要

　　第一　方针

以陶冶身心，锻炼体魄，养成思想纯正之优秀青年为教育方。

　　第二　组织

　　一、所址　由区署择定适当地点，或借用界内学校较大操场为教练场所，以地点适中为宜。

　　二、所长　由署长担任。

　　三、教官及助手　由区署派教练、职员、班长分别担任之。

　　四、指导员　由南云司令部派军士随时前往指导。

　　五、顾问　由公益会会长担任。

　　六、训练生　以年在十七岁以上二十五岁以下，身体健康，身家清白者为合格。

　　七、人数　每次训练人数以一百二十人为限，并得按公益会数目增减之。

　　第三　训练课目

　　甲、精神训练

588

1．国旗飘扬。

2．国歌、市歌合唱。

3．新政府成立之意义。

4．日本军队之使命。

5．剿共灭党与中日亲善。

6．建设东亚新秩序应有之努力。

7．青年的觉悟。

乙、术科训练

1．体操　新民操法

2．教练　徒手各个教练

3．国术

第四　训练方法

一、期限　两个月训练期满。

二、时间　每日一小时，自十八时至十九时。

三、日期

第一月　每周四次

星期一、五精神训练。

星期三、日术科训练。

第二月　每周三次

星期二、四精神训练

星期六术科训练。

第五　召集方法

由全体公益会会长就界内住户遴派参加，其受训人数每次每会共选送二人，每期届满，继续训练之。

第六　赏罚

训练生素质不良，或有不正行为者，依其犯过轻重酌予处罚。至每次训练期满，一律发给证章，对于成绩优良者酌予奖品，并呈请市长核奖，以资鼓励。

各区青年训练所筹备办法

(一)所址 由区署择定。

(二)人数 每期一百二十人,由各区署长召集各公益会会长决定,以二人为限,但会数过多之区得将人数酌减之。

(三)担任人员

一、所长 署长

二、教练员 区署教练、职员、巡官、班长分别担任。

三、指导员 南云司令部派军士随时指导。

四、顾问 公益会会长。

(四)服装 由南云司令部发给。

(五)经费 由局筹措专款,对于开办经常等费酌予补助。

北京特别市　　　区青年训练所学术科课目预定进度表

| 月日 | 星期 | 精神训练 | 月日 | 星期 | 术科训练 | 术科训练 |
					教　练	新民操
9月4日	星期一	新政府成立意义 日本军队之使命	9月6日	星期三	甲、徒手各个教练 一、立正姿势 二、稍息 三、停止间转法	第一节
9月8日	星期五	防共应有之理解 应取之步骤	9月10日	星期日	复习前课	第二节
9月11日	星期一	中日满共存共荣 即世界和平	9月13日	星期三	一、立正稍息 二、停止间转法 三、室内敬礼	第三节
9月15日	星期五	新民精神	9月17日	星期日	复习前课	第四节

9月18日	星期一	剿共灭党与中日亲善	9月20日	星期三	一、正步行进 二、常步行进 三、室外敬礼	第五节
9月22日	星期五	建设东亚新秩序应有之努力	9月24日	星期日	复习前课	第六节
9月25日	星期一	新青年的觉悟	9月27日	星期三	一、正常步行进及停止。二、跑步行进间各种动作三、敬礼演习	第七节
9月29日	星期五	新民精神	10月1日	星期日	复习前课	第八节
10月3日	星期二	英国对华政策	10月7日	星期六	乙班密集教练一、班之编成二、就地整理	第九节
10月5日	星期四	剿共灭党与中日亲善	10月14日	星期六	三、新线整理四、停止间转法	第十节
10月10日	星期二	新民精神	10月21日	星期六	五、行进间转法六、步法互换	第十一节
10月12日	星期四	共产党扰乱世界之阴谋	10月28日	星期六	七、就地及新线整顿。八、行进间转法及变换队形	第十二节
10月17日	星期二	新民精神	10月30日	星期一	九、停止间变换方向及队形。十、行进间变换方向及队形	第十三节
10月19日	星期四	国歌市歌合唱	10月31日	星期二	复习前课	复习前课
10月24日	星期二	新民精神	11月1日	星期三	阅兵式演习	复习前课

10月26日	星期四	国歌市歌合唱	11月2日	星期四	分列式演习	复习前课
11月3日	星期二	出所式及 正式总检阅				

附 记	一、学术各科如因天气不良或其他事故不能实施时，得酌予 变更其课目及教授时间 二、本表自二十八年九月四日起施行

〔伪临时政府行政委员会档案〕

伪维新政府最高顾问原田熊吉抄送中小学日语教师任用规则的照会

(1939年5月7日)

中支特政第三四六号

关于中小学任用日语教师之件

兹鉴于建设东亚新秩序，两国国民均属东亚协同体之构成份子，为促进强化双方之协同团结起见，对于彼此国语互相通晓，至关紧要，所有中、小学校亟应课以日语教育。至任用教师及招聘日本人为教师，应依据另纸所载中小学日语教师任用规则办理，特此照会。请烦查照。

维新政府梁行政院长

昭和十四年五月七日

陆 军 少 将

维新政府最高顾问　原田熊吉

中小学日语教师任用规则

一、小学日语教师除特定学校（模范小学及主要都市特定学

592

校等）外，以任用中国人为原则。

二、中学及其同等以上学校日语教师，中日两国人一体任用。

三、小学、中学及其同等以上学校日语教师，如须招聘日本人时，其人选应由最高顾问审查选定之后，推荐于行政院长，学校校长应按其结果，并依照名次顺序，向行政院长呈请聘用之。

行政院长应与最高顾问协议之后，对于所属学校、职位、薪俸等予以决定，再行核准委任之。

四、小学、中学及其同等以上学校日本人教师之监督，属于省、市、县者，由特务机关长，属于其他者，由教育部首席顾问任之。所需经费，原则上虽应归各该所属省、市、县及部等担负，但目前得暂由维新政府补助之。

五、招聘日本人教师所需经费，应由维新政府补助者，得列入顾问部预算内，由顾问部支给之。

六、日本人教师解聘时，其应行手续与招聘时同。

备考：临时教员养成所应设日语专修班，以养成小学中国人日语教员。

〔汪伪行政院档案〕

汪伪教育部为承日方旨意规定中小学教授日语原则请核示呈①

（1940年7月）

案查各级学校规程，本可由本部制定修正，呈请钩院核准备案，惟目前中小学究竟应否加授日语一课，关系重大，牵涉国

---

① 1940年7月27日，汪伪行政院指令照办。

交。本部以国民教育意义立论，小学为启蒙时期，对外国语杆格不入，且儿童学习能力有限，负担太重，尤与教育原理相悖，故小学外国语实无教授必要。此次全国各省、市教育会议，亦有小学应取消外国语之决议。惟按之日方意旨竟有将日语之是否列为中小学必修课程，以觇我中日亲善程度与真诚之情势。兴亚院文化局森局长及大使馆书记官长清水，曾先后以私人名义访问正平，表达此旨。清水且以善意说明国府改进各政宜采渐进，免致日方惊疑。本部一再考虑，为兼筹并顾起见，拟在小学课程中，不列外国语，而于课程表中附加一条说明，"外国语以不授为原则，但于大都市区域，依实际需要，高年级得于正课外补授外国话（日语或英语）①。至于初级中学以上，则列为必修科。"此虽为课程中之一部份规定，然关系重大，理应呈请核示。应否提交行政会议讨论，或交托与日方协商调整国交负责人先与本部会商决定，或迳请指令祗遵，均乞钧夺，实为公便。谨呈
行政院院长汪

教育部部长　赵正平

〔汪伪行政院档案〕

汪伪教育部抄送小学日语课程调整原则及过渡办法呈

（1940年8月10日）

　　案奉钧院行字第四五七号训令密示关于中、小学校加授日语核议经过详情，着即遵照办理等因，并抄发"关于日语课程调整之意见"八条。奉此，就中所有关于小学校日语课程调整原则及过渡办法部份，当即分别令饬各地教育行政机关转饬各都市小学

---

　　① 汪精卫批示："英语改为其他外国语。"

及乡村小学遵办。除分咨、令各省、市政府暨各省、市教育厅、局外，理合抄呈小学校日语课程调整原则及过渡办法一份，呈请鉴核，并乞令饬华北政务委员会教育总署，转饬各地教育行政机关暨各都市小学及乡村小学一体遵照办理，实为公便。谨呈
行政院院长汪
　　附呈小学日语课程调整原则及过渡办法一份
　　　　　　　　　　　教育部部长　赵正平
中华民国二十九年八月十日

　　　小学校日语课程调整原则及过渡办法
　　　　（节录中小学日语课程调整之意见）
　　（一）原则
　　小学课程，无论初级、高级，本无外国语之规定，仅少数大都市因其实际需要，间有在高小加授外国语（大抵系英语）者，今可于小学课程表中附加说明一条如下：
　　"外国语以不教授为原则，但于都市区域，依实际需要，高年级（即五、六年级）得加授外国语"（日语或其他外国语）（此项原则可公开发表）。
　　（二）过渡办法
　　现在各小学，如事实上已列有日语课程者，应按照上述原则即行更正，如确有困难一时未易改正者，得暂采用左列过渡办法：
　　一、都市小学
　　甲、原五年级已授日语者，本学期升入六年级，得继续之。
　　乙、原四年级已授日语者，本学期升入五年级，得继续之。
　　丙、原三年级已授日语者，本学期升入四年级，明年升入五年级均准暂得继续。
　　丁、原二年级及一年级，本学期升级后，亦不得加授日语，

频俟递升至五年级时，如实际需要，始得加授。

戊、原三四年级并无加授日语者，不得再行加授。

已、原五、六年级，并无加授日语者，加授与否应依实际需要而定。以上办法，在使现在已授日语者，得于升级之后继续授至毕业为止。其他本学期升级后，在四年级以下者，如原未授日语，则非俟升至五、六年级不得加授，并须符合"实际需要"之规定。如此三年之后，大都市小学高年级可依实际需要而授日语，低年级不授。此后一依部章办理。

二、乡村小学

甲、原五年级已授日语者，本学期升入六年级，得继续之。

乙、原四年级已授日语者，本学期升入五年级，得继续之。

丙、原三年级已授日语者，本学期升入四年级，明年升入五年级，均准暂得继续。

丁、原二年级及一年级，此后递升至三、四、五、六年级，均不加授日语。

戊、原三、四、五、六年级、并无加授日语者，不得再行加授。

以上办法，在使现在已授日语者，得按其升级，继续授至毕业为止。至于本学期升级后在四年级以下者，则虽递升至五、六年级，亦不加授日语。如此则三年之后，乡村小学日语课程可以告一段落。此后一依部章办理（此项调整过渡办法，以不公开发表为宜）。

〔汪伪行政院档案〕

伪华北政委会教育总署施政方针

（1940年）

教育总署施政方针

一、端正思想　教育思想即教育精神之表现。为纠正教育界已往思想错误起见，前临时政府教育部创设伊始，首先举办本市中、小学教员讲演班，汇刊讲演集，公布新教育方针。上年及本年暑期，举办中等学校教员讲习班，同时通令各省、市自办小学教员暑期讲习会，先后制定精神训话纲要十条，以及各学校实施训育方针八条，通饬各省、市切实遵行在案。

附中小学教员暑期讲习班训话纲要

(一)善用我国固有之家族精神，以固五千年立国之本。

(二)睦邻之道，以积极且诚意主张之。

(三)认识东亚及世界时局。

(四)民族、文化、经济各方面造成东亚集团，以建设真正新秩序。

(五)了解国家远大之利害，排斥崇拜欧美观念。

(六)排斥虚伪宣传，以躬行实践为宗旨。

(七)以儒家精义为依归，屏弃外来之功利主义。

(八)以东方固有之美德为立身基础，尽量吸收日新科学消化而运用之。

(九)青年须以国士自许，将来始能分担复兴东亚之重任。

(十)纠正因循保守之积习，发皇进取努力之新气象。

附各级学校实施训育方针

(一)尽力提倡我国固有之美德，以领导学生之思想趋于正轨，而为建设东亚新秩序之始基。

(二)根绝容共思想，以亲仁善邻之旨，谋东亚及全世界之和平。

(三)善用我国固有之家族精神，以敦风纪而固国本。

(四)阐发修齐治平之道，以儒家精义为依归，屏弃外来之功利主义。

(五)注重人格之修养，品德之陶镕，宜使学生有以国士自许之志向，俾将来能以担负复兴东亚之重任。

(六)厉行节约运动，纠正奢侈陋习，以养成勤苦耐劳之精神与习惯。

(七)个人生活与团体生活宜有严格的规律，俾公私德双方得以平均发展。

(八)加强竞技运动等训练，以锻炼强健之体格及振奋有为之精神。

二、统一教材　旧有各级中、小学应用教科书，概系由商务印书馆及中华书局等自由编纂，既不统一，又不适合于新教育方针，因于二十七年创设编审会，编辑各级中、小学及师范、简师、乡师、职业各校应用之教科书，并于小学书籍内增注注音符号，通令遵照采用在案。

三、训练中小学师资　事变后，各地学校陷于停顿，师资尤感缺乏，因于二十七年创设师资讲肄馆，造就中、小学之师资，迄今已有三期毕业，分发各省、市充任校长或教员。现第四期改善组织，就现任中学教员分期分组抽调来京肄业，其小学教员则由各省、市教育厅、局自行抽调训练，现已开始实行。

四、实施义务教育　实施义务教育为普及教育根本计划之一端，曾于上年第一次教育行政会议议决，按照原定实施办法赓续进行，并宽筹经费，以作义教之专款，早经通令，先从调查整理着手，以次恢复，分期推进，逐渐扩充。

五、推行中心小学　扩充小学为发展初等教育之基础，前教育部于二十七年八月曾颁定筹设中心小学十年计划，通令实施，先由河北省创办二十校，以作各省、市之模范。现据各厅局呈报，已分期仿办推行。

六、注重自然科学　自然科学为中等学校课程中主要科目，亟应力图精进，注重实验，于第一次教育行政会议曾决定强化改进办法三项，通饬各省、市转行各学校遵照在案。

七、推广职业学校　发展生产教育，以推广职业学校为前提。本署曾于第一次教育行政会议决定推广中初等职业教育，并注重实习办法八条，通饬各省市遵照规章，各视地方实际需要情形，设法推进在案。

八、增设各种有关产业及国民生计之专科学校　查事变之后，百废待举，建设人才需用尤殷，此项人才之养成，自不得不以增设有关产业及国民生计之专科学校为起点。诚以大学或独立学院之设置，非有相当巨款难期成立，专科学校规模较小，设备亦可稍从简单。各省、市应即斟酌各当地实际需要，筹设此项专科学校，以期为国储才，用资建设。

九、恢复专科以上学校　查自事变后三年以来，关于高等教育之恢复，只北京一地业已略具规模，其他各省、市在事变前原有之国立、省立大学及专科学校，均在停顿状态中。揆厥原因，只以地方治安未尽恢复，省、市收入款项锐减，教育经费亟感支绌，以致无力兼顾。第各级教育应采平衡发展主义，现当破坏之后建设需材，中等学校毕业学生痛感升学无路之苦，是以此项问题之解决，实已不容或缓。各省、市对于原有之国立、省立大学及专科学校，似应择其性质重要，损失较少者酌于恢复一二校，以应现实环境需要。

十、整顿社会教育　前临时政府教育部于去年五月间召开教育行政会议，曾提出整顿社会教育纲领一案，并经大会修正通过。按该项纲领，系参酌事变后各地方社会情况及财政状态而拟定者，其内容：第一，规定社会教育以新民教育馆、新民学校及职业补习学校为活动之中心。凡此三种机关，于事变后未经恢复者，应限期恢复；原来设立者，每县应至少各设立一处。第二，各省、市应参酌需要，筹设社会教育人员养成所，以造就充任社教之师资。第三，各省、市对于社会教育经费，应详加核计，规定成数，严予限制，不得移作别用。

以上各端，经前教育部咨行各省、市施行去后，各省、市均已作成具体方案，逐步推行。兹据查报，成绩尚佳，现在本署仍照原案督饬推行中。

十一、施行农事教育　本署鉴于都市教育与农村教育发展之不平衡，及学校教育向来偏重于精神活动，缺少筋肉活动之弊害，拟施行农事教育，以为补救之道。施行之方法，拟于各级学校酌添农业科目，注重圃场工作，使学生从事于实际劳动。农村方面，更以学校及各种社会教育机关为中心，作成各种方案，联合乡镇公所及公私立农事机关，推行农事教育于一般农民。如此，一可以使一般学生获得适应现实生活之体验，二可以促进农村文化之向上，现代教育之空虚，或可由此而予以充实。以上各端，已由本署考究筹议，拟有具体方案，预备施行。

十二、确定教款成数　事变后，地方教育文化事业之复兴困难，其原因由于收入锐减，资源缺乏，曾于第一次教育行政会议暨各省、市长官会议先后决定省、市教育经费，应按全年总收入提拨成数，最低不得少于百分之十五。其旧有超过此成数者，仍应维持原数，通饬遵照在案。

十三、整顿教育产款　各地方校产、基金、学田等项统属教育产款，为发展教育文化事业之资源，事变后迄未整理，曾于第一次教育行政会议决定整顿办法五项，以调查清理为第一步，迭经通令遵办在案。

十四、统筹优遇教员办法　近年生活程度日益增高，各级学校教员之待遇较之一般公务人员至为微薄，已迭次通行各省、市切实调查，统筹具体办法，预备改善待遇，以足维持其生计为标准。

〔伪华北政务委员会教育总署档案〕

汪伪清乡委员会特种教育委员会拟定特种教育实施计划纲要草案

（1941年7月3日）

甲、引言

我国自古以农立国，农民数量占全国人口百分之八十以上，全国出产品百分之九十以上均属农产品，全国税收之主要来源亦均在农村，故农村实为我国经济与政治之中心，农村之兴衰，关系国家民族之兴衰至巨。惟时至今日，农村治安不能确立，农村经济更形破产，致农民生活日益艰难。加之事变以还，乡村教育大部停顿，文盲日增，民智日低，于是思想日趋驳杂。由于农村思想之驳杂，乃为"共匪"所乘，治安于以不宁，生计于以不给。由于治安之不宁，生计之不给，思想乃更驳杂，而更为"匪共"所利用，互为因果，遂造成今日破碎之农村。故欲完成和平反共建国之任务，达到复兴中国复兴东亚之使命，应注全力于农民思想之澄清，农民生活之安定，与夫农村治安之确立，而施以教养卫兼顾之特种教育，授以生产及自卫之技能，宣传和平反共建国之理论，增强人民对于国民政府之信仰，方能获取"教育民众"、"训练民众"、"组织民众"、"保卫民众"之实效。

乙、宗旨

以教养卫兼施之教育为原则，统一民众思想，促进农村生产，强化地方自卫，以完成清乡工作之使命。

丙、目标

一、训练一般成人及儿童，使能彻底了解无底抗战之谬妄，及共产党之罪恶，并深切了解国策及世界大势，以期确立和平反共建国之信念，努力于复兴中国复兴东亚之工作。

二、训练一般成人及儿童，使具生产的技能与自卫的力量，以期人民乐业，社会安宁。

三、本政教合一之精神，以学校为中心，推进地方自治事业。

四、力谋清乡区教育之推广，并努力于农村新事业之发展。

丁、实施步骤

一、训练师资

1．特种教育委员会为养成特种教育优良师资起见，筹设特种教育师资训练班，招收合格学员，施以短期严格训练。

2．学员受训期满，派往清乡区服务，负责推行特种教育。服务办法另订之。

3．关于特种师资训练班办法另订之。

二、编辑教材

1．除公民训练及技能训练外，编纂建国课本（分成人用及儿童用两种）及补充读物。至其他参考图书，由特种教育委员会视地方实际情形，选定采用。

2．特种教育教材之编选，应采渐进的启示：A、以个人及家庭生活为中心，使逐渐对于社会问题有初步认识，并使认清以三民主义为解决一切问题之枢纽。B、以国民政治常识为中心，对国家意义、国际地位及领袖言论有基本之了解。C、以东方固有文化道德为中心，期使确立和平反共建国之信念，进而认识大亚洲主义。

3．特种教育教材应以下列十二项为编纂中心：三民主义、领袖言论、大亚洲主义、清乡要义、地方自治、生产技能、史地大要、卫生常识、反共材料、农村副业、自卫常识、乡土教材。

4．关于编辑详细计划另订之。

三、设置学校

1．凡清乡军队势力已达到之县份，每县应设立建国中心民众学校若干所，为实施特种教育之动力机关。

2．各乡区应采逐期增加办法，普设建国民众学校，达到每保一校为标准。

3．在清乡地区之原有学校及社教机关，均应斟酌情形，施行特种教育。

4．凡清乡军队势力已经达到，而建国民众学校尚未普遍设立之地区，各机关、各社团均应厉行识字运动及公民训练，并实施流动教育。

5．以建国民众学校为中心，指导保甲长推行地方自治。

6．关于建国民众学校之组织及实施计划另订之。

四、实施区域

第一期先就昆山、太仓、常熟、吴县、江阴、无锡、武进、丹阳、镇江、扬中等县实施。

〔汪伪政府清乡委员会档案〕

汪伪教育部关于中学训育方针及实施办法大纲草案等件拟订核签有关文件

（1941年7—8月）

(1) 汪伪教育部呈（7月29日）

案查本部前因感觉过去之中、小学训育办法已不适用于现在，特于去年九月召开全国中小学训育实施委员会，关于中学训育方面曾订定训育方针及实施办法大纲草案一种，决定先由各省、市中学试行，当经本部依照会议决议，抄录全案，通令各省、市及国立各中学于民国二十九年度内切实试行，并将试行结果情形报部备核，以凭审定在案。兹据各该省、市及国立各中等学校先后呈报试行结果到部，经逐一审核，关于草案各项条目，多数认为尚称适合，试行结果，颇著成效。是原订草案，其精神与实质尚能适应现代中学训育之要求，而并无缺乏妥善之处。现值三十年度第一学期行将开学，为使全国各中学实施训育有所遵循起见，拟将是项草案正式公布施行，一面令饬各省、市厅、局于本学期试行小学公民训练标准草案，以利训育。是否有当，理合检同原订中学训育方针及实施办法大纲草案，及小学公民训练标准草案各一份，备文呈请鉴核示遵。再查上年会议时与现在环境微有不同，拟将中学原草案训育方针第一条修正为"训练学生反共睦邻思想，并深切了解国文遗教及和平建国国策"；小学原草案目标第四项修正为"关于公民的政治训练，养成奉公守法的观念，爱国爱群的思想，并了解国父遗教及和平建国之策"。合并呈请核示。

谨呈

行政院院长汪

　　附呈中学训育方针及实施办法大纲草案一份、小学公民训练标准草案一份

　　　　　　　　　　　　　教育部部长　赵正平

中华民国三十年七月二十九日

　　　　　中学训育方针及实施办法大纲草案

　　训育方针

　　（一）训育原则

1．训练学生反共睦邻思想，和平建国途径。

2．施行"训练合一"，全体教师共负训育责任。

3．励行师生共同生活，注重积极指导，实施人格感化。

　　（二）训育目标

甲、高初中共同的目标

1．养成忠孝仁爱信义和平之德性。

604

2. 养成创造建设好学精研之兴趣。

3. 养成安分务本坚忍不挠之意志。

4. 养成快乐奋勉勇于进取之情绪。

5. 养成严守秩序服从纪律之生活。

6. 养成活泼健康整齐清洁之习惯。

7. 养成娴习礼貌敬友乐群之态度。

8. 养成推己及人祛私爱物之观念。

9. 养成节俭朴实刻苦耐劳之精神。

10. 养成互助合作知行合一之能力。

乙、初中重要的目标

1. 灌输具备公民之条件。

2. 培养从事职业之技能。

丙、高中重要的目标

1. 准备从事升学之知能。

2. 培植专门职业之基础。

(三)训育组织

1. 中等学校施行"训教合一"。在校长之下设教导主任一人，以专责成。六学级以上之中学，经主管教育行政机关之核准，得设教务、训育主任各一人，协助校长分别处理教务、训育事宜。

2. 各级设级任导师一人，普通导师若干人，协助教导主任及训育主任励行师生共同生活，并负积极指导及感化之责。

3. 由校长、教导主任、训育主任及各级级任导师组织训导委员会，讨论训导事宜，开会时得请事务主任、公民教师、童子军教练及校医列席。

训育实施办法

(一)健康训练

1. 规定各项卫生及运动规约，指导学生遵守。

2. 每学期至少举行体格检查一次，并矫治身体缺陷。

3．设立医药室及调养室，并按期种痘，注射防疫针。

4．检查全校各处清洁，并定期举行教室、寝室及全体大扫除。

5．定期举行整洁及健康比赛。

6．举行早操、课外运动、级际运动比赛,及远足、爬山、骑驾等各种练习。

7．严禁阅览淫秽书籍，并注意性教育之指导。

8．定期举行运动会、同乐会等。

9．指导学生改进家庭清洁卫生事项。

10．参加社会上各种卫生运动。

11．其他。

（二）公民训练

1．规定各项生活规约，指导学生遵守。

2．每周举行周会一次，讲述和平反共建国要义,报告国内外政治概况，或举行精神讲话。

3．各级组织级会，由级任导师指导。

4．全校组织级联合会，由教导主任及训育主任会同有关导师指导。

5．每日举行升旗、降旗礼。

6．规定每周训练德目，指导实践。

7．举行级别谈话及个别谈话。

8．全校学生一律穿着制服（男、女生并严禁蓄、烫发）。

9．励行节约运动。

10．举行礼仪指导及练习。

11．其他。

（三）知能训练

1．组织各学科研究会，由各学科教员担任指导。

2．定期举行各学科比赛。

3．组织参观团，利用假期参观各种文化机关。

4．举行标本采集。

5．定期举行演讲会、辩论会及各种论文征集。

6．定期举行各科成绩展览会。

7．办理升学及就业指导。

8．其他。

（四）休闲训练

1．布置整洁优美之环境。

2．举行游艺会、音乐会、美术展览会等。

3．组织摄影、音乐、戏剧、书画等研究会。

5．举行奕棋比赛。

5．提倡考古、游览等活动。

6．其他。

（五）服务训练

1．举行劳动服务。

2．协助家事操作。

3．利用假期举行社会服务。

4．轮值扫除教室、寝室及其他场所。

5．指导设立民众学校，推行识字运动。

6．办理消费合作社。

7．举行社会调查与访问。

8．其他。

附注：考查及奖惩办法，由各省、市教育行政机关规定大纲，呈报教育部核定施行。各中学于其学则内根据是项大纲订定详细规则，呈请主管教育行政机关核定施行。

小学公民训练标准草案（略）

（2）汪伪行政院程步川签注（ 8月14日 ）

中学训育方针及实施办法大纲草案审查意见

程步川签注

（一）训育方针（一）训育原则第二条，原案条文："施行'教练合一'全体教师共同负训育责任"，拟改为"施行'训教合一'全体教师共负训育责任"。

（理由）"训教合一"乃教育上专名词，故拟修正如上文。

（二）训育方针（二）训育目标乙项第一条，原案条文"灌输具备公民之条件"，拟改为"灌输健全公民之条件"。

（理由）原文"具备公民之条件"意义欠明，故修正如上文。

（三）训育方针（二）训育目标丙项，原案条文："1．准备从事升学之知能；2．培植专门职业之基础"。拟改为"1．准备社会服务之知能；2．培植普通职业之基础"。

（理由）在原理上讲，中学有其目的，并非专为升学而设，在事实讲，据统计报告，升学者仅占十分之二、三，"从事升学"四字，于原理和事实上均不适当。中学与职校有别，虽云着重职业指导，但充其量不过普通之陶冶而已，尚谈不到专门训练。故拟修正如上文。

（四）训育方针（三）训育组织第三条，原案条文："由校长、教导主任、训育主任及各级级任导师组织训导委员会，讨论训导事宜。开会时……"，拟改为："由校长、教导主任、训育主任以及全体教师组织训导委员会，……"

（理由）本大纲于训育原则上有"全体教师共负训育责任"之规定，训导委员会应由全体教师共同参加，故拟修正如上文。

（五）训育实施办法（二）公民训练第二条，原案条文："每周举行周会一次，讲述和平反共建国要义，报告国内外政治概况，或举行精神讲话"，拟修改为"每周举行周会一次，讲述国父遗教及和平反共建国理论报告……"。

（理由）查本院准文官处函，为苏省党部建议，各级学校公民训练应以三民主义及国父遗教为中心一案，原拟办法："（一）周会时讲国父遗教"。准此，故拟修正如上文。

（六）训育实施办法（三）知能训练第四条，原案条文："举行标本采集"，拟改为"举行标本采集及仪器制作"。

（理由）关于物理上之简单仪器，中学学生不难制作，其在教育上之效能与采集标本相等，故拟修正如上文。

〔汪伪行政院档案〕

伪华北政委会为遵办教育总署管辖以外教育机关调查事宣致兴亚院华北联络部公函稿

（1942年9月）

（1）伪华北政委会公函（9月12日）

公函

这启者：案准贵部北连调第九二号函，为调查教育总署管辖以外教育机关，附送调查项目，嘱于九月十五日以前送交本部调查所。等因。准此。当经令行教育总署遵照办理去后，兹据复称：遵查本总署管辖以外之教育机关，因无隶属关系，是以单开调查各项目，本署均无案可稽。倘如分别行查，深恐旷费时日，可否由会令饬各该学校主管机关直接调查，以资妥速。等情前来。查此案该总署调查既感有前项困难，自当由本会派员分往各校直接调查，俾期便捷。惟现距原定期限已迫，恐难如期蒇事，相应函请查照，展缓十日，至九月二十五日以前再行送交贵部调查所。至为纽荷。此致

兴亚院华北连络部

中华民国卅一年九月十二日

（2）伪华北政委会公函（9月22日）

公函

　　迳启者：案准兴亚院华北连络部北连调第九二号函，为调查教育总署管辖以外教育机关，附送调查项目，嘱查竣送交贵所。等因。准此。兹经分别调查完竣，相应检同各校调查项目表件，并附具校名清单，一并函送。即希察收为荷。

此致

兴亚院华北连络部调查所

　　附各校调查项目八份〔略〕校名清单乙纸

中华民国三十一年九月二十二日

　　兹将现经调查教育总署管辖以外学校名称开列于左，

　　计开：

一、新民学院　　华北政务委员会管辖

二、国学书院第一院　　同前

三、国学书院第二院　　同前

四、司法官养成所　　同前

五、北京蒙藏学校　　内务总署管辖

六、陆军军官学校　　治安总署管辖

七、高等警官学校　　同前

八、土木工程专科学校　　建设总署管辖

以上共计八校。

〔伪华北政务委员会档案〕

国民党战地党政委员会编印倭寇之奴化教育

（1942年10月31日）

　　前言

敌寇奴化教育之一切设施，系归敌兴亚院文化部所支配，其主要阴谋即所谓"教育一体化"是也。当其侵占我某一地区之后，急图恢复各级小学，以村落为单位，树立中心小学制度，向文化比较落后地方之儿童注入麻醉教育；改编教材，鼓吹"中日亲善"、"共存共荣"及"建立东亚新秩序"等荒谬思想；加授倭语，列为主要科目，梦想加速制造所谓"日本文化"，贯彻其文化侵略之企图。最堪痛恨者，如各伪校焚毁三民主义书报及一切可激发民族思想之刊物，严厉禁止举行国父纪念周，不准唱党歌，及改变我地图颜色，颠倒我历史上之是非曲直，企图贯彻蒙蔽青年，消灭我民族意识之毒计，是诚值得吾人深切注意。

是篇系根据本年内各地之文教情报汇辑而成，以后仍拟继续搜集编印，提供参考，俾明了倭寇在沦陷区施行奴化教育之真面目。

湘北方面

一、敌在岳阳创办师资训练所，吸收沦陷区失学失业青年入所受训，已由伪中学校长彭承泽秉承敌意开始招生，但应考者寥寥，敌拟强迫人民入校。故近日沦区学生已有一部逃出，由岳阳教育局转送平江岳群联立中学肄业。

二、岳阳冷水铺伪维持会近在该地筹办新民小学一所，勒令附近各伪保、甲长派送儿童入校受课，每甲限定三名，现缺乏儿童之保甲，多以金钱收买孤儿送往替代。

湖北方面

一、伪鄂主席杨逆揆一，近以吸收青年，从事奴化为目的，特筹设私立立志中学一所，指定宁波会馆为校址，业已开学。

二、汉口敌特务部在桥口设立伪建国青年学院，以李逆大泽（东北人，曾任伪鄂社运会通译员，为敌忠实走狗）为总务长，负责办理。另有干部十人供其奔走，现有学生百余人。

三、潜江敌政务班每月抽查该县各伪国民学校数次，极力提倡日语，禁止有关抗日教科书籍。同时，大肆宣传"中日一体"、"善邻友好"、"完成东亚共荣圈"等荒谬言论，并曲解我史地，以遂其一贯侵略政策。

四、当阳敌在该县设立学校十余所，课本全系日文，其宣抚班翻译官等每周亲往各校教授日语，现该地儿童多能操简单之日语。又该县伪政府所设之各初级小学，其教材均经敌宣抚班审定，始得教授，内容多系宣传"东亚和平"，朦蔽抗日意识之亡国论调。

五、敌在沙市上游之董市、江口两处设立小学，江口小学伪校长魏逆德声，董市小学伪校长为李逆正孚。其规模略与我方完全小学相同，惟教员及学生人数甚少，而课本仍采用我方前在该地用过之书籍，每日加授日语二小时，由该两处敌宣抚班担任教授。

六、荆门伪县立沟溪小学系该处汉奸教员高逆从如主办，所用课本全系中、日文合编，现有学生一百二十人，均深中奴化之毒。闻更拟添设各保小学课本，由敌编发，以期普遍。

广东方面

一、粤伪为纪念汉奸曾仲鸣、沈崇两逆，而设立鸣崇中学，藉补各伪校奴化之不及。校址设中山纪念堂附近，规模尚大，学生颇众，于本年九月正式开学。

二、伪粤省府奉敌令，抽调各校学生集中受军训，藉以灌输"和平"运动及"亲日"谬论，规定每星期六下午在伪广东大学集中举行。

三、据调查报告，敌在广州积极推行奴化教育，增设学校，除伪广东大学外，另设专门学校、女子师范各一所，省立中学五所，私立中学二十所。对于小学教育尤特别注重，现市内共设初级小学八十余所，主要课目为新民课本及日语等。

四、敌在广州除迫令各伪校推行奴化教育外，另办日语学校十余所，强迫民众入学肄业，其中以"兴国"、"广州"两日语学校甚为发达。据悉，该两伪校自开办以来，共奴化我民众约在七、八千名。

江西方面

一、伪南昌市立中学开学虽久，然来学者寥寥，现有学生多系市内无所依归之失业青年，由各乡村正式投考者为数极少，教职员半系兼职敌官。

二、敌对各初级小学极为重视，迫令各伪区署、联保切实督导，实施奴化教育。

三、伪九江县立中学一所业已开学，学生甚少。又伪九江第一小学近拟扩充班次，但投考者多存观望，现敌伪实行勒令各保保送。

四、伪江西省党员通讯处南昌办事处在新建豫章公园内创办"昌都补习班"，训练提倡所谓兴亚建国，藉以麻醉青年，宣扬敌伪阴谋主张。

安徽方面

一、皖北淮阴敌在该地设立伪小学二所，以汉奸商逆诚斋，刘逆家报分任校长。高级班注重日语教授。

二、芜湖敌在湖滨街南岸曾家塘等地各设立初级小学一所，在又七区卡子口、大茆村等乡各增设初级小学一所，每周有日人前往视察，宣传《中日文化合流》。

三、安庆敌拟定推行该省沦陷各县奴化教育之步骤，每县限设完全小学四所，分三期设立，第一期十六县，第二期二十二县，第三期二十四县，依次推行。并限令在蚌埠、芜湖、安庆、合肥各设初中一所，另于芜湖增设高中一所。

京沪方面

一、伪南京市教育局举行全市中、小学校教职员思想测验，如发现尚有抗日思想者，即予停职惩办。

二、上海市区之中国学校均经"南京政府"强占，并下令统治，限定各校一律采用伪政府审定之教科书，违者重罚。

三、伪国立上海大学现办有农、法、商三学院，共计学生二百余人，伪校【长】为赵逆正平。

四、敌寇利用交通大学原址，设立东亚同盟书院，校长为矢田七太郎。该校为敌人培植大陆干部之大本营。

五、维新学院为敌兴亚院直接策动下之奴化机关，院址设江湾翔殷路，教授为日籍人员，毕业后担任特务工作。

六、嘉惠日语学校设南京路，教师为日籍女子。又四川路亦设有日语学校一所。

七、伪中央大学近决定增设日本文化一科，以沟通中日文化，敦请东京帝国大学教授中村担任教授。中村于本月十二日飞抵南京，预定于二十六日开始讲授。

山东方面

一、鲁省敌寇限令各县设立小学，课本则由敌颁发，其用意在使就学儿童失去国家民族之观念，以达其奴化教育之目的。

二、敌在济南迫令各教会学校于卅一年度起一律开始复课，校务由伪山东省公署接收，均改为省立学校，并恢复山东大学，开办农、医两学系。

三、据调查所得，敌伪现在鲁省沦陷区内设立之学校：计伪省立中学十三所，小学六所，社教机关十四处；伪市立中学二所，小学九九所，社教机关五五；县立中学四所，小学八，四二三所，社教机关三四六。共有教职员一六，二三四人，学生三八，一二二名。各伪校采用教材多系旧式，一律加授日语，并改公民课程为修身。

山西方面

一、晋省敌酋迫令沦陷各县乡村一律遵章成立初级新民小学，倘有延不成立者，即予该管村村长以严厉之处分。

二、敌为奴化该省医学人员计，特创办医学训练班，经费为日元一百廿万，入学资格须具有下列之规定：(1)精通日语者，(2)曾经伪太原市卫生局给有医学证明书者。

三、翼城伪县府近成立新民高小一所，迫令各村初级小学保送学童，并规定各村小学教员须一律检定，否则不准继续任职。学生课本均系新民课本，并令各小学教员每月到城开会一次，讨论奴化教材之如何推行。

四、新绛敌迫令各村设立新华学校，其所授之课本系"东亚新秩序"暨中日历史上之亲善关系。

五、各新立学校均派有日本教员教授日语，企图实施奴化教育，并严令禁止举行国父纪念周及唱党歌。

河南方面

一、豫东各县敌迫令成立联保小学，敌军官不时赴各小学视察，并向儿童分发糖果，诱其与之接近。

二、开封各县敌伪自本年入春以来，对各乡私塾之取缔极为严厉，派遣伪教育人员四出调查，如某村设有私塾，即罚其保、甲长。并限各村调查学龄儿童，设立伪校，且不时携带大批糖果及各种反宣传漫画，赴各乡村散发，藉以笼络无知民众。

三、敌近在开封成立教育人员训练班，分期调训师范毕业学生及现任各乡村小学教师，毕业后派充伪政教各机关、学校充当下级干部。如成绩优良者，按月酌发奖金，并对教职人员提高待遇，每月月薪定为五十元至一百元（每伪钞一元六角合法币十元）。并借军事及政治力量深入各地。

四、宁陵敌在该县县境城乡各地强施奴化教育，令伪县署在第二区张家集，建筑新民小学，委张逆鸿龄为校长，因无学生前往应考，乃迫令各村乡长按户摊派学生投考。更令每联保设初级小学一处，取缔各村私塾，限令所有学生均送初小就读。于城庙设初级中学，往读学生寥寥。现各村正拆庙宇改建校舍，该县青年

615

纷纷逃转后方求学，不甘受奴化。

五、豫东敌伪近积极扩展奴化教育，近于鹿邑城厢及城东大清宫、城北贯滩集等处各设小学一所，又在城厢各镇及全县九十六保各设初级小学一所，高小及初小均设日语课程。

河北方面

一、定县教育向称发达，事变以后摧毁无遗，现经敌方限令成立者仅有四校，为新民小学、定县中心小学、育德小学、东亭小学，主办人及教员均深明大义，奴化彩色尚不浓厚。惟敌监督极严，新民小学教员李光月、王承唐曾于讲授本国地理时因详细解释，后被宪兵队霸押四月有余。课本系伪新民会编辑，以地理、历史内容变更最甚，不分皂白，颠倒是非，意欲消灭我民族观念。

二、顺德、邯郸均设立简易师范二所，石门设立初级商业学校一所，赵县设立初级农职学校一所，正宗县、沧县两地之简易师范改为普通师范，邢台初级农职学〔校〕改为省立。

华北方面

一、伪华北教育署制定奴化方针：(1)竭力提倡我国固有之美德，以领导学生思想趋于正轨，而为建设"东亚新秩序"之始基。(2)灭绝容共思想，以"亲仁善邻"之旨，谋东亚及全世界之"和平"。(3)善用两国固有之家族精神，以敦风纪而固国本。(4)注重人格之修养，品德之陶镕，宜使学生有以国士自许之志，俾将来得担负"复兴东亚"之重任。

二、敌在华北设立日鲜儿童学校及免费日文班。

三、敌近在华北施行三清（指清乡、清政、清毒）政策，及加强民众认识"和平反共建国"工作，于各地发动活动教育班。

四、伪国立师范大学系北平师范学院及女子师范学院二校合并而成，首任校长为黎逆世蘅。

五、伪新民会近在北平设立伪中央训练所，各府县同时成立分所，其目的在网罗华北全体民众均为会员，从事训练，以达其普及奴化政策。

绥察方面

一、敌在绥省举办日蒙语文竞赛会，规定每月举行一次，并拨巨款充作奖金，凡旗立小学校学生及熟谙日蒙语文者，均限定参加，藉图同化蒙胞，加强奴化教育。

二、敌在察省方面极力笼络回民，除利用回教中之土劣外，并在各县设立回民小学，补助经费，颁发课本，接近学童，传授日语。

三、敌在张垣设立伪青年训练班，每年举办两期，由各伪县保送学生受训。各县成立青年训练所，迫令全县市镇青年十五岁至二十五岁一律轮流入所受训，训练科目以日语为主课，体育次之。

四、归绥敌伪创设盟立师范学校一所，教员十七名，学生一百八十名。又设盟立实业学校一所，教员十二名，学生一百二十九名。又在包头设立青年学校一所，教员十名，学生八十名。至于小学教育，现已复课者有四百十九所。各地另设日语讲习会十一所，民众学校四十六所，民众教育馆五所，私塾七十七所。主要课目为日语，其他次之。

东三省方面

一、敌寇自盘据东三省后，该省教育界异常黑暗，凡大中小各级学校全以敌国语言文字为主体，华文次之，刻正着手伪满"国"语注音符号之研究，拟独创一新伪满之语言。中小学校设立甚为广泛，大学则有建国大学与大同大学两学院。大同大学院在训练国策之运用与设施，计分三部：第一部为普通大学，毕业后用考试制度获得高等文官资格；第二部为现任委任官吏升级者；第三部为各伪县长、省府科长调训者。学生分敌系与伪满系二种，学科为精神训练与术科训练。学生入学最重人事考察，即视其有无抗日思想与行为，毕业后无分敌伪，派赴各省、县充当中坚官吏。建国学院之宗旨，在使学生研究资本主义之理论与实际。该大学另有研究院之设立，为敌系人研究伪满全民思想之趋向，以为奴化人民方案之参考。现敌认伪满国民凡年在三十岁以下者尚无抗日思想，似可教养为一单纯之亡国奴，而年在三十岁以上者，则全数认为绝无挽回其情绪之可能者，乃置诸不理，或用惨酷手段迫令其自杀，及绝其食粮而消灭之。

〔国民党中央宣传部档案〕

汪伪教育部统计室编印1942年度所辖区有关教育统计表[1]

（1942年）

总述

教育统计总表（之一）

项别　　　省市	高 等 教 育				中 等 教 育			
	学校数	学生数	教职员数	经费数（年）	学校数	学生数	教职员数	经费数（年）
总计	30	8042	1714	25924514	240	54250	5153	26119783
江苏	1	162	76	585000	90	20314	1662	4275051
浙江	1	145	23	181512	17	4197	393	1252380
安徽	—			—	18	3299	379	1067036
湖北	1	81	8	未　详	16	2382	253	1865957
广东	1	407	179	6153840	35	7927	980	8084669
南京	3	1150	279	3993396	15	5996	569	2083786
上海	23	6097	1149	15010766	39	5967	622	3871741
汉口	—	—	—	—	9	4168	295	3619163

---

[1]　此系节录自汪伪教育部统计室编印之《全国教育统计》第五集。

项目 省市	初 等 教 育				社 会 教 育				
	学校数	学生数	教职员数	经费数(年)	机关数	平均每月受教人数	学生数	职员数	经费数(年)
总计	9255	945745	30918	122202109	1813	388773	59430	3370	5840628
江苏	2174	301891	8377	16615328	401	149576	8367	752	1747560
浙江	608	75279	2781	2832636	165	124787	2504	357	530100
安徽	433	46602	1479	1454716	121	22160	3709	265	344796
湖北	3825	159832	6157	72452410	237	63350	6921	235	101868
广东	1138	141869	5701	13887842	471	未详	19628	810	1100808
南京	80	38665	1115	2297687	26	13600	1739	64	193444
上海	913	149903	4051	9309095	347	1547	14495	794	1318488
汉口	84	31704	987	3352395	45	13153	2067	89	513564

专科以上各学校

立别	校名	地址	校长或院长姓名	院	系	科	班	所	学计
	总计			35	71	40	13		8042
国立	中央大学	南京	樊仲云	6	11	2			849
	上海大学	上海	赵正金	2	7				202
	交通大学	上海	张廷宁	3	9				528
	音乐院	上海	李维恒	1	9				163
	上海商学院	上海	裴复照	1	4				110
	上海医学院	上海	乐文	1				6	85
省立	广东大学	广州	林汝珩	4	10	1	1		407
	江苏教育学院	苏州	袁殊	1	1	4			102
	湖北农林专科学校	汉口	中州太郎			2	2		81
	浙江日文专科学校	杭州	陈松秋						145
私立	圣约翰大学	上海	沈嗣良	3					1870
	南方大学	南京	江亢虎	2	6	2			248
	沪江书院	上海	朱博泉	1		3			655
	中国比较法学院	上海	吴蕴斋	1	2				202
	同德医学院	上海	顾毓琦	1					394
	东南医学院	上海	郭琦元	1					197
	新中国医学院	上海	朱小南	1					91
	上海中医学院	上海	丁济万	1					86
	中国医学院	上海	朱鹤皋	1					118
	成民文商学院	上海	闻兰亭	1	2	2			84
	南通学院	上海	徐静仁	1	3	2			298
	建村农学院	南京	陈端志	1	3				63
	厚生医学专校	上海	河原沼作	1	4				112
	东亚工业学校	上海	矢田七太郎			4			236
	国学专修学校	上海	唐景文			2			81
	中法大学医学专修科	上海	褚民谊					4	87
	苏州美学专校	上海	颜文梁			2			42
	上海工业专校	上海	邓光德			3			271
	上海音乐专校	上海	丁善远			3			96
	上海美术专校	上海	王远			6			79

简明概况表

生 数		教 职 员 数			本年度经费数
男	女	计	男	女	（元）
5856	2186	1714	1531	183	25924514
678	171	228	212	16	2673396
192	10	67	56	11	2558460
466	62	184	172	12	2200000
63	100	46	36	10	274000
65	45	45	43	2	541800
56	29	66	60	6	560000
290	117	179	167	12	6153840
122	40	76	66	10	585000
81	0	8	6	2	未 详
119	26	23	18	5	181512
1290	580	183	147	36	2451128
205	43	25	24	1	240000
371	284	57	44	13	936550
134	68	41	40	1	267366
182	212	42	34	8	404800
144	53	34	34	0	282360
73	18	58	58	0	99360
64	22	20	19	1	63712
91	27	24	21	3	79240
73	11	19	17	2	88808
246	52	75	66	9	568800
63	0	26	24	2	1080000
90	22	24	22	2	未 详
236	0	35	33	2	1819322
56	25	13	12	1	64260
34	53	20	13	7	462000
32	10	8	8	0	27600
271	0	39	38	1	1060000
32	64	14	9	5	60000
37	42	35	32	3	141200

中 等 教 育

省市 \ 立别 \ 项别		学校数	学级数	学 生 数		
				计	男	女
总计	计	240	1333	54250	35880	18370
	国立	6	46	2065	1052	1013
	省立	42	368	12019	8449	4470
	市立	16	162	7355	4853	2502
	县(市)立	58	268	11099	7537	3562
	区(公)立	7	21	618	408	210
	私立	111	468	20194	13581	6613
江苏	计	90	469	20314	13163	7151
	省(市)立	16	136	5006	3095	1911
	县(市)立	20	101	4740	3068	1672
	私立	54	232	10568	7000	3568
浙江	计	17	98	4197	2350	1347
	省立	8	55	1868	1248	620
	县(市)立	5	31	1773	1217	556
	私立	4	12	556	385	171
安徽	计	19	88	3299	2348	951
	省立	8	49	1496	1046	450
	县立	5	11	575	426	149
	私立	6	28	1228	876	352
湖北	计	16	78	2382	1847	535
	省立	2	25	922	711	211
	县立	14	53	1460	1136	324
广东	计	35	233	7927	5211	2716
	省立	8	103	3627	2349	1278
	县(市)立	14	72	2551	1690	861
	区立	3	11	281	162	119
	私立	10	47	1468	1010	458
南京	计	15	126	5996	4024	1972
	国立	6	46	2065	1052	1013
	市立	4	44	2257	1690	567
	私立	5	36	1674	1282	392
上海	计	39	143	5967	4169	1798
	市立	6	37	1454	1040	505
	区立	4	10	337	246	91
	私立	29	96	4085	2883	1202
汉口	计	9	98	4168	2268	1900
	市立	6	81	3553	2123	1430
	私立	3	17	615	145	470

计 总 表 （2）

教 职 员 数			支出经常费（元）
计	男	女	
5153	4283	870	26119783
243	188	55	1062795
439	1201	238	7362017
560	476	84	4916307
1030	877	153	5175015
94	77	17	228999
1787	1464	323	7380650
1662	1434	228	4275051
516	431	85	1705096
370	323	47	860668
776	680	96	1709287
393	299	94	1252380
227	172	55	825576
117	94	23	326004
49	33	16	100800
379	319	60	1067036
212	186	26	581912
65	54	11	198520
102	79	23	286604
253	205	48	1865957
88	79	9	639817
165	126	39	1225140
980	822	158	8084669
396	333	63	3609616
313	280	33	2563683
49	40	9	57387
222	169	53	1853983
569	464	105	2083786
243	188	55	1062795
166	133	33	530329
160	143	17	490662
622	498	124	3871741
164	142	22	1037215
45	37	8	171612
413	319	94	2662914
295	242	53	3619163
230	201	29	3342763
65	41	24	276400

初 等 教 育

省市立别＼项别		学校数	学级数	学 生 数		
				计	男	女
立别总计	计	9255	23277	945745	636030	309715
	国 立	3	29	1166	730	436
	省 立	41	337	13365	8227	5138
	市 立	268	2044	110186	71842	38344
	县(市)立	3544	9982	430248	276622	153626
	区(公)立	1832	4813	191412	147390	44022
	私 立	3567	6072	199368	131219	68149
省(市)别总计	计	9255	23277	945745	636030	309715
	江 苏	2174	5856	301891	203195	98696
	浙 江	608	1875	75279	51301	23978
	安 徽	433	1166	46602	34076	12526
	湖 北	3825	6695	159832	95727	64105
	广 东	1138	4491	141869	95653	46216
	南 京	80	651	38665	22976	15689
	上 海	913	2870	149903	114047	35856
	汉 口	84	673	31704	19055	12649

统 计 总 表

教 职 员 数			支出经常费(元)
计	男	女	
30918	20184	10734	122.2109
61	19	42	196920
600	317	283	3247212
3208	1647	1561	8857938
13325	8117	5208	95502867
6398	4802	1596	6167112
7326	5282	2044	8230060
30918	20184	10734	122202109
8377	5181	3196	16615328
2781	1557	1221	2332636
1749	1345	404	1454716
6157	4773	1384	72152410
5701	3838	1863	13887842
1115	443	672	2297687
4051	2528	1523	9309095
987	524	408	3352395

社会教育概况统计总表

省市别	合计	民众教育馆	图书馆	体育场及育场所	博物馆	书报阅览室	公众茶园	民众茶园	同事育委员会	职业讲习所	社会服务处	民众学校	补习学校	识字班	各种补习班	兴亚教育馆
机关数 总计	1813	109	50	107	1	132	20	38	203	1	1	778	83	225	63	1
江苏	401	38	7	17		25	6	23	104			112	26	39	3	
浙江	165	17	7	4	1	16	1	14	47		1	44	2	6	6	
安徽	121	18	2	7		5	3		11			52	8	6	11	
湖北	237	13		5		54			1			135	5	1	42	
广东	471	6	13	10		16	7		40	1		236	11	73		
南京	26	3										22	26			
上海	347	13	2	64	2	16	1		1			147	3	100	1	
汉口	45	1	1				1	1				30	9			
职员数 总计	3370	667	218	164	20	150	27	27	137	4	3	1231	182	479	58	3
江苏	752	249	59	51		23	11	19	81			156	54	44	2	
浙江	357	108	39	15	20	21	1	7	2		3	118	7	11	8	
安徽	265	90	18	16		11	3					75	8	4	27	
湖北	235	49	20	8		64			13			87	5	1		
广东	810	80	70	9		15			1			399	57	119	17	
南京	64	28							40			28				
上海	798	53	2	65		16	1		4			388	22	300	4	
汉口	89	10				11	1	1				30	29		3	

附载 华北各省市三十年度教育统计简表

1. 高等教育统计简表

校名	校址	学生数	教职员数	全年经费数
总计		8292	2779	1035702640
合计（教育总署直辖）		3895	2209	885302476
国立北京大学	北京	2230	1390	616883673
国立北京师范大学	北京	1225	546	184724745
国立北京艺术专科学校	北京	187	105	37890948
直辖外国语专科学校	北京	190	105	30349025
直辖师资讲习馆	北京	63	63	15454085
合计（私立）		3998	465	130633894
辅仁大学	北京	2054	255	68757519
中国学院	北京	1483	140	21741984
天津工商学院	天津	461	70	40134391
合计（省市立）		399	105	19766270
河北省立师范专科学校	河北保定	72	34	8120000
山东省立日语专科学校	山东济南	262	29	6254650
北京市立体育专科学校	北京	26	26	4897220
天津市立日语专科学校	天津	39	16	494400

2. 中等教育统计简表

数量项目 省市别	学校数	学级数	学生数	教职员数	岁入经费数	岁出经费数
总　计	274	1726	68627	6086	928011791	890336449
河　北　省	77	283	10651	1115	141065650	141065650
山　东　省	67	291	11870	950	128780800	114045400
河　南　省	19	65	2605	244	38021600	34216738
山　西　省	8	59	1977	240	56325760	56325760
北　京　市	58	597	23657	2136	333576947517	324022626
天　津　市	34	337	13916	1136	190683034	181281175
青　岛　市	11	94	3951	265	39558000	39379100

3. 初等教育统计简表

数量 省市别 \ 项目	学校数	学级数	学生数	教职员数	岁入经费数	岁出经费数
总 计	41267	66558	2100498	75929	242627193	242130919
河北省	13997	19915	722761	21250	98227847	98278817
山东省	16392	26741	763156	27525	584967600	584307200
河南省	2004	5908	102493	4481	90211700	90125506
山西省	7951	9789	298279	10393	185857750	185857750
北京市	302	1839	79172	2523	207617827	203632670
天津市	279	1304	87602	2296	290906269	290315746
青岛市	342	1062	47035	1461	8787200	8478720

4. 社会教育统计简表

省市别 项目	机关数	岁人经费数	岁出经费数	职员数	学生数	每月平均观览人数
总　计	4341	148668810	145921253	4477	45488	935646
河北省	1878	20345340	20345340	1422	14548	457520
山东省	620	41494220	38600000	875	5716	—
河南省	864	10037000	10037000	895	3276	51486
山西省	717	7792800	7792800	731	11180	59493
北京市	111	35909987	36055630	408	6998	112625
天津市	112	27776583	27776583	275	2072	211112
青岛市	39	5313900	5313900	71	768	13410

（内华北政务委员会教育总署档案）

伪华北教育总署检送1943年度华北教育施策要纲及其实施方案呈

（1943年2月19日）

呈为呈报拟具三十二年度华北教育施策要纲及其实施方案，仰祈鉴核备案事：查现值新国民运动展开之际，并为战时体制下适应当前需要起见，特拟具三十二年度华北教育施策要纲及其实施方案，除分别咨令外，理合检同该项施策要纲及实施方案各一份，具文呈报，仰祈鉴核备案。谨呈

华北政务委员会

附呈三十二年度华北教育施策要纲及其实施方案各一份

教育总署督办　苏体仁

中华民国三十二年二月十九日

三十二年度华北教育施策要纲

教育总署为适应当前需要，厘定三十二年度教育施策四大要纲如左：

一、协力食粮增产运动

1．扩充添授农业课程之中等学校及附设农业补习班之小学校校数。

2．动员各级学校学生参加食粮增产。

3．于可能范围设法使学生襄助父兄，协力家庭增产运动。

二、实施集团训练

1．高小及初中学生，组织少年团，高中及专科以上学校学生，组织青年团，实施严格训练。

2．指导各级学校学生，利用休假课余，于不妨碍健康之范围

内实施勤劳服务。

三、肃正思想、革新生活

1．由各级学校及社会教育机关宣传倡导,使大东亚解放新国民运动具体化。

2．使一般民众确立中、日共存共荣,必须协力完成大东亚战争之信念。

3．励行节约,提倡朴素生活,减免一切虚文酬应。

四、提倡体育及正当娱乐

1．举办各种体育竞赛会,促进保健运动。

2．提倡国术,并举行竞技观摩。

3．利用音乐、美术、电影、广播等高尚娱乐,调剂工作之勤苦。

4．设法谋文化设施与生产场所之紧密连系。

以上各项办法,实施时应注意其连贯性,由个人推及全体。学校校长及教职员尤应以身作则,率先倡导。并应顾及东方文化之振兴,及治强运动之成果。所需经费,除协力增产运动一项外,余悉应就各机关、学校原预算撙节动支。详细实施办法,各省、市由教育厅、局拟定,呈报备案,直辖各学校、各文化教育机关,分别自订,呈准施行。

三十二年度华北教育施策要纲实施方案

教育总署为适应当前需要,厘定三十二年度华北教育施策四大要纲,并分别厘定其实施方案如左:

第一　协力食粮增产运动

(一)本年度华北四省添授农业课程之中等学校,及各省市附设农业补习班之小学校校数,各较上年度增加一倍,计前项中等学校总数为十六校,小学校为四十校,由教育总署分别补助经费。一切办法,均照上年成案,积极办理。

(二)各级学校学生，由校长及全体教职员领导，协力食粮增产，其详细计划另订之（附学生协力食粮增产计划）。

(三)学生襄助父兄，协力家庭增产，并以社会教育机关之新民教育馆为中心，实行家庭小菜园普及运动。其步骤如下：

1.学校当局应尽量鼓励农家学生协助其父兄之田园工作。

2.由华北社会教育协进会领导各省、市、县新民教育馆，普及宣传

3.新民教育馆应举行左列各项：

一、应于馆内馆外举行食粮增产讲习会，以示提倡。

二、应利用馆内外空地，由馆长、馆员自行经营小规模之菜园（不用工人），作一般民众之模范，并设法劝导民众家庭利用其家庭空地种植菜蔬，其优良者酌予奖励。

三、制作各种优良农品绘画标本，并征集实物，陈列展览，引起民众观感，俾其彻底明瞭食粮增产之意义。

四、对于民众请购种苗者，应予以购入之斡旋，实行配布。

五、由馆编印指导栽种农产品浅说，张贴陈列，以供众览，或多印复本，分送农民。

六、新民教育馆办理前列各事项所需经费，由主管机关列入概算，酌予补助。

4.此外其他文化团体或机关，并应利用空地，由团体人员或机关职员分别经营，俾作一般民众之模范。

第二　实施集团训练

(一)青少年团训练。

以往各级学校虽均注重训育，但对于集团训练则颇多忽视，兹当大东亚战争展开之际，为补救上项缺点，并养成具有实践力及建设新中国之基本人才起见，特将高小及初中学生组成少年团，高中以上各校学生组成青年团，严格实施集团训练。除锻炼坚强体格外，并清除一切不良思想，涤荡旧染，完成心理之建

设。其应行活动之要项如左：

1．无论校内外一切事项，凡认为适合于青少年团之活动者，应由学校当局尽量指导其实行。

2．学生在校内一切行为，如学业之研究，德行之修养，体格之锻炼，及竞技娱乐等，应于可能范围作为青少年团之行事，俾各份子领会其应服任务。

3．为使青少年团之活动与学校训育互为表里，顺利推行起见，学校当局应与各地青少年团本部或各省、市团部保持紧密之联系。

4．以往学校教育忽视之集团训练，此后应特别加以重视实行国防训练及服务训练。

5．为健全青少年团之指导，以完成其活动起见，学校当局应招集担当指导任务之教职员及学生干部，作指导上之实际训练。

6．上列各项，应与学生协力食粮增产运动，互为表里，一体推行。

7．直辖各学校及各省、市教育厅、局，应依照上列趣旨，斟酌实际情形，分别拟订具体办法，呈准施行。

（二）勤劳服务训练。

指导各级学校学生，于不影响学业及健康之范围内，实施勤劳服务，以矫正以往学校教育偏重智育，漠视劳动之积习，使学生勤劳服务渐成为一种新兴制度。其实施要领如下：

1．本年度学生勤劳服务之重点，暂以协力食粮增产为中心工作。

2．致力前项工作，有余裕时，酌量举办凿井、筑堤、修路、架桥等事项。

3．养成特殊技能之学校，应利用其技能，酌定实施勤劳服务之工作。

4．各学校得斟酌情形,将勤劳服务比照职业学校实习课程,列为正课。

5．在实行勤劳服务时,应注意左列各项:

一、勤劳工作应由全体教职员学生参加,而教职员尤应以身作则,率先倡导。

二、作业种类应按照学生之年级能力,酌加选择,循序渐进,由易而难,由简而繁。

三、应预先明示作业之目的,候作业终了后,并应考查其成绩。

四、应将勤劳作业作为青少年团之训练行事,指导其彻底实施。

第三　肃正思想革新生活

(一)各级学校及社会教育机关等,应按照左列要领,宣传倡导,使东亚解放新国民运动具体实现:

1．各学校、各教育机关以及文化团体等,对于新国民运动应持积极态度,努力倡导。

2．各学术团体等应对吾国现在之学问艺术加以检讨,扫除由欧美传来而不合于中国国情之影响,根据中国固有之道艺精神,以创造东亚新文化。

3．负教育责任者,除照上列各项努力外,并应矫正以往偏重智育之风尚,以知行合一,躬行实践之精神,养成能担当复兴中国重任之人材。

4．负教育责任者,不仅对学生个人前途及教育效果设想,并应对学生家庭及社会上一般民众,直接或间接予以指导,避免高深之理论,以浅近易行之事,诱导实施,期收宏效。

5．直辖各学校、各机关及各省、市教育厅、局,应照上列要领,斟酌实际情形,分别拟具办法,呈准施行。

(二)使一般民众确立中、日共存共荣之信念。其实施要项如下：

1．组织共济会　中、日国籍教职员，应利用种种时机组织共济会，养成互助互济之精神。

2．励行共同行事　中、日两国同级学校校友会，应互通声气，学校杂志应登载双方学生作品，并应利用相当时机励行参加共同组织之体育会、学艺会及研究会。

3．提倡家庭交际　同一学校或机关服务之中、日两国教职员，均应努力于家庭之交际，以倡导两国之友谊合作精神。

(三)励行节约，减免一切虚文酬应，确立朴素生活。

值此非常时期，一般国民均应自觉，举凡承平时代之一切虚文酬应及个人享乐，空耗物力人力，均与大东亚战争及新中国建设前途有莫大障碍，故应厉行节约，树立朴素生活。兹将实施要领，列举如下：

1．社会教育机关及文化团体对于一般民众之生活方式，应加以检讨，躬行实践，倡导俭素生活，并将其生活之精神及方式设法广为宣传。

2．学校方面，除使学生彻底实行简素生活外，对于学生家庭之冠婚丧祭及其他一切行事服装等，亦应妥予指导，励行俭约。

3．各级学校及社教机关应提倡坚苦耐劳之精神，排斥囤积之风，不购不急需之物品。

4．各专科学校、各大学及各省、市教育厅、局，应照上列趣旨，拟订具体办法，切实施行。

第四　提倡体育及正当娱乐

(一)举办各种体育竞赛会，促进保健运动。(二)提倡国术，并举行竞技观摩。(三)利用音乐、美术、电影、广播等高尚娱乐，调剂工作之勤苦。(四)设法谋文化设施与生产场所之紧密连系。

综合以上四者，展开厚生运动。其实施要项如下：

1. 地方学校应于教育厅、局指导监督之下,实施左列事项:

一、朝会时实行体操与合唱。

二、学生应保持端正姿态。

三、假期作郊外旅行。

四、奖励学生组织音乐队及合唱队。

五、校内多举行音乐会。

六、制定含有建设新中国及新东亚理念之校歌。

七、依学生年龄及性别,分别奖励各种不同之游戏运动。

八、由教员指导学生,分别组织读书会、文艺会及诗词书画研究会等。

九、利用巡迴电影在各校轮流巡迴映演。

实施上列各项时,应注意左列各点:

一、校长及教职员须理解趣旨,率先躬行,努力指导。

二、注意学生之娱乐,随时监督,勿令对于身心稍有不健全之影响。

三、在勤劳作业之中途休息时间,实行体操、唱歌,以调节其精神。

2. 直辖学校实施事项。直辖各学校应参照上列各项,拟具办法,呈经核准,由校院长督率施行。

3. 新民教育馆、图书馆实施事项。各馆除对一般民众提倡正当娱乐外,并应以巡迴文库向生产场所巡迴,使勤劳者得于业余借阅。

4. 华北体育协会实施事项。除举办各种体育竞赛外,并于举办运动会时,增入负重项目。

〔华北政务委员会档案〕

汪伪国民政府抄发以大亚洲主义及党义为公民教育主要内容提案及建议的训令

(1943年2月20日)

国民政府训令　字第八七号

　　　　令行政院

　　据本府文官处签呈称：准中央执行委员会秘书厅秘函字第一⊙六一号公函开：案奉中央执行委员会第五次全体会议决议案内开：周委员化人提，规定"大亚洲主义"为学校课程，以养成东亚解放之正确观念案；两路特别党部建议，拟请以党义列为全国学校必修科案。以上两案，经教育组审查，提出审查意见办法，修正为"以三民主义、大亚洲主义、领袖言论、新国民运动纲要为公民教育主要内容"，送国民政府转饬教育、宣传两部办理，决议照审查意见通过。等因。记录在卷。相应检同两案原文各一份，录案函达贵处，至希查照转陈核办。等由。理合签请鉴核。等情。据此。合行抄发原附各件，令仰该院转饬教育、宣传两部办理。此令。

　　　计抄发原附抄提案及建议各一份

中华民国三十二年二月二十日

主　　席　　汪兆铭

兼行政院院长　　汪兆铭

教育部部长　　李圣五

宣传部部长　　林柏生

抄原附抄提案

　　案由　规定"大亚洲主义"为学校课程，以养成东亚解放之正确观念案。

理由　总理遗教中以大亚洲主义为最后主张，此一理论经二十二年之湮没，始为事实证明其为真理。和平理论固以大亚洲主义为理论根干，即大东亚战争亦为大亚洲主义之实践，现在智识阶层虽已明白，中国之自由独立须求于东亚解放之中，然一般国民及学生犹未能普遍了解。为发扬总理遗教，培养东亚解放之正确观念及协力大东亚战争起见，拟请规定大亚洲主义为各级学校必修课程。

办法　（一）由国民政府明令规定大亚洲主义为各级学校必修课程。

（二）由教育部、宣传部编定大亚主义专书及课本，颁发全国各级学校习读。

提案人　周化人

抄原附抄建议

案由　拟请以党义列为全国学校必修科案。

理由　本党之主义，原为总理毕生革命，积四十年之经验，昭示吾党后死同志之遗训，凡我国人，允宜拳拳服膺，遵行勿怠。事变以前，政府重视本党通令全国学校以党义列为必修科，用以阐发幽征，心体力行，不独为总理伟大人格所感召，抑且足以继总理未竟之遗志，发扬光大，完成国民革命，奉行以来，成效卓著。事变以还，格于环境，致使本党之主义久遭漠视，除少数党员以深切研究外，几有不知党义为何物，似此废弛党务，漫不经心，实非本党同志之始料所及。值兹和建已至拓展阶段，新国民运动推行之际，加强党务，实属刻不容缓。且以本党三民主义，原为惟一救国之主义，与和平反共国策原为一贯，必须揭扬真谛，深入民间，使民众不为邪说所眩惑，且学生中为国家之中坚，将来服务社会，为国努力，尤应训练其思想，坚强意志，使有深切之认识。况青年脑力简单，如不彻底加以灌输，认识主义，一旦为邪说所蒙蔽，妄不知返，则影响国家前途尤大。为此，拟请以党义列为全国学校必修科，庶使全国学子，知所凭式，本党主义发扬光大。

办法　(一)由中央转咨国府，令饬教育部通令全国学校，以党义为必修科。

(二)由中央党史史料编纂委员会编订党义课本，供给全国学校采用。

(三)全国学校党员教师，应由本党党员经各省市主管教育机关考试及格后，方得担任。

建议者　两路特别党部

〔汪伪政府系统档案〕

伪华北教育总署教育局关于利用星期日讲述孔孟道义及有关训育的提案

(1943年)

(1) 教育局提案

华北各级学校应利用星期日讲述孔孟道义以确立国民道德之基础案 (教育局)

理由　查前国民政府公布之教育宗旨中，曾以"忠孝仁爱信义和平"为国民之道德，事变后临时政府教育部所定之教育方针，则注重"东方传统之文化"；又二十九年教育总署公布之训育方针，亦以尽力提倡"我国固有之美德"为要图，三十一年教育刷新教育命令中，亦有"中国固有之道德文化为立国之基础"之训话。总观历来教育当局之主张，与夫社会一班人士之心理，则中国教育之基础当以东方传统之文化及中国故有之道德为依归，当无异议。惟此二者究系何物并于何处探求，则孔孟经书乃其本源。若于课程中增加读经钟点，则事实上诸多不便，且无命学生诵读全部经书之必要。兹拟利用星期日，由学校聘请名家，将孔孟之精义择要讲述，并按我国现代之情形与夫世界文化之趋势而发挥之，则费时少而收效宏久，则国民思想与道德胥有共同之轨范矣。

办法

1．通令华北各学校，除朝会、周会时间由师长轮流举行精神训话外，每星期日上午或下午须举行特别讲演，学生全体均须出席（初小除外）。讲演内容，高小及初中以四书、孝经、孔子家语等书为范围，高中及大学以诗、书、易、礼、春秋等书以及中外历史与重要时事问题为范围。

2．讲演人员由本校职教员或校外名人担任均可。

3．讲演题材，即选择经书中某节或某句详细解释，并以现代情势而发挥之，无须按原书章句逐次解读。

4．每学期之末，由学校按讲演内容命题数则，使学生发表个人之感想，以观其成效。

（2）教育局体育科提案

中等以下学校应采用体育人员担任训育案（体育科）

理由　训育方针，应以训练方法领导学生步入正轨，过去各级学校对于训育多采管理纠正等方式，又仅注意个人行为，而其结果只有防止之功，而无领导之效，如以体育教员担任训育，则能于一切体育及集团训练中收到健全训育之效。

办法　将现有体育教员加以训练，选择能胜任者，俾以训育职务。

〔伪华北政委会教育总署档案〕

伪华北教育总署关于学生修养问题的布告

（1944年2月）

华北政务委员会教育总署布告各校学生文

华北自昔即为吾国文化重心之所在，当此举世为战火所笼罩之时，独我华北匕鬯无惊，弦歌不辍，战后教育不仅未蒙受丝毫破坏，抑且数年以来逐步发展，质与量均较前有长足之进步。此固国家之福，而诸生得于此文化区域内攻治学问，难能可贵，亦至堪庆幸之事也。诸生处此幸福之地，度此幸福之生活，当亦自感未来责任之重大矣。我国经此次变故以后，欲图复兴，非从事积极建设不可。今日之学生，即他年建设国家之基干。诸生素具爱国热诚，对于复兴国家，复兴民族，当已早萦怀抱。本督办莅任伊始，即本建设中国之方针以施教育，愿诸生一洗从来弊习，共图自立，挽回国家之颓运。今与诸生以数事相约，其共守勿渝。

一、应竭力吸取外来学术之真谛，勿忘固有之文化。夫学无止境，古已云然，矧在现代，其进步更为迅速，而学问之道，尤贵不分畛域，允宜撷取他人之长，补我之短，同时于我国固有文化之保存发扬，更当致意。惟是故步自封，固已诟病于当时，而徒效皮毛，尤蒙讥于今日。是以学者必须于外来学术提要钩玄，获其真谛，庶几学可有成，本源弗坠。

二、应尊师重道。古谓：师者所以传道解惑者也。以先知觉后知，以先觉觉后觉，其责任之艰巨概可想见。吾国素重师资，至侪于父兄之列，诚以任重道远，允宜受人之钦崇也。晚近师道陵夷，学子往往不能敬礼其师长，此殊非吾人所当效法。要知敬人人敬，爱人人爱，诸生今日从人学，他日亦将为人师，以身作则，切勿玩视。

三、应重礼义，事整洁，尚勤俭。我国素称礼义之邦，幼小之时，即首重洒扫，应对进退之节。盖洒扫即所以求整洁，事勤俭，而应对进退即所以明礼义也。成年之人，持躬治行，更其首务，尤当洗涤其心思，整肃其礼仪，勤劳其身体。欧阳修云：**忧劳可以兴国，逸豫可以亡身。**诸生切须矫正安逸怠惰之风，寓锻炼于勤俭，勿蹈以往之覆辙，则德之进，业之修，可计日而待也。

四、应明瞭亲仁善邻之道。国于天地，必有与立，世界进化，全球交通频繁，万无孤立独行之国家。是以集团生存，为大势之所趋，亦必由之途径，同文同种尤当团结。诸生应知讲信修睦乃国家所必需，则患难相扶，休戚相共，亦国家之道义所持重。所望共体斯旨，用期东亚集团之促成，共存共荣之实现。

五、应以国士自相期待。国势阽危，人所共知，吾人责任之重，匪可言喻。诸生当念于国步艰难之际，在此安心向学，以备他日之用，既不可见异思迁，徒增其纷纭之念，尤不宜妄自菲薄，遽存不可终日之心。目前困难为民族解放战争中所必经之过程，务须刻意忍耐，作未来担当重任之准备。诸生居于斯，学于斯，奋发自励，诚不可一息稍宽。盖华北为复兴中国保卫东亚之重心，华北如能臻于上治，即可开中国生存之路也。尤有进者，东亚之保卫既有赖于国家之集团合作，而国与国之间尤须不存芥蒂，互通情好。愿诸生以此自策，以国士自期，以国家为己任，刻苦磨砺，图东亚建设之完成，共从事未来之大业。

以上所列，在战时体制之下为万不可少之修养，亦为国家兴复之关键。所望诸生毋隳己志，毋堕家声，时时以邦国为念，互相切磋，力竞上游，有厚望焉！

督办　王揖

中华民国三十三年二月

〔伪华北政务委员会教育总署档案〕

中華民國史

檔案資料滙編

中國第二歷史檔案館編

鳳凰出版傳媒集團　鳳凰出版社

第五輯　第二編　附錄（下）

〔四〕横暴的财政搜刮与金融掠夺

（一）日伪统治下的财政金融概况

一、财政搜刮与金融掠夺措施

交通银行港发行部转达有关平生钗三郎提出在华北普及伪钞办法的密函

（1938年11月5日）

迳密启者：案准四联总处抄送财政部十月十日发致该处渝钱字第三四六〇号密函内开：案准中央执行委员会秘书处廿七年十月支汉代电开：据报平生钗三郎①到北平后，即对王克敏提出货币政策，其办法：（甲）普及伪钞于华北各地；（乙）禁止伪钞流入沪、港，以免日钞跌落；（丙）华北各省旅行与居住者一律需用伪钞；（丁）平、津、青岛、济南各伪埠分行及日系银行以等价兑换伪钞；（戊）凡在华北流通之日钞均须事前兑换伪钞，以竭力阻遏银行、钱庄扣押兑换；（己）请各地军宪协力并力防日钞流入内地。特此密达，却希查照。等由到部。相应函达贵处查照，转行四行密饬冀、鲁各分行注意伪银行，此项办法已否实行，并密筹应付办法转报来部，以凭查核为荷。等因。嘱治照办理前来。经

---

① 平生钗三郎系伪临时政府顾问。

巳以总处名义分函知照津、青两行，并函复四联总处，用将函底二件，随函附上，即行阅沿密存为荷。此致

泸本部

附件〔略〕

港发行部启

〔交通银行档案〕

伪临时政府财政部检送旧纸币兑换资金之借款及偿还以及旧纸币兑换要纲的公函①

(1939年2月6日)

中华民国临时政府财政部公函　会字第一七〇号

迳启者：承准行政委员会秘字第一四一号咨文内开：查旧通货流通期限将于三月十日截止，为便于人民兑换起见，凡未设银行之各县，由友军协助县长设立中国联合准备银行票兑换所，各县公署如有友军之指示，得向附近之中国联合准备银行分行借用所需资金，即行开始兑换。除分电各省公署转饬各县长知照与当地友军接洽办理，并将开始兑换日期呈报备案外，相应咨行贵部查照。等因。兹由本部拟定旧纸币兑换资金之借款及偿还，以及关于旧纸币兑换之要纲，除咨呈行政委员会备案，并函知中国联合准备银行外，相应检同要纲一份，即希查照转饬贵部直辖各县公署照办，并希见复为荷。此致

内政部

附旧纸币兑换资金之借款及偿还以及关于旧纸币之兑换要纲
一份

---

① 文末表式，收据等式样略。

646

　　　　　　　　　　　　　　总长　汪时璟

中华民国二十八年二月六日

旧纸币兑换资金之借款及偿还
以及关于旧纸币兑换之要纲

一、资金之借用办法

甲、对县公署资金之交付

（一）县公署经军部或特务机关以县长或县长代理人之收据（样式附），由最近之中联换取交换资金。

县公署因故不能往中联接洽时，得由军部以假收据（样式附）代领该款后，交县公署换取收据，军部即将该收据送交中联换回假收据。

（二）县公署由中联领取之交换资金，即为政府对县公署之放款。

（三）应交付交换资金之县公署及其资金需要额，应由军部核定。

（四）县公署虽由军部监督指导，运现及旧纸币交换事宜均应由县公署负责办理。

（五）中联分行应将交付县公署之交换资金额付总行帐。

乙、政府借款

（一）中联应将分行所付总行帐之款项用杂项欠款科目转帐，再将杂项欠款合计额（交付县公署之交换资金合计额）作为政府借款办理。

（二）中联应以县公署签发之收据由政府换取收据。

二、借款之偿还

甲、政府借款

依左列方法，以各县公署借款之偿还，即为政府借款之偿还。

乙、对县公署之政府放款

县公署于民国二十八年三月十日满期后，立即将兑进之旧纸币及未使用之国币交付联银，联银点收后签发收据，并立即将该项收进金额以电报通知联银总行转帐。

右项交付额折合国币与县公署借款之国币金额相符时，为县公署借款之偿还。

三、县公署之旧纸币兑换要纲

甲、宣传

县公署应按左列方法，先将关于旧纸币兑换之宣传普及一般。

（一）县内各处张贴县公署之布告。

（二）散发传单。

除县内警察署、税捐局、新民会及其他官公机关外，应使商会、农村合作社总动员散发传单。该项传单由联银供给之。

乙、旧纸币种类及价格

按法令规定如左：

河北省银行券及冀东银行券对国币为一与一之比率。

中国银行券及交通银行券内有天津、青岛、山东（包括烟台、威海卫、临清、济南、龙口）之地名者，及除河北省银行、冀东银行、河北银钱局外，其他各银行发行之小额通货，均按一圆合国币九角之比率，但自民国二十八年二月二十日起合国币六角（其他之旧纸币因以去年六月十日之限期已禁止通用，不得予以兑换）。

丙、兑换之期限

民国二十八年三月十日止，十一日以后绝对不予兑换。

丁、兑进旧纸币之整理及记帐办法

旧纸币内如有前项交换率不同者，兑进之纸币应每日按各发行银行分别整理。

为点查之便利，应按百元、十元、五元、一元、五角、二角、一角之金额，分出每百张为一束，以纸条加封。

为明瞭旧纸币之每日库存起见，应设立帐簿，按照各发行银行分别立户，每日将兑进旧纸币各行总额分别记入该户，算出总额及余额。

戊、国币库存之记帐办法

为明瞭国币库存起见，应设立帐簿，将每日兑出金额记入，结出库存。

若再按各券面额分别照上项办法整理，当更便利。

已、旧纸币收入额之报告

照另纸样式，每月三次，于十日、二十日、月底将旧纸币兑换额及库存报告书填送联银总行，不得迟延。

但二月份为十日、十九日及月底三次。

庚、兑换期限满期后纸币之处置办法

民国二十八年三月十日满期后，应立即将库存旧纸币及国币交付最近之联银，并附左列各表：

(一)兑进旧纸币库存明细表

但应分别民国二十八年二月十九日止兑换者，与以后兑换者，各填入其兑换率及折合国币额。

(二)国币库存表。

（以上两表可参考另纸样式）

联银收到右项款项时，应立即加以查点，签发收据，送县公署。

若数目过巨一时不能点毕时，得不点检，先签发假收据，俟点检后再签发正式收据，将假收据换回。

伪江苏省政府录送特务机关本部关于维新政府第一回地方税制整理要纲的代电

(1939年2月16日)

江苏省政府快邮代电　财字第二十四号

南京财政部陈部长勋鉴：密。案准苏特务机关函送维新政府第一回地方税制整理要纲一件，据系军特务机关本部长嘱为转交等因。查此案未准大部行咨，相应照录原件并译文，电请大部迅予察核见复为荷。江苏省长陈则民叩。寒。附件如文。

中华民国二十八年二月十六日

维新政府第一回地方税制整理要纲
特务机关本部　一月三十一日

第一　方针

今谋民众负担之均衡，欲增进民福，确立产业兴隆之基础，政府应速废止厘金及其他不正当之杂税，特定第一回地方税制整理办法。政府对地方自治团体，至财政健全之日止，在此时期给予地方交付金。

第二　要领

一、整理税制应废止之税类

(甲)市县等之地方自治团体所课与重复课税，厘金相似之流通货物税及其他类似之税类。

(注)例如出产税、落地税、货物税、百货税、货物出入税、货物搬出入税等，不论何种名称。

(乙)类似人头税之不正当税类。

(注)例如良民证税、良民登记税、通行证税、身分登记税、

大车通行证税等，不论何种名称，但前载各种证书发行时所收少数之手数料不在此限。

二、税制整理时期

民国二十八年二月一日。

三、地方交付金之给予

税制整理之结果，致地方收入减少，应速谋田赋、房捐、营业税等地方税之征收，树立健全之财政计划。惟因填补今次地方税整理所减少之收入，于相当时间，政府对于地方给予交付金（大概四个月为度）。

本年三月以后，应给予交付金者，须将前月份之收支计算书及本月份预算概算书，于每月八日前送交所属之特务机关，转将申请书呈交维新政府顾问府。

此外，再须经政府所定手续，申请于维新政府财政部（县、市以下之地方自治团体，须经所属之省政府、特别市直接申请公开揭示之书类，亦须附送）。

〔伪维新政府系统档案〕

滨田顾问交办的地方税制整顿要纲 [1]

（1939年5月1日）

第一　方针

地方税制，其本则乃沿袭事变前之地方税制，故田赋、营业税、房捐等之课税表册，应从速整饬，以期地方税制之确立。

第二　要领

一、省税以田赋、营业税为中心，而配以屠宰税、房捐、船

---

[1] 此件交由伪维新政府财政部办理。

捐等。

二、特别市（上海、南京，以下简称市）税以营业税、屠宰税为中心，而配以牙税、田赋、车船等捐。

三、县税则以各种省税附加税为中心，而配以其他杂捐。

四、自货物出入税撤销后，被裁人员可令其从事整饬田赋、营业税、房捐等之课税表册。

五、省税之征收，以由县方担任为本则，市税之征收，则由市方直接担任。

六、省、市、县应于五月二十日前必须送到，将现行各种征税规则呈送财政部审查。

七、上项规则审查时，须附呈载有根据该税则所征收之实在成绩之文件。

八、今后省、市、县若因无法令，不得变更税目，而需变更税率或撤销税目时，须于具体计划内另附理由，省、市直接，各县经由省府呈请财政部审查。

九、财政部对第六项经审查完毕后，其后各县所征收之省税，每月应解缴财政厅。

十、第一次地方税经整顿后，第一种地方交付金概须于五月底撤销，依此本则，地方税制务必迅速确立。故各省、市、县应将地方税制之具体计划，并足以知晓其进展状况之文件，于五月二十日前必须送到，各县经由省府，省、市直接呈报财政部。

〔伪维新政府系统档案〕

周佛海起草和平成立后货币与金融政策之设施

（1939年）

一、调剂市面金融

当政府成立之日，新、旧法币宜通令照常行使，同时并分令各地之中央、中国、交通、农民四行，中央信托、邮政汇业两局，以及其他各银行、钱庄照常营业，四行及两局并由政府派员监督。万一四行不遵令而撤退，恐其他各商业机关因缺乏资金之通融而随之停业，使市面金融陷于混乱状态，予人民以不良之印象。上海为全国金融之枢纽，必须用全力顾及，其他各地只须上海不生问题，均可迎刃而解。以是在政府成立之前，务须预筹法币五千万元，并事先准备成立委员会，以备临时为调剂及安定市面之工作，各商业金融机关获得接济时，对新政府必可发生好感。姑拟办法如下：

（一）委员会设在上海，定名为调剂金融委员会。

（二）委员会由财政部指派代表，合同上海银、钱业两公会之主席及常务委员会组织成立之。委员人数定为五人。

（三）先与日方商在现存海关税款项下，拨指法币五千万元，另行存储备用。该款务在政府成立之前办妥。

（四）各商业、金融机关请求接济法币，应供相当押品，期限临时商定，利息特予便宜。其手续可委托银钱业准备库办理，押品亦委托代为管理。

二、确立新货币制度

新政府为促进政治统一，确立新经济政策起见，当政府成立之日，宜即由财政部组织钱〔钱字衍〕币制委员会，制定新货币政策，限期收回所辖区域内之旧法币，并停止行使。但新货币之确立，乃系主权独立之一种表现，故新货币政策希望日方从旁协助，不加干涉，以免日方有破坏中国之嫌，而失民心。姑妄拟其要点如下：

（一）新货币以元为单位，定名为金币。

（二）新货币之对外价值，仍为一先令二便士半。

理由：

（A）旧法币实施以来，迄至七七事变，试出一先令二便士半之对外价值，对中国之国际贸易极为适合而有利。

（B）表示新货币仍继承旧货币之法定价格，以示信用中外。

（三）新货币之质量，以所含纯金表示其重量，应等于英镑一先令二便士半所含纯金之数。

（四）新货币暂时停止兑现，但得向中央准备银行依照法定汇价，申请结购外汇。

（五）发行新货币，宜从早制定式样。第一次订印数目，至少需十万万元，分十元、五元、一元及辅币券一角、二角数种。

（六）新货币发行准备，拟定为现金与保证各五成。

（七）新货币发行准备公开检查。

（八）新货币之发行，租界内能行使与否，极关重要，希望日方协助，先向租界当局打通。

（九）新货币之发行额，不得超过三十万万元。

三、成立新中央准备银行。

四、管理外汇，统制进出口贸易。

五、管理旧币。

（一）对各种旧币之比率，应依两币之对外价值比例而定。

（二）新政府协力范围内，原已在市内通行之各种旧币，在中央准备银行尚未成立，新货币尚未发行之前，只可准其照常行使。在此过渡期内，宜从严规定每人准许携带数目，通令各关严格检查，逾额没收。

（三）中央准备银行成立之后，政府即应命令将所辖区域内之旧币限期收回，换给新法币，逾期不许通用。

（四）旧币不许行使后，所有人民间凡属旧币之债务，应一律照规定比率折成新货币。

（五）华兴钞希望即日停止增发，其已发行者，为数不多，并希望该银行限期自行收回。

（六）联银钞发行数目，闻已有三万万元之巨，最好能由该行自行收回。

六、关于退还关税之办法

（一）我国新中央政府成立时，应由日方同意，将我国关税恢复战争以前之原有状态与法则。

（二）各关收入，应由海关总税务司公布之数目为准，现有具体数目字可知者，民国二十七年，全国各关收入计国币二万五千四百五十七万元，廿八年一月至六月底，计国币一万八千四百万元，内应除去其时在前国民政府控制下各关收入，及各关本年经费计算。二十六年七月至廿六年十二月，华北各关收数，以及二十八年七月以后至我国新中央政府接收内日方控制下各关时止，各收入均应一律计算在内。

（三）前项计算，拟于我国新中央政府成立后，即由日方与我国各派负责人员会同总税务司在上海及关款清算委员会清算之，并有权随时向横滨正金银行查阅关款存入帐目。

（四）清算程序，应就上海关收入及其他各关收入有于上海正金银行保管者先行清算，是为第一清算期。然后按照各关收入之多寡与事实之便利，依次清算，是为第二清算期。第一清算期报告，应于清算委员会成立后一个月内提出，第二清算期报告，应于清算委员会成立后三（？）个月内提出。

（五）发还程序，以江海关及其他各关收入有于上海横滨正金银行之款为第一返还期，其余各关为第二返还期。每期以两个月为限，以清算委员会成立之日为第一期起算之日。

（六）返还手续，以简单有效为原则。查上海横滨正金银行所管关税，系以税务司名义存入，并请日方先期训令该行，一俟清算委员会清算报告提出，即行如数拨交该税务司，一面由我国新中央政府命令税务司签具支付手续，取得后转交国库。其他各地海关，亦依此手续同样办理。如有非正金银行保管，或未由税务

655

司名义存入者，亦请依此原则按时返还。但英籍税务司如有不奉命令时，得由我国新中央政府另选英籍或其他国籍之税务司继任行使职权。

（七）我国新中央政府未成立前，及甫经成立时，一切经费之筹措与推行，非大宗款项不办，应请顾全事实之需要，先行训令上海之横滨正金银行于最近期内借垫四千万元，以为新政府成立筹备时一切用途。政府甫经成立后，各项收入未就绪时，亦请借垫若干万元，以资应付。此项借垫之款，均于关税清算应予返还额内尽先抵扣。其借垫数目，另行议订之。

（八）关于清还关税一切未尽事宜，应请保留，候我国新政府成立后，经调查明确认为有调整或修改之必要时，再行通知查照办理。

七、联合准备银行之处置问题

方案甲　当新政府成立之初，第一步应令联合准备银行停发纸币，第二步清算其实际状况，第三步加以调整改组之为中央准备银行分行。对其已发行之纸币，或以新币收回之，或加盖印记，暂时认为法币之一种。

方案乙　当新政府成立之初，暂行规定联合准备银行为一种特许银行，正如现在之中国与交通然，并认其已发行之纸币为法币之一种。惟其纸币之准备与发行额应报告中央政府，并得由中央政府派员检查之。从新政府成立之日起，该行即停止发行纸币（此点与甲方案相同，似宜为我方所必争，否则该行所发纸币，将来不易收拾，而且对于新法币之发行多一层障碍）。

处置联合准备银行之补充方案：

（一）新政府对于联合准备银行之处置，最好将其改为新中央银行分行。其已发行之钞票，一面许其流通，一面加盖新中央银行印记。改组之详细办法另订之。

（二）如欲保留联合准备银行之独立，政府应确定其为普通商业银行。因华北特殊情形，得准其已发行之钞票在市面流通，惟应规定其现在之发行额（据临时政府于二十八年十月二十六日公布之消息，联银现有发行额为三万二千八百万元）为最高发行额，并规定其行使区域。在联银钞票行使区域内，新法币亦得行使。

（三）新政府成立后，即统制全国之对外贸易，华北出口汇票与其他各地之出口汇票相同，应售与新中央政府银行或其分行，或由财政部指定之中国商业银行。华北外汇之售出与其他各地同，统由新政府规定办法，由新中央银行或其分行办理，联银不得买卖外汇。

（四）新中央银行发行新法币后，对于外汇之买卖，仅以新法币为限。

（五）凡商业银行缴纳规定之现金准备与保证准备后，得享受领用新法币之权利，联银不外此例。故联银本身需要外汇时，得以所领用之新法币向中央银行申请购买。惟鉴于联银之历史关系，对于购买外汇之请求得酌予从宽核准。

（六）新法币与联银钞票或旧法币同时行使时，均不规定比价，其彼此交换比例，在公开市场自由决定。

（七）联银对其顾客之存款应分联银钞票存款及新法币存款两种，付款亦应分别付给联银钞票与新法币。新中央银行及各商业银行之顾客存款，均照此办理。

关于联银钞票案之争执点之答案：

（一）日方以为我方规定联银钞票之最高发行额无适当标准，实为不确。最适当之标准不得超过其现有之流通额（约有三万数千万元），即让一步亦可以四万万元为最高发行额。盖八·一三之时，全国法币发行额不到十四万万元，今准许联银钞票四万万元，发行额已达当时全国法币发行额百分之二十八以上。我方对于规定最高发行额一层，仍应根据此项理由力争。

（二）日方所规定联银钞票之现金准备成数，由中央随时检验外币之发行为后盾，其所设外汇准备（与现金准备同），可以其朝鲜银行账上之存款充之，表面上外汇数额之增加乃如反掌。

（三）日方以为联银行使之区域同时行使新法币，则联银券将归消灭一层，亦属不确。盖同一区域行使数种纸币，乃极平常之事。如我国旧有钞票除中、中、交、农四行之法币外，尚有实业银行，农工银行，浙江兴业银行等之钞票（即所谓杂色钞票），与各省立银行之钞票。即在外国如美国亦有政府钞票（Green Banks）、联邦准备钞票（Federal Reserve Notes）、联邦准备银钞票（National Bank Nates）等。联银钞票与新法币同时行使，而联银钞票将绝迹市场上，于联银钞票之信用远高于新法币时为然。盖以恶币驱逐良币之原则，良币必为人民所藏也。若然，则联银将大可以自豪矣，尚何足恐惧耶，若联银钞票之信用不及新法币，将被人收藏，而联银钞票反充斥市场，并不致于消灭。

（四）此外关于我方必须对日方要求者，有下列三事：

（1）联银钞票之行使区域，应以河北、察哈尔、绥远为限，让步时可规定为冀、察、绥、晋四省及黄河以北之山东区域，再让步亦不得超过冀、察、绥、晋、鲁五省，惟应极力避免包括河南。

（2）华北之进出贸易，应由我国新政府统制，至出口外汇之规定，由新中央银行之分行或其指定之商业银行结售，日方不得干涉。如日方坚决要求我方在华北出售外汇，而收受联银钞票时，则我方必以（甲）规定联银钞票之现金准备成数，及（乙）由联银将其一切现金准备全数交与我方为条件。

（3）华北外汇之购买应由政府统制，由新中央银行之华北分行（或新政府指定之商业银行）出售外汇，惟只限收新法币，联银之收售联银钞票而出售外汇，应由联银自己负责办理，新政府不负责任。

八、货币金融方案

(一)法币如何应付

(1)暂时沿用旧法币。查中、中、交行纸币已为人民所习用，新政府成立之初，即宣布继续沿用旧法币。

(2)派员分赴各银行清查法币存底，并一律加盖暗记。

(3)过渡时期中任旧法币……〔系原件省略〕之自然涨落。

(4)筹备发行新法币。

(5)新法币发行之时，让新、旧法币随时依市场折算。

(6)新法币的汇价，在发行初应规定为六便士，逐渐提高至七便士或八便士。

(二)联银与华兴两银行之处置问题

华兴银行成立不久，其已发行之纸币至今不过一百四十万元，故新政府成立之时，可立与日方交涉，使华兴停发纸币，至新政府发行准备银行纸币时，再设法收回华兴纸币。至联合准备银行成立较久，其已发行之纸币如有困难，当新政府成立之初，第一步应令联合准备银行停发纸币，第二步清算其实际状况，第三步加以调理，改组之为新中央准备银行分行。对于其已发行之纸币，或以新纸币收回之，或加盖印记暂时认为法币之一种。总之，此问题须候华北政局恢复八·一三前之状况时，方可由政务委员会徐图解决焉。

(三)日本军用票问题

现在日本军队所至之处，强迫行使军用票，为数已不少，当新政府成立之时，应即请日方停止发行军用票。至其已发行之军用票，我方应请日方拨还一笔款项，由我方代为收回。

(四)维持法币政策应请日方谅解问题

日方军人及不明经济之政客，常以破坏我国旧法币为政策，然日本真懂经济之商人与经济学者均认为破坏我国旧法币为失策。今我方既许人民照常行使旧法币，应明白告知日方得谅解，以免将来发生无谓之麻烦。第一，日方认识之法币已流通全国，为全国人民的财产之一部份，并非蒋某某之私产。第二，吾人若破坏旧法币，而费力多而成功少，徒扰乱市面，对于日方并无益处。华北之戒例可为殷鉴。

（五）请日方交还占领区域内对于各种出口货物之统制权问题。

吾人为维持新法币之价值计，必统制外汇，而统制外汇又必以统制出口贸易为前提。前已言之。目前日本在华北、华中各处对于各种出口品之输出，已实行垄断，当新政府成立之时，应请日方将各种出口货物之统制权完全交还我国，否则我国无以立国,恐亦非日方之所以期待我也。至我国出口货物中，有为日方所需要者，则为中日经济合作计，在平等互惠之原则下，自可予日方优先特购之权，将来可由中日商约规定之。

〔中国银行档案〕

汪伪财政部公布整理货币暂行办法有关文件

（1940年12月）

（1）财政部暂行办法（ 12月18日 ）

第一条　国民政府授予中央储备银行发行兑换券之特权，以期逐渐完成币制之统一。

第二条　中央储备银行发行之兑换券为中华民国之法币，其种类及准备金比率等项应遵照中央储备银行法第十六条至二十三条之规定办理之。

第三条　民国二十四年十一月三日颁布之新货币法令所规定之各种法币（ 以下称旧法币)，与中央储备银行发行之法币暂行等价流通。

第四条　中央储备银行得以其发行之法币暂依等价收换现行流通之各种旧法币，以促成币制之统一。

上项收换办法得斟酌区域及情形，随时分别规定之。

第五条　华兴商业银行之发行权取消之，其已发行之纸币之收回办法另订之。

第六条　凡人民完粮、纳税及其他对于政府之支付，一律行使中央储备银行发行之法币，但暂准以旧法币与中央储备银行发行之法币同样行使。

第七条　凡政府机关各项经费之支付，一律行使中央储备银行发行之法币。

第八条　关于前二条之规定，在特定区域内暂不适用。特定区域另以命令定之。

第九条　凡不属于上述之各种纸币，而现在尚在流通者及各地现在流通之各种辅币券之整理办法另订之。

第十条　华北政务委员会管辖区域内暂维现状，本办法之规定暂不适用。

第十一条　本办法自三十年一月六日施行。

(2) 财政部令（12月19日）

财政部部令　　秘字第八十六号
　　　　　　　民国二十九年十二月十九日

兹根据整理货币暂行办法第八条，指定徐海、武汉、安庆、华南及海南岛为特定区域，所有该办法第六条及第七条之规定，在上项特定区域暂不适用。合行公布。此令。

〔汪伪财政系统档案〕

汪伪财政部有关银行注册章程的呈令稿

（1940年6月—1945年4月）

（1）1940年6月8日呈

呈　钱字第五十五号

呈为呈送事：查创办银行，依法须呈由所在地主管官署转请或迳呈本部核准注册，填发营业执照后，方得开业。其已经设立之银行，遇有变更资本总额、营业种类、迁移总行所在地，以及改选董事、监察人等项，亦应随时呈报，换领执照，以符事实。曾经由部拟具银行注册章程暨施行细则，于民国十八年一月及四月间先后公布施行在案。事变以还，各省、市旧有银行对于上述事项颇多变动，兹为便利考核计，无论旧有或新设，均应报由本部核定，换发或填给营业执照，俾资遵守。除将前颁银行注册章程暨银行注册章程施行细则修正公布并分行外，理合检同该项修正章则各二份，呈请鉴核，咨行华北政务委员会转饬所属行知各银行一体遵照，实为公便。谨呈

行政院院长汪

附呈修正银行注册章程暨银行注册章程施行细则各 二 份〔施行细则缺〕

中华民国二十九年六月八日

修正银行注册章程

第一条　凡开设银行，经营存款、放款、汇兑、贴现等业务者，须依本章程注册。

凡经营前项之业务，不称银行，而称公司、庄号或店铺者，均须依本章程办理。

662

第二条　开设银行时，应先拟具章程，将左列各款订入，呈由地方政府转呈或迳呈财政部核准。

一、名称；

二、组织；

三、资本总额；

四、实收资本；

五、总行所在地；

六、营业范围；

七、存立年限；

八、创办人姓名、籍贯、住址；

如系招股设立之银行，除遵照前项办理外，并应订立招股章程，由地方政府转呈或迳呈财政部核准后，方得招募资本。

第三条　股份有限公司、两合公司、股份两合公司组织之银行，其资本至少须达五十万元。

无限公司组织之银行，其资本至少须达二十万元。

前二项规定之资本，在商业简单地方，得呈请财政部或呈由所在地主管官署转请财政部核减，但第一项所规定者至少不得在十五万元以下，第二项所规定者，至少不得在五万元以下。银行之资本不得以金钱外之财产抵充。

第四条　凡经核准设立之银行，应备具左列各件，呈由地方政府转呈或迳呈财政部验资注册，发给营业执照后，方得开始营业。

一、出资人姓名籍贯住址清册；

二、各出资人已交、未交资本数目清册；

三、各职员姓名、籍贯、住址清册；

四、所在地银行公会或商会之保结；

五、注册费。

第五条　无限公司组织之银行，除遵照第四条第一款办理外，并应添具左列各件：

一、出资人详细履历；

二、出资人财产证明书。

第六条 股份有限组织之银行，除遵照第四条第一款办理外，并应添具左列各件：

一、创立会决议录；

二、监察人或检查员报告书。

第七条 银行与他银行合并或增减资本时，应呈由地方政府转呈或迳呈财政部核准注册。

第八条 银行呈请注册时，应依左列资本总额，分别附缴注册费。

五十万元以下	五十元
一百万元以下	一百元
二百万元以下	一百五十元
三百万元以下	二百五十元
五百万元以下	四百元
一千万元以下	六百元

一千万元以上，每多一百万元加收五十元，其不满一百万元者，亦按一百万元计算。

第九条 银行遵照前条规定呈经注册后，由财政部给予营业执照，不另收费。

第十条 银行增加资本，呈请注册时，应依前条之规定，照增加后之资本总额缴纳注册费。但从前所缴银数得扣除之。

遵照前项规定办理之银行，应换领新执照，并将原领执照缴由财政部注销。

第十一条 银行如有变更执照所载事项时，应将原领执照缴还财政部，换领新执照。但应缴纳执照费十元。

第十二条 本章程施行前业已开始营业之银行，无论巳未呈经前政府注册，均应于本章程施行后六个月内补行注册。但已在前政府注册之银行，其注册费得依第八条之规定减半缴纳，并由财政部换给新执照。其旧执照应即同时缴销。

第十三条　本章程自公布之日施行。

(2) 1943年7月1日令

部令　钱字第二三四号

兹将修正银行注册章程第三条、第八条及第十一条条文修正公布之。此令。

附修正银行注册章程第三条、第八条及第十一条修正条文

中华民国三十二年七月一日

修正银行注册章程第三条、第八条及第十一条
修正条文

第三条　银行应为公司组织。

股份有限公司、两合公司、股份两合公司组织之银行,其资本至少须达六百万元 无限公司组织之银行,其资本至少须达二百万元。

前两项规定之资本，得视地方情形，呈由财政部核减，但第一项所规定者不得少于六十万元，第二项所规定者不得少于三十万元。

银行之资本不得以金钱以外之财产抵充。

第八条　银行呈请注册，应按资本总额 每一百万元附缴注册费二百元，不满一百万元者以一百万元计算。

第十一条　银行如有变更执照所载事项的，应将原领执照缴还财政部，换领新执照，但应缴纳执照费一百元。

(3) 1945年4月1日令

部令　钱四字第一七〇号

兹将修正银行注册章程第八条、第十一条、第十四条条文修正公布之。此令。

附修正银行注册章程第八条、第十一条、第十四条修正条文

中华民国三十四年四月一日

关于修正银行注册章程修正文

第八条原文〔略〕

修正文　银行呈请注册，应按资本总额，每一百万元附缴注册费一千元，不满一百万元者，以一百万元计算。

第十一条原文〔略〕

修正文　银行如有变更执照所载事项时，应将原领执照缴还财政部，换领新执照，但应缴纳执照费五百元。

第十四条原文〔略〕

修正文　银行分设营业处所，呈请注册请领营业执照，每一处所应缴注册费一千元，其呈请变更注册换领执照者，应缴执照费五百元。

〔汪伪财政系统档案〕

汪伪财政部抄发妨害新法币治罪暂行条例训令

(1941年3月25日)

国民政府行政院财政部训令　币字第一一八号

令盐务署

案奉行政院行字第一八六四号训令内开：现准中央政治委员会秘书厅中政秘字第八六五号公函开：查三十年三月十三日中央政治委员会第三十九次会议讨论事项第一案，委员兼财政部部长周佛海及委员兼司法行政部部长李圣五提为拟具"妨害新法币治

罪暂行条例草案"，请公决案，当经决议通过，送国民政府公布，并交立法院备查，记录在卷。除分函国民政府文官处转陈公布暨立法院查照外，相应录案，并检附"妨害新法币治罪暂行条例"一份，备函奉达，即请查照，并分饬财政、司法行政两部知照。等由。计检附妨害新法币治罪暂行条例一份。准此。除分令司法行政部外，合行抄发该条例一份，令仰该部知照，并转饬知照。此令。等因。附抄发妨害新法币治罪暂行条例一份到部。奉此。除分别饬行江苏、浙江、安徽省政府，南京、上海市政府，并分令外，合行抄发该条例一份。令仰该署知照，并转饬所属一体知照。此令。

附发妨害新法币治罪暂行条例一份

中华民国三十年三月廿五日

部长　周佛海

妨害新法币治罪暂行条例①

第一条　本条例称新法币者，谓中央储备银行所发行之纸币。

第二条　故意妨害新法币之流通，或破坏其信用者，处五年以上有期徒刑，得并科五千元以下罚金。

犯前项之罪触犯其他罪名者，从一重处断。

第一项之未遂犯罚之。

第三条　拒绝使用新法币者，处三年以上十年以下有期徒刑，得并科五千元以下罚金。

第四条　凡银行、银号、钱庄、典当及其他公司行号有第二条、第三条情形者，除犯人依各该条治罪外，并吊销其营业执照。

第五条　凡公私团体军民人等知有第二条至第四条犯罪情形者，应立即报请当地警察机关逮捕，移送法院讯办。

---

① 汪伪国民政府于1941年3月13日公布。

前项情形经法院讯实判处罪刑确定后，应通知原送案机关转报财政部对原报告人酌给奖励。但藉故诬陷者，应依刑法诬告罪处断。

第二项之奖励办法由财政部另定之。

第六条　对于新法币犯刑法伪造货币罪章内各条之罪名者，均依刑法处断。

第七条　本条例施行期间定为二年。

第八条　本条例自公布日施行。

〔汪伪财政系统档案〕

伪华北政委会抄发汇兑管理规则的训令稿

（1941年8月13日）

华北政务委员会训令
令财务总署

为训令事：查本年八月四日，本会第一二七次常务会议临时动议，汪常务委员时璟提出，为适应华北金融环境起见，对于华北出入款项汇兑，似应加以管理。兹拟具汇兑管理规则草案，请公决案，经议决修正通过。记录在卷。当于八月十一日由本会以会令公布，合行抄同该项修正规则，令仰该总署遵照办理，并分别转行遵照。此令。

附抄发修正规则一件

汇兑管理规则

第一条　本规则所称汇兑，指由华北汇往华北以外各地，或由华北以外各地汇入华北之一切汇款，及以中国联合准备银行券以外之通货表示之一切汇款而言。

第二条　本规则所称信用状，指押汇信用状、逆汇信用状、旅行信用状、旅行支票及其他类似者而言。

第三条　凡未经华北政务委员会财务总署督办之许可者，不得有左列之交易或行为：

一、汇兑之买进、卖出或支付。

二、对华北以外各地信用状之发行或取得。

三、卖买中国联合准备银行券以外之通货。

为前列各项之交易或行为而申请许可时，须填具本规则所附格式之申请书。

第四条　经华北政务委员会财务总署督办特准者，虽有前条之规定，其所为之交易或行为毋须申请许可。

第五条　华北政务委员会财务总署督办于实施本规则上有必要时，得征取报告。

第六条　未经华北政务委员会财务总署督办之许可而有第三条之行为者，或不遵照第五条规定提出报告，或报告不实者，处千元以下之罚金，或处以一月以下之拘役。

第七条　法人之代表人或法人，或人之代理人、使用人，及其他从业员，关于其法人或人之业务有违反第六条之行为时，除罚行为者外，对其法人或人亦处第六条之罚金。

第八条　本规则实施上必要事宜暂由中国联合准备银行代办之。

本规则自公布日施行。

**汇兑管理规则第四条所规定华北政务
委员会财务总署督办特准事项**

根据汇兑管理规则第四条特准左列各项：

一、汇往日本、满洲国或蒙疆，及由日本、满洲国或蒙疆汇出汇兑之买进卖出或支付。

二、对日本、满洲国或蒙疆信用状之发行或取得。

三、往华北以外各地之旅客，或由华北以外各地入境之旅客，其所带通货在规定之兑换所，按正式兑换手续，买进或卖出中国联合准备银行券以外之通货。

四、左列机关所为之交易或行为：

邮汇办理处所。

中国联合准备银行。

五、以左列机关为对手方所为之交易或行为：

邮汇办理处所　中国联合准备银行　横滨正金银行　朝鲜银行　满洲中央银行　蒙疆银行　天津银行　济南银行　河北省银行　冀东银行　大阜银行　鲁兴银行　山西实业银行　河南实业银行　中国银行北京支行　交通银行北京支行　金城银行北京分行　大陆银行北京分行　盐业银行北京分行　中南银行北京办事处　中孚银行北京分行　上海银行北京分行　新华银行北京分行国华银行北京分行　中国国货银行北京分行　浙江兴业银行北京分行　中国农工银行北京分行　中国实业银行北京分行　大中银行北京分行　大生银行北京办事处　聚兴诚银行北京办事处

〔伪华北政务委员会档案〕

伪华北政委会财务总署拟订旧通货处理办法草案

(1941 年)

第一条　凡民国二十八年三月十日以前准予流通之通货，应按照本处理办法之规定处理之。

第二条　政府为处理方便起见，将各县及各乡镇酌量情形分为中联券区域、准中联券区域及其他区域。

第三条　在中联券区域内，各种旧通货应按照下列各项办法处理之：

一、中联券区域系指早经只有中联券流通，而禁止旧通货流通之区域而言。

二、中联券区域由各现地兵团酌定，报告方面军。

三、中联券区域区彻底禁止旧通货之流通，如有违反者，按照扰乱金融暂行治罪法之规定处理之。

第四条　在准中联券区域内，各种旧通货应按照下列各项办法处理之：

一、准中联券区域系指中联券及旧通货虽为并行流通之地方，而治安现已恢复，此后确能禁止旧通货流通之区域而言。

二、准中联券区域由各现地兵团酌定，报告方面军。

三、准中联券区域此后由方面军、兴亚院根据各兵团之意见，与华北政务委员会财务总署连络决定日期，在两个月内，按照当时所定比率，由华北政务委员会收买旧通货，以一次为限。

四、前项比率暂定为对中联券四折。

五、旧通货之收买，由中联及与中联有关系各金融机关与现地军联络办理之。

六、收买期间届满后，该区域应即按照中联券区域之办法，彻底禁止旧通货之流通。

七、本办法系为整理名义上称为中联券区域，而实际上未能禁止旧通货流通之各地方为目的，故准中联券区域应严格限定，此后确能实施禁止旧通货流通之区域。

第五条　在其他区域内各种旧通货，应按照下列各项办法处理之：

一、在现在治安虽已恢复，或行将举行肃清工作之各地方，但上述之各地方不宜指定为中联券区域者，该区域内之旧通货不予收买。

二、此后治安可以恢复，并得实施禁止旧通货流通之地方，应即按照准中联券区域处理办法处理之。

第六条　以旧通货完粮纳税者,应按照下列各项办法处理之:

一、中联券区域及准中联券区域内,不得以旧通货完粮纳税。

二、在其他区域内,如认为在治安工作上不得已以旧通货完粮纳税时,根据当地兵团长之申请,经方面军、兴亚院协议,与华北政务委员会财务总署连络后,将该区域内粮税之种类等项决定之。

三、以旧通货完粮纳税之比率随时决定之,目前暂定为对中联券四折。

四、以旧通货征收粮税之机关,应将每旬之收入数经整理后,请由中联或与中联有关系各金融机关申请华北政务委员会收买之。

第七条　本办法自华北政务委员会议决之日起施行。

〔伪华北政务委员会档案〕

汪伪国民政府抄发整理旧法币条例及其修正条文的训令

(1942年5—8月)

(1) 汪伪国民政府训令 (5月31日)

国民政府训令　字第750号

　　　　令华北政务委员会

查整理旧法币条例现经制定,明令公布,并定自三十一年六月一日起施行,应即通行饬知。除分令外,合行抄发该条例,令仰该会知照,并转饬所属一体知照。此令。

计抄发整理旧法币条例一份

中华民国三十一年五月三十一日

　　　　　　　主　席　汪兆铭

672

立法院院长　陈公博

整理旧法币条例　民国三十一年五月卅一日公布
第一条　国民政府依本条例之规定整理旧法币。
第二条　整理旧法币应行收回中央、中国及交通银行所发行之钞券。
第三条　关于收回旧法币事务由中央储备银行办理之。
第四条　收回之旧法币应由中央储备银行按照旧法币二对一之比率换给该行之钞券，但得代以同额之公债，并得作为同额之存款存于该行。

政府对于中央储备银行按照其所换出之钞券及因交换所存之存款，付与同额之公债。
第五条　旧辅币券依其额面暂准照中央储备银行辅币券之半价流通。
第六条　凡以旧法币单位订立或约定之债权、债务，应以旧法币二对一之比率改为中储券单位处理之。
第七条　本条例施行后，以旧法币单位订立契约或约定者，一概无效。
第八条　本条例施行区域暂定为苏、浙、皖三省及南京、上海两市。
第九条　关于收回旧法币详细办法，由中央储备银行订定之。
第十条　本条例施行日期以命令定之。

（2）汪伪国民政府训令　（8月6日）
国民政府训令　字第二二四号
　　令华北政务委员会
　　查整理旧法币条例第四条、第八条条文现经修正，明令公布，应即通饬施行。除分令外，合行抄发该修正条文，令仰该会知照。并转饬所属一体知照。此令。

计抄发修正整理旧法币条例第四条第八条条文一份

中华民国三十一年八月六日

主　　席　汪兆铭

立法院院长　陈公博

修正整理旧法币条例第四条及第八条条文

三十一年八月六日公布

第四条　收回之旧法币应由中央储备银行按照财政部所定比率换给该行之钞券，但得代以同额之公债，并得作为同额之存款存于该行。政府对于中央储备银行按照其所换出之钞券及因交换所存之存款，付与同额之公债。

第八条　本条例施行区域，由财政部随时以部令定之。

〔伪华北政务委员会档案〕

汪伪关于修正财政部管理金融机关暂行办法有关文件

（1944年9—10月）

（1）暂行办法（9月16日）

修正财政部管理金融机关暂行办法①

三十三年九月十六日公布

第一条　本办法所称金融机关，不问其名称如何，凡经营左列各项业务者均属之。

一、收受存款；

---

① 汪伪财政部管理金融机关暂行办法原为18条，公布于1942年8月20日。

二、放款或票据贴现；

三、汇兑或押汇。

第二条　本办法施行前，凡已经开始营业之金融机关，应自本办法施行之月起，于一个月内备具呈文，载明左列事项，连同章程，呈请财政部补行注册。

一、名称；

二、组织；

三、资本总额、实收资本、并出资者姓名；

四、店铺所在地；

五、营业范围；

六、资产负债表；

七、代表者及重要职员姓名、住所。

第三条　本办法试行后，凡拟设立金融机关者，应备具呈文，载明左列事项，连同章程，呈请财政部核准注册。

一、名称；

二、组织；

三、资本总额及实收资本；

四、店铺预定地；

五、营业范围；

六、营业计划书；

七、营业期限；

八、创办人姓名、住所。

第四条　凡金融机关分设营业处所，应将原领营业执照摄成影片，并备具呈文，载明左列事项，呈请财政部核准注册。

一、名称；

二、划拨资本数额；

三、营业处所所在地；

四、营业范围；

五、营业计划书；

六、营业期限；

七、负责人姓名、住所；

凡已经开始营业之营业处所，应自本办法施行之日起，于一个月内备具呈文，载明前项第一、二、三、四、六、七各款事项，并添具该处所最近月计表，及抄附核准设立之批示，呈请财政部补行注册。

第五条　金融机关遇有左列情事，应呈请财政部核准。

一、名称之变更；

二、组织之变更；

三、资本总额及实收资本之变更；

四、合并或废止；

五、营业处所阶级或地址之变更及其废止；

六、章程之变更。

金融机关代表者及重要职员之任职与卸职，应呈报财政部。

第六条　金融机关每届营业年度终了后，应于三个月内编制营业报告书、资产负债表、财产目录、损益计算书及盈余分配表，呈报财政部。

前项资产负债表、损益计算书、盈余分配表应公告之。

第七条　金融机关应依照规定，将支付存款之准备金存入中央储备银行。

第八条　金融机关除例假日外，遇有临时休业或停止付款时，应随时呈报财政部。

第九条　金融机关不得以供给左列资金为目的，而放款或运用资金。

一、有价证券及商品之期货买卖；

二、囤积居奇及其他有投机性之交易。

金融机关本身不得为投机交易。

第十条　金融机关除因营业必要或因清偿债务收受担保物件外，不得取得动产（证券除外）或不动产。

第十一条　金融机关除经营左列各项业务外，不得兼营他业。

一、证券之应募、承办或买卖；

二、仓库或保管业务；

三、其他金融机关之代理；

四、金钱出纳事务之代理。

第十二条　财政部认为公益上有必要时，得颁布关于金融机关业务之命令。

第十三条　财政部得随时令金融机关报告业务状况，必要时并得令其提供账簿文件。

第十四条　财政部得随时检查金融机关之业务及财产之状况。

第十五条　前二条所规定之事项，必要时得委托中央储备银行办理之。

第十六条　金融机关在一地方有五家以上者，应呈请财政部核准组织同业公会。

前项同业公会所组织之附属机关与金融有关系者，应呈经财政部核准。

第十七条　凡未依照第二条或第三条或第四条呈请核准而经营第一条所规定之业务者，或其代表者及重要职员处二十万元以下之罚金或拘役。

第十八条　金融机关如有违反法令章程及财政部命令，或有妨害公益行为时，财政部得停止其营业，撤换其代表者及重要职员，或吊销其营业执照。

第十九条　金融机关遇有左列情事时，其代表者或重要职员处十万元以下之罚金。

一、业务报告记载不实，或用其他方法蒙蔽官厅或公众时；

二、故意隐匿账簿文件，或说明不实及用其他方法妨碍检查时；

三、违反第五条至第十一条及第十六条之规定时；

四、不遵守本办法之明令时。

第二十条　本办法自公布日施行。

(2) 财政部致行政院呈稿（10月1日）

呈　钱三字第五三号

查修正管理金融机关暂行办法暨施行细则及修正银行注册章程一案，业经分别呈奉国民政府明令公布，及钧院令准备案，并由部公布施行。又上项暂行办法，前经本部先后令定就苏、浙、皖、鄂四省及京、沪两市分别开始实施，并呈奉钧院准予备案各在案。兹查淮海省通货调整业已告一段落，该省金融机关应即实施管理，上项暂行办法拟自三十三年十月一日起，再就该省开始实施。除以部令发表并分行外，理合呈请钧院鉴核，准予备案，并乞俯赐转咨华北政务委员会转饬所属一体知照，实为公便。谨呈

行政院院长汪

〔汪伪财政系统档案〕

汪伪关于施行强化上海特别市金融机关业务纲要及扩展适用地区有关文件

（1944年10月—1945年7月）

(1) 财政部钱币司致宣传部指导司函（1944年10月20日）

司函　钱三字第一八六号

兹送上本部部长关于制定强化上海特别市金融机关业务纲要

发表谈话，并附该纲要全文，即请查照发登京、沪各报，务于本月二十一日晨见报为荷。此致

宣传部指导司

附本部部长谈话及强化上海特别市金融机关业务纲要一份

财政部钱币司启

财政部部长关于制定强化上海特别市金融机关业务纲要一事发表谈话如次

查抑平物价，安定金融，为战时紧急政策之措置，本部时加努力，节次调整，近来物价益趋上升，以致金融弛张不定，影响民生至深且巨，实有再行制定对策之必要。

上海为我国金融之中心，欲贯彻上项对策，自应先自上海着手，以清其源。兹特制定强化上海特别市金融机关业务纲要十五条，以便施行。本纲要内容大要为：（一）规定甄别金融机关存款数额，定以标准，其未能达规定数额者，许其增资或合并，俾其本身利益及强化施策两得顾全。（二）规定存款支付准备金为百分之三十，以确保其支付力。（三）限制放款，以防止投机或囤积。所有会计帐簿，并应遵照规定办法办理。其重要职员，必须具有相当资历。

本纲要公布后，务盼上海特别市各金融机关体察内容，切实遵行，以协助政府，各尽职责，俾资产运用得以趋入正轨，则物价纵因战时关系，供求悬殊因之上涨，亦不致横遭刺激，漫无止境，而金融亦得赖以安定，其收效自必宏大，有关各界亦必乐观其成。至其他各地金融机关，本部当体察情形，随时规定办理，一致强化，以一趋势而竟全功。

强化上海特别市金融机关业务纲要

第一条　本纲要依据财政部管理金融机关暂行办法第十二条

之规定订定之。

第二条　本纲要所称金融机关，系指在上海特别市经营之银行、钱庄及信托公司而言。

第三条　金融机关在本纲要施行后三个月内，存款总数每日平均不满左列数额者，应于本纲要施行满三个月后，两个月内，增资或合并，逾限未办，即行停业。

一、银行　三千万元；

二、钱庄　一千五百万元；

三、信托公司　二千万元。

银行、钱庄兼营储蓄或信托业务，及信托公司兼营银行业务者，其兼营部份之存款数额应各加一千万元。

总行设在外埠之金融机关，其上海分行、分庄、分公司存款数额应按前两项各款规定，减半计算。

本条所称存款，须将同业存款除外。

金融机关应将前项存款总数每日平均数额详细列表，逐日送请中央储备银行检查金融事务处审核，并转报财政部查核。

第四条　前条规定应行增资之金融机关，其增加之资本最低数额如左：

一、银行　实收一千五百万元；

二、钱庄　实收八百万元；

三、信托公司　实收一千万元。

银行、钱庄兼营储蓄或信托业务，及信托公司兼营银行业务者，其兼营部份资本数额应各加五百万元。

总行设在外埠之金融机关，其上海分行、分庄、分公司资本数额应按前两项各款规定，减半计算。

前条规定应行合并之金融机关，其合并后之资本最低数额与本条第一、第二两项同。

第五条　金融机关对于定期存款以外之存款，应按其总额每目保持百分之三十以上之支付准备金。

前项支付准备金包括左列各款：

（一）库存现金；

（二）缴存中央储备银行之存款准备金；

（三）存中央储备银行之交换清算户款项；

（四）减去同业存款之存放同业款项余额。

前项支付准备金应逐日开单报告中央储备银行检查金融事务处查核。

第六条　金融机关支付准备金减至不满百分之三十时，应于五日内补足，逾限不补，中央储备银行检查金融事务处应呈报财政部，处罚其负责人，或勒令停闭。

第七条　金融机关对于放款除遵照放款限制办法办理外，其超过左列规定数额之放款，应先开具放款金额、用途、偿还方法、担保品等项，送请中央储备银行检查金融事务处核准之。订立往来透支限度时亦同。

（一）对个人或堂记之放款，每户不得超过五十万元；

（二）对公司、商店、工厂之放款，每户不得超过三百万元。

本纲要施行前，金融机关所放款项有超过前项各款规定者，应于本纲要施行后一个月内，详细列表呈报检查金融事务处核办。

第八条　金融机关对于有价证券之买卖，除政府发行之债票、库券外，公司股票应以业经核准在交易所上场之各种股票为限。

本纲要施行前，购置未经核准在交易所上场之股票，应于本纲要施行后一个月内处分之。

第九条　金融机关因支付款项，开发即期票据（支票或拨款单），应随时转帐，收回存放同业款项，不得以"应付票据"、"应付款项"等类似之科目转帐。

第十条　金融机关所用会计科目，应以中央储备银行检查金融事务处所规定者为限,其因业务上之必要须增添科目者,应声述理由，呈请中央储备银行检查金融事务处核定。

第十一条　金融机关之董事长应以当地有相当信誉及身份者为限。

本纲要施行前，金融机关选任之董事长资格，与前项规定不符者，应由该金融机关于本纲要施行后三个月内另行选任。

第十二条　金融机关之董事长除经财政部特准外，不得兼任总经理或经理，或其他金融机关之总经理或经理，其兼任其他金融机关之董事长者，应以一家为限。

本纲要施行前,金融机关之董事长兼任总经理或经理,或其他金融机关之总经理或经理，及兼任多家金融机关董事长者，应于本纲要施行后三个月内辞去兼任职务。

第十三条　金融机关之总经理，未设总经理者，其经理应以过去曾在金融界服务三年以上，具有经验者为限。

本纲要施行前，金融机关聘任之总经理或经理资格，与前项规定不符者,应由该金融机关于本纲要施行后三个月内另行聘任。

第十四条　金融机关应将董事长、董事、监察人、总经理或经理之姓名、年龄、籍贯、住址、资历，其董事长、总经理或经理并应加具证明文件于被选任或被聘任后三日内，呈报财政部核准后，始得就职。改选或改聘时亦同。

本纲要施行前，金融机关选任之董事长、董事、监察人及聘任之总经理或经理，应于本纲要施行后一个月内补报。

第十五条　本纲要自公布日施行。

（2）财政部训令稿（1944年11月10日）

训令　钱三字第七八五号

　　　　苏州（银行公会无）

　　　　令南京银钱业同业公会

杭州

查本部前为强化上海特别市金融机关业务，业经制定纲要，于本年十月二十一日公布施行在案。兹查南京、苏州、杭州三处金融机关业务，应予一致强化，特核定自本年十一月二十一日起，所有该三处金融机关业务，其每日平均存款数额应为：一、银行一千万元；二、钱庄五百万元；三、信托公司六百万元；兼营部份各加三百万元。又其增资或合并后之资本，最低数额应为：一、银行实收六百万元；二、钱庄实收四百万元；三、信托公司实收五百万元；兼营部份各加二百万元。又其放款限额应为：一、对个人或堂记之放款每户不得超过二十万元；二、对公司、商店、工厂之放款每户不得超过二百万元。余均适用强化上海特别市金融机关业务纲要之规定。除分行外，合行抄发强化上海特别市金融机关业务纲要，令仰知照，并转行所属会员银行、钱庄一体遵照为要。此令。

附发强化上海特别市金融机关业务纲要一份〔略〕

(3) 财政部训令稿（1945年1月9日）

训令　钱四字第五号

蚌埠

令无锡钱业同业公会

芜湖

常州银钱业同业公会

查本部前为强化上海特别市金融机关业务，业经制定纲要，于上年十月二十一日公布施行在案。兹查蚌埠、无锡、常州、芜湖四处金融机关业务，应予一致强化，特核定自本年一月二十一日起，所有该四处金融机关业务，其每日平均存款数额，蚌埠应为：一、银行一千万元；二、钱庄五百万元；三、信托公司六百万元；兼营部份各加三百万元。无锡、常州、芜湖应为：一、银行八百万元；二、钱庄四百万元；三、信托公司五百万元；兼营部份各加二百万元。又其增资或合并后之资本最低数额，蚌埠、无锡应为：一、银行实收六百万元；二、钱庄实收四百万元；信托公司实收五百万元。常州、芜湖应为：一、银行实收五百万元；二、钱庄实收三百万元；信托公司实收四百万元；兼营部份均各加二百万元。又其放款限额均应为一、对个人或堂记之放款每户不得超过二十万元；二、对公司、商店、工厂之放款每户不得超过二百万元。余悉适用强化上海特别市金融机关业务纲要之规定。除分行外，合行抄发强化上海特别市金融机关业务纲要，令仰知照，并转行所属会员银行、钱庄一体遵照为要。此令。

附发强化上海特别市金融机关业务纲要一份〔略〕

（4）行政院秘书处致财政部公函（1945年7月14日）

秘字第1538号

行政院秘书处公函

中华民国三十四年七月十四日

案奉院长交下最高国防会议秘书厅本年六月三十日高秘字第九〇二号公函，略为最高国防会议第七三次会议通过贵院转呈财政部请将强化金融机关业务纲要内增列四条条文，请查照，迅将本案全文送厅，以便转送立法院备查一案，并奉谕：此案并非由本院转呈，应由处转函财政部查复等因。奉此。相应录谕，并抄同原函，函请查照，迅予办理见复为荷。此致

财政部

附抄送国防会议秘书厅原函乙件

秘书长 周隆庠

抄原函

查三十四年六月二十七日最高国防会议第七三次会议讨论事项第五案，主席交议：据行政院呈据财政部呈；为适应需要起

见，拟请将强化金融机关业务纲要内增加下列各条：（一）金融机关之存放同业，除特准外，应只限于中央储备银行、银行业联合准备会及钱业准备库。（二）金融机关对同业为款项之拆放时，应于拆放同时，呈报中央储备银行检查金融事务处备案。（三）金融机关向同业拆借款项，应随时转入同业拆放或借入同业款项科目，不得以同业存款或其他类似存款科目转帐。并应于拆借同时，呈报中央储备银行检查金融事务处备案。（四）金融机关收进存款为同业票据时，应于该项票据确实收到后方得支付。呈核等语。转呈鉴核等情，请公决案，决议：通过。送国民政府转饬遵照，并交立法院备查。等因，记录在卷。除分函国民政府文官处转陈饬遵外，相应录案函达，至希查照办理，并将该纲要全文检抄送厅，以便转送立法院备查为荷。此致

行政院

〔汪伪财政系统档案〕

二、劫夺财政金融概况

伪临时政府关于第二次对法币贬价的传单

（1939年1月1日）

诸君：依照去年三月十一日临时政府规定之旧通货整理办法，所有诸君前经使用之旧纸币，在今年三月十日以后禁止流通，当已周知。

其中中国、交通两行发行之旧法币，前于去年八月八日对国币将其面价贬低一成，兹更减至其面价之六成，自二月二十日起实施，即此项旧法币之一圆值国币六角。想诸君已知，中国、交通两行自此次事变以来，其资产内容极为不良，已成气息奄奄之

状态，然仍滥发，事实上暴落之旧法币，将益威胁诸君正当之财产，于是政府遂采取诸君不受不测损失之措置。诸君无一人不希望自己财产之安全，欲保自己财产，应将所有旧纸币悉数兑成国币。

华北到处流通中国联合准备银行发行之国币，一切交易均以国币安全实行，诸君亟应争先享受有国币之快乐。

注意：

一、须与国币兑换之纸币如下：

(一)河北省、冀东两银行券（小额通货在内）。

(二)中国、交通两银行券有天津、青岛及山东（济南、烟台、龙口、威海卫、临清均在内）之字样者。

(三)河北省、冀东两银行以外其他银行发行之小额通货。

上述一项与国币等价兑换，二、三两项现在虽照票面之九成兑换，自二月二十日起，照票面之六成与国币兑换。

但除小额通货外，本年三月十一日起禁止流通。

其他之纸币均照旧禁止流通。

二、可以兑换国币之地点如下：

(一)中国联合准备银行之总分行、办事处：

北京（总行）、天津、唐山、山海关、青岛、济南、烟台、威海卫、石家庄、太原。

(二)河北省、冀东两银行之总分行、办事处。

(三)各地县公署。

中华民国临时政府

中华民国二十八年一月一日

〔伪临时政府行政委员会档案〕

重庆国民政府财政部抄发敌企图攫取华北金融之最近种种措施报告密训令

(1939年6月13日)

财政部密训令 渝钱汇字第九四一八号
民国廿八年六月十三日发

令贸易委员会

兹据密报，敌人企图攫取华北金融之最近种种措施到部，其内容关系统制华北外汇贸易及破坏我法币各情，足备参考。合行抄发原报告一件，令仰祗收备查。此令。

附抄件

部长　孔祥熙

敌企图攫取华北金融之最近种种措施

一、北平伪中国联合准备银行总行近设立外汇局，并于天津、青岛、烟台等地各该伪分行设外汇支局，其中以天津外汇支局活动最力。局址在津英租界中街一号，经理为该地伪分行顾问日人获原氏兼充，副经理为华人王纯发，内有职员十四人，亦系该地伪分行派去，业于三月十一日开始营业。兹获得其始案宣告称：凡自天津出口，或向华中、华南出口之盐、煤、烟叶、蛋及蛋制品、核桃及核桃仁、花生、花生油、杏仁、棉籽、粉丝及通心粉、毛地毡、草帽辫及草帽内之草帽辫等十三种货品，均须呈验，并由中国联合准备银行外汇局发给确认之汇兑卖出证明书，或海关监督所发出之无汇兑出口转出口许可证，否则不予放行。兹将中联之进口转进口汇兑及金之供给，与无汇兑出口转出口之办理方针四项，分列于后：

1. 中联对汇兑卖出证明书之确认　凡拟将上述特殊货物由华北六港出口，或运往华中、华南者，除已经由海关监督所验明发有无汇兑出口转出口许可证外，其余均须将其拟出口转出口货物正当价格之全部，叙做出口转出口汇兑。叙做上述出口转出口汇兑时，应注意该买进汇兑之银行，此银行虽一任出口转出口者之选择，但其汇价须以对其一先令二便士为基准，且其表示通货对日、满输出者，须为日本通货、满洲国通货，或中联钞票，对第三国出口或向华中、华南转出口者，须为日、满货币，蒙疆及中联钞票之货币。

出口转出口商人，依照上述办法，与汇兑银行叙做汇兑时，须作成一定格式之汇兑卖出证明书四张，向买进汇兑之银行，取得已买进汇兑之证明，于出口转出口时，提交于海关，此外出口转出口商人，为使其货物报关，更须取得中联确认，该商人卖出汇兑相当金额之汇兑资金已由该汇兑银行卖于中联之确认戳记，则不能报关，于是本制度主要目标之汇兑集中中联，因之实现。即中联遇买入出口转出口之商人之汇兑之银行请求确认时，应先由该银行买入其所买汇兑相当金额之汇兑资金后，方予确认。中联行将已经确认之汇兑卖出证明书留存一张，分别送交汇兑银行出口转出口商人及海关。

2. 中联之集中汇兑资金　汇兑银行为完成顾客之报关手续，须以其收入汇兑相当金额之汇兑资金卖与中联，此款项由汇兑银行卖与中联之汇兑，其表示通货，视联兑银行由顾客卖入之汇兑，若系第三国者应为英币及美币，若系对日满者，应为日、满货币。又其卖行市若为英、美供给，由于中联之确认行为，应依对英一先令二便士之基准，若系日、满货币表示者，应为等价。

其次汇兑银行卖与中联之汇兑，其付款时期，不得迟与其由顾客买取汇兑之付款时期。

汇兑银行对中联卖出汇兑时，无须经自顾客买进汇兑之行个别办理，得在天津或青岛等地之主要行汇总他处各行所买者，一并办理。前已述及所谓中联之确认，乃此制度之根干，但汇兑银行因办理外汇基金制度之事项，而买进出口转出口汇兑，以作其项补时，虽该汇兑银行不将相当金额之汇兑卖与中联，中联亦得予以确认。

3.进口转进口汇兑资金之中联供给　由于中联之确认行为，而集中中联之汇兑银行出口转出口汇兑资金，为使用之于进口转进口汇兑资金等起见，依据左列四项标准，由中联供给汇兑银行：

① 得供给资金之金额，不得超过中联自各该汇兑银行实际业已买进之数额。

② 供给之卖出汇兑所表示之通货，若汇兑银行卖与顾客之汇兑系第三国通货，应为英币或美币，若系日、满通货时，应为日、满币，出卖行市以英美币表示者，以英汇一先令二便士为基准，以日满币表示者，应为等价。此项供给与自汇兑银行买进者相同，均为电汇之期货或现货。

③ 在此情况下，中联对于汇兑银行供给资金时所应注意者，即务使上述资金不得充贸易以外其他付款结账之用，或作投机资金，除其极端之例外外，本制度实施后发生一根本原则，凡本基金均应充作结算或进转口货物之货价，在可能范围内，为维护此次原则，利用下列各种方法。

④ 汇兑银行请求中联供给进口转进口汇兑资金时，须予申请买进汇兑时，同时使其报告顾客进口转进口交易之详细内容，并令进口商人于商品进口转进口后，即时呈缴海关进口转进口之证明书。此外，并由中联直接通知顾客，已将进口转进口汇兑资金供给其往昔之银行，以防介于中间之汇兑银行买进汇兑资金后复全部还原。

4．暂时处理事项中主要对象之无汇兑转出口处理方针　本制度在原则上，不承认无汇兑之出口转出口，但于此所谓无汇兑出口转出口者，其意义较日本使用此名词之意义为狭。叙作汇兑或收取汇款，其结果均于某种方式之下，随汇兑之卖出故均可认为有汇兑之出口转出口，在此种意义上汇兑之收款，于出口转出口后，经过相当长期，海关监督所对于此款收款时期超过原则上所规定之一定期间，亦予以许可，而认为有汇兑之出口转出口处理之。故在本制度实施前，第三国之出口转出口交易业经成立，或汇兑已预约或亦收汇款者，其货物究应如何处理，确为此时无汇兑出口转出口之一问题，但对于此种情形，则依正常之方法先有预约，而能确认之者，均予从宽处理，予以许可。

二、伪中国联银为进一步破坏我法币计，已在各地粘贴布告，自三月十一日起，北平、天津、唐山、济南、石家庄、烟台、山海关等地，即禁止我法币流通，事前并指定各该地伪县府设立"旧法币兑换所"，按六折作价强行兑换伪联银券，当地一般无知愚民，为惑于我法币行将废用，咸纷往兑换，但少有见地者，则另行收藏。于是敌伪自十六日起，即利用检关所，海关，交通要口，及火车、轮渡内之敌伪宪警，强行对我法币取缔，严密查扣，并由日本宪兵队、领事馆警察，分赴各该地银行、钱号、钱庄、典当业等金融机关详细检查，凡藏有我法币者，即予以没收查封。兹将其在津布告之禁止流通旧法币之取缔办法录左：

甲、取缔办法

A．凡屯买中国旧法币或运出者，日本宪兵队当予以严重处分。

B．虽为日人，如系嫌疑者，由领事馆、警察署调查，如系违犯者，予以处分。

C．纵属第三国，倘系嫌疑者，亦与日人同样施以调查，违犯者，将其持有之款暂予扣留，并付以理由引渡与当管领事，但不应暂时扣留时，不准通行租界。

D．在特三区、特一区等处，使华方巡警施行，所持之法币予以没收，但对于英、法以外之第三国依照前项办法。又不满一元小额流通券币，特认为二年间流通，对其所持额，不附以限制，然货币价值以联银券之六成换算。河北、冀东两行，延长至五月十日为止。

乙、关于扰乱金融行为取缔办法之罚则

第一条　本罚则适用于犯有左列行为者：

1．有扰乱金融行为规定之行为者。

2．使旧法币流通，或意图使之流通，持有非中国联银（依照外额通货整理办法，除认为流通之小额通货，蒙疆银行券及外国货币外）所发行之货币，或有搬运行为者。

第二条　有第一条所定之行为者，处无期徒刑，或一年以上之有期徒刑，或一万元以下之罚款。

第三条　犯第一条之罪名者，应处以有期徒刑时，但视情形，得并科以罚金。

第四条　供犯罪之用，或意图借犯罪之用，及由犯罪行为而生或由此而得者，即予以没收其全部或一部，不得没收时，追征相当金额。

第五条　第一条之未遂罪，亦处罚之。

丙、禁止流通之法币

中国、交通、中央、中南、四明、边业、农商、农民、通商、实业、垦业、北洋保商、浙江兴业、农工、山东省民生、山西省银行、绥西垦业银号、晋西盐业银号、晋绥地方铁路银号、冀东、河北等二十二银行。又关于辅币定民国三十年五月三十一日以后禁止流通，在禁止流通以前，与联银券依种种比率通用，即山东省平市关分局五十枚合六角，河北省银行、冀东银行之辅助券与联银等价，中国、中央、交通、农民、农工、山东省民生、山西省、晋绥地方铁路银行、晋北盐业银号各辅票以票面额六扣流通之。

三、敌伪将华北各地划分"联银券地带"与"匪区地带"，暂以北平、天津、青岛、济南、石家庄、唐山、太原、烟台、山海关、临汾、新乡为"联银券地带"，其他为"匪区地带"。兹将伪"联银券地带"及其所谓"匪区地带"办法录后：

甲、联银券地带

A。从来由金融工作观之，认为联银券当然彻底流通之地带，凡由现地各兵团长发有认为联银地带之布告地带，为联银券地带。

B。在联银券地带，严重禁止旧通货之流通，采用彻底普通联银券之办法，不论银行、钱庄、个人，凡持有旧通货者得以按照扰乱经济行为取缔办法，认其目的，在为旧通货流通而持有者，悉数予以没收。

乙、匪区地带

A。联银以外者，为匪区地带。

B。本地带随日军剿匪治安工作推进，由现地部队长发有与联银券交换命令之地带，由颁布命令之日起，以两个月为限，认为以六成之价格，与联银券交换，尔后禁止旧通货之流通。

C。交换地带，为各城内外所设之联银券兑换所。

四、敌伪为使联银券普遍流通起见，对伪河北省银行、冀东银行发行之纸币，自三月十一日起之两个月内，一律兑换联银券，两个月以后，即禁止流通。惟该两伪行小额通货之硬币，则限至民国三十年三月十日后方禁止使用。

五、敌伪自强行取缔我法币以后，各该地一般银行工商业务，地方金融，几行陷于停顿状态，且五金各货飞涨。敌伪有见及此，为谋调剂起见，拟在各地增设普通银行，其资金组织系统，随时间、地点决定，将先以济南为试办区域，由联银拨资金

692

三百万元，组织普通银行部，但其名称，仍为联银名义，抑用旧山东民生银行名义，或另立名目，尚未一定。

六、查该联银伪钞，截止现在止，其发行额已达二万万余元，但今后仍有逐渐增加之势。现并续印有新版一百元伪券一种，由伪政府通令银钱界商人一律通用。

七、敌伪近以一百另八万元，交伪新民会派人赴顺德、烟台、保定、青岛、山东、高密、即墨各地接洽，施行农民贷款，以期收买民心，巩固伪政权。

八、伪蒙疆银行于去年夏季在津市东马路设天津办事处以来，专从事华北金融经济之调查，现以蒙疆所产羊毛、羊皮与华北经济有密切之关系，拟由该行统制办理。并于四月一日起该办事处即实际经营银行业务，专办蒙疆天津间之汇兑、寄款，及汇兑寄款上所必要之活动存款云。

〔国民政府贸易委员会档案〕

重庆国民政府财政部秘书处录送蒙疆伪组织有关财政金融事项调查报告函

(1939年10月7日)

奉交下中央调查统计局所编汇字第五号调查专报（蒙疆伪组织之调查）一册，兹将其中有关财政金融事项摘录分送，即希查收，密存参考。此致

参事厅

附抄件

秘书处启　十·七

摘录蒙疆伪组织调查专报

伪蒙疆联合委员会

一、关于金融之统制

1．严禁法币流通

敌于占领平绥沿线后，即成立伪察南银行，严厉取缔法币及我政府发行之各种钞票，先以伪票贬价收回，继复强迫接收我各地中、中、交银行分行，停止其营业。

2．成立伪银行

敌在蒙疆之金融机关，计有察南银行、蒙疆银行及察南、晋北、蒙古联盟等三实业银行，而以蒙疆银行为其统制金融之唯一机关，亦即伪蒙疆区域之中央银行。该行系并合前绥远平市官钱局、丰业银行及察南银行而成。据敌发表，资本为一千二百万元（缴纳四分之一），总行设张家口下堡内阁西。

大同、归绥、丰镇、怀来、宣化、涿鹿、包头、平地泉、北平、张北、多伦等地均有分行，并在伪满新京与日本设有办事处。其内容组织及负责者姓名如左：

总裁　包悦卿

副总裁　寺崎英雄

理事　酒井辉马

理事　刘东汉

理事　沈文炳

监事　郑平甫

总务处处长　永井利夫

总务处秘书股长　斋藤久吾

总务处文书股长兼调查股长　前野善卫门

总务处庶务股长　内村竹治

总务处业务股长　平山直矢

总务处管理股长　富田英次郎（蒙疆石油股份有限公司监察人）

总务处调查股嘱托　渡边薄

总行营业处经理　三阶堂辉彦

厚和分行经理　谷诚洋海

大同分行经理　山行五男

包头分行经理　乾　信

北京分行经理　大谷易忠

天津办事处副经理　铃木洁

关于晋北、察南、蒙古联盟三实业银行之创立，系敌更进一步统制金融之主要表现，其来源大多数没收各地旧有银号、钱庄而成。特分别列后：

伪蒙古联盟实业银行　隶属伪蒙古联盟自治政府（系没收归绥、包头、集宁、丰镇各地之银钱业资本合并而成），于二十七年三月一日成立。资本总额一百万元，总行设归绥小东门街门牌六十二号，包头、丰镇、集宁及各县均设分行。

董事长　朱　锦

常务董事　赵桂龄

常务董事　杨兆荣

董　事　阎瑞元

董　事　张增智

常务监事　安　增

伪晋北实业银行　隶属伪晋北自治政府，系合并大同十三家钱庄、银号而成，每家出一万元，连同敌人及伪蒙疆联合委员会之资金，对外号称一百万。总行设大同城内鼓楼西街，口泉、阳高、岱岳、左云、天镇、朔县、浑源、应县、广灵等地设分行。

董事长　胡熙理

董　事　刘廷杰

董　事　马永鋆

董　事　翟永镕

指　导　古贺兴石卫门

伪察南实业银行　隶属伪察南自治政府，名义上是官商合办，实则强迫各银号入股，凡指定之数目，必须缴纳，否则没收其资产。资本额一百万元。总行设张家口棋盘街八号，宣化、蔚县、涿鹿、阳县、怀来、赤城等县设分行。

董　事　长　赵　愈

常务理事兼经理　桂有光

董　　事　郭　铭

指　　导　深井悌男

3．发行伪钞

现在蒙疆区域流通之敌伪货币，除日、鲜、伪满、中国联合准备银行等外，伪察南银行之钞票系以旧日东北官银行之废票改涂而成，发行额发若干无从统计，然如以蒙疆银行之比例估计，最少亦当在三千万以上。至伪蒙疆银行，据敌人所发表，截至去年十二月底止，总数为三千五百万（实际数目当不至此）。其发行政策除严禁法币与一切旧币之流通外，更将施行所谓农村借贷与商工借贷，经过各级伪组织以强迫方式分派各地。据去年十二月统计，贷出者已达二千零八十三万九千元（蒙疆银行副总裁发表）。

4．禁止现金出境

统制蒙疆金融之伪蒙疆金融专门委员会近电蒙疆各地银行，自即日起（五月三日）禁止蒙疆地区金银品类出境，违者罚科以二年之有期徒刑，或五十元之罚金。

二、关于财政之确立

敌对于在蒙疆区域之财政政策，除统制金融，实行货币一元化外，主要为税务制度之确立，加紧赋税剥削。在各伪组织下，成立税务局，举凡关税、统税、田赋等等，一律重行整理，力求维持其收支及预算之平衡。其规定备伪府税捐分类及征收方法皆不一致。如伪察南自治政府税捐分为直接税、间接税及特税。伪晋

696

北自治政府税捐则分为第一项关税（即塞北关），预计年收一十一万元；第二项内国税，即包括田赋及契税、盐税、鸦片税、统税等，预计年收三十七万三千余元；第三项印花税，预计年收二万一千余元。至蒙古联盟自治政府税捐，又分为部、盟、市三种。部即为由伪联盟财政部直接征收者：（A）鸦片税，年收五十万元；（B）蒙盐税，年收四十万元；（C）统税，年收四十万元；（D）印花税，年收一十四万元；（E）关税，年收一十万元；（F）官屋收入，年约六千四百余元；（G）杂项收入一千余元，共一百七十二万四千余元。盟即察哈尔盟及巴彦搭拉盟，察盟收入年一百八十六万八千七百二十六元，巴盟收入年二百八十二万八百八十元，察、巴两盟之收入即绥远各县及察北各县税捐之总和。市即厚和市与包头市之收入，厚和市年收五十九万四千七百元，包头市年收五十五万六百一十元。

此外推行"中国事变爱国公债"，发行"福利奖券"（二十七年八月起在张垣发行，每月二百万元），统制贸易与汇兑（成立有贸易与汇兑统制委员会），限制外钞行使（蒙疆区域内只准流通蒙疆钞票，即北平伪准备银行钞票，亦须先换伪蒙疆钞票始准行使），强迫储蓄（凡伪政府公务人员及人民款项，均须储存蒙疆或察南实业银行），及用敌国公债换取蒙疆现钞，再以之收买我各种生产原料，及购买土地，开办工厂等，同为敌目前"财政确立"之重要政策。最近为巩固其金融统制，提高其伪币信用，复策动日本信友银行与德华银行与伪蒙疆银行签订汇兑契约。

同时，派代表马永魁等参加去年十二月在东京召开之日蒙满华经济恳谈会，并组织蒙疆金融业者认日视察团，赴日、满考查，实现所谓"日满对蒙疆金融之支援"。

伪察南自治政府

一、财政　张家口失陷后，敌曾成立金融委员会与察南银行，嗣改察南银行为蒙疆银行，而另设伪察南实业银行。同时，复依敌统治（蒙疆）整个阴谋，加紧税务之整理。关于田赋、盐税、关税、统税一律划归伪财厅负责，并在各地设置税务局，其收入数约四百九十九万至五百万元，岁出不详。其收入之主要部分，据公布，为鸦片特税、蒙盐、皮毛及烟酒、印花等税，年可收入三百万元。近敌蒙疆联合委员会召集各伪组织顾问会议，决定平绥线入口烟草税一律由察南政府征收，然后再分发其他各有关伪组织。

丁、金融　伪蒙疆区自去年五月起即禁止使用我法币，强迫以六扣折合换取蒙疆伪币，并派人到各乡村收买现银，人民亦知伪币不可靠，交易多秘用我法币，或将中、交法币秘密保存。至伪蒙疆纸币发行额约一万万元，实际发行额为三千五百六十余万元，另外尚有五角、二角、一角钞币五十万元。查其准备金仅八万九千余元，以外为敌公债六百七十三万元，兴中、电气、石油、毛织、大蒙等公司股票四百十一万余元，及日本银行纸币一百四十五万五千余元。现蒙疆伪币流通区域较北平伪联银钞尤广，可流通至伪满及华北一带，伪准备银行钞票在察绥则被限制，不准使用。

戊、捐税　察省在未沦陷时，各种税捐机关有张多关、蒙盐局、地方税捐局、营业税征收局、矿业局、清查处（即鸦片税）、烟酒印花税局及契税局等八征收机关。敌军侵入后，遂将各种税捐分为三类：第一类为直接税，包括田赋、契税、牙税、营业税、矿业税等税，预算年收一百三十七万九千元；第二类为间接税，包括烟酒税、统税及关税等，预算年收八十九万八千元；第三类为特税，包括盐税及鸦片税等，预算年收一百零四万三千元。征收机关仍用原名，内部人员则多敌国人。

伪晋北自治政府

1．财政概况　事变前，晋北地方财政收入，计国税五十三万四千元，省税八十七万五千元，专卖税八十一万二千元，共二百二十五万元。伪政府成立，则无异空拳在沙上砌楼阁，毫无来源，敌人煞费苦心，始于二十六年十二月将各地税务机关组织建立，并以种种方法剥削人民，大肆抽索。然至去年六月之统计，总收入犹仅九十二万元，至去年八月末始达于旧额相当之数目（据发表为一百六十五万元）。据报伪政府之本年度（即廿八年一月至十二月，称为第二年度）预算大为增加，本年度预算系根据其所谓"治安第一"、"扩充行政机构"、"民生向上"、"产业开发"等原则而规定。即：（一）为扫清一切抗日力量，确立治安基础，故扩充警察费及收编土匪等费。（二）扩充与调整伪政府及其各级汉奸组织，如设法院、税局等。（三）按照所谓"民生向上"、"产业开发"等原则，扩充晋北学院，并大规模开发我晋北富源。计收支总额各为五百九十二万余元，较去年之预算增加二，九五五，二六二元。

　　岁入之部

经常费　　　三，五七八，九六四元

临时费　　　二，三五〇，九八六元

总　计　　　五，九二九，九五〇元

　　岁出之部

经常部　　　三，五六三，七五五元

临时部　　　二，三六六，一九五元

总　计　　　五，九二九，九五〇元

　　其收入部门租税占三，三三一，〇一二元，比上年增七成。税目之主要者为：

关　税　　　四二〇，〇〇〇元

田　赋　　　二〇〇，〇〇〇元

矿　税　　　一一六，九二三元

统　税　　　八九一，九六八元

烟酒税　　　二〇一，三四〇元

盐　税	一〇一,〇〇〇元
鸦片税	八二四,二八〇元

岁出重要科目为

政府费	七六八,二八五元
县公署费	二三五,五八〇元
警察费	一,〇三六,三四五元
税务局费	二一二,四六〇元
晋北学院费	一〇二,六七六元
司法费	一二一,六八〇元
负担费	五〇〇,〇〇〇元
工作费	五八七,二二七元
土木费	六〇三,八八〇元
补助费	五〇五,二〇〇元

观上数字，其中警察费竟占一百万元，而各县之伪民团、清乡队、保安队等等尚须向人民直接抽榨，故除伪政府之田赋与各种横征暴敛外，各县清乡队直接抽拔之捐款，每阎每月平均须负担十五元至四十余元，甚至有同一地方经几个团队重重捐派者。目前雁北民众所受暗无天日之剥削压迫，当可想见。

2．金融概况　山西过去之地方币制本极紊乱，晋北各县流通之纸币，计有山西省银行等十三种之多。敌占领晋北后，为达到彻底征服之目的，除严令禁止原有之钞通用外，可以伪钞（蒙疆银行、察南银行）大量兑换，名虽为整理地方币制，实际亦为敌人金融进攻政策之一。计第一次（廿六年十一月至十二月）收回晋钞约一百三十万元，第二次收回晋钞约一百五十七万元。此外晋北各县当铺及粮店所发行之私帖约七十余种，数达十一、·二万之多，敌亦正设法禁用。故在所谓"统一币制"之政策下，除伪满及日、鲜等币流通外，主要即为蒙疆银行与察南银行所发行之钞票。两银行在大同均设有分行。另有晋北实业银行，系并合大同十三家钱庄而成，每家强迫出一万元，连同敌人资金，共约百万元。总行设于大同，阳高、天镇、岱岳、朔县、左云、浑源、应县、广灵等县均置分行。以伪币强迫高利贷，由县长负责，计至去年十月止，工商业已达二十一万，农村已达三十二万，共约五十三万元。同时，敌对大同市内之当铺（六七家）亦加统治，日人并开设一大典当铺，因迭次之战役与敌伪之横征暴敛，农村经济趋于破产，当铺营业极为发达。据去年八月末之统计，存款达七百九十万元，借贷四百三十万元。

伪蒙古联盟自治政府

（1）岁收调查

绥省在事变前，因西北交通贸易之畅达，与禁烟及地方各种税务之办理适当，统计岁入约一千万元之多，伪蒙政府成立后，因西北各地行政机关瓦解，财政极为困难。据伪政府发表二十七年甲度（即一月至六月）之预算，岁入为三，七七四，七三八元，岁出经常部二，四四五，二三八元，临时部八二三，五〇〇元，预备金五〇六，〇〇〇元。伪政府改组后，成立税务管理局（系合并我过去之绥远省禁烟总稽查处、塞北关监督公署、晋冀察绥区统税局、绥远查验所、榷运局等机关而成），由伪财政部长吉尔嘎朗兼任局长，单仁托布任副局长，以种种方法强迫收税，并大量发行伪钞，经济情形似较上年为佳。其廿七年乙度（即七月至十二月）预算之岁入经常部六，一二五，〇四九元，临时部三三，二五〇元，岁出经常部三，二八〇，二六六元，临时部二，二七八，〇三三元，预备金六〇〇，〇〇〇元。岁入岁出各六，一五八，二九九元。廿七年度之收入部门，据伪政府发表主要者如下：

（一）鸦片税　　　　二，五二八，〇〇〇元

（二）盐　税　　　　　　四七九，〇〇〇元

（三）统　税　　　　　　九四二，〇〇〇元

（四）关　税　　　　三〇〇,〇〇〇元

（五）田　赋　　　一,二四〇,〇〇〇元

（六）契　税　　　　七二,〇〇〇元

（七）烟酒税　　　　三九四,〇〇〇元

（八）印花税　　　　一一二,〇〇〇元

（九）牙　税　　　　三六七,〇〇〇元

（十）营业税　　　　三四六,〇〇〇元

（十一）牧畜屠宰税　　三二三,〇〇〇元

（十二）斗　税　　　　三二五,〇〇〇元

（十三）税外收入　　二,一三〇,〇〇〇元

总　　计　　　　九,六三二,〇〇〇元

伪政府本年收入较去年大为增加，其方法不过大量增税与攫夺我人民财产而已。兹将其全年度税收之项目及额数胪列于下：

（一）岁入经常部　　一二,一〇〇,二二〇元

第一款　杂税收入　一一,一六八,三七〇元

（1）鸦片税　　　　四,二三〇,四〇〇元

（2）盐　税　　　　八五三,九二〇元

（3）统　税　　　一,四〇〇,四八〇元

（4）关　税　　　　六一三,三〇〇元

（5）地　税　　　一,三二〇,五九〇元

（6）印花税　　　　一三二,六八〇元

（7）牲畜税　　　　三七八,五一〇元

（8）屠宰税　　　　一三二,四五〇元

（9）酒　税　　　　二五五,六一〇元

（10）烟　税　　　　一六四,〇圆〇元

（11）茶叶税　　　　四二三,四七〇元

（12）牙　税　　　　　五,一〇二元

（13）矿业税　　　　　一,一二〇元

702

(14)斗 捐	三九二,四六〇元
(15)车 捐	一四八,五七〇元
(16)房铺捐	一一,三九〇元
(17)船筏捐	四,五〇〇元
(18)杂 捐	一六四,六二〇元
第二款 财产所入	八一八,九九〇元
第三款 各种收入	三六五,五一〇元
第四款 杂项收入	五四七,三五〇元
(1)各种罚款	七七,二五〇元
(2)手续费	二〇,七九〇元
(3)杂 项	四四九,三一〇元

(二)岁入临时部

(1)逆产处收入	六,五三〇元
(2)都市计划收入	四〇九,〇〇〇元
(3)特别收入	九三七,六〇〇元
(4)官产收入	八,三七〇,〇〇〇元

(2)金融概况

金融方面,过去在绥流行之纸钞,计有平市官钱局(据伪统计为六百五十万元)、丰业银行、中国交通两银行(合约七百万元),均经停止营业,而以朝鲜、伪蒙疆、伪满、伪中国联合准备银行,及伪蒙古联盟实业银行、伪察南银行等钞票流通。伪蒙疆银行系伪蒙古联盟自治政府、伪察南自治政府、伪晋北自治政府共同出资组成。查其所发行流通之钞券,分百元、十元、五元、一元四种,并铸有铜质硬币,分五角、二角、一角三种。一年来继续增发,已超过三千一百万元(据敌宣布,蒙疆银行共发行钞券二千八百万元),现发行于绥远一省者已达一千二百万元以上(此为报纸所发表,实际恐尚不止此数)。由于此无限制之通货膨胀,致物价日高,人心慌慌,伪钞信用益难维持,一般商民均秘密行使法币，每元有时竟高于伪币二元以上，现详（即硬币）至达一元五角至两元。

〔国民政府财政部档案〕

伪维新政府财政部附送调整币制提案等件公函稿

（1940年1月13日）

公函　币字第二四五号

　　迳启者：兹有本部拟具关于以华兴券专供买卖外汇及缴纳关税之用，另由华兴银行发行一种流通券，与旧法币平价交换，以期调整币制之提案一件，并检同附件一份，油印提案廿五份，随函送请贵厅查照，即希列入议政会议议事日程为荷。此致
行政院秘书厅
　　附提案一件、附件一份、油印提案廿五份
中华民国二十九年一月　　日

　　提案
　　查华兴商业银行成立将近八月，华兴券发行总额已达五百万元。最初华兴券与旧法币同价交换，深博得一般人民之同情，嗣因旧法币外汇价格低落，遂宣告以六便士为基准，与旧法币价格脱离联系，从此汇价稳固，民众信仰益增。但国内行使流通转因不能与旧法币同价致多扞格，且市价折合逐日不同，人民持有华兴券者类皆待价而沽，视为货而不视为币。近来辅币、分币异常缺乏，市面上已成为严重问题，本部奉令统筹，曾经委托华兴银行赶速制造分币及分币券，并多发辅币券暨一元券。乃最大阻碍即为华兴券本位与旧法币不能同价，以致旋发旋回，徒劳无补。最近该银行方面有人建议以华兴券专供买卖外汇及缴纳关税之

用，等于从前之关金券，不必普遍流通，另由该银行发行一种"流通券"，与旧法币平价交换。凡向来一切公私账款以旧法币为收付者，均分期逐步改用"华兴银行流通券"为收付，且得按照旧法币外汇行市一律无限制供给外汇，所有发行辅币、分币均以"华兴银行流通券"为兑换本位。换言之，即与旧法币同价行使。本部曾与该银行干部各员切实讨论，认为此项办法实系便利人民，调整币制，而华兴券对外汇价仍旧保持六便士，庶于国际汇兑上立一强固之基准。兹特检同原建议书，附备参考，如蒙公议赞成上项原则，再由本部拟具详细办法，呈请核定施行。

附件

财政部提案

再此项办法专为替代旧法币，逐渐取得其地位，以为人民财产之保障。同时应协助推行军票，即一切税收及一切政费皆规定搭用军票若干成，使军票与"华兴银行流通券"站在同一阵线，每腾出旧法币之地位，使军票与"华兴银行流通券"按成推进，俟将来军票另有办法时，再谋统一之计。合并声明。

关于华兴券之推行及将来币制之研究

华兴银行成立已八个月，对于华兴券之推行，先谋基础之稳固，不求长足之发展，最初与旧法币平价交换，已博得一般人民之同情。嗣因旧法币价格低落，外汇由一先令二便士递减至四便士左右，为谋人民财产之保障免受意外之损失起见，遂宣告以六便士为基准，与旧法币价格完全脱离，民众对于华兴券因此益加信赖，于是第一步工作已告成功。惟查旧法币发行总额，据重庆方面宣布已达二十六万万元，即假定此数认为确实，其流通于华中区域者最少亦当在五万万元以上，华兴券发行总额截至目前尚不足五百万元，两相比较，仅合百分之一而弱，势力之不能相致，无可讳言。一切物价均仍以旧法币为标准，一切交易均仍恃旧法币为流通，一般人民虽确知华兴券之基准稳固，而不能视为通货，于是推行上不免发生莫大之障碍。

自华兴券规定六便士基准之后，每日对于旧法币市价高下不一，最高时华兴券一百元合旧法币一百七十五元，最低时亦合一百零五元。其高下之原因，系根于外汇，即旧法币之外汇价格有长有缩，华兴券之外汇价格以六便士为基准，在通晓货币原理者固知华兴券与旧法币比价高下系旧法币价格之涨落，而一般人民不明此理，遂认为华兴券本身价格之涨落，转以为华兴券价格之不安定，一切误解缘此而生。

因华兴券与旧法币市价之高下逐日不同，一般商民辄视为投机之利器，外汇放长时，则以旧法币购入华兴券，外汇紧缩时，又以华兴券换回旧法币，一转移间，可博得市价差额之余利，于是华兴券遂又被认为投机之目的物。购入华兴券者意在待价而沽，卖出华兴券者亦斤斤计算旧法币之损益，一出一入皆以华兴券为货，而不以为币。其以华兴券为物价之媒介者实绝无而仅有，且一切物价皆以旧法币为标准，谁又能以比价不定之华兴券随时感觉折合之烦。

政府对于华兴券之推行，不外两端：（一）捐税收入；（二）经费支出。财政部曾经一度通令一切税收均以华兴券为本位，其结果因华兴券发行太少，不够流通，不得不变通办法，仍以旧法币折价，但每日市价不同，内地无所依据，又不得不变通办法，定一折中比价，例如每百元申补二十五元之类。于是一般纳税商民不复知有华兴券，只认为加税，遂由币制问题误牵为税率问题，因此误会，遂生枝节，故尚有多部分税收机关至今仍保留原状。至于政府经费支出原定预算并不以华兴券为标准，亦曾有一度改发华兴券，在公务人员只认为意外加薪，因以旧法币计算，固超过原定薪额也。卒以收入方面不能全按华兴券征收，嗣又改为几成华兴券几成旧法币，而国库为提倡华兴券及协助军用手票起见，关于应发旧法币部分并不实发旧法币，又以华兴券及军用手票照市折合，遂又发生折价盈亏问题，纠纷不已。其实各机关领取华兴券及军票以后，仍旧兑换旧法币使用，固于推行华兴券方面毫无裨益也。

然则华兴券第一步基础工作固已完成，第二步推行工作发生障碍，不能取旧法币之地位而代之，事倍功半，仅占有旧法币百分之一而不足，一旦旧法币外汇价格再低，则持有华兴券者又复纷纷兑换旧法币，其结果恐将维持此百分之一之发行额或尚不易，遑论推行，遑论发展，此其中必有最大之关键者在。

关键维何？即华兴券与旧法币不能同价，衡以恶币驱逐良币之原则，则华兴券自不能与旧法币抗衡，又加以军用手票之流通每日各有行市之高下，是华中现行币制最为复杂：（1）华兴券之与旧法币直接比价；（2）旧法币之与军票直接比价；（3）华兴券之与军票之间接比价。无日不发生折合不同之困难，其结果一般人民仍旧以旧法币为本位，一切物价仍旧以旧法币为标准，华兴券与军票不过为折合旧法币之一种有价证券，为小钱商开牟利之门，而不能视为直接通货。至军票虽较华兴券地位稍优，因有许多指定用途非行使军票不可，但其实际仍旧扞格不通，其不能驱逐旧法币之势力，与华兴券固无轩轾也。

近数月来辅币缺乏已成为华中区域最严重问题，初则零找困难，或用邮票，或用代价券，邮票污损作废，平民无端损失，代价券流弊尤多，适予重庆政府以莫大之机会。第一次发行分票五十万元，不数日兑换罄尽，随后陆续发行分票，闻已备有六百万元之巨额，最近市面又发生角票及单元票缺乏之恐慌，是又予重庆政府以推行之便利。虽经商民之呼吁，政府之督促，而华兴分币及分币券至今仍不克发行，华兴单元券及角券虽已发行，而不能尽其量，其故又安在？

华兴券不能与旧法币同价既已为推行之障碍，华兴角券虽以华兴券为本位，而市面使用零找却与旧法币之角票同价，商民以旧法币之价格收集十角，即可兑换华兴券一元，是白手可得四分之一之利益，于是旋发旋回。分币及分币券虽尚未发行，而未来之顾虑已与角券相等，更可证明华兴角券、分币及分币券不能与旧法币之角券、分券对抗，只有束手视其发行之增加。

又有谓军用手票有一钱、五钱、十钱、廿钱、五十钱各种，正可补救市面辅币及分币缺乏之恐慌，但军票价格亦与旧法币不同，其推行困难正与华兴辅币券无异，不能替代旧法币之角票、分票之流通，即不能与旧法币之角票、分票对抗。

内地生活单位较低，找零困难不在角券，而在铜元，自铜价提高，而内地铜元几于绝迹，于是各省纷纷以发行铜元券为请，政府统筹全局，既不愿破坏统一币制以十进之原则，又不能坐视内地人民生活之感受困难，不得已规定限制办法，作为临时过渡之计。现在江苏已发行十五万元，而各县报领者已超过一倍；浙江正在筹印，为数暂定十万元，安徽因特殊习惯，发行双铜元券。虽均遵照财政部限制办法，极为内地人民之所欢迎，但省自为政，殊非统一币制之道，加以兑换本位复发生华兴券与旧法币问题，其症结所在，仍以华兴券与旧法币不能同价为最大之关键。

华兴券发行之始，本取稳定主义渐进步骤，其惟一原则避免人民财产上之损失，故对于旧法币始终抱定放任或维持态度。但币制与政权有紧密关系，旧法币为重庆政府所发行，其操纵政策自以重庆政府立场为标准，将来总有膨胀崩溃之一日。今以华中区域人民财产寄托于敌对政权支配之下，而现地政府转不能负维持保护之责，古今中外无此办法。

华中现在币制复杂已如前述，为今之计惟有在复杂之中力谋统一，在保障人民财产原则之下，为偷梁换柱，拔赵易汉之图，将旧法币势力无形的以新币制替代，其要旨则在保持人民心理之安定，其调整方案约有二种：

第一种方案　　现在华兴券对外以六便士为基准，对内则以旧法币价格涨落为比价之高下，人民误认为华兴券价格之有升降，目前第一急务必须纠正人民对于华兴券不安定之心理，而使之安定。其办法：（1）以华兴券折中行市，定为与旧法币比价为一二五，即华兴券价格确定比旧法币增加四分之一，每华兴券一元，合旧法币一元二角五分，一切物价标准不必改动，而人民使用何种货币听其自便。（2）华兴券对内价格既已确定，而对外汇兑则以旧法币行市增加四分之一，随其高下。因推行货币力量以内地人民心理为最大，今内地人民与外汇向无直接关系，只求币价与物价确定，不致时时有涨落之顾虑，而都会方面与国外汇兑有关系者多，有市场经验，转得在行市呼吸之间运用其手腕。（3）规定华兴券与军票同价行使，而不交换或规定行使成分，即政府一切收支最少须搭用军票三成或四成，市面行使不得拒收或抬抑。（4）将来如旧法币价格再落至何等程度时，则华兴券与旧法币比价重行改定，例如华兴券一元比旧法币为一元五角，外汇即随其变动，庶于确定比价之中，仍寓维持华兴券自由独立之价格。（5）政府一切税收仍以原税率改收华兴券及军票，照确定比价计算，人民自无加税之误会。（6）辅币券、分币券均照比价推行，逐渐取缔旧法币之角票、分票、而使之绝迹。

第二种方案　　以华兴券专供买卖外汇之用，仍以六便士为基准，不予改动，另发一种"地方流通券"，暂与旧法币同价，无论公私账款，凡以旧法币为收付者，均分期强制改用"地方流通券"为收付，以地方流通券购入华兴券者，无限制交换其比价，即以旧法币外汇行市为标准，而旧法币不得直接购入华兴券，以示区别。所有华兴银行发行辅币券、分币及分币券、均以地方流通券为兑换本位，与旧法币之角券、分券一律行使。如将来旧法币价格低落至何种程度时，或将地方流通券价格提高，但仍保持与旧法币有确定之比价，以免人民心理之不安定。至于对军用手票之行市，暂时仍以旧法币比价为标准。地方流通券之形式应改为长形，并加以极显明之标记，以免与华兴券有所混淆。

以上两种方案，其最要之点即在确定与旧法币之比价，以谋取得旧法币之地位而逐渐替代，并使人民心理无早晚市价之纷繁，藉泯其畸重畸轻之形迹，而其最后之目的，即将华中人民之财产从敌对政权支配之下逐渐移转于安全保障之中。

至于铜元券问题，虽为临时过渡之计，但考察内地人民之需要，确为抑低平民生活之标准。现在省自为政，有乖统一之旨，或改由财政部印制，委托苏民、浙民、安民各银行发行，或迳行委托华兴银行代理，与华兴辅币券、分币券并行不背，亦或一道。

最后有一重要之建议，即华兴银行规定放款必须以外汇归还，以充实外汇之准备，但内地农工商业急待复兴，未必直接均有外汇之关系，在华兴银行格于章程之所限制，在内地商民因此觖望不免退有后言，情感不易发生，心理自多隔阂。应如何统筹兼顾，紧密连络，使华兴银行渐臻为民众化之银行，其所关实匪浅鲜也。

〔伪维新政府系统档案〕

国民经济研究所撰具沦陷区货币战之透视

(1940年9月)

一、引言

沦陷区之货币战，实已演为一种既敌对而又互相牵联之局面，其现象虽属奇突，而症结之所在，则为巨量纸币之印行，此项纸币即规定作为交换媒介之货币也。在此种情形之下，以商品买卖与服务事业为基础之经济生活，仍循常轨前进，惟各地对内与对外之汇率，则受彼此间经济地位比较的强弱与彼此间不同的通货膨胀速度之影响。在二十七年与二十八年夏季，北平中联券发行额大量膨涨，地位赢弱之后，法币之价值亦趋降低。当时对于两者趋势之相同，多少系由于因果之关系，多少系由于纯粹之巧合，尚难遽尔决定。然自今年开始，外汇市场中之变化，□期中各种事项之发展，却已显示较之从前更为密切之关系矣。

二、近顷法币之跌价

法币对于美金之汇价，本年二、三两月间，约跌百分之二十，计一月份法币一元约合八美分，三月份则跌为六又二分之一美分左右。五月二日曾经一度暴跌，但随因欧局恶化，复行上涨，今已恢复暴跌以前原有之水准。跌价之原因，显系受英镑及与英镑联系其他货币地位软弱之影响，因上海对外出口贸易对于美元集团之关系尚属次要，而对于英镑集团之出口，则占总数之一半以上。但上海法币之跌价却较自由英镑之跌价为甚，欲解释此点，固可以法币本身发行额逐步之膨胀——每月膨胀之速率，至少为七□□万元——作为适当之理由，然除此之外，近月来沦陷区内汇种种之变化似亦同为主要之因素。

三、满洲国之外汇

所谓沦陷区之内汇市场，系指法币对于中联券、满银券，以至日本货币之关系而言。虽沦陷区之名词，于此或有不合，但为方便计，姑且暂时假用之。查本年二月上海法币对外汇价尚未开始跌落之先，满洲国外汇之供给适巧大量减少。在欧战爆发满洲国对于日元以外国家出口减少不久之后，满洲国管理外汇当局即开始改变发行请求外汇许可书之方法。以前进口许可书与出口许可书，系同时发行，故进口商对于外国之定货仍可付现，经改变方法后，进口许可书乃与请求外汇许可书同时发行，而后者之生效时期，则在定购货品业已进口六个月至二十四个月之后，换言之，即请求外汇许可书不能同时利用，亦即外国出口商须在满洲国进口商不能付现时期中，予以赊欠之便利。此种购货之方法，既然在运用上不能令人满意，于是满洲国当局又于去年十一月底，另觅途径，以谋解决外汇缺乏之问题，即当发行进口许可书时规定所购之货物，须以中联券为付款之媒介，其用意以为经此规定之后，在以中联券付款之方式下，可以中联券换取法币，再以法币购置外汇。孰知此项办法之手续，在形式上固已麻烦，在实行上更与满洲国、华北与上海三方面均发生重大之影响。在满洲国方面，依进口货品之价格而推算，满洲国之对外汇率，已较上海对外汇率为低，其所低之数，约与办理结汇手续时所付之手续费相等。质言之，虽在理论上，依据日元与满元之比价，为三对一，但事实上，此项比价，则不过一对一。

四、上海与天津间之汇率

至于在华北方面，上海付款手续之影响，一方面为法币需要之增加，他方面则为中联券之增加，结果前者对于后者之比价，当然趋于跌落。本年一月半左右，中联券之价值降至法币之下，迨二月半左右，中联券对法币之跌落，已约达百分之二十。此项市价之跌落，适与法币对外汇价之跌落不谋而合。最近在天津成立关于存银之协定，能否影响法币对于中联券之比价，现在尚难断定。虽然上海与天津间之汇率，并非单受满洲国汇兑交易之影响。在去年秋季与初冬之时，津汇之紧挺，一部份系由于季节性之关系与鸦片转口运用之结果，反之，近来之疲弱，则为季节影响转变方向所致。季节变化中之主要因素，似为天津方面对于上海面粉需要之消长。此项需要在秋小麦方始登场之后，比较尚小，惟本年初，因荒歉景象遍于华北各城镇之关系，则趋增加。粉需停滞之时，津汇略呈顺势，而二十九年需要复增之结果，则为中联券市价之跌落。

五、鸦片贸易之影响

天津与上海间之鸦片贸易，系有来无往之性质，但去秋津汇之坚硬，实亦有赖鸦片贸易之撑持。此项贸易之数量，虽因秘密进行之故，无正式统计可稽，然根据一般可以凭信之贸易报告，则知经由天津运申转销华中与华南各处之大量鸦片买卖，实予中联券以若干之助力。现在关系方面已公开承认蒙古联合自治政府三分之一出口为鸦片之贸易，与该政府税收中之极大部份为鸦片之消耗税与出口税，尤足证实此项报告之可靠。然而因鸦片贸易在天津所产生申汇之供给，显然仍不足以抵销满洲国申汇之需要与华北方面因购粉而发生之申汇需要。更有进者，近因华北棉花歉收，国棉供给不敷应用，天津与青岛纱厂因购买外汇所加于法币对中联券比价之影响，似已超出因华北购买申粉而产生之影响之上。

既然法币之需要一则发生于购买外洋小麦，以便将其制成之面粉运往华北，再则发生于购买外洋棉花，以便转运华北，三则发生于购买外汇，以为偿付满洲国进口货品之用，其结果自然法币在外国市场上之负担特别加重，因之价值趋于跌落，而法币跌价之后，因层层相因之关系，益使中联券与满元之价值降落。在不久以前，日本财务当局尚以中联券之汇价约值六·七便士为盲，今则其价值已在三便士以下。同时满元之汇价，原与日元联系，今则随中联券而消长。

六、日元之价值

日元集团辅佐货币之跌价，更不得不影响日元本身之价值。第一，满洲国外洋进口货品价格之高涨，将引致日本竞争品之输入，直至后者之价格已与前者相等而后已。关于此层，去年日本巨额违法之输出交易（经日本当局查明者计逾二十万起），似可显明满洲国对于日货诱致之力量，终将胜过任何日本之禁令。果尔，赋满洲国三便士之对外汇价，更将影响日本之物价水准，使其继续上升，直至满洲国对于日货之诱致力不复存在而后已。第二，日本对于一般企业之统制，远较满洲国为严，同时日元集团普遍通货膨胀之烈焰，亦以满洲国更为显著而少受阻力，在此种情形之下，日本企业迁移满洲国之倾向，亦将继续努力。此项趋势日本□国会议员已以日本企业向大陆逃亡名之。第三，满元在朝鲜流通，系与朝鲜银行发行之日元票价值相等，因之满元之跌价，复在日本封疆以内发生直接影响。至于满元与日元，以对等价值在大连流通犹为余事。总括以上沦陷区各种货币与日本各种货币彼此间之关系观之，可知今日远东战争中货币战所采行之种种方式，实为巨量纸币排山倒海而来之先声。各项纸币之价值，均在上海外汇市场决定，即对外之价值，均依法币对外汇价之升降为转移，而彼此间之比价，则以各项纸币对于中联券之申水或贴水为定是也。

七、日元军用票

在上举通例中之属于例外者，则为在上海及上海邻近各区流通之日圆票与日元军用票，此两者之市价均较法币为高。考其原因，殆由于一般日本人民与军人，利用日元之虚价在日本与上海间往来转移，互相买卖，致造成一种特殊而形近非法需要之结果。经营此项买卖所获之利益，为数甚为可观。现在在日元集团中，当以此类日元比较安全，但所谓安全，亦不过以藉投机活动而保全其势力为范围，一旦发生变故，其价值未必不跌落于法币水平之下也。

表见第715页

〔交通银行档案〕

四联总处检送伪组织银行概况提要函

（1940年10月25日）

中中交农四行联合办事总处公函　　合字第一〇八二八号

中华民国廿九年十月廿五日发

各种纸币发行数额表

（单位：百万元）

年　　月	中央政府法币	中联券	满银券	蒙银券	华兴券	日银券	军用票	朝鲜券	台湾券
26年6月	1,407		179			1,641		151	37
12月	1,639		307	13		2,305		280	162
27年6月	1,727	59	275	18		2,074		254	105
12月		162	423	36		2,755		322	140
28年6月	2,627	264	388	32	1	2,523		235	146
12月	3,082	458	621	60	5	3,679		444	171
29年1月			629	57	5	3,278	68	430	163
2月			621	56	5	3,177	74	433	158
3月			646	57	6	3,311	83	444	165
4月			617	55	5	3,461	89	448	175
5月			614	57		3,406	105		
6月	3,962						100		

　　兹将伪组织银行概况提要一份送请查照参考为荷。此致
交通银行总管理处

　　　　　　　交通
　　　　　　　中央
　　　　　　　中国　银行联合办事总处
　　　　　　　农民

　　附件

伪组织银行概况提要

日寇侵华之一贯策略，乃以武力占领，分区设置傀儡政府，冀达分化之目的，然后实施统制经济，以遂行其榨取政策。如九一八事变后，即在东北扶设伪"满洲国"；七七事变后，即在华北成立伪"中国临时政府"；察绥沦陷后，即在内蒙成立伪"蒙疆联合委员会"；京沪失守后，即在华中成立伪"维新政府"。将我沦陷区域分化为四区，扶植四个分立的伪组织，在寇酋指挥之下，分别统制各该区域之政治、经济。

经济侵略之先锋，为金融侵略，故敌寇于军事占领政治分化成功后，即唆使伪组织成立伪银行，发行伪钞票，以遂行其操纵金融统制经济之阴谋。是故于伪"满洲国"成立后，即设置伪"满洲国中央银行"，发行伪"满洲国中央银行券"，并负调节国内通货之流通，保持其安定及"统制金融"之责（见伪"满洲国中央银行法"）；于伪"蒙疆联合委员会"成立后，即设立伪"蒙疆银行"发行伪"蒙疆"法币，并负统制该区金融之责；于伪"临时政府"成立后，即设立伪"中国联合准备银行"发行伪"中国联合准备银行券"，并负"安定金融统制通货"（见该行组织条例）之责；于伪"维新政府"成立后，即设立伪"华兴商业银行"，发行伪"华兴银行券"，并负"发展商务调剂金融"（见伪"维新政府布告"）之责。凡此措施，皆适应其政治分化政策而施行之各别金融统制，考其作用，约有下列四端：

（1）驱除法币　敌伪之成立伪行，发行伪钞，与禁止法币之流通，意在消灭沦陷区内之法币，断绝我在沦陷区内之金融势力，如此，则沦陷区内游击队饷糈之接济，物资抢购，经费之供应，皆将失去凭依，其策略固极毒辣也。

（2）套取外汇　稳定外汇率，乃巩固币值之一种手段，敌见法币为抗战金融财政之柱石，力图破坏。破坏之道多端，而其重要者，为以伪币调换法币，再以调得之法币，套取外汇，消耗我外汇基金，以扰乱汇市，而动摇币信。此种策略，一方面以伪币调换法币，有驱除法币于流通界外之功，他方面以调得之法币套取外汇，扰乱法币汇市，有破坏整个法币信用之作用，诚极巧妙之办法也。

（3）利用伪钞榨取物资劳力　法币既被驱除，代以伪钞，使之成为沦陷区内合"法"通币，则敌伪可利用发行权，随意发行伪钞，以购取沦陷区之物资，供其利用，并可以役使沦陷区内人民，为彼劳动。

（4）造成日元集团便利物资交流　敌伪规定伪"满"钞票及伪"联银券"均与日元等价，更规定伪"蒙疆券"与伪"满"钞票等价，造成"日元集团"，以消除汇率变动之风险，而促进敌伪间之贸易。如此，则敌人可以尽量吸收我沦陷区之重要物资，倾销其本国之过剩产品，以达成"日本工业""中国农业"之阴谋。

除上述发钞之伪银行外，敌伪又在沦陷区各地设立若干小伪银行，使之推行伪钞于内地，而担负调剂金融之责，以巩固伪组织之金融基础。盖我国家银行在沦陷区内之分支行处，多已撤退，而地方银行与商业银行亦颇有停闭者，地方金融因以枯竭。敌伪有鉴于此，乃趁机扶设若干小伪银行，使成为地方金融机构，并推行伪钞于内地，以确立其内地之金融势力。

总之，敌寇以金融侵略作为其经济侵略之先锋，其主要方式，为借伪组织之手，以设立若干伪银行，推行各种伪钞票。

（1）在每个伪组织区域内，均成立一中央银行性质之伪银行，发行一种伪钞票，流通于该区，同时由该伪行负责统制该区之金融。

（2）在每个发钞之伪银行下，均成立若干地方性质之小伪银行，负责推行该区之伪钞，并调剂当地之金融。

兹将沦陷区所有各伪银行之名称、资本额、总行地点、分支行处数目、成立日期、伪钞发行额、以及各沦陷区内所流通之货币种类，制成简表附后。

伪组织银行一览表

行 名		总行	分支行	资本额 单位：千元
发钞银行	其他银行	地点	处数日	
伪满洲国 伪满洲国中央银行	伪满洲国兴业银行	长春	130	30,000（伪满券）
		长春	54	30,000（伪满券）
伪蒙疆 伪蒙疆银行		张家口	12	3,000
	伪蒙古联盟实业银行	厚和	14	1,000
	伪察南实业银行	张家口	5	1,000
	伪晋北实业银行	大同	12	1,000
华北 伪中国联合准备银行		北平	18	25,000（伪联银券）
	伪冀东银行	通州	13	
	伪冀南银行			
	伪河北省农民银行	北平		5,000
	伪河南省实业银行			1,000
	伪鲁兴银行	济南	4	3,000
	伪大阜银行	青岛		
华 伪华兴商业银行		上海	5	50,000（伪华兴券）
	伪沪民银行	上海		
	伪苏民银行	苏州		500（伪华兴券）
	伪浙民银行			
	伪安民银行	蚌埠		500（伪华兴券）
	伪上海市民银行			
	伪南京兴业银行			5,000
	伪蚌埠商业银行	蚌埠		·200
	伪江南产业银行			
	伪农商银行			3,000
	伪中亚银行	上海		5,000（伪华兴券）

成立日期	伪钞发行额(单位：百万元)		该区内流通之钱币	备　注
	廿八年底	廿九年六月底		
民国21年5月1日 26年1月1日	624	630	伪满洲国中央 银券、日钞	
26年12月1日 27年2月 27年2月 27年2月	60	61	伪蒙疆法币	
27年3月10日 28年上半年 28年9月25日	458		伪中国联合准备 银券、日钞、中国 法币	（筹备中） （由河北省银 行改组而成 者）
28年5月1日 28年12月16日 29年2月24日	5.1	5.1	伪华兴商业银行 券、敌军用券、中国 法币	（筹备中） （筹备中） （筹备中） （筹备中）

719

| 中 | | 伪东莱银行
伪中江实业银行
伪华中地方银行
伪湖北省银行 | 汉口 | | 3,000
20,000
（敌军用票） |
| 华
南 | | 伪华南银行
伪厦门劝业银行 | | · | |

　　上列各伪行中之较为重要者，其组织与业务状况，均已刊载于"金融专报"（注）第七期内注："金融专报"系本处统计科编印之对内报告，专载该科统计研究之结果，按期分送各理事、各委员参考。

〔交通银行档案〕

四联总处抄送关于敌赶印军票套取法币拟于元旦在广州湾行使军票情报的公函

（1941年1月28日）

中中交农四行联合办事总处公函　　会字第一二六九三号
　　　　　　　　　　　　　　　民国三十年一月二十八日发

　　准财政部一月十三日渝钱币字第二六○八四函开：案准军事委员会委员长侍从室第六组十二月二十六日函送敌赶印军用票企图套取法币情报一件，又准同日函送广州湾敌拟于元旦后行使伪钞及军用票情报一件到部。相应抄同原情报各一份，函达查照参考。等由。并附抄情报两件到处。除特函中央宣传部洽办外，相应抄同原送情报，函达查照参考为荷。此致
交通银行总管理处
　　　附件〔略一件〕　交通
　　　　　　　　　　中央
　　　　　　　　　　中国　银行联合办事总处
　　　　　　　　　　农民

				（筹备中）
				（筹备中）
				（筹备中）
				（筹备中）
				（筹备中）

照抄原件

情报　十二月二十六日侍六第三八五七〇号

　　敌因倭币续跌，法币将继续上涨，特赶印军票，企图套取。据港员获悉，自英、美贷款援华之后，倭即料定法币必涨，特赶印军用票一千余万元，由倭轮运往沪、粤，以吸收法币，套取外汇。闻首先运到华南之两批全无号码，强迫人民使用，而近由皇后轮、怡和及荷兰等轮运到沪、港、粤者，每艘约载二吨以上之军用票云。按敌在沦陷区，一面利用伪组织，准以军用票缴纳关税正课，一面在敌军掌握下之铁路、税卡及其他公营事业，强迫以军票购票缴税。同时以权力将法币压低，使人民缴纳以上各项税捐及月费者，须受重大损失，将法币换取军票缴纳。凡倭军实力所能支配之地点，一面公开禁用法币，同时利用汉奸及日本流氓之解华语熟悉商情者设暗市捐客，收买法币，以套取外汇。除津、沪等国际市场之有识商人知法币必涨，强制压低为不合理之一时现象，尚无人轻易将法币卖出，僻远乡间，因中敌奸谣言，或受其强迫，有将法币换取军票者，实为莫大损失。此事应由金融当局将我财政稳固，信用充足，借款成立，法币必涨，以及敌财政崩溃，金融恐慌，贸易萎缩，倭败必续跌，有变成上次欧战时马克、罗布，成为废纸之危险。至于敌军票及华北联银、华中华兴，或伪中行纸票，则不但是废纸，且系犯罪证券等要旨，编成论文或传单，向沦陷区散布，并利用广播电台向沦陷区同胞劝告，务遵守国民公约，不使用敌货伪币，并勿以法币暗与敌人套取外汇，以免个人与国家同受重大之损失。

〔交通银行档案〕

汪时璟为与日方洽定河北河南中联券区域暨准中联券区域附送区分衷呈

（1941年9月2日）

查本署前经遵照钧会令发修 正旧通货 处理办法第二 条之规定，与关系方面洽定，将山东省青岛特别市及苏北区各县镇酌暨情形分为中联券区域暨准中联券区域，列表呈请 鉴核备案 在卷。兹复经与关系方面洽定，将河北、河南两省各县酌分中联券区域暨准中联券区域，并自十月一日起两个月内实行收买各该准中联券区域内之旧通货。除分行外，理合抄附区分表一份，备文送请鉴核备案。谨呈

华北政务委员会

附表一份（见第723）页

财务总署督办　汪时璟

中华民国三十年九月二日

〔伪华北政务委员会档案〕

四联总处抄送关于晋钞跌价敌制造各种法币差价倾销仇货收买法币情形函致交行函

（1941年9月6日）

中中交农四行联合办事总处函 合发字第一七五七四号
民国三十年九月六日

河北省中联券区域暨准中联券区域区分表

道 别	中 联 券 区 域	准 中 联 券 区 域
真定道	石门、获鹿、正定、藁城、晋、栾城、赵、元氏、井陉	行唐、灵寿、赞皇、平山、束鹿、武强
顺德道	高邑、柏乡、临城、内邱、顺德、沙河、任、南和	唐山、隆平、宁晋、新河、冀、南宫、巨鹿、平乡、广宗、威、清河
冀南道	邯郸	

河南省中联券区域暨准中联券区域区分表

道 别	中 联 券 区 域	准 中 联 券 区 域
豫北道	彰 德	武安、临漳

案准财政部八月廿六日渝钱币字第三二〇四六号函，以准委员长侍从室函，据报山西各县省钞跌价，各种法币亦发生差价，及敌利用奸商贩卖仇货，收买法币情形，转请查照注意。等由前来。除分函外，相应抄同原函，转请查照注意为荷。此致
交通银行总管理处

附件

交通
中央
中国 银行联合办事总处
农民

照抄财部原函

案准军事委员会委员长侍从室第三处函开：据报山西各县向日流通之货币，系山西省地方发行之各种省钞，自廿八年起，此项省钞价格逐渐跌落，迄今通行者胥以法币为主。单元省钞约当法币二角至三角，五元、十元省钞约当法币一角至二角，现已形成有行无市之象，将来单元省钞或可因找零关系继续行使，其面额较大者将渐次绝迹矣。敌人去年倾销仇货，专收我中央银行发行印有总理双象（一明一暗）之纸币，而一般奸商唯利是图，遂大肆贩卖仇货，并收买前项法币，因之各种法币价格互相差别。最受人民欢迎者为中央银行之总理双象纸币，中国、交通两行发行者次之，农民银行又次之，而中国交通两行之各色纸币，亦时经敌人之捣乱，忽而高涨，忽而跌落。至购买敌货之商人，先贴水收买双象法币，然后再以此项法币贴水兑换北平伪政府所出联合银行之伪钞，当地人民呼之为金票，每法币二元五角兑换伪钞一元，购得敌货后变卖为各色法币，再贴水收买双象法币。如此循环交换，致法币遂有高下之分。等情。函请查照等由到部。相应函请查照注意为荷。此致
中中交农联合办事总处

财政部长　孔祥熙

〔交通银行档案〕

周佛海拟具安定金融实施办法三项附送整理货币暂行办法修改条文呈

（1942 年 3 月 29 日）

窃查中央储备银行成立以来，迭经职部声明布告，举凡纳税以及一切公私往来，均应行使中央储备银行发行之新法币，并为

稳定金融市场，保障人民资产计，曾由部拟订整理货币暂行办法，对于在市面流通之各种旧法币暂准与新法币等价行使，以期兼顾在案。惟查战事推移，渝方财政益趋艰窘，旧法币之发行漫无限制，以致物价暴腾，民生益艰，影响所及，后患何堪设想。兹为谋金融安定，民生昭苏起见，特根据民国二十九年十二月十九日职部声明：万一渝方发行数量益趋膨胀，币值日益跌落，以致扰乱市场，影响民生，本部当准备有效办法，届时实施等语。现在旧法币贬值益甚，民生艰困已达极点，非采取应急处置，万万不能挽救。谨拟具办法三项如左：

一、中央储备银行发行之兑换券与各种旧钞等价流通之规定，自民国三十一年三月三十一日起，应即废止。

二、凡现在市面流通之各种旧钞，除有特别情形者外，仍暂准流通。

三、凡在民国三十一年三月三十日以前所签订之契约，未经特别约定者，应以旧钞计算支付。

但关于中央储备银行本行之收付，其办法由该行另定之。

以上办法如蒙俞允，拟即由部刊发布告，通行周知①，并将前颁整理货币暂行办法第三、第四、第六等三条酌予修改，自民国三十一年三月三十一日起实施，以符事实。是否有当，理合缮具整理货币暂行办法拟加修改各条原文及修正文，一并呈请钧座鉴核示遵。谨呈

中央政治委员会主席汪

附呈整理货币暂行办法拟加修改各条原文及修正文一份

财政部部长　周佛海

中华民国三十一年三月二十九日

---

① 汪伪财政部经核准，于3月30日刊发布告。

整理货币暂行办法拟加修改各条原文及修正文

第三条　原文　〔略〕

修正文　民国二十四年十一月三日颁布之新货币法令所规定之各种法币（以下称旧法币），除有特别情形者外，暂准流通。

第四条　原文　〔略〕

修正文　中央储备银行得以其发行之法币收换现在流通之各种旧法币，以促成币制之统一。

第六条　原文　〔略〕

修正文　凡人民完粮、纳税及其他对于政府之支付一律行使中央储备银行发行之法币，但经财政部命令特定者，暂准使用旧法币。

〔伪华北政务委员会档案〕

汪伪财政部关于禁止广东武汉等地民众保存持有旧法币实施新旧币限期交换的布告

（1943年1月）

（1）1月8日布告

财政部布告　钱二字第二号　三十二年一月八日

查广东省新、旧币全面交换事宜，业于三十一年七月十日起开始实施，并即依据禁止使用旧法币办法先后实行禁止使用及携带各在案。惟关于保存或持有旧币一节，尚未予以禁止，本部为推行新币统一通货，兹定于民国三十二年一月二十六日起，对于广东省全境以内，所有未经交换之旧币，除禁止行使携带外，并绝对不许保存持有，如有私藏或故违法令者，一经查出，即予没收充公，从严惩处。惟为顾全民众利益起见，特自民国三十二年一月十二日起至同月二十五日止，就广东省境内，除广州市、市桥、及汕头市、并汕头市周围地区外，再行实施新、旧币最后交换一次，以期廓清。各界人等，如尚有保存或持有旧币者，务各遵限从速交换，自维利益，切勿观望自误，是为至要。除呈报并分行外，特此布告周知。此布。

部长　周佛海

（2）1月12日布告

财政部布告　钱二字第一号　三十二年一月十二日

查武昌、汉口两市及汉阳县城市新、旧币全面交换事宜，业于三十一年八月十日起开始实施，又九江、南昌、沙市、应城四处，及宜昌、当阳、荆门、锺祥、沙洋镇、旧口镇、京山、潜江、岳口镇、天门、仙桃镇、新隄、皂市、随县、广水、应山、安陆、云梦、长江埠、花园、孝感、汉川、蔡甸、黄陂、河口、宋埠、仓子埠、团风、巴河、蕲春、武穴、小池口、星子、德安、永修、安义、瑞昌、阳新、黄石港、石灰窑、大冶、咸宁、通山、嘉鱼、蒲圻、崇阳，临湘、岳阳、金口镇、鄂城、信阳五十一处，亦先后于三十一年九月十六日及十月二十二日起开始实施新、旧币兑换，并依据禁止使用旧币办法，于汉口、武昌两市及汉阳县城市实行禁止使用及携带各在案。惟关于保存或持有旧币一节，尚未予以禁止，本部为推行新币统一通货，兹定于民国三十二年二月十五日起，对于上开各地全境以内未经交换之旧币，除禁止行使携带外，并绝对不许保存持有，如有私藏或故违法令者，一经查出，即予没收充公，从严惩处。惟为顾全民众利益起见，特自民国三十二年一月十六日起至同年二月十四日止，再行实施新旧币最后交换一次，以期廓清。各界人等如尚有保存或持有旧币者，务各遵限从速交换，自维利益，切勿观望自误，是为至要。除呈报并分行外，特此布告周知。此布。

部长　周佛海

〔汪伪外交侨务系统档案〕

汪伪财政部施政概况

(1943年6月)①

(甲)属于关务者

(一)关务行政

提高海关金单位价值　查华北之通货为联银券,与日圆等值,华中、华南之通货为中储券,三十一年四月二十七日虽已将关金单位价值定为中储券九元九角七分,但仍不及日金二元,而华北每每关金单位则为与日金等价之联银券二元七角零七厘。故就同一货物应行征收税率言之,华中、华南商民缴纳之进口税较轻于华北,似欠公平。自三十一年十月一日起,先将华中、华南之关金单位提高为中储券十元五角,业经令行海关总税务司,并函知中央储备银行上海分行遵照办理。

接收海关税收管理权　查事变以还,海关税收均暂由友邦日本方面管理,迭经洽商,已获美满解决,自三十二年一月份起,所有海关关税收入业经令行海关总税务司负责接管,在北京、上海等处由正金银行开立关税暨外债、赔款等专户,同时转饬华中、华南、华北各关海关长分别在正金、台湾各银行开立关税新户。每届月终,除由关税收入内将外债、赔款计算清楚,分别拨存外,所有关税净余额,在下月五日以前扫数解由关务署转解部库。

恢复各地海关　计先后复关者,有湖北之江汉关,广东之拱北分关、江门分关及潮海关,安徽之芜湖关,南京之金陵关,浙江之浙海关(宁波关)等。此外,尚有苏州关、镇江关亦在筹备

----

① 此系汪伪财政部致全国经济委员会公函稿之附件。此处用公函稿日期。

恢复中。

划一税收货币 华南一带关税原征军票，自中央储备银行广州支行成立后，已规定改征中储券，以资划一。

继续征收关税附加税 关税附加税自二十一年八月一日开征后，历经展期有案，本部以该项附加税仍应照案征收，经饬总税务司照办。

规定进口转口临时附加税税率 查海关征收进口税及转口税，向均有从量与从价之分，本部为调整税率增裕库收起见，决定将进口税之从量税增加临时附加税百分之三十，转口税之从量税增加临时附加税百分之一百，均自三十一年一月二十日实行，经呈报行政院，并分令总税务司暨江海、粤海两关监督转饬遵办。

核免蜂蜜出口税 查现行海关出口税则，关于蜂蜜一项税率甚轻，每百公斤只征税二元，本部以国内养蜂事业为数无多，且各养蜂场之出品蜂蜜，大都用于制药及销售南洋各埠，为奖励起见，准暂免征出口税。

关税拟改从价征收 现行关税税率大部份为从量征收，值此物价高昂时期，拟逐渐筹议改正，以期适应时势之要求。

(二)关税收入总额

溯自二十九年春季以后，江海、粤海两关关税收入，每月常在二千至三千万元之间，自前年十二月八日后，进出口贸易骤减，税收亦减至每月千余万元左右，惟自上述各关逐渐恢复，关税收入大有起色。兹将三十一年七月起至本年四月份止，全国关税收入总数列左：

三十一年七月份	二七，四六五，〇〇〇
八月份	二八，二〇七，〇〇〇
九月份	二五，五五四，〇〇〇
十月份	三八，四六八，〇〇〇
十一月份	三一，一七五，〇〇〇

<pre>
        十二月份   二五,二九七,〇〇〇
三十二年一月份   五九,〇三八,〇〇〇
        二月份   二九,二六五,〇〇〇
        三月份   五〇,九六〇,〇〇〇
        四月份   六〇,三七一,〇〇〇
</pre>

(乙)属于税务者

(一)调整税务机构

上年冬经部拟订调整苏、浙、皖税务总局方案,呈请行政院会议通过,于三十二年一月一日将原有总局改为分省设局,每省设税务局及印花烟酒税局,下设分局及支局,并另设税务查缉处暨分处,专司一切税务查缉事宜,概隶属于税务署,以便指挥监督。

(二)采用从价税制

统税税率原多从量征收,现在物价上涨,或高至数十百倍,自应酌予改正,以资因应。自上年底及本年起,所有原照从量征收者,均陆续改为从价征收,其已呈奉行政院核准施行者如:

火柴税	从价征百分之十	三十一年十一月廿六日起施行
棉纱税	从价征百分之五	三十二年一月一日起施行
土烟税	从价征百分之二十五	三十二年四月二十五日起施行
土酒税	从价征百分之二十五	三十二年四月二十五日起施行
熏烟叶税	从价征百分之二十五	三十二年四月二十五日起施行

其他汽水、啤酒等亦在筹议改订之中。

（三）举办各类特税特捐

左列特税、特捐均为近年所创办，其种目如下：

蚕丝建设特捐　　二十九年八月一日起施行

同宫丝　　　　每包值百征七·五元

白丝　　　　　每包值百征十二元

灰丝　　　　　每百市斤征七·五元

黄丝　　　　　每百市斤征十元五角

废丝　　　　　每包值百征五

丝纱丝线　　　每百市斤征十元

糖类特税　　从价征百分之　　三十一年一月一日
　　　　　　十二　　　　　　起施行

化妆品类特税　　　　　　　三十一年一月一日
　　　　　　　　　　　　　起施行

　　　　第一类从价征百分之十二

　　　　第二类从价征百分之七十

茶叶特税　　从价征百分之十　　三十一年三月十一日
　　　　　　　　　　　　　　起施行

桐油特税　　从价征百分之十五　同

猪鬃特税　　从价征百分之十五　三十一年三月十一日
　　　　　　　　　　　　　　起施行

禽毛特税　　从价征百分之二十　同

上列丝、糖等类，或系特产，或属奢侈，或供消耗，当创办伊始，均酌量担税能力为规定税率之准则，俾国计民生双方兼顾云。

（丙）属于盐务者

（一）整理海州盐场

海州盐产在二十六年以前，每年常在八百五十万担左右，占全国产额百分之十大，自经事变及二十八年风灾之后，盐场损失

731

綦重。本部于廿九年十月间呈准设立整理海州盐场委员会，以各盐务机关负责人员及具有专门学识者充任会员，一再会议，决定复兴方案，由盐务署督同各机关切实施行。自二十九年十月十一日至三十一年六月底，支出复兴费如左：

本部支出部份

日金四八〇，〇〇〇元　储券三八〇，四〇〇·〇一元

海州区局支出部份

联银券七七七，七三二·八四元　日金一〇〇，〇〇〇元

上列各款为建筑各种工事及施设之需，年来产量渐已恢复旧观。兹将海州区各场三十一年四月至八月产盐数量列表如左：

四月份	二七三，五四七(担)
五月份	六一二，九三七(担)
六月份	二，一七三，四五二(担)
七月份	一，一三七，五五九(担)
八月份	五一二，一八〇(担)

(二)拟定配给苏浙皖三省食盐数额

物资配给为战时应有之措置，食盐为人民日常生活之必需品，尤应统盘筹划。苏、浙、皖三省除产盐区外，和平区人口约计二千二百余万，以每人每年十二斤计，月须配给二一八，〇〇〇担，已由部与有关方面商洽决定，通令所属各盐务局处遵照办理。

(三)组织商办裕华盐业公司

在二十九年时，苏、浙、皖三省盐斤运销悉由华中盐业公司委托通源公司办理，嗣由本部将通源公司取消，另召旧有盐商组织裕华盐业公司，作为销盐机构。

(四)盐税收入概况

盐税收入经逐步整理，日有起色，兹将二十九年四月至三十一年八月份税收数目分列如左：

二十九年四月至十二月　一二，八六九，八六一元(国币)

三十年全年　　　　　二二，九二五，九六一元(国币)

三十一年一月至八月　　四五，〇二三，五六四元(国币)

(丁)属于赋税者

(一)通行税概况

通行税自三十年十一月开征以来，至三十一年年底为止，共征起税款六，四八三，九二四元，本年五月间，又将通行税暂行条例详细办法修正，呈准公布。其税率如下：

(A)一、二等百分之十；

(B)三等百分之五；

(C)四等百分之三。

(二)订定非常时期征收田赋暂行办法

田赋系地方大宗收入，近来各省、市均以政费不敷，将田赋量予增加，经行政院发交本部经征，得各地方同意，将原征之田赋改征实物，折价缴纳，爰订定非常时期征收田赋暂行办法，呈准施行。

(戊)属于钱币及金融者

(一)和平区域货币之统一

中央储备银行自三十年一月六日成立，即发行新法币，流通范围日形扩展，并自上年六月起于各地分期禁用旧币。本年四月一日起日方又将在华军用票中止发行，其在华日商及人民一切支付亦以储券为本位货币。所有和平区统一货币政策，至是遂告完成。

(二)金融机关之监督及取缔

年来挟有资金者，因限于环境，无法经营正当商业，以致大量游资集中都市，相率经营银钱业务，虽名为投资生产，调剂金融，考其实际，多半从事囤积货物，操纵物价，影响所及，为害匪细。本部爰于本年起，对旧有银行、钱庄严加监督。例如限制货物押款，提高放款利率等等，皆为事实上之表现。其呈请新设者，则以其所设之地点为准驳之准绳，务使游资导入正轨，藉以振兴实业。

(三)恢复中、交两行

中国、交通两行历史悠久，素为人民所信赖，本部为安定金融，并顾全人民权益起见，将该两行于适当之情势下予以改组，经于上年九月一日同时复业。此后两行之新使命，在中国银行则为扶助生产，发展贸易，其股本总额为国币二千万元。交通银行则以发展全国实业为主旨，其股本计一千万元。现在两行已将各地原有分、支行逐渐恢复，此后和平区域之金融益为灵活，可以预卜。

(己)属于公债者

(一)发行安定金融公债

上年六月间，本部为整理旧币安定金融起见，由国民政府核定发行《民国三十一年安定金融公债》，总额为十五亿元，按照票面实收，年利五厘，每年付息二次，每六个月抽签一次，每次抽还总额四十分之一，预定二十年偿清，必要时得随时偿还全部或一部。上项公债之发行，纯为收回旧币之用，均由银钱业承受，并不募集。

(庚)属于所得税者

(一)调整各征收区域

二十九年四月起，先办薪俸所得税。三十年六月间，设立所得税处，同时筹设各区局，征收一、三两类所得税。上年十二月，本部派员视察上海、苏州、镇江、芜湖、杭州、蚌埠各区所得税局情形，经将各局征收区域加以调整，俾监督指挥，益为便利。最近并将各区局比额增加，藉资督促。

〔汪伪财政系统档案〕

汪伪财政部拟具关于币制金融施行情况报告文件

（1943年2月—1944年1月）

（1）财政部致全国经委会公函稿（1943年2月10日）

公函　钱贰字第三九号

　　顷准贵会秘书室函开：顷奉委员长谕：此次经济委员会召集首次全体委员会议，应函知财政、实业、建设、粮食各部部长，各就主管范围，于开会时提出报告。等因。奉此。用特函请查照，如有书面报告，务请于本月十一日十二时以前油印四十份送交本会。等由。准此。自应照办。兹送上本部报告（一）、（二）各五十份，又附件五十份，即希查收为荷。此致

全国经济委员会秘书室

　　附报告（一）、（二）各五十份，又附件五十份〔缺〕

　　　　财政部报告（一）　　整理货币之经过及其成效[①]

　　欲稳定金融，调节民生，必先自整理币制始。事变以还，币值日跌，物价暴腾，人民日在水深火热之中，经济日呈崩溃衰弱之象，若不加以根本调整，不足以解除人民之痛苦，而奠定社会经济之基础。筹经详加研讨，积极规划，首先筹设中央储备银行，发行新法币，以为统一通货之先声。两载以来，秉奉国府明令，遵照既定方针，分期分区逐步推进，时至今日，统一币制之大计，已获初步完成。谨将本部整理币制经过及其成效胪陈如次，并殿

　　[①] 此报告稿原分为两部分：一、整理币制之经过；二、整理币制之成效。后将成效部份划去，并在该部份（甲）项上批有"应酌"，在（乙）项上批有"数字应再查"字样。兹为提供参考起见，仍予照录。

以各项重要关系法令，藉资参考。

一、整理币制之经过

关于整理币制之经过，其步骤大体可归纳如左：

（甲）暂准新旧法币等价流通

国府还都以来，既以谋复兴经济稳定金融为唯一之职责，遂于民国三十年一月六日在首都正式成立中央储备银行，并于国内外重要地点分期设立分支行、办事处，以资发展。由政府授予发行特权，并预筹现金准备，发行中央储备银行券，定为新法币。凡纳税、汇兑及一切公私往来，一律行使，且为使金融市场不生动摇，对当时流通之各种旧法币，暂准与中央储备银行之新法币等价流通，然后徐图调整，设法统一。

（乙）废止新旧法币等价流通

中央储备银行发行新法币极为慎重，务使数量自然增加，以防通货膨胀，刺激物价，影响民生。孰知旧法币之发行漫无限制，以致物价腾踊，民生维艰，若仍听新法币之价值随旧法币同趋下降，人民生活将不堪设想。财政部遂采取有效应急措施，立即规定自三十一年三月三十一日起，将旧法币与中央储备银行发行之法币等价流通办法予以废止。凡纳税、完粮以及一切交易，悉以中央储备银行之法币为准，但为顾虑旧币为人民财产之寄托，对于各种流通之旧币，除有特别情形者外，仍准暂时流通，并由政府规定各项办法，公布施行。自此新法币遂为唯一通货，而保持独自价值。同时，中央储备银行自财部公布废止新旧法币等价流通规定后，即于同年三月三十一日起，悬牌公示新旧币之换算率，规定旧法币一百元换新法币七十七元。嗣因新旧币值相差悬殊，复于同年五月二十日改为七四折挂牌，同月二十一日改为七一折挂牌，二十二日复改为六六折挂牌，二十三日又改为六〇折，二十五日改为五三折，最后自五月廿六日起再由五三折改为五〇折。盖在一星期之内，新旧币值无日不在消长变动中也。

（丙）取消旧币法定通货性

财政部以旧币价值跌落，金融市场不易稳定，遂于三十一年五月三十一日布告取消旧币法定 通货性，以中储券 为唯一通货，实行统一币制。并自同年六月八日起，先在苏、浙、皖三省及南京、上海两市开始实始，同年七月十日起，再就广东省及厦门市开始实施，八月十日起，复就湖北省武昌、汉口两市及汉阳县城市开始实施，九月十六日起，再就九江等四处开始实施，最后于十月二十二日起，又就宜昌等五十一处开始实施矣。其大体办法如左：

1．中央储备银行发行之钞券为唯一法币，所有旧币非经本部长特准，不得正式使用。

2．政府收回旧币，以二对一比率换给中央储备银行券，但得以同额之公债代替之，并得作为同额之存款存于银行。前项交换之旧币，为中央、中国及交通银行之钞券，但券面印有上海以外之地名者及旧辅币券，均不在交换之列。旧辅币券暂准照中储辅币券之半价流通之。

3．交换旧币所付之公债，特设特种会计办理还本付息事宜，以便计划迅速偿付。如有正当用途，并可向中央储备银行照额面担保借款。

4．凡以旧币单位订立或约定之债权、债务，应以旧币二对一之比率，改为中储券单位处理之。此后旧币单位之契约一概无效。

5．凡由和平区以外运往和平区以内之旧币，此后一律严加取缔。

（丁）禁止旧币之使用携带保存及持有

财政部依据整理旧法币条例，规定自三十一年六月八日起，先后就苏、浙、皖、粤、鄂等省实施收兑旧币，一面呈请设立整理旧币委员会，负责办理收兑旧币事宜。其收兑期限，依照收回旧币详细办法，规定为两星期，但得体察各地金融情形，酌量延展，以利兑换。至兑换限期一经届满，即依据禁止使用旧币办法，分期分区逐步实施禁止。兹将禁止区域及日期分别列表如下。

第一期禁止使用携带区域及日期

区　　　域	禁止使用日期	禁止携带日期
一、南京上海两市	三十一年六月廿五日起	三十一年八月一日起
二、苏省清乡地区（包括苏州、常熟、太仓、昆山、无锡、常州、江阴七县）	三十一年七月十五日起	三十一年八月一日起
三、广东省及厦门市	广州汕头两市自卅一年七月廿三日起，其余先后延展至九月一日一律禁止	凡已经禁止使用各区一律自八月一日起
四、杭州市及嘉兴镇江两县城市	卅一年八月一日起	卅一年八月一日起
五、太湖东南第一期清乡地区（包括青浦、吴江、嘉兴、嘉善、昆山、吴县）	卅一年八月十五日起	卅一年八月十五日起
六、武昌、汉口两市及汉阳县城市	卅一年八月廿四日起	卅一年八月廿四日起
七、九江等四处及宜昌等五十一处	卅一年十一月四日起	卅一年十一月四日起

第二期禁止保存持有区域及日期

区 域	禁 止 保 存 持 有 日 期
一、苏浙皖三省及南京上海两市	卅一年十二月一日起
二、广东省全境	卅二年一月廿六日起
三、武昌汉口两市及汉阳县城市	卅二年二月十五日起
又九江等四处及宜昌等五十一处	

（戊）实施新旧币最后交换

财政部为推行新币完成统一通货政策，即于三十一年十月廿五日布告，定于卅一年十二月一日起，先就苏、浙、皖三省及南京、上海两市全境以内，对于旧币除禁止行使、携带外，并绝对不许保存持有。惟为顾全民众利益起见，特自三十一年十一月一日起至同月三十日止，再实施新旧币最后交换一次。又自三十二年一月十二日起至同月廿五日止，再就广东省全境以内，除广州市市桥及汕头市，并汕头市周围地区外，再同样实施新旧币最后交换一次。又自三十二年一月十六日起至同年二月十四日止，再就武昌、汉口两市及汉阳县城市，又九江、南昌、沙市、应城四处，及宜昌等五十一处同样实施新旧币最后交换一次，以期廓清旧币，完成统一通货政策。

二、整理币制之成效

关于整理币制之成效，约言之，可分四点，述之如下：

（甲）新法币发行数额之激增

中央储备银行开幕迄今，已届两载，其兑换券发行数额之增加，自政府整理币制，取消旧币法定通货性，以该行发行兑换券为唯一通货后，而益见显著。计自三十年十二月三十一日止，中储券发行额为二万一千八百八十六万九千二百三十三元，但至三十一年十二月三十一日止，即为三十五万八千三百三十五万零六百四十四元。一年之间，数额之激增竟达三十三万元有奇，足征推行新币之功为不虚矣。

（乙）旧法币收回数额之统计

据整理旧币委员会报告，自三十一年六月八日起开始收兑旧币，截至同年十二月十五日止、苏、浙、皖三省及南京、上海两市收回旧币数额共为十万零八千一百三十三万一千八百七十六元八角六分。又据该会汉口分会办事处报告，自三十一年八月份起至十二月份止，收回旧币数额共为二千三百九十七万七千八百九十一元。以上两共收回旧币十一万零五百三十余万元，至广东省收回旧币数额，未据呈报，尚不在内。

（丙）和平区内旧币绝迹

自政府积极禁止旧币保存、持有后，苏、浙、皖三省及南京、上海两市旧币业已绝迹，华南及武汉各区所存旧币，刻正实施最后交换，一俟交换限期届满，旧币即将完全绝迹。此为政府整理币制之显著成效。

（丁）发行安定金融公债

财政部根据整理旧法币条例及民国三十一年安定金融公债条例各规定，对于整理旧币委员会所收旧币，截至三十一年七月三十一日止，共计十一万八千零三十八万二千七百零一元六角五分①，业经如数按照收回时实际所需金额，付与中央储备银行以同额之民国三十一年安定金融公债票面，计五万九千零十九万二千元，其差额并依照特种会计办法处理之。至三十一年七月底以后之收回旧币数额，俟整理旧币委员会继续汇案造报到部，再行核发公债。

---

① 此处所收旧币截止时间和所收旧币数额，均与（乙）项统计矛盾。

财政部报告(二)　　金融机关之设立及管理

金融为百业之命脉，欲图金融之圆滑与健全，必须有完善之金融机关，方能达到目的。三十年十二月八日以后，全国金融机关始渐统一于本部指挥之下，至三十一年八月二十日公布管理金融机关暂行办法，遂进入管理阶段，设施监督，更具规模。兹将一年来办理实况，分为三项，缕述于左：

(一)关于中央储备银行

中央储备银行于三十年一月六日开业以来，悉本政府公布之中央储备银行法经营进行，内部组织渐形充实，外部业务亦甚发达。该行组织，除理、监事外，原系于总裁之下，设业务、发行、国库三局，总务、秘书、稽核、调查四处。最近又于三十二年一月十六日设立外汇一局，专营国外汇兑，该行业务已扩展至国际方面。至该行对于内地方面，更筹划不遗余力，兹将该行所设分支行办事处列表如左：

行　名	地　址
上海分行	上海外滩十五号
杭州支行	杭州太平坊大街
苏州支行	观前街一八九号
蚌埠支行	蚌埠二马路二九四号
广州支行	广州长堤大马路二六八号
宁波支行	宁波江厦路十五号
汉口支行	湖北街
芜湖办事处	芜湖二马路西首
常熟办事处	常熟老县场
无锡办事处	无锡北门内打铁桥
南通办事处	南通西大街十八号
嘉兴办事处	嘉兴城基路望鱼桥
扬州办事处	扬州左卫街

太仓办事处	太仓税务桥东首
镇江办事处	镇江宝塔路三一号
常州办事处	常州西瀛里
泰县办事处	泰县彩衣街
松江办事处	松江马路桥西
昆山办事处	昆山大街八十号
安庆办事处	安庆国货街
汕头办事处	汕头
厦门办事处	厦门海复路二六号
上海分行西区办事处	上海静安寺路地丰路二九号
上海分行法租界办事处	上海迈尔西爱路一二一号
东京办事处	东京市麹町区大手町二丁目二番地

该行于设立分支行处之外，更添设中央信托股份有限公司，经营信托、储蓄、保险业务，规模宏大，为他公司所不及。一年以来，该行并于行务之外，受政府委托，办理新旧币交换事宜，尤于改革币制，统一通货，效力甚多。

（二）关于中国交通两行

中国银行在事变前，经政府特许为国际汇兑银行，交通银行亦经政府特许为发展全国实业银行，均系官商合办，资金既巨，营业亦颇发达。自三十年十二月八日后，经友军分别派员接收，惟因该银行历史较久，国民政府为谋安定金融顾全人民权益起见，特与友邦方面一再协议，将该银行加以适当改组，准其复业，所有钞票发行权，两行一并取消。经中日双方汀定处理中交两行办法要纲，同时设置委员会，分筹改组。并参酌现时实际情形，将旧有两行条例根据事实需要加以修正，经国民政府于三十一年八月廿八日公布施行。照各该行修正条例，中国银行改为扶助生产发展贸易之银行，交通银行仍为发展全国实业之银行。其股本总额，中国银行为国币二千万元，交通银行为国币一仟万元。该两

742

行改组事竣，上海总行及上海各支行于三十一年九月一日同时复业，以适应国民政府之金融政策，以为中央储备银行之左右手。所有两行旧股票登记期限，原定一月三十一日截止，兹因各股东尚不及来行登记，业据呈部核定，准予展延三个月，以维护各股东权益。至该两行之汉口分行及交通银行之南通支行，亦已先后复业。其余中国银行之南京、杭州、苏州、镇江、扬州、无锡、蚌埠、嘉兴、湖州、南通、芜湖、九江、常熟、常州、泰县、唐家闸各分支行处，及交通银行之南京、杭州、镇江、无锡、苏州、扬州、南通、泰县、芜湖、蚌埠、常熟分支行处，均在筹划复业之中。两行基础素固，必能完成其赋予之便命焉。

（三）关于普通银钱行号庄

查设立银行，向应依照银行注册章程及其施行细则，呈请本部核准注册给照，事变以还，本部即将上项章程及细则修正公布，藉资依据。惟仍嫌未臻完善，复于三十一年八月二十日厘订管理金融机关暂行办法，呈奉国民政府明令施行，由此以后，本部对于金融机关实施严密管理。所有检查事务，由部委托中央储备银行设立检查金融事务处，办理其事。该处成立以来，工作极为顺利，一般金融机关亦极遵守法令，呈报表册并缴纳存款准备金。但因上海地方游资充斥，金融机关设立过多，本部为防止投机起见，又于三十一年十二月十八日发表声明，截止新设注册，其在内地设立者，尚可加以考虑。兹将本部已经核准注册及正在核办中各金融机关列表，并将上海方面在截止以后申请注册之金融机关附志于后，以资参考。

1. 已核准注册者共二五一家

　　甲．以名称分类计

　　　银行　九十九家

　　　信托公司　十家

　　　钱庄及其他　一百四十二家

乙．以地域分类计

上海补行注册二十四家，改组四十三家，新设九十一家，
共计一百五十八家。

其他各地　九十三家

丙．以注册手续分类计

补行注册　二十四家

改组　八十四家

新设　一百四十三家

2．正在核办中者计 二六七家（上海以外各地金 融机关在截
止后申请注册者亦在此数之内）

甲．以名称分类计

银行 八十一家

信托公司　二十一家

钱庄及其他　一百六十五家

乙．以地域分类计

上海补行注册四十八家　改组五十一家　新设七十四家
共计一百七十三家

其他各地九十四家

丙．以注册手续分类计

补行注册　四十八家

改组　一百零六家

新设　一百十三家

3．截止后上海方面申请注册者计三十一家

甲．以注册手续分类计

改组　四家（计银行、钱庄各两家）

新设　二十七家（计银行十三家，信托公司四家，钱庄
十家）

附注　各金融机关常有原系改组，而呈请注册文内并不叙明

者．本表均暂作新设列报，故新设数目较多，合并注明．

(2)财政部报告稿（1943年6月25日）

财政部报告　（三十二年六月廿五日第二届会议用）

查上届全国经济委员会开会，本部曾将关于货币金融施政概况择要报告，兹届第二次会议，谨将一年以来对于币制金融施政情形，续陈如次：

（一）统一通货政策之完成

国府还都后，以复兴经济安定金融为唯一之职责，故自中央储备银行于三十年一月成立后，立即发行新法币，以为统一通货之先声。两载以来，新法币流通范围随和平区域之增进而日益扩展。自三十一年六月起，先后于各地分期分区禁用旧币，并绝对禁止保存及持有。本年四月一日起，日方又将在华军用票停止发行．其在华日商及人民一切支付，亦先后改用中储券为本位货币，仍维持百元对十八圆之比价．本部年来努力进行之统一通货政策，至是遂渐告完成。

（二）中央储备银行业务之发展

自本部整理币制渐告完成，中央储备银行新通货之推行亦日见广阔，各项业务皆有显著之进展。略举如下：

（1）发行准备充实。三十二年度该行发行兑换券总额，截至五月底止，为七十七万万三千九百五十万元，其流通量之增加，皆系适应经济现状之自然趋势。至其准备金之内容，截至五月底止，现金准备为六十六万万三千八百三十万元，保证准备为一十一万万零一百十万元，现金准备占发行额百分之八十五以上，是以准备充实，币信稳定。

（2）业务进展概况。该行近因中国、交通两银行复业，于工商业以直接调剂，故对于放款力事紧缩。五月份统计：各项押放余额，总计二万万六千一百七十余万元，比较上年底减低三分之一，各项存款余额,总计十七万万八千七百四十余万元,比较上年底增加三分之一强,同业转押放款余额,则为二万万八千三百九十余万元;汇款总额为三十七万万八千一百余万元。今后当视环境趋势,将放款业务付诸一般银行之手,该行只就统率管理金融市场原则下,谋适当之措施,以期逐步完成固有之使命。

(3)检查金融事务之推进。该行检查金融事务,系由本部委托办理,一年以来,除成立总处外,先后于南京、苏州、杭州、汉口等地设立检查金融事务分处,各地金融于合理统制之下,得正常之推展。

(4)举办票据交换所。该行新通货推行既广,需要日增,调节工作,提倡推行票据。南京方面,由本行主持,与各银行联合成立票据交换所,于本年五月间实施,票据交换已见活跃于市场贸易之间。其他重要市县,正在陆续筹备中。上海方面,票据交换所原由银行,业联合准备会办理,事变以前,中央银行屡拟接办,以种种关系卒未实行,本年六月,已由该行接办主持其事。此后各银行清算集中,该行实施中央银行之职权,在我国金融史上,尚属创举。

(5)安定物价,实施缩放政策。现以各地游资充斥,对于战时物价影响至巨。本部于本年三月间宣布对银钱业限制放款办法,该行更施以缩放政策,审慎处理,酌剂盈虚,藉使物价稳定。施行结果,物价腾涨之风得以稍戢。

(6)规定联银券与新法币直接交换。该行于本年五月份起开始办理,旅行者得就规定限额于指定场所交换。

(三)金融机关之监督取缔

年来挟有资金者,因限于环境,无法经营正当商业,以致大量游资集中都市,相率经营银钱业务,虽名为投资生产,调剂金融,考其实际,多半从事囤积货物,操纵物价,影响所及,为害匪细。本部爰于本年起,对旧有银行、钱庄严加监督。例如限制货物押款,提高放款利率等等,皆为事实上之表现。其呈请新设

746

者，则以其所设之地点为准驳之准绳，务使游资导入正轨，藉以振兴产业。最近为适应现时金融情势，提高各金融机关资本金额以资运用并将各项关于资本数额之规定，分别酌加修正，呈请核定施行。

(3)财政部报告稿（1944年1月）

财政部报告　三十三年一月

查上届全国经济委员会开会，本部已将关于货币金融施政及概况择要报告，本届第三次会议，谨将半载以来对于币制金融施政情形续陈如次：

(甲)继续推行中储券完成统一通货政策

溯自中央储备银行券发行以来，迭经政府之努力，盟邦之协助，其流通范围日益扩展，人民信仰愈臻坚强。现在华中、华南各地中储券已先后成为唯一通货，其间复随政治势力之伸张，拓展至粤汉边缘及其附近地区。最近政府以调整行政愈臻完善起见，对于苏淮特别区现行通货制度，自三十二年十二月一日起，按照下列办法实施调整：(一)自民国三十二年十二月一日起，苏淮特区之通货，以中央储备银行券与中国联合准备银行券一并行使，俟有相当成绩，再将中国联合准备银行券在当地之新发行予以停止，参酌当时情形，定期实行全面交换，以中央储备银行券为唯一通货。(二)中央储备银行券与中国联合准备银行券之兑换率，仍按储备券一百元对联银券十八元办理。(三)所有苏淮特别区之公款收支，此后亦得以中央储备银行券收付。(四)华北与华中之通货制度，固不因本办法而根本有所变更，即苏淮对华北农产之原有措置，亦不因之而有所影响。深信上项办法实行后，对于苏淮特区公署之行政调整上，暨金融流通各方面，定将因此而更臻完善圆滑。嗣后该特区与各地间之物资交流事宜，亦必因此而愈臻便利，实于国府统一币制稳定金融之整个通货政策上得一划期之进展焉。

(乙)中央储备银行业务之增进

中央储备银行成立迄今已届三载，在过去两年中，努力推行本券而外，鉴于旧币价值之暴跌，物价之激涨，复侧重于收回旧币工作，使三省两市以及各重要城市旧币停止流通，完全绝迹，而该行发行之中储券在国民政府统治下，乃逐渐形成唯一之通货。本年度开始时，收回旧币工作业已告一段落，财政部会同该行所组织之整理旧币委员会，遂于二月底宣告结束，所有未完工作，仍由该行继续办理。同时因抵押放款便于囤积居奇，刺激物价上涨甚厉，于三月间订定限制放款办法，通饬各行处一体施行。该行原负有政府所付予之安定金融复兴经济之使命，惟是职责綦重、为谋群策群力集思广益起见，故政府特设参事会，于三月间成立，有所建议，尽先采择，以期业务上之顺利进展。同月并接办中央储蓄会，发行有奖储蓄，对于诱导民众节约储蓄颇著成效。五月南京成立票据交换所，由该行主持，六月上海票据交换所亦由该行接收。今后因票据之推行，各银行之清算集中，该行更易履行其使命。九、十月间，先后于上海、南京两处举行奖励储蓄周，办理有奖储蓄事宜，使游资集中，纳入正轨，计各银行、钱庄吸收存款总额达八百万元左右。

本年度业务续有进展，截至十一月份为止，统计各项存款余额总计三十五万万三千六百三十九万元，各项放款余额总计二十四万万五千九百七十三万元，汇款总额为一百四十八万万五千八百五十七万元。此外，因通货之统一，和平区域之扩大，该行分支行处增设益多，在本年度内先后成立之行处，计有汕头、南昌、九江、绍兴，余姚、碳石、镇海等七处，在筹备中者，计有武昌、沙市、徐州等三处。他如中国、交通银行之复业，食粮、棉花之采购，物资之收买统制，莫不赖该行供给之资金，始得圆滑进行。

至于发行方面，在该行成立之初，以通用货币种类繁多，本券发行伊始，进展不易，嗣经该行于业务上全力策划，以谋发行之推进，一面广联同业，采用他行领用制，以开发行蹊径。三十年底，发行总额为二万六千余万元，乃至上年三月间，政府有废止新旧法币等价行使之令，本券发行始得长足增益。上年六月八日政府禁止旧币流通，并以限价收回后，本券为唯一法定通货之地位完全确立，流通区域日益扩展，他行领用制度遂于斯时停止推行，逐渐收回，上年底止发行总额达三十六万万元。至本年三月间，日本当局为协助国府统一通货起见，发表自四月一日起停止军票新发行，本券形成华中、华南唯一通货，信誉日隆，发行益广。在绍兴、余姚等地该行先后开设办事分处，为强化调拨工作健全发行机构起见，本年六月在杭州成立发行支库。此时期中旧币、军票分别废止及停发，本券以收回区内旧币与军票关系，发行额乃呈激增之势，行使地域深及苏、浙、皖、赣、鄂、粤、闽及京、沪、汉、粤诸省市。关于他行领用券，在三十年底领用额占发行总额四分之一，三十一年底占发行总额已不足十七分之一。至本年底以各行庄所订合约次第期满，逐渐收回关系，仅占发行总额约二百分之一，其数极微。

本券发行额已达二百万万元之巨，较去年底增加一百六十余万万元，以地域分布言，则江苏省（包括京、沪两市）约占发行全数百分之六十三弱，浙江省次之，约占全数百分之十一弱，再次为湖北省（包括汉口市)，约占全数百分之十弱，其余安徽省、广东省（包括广州市）各占全数百分之八左右。发行准备金项下，生金银及现币三十六万万元，外币一百五十万万元，公债、票据十四万万元，合共二百万万元。查国家银行发行之现金准备，通例为百分之四十，而该行现在发行之现金准备实占百分之九十强，准备之确实，远超过法律之规定。

自至本年十一月，政府发表自十二月一日起，苏淮特区以该行兑换券与中国联合准备银行券一并使用，抵以为期尚暂，该行在该地区又未设立机关，本券尚未能大量发行。惟当局业已声明相当时期后，得参酌当时情形，定期全面交换，俾中央储备银行券为唯一通货云云，则俟该行在该地区设立行处后，发行之顺利自可预卜，而华南、华北通货统一胥发轫于斯焉。

（丙）一般金融机关之统制

统制金融与统制物资，在战时经济体制之下，同属重要，而统制金融，其关系尤为繁复。自国府还都以来，本部即努力于金融工作，所有设立中央储备银行，建树金融重心，颁布管理金融机关法规，藉以统一金融机关之指挥监督，其策划经过已于前两届会议提出报告。迨三十二年一月九日政府宣布参战，中国金融机构已完全转为战时统制金融机构，且以中央储备银行为统制之中心，而中央储备银行亦发达繁荣，克当此任。是年八月一日，上海公共租界收回，此统制金融事业遂告完成。兹将年来关于一般金融机关之统制情形，缕述如左：

（一）金融法规之修订与推行

三十一年八月二十日管理金融机关暂行办法公布以后，原仅先就苏、浙、皖三省及京、沪两市开始实施，嗣以成效渐著，遂于三十二年五月一日再就湖北省及汉口特别市开始实施，均能推行尽利。三十二年六月间，又以各金融机关之资本额不足应付现实需要，复将储蓄银行法、信托公司暂行条例、省市银行暂行条例、修正银行注册章程之有关金融机关资本数额条文，分别予以修正，于六、七两月公布施行。各金融机关资本，原规定至少达五十万元即可经营者，依照修正规定，提高为至少须六百万元，可先收二分之一；其商业简单地方金融机关资本，原规定至少须达十五万元即可经营者，依照修正规定，提高为至少须六十万元，可先收二分之一。其已开业之金融机关不及修正规定限额者，并限于三十三年三月以前增资足额。此项修正规定，实为适合战时经济情形之措施、金融机关如不遵办，自应予以取缔。又以四明、中国通商、中国实业及中国国货所谓小四行，遵经制定四行处理要纲，以为改组四行之张本。其他复与实业部筹复上海证券交易所，会同修订交易所监理员暂行规程，制定上海交易所监理委员会组织规则，对于交易所营业，采用干涉政策，吸收游资，复兴产业，实利赖焉。

（二）小四行（四明、中国通商、中国实业、中国国货）之改组

小四行原为官商合办，本部于改组中国、交通两行之后（中、交改组已于上届会议提出报告），对于该四行续行改组，其目的在使各该行完全涤除色彩，成为纯粹之商业银行，并制定处理要纲八条，以资依据。上项要纲规定，官股及商股中之敌性股、弃权股由国民政府接收让渡于中央储备银行，及四行财产中资产负债有敌性关系者，应剔除移交敌产管理委员会管理。又由部指派李思浩等为四行之董事、监察人，均经各该行先后遵办。此后四行完全在中央储备银行领导之下，尽其发展和平区域经济之职责。

（三）金融机构之整饬

金融机构之整饬，实为统制金融之先决条件，本部于此亦曾尽其最大努力，先有阜通商业银行之处分，以根绝金融机关助长投机之恶习，次有江浙企业银行及泰丰钱庄之吊销营业执照，以惩徵营业失当之商人。上海地方新设金融机构之注册，已于三十一年十二月十八日截止，其合伙组织钱庄，并由部规定限于三十二年八月三十日以前改组为公司，补行注册，逾限不再展期。所有和平区域以内之金融机关，自兹以后，尽为公司组织，以符法令，而期健全。

继金融机关单位改组之后，金融机关团体亦行改组，自国民政府公布工商同业公会暂行条例施行以后，各地银钱业同业公会均在遵照新颁条例改组中，现在已经改组就绪呈报到部者，计有南京、上海两特别市银钱同业公会。金融业集团组织既经一致统一指挥，则于战时经济体制及将来金融机构之活动，必为身之使臂，运用自如。其间有一、二地区如湖北省及汉口市因管理办法

推行较迟，又如宁波地方奉令较晚，尚未能如期办竣，已分别宽于限期，藉示我政府与民更始之意。

（四）特种金融事业之监督指导

证券交易为关系金融之事业，非如物品交易之纯属物质问题，已为学者所公认。政府为导游资入于正轨，以期发展生产事业起见，由部会同实业部令饬上海华商证券交易所筹备复业。该所奉令后积极筹备，旋于三十二年九月二十九日举行复业典礼，十一月八日开市。该所复业后，性质与前不同，纯粹经营华商股票。在此市场上，企业界得充分获取所需资金，而投资者亦得尽量选择企业，分别投资，两者均蒙其利，游资问题可获得一部份之解决，而国民产业亦可藉此抬头。现在该所每日成交股数，已由一万余股进展至四百余万股，成交金额，由八十余万元进展至二万万余万元，以后尚有进展希望。

为防患未然，遏止投机起见，本部又会同实业部先后修订交易所监理员暂行规程，制定上海交易所监理委员会组织规则，派定监理委员，扩充监理委员会之权责，实行指导监督，俾每一交易均入正轨。至若征收交易税收，已呈奉国府公布修正交易所交易税条例，提高交易税率，尤其余事也。

〔汪伪财政系统档案〕

李正之关于伪蒙统治区域银行与货币概况报告①

（1945年3月3日）

一、伪蒙疆银行与同和实业银行流通伪币之概况　敌寇为破

---

① 节录自察南专员李正之编送之《察哈尔省敌伪政治经济侵略情形报告》之经济部份。

坏我法币政策，提倡日金集团，于民国二十六年冬间，即在察垣筹设伪蒙疆银行，发行伪币，嗣又于各重要城镇设立分支行三十余处。该银行最初主要工作系用伪币掉换法币，成立伊始，即宣布所有中国方面银行纸币与商业钱局发行钞票三个月内禁止流通，在规定期间内，不以中国纸币及察省商业钱局钞票掉换伪币，过时即不准在市面行使。当时规定价值，法币与伪币相等，伪币与日币相等。同时市面流通者有日本正金、朝鲜及伪满洲中央银行等纸币，并有各该银行之种种银、镍辅币（民国三十年五月间，敌寇为吸收现金，将各银行之银辅币罄数收回，代以伪蒙疆银行之五角、二角、五分、二分、一分等纸辅币）。二十七年夏间，有钱行奸商赵愈（察省宣化县人）经伪察南自【治】政府许可，在察垣创设伪察南实业银行，该银行虽与蒙疆银行名义虽系独立，但不印发伪币，系用蒙疆银行伪币执行业务，实际上无异蒙疆银行之附属机关。继有钱行奸商朱某（山西人）援察南实业银行例，在晋北大同县设立伪晋北实业银行，随又在归绥设立伪蒙古实业银行。惟查伪察南、晋北、蒙古三实业银行虽同名为实业银行，内容系各个独立营业，不相联属。三十一年春间，敌寇为统制货币，将该三银行重行改组，于实业银行上又增入同和二字，改名为同和实业银行，以察垣为总行（地址在张垣棋盘街十一号），大同（地址在城内鼓楼街四十五号）、厚和（地址在归绥旧城小东街六十二号）为分行，自是该三实业银行业务统一，营业亦日见起色。其分支行在伪蒙疆范围内达四十七处之多，虽伪币流通量远超于蒙疆银行，而其分支行分布之广直驾伪蒙疆银行之上，在金融界颇占重要地位。又查蒙疆银行伪币发行额，截至三十二年年秒已达一亿七千万元，其经同和实业银行流通之伪币量亦达五千万元以上。且敌寇为分化我国家民族并操纵各傀儡组织加强隔阂起见，伪蒙疆银行纸币祇能流通于伪蒙疆范围内，虽在北平前门外廊房头条设有分行，亦不能越界公开行使，仅于平绥铁路经过之南口（河北昌平县与察省延庆县交界地点）设所兑换。其兑换法，由南口赴河北省一带者须用蒙币调换联币（即北平发行之伪中国联合准备银行纸币），由河北省赴察、绥、晋北及内蒙一带者又须用联币调换蒙币，并标明头等乘客准兑换伪币四百元，二等二百元，三等二十元。如携带伪币逾规定额数，一经查出，悉数没收，如有特殊情事需要多量伪币，必须声明理由，经敌伪主管机关许可，办理邮汇及出入口手续完备后，方能生效。又查与察省密迩之晋北应县民众，一切交易大多数仍行使我国旧日各种现银币，二十九年以前，每银币一元兑换伪币三元，去岁伪币狂跌，已较前涨至三倍以上。又按敌寇规定伪中国联合准备银行纸币不得在蒙疆地区内行使，独对于应县特许行使，盖为吸收该县现金开此特例。窃以现金之搜罗易竭，伪币之印发无穷，所请速筹对策设法制止，俾免现金为其吸收净尽也。

〔国民政府行政院档案〕

（二）对沦陷区人民捐税榨取
与对日侨特殊待遇

一、榨取捐税的办法与实施概况

伪江海关监督李建南陈报以华兴币为折算标准
改定收税办法经过及目前情形呈

（1939年9月5日）

呈为呈报事：案查职署先后奉钧部令，自九月一日起概以华兴币为折算标准，并奉发规定办法五条暨布告十张，各等因。奉此。遵查此案，监督于上月间奉钧部俭电之后，即与江海关税务司罗福德开始磋商，交换意见。据该税务司之意，以际此经济凋敝之秋，增加纳税负担。商人益感困难，倘有不良事件发生，则影响所及，关系于上海全市，故欲暂缓更改，以维原状。嗣经监督坚决主持，经过种种严重交涉，并由友邦外交当局从旁协助，乃于八月三十一日毅然决定办法，即一面对于前中央银行在职关收税人员听其全体撤退，一面由监督函请日本横滨正金银行派员前来职关代理收税事宜。同时由监督根据华兴银行之报告，将次日之收税折算率予以公布，并将钧部颁发之布告择要张贴，于是自二十八年九月一日起，职关收税处乃由正金银行照监督公布之折算率征收税款。至是，而此次之改定收税办法竟予如期解决。难是中外商民对于实际上之纳税增加负担咸予注意，更以两租界

755

之报纸恶意宣传，肆意攻击，日来情形无意外事件发生，而纳税商人中尚有徘徊观望者，容以时日，谅必习惯如常也。所有监督遵命办理职关改定收税办法之经过及目下各情形，理合具文呈请钧鉴。谨呈

财政部代部长严

江海关监督　李建南

中华民国二十八年九月五日

汪伪财政部为日方解除海关收入管理筹划关税收入接管事宜的训令

（1913年1月13日）

财政部训令　关字第一八号　三十二年一月十三日

令总税务司岸本广吉

案准外交部本年一月十一日亚字第五二二号咨开：案准日本大使馆照称：关于日本方面，对贵国海关收入之管理一事，迳接贵国要求，希于解除等由。准此。今敝国政府为副贵国之希望，规定自民国三十二年一月以后，除关税担保外债与赔款公积金部份外，特将日方之管理解除。至对于民国三十二年一月份以后之关税担保外债与赔款公积金部份，以及至民国三十一年十二月份为止之海关收入权照过去办法办理，希即查照，并转知有关方面为荷。等由。准此。相应咨请贵部查照为荷。等因。准此。查此案既准外交部咨明日本方面已解除海关收入之管理，所有海关关税收入，自本年一月份起（包括去年十二月二十一日至三十一日），应由该总税务司负责接管，即日电令华北、华中、华南（包括厦门）各关海关长分别在正金、台湾各银行另行开立关税新户，该总务司

应在北京、上海、广州各正金银行开立税收户，所有华北各关收入，即解由北京正金银行税收户内存储，华中、华南各关收入，即解由上海或广州正金银行税收户内存储。同时，该总税务司并应在北京、上海正金银行开立外债赔款户，每届月终由关税总收入内将外债赔款计算清楚，分别拨存该户，所有关税净余额，在下月五日以前应即扫数解交关务署转解本部。合行令仰该总税务司即便遵照办理。此令。

部　长　周佛海

〔汪伪外交侨务系统档案〕

汪伪财政部关于海关转口税进口税改从量征收为从价征收有关呈

（1943年6月—1944年1月）

（1）财政部致行政院呈①（1943年6月21日）

案查现行海关转口税则，对于征税货物有从量与从价之分，从价征税货物，系按照估价百分之七·五征收，其从量征税货物，在订定税率之初，大概亦按当时估价以值百抽七·五为根据，现在物价迭涨，而税率仍旧，遂致从量税率与从价税率相差甚巨。本部为调整关税增裕库收起见，拟自本年七月一日起，将转口从量税率废除，一律改为从价征税。当经饬据海关总税务司拟具实施办法呈复到部，谨将办法分列如左：

（一）自本年七月一日起，先将现行从量税率改为暂按从价百分之五征税，惟其中有大豆（税则号列四十）、高粱（税则号列四十八）、玉蜀黍（税则号列四十九）、小米（税则号列五十）、豆油

---

① 转口税从价征收案，汪伪行政院于7月1日训令财政部公布实施。

（税则号列九十）、棉子油（税则号列九十三）、花生油（税则号列九十四）、菜油（税则号列九十八）、芝麻油（税则号列九十九）、花生（税则号列一〇五）、芝麻（税则号列一一五），十一项货物关系食粮，拟按减百分之二·五征税。

（二）新税率实行时，所有本部前定之转口税从量税增加百分之一百临时附加税即行同时废除。

（三）关于计算由从量税改为从价税各货物之完税价格，拟每六个月规定一次，即以前六个月期内之平均趸发物价为计算后六个月期内完税价格之根据，惟改定税率实行之初，所有三十二年七月至十二月第一次六个月期内之完税价格，应较实际上之平均物价格外从低计算，俾所加税额不致增加，以示体恤。至海关计算货物完税价格时所取之趸发物价，应以公定市价或其他公布之物价为准。盖海关现时对于从价税之转口货物所用完税价格，较之各货公定市价本为低廉也。

上列各项办法，查核尚无不合，拟自七月一日起实行，暂以三个月为期，至本年十月一日以后，从量税改为从价税之各种货物，除第一项办法内所列高粱等十一项货品应仍按百分之二·五征税外，所有暂拟按值百抽五货物，或应继续仍按值百抽五稽征，或应改按值百抽七·五稽征，以及在税则内原列为从价值百抽七·五货物中，是否尚有宜予从宽减低税率者，现正饬由该总税务司详细审核具报，届时再行呈请备案，并饬令分别实施。此外，现行转口税则内各项免税货物，其货品现时无庸变更，其在税则内本不征税者，拟改称无税货物，以符名实。是否有当，理合备文呈请钧院鉴核，提会决议施行，并祈指令祗遵。谨呈

行政院院长汪

财政部部长　周佛海

中华民国三十二年六月二十一日

(2)财政部致行政院呈 （1944年1月29日）

案据关务署署长张素民呈称：案据海关总税务司岸本广吉呈称：窃查现行海关进口税则，所采税率系从价及从量两种，年来物价迭涨，税率仍旧，从量征税货物与从价征税货物负担关税之百分率既大失其平衡，而现行金单位制度复不适于贸易之现状。兹为调整课税负担，简化征税手续，确保进口税收，并鼓励开发资源之资材及生活必需之物资之输入起见，拟将进口税则加以修改，从量税率一律改为从价，并将金单位制度予以废止。所有修改方案，谨胪列于左：一、现行从量税率拟一律暂改为从价，分为百分之五、百分之十、百分之十五、百分之二十、百分之二十五、百分之三十、百分之四十、百分之五十、百分之六十等九级差别税率。二、对于由从量征税改为从价征税之货物，其各项目税率之制定，以民国二十七年编订现行进口税则从量税率时所依据之基本从价税率，另加百分之十为原则。但（甲）开发重要产业资源之物资，如生铁等八项目，及民众生活必需之物资，如棉花等五项目，其税率均酌为核减（参阅说帖附表第一号）。（乙）非生活急需品，如汽水等十九项目，其税率均酌为增加，香宾酒等二十一项目之税率，拟增至从价百分之六十（参阅说帖附表第一号）。（丙）现行税率较之同类物品有失均衡者，或课税技术上认为不适当者，如砂糖等三十七项目，亦均加以修正（参阅说帖附表第一号）。三、对于现时从价征税之货物所拟税率，以现行税率增百分之十为原则，其税率之种类，亦拟按从量税率改为从价税率之办法，分为九级，酌加调整。但（甲）开发重要产业资源之物资，如发电机等十七项目，其税率均酌为核减（参阅说帖附表第一号）。（乙）非急需品，如玩具等二十三项，其税率均酌为增加；其桶装白兰地酒等七项目之税率，则拟增至从价百分之六十（参阅说帖附表第一号）。（丙）现行税率较之同类物品有失均衡者，以课税技术上认为不适当者，如桔子等五十三项目亦均加以修正（参阅说帖附表第一号）。四、现行进口税则内免税货物不拟更动，但免税二字系指本应纳税而奉准特予免征者而言，拟将免税二字改为无税。五、现行按进口税税率征收之百分之五之水灾附加税，及百分之五之关税附加税，与进口从量税之百分之三十之临时附加税，一概拟请免征。六、从价征税之货物，其完税价格拟以输入口岸之通用货币计算之，海关金单位拟予废止。七、从价征税之货物，其完税价格以趸发市价除去适当利得费用及关税为准，但真正起岸价格与上述完税价格无甚差异者，得采用之。八、现行进口税则暂行章程第一款第一节所载，"该货完税价格百分之七"字句，及该节内所称趸发市价解释条文所载，"真正起岸价格外加百分之五"字句，拟予删除，另行修正。九、进口纸烟及雪茄烟，原由海关按照进口税则征税，而以五分之四税款交税务署，拟于修改方案实施后，将所征纸烟及雪茄烟全部税款作为关税，另征统税，仍由海关依卷烟统税税率征收之（参阅说帖第二节第十一项）。所有以上拟议各节，是否有当，理合检同详细说帖及附表，并修正海关进口税税则，备文呈请鉴核示遵。再此次修改进口税则，如蒙核准，拟请准自本年二月一日起实行，并乞转呈行政院电知华北政务委员会，饬属一体遵照，以利进行。等情到部。经查大致尚无不合，拟准予照办，并拟自本年二月一日起全国一律实行。除指令外，理合检同原件，备文呈请钧院鉴核，迅赐指令祗遵。并乞电知华北政务委员会转饬华北各关监督及各关海关长一体遵行，实为公便。谨呈行政院院长汪

　　计呈送修改进口税则方案说帖及附表二分，进口税则二本，又修正进口税则暂行章则第一款第一节及趸发市价解释条文第三条全文一份〔均略〕

财政部部长　周佛海

中华民国三十三年一月二十九日

〔汪伪行政院档案〕

汪伪行政院抄送关于财政部增加食盐税呈
致中央政治委员会呈①

(1940年12月3日)

呈　行字第四一九号

案查本院第三十六次会议，讨论事项第三案（秘密），财政部周部长提：为整理盐税起见，拟改定食盐税率，请核议案。决议：通过。呈中央政治委员会。纪录在卷。除令饬财政部知照外，理合录案并抄附财政部原呈，备文呈请鉴核，提会公决。实为公便。

谨呈

中央政治委员会主席汪

　　附抄呈财政部原呈一件

　　　　　　　　　　　　行政院院长　汪兆铭

中华民国二十九年十二月三日

财政部原呈

案查盐税为中央岁入之大宗，自民国二十六年军兴以后，征收盐税迄今仍沿用维新政府时代每市担日金军票四元八角税率，较前减收甚巨。当此庶政复兴，百废待举之时，政府财用极感困难，重以海关税收等项近月锐减，自不能不先将收数较为可靠之盐税加以整理。兹经本部详加考虑，参照旧制，体察现情，拟在新国币未发行以前，酌定食盐每一市担不分精盐粗盐，无论运往何地，一律征收日金军票七元，工业用盐仍照现行税率征收，其整理海州盐场之复兴费，每担日金军票一角，亦照常带征。所有

---

① 1940年12月5日，汪伪中央政治委员会第29次会议议决通过。

上项拟定税率，即以现在日金军票市价折合法币，核与各地旧日盐税中之较高税率尚属有减无增，并拟俟中央储备银行发行新国币时，即将此项盐税按照比率，改征国币。是否有当，理合具文呈请钧院鉴核，并乞提请中央政治委员会决议施行。再本案在未经公布时期，拟乞作为密件，合并陈明。谨呈

行政院院长汪

财政部部长　周佛海

〔汪伪中央政治委员会及国防委员会档案〕

汪伪行政院抄送财政部关于改定盐税税率表暨征收食盐销区税暂行办法呈[①]

（1945年7月3日）

案查本院第二五八次会议讨论事项第三案，院长交议：据财政部周兼部长呈：拟请改定盐税税率，以资适应现实，充裕库收，谨拟具改定现行盐税税率表及征收食盐销区税暂行办法，请鉴核等情，请公决案。决议：通过。呈中央政治委员会。等由。纪录在卷。除令饬财政部知照外，理合录案，并抄附上项原呈及改定税率表暨暂行办法，具文呈请鉴核，提会公决示遵。谨呈

中央政治委员会代理主席陈

附抄呈财政部原呈及改定盐税税率表暨征收食盐销区税暂行办法各一份

行政院院长　陈公博

中华民国三十四年七月三日

---

① 1945年7月5日，经汪伪中央政治委员会149次会议决议通过。

财政部原呈

窃查盐税税率前经本部于上年十二月间修正呈奉钧院院字第八二三八号令准，并由部订自本年一月一日起施行在案。迩来物价又告上涨，国库负担益形加重，盐税为国家重要收入，倘不力求适应现实，亟谋合理增加，影响国计实匪浅鲜。爰经斟酌损益，权衡利弊，拟将食盐（精盐及粗盐）税率不分产区、销区，一律改定为每担国币三千元，以先税后盐为原则，由产区盐务机关就场征收，更为防止运销商怠忽业务起见，特再规定于运销商将盐运至认定销区发售时，另由销区盐务机关征收销区税每担国币六百元，俾管理臻于周密，国课民食均得赖以充裕。至国内工业用盐，渔业用盐及盐副产品等税率，亦经察酌现情，比例提增。兹谨拟具改定现行盐税税率表及征收食盐销区税暂行办法，是否有当，理合检同上项件，备文呈请钧院鉴核施行。再此次改定税率实施日期，拟仍俟本案奉核定后，由本部通令饬遵，在未经公布前，并乞作为密件。合并陈明。谨呈

行政院院长陈

附呈拟请改定盐税税率表一份、征收食盐销区税暂行办法一份

财政部部长　周佛海

三十四年六月廿三日

（表见第764页）

财政部征收食盐销区税暂行办法

一、财政部为防止运销商怠忽业务，影响民食起见，对于食盐除应由产区盐务机关就场征收盐税外，特再规定由销区盐务机关另征销区税，以便管理，而杜流弊。

二、销区税税率仍从量按每市担计算，由财政部以命令定之。

三、销区税应由各运销商于将食盐运到认定销区存入官盐仓或分仓后，发售时缴纳之。

盐　　　别	税　　　率		备　　　　　　　考
	盐　税	销区税	
食　盐 精盐及粗盐	三,〇〇〇	六〇〇	上列税率一律按每市担计算，盐税由产区盐务机关就场征收，销区税由销区盐务机关于运销商将盐运至认定销区发售时征收。
国内工业用盐		六〇〇	
陆地鱼盐及醃切盐	一,〇〇〇		
海上鱼盐及蜇盐	五〇〇		
卤膏、卤晶、卤块等	一,〇〇〇		
苦　卤	二〇〇		

　　四、各销区盐务机关征收销区税，应製给缴税凭单，以资凭证。上项缴税凭单由财政部制发领用，其式样另定之。

　　五、凡未完纳销区税之食盐，不得发售，违者无论在产区已否缴纳盐税，均应认为私盐，一律照章罚办。

　　六、各运销商每月认定运销食盐数量，如不足额，所有短销盐斤应责令照额赔缴销区税，藉示惩儆。

　　七、各销区物资交换盐，应同样征收销区税。

　　八、各产区贴近盐场地方，在一定区域内零星贩售食盐，数量不及一市担者，得免征销区税。其区域由产区盐务机关呈准财政部划定之。

　　九、本办法如有未尽事宜，得由财政部随时修正之。

　　十、本办法自呈奉行政院核准之日施行。

〔汪伪中央政治委员会及国防委员会档案〕

汪伪国民政府公布麦粉统税条例

(1942年6月13日)

第一条　凡国内所产机制或自国外输入之麦粉及麸皮，有营业性质者，应依本条例之规定完纳统税。其非机制之麦粉、麸皮及用作原料之小麦概不征税。

第二条　麦粉统税由财政部税务署及所属统税机关征收及稽核之。

第三条　麦粉统税之税率规定如左：

(甲)凡本国机制麦粉行销内地及国外机制麦粉运入国内者，概征统税。每包重量在四四·四六公斤以上者，征收国币四角，每包重量在二二·二三公斤以下者，征收国币二角。

(乙)本国机制麸皮经由海关出口，无论运往国内、国外，均须征收统税。每包重量在三〇·八四公斤以上者，征收国币一角，在三〇·二四公斤以下者，征收国币五分。

第四条　凡自国外输入之麦粉，除经海关征收进口税外，仍应按照前条规定之税率征收统税。

第五条　凡已完纳统税之麦粉、麸皮于运销外埠时，概不另征其他捐税。

第六条　凡已完纳统税之麦粉于运销国外时，得请求退还已纳税款之半数，但另有法令规定禁止麦粉运出国外时，从其规定。

第七条　关于麦粉完纳统税凭证之填发事项，由经收统税机关派员驻厂办理，无论在租界商埠内外，所有运销之麦粉，均应附有完纳统税凭证，违者以漏税论。

第八条　关于麦粉之检查防止漏税各事项，由该管统税机关办理，并得由财政部咨行各部、会及各省、市政府转饬所属协助之.

第九条 本条例自公布日施行。

麦粉麸皮统税税率表

包　装	公　　斤	税		率	
		元	角	分	厘
麦粉每包	23 22/100 46 以下	0	2	0	0
麦粉每包	44/100 以上	0	4	0	0
麸皮每包	小袋 24 30/100以下	0	0	5	0
麸皮每包	大袋 84 30/100以上	0	1	0	0

〔汪伪行政院档案〕

汪伪国民政府公布火柴统税条例

（1942 年 12 月 29 日）

第一条 凡在国内制造或自国外输入之火柴，应以本条例之规定完纳报税。

第二条 火柴统税为国税，由财政部税务署所属经征统税机关征收之。关于税务之管理及稽核，并由该机关依据章程办理之。

第三条 火柴统税从价征收税率，定为百分之十。

前项完税价格，由财政部税务署依据各省税务局呈报三个月内之平均售价评定修正之。

第四条 火柴类别、等级分列如左：

一、硫化磷火柴类

甲、盒装长四十八公厘，阔三十三公厘，厚十四公厘，每盒枝数以不超过九十五枝者为甲级。

乙、盒装长四十八公厘，阔三十四公厘，厚十六公厘，每盒枝数以不超过一一五枝者为乙级。

二、安全火柴类

甲、盒装长四十八公厘，阔三十四公厘，厚十六公厘，每盒枝数以不超过八十枝者为甲级。

乙、盒装长五十九公厘，阔三十八公厘，厚十八公厘，每盒枝数以不超过一〇五枝者为乙级。

丙、盒装长五十九公厘，阔四十公厘，厚十八公厘，每盒枝数以不超过一二〇枝者为丙级。

第五条　凡自国外输入之火柴，除由海关征收关税外，应按照本条例之规定征收统税。

第六条　凡已完纳统税之火柴，准在国内自由运销，除转口时海关征收关税外，概不另征其他捐税。

第七条　凡国内制造之火柴，于运销国外时，免征统税。

第八条　关于火柴完纳统税凭证之填发事项，由经征统税机关派员驻厂、驻栈或驻关办理之。不论在国境任何区域，所有运销之火柴均应附有完纳统税凭证，违者以漏税论。

第九条　关于火柴之检查防止漏税各事项，财政部得咨行各部、会及各地方长官转饬所属协助之。

第十条　关于火柴统税之稽征、登记、查验、处罚各章程另定之。

第十一条　本条例施行日期以财政部命令定之。

〔汪伪行政院档案〕

汪伪国民政府修正公布棉纱统税条例

（1942 年 12 月 29 日）

第一条　凡在本国制造或自外国输入之棉纱及棉纱直接织成

品，应依本条例之规定完纳统税。

第二条　棉纱统税为国税，由财政部税务署及所属经征统税机关征收之。关于税务之管理及稽核，并由该机关依据章程办理之。

第三条　棉纱及棉纱直接织成品统税税率，均从价征收百分之五。

前项完税价格之评定修订事项，由财政部税务署办理之。

第四条　关于前条棉纱及棉纱直接织成品之估价，除通常由各经征机关每六个月汇报税务署核定一次外，并得依市价之升降，随时呈请改订之。

前项改订估价，应于市价较估价相差百分之十以上时为之。

第五条　凡自外国输入之棉纱或其直接织成品，除由海关征收进口税外，应按照本条例第三条之规定征收统税。

第六条　凡已完纳统税之棉纱及其直接织成品，准在国内自由运销，除转口时海关征收关税外，概不另征其他税捐。

第七条　凡国内制造之棉纱及其直接织成品，于运销国外时，免征统税。

第八条　关于棉纱及其直接织成品完纳统税凭证之填发事项，由税务机关派员驻厂办理之。不论在国境内任何区域运销时，应附有完纳统税之凭证随运，违者以漏税论。如因正当原因而未缴纳统税者，得向当地税务机关申请照章补税，发给完纳统税凭证随运，违者以漏税论。

第九条　关于棉纱及棉纱直接织成品之检查防止漏税各事项，由该管统税机关办理，并得由财政部行文各省政府及军警机关协助之。

第十条　关于棉纱统税之稽征、登记、查验、处罚各章程另定之。

第十一条　本条例施行日期以财政部命令定之。

〔汪伪行政院档案〕

768

汪伪修正卷烟统税条例

(1943年1月20日)

第一条　凡在国内制造或自国外输入之卷烟及雪茄烟，均应依照本条例之规定分别完纳统税。

第二条　卷烟及雪茄烟统税，由财政部税务署所属经征统税机关征收。关于税务之管理及稽核，并由该署及所属机关办理之。

第三条　凡在国内制造之卷烟及雪茄烟统税税率，由财政部酌核情形，制定税率表，呈报行政院转请立法院审查，依法公布之。

第四条　凡自国外输入之卷烟及雪茄烟，除由海关征收进口税外，应根据海关估价，依照国内制造之卷烟及雪茄烟税率，加征同等之统税。

第五条　凡已完纳统税之卷烟及雪茄烟，准在国内运销，除转口时应向海关缴纳转口税外，概不另征其他税捐。

第六条　凡国内制造之卷烟及雪茄烟，于运销国外免征统税。

第七条　关于卷烟及雪茄烟之监贴印花及填发运照事项，由财政部税务署及所属经征统税机关派员驻厂办理。除经核准之免税品外，所有运销之卷烟及雪茄烟均应于箱面上依照税额贴足印花，违者以漏税论。

第八条　关于卷烟及雪茄烟之检查防止漏税事项，由财政部税务署税务查缉处及所属机关办理，并得由财政部行文各机关协助之。

第九条　关于卷烟及雪茄烟营业之取缔及有关各章则，由财政部另定之。

第十条　本条例自公布日施行。

国内制造卷烟从价征收统税税率表　三十二年一月二十六日施行

等　级	每五万枝登记售价	税　　　率
一	七,五〇一元以上	从价征收五五%
二	五,五〇一元至七,五〇〇元	同　五〇%
三	三,五〇〇元至五,五〇〇元	同　四五%
四	一,五〇一元至三,五〇〇元	同　四〇%
五	一,五〇〇元以下	同　三五%

一、卷烟分等从价纳税计算方法，例如卷烟每五万枝登记售价为六，八〇〇元，应完第二级从价征收统税百分之五〇，即应纳税额三，四〇〇元，余类推。

二、卷烟呈报售价，即各该牌登记价格，再加各该牌应纳税额，则为各该牌实际出厂价格。

三、卷烟出厂纳税标准，以五千枝为单位，不满五千枝，不准出厂。

四、依据烟厂呈报售价计算征税金额时，如遇有几元几角几分之尾数，概不计入。例如卷烟每五万枝售价为八千八百十二元八角八分，完纳第一级税应征税额为四千八百八十五元五角八分。以卷烟箱装有大中小之别，为贴用印花免除畸零起见，即以四千八百八十元作为征收之标准。

国内制造雪茄烟统税税率表　三十年一月十日实施

等　级	登记售价	税　　　银
一	二四〇元以上	一二八元
二	一二〇元至二四〇元	六四元
三	六〇元至一二〇元	三二元
四	三〇元至六〇元	一六元
五	三〇元以下	八元

以一，〇〇〇枝为纳税标准。

〔汪伪行政院档案〕

汪伪国民政府公布非常时期各省市征收田赋暂行条例

(1942 年 12 月 17 日)

第一条　各省、市在非常时期征收田赋，暂依本条例之规定。

第二条　各省、市田赋赋额最高以现时田地价格百分之一为度，分上、下两期征收之。

第三条　每县或市区设立田地评价委员会，每年依全县或市区田地时价酌中评定价格一次，呈报省、市政府核定之。

第四条　每县或市区田地价格如相差甚巨，得就田地肥瘠分上、中、下三等评定，呈报省、市政府核定之。

第五条　各县或市区田赋就前条所定田地价格，依照规定赋率之应征赋额呈报省市政府核定，并应于开征期三个月前公告之。

第六条　第二条所定之田赋赋额，第三条、第四条所定之田地价格及第五条所定之应征赋额，均应由各省、市政府随时咨由财政部转呈行政院备案。

第七条　第二条所定之征收期限，仍以各该县或市区原有征收时期为标准。

第八条　各县或市区设立之田地评价委员会，以各县县长或市、区长为主任委员，区、乡、镇长及当地纳赋人所推代表为委员，每年春季由主任委员召集开会评定田地价格一次。其组织章程由各省、市政府另定之。

第九条　各省、市原有之丁银、漕米及随田赋带征之各种附加税或亩捐，暨其他一切附征名目，于本条例施行时概行停征，其原有附税指定用途者，即于依本条例增收赋额内比例分配，不得另立其他带征名目。

经征官吏违反前项之规定，应以渎职罪论。

第十条　在本条例未施行前，各省、市田赋业经依照原有科则造串开征者，应仍其旧。

第十一条　历年积欠之田赋，仍按原有科则催征，不得按现时地价比例征收。

第十二条　各省、市旧有征收田赋法令与本条例不相抵触者，仍适用之。

第十三条　本条例自公布日施行。

〔汪伪组织档案〕

汪伪财政部为上海市推迟实施非常时期征收田赋暂行条例准以实物折价课税呈

（1943 年 5 月 11 日）

财政部呈　　赋二字第16号
　　　　　　中华民国三十二年五月十一日

案奉钧院政字第九四零号训令略开；现据上海特别市市长陈公博俭电呈称：以本市各区三十二年度田赋征期迫促，如遵照中央公布田赋条例，分区成立田地评价委员会手续赶办不及，拟援照江、浙两省以实物折价课税，自来年起再依评定地价征收，电呈鉴核，俯准备案等情。令仰该部审议具复，以凭核办饬遵。等因。奉此。并准上海特别市政府电同前由到部。遵查该市各区三十二年度田赋现因征期迫促，评定地价手续赶办不及，尚系实在情形。惟该市境界既与江、浙两省毗连，所拟援照各该省按实物折价课税，自为免除省、市税率两歧起见，似可照准[1]。并准自

---

　　[1] 1944 年 7 月，伪上海市仍以各区田地评价委员会尚未组织就绪，获准按 1943 年度成案办理。

来年起，再依评定地价征收，并饬一切应恪遵中央公布之非常时期征收田赋暂行条例办理，以重法令。所有遵令审核缘由，是否有当，理合具文呈复，仰祈钧长鉴核示遵。谨呈

行政院院长汪

财政部部长　周佛海

〔汪伪组织档案〕

汪伪上海特别市政府为征收田赋带征军警米请准予备案呈

（1943 年 10 月 15 日）

上海特别市政府呈文　沪市四字第 12722 号
中华民国三十二年十月十五日

查本市自八一三事变后，因地方多故，秩序紊乱，经调整军警，编组保安队以来，地方秩序，渐次回复，惟值兹复兴市政之际，治安问题殊属严重，缘本市军警食米，虽由粮食部配给，但常有缓不济急之虞。本府为谋安定军警食粮，确保本市治安起见，经召集各局、署、处，开会讨论，议决在本年度开征田赋时，带征军警米每亩一升五合，以维军警食粮。上月间职在京时，曾经面陈钧长察核各在案。除咨请财政部备案并令饬各区、署、处开征外，理合备文呈请鉴核，准予备案，指令祇遵，实为公便。谨呈

行政院院长汪

上海特别市市长　陈公博

〔汪伪行政院档案〕

汪伪全国经济委员会陈报田赋改征实物会商厘订意见公函

（1944 年 9 月 30 日）

全国经济委员会公函

字第二〇四四号

中华民国三十三年九月卅日

查田赋改征实物一案，前准贵会指派税务委员会沈委员允昌出席会议，当饬本会秘书处会同商讨去后，旋据该处报称：遵于九月二十日会议，金以华北各省（山西除外）业经政委会决定实施以粮代赋，并通令各省酌定区域试办。其征收标准规定依旧率每银一两按小麦二百四十公斤之比率征收，与原提案每银一两征稻一石之规定合三与一之比，以粮价论尚无大出入，毋庸再为讨论。至其余各省应如何施行，经共同厘订意见六款如次：一、田赋改征实物，除苏、皖、淮三省及南京市业经呈请试办外，至浙江省、上海市及苏北绥靖区，至迟于民国三十四年上半年度应一律试办。以上各省、市区应将试办情形陆续详细汇报中央，以便核定饬遵。二、粤、湘、鄂、赣四省田赋改征实物办法，俟斟酌情形，再行厘定饬遵。三、在试办期间，各省、市区应就征收实物纯收入报解中央，最高额为百分之十五，最低额为百分之五。四、本年下半年业已决定实施之苏、皖两省，即由财政部派遣财政特派员驻省会同办理。至其他各省、市区应于明年上半年度设置之。南京密迩中央，由部就近会同办理。五、各省市征收办法，得参照安徽省政府规定：实物与现金各半。至实物折征现金，由省、市政府会同财政特派员斟酌情形，订定数额呈候中央核夺。六、关于一应推行办法，由各省、市政府会同财政特派员拟议，呈候中央核夺。纪录在卷。理合呈请鉴核。等情。并附呈田赋改征实

物会议录一份前来，核尚可行。除分函行政院转饬遵办外，相应抄附该项会议录一份函达，即请查照为荷。此致
华北政务委员会

附抄田赋改征实物会议录一份〔略〕

委员长　汪　兆　铭
副委员长　周佛海代行

〔伪华北政务委员会档案〕

伪华北农务总署等录送田赋改征实物有关办法要纲等件会呈

（1944年12月—1945年7月）

（1）伪华北农务总署等会呈　（1944年12月23日）

农务总署　　　　　总地字第6715号
华北税务委员会 会呈 中华民国三十三年十二月廿三日

　　案查华北各省实施以粮代赋一案，前经钧会令行河北、河南、山东三省择区试办，复经通令于三十三年下忙推广县份，并于三十四年度省、市区概算编制原则内指示，尽量施行全面以粮代赋制度各在案。据报三十三年度除河南省因治安关系推行感觉困难外，河北、山东两省尚具相当成绩。前次全国经济委员会对于田赋改征实物，业经召开会议决定办法，而华北各省办理以粮代赋情形亦多有变通，关系方面最近又提供意见，亟应趁此统筹调整，以期适合环境。爰经本会商同本署参酌各方意见，拟具华北各省、市区田赋改征实物暂行办法十条，并就现时必要情形补充指示事项九条。是否有当，理合照录暂行办法暨指示事项，具文会呈钧会鉴核施行。再此件系本会主稿，合并陈明。谨呈
华北政务委员会

附呈华北各省市区田赋改征实物暂行办法指示事项各一份

华北政务委员会农务总署督办　王荫泰

华北税务委员会委员长　汪时璟

华北各省市区田赋改征实物暂行办法

第一条　华北各省、市区田赋为平均负担，适应要需，一律停收现金，改征实物，但具有特殊情形碍难改征实物者，得预行呈请华北政务委员会核准，仍征现金。

第二条　征收实物以小麦为原则，因土地状况碍难征收小麦者，得用其他食粮缴纳，按照规定价格折算征收。其折征比率标准由华北政务委员会核定之。

第三条　征收标准按亩计算，每亩以六千平方尺（即二百四十弓）为准，其习惯上之大亩、小亩及名义不同者，均依此折算更正之。

第四条　征收实物科则按土地肥瘠分为上、中、下三则，每亩每年上则地最高不得超过十五公斤。其分等应征科则根据各县、市之申请，由各省、市、区长官决定分期征收之，并呈报华北政务委员会备案。

第五条　田赋改征实物后，所有省、县正附税捐费款及类似田赋附加之一切亩捐摊派等项一律停止征收，并不得有巧立名目，藉词征发情事。

第六条　经征机关以原有机构为主体，但应划区分设收纳处所，或责成区、乡、镇长代征汇缴。

第七条　征起实物除依规定数量向华北政务委员会供出并留充各省、市、区、县公务员警配给之用外，其余额保留为地方预算不敷时之用。

前项供出量及实物之供出价格，由华北政务委员会核定之。

第八条　经征人员如有浮收勒索及非法另行课征情事，酌量情节，依刑法或修正公务员犯赃治罪条例从严处理。

第九条　本办法公布后，前颁租税现物缴纳制度要纲及各省呈准以粮代赋实施方案或章则均即废止，由各省、市、区参酌本办法之规定，另拟推行办法暨征收期限滞纳罚则，呈请华北政务委员会核定。其旧有关于田赋章则与本办法之规定不抵触者，仍准用之。

第十条　本办法自中华民国三十四年一月一日施行。

华北各省市区田赋改征实物指示事项

一、华北各省、市、区田赋改征实物，除依暂行办法之规定外，悉依本指示办理。

二、华北各省、市、区田赋改征实物，以自三十四年一月一日普遍实施为原则，但山西省及具有特殊情形不能即行改征之处，得依暂行办法第一条但书之规定，呈请华北政务委员会核准，仍征现金。

三、田赋改征食物，因特殊情形仍征现金者，其赋率如左：

1. 产棉区、产米（稻米）区每亩每年最高不得过六十元（地区名称详附表）。

2. 前项以外，每亩每年最高不得过二百元。

前项赋率由各省、市、区依据暂行办法第四条之规定，拟定每亩分等应征科则，呈请华北政务委员会备案。

四、各省、市、区核拟科则之标准，应就华北政务委员会规定供出量及该市、区、县公务员警等必需配给量，并省、市、区、县暨乡镇一切经临预备各费通盘筹划，除将其他税捐及各项收入调整抵支外，照必要数目拟定之。

五、依本办法第二条之规定，以他种食粮折缴小麦者，其比例率如左：

　　　　小麦　　　一〇〇公斤

谷	一六〇公斤
小米	一二〇公斤
高粱	二〇〇公斤
高粱米	一三〇公斤
玉米	一三〇公斤

除向华北政务委员会之供出量应以前列各项实物为准外，其他需要部份得征收前项以外之实物，征收比例率呈请华北政务委员会核定之。

六、依暂行办法第七条之规定，酌定各省市区向华北政务委员会供出小麦数量如左：

河北省	二六〇，〇〇〇吨
山东省	三〇〇，〇〇〇吨
河南省	六〇，〇〇〇吨
第一直辖行政区	二〇，〇〇〇吨
冀东特别区	三六，〇〇〇吨
北京市	四，〇〇〇吨
青岛市	一五，〇〇〇吨

其各该省市、区所辖县、市应供出数额，由各该省市区长官酌量规定之。

七、各省、市、区向华北政务委员会供出实物，照左列规定发给现金，由各省、市、区依据预算分配之：

小麦	每吨	四，〇〇〇元
谷	每吨	二，五〇〇元
小米	每吨	三，三三三元
高粱	每吨	二，〇〇〇元
高粱米	每吨	三，〇七七元
玉米	每吨	三，〇七七元

八、田赋改征实物区域因政费之需要，得由各该省、市、区长

官呈请华北政务委员会指定临时贷款办法。

　　九、征起实物对于向华北政务委员会供出量之保管运输，皆由各省、市、区负责办理，但其经费及不可抗之损失得呈请华北政务委员会负担之。

　　别表
　米作地
　　河北省：宁河县　天津县

　棉作地
　　河北省：正定县　获鹿县　藁城县　无极县　晋　县
束鹿县　栾　县　高邑县　元氏县　赵　县　宁晋县　新河县
冀　县　成安县　肥乡县　邯郸县　磁　县　永年县
　　河南省：武安县　彰德县　临漳县
　　山东省：德　县　恩　县　禹城县　平原县　临清县
高唐县　夏津县　清平县　武城县

　　（2）伪华北财务委员会等会呈（1945年7月25日）

财务委员会　　　　　　粮乙字第六二六号
华北政务委员会农务总署　会呈　中华民国三十四年七月二十五日

　　为会呈事：案查本年度各省、市、区田赋征收实物一案，前经本农务总署会同前税务委员会参酌各方意见，拟具田赋征收实物暂行办法暨指示事项，呈奉钧会总酉字第三九七号指令，已令行各省、市陈述意见，再行汇核。本年税务委员会改组，所有关于田赋征收实物各事项，均经本财务委员会、本农务总署随时治办各在案。兹由关系方面送来本年度田赋实征粮谷资金处理要纲草案暨田赋征收实物之粮谷处理要纲草案两种，本财务委员会、本农务总署会同复核，要纲内所列各项条文，均系根据前呈钧会之各省、市、区田赋改征实物暂行办法及指示事项分别规定，大致尚属可行。……现在上忙业经开征，所有各省、市田赋征收粮谷正在积极进行，关于资金及粮谷之处理似应有整齐划一之必要，事关各省、市通行法令之规定．拟请由钧会提出会议核定后．再公布施行，以昭郑重。是否有当，理合检同原件，并将审核意见分别签注，具文会呈，伏祈鉴核示遵。再本文系由本农务总署主稿，合并陈明。谨呈

华北政务委员会

　　计呈送民国三十四年度田赋实征粮谷资金要纲草案〔略〕暨田赋征收实物之粮谷处理要纲草案各一份

财务委员会委员长　　汪时璟

农务总署督办　　陈曾杖

民国三十四年度田赋征收实物之粮谷处理要纲草案

第一　要领

甲、粮谷之征收

　　一、粮谷之征收，均须依照以前公布之"华北各省市区田赋改征实物暂行办法"及"华北各省市区田赋改征实物指示事项"，由各级行政力之充分运行，以期获得严正及圆滑之征收效果。

　　二、关于征收之一切最高责任者为省、市、区行政长官，以下各级行政机关担负其一定限度之责任。省、市、区之行政长官对各级行政机关与以充分之指挥及监督，集地方行政之总力，以期确保所分担之中央及地方之粮谷征收量。

　　三、征收之分担量，依华北政务委员会所决定分配各省、市、区之中央供出量（开发分量包含在内）及各省、市、区所决定地方保有量之总数．由各省、市、区长官对其所属下级行政机关示以适当之分担数量。

　　但依办法第四条之规定，每年每亩不得超过十五公斤。

　　四、对于华北政务委员会所指示之米作地区、棉作地区之米

作者、棉作者，可免其关于本要纲之粮谷征收。

五、各省长须以中央供出量优先于地方保有量为原则，迅速交纳于华北食粮公社（开发生计组合）。

六、征收粮谷之交纳场所以县城内或县长所指定之地点为原则，尤须利用重要事业团体所在地之交纳场所。

乙、征收粮谷之保管交纳及收运

一、于县长所指定之征收粮谷交纳场所，所有检斤及保管等之事务以合作社担当之为原则。

二、征收粮谷在征收地点（县城或县长所指定之地点），于各省、市、区行政长官管理之下，由保管实物者之合作社交纳与地方食粮公社为原则。

三、地方食粮公社于省、市、区行政长官管理下，依县长之指挥推行征收粮谷之小运送、保管以及其他附带之一切业务。

地方食粮公社当推行上述业务时，得尊重中国固有之机构、制度及习惯等，使中国方面原有之机构自主的活动，并得采用具有资金、资材、小运送能力之中日商社（包含合作社、华北交通公司）施行总动员之措置。

丙、收纳

一、地方食粮公社

（1）地方食粮公社于粮谷之征收场所，对于合作社保管粮谷之费用及手续费等，以全部支付为原则。

（2）关于中央供出量，由征收场所移交华北食粮公社接收止，所有一切业务在原则上由地方食粮公社代行之。

二、华北食粮公社

（1）华北食粮公社之收纳场所，以铁道沿线或华北食粮公社之指定地点为原则。

（2）中央供出之粮谷，由各省、市、区行政长官负责委托地方食粮公社搬运至前项收纳场所，移交与华北食粮公社。

（3）华北食粮公社于收纳场所依其收到之数量，按照华北政务委员会所指定之价格及征收地所需之合作社费用、手续费，以及地方食粮公社收运，并其附带之各项杂费之总额，交付与地方食粮公社。

上项之费用得由中央预先支付之。

三、开发生计组合

（1）开发生计组合决定之所要量，中央供出量内，于铁道沿线或指定地点（务期利用重要事业所在地之保管场所）拨与之。

（2）关于前项之粮谷之收纳，由开发生计组合与华北食粮公社连络，得由开发生计组合支部收纳之。

第二　其他

一、鉴于现今之运输及治安之状况，务期重要事业团体于短期内完成其自给自足之体势，当指定重要事业团体所在地粮谷征收场所时，须极力利用事业团体之原有保管所，且于指定之先，行政机关务与合作社、地方食粮公社、开发组合支部等紧密连络，以免业务运行上之龃龉。

二、田赋征收之业务宜急速实施之，小麦一项最迟应截至八月十五日征收完了。

三、鉴于现下之时势，征收后之发送、收库等事务须迅速处理，并须格外努力，勿使徒自迁延时日。

四、关于上述所用麻袋之使用费、收运费等，考其实情与以适当之措置，以期敏速完成。

〔伪华北政务委员会档案〕

伪华北政委会公布华北各省市区田赋改征实物滞纳罚则

（1945 年 4 月 6 日）

第一条　华北各省、市、区（天津、山西除外）关于田赋改征实物实施后，经征赋粮均应依各该省、市、区规定上、下忙期限完纳．遇有各花户逾期延不缴纳者，悉依本罚则之规定科罚之。

第二条　各花户逾期延不缴粮者，应依左列之规定科罚：

一、逾期一个月以上者，于完纳田赋时加罚未完额百分之五。

二、逾期二个月以上者，于完纳田赋时加罚未完额百分之十。

三、逾期三个月以上者，于完纳田赋时加罚未完额百分之十五。

四、如逾期四个月以上粮额仍有未完者，加罚其未完粮额百分之二十，并得勒限催缴。

第三条　前项罚缴现粮应由县处或市征收田赋机关妥为保管，按期专案呈报省、市政府或区公署查核，并于串票各联加盖处罚戳记，以资证明。

第四条　应罚缴各粮除应依限照缴外，其未完粮额应同时照缴。

第五条　本罚则对于仍征现金者得准用之。

第六条　本罚则遇有未尽事宜得随时修正之。

第七条　本罚则自公布之日施行。

〔伪华北政务委员会档案〕

汪伪财政部抄送修正蚕丝建设特捐暂行条例草案呈

（1944年9月5日）

案查蚕丝建设特捐处组织规程，前经呈奉钧院第二零六次会议决议通过，令部知照，遵经转饬遵照各在案。现在该处业经照案改归部辖，所有蚕丝建设特捐暂行条例自应一并照案修正，以资遵守。理合将上项修正暂行条例草案一份，具文呈送，仰祈钧院鉴核指令祗遵。谨呈

行政院院长汪

呈送修正蚕丝建设特捐暂行条例草案一份

财政部部长 周佛海

中华民国三十三年九月五日

修正蚕丝建设特捐暂行条例草案

（说明）查原条例于民国二十九年六月二十三日公布，旋于同年七月十六日修正第二、三、四条条文，兹以原条例有不切实际之处，亟须加以修正，爰拟就本修正草案，并逐条附以说明。

第一条（修正文）凡国产蚕丝及其副产品，应依本条例之规定完纳建设特捐。

（原文）凡国内工厂制造之蚕丝，应依本条例之规定完纳建设特捐。

（说明）查原文为"国内工厂制造之蚕丝"，但应纳特捐之丝类，并非仅限于国内工厂制造者，其土丝、摇经、辑里丝各种土缫之丝，皆在征收之列。又蚕丝副产品，如丝绵、长吐、滞头、飞丝等亦列入废丝类征捐。原文未能包括，若不予以修正，将引起商人之责难，故拟修正如上。

第二条（修正文）蚕丝建设特捐，由财政部蚕丝建设特捐处所属机关征收及稽核之。

（原文）蚕丝建设特捐之征收，由税务署另行设处，仿照统税征收办法办理之。

（说明）查蚕丝建设特捐，于民国二十九年七月一日开办，成立"财政部蚕丝建设特捐处"，归本部税务署管辖，先在苏、浙、皖三省实行，征收蚕丝特捐。嗣于三十年一月经税务署呈准本部，继在广东省设立"广东蚕丝建设特捐处"，并将原有"财政部蚕丝建设特捐处"，即于三十年二月改为"苏浙皖区蚕丝建设特捐处"同隶于税务署。上年（三十二年）十月，本部提请行政院决议、设置"蚕丝建设特捐处",直隶本部,原有之苏浙皖区及广东二处结束,移归部处接办,并由处设立各区征收局,办理蚕丝建设特捐事宜。是以本条原文不适于现状,拟修订如上。又原文规定"仿照统税征收办法办理之",良以蚕丝建设特捐当办之初,一切征收章则未备,故订明仿照统税办法,今开办瞬已四年,各项征收章则均已具备,虽设处改归部辖,各项章则有待修订,但无仿照统税办法之必要,且蚕丝建设特捐之征收与统税不尽相同,存此易滋误会,故拟删除。

第三条　删

(原文)蚕丝建设特捐经收机关应将征得款项,接月专案解交国库。

(说明)查经征捐税款项之报解,本部订有成规可资遵守,前以税务署主管捐税繁多,故本条订明按月专案解交国库,以免与别项捐税混淆。兹蚕丝建设特捐由部处单独办理,捐款并按月分旬解交国库,既无专案之可言,按月解交国库又不符合于事实,本条似无订立必要。拟予删除。

第三条(修正文)蚕丝建设特捐之征收,应以左列捐率为标准:

白厂丝类	值百征十二
辑里丝类	值百征十二
白土丝类	值百征十二
同宫丝类	值百征七·五
灰丝类	值百征五
黄丝类	值百征五
绢丝类	值百征五
茧纤维类	值百征五
丝绵类	值百征五
废丝类	值百征五

但同种蚕丝之捐率，得检验其品质所属为何类，按照前项规定标准征捐。关于征捐估价之评定及应行修订事项，由蚕丝建设特捐处呈请财政部核定之。

（原文）蚕丝建设特捐之征收，应以下列税率为标准：

同宫丝	每包值百征七·五
白丝（丝经、厂经在内）	每包值百征十二·〇〇
灰丝（丝经、厂经在内）	每百市斤征国币七元五角
黄丝（丝经、厂经在内）	每百市斤征国币十元五角
绢丝	每包值百征五
丝绵（废丝、乱丝绵在内）	每包值百征五
丝纱丝线	每百市斤征国币十元

但同种蚕丝之捐率，得因其品质之优劣，分为若干等级。其详细办法另定之。

（说明）本条为原条例第四条，因本修正案将原条例第三条删除，该条以后之条文递升之。以下同此。

查白丝原有白厂丝、白厂经、窨头丝、黄斑丝、辑里丝、辑里经、白乾经、白摇经、白土丝等九种之别，今将白丝分为三类，即白厂丝类（包括白厂经、窨头丝、黄斑丝在内），辑里丝类（包括辑里经、白乾经、白摇经在内），白土丝类，为各种土制白丝及丝线属之。灰丝、黄丝均有厂丝、土丝之别，仍各为一类。绢丝系废丝所制成，又丝纱混纺线俱系绢丝半制品，似应均并为绢丝一类。丝棉与废丝原属同类，但丝绵由同宫茧、薄皮茧用人工手术剥夺而成，至废丝为丝厂缫制厂丝之剩余下脚，故亦名下脚丝，且其种类尤繁，例如长吐、短吐、剪口峰吐、经吐、茧衣、蛾口、同宫茧、川头蚕吐、印头茧、汤茧、烂茧、薄皮茧、改良滞头丝、吐头丝、头汤茧等等，应与丝绵分立二类。所有平面茧因将吐丝之蚕置放于钉木架上，任其吐成平面之茧，其质地与丝绵相似，应与展绵及旧丝绵均宜附于丝绵类。并增列茧纤维一类，该类为新近出品，系以废丝经化学机制而成，再与羊毛混合，为纺织啤叽或纤维呢之原料，故宜另立一类，其捐率应与绢丝同率，值百征五。原文各丝名称之下均添一"类"字，以显示每种蚕丝包括同种类之蚕丝多种。

查原条例捐率标准所列灰丝、黄丝二种，丝经、厂经在内，均从量征捐，灰丝每百斤实征七元五角，黄丝每百斤十元五角。兹海关最近估价，灰丝每百公斤为六万四千元，折合每百司码斤价格为三万八千四百元，黄厂丝海关估价每百公斤为七万五千五百三十元，折合每百司码斤为四万五千三百十八元，黄土丝海关估价为每百公斤为五万一千元，折合每百司码斤为三万零六百元。查灰丝与黄丝织成绸匹，一经化学整炼，色泽、品质与白厂丝相同，肉眼鉴别不易，而白厂丝征捐标准远过灰、黄二丝，故易起商人影戤，影响捐收匪浅。兹拟将"灰丝"、"黄丝"原订从量征捐标准改为从价值百征五，以杜取巧，而裕捐收。

丝纱丝线一类，原订条例亦从量征捐每百市斤征捐十元。查此类名称之拟订，系根据海关征税名称而定，兹查海关估价表内已无丝纱特定品级，且丝纱一物原系绢丝半制品，但捐率从价值百征五，其实征额远较丝纱捐额为高，揆诸情形，未免轻重失调，是以丝纱品名拟予修正，归纳于绢丝类，同等征捐。至于丝线由白土丝制成者为多数，其原捐率每百市斤从量征捐十元，亦嫌过低，故拟将丝线品名修正，归纳于白土丝类，与白土丝同等征捐。是则丝纱、丝线不再为同列一类，原条独列丝纱丝线一项，拟请删除，俾臻妥善。

原文各捐率均添有"每包"二字，今既一律从价征捐，则每包重量几何，或包装、箱装，均不予注重，故"每包"二字亦予删去，原文"税"字均改为"捐"字。

原文但书含意稍有未尽，目蚕丝种类繁多，为征捐标准所不胜举列者，又征捐标准应以现实情形适合环境为主要原则，随时有改订之必要，原文未曾叙及，自应添增，并将估价之评定及应行修订事项一并规定，俾有依据，故拟分别修正如前。

第四条（修正文）凡运销国产蚕丝及其副产品，应依照本条例第三条之规定缴纳建设特捐，由经征机关发给凭证随运，违者以漏捐论。

（原文）凡运销国内工厂制造之蚕丝，均应依照本条例第四条之规定缴纳建设特捐，由经征机关发给凭证随运，违者以漏税论。

前项凭证之填发，由经征机关派员驻厂或驻栈办理之。

（说明）查原文规定为"凡运销国内工厂制造之蚕丝"，今依照本修正案第一条意旨，改为"凡运销国产蚕丝"，并增列"及其副产品"。原文"漏税"改为"漏捐"。又原文规定"前项凭证由经征机关派员驻厂或驻栈办理之"，按蚕丝建设特捐之征收，既不以厂制或出栈为限，似无规定之必要，以免误解，故拟删除，其理由已详第一、三条说明。

第五条（修正文）凡运销国产蚕丝及其副产品之直接制成品，其所含蚕丝，除因正当理由未附有完纳建设特捐凭证者，应申请审定其品质，依照本条例第三条之规定，补缴蚕丝建设特捐，由经征机关补发凭证随运，违者以漏捐论。

（原文）凡运销国内制造之蚕丝，因正当理由未附有完纳建设特捐凭证者，得就其制品审定其所含蚕丝之等级，依照本条例第四条之规定，补缴蚕丝建设特捐，由经收机关补发凭证随运，违者以漏税论。

（说明）查原文词义易滋误会，例如"凡运销国内制造之蚕丝"句，海关及商人各方竟误解为"蚕丝之运销于国内者，如未附捐照，得就制品补捐，故蚕丝制品之补缴仅限于国内，若运销国外者，即可免补征"。此种误解虽甚牵强，而原文晦涩亦或有以致之，兹拟修正如上。并依照第一条于"蚕丝"以下增列"及其副产品"以资概括，而期明晰。又原文"经收"改"经征"，"漏税"改"漏捐",以符名实。

第六条（修正文）凡已完纳建设特捐之蚕丝及其副产品或直接制成品，在捐照有效期间，不论运销任何特捐区域，除关税外，概不重征。

（原文）凡已完纳建设特捐之蚕丝或其直接制成品，于运销外埠时，概不另征其他税捐。

（说明）查原文规定"运销外埠时，概不另征其他税捐"，嗣以关务署请将"外埠"改为"国外"，但经研讨"国外"二字仍恐引起国内可以重征之误解，将予省税或地方税以藉口。又捐照定有使用期间，一经逾期，原捐照即行失效，运销时似应补征，故拟修正为"在捐照有效期间，不论运销任何特捐区域，除关税外，概不重征"，良以蚕丝运销于未施行特捐区域，又当别论。再原文"不另征其他捐税"，兹改为"除关税外，概不重征"，因海关方面对于已纳特捐之丝绸征收转口税，按转口税为关税之一种，特予订明。又查不征其他税捐，"其他"二字意义广泛，商人每有以蚕桑改进费或营业税等认为重征请免者，兹拟改为"概不重征"。质言之，蚕丝建设特捐以蚕丝为征捐对象，凡已完纳建设特捐者，概不得再就蚕丝重征捐税，以免纷扰。

第七条（修正文）凡自国外输入之蚕丝及其副产品或其直接制成品，除由海关征收进口税外，应免征建设特捐。

（原文）凡自国外输入之蚕丝及人造丝，除由海关征收进口税外，应免征特捐。

（说明）查原文列"人造丝"三字，但蚕丝建设特捐其征收之对象既为蚕丝，则人造丝自不在征收范围，故拟删去，并依第一条规定，增列副产品及直接制成品，以期明晰。

第八条（修正文）关于蚕丝之检查及防止漏捐各事项，财政部得咨行各部及各省政府、特别市政府转饬所属协助之。

（原文）关于蚕丝之检查及防止漏捐各事项，财政部得咨行各省政府及有关各部转饬所属协助办理。

（说明）查原文系"各省政府及有关各部"，而挂漏特别市政府，故修正如上文。

第九条（修正文）本条例施行细则另定之。

（原文同）

第十条（修正文）本条例施行日期以命令定之。

（原文同）

（说明）查本修正案将灰丝、黄丝二类改为从价征收，丝纱并入绢丝类，丝线归纳白土丝类征捐，均与原条例原订捐率有所变更，本条例之施行自以以命令定之为宜。

〔汪伪行政院档案〕

汪伪国民政府检发修正所得税暂行条例训令稿

（1940 年 4 月 15 日）

国民政府训令　　训字第16号

　　　　令行政院

据本府文官处陈称：准中央政治委员会秘书厅秘字第三七号函开：案查四月六日中央政治委员会第二次会议第六案，委员周佛海提修正所得税暂行条例，并自本月份起先行恢复征收第二类所得税案。当经决议：修正案说明第二项删去，余照案通过，由国民政府公布施行。除纪录在卷外，相应检送修正所得税暂行条例二份函达，至希查照，转陈公布，并分别令饬自本月起先行恢复征收第二类[1]（薪给报酬所得）所得税。等由。理合陈请鉴核。等情。自应照办，除明令公布暨分行外，合行检发修正所得税暂

---

[1] 1941 年 7 月 1 日，又开征第一条第一、第三两类所得税。

行条例一份，令仰遵照，规定税率于发放薪俸时扣除，按月解缴财政部，并转饬所属一体遵照。此令。

　　附发修正所得税暂行条例一份

中华民国二十九年四月十五日

修正所得税暂行条例

　　第一章　总则

　　第一条　凡有左列所得之一者，依本条例征所得税：

　　第一类　营利事业所得：

　　　甲、凡公司、商号、行栈、工厂或个人，资本在二千元以上营利之所得。

　　　乙、官商合办营利事业之所得。

　　　丙、属于一时营利事业之所得。

　　第二类　薪给报酬所得。凡公务人员、自由职业者及其他从事各业者薪给报酬之所得。

　　第三类　证券、存款所得。凡公债、公司债、股票及存款利息之所得。

　　第二条　左列各种所得免纳所得税：

　　一、不以营利为目的之法人所得。

　　二、第二类所得：

　　　子、每月平均不及四十元者。

　　　丑、军警官佐、士兵及公务员因公伤亡之恤金。

　　　寅、小学教职员之薪给。

　　　卯、残废者、劳工及无力生活者之抚恤金、养老金及赡养费。

　　三、第三类所得：

　　　子、各级政府机关存款。

　　　丑、公务员及劳工之法定储蓄金。

寅、教育、慈善机关或团体之基金存款。

卯、教育储金之每年所得息金未达一百元者。

第二章　税率

第三条　第一类甲、乙两项所得应课之税率分级如左：

一、所得合资本实额百分之五，未满百分之十者，课税千分之三十。

二、所得合资本实额百分之十，未满百分之十五者，课税千分之四十。

三、所得合资本实额百分之十五，未满百分之二十者，课税千分之六十。

四、所得合资本实额百分之二十，未满百分之廿五者，课税千分之八十。

五、所得合资本实额百分之二十五以上者，一律课税千分之一百。

第四条　第一类丙项所得能按资本额计算者，依前条税率课税，不能按资本额计算者，依其所得额课税。其税率如左：

一、所得在一百元以上，未满一千元者，课税千分之三十。

二、所得在一千元以上，未满二千五百元者，课税千分之四十。

三、所得在二千五百元以上，未满五千元者，课税千分之六十。

四、所得在五千元以上者，每增一千元之额递加课税千分之十。

前项所得之课税，其最高税率以千分之二百为限。

第五条　第二类所得应课之税率如左：

一、每月平均所得自四十元至七十元者，每十元课税五分。

二、每月平均所得超过七十元至一百元者，其超过额每十元课税一角。

三、每月平均所得超过一百元至二百元者，其超过额每十元课税二角。

四、每月平均所得超过二百元至三百元者，其超过额每十元课税三角。

五、每月平均所得超过三百元至四百元者，其超过额每十元课税四角。

六、每月平均所得超过四百元至五百元者，其超过额每十元课税六角。

七、每月平均所得超过五百元至六百元者，其超过额每十元课税八角。

八、每月平均所得超过六百元至七百元者，其超过额每十元课税一元。

九、每月平均所得超过七百元至八百元者，其超过额每十元课税一元二角。

十、每月平均所得超过八百元以上时，每超过一百元之额，每十元增课二角，至每十元课税二元为最高限度。

每月所得之超过额不满五元者，其超过部分免税，五元以上者，以十元计算。

第六条　第三类所得应课之税率为千分之五十。

第三章　所得额之计算及报告

第七条　计算所得额之方法如左：

一、第一类之所得以纯益额计算课税。

二、第二类之所得以月计者或以年计者，均按月平均计算课税。其所得无定期或一时所得者，以各该月之所得额计算课税。

三、第三类之所得，以每次或结算时付给之利息计算课税。

第八条　第一类甲、乙两项之所得，应由纳税义务者于每年结算后三个月内，将所得额依规定格式报告于主管征收机关。

第九条　第一类丙项之所得，应由扣缴所得税者或自缴所得税者于结算后一个月内，将所得额依规定格式报告于主管征收机关。

第十条　第二类之所得，应由扣缴所得税者或自缴所得税者按照纳税期限，将所得额依规定格式报告于主管征收机关。

第十一条　第三类之所得，应由扣缴所得税者或自缴所得税者于付给或领取利息后一个月内，将所得额依规定格式报告于主管征收机关。

第十二条　主管征收机关对于所得额之报告，发现有虚伪隐匿或逾限未报者，得径行决定其所得额。

第四章　调查及审查

第十三条　主管征收机关于各类所得额经义务者报告后，得随时派人调查。

第十四条　主管征收机关决定各类所得额及其应纳税额后，应通知纳税义务者。纳税义务者接收前项通知后，如有不服，得于二十日内叙明理由，连同证明文件，请求当地主管征收机关重行调查。主管征收机关应即另行派员复查决定之。

经复查决定后，纳税义务者应即依法纳税。

第十五条　纳税义务者接到前条复查决定之通知后，仍有不服时，得于十日内申请审查委员会审查决定之。

主管征收机关对于申请审查之税款，应存放当地殷实银行，俟审查委员会决定后，依其决定为退税或补税。

主管征收机关为前项退税时，应将退税部份之利息一并退还之。

第十六条　纳税义务者对于审查委员会决定不服时，得提起行政诉愿或诉讼。

第十七条　审查委员会于市、县或其他征收区域设置之。

审查委员会设委员三人至七人，为无给职，由财政部于当地公务员、公正人士及职业团体职员中聘任之。任期三年。

审查委员会开会时，主管征收机关长官或其代表应列席。

第五章　罚则

第十八条　不依期限报告或怠于报告者，主管征收机关得科以二十元以下之罚锾。

第十九条　隐匿不报或为虚伪之报告者，除科以二十元以下之罚锾外，并得移请法院科以漏税额二倍以上，五倍以下之罚金。其情节重大者，得并科一年以下有期徒刑或拘役。

第二十条　纳税义务者或扣缴所得税者不依期限缴纳税款，主管征收机关得移请法院追缴，并依左列规定处罚之：

一、欠缴税额全部或一部逾三个月者，科以所欠金额百分之三十以下之罚金。

二、欠缴税额全部或一部逾六个月者，科以所欠金额百分之六十以下之罚金。

三、欠缴税额全部或一部逾九个月者，科以所欠金额一倍以下之罚金。

第六章　附则

第二一条　本条例施行细则及审查委员会组织规程，由财政部拟订，呈请行政院核定之。

第二二条　本条例施行日期以命令定之。

〔汪伪组织档案〕

汪伪国民政府公布修正契税条例

（1941年7月22日）

第一条　本条例所称契者，指不动产之卖契、典契而言。

前项契约用纸，由财政部定式颁行，各省、市财政厅局制发。

第二条　缴纳契税应贴用财政部特别印花。

前项特别印花未颁发前，暂以国币计算核收。

第三条　不动产之买受人或承典人，须于契约成立后六个月以内，赴该管征收官署，以左列税额呈验注册完税。

卖契税　契价百分之六。

典契税　契价百分之三。

前项典契税由承典人缴纳，但出典人于赎产时，应归还税额之半于承典人。

先典后卖之卖契，得以原纳典契税额划抵卖契税，但以承典人与买受人属于一人者为限。

官署、地方自治团体及其他公益法人为不动产之买受人或承典人，免纳契税。但以收益为目的者不在此限。

第四条　订立不动产卖典或典契时，须由出卖人或出典人赴该管征收官署填具申请书，请领契纸。除缴纳契纸费一元外，无论以何种名目不得征收他项费用。

前项之契纸费由出卖人与买受人，或出典人与承典人分担。

申请书之格式由财政部定之。

第五条　不动产之出卖人或出典人请领契纸后已逾两月，其契约尚未成立者，原领契纸失其效力。但因有障碍致契约不能成立时，得于限内赴该管征收官署申明事由，酌予宽限。

第六条　原领契纸因遗失及其他事由须补领或更换时，仍依第四条第一项之规定缴纳契纸费。

第七条　遗失已税红契，经确实证明，准予补契，照原契税额缴纳十分之二之补契税。但契纸费仍应照缴。

前项之补契税金及契纸费，由买受人或承典人负担。

第八条　不动产之买受人或承典人，逾第三条之期限不依本条例缴纳契税者，除纳定率之税额外，并科以左列之罚金：

逾限未满一个月者，应按纳税原额科十分之一。

逾限一月以上未满两月者，应按纳税原额科十分之二。

逾限二月以上未满三月者，应按纳税原额科十分之四。

逾限三月以上未满四月者，应按纳税原额科十分之六。

逾限四月以上未满五月者，应按纳税原额科十分之八。

逾限五个月以上者，应按纳税原额科罚一倍。

第九条　缴纳契税时，匿报契价者，除另换契纸，改正契约，补缴短纳税额外，并科以左列之罚金。

匿报契价十分之一以上未满十分之二者，应按短纳税额科十分之二。

匿报契价十分之二以上未满十分之四者，应按短纳税额科十分之四。

匿报契价十分之四以上未满十分之六者，应按短纳税额科十分之六。

匿报契价十分之六以上未满十分之八者，应按短纳税额科十分之八。

匿报契价十分之八以上者，应按短纳税额科罚一倍。

第十条　本条例第三条所定六个月之纳税期间，限于已领官契纸者适用之。其私纸所书之契约，以白契论，除责令补领契纸缴纳定率之税额外，并照应纳税额科以一倍以下之罚金。

第十一条　征收官署应于署内附设推收所，过户与契税同时办理。

第十二条　本条例施行细则以财政部部令定之。

第十三条　本条例自公布日施行。

〔汪伪组织档案〕

汪伪国民政府公布通行税暂行条例

（1941年11月5日）

第一条　凡飞机、火车、电车、公共汽车、长途汽车及船舶之乘客，依照本条例之规定，征收通行税。

前项通行税之详细办法另定之。

第二条　通行税按照票价，最高征收百分之十。

第三条　凡军、警、部队奉命移动者得免征通行税。

第四条　通行税得由财政部委托经营各该项运输业者，于乘客购票时附带征收之。

第五条　本条例施行细则由财政部拟订，呈请行政院核定之。

第六条　本条例自公布之日施行。

〔伪华北政务委员会档案〕

汪伪南京特别市政府为物价飞涨举办临时建设特捐附送征收简章呈[①]

（1941年12月16日）

查本府三十年下半年度概算，本已力从紧缩，不意物价飞涨，应支事业各费已非当时预算之数所能应付，而收入方面，又因冻结资金，外输停顿等种种关系，统计六个月中短收达二十五万余元，致成虚收实支，多方挪垫，始得勉渡难关。惟现在三十一年度又将开始，概算亟应编制，际此非常时期，币值低落，百物猛涨，本府事业方面应行购置之材料，无不随之腾踊，卫生方面所用之药品，大都来自外洋，价值尤高，本市首都所在，中外属目，应办事业，岂都以物价之高昂而至稍有停顿。益以中央颁布公务员二、四、六、八加成办法，而本府内外员役工队以及各校教职员等，在同一地区服务，同感物价之威胁，终日惶惶，期待甚切，若不另筹补救办法，不惟应办事业势将松懈，而工作效率亦蒙影

---

① 汪伪行政院令准"暂行试办"，自1942年1月1日起征收。

响。况本府先后添设宣传处、粮食管理局，归并社会运动指导委员会南京分会等三机关，所增经常事业各费等种种开支，以致三十一年上半年概算，每月收支数目相差达二十一万余元，即使将原有捐税加成征收，并另案呈请中央补助，尚属亏短甚巨，而三十年下半年度亏垫之数，并须设法弥补。原拟开征之住房捐，其收入约每月一万元，处此时局，深恐影响平民生计，并因列入敌产之房屋，一时尚难实行，未免偏颇，经提交本府市政会议议决，暂从缓办。市长夙夜筹维，难安寝食 在此特殊时期，势非另辟税源，不足以资挹注，为救济目前困难，惟有举办南京市临时建设特捐，以济当前迫切之需。现拟自三十一年一月一日起，凡属商人在本市贩运物品，除米、谷、盐、柴等物免予征捐外，统征南京市临时建设特捐一道，业经拟具征收简章，提交本府市政会议议决通过。其捐率规定从价征收百分之二，以视各县所征地方复兴捐，有征至百分之五者，已属减轻不少，在商人所加甚微，似尚易于负担。总之，此项特捐，完全为救济预算，应付当前困难而设，预定一年为期，系属临时性质。当以凑合概算关系，暂将每月收入列为九万三千余元，按诸本府三十一年上半年度每月亏短之数，尚须请求中央增益补助费十二万元，将来市库稍裕，或停或减，自当随时呈明办理，如果收数畅旺，并当呈请递减中央补助之款，决不敢久累国库担负。所有此次举办南京市临时建设特捐，实为事势所迫，出于万不得已，市长谨当慎重将事，尽力以赴，以期仰副钧长关怀市政之至意。除依据征收简章一面筹备进行外，理合检同简章暨三十一年上半年概算约数表各一份，备文呈请钧院鉴核赐予特准备案，实为公便。谨呈

行政院院长汪

计呈简章暨三十一年上半年概算约数表各一份〔略一件〕

南京特别市市长 蔡 培

中华民国三十年十二月十六日

南京特别市政府临时建设特捐征收简〔章〕

第一条　本简章为谋市政之推进，弥补预算之不足，提经市政会议议决订定之。

第二条　本简章系临时性质，暂定一年为期。

第三条　凡商人贩运货物出入本市辖境时，除规定免捐者外，均应缴纳临时建设特捐。

第四条　凡商人贩运下列货物一律免捐：

甲、米、谷、盐、柴；

乙、零星负贩者。

第五条　临时建设特捐捐率从价征收百分之二。

第六条　本市临时建设特捐由本府财政局派员设处征收，并在水陆要冲地点酌设分征所或查验所，其组织另定之。

第七条　商人缴纳特捐后，即由经征机关掣给特捐纳捐证，交商执运。

第八条　凡在本市境内出入货物，应由商人核实申报，缴纳特捐，如有隐匿偷漏，以多报少，以细作粗，以及涂改捐证，一证两用、证货不符等情事，除责令按率补捐外，视其情节轻重，处以应纳捐额一倍以上五倍以下之罚金。

前项罚金应随时填给罚金收据。

第九条　凡在本市境内贩运出入货物，如有抗不遵章缴纳特捐者，应将货物全部扣留，充公拍卖。

第十条　纳捐证、罚金收据均为三联式，第一联交商执运，第二联呈缴财政局复核，第三联存经征机关备查。

第十一条　前项纳捐证、罚金收据均由本府财政局制备编号盖印，由经征机关具领加钤填用。

第十二条　本简章如有未尽事宜，得随时呈请修正之。

第十三条　本简章自呈奉核准之日施行。

〔汪伪行政院档案〕

汪伪浙江省政府请暂免停征杭州临时建设特捐以维现状呈①

（1942年11月24日）

案奉钧院行字第八二六二号训令开：案据该省府转据杭州市政府呈：为财政困窘，举为杭州市临时建设特捐，经省府会议通过修正征收办法，呈请鉴核备案等情。并据实业部呈，以准该省府咨同前情，转请核示到院，业经令饬财政部审议在案。现据财政部呈复称：案奉钧令，以据浙江省政府呈请举办杭州市临时建设特捐，饬部审议具复等因，当以所拟捐率参差，又未呈送收支概算，无从审核，经咨浙江省政府转饬查明具复，并将遵办情形先行呈复钧院鉴核各在案。兹据浙江省财政厅呈称：遵查杭州市政府举办临时建设特捐之动机，以市财政极端困窘，所有庶政亟待举办，爰就过去之农民复兴会支应黑泽部队所征之复兴捐，仿照京市成例，改称临时建设特捐名义试行征收。其组织情形系由市财政科主管在郊区第四、五、六、七行政区域，设立四个征收所，十三个分征所。自五月二十一日启征，截至八月份止，各所共征捐款四万四千八百余元，除腌腊、火腿、鱼鲞、南北货由两业公会每月认包一万八千元，其他各货整件由各地货行代收，每件五角，零担蔬菜之类则依值百抽二，由各所直接征收。综上调查所得，市府征收此项特捐以为复兴地方事业之用，自系实情，惟范围涉及地货、零担，未免烦琐，似应另筹正当抵补办法。惟值兹省、市各库枯竭之际，在未筹有抵补办法以前，可否准予暂行试办，以维现状之处，理合呈复鉴核。等情。据此。查京市建

---

① 嗣经汪伪行政院训令浙江省政府："暂准试办一年"。

设特捐早经停止征收，物品通过征税亦于理不合，杭州市政府筹集建设经费征收经过，商货特捐虽系临时办法，究与监督地方财政暂行办法第六条规定抵触，且所设征收所及分所至十七处之多，所征货物涉及零担蔬菜之类，尤属烦琐苛细，似未便准予征收。至政费支绌，应由该市府分别缓急，撙节开支，或另筹正当办法，以资抵补。所有遵令审议缘由，是否有当，理合检附原发各件，具文呈复，仰祈鉴核。等情前来。复核财政部所议极是，应准如议办理。除指复并分行实业部知照外，合行令仰该省府遵照，迅即转饬杭州市政府将该市举办之临时建设特捐克日停止征收，仍将停收日期具报备查。等因。奉此。自应遵令饬遵。惟查杭州市举办临时建设特捐，其经过情形及实际需要系环境所趋，原非得已。缘市区与省会同一区域，民国十六年设市后，市财政收入每月二十余万元，仅敷行政、教育、卫生各费之用，其道路桥梁工程，修理名胜及救济事业等费均由省库拨付，事变以后，省财政收入锐减，尚赖中央按月拨款补助，以资维持。职上年九月到任后，调阅该府报告，每月收入仅八九万元，收支相较，月有亏短，当饬现任市长谭书奎紧缩政费，整理捐税，务期收支平衡。嗣据报称，该府及附属机关原有职员三百十二人，经陆续裁汰约及百人，各项收入整理结果，约月计十五万元，连同中央及本府补助三万七千余元，该府收入平均每月十九万余元。而该府支出因物价飞涨，生活日高，杭州市小学教员月薪每人由三十六元已增至一百元，故一年以来，教育经费每月已自二万余元增至每月五万元，遵照中央员工薪给加成规定，每月由三万元增至五万元，补助省会警察局及市党部每月共一万余元，其他自治工程、公用卫生财政各项事业及办公等费，亦因工料涨价，支出倍增，月达六万余元，计共经常支出月需十七万余元。此外卫生防疫、教育文化宣传、防空等等临时支出，约月需两万余元。是皆勉维现状之实际情形也。而事变迄今，已达五载，市内道路桥梁及各项工程设施破坏过甚，关系交通治安，不得不亟事修理，计本半年度，预算约需费十四万四千元。西湖胜迹损坏实多，关系历史风景，不得不择要修葺，本半年度约需六万五千元。贫民、乞丐、老弱、残废亟待收容救济，以免冻馁，前英美教会办理之麻疯院，经友邦机关商请市府办理，亦不得不接收维持，以免传染，本半年度预算约需补助经费十二万元。二期清乡开始后，省会治安关系重要，杭州市保安队自应提前成立，本半年度预算需费十五万元。凡此建设救济及保安各事业，均属刻不容缓，本半年度应需经费共计四十八万余元。省库既无力拨补，市财政经遵令撙节开支，整理捐税结果，只能维持现状，亦无力担此巨款，值此地方元气未复，生活高涨，民力凋敝，另辟税源，尤属不易，要政迫待举办，无米难以为炊，焦虑愁思，苦无良策。查民国二十八年以市区接近战线，友军成立黑泽部队，招抚对方便衣队加以改编，经费无着，责成农民复兴会征收复兴捐，供应一切，征捐物品，既无限制，抽收捐款，不掣收据，遇物收捐，过卡重征，商民感受痛苦，迭次呈请政府再三交涉，无法制止，乃饬杭州市政府与友邦驻杭最高部队及特务机关切实商洽，始决定由市政府办理。捐款专作杭州市建设及救济等事业经费。是该府接办建设特捐，既可使黑泽部队停征，亦足使市民原有负担移作该市正当建设用途。因此令饬准予拟定暂行办法。凡盐、柴、米谷、杂粮及已有专税或特税之货物暨零星负贩一律免捐。规定四联纳捐证，以免重征，捐率定为货值百分之二，改名杭州市临时建设特捐，由杭州市府呈请本府提交省府委员会议修正通过，令饬试办，暂以一年为期。据报自本年五月底先从六区接征，以次扩及各区。第四、五、六、七区各设征收所一处，城站设稽征所一处，各区必要地点派员稽查，防杜偷漏，由该市府财政科直接指挥监督，以省经费。五月份第六区征收一日，六月份第六区征收全月，第四区征收八日，第五区征收十日，第七区征收四日，七月份各区始均征收全月。八月二十一日起，火腿醃腊鱼鳌业及南货糖烛业两公会，每月认缴一万六千五百元，自十月十日起，改由包商全部承办，每月认缴八万五千元，自接征之日起至本年年底，约可征捐三十九万余元，以之支付上述建设、救济、保安各费，尚不敷十余万元。当时因复兴捐收数无从稽考，概算无凭编造，现经参酌实际征收状况，编定收支概算，专案呈报本府在案。此项特别概算，会计独立，专充建设、救济、治安等费，不作市府其他行政经费，并设立用途监理委员会，由市府高级职员及地方士绅为委员，监督用途，以昭大公。重要道路桥梁业已开始修理，名胜古迹亦正择要修葺，贫民、乞丐陆续收容救济，麻疯院已接济数月，保安队自八月成立，各项经费全凭特捐以资应付，若骤行停征，上列各事业势将中辍，直接间接影响必多。奉令前因，除饬财政厅及杭州市政府迅速另议抵补办法，一俟筹定办法，即行转饬停征，并派财政厅厅长刘星晨、杭州市市长谭书奎赴京面陈外，理合将杭州市举办临时建设特捐经过及该市建设、救济、治安等事业推进情形，据实胪陈，仰祈俯赐顾念地方、省会关系重要，举办各事势难中途停顿，拟恳于抵补办法尚未筹定以前，所有杭州市已办之临时建设特捐，暂准免予停征，以资维持现状。是否有当，敬乞指令遵行。谨呈行政院院长汪

　　　　　　　　浙江省政府主席　傅式说
　　　　　　　　委员兼秘书长　孙云章代行
中华民国三十一年十一月二十四日

　　　　　　　　　　　　〔汪伪行政院档案〕

汪伪财政部公布糖类临时特税暂行条例

（1941 年 12 月 19 日）

　　第一条　凡国内制造及国外输入之糖类，应依本条例之规定

缴纳临时特税。

第二条　糖类临时特税为中央国税，由财政部税务署税务总局征收之。

第三条　应征糖类临时特税之货品规定左列七种：

（一）红糖；（二）桔糖；（三）白糖；（四）冰糖；（五）方糖、块糖；（六）糖精；（七）其他糖类。

第四条　糖类临时特税税率暂定值百征十二，对于国内制造者，按照产地附近市场批售价格核定征收。其由国外输入者，按照海关估价折合法币征收。

第五条　糖类临时特税以其装置之每一容器或包装为课税单位，一经纳税，在国内准其自由行销，不再重征。

第六条　凡国内制造糖类之厂商，应报由税务总局转呈税务署核准登记，于出厂时征收临时特税。

第七条　凡国外输入之糖类，除缴纳关税外，由海关代征临时特税。

第八条　糖商完纳临时特税后，应由经征机关填给完税照，并于包装上监贴印照，加盖验截，方准运销。

第九条　完纳临时特税之糖类运往未施行区域，如被重征，得由糖商检呈证据，报请原征糖税机关核实退还，但不得超过原征税额。

第十条　国外输入之糖类，于完纳临时特税后，复运出口时，应连同原完纳税照送请原征糖税机关核明退税。

第十一条　关于糖类临时特税之查验及防止漏税各事项，得咨行各部及各省市政府转饬所属协助办理。

第十二条　凡本条例未经规定事项，由财政部随时以部令行之。

第十三条　本条例如有未尽事宜，得随时呈请修正之。

第十四条　本条例自公布之日施行。

〔汪伪行政院档案〕

汪伪国民政府公布桐油茶叶猪鬃禽毛临时特税暂行条例

（1942年3月6日）①

第一条　凡在国内产制之桐油、茶叶、猪鬃、禽毛，均应依照本条例之规定，分别完纳临时特税。

第二条　本条例所列各种货物，应征临时特税为中央国税，由财政部税务署税务总局稽征之。

第三条　本条例所列各种货物，其品类分列如后：

（一）桐油　凡白黑桐油、洪油、秀油、光油等均属之。

（二）茶叶　凡红绿茶叶、茶砖、茶片、茶梗、茶子、茶末以及毛茶等均属之。

（三）猪鬃　凡黑白生熟猪鬃等均属之。

（四）禽毛　凡鸡毛、鸭毛、鹅毛及其他禽鸟之毛均属之。

第四条　前条应征临时特税之货物，其税率分别规定如左：

（一）桐油从价征收百分之十五。

（二）茶叶从价征收百分之十。

（三）猪鬃从价征收百分之十五。

（四）禽毛从价征收百分之二十。

上项完税价格之评定、修订事项，由财政部税务署办理之。

第五条　凡由未施行特税区域内之桐油、茶叶、猪鬃、禽毛运销已施行特税区域内时，应向入境最先经过之特税征收机关报完临时特税，方准运销。

第六条　凡在国内产制之桐油、茶叶、猪鬃、禽毛已完临时特税者，于运销时除照章缴纳关税（包括转口税）外，概不征收

————————————

① 3月6日公布，同月11日施行。

其他捐税。

第七条　关于桐油、茶叶、猪鬃、禽毛完纳临时特税凭证之核发事项，由经征机关办理之。不论租界或商埠内外所有运销之各该类货物，均应附有完纳临时特税凭证，违者以漏税论。

第八条　关于桐油、茶叶、猪鬃、禽毛临时特税之检查防止漏税各事项，得由财政部咨行各部、会及各省、市政府转饬所属协助之。

第九条　本条例施行日期以命令定之。

〔汪伪组织档案〕

汪伪国民政府公布土烟叶特税暂行条例令

（1945 年 1 月 24 日）

国民政府令　三十四年一月二十四日

兹制定土烟叶特税暂行条例公布之。此令。

土烟叶特税暂行条例

第一条　凡在国内出产之土烟，均应遵照本条例之规定，完纳土烟叶特税。

第二条　土烟叶特税税率为从价征收百分之四十，按照各省产地价格核定之估价征收之。

前项估价每年核定一次，由各省局调查产地价格，分级拟订，呈由税务署核定，呈报财政部备案。

第三条　已纳特税之土烟叶在国内行销不再重征。

第四条　土烟叶完纳特税时，应领完税照，并于包件上粘贴纳税凭证。

第五条　土烟叶特税由各省印花烟酒税局所属烟酒稽征分、

支局征收之。

第六条　土烟叶完纳特税后，刨成烟丝或抽出烟筋者，**不再**征收烟丝烟筋税，惟刨烟丝店应先申请登记，并遵照各该地特定手续办理。

其以未完特税之土烟叶制成烟丝或抽出烟筋者，除烟筋应按照税率表规定征税外，其烟丝应按其土烟叶应纳税之等级，加百分之三十估价征收烟丝税。

第七条　未施行特税区域内之土烟叶及其制成之烟丝或抽出之烟筋行销于特税区域时，应向入境第一道征收机关照章缴纳**特**税。

第八条　土烟叶特税稽征章程另订之。

第九条　本条例自公布之日施行。

〔伪华北政务委员会档案〕

汪伪国民政府公布土酒税暂行条例令

（1945年1月24日）

国民政府令　三十四年一月二十四日

兹制定土酒税暂行条例公布之。此令。

土酒税暂行条例

第一条　凡在国内出产之土酒，均应遵照本条例之规定，完纳土酒税。

第二条　土酒税税率为从价征收百分之四十，按照各省产地价格核定之估价征收之。

前项估价每年核定一次，由各省局调查产地价格，分类拟订，呈由税务署核定，呈报财政部备案。

第三条　已纳税之土酒在国内行销，不再重征。

第四条　土酒纳税时应领完税照，并于容器上粘贴纳税凭证。

第五条　土酒税由各省印花烟酒税局所属稽征分、支局征收之。

第六条　已纳税之土酒，如须改装或改制花露、药酒、色酒时，应遵照土酒改装或改制办法办理，不再另行征税。但改制之酒如有溢出原有之重量，其溢出部分应照章补征土酒税。土酒改装办法及改制办法另订之。

其以未纳税之土酒（不分种类）改制花露、色酒、药酒者，应按照高粱类估价征税。

第七条　未施行土酒税区域内之土酒行销于已施行土酒税区域时，应向入境第一道征收机关照章纳税。

第八条　土酒税稽征章程另订之。

第九条　本条例自公布之日起施行。

〔伪华北政务委员会档案〕

汪伪实业部附送苏北及京沪杭沿线违法征税实况表量

（1944年6月3日）

查物价之高涨，货运不畅实为最大结症，本部为明瞭苏北及京沪杭沿线运输情况，经派员向有关方面调查，据报各地方官署暨军警机关，多有违法征税情形，特汇编所见实例报告，请鉴核等情前来。查表列违法征税情形，均系实地调查所得，自属实在。值此民生凋敝，运输困难之际，若不严行督率，切实禁止，影响国计民生，莫此为甚。此外其他地区，类似情形恐亦在所难免，为使今后各地货运流畅起见，理合检同苏北及京沪杭沿线各地违法征税实况表，密呈鉴核，俯准咨行军事委员会并严令各省、市

政府切实禁止，以肃官箴。谨呈

行政院院长汪

附呈苏北及京沪杭沿线各地违法征税实况表一份

实业部部长　陈君慧

中华民国三十三年六月三日

苏北及京沪杭沿线各地违法征税实况

一、江北南通方面之实例

（甲）海安南通间水路运输之征收状况（表见第811页）

备考：

（一）货船平均为十七吨，每只可载中机布四，五〇〇匹，绒布三〇〇条，香烟一〇〇箱，锡箔九吨。米二〇〇石，豆油二〇〇担。

（二）征收名目，除如皋东门及海安镇东境县政府所征之各县地方税及军事补助费外，皆称为查验税或哨税。

（三）海安南通间之水路，计长一〇〇公里，平时仅为二，三日之行程，近因以上关系，常需十日至十四日始可抵达。

（四）自南通至丁堰，虽为清乡地区，但其间之非法检问及抽捐，除本表所载外，尚有数处。

（乙）对于自内地运出物资之征税状况（表见第812页）

（丙）自江北产地运向南通之棉花课税状况

（一）每一市担除棉花营业专税四八元外，清乡事务所费六〇元，检验费及其手续费一〇元，牙行税五元，和平军军事补助费及其手续费一五〇元，区公署费三元，货船苦力酒资三〇元，计约二八〇元。再自南通运往上海时，除发送时苦力酒资一三〇元外，在上海更须缴纳转口税七九元，共计需缴税五二七元。

二、京沪沿线之实例

（甲）常州丹阳间之违法征税实例（表见第813页）

检查及征收地点	征收机关	各种品目征收额							
		中机布	小布	绒布	香烟	锡箔	酒	米	豆油
南通、十里坊	伪安认	货船每只 2,000元	同上	同上	同上	同上	同上	同上	同上
平潮、平潮镇市内	同右	货船每只 2,000元	2,000	10,000	800	800	同上	800	1,500
白蒲、白蒲镇北境	同右	货船每只 5,000元	2,000	3,000				2,000	5,000
丁堰、丁堰镇北境	县政府	货船每只 2,000元	同上	同上	同上	同上	同上	同上	同上
东镇、东镇市内	同右	南通县征收地方税之二成	同上	同上	同上	同上	同上	同上	同上
如皋、十里铺	同右	同右	同上	同上	同上	同上	同上	货价之二成	同上
全东门	同右	每匹117.6元 南通县征收地方税之二成	每条1344	每匹235	货价之三成	每吨 3,700元	同上	同上	同上
全西门	同右	南通县征收地方税同右	同上	同上	同上	同上	同上	同上	同上
柴湾、柴湾镇市内	同右	南通县征收地方税之三成	同上	同上	同上	同上	同上	同上	同上
立发桥、征桥	同右	每匹37元 南通县征收地方税之三成	每条360元	每匹74元	货价之一成			每石86元	每担450元
海安、镇东境	同右 海安区公所	每匹征			货价之一成	每吨 2,400元		每石35元	每担200元

征收地点	征收机关	征收名目	金　额	备　考
三发桥	和平军	通过境手续费或礼金	二〇〇元	本例系白米四百担自海安运向南通时实际缴出之数字，各处均拒开收据
柴湾镇	同　右	同　右	二〇〇元	
如皋西门	和平军、警察队	同　右	三〇〇元	
东镇	同　右	同　右	二〇〇元	
东镇南市	同　右	同　右	一二〇元	
丁堰镇检问所	同　右	同　右	二〇〇元	
丁堰	警察队	同　右	二〇〇元	
林梓检问所	同　右	同　右	三〇〇元	
林梓	和平军	同　右	二〇〇元	
白蒲镇检问所	警察队	同　右	三〇〇元	
白蒲	和平军警察队	同　右	二〇〇元	
五十里	和平军	同　右	一〇〇元	
平潮镇检问所	同　右	同　右	二〇〇元	
唐家门	同　右	同　右	一〇〇元	
同　右	警察队	同　右	一〇〇元	
平潮镇	和平军	同　右	二〇〇元	
共计			三，一二〇元	

(甲)常州丹阳间之违法征税实例

检问地点	征收机关	征收额	备考
陵　　口	和平军保安队警察员	各机关对货船每只征收五元至十元	一、不问船上装载何物，征税以货船只数为单位，一律征收
双 闸 口	和 平 军	货船每只十元	
大 王 庙	同　　右	同　　右	
吕　　城	保安队警察员和平军税务员	各机关对货船，每只征收十元	
九 里 浦	和平军警察员	同　　右	
奔　　牛	和平军铁道警卫警察员	同　　右	
三 里 庙	和 平 军	货船每只十元	
常州西门外	警 察 员	货船每只五元	
连 江 桥	和平军检问员	货船每只二○一三一○元	
共　　计	九　　处	二一五元	

813

(乙)常州无锡间违法征税实例

检问地点	征收机关	货船每只征收额	备 考
白 家 桥	清乡封锁检问所	五〇元左右	不问船上装载何物，征税概以货船只数为准。
洛 社	同 右	三〇元左右	
吴 桥	海关警察队	五〇元左右	
黄 埠 墩	水上警察队	二〇元左右	

(丙)苏州上海间违法征税实例

地 点	征 收 者	货船每只征收额	备 考
苏州盘门	中国警察	一五〇元左右	一、大型货船(五〇吨—七〇吨)较上略高
苏州洋关	中国宪兵中国警察	一〇〇元左右	
宝 带 桥	保安队	二〇〇元左右	不问船上装载何物征税概以货船只数为准。
茜 江 口	封锁管理处中国检问员	五〇〇元左右	
陆 家 滨	保安队	四〇〇元左右	
纪 王 庙	封锁管理处中国检问员	七〇〇元左右	
黄 渡	保安队	三〇〇元左右	
庄 家 镇	封锁管理处中国检问员	一，〇〇〇元左右	
共 计	八处	三，三五〇元左右	

（丁）八坼苏州间违法征税实例

地　　　点	征　收　额	备　　　　　考
八　　坼	四五元	菜种二五〇石自八坼运往齐门,除各项运费九八〇元外,被征违法税捐三四〇元,计一,三二〇元
庞山湖口	四〇元	
吴江警士	四〇元	
吴江军警	五〇元	
夏浦桥大检问所	六〇元	
铁路桥	三〇元	
宝带桥	四五元	
洋桥	一五元	
娄门	一〇元	
齐门	五元	
共计	三四〇元	

三、沪杭沿线实例

（甲）瓜沥杭州间征收状况

（棉花一百市斤）

征　收　地　点	征　收　机　关	征　收　额	摘　　　要
瓜　　沥	保安队	二〇元	保护费
瓜沥萧山间	沿路巡捕	五元	酒资
瓜　　沥	县政府	二一•六〇元	地方税发收据
西　　兴	同　右	二一•六〇元	
共　　计		六八•二〇元	

备考:

（乙）崇德长安间征收状况

（蚕丝一担）

征收地点	征收机关	征收额	摘要
崇　德	县政府	一五〇元	地方税发收据
崇　德	蚕丝建设捐崇德分处	四〇元	蚕丝建设特捐检查手续费
崇　德	和平军	三〇元	
七里亭	清乡检问所	四〇元	
长　安	警　察	一五元	码头警察酒资
共　计		二七五元	

备考：

一担之收买价格约一六，〇〇〇元——一七，〇〇〇元。

（丙）关于嘉兴蚕丝建设特捐纳税之手续费

每月向财政部苏浙皖区蚕丝建设特捐嘉兴分处缴纳二〇〇元（最近又要求增价），作为税务员之道派费。此外，绢纺一袋（装丝一担，该厂每月可出一〇袋，价格一袋平均五万元）须：

（一）纳税时须缴纳检查费四十元（市内一般为八十元）

再该费去年夏季以前本为五元（市内为八至十元），其后骤形增加，公然成为今日之数字。

（二）运出时须于嘉兴车站由财政部税务查缉处嘉兴分处在税票背面填注运出字样，该项手续费为二十元。

（三）由其他分处故意将印章号码误记，而发行之副蚕丝（常吐类）建设特捐税票被发现改正时（由分处互相联络，极易辨认错误，亦须缴纳手续费。

按规则所定，凡持有建设特捐税票之副蚕丝作为绢纺丝时，只补缴其差额即可。

〔汪伪行政院档案〕

李正之关于伪蒙统治区域税收情形报告①

（1945年3月3日）

二、伪蒙国家税与地方税之划分 敌寇侵占我察、绥、晋北后，初期征收一切捐税并无国家与地方之详确规定。关于税务征收，张垣设有伪税务总局，各市县设有伪税务分局及分卡。鸦片特税征收，张垣设有伪清查总署，种植鸦片各县设有多数土药组合。盐务征收，张垣设有伪榷运总署，各市县设有伪盐务局及分卡。田赋完全由各县伪公署财政科负责征收。民国三十年秋，清查、榷运两伪公署并合为一，改名为清查榷运署。同时并为封锁我国经济于张垣又增设伪经济监视署，嗣以关于矿业、印花、卷烟、所得等伪国家税法陆续公布，于三十一年冬将清查榷运署与经济监视署并合，改组为伪财务监督署，任霍克济呼（蒙人）为署长。同时该署于各市县增设财务局，重要镇村并设分卡，负责征收种种伪国家税，市县局长迳由该署呈请伪经济部，直接委任不受县之节制，伪蒙古政权下之国家税与地方税自是始行划分。至关于伪地方税征收，因事务简单，又将各市县伪公署内原设之财政科缩为财务股，附于伪县署民政科内，担任征收各种伪地方税，财政科实行裁撤，而地方税之征收又别为县税与乡税。此为国家税与地方税划分之经过情形也。

三、各县伪县乡税之种类与抽收之方法 伪蒙自划分国家税与地方税后，关于地方税又别为县税、乡税，其种类有六：(1)田赋；(2)地捐；(3)户别涓；(4)房捐；(5)地费；(6)门户费。田赋、

---

① 节录自察南专员李正之编送之《察哈尔省敌伪政治经济侵略情形报告》之经济部份。

地捐、户别捐为县税；房捐为县、乡合税；地费、门户费为乡税。田赋抽收方法系由各伪街镇村公所派遣调查员，调查民户所有地亩，按照上、中、下三等估价抽收。上等地每亩估价约三千元左右，中等二千元，下等六百元。去年夏间，且有重行调查地亩，增加特等，按四等估价抽收之讯，较事变前完纳国课数目多至十数倍。地捐抽收系按上地每亩一元二角，中地八角，下地四角（上述地亩估价数目及抽收地捐数目，均以伪模范县万安县为例）。户别捐抽收系根据各伪县公署预算抽收，即预算增加，户别捐亦随之增加。以上三种捐税，均为伪县公署经费，名为县税。房捐抽收法系根据各伪街镇村公所预算抽收，预算短绌若干，即抽收若干，以故甲镇与乙镇不同，此村与彼村互异，无论抽收多寡，县与街镇村各半，名为县乡合税。地费抽收系按各伪街镇村公所需要实数抽收，每次抽收数目多寡不一。门户费抽收系按不动产价值额抽收十分之一，再按动产所得额抽收十分之九，每次抽收数目亦多寡不一。以上二种均为伪街镇村公所经费，名为乡税。

〔国民政府行政院档案〕

汪伪江苏浙江省府转陈无锡杭州丝业反对蚕丝建设特捐有关电呈

（1940 年 6—7 月）

(1) 伪江苏省府代电（6 月 22 日）

江苏省政府快邮代电　总四字第四四号

南京行政院院长汪钧鉴：案据无锡县家庭制丝业公会会长张润珊皓代电呈称：奉读六月十四日中华日报载国民政府行政院十一次会议通过财政部提出征收蚕丝建设特捐暂行条例，订定白丝厂经每包征收值百分之十二，并经中央政治会议核准，定七月一日起施行。又本月十四日中华日报载财政部周部长发表谈话，有蚕丝向为我国出口之大宗，常占第一位，近十年来颇形衰落，至八一三前一、二年始稍转机，而近二年因法币贬值，外汇腾贵，丝价随之猛涨。去年春季以来，一等丝厂经每包一千二百元涨达五千二百元，至十二月份竟达六千元以上，而在去春以前，每包仅值六百元，故实涨起十倍之巨，目前丝市价格虽有上下，仍在五千元左右。至于蚕茧，则连年丰收，价仍低落，每包生丝之成本不过一、二千元，售价竟达五千元，故近年来新建及复兴之丝厂日益加多，竟达数百家之多，由此可知丝厂获利之巨。蚕丝为农民之生产，丝价虽高，而茧价仍低，故蚕丝之利润全为丝厂所得，兹仅对蚕丝征税，故并不伤农。等语。商等阅悉之下，惶骇莫名。窃思国府还都，废止苛杂，皇皇命令，举国同钦。查民国二十六年以前，国民政府以蚕丝为对外贸易，奖励出产，除每担乾茧征收蚕业改进费，在锡设立蚕桑模范区，改良蚕桑外，无论丝、茧，绝不捐收分文，是以八一三前一、二年蚕丝稍有转机。无锡本为蚕丝大宗出产之区，城乡茧行有三百余家，丝厂有五十余家之多，每厂丝车少者三百部，多者八百部，事变以后，原有丝厂均为友邦华中蚕丝公司经营，丝厂职员、女工失业者几及数万人，生计行将断绝，去年春间，丝商不得已为维持职工生计计，勉凑少数资本，组织家庭制丝社，然犹受每社缫丝车不得超过二十部之限制。依照家庭制丝社上年实际状况，丝车六部者有之，八部者有之，即每家以二十部计算，二十家祇可抵原有丝厂一家，名为数百家，实际上祇合十余家，原有丝厂五十余家均为日商经营，华商仅仅有此十余家，言之殊堪痛心。然一年来职工生计之籍以维持，农民生产之未被华中蚕丝公司所垄断者，赖有此也。今春鲜茧价格每担均达四百元外，本月一日为茧价过昂，丝价低落，血本攸关，曾电呈钧长请求救济，抑平茧价在案。以鲜茧十担半制丝一包计算，合计茧本须四千七百余元，加以近来燃煤昂贵，每吨二百六十元，每丝一包用煤两吨，计须五百二十元，再加缫工一百元，又改良捐、中央附捐、营业专税捐、地方费捐，以及四乡不靖保护捐税等等，每担鲜茧又须五六十元，合计每丝一包成本须在五千三百元以上。现在锡地日华丝号之丝价 冤售五担者，价格四千元，不满五担者，祇售三千七百元，家庭制丝社丝商资力有限，不能凑成五担者居其多数，两相比较，每丝一包计须亏蚀一千六百元，至少亦须亏蚀一千三百元左右。丝商正在哭笑不得，欲罢不能，何堪再负此 巨大之特捐。周财部长发表之 谈话，实与事实相反，倘果实行征收，则家庭制丝社丝商惟有将所收之茧悉数售与华中蚕丝公司，相率停业，以后职工生计祇可置之不顾，听凭华中蚕丝公司贬价收茧，抑勒农民，数百年中国丝业一旦断送尽净，似非汪主席废 除苛杂复兴 经济之至意。迫不得已，为特电请钧长鉴核，怜惜商民痛苦，迅予转呈行政院提请中央政治会议查明丝业实际情形，收回七月一日启征蚕丝建设特捐成命，并恳设法救济垂危家庭制丝社，以维我国对外贸易之丝业，间接救济穷苦无告之蚕民，不胜迫切待命之至。等情。据此。除批示外，理合据情转呈，仰祈鉴赐核示，以便饬遵。江苏省长陈则民。叩。养。印。

中华民国二十九年六月二十二日

(2)伪浙江省府呈 （7月15日）①

为呈请事：案据浙江建设厅厅长严家干呈称：为呈请事：案据杭州市德丰等十九家小型丝厂暨硖石振兴等八家小型丝厂联名呈称：窃阅六月十四日杭州新报，载有中政会议核准举办蚕丝特捐及周部长谈话一则，深为惶惑。查吾国丝厂事业本极衰落，尤以浙省最甚，事变而后，各地原有之机制蚕丝工厂均归华中蚕丝

----

① 此件经汪伪行政院指令："所请缓征应毋庸议"。

公司所统制，早无华商顾问之余地，以致国内大小绸厂及零星机户所需原料之来源被其操纵，大感威胁。为求保持国产绸缎一线命脉起见，不恤焦头烂额，创立小型丝厂，原系应付特殊环境之困难，丝毫不存投机性之利润欲也。商等以小型丝厂立场，内顾本身之营业情形，外察国内之贸易现状，对于此次蚕丝建设特捐之举办，绝对不能拥护，谨附具理由分述于左：(一)一物一税为现代世界各国之通例，吾国蚕丝之于国内转口者，依照现行海关转口税税则第一八〇条至第一八四条之规定，均以从价课税，今再课以建设特捐，是使一物二税，姑无论商人担负之能力如何，而此叠床架屋之不良税制又复重见于今日，奚啻自相矛盾。此为不能拥护之理由者一也。(二)蚕丝为吾国固有之大量产品，往岁输出海外，恒占全国总输出额百分之三十，关于国民经济至大且巨。从前裁厘改税之时，未能审察历史国情，至有误认蚕丝为奢侈品者，但经各地丝厂业者竭力阐明以后，故于厘定新税则时，终将生丝出口税实行废止。今复认为奢侈品，乃不恤课以重捐，直接为丝商负担之增加，间接即为农村经济之打击。此为不能拥护之理由者二也。(三)即以过份利得税而言，亦应就其纯利之所得额定为课税标准，方能推行尽利。去年春季，茧价每担仅七八十元，故其蚕丝成本每包只合一千余元，后来频涨至五千元至六千元，此中获利之丰诚属空前未有。但今春茧价每担规定三百二十元为标准(有农矿部所定之标准茧价可查)，但因竞买关系，实际上均超过此数，以十担至十一担之缫折计算，则每包成本至少必需四千四、五百元，假使今后之蚕丝市价如能永远保持其五千元之水准，再依此售值扣除海关七五转口税及值百征十二之建设特捐，共值一千元之谱，已足致每包必须蚀本四、五百元，既无过份之利得，反遭额外之亏耗。在此情形之下，除走入一条灭亡途径以外，别无其他办法。此为不能拥护之理由者三也。(四)查日本丝商有国家银行为之后盾，国库为之接济，凡蚕丝贸易于国内转口及国外输出绝对免捐，且水陆运输严订廉价，其维护与奖励固非华丝所能忘念。惟现在上海生丝出口、转口之贸易及蚕茧收买之总权悉操诸华中蚕丝公丝之手，其对于是项特捐是否不生问题，姑不具论，第就吾国目前丝厂事业而言，皆在华中公司控制之下，所得苟延残喘者，仅限于新兴之小型丝厂而已，而业此小型丝厂者均无巨大资本，恒因绸缎原料之横被操纵，奇形缺乏，不得已而谋一时之补救，并非制造蚕丝之其他工厂可比。若于特捐实施以后，在营业上倘再受其加紧控制之苦痛，是无异更促其死命。此为不能拥护之理由者四也。（五）小型丝厂与绸厂、机户在目前特殊情况之下，实具有共存共亡之密切关系，小型丝厂如果不能生存，则绸厂与机户亦必相继停业。且现时绸缎原料之需用，其大部份仍以农村所产之改良土丝为主要，凡用此类土丝制成之匹头，均无完纳建设特捐之凭证，若照建设特捐暂行条例第六条之规定办理，自亦不能例外，则于不对绸缎课税之发表谈话未免有所抵触。此为不能拥护之理由者五也。尤有言者，再按是项建设特捐暂行条例各规定，似系专就运销国内工厂制造之蚕丝而言，对于出口之生丝并不受拘束。去年丝价之步趋高涨，全因生丝出口之活动所致，其贸易额远非国内市场之供求率可比，而此大宗蚕丝输出之贸易权，又为华中蚕丝公司所掌握，其因价涨而生之利润亦为华中蚕丝公司之独享。至于目前小型丝厂，尚系初茁之芽，更觉不堪摧压，今置大宗生丝出口税于不问，值对国内转口之蚕丝反课以重税，而使小型丝厂独负其责任，尤觉难安缄默。商等在此一发千钧之际，反复考虑，危栗益深。除分别代电行政院暨财政部沥陈详情，并请暂予缓征外，理合备文呈请，仰祈鉴赐核转，至为德便。等情。据此。除批示外，理合据情备文呈请鉴核，俯赐转咨财政部查核办理，实为公便。等情。据此。除咨请财政部查核办理外，理合据情备文呈请院长鉴核，实为公便。这呈

国民政府行政院院长汪

浙江省长　汪瑞闿

中华民国二十九年七月十五日

〔汪伪行政院档案〕

江苏崇明绅商陈佐时等请迅予制止苛捐杂税以苏民困呈

（1943年6月15日）

　　呈为苛捐杂税纷至沓来，上违国策，下迫民生，公恳迅予纠正制止，以苏民困而重政体事：窃自事变以来，人民遭受兵燹，荡析流离，庐舍为墟，国府还都，与民更始，首重安定民生，解除痛苦，定为国策，昭示遐迩，涸澈之鱼，待救正殷。年来北方连遭水旱之灾，有易子而食之惨，南方幸叨敉平，每以情形特殊，运输困难，致商业凋敝。我崇孤悬江口，蕞尔小岛，人口丛密，生产不足以自赡，青黄不接之际，贫穷者恒食糠粃以充饥，京都远隔，沪渎匪遥，人民疾痛惨怛，未闻当局垂顾。而自上月开始举办清乡后，四周封锁，有天然之环海，益以人工之竹篱，耗全县数千百万枝之竹杆，糜千万之币值，将以求全民众之安居乐业，墙壁标语，砵墨巍然。讵料安乐之境未得，剔括之税频出，多似过江之鲫，犹如雨后春笋。某税冠以财政部，某税冠以财政局，名称虽异，性质类同。纸张税与箔类税已相冲突，再加之迷信捐，一纸之微，须完三种税捐，人民目眩五色，浸至无所适从。不问乡村小店，里巷酒家，取一壶之酒，佐一篮之豆，须征筵席之捐，瞀者街头踯躅，藉星卜以求饱，未能免迷信之税。他如保甲捐，则按户征收，牙税则肩挑贸易，必缴税领证，所得税外再有营业税，统税之外复有附加税，屈计捐税，名称达十余种之多。近又开征住房捐，闻以十万元有奇之比额转辗承包，最后承包者已达五、六十万元之包价。规程

823

上租户照租值征百分之卅，而办事者竟出之以自由估定，外加手续费二成，自己住宅概须纳百分之廿，房捐税额之大，设想之周，无微不至。在主其事者未始非意料所不及，承包者当然于包额外尽量多收，以目前生活之高，月入数百元诚不足以养廉，巧立名目，予取予求，而小民苦矣。我政府执政诸公苟眷怀民瘼，坚定国策，必求言行相顾，应如何裁汰冗员，撤销肝肢机关，废除上开各种苛捐杂税，实行解除人民痛苦，藉以求国族之团结，免为外人窃笑。先王有至德安道，以顺天下，民间和睦，上下无怨，救国救民，为圣为贤，固在我衮衮诸公之一转移间耳。为此公同具呈，伏乞迅赐明令纠正制止，以苏民困而重政体，事关民众痛苦，倒悬待解，幸勿留中搁置，毋任翘颂感激。除分呈外，谨呈国民政府行政院院长汪

　　　兹将本邑各种捐税名目列举于左：

　　（一）原有者　统税　所得税　屠宰税　印花税　烟酒牌照税

　　（二）新增者　纸张税　箔类税　猪只税　筵席捐　取缔迷信事业物品捐　保甲捐　营业税　牙税　房捐

　　　　　　　具呈人江苏崇明区绅商　陈佐时

　　　　　　　　住：崇明区桥镇九保五甲二户

　　　　　　　　　〔下略九人及三十七户商号〕

中华民国三十二年六月十五日

　　　　　　　　　　　　　　〔汪伪行政院档案〕

河南商邱县民众侯和卿等陈诉生产二麦不堪摊缴请予豁减代电

（1943年10月3日）

代电

　　华北政务委员会内务总署齐署长殿：窃维国以民为本，民以

食为天，无食则无民，无民则无国，是以古之治国平天下者，无不以爱民为前提，保民为上策。属县自事变后，迭遭兵燹，民不聊生，去年尤荒旱异常，故今春树叶草根吃食殆尽，民食恐慌达于极点。至今夏二麦收获，民困稍纾，然以去岁种麦时天旱地乾，麦苗稀少，小麦仅有六、七成收入，平均计算，每亩约合七十华斤之谱。本县丁银四万两，除沙压河，占铁道、公路、村镇、坟墓、盐碱不毛，能耕之地不过二百余万亩，以麦秋各半计，约种小麦一百余万亩，统计收入小麦七千万华斤之谱，而本县人口七十万，麦后至今之销耗，所余实寥寥无几。乃迭奉县公署命令，着摊缴河南省保安司令部小麦一百七十二万九千四百五十七斤，驻新乡二十四集团及新五军小麦八十五万一千六百九十四斤，豫皖边区司令部及暂编第一军小麦二百五十八万五千三百七十六斤，又随粮征收每亩二斤，约需四百余万斤，又合作及采运社派购小麦七千五百吨，而各区团队人夫及各驻军皇军之征发柴草、马料暨挖掘惠民濠沟，建筑碉堡，修补桥路，其费用尤难以数计。在参战体制下，民众真正有麦亦甚愿遵照命令，如数呈缴，以仰副政府早日完成大东亚圣战之至意，惟殚出竭入，不敷供亿，不得不先事陈明，以免临时贻误。然使秋收丰富，亦可藉资挹补，奈姿后又旱魃为虐，有旱灾影片附呈察核。是下秋仅有二、三成收获，歉岁已定，民食方面将复演成今春恐慌之状态。故现在各区民众不惟无吃食之麦，且大多数无下种之麦，而兵警之催缴麦者，急如星火，民众处积威之下，吞声饮泣，卖牲畜赴外县籴缴者有之，携妻子逃他乡者亦有之，情愿将土地交公家完课租者亦有之，其难堪困苦之状，诚有笔难尽述者。且查属县担购合作社数目，超越本省各县十倍、二十倍、数十倍以上，占全省四分之一有奇。抄有全省担认合作社小麦数目表一纸附呈。如上分配，不仅本县麦秋歉收无力担负，事实上亦有向隅之叹。近又闻摊购秋粮九千五百吨，民众无不惊恐万状，走相告语，公推民等充当代表，代为呼吁。民等为地方人民计，为下情上达计，除奔赴本省各宪请愿外，谨遵照河南省公署公布驻军给养临时补助办法第五条之规定，电请我总署长案下，俯念下情赐予量减，以纾民困而解倒悬，无量祈祷。盼复之至。河南省商邱县各区民众代表侯和卿〔下略十七人〕叩。江。

〔伪华北政务委员会内务总署档案〕

黄佐安等陈控海门卸任县长苛征勒捐呈

（1943年）

为卸任县长蔡宝璜在任苛征勒捐，民食几尽，请求迅赐彻查严办，以儆效尤而安人心事：窃卸任县长蔡宝璜自去春到任之初，即异〔想〕天开，除重征赋税以外，创行各乡区派捐之例，初则派之于商，继而摊之于民，稍不遂意，威吓交加，商疲民困，由来已久，上行下效，遍地捐声，时有鬻子售产，卖尽食粮缴款之惨剧，积习年余，民穷财尽。无怪今春演成遍地绝粮，民有菜色之状态，蔡前县长所造成之罪恶，罄竹难书。兹择其荦荦大者，为吾钧长陈之：一、加重地方税，表面依照从前税率，改为估价抽税，实则较前重二、三十倍，或竟四、五十倍，另加手续费，几于超过所购之物价。重以青龙港一港出入，其所派之码头管理处职员，更如狼如虎，稍有不合，没收物品，因之商民过境，畏之甚于畏虎。此种事实，尽人皆知。请查办者一。二、地方军队招待，循例由县府出款，乃蔡前县长遇有事故，即令区公所各乡派捐，每月每旬，时有捐款，捐则几十万，几百万不等，约计全县统有五千万元之巨。有此骇人听闻之创举，故蔡县长逃走时，约计前后搜括所得共五、六百万元，即科长等亦数十万元，此为民众所共知，即清乡长官、特工长官访问所及，谅亦洞悉。请查办者二。

三、田赋每亩八角，附加浚河特捐八角，共计每亩一元六角，后改每亩粮食二升，以九二折计算，约三元六角，另加苏北农民基金一元，共计额定四元六角，而蔡任县市总柜附近，每亩征六、七元，离县稍远之东乡，如四、五、六区分柜，则每亩竟征至十、七八元不等。据传闻所得，蔡县长、科长、职员，均规定成数，所以收数颇多，私囊甚大，作弊出于情理之外，搜刮未免过于深刻。应请查办者三。总之，蔡前县长存心既为搜刮而来，不肯供应军队，军队无饷需，不得不出之派捐，既出派捐，蔡又乘机摊派，苛重之余，民产荡然。以去年丰收之岁，今春尚炊烟时绝，求乞载道，虽少饿莩，甚于倒悬。考查蔡任以前，驻军较多，一切供应，并未派捐地方，蔡何人斯，胆敢如此贪暴，幸而清乡开始，解职逃走，如果壅于上闻，民冤永无昭雪之日，事实所在，询之商人、民众，即能尽得其情。所有蔡县长在任苛征勒捐缘由，为敢据实具文，环请钧座迅赐俯怜下情，密令江苏省长赶速派员彻查严办，以儆效尤而安人心，实为德便。谨呈

国民政府清乡委员会委员长汪

海门县民　黄佐安　史德成
铺保海门悦来镇陆中和号

中华民国三十二年　月　日

〔汪伪清乡委员会档案〕

淮安县县民戴注礼等陈诉田赋太重又复带征保安队警察给养请荡涤积弊呈

（1944年2月15日）

呈为呈请清查粮田，荡涤积弊，以之减轻赋率，豁免"匪区"田赋，以儆官邪而苏民困事：窃民等前因淮安田赋太重，嗣更追加

给养，民力难胜，恳请遵照非常时期征收田赋条例及田赋附加限制办法，分别制止减轻，以苏民困而培国本一案，已经奉批，呈悉。已据情令饬苏淮特别区行政公署查核办理饬遵具报矣。此批。等因。奉此。查淮安县田赋之重，为从来所未有，而更追加给养，尤觉骇人听闻。然究其症结所在，则为将实征粮田以多报少，以致赋率不得不因之加重，赋率虽大事增加，犹不足与匿报之田亩相配合，于是始而强征实物，继而追加给养，种种变幻离奇，残民以逞，总缘实征粮田匿报过巨，不得不以酷济贪也。何以言之？淮安在册粮田共七千三百顷，闻康前县长呈报实征者才一千三百五十顷，薛县长更减报为八百一十顷，报征之数才及全面百分之十一，赋率安得不因之加重，又安得不巧立名目，追加给养。本邑陷入匪区之地域是否有百分之八十九，事实具在，不难查考。又对上既报免至百分之八十九矣，乃对下则仍按全面七千三百顷催征，不知其所报陷入匪区之田究在何处，被免之户究为何人，似此对上报免，对下催征，祸国殃民，莫此为甚。又追加给养一案，虽奉行政公署批驳，现竟倒行逆施，不顾一切，在二期田赋上迳行带征淮安保安队警察给养每亩粮田十四元五角五分（二期四赋仅十三元六角），系按实征粮田八百一十顷之收入，队警三千人，每人每月七十八元，五个月之支出计算者，至其实际征取，则仍按全面七千三百顷催征，是不啻又得到一重利薮矣。该给养已随田赋于二月一日起开征，而队警现仍责令各区代其索取给养，即本城内，亦强迫办理，毫无忌惮，县长置若罔闻，即有控诉，亦空言搪塞，似此重迭征取，人民实不堪其虐。尤可异者，以县府自行征取给养，恐干查办，乃利用地方上少数人士，指派其组织地方给养保管委员会，以冒充田业全体代表；以之朦上压下，以遂其私。该委员会名为保管，其实既不经收，又不发放，一切账籍无从寓目，不过为县府之一傀儡，一旗帜耳。可笑亦可怜也。总之，其致弊之由，既在匿报田亩，则自应从清查田亩入手，以期水落石出。清查田亩办法，最好责令淮安县长按照本县疆域，绘一详图，注明何地为"匪区"，何地为非"匪区"，"匪区"几多方里，非"匪区"几多方里，按里计田，则本县全面粮田七千三百顷，陷入"匪区"者为几多顷，隶属非"匪区"者为几多顷，自可昭然若扬，一览便知矣。更将该图多多印制，到处张贴，务使人人知晓，上下沟通，如此办理，则实征粮田或许比较原报数溢出三、四倍之多（亦只及全面之半数），以之摊征支出总额，则税率亦自可减低三、四倍之巨矣，真正陷入"匪区"田亩，亦自可囡而豁免，不受赔累之苦矣。国府减轻田赋，培养国本之目的，亦自可因之达到矣。上以利国，下以利民，所不利者仅中饱之蠹耳。凡具有为国为民之心者，当不以斯言为河汉也。又非法征取之给养，亦应令其即日取销，如谓队警饷项不足，不妨比照他县饷额，酌量增加，不得假藉名义，巧立名目，夺取民财，希图中饱。至队警私自强征，尤应责令严禁，否则县长应负纵队殃民之责。又淮安队警多至三千名，复杂腐化，毫无纪律，不切实用，徒扰人民，亦应比照其他二等县，责令大事裁汰，以轻人民负担，而免不戢自焚。为此渎呈钧院，恳祈俯赐按照所呈各节，饬令淮海省政府责令淮安县长，赶速绘制淮安田亩详图，以便豁免"匪区"田赋，以之减轻赋率，官征私征之给养，应责令即日分别取销禁止，以重院令而恤民艰，实为公德两便。所呈是否有当？伏乞批示祗遵。钧批祈寄至宝应北门外镇泰布号代收。谨呈

行政院长汪

具呈人　戴注礼

〔以下略十二人〕

中华民国三十三年二月十五日

〔伪华北政务委员会档案〕

江苏常熟县第十区乡民李绥之等控诉土豪恶霸等苛捐杂费敲诈勒索呈

(1944年7月3日)

为苛捐杂费,暴敛横征,勒索敲诈,民不堪命,环请派员密查,以解倒悬而苏民困事:窃民等均系常熟县第十区安分良民,自丁丑事变以来,迭遭盗匪、土豪、恶霸以及类似军警互相勾结,饰词敲诈,人民早已十室九空,惟天灾不常,尚能预思患防,而盗匪、土豪恶势力之横加勒索,其手段残酷诚无法避免。若辈以地方行政为联络各机关,上下其手,稍拂其意,则私设刑具,如老虎凳、吊打等,则受害之残酷不可以言语形容者。民等呼吁无门,即呈诉于县政府,县长亦畏之如虎,亦从未闻有查办者,而具名者恐遭无穷之祸,饮泣吞声,惟有自恨生不逢辰而已。民等年逾花甲,皆垂死之人,况无报复之心,亦不希冀惩办,但求仁长饬委密查民等所陈不诬而已。谨将近月来地方状况约略言之:

(一)在未清乡之前,人民迭遭惨无人道之痛苦已成过去,不料既清乡之后,反变本加厉,日盛一日。游匪、土豪、恶霸等手腕灵敏,阳假参加和运美名,充任地方要职,联络各机关,阴实借题敲诈良民,其手段毒辣,于时变后游匪、盗匪无以过之。因匪盗之目的,注意在殷实富户,而中下之家不与焉,近则敲诈平贫小民,竟无一漏网矣。

(一)各乡乡长皆若辈爪牙充任,其征收亩捐月增年加。以今岁论之,春季每亩实收三十元至五十元不等,夏季每亩征收五十元至六十元不等。此外尚有假名军警食粮,征收麦捐,每亩收元麦二升(老斗),殷户不在此范围内。更须特别加增,若恤济乡则收每户自二石至十石不等,捐项自二千元至六千元不等。近有小殷户顾承祖、陆善余二户，住恤济乡，因未见县府布告，不服此种办法，纳款稍迟，已被区公所立即拘捕，责令如数认捐款外，并各处罚金二万元，以儆其余，且令其不许在外声张。从中设法敲诈者，一为吴朝宰（前任国民党员），二为何武奎（前新四军排长），三为沈凤林（今恤济乡乡长之子）。查各乡区最小区域约计田一万亩左右，最大者二、三万亩不等，平均计之，每乡每季征收四、五十万元至百余万元不等，迄今四年，从未见有片纸只字账略报告民众，任听若辈嫖赌吃喝，无人敢于过问者。

(一)今春又组织北沙区地方自治事业促进会名目，主任为吴朝宰，住本区双桥镇，以十个乡区为范围，每亩初次征收十元，现下第二次征收，每亩十五元，计田数在十五万亩以上，计田收捐，可得三百万元以上。其征收此项巨款，所办地方何事，亦未明白宣布。若双桥为东西往来要道，该桥自该会成立后，开始拆毁，迄未建造，行人车轮往来，均须绕道而行，怨声载道。其组织之自治促进会机关，搜罗一般无赖为会员，专事帮同敲诈分肥，近日中沙区有刘秉书者，觊觎吴之收入巨款，接踵成立，每亩征收二十元，征收数量、范围尤扩大矣。

(一)地方凡遇军队过境，或官长莅临视【察】，除已收亩捐等种种外，则再收临时招待费，如上月南丰乡有友邦飞机坠落，而该乡公所收捐每亩二十元。若永丰镇封头坝上年经海潮冲破，本有附近之人修理，为数甚微，该乡公所联络土棍举办，每亩征收三十元，总计近百万元。且假名保安队队长为号召，人民畏其权威，巨款立集，违则拘押，私刑吊打。

(一)警员之横行。上年岁底，该所警员四出向乡间各户有宅沟之家查封渔舟，自由捕鱼，除责令有沟户主供给酒饭外，另外索车资，并将捕得之鱼沿途出售，变得现钞而去。又有登澄乡良民陆丕隆家，田沟内畜鱼无多，不足满其欲望，该警员大为震怒，立即责令赔偿川资及损失，再三请人讨情，津贴数百元而去。

（一）警员沿途遇有孤身良民，必以检查为名，有钞票查眷没收充公，无钞则拘捕私刑吊打，勒保赎出。上月驻防乐余镇北市将张养春药铺内之亲戚捕去，不问情由，私刑吊打，竟与强盗一般，后经李乡长士德取保，以三千元为寿了案释放。

以上各节，均约略陈之，其他惨无人道之事不堪尽述。上开行为，上级长官是否觉察，抑明知故纵，无从揣测，似于清乡区域如此黑暗实属骇人听闻。

钧长具悲天悯人宏愿，应如何援救彻查，俾无辜小民以冀早出水火而登衽席，实出地方长官之赐。谨呈
行政院院长汪

具呈人　李绥之

〔下略四人〕

中华民国三十三年七月三日

〔汪伪行政院档案〕

萧山县民赵大荣何士元等陈控县乡勾结苛征田赋滥派田捐情形呈

（1944年7月）

（1）赵大荣等呈（7月19日）

呈为环请事：窃查萧山县政府布告，本年春季田赋每亩应缴数目含混其词，其公事方面通饬各乡镇公所每亩征收一百六十元，而城北乡公所向佃农每亩征收三百五十元，其他乡镇公所三百二十元、三百三十元不一，田、地、山、荡悉如田亩数照缴，荒田亦一律征收（即不能种春花之田地）。征收该项田赋，县、乡均不给收据与出款人。查萧山一县，全县田亩约有三十万亩之谱，其报省若干，不得而知，而我城北一乡田地亦足有三万余亩，而报县

之数不及二万亩，闻该项田亩匿报与浮收自省及县与各机关团体一致连络，互相分润。除田赋以外，其他陆续派款，亦以城北乡为最苦痛，自今年旧历正月份起，田地每亩已派至千有余元。试思田地每亩春季收益，最上年成，如收获小麦四斗，最高价格不过六七百元之谱，如种蚕豆，出息更微，尚须加以人工肥料。盖城北乡乡长汤佩芳，本系地方无赖，胞兄汤佩萱在萧山县政府充当第一科长，所以上下其手，曲为庇护，该汤佩芳竟常著军服，持枪恫吓，将住民任意捕去，擅自拘禁，扃至十日以上不讯释移送者，比比皆是。人民无辜受此冤抑，理宜早向地方政府控诉，无如渠等竟沆瀣一气，朋比为奸，民众莫可告诉。过去之事实，例如有人控告其贪渎团体内之份子者，其手段即将原控人拘禁，停止接见，凌之以酷刑，迫之以威胁，或买通无赖，或勾通匪类，乘深夜无备，结果其性命，倾家而能保留性命者，犹谓幸事也，所以不敢控告。此次实因迫不得已，如告亦死，不告亦死，与其不告死，不如告而死为愈。如钧院能为肃政救民，解决整个民众被地方政府压迫敲剥问题，务请依法彻查惩办，若以权力不及，抑或上下相护，则亦毋庸深究。为民众者被若辈任何敲剥吮吸，如能应命则应命之，不能应命，既无法理可绳，只好以性命牺牲之。如蒙准予所请，乞勿以一纸公文饬省转县，该项例行方式无非虚费手续。现在萧山县习惯，往往遇到彻查案件，必向委员请酒，及厚送程仪，结果将案冰搁，所需之款仍向民众担负摊派，所以其违法殃民之胆愈弄愈大，如照此办法，不若不办为痛快。彻查方法，惟须派员三人以上，秘密各别分查，汇报综核，并请将原控人等姓名严守秘密，及保障危险。盖汤佩芳等兄弟征收田赋，历年均有匿报浮收，其不义财除狂嫖滥赌吸食鸦片，为各政府机关长官趋奉好敬外，尚积有数千万。原控人等贫苦，胼手胝足，终日辛勤，麦麸未得一饱，倘委员到达，茶水尚无力供给，贫富大相悬殊，财势滔天，所深恐也。自汤姓兄弟充乡、科长以来，乡民经济日促，均已停娶节育，售田地，卖子女之一法，以苟延其性命而已。是以检奉萧山县政府布告一纸，仰祈钧院迅予派员到地彻查，如果确实，应请令饬特别法庭严办，如所控不实，请加重处断。倘委员情节未明，原控人等可以面呈梗概，原控人等住址均在浙江省 萧山县城北乡第十五 保九、十甲，十三保三甲。批示请寄发萧山县城内祇园寺转，合并陈明。谨呈

国民政府行政院

　　计呈送萧山县政府告一纸〔略〕

　　　　浙江省萧山县城北乡第十五保十甲农民　赵大荣

　　　　　　九甲　赵宝顺

　　　　　　　〔下略五人〕

中华民国三十三年七月十九日

　　　　　　(2)何士元等呈（ 7 月20日）

　　具呈人　浙江萧山县公民代表何士元　年五十岁

　　职业农　现住萧山县长河乡后墙门

　　窃查吾萧现所征收之田地生产捐（现改名为事业经费），苛扰累民，曾经民等于月前具文萧山县政府，请求废止改征田赋在案。嗣奉批饬举证，即经推举代表 赴县面陈，复经将证件拍 照呈送，理应秉公办理合法处置，不料萧山县政府非但毫无表示，仍然一味听任各乡公所照旧征收，毫无改善之意，故逼不得已，惟有声叙理由，请求上级机关予以纠正。兹谨将此捐之非法情形，积弊种种，条分缕述，为我钧长谨陈之

　　甲、非法各点

　　一、捐率擅自妄增　萧山之收此项捐款，创始于民国二十九年，其时仅收豆或麦，每亩二升，折征老币二角五分（即储币一角二分五厘），去年春季每亩收四十五元，秋季每亩加至一百八十元，今年又加到三百六十元一亩，四百多元一亩不等，较之以前

834

计增加三千多倍。如此妄自增加，究竟何所依据。

二、不顾生产情形　本年田地春花，歉则二、三斗，丰则四、五斗，全部生产价值至多不过五六百元。今征捐三百六十元一亩，歉者不免赔纳，丰亦所剩无多，使农民衣食种作用款分文无有，造成田荒地白，生产减少之局面。征捐如许，实属不顾实际生产情形，竭泽而渔，已甚明显。

三、不顾实际支出　本县实际收捐亩数，前据张县长面告谓有十七万余亩，如均照三百六十元一亩计算，则全县春季生产捐共可收六千一百二十万元，半年县政经费以及各乡公所事业经费无论如何决不至需要如此之巨。今征捐如许，实属不顾实际支出，迹近聚敛。

四、不合田地科则　萧山之征收是项捐款，其性质原系过渡时期之一种变相田赋，惟萧山土地沙地居多，战前民田一亩收田赋七、八角，沙地一亩仅收税银六、七分。税率根本不同，生产亦田多地少，今强令田、地一律征捐，不分等别，实属不明田地情形，不合以前科则，征捐不公。

五、重征烟田亩捐　萧山土产烟为大宗，是皆农民以增加劳力资本之结果，致增加耕地之生产力，系属农地改良物之一种，按照土地法之规定，本不得征税。况人民已于春、秋两期缴纳生产捐，如再巧立名目，另征烟田亩捐，实属苛扰重征。且嵊县、新昌均产烟叶，均无此捐，萧山又岂能独有。

乙、积弊种种

一、田亩隐瞒太多　萧山实际全县私有田地亩分共有一百余万亩，实际可以征捐之田地最少当在五、六十万亩之数，现据张县长所告谓全县实收亩数仅十七万多亩，可知各乡隐瞒田亩之多。即以一区城北乡而论，该乡原系俞龙、荏盛、井富等村所合并。按照当时记载，共有田地亩分四万七千三百六十六亩，二十年以后，新涨沙地又有七、八千亩，可知该乡田地亩分当在五万以上，今该乡报县田亩仅一万七千亩，不知其他各地何以不报。如此任意隐瞒，企图中饱，实属非分已极，理应予以彻究。

二、捐率参差不齐 本年春季生产捐萧山一区所属长河乡每亩三百六十元，长兴乡每亩收三百元，城北乡每亩收三百五十元、二百八十元不等。同在一县一区之内，竟参差不齐一至于此，此中情弊相沿已久。盖每亩多收十元，则乡公所方面最少即可非法多征一、二十万元（须按照各乡实际征捐亩数之多寡以断），县政府不加监督，乡镇任意浮收，上下相朦，巧取豪夺，实不得不予审究。

三、收捐并不给据 去年各乡所收生产捐，迄今未曾给据，今年春季所收之捐，一如往例，不给收据。有意诿卸罪责，淆乱视听，实属非法之极，若不严予纠正，任其滥施征索，何以儆贪污而肃官箴。

综上所陈各点，可知萧山现所征收之田地生产捐（现改为事业经费），完全苛扰累民，积弊严重，绝对应予废止，依法严究，改征田赋，杜绝中饱，清查隐瞒田亩，返还浮收之款，则捐率可以减小，民负可以减轻，而政府收入复不至于短绌，一举而数善皆备。故特沥叙下情，伏乞恩准派员彻查，转饬浙江省政府秉公处置，依法严究，以苏民困，无任迫切待命之至。谨呈
国民政府行政院

浙江萧山县公民代表　何土元

来葆薇

华　连

中华民国三十三年七月二十日

〔汪伪行政院档案〕

河北顺义县属金盏村村民李通缕陈杂捐摊派苛重情形呈

（1945年5月1日）

呈为吁请民生俯查恤减事：窃小民籍居河北顺义县属金盏村，母子相依祖产四十亩，节衣俭食，苦度农生，讵料卑村自由大兴划归顺义管辖以来，民困火热，尤深加厉。惟小民自感国之存亡，匹夫有责，理应各尽人力、物力，供献当局，虽处参战时期，亦不能弃国之三要，民为邦本定义。民家只老母父女三口，度此四十亩农生，致难维窘状，时感断薪之馁。俗云五亩之田，养八口之家，思之栗然。查召致民困之旨，究归担负过重耳。小民处此官征暴敛之下，痛别母女，现在枣强任差科员，以减家中担负，而助老母不感断薪之苦，权宜母饱计，忽于昨接家母函索现款千元，以作供交地亩杂捐之用。小民在外任差，薪俸仅堪糊口。岂有千元之蓄，闻索之下，悲痛交加。复思历次官征，均限令出款解交不容刻，一旦款措不及，老母在家定遭官刑无疑，遂乞在衙同仁暂借五百元，先汇家母交捐。民复思此项杂捐，月有十数余起，嗣以何计应付，实堪令人百思无生。小民在家难饱，在外难支，但似我苦痛者恐不知凡几，此亦恐只我顺义民状有之，其他良心为政县份者望尘莫及也。缕将去年（33）十月至今年四月，计半个年份，民脂供交者，综列呈鉴：

1．第一期修炮楼派款，每亩地一·八七。

2．派大车无代价，出车十余天。

3．官征木材（送木借词不收）派款，每亩〇·四〇。

4．区所征招待军警饭费、烟茶费派款，每亩〇·四〇。

5．官征杂谷，每亩一六斤五两，未发价（刁难百般，净要黄玉米，其他不要）。

6．二期修炮楼派砖，以砖变价，每亩派款〇·六〇。

7．二期派人工，去人不要，以工折价，派款每亩〇·大〇。

8．二期派粮（小米），给粮不要，折价派款每亩〇·六〇。

9．二期派瓦木匠工，折价派款每亩五·〇〇。

10．二期派大车，去车不收，变价派款，每亩〇·六〇。

11．派劳工（不要人），以工折价，派款每亩二·〇〇。

12．十区公送某翻译节礼，派款每亩一·〇〇。

13．官征补助九区修炮楼，派款（九区米各庄）每亩一·五〇。

14．官征大车（修飞机场用），不要车，折价派款，每亩一·五〇。

15．官征大车派款（上王汛庄运送），不要车，折价派款，每亩一·〇〇。

16．官派青年勤劳奉仕（不要去人），折价派款，每亩二·〇〇。

17．官征油料（以收买名）每亩花生仁五两，麻子仁二两，芝麻六两，棉花四两，迄未发价。

18．但右项17，且以收买为名，而又不收现品，派令折价，有以30估交者，有35估值者，后以官征，不发代价。

19．第一期征铜（又不收现品）每亩折交一·〇〇（但此项有交出者，亦有未交者）。

20．官征工人菜金（通州飞机场工人），派款每亩〇·五〇。

21．顺义绅商联合会供给满洲军费，派款每亩二·〇〇。

22．修袭击待避所（张辛庄站），派款每亩四〇·〇〇，折收黄玉米二斤。

23．官征立孙河保甲联合会开办经费，派款每亩〇·五〇附征黄玉米每亩四两。

24．二期征铜（刻下施征），每亩征铜五两，但不收现品，派款每亩二・〇〇（但征收人吩咐，以铜折价之事，不叫声张）。等等。

以上有形粮款计二四项，分别交纳外，其区、村公所随时派摊，五花八门之款目不克详计（如煤、柴、茶、烟、米、面、肉，招待、送礼、生日、寿日等费）此项酌以每亩估粮二斗五计值供出。以上种种上陈，实感民在火热之中，生不如死，又念母女在生，残存乏术，故特冒胆上陈。素仰座大人清风勖政，爱民如子，敬遄奏闻。倘不以小民枉禀，伏恳鉴核，俯赐查察，疾苏倒悬，实为德便。谨呈
委员长大人钧鉴

河北顺义县属金盏村村民　李通呈

五月一日

附禀者：此文上呈，缘谓奏闻我们中华民族疾苦倒悬之状，非系控举官方，叩请主座勿究，乃民之幸也。忆前夏县太爷因渎上查，将任三年，搜括民脂千万元，仅出百万运动有力关系者，即可平安无事，现居京九条，度民脂法外生活。次任王公、张公，足可同日而语也。

〔华北政务委员会档案〕

二、对日侨课税的特殊政策

汪伪行政院抄发居留中国日本国臣民课税要纲训令稿

（1943年7月8日）

训令　院字第854号

令 外交部
　　财政

前据 该 外交 部呈送居留中华民国之日本国臣民课税要纲草案到院，当经转呈中央政治委员会备案，兹准中央政治委员会秘书厅中政秘字第二七三六号公函内开：案奉主席交下云云至至希查照为荷。等由。除分行外，合行检同要纲，令仰该部知照。此令。

　　计发居留中华民国日本国臣民课税要纲一份

　　　　　　　　　　　　　　　院长　汪〇〇

中华民国三十二年七月八日

　　　对于居留于中华民国之日本国臣民课税要纲草案

　　一、承认中国方面之课税

　　居留于中华民国领域内之日本国臣民，对于中国之课税，不论其向已缴纳及尚未缴纳，均服从中国课税之原则，日方概予承认。

　　关于承认上项原则之条约，于七月底前缔结。

　　中华民国三十二年八月以后，中国方具体实施课税之前，由国民政府外交部部长将中国之税种及税法，尽早通知驻华日本使馆。

　　注一：事前应先与日方协议，俟双方意见一致后，通知实施。此点由秘密交换公文说明之。

　　注二：中国方面实施课税之时，考虑宽留技术上必要之裕余时间。

　　二、确保日本人纳税之措置

　　在治外法权尚未全面撤废之前，中国方面对于日本国臣民检查帐簿，强制征收、处罚等执行权，除惯例上既经实行者外，应由日方讲求必要之法制的措置，使尽纳税义务。

注：日方对我国惯例上既已行使之执行权，在治外法权尚未全面撤废以前，法理上难以承认。此点由秘密交换公文说明之。

三、关于特定税种之特殊措置

(一)关于所得税、营业税及其相当之税、在治外法权尚未全面撤废以前，采取双方商定税额，由民团、民会代征等方法。

(二)其他税种，尤以地方税中，对于课税标准之决定并征收等,有引起日籍纳税人与征收机关间纷争之虞者,应协议特殊措置。

注：引用上项所述税种，另行商定之。

四、与民团税（包含民会课金）间之调整

与民团、民会之所得税、营业税、特殊营业者税相同之税种，中国方面于民国三十三年三月前，暂不课税。

注：民团、民会。

(一)因民国三十二年八月以后中国方面开始课税，日本方面应考虑废止现行特别税中之土地税、家屋税、不动产取得税及车辆税等。

普通税中之游兴饮食税、酒税等，暂与中国方面并课之。

(二)因民国三十三年四月以后中国方面之课税，日本方面应考虑废止现行普通税中之观览税、特殊营业者税及酒税等。

普通税中所得税、营业税、游兴饮食税等，暂与中国方面并课之。

五、对于日方公共设施之免税

中国方面对于日方之民团、民会、公益团体等，原则上不予课税。

六、中国方面课税制度之整顿

中国方面国税、地方税之制度，速行整顿。

注：此条于秘密交换公文中申述之。

七、第三国关系

中国方面应速行交涉,使第三国与日方同样承认中国之课税。

备考

随日本之逐渐撤废治外法权，中国应设法逐渐开放内地。

注：此点于交换公文中申述之。

〔汪伪行政院档案〕

汪日签订在华日侨课税条约有关文件

（1943年7月31日）

（1）中华民国日本国间关于对在中华民国之日
本国臣民课税之条约

大中华民国国民政府及大日本帝国政府依照中华民国三十二年一月九日，即昭和十八年一月九日签订之关于协力完遂战争之中日共同宣言之本旨，并根据同日签订之中华民国日本国间关于交还租界及撤废治外法权等之协定之规定，关于日本国在中华民国所有之治外法权先对于日本国臣民适用中华民国课税法令，协定如左：

第一条　日本国臣民在中华民国领域内，应依据本条约附属协定之规定，服从中华民国课税法令。

关于本条之适用，无论如何，日本国臣民不受较次于中华民国国民之待遇。

前二项规定，得适用于法人之处，亦适用于日本国法人。

第二条　本条约自中华民国三十二年八月一日，即昭和十八年八月一日起实施之。

下列签字者各奉本国政府正当之委任，将本条约签字盖印，以昭信守。

中华民国三十二年七月三十一日
昭　　和十八年七月三十一日 订于南京，以中文及日文各缮本条约二份。

（2）附属协定

当本日签订中华民国日本国间关于对在中华民国之日本国臣民课税之条约，两国全权委员协定如左：

第一条　依照条约第一条规定，日本国臣民所应服从之中华民国法令之范围及适用之方式，应由中华民国政府外交部部长事前通知驻中华民国大日本帝国特命全权大使。

第二条　依照条约第一条规定，日本国臣民所应服从之中华民国法令，对于日本国臣民之适用及执行有应依据司法手续者，在日本国臣民服从中华民国裁判管辖权以前，由日本国领事官实行之。

前项施行时，日本国领事官应依据领事裁判之一般准则，适用中华民国该项法令。

依照本条规定，宣示罚金等时，其罚金等均归中华民国。

第三条　依照条约第一条规定，日本国臣民对于根据其所应服从之中华民国法令之中华民国该官宪之行政处分有不服时，中华民国政府应讲求适当措置以纠正之。

第四条　中华民国政府其现行租税制度如须整顿者，应速自行整顿之。

第五条　依照条约第一条规定，日本国臣民所应服从之中华民国法令之范围及适用之方式，应各在中日两国公报公布之。

第六条　本协定应与条约同时实施之。

为此，两国全权委员将本协定签字盖印，以昭信守。

中华民国三十二年七月三十一日

昭　　　和十八年七月三十一日　订于南京

（3）中日两国全权委员间关于中华民国日本国

间关于对在中华民国之日本国臣民课税之条约了解事项

当本日签订中华民国日本国间关于对在中华民国之日本国臣民课税之条约，两国全权委员间成立了解，作为实施本条约之暂行措置如左：

第一　关于附属协定第二条

本条之规定，在中华民国政府外交部部长与驻中华民国大日本帝国特命全权大使间另行协议决定以前，暂不适用。

第二　关于附属协定第三条

在暂时间，中华民国政府不施行根据日本国臣民所应服从中华民国课税法令之行政处分之用强制力者。

第三　关于本了解事项第一及第二

日本国政府应另行采取必要之措置，使日本国臣民根据本条约纳税。

中华民国三十二年七月三十一日
昭　　　和十八年七月三十一日　订于南京

（4）谷正之致褚民谊照会

迳启者：本日阁下与本使间已签订关于对在中华民国之日本国臣民课税之条约，是为本使所最引为欣快者。兹乘此机会，关于本条约之实施，日本方面希望日本居留民团及民会等公益团体，并与其经营有关之公共设施，原则上能免除课税。应请贵部长查照，并将中国方面之意向见复为荷。本大使顺向贵部长重表敬意。此致

大中华民国国民政府外交部部长褚阁下

大日本帝国特命全权大使　谷正之

昭和十八年七月三十一日

（5）褚民谊复谷正之照会

迳复者：本日准贵大使来照内开：〔略〕等由到部。业经阅悉。对于上述希望，中华民国政府可承认。相应照复贵大使查照为荷。本部长顺向贵大使重表敬意。此致
大日本帝国特命全权大使谷阁下

　　　　　　　　大中华民国国民政府外交部部长　褚民谊
中华民国三十二年七月三十一日

（6）谷正之致褚民谊照会

迳启者：关于本日签订之中华民国日本国间关于对在中华民国之日本国臣民课税之条约附属协定第一条，本使兹向贵部长提议左项：

在暂时间，中华民国政府外交部部长对于日本国臣民所应服从之中华民国课税法令之范围及适用之方式，应与驻中华民国大日本帝国特命全权大使间充分协议之，并应依据此协议所决定实施本条之通知。

上述提议，应请贵部长查照，如能将中华民国政府之同意见复，实深感荷。本大使顺向贵部长重表敬意。此致
大中华民国国民政府外交部部长褚阁下

　　　　　　驻中华民国大日本帝国特命全权大使　谷正之
昭和十八年七月三十一日于南京

（7）褚民谊复谷正之照会

迳复者：本日准贵大使来照内开：〔略〕等由到部。业经阅悉。对于上述提议，中华民国政府可赞同。相应照复贵大使查照为荷。本部长顺向贵大使重表敬意。此致
驻中华民国大日本帝国特命全权大使谷阁下

　　　　　　　　大中华民国国民政府外交部部长　褚民谊
中华民国三十二年七月三十一日于南京

（8）交涉缔结对在中华民国之日本国臣民课税
之条约时关于开放内地问题之纪录

在交涉缔结关于对在中华民国之日本国臣民课税之条约时，日本方面关于中国开放内地之问题提出希望如左：

日本国政府根据中日间关于交还租界及撤废治外法权等之协定，实行撤废在中国之治外法权，拟先由课税权着手，而逐步进展。至于全面撤废，希望中国方面对应上述日本方面之措置及意向，作具体的准备，俾能实施逐渐开放其领域，使日本国臣民得居住营业。

中国方面对于上述日本方面之希望表示同意。
中华民国三十二年七月三十一日

褚

谷

〔汪伪中央政治委员会及国防委员会档案〕

汪伪外交部关于对日减免课税措置呈

（1943 年 9 月 14 日）

案查中日间签订关于在中华民国之日本国臣民课税之条约一案，业经本部检同关系文件呈报钧院鉴核在案。兹依照该条约附属协定第一条之规定，所有在华日侨应行服从之税种、税法，以及适用地区暨实施日期等，制成表册，并为表示协力大东亚战争起见，国民政府对于：

（一）日本在华军人军属免除课税。

（二）日本在华军需物件免除课税。

（三）在中国所经营之超重点产业，而为完遂大东亚战争所必要之物件，经日方之申请，得酌减或免除课税。

（四）对日重要输出物资，经日方之申请，得酌减或免除课税。

采取减免课税之措置，已由本部并案照请日本大使馆查照办理在案。再关于此项表册，中、日双方约定于九月二十日在南京、东京两地同时刊载政府公报发表。除咨请财政部查照外，理合检同前项表册两份，呈请钧院鉴赐核转，如期刊登政府公报，实为公便。谨呈

行政院院长汪

附件〔略〕

外交部部长　褚民谊

次长　周隆庠代行

中华民国三十二年九月十四日

〔汪伪行政院档案〕

汪伪外交部陈报日使馆关于课税问题提出三点希望呈

（1944年3月7日）

案查关于在华日本国臣民第二次课税应服从之法令范围及适用状态一案，业于本年一月二十日呈报钧院鉴核在案。兹准日本大使馆政第五二号照称：依据上年七月三十一日贵我两国缔结之关于在中华民国日本国臣民课称条约附属协定第一条之规定，前准一月二十日第二次通知及修正第一次通知 经即呈报帝国政府，并令饬驻华各馆转饬各该管内日本臣民，一体服从各关系法令，以期贡献贵国财政在案。兹本大使关于课税问题尚有下列各项之希望：

（一）在华第三国人之课税拟请迅予进行交涉。

（二）整理杂税，并对整个中央税、地方税予以税制调整。

（三）既往贵部长通知本大使之税法，如有修正，鉴于条约之

精神，应与新颁法规同样办理，事先由贵部长与本大使协议取得一致意见后，再行通知本大使，若尚无修正通知之场合，日本国臣民亦无服从修正税法之义务。中央税及地方税之法令修正之际，欲使日本国臣民得与华人同时服从修正税法时，拟请事前与本大使协议，尤以华北及蒙疆关系之中央税及地方税等因土地远隔，日、华双方同时服从修正税法，必须协议，预定相当准备期间。此层拟请迅予令饬华北政务委员会及蒙古自治政府，暨其他之各省、特别市、普通市，凡既往通知之税法遇有修正之场合，应事先提前与中央联络。再条约上关于税法通知，由贵部长事前与本大使协议，无须日、华地方官宪间之事前协议，但为实际上处理课税圆滑并期中、日双方迅予取得中央联络起见，事前地方官宪间似属有连络之必要。此点亦拟请令饬各关系方面遵照办理，同时本大使亦指示在华各馆于地方上贵国方面连络，及与大使馆连络之方法。

以上各点，务期予以赞同，并祈查照办理。等因。查日本大使馆来照希望三点中，关于第一点，当由本部分别进行交涉，关于第二、三两点，拟请钧院分别咨令华北政务委员会、蒙古自治政府、财政部及各省、市政府遵照。惟究应如何答复之处，除咨财政部协商外，理合呈请钧院鉴核指令祗遵。谨呈
行政院院长汪

外交部部长　褚民谊

中华民国三十三年三月七日

〔汪伪行政院档案〕

郝鹏举陈述日本民团民会代征代缴日侨税款弊端请自行征收呈

（1944 年 3 月 29 日）

顷准财政部三十三年三月二十日智电内开：查在华日侨课税

案，关于所得税及地方税方面之营业税并其相当之税及在协定税目中者，定于四月一日起开始由日本在华民团、民会代征代缴，乃以采取双方商定税额办法，由日方集中，待由中央分别转拨。相应电请查照，迅即依据第二次发表日侨课税税目，估量本年度在贵省日侨营业情形，约计其应负担各税合计数量，请速电复，以凭汇核办理。等由。准此。查日侨税款由在华日本民团、民会代征代缴，既为双方商定办法，自应遵办。惟以本省境内，自兵燹之余，商业凋敝未复，所有大批货物均由日商经营，免税运销，获利独厚，已失赋税课征普及公平之原则，尤其收买物产，施予物资配给，莫不以日商为中心，至大量出产物之运输，亦非中国商人力量所及。中国商人均属劫后余生，既无雄厚资本，复受运销之限制，大多数仰赖于日商支持。更有一般幼稚商人，为避免检查及逃税起见，假借日商出资经营，或为日商代买代卖之名义，公然贩运，偷漏税款，统计损失，数目甚巨。

自去岁国府发表日侨课税后，中国商人以无假借之机会，大部均能遵章纳税，是以近两月来，收数较前骤增。日本民团、民会代征代缴，虽为施之于日侨之简便办法，而无稽查手续，中国商人势必再附于日商包庇之下。按已往事实，中国商人常有由外埠运入货物，该管税局诘问时，则云代某日商所购，及至追询，又以言语不通，时生误会，更有与日商所雇华工勾结，竟予承认。此种情形不胜枚举，经征机关均感困难。兹以日商税款既由民团、民会代征代缴，形近包办。嗣后日商贩运，经征机关当无稽查权限。中国商人向以逃税为能事，是无异假以逃税之机会，隐蚀税款必尤甚于前者。

次查关于日商在前免税时期，其营业情形，不能施以调查登记，发表课税之后，本省虽与当地驻在日本领事数度洽商，迄今未能正式征收，所有经过业经迭次呈请钧院与日本大使馆联络在案。现在税款既未正式课征，其营业状况故亦无法调查，所有其应负担各税数目，实难估量约计咨送财政部。

再查本省甫经成立，百政待举，需款孔殷，三十三年度预算，即将日侨税收列为收入大宗，若因此减少，难免影响其他政治。以本省现时环境而论，日侨税款，仍以本省各征收局直接征收为宜。除咨请财政部外，理合呈请钧院俯准将本省日侨税款照旧自行征收，以免中国商人假借取巧，损害税收，并请与日本大使馆联络，转饬徐州、海州两领事通知日侨遵章缴纳。是否有当，恭祈鉴核示遵，实为公便。谨呈

行政院

淮海省省长　郝鹏举

中华民国三十三年三月二十九日

〔汪伪行政院档案〕

（三）发行敲诈勒索的公债库券

汪伪国民政府公布1942年安定金融公债条例

（1942 年 5 月 31 日）

第一条　国民政府为整理旧法币，安定金融，发行民国三十一年安定金融公债，其总额为十五万万元。

第二条　本公债本息概以中央储备银行券支付之。

第三条　本公债定于民国三十一年六月一日发行。

第四条　本公债发行价格按照票面实收。

第五条　本公债利率定为年息五厘。

第六条　本公债每年付息二次，自发行之日起，每届六个月付息一次。

第七条　本公债用抽签法，分二十年偿还。自发行之日起，十年以内只付利息，自第十一年起，每六个月抽签一次，每次抽还总额四十分之一，至民国六十一年五月止全数偿清。但因必要得随时偿还全部或一部。

前项抽签于每年五月十五日，十一月十五日在南京举行，由财政部会同审计部派员办理，于各该月月终开始付款。

第八条　关于本公债还本付息事宜，由财政部委托中央储备银行代为经理。

第九条　本公债还本付息，特设特种会计办理之，即以该特种会计收入，由财政部按照本公债还本付息表所定，拨存中央储备银行民国三十一年安定金融公债基金户帐，以备偿付。

前项特种会计办法由财政部定之。

第十条　本公债概用记名式，票面定为十万元、五万元、一万元、五千元及一千元五种。

第十一条　本公债不得买卖及作担保，但向中央储备银行借款时以之担保，不在此限。

第十二条　对于本公债如有伪造或毁损信用之行为者，由司法机关依法惩办。

第十三条　本公债发行规则由财政部以部令定之。

第十四条　本条例自公布日施行。

〔汪伪组织档案〕

汪伪国民政府公布1942年甲种粮食库券条例

（1942年12月12日）

第一条　本库券定名为民国三十一年甲种粮食库券。

第二条　本库券定额为四万万元，以充国民政府购办粮食之用。

第三条　本库券系记名式，票面额分为一百万元、五十万元、十万元、一万元四种。

第四条　本库券以中央储备银行券支付之。

第五条　本库券自民国三十一年十二月十五日起发行，每次发行数目应由粮食管理委员会就该月购粮所需款额，一个月前商同财政部决定之，至发足四万万元为止。

第六条　本库券由财政部长、粮食管理委员会委员长签印后，交由中央储备银行承受之。

第七条　本库券利息由财政部、粮食管理委员会与中央储备银行商定之。

第八条　本库券定为一年期,期内得将本金及利息陆续偿还,至期满时偿清。

第九条　本库券以政府所购储之粮食为保证。

第十条　本库券收支帐目,应由财政部会同审计部随时稽核之。

第十一条　对于本库券如有伪造或毁损信用等情,由司法机关依法惩办。

第十二条　本条例自公布日施行。

〔汪伪组织档案〕

汪伪国民政府公布1942年乙种粮食库券条例

(1942年12月12日)

第一条　本库券定名为民国三十一年乙种粮食库券。

第二条　本库券定额为一万万元,以充国民政府建筑储粮仓库及办理一切粮政事业之用。

第三条　本库券系记名式,票面额分为一百万元、五十万元、十万元、一万元四种。

第四条　本库券以中央储备银行券支付之。

第五条　本库券定民国三十一年十二月十五日起分次发行。

第六条　本库券由财政部长及粮食管理委员会委员长签印后,交由中央储备银行承受之。

第七条　本库券利息由财政部、粮食管理委员会与中央储备银行商定之。

第八条　本库券自发行之日起,五年以内偿清之。

第九条　本库券以粮食管理委员会经营业务之财产为保证。

第十条　本库券收支帐目,应由财政部会同审计部随时稽核之。

第十一条　对于本库券如有伪造或毁损信用等情，由司法机关依法惩办。

第十二条　本条例自公布日施行。

〔汪伪组织档案〕

汪伪国民政府公布建设公债条例

（1944年1月24日）

第一条　本公债定名为国民政府建设公债，指定作浚垦淤浅湖沼，治理运河，振兴农田水利及其他建设事业之用。

第二条　本公债总额定为国币六万万元，于民国三十三年至三十五年之三年内，按照建设部每期计划实施时所需要之资金，分期发行。每期发行数额、发行时期、发行办法及还本付息表另定之。

国库如以现款拨付第一条所定建设事业费时，前项公债之发行总额得核减之。

第三条　本公债特设建设公债管理委员会办理，酌拟发行办法，保管基金，审定用途，核发款项及稽查帐目等事项。

前项管理委员会组织规程另定之。

第四条　本公债由财政部发行，交由中央储备银行承受或募集之。

其承受部份并得转售之。

第五条　本公债指定以第一条所规定之建设事业财产作担保，并以该事业之收益为支付本息基金，由建设公债管理委员会依照还本付息表分别拨付。

第六条　本公债售价及前条所列收益暨存款利息等，均应存入中央储备银行，分别列收建设公债管理委员会户帐。

第七条　本公债还本付息事宜，由财政部委托中央储备银行代为经理。

第八条　本公债票面分五十万元、五万元、一万元、五千元、一千元五种，概不记名。

第九条　本公债得自由买卖、抵押，并得为银行之保证准备金及其他公务上须交纳之保证金。

第十条　本公债如遇本条例所定建设事业之一部或全部有移转为公司组织之情形时，持票人得依据另定之入股办法，有以本公债向公司转账入股之优先权。其不愿入股者听。

第十一条　本公债如遇本条例所定建设事业中有向外放垦或售地时，持票人得依据另定之承领办法，有优先承领之权，并得以本公债承领。

第十二条　对于本公债如有伪造或毁损信用之行为者，由司法机关依法惩办。

第十三条　本条例自公布日施行。

〔汪伪行政院档案〕

汪伪公布国民政府建设公债第一期发行办法

（1944年4月17日）

一、总额　　　额面三万万元。

二、发行时期　民国三十三年四月。

三、发行价格　照额面九折发行。

四、息率　　　年息六厘。

五、付息时期　自发行之日起每届六个月付息一次。

六、还本时期　自发行后第四年起每六个月还本一次，每次平均偿还本金十分之一，至第八年为止全数偿清。

国民政府建设公债第一期还本付息表〔略〕

〔汪伪外交侨务系统档案〕

汪伪公布国民政府建设公债第二期发行办法

（1945年2月）

一、总额 额面三万万元。

二、发行时期 民国三十四年二月。

三、发行价格 照票面九折发行。

四、息率 年息六厘。

五、付息时期 自发行之日起每届六个月付息一次。

六、还本时期 自发行后第四年起每六个月还本一次，每次平均偿还本金十分之一，至第八年止全数偿清。

国民政府建设公债第二期还本付息表〔略〕

〔汪伪行政院档案〕

汪伪公布1943年甲种米粮库券条例

（1944年5月30日）

第一条 本库券定名为民国三十二年甲种米粮库券，以充国民政府贷与全国商业统制总会米粮统制委员会作购办米粮资金之用。

第二条 本库券定额为十二万万元，其发行数额及发行时期应视全国商业统制总会米粮统制委员会购入米粮及其配给情形，由财政部与中央储备银行商定之。

前项发行定额得酌量情形核减之。

第三条　本库券由财政部发行，交由中央储备银行承受之。

第四条　本库券定为一年以内偿还之贴现证券，其贴现率由财政部与中央储备银行酌量金融情形商定公布之。

第五条　本库券应还本金设置米粮资金会计处理之，即以该米粮资金会计之收入，拨存中央储备银行备付。

前项米粮资金会计办法由财政部定之。

第六条　本库券还本事宜由财政部委托中央储备银行代为经理。

第七条　本库券票面分为一百万元、一十万元、一万元三种，概不记名。

第八条　本库券得自由买卖、抵押，并得为银行之保证准备金及其他公务上应交纳之保证金。

第九条　对于本库券如有伪造、变造或毁损信用之行为者，由司法机关依法惩办。

第十条　本条例自公布日施行。

〔汪伪组织档案〕

汪伪公布1943年乙种米粮库券条例

（1944年5月30日）

第一条　本库券定名为民国三十二年乙种米粮库券，以充国民政府贷与全国商业统制总会米粮统制委员会作建筑储粮仓库及办理其他有关储粮事业资金之用。

第二条　本库券定额为二万万元，其发行数额及发行时期应按照事实需要，由财政部与中央储备银行商定之。

前项发行定额得酌量情形核减之。

第三条　本库券由财政部发行，交由中央储备银行承受之。

第四条　本库券发行价格由财政部定之。

第五条　本库券利率定为年息六厘，自发行之日起每届六个月付息一次。

第六条　本库券自发行之日起，于五年以内偿清之。

第七条　本库券应还本息设置米粮资金会计处理之，即以该米粮资金会计之收入，拨存中央储备银行备付。

前项米粮资金会计办法由财政部定之。

第八条　本库券还本付息事宜由财政部委托中央储备银行代为经理。

第九条　本库券票面分为一百万元、一十万元、一万元三种，概不记名。

第十条　本库券得自由买卖、抵押，并得为银行之保证准备金及其他公务上应交纳之保证金。

第十一条　对于本库券如有伪造、变造或毁损信用之行为者，由司法机关依法惩办。

第十二条　本条例自公布日施行。

〔汪伪组织档案〕

汪伪公布民国三十四年内国公债条例暨增加发行总额有关文件

（1945年3—8月）

（1）汪伪国民政府训令（3月14日）

字第一〇八号

国民政府训令　中华民国三十四年三月十四日

令行政院

查民国三十四年内国公债条例现经制定，明令公布，应即通饬施行。除分令外，合行抄发该公债条例，令仰该院知照，并饬所属一体知照。此令。

计抄发民国三十四年内国公债条例一份

代理主席　陈公博

行政院院长　陈公博

立法院院长　梁鸿志

民国三十四年内国公债条例

三十四年三月十四日公布

第一条　本公债定名为民国三十四年内国公债，以充增加生产，强化治安及调节金融之用。

第二条　本公债总额定为国币二百万万元，由财政部发行，交由中央储备银行承受或募集之。

前项总额得随时酌量财政情形核减发行之。

第三条　本公债分期发行，每期发行数额、发行日期及还本付息表，由财政部订定并公告之。

第四条　本公债发行价格，按照票面实收。

第五条　本公债利率定为年息七厘。

第六条　本公债每年付息二次，自发行之日起每届六个月付息一次。

第七条　本公债按照每次发行日期，用抽签法分十年偿还。自发行之日起五年以内只付利息，自第六年起每六个月抽签一次，每次抽还总额二十分之一，至全数偿清为止，但得提前偿还之。

前项抽签，于每届还本日期前十日在南京举行。

第八条　本公债偿付本息基金统由国库收入担保，由财政部依照还本付息表所载数额，于每届还本付息前拨交中央储备银行，专款存储备付。

第九条　本公债还本付息事宜由财政部委托中央储备银行代为经理。

第十条　本公债票面定为五百万元、一百万元、五十万元、一十万元四种，概不记名。

第十一条　本公债得自由买卖、抵押，其他公务上须交纳保证金时得作为担保品，并得作为银行之保证准备金。

第十二条　对于本公债如有伪造或毁损信用之行为者，由司法机关依法惩办。

第十三条　本条例自公布日施行。

（2）汪伪财政部呈（8月16日）

窃查民国三十四年内国公债发行总额拟修正为三千万万元一案，业奉中央政治委员会第一五〇次会议决议，原则通过，准先照办在案。所有此项公债第一期发行五十万万元一案，经于四月十二日呈奉钧院政字第六七一八号指令照准，现拟将第二期继续发行，其数额经参酌最近财政收支情形，酌定为二千二百万万元，并定于本年八月一日开始发行。除由部公告外，理合检同第二期还本付息表具文呈报，仰祈钧院鉴核指令祗遵。谨呈

行政院院长陈

附呈民国三十四年内国公债第二期还本付息表二份〔略〕

财政部部长　周佛海

中华民国三十四年八月十六日

〔汪伪行政院档案〕

汪伪审查公布1942年上海特别市市公债条例有关文件

（1942年4—5月）

（1）汪伪行政院参事厅签呈　（4月30日）

860

签呈 三十一年四月三十日

　　窃维政府举债目的，全在吸取游资，事变以来，游资每多滞集上海一隅，自东亚战争发生以后，百业停滞，无法运用，丁兹时期，政府正宜设法吸收，用之于建设途径，以裕国而利民，庶一举而两得。兹奉交核上海特别市市政府发行公债一千万一案，原则本无不合，惟上海为中外观瞻所系，还都以来，各省、市请发公债，此为权舆，似应用之于生产事业，既可免外人之讥评，复可博市民之拥戴，以期树之风声，遐迩归附。细绎该市公债条例草案第一条，规定此次发行公债，在整理市政及强化保安事业。发行公债，用之于整理市政，固无不可，若用之于保安事业，恐滋物议。拟请将该条例第一条"及强化保安事业"七字删去，事实上尽可用之于保安事业，但不必见诸明文。再是项公债，原定自本年五月一日起发行，查发行公债，须经立法程序，而公债条例亦当呈请国民政府公布，五月一日转瞬即届，应办手续恐措手不及。拟请将该条例第二条所定发行日期改为三十一年六月一日，并请饬克日补送还本付息表到院，一并提交院会通过，再咨送立法院审议后，呈请国民政府公布施行。以上所议，是否有当？理合签请鉴核。谨呈

院长汪

　　　　　　　　　参事厅厅长　邹敬芳谨签

（2）汪伪国民政府训令（5月20日）

国民政府训令　字第一四二号

　　　　令行政院

　　查民国三十一年上海特别市市公债条例现经制定，明令公布，应即通饬施行。除分令外，合行抄发该条例及还本付息表，令仰该院知照，并转饬所属一体知照。此令。

　　计抄发民国三十一年上海特别市市公债条例及还本付息表一

份〔略一件〕

中华民国三十一年五月二十日

主　　　席　汪兆铭

立法院院长　陈公博

民国三十一年上海特别市市公债条例

民国三十一年五月二十日公布

第一条　上海特别市政府为整理市政，发行公债，定名为民国三十一年上海特别市市公债。

第二条　本公债定额为一千万元。

第三条　本公债定于民国三十一年六月一日发行，按照票面九六实收。

第四条　本公债收付悉以中央储备银行发行之法币计算。

第五条　本公债定为年息六厘，每年付息两次，以五月三十一日及十一月三十日为付息之期。

第六条　本公债用抽签法，分十年偿还。第一年只付利息，第二年起每届半年还本一次，每次各抽还总额二十分之一，至民国四十二年五月三十一日止全数偿清。

前项还本于每年五月十五日及十一月十五日在市政府举行抽签，由财政部、审计部派员监视，即于各该月月底开始付款。本公债抽签时，持票人及市民均得自由参观。

第七条　本公债指定以全市田赋及保安经费之收入为还本付息基金，由市财政局依照还本付息表所载每期应付本息数目，按月平均提拨，交由中央储备银行及上海市复兴银行列收本公债基金保管委员会户帐，以备拨付。如遇某月份所收有不敷时，应另由市财政局在其他地方收入项下即行拨补足额。

第八条　本公债基金保管委员会由财政部、审计部、市政府、市财政局、市商会、银行公会、钱业公会、中央储备银行、上海市复兴银行各派代表一人，共同组织之。

前项基金保管委员会组织规程由市政府拟订，咨商财政部转呈行政院核准备案。

第九条　本公债票面定为一万元、五千元、一千元、一百元、五十元五种，概不记名。

第十条　本公债指定中央储备银行及上海市复兴银行为经理还本付息机关。

第十一条　本公债得自由买卖、抵押，并得充本市工务上之保证金，及本市公共团体之基金或准备金，其到期本息票并得用以完纳本市一切租税。

第十二条　如有对于本公债为伪造或毁损信用之行为者，由司法机关依法惩治。

第十三条　本公债发行细则由市财政局拟订，分呈财政部、市政府核准备案。

第十四条　本条例自公布日施行。

〔汪伪组织档案〕

汪伪财政部附送1945年上海特别市建设公债条例草案呈①

（1945年7月10日）

财政部呈　　债四字第八六号
　　　　　　中华民国三十四年七月十日

案准上海特别市政府沪财总字第一二八三号咨开：查本市各项公路工程之修建与地方建设事业之举办，在在需款，惟市库支

---

① 此草案于7月26日经由汪伪最高国防会议第75次会议决议。"原则通过，先行照办。"

绌，应付困难，倘不另行筹措经费，势将无法进展。爰经再三考虑，惟有发行本年度上海特别市建设公债，以资周转。即经饬令财政局拟具办法，呈候核夺去后，兹据该局长草拟公债条例暨还本付息表各一份前来，复加考核，尚属可行。相应抄同原条例草案暨附表，咨请查核，并希转呈行政院鉴核。等由。并附送上海特别市建设公债条例草案暨还本付息表各一份过部。查上海特别市政府因市库支绌，拟发行公债五十万万元，以充办理各项建设事业之需，原则上尚属可行。除将条例草案由部分别酌加修正外，理合缮具修正草案，备文送呈钧院鉴核指令祗遵。谨呈

行政院院长陈

附呈民国三十四年上海特别市建设公债条例草案暨还本付息表各五份〔略一件〕

财政部部长　周　佛　海

次长　陈之硕代行

民国三十四年上海特别市建设公债条例草案

第一条　本公债定名为民国三十四年上海特别市建设公债，指定作办理本市各项建设事业之用。

第二条　本公债定额为国币五十万万元。

第三条　本公债定于民国三十四年七月一日发行，按照票面九六实收。

第四条　本公债定为年息一分二厘，每年付息两次，以每年六月三十日及十二月三十一日为付息之期。

第五条　本公债用抽签法，分十年偿还。第一年只付利息，第二年起每届半年还本一次，每次各抽还总数二十分之一，十年全数还清。

前项还本于每年六月十日及十二月十日在市政府举行抽签，由财政部、审计部派员监视，即于各该月底开始付款。抽签时，

864

持票人及市民得自由参观。

第六条 本公债指定以全市市库收入为还本付息基金，由市财政局依照还本付息表所载每期应付本息数目，按期尽先拨交中央储备银行及上海特别市复兴银行，列收本公债基金保管委员会户帐，以备拨付。

第七条 本公债基金保管委员会由财政部、审计部、市政府、市财政局、市商会、银行公会、钱业公会、中央储备银行、复兴银行各派代表一人，市政咨询委员会派代表二人，共同组织之。

第八条 本公债票面分为一千万元、五百万元、一百万元三种，概不记名。

第九条 本公债指定中央储备银行上海分行及上海特别市复兴银行为经理还本付息机关。

第十条 本公债得自由买卖、抵押，并得充银行保证准备金，如公务上须缴纳保证金时，得作为担保品，其到期本息票并得用以完纳本市一切租税。

第十一条 对于本公债票面如有伪造或毁损信用之行为者，由司法机关依法惩治。

第十二条 本公债之发行细则由市财政局拟订，分呈财政部、市政府核准备案。

第十三条 本条例自公布之日施行。

〔汪伪组织档案〕

郝鹏举附送1945年淮海省建设公债条例呈①

（1944年12月）

淮海省政府呈

窃查本省原有公路路线颇长，修养之费甚巨，而近来治安区

———————————

① 经汪伪行政院训令："准如所拟办理。"

域日渐推广，惟因交通不便，镇抚两感困难。故拟于收复之区，随军力之所达，扩充公路支线，度军事之所需，因地势之所宜，或将原有小路辟为广衢，或就进军之便，另开捷径，务冀公路干支各线连络通畅，有警则便于军，平时则便于农，是诚于治安、增产两有裨益。惟是项筑路费用为数颇巨，苟不另筹的款，实难如计推行，爰拟于明年一月发行公债二万万元，以资挹注。兹拟具民国三十四年淮海省建设公债条例及还本付息表，除咨请财政部备案外，理合具文呈请鉴核准予施行，实为公便。谨呈
行政院院长陈

附呈淮海省建设公债条例及还本付息表各一份

淮海省省长　郝鹏举

中华民国三十三年十二月　　日

民国三十四年淮海省建设公债条例

第一条　淮海省政府为扩展公路增进生产建设事业起见，特发行民国三十四年淮海省建设公债。

第二条　本公债定额为国币二万万元，分十万元、五万元、一万元、五千元券四种，均为无记名式，按票面九八发行。

第三条　本公债定于民国三十四年一月一日发行。

第四条　本公债定为年息六厘，以六月三十日及十二月三十一日为付息之期。

第五条　本公债用抽签法，分四年偿还。第一年只付利息，第二年起每届半年还本一次，每次各抽还二千五百万元，至民国三十八年十二月三十一日止全数偿清。

第六条　本公债以全省所有各种税收为还本付息基金，由淮海省政府依照还本付息表所载每期应付本息数目，按月匀提六分之一，平均拨交淮海省银行列收本公债基金保管委员会户帐，以备拨付。

第七条　本公债基金保管委员会组织规程由淮海省政府核定，呈请行政院核准备案。

第八条　本公债指定淮海省银行为经理还本付息机关。

第九条　本公债得自由买卖、抵押，凡公务上须交纳保证金时，得作为担保品。

第十条　本公债以淮海省政府名义发行，由省长签署。

第十一条　对于本公债券有伪造或毁损信用之行为者，由司法机关依法惩办。

第十二条　本条例由淮海省政府核定，呈请行政院核准，转呈国民政府备案后施行。

民国三十四年淮海省建设公债还本付息表〔略〕

〔汪伪组织档案〕

汪伪最高国防会议秘书处抄送1943年广东省短期库券条例等件公函

（1943年5月28日）

最高国防会议秘书处公函　高秘字第二二二号

案准中央政治委员会秘书厅检送奉交行政院呈，据财政部呈送民国三十二年广东省短期库券条例草案呈核一案，经提交第一六三次院会通过，录案呈请鉴核等情。当经陈奉主席提交最高国防会议三十二年五月二十七日第一六次会议讨论，决议通过，送国民政府转饬遵照，并交立法院备查，记录在卷。相应录案，并抄同原呈及附件一并函达，至希查照转陈，令饬行政院转饬财政部及广东省政府遵照，暨令行立法院知照为荷。此致

国民政府文官处

附送抄件三份

秘书长　周佛海

中华民国三十二年五月二十八日

抄行政院原呈〔略〕

财政部原呈

案准广东省政府第二六号咨开：现据广东省财政厅厅长汪宗准呈称：窃维确立治安，增加生产，实为参战期内急亟要图，本省建设厅前经拟具广东初期复兴建设三年计划，请财政部准予向中储分行借款一万二千七百万元，以资举办，虽奉核准，仍未有款拨到。又农村贷款，修筑基园，垦荒、增产、储粮各项均属要举，亦以经费尚待筹维，未能积极推进。值此百业凋零，民力疲敝，开源既缓不济急，节流亦事与愿违，自非别筹救济之方，无从实现开辟资源，增加生产之计划，再四思维，惟有发行库券一法，较为平易可行。兹拟于本年度发行广东省增加生产金库券一万万元，藉资挹注。准发行库券，须有准备，本厅前在戒烟药膏收入项下，每两附加特种基金国币八十四元，原为弥补粮食管理局办理军谷及本市粮食配给米价亏损之用，现粮食配给业已酌量增价，亏损补偿自可减少。此项特种基金预计每月可望节存二百万元，拟按月悉数提存省银行，至满一万万元为度，指定为发行库券准备金，并以全省税收担保，将库券交由广东省银行发行。至于库券章程刊物及一切印刷费，先由库垫付，俟库券发行后，将款偿还，以清数目。所有拟发行库券缘由，理合将章程具文呈请钧府察核，是否有当，伏祈指令祗遵。等情。附呈广东省增加生产金库券章程一份。据此，查粤省自发行中储券以来，人民乐用，惟流通额过少，仍属周转不敷，加以增产建设在在需财，现时无力应付，该厅所拟发行库券与国币相辅流通，既可调剂金融，完成建设，增加生产，同时亦可宽筹款项，举办清乡，以维治安，不独民生国计两有裨益，即于参战前途亦不无助力，似可照办。兹据前情，除分呈行政院外，合将原缴章程咨送贵部，即希查照核明见复，俾便办理。等由。并附送广东省增加生产金库券章程草案一份到部。正核办间，适汪厅长宗准因公来京，当即与之商讨，改为发行短期库券，经将原拟广东省增加生产金库券章程草案，改为民国三十二年广东省短期库券条例草案，计凡十二条，由汪厅长携粤与陈省长商酌，现陈省长已复电同意，请先呈院核定，以期迅速等语。理合缮具民国三十二年广东省短期库券条例草案四份，备文呈送，应否发行之处，仰祈钧院鉴核指令祗遵。

谨呈

行政院院长汪

附呈民国三十二年广东省短期库券条例草案四份

财政部部长　周佛海

三十二年五月十九日

第一条　广东省政府为拨充生产经费起见，特发行本库券，定名为民国三十二年广东省短期库券。

第二条　本库券定额为国币一万万元，分一万元、五千元、一千元、五百元及一百元券五种，均为无记名式，按票面九八发行。

第三条　本库券定于民国三十二年七月一日发行。

第四条　本库券定为年息六厘，以六月三十日及十二月三十一日为付息之期。

第五条　本库券用抽签法分四年偿还。第一年只付利息，第二年起每届半年还本一次，每次各抽还一千二百五十万元，至民国三十七年六月三十日止全数偿清。

第六条　本库券以全省所有各种税收为还本付息基金，由广东省财政厅依照还本付息表所载每期应付本息数目，按月匀提六分之一，平均拨交中央储备银行广州分行及广东省银行，列收本库券保管基金委员会户帐，以备拨付。

第七条　本库券基金保管委员会组织规程由广东省政府核定，呈请行政院核准备案。

第八条　本库券指定中央储备银行广州分行及广东省银行为经理还本付息机关。

第九条　本库券得自由买卖、抵押，凡公务上须交纳保证金时，得作为担保品。

第十条　本库券以广东省政府名义发行，由省长签署，财政厅厅长副署。

第十一条　对于本库券有伪造变造或毁损信用之行为者，由司法机关依法惩办。

第十二条　本条例由广东省政府核定，呈请行政院核准，转呈国民政府备案后施行。

民国三十二年广东省短期库券还本付息表〔略〕

〔汪伪组织档案〕

汪伪行政院抄发1944年广东省短期库券条例训令

（1944年8月3日）

行政院训令　院字第 6496 号
　　　　　　中华民国三十三年八月三日发

　　　　　令财政部

案奉国民政府三十三年七月二十二日第九零六号训令开：案据本府文官处签呈称：准最高国防会议秘书处高秘字第六一三号

公函开：奉主席交下最高国防会议三十三年七月二十日第五一次会议讨论事项第三案：主席交议，据行政院呈，据财政部呈准广东省政府咨请发行三十三年广东省短期库券一案，拟将库券面额提高，并将原送短期库券条例草案酌加修正，呈核到院，转呈鉴核等情，请公决案，决议：通过。送国民政府转饬遵照，并交立法院备案。等因纪录在卷。相应录案，抄附原呈及附件一并函达，即请查照转陈，令饬行政院转饬财政部及广东省政府遵照，并分令立法院知照等由。理合签请鉴核等情。据此，自应照办。除分令外，合行抄发该条例暨还本付息表，令仰该院转饬财政部暨广东省政府遵照。此令。等因。又准最高国防会议秘书处高秘字第六一三号函同前因，自应遵办，除令行广东省政府遵照外，合行抄发原附件，令仰该部知照。此令。

计抄发条例一件、还本付息表一件〔略一件〕

民国三十三年广东省短期库券条例

第一条　广东省政府为拨充生产经费起见，特发行本库券，定名为民国三十三年广东省短期库券。

第二条　本库券定额为国币二万万元，分十万元、一万元、五千元、一千元及五百元券五种，均为无记名式，按票面九八发行。

第三条　本库券定于民国三十三年七月一日发行。

第四条　本库券定为年息六厘，以六月三十日及十二月三十一日为付息之期。

第五条　本库券用抽签法，分四年偿还。第一年只付利息，第二年起每届半年还本一次，每次各抽还二千五百万元，至民国三十八年六月三十日止全数偿清。

第六条　本库券以全省所有各种税收为还本付息基金，由广东省财政厅依照还本付息表所载每期应付本息数目，按月匀提六分之一，平均拨交中央储备银行广东分行及广东省银行列收本库券保管基金委员会户帐，以备拨付。

第七条　本库券基金保管委员会组织规程由广东省政府核定，呈请行政院核准备案。

第八条　本库券指定中央储备银行广东分行及广东省银行为经理还本付息机关。

第九条　本库券得自由买卖、抵押，凡公务上须交纳保证金时，得作为担保品。

第十条　本库券以广东省政府名义发行，由省长签署，财政厅厅长副署。

第十一条　对于本库券有伪造、变造或毁损信用之行为者，由司法机关依法惩办。

第十二条　本条例由广东省政府核定，呈请行政院核准，转呈国民政府备案后施行。

〔汪伪财政系统档案〕

（四）维持傀儡统治的日本借款

伪维新政府财政部与正金银行上海支店订立缴纳华兴股款借款契约

（1939年4月28日）

中华民国维新政府（以下简称甲方）因由横滨正金银行（以下简称乙方）借入充作承受华兴商业银行股份二十五万股（一次缴足）应缴之股款，及应存该行之存款，双方订立契约，条件如左：

第一条　乙方借与甲方华币三千五百万元。

第二条　乙方于华兴商业银行缴股日，在中华民国上海将本借款中华币二千五百万元合成英、美货币，交与甲方，甲方即以此款充作缴纳其所承受华兴商业银行股份之款。

前项英、美货币兑价，应按照缴股日乙方之电汇卖价计算之。

第三条　乙方将由本借款中除去前条数额之余款，于华兴商业银行开业之日，在中华民国上海交与甲方，甲方即将此款存入华兴商业银行，作为不计利息之存款。

第四条　本借款金概不付息。

第五条　本借款之偿还日期定为大日本帝国昭和十六（中华民国三十）年四月三十日。

但将来视事态之变迁，得由甲乙双方议订修改之。

第六条　前项所订期限届满或期限未满以前，无论何时，如有必要，甲方得偿还本借款之全部或一部，但将来因华币禁止流通或因其他事故不能或不宜以上项货币偿还时，得以甲乙双方之契约另订偿还办法。

第七条　甲方应将以本借款缴纳而得之华兴商业银行股份二十五万股，连同华兴商业银行对于甲方所发出华币一千万元之存款单，一并提交乙方，作为本借款之担保。但甲方依照前条办法偿还借款之一部份时，乙方应即将相等于偿还数额之华兴商业银行股份，由本借款之担保解除中交还与甲方。

乙方收到本条所定之担保品时，须交由乙方之上海支店保管之。

第八条　本契约所称华币，系指订立本契约当时在上海通用之中华民国货币。此契约依据大日本帝国法，以日、华两国文字制成，一式各二份，盖印后甲、乙双方各执一份存照。

关于本契约解释上如发生疑义时，应以日文本为准。当订立本契约时，中华民国维新政府代表代理财政部长严家炽，及横滨正金银行上海支店经理岸浪义质相互确认，已由其所代表之甲方及乙方受有正当之委任。

中华民国维新政府财政部部长　　严家炽

横滨正金银行上海支店经　理　　岸浪义质

中华民国二十八　　年四月二十八日

大日本帝国昭和十四年四月二十八日

〔伪维新政府档案〕

汪伪广东省政府与台湾电力株式会社签订关于西村发电厂复旧资金借款合同

（1942年5月5日）

中华民国广东省政府主席陈耀祖、广东省建设厅长张幼云及

874

广州市市长周化人为甲方，台湾电力株式会社社长增田次郎为乙方，根据中华民国三十年（大日本昭和十六年）十月三十一日日华官宪间订立之"关于广东旧省市营工厂交还追加协定第二章"及"关于广东旧省市营工厂交还追加协定之谅解"，对于乙方垫支恢复西村发电厂所需要之资金，作为甲方之借款，双方订立合同如左：

第一条　甲方之借款金额为日金十二万五千八百九十七元十五钱（借款额详细区分参照附件借款额计算书），本借款作为成立于中华民国三十一年（即大日本昭和十七年）一月一日。

第二条　本借款与中华民国二十九年（大日本昭和十五年）十二月九日甲乙间已成立之借款未清偿部分之金额合并计算，除将偿还期限定为同日外，上述契约第三条、第四条、第六条各条文均适用于本借款。

第三条　甲方对于本借款以附件目录所载西村发电厂及其附带工作物，以及将来尚当继续增加之一切设备为担保，提供于乙方。

第四条　甲方若不履行本台同时，对于乙方将前条所列担保物件之全部或一部任意处分，不持异议，且承认本利偿还如有不足时，应立即偿清。

第五条　本合同分缮中文、日文各四份，签名者各执一份为据。

中华民国广东省政府主席　陈耀祖
中华民国广东省建设厅长　张幼云
中华民国广州市市长　周化人
台湾电力株式会社社长　增田次郎

中　华　民　国卅一年五月五日
大日本帝国昭和十七年五月五日

借款额计算书

一、借款设定额　日金十二万五千八百九十七元十五钱正。

内计：

一、日金十二万五千零八十一元五十六钱正。

作为西村发电所复旧工事资金，于昭和十六年(民国三十年)十一月二十八日台湾电力株式会社垫付金。

一、日金八百一十五元五十九钱正。

对于右列金额，以年利七厘之比率，由昭和十六年十一月二十八日至十二月三十一日共三十四日内之利息。

〔汪伪组织档案〕

汪伪财政部为购入军需资材与正金银行签订借款契约书及期限数目变更契约书呈

(1942 年 6 月—1943 年 7 月

(1)1942 年 6 月 12 日呈

案查国民政府为充当兵器、被服等军需资材购入资金起见，特在横滨正金银行开立日本通货三千五百万圆为限之活期透支帐户，由中央储备银行之横滨正金银行特别自由圆存款内，提供三千五百万圆为担保。本部长代表政府，与横滨正金银行、中央储备银行间，订定借款契约书中日文各三份，除签名盖印，各留中、日文契约书一份备查外，理合检同是项借款契约书中、日文抄本各一份，随文呈请钧院鉴核备案。谨呈

行政院院长汪

附中、日契约抄本各一份

财政部部长　周佛海

中华民国三十一年六月十二日

借款契约书

关于中华民国国民政府（以下称甲）为充当兵器、被服等军需资材购入资金，由横滨正金银行（以下称乙）收受借款一案，甲、乙及中央储备银行（以下称丙）间订定契约如左：

第一条　乙为甲特于乙之东京支店开立日本通货三千五百万圆为限之活期透支帐户。

第二条　甲除支付甲所购入之兵器、被服等军需资材价款及其他附带各费用外，不得使用前条之透支。

第三条　对于第一条规定之活期透支帐户，其每日之余额应按每年三厘五之利率，按日计算，于每年五月及十一月计算利息之后，立即由甲付乙。但甲为便利起见，上述利息之支付得使用第一条之活期透支。

第四条　第一条所规定之活期透支帐户，至民国三十二年（昭和十八年）五月末日应予终结，并于同日之余额内加入当日为止之利息，转为乙对甲之贷款。

第五条　前条所规定之贷款，其偿还期限为民国三十六年（即昭和二十二年）五月　日，但未到期前得偿还贷款之一部或全部。

第六条　第四条所规定，货款之利息按年息三厘五之利率，自同条规定转帐之日起，每六个月计算后，立即由甲付乙，但期前偿还时，其利息按日就未付部份算出，与本金一并付乙。

支付前项利息，甲为便利计，请乙加入本金时，当于该利息之支付日加入本金。

第七条　基于本契约之贷付、偿还及利息之支付，并其他一切受授，均于日本东京行之。

第八条　丙根据本契约，于乙之丙名义特别自由圆存款内提供三千五百万圆于乙，以为债务之担保。

根据第四条及第六条之规定，本借款利息如加入本金时，乙对甲或丙得请求与增加部分相当之增加担保。

甲、乙及丙三方同意时，甲或丙得将提供于乙之担保物件调换其一部或全部。

第九条　关于本契约应适用大日本帝国法律。

本契约书以中、日两国文字各作成三份，签印后甲、乙、丙各保有一份。解释上如发生疑义时，以日本文契约书为据。当本契约缔结之际，确认中华民国国民政府财政部长周佛海，横滨正金银行上海支店支配人河村二四郎,及中央储备银行总裁周佛海，各已由其所代表之政府及银行赋与正当权限。

中华民国国民政府财政部长　周佛海

横滨正金银行头取　大久保利贤

右代理人

横滨正金银行上海支店支配人　河村二四郎

中央储备银行总裁　周佛海

中 华 民 国 三 十 一 年
大日本帝国昭和十七年　六月十日

（2）1943年7月28日呈

案查本部前与横滨正金银行开立日金三千五百万圆活期透支帐户，以充兵器、被服等军需资材购入之用，当经检送中、日文借款契约书各一份，呈奉钧院令准备案在卷。兹因前项借款数目不敷支配，结束期间瞬将届满，特与横滨正金银行商订期限变更契约书、数目变更契约书两种，除签印备查外，理合检同是项变更契约书两种，中日文抄本各一份，随文呈请钧院鉴核备案。谨呈

行政院院长汪

附呈变更契约书两种，中日文抄本各一份

财政部部长　周佛海

中华民国三十二年七月二十八日

878

修正契约书

中华民国国民政府（以下简称甲方）、横滨正金银行（以下简称乙方）及中央储备银行（以下简称丙方）三方同意，将民国三十一年（昭和十七年）六月十日甲、乙、丙三方所订之兵器、被服等军需资材购入资金融通借款契约第四条所规定，结清活期透支户及放款转帐日期予以修正，特签订本契约，改为民国三十二年（昭和十八年）十一月末日。

本契约书以中、日两国文字各作成三份，签印后甲乙丙各保有一份。解释上如发生疑义时，以日文契约书为据。

当本契约书签订时，确认中华民国国民政府财政部长周佛海，横滨正金银行上海支店支配人河村二四郎，及中央储备银行总裁周佛海，各由其所代表之政府及银行授有正当权限。

中华民国国民政府财政部长　周佛海

横滨正金银行头取　柏木秀茂

右代理人

横滨正金银行上海支店支配人　河村二四郎

中央储备银行总裁　周佛海

中华民国三十二年
昭 和 十 八 年　五月二十九日

变更契约书

中华民国国民政府（以下简称甲）与横滨正金银行（以下简称乙）及中央储备银行（以下简称丙）为通融购买兵器、被服资金计，于大日本帝国昭和十七年（中华民国三十一年）六月十日，甲、乙、丙三方面曾签定借款契约（以下简称原契约书），今经三方面同意，将原定契约书之第一条及第八条，依照左开于大日本帝国昭和十八年（中华民国三十二年）五月九日予以变更签定之。

一、原契约书第一条中之"日本通货三千五百万圆"改订为

"日本通货四千五百万圆"。

一、原契约书第八条第一项改订为 根据甲或丙 与乙之协定，得以丙名义存于乙处存款，或将甲或丙之有价证券，提供以作债务之担保。

本契约书以中、日两国文各制三份，签字后甲、乙、丙各保管一份。但解释上发生疑义时，得依日文为标准。

当签定本契约书时，中华民国国民政府财政 部部长 周佛海，横滨正金银行上海支店经理河村二四郎，及中央储备银行总裁周佛海，即为由其代表之政府或银行承认授予正当之权限者。

中华民国国民政府财政部长　　周佛海

横滨正金银行头取　柏木秀茂

右代理人

横滨正金银行上海支店支配人　河村二四郎

中央储备银行总裁　周佛海

大日本帝国昭和十八年
中 华 民 国 三 十 二 年　六月二十九日

〔汪伪行政院档案〕

汪伪中央储备银行与日本银行签订健全通货制度借款契约书

（1942年7月28日）

兹为国民政府之通货制度健全发展起见，日本银行及中央储备银行分别经大日本帝国政府及中华民国国民政府之主管官厅承认，订立契约如次：

第一条　日本银行自订立本契约日起，以五年期限，贷与中央储备银行日本通货一亿圆。

第二条　中央储备银行对于第一条之借款，应向日本银行提出借款证书，日本银行将该项借款之相当数额存入在日本银行之中央储备银行存款帐目内。

第三条　中央储备银行对于第一条借款，应向日本银行支付年息三厘五毫。

第四条　中央储备银行于第一条所开期限内，可随时将该项借款一次或分期归还之。

第五条　第一条之期限，如经日本银行及中央储备银行双方协议，得延长之。

中华民国三十一年（即昭和十七年）七月二十八日于东京订立。

本借款契约二纸。

中央储备银行总裁　周佛海

日本银行总裁　结城丰太郎

〔汪伪财政系统档案〕

汪伪广东省政府与台湾拓殖株式会社签订交还汕头自来水管理处暨借款合约

（1942年7月）

中华民国广东省政府主席陈耀祖及汕头市市长许少荣为甲方，台湾拓殖株式会社社长加藤恭平为乙方，今因乙方交还前由日本军委托经营之汕头市自来水事业于甲方，将乙方自开始经营汕头市自来水事业直至交还于甲方前之投资额及其附带费用作为甲方之借款，双方订立合约如左：

第一条　借款额为日金二十九万九千五百二十一元十八钱。本借款额乃以中华民国三十年（即大日本昭和十六年）九月三十日现在额，为交还自来水管理处前之金额，但自同年十月一日至交还前金额之增减，应另行协议处理之。

第二条　本借款之偿还期限，应于本合约订立之日起，五年内分期平均支给于乙方。

第三条　甲方对于前条金额，应于每年六月末及十二月末分两次，附年利七厘（七％）之利息，将本利支给于乙方。

第四条　甲方提供另纸目录所载之工厂财产于乙方，以作借款本利金清偿之担保。

第五条　乙方于本合约成立时，应交还汕头市自来水管理处所有之工厂房屋，一切机械、器具、用品及其他散布于全市之自来水设备附属物等全部于甲方。

第六条　本合约作成中文及日文本各三份，签名者各执一份为据。

中华民国三十一年七月　　日
大日本昭和十七年七月　　日

中华民国广东省政府主席　陈耀祖
中华民国汕头市市长　许少荣
台湾拓殖株式会社社长　加藤恭平

提供担保约定证

依据中华民国三十一年（大日本昭和十七年）　　月　　日订立之"交还汕头市自来水管理处暨借款合约"提供附件目录所载之财产，及将来属于该厂所有之一切财产作为担保，兹约定如左：

一、担保品不论其提供时期之先后，对于债券均可共通流用。

二、承认如不履行合约时，得随意处分担保品之全部或一部后，并以其纯收款充作偿还债务本息之用。如仍不足时，当立即清偿。

中华民国广东省政府主席　陈耀祖

中华民国汕头市市长　许少荣

台湾拓殖株式会社社长　加藤恭平殿

中华民国三十一年　月　　日

汪伪财政部为充实中储行银行券制造费与日正金银行签订借款契约书呈

（1942年9月23日）

　　案查中央储备银行与横滨正金银行所订日本通货三千万圆借款契约，业于民国三十一年八月三日正式签名盖印。依该契约书第八条第一项规定，甲、乙两方应加提供之债务担保品，亦于同年九月十五日将本部保管之华中水电股份有限公司股票五百三十八张，计四十三万股，值日金二千一百五十万圆，又永礼化学工业股份有限公司股票七十九张，计七万九千股，值日金三百九十五万圆，又华中电气通信公司股票八十二张，计十万股，值日金五百万圆，三共值日金三千零四十五万圆，送交横滨正金银行南京支店点收在案。除函日本驻华大使馆查照外，理合检同前项中、日文契约书抄本各一份，提供债务担保品之股票清单一份，具文呈请钧院鉴核备案。谨呈

行政院院长汪

　　附呈借款契约书中、日文抄本各一份

　　　借款担保品股票清单一份〔略〕

财政部部长　周佛海

中华民国三十一年九月二十三日

借款契约书

中央储备银行（以下称甲方）因充实中央储备银行券制造费，向横滨正金银行（以下称乙方）借款，故甲、乙双方及中华民国国民政府（以下称丙方）间订定左列条款：

第一条　甲方得在乙方之东京支店开往来透支帐户，以日本通货三千万圆为限度。

第二条　甲方除支付中华民国三十一年度中甲方之银行券印刷费、搬运费及其他之附带费用外，不得使用前条之往来透支帐户。

但甲方有请求时，中华民国三十一年一月至三月间所需之银行券印刷费、搬运费及其他之附带费用亦得在本借款资金内支付之。

第三条　对于第一条规定之往来透支帐户，每日之余额，以年息四厘，按日计算，每年六月及十二月结息，即时由甲方付给乙方，但甲方因便于支付此项利息，得使用第一条之往来透支帐户。

第四条　第一条规定之往来透支帐户，于中华民国三十二年九月底结束之所有结欠余额及截至当日止之利息，应一并转入甲方之贷款帐。

第五条　前条规定之贷款清偿期限为中华民国三十六年八月二日，但期限前得偿还贷款之一部或全部。

第六条　第四条规定之贷款，其利息规定年息四厘，自同条规定之贷款转帐日期之当日起，每六个月计算一次，即时自甲方支付于乙方。但在期限前清偿时，应将借贷期内之利息按日计算，连同本金一并支付于乙方。

当前项利息之支付时，甲方得请求乙方将应付之利息加入贷款本金，此时应以该利息之支付日期为增加贷款本金日期。

第七条　根据本契约之贷款，其清偿及利息支付，以及其他一切出纳事项，均在日本东京行之。

第八条　甲方或丙方与乙方协议后，根据本契约应提供甲方或丙方所有之特别圆或股票于乙方，作为债务之担保品。

根据第四条及第六条之本借款利息加入贷款本金时，乙方对甲方或丙方于所增加贷款本金部份，得请求增加担保品。

甲方或丙方得乙方同意时，得改换甲方或丙方已提供于乙方之担保品一部或全部。

第九条　本契约适用日本帝国法律。

本契约书用中、日两国文字各缮三份，盖印后甲方、乙方、丙方各执一份。解释上发生疑义时，应依据日本文契约书为准。订定本契约之中华民国国民政府财政部长周佛海、中央储备银行总裁周佛海及横滨正金银行上海支店经理河村二四郎，确认各有其政府及银行所付予之全权。

中华民国国民政府财政部长　周佛海

中央储备银行总裁　周佛海

横滨正金银行总经理　大久保利贤

右代理人

横滨正金银行上海支店经理　河村二四郎

中华民国三十一年八月三日

〔汪伪行政院档案〕

汪伪行政院抄送财政部为华北补助款与正金银行签订之借款契约书呈

（1943年4月7日）

案据财政部三十二年三月二十七日库二字第一一二号呈称：案查本部以三十一年度华北各海关收存之外债基金及赔款分担额为偿还的款，向横滨正金银行借入联银券一千八百十八万三千八百元八角五分，业于本年二月二十五日签订中日文借款契约书正本各二份，双方各执一份为证。照该契约书第四条所定，此项借款以联银券一千四百六十八万三千八百元八角五分拨入中国联合准备银行华北政务委员会财务总署帐户，作为中央补助华北政务委员会之款。除由部迳函财务总署查照办理外，理合检同是项借款契约书中、日文抄本各一份，具文呈请鉴核备案。等情。并附呈借款契约书中、日文抄本各一份。据此。除指复外，理合抄同是项借款契约书中、日文抄本各一份，具文呈请鉴核备案。谨呈中央政治委员会主席汪

计附呈借款契约书中、日文抄本各一份

兼行政院院长　汪兆铭

中华民国三十二年四月七日

借款契约书

关于中华民国国民政府（以下称政府）以华北各海关收入存款为偿还的款，由横滨正金银行（以下称银行）收受与中华民国三十一年（昭和十七年）内华北各海关收入所担保之外债基金及赔款分担额相当之借款，双方当事人订定契约如左：

第一条　银行对于政府以其所保管之华北各海关收入存款为偿还的款，承借与中华民国三十一年（昭和十七年）内华北各海关收入所担保之外债基金及赔款分担额相当之联银券一千八百一十八万三千八百元八角五分。

第二条　本借款之利息，应与银行对于其所保管华北各海关收入支付之利息为同一利率。

前项利息于每年三月三十一日及九月三十日计算之，每次计算后滚入本金。

第三条　政府收受本借款之支出，应由政府财政部部长发给以借款金额为债务金额之收据交付银行。

第四条　银行于实行第一条所定之支出时，以联银券三百五十万元拨入中国联合准备银行政府财政部账户，以联银券一千四百六十八万三千八百元八角五分拨入中国联合准备银行华北政务委员会财务总署账户。

第五条　本借款之清偿期限，应与本契约有效期终了时同时到期。

海关收入存款名义者，如提取与前记外债基金及赔款分担额相当之部份时，或银行将作为本借款偿还的款之存款移交与正当权利人时，政府应即将本借款金偿还，而不受前项规定之拘束。

第六条　本契约之有效期间为自缔结契约之日起，至中华民国三十三年（大日本帝国昭和十九年）十二月三十一日止，但因将来双方当事人间之同意，得为有效期间之变更。

本契约依据大日本帝国法办理。以中、日两国文各制正本二份，政府与银行各保存一份。

关于本契约解释上发生疑义时，依日本文契约书解释之。

中华民国国民政府财政部部长　周佛海

横滨正金银行总经理　大久保利贤

右代理人

横滨正金银行北京支店经理　林昇太郎

中华民国三十二年
大日本帝国昭和十八年　二月二十五日

〔汪伪中央政治委员会及国防委员会档案〕

（五）设立金融垄断机构

一、蒙疆银行

王宜民编撰蒙疆银行概况说明书[①]

（1945年）

第一章　序说

八月十五日停战后，蒙疆地区之治安即呈恶化，因通信设备及交通多被破坏，本行与各地分行、办事处之间亦即断绝连络，只有张家口总行尚能克服各种困难，继续照常营业至八月二十日，原预定营业至全部被接收完了之日，惟各种杂军已侵入张家口附近，张家口市已陷入极度危险状态。八月二十日夜，奉命全体日人即刻撤退至北平，当时因时间无多及输送力之不足，并急欲脱险，所有各项帐簿、现金、有价证券、物品等均未及携带，故并无说明本行概况之材料。兹仅以八月二十日总行各项计算数为基础，说明概要如次。

第二章　干部职员及主要职员名单及事务分掌规程

---

① 作者系国民党政府财政部驻冀鲁察热区财政金融特派员办公处金融组成员。

蒙疆银行干部职员名单（现任者）
民国三十四年八月二十日

职 名	姓 名	就 职 年 月 日	住 址
总 裁	铃木雄辅	民国三十四年四月十日	北 平
副总裁	大岛几一	民国三十四年四月十日	北 平
	墨尔根巴图尔	民国三十四年四月十日	不 详
理 事	石 田 勃	民国三十四年六月九日	北 平
	刘 东 汉	民国二十六年十一月二十三日	张家口
	沈 文 炳	民国二十七年一月十六日	张家口
监 事	石 井 勋	民国三十三年三月三日	北 平
	吕 登 瀛	民国二十九年三月十六日	大 同

蒙疆银行委员名单（前任者）

职 名	姓 名	就 职 年 月	退 职 年 月	住址	备 考
总 裁	包 悦 卿	民国26年11月23日	民国28年11月1日	死亡	
	巴 萨 尔	民国28年11月1日	民国31年3月17日	蒙古	退 职
	宗像久敬	民国31年3月17日	民国34年4月10日	东京	退 职
副总裁	山田茂二	民国26年11月25日	民国27年3月2日	不详	退 职
	寺奇英雄	民国27年3月2日	民国31年3月17日	东京	退 职
	特穆笨博罗特	民国31年3月18日	民国33年12月	死亡	
理 事	王 大 勋	民国26年11月23日	民国26年12月7日	死亡	
	崔 效 骞	民国26年11月23日	民国27年1月16日	不详	退 职
	马 永 魁	民国27年1月16日	民国27年7月30日	死亡	
	酒井辉马	民国27年3月2日	民国30年8月16日	长春	退 职
理 事	庆 田 稔	民国30年9月24日	民国32年12月1日	长春	退 职
	大岛几一	民国33年8月27日	民国34年4月10日	北平	现任副总裁
监 事	郑 平 甫	民国27年9月20日	民国29年1月18日	死亡	

职　　名	姓　　名	就　职　年　　月
秘书役　（兼）	佐藤秀雄	民国三十三年十二月
检查役　（兼）	井上浩一	民国三十四年六月
审查部长	高昌昇	民国三十三年三月
调查局长	井上浩一	民国三十三年十二月
发券局长	渡边泰	民国三十四年八月
次长	今众繁雄	民国三十二年十二月
营业局长	阿部源荣	民国三十二年二月
次长	加藤利而	民国三十三年十二月
次长	李粤生	民国三十三年一一月
国库局长	佐藤秀雄	民国三十三年一月
计算局长	安斋护	民国三十四年四月
庶务局长	宫尾旭	民国三十三年六月
次长	池田庄平	民国三十三年十二月
南口派出所长	中野正已	民国三十四年六月
大同分行经理	梅野晃	民国三十三年六月
厚和分行经理	松村庄轮	民国三十三年十二月
副理	本多福义	民国三十二年六月
包头分行经理	长岛良一	民国三十二年九月
副理	白石嘉夫	民国三十四年二月
副理	张正统	民国二十六年十二月
宣化分行经理	黑田锡	民国三十三年五月
怀来分行经理	朱力田	民国三十三年九月
涿鹿分行经理	杨保林	民国二十八年十月
平地泉　经理	张庚富	民国二十八年八月
张北分行经理	山田太郎	民国三十三年九月
多伦分行经理	刘树铎	民国三十三年二月
丰镇分行经理	孙济魁	民国三十二年三月

职　　　名	姓　　名	就　职　年　月	
延庆分行经理	赵克谦	民国三十二年六月	
朔县分行经理	李继光	民国三十三年二月	
沙城分行经理	高翰臣	民国二十四年四月	
北平分行经理	桂道彦	民国三十三年八月	卅四年六月被征兵入伍
副理	陈茂蟠	民国三十三年二月	
天津分行经理	沈文炳	民国三十三年九月	
副理	姬野和夫	民国三十三年十月	
贝子庙办事处长	今泉安太郎	民国三十三年九月	
东京办事处长	若松庄太郎	民国三十四年五月	
次长	小林主一	民国三十二年八月	

蒙疆银行主要职员名单（前任者）

职　　名	姓　　名	就职年月	退职年月	备　　考
秘书课长	斋藤安治郎	民国27年10月	民国30年7月	退职
	大谷义忠	民国30年7月	民国31年3月	退职
	斋藤安治郎	民国31年3月	民国31年7月	同上
	筧邻太郎	民国31年7月	民国32年2月	同上
秘书	筧邻太郎	民国32年2月	民国32年8月	同上
	梅野晃	民国32年8月	民国32年11月	大同分行经理
	桂道彦	民国32年11月	民国33年7月	北平分行经理
	宫尾旭	民国33年7月	民国33年9月	庶务局长
	松村庄翰	民国33年9月	民国33年12月	厚和分行经理
考查课长	北岛芳之	不　明	不　明	退职
考查课长	大谷义忠	不　明	民国30年7月	退职
	城谷洋海	民国30年7月	民国32年2月	退职
检查部长	城谷洋海	民国32年2月	民国32年3月	退职

	石井勋	民国33年6月	民国33年12月	监 事
	斋藤安治郎	民国32年12月	民国34年6月	退 职
业务部长	渡边泰	民国28年4月	民国30年2月	发券局长
	佐野总一郎	民国30年2月	民国30年7月	退 职
审查部长	笕邻太郎	民国32年2月	民国33年3月	退 职
调查课长	前野善卫门	不 明	民国31年	退 职
	芳谷博道	民国31年	民国32年2月	退 职
	笕邻太郎	民国32年6月	民国33年3月	退 职
管理课长	潮田猛	不 明	民国31年3月	退 职
发券局长	成富仪一	民国30年5月	民国30年11月	参 事
	稻田善次郎	民国30年11月	民国31年2月	死 亡
	成富仪一	民国31年2月	民国32年2月	参 事
	成富仪一	民国32年2月	民国34年8月	参 事
营业处经理	二阶堂辉彦	不 明	民国30年7月	退 职
	城谷洋海	民国30年7月	民国31年2月	退 职
	二阶堂辉彦	民国31年2月	民国31年2月	退 职
	阿部源荣	民国31年2月	民国32年2月	营业局长
国库局长	阿部源荣	民国28年10月	民国29年10月	营业局长
	渡边泰	民国29年3月	民国29年12月	发券局长
	阿部源荣	民国29年12月	民国30年7月	营业局长
	城谷洋海	民国30年7月	民国31年2月	退 职
国库课长	阿部源荣	民国31年2月	民国32年2月	营业局长
国库局长	阿部源荣	民国32年2月	民国33年10月	国库局长
计算局长	成富仪一	民国29年3月	民国30年11月	参 事
	大下龟之介	民国31年2月	民国32年2月	退 职
	石井勋	民国32年2月	民国33年6月	监 事
庶务课长	阿部源荣	民国29年3月	民国29年12月	营业局长
	松本光巳	民国29年12月	民国30年7月	退 职
	斋藤安治郎	民国30年7月	民国31年7月	退 职
	石井勋	民国31年7月	民国32年2月	监 事

职务	姓名	起	止	去向
庶务局长	石井勋	民国32年2月	民国33年6月	退职
南口派出所长	成富仪一	民国32年2月	民国32年8月	参事
	今泉安太郎	民国32年8月	民国33年9月	贝于庙办事处长
南口派出所长	森正平	民国33年9月	民国34年6月	退职
大同分行经理	成富仪一	民国28年10月	民国29年3月	参事
	二阶堂辉彦	民国29年3月	民国31年2月	退职
	东川文进	民国31年2月	民国31年7月	退职
	宫尾旭	民国31年7月	民国33年6月	庶务局长
厚和分行经理	城谷洋海	不明	民国30年7月	退职
	佐野总三郎	民国30年7月	民国31年7月	退职
	斋藤安治郎	民国31年7月	民国33年12月	退职
包头分行经理	佐二菊秋	不明	民国31年3月	退职
	小柳保一	民国31年3月	民国33年9月	死亡
宣化分行经理	北岛芳之	不明	民国30年7月	退职
	阿部源荣	民国30年7月	民国31年2月	营业局长
	稻垣善次郎	民国31年2月	民国33年3月	死亡
	若林辉夫	民国33年3月	民国33年9月	退职
怀来分行经理	孙锡龄	不明	民国33年9月	退职
张北分行经理	孙庆麟	不明	民国33年9月	计算局
多伦分行经理	杨保林	民国27年7月	民国28年10月	涿鹿分行经理
副经理	曲述章	民国28年10月	民国32年2月	发券局
	朱力田	民国32年2月	民国32年6月	怀来分行经理
丰镇分行经理	张庚富	民国27年7月	民国28年8月	平地泉经理
经理	山由政治	民国28年8月	民国31年2月	退职
副经理	孙济魁	民国31年3月	民国32年2月	丰镇分行经理
朔县分行经理	成岛晖意	不明	民国30年2月	退职
副经理	川崎陇雄	民国30年12月	民国32年1月	退职
朔县分行经理	佐藤秀雄	民国32年1月	民国32年2月	国库局长兼秘书役
沙城分行经理	孙庆麟	不明	民国34年4月	计算局
北平分行经理	大下龟之介	民国28年7月	民国30年2月	退职

	渡边泰	民国30年11月	民国33年7月	发券局长
	桂道彦	民国33年7月	民国34年6月	退职
天津分行经理	平山直矢	不明	民国31年2月	退职
	松村庄轮	民国31年2月	民国33年9月	厚和分行经理
	小柳保一	民国33年9月	民国33年9月	死亡
贝子庙办事处处长	三博浦臣	不明	民国31年10月	退职
	久保正信	民国31年10月	民国32年9月	退职
东京办事处处长	森永文男	民国32年9月	民国33年9月	退职
	目下田新六	民国28年4月	民国33年12月	死亡

事务分掌规程〔略〕

第三章　蒙疆银行总分行办事处地点

总　行　张家口

派出所　南　口

分　行　大同　厚和　包头　宣化　怀来　涿鹿　平地泉
　　　　张北　多伦　丰镇　延庆　朔县　沙城　北平
　　　　天　津

办事处　贝子庙　东京

第四章　营业范围及营业状况

一、营业范围

(一)各种存款；

(二)各种放款；

(三)国内外汇兑；

(四)买卖有价证券；

(五)物品委托保管；

(六)代理国库；

(七)制造并发行货币。

二、营业状况

(一)各种存款

894

存款之种类，有政府存款、定期存款、活期存款、特别活期存款及杂项存款，虽亦办理一般人民之往来存款，惟各公司、商社、军部机关、政府机关之存款占大部分。东京办事处、南口派出所并不办理存款业务。至政府存款，只在总行营业局办理。八月二十日当日总行营业局之存款情形如左：

政府存款　　　四三，五一七，〇七七·六六

定期存款　　　一，五八〇，二七八·五九

活期存款　　　七〇四，八九八，七一五·八七

特别活期存款　八二，三四五，一〇五·六八

杂项存款　　　三，一五一，三七七·二七

共　　计　　　八三五，四九二，五五五·〇七

上列之外，蒙疆地区内各分行之存款，约在二亿圆以上。

(二)各种放款

放款种类如左：

政府放款　对蒙古联合自治政府之放款；

定期放款　契约放款、证券放款；

活存透支　对活期存款之透支；

押　　汇　附带货物汇兑之折扣汇票；

买　　汇　买进外国汇兑；

贴　　现　商业贴现支票。

东京办事处、南口派出所并不办理上项放款，大部分放款皆由总行营业局办理，除大同、厚和、宣化、包头、张北等各分行尚办理少数放款外，其他分行多不办理。

总行营业局八月二十日当日放款情形如左：

政府放款　　五二五，八八九，五九七·八五圆

定期放款　　一，九二二，五九一，三四二·三七

活存透支　　一，一四九，五四五，九九〇·九四

贴　　现　　五一，六〇八，四〇〇·〇〇

买　　汇　　一二〇，一三五，四〇六·〇八

共　　计　　三，七六九，七七〇，七三七·二四

上列之外，各分行放款约有一亿圆左右。

(三)国内外汇兑

　　1．国内汇兑

　　办理蒙疆地区内各分行、办事处相互间之普通汇兑、普通通知汇兑、电报汇兑、电报通知汇兑之汇款事务及托收事务。

　　2．国外汇兑

　　办理对华北为北平、天津分行、冀东银行、天津银行、横滨正金银行支店、朝鲜银行支店，对满洲为满洲中央银行、兴农金库、横滨正金银行支店；对华中为华兴商业银行、台湾银行支店、横滨正金银行支店等；对日本主要为横滨正金银行、朝鲜银行、台湾银行、帝国银行等相互间之汇款、托收、信用状等国外汇兑往来。

　　3．国外汇兑资金

　　对华北存有联银券，对日本存有日本公债及日本圆资金，对满洲存有满洲国公债，对华中、华南、香港、海南岛、南方存有特别圆资金，用以充作对他地区之汇兑差额结算资金。并为结算对外汇兑差额起见，于必要时得向中国联合准备银行办理活存透支契约最高二千万圆，向日本银行办理活存透支契约最高五千万圆，汇票借款最高五千万圆之信用借款。为结算对华中、华南汇兑差额起见，得向横滨正金银行办理活存透支二千万圆之信用借款。惟因近年来应收超过应付，实际并无此项借款。一面对满洲中央银行并订有最高一亿圆之活存透支契约，办理信用放款，其实际透支余额约在七千万圆左右。

(四)买卖有价证券

　　对一般顾客买卖有价证券，仅办理少数之日本国公债证券、日本劝业银行债券，惟最近多未办理。

（五）代理国库

于总行营业局，有政府存款，于营业局及各盟公署所在地分行，其他县公署所在地分行，并办理关于中央及地方政府之国库金及收付公款及汇兑等之国库事务。

（六）制造及发行货币

蒙疆各种货币之制造及发行权属于蒙古联合自治政府，依据货币法之规定办理，蒙疆银行依据货币法及蒙疆银行条例之规定，受政府委托制造及发行货币。

（七）物品委托保管

物品委托保管业务甚少，除总行营业局办理数件外，各分行多未办理。

第五章 货币发行额及种类

货币发行额及其种类如次表，惟分类发行额不详：

货币发行额表（单位千圆）

年　　度	纸　币	小额纸币	硬　币	合　计	备　考
民国26年末	14,172			14,172	
同27年末	35,502		2,603	38,105	
同28年末	60,079		5,013	65,092	
同29年末	93,015	1,465	5,260	99,740	
同30年末	113,733	2,775	5,008	121,516	
同31年末	142,672	3,516	4,625	150,815	
同32年末	350,000	6,000	3,000	359,000	概　数
同33年末	1,050,000	7,800	1,500	1,059,300	概　数
同34年6月末	1,188,462	8,437	1,243	2,198,142	
同34年8月20日	3,519,660	8,315	1,243	3,529,218	

发行货币种类〔略〕

第六章 发行准备金

依据货币法第九条规定之支付准备金，应存有价值百分之二十以上之日本国通货，或在日本国银行之日本国通货存款，并有价值百分之十三以上之确实外国通货，或在外国银行之该国通货存款。此项准备金，并得以存有日本国国债或确实之外国国债代替之。惟并规定，于不得已时，得呈准政府减低应存支付准备金额。再最初曾以金银块定为纸币发行额之支付准备金，嗣后虽按照货币法取消金银块为发行准备金之规定，实际上确为有力之支付准备金，故亦列入次表。

发行额及发行准备金额（民国三十四年八月二十日）

项　　目	金　　额	备　　考
发行额总额	3,529,218,701.64	
纸币(一圆以上)	3,519,660,213.00	
小额纸币	8,315,226.35	
硬　　币	1,243,262.29	
发行准备额	885,195,956.52	
公　　债	137,277,120.40	
日本国国债	127,677,120.40	
满洲国国债	9,600,000.00	
日本圆资金	6,000,000.00	概　数
联银券资金	480,968,836.12	
联银券存款	470,890,921.97	
联银券现金	10,077,914.15	
特别圆资金	193,450,000.00	概　数
一般户	650,000.00	
华中南户	174,000,000.00	
海南岛户	6,000,000.00	
香港户	12,300,000.00	
南方户	500,000.00	
金银块	67,500,000.00	金块七日钱(原文为匁，160匁为中国一斤)现大洋约15万个，马蹄银数个，帐薄价格16,610圆、张家口现大洋行市，一个约含300圆左右。
准备率	25%	

不足法定准备金者，已呈准政府。

附货币法，略资参考。

法律第十八号

货币法

第一条　货币之制造发行之权属于政府，由政府令蒙疆银行办理制造及发行。

第二条　蒙疆银行发行之货币为无限之通用法币。

第三条　货币价值单位为圆。

第四条　货币之算则为十进法，一圆之十分之一为角，百分之一为分。

第五条　货币之种类如左：

(一)纸币：百圆、十圆、五圆、一圆、五角。

(二)硬币：一角、五分、一分。

前项之硬币得以纸币代替之。

第六条　关于货币之样式、制造、发行、损伤货币兑换及销毁，并硬货之材料、重量，以教令另定之。

第七条　损伤货币，依教令之所定，于蒙疆银行免费兑换之。

第八条　硬币难以辨认真伪，或认为故意毁损者，即无货币之价值。

第九条　蒙疆银行对于货币之发行额，应以价值百分之二十以上之日本国通货，或在日本国银行之日本国通货存款，及价值百分之十三以上确实外国通货，或在外国银行之该国通货存款为支付准备金，但于不得已时，得呈请政府减低应存支付准备金额。前项应存之准备金，得以日本国国债或确实之外国国债代替之。

第十条　对于控制前条所载之准备金之残余发行额，应存有公债证书，政府发行或保证之票据，及其他确实之债券、商业票据及放款。

第十一条　蒙疆银行应编制货币之制造额、库存额、销毁额、发行额及准备额出纳日报，及外国通货或在外国银行之存款额详细日报，及每周平均发行额表，呈报政府。并应公布每周平均发行额，但政府认为必要时，得停止公告货币发行额。

第十二条　政府任命特定之官吏，监督货币之制造及发行，并随时得检查其货币之发行额及未发行额及帐簿。

第十三条　不得制造、输入、输出、贩卖或发行混乱外观之货币，违反上项规定者，处十年以下之有期徒刑，或一万圆以上之罚金。有关于犯罪之物件，不论属于犯人与否，均予没收。

第十四条　禁止货币之输出，但呈准政府者不在此限。

第十五条　禁止携带、搬运流通通用货币以外之所有通货，但合〔核〕准流通者不在此限。

第十六条　违反前二条之规定者，处三年以下之有期徒刑或拘禁，或一万圆以下之罚金。其携带、搬运或通货之流通〔原文如此〕，均予没收。

第十七条　以毁损货币之价值及信用为目的而造谣，有惑乱人心之行为者，处死刑或无期徒刑。

第十八条　以行使为目的伪造或制造通用货币者，处死刑或无期徒刑，或七年以上之有期徒刑。行使伪造、改造之货币，或以行使为目的，交付他人及输入者亦同。

第十九条　以行使为目的，伪造或改造令准流通之外国货币或银行券者，处五年以上之有期徒刑。其行使伪造、改造之外国货币或银行券，或以行使为目的，交付他人及输入者亦同。

第二十条　以行使为目的，取得伪造、改造之货币者，处五年以上之有期徒刑。

第二十一条　取得货币或银行券后，明知其为伪造或改造，而行使或以行使为目的，交付他人者，处七年以上之有期徒刑。

第二十二条　准备机器或原料，以供给货币或银行券之伪造或改造之用为目的者，应处二年以上十年以下之有期徒刑。准备之机器或原料，不论属于犯人与否，均予没收。

第二十三条　以取得材料为目的铸造硬币者，处五年以下之有期徒刑，或一圆〔？〕以下之罚金。供给犯罪或拟供给者，及由犯罪所得者，不论属于犯人与否，均予没收。

第二十四条　本法规定之犯罪未遂者，亦加以处罚。

附则

第二十五条　本法自公布日起施行。

第二十六条　蒙疆银行发行之五角硬币及察南银行发行之银行券，视为根据本法所发行者。

第二十七条　至第四条所规定，硬币之发行，只限于一分硬货得以日本国辅助币一钱代用发行之。

第二十八条　成吉思汗纪元七三二年，蒙疆联合委员会令第八号"关于币制金融关系法令继承案"，及成吉思汗七三七年法律第十二号"通货取缔法"废止之。

第二十九条　本法及根据本法之规定，及与其他法令之规定互有抵触者，依本法规定办理。

第三十条　根据本法另有被禁止流通之通货，应自本法公布之日起五个月内，于蒙疆银行或同和实业银行兑换之。

教令第五号

关于货币之样式制造发行损毁货币之兑换及销

毁及硬币之材料重量案

第一条　蒙疆银行变更现定货币之样式及硬币之材料、重量时，应呈请经济部长核准。

经济部长认为必要时，得令其变更货币之样式。

第二条　蒙疆银行对于拟行制造之货币额，应分类呈请经济部长核准，经济部长认为必要时，得令其制造指定之货币额，或对于拟行制造之货币额，令其增减。

第三条　蒙疆银行接到前二条规定之命令时，应将其货币之样式于发行一个月前公造之。

第四条　蒙疆银行发行纸币之暗记号，每一暗记号为一百万张。关于纸币号码之必要事项，由经济部长命令之。

第五条　经济部长认为必要时，关于纸币之保管得定地点或方法。

第六条　蒙疆银行应依左列各号标准，办理损毁货币之兑换。

（一）里面具备之纸币存有三分之二以上者，券面之金额存有五分之二以上者，存有券面金额之半额者。

（二）虽分裂成为数片，能认明为同一纸币之纸片者，准前项办理。

第七条　虽属于前条者，因纸币之纸质颜色之变化及其他原因，难以甄别其真伪者，及有于蒙疆银行券券面施以穿孔之形迹者，或可疑者，不予兑换。

第八条　货币之销毁，应由政府另派官吏会同办理之。

第九条　关于本法之细则，应由蒙疆银行总裁规定，请经济部长核准。

附则

本令自公布日起施行。

第七章　纸币之印刷地点及数量

本行印刷纸币自本行创办以来，即委托日本东亚京凸版印刷株式会社办理，该社向于东京都下谷工场及静冈县富士工场印刷，以至今日。惟因该社之印刷数量不能供足本行需要量，遂由蒙古联合自治政府委托满洲国印刷局代印（百圆券），该印刷局即交由奉天新大陆印刷株式会社代印，自本年六月起印开始印刷，截至此次停战时止，由该工场印刷已送缴蒙疆之纸币，概数如左：

（1）凸版印刷株式会社下谷工场（东京都）

百圆券、十圆券、五圆券、一圆券、五角、一角、五分券概数：十亿一千万圆。

（2）凸版印刷株式会社富士工场（日本静冈县）

百圆券、十圆券、五圆券、一圆券概数：二十一亿圆。

（3）新大陆印刷株式会社（满洲国奉天）百圆券：十亿圆。

第八章　印刷纸币原版之种类及其保管地点及现状

印刷样式分为凹版、凸版及OFFSer版三种，最初除小额纸币外，里及面均用凹版，最近已皆改为OFFSer版。原版之保管地点为凸版印刷株式会社富士工场及奉天新大陆印刷会社工场（只OFFSer版），现在谅仍在各该工场保管。

概要如左表：

原 版 种 别	保 管 地 点	备　　　　要
甲乙种百圆券	凸版印刷富士工场	
丙种百圆券	奉天新大陆印刷工场	
甲种五圆券	同　　上	未着手印刷
甲种十圆券	凸版印刷下谷工场	因战灾，或已连同工场被焚
乙种十圆券	凸版印刷富士工场	
甲种五圆券	凸版印刷下谷工场	因战灾，或已连同工场被焚
甲种一圆券	同　　上	
乙种一圆券	凸版印刷富士工场	
一　角　券	凸版印刷下谷工场	因战灾，或已连同工场被焚
五　分　券	同　　上	同　　上
甲种五角券	同　　上	同　　上
乙种五角券	同　　上	同　　上

第九章　纸币印刷之现状

因停战，凸版印刷株式会社富士工场及新大陆印刷株式会社相继停工，惟停工月日不详。

第十章　资产负债及现金状况

张家口总行最终营业日之存放对照表及其资产负债说明表如附表，惟各分行情形不详，总分行全部主要财产现状明确者如左：

（一）公债① （八月廿日当日）〔略〕

（二）债券② （在张家口总行金库内）〔略〕

（三）股票③ （在张家口总行金库内）〔略〕

（四）在外国银行之存款（八月廿日当日）

1．在东京之横滨正金银行、朝鲜银行、日本银行、安田银行、满洲中央银行等存款：

概数日本元　六，〇〇〇千元

2．在横滨正金银行东京支店之特别元存款

概数特别元　一九三，四五〇千元

3．在北平、天津之中国联合准备银行、横滨正金银行支店、朝鲜银行支店之存款及现金：

联银券存款　四八〇，九六八千元

联银券现金　一〇，〇七七千元

(五)不动产④〔略〕

(六)金银块⑤ （八月廿日在张家口总行金库内）〔略〕

(七)未发行货币

张家口总行金库（另附明细表）

纸币　三一一，九七四，六四一元

小额纸币　四，二八〇，九三〇元

硬币　　一〇〇，四三二·五三元

---

① 内容同资负概况资产部份"公债"项目，此处略。

② 内容同资负概况资产部份"各项证券"项目，此处略。

③ 内容同资负概况资产部份"股票"项目，此处略。

④ 内容同资负概况资产部份"营业用财产"项目，此处略。

⑤ 内容同资负概况资产部份"金银块"项目，此处略。

总行以外各分行库存未发行货币：

　　　约七千万元（估计）

　　蒙疆银行总行资产负债概况　民国卅四年八月廿日

一、资产部分：

（1）未收资本金　九，〇〇〇，〇〇〇·〇〇元（蒙古联合
　　　　　　　自治政府）

（2）放　　　款　内容不详

（3）存出款项

　　同和实业银行总行　约蒙币　四三，〇〇〇千元

　　横滨正金银行东京支店　约特别元　一九四,九〇〇千元

（4）存放同业　　内容不详

（5）贷放同业　　　内容不详

（6）保证支付抵件　内容不详

（7）暂付款项　　　内容不详

（8）总分行往来　　内容不详

（9）公债

　　日本甲种登记国债　一二四,四六〇千元（票面一二七,
　　　　　　　〇〇〇千元）

日本公债证券（东京办事处保管）　二，九四〇千元（票面
　　　　　　　三，〇〇〇千元）

日本公债证券（总行营业局保管）　二九一千元（票面不详）

满洲国登记公债　九,六〇〇千元（票面一〇,〇〇〇千元）

（10）股票

蒙疆电气通信设备株式会社股票　一六〇，〇〇〇股（票面五〇
　　　　　　　元　全数缴足）

　　　　　　　一四〇，〇〇〇股（票面五〇
　　　　　　　元　缴付一二.五〇元）

蒙疆电业株式会社股票　七二，〇〇〇股（票面五〇元　全数缴足）

905

蒙古食料品股份有限公司股票　　二，一〇二股（票面五〇元全数缴足）

蒙疆石油股份有限公司股票　　四，〇〇〇股（票面五〇元　全数缴足）

蒙疆洋灰工业股份有限公司股票　二〇，〇〇〇股（票面五〇圆）

大蒙股份有限公司股票　　二〇，〇〇〇股（票面五〇圆）

同和实业银行股份有限公司股票　六五，五〇六股（票面五〇圆）

蒙疆兴业股份有限公司股票　二〇，〇〇〇股（票面五〇圆）

(11)各项证券

储蓄债券（日本劝业银行发行）　　券种不详

战时储蓄债券（日本劝业银行发行）　券种不详

报国债券（日本劝业银行发行）　　券种不详

战时报国债券（日本劝业银行发行）　券种不详

(12)金银块

砂金　　约七日钱

现大洋　约十五万个

马蹄银　数个

(13)营业用财产

张家口长清路总行分室　　　银行公馆土地房屋

张家口堡内煤山巷12号宿舍　土地房屋

张家口小马厂宿舍　　　　　土地房屋

张家口北关街宿舍　　　　　土地房屋

张家口鼓楼西街福祉部　　　土地房屋

张家口河东　　　　　　　　土地（菜园）

大同分行（附属宿舍）　　　土地房屋

平地泉分行　　　　　　　　土地房屋

宣化分行　　　　　　　　　土地房屋

天津分行　　　　　　　　　土地房屋

天津分行淡路街宿舍	土地房屋
汽车	约十四辆
金库	约五〇个
洋车	约三〇辆
三轮车	三　辆
私设电话交换机	一　盘
纸币穿孔机（作废穿孔用）	一　架
其他　绒毯、消火器、手枪等	

(14)新建筑费　　　　　　　　　不详

(15)所有财产

厚和大马路	土地	
北平司法部街37号	土地房屋	价值不详
山西省圻县	土地房屋	

(16)旧行局往来　　　　　　　不详

(17)现金　　　日本银行券、朝鲜银行券等

(二)负债部分

（1）资本金　一二，〇〇〇千圆（股东蒙古联合自治政府）

（2）存　款　内容不详

（3）借入同业　内容不详

（4）同业存款　内容不详

（5）应付未汇　内容不详

（6）保证支付　内容不详

（7）暂收款项　纸币印刷费、预备费及其他费用

第十一章　与各种通货之兑换率

蒙疆通货与日本银行券、朝鲜银行券、台湾银行券、中国联合准备银行券、满洲中央银行券之公定兑换率为等值（至停战止），对储备银行券为百比十八之比率（即储备银行券百元合蒙疆银行券十八元）。

〔国民政府财政部档案〕

二、中国联合准备银行

伪临时政府公布中国联合准备银行条例令

（1938年2月6日）

临时政府令　临字二十三号

　　兹制定中国联合准备银行条例，公布之。此令。

中华民国二十七年二月六日

中国联合准备银行条例

第一章　总则

　　第一条　中国联合准备银行以安定通货，统制金融为目的。

　　第二条　中国联合准备银行依照政府命令，以股份有限公司之组织设立之。

　　第三条　中国联合准备银行设立总行于北京，设分行于国内主要各地，并得与其他银行订立代理契约。

　　第四条　政府为监督中国联合准备银行，得发必要之命令。

　　第五条　中国联合准备银行以三十年为营业期限，期满时得呈请政府核准延长之。

第二章　股本

　　第六条　中国联合准备银行之股本总额定为五千万元，分为五十万股，每股为一百元。第一次缴纳股本二分之一，其未交股本之交纳日期，由董事会议定之。

　　第七条　中国联合准备银行股本，由政府认定二十五万股，其余二十五万股由中国法人之银行分认之。

第八条　中国联合准备银行之股票概为记名式，非经政府之许可，不得让渡。

第三章　特权及业务

第九条　政府对于中国联合准备银行赋与货币之铸造及发行之特权。

第十条　中国联合准备银行所发行之货币，公私一律通用。

第十一条　中国联合准备银行发行货币之种类规定如左，但硬币得以纸币代替之：

纸币　一百元　十元　五元　一元

硬币　五角　二角　一角　五分　一分　五厘

第十二条　中国联合准备银行所发行之纸币，应保有纸币发行额百分之四十以上相当金额之生金银、外国通货，或外国通货之存款，并保有发行额百分之六十以下相当金额之公债票，及政府发行或政府保证之票据及证券，或商业票据及其他确实之证券或贷出款项。

第十三条　政府得令中国联合准备银行监督一般金融机关及行使政府对于其他金融事项应行权限之一部。

第十四条　中国联合准备银行之业务规定如左：

一、政府所发行之票据及证券，或经政府保证证券之贴现。

二、商业票据之贴现。

三、确实之证券、债权或易于出售之商品为担保之贴现或放款。

四、往来存款透支。

五、生金银、外国通货之买进。

六、代素有交易者收取各种票据之款项。

七、金银及其他贵重物品之保管。

八、各项存款。

九、汇兑。

第十五条　中国联合准备银行得承受或买进公债证券，及其他确实之有价证券。

第十六条　中国联合准备银行得依照政府之规定，经理公债及关于国库之事务。

第四章　组织

第十七条　中国联合准备银行设总裁一人，副总裁一人，董事八人，监事四人。

第十八条　总裁、副总裁任期四年，均由政府任命之。

第十九条　董事任期三年，由股东总会选任，陈请政府认可。董事之半数须为股东银行之代表人。

设常务董事二人，由总裁指定之。

第二十条　监事任期二年，由股东总会选任之。

第二十一条　董事、监事任期已满，而新董事、监事尚未就任时，仍须继续执行其职务。

第二十二条　董事会由总裁、副总裁及董事组织之。

重要行务由董事会议决之。

第二十三条　总裁处理全行业务，并为董事会之会长及股东总会之议长。

第二十四条　副总裁辅佐总裁处理全行事务。总裁因有事故不能执行职务时代理其职务，总裁离职时行使其职权。总裁、副总裁均有事故不能执行职务时，由总裁或副总裁指定常务董事一人代理之。

第二十五条　常务董事辅佐总裁，秉承总裁命令分掌行务。

第二十六条　总裁、副总裁及常务董事在任期中，不得兼任其他官职或经营其他商业。但经政府之许可者，不在此限。

第二十七条　监事监查全行业务。

监事会由监事组织之。

第二十八条　总裁及副总裁之报酬及津贴，由政府决定之。

董事及监事之报酬及津贴，由股东总会决定后，经政府认可。

第二十九条　中国联合准备银行设顾问一人。

顾问关于重要行务得预受总裁之咨询，对于行务亦得随时向总裁建议，并得出席董事会开陈意见。

第五章　股东总会

第三十条　股东总会分为通常总会及临时总会二种，由总裁召集之。

第三一条　通常总会每年开会一次，临时总会遇必要时临时召集之。

第三二条　占有股本五分之二以上之股东或全体监事，得请求总裁召集临时股东总会。

有前项事宜时，总裁不得拒绝其请求。

第三三条　股东之议决权为每股一权。

第六章　决算

第三四条　中国联合准备银行以每年六月三十日及十二月三十一日为决算期。

第三五条　中国联合准备银行每一利益分配期应提纯益百分之二十为公积金，至总额达到股本总额为止。

公积金之总额已达股本总额时，前项公积金之摊提额得改为纯益百分之十以上。

第三六条　应行分配股东之股利金额，全年超过已缴足股本百分之十以上时，该超过部分之二分之一提缴政府。

附则

第三七条　本条例自公布之日施行。

第三八条　政府任命中国联合准备银行设立委员，使其掌管中国联合准备银行设立之一切事务。

第三九条　设立委员依照本条例之宗旨，制订章程，呈请政府许可。

第四十条　经前条之许可后，须将股票之分摊，第一次股本之征收，及第一次成立总会之召集等，从速办理之。

第四一条　前条之手续完了时，设立委员会应将办理情形呈报政府，申请备案设立。

经前项之备案后，中国联合准备银行即告成立，

〔伪临时政府行政委员会档案〕

伪中联行总裁汪时璟陈述1942年度业务概要报告书

（1943年3月27日）

各位股东：今日举行中华民国三十一年度股东常会，谨将该年度内本行业务之概要，略述如次，以供参考。

本年为本行创立第五年，此一年中，本行发行之货币流通益广，同时本行统制全金融界之机构愈加确立，其为中央银行之态势，名实均已兼备。回顾本行诞生于戎马倥偬之际，前途茫茫，其后迭遭难局，得有今日者，要皆中日各界一致协力之所致，自无待言矣。

大东亚战争勃发以来，日本军到处告捷，殆已确保大东亚全部，故昔日英美敌性权益，悉已绝迹，大东亚之建设遂在综合计划下逐步前进，而华北以重要资源之开发增产为中心，亦多所贡献。

方大东亚战争之第二年，我国于本年一月九日，毅然决然参加击灭英美之战争。在未参战之前，华北本负有兵站基地之任务，自可认为处于类似参战之地位，今则已为大东亚战争之当事人，有绝对性之责任，即我华北须以坚定之决意，倾我全力，期战争之完成。一面减低物价，以安定民生，一面竭力开发国防用增产

用之重要资源，以供给大东亚之建设上之必要部分，无容赘述。

本行在此过程中，对于货币信用之确保，各种资金之疏通，无不希冀万全，遭此激变时期，而华北金融界始终能有稳健之推进者，诚堪同庆。

物价问题为战时下华北之最大问题，自前年七月英美公布资金冻结令，继以大东亚战争之勃发，华北与第三国之物资交流全部断绝以来，物价涨势渐趋显著，其后乘配给机构尚未完备，投机交易横行市场，涨势益甚。是以于中、日之协力下，讲求配给机构之整备与取缔暴利振作市场等种种方策，同时以调节金融为本务之本行，则于放款之调整与购买力之吸收等，特加计议，更尽力于金融机构之整备强化及指导统制。一面努力吸收浮动资金，一面力图生产资金与配给资金之供给得以圆活，虽物价问题之解决尚有待于后日，然低物价政策系属完成参战华北使命之根本条件，吾人应于此时再下决意向前迈进，本行对于此事正期有所协力。

至言贸易，已如上述，凡与第三国之交易，无论为直接者，或由上海转口者，殆均杜绝。南方诸国之交易，尚未达到丰多希望地步，而华北之于大东亚战争，负有兵站基地之重大使命，出口转出口方面均有极大之贡献。且副申请制度向以对日、满贸易为限者，自去年四月起，复将华中交易一并处理，藉华北贸易组合联合会之副申请制度促成一元的统制。至于华北汇兑政策，则自实施汇兑集配制、无汇兑进口转进口许可制以来，早已完备，所谓申汇交易，亦自去年一月一日起由本行集中，自四月十一日起，将申汇原用旧法币本位改为中储券本位。

关于金融机关之整备统制，自民国三十年十二月十一日公布金融机关管理规则，去年五月十五日公布其施行细则，并将金融机关管理规则之运用通告各银行号洽照。本行依据管理规则及其运用所施行之新制度中，其最重要者，为关于资金之调整及存款支付准备金二项。资金调整昔仅实施于本行管辖下各银行，自新制度实行后，所有华北全体银行、银号之放款，凡属于设备资金者数在三万圆以上，属于其他资金者数在五万圆以上时，均须申请本行核准，方能叙做。本行内部设资金调整委员会办理审查核定事宜。同时为彻底抑制投机用款起见，自去年十二月起，凡设备资金以外之放款，暂行改订为银行在三万圆以上，银号在一万圆以上，均须申请核准。是以不急或无需之放款得以抑制，而一切资金悉行集中于目前紧要方面。存款支付准备金制度，系自六月一日施行，各银行、号须将定期存款之一成以上，活期存款之二成以上，储蓄存款之二成五以上之准备金缴存本行。此固为保护存款人之利益，亦所以吸收银行号之余资，遇有需要资金时顺便供给之，此与资金调整相辅而行，裨益于调节通货者至大。此外由本行主办新设有奖定期存款制度，去年第一次由管辖下各银行试办，成绩斐然，第二次除管辖下银行外，并由其他数银行参加，现正办理中。此乃开拓新存款途径，为动员当地游资之一助，实具有深意焉。

银行、银号之整理，为金融机关管理规则要点之一，截至上年十二月十日，原则上银行、银号须为缴足资本五十万圆之有限公司。因银行本具有此种条件，暂置不问，专注力于银号之整理。在上述期限内，申请增资改组，依照各种基准分别审查，经财务总署准许营业者计有一百九十九家，连同分号统计二百四十家，已设银号之半数乃被消灭淘汰，此外有由各银号合并另组新银行者，诚堪欣幸。上述改组之银号与银行一律归本行统制，以小规模之金融机关，立于独自之分野，完成公众责务之态势。至歇业金融机关，则由本行明示清算指导方针，采取保护存款人必要之处置。银号利用拨码、拨条由来已久，此种制度因极易促成不当之信用膨胀，故已禁止其流通。此种拨码，去年三月十日起日本各银行先停止收受，本国各银行亦自四月十日起停止收受，截至四月三十日完全禁止流通，是以银号及一般金融交易益见健全。票据交换所之设立为曩日悬案之一，因时机未熟，尚未设立。然交换所为整备金融机关之一，乃由本行主动，计划筹备设立中日满蒙各银行之票据交换所，北京、青岛于五月成立，天津、济南于六月成立，十月间复成立各交换所联合会，本年三月起，北京、天津各银号同时参加票据交换。此不特足以撙节通货，且于促进银行、号业务之近代化，与融合彼此感情及贯彻金融统制施行趣意等，均有莫大之效果。

本行发行货币之地位，逐年强大，去年一月一日以后，华北各地，凡非本行发行之小额货币，一律禁止流通，本行发行货币为华北唯一通货之实现自此始。华北政务委员会之收买旧通货，亦因治安之确立，而继续进行，尤于华北、华中接壤地带之苏淮特别行政区域内，除前经设立之徐州、海州分行外，更于去年分设宿县、淮阴两办事处，本年分设连云港办事处，开辟中联券之流通途径，去年十月间并就苏淮全境普遍收买旧通货。

本行发行之通货，自始经已确定与日本金票等价，此后亦决不更改。关于此点，本年二月本人以财务总署督办名义发表声明，日本方面亦由驻京特命全权公使发表同样声明。参战下之华北，对于通货之信认，绝对不令稍有动摇。本年三月十日适值本行成立五周年，本行与日本银行订立二万万圆之信用契约，此项信用之设立，其目的不仅谋日本与华北两地国际贸易清算之圆活，且足以助长华北通货制度之健全发展。日本兴业银行代表之日本银行团，曾于本行创立时期供给一亿圆之借款，经已转期多次，此项借款，虽实际上迄未动用，然在本行则甚感此款之臂助。原契约业于本年三月九日满期。兹当股东常会召集之际，对于日本银行及日本兴业银行代表之银团各行表示诚挚之谢意。

本行于去年十月十五日发表本行业务调整及存款、放款利率，盖因最近金融机关之整备与金融网之扩充，本行已少兼办普通银行业务之必要，乃拟回复中央银行立场，避免与普通银行、号立于竞争地位，俾普通银行、号得以发展，而本行之顾客原则上以官厅、银行、银号为限，除本行分行地方并无其他金融机关设立者外，所有普通银行业务均让归普通金融机关办理。至本行之存款、放款利率，定为一般利率之标准，用以促进华北利率之平准化。复于本年二月九日参战纪念日，在北京、天津等处分别召集之银行、银号大会席上，由本人发表定期之利率为年息六厘，储蓄存款之利率为年息七厘，放款之最高利率为年息一分二厘。因低利息为减低物价之一要素，关于此点甚望各同业之协力。

本行期待地方金融之疏通，努力于金融机关之整备各节，已如上述，对于管辖下银行之培养加强仍继续努力。如对于中、交两行，在华北金融界向来之地位成绩，认为令其更生最为适当，故于前年年底，暂将两行北京、济南、唐山各行移归本行管理，旋于去年二月二十一日，复将两行华北管辖行之天津分行同时复业，其后华中之两行于九月一日改组更生，华北亦响应之，而于十月二十九日新创设独立之中国、交通两行，继承华北两行之营业及其资产负债，两行均设总行于北京，资本金由华北政务委员会与本行各半投资，事实上已成本行管辖下之普通银行。此外三月三日山东农业银行由本行与地方共同投资，设立于山东省济南，为本行管辖下银行，该行为纯粹之农业银行，于农产之确保与增进有所贡献。又于七月一日改组管辖下银行中之河北省及冀东二银行，即将河北省机关银行河北省银行之营业及资产负债，由新设之河北银行继承之，冀东防共自治政府机关银行冀东银行亦改正其制度，征收第二次股款，二行均改为纯粹之普通银行继续活动，以前二行股本，各由华北政务委员会单独出资，今则本行负担半数。再战时下浮动购买力之吸收及民众储蓄心之涵养，实为当务之急，爰于本年三月一日本行出资创设华北储蓄银行，以专收储金之独立储蓄银行，用积极方法吸收各种储金，与向来各银行内附设储蓄部之意义迥异。该行各部职员均由本行派充，今后资金之运用，亦由本行尽量援助，简言之，即以本行之别动队活动之。

本行之分行、处除上述经去年五月一日设办事处于安徽宿县，五月三十日设办事处于江苏淮阴，本年一月四日河北省保定办事处提升为分行外，一月五日设分行于河北塘沽，一月二十日设办事处于江苏连云港，分行、处总计已达二十四处。本行营业机关如此补充，在华北全部之金融疏通上具有深意，自不待言。

再就本行业务概况观之，各种放款年增二万万一千五百万圆，截至年底计为七万万一千六百万圆，存放款亦增加七万万零一百万圆，计达十五万万四千四百万圆，各项存款增加二万万九千九百万圆，计达七万万二千一百万圆，具见业务之伸张。至于货币之发行，钞券与补助纸币及硬币等，年底计达十五万万九千二百万圆，较之前年年底增加六万万二千六百万圆。其与历年增数较巨者，临时所放收买食粮、棉花等之资金及本券流通区域之扩大，为其主要原因。业务既如此伸展，货币制造费及其他各项开支自亦随之增加，惟收益则补偿之而有余。本行为求基础益形巩固起见，摊提金额为数务求其多。本年利益计为五百零七万五千圆，业务成绩之能有如此余裕者，皆中、日各界援助上之所赐，故于去年五月捐赠华北政务委员会五十万圆，又本行创立以来蒙各地日本陆、海军随时随地多方爱护，故亦各分别捐赠二十五万圆，聊表谢意。同时本年度决算对各股东有提议分配股息之光荣，实深欣庆。

综上所述，华北之金融机关均归本行指导统制，本行亦毅然调整业务，一新其中央银行之面目。同时本行发行之货币，内则为华北唯一之法定货币，其流通愈见普遍化，外则与日本金票坚持等价关系，尤其新与日本银行立于直接连系之关系倍增实力，然今后战时经济之营运，非从物资及资金两面精密计划，未雨绸缪不为功。处此时局，本行极感责任之重大，具有以坚忍不拔之毅力，卓越之信念，完成此职责之觉悟，甚望股东各位谅解吾人之决意，多予援助与协力，是所至祷。

中华民国三十二年三月二十七日

〔汪伪华北政务委员会档案〕

卞喜孙等陈报伪中联行内部组织及接收各帐目情形呈

（1945年12月29日）

查伪中国联合准备银行为伪华北政务委员会金融之总枢，亦日寇用以侵略我华北民众之最力工具。总行设于北平，分支行、处分设于华北各省市，总行设总裁及各局、室，惟实权则操之于该行顾问室，贷放款项均须听命于该室，该室则受命于日寇之大使馆，大使馆则受命于日寇军部。故军费之筹措，物资之搜括，均取之于该行，藉存放同业之名存于日系银行，便于支取，实系劫夺该行头寸，不敷则赖发行伪券，计截至接收之前一日止①，发行伪券达一千四百二十余万万元。其准备金除日寇投降后正金银行用以抵销债务之黄金约十七万两外，若与发行额相较，几等于零，而发行之增加速度日增，计三十三年底共发行一百六十二亿余，本年一至四月四个月即发行一百八十七亿余元，而本年八月份一个月之间竟发行三百零一亿余元。如日寇仍不投降，尚不知增至若何数额。该行总行共设六局三室，其职掌及接收情况，兹分述于次：

一、检查室　该行组织有是室之设，但接收时则并无此项组织。

一、秘书室　该行组织有是室之设，现属该室人员只有陶良

---

① 接收开始之日为1945年10月17日。

五等三人。于接收时询据陶良五等，复称该室 虽设，并无工作，故无文卷、帐册等件。并据查所经办之事，均为该行总裁私人事件，该室人员类同其私人秘书。经着陶良五等具结陈明在卷。

一、调查室　原为调查华北资源，俾便搜括。至金融业之动态，物价之涨落，及关于经济事业之调查，亦在工作之列，故其数年之纪录，对于华北之经济状况，尚可备参考。于接收后，经奉令移交钧处接管在案。

一、总务局　凡员役之管理，文电之撰拟与收发，档案之保管及开支等项，均归该局职掌。共分总务、文书、人事三课。因该行组织庞大，员役共千余人，因该局经管事务极为繁琐，于接收时除将档卷、帐册、房地产分别先行查封外，即着缮制移交清册，复行按册查点封存。

一、管理局　该局为统制金融而设，内分稽核、业务、金融三课。该伪行之分支行、处及所谓中联伞下各行暨华北各银钱号，均须按期将存放款项制表陈送该局稽核。凡放出款项，均须经该局核准，而该局则须听命于顾问室，然固亦华北银钱业之最高统制者。于接收时即着缮制清册，将与顾问室来往文件及各行号所送表报点封。

一、计算局　该局设帐务、会计两课，课下分组办理该行总分、支行、处往来记录，核对开支预算，编制总决算等事项。其帐册及纪录等件，业经按册点封。

一、发行局　职司伪券发行，而准备金则并入该行营业局帐内。该局所谓之准备金，系由营业局开具之本票，另列准备金内容表，除以营业局之生金银等科目抵充外，不足之数，则以贷放款项，如存放日系银行存款等补足之。然日系银行之存款，即系各该行提用之伪钞，实即只发行而无准备金。共分帐务、券务两课，司记录发行数额及印制伪钞而已。其接收时情况曾于接收封点后即已陈报，并检送有关发行各项表报及移交清册各二份在案。兹再将其发行数额，准备金内容，总、分各库存券数额及库存破坏、打洞、待销各种券数额，略陈如次：

1. 发行额　一四二，三九九，八五四，五〇七·七八元
2. 准备金。甲、生金银（营业局本票十七张）

   A．生金　五，〇七四，六八七，八九公分
    又　　九，四六〇市两
   B．纯银　二一，五三四，四三三·九二公分
   C．杂银　三，一一二，一四一·二二公分
   D．银元　一五，三九九，七一九·〇〇元
   E．银辅币　九四，九〇七枚

以上生金银共折抵准金四九，六八二，七二七，四一八·〇二元

   乙、外币存款（营业局本票二十张）
   A．日币二二，二七八，四八六，四七八·二八元
   B．特别日金　七，六五六，六六八·三六元

以上外币存款抵充准金二二，二八三，四七三，七五六·二六元

   丙、贷出款项抵充准金（营业局本票二十六张）七〇，四三三，六五三，三三三·五〇元

以上甲、乙、丙三项共计抵充准金一四二，三九九，八五四，五〇七·七八元

右述伪联银发行准备，在发行局方面系持营业局所出之本票，经详查营业局帐册，其生金有四，八二三，一八七公分，九四六〇市两，系本年八月十日以后购进，其中大部购自正金银行。银元有一二，五〇〇，〇〇〇元，系抗战前平津中、交库存，由伪北平政府拨充该行股本。又生银项下有二一，五三四，四三三·九二公分，存日本朝鲜银行，其实物情况如何，据该局称，亦不

得而知（业由该局书面说明详情，已另案呈核）。

3．库存券　甲、总行库存二九，五九二，九五一，四一〇·三六元

乙、分行库存二二，三七一，四七二，九七九·九〇元

丙、他行库存七三八，六一八，二一八·七八元

以上甲、乙、丙三项共计库存券五二，七〇三，〇四二，六〇九·〇四元

上述库存券，其存总行者，已奉令拨交平津中、交二行，现已代发行几何，应向各该行查询。其存分行者，因尚未接收，详情不得而知，度或已继续发行，流通市面。至存他行者，查均系日本银行在中国境内之分、支店，该项伪券是否存库，无法查悉。故上项库存券，除总行库存交平津中、交二行尚未发行者外，似已大部发行流通市面矣。

4．销毁券　计二，三六一，六三一，八九〇·四八元

上列销毁券，除已销毁者外，尚有二一七，二七五，五九一·〇七元，或已打洞，或系破损不能行使，经转销毁券帐，尚存库未毁。

5．订印券　三一八，五九〇，六四九，〇〇七·三〇元

未收订印券一二一，一二六，一二〇，〇〇〇元

已收订印券一九七，四六四，五二九，〇〇七·三〇元

6．样本券　该行印制各种样本券，除分发者外，尚存份已接收封存。

7．印废券及未完成券〔略〕

一、外汇局　该局之设即为统制华北物资出口，其所得外汇供日寇购取国外物资之用。所有华北出口物资换得之外汇，悉折合日币存放于东京正金银行，分别存入特别日金户，并限地域。

该伪行如须用，必经该伪行顾问室事前核准，限制甚严，故该行营业局帐内特别日金各户积存日金达九千零四十余万元。惟自太平洋战争爆发后，海运阻塞，华北物资不能出口，日寇亦无力顾此，该局业务即行停顿。

一、营业局　该局共分国库、营业、出纳会计三股，一切业务集中该局，并敌伪没收之件有时亦交该行，由该局保管，列入寄存项下。帐目甚为繁杂，于接收后即监督将各项帐册、传票、寄存物品造具清册，点封听候清理。兹将其资产负债状况，略述于次：

甲、负债类（仍照原列伪券计）

1．资本金　二千五百万元，额定为五千万元，实收上数。官商各半。商股为中国、交通等各行，即以战前我政府存平津现银元中拨出一千二百五十万元，当时以一对一折算伪券。其余半数则由华北伪府向朝鲜银行借拨，该行即仍存于朝鲜银行。

2．存款　共五十四亿余元，内计：

普通存款　二十八亿五千万元

官厅存款　八亿五千万元

同业存款　十七亿三千万元

3．汇款　共六十六亿六千余万元，系该总行汇出，未悉各分支行、处已否解讫者。

4．发行　已于发行局项下陈述。

乙、资产类

1．现金　十四万二千余元，系破损不能流通之钞券。

2．存放同业　二百六十六亿四千余万元，而其中正金及朝鲜即占二百二十一亿九千余万元，存放伪中储银行四十二亿元。

3．官厅放款　五十五亿一千余万元，或系垫发经费，或系垫付伪府投资各事业股款，均经顾问室核定。

4．同业贷款　四百八十九亿六千余万元，内正金、朝鲜两行即占四百四十八亿元。

5．其他放款　二百七十余亿元，内仅北支开发会社即达二百四十亿。其他亦属日寇核准之事业，而经顾问室通知贷放。

6．生金银　四百九十六亿元，即系发行准备金。

7．房地产及器具　六千余万元。

按该行贷放情形而言，该行为日寇利用甚为明显。

一、生计所　其组织系委员会性质，专司办理同人实物配给事务。现存各种食粮约三十三万斤外，有食盐、油类及其他毛巾、肥皂等日用品。其地址在西交民巷八十八号。

此外尚有顾问室之组织，在该行组织系统内与董、监事会相等，略次于总裁，而实际则董、监事等不过虚应故事，而一切大权如业务、发行与管理各地金融，以及建筑行舍、购置与保管材料等事，无不操于该室之手，实为该行最高统制机关。该室内部组织与该行大致配合，计设顾问、副顾问各一人，下设□部，各设部长一人，职员共一百十四人，并于各分行、处分设顾问分室，所有职员均系日籍，或由各日系银行派来。我方接收时，除现有文卷及杂项用品已令造册点封外，其所存建筑材料数量较多，品名纷杂，册载名称均系日文，屡经翻译，尚有一部无法译成中文。该项材料分存平津及新乡各地，现除新乡一处未及前往接收，其在平津两地者已分别先予查封，另请建筑专家协助清点，俟全部竣事，再行列册呈送。

关于接收各件，谨分别项目，胪列于后：

〔中略〕

谨呈

财政部驻冀鲁察热区财政金融特派员张

接收委员　卞喜孙

负责代理人　总务局　黄襄成

发行局　李廙云

外汇局	林　威
计算局	林　威
营业局	郑元翔
管理局	郑元翔
顾问室	殷景戌
调查室	吴□□

中华民国三十四年十二月二十九日

〔匡民政府财政部档案〕

三、华 兴 商 业 银 行

伪维新政府财政部与兴亚院华中联络部订华兴商业银行设立要纲

（1939 年 4 月 28 日）

第一　方针

为树立华中通货制度之基础，发行随时可兑外货之银行券，应速设立以发展国外贸易之金融为主要业务之银行。

第二　要领

一、名称

定名曰华兴商业银行（Hua Hsing Commercial Bank）。

二、所在地

总行设于上海，分、支行设于必要地点。

三、资本金

华币五千万元，全数收足。

（注）（一）由政府及日本方面银行出资，同时如有中国方面之

银行及其他外国银行之参加，亦可酌量照准。

(二)至银行设立时，如无中国方面之银行及其他外国银行参加，即由政府及日本方面银行各担任资本金之半数。

四、业务内容

本银行除发行银行券调剂对外贸易之金融外，并经营一切银行业务。

(注)(一)本银行有发行兑换券及辅币券之权，并应设法使有强制通用力。

(二)本银行得自由兑换外货,其基金准备及运用方针另定之。

(三)本银行券暂时除专为国外汇兑、外货之买入、货物出口放款、国外汇兑借款、国外汇款汇兑之支付、新通货存金之支出及其他与此相类之用途外，不得发行。

将来本银行之基础确立时，对于扶助产业金融等亦得酌量发行。

(四)本银行不受政治的干涉，及不借款与政府。

(五)政府对于本银行保证发行数额未达五万万元时，不课发行税。

五、发行准备

本银行券之发行准备如左：

(一)外国货币；

(二)生金银；

(三)其他确实之国外汇票；

(注)前三项之准备金额不得在发行总额百分之六十以下。

(四)输出国外货物之押汇票据。

六、政府存款

政府对于本银行应常存一千万元作为特别存款，不计利息。

七、组织

(一)本银行设总裁、副总裁各一人，理事五人以上（内常务理事二人或四人），及监事三人以内（内常务监事一人）。

总经理一人。

（二）总裁、副总裁、常务理事、常务监事不得兼任其他职务，但得有政府认可者不在此限。

（注）（一）本银行理事及监事视出资状况，得酌量选用日本人或第三国人。

（二）总经理以中国人任之，如无适当人选时，得酌用日本人。

（三）本银行得聘用顾问。

顾问得出席理事会、监事会、股东会及行务会议陈述意见。

八、利益之支配

（一）法定公积金（百分之十以上），

（二）红利之分配。

（注）对于商股优先分配之。

九、营业期限三十年，但经政府之许可时，得延长之。

中华民国维新政府财政部部长　严家炽代

兴亚院华中联络部长官　津田静枝

中华民国二十八年四月二十八日

昭和十四年四月二十八日

〔伪维新政府系统档案〕

关于华兴商业银行之设立及其经营之协定书

（1939 年 4 月 28 日）

第一　方针

中华民国维新政府当局及日本方面现地当局为谋华中方面之

经济复兴及实行中日提携,并树立华中通用货币制度之基础起见,设立中日合办之华兴商业银行(以下简称本银行)。关于其设立及经营应密切连系,以期其健全之发展。

第二 要领

一、政府对于本银行章程,除有特别规定者外,应依据法令担负指导监督之责。

二、总裁、副总裁由政府任免之。

前项之任免,政府应先与日本方面现地当局商洽。

三、本银行之理事、监事由中、日双方选出之。

关于其他之职员,遇必要时得酌用日本人。

四、本银行关于左列事项须得政府之核准:

(一)章程之制定及修改;

(二)理事、监事之选任及解任;

(三)顾问之聘任及解任;

(四)盈余之分配;

(五)其他行务之重要事项。

政府核准上列各事项,应与日本方面现地当局商洽。

五、政府对于本银行授与发行兑换券及辅币券之特权,并明令强制通用。

六、政府特许本银行为金银之买卖及输出,并免除其出口税。

七、政府如将前两项之特权及特许授与本银行以外之银行时,应与日本方面现地当局协商,但对于发行辅币券之核准不在此限。

八、政府对于本银行发行保证准备之兑换券总额未达五万万元时,应免除其发行税。

九、政府对于本银行应常存一千万元以上作为特别存款,不计利息。

十、政府应令本银行代理国库。

十一、政府及日本方面现地当局应设法防止有妨害本银行券对外货之确实兑换性，及避免以政治力量干涉银行营业，并不得向银行借款。

十二、政府及日本方面认股之银行，如将其所有之股票出让时，政府方面及日本现地当局须彼此通知，征得同意。

十三、日本方面现地当局为援助本银行之健全发达起见，在银行设立二年内，应设法使日本方面认股之银行对其所有之股票不受股利之分派。

政府依前项之旨趣，在银行设立后二年内，不受官股部份应得股利之分派。

前两项不受分派之股利，由本银行积存作为特别公积金。

十四、对于处理本银行之破产宣告及解散等事项，政府应预先向日本方面现地当局协商之。

本协定书签订一式三份，大日本国兴亚院华中连络部、中华民国维新政府行政院及财政部各执一份存照。

中华民国维新政府行政院院长　梁鸿志

财政部部长　严家炽

大日本帝国兴亚院华中连络部长官　津田静枝

中华民国二十八年四月二十八日

昭和十四年四月二十八日

〔伪维新政府系统档案〕

伪维新政府财政部与兴亚院华中连络部订华兴商业银行章程

（1939年4月28日）

第一章　总则

第一条　本银行为股份有限公司组织,定名曰华兴商业银行。

第二条　本银行设总行于上海,在业务上必要时,于国内外得酌设分支行、办事处,或与其他金融机关订立代理合同,或汇兑契约。

前项分、支行之设立与裁撤,均须呈请政府核准。

第三条　本银行营业年限自开业日起算,满三十年为期,期满时得由股东会议决,呈请政府核准延长之。

第二章　资本

第四条　本银行资本总额定为五千万圆,计分五十万股,每股一百圆,一次缴足。

前项资本总额得由股东会议决,呈请政府核准增减之。

第五条　本银行股票用记名式,但得应股东之请求,只登记于股份注册簿,以省发行股票。

第六条　股东与其法定代理人之姓名、住址及印鉴,应报明本银行记入股东名簿,如以堂记或商号为户名者,应注明代表人之姓名及印鉴。如有变更时,即须报请改正。

第七条　本银行股票分一股、十股、一百股、一千股四种,股东随时得向银行请换股票种类。

第八条　转让本银行股票时,须由让主及受主双方填具申请书,检同股票送交本银行过户。

如继承股票时,应由继承人填具申请书,连同股票并继承证明书,送交本银行过户。

股票抵押时,应由股票出押人(如股东与债务人不属一人时,应连同债务人)及受押人填具申请书,送交本银行注册。

关于登记股份注册簿之股份,准用前三项之规定。

前四项情事,非经本银行承认,不生效力。

第九条　股票遗失时,股东应即申报本银行,并以股票遗失者之费用登载本银行指定之报章公告之,俟满三个月如无纠葛,方认其股票失效，由本银行另给新股票。

第十条　股票如有污毁时，得具换票申请书，检同原股票，送交本银行请换新股票。

第十一条　股票过户，每张须纳费二角，换票或补领新票，每张须纳费五角。

登记于股份注册簿之股份，过户每件纳费三角。

第十二条　股东会开会前一个月内，停止股票之过户及换票。前项期限如临时认为必要时，得改为十五日。

第三章　业务

第十三条　本银行业务范围如左：

一、商业确实期票之贴现；

二、以确实有价证券或易于出售之货物为担保之放款及贴现；

三、国内外汇兑及货物押汇；

四、买卖生金银及外国货币；

五、确实有价证券之经理、应募及承受；

六、收受各种存款；

七、代理收解各种款项；

八、信托业务。

第十四条　本银行得受政府之委托，代理国库及国债事务之全部或一部。

第十五条　本银行不得经营左列各项业务：

一、凡以投机为目的之营业；

二、无担保品或以不动产为担保之放款及保证；

三、收买本银行股份，并以本银行股份为担保之放款；

四、对于本银行干部及办事人员之放款；

五、营业上不必要之不动产之取得，但经理事会之同意，以为清偿债务而取得者不在此限。

六、直接经营各种工商业。

第十六条　本银行得依据由政府赋与之特权，发行兑换券及辅币券，但其发行流通额、库存额及准备金状况，应按勻陈报政府备核。

第四章　组织

第十七条　本银行设总裁一人，副总裁一人，理事五人以上，监事三人。

第十八条　本银行总裁及副总裁由政府任命之，其任期均为四年，期满得续加任命。

第十九条　总裁代表本银行综理全行事务，并为理事会、行务会议及股东会之主席。

第二十条　副总裁辅佐总裁处理全行事务，如总裁因事缺席时，代理其职务，总裁出缺时，执行其职务。

总裁及副总裁均因事缺席时，由总裁就常务理事中指定一人代理总裁之职务。

第二十一条　理事由股东会选举之，并须得政府之认可，其任期为三年，期满时得连举连任。

第二十二条　总裁就理事中指定二人或四人为常务理事。

第二十三条　监事由股东会选举之，并得政府之认可，其任期为一年，期满时得连举连任。

第二十四条　监事互选一人为常务监事。

常务监事代表监事会。

第二十五条　总裁、副总裁、常务理事及常务监事在任期内，不得兼任其他职务，但经政府核准者不在此限。

第二十六条　总裁、副总裁、理事、监事虽任期已满，但后任者未就任以前，仍继续执行其职务。

第二十七条　理事、监事因事故出缺时，由股东会补选之。

前项被补选之理事或监事之任期，以继续前任者之任期为限。

第五章　理事会

第二十八条　理事会以总裁、副总裁及理事组织之。

第二十九条　理事会之职务如左：

一、审定业务方针；

二、分、支行及办事处之设立及裁撤；

三、代理合同及汇兑契约之订立及改废；

四、重要章则之制定及改废；

五、审定关于兑换券、辅币券及发行准备之事项；

六、核定预算及决算；

七、主要职员之任免；

八、议定召集股东会之日期及付议事项；

九、审定其他重要事务。

第三十条　理事会至少每星期开会一次，由主席召集，以到会之过半数取决，可否同数时由主席决定之。但到会人员非及半数以上，不得议决。

第三十一条　理事会之议决事项应作成会议记录，由到会者签名或记名盖印。

第六章　监事会

第三十二条　监事会以全体监事组织之。

第三十三条　监事会之职务如左：

一、监察一切业务；

二、检查一切帐目、证券及库款；

三、检查兑换券及辅币券之发行数额及其发行准备；

四、决算之审核。

监事会认为必要时，得于理事会及股东会陈述意见。

第三十四条　监事会每月至少开会一次，由常务监事召集之。

第三十条及第三十一条之规定，前项会议准用之。

第七章　行务会议

第三十五条　行务会议以总裁、副总裁、理事及监事集议之。

第三十六条　行务会议之职务如左：

一、核定盈余股利分配案；

二、裁决凡不属于理事会及监事会审议范围内之重要事项。

第三十七条　行务会议遇必要时，由主席随时召集，以到会人员之过半数取决，可否同数时由主席决定之。但到会理事及监事须各有半数以上方得决议。第三十一条之规定，前项会议准用之。

第八章　股东会

第三十八条　股东会分为左列两种：

一、股东常会；

二、股东临时会。

第三十九条　股东常会每年开会一次，由理事会召集之。

股东临时会如总裁或理事会认为必要时，由理事会召集之。

第四十条　股东因事不能出席股东会时，得委托其他股东代表，但须出具委托书。

第四十一条　股东之表决权以一股为一权，十股以上者，每十股递增一权。

第四十二条　股东对于会议之目的事项，凡与本身有特别利害关系时，不得加入表决，并不得代表他股东行使其议决权。

第四十三条　股东会之开会须于一个月前登报公告，并以书面将召集日期、地点及议案通知各股东。

前项期限如有紧急事件时，得改为十五日。

第四十四条　股东会议决之事项，股东不得以未出席否认之。

第四十五条　股东会付议事项，以召集通知书载明之议案为限。

但理事会认为有必要时，得临时提出议案。

临时加提议案，须立即通知各股东。

第四十六条　股东会非有资本总额半数以上之股东出席时，不得开会。

第四十七条　股东会之议决以出席股东议决权之过半数取决，可否同数时由主席决定之。

第四十八条　理事会应于股东常会开会前十日，将左列各项表册与监察人之报告书置于总行，备各股东查阅：

一、资产负债表；

二、损益计算书；

三、财产目录；

四、营业报告书；

五、盈余股利分配案。

第四十九条　理事会应将上条所列各项表册，提出于股东常会，请求承认。

经前项之承认后，本银行对于总裁、副总裁、理事及监事已解除其责任，但有不正当行为者不在此限。

第五十条　股东会之决议录应记载议决要项，由总裁、副总裁、理事、监事及到会股东中二人签名或记名盖印。

第九章　决算及盈余之分配

第五十一条　本银行决算期，定为每年六月三十日及十二月三十一日。

第五十二条　本银行每届决算所得盈余，须先提十分之一作为公积金。

第五十三条　本银行之商股优先分派，股利达年利五厘后尚有盈余，再付官股三厘之股利。

第五十四条　盈余除提出前两条之公积金及提付股利后，如尚有余剩时，以十分之二以内分配干部为酬劳金，余为特别红利、特别公积金及下期滚存。其特别红利之分摊，对于官股及商股均以同率分配之。

积存之特别公积金遇有股利不敷分配时，得提用之。

第五十五条　本银行之公告应就总分、支行、办事处及委托代理处之所在地登载，或以其他适当方法公告之。

第五十六条　本章程未尽事宜，依照法令及习惯办理之。

第五十七条　如有应行修改之处，须经股东会议决，呈请政府核准备案。

中华民国维新政府财政部部长　严家炽代

兴亚院华中连络部长官　津田静枝

中华民国二十八年四月二十八日

昭和十四年四月二十八日

〔伪维新政府系统档案〕

中尾满寿夫编华兴商业银行概述

（1939年）

（一）设立之目的

此次事变勃发以来，因蒋政权所施政策，徒令华中一带金融陷于梗塞，且使战后经济复兴重受限制，而旧法币之准备金又被战费消耗殆尽，基础岌岌可危。欲谋缓和并救济此种现状而使华中民众得以安居乐业，则舍设立一纯粹经济的金融机关，不为政治势力所左右，并赋予发行健全通货之特权，其道末由。顾在华中一带，近百年来，各国之利害权益，参伍错综，通货对策不能不顾及此微妙的国际关系。加之，华中虽然位于长江流域，拥有肥沃土壤，但生活必需品之须仰给于外国者，为数仍多，故通货之对外价值与民众生活，尤息息相关。在如许复杂之国际性及贸易网支配之下，益以事变后种种困难问题相因而生，维新政府乃与各关系方面慎重讨议，决定设立华兴商业银行，以应时势之要求，俾华中经济得因通货制度之基础安定，而致所有物资之生产及运转得循正轨，国际贸易金融亦可圆滑营运，一般民众及从前因货币紊乱而蒙受不测之害者，咸得各安生业。

因有上述情形，故华兴商业银行之资金，原定方针系希望于可能范围内，由关系各国自由参加，只以期间匆促，未暇洽商，暂由维新政府及六家日商银行共同出资，但仍欢迎华商及其他外商能了解华兴商业银行设立之真义而惠然参加也。

（二）组织之内容

华兴商业银行自筹备迄成立，进行异常顺利，五月一日维新政府公布华兴商业银行暂行条例，同日即召集成立大会，五月十六日上海总行正式开业，而南京、苏州及杭州分行亦于五月廿六日、七月十一日及十月十七日先后开业。此外，蚌埠、芜湖、无锡、安庆等分、支行，则均在积极筹备中。兹依据银行章程，略述其组织内容如次：

名称　华兴商业银行(The Hua Hsing Commercial Bank)。

组织　股份有限公司。

国籍　中华民国维新政府法人。

资本　华币五千万元全额收足（以英镑及美金缴足）。

每股一百元，计五十万股。

股票分一股、十股、百股、千股四种。

股份得登记于股份注册簿，不另发股票。

股东　中华民国维新政府　二千五百万元。

株式会社日本兴业银行　五百万元

横滨正金银行因条例上禁止认购他行股份，故由日本兴业银行承受，而由横滨正金银行代行股权。

朝鲜银行　四百万元。

株式会社台湾银行　四百万元。

株式会社三井银行　四百万元。

株式会社三菱银行　四百万元。

株式会社住友银行　四百万元。

年限　营业年限自开业日起满三十年。

业务　一、商业确实期票之贴现；

二、以确实有价证券或易于出售之货物为担保之放款及贴现；

三、国内外汇兑及押汇；

四、买卖生金银及外国货币；

五、确实有价证券之经理、应募及承受；

六、收受各种存款；

七、代理收解各种款项；

八、保管金银及其他贵重品，并各种证券等；

九、各种储蓄及信托业务；

十、代理国库及国债事宜。

特权　由政府授权，发行有强制通用力之兑换券及辅币券（发行准备至少百分之六十为生金银、外国货币、外币存款、外币证券及外国汇票，其余百分之四十为商业票据及其他确实有价证券）。

券面种类　兑换券分十元、五元、一元三种。

辅币券分二角、一角两种。

每月十五日及月底公布发钞及准备状况。

（三）银行之机能

华兴商业银行为顾及华中特殊状况起见，其主要机能决定为疏通对外贸易金融，使出口业之汇票及金融业之外货得逐渐以华兴商业银行之银行券为对象而售出，此种机能遂行以后，则华兴商业银行之地位，事实上将远在一般所谓中央银行之上。惟以目前华中一带，除旧法币外，军用票及日金券流通尚多，在各项条件未曾完备以前，欲使华兴商业银行负全部调整之责，势不可能，故其外表，仍以商业银行为出发点。

然而若仅以旧法币为华中之通用货币，不惟其现存数量不敷周转，而其价值、前途亦颇多顾虑。故由华兴商业银行根据政府所赋予之特权，发行新钞券，不但藉以缓和金融状态，完成健全通货制度基础之使命，而且在建设东亚新秩序中，实亦负有重要任务。将来银行之基础愈益巩固，银行券之流通愈益普遍，则发展国内产业金融，亦在预定方针之中，而与前项贸易金融之机能相为表里焉。

（四）华币之特质

华兴商业银行由维新政府赋予特权，发行新钞，称为华币或华兴券（H．H．$）。综其特征，约有数端：

第一、为选定价值基准，按日本、满洲、华北、蒙疆等钞券，均以一先令二便士为统制基准，则华中自亦宜与此等金圆系统之通货相连系，以资达到东亚集团经济之目的。但欲维持一先令二便士之对外价值，必先充分握有其地域之经济权，而在此关系复杂微妙之华中，若立即实施贸易或汇兑管理等等，不特无济于事，且将有碍正常健全生产及贸易之复兴与发展。且在华中一带，旧有法币早已脱离一先令二辨士半之基准而跌至八便士左右（六月六日以前），物价机构亦均以此为准。虽在事变以后，从各方流入华中之军用票及日金券甚多，但欲其成为一般的通货，则相差尚远。在此种环境之下，若遽发行一种以一先令二便士为基准之钞券，则将使物价机构受剧烈变化，而有害于民众经济生活，故华兴券当时暂定以与旧法币同价为基准，俾一般民众在使用上感觉便利。

第二、欲舒畅贸易金融，并维持钞券之对外价值，必须使新钞券能自由购买外币，始能发挥贸易通货之职能，故华兴商业银行决定对于新钞无限制的随时供给外币，此在今日一般银行中，实不多见。因华兴商业银行资本既已早按外币缴足，而于开业后，又将所收各种存款提出一部与外币连系，藉以保持其价值。同时在发钞方面，又采取审慎态度，决不滥发，并在可能范围内，以获得外币为发钞对象，特别注重于出口押汇、外汇放款、外汇或外币之买入、国外汇款之支付等等业务，故其外币保有额，特别丰富。

第三、华兴券所以与法币等价发行，原为便利民众，若法币价格日见低落，则为免除民众蒙受损失起见，自不得不舍弃旧法币之基准，而自行决定新水准。故自法币价格一再崩溃以后，华兴券即于七月二十日起，宣布与法币脱离，而独自维持其特有价格，即对英以六便士为基准，对美以前一日英美汇率为基准，而向自由兑换外币之途迈进。但为顾全民间方便起见，并不禁止法币流通，仅不为等价交换而已（其兑换率系参照法币对外行市酌定）。至于维新政府治下一切收支，固早以华兴券为本位，即其他一般商品价值，亦将导入以华兴券为本位之途，特在目前过渡时期，实现的过程不能不略有迟速之分耳。

（五）附录

一、华兴商业银行暂行条例

（中华民国二十八年四月二十二日行政院令同年五月一日公布）

第一条　华兴商业银行为股份有限公司之组织，以经营对外贸易金融事业及其他银行业务为目的。

第二条　华兴商业银行之资本定为华币五千万元。总行设于上海，并于必要地方得设分、支行。

第三条　华兴商业银行设总裁及副总裁各一人，理事五人以上，监事三人。

第四条　总裁及副总裁由政府任命，其任期各为四年。

理事、监事均由股东会选举，呈经政府核准后，始得就任。理事之任期为三年，监事之任期为一年。

第五条　总裁代表华兴商业银行综理行务，并为理事会、行务会议及股东会之主席。

副总裁辅佐总裁处理行务，如总裁因事缺席时，代理其职务，总裁出缺时，代行其职务。

第六条　华兴商业银行依照命令，得发行兑换券及辅币券。

第七条　华兴商业银行受政府之委托，得代理国库及国债事务之全部或一部。

第八条　华兴商业银行章程如有修改之处，须经政府核准。

二、中华民国维新政府声明书

本政府成立以来，迄已一年有余，其间倾注全力谋华中地域秩序之恢复与经济之复兴，而陆续收效，际此时机，而华兴商业银行得告成立，诚衷心庆贺无既者也。

夫现在中央、中国、交通、农民等发行钞票之银行，尽为蒋政权政治的军事的目的所左右，虽谓为银行之经济的职能已全丧失，民众金融上经济上之便利已全杜绝，亦非过言。加之蒋政权揭橥其谬误之抗战思想，致民众之财富荡焉无存，金融机关之内容，日趋恶化，目下仅凭其极端的弥缝粉饰技俩，乃能保其残喘耳。然蒋政权之没落，洞若观火，从而法币之前途，亦有未可逆睹者，一旦金融通货机构崩坏，则其灾祸之来，思之令人战栗。于兹从速讲求适切手段以匡救金融通货方面之病的现象，实为华中复兴之要谛，亦为当今燃眉之急务。此则华兴商业银行之所以设立，新通货之所以发行也。

就该银行设立旨趣而言，乃为纯粹的经济本位之商业银行，主要目的乃在贸易通商方面谋金融之圆滑，俾成为一民众之经济伴侣。本政府鉴于该银行重大之使命，故决使该银行不受一切政治上的考虑乃至干涉，俾得遂其健康的发展也。

而该银行所将发行之新通货，将常能自由兑换外货，本政府当负责确保其价值之安定性，俾过去在不当的政治压力下以将来全无把握之法币为交易工具，以致始终惴惴不安之民众，其经济的利益，今后得有所保障也。

本政府切盼既存金融机关，能从速恢复其纯粹经济机关之本来面目，而与该银行共同负担增进民众经济福祉之重任，并期望以该银行之设立为机缘而对于既存金融机关之觉醒与甦生，给予以积极的助力指导也。本政府于此切盼内外人士谅察该银行设立之旨趣及其运营之方针，而成为该银行之利用者乃至理解之协力者。

最后，本银行之设立多蒙友邦日本帝国朝野各方赐予绝大之协助，谨于此表示甚大之谢意，同时期望将来对该银行所能给予不断指导与督励也。

三、维新政府财政部布告

为布告事：吾政府为谋商务之发展及民众生活之安定，特设立华兴商业银行，办理银行一切业务，并特授与发行权，发行兑换券及辅币券，藉以流通市面，调剂金融。凡吾民众允宜共体斯旨，对该银行新发行之兑换券及辅币券一体行使，无得阻碍。政府为增强该银行券信用，并为商民便利计，暂时除关税外，凡缴纳捐税及向该银行存储款项、偿还债务、买卖交易等，均以该银行券与旧法币等价授受。如有意存破坏该银行券信用或拒绝收受情事，一经发觉，当按照非常时期财政经济搅乱取缔条例，及其他关系破坏金融法令，从严惩处，决不宽贷。合亟布告民众一体凛遵无违。切切此布。

财政部部长　严家炽代

中华民国二十八年五月一日

四、兴亚院华中连络部长官声明书（五月一日）

华兴商业银行成立大会今日已于顺利过程中完成，不久即将开始营业，并发行新钞券。余确信该银行必能增进华中经济之复兴与民众之福利，并对中外人民贸易通商有绝大贡献，谨祝其前途胜利，并冀中外人士予以协助。

溯自上海发生事变以后，国民政府即施行安定金融办法，限制民众领取存款，迄今不但未能解除，且又颁布限制携运钞券办法，极度控制法币流入占领区域，致长江一带金融梗塞，民众感受困厄实深．而法币价格，在去年春季，一举跌落四成，更使民众蒙受莫大损失。嗣得外国支援，始仅维持八辨士之基准，然其前途之阢陧不安，殆为援助党政府及其法币之外国人士所深悉。最近国民政府依赖英国设定安定法币资金，以图阻止法币跌落，其用意即在于此。我日本现地当局对于维新政府所发表之打开金融梗塞，预防法币惨落．免除民众蒙受不测损害等有效方策，业已竭力赞助。刻至准备成熟之时，爰由中、日两国协同设立此华兴商业银行，甚望中外人士对于该行设立之旨趣，多加谅解与协助，尤冀本邦侨民积极援助该银行，对于所发行之钞券，务于各交易市场中率先授受，俾友邦维新政府能完成其鸿业。

五、创立日兴亚院柳川总务长官谈话

维新政府筹备已久之华兴商业银行得于今日成立，诚令人欣快不已。该银行资本金五千万元，已经用英、美金折算全额收足，新银行钞票可以自由与外货兑换。按法币与蒋政权结合，已超出纯经济作用以外，而完全受军事及政治的支配，一般民众被迫以此种通货为交易媒介，时感不安自不能免。华兴银行系以保全民众利益为目的之纯经济本位的银行，则以其新银行钞票从事贸易通商，可信其必能解除此种不安，而大有助于华中经济之复兴。现地日本方面各银行对于上项旨趣，亦均能谅解，而欣然予以协力，且已首先参加资本，作为事实之表示，惟盼此新兴之银行能从速开始业务，圆滑流通其发行之新钞票，俾华中经济得以有长足之发展。

六、开业日鹭尾副总裁谈话（五月十六日）

本银行自五月一日开成立大会以后，积极进行，今（五月十六日）已开始营业，南京分行预定本月廿六日开业，其他各地分行亦在顺次筹备中。回溯创立之初，外间流言及批评甚多，要皆对于本行及新券之本质未有正确认识，或则故作恶劣宣传耳。其实本行设立之主要目的，乃在谋贸易金融之疏通，以资一般财界之安定，新银行券决非为攻击法币而发，本行与各日商银行均以此银行券与法币作等价之兑换，并立于坚实之经济基础上，自由兑换外货，故确信一般社会渐次了解新银行本质以后，种种流言蜚语必自然消灭。总之，新银行券系欲打开华中金融梗塞之现状，增进民众之福祉，谋经济之复兴，并企图有所贡献于东亚新秩序之建设而已，别无其他作用。本银行今后将努力发挥此种使命与意义，深冀各方予以支援与协力。

七、华兴券与旧法币脱离时维新政府声明书

本政府今许可华兴商业银行以后对于华兴钞票脱离旧法币，而以独自之标准价格行使市面。本政府前因考虑旧法币之崩落，为民众避免损失起见，乃设立华兴商业银行，发行钞票，当本年五月即已预计及此，今则竟成事实。盖自英国所支持党府汇兑基金管理委员会先于六月七日停止八辨士四分之一外货供给，又于本月十八日停止大辨士左右之统制出卖，以致旧法币惨跌至五辨士，恐将愈趋愈下，而无所底止。凡我民众，欲求保全自己财产者，应速使用有独自价格之华兴钞票以免重受损失，不胜跂望。

八、华兴券与旧法币脱离时华兴商业银行声明书　二十八年七月二十日

本银行之所以发行钞券，前于本行成立时，曾经维新政府暨日方当局声明，洵以华中通货之不足而谋打开金融之梗塞，并以旧法币价值之不安定，为民众保护财富等为目的，不料旧法币崩溃，竟如是之速，近两月来，一再暴落，持有旧法币者不免坐受莫大之损失。吾人对于无辜民众，因旧法币时在动摇，而生活大受胁迫，实深惋惜。旧法币非即可告安定，其前途之不能乐观，仍不止于此也。

本银行券之价值，前使与旧法币等价通用者，良以民众尚未惯用，而免有顾虑不适之处，惟长此与颠落之旧法币相并行，即将使民众遭受同样之损害，且维新政府及本银行亦曾宣约在先，值兹旧法币再度暴落之际，本银行为对民众保持信约起见，不得不与旧法币分道而驰，爰特订定本银行券之价值基准，对英为六辨士。此后凡持本银行券来行购买外汇者，当按新价值基准，随时供售。若欲以本银行券兑换旧法币者，当参酌旧法币行市，随时定价兑换。至如以旧法币求换本银行券者，须视当时情势，于可能范围内，勉予便利。本银行时时在为民众谋福利，切望社会人士加以了解，并于各种交易场中早日使用本银行券，俾免旧法币惨落之时而蒙受不测之损失，此点不得不预请注意而早事绸缪者也。

九、华兴商业银行钞券发行额统计

时　　　期	兑　换　券	辅　币　券	合　　　计
廿八年五月卅一日	218,574元	2,683.40元	221,257.40元
六月十五日	602,656	3,035.40	605,691.40
六月卅日	601,291	6,138.20	607,429.20
七月十五日	924,922	24,245.20	949,167.20
七月卅一日	1,455,924.—	24,911.60	1,480,835.60
八月十五日	1,394,698.—	18,887.50	1,413,585.50
八月卅一日	1,233,339.—	15,556.30	1,248,895.30
九月十五日	2,828,263.—	14,384.40	2,842,647.40
九月三十日	3,270,166.—	20,960.60	3,291,126.60
十月十五日	3,058,458.—	19,789.90	3,078,247.90

（附注）本篇原文系日本陆军省嘱托日本银行员中尾满寿夫先生所著，对于本行之组织机能，为简要之解说，兹经征得原著者同意，并依据最近状况，改译如右。特此声明。

〔伪维新政府系统档案〕

华兴银行为机能更改致股东函

（1941 年 5 月 1 日）

　　迳启者：敝行创立之初，原为国家银行，溯自前年五月开业以还，行务进行堪称顺利，自于本年一月中央储备银行成立，敝行为区分业务而专事于商业银行。机能既更，性质斯易，今者章程修订蒇事，爰于业务大事扩张，干部机构亦加强化，一切规模纯粹商业银行体制。同人等忝司行务，时虞丛脞，自当力竭棉薄，黾勉将事，庶臻进于前途而完成夫使命，尚祈教言时锡，藉资韦佩，无任祷企。专肃，祗颂台绥。

上海百老汇路六五号

华兴商业银行

董事长　梁鸿志

副董事长　鹫尾矶一　谨启

敝行董事暨监察人名录

董事长　　梁鸿志　副董事长　鹫尾矶一

常务董事　　沈尔昌　海老原竹之助

　　　　　　戴克谐　冈崎嘉平太

董　事　　柳汝祥　岸浪义质

首席监察人　　陈日平

监察人　　刘星晨　神户豪太郎

中华民国三十年五月一日

〔汪伪财政系统档案〕

四、中 央 储 备 银 行

汪伪行政院公布中央银行筹备委员会章程

（1940年4月）

第一条　国民政府为筹备组织中央银行起见，特设中央银行筹备委员会。

第二条　本会设委员九人至十一人，由国民政府派任之，以财政部长为当然委员。

第三条　本会设主席、副主席各一人，主席由财政部长任之，副主席由国民政府于委员中指派之。

第四条　本会得聘请中外金融专家为顾问或专门委员。

第五条　本会之职权如左：

(一)关于中央银行资金之筹集；

(二)拟具中央银行各种法规草案；

(三)筹拟旧货币之整理计划；

(四)筹拟新货币之发行计划；

(五)筹拟业务计划；

(六)筹划总、分行之设置及重要人员之任用事宜；

(七)承办政府交办事项。

第六条　本会设秘书及干事、助理干事若干人，办理一切事务，由委员会主席委派之。

第七条　本会于必要时得分组办事。

第八条　本章程自公布之日施行，于中央银行正式成立时废止之。

〔汪伪财政系统档案〕

兴亚院决定关于新中央银行成立及华中通货处理方案①

（1940年9月10日）

关于新中央银行成立及华中通货处理之件
（九月十日兴亚院会议决定）

甲、方针

一、关于军票之价额维持　此时宜特别加强，极力限制其发行量，同时为促进其收回，得供给其所需之物资与外汇，并使中国方面尽量给予资金之协力及其他所需之协力。

二、使中国方面于我方（日方，下仿此）援助之下，设立新中央银行，发行法币等之新通货。关于该行之运营，务使其与我方密切联络协同，以为日华金融协力之发行。又关于该行之运营，对于军票不发生恶影响，应缔给新协定，并采取必要之措置。

三、关于新中央银行与华兴银行之关系，新中央银行之股东一部份采委托华兴商业银行之措置。

乙、实施事项

一、为限制军票之发行量及军票之收回，得确定我方供给之物资及外汇资金量，与关系方面协力，使其活泼流通，并维持其价格之稳定。

二、新中央银行之资本金暂定一亿元（收足金额），于接受政府资本之外，尚可吸收民间资本。

三、关于新中央银行之资本金，我方之援助由华兴商业银行对于新中央银行采取借款之形式，依左记事项行之：

---

① 此方案系蒋介石情报人员所搜集，由侍从室抄发四联总处，复经该处转发交通银行之件。

1．相当于金额五千万元之邦货（即日圆）。

2．担保为新中央银行股票。

四、日、华双方约定，新中央银行保有之外汇，使存入日本方面银行，经与日本方面商议之后，得按其所需之数量，以少数之外汇存入外国银行。

五、新中央银行发行之通货价额标准，暂使其与法币等价，并内定法币显著低落时，独自之价格经常注意调整，其实施须慎重行之。

六、关于新中央银行之经营，为使新银行券之外货兑换值毫无失算起见，其发行额若以外货与法币为担保之场合（即以外货与法币为保证之限外发行），则只于在新通货存款额以内实行支付及其类似事项为准（为使中央政府坚持其健全财政起见，新中央银行应在帐簿上作成"政府贷金"一项目）。

七、关于华兴商业银行券须讲求能以确保关税收入之措置，新中央银行成立时，其发行权即同时取销。

八、新中央银行设立后，华兴商业银行之机能及存续之形式，适应当时之情势，适当调节以维持之。

九、关于新中央银行之设立及运营，为防止新通货对于军票所发生之恶影响及在华中实现日华金融协力起见，须与我方密切联络协同，为此讲求左列各项处置：

1．关于新银行法案及其他关系章程等之制定，须使中国方面事前与我方协议联络。

2．左列事项由日、华间订立协定：

a、于新中央银行中聘请日本顾问，使参与行务之机密与计划。

b、关于新中央银行保有外汇之管理及使用，由日、华双方委员成立之委员会处理之。

c、中国方面为维持军票之价值，对于我方给予一定额之资金的援助。

d、中国方面之军票对策须确认从来日本方面所采行之事实，并于将来加以适当之协力。

e、中国方面关于新通货之使用范围，应随时与日本方面协议。

注：新通货暂使其为政府财政收支上之"使用通货"（包括三角地带盐税收纳之场合，但在盐之买卖时不在此限），企图渐次进出于法币之领域。

f、中国方面实行影响军票政策之施为时，事前须与日本方面协议。

3．当新中央银行设立时，国民政府须声明下列之旨趣：

新中央银行对于军票政策不发出恶影响，并应为相当之协力与运营。

备考：

一、关于"蒙疆银行"之运营，一如现状，中国联合准备银行于其存续必要之期间，对于现状亦不加以何种之变更。新中央银行券并不使在华北及蒙疆流通。

二、新中央银行之设立，采由日华双方协力之原则，不为使第三国参加或劝诱援助之外交的措置。此外，关于将来新中央银行与第三国关系事项，宜使中国方面单独处理，但常依日华协力行之，加以指导。

〔交通银行档案〕

日伪关于中央储备银行成立之秘密协定案[1]

（1940年11月2日）

关于中央储备银行之设立在第一次新通货对策委员会中意见

---

[1] 此协定案系蒋介石情报人员所搜集，由侍从室抄发四联总处，复经该处转发交通银行之件。

一致之秘密协定案

（昭和十五年十一月二日）

（"△"记号为上述委员席上由总军——即派遣军总司令部——所提出之意见，以供研究之事项）

日本方面与中国方面相约如下：即中国方面为币制之确立，金融之复兴发达计，乃设立中央储备银行（一度对日军曾称为中央银行）。惟鉴于该行在日支金融协力上所占地位之重要，尤其是鉴于事变继续中特殊事态之存在，关于该行之设立及运营，日本方面当予中国方面以必要之援助与协力，而中国方面则应予日本方面保持充分之联络。故特约定实行左列诸条款。

第一条　日方对于华方缴纳银行股本所需资金五千万元，可由华兴银行借用相当日金一事，允予斡旋协力，华方即以此项借款充作缴纳银行股本之用。

（△兹将第一条规定如左，故原案各条均应顺次移下：

第一条　中央储备银行之设立及其所发行纸币之流通，不得妨害中国联合准备银行券（即华北联银）、蒙疆银行券及军用票之流通与价值之维持，而应与之相调和。盖应根据事变处理上所必要之通货政策方针，而为日支协力之措置也。）

第二条　华方关于银行之运营固应坚持健全主义，但如华方不采取健全财政方针时，则银行借款一条即不予实行。

第三条　由华方与日方协议后，在银行中聘定日人顾问一名，其职权则依一般顾问之规定，但根据本协定前述之精神，故顾问有本条左列各项之权限。

注：依原件笔注，其权限似另作具体规定。

华方与日方协议后，在银行中聘请顾问附若干名，以辅佐顾问，当实行左列事项时，应预向顾问咨询。

一、关于银行营业须经理事会议决之事项。

二、与国外汇兑及外国银行有关事项。

三、关于旧通货之事项。

四、与军用票及日本通货有关事项。

五、与蒙疆、华北有关事项。

（关于上所列各号之规定，似可作一简明一般之规约）

关于银行之业务，顾问于必要时得要求总裁、副总裁加以说明。

关于上述之说明，为便宜计，得用有关之书面说明。

关于重要之业务，顾问得随时向银行建议，于必要时顾问得列席董事会议。

第四条　华方银行所保有之外汇，应寄存于经日支协议所决定之银行内，但因其他关系经日支协议后，得将外汇向其他银行*寄存兑换。

（ *原案为外国银行 ）

第五条　关于银行使用外汇之管理及运用，设一外汇管理委员会，其委任委员由日方、华方各推荐二名。关于委员会规章之制定及变更，由华方与日方协议后行之。

第六条　华方之军用票对策应确认日方在事变下向所采取之方针，而将来亦应与日方相协力，故银行亦应有同样之确认与协力。原案为军用票之圆滑流通及其价值之维持。

华方或其银行如拟实行影响军用票对策之方策时，应预先与日方协议之。

华方如设立新通货之流通分行时，应随时与日方协议之。

（ △兹将第三项改订如下：

华方之强制使用新通货，仅以目前之财政收入为限，如更欲扩大时，应随时与日方协议之。 ）

华方银行为维持军用票之价值，当与日方随时另行议定定额之新通货储金，作为新通货兑换军用票之用。

第七条　日、支关于华北政务委员会所辖地域之通货、金融，当确认中国联合准备银行所经营之现状，且该行将来如有继续存在之必要时，亦应承认其继存并谋与之作圆滑之联络与协调。

（△关于蒙疆可解释为当然之事，而无另行规定之必要，但为与其他方面统一计，在第一项承认其继存之下，应插入下句，"承认其向所采取之政策，而将来亦当与之协力"。）

华方在银行之设立及运营上，应采不致动摇华北通货金融之措置。

第八条　日方在银行成立发行新法币后，即同意取消华兴商业银行之发行权，并收回其已发行之证券，但华方应确认华兴商业银行为日支金融协力之一种具体表现，并须援助其发展。

谅解事项

一、关于协定第三条第二项所定之顾问附，兹定为三名（秘书不在内）。

二、协定第五条规定，由日方推荐委员二名，其中一名由顾问充任之。

三、关于协定第五条外汇管理委员会之运用，为银行日常业务之便利计，可随时由委员会决定一定额之外汇，由银行自行处理之。

四、关于协定第六条第四项规定之储金及其所交换之军用票，在日支协议未决定处理方法前，此部储金不得支出，而该项军用票应储存于日支协议中所决定之银行内，对该军用票存款亦不得支出之。

〔交通银行档案〕

汪伪国民政府公布中央储备银行法

（1940 年 12 月 19 日）

第一章　总则

第一条　中央储备银行为国家银行，由国民政府设置之。

第二条　中央储备银行资本总额定为国币一万万元，由国库拨足。中央储备银行于必要时，经理事会议决，监事会同意，得呈请国民政府核准扩充资本总额，并得招集商股。但商股总额不得超过资本总额百分之四十。

国民政府于必要时，得将其所有中央储备银行股额之一部让为商股。

招集商股或经国民政府将其所有之股额让为商股时，应由本国经营银钱业之法人尽先认购，俟各法人所购商股已达到中央储备银行资本总额百分之三十以上时，始许本国人民个人入股。但人民个人入股应经财政部长之核准。

第三条　中央储备银行由国民政府授予左列特权：

一、发行本位币及辅币之兑换券。

二、经理政府所铸本位币及辅币之发行。

三、经理国库。

四、承募内、外债，并经理其还本付息事宜。

第四条　中央储备银行设总行于首都，设分支行、处于国内各地，并得于国外必要地点设代理处。

分支行、处及国外代理处之设置或废止，须经理事会之议决，呈报国民政府备案。

第五条　中央储备银行自成立日起营业期限三十年，满期二年前得呈请国民政府核准延长之。

第二章　组织

第六条　中央储备银行设理事会，由国民政府特派理事七人至十一人组织之，任期三年，期满得续派连任。理事会设常务理事五人，由国民政府于理事中指定之。

前项理事名额及选派方法，于招收商股时另定之。

第七条　中央储备银行设监事会，由国民政府特派监事三人至五人组织之，任期二年。但第一任监事中有二人任期一年，由国民政府指定之。

监事会之主席由监事互推之。

第六条第二项之规定于本条中适用之。

第八条　中央储备银行设总裁一人，特任，副总裁一人，简任，由国民政府于常务理事中任命之，任期均为三年，期满得续加任命。

第九条　总裁总理全行事务，执行理事会议决之事项，并为理事会之主席。

第十条　副总裁辅佐总裁处理全行事务，遇有总裁不克出席理事会时，由副总裁代理主席。

第十一条　左列事项经理事会议决由总裁执行：

一、业务方针；

二、兑换券发行总额。

三、准备金数额；

四、预算、决算；

五、资本之扩充；

六、各项规程之订立；

七、国内分支行、处及国外代理处之设置及废止；

八、总裁提议事项。

前项第二、第四、第五、第六、第七各款，应经国民政府核准，方得执行。

第十二条　监事会之职务如左：

一、帐目之稽核；

二、准备金之检查；

三、兑换券发行数额之检查；

四、预算、决算之审核。

第十三条　中央储备银行总行事务经国民政府核准，得酌设局、处办理之。

前项局、处之局长、副局长、处长、副处长，由总裁提请理事会同意任用之。

第十四条　中央储备银行总行各局、处得分科办事。

前项各科之主任、副主任由总裁派充之。

第十五条　中央储备银行分行经理，由总裁提请理事会同意任用之。

第三章　发行

第十六条　中央储备银行发行兑换券之最高额，应经国民政府核准。

第十七条　中央储备银行发行兑换券，得分为一元、五元、十元、五十元、一百元五种，并得发行十进辅币兑换券。

第十八条　中央储备银行兑换券为中华民国法币，无限制流通。

第十九条　中央储备银行兑换券得由总行以本位货币或外币兑换之。

第二十条　中央储备银行兑换券准备金，至少须有百分之四十现金准备，其余以国民政府发行或保证之有价证券，与合于本法第二十四条第六款至第八款之票据为保证准备。

第廿一条　中央储备银行发行兑换券之现金准备，分左列二种：

一、银币及生金银；

二、外国货币及外国货币之存放款项。

第廿二条　中央储备银行兑换券准备金完全公开，发行数目及准备金额每周公表之。

第廿三条　中央储备银行总换券得免纳发行税。

第四章　业务

第廿四条　中央储备银行除国民政府所授予之特权外得营左

列业务：

一、经理国营事业金钱之收付。

二、管理全国银行准备，并经理各银行间汇拨清算事宜。

三、代理地方公库及公营事业金钱之收付。

四、经收存款。

五、国民政府发行或保证之国库证券及公债息票之重贴现。

前款证券及息票之到期日自重贴现之日起，至多不得过六个月。

六、国内银行承兑票、国内商业汇票及期票之重贴现。

前款票据须为供货物之生产、制造、运输或销售所发生，其到期日自本银行取得之日起，至多不得过六个月，并至少有殷实商号二家签名。但附有提单、栈单或仓单为担保品，且其货物价值超过所担保之票据金额百分之二十五时，有殷实商号一家签名，亦得办理之。

七、买卖国外支付之汇票。

前款汇票如系由进出口贸易所发生，见票后，其到期日不得过四个月，如系承兑票，其到期日自本银行取得之日起不得过四个月。所有依照商业习惯定支付日期之汇票，应至少有殷实商号二家签名。但附有提单、栈单或仓单为担保品，且其货物价值超过所担保之票据金额百分之二十五时，有殷实商号一家签名，亦得办理之。

八、买卖国内外殷实银行之即期汇票、支票。

九、买卖国民政府发行或保证之公债库券，其数额由理事会议定之。

十、买卖生金银及外国货币。

十一、办理国内外汇兑及发行本票。

十二、以生金银为抵押之放款。

十三、以国民政府发行或保证之公债库券为抵押之放款，其金额、期限及利率由理事会议定之。

十四、政府委办之信托业务。

十五、代理收付各种款项。

第廿五条　中央储备银行取得不动产，以左列各款为限：

一、本银行营业上必需之不动产。

二、因清偿债务而取得之不动产。

前项第二款不动产应自取得日起一年以内处分之，但有特别情形，经理事会议决，呈请国民政府核准者，不在此限。

第廿六条　中央储备银行业务应受左列各款限制：

一、放款期限不得过六个月。

二、对于私人或公司或其他私法人之放款重贴现或其他垫款，及收买其汇票、支票或其他之票据，合计每户不得超过五十万元，如系股份有限公司，不得超过该公司资本及公积金总额三分之一。

三、左列各种票据不得收买或重贴现，或作其他放款之附属担保品，但应追加担保或为保全本行利益者不在此限。惟应于取得该种票据之日起一年内处分之。

　　甲、供长期投资，购置地产、矿产、房产、机器等项用途所发生之票据。

　　乙、供消费目的，而非用于目前业务上需要所发生之票据。

　　丙、供投机买卖所发生之票据。

四、不得承受货物为借款之担保品，但有特别情形，经理事会议决者不在此限。

五、不得直接经营各项工商业。

六、不得为第三者担保或为票据之承兑。

七、不得为信用放款或透支。

八、不得为有投机性质之营业。

第五章　决算

第廿七条　中央储备银行以每年十二月终为总决算期，应造具左列表册、书类，交由理事会议决，监事会审定，呈报国民政府备案。

一、财产目录。

二、资产负债表。

三、营业报告表。

四、损益计算书。

五、盈余分配表。

前项资产负债表及损益计算书，应登载国民政府公报及总、分行所在地报纸。

第廿八条　中央储备银行每届决算，于纯益项下提百分之五十以上为公积金，公积金达资本总额时，经理事会议决，监事会同意，得减为百分之二十五以上。

第廿九条　中央储备银行纯益，除提充公积金外，得由总裁提经理事会议决，在余额内酌提行员酬金，余额解缴国库。

第三十条　中央储备银行依第二条之规定，招收商股后，其纯益分配办法另订之。

第六章　附则

第三十一条　本法自公布日施行。

〔汪伪财政部系统档案〕

汪伪财政部长发表关于成立中央储备银行发行钞票的声明

（1940年12月19日）

复兴经济健全金融为国民政府之重要施政方针，惟欲图金融之健全，经济之复兴，必自组织完善之国家银行始。事变以还，币值日跌，物价日昂，人民日在水深火热之中，经济日呈崩溃衰弱之象，揆时度势，非将金融加以根本之调整，不足以解除人民之痛苦，而奠定社会经济之基础。本部当还都之初，对于维持币值，安定金融，曾郑重宣言，昭示国人。旋即呈请组织中央银行筹备委员会，数月以来，竭虑殚精，积极规划，所有基金准备、营业方针、内部设置以及钞票发行等一切事宜，一一筹备就绪，根据二十六年三月中央政治会议议决原案，定名为中央储备银行。兹定于三十年一月六日在首都正式成立，开始营业，并于重要都会分期设立分行，以资发展。所发钞券概为法币，举凡纳税、汇兑及一切公私往来，一律行使。且为使金融市场不生动摇，人民资产得以保障起见，关于现在流通之各种旧法币，暂准与中央储备银行发行之法币等价流通，然后徐图调整，设法统一。万一渝方发行数量益趋膨胀，币值日益跌落，以致扰乱市场，影响民生，本部已准备有效办法，届时实施，以期健全。至日本军用票，为事变继续中之特殊事态，新法币当与之为相互充分之协力，使得各完成其所负之使命。中国联合准备银行为华北金融之重心，亦必力谋其健全发展，联银券之流通区域当暂维现状。华兴商业银行则取消其发行权，使之专门从事于国际贸易、金融及普通商业银行之业务。此后经济发展，国库充裕，以至社会繁荣，国际信仰，当悉赖此中央储备银行为权舆。新币发行，一切均从审慎，裕国便民，可操左券，深望各界人士共体斯旨，多方协助，使新币之流通畅行无阻，民众之生活早趋安定，解除痛苦，同登春台，此则政府所昕夕殷殷期望者也。

〔汪伪财政系统档案〕

伪华兴商业银行为借给中储行资本提出应享优惠条件与希望函

（1940年12月20日）

（1）华兴银行函

迳启者：查民国二十九年十二月二十一日中央储备银行因设立上必要之资金，由敝行借款于政府，业经另行商订契约，正在办理之中。惟今后关于敝行经营业务，希望政府及中央储备银行予以更进一层之援助，如将来敝行需要资金时，经敝行之申请，由中央储备银行依据左列条件通融低利资金，以资运用。特先奉达，即希察核俯允，是所至祷。此致
国民政府财政部周部长

　　　　　　华兴商业银行总　裁　梁鸿志
　　　　　　　　　　副总裁　鹫尾矶一

　　计开：
　　一、金额　最多以法币五千万元为限。
　　　　民国三十年底止　累计限底　一千万元
　　　　　三十一年底止　累计限底　二千万元
　　　　　三十二年底止　累计限底　三千万元
　　　　　三十三年底止　累计限底　四千万元
　　　　　三十四年底止　累计限底　五千万元
但不得超过右列范围。
在右项金额之范围内，得随借随还。
　　二、通融方法　右项通融金额，当敝行向中央储备银行提请通融时，于十日内由中央储备银行以存入敝行上海总行之存款名义下交付资金。
　　三、利率　年息二厘正。
　　四、还款期限　最后期限自民国三十五年起至民国三十九年底止，敝行得在此期限内随时协商偿还全部或一部。

（2）华兴银行函
　　迳启者：兹以中央储备银行业经设立，所有政府赋与敝行之

钞券发行特权同时取消，又于本行资金中以值法币五十万元之美国通用货币，取息年利一厘，贷与国民政府作为中央储备银行资金之需，因此敝行在营业上自蒙相当影响，故此后应请政府及中央储备银行对敝行多方援助，自不待言。今日敝行理事会议决上项贷款时，附有左列希望数点，务请察核俯允，以示体恤为荷。

此致

国民政府财政部周部长

华业商业银行总　裁　梁鸿志

副总裁　鹫尾矶一

计开：

一、请予偿付敝行钞券印制费。

二、将来国内各地间汇款事务及新、旧法币兑换上，请予特别之便利。

三、另项已得尊处同意之中央储备银行存放敝行低利资金之利率，请予减至一厘年息。

〔汪伪财政系统档案〕

周佛海与日高信六郎签印关于设立中储行觉书之附带商洽要领

（1940年12月21日）

中华民国二十九年十二月十七日，即昭和十五年十二月十七日，中日间所调印关于设立中央储备银行觉书之附带商洽要领。

一、民国二十九年十二月十七日，中日间所调印之觉书第六项第四节，关于军票价值维持上所必要中国方面之协力金额，暂定月额为三百万元①。

二、中国方面由中央储备银行将上项金额于每月末日存入正金银行上海支店，不予提出。

三、本商洽经中日协议后得改订之。

中华民国二十九年十二月二十一日，即昭和十五年十二月二十一日订于南京

财政部部长　周佛海

日本大使馆参事官　日高信六郎

〔汪伪财政系统档案〕

汪伪中央储备银行收讫资本函

（1941年1月7日）

中央储备银行公函　总字第21号

案准本行理事会转准贵部库字第三九三号公函抵悉。前后拨交本行资本共计国币一万万元，均已照收。相应开具收据一纸，备函送请察收存查为荷。此致

财政部

附送收到国币一万万元收据一纸（该收据已交财部国库司郭科长签收）

一、上年十二月二十一日结交美金二百八十五万九千三百七十五元，计合国币五千万元②。

一、上年十二月二十三日结交美金二百六十八万五千元，

---

① 此项款额除1941年1月分缴中储券150万元外，余均如额照缴至1942年4月份。

② 此系1940年12月21日汪伪财政部与华兴银行签约所借之款。

计合国币四千八百万元。

　　一、另交国币二百万元。

总裁　周佛海

副总裁　钱大櫆

中华民国三十年一月七日

（六）劫夺中中交农四行和小四行

汪伪财政部附送中交两行处理要纲及处理两行中日联合委员会章程译文呈稿

（1942 年 7 月 21 日）

呈　钱一字第二八号

　　查中国银行前经政府特许为国际汇兑银行，交通银行亦经政府特许为发展全国实业之银行，该两行均系官商合办，资金既巨，营业亦尚发达。自友军进驻上海公共租界，对于中国、交通两银行以其接近渝方，亦经分别派员接收。惟因该两行历史较久，本部为谋安定金融，并顾全人民权益起见，特与友邦关系方面一再协议，将该两行与渝方断绝关系，再加以适当改组，并准复业，所有钞票发行权并予取消，业经由部布告周知在案。兹准日本驻华大使馆秘第一四九号函开：关于中、交两行之改组复业事，根据日前中、日当局之公告，经双方协议后，业已有所决定。兹日本当局谨具左列意见，尚希示复。

　　（一）中国、交通两银行处理案。附纸一。

　　（二）为处理中、交两行之中日混合委员会及干事会。附纸二。

　　（三）中国、交通两银行董事长候补人，中国银行吴震修，交通银行唐寿民。等由。并附件到部。查核原函及附件所开各节，均与所商办法大致相同，尚属可行。理合缮具原附件（译文），具文呈请钧院鉴核。谨呈

行政院院长汪

附呈原送中国交通两行处理要纲及处理中国交通两行组织中日联合委员会章程译文各一份

中华民国三十一年七月二十一日

中国交通两行处理要纲

国府为谋华中金融之安定及把握民心起见，以中、交两行之总行移于上海，对于旧股东换发新股．并将重庆政权之旧股由国民政府继承，将两行之干部人员改选，其与中央储备银行协力合作者担任之，与重庆断绝关系后，在新组织机构下经营之。

一、资本金均以新法币为本位，定中国银行为二千万元，交通银行为一千万元，全数收足，各以各该两行华中各地（汉口除外）之纯资产充抵之。

二、中国银行股票中之一千万元作为国民政府之官股，其余一千万元作为商股。

交通银行股票中之六百万元作为国民政府之官股，其余之四百万元作为商股。

国民政府将上述之官股转让与中央储备银行，中央储备银行将该股款交付国民政府（中国银行一千万元，交通银行六百万元）。

国民政府以该股款收入民国三十一年金融安定公债特种会计项下，备作公债还本付息之基金。

三、两行通知商民中之旧股东，在一定期限内将其所有股票如数登记，并调查登记股东确无敌性关系者，或已与敌方断绝关系者，可以二对一之比例换发新股票。

上述期限内未来登记者，或与敌方有关系者，均认为弃权，此种弃权之股票均归国民政府所有。

国民政府对于上述弃权股票，依第二条第三项之认定，转让与中央储备银行及华兴商业银行，中央储备银行于必要时，可将该受让之股票公开。

四、两行之干部、职员，由中、日双方协议，由中央储备银行在两行之关系职员及财界有力者中选任之。

五、两行目下设总行于上海，并可于本市另设二、三办事处，将来酌量情形，得于其他华中各地逐渐设立分、支行。

华中以外各地之两行分、支行，容综合各方面之情形，将来再加以适当之措置。

六、两行资产中对于认为系敌性财产之债务，将其相等之资产除外之，该项敌性债务，连同资产应一并移交日方管理之。

七、中、日双方于上海设立中国、交通两银行处理委员会，在两行复业前作各种之筹备（股票之处理，资产负债之处理等）。

八、复业后经营之事项如左：

1. 两银行根本已无发行权，故对于银行业公会联合准备委员会、钱业联合准备库及普通华商银行、钱庄等已断绝银行之银行之地位关系，使其在中央储备银行统制之下经营之。

中央储备银行考量该两行之现状，得酌予以特别之通融。

2. 两行须以内地金融及产业金融为重心而经营之。

3. 两行设日本人顾问及顾问附，以中央储备银行之顾问及顾问附担任之，使其与当地日本机关取得密切之联络。

九、日方对于中国、交通两行之借款，与此次两行改组复业案无关，日方保留此项债权。

处理中国交通两行组织中日联合委员会章程

第一条　本委员会定名为处理中交两行中日联合委员会。

第二条　本委员会以左列人氏组成之：

日本方面：支那方面舰队参谋副长、登部队参谋长、兴亚院华中连络部次长，在上海公使。

中国方面：财政部长、中央储备银行副总裁、此外得任中、交两行董事长者二人。

委员长由中、日双方轮流担任之。

第三条　本委员会下另设干事会，以左列人氏组织之。

日本方面：方面舰队主计长、七号出张所长、兴亚院华中连络部财务局长、在上海大使馆书记官。

中国方面：财政部司长、中央储备银行副总裁同副顾问，此外得任中、交两行之董事长或经理者二人。

干事长由兴亚院华中连络部财务局长担任之。

第四条　本委员会根据中、日两国协议所决定之两行处理根本方针处理左列事项：

1．两行股票之处理。

2．两行资产负债之处理。

3．其他关于两行复业筹备必要事项。

第五条　本委员会决定事项中，凡必须对外接触，当以委员会之名义行之，于复业前一切均须处理完毕，务期两行复业不受障碍。

第六条　本干事会承委员会之命，办理委员会应表决案之审查编纂事项。

第七条　本委员会及干事会于两行复业同时解散之。

〔汪伪财政系统档案〕

汪伪财政部钱币司附送周佛海关于中交复业声明及新闻稿

（1942 年 8 月 28 日）

司函　钱一字第一九九号

兹送上周部长声明关于中、交两银行复业事宜及新闻稿各一件，即希分发京沪各报社登载，务于八月二十九日晨见京沪各报

为荷。此致

宣传部指导司

　　附新闻稿一件

新闻稿

　　中央社京讯：顷得财政部确息，关于中国、交通两银行董事、监察人，依照各该行条例第十条规定，应由股东总会选任，现因该两行股票尚未换齐，而复业日期又已迫近，所有应行召集之本届股东总会，既一时未能举行，故先由财政部分别令派：冯耿光、周作民、吴震修、戴霭庐、朱朴、张素民、邵鸿铸、沈谅昭、赵尊岳、王仲先、金雄白为中国银行董事；卢学溥、张方焕、顾鼎贞、邵树华、孙曜东为中国银行监察人。唐寿民、叶熏、王承组、李思浩、裴复恒、柳汝祥、朱博泉、陶俊人、吴继云、卢宠之、周叔廉为交通银行董事；叶崇勋、汪仲陶、段宏纲、尤菊荪、陈维政为交通银行监察人。至该两行常务董事及董事长，仍应依据各该行条例，由董事会推选。兹将该两行条例一并探录如左：

　　附中交两行条例〔略〕

财政部周部长声明

　　整理中国、交通两银行筹备复业，前经设置委员会专司其事，计划方案订立章则同时并进，不遗余力。兹已筹备就绪，预定于九月一日复业，行见华中金融益臻发展，良深庆幸。

　　中、交两行之复业大纲对于安定金融维护民生业已经明白规定，并与渝方断绝一切关系，在新机构之下，重新开业，俾能适应国民政府之金融政策，以为中央储备银行之左右手，故其发达可以预卜。今两行虽无发行纸币特权，但仍为金融事业之重镇，其重要职员又多为国内具有声望之银行家，于发展国家实业，助长生产，振兴贸易必能有所贡献。

中央储备银行对两行复业固已供给资金，即将来两行经营业务需款时亦不惜更与以援助，务使两行之基础稳如磐石，其前途之光明必仍为我国金融界之先导。希望各界各自安心与两行开始往来，助其发展。现两行虽暂就上海开始营业，但各地分、支行或办事处之筹备，更当逐渐推进，以完成其使命。至于两行复业，深赖友邦官宪之绝大援助，谨识一言，以表谢忱。

〔汪伪财政系统档案〕

伪中交两行陈报有关旧股票登记换发新股票事宜呈

（1943年1—4月）

（1）中交两行呈 （1月8日）

呈为两行旧股票登记，换发新股票限期行将届满，应否截止抑予展延之处，敬祈核示，俾资遵循事：窃两行改组复业，举行旧股票登记，换发新股票，其登记数目截至十一月底止，业经陈报在卷。查该项登记期限为六个月，自卅一年八月一日起至卅二年一月卅一日止逾期不来登记者，认为弃权，前经登报公告，并分别函知各股东。兹将截至卅一年十二月卅一日止，两行已登记之股票户数、股数暨占总股份之成数分列于次：

中国银行 二百六十五户，一万九千〇〇二股，约占商股总股份百分之十弱。

交通银行 一百二十一户，一万二千八百七十九股，约占商股总股份百分之十六强。

除由两行再行登报催告各股东依限登记外，理合陈报。至登记期限应否如期截止抑予酌量展延之处，敬祈核示，俾资遵循。无任公便。谨呈

财政部

中国银行总行董事长　吴震修

交通银行总行董事长　唐寿民

中华民国三十二年一月八日

（2）中交两行呈（2月3日）

呈为陈报截至本年一月三十一日止旧股票登记数目．遵将登记期限展延三个月，复祈鉴察备案事：窃奉钧部钱二字第一五号指令内开：呈悉。该两行办理旧股票登记，如届限期而未经登记户数尚多时，应予展延三个月，仰即遵照办理。等因。兹查截至本年一月三十一日止，两行旧股票已登记数目，计中国银行五百〇八户，三二，二九九股，约占商股总股份十分之一·六强，交通银行二百二十五户，二八，二四〇股，约占商股总股份十分之三·五强。其未登记数目尚多，自应遵照钧令将登记期限继续展延三个月，自本年二月一日起至四月三十日止。除由两行会同登报通告各股东外，理合陈复，敬祈鉴察，并乞赐予备案为祷。谨呈

财政部

中国银行总行董事长　吴震修

交通银行总行董事长　唐寿民

中华民国三十二年二月三日

（3）中国银行呈（4月1日）

呈为陈报三月底止旧股票登记数目，敬祈鉴察事：窃本行旧股票登记数目截至三月底止，计为五百六十五户，三万五千八百六十一股。理合陈报，敬祈鉴察为祷。谨呈

财政部

中国银行总行董事长　吴震修

中华民国三十二年四月一日

（4）交通银行呈（4月2日）

呈为陈报本年三月份止旧商股股票登记数额事：**窃查本行旧商股股票自上年八月一日起截至本年三月卅一日止，业经登记者共二百四十三户，计二万八千九百卅六股，占旧商股总额约百分之卅六强**，理合具文陈报，敬祈鉴察为祷。谨呈

财政部

　　　　　　　　　交通银行总行董事长　唐寿民

中华民国三十二年四月二日

〔汪伪财政系统档案〕

伪华北政委会处理华北中交两行有关令稿

（1942年2—10月）

（1）2月21日训令

华北政务委员会训令
　　令财务总署

　　为训令事：查本年二月十九日本会第一七六次常会临时动议，主席提出：据财务总署呈称：查自民国三十年十二月八日以后，所有华北各地中国、交通两银行经检查结果，内容渐已明瞭，为救济两行存户起见，关于两行天津分行，自应迅予复业，拟并同迄今照常营业之北京、济南、唐山等处各支行、办事处，统交由中国联合准备银行管理，以资整饬，而期发展。祈鉴核示遵等情，提请公决案，当经议决：通过。纪录在卷。合行令仰该总署遵照办理具报。此令。

中华民国三十一年二月二十一日

（2）10月27日训令

华北政务委员会训令

令财务总署

为训令事：查本年十月二十二日本会第二二九次常务会议，主席提出：据财务总署折呈：查华北中、交两行自本年二月间经中联银行之导助，业务甚见顺利。为呼应华中所施该两行处理计划，似应促使华北之两行基础确立，组织健全，拟请各设总行，用资管理，以期华北金融界全般发展上有所贡献。兹拟将中国银行资本额定为六百万元，交通银行定为五百万元，由钧会及中联银行各出半数，全额缴足。该两行之总行设于北京，并暂设分行于天津、济南、唐山，必要时得设分行于其他各处。查该两行资产不足数额，中行计一千四百四十三万一千元，交行计一千七百五十一万二千元，请由钧会各交付相等之金额，作为更生资金。可否之处，谨附该两行综合资负对照表，请鉴核等情，提请公决案，当经议决：通过。纪录在卷。合行令仰该总署遵照，分别妥为办理，仍将办理情形具报备查。此令。

附发资负对照表二件〔缺〕

中华民国三十一年十月二十七日

（3）10月29日训令

华北政务委员会指令

令财务总署

据折呈：关于整备华北中、交两行组织处理办法一案，所有该两行北京、天津、济南、唐山各行之权利义务，请于十一月二日起归由新设立之中、交两行继承，请核示等情，已于十月二十六日本会第二三零次常务会议席次洽讫，应准照办，仰即分别转饬遵照。此令。

中华民国三十一年十月二十九日

〔伪华北政务委员会档案〕

日本驻汪伪大使馆为改组小四行提出"复业"要领函

（1943 年 4 月 24 日）

秘第一一四号

迳启者：查关于四明、中国通商、中国实业及国货所称小四行之处理一案，在经日方调查研究之结果，认为该小四行于涤除从来之敌性色彩，加以适当改组后，使之复业为商业银行，对于贵国如此处理并无异议。但望依据左列要领处理之，并与日方当地机关密切连络。

计：

一、所有股东关系、交易暨人事等关系，应涤除重庆色彩。

二、对于重庆政府所有股份，应由国民政府接收。

三、对于重庆方面人物所有之股份及债权、债务，由国民政府适当处理之。

四、依照前列二、三两条经国民政府接收之股份，应尽可能卖与民民〔民字衍〕间。

以上各节，合具函达，即祈查照办理为荷。敬具

中华民国国民政府财部部长周

     驻华日本大使馆领权公使　掘内干城

     昭和十八年四月二十四日

      〔汪伪财政系统档案〕

汪伪财政部附送四明等四行处理要纲公函稿

（1943 年 6 月 26 日）

公函　钱二字第一六一一号

查四明、中国通商、中国实业及中国国货四银行，因有渝方官股及色彩关系，业经本部核定改组，继续营业，并制定处理要纲八条，以资依据。除分行外，相应检同上项要纲，函请查照，并转行关系方面查照，并转饬所属各分支行、处一体知照办理为荷。此致

大日本帝国驻华大使馆

中央储备银行

敌产管理委员会

附四明、中国通商、中国实业及中国国货四行处理要纲一份

四明、中国通商、中国实业及中国国货四行处理要纲

国民政府为健全华中金融机构起见，于改组中、交两行之后，对于四明、中国通商、中国实业、中国国货等四行续行改组，其目的在使各该行完全涤除渝方色彩，成为纯粹之商业银行，爰定处理要纲如左：

一、四行之资本总额各定为国币四百万元，全数收足，即以各该行在和平区域内之纯资产抵充之。

二、四行旧商股股东，应于六个月内将持有股票数额申请登记，经鉴定为无敌性关系或已断绝敌性关系者，始得按照旧股数目换给同额之新股票。

前项鉴定事务，由国民政府敌产管理委员会执行之。

旧商股股东不于六个月内申请登记者，以弃权论。

三、渝方官股及商股中之敌性股、弃权股，由国民政府接收，无偿让渡于中央储备银行。

中央储备银行于适当时机，得出售与商民，其因出售而生之利益，应缴纳于国民政府。

四、四行财产中之资产负债，经鉴定为有敌性关系者，应剔除移交敌产管理委员会管理，其余由各行董事会评定适当价格继

承之。

前项鉴定事务，仍由敌产管理委员会执行之。

五、改组后之四行行员，以无渝方色彩者为主，由财政部斟酌适当人选，使任经营之责。其第一任董事、监察人，由财政部指定。又各该行之监察人中，至少须有一人派由中央储备银行职员充任。

六、改组后之四行，应取消发行兑换券特权，并在中央储备银行统制下，经营纯粹商业银行业务。四行应暂在上海设总行、支行或办事处，必要时得逐渐在其他各地设立分支、处。

七、四行改组后，于营业上有必要时，得向中央储备银行通融低利资金。

八、改组以前过渡时期之一切业务，仍照常由各该行重要职员负责处理。

〔汪伪财政系统档案〕

汪伪财政部抄送四明等四银行第一任董事监察人名单公函稿

（1943年6月28日）

公函 钱二字第一六五号

查四明、中国通商、中国实业及中国国货四银行处理要纲，业经由部制定函达在案。所有该四行第一任董事、监察人亦经本部派定。除分行外，相应抄同该四行第一任董事、监察人名单，函请查照，并转饬各分支行处一体知照，转行各关系方面查照为荷。

此致

中央储备银行

大日本帝国驻华大使馆

附抄四明等四银行第一任董事监察人名单一份

中国国货银行第一任董事监察人名单

董事　叶扶霄　李莠侯　徐谢康　林朝聘　刘吉生　周仰汶
　　　张竹屿

董事长　叶扶霄

常务董事　李莠侯　周仰汶　徐谢康　刘吉生
　监察人　张平怡　徐士浩

中国通商银行第一任董事监察人名单

　董事　张文焕　李思浩　朱朴之　胡以庸　任西萍
　　　　顾贻谷　秦梅荪　李祖基　陈　洪

董事长　张文焕

常务董事　胡以庸　李思浩　朱朴之　任西萍
　监察人　林康侯　张菊生

四明商业储蓄银行第一任董事监察人名单

　董事　李思浩　孙鹤皋　张竹屿　邵树华　段运凯
　　　　王伯元　李祖基　刘聘三

董事长　李思浩

常务董事　孙鹤皋　邵树华　段运凯
　监察人　冯　攸　秦　开

中国实业银行第一任董事监察人名单

　董事　朱博泉　萧乃震　许密甫　朱锡荣　许之业
　　　　朱庆曾　张仲褰　黄谷梅　殷子白　龚仙舟　袁体明

董事长　朱博泉

常务董事　萧乃震　许密甫　朱锡荣
　监察人　程　度　贾月森

〔汪伪财政系统档案〕

976

重庆财政部钱币司附送敌寇在沦陷区贬抑法币劫夺银行之暴行纪实函稿

（1944年1月）

司函

准贵处三十二年十二月十九日财统字第三五四七号函，以奉交院令饬搜集日寇在南京等地暴行之证据，嘱将是项资料调查整理送处，以凭汇办，等由到司。查关于全国各金融机关所受自日寇之损失资料，业经先后令饬查报，并随时送请汇办在案。至敌寇贬抑我法币及强迫上海中、交两行复业各案，实为敌寇破坏我币制掠夺我银行资产之行为。兹特编就《敌寇在沦陷区贬抑法币劫夺银行之暴行纪实》一件，随函奉达，即希查收汇办为荷。此致

统计处

附件

敌寇在沦陷区贬抑法币劫夺银行之暴行纪实

（一）贬抑法币之经过

敌寇之破坏我国币制，实肇端于九一八事变，惟其贬抑我法币，则自七七战事发生后开始。其破坏我法币之办法，不外设立伪行，发行伪钞，行使日钞、军用票等。至其实施步骤，则各区不同，兹分述之。

1. 察哈尔　廿六年九月敌军侵入察省张家口，在该地设立伪察南银行，旋改为伪蒙疆银行，是为七七事变后敌在我沦陷区设立伪行发行伪钞之始。当时晋察绥各地流通之法币及杂券，原经敌伪先后规定于二十日内，一律兑换伪察南银行券，但实际上旧币之收回工作，迄伪蒙疆银行改组成立后，仍在继续进行。惟于

977

延长期终了后，旧币之流通即渐被禁止，其收回额仍以在规定期限内收回者占多数。

2. **平津一带**　廿七年三月十日，敌在北平设立伪中国联合准备银行，发行伪钞，并千方百计打击法币。俟伪钞于平、津取得流通地位后，其次一步骤为禁止法币之流通，乃于廿七年三月公布所谓"旧通货整理办法"，将原来流通于华北之各种货币分为四类，个别订定禁绝流通办法，其所视为禁绝之主要对象实为法币，其他银行钞券虽亦在禁止之列，而办法则略异。根据伪"旧通货整理办法"之规定，"南方券"之流通期限为三个月，"北方券"之流通期限为一年，盖欲藉此以动摇人民对于法币之信仰也。及廿七年五月廿五日，敌伪重申禁令，规定"南方券"应自六月十日起禁止流通。至于"北方券"则于廿七年八月七日公布"关于旧通货贬价之命令"，将中国、交通两行法币及小额纸币一律贬值一成，按票面金额九折与伪币同时流通。至廿七年十二月卅日，复将法币按票面额再贬值三成，但法币信用坚固，流通如昔。故敌伪又于廿八年三月九日拟定禁止法币流通较详细之办法，分"联银券地带"及"匪区地带"，分别执行。至是法币在平、津各都市始行退藏，惟游击区内则仍流通如故。

3. **长江流域**　敌在华中方面，打击法币之步骤较其他各区稍有不同。最初行使日钞及军用手票，后以日钞流通多被套汇，乃于廿七年十一月一日规定，除上海外，一律禁用日钞，专用军票，但日钞外流，仍无法控制，故于廿八年十二月一日起在上海亦禁止使用日钞。当时华中方面与法币斗争者，仅军用票一种而已。及廿八年五月十六日，敌为防止军票跌价，乃在上海设伪华兴银行，发行伪钞，但仍不足遂行其打击法币掠夺物资之目的，于是为补救军票与伪华兴票之困难计，又于卅年一月六日设立伪中央储备银行，以日钞为准备金，发行伪钞。原有伪华兴券则停止发行，而以伪中储券收回之。至军票仍与伪中储券并行流通，共向法币作战。迄太平洋战事发生后，形势大变，敌为推诿责任及加强伪中储券起见，于卅二年春将华中、华南流通之军用票收回，而以伪中储券代之。

4. 珠江流域：敌在华南沦陷区自始即强迫行使军用票，迄伪中央储备银行成立后，始有伪钞与军用票同时流通，自军用票收回后，该区所流通者仅余伪中储券一种而已。

总之，敌寇在我沦陷区贬抑法币之手段，其主要者不外设立伪行，发行伪钞。而目前沦陷区之敌伪钞券，除东北四省之伪满钞外，在关内流通者仅余伪中储券、伪联银券及伪蒙疆券三种。此数者之价值，实赖敌军刺刀以为支持，由于战局之发展，将来伪钞之终成废纸，盖可预卜也。

(二)劫夺上海天津汉口等地四行之经过

自抗战以来，敌伪即在各侵占地区劫夺我中、中、交、农四行。计在上海方面，日寇于三十年十二月八日进驻公共租界，掠夺我在沪四行，查封库房，拘留员役，限制付存，迫令中国、交通两行开列一切不动产，由伪中储行与正金两行接收，中央、中农两行之不动产，则由伪中储行接收。所有被敌没收之现银，原则上交伪财部，由正金保管，充中储加入日元集团之准备金。嗣又迫胁我在沪中国、交通两行更改条例，调换股票，假诸该两行名义在沪及其他沦陷区复业。至汉口方面，卅年十二月十六日，我在汉中央、中国、交通三银行均被日方全部接收，所有中央银行十二万余，中国银行九万余，交通银行六万余元之库存，暨全部帐册、印鉴均被提去，办公室、库房及保管箱同时被封，行屋勒令腾出。其余天津、香港、鼓浪屿暨被侵占各地区之中、中、交、农四行被劫夺情形，大致均与沪、汉各行相同。当太平洋战事发生时，本部即令饬我内迁之中、中、交、农四总行分饬沦陷区分支行、处一律停业，嗣复宣布在沪及沦陷区开业之伪中、交两行之一切行为及其债权、债务在法律上一律无效，中、交两行股东如有串通敌伪，换取伪股情事，除将其股权取消外，并以附逆论。令饬中、交两行总管理处遵照公告，并分咨外交、内政、司法行政各部查照，转行知照。

（三）接收四明通商中实等行之经过

自抗战发生后，上海官股银行，计中国通商银行、中国实业银行、中国国货银行、四明商业储蓄银行，均已先后奉准将总行移设重庆，所有上海机构改为分行。卅二年，据各该行报告，上海分行均被伪方强迫接收，非法改组。经部令饬各该行应即停止后方行、处对沦陷区之收解，将沦陷区行、处资产负债详明报部备查，并于同年八月廿七日联合公告三项：（一）上海未撤退之机构已早改分行，如有假借总行欺骗民众行为一概无效。（二）原有股东应各保持立场，勿受欺骗，各股东权益如在敌伪压迫下移转抵押变更，依法无效，若有串通伪方换取伪股，除将其股权取消外，并以附逆论。（三）在敌伪攫夺下假借总行名义之伪行，其债权、债务依法无效。

〔国民政府财政部档案〕

〔五〕对沦陷区经济事业的摧残与掠夺

（一）掠夺沦陷区经济之概况

重庆国民政府财政部秘书处抄送关于"日满华经济建设十年计划"函

（1940 年 12 月 20 日）

奉交下中央调查统计局特种经济调查处二十九年十二月八日经济情报，敌拟定"日满华经济建设十年计划"一份，奉批：分交有关厅署司处会局。等因。除分函外，相应照抄原件，函达查照。此致

参事厅

附抄件

秘书处启　十二月二十日

经济情报

西安电：敌伪掠夺我沦陷区之经济与物资，特拟定"日满华经济建设要纲"，经敌企划院长青木东上奔走于南京与伪满之间，业经确定敌伪"经济建设十年计划"，兹摘要录次，俾供参考（以下为摘录其计划原文）。

一、主要内容　日满华经济建设要项主要内容，为具体达成皇家建设东亚新秩序，确保世界之永久和平使命计，国内体制革

新之过程及生活圈扩大编成之过程，须使之综合一体而前进，从而日本的经济政策大抵如次三大过程之综合的计划。

1．国家经济再编成之完成。

2．日满华经济编成之增强。

3．东亚共荣圈之扩大编成。

（A）基本方针

1．日满华经济建设之目标，今后于十年间确立三国一体之事业组织的经济建设体制，增强确立东亚在世界经济之地位。

2．日本关此之指导精神，三国一体协同的谋增进其福利。

3．日本昂扬国民气魄，并革新内阁体制，努力扩充国力，援助育成满、华之经济建设，尤其担任科学技术划期的振兴及先期工业之开拓。

4．与日本有不可分关系之满洲国，期待其迅速整备，发展重要各种工业。

5．希望中国与日、满两国协力供献交通之发达，物资交易之圆滑，重要产业及资源开发复兴等事项。

6．为急速促进计谋，迅速整备日满华经济综合计划之机构。

（B）具体方针　日、满、华三国为东亚共荣圈之基本躯干，故于紧密结合之计划下，负有规定经济关系之义务，政府本此观点，决定日、满、华三国产业分野，劳务、金融等基本政策。

（C）产业分野　考虑日、满、华三国之立场、环境及其经济发展阶段，综合的决定有机的成为一体，突关切要。日本今后谋高度精密工业与机械工业划期的振兴，力期重工业、化学工业及矿业等基本产业之飞跃的发展。满洲国则期待矿业及电气事业划期的发展，提供重工业及化学工业发展上必要之援助。中国则期待矿业及制盐业之发展，其工业原料之大量生产，由其现在环境观之，尚期待重工业。化学工业之发展，即轻工业，大陆之发展亦必须助长，将来对于轻工业（就中逐次整理纤维工业及杂工业），考虑往大陆移动，又关于日本农业改善，关于土地诸制度，刷新经营，以谋农家之安定向上，俾确保国民主食及农村人口足有之方策。关于水产，尚谋发展，关于森林资源，尚求合理的活用。关于满洲之农业，素为日、满、华食粮及饲料补给之基地，又为世界特殊农产物供给之来源，有鉴于此，尚期待其彻底的增产，日本农业当更形开发，促进开拓民之移植。关于中国之农业，努力确保其国民主食，必须考虑棉花及特产物之增产。

1．劳务分野　日本及东亚共荣圈为在世界经济上确保优位，对于皇国之劳务技术体制须加以划期的改定．一方皇国及各地域谋所有之劳力全体向上，必须谋使其有所贡献。因此调整皇国劳务技术之新体制，对劳务者须彻底身心之锻炼与科学教育，努力养成劳动生产性之高度化，技术者及技能者之养成，使达成满华经济建设所需之援助与育成目的，提供满华两国之产业开发，经济复兴所必需之技术及技能，固不待言，而两国须鉴于技术之重要性，有自行养成之国策。满洲国谋华北劳务者之计划的入满并安定，同时与确立充足方策，特须努力于确立刷新矿工业生产劳务管理。

2．金融分野　为促进国防金融之建设，金融职业必须合于已国的目的，使能确保国家必须物资之质及量，故为使日、满、华实施产业计划，决定计划的实施资金之分配，必须有能实行之金融机构，又与今后计术之进步，产业分野之设定等相伴随，须应矿业实施之转变，且能储藏重要物资，而整备金融上之组织。日、满、华之资金乃籍三国之蓄积固不待言，因此必须谋日、满、华蓄积增加其活用，而满洲、中国所需之产业开发资金须由日本援助，随同日、满、华三国经济关系之紧密化，于国际结算上必须确立三国互助的关系。

3．交易分野　在世界经济新秩序中，对于旧有之商业的贸易主义颇有加以订立之必要，代诸以生产主义的贸易。各国各地域各经济圈各为获得各自计划生产所必要之物资起见，互相供给所必要之物资，不单日、满、华三国，即共荣圈内之各地域必须形成互相依存之贸易关系，是以为助成日、满、华三国及共荣圈内部物资之紧密的交流，有互相协定特别的结算方法之必要。

4．交通分野　随同日、满、华三国及共荣圈内物资交流之紧密化，并为确保其共荣圈安全性起见，三国交通关系今后有按综合计划加以整备及适切的运营之必要，是以促进三国互相间的海陆运输联络，突飞的增加船腹统制，航空联络，整备扩充电气通信设施。

二、伪满实施基本及部门方针

（A）基本方针：

1．日、满、华经济建设之目标，除今后十年确立日、满、华打成一体之自给自足经济外，且促进东亚共荣圈建设，以增强确立世界经济之地位。

2．日、满、华经济建设之根本理念，以日、满不可分关系为基本，由三国一体的协同步骤，以增进共存共荣国民全般福利。

3．为调整促进日、满、华经济综合建设计划，以谋整备联系上必要之机构。

（B）部门别方针　日、满、华三国担当之部门别野，各考虑经济发展之阶段，以有机的一体，得照综合的规制而勘定。本案据此观点，我（伪满自称）国担当之分野产业、劳务、金融、贸易、交通等基本政策大抵如左：

1．产业分野　我国不特谋今后工业及电气事业划期的振兴，且努力重工业及化学工业之发展，轻工业则适应国内需要考虑。其振兴农业乃日、满、华之食粮、饲料补给之基地，对世界为特殊农产物之供给来源，尚期彻底的增产，日本复促进农业开拓民之移植，以资农业开发，而谋制盐业、畜产、林业与此并行的振兴。

2．劳务分野　满洲求产业开发必须之技术者及技能 者 于日本，一方于国内基础上必须养成之，对于一般劳务者谋华北劳动者之入满及其他之安定，同时关于国内劳动力之□办，及于劳资与矿工业生产上努力刷新，劳务之确立。

3．金融分野　以国防经济之完成为契机，金融之职能必须以能确保国家必须物资之质及量为主眼，而资金之需，所按原则，依据三国内之积蓄固不待言，因致力于满洲之积蓄增加及活用，同时重要工业之资金须暂仰求于日本。又与日、满、华三国之经济关系紧密化，须强化国际经济上之互助连环的关系。为保持贸易分野，东亚共荣圈之经济的自主独立，须根据从来之商业的贸易主义，改正交易之理念，而确立经济主义的贸易政策，即为由各国各自企划经济圈获得自已计划的生活所必需之物资外，更供给其他必需之物资，日、满、华三国自不待言。盖其共荣圈内之诸地域，必须按互相一环的关系规制贸易，如斯则能促进共荣圈内物资交流之紧密化，而确立经济的自主性。

4．交通分野　为促进日、满经济之一体化，以谋物资交流之圆滑，对于二国互相间之交通、通信圈，须非综合的有机的运营。又满洲国自体亦必须按促进国防上并产业开发计划之见地，整备扩充此际之交通、通信设施。

三、日、满、华经济建设连系纲要内容　建设东亚新秩序，确保世界永久和平，以日、满、华为有机的一体之自存圈，增强编制综合的结合，须促进完成国防经济，满洲与日本帝国愈益增强一体不可分关系，而与中国尤其与华北、蒙疆保持紧密连系，以确立自存圈为主眼，担当重要基础产业部门，以谋急速之整备发展。

〔国民政府财政部档案〕

汪伪国民政府公布战时经济政策纲领

（1943年2月13日）

国民政府在作战期内，为求前方军需之确保及后方民生之安定，爰制定战时经济政策纲领如左：

一、关于增加生产者

甲、改进农业技术，兴修水利，拓辟耕地，以求食粮及其他战时主要农产品之充分的增产。

乙、开辟矿藏资源，以确保军需工业之发展。

丙、使军需及主要民需工业之原料及燃料能得最便利之供给。

丁、在适当的物价政策之下，保障农工生产者之收益，以奖励其再生产，尤其对于农产品之购买，特别注意于农民之再生产，及农产品与日用工业品之交换。

二、关于调剂物价者

甲、调节各种物价，以维持其相互间之合理的比率。

乙、改善运输机构，免除一切不必要之耗费。

丙、改善配给机构，并确保配给之普遍及合理之配给数量，以杜绝黑市。

丁、尽量减少生产者与消费者之中间阶段，以免除居间者之不当利益，而平衡物价。

戊、以严格的法律制裁取缔投机及居奇。

三、关于节约消费者

甲、凡与军需有关之民需物资，应奖励代用品之制造，或代用原料之获得。

乙、各种高贵品及奢侈品之生产，应予以限制或禁止。

丙、一切不必要之消费应予以取缔。

丁、逐渐并分别实施定额配给制度。

四、关于稳定币值及调剂金融者

甲、通货政策应与生产力之增进相配合，以求币值之稳定。

乙、健全金融机构，使金融力量逐渐集中，以与经济政策其他部门相适应。

丙、在币值稳定之状态下，奖励人民储蓄，以免除囤货之恶习。

丁、推进产业放款，以扶助生产，并严厉取缔各种足以助长投机之放款。

戊、奖励资金内移，尤在恢复农村之金融机构。

五、关于改进经济机构者

甲、各种旧有经济机构不适合战时经济体制者，一律予以调整或改组。

乙、各种产业部门自生产以至于配给之各个阶段，务使其联合组成一贯的机构，作计划的运营。

丙、各种健全的产业机构得在政府的指导监督之下，为自治的统制。

丁、各种主要产业得在政府的指导监督之下，施行团体的经营制度。

〔汪伪立法院档案〕

汪精卫为实行统制经济促从速设立各种商业统制机构的手令稿

（1943年4月24日）

在全国商业统制总会及其中、下层机构组织过程中，得由该总会视察实际状况，随时商承实业、粮食两部，将规定之手续程序酌于变通，以期于最短期间将各业同业公会及其联合会及早成立，以完成自治之统制机构，俾能达到统制经济之目的，而应战时之需要。此令。

汪兆铭　四·廿四
〔汪伪行政院档案〕

汪伪国民政府公布华北扰乱经济统制紧急治罪暂行条例

（1943年6月26日）

第一条　国民政府为使华北政务委员会于其所辖各省、市区域内，管理物资平抑物价，以安定民生起见，制定本条例。

第二条　本条例所称经济统制，系指主管官署以命令指定主要物资及其价格之管理而言。

第三条　主要物资之种类及其价格，由华北物资物价处理委员会公布之，但各省、市对于一定之物资或物价认为有实施统制之必要时，得呈请华北物资物价处理委员会核准后，由分会同时公布之。

第四条　以营利为目的囤积主要物资隐匿不报，或未经许可私行移动大量物资希图暴利者，处五年以上十年以下有期徒刑，并科一万元以上五万元以下之罚金。

其以资金供给他人犯前项之罪者亦同。

第五条　公务员利用职权犯前条之罪者，处无期徒刑或十年以上有期徒刑，并科一万元以上十万元以下之罚金。其包庇他人犯前条之罪者处死刑。

第六条　犯前二条之罪者，其物资不论属于犯人与否没收之。

第七条　负有保管物资责任之公务员，盗卖其主管或经管之物资，或为其他不法之处分者，处无期徒刑，得并科一万元以上十万元以下之罚金。

犯前项之罪者，其被处分之物资如全部或一部不能收回时，追征其价额。

第八条　犯第四条之罪移动物资于统制线以外之区域，查有资敌之实据者，处死刑。其未遂犯处无期徒刑。

第九条　不以营利为目的，储存大量之主要物资隐匿不报者，除将其超溢额予以没收外，处二年以下有期徒刑、拘役或二千元以下之罚金。其情节轻微者得免除其刑。

第十条　受主管官署之命令，承办物资采运加工配给等事项之人员或商号，于采运加工配给之物资内掺杂伪品，或为其他不正当之行为者，处五年以上七年以下有期徒刑，并科一万元以上五万元以下之罚金。

第十一条　超过公定价格售卖物资或拒绝按照公定价格售卖物资者，处三年以上五年以下有期徒刑，并科一万元以下之罚金。

第十二条　意图使人误信其符合公定价格而伪造变造物资品质，或以有公定价格物资与无公定价格物资合并售卖，或特加附带负担售卖物资，或以其他不正当方法售卖物资，或计算物价者，处五年以上七年以下有期徒刑，并科三万元以下之罚金。

第十三条　意图提高或增加公定价格而伪报生产成本者，处三年以下有期徒刑、拘役，或一万元以下之罚金。

第十四条　犯第十条至第十三条之罪者，其所得之不正当利益没收之，如全部或一部不能没收时，追征其价额。

第十五条　意图他人受刑事处分，以本条例所定之罪向该管公务员诬告，或在审判或侦查时，为证人、鉴定人、通译于供前供后具结而为虚伪之陈述者，处无期徒刑或七年以上有期徒刑。

犯前项之罪，于所诬告或所虚伪陈述之案件裁判确定前自白者，得减轻其刑。

第十六条　法人、商号犯本条例之罪者，处罚其业务之执行人员。

第十七条　刑法之规定与本条例不相抵触者，仍适用之。

第十八条　依本条例所科罚金及没收之物资，或不正当利益，其处分办法另定之。

第十九条　本条例有效期间为一年，期满得延长之。

第二十条　本条例自公布日施行。

〔伪华北政务委员会档案〕

伪华北政委会检发第一次促进华北新建设实施指导要纲训令

（1943年7月31日）

华北政务委员会训令　政秘字第783号

令教育总署

查大东亚战争已迈入决战阶段，为昂扬国民参战意识，完成华北生产基地使命，特制定第一次促进华北新建设实施指导要纲，并规定自八月九日起至十月三十一日为实施期间，动员华北政、军、会、民集中总力，一体实行，藉收普遍伟大之成果。兹检发上项大纲十份，令仰查照。列举重点，妥拟适应现地立场之实施方案，督饬所属切实推行，坚持到底。尤应力求实际，毋尚空言，务使国民大众彻底明瞭参战意义与日本对华新施策之真精神，并使政府之食粮政策得以贯彻，收集、分配得圆滑，更进一步使开发增产等一切决战体制加强扩大。在实施期间，尤须与友邦军、官、民紧密连系，协力迈进，以达成伟大之使命。所拟实施方案，应呈会备核，现地推进情形并仰随时具报查考为要。此令。

计发实施指导要纲十份

中华民国三十二年七月三十一日

华北政务委员会委员长 王克敏

第一次促进华北新建设实施指导要纲

第一 方针

甲、促进华北新建设之实施，以下列二项为重点，须热烈实践之。

一、阐扬日本对华新施策之真意，使国民大众由此彻底的认识和理解，激发新的热意，切实负起职责，以共同完成华北之新建设。

二、贯彻政府食粮政策，加强食粮之收集、运送、分配等重要工作，充裕民食，以蕲求华北全面建设工作之顺适进展。

乙、为达成参战使命，必须同时继续积极进行下列二项工作。

三、昂扬国民参战意识，确立崭新文化体制，中日彻底提携，培植民众自主精神，唤起民众自发活动，协力战争，充沛战力，达成参战使命，以蕲求解放共荣之实现。

四、革新国民生活，坚实国民参战体制，发动国民自主、自强、自励精神，积极开发资源，充实物力，完成华北生产基地使命，以贡献于复兴中国解放东亚之总力战。

五、于可能范围，在政府指导下，展开新国民运动，迅速推进上列施策之促进工作。

第二 指导要纲

一、规定八月九日起至十月三十一日止为促进华北新建设实施期间，于此期间集中政、军、会、民一切施策之总力，抱定同一理念，向同一目标，戮力以赴。

但与友邦官、民须取得密切连系。

二、以华北政务委员会为中心，负华北全面指导监督之责，其下各省、各特别市、各道县之指导监督责任，即由各省公署、各特别市公署、各道县公署担任之，动员全体官民暨一切机关团体，齐一步伐，共同彻底实践，藉收普遍而伟大之效果。

三、在横的方面，全体官民务须充分发挥自主精神，积极表现自发活动，以促进新国民运动之实践。

四、在纵的方面，各机关、各团体应各发挥自主独特性格，各就职务所在，以及当地情形，切实制定实施方案，以利进行。

五、以华北政务委员会为中心，直接指导各总署、各省、各特别市，而各总署、各省市更当直接指导所属及民众，务各发挥热意自动参加工作，其余各部门担任指导工作之干部，影响全体工作甚大，均宜发挥以身作则之精神，率先工作以为楷模。

六、华北建设工作，过去、现在、将来无时不在进展，故此项工作必须坚持到底，始克竟其全功。本次新建设促进期间，尤须注意"坚持到底"四字。

七、于此新建设促进实施期间，应力求其实际，勿徒尚空言，负指导责任者，尤当妥筹技巧方法，务使建设新华北之理念，普遍渗透民间，培成雄厚伟大之风气。

八、在工作方面，要求自主自发的活动，而在连络上，则要求亲仁善邻，精诚合作之精神。

第一、华北政、军、会、民要精诚团结。

第二、国人要精诚团结。

第三、中、日双方要精诚团结。

能团结，能合作，始能收宏大效果。

九、使国民大众彻底明瞭参战意义与日本对华新施策之真精神，军、官、民协力，以坚定决战体制。

十、各机关、团体当就其既成之指导体系，承上级机关之指导监督，各自推进实施工作。

十一、华北政务委员会为总指导机关，由委员长派定专人办理调查、研究、监督、连络诸事宜。

十二、各地以各该省、市公署为中心，但必须依其固有之职务系统指导之，且须避免中间发生龃龉情势。

十三、于工作推进之际，应取得友邦军、官、民之协力，以期达成伟大之使命。

十四、本要纲自核准之日起施行。

〔伪华北政务委员会教育总署档案〕

汪伪最高国防会议秘书处抄送华北政委会关于增产保产并重农案实施办法等件函

（1943年8月14日）

最高国防会议秘书处公函　高秘字第329号

案查前经最高国防会议议决通过，全国经济委员会呈送战时经济政策纲领及增产保产重农各案，经送国民政府令行贵院转饬财政、实业、建设、粮食等部与华北政务委员会实业、建设两总署拟具实施办法呈核去后，兹准华北政务委员会函，转据实业、建设两总署拟具增产保产重农实施办法呈复，并奉主席交下贵院转据建设部就该部主管范围拟具战时经济政策实施办法呈核，各等由。本处以增产保产重农事项在战时经济政策纲领内已有规定，其实施区域，自不仅限于华北一隅，所有国民政府统治下各省、市，均应酌量推行。至建设部所拟各节，核与财政、实业、粮食各部及全国商业统制总会职权均有关联，经并案签奉主席谕：交全国经济委员会会同有关各部、会审查具复，并着行政院转饬财政、实业、粮食等部依据战时经济政策纲领，并参照增产保产重农案，各就主管范围迅即拟具实施办法呈复，以凭核办。等因。除分函外，相应录谕，抄附华北政务委员会原函及附件，函请查照转饬

财政、实业、建设、粮食等部及全国商业统制总会遵照为荷。此致
行政院
　　附抄送原函及附件共三件〔略一件〕
中华民国三十二年八月十四日

　　　　　　　　抄华北政务委员会公函
　　迳启者：案查前准贵处高秘字第七三号函，抄送最高国防会
议临时会议通过全国经济委员会呈送注重增产保产并重农案，暨
取消地域经济实施物资统制案，函达查照等因，并奉国民政府令
同前因，当经先后令饬实业、建设两总署遵拟实施办法呈候核转，
并先行呈复，及分函贵处查照各在案。兹据该两总署会同拟具注
重增产保产并重农案实施办法一份呈送前来，并据呈称，原案内
关于取消地域经济实施物资统制两项实施办法正在商洽，俟商有
办法再行呈报等语。除已据情转呈国府鉴核，并指令饬即迅速拟
议以便另文呈核外，相应函达，并附抄原呈及附送实施办法各一
件，即希贵处查照为荷。此致
最高国防会议秘书处
　　附抄原呈〔略〕及实施办法各一份
　　　　　　　　　华北政务委员会委员长　　朱　　深

　　　　　　　　增产保产并重农案实施办法
　　一、开发农田水利
　　增加农产，以开发农田水利为先务。华北各省待垦之盐碱荒
地以及尚未具备农田水利设施之旱地甚多，本建设总署自民国卅
年起，即开始计划办理华北河渠建设委员会所委托之河渠建设直
辖事业，现正积极施行进水及导水工程，用以开发滦河、沂河下
流一万公顷，蓟运河下流六千六百公顷之荒地，使成稻田，并淳沱
河南岸五万公顷成为旱田灌溉地区。民国卅二年度为紧急增产保

产起见，将以上三处先 完成一万七千九百公顷之农田水利开发事业，以应需要。至由本建设总署指导办理之河渠建设，各省地方助成事业，计民国卅一年度开发之稻田、旱田为一万二千八百五十公顷，卅二年度拟行开发之稻田、旱田及旱田排水等为二万四千三百一十公顷。又本实业总署自民国卅一年度起，已责成华北垦业公司拟定十五年计划，逐渐实施各省小地区之紧急改良事业，计荒地开为水田一万〇七百公顷，旱地改为水田六千一百公顷，本年更拟定扩张为二万一千三百六十公顷。

一、普遍凿井

农田灌溉为增加食粮生产之要图，各地方主管机关亟应劝导农民实行农田普遍凿井，本实业总署于卅一年度在华北各省资助农民凿井二十万眼，本年更拟定凿井三十万眼，以资灌溉而增生产。

一、改良品种

品种优劣关系生产甚巨，各省、市农事机关对于食粮作物应积极育成优良品种，在新品种未育成以前，应选取各地比较优良之品种尽力推广，以期品质改良，生产增加。本实业总署已饬华北农事试验场积极实行育种工作。

一、改善施肥

华北肥料向极缺乏，事变以后因种种关系，施肥量尤形减少，因之地力不足，生产日微。本实业总署除配给硫安指导施用方法外，并咨行各省、市购买优良种猪，分配农村繁殖饲养，以资增加厩肥之生产。

一、防除病虫害

作物病虫害年年发生，为害最烈，如不积极防除，殊足减少食粮生产。本实业总署已筹拨专款，交由华北合作总会等实行团体购买种子消毒药剂，无偿配给农民，并指导使用方法及宣传事宜。计卅一年购买种子消毒药剂经费为四十余万元，本年为一百八十余万元。

一、养成技术人材

推进农业增产端赖技术人材指导，各省、市应设立农业技术人员养成所，招生训练。本实业总署已饬由华北农事试验场训练此项技术员，三年以来毕业者七百余人．分发各地服务，本年复招考八百人，作短期训练。

一、须以适正价格收买农产

保护农产尤为切要，倘农产丰收皆为他人以最低价格收买而去，终年勤劳入不敷出，农民虽愚焉肯尽力从事田陇。各地主管官署及合作社应严禁以低价收买农产，并须为农民留一定之需用数量。

〔汪伪行政院档案〕

资源委员会经济研究室郑伯彬编沦陷区物资交流问题①

（1943年11月）

汪逆伪组织的最高经济顾问石渡，于敌国大东亚省大臣青木访问南京之后，曾返东京一行，至上月三十一日业已匆匆转回南京，他达南京的第二天，向报界谈话，第一句就说："大东亚战争已至严重关头，自给自足经济的树立，实为当务之急"。然后说到长江下游沦陷区各地的物资交流问题，说内地不乏食米与棉花，此次伪府强制收买纱布不过是"渐次移往内地，而农村土产自可多向上海等地抛出，所谓物价政策，也可因此获得成效"．他所说的自给自足经济，显然仅指汪逆所实际控制的长江下游三角地带

---

① 此系油印件，选自1944年7月资委会经济研究室所编《沦陷区经济调查报告》第一辑。

而言，这地区的物资交流，如石渡氏所说，是极不圆滑的。乡村农民不愿以农产品运往都市换得伪钞，而都市产品又受种种限制不能运销农村，结果是：农村所受的影响，虽不过是缺乏工业制品，如布匹等项，而都市所受影响，却食粮恐慌，工厂原料获得更加困难，甚至引起整个都市经济陷于全身麻痹状态。在同"政治单位"内发生如此怪诞现象，自然不是敌伪所愿意的事。

但是沦陷区物资交流问题，主要的症结还不在同一政治单位或经济单位内的不圆滑，而在不同政治单位的地区间的交流的艰难。因为前者还只是一个经济问题，或者说是伪钞的信用问题在作祟，而后者却包括了许多政治问题在内。敌国的政策把沦陷区划分了六、七个不同的政治经济区域：如东北的满洲中央银行券区，内蒙的蒙疆银行券区，华北的联银券区，华中的中储券区，徐州、蚌埠一带还有一个缓冲地带"苏淮特区"，华南的军票区和汉口半独立的"武汉特区"。在上述的每一个区域，都有独自的货币制度、交通系统、检查制度、封锁线。每区域的物资交流，除了敌军军用物资由"军配给组合"搬运以外，几乎完全陷于断绝的状态。

然而，敌伪也未尝不知道区域越小，经济活动也就越受限制，而自给自足经济即越难做到。因此，在敌方的严格规定和检查的制度下，各区域实施着"物物交换制度"，首先是二十八年实行了华中、北物资交换协定，协定规定华北以一定量之煤炭、盐和油运往华中，交换华中一定量的面粉、杂粮和布匹。这制度一直实行到现在，至本年八月二十七日的上海国民新闻登载着这样一段新闻：

天津当局决定阻止物资南运，最近因华中物价高昂，华北物资南运日有增加，而华中物品北运则几断绝。天津当局对此异常重视，并命令银行汇兑停止输入汇划，以谋改正此项片面交易（按：近闻华北来人谈，联券与储券之官定比价为 $18.0 = $10.0，现金黑市则为$1.60＝$10.0，或即因此故——彬）。华北交易统制总会天津支部，经协议对策，认为华中物价上涨纯为当地交易机构或配给机构设备欠周所致，故此特向上海当局通告设法改正，而天津方面则请求限制或阻止物资南运政策。又讯：平津食粮目前仍未解决，华中面粉北运尚无确期，最近当局与蒙疆连络，决以津市棉布换其杂粮云"。

上段纪载是说，华中没有货物运去，这可能危害华北的经济，而华中物价高涨是华中本身的问题，不关华北的事。可是，在同一天的国民新闻上，又载有华中方面全国商业统制会负责人的谈话说："全国商统会以华中、北二地物资，一向维持交换状态，华北运往华中者，以煤介为最多，盐、油次之，华中北运者大半为面粉、杂粮等，惟年来统计结果，北运物资较南下者为多，此种情形对华中经济之发展不无损害"。

华中方面的人说北运物资较南下者为多，华北方面则说北运物资几告断绝，到底谁是谁非呢？实际上二方面说的都对，都没有错。因为北上车确较南下车为拥挤，华中物资北运远较华北物资南运为多，不过，北运物资多半是"军运"，不在华北交易统制总会的帐内，在该会的帐面上就变成南下物资多于北上物资了。

这争端是无法解决的，华北方面的态度似乎很强硬，决定对华中、南的交易上立即改行许可制度。据八月三十一日的国民新闻载，华北交易统制会并已设立"华中南交易公会"办理其事。该会主要任务为办理对华中、南物资输出入之申请，对输出入物资之种类、数量施以调整，同时代表会员对交易统制总会及中国联合准备银行等监督机关负责办理联络事宜。其内部组织有理事会，在理事会之下，分设食料品、原料品及杂货三部，此外并设总务、业务二组，前者掌庶务、企划、调查等，后者则掌各物之统制事务。

这样一来，华北和华中的物资交流更加困难了。九月二日的上海日报载，在津办货之沪帮商人，拟作最后一次之抢购，玻璃、干果、药材、植物油以及各类什货，沪市存底俱不甚丰厚，均在抢购目标中云。

我们简直不明白敌方为什么要实行这种制度，假使说分划每个经济区域，可保障各区的货币制度，那么，因此而获得的效果恐不足以抵偿因断绝交易而发生的损失，特别是上海或华中地区，这区域的经济状况需要各地物资交流，它本身不能建立自给自足的经济体系。因华北和华中的物资不能畅通，将来对上海经济的影响一定很大。

敌国在南洋占领区和香港也实行着同样的政策，香港的经济地位和上海差不多，甚或比上海更难于自给自足，可是，敌国决不顾及这种困难，依然限制各区域间的物资交流。根据去年九月敌方在香港所颁布的贸易取缔法，香港贸易原则上由"贸易公会"经营，至港粤或港澳、港厦等沿岸贸易，并许非公会会员参加。那时香港的输出采用许可制，输入则采用申请制，可是，在目前无论输出输入都改用许可制了，未经敌方的许可，简直无法和外界交易。迨本年九月，香港和其他地方并一一订立了交易协定，严厉执行物物交换制度。据九月四日上海新闻报载，香港与各地的交易协定，有如下几种：

（一）香港广州贸易协定，去年七月三、四日订立，规定于七、八、九三月由广州运出鲍鱼、肉类、青菜、水果、煤薪等，由香港输出余剩物资，或今后可望输入之物资，如汉药、自由车零件、燃料、毛织品、纸张等。本年只重订协定，输出入物资照旧，并规定广州方面输出二百四十万元，香港输出一百二十万元，每隔三个月重订一次。（二）香港厦门交易协定，自本年三月起实施，七月以后又重订，至十月底止，交易金额各为七十五万元，以日圆汇款偿还。香港输出品为棉布及棉制品、橡胶底鞋、卷烟、火柴等，厦门输出品则为柑桔、中国酒、土纸、汉药等。（三）香港菲律宾协定，香港输出品为马尼剌麻绳、精白糖、纸烟等工业品，菲岛输出者则为马尼剌麻、原糖、烟草、椰子油等原料。（四）香港上海协定，香港仰给于华中方面者为大豆、食用油、面粉、棉纱、棉布、化学药品等，年额为二百五十万元，香港方面则输出马尼剌绳、汉药、阿摩尼亚等，约一千七百万元。（五）香港昭南（新加坡）协定，由昭南输入橡皮等工业原料，由香港输出烟草、汉药。（六）与其他各地之协定，如输入台湾之煤，越南之米，缅甸之烟草、木材、马尼剌之橡皮等，均一一订有协定，实行物物交换贸易。

至其所用船只，则均为香港总督部直辖经营下之大型机器帆船，并设有外洋帆船公会，以统制此项运输云。

上述情形，至少可使我们了解，沦陷区的物资交流是颇成问题的，纵使交通运输不成问题，各区域的物资也很难畅通。这样，我们对于沦陷区工业目前所遭遇到原料困难情况，由此可得更深一层的了解。

〔资源委员会档案〕

伪华北政委会附发第二次促进华北新建设实施指导要纲等件训令

（1944年3月7日）

华北政务委员会训令　　总情字第2902号
　　　　　　　　　　　中华民国三十三年三月七日

　　　令教育总署

　　为训令事：查上年第一次促进华北新建设工作实施以来，于昂扬国民参政意识及贯彻政府食粮政策已获相当成效。藉兹大东亚战争迈入决胜阶段，华北所负生产基地之使命愈益重大，特制定第二次促进华北新建设实施指导要纲、宣传计划大纲暨关于第二次促进华北新建设实施指示事项，以增产、增送为基本方针，动员华北政、军、会、民总力一体实行。兹检发上项要纲各五十份，令仰查照，列举重点，妥拟适应现地立场之实施方案，督饬所属切实推行，以达成华北农业增产之伟大使命。所拟实施方案应呈会备核，其现地推进情形并仰随时具报查考为要。此令。

附发第二次促进 华北新建设实施指 导要纲、宣传计 划大纲〔略〕暨关于第二次促进华北新建设实施指示事项各五十份〔缺〕

华北政务委员会委员长　王克敏

第二次促进华北新建设实施指导要纲
（华北政务委员会）

第一　方针

本要纲之基本方针在阐明华北农业增产之重要性、激发民众之自觉与热情，官、民协力增强农产物之生产、收集及运送、分配，贯彻本年度农业增产方案，以期确立战时自给体制，完成华北所负生产基地之使命。

第二　要领

一、自二月十日起至二月二十九日止为准备期间，自三月一日起至五月二十日止为实施期间。

二、华北政务委员会为总指导监督机关，其下以各总署及各省、市、道、县政府为中心，依其固有之职务系统，承上级机关之指导监督、各自推进实施工作。

三、在准备期间，各机关、团体须依据三十三年度华北农业增产实施方案要纲及实施要领、适应当地客观情形 拟定具体有效之实施方案，以利进行，并对现有之设施机构，劳务管理等加以根本检讨，使其发挥最高效能，以确立生产、输送等之增强体制。

四、在实施期间，各机关、团体务须发挥热意，领导国民大众使之彻底理解农业增产之重要性，积极从事春耕，以确保华北食粮、物资之自给自足。

五、华北本年度之增产目标，主要者为小麦、杂谷、棉花、水稻、甘薯等项，就各地方之情形，分别项目实施播种，并设置重点县。

六、本次新建设之实施适值春耕期间，故于选择种子，改善施肥，凿井灌溉，土地改良，防除病虫等项极须特别注意，应时常召集增产实行机关连络会议，及专门技术家会议，互相研究检讨，以期改进而收实效。

七、各级机关、团体可斟酌时宜，组织劝农班、春耕督励班等深入农村，劝导农民积极从事春耕。

八、于此新建设实施期间，务使华北全体官、民切实认清战争之现状，力求革新生活，勤俭节约，增强战力，确立战时生产及生活之形态。

九、新民会及合作社均为本次工作之重要实施中心，政、会双方须切实联络，保持共同步伐，戮力进行。

十、于本次新建设工作推进之际，务须与盟邦官、民取得密切连系及协力，期收事半功倍之效。

〔伪华北政务委员会教育总署档案〕

楠本实隆为实施华北轻工业振兴方策致伪中联行顾问阪谷希一函

（1945年3月）

译文

　　为华北轻工业振兴方策由。关于前开事项，拟按附件所开方针及要领实施之，用期获得成果。其实施时之具体细目事宜，似宜设立委员会以与关系方面密切连络，俾资推进。至其会址，希设于华北工业银行内。此致
中国联合准备银行顾问阪谷希一

在北京大日本帝国大使馆事务所长特命全权公使　楠木实隆

华北轻工业振兴方策草案

一、方针

华北缺乏轻工业品，不惟阻害重点物资之增产、增运，更能助长华北物价高涨。为谋确立轻工业品之自给自足，而资辅助物价对策起见，拟按左开要领，由华方主动，日方予以侧面援助，以期轻工业急速振兴。

二、要领

（一）活用中国民族性能，运用华方民族资本及技术、劳力等，先以易于实施之旧式制法从速振兴轻工业及其原料之中间制品（加工制品）工业。其主要工业如附开。

（二）关于新计划企业及改善旧式技术问题，为合理使用原料、资材、劳力起见，于华北工业银行设立技术指导答复质疑之机构，并由日方就技术方面积极援助。

（三）为吸收轻工业及中间制品工业之资本起见，宜对此项制品价格不加无理压制，务使其资本能获得较商业资本更高之相当利润。

因此，除特定工场由日方完全掌管外，其制品之统制贩卖应极力避免。

（四）中间制品工业中因有急需振兴者，故不分中日国人使之强力推进，对于华方特由华北工业银行格外援助。

（五）关于原料、资材及燃料等所需材料，视情形之需要，应极

力优先配给，或予以斡旋。办理华方斡旋事务由华北工业银行担任之。

更应视其需要，考虑实施左开各项：

设立补助金发给制度。

设立奖励金发给制度。

设立对生产之免税制度。

附与特殊利息。

容许自由贩卖其制品之一部。

由于大量生产之迭进的增加利润制度。

附开：

现时可能实施之轻工业及中间制品工业（一般化学工业之一部亦在内）。

密业部分

 陶瓷器类 容器类

     食器类

     金属代用品类

纤维工业部分

 杂项纤维利用品类（棉花茎、棉花皮、蓖麻茎等）

但应严厉限制利用麻及棉花等。

制纸工业部分

 杂项纤维利用纸（桑皮、柳皮、楮等）

 杂项纤维利用纸加工制品

化学工业部分（中间制品工业在内）

 硝石工业 盐素加里工业 飞碱工业 电石工业。

 沟隧道立窑式洋灰工业 石炭乾溜工业 烧酒工业

食料品工业部分

 农畜产品类工业

农林产业

本制品工业中箱类工业（柳、桑茎等）

制造蒲制口袋工业

医药品工业

各种制药工业（利用现地生药及其他原料）

〔伪华北政务委员会档案〕

（二）日本在沦陷区的"国策公司"

交通银行设计处编撰蒙疆经济开发之近况①

（1940年8月）

蒙疆经济开发之近况

一、蒙疆经济开发与日方资助情形

自日本之"生产力扩充计划"发表之后，蒙疆联合委员会即起而响应，树立所谓昭和十四年度之经济开发计划。关于蒙疆开发上应用之资材，经由兴亚院向日本企划院提出要求，本年六月初，日本方面并认为"日满蒙支"综合物资动员计划之一环。

根据"物动计划"蒙疆向日要求之资材，总额在一亿日元以上，但经实际承认者祇三分之一，为数不过三千万日元而已。以此低微数字，自难达到预期目的，故蒙疆方面欲求资材之补充，当不外于现地购办，与仰给第三国二途。现地购办之资材如洋灰、石砖、及铁等固易为力，但仰给第三国一途，实成问题。现在蒙疆所能映得之外汇，年约六百万日元左右。以蒙疆去年之贸易统计观之，其能取得外汇，实不止此数，至少在二千万日元以上，故今后若将物资统制加强，或有相当进步可言。

目前蒙疆委员会对于汇兑管理及物资统制两项极力使之强化，不久想有成效。对于日本资材之需求，原以铁矿、煤为大宗，

---

① 此部份资料系节录自该处所编撰《八一三后日本对华经济工作之实况》一稿。

及若并计其他物资，一年间约为三千五百万日元之谱，若其统制政策完全实现，虽无日本之现金投资，亦能完全应付。

二、蒙疆之产业开发

蒙疆区域之经济建设计划进行比较顺利，似由于日军之"肃清工作"迅速推进，受战争之损失较少，而与"满洲国"之联络亦极为密切之故，所以各方面得到便利甚多，除此军事政治理由之外，犹有下列数端：

(一)经济事业未发达，当地之资本力量极微。

(二)外国资本极少投入，不受其掣肘。

(三)通货向极复杂，法币未有支配势力，金融再建设工作能顺利进行。

(四)各种工作在日人指导下，得能圆满进行。

有上列各种经济的特殊关系，其经济建设自易进行，该地域内之具体开发计划，已视为"日满支"经济集团之重要一环。

蒙疆联合委员会曾于十三年四月，发表其振兴蒙疆之五年计划，目下已在逐步在推进之中。兹述其概要如下：

铁 蒙疆区域之铁矿埋藏量，约在一亿七千万吨以上。其中以龙烟铁矿最为著名，埋藏量为一亿二千万吨。内赤铁矿约百分之四〇至六〇，磁铁矿约百分六五，品质均极优良。蒙疆联合委员会于昭和十二年十月接收此矿，委托兴中公司管理经营，其所存贮之矿石六万吨，即送八幡制铁所。目下更以增产为目标，拟将产量增至七十万公吨，内五十万公吨输往日本，十万公吨输往石景山。其经营主体，最近有设立蒙疆法人之龙烟铁矿公司之议，资本金定为二千万日元，闻已在积极进行中。

煤 蒙疆区域之煤矿系于昭和十二年十月由日军接收，现委托满铁公司管理经营。此煤矿之埋藏量据蒙疆委员会产业部发表，祇大同煤矿一区，已达四百亿吨。

大同煤矿公司之设立

蒙疆联合委员会为开发大同煤矿计，近筹组大同煤矿公司，不久即可成立。该公司为蒙疆法人，资本六千万日元。出资分配：蒙疆联合委员会三千万日元，华北开发公司一千五百万日元，满铁公司一千五百万日元，华北开发公司之出资现正与日本兴亚院磋商，似无问题。设立之后，根据开发蒙疆之三年计划，每年出产额可增至七百万吨。

大同煤矿前以输送困难，未能完全开掘。今后若加改良，年产量可增至二百五十万公吨。对于日本之输出极关重要。蒙疆政府曾于去年八月，公布矿业法，以铁、煤居其首。其他地下资源中，拟采掘者为石绵一千五百公吨，云母一千二百公吨，黑铅六百公吨，拟全部输往日本。

蒙盐　蒙疆区域所产之盐，系土盐及湖盐两种，每年除自给外，尚有相当数额输往满州。

羊毛及其他畜产资源　畜产为蒙疆原有之产业，以羊、马、牛、猪、骡、驴为主。年产羊毛等为三千万至三千五百万斤，各种兽毛交易额，约六百万日元。

新筹设之蒙疆畜产公司，已于四月四日成立，资本金为三百万日元，其中二百万日元已缴足，大致为满州系畜产公司所投资。兹录蒙疆畜产振兴决策如下：

(一)蒙古原始经营畜产之方法应逐渐改良，使之近代化。

(二)防止雪害，饲料不足，及兽疫等之发生，并作万全之措施。

(三)为增产起见，保全外来种利用牧场。

(四)凡可为汉民族开垦之区域，其畜牧地点当预为保存。

(五)汉蒙子弟应使修习兽医与夫畜产之知识及技术。

(六)家畜、畜产物之在旗内共同合作贩卖。

(七)共同贩卖之马、绵羊等由政府一手收买。

(八)主要畜产及畜产物，应加以相当统制。

动力资源　为开发产业非利用原动力之电不可，特设立蒙疆电业公司（资本金原定六百万日元，由蒙疆各政府、蒙疆银行、东亚电力兴业、兴中公司等共同出资。现已增一千八百万元，华北开发公司亦加入投资）以十二万基罗瓦特火力发电为目标。该公司已于去年内，接受该区域内所有电灯公司，并作有效之统制，同时改良设备，使电力、电灯费已可减省百分之二十五。

农业　农业大致系限于汉人，产物有粟、高粱、豆类、小麦、亚麻及马铃薯等，京津方面，略有输入。商业植物中有甘草、麻黄等药用植物。察南政府境内所产品质优良之大麻，年达五、六百万斤。农产政策系分平时、战时两种，各规定其主要农产品。并奖励指导多角的种植，及作物栽培之改良。

工业　蒙疆之工业尚未出家庭工业之范围，只制毛、制革、盐及苏打之精制及制粉等，因原料丰富之故，颇具相当之技术及资本，将来大有充分发展之可能性。惟日本之生产扩充计划，系以开发国防资源为重心，其他产业部门不无受相当之影响，例如兽毛、兽皮等，同在统制之列。故皮革工业以及与皮革有关之各种小工业，均遭打击，又如鸡卵工业，因专卖之故，已无营业可谈，势须停止工作。其他如批发商，因货物之产销机构已被一元化计划所限制，亦遭受同样命运。经济统制愈强化，则群小工业所受之打击亦愈大．蒙疆商工业之前途可想见矣。

三、金融与贸易状况

蒙疆银行为蒙疆区域之中央银行，系蒙古联盟、察南、晋北政府共同出资组织，于昭和十二年十一月成立。资本金一千二百万日元，总行设于张家口，蒙疆主要地点设立分行，又于东京、天津等处开设办事处。截至十三年底止，该行发行额，已达三千五百五十万日元，业务大有进展。所发行之纸币，不能兑换，实行管理通货政策，因管理得宜，准备基础甚为稳固，去年发行准备，平均为百分之七〇，与日、满之通货同价通用。该区内旧通货经蒙疆银行前身之察南银行积极整理后，颇获异常良好之成绩，现在市面流通者，只蒙疆券一种。蒙疆银行同时又为国外汇兑银行，昭和十三年度之对外汇兑，亦有相当数额之收入。

关于庶民金融机关，去年三月三日，蒙古联盟、察南、晋北三政府各设立一实业银行，资本金各为一百万日元，系由该地内之有力钱庄、钱铺所并合，并由蒙疆银行出资半数，组织成立。蒙银则立于实务指导之地位，逐渐完成其农业贷款、商工贷款等庶民金融机关之任务。惟蒙银之监督及命令权，则系由蒙疆联合委员会所主持。该地域下之金融机关，系在一元化的统制下，实行其经济建设使命。

对于贸易方面，自蒙疆政府成立一年间，出超额为数千万日元，但蒙疆物资之输出，大部份系操于天津外人之手，反成巨额资金逃避之手段，对于外汇之获得，发生障碍。同时，此区域内之物价逐渐腾贵，维持通货价值亦有困难之处，因之蒙疆政府于十三年十月发布通货取缔令，对于铁、煤、金、银等十七种重要矿产，暨一切兽毛、兽皮、油料果实、蛋及其制品等之输出，完全采用许可制。其许可之条件如下：

(一)外汇以日元结价。

(二)照一先令二便士挂牌结购外汇。

(三)如此办法所得之日元外汇及他国外汇，完全结售与蒙疆银行。

上项办法施行后，前述之弊害已逐渐消灭。

四、交通与通讯状况

蒙疆政权下之铁道为京包及同蒲线之一部，现系委由满铁经营。铁道运输附带业务，完全由去年七月成立资本金百万日元之蒙疆运输公司统制办理。

公共汽车之交通，则为去年八月成立之蒙疆汽车公司（资本金五百万日元：华北汽车公司三百万日元，蒙银二百万日元。股款三百万日元已缴纳）之独立事业，主要路线廿八条，总长三千杆。公路线之扩张，现已根据去年三月之蒙疆主要路建设大纲着手进行。

关于通信事业，则于去年三月设立蒙疆电气通信设备公司（资本金一千二百万日元，蒙疆各政府、蒙银、国际电信通信公司、日本电信电话工事公司等出资）统制经营。电信电话较事变前已扩张二倍以上，通信网渐遍及全区域。在张家口并设有五〇〇基罗瓦特之无线电台。蒙疆新闻社（资本四十万日元，全由蒙疆政府出资，发行日、汉两文新闻）对于广播宣传等工作，颇负重大使命。

五、在蒙疆已设立及拟创设之公司如下：

蒙疆石油公司　昭和十三年七月五日成立

资本金　　　　八十万元（法币）。

出资者　　　　蒙疆汽车公司。

　　　　　　　蒙疆银行。

　　　　　　　出光商会。

蒙疆洋灰工业公司　昭和十四年三月七日成立

资本金为二百万日元（已缴一百万日元），由蒙疆联合委员会产业部、蒙疆银行、盘城洋灰公司等同额投资，为蒙疆法人。

拟创设蒙疆烟草公司

东洋纺绩公司为推销蒙疆地区内之烟草计，有设立蒙疆烟草公司之议，闻已商得各关系方面之谅解，拟设立资本金一千万日元之特殊法人，第一次缴纳股款为四分之一（由东洋纺绩公司全额出资），定于九月初举行创立总会。

该公司之年产计划为三亿枝（蒙疆区域内消费量为三十亿枝）。原料除拟采用河南省之烟草外，亦向日本内地及朝鲜方面采办。

拟创设张家口烟草公司

为圆滑推销蒙疆地域内烟草起见，拟在张家口设立资本金二百万日元（半数现缴）之中日合办烟草公司，工场地址现正在张家口市内物色，约于十月下旬间举行创立会。

蒙疆兴亚矿业公司

蒙疆为铁矿业之先驱，在宣化将有兴亚矿业公司之创立，已于七月二十二日举行创立会。该公司之资本金为五百万日元（四分之一现缴），出资者：大日本纺绩公司三百万日元，蒙疆联合委员会一百万日元，蒙疆银行一百万日元。工场设在宣化，现已由龙烟铁矿公司供给矿石，开始小规模之工作。

蒙疆不动产公司

为发展蒙疆地区之都市建筑及为将来人口膨胀之应付起见，对于不动产之建筑、收买、放款等金融调剂，自有设立机关之必要，此次拟以特殊法人组织——蒙疆不动产公司。其创立总会已于八月十一日在张家口举行。决定负责人员如左：理事长常福，副理事长森冈正平（前张家口总领事）。资本金为一千万日元，联合委员会担任四百万日元，蒙疆银行担任三百万日元，蒙古、察南、冀察自治政府各担任一百万日元，八月九日起，已开始缴款。

蒙疆商事公司

设立蒙疆商事公司之目的，系将蒙疆重要矿产物：（一）加以一元化的统制推销；（二）维持适正价格；（三）企图产物配给之圆滑，因组织此蒙疆特殊法人。资本金定为一千万日元（由华北开发公司、蒙疆联合委员会平均出资，股款先缴四分之一）。将来拟将兴中公司所贩卖之大同煤、龙烟铁归由新公司接收，统制推销。

普通法人——蒙疆火柴公司　四月十九日成立。

资本金　五十万日元。

　　　　已缴二十万元。

晋北法人——蒙疆石绵开发公司

资本金　二百万日元。

　　　　　已缴五十万日元。

蒙疆木材公司

资本金　一百万日元。

　　　　　已缴二十五万日元。

晋北食料品公司

资本金　一百万日元。

〔交通银行档案〕

华北开发株式会社概况[①]

（1944年）

一、成立经过及其所负之使命

民国二十四年，日本开办兴中公司，投资于煤铁及采盐事业，是为组设国策会社之始，终因彼时环境关系，未尝引起朝野人士注意，遂未收较大效果。民二十六年后，兴中公司仍在继续活动中，唯日方深感华北开发事业非有综合的经济开发机关不可，遂即计划筹组事权统一之开发机关。民二十七年三月，中日经济协议会在京成立，讨论华北产业开发根本方针，当议定三项基本原则。其第二载称："随治水、交通、通信、港湾之修筑、金融之改善等事业之举办，中、日双方应进而共谋开发华北之农业及矿产资源，华北开发公司加入中国方面之资本，统合调整煤铁、电力、盐及其利用事业等"。乃于同年四月，由日内阁第七十三〔次〕议会通过北支那开发株式会社法（昭和十三年四月三十日法律第八十一号），当即着手筹备，由乡诚之助男任筹备会委员长，

---

① 原文资料来源加注 52 个，此处从略。

1013

同年十一月七日开创立总会，华北开发公司遂奠定始基。第一任总裁为大谷尊由氏，副总裁为山西恒郎、神鞭常孝二氏。

开发公司所负之使命，为促进华北经济之开发，及对各项事业予以投资或融资，并进行综合调整之工作。

（一）交通、运输及港湾事业　决定自恢复旧有路线及敷设新路线入手，并设立交通公司及运输公司，以谋华北与日、满间交通、运输业务之一元化。至华北良港，若天津、青岛、塘沽、龙口、烟台等处，则拟加以疏浚改良，尤着重其水陆运输之联络圆滑，俾使华北煤铁等资源得以源源输转。

（二）通信事业　设立华北电信电话公司，以敷设及经营有线、无线之电话局为主，并力谋战时通信能力之强化。

（三）发送配电事业　华北之用电事业向不发达，其弊乃在技术不良，资本缺乏，及营运之不当。故开发公司拟针对此弊，组织电业公司，谋发送配电之经营与合理统制。

（四）矿产开发事业　力谋华北煤铁诸矿之开采，从而对有关之技术、输送、劳力供应诸问题亦求适当之解决及促进。至制铁事业，则扩充已有之制铁厂，并谋技术之改良及设备之增进。华北著名煤田、若井陉、大同、中兴、阳泉、焦作、柳泉等诸煤矿，则分由开发公司统属下各煤矿公司努力经营，以达成增产之目标。

（五）盐之采取及利用事业　冀鲁滨海为天然制盐场，其中以长芦及胶澳一带最发达，拟改组原有盐业公司，增辟新盐田及恢复荒废盐田，并谋生产技术之增进及运输之圆滑，俾使产量大增，食用、工业所需两无缺匮之虞。

（六）其他促进华北经济开发及统合调整上之必要事业　华北凡百生产事业. 若农垦、开矿、采盐等，率用传统上之土法，不思改良，因之产业落后，自不待言，然苟能假以丰富资材，高度技术，进而运输求其圆滑，设备求其完全，则生产跃进并非不可能之事。开发公司乃肩负此项重任，以合理且有计划之经营，促进华北各项生产事业之开拓焉。

二、法案要纲

华北开发公司法案于二十七年四月经日本议会通过，递即公布，其要纲如次：

总则

一、华北开发公司以促进华北经济开发，并其统合调整为目的。总公司设东京。

一、资本金为三亿五千万元，其半额由政府出资。

职员

一、置总裁一名，副总裁二名，理事五名以上，及监事二名以上。

一、总裁、副总裁由政府任命，任期五年。理事由股东总会选任，任期四年。监事任期三年。

一、总裁、副总裁及理事不得从事其他职务。

一、该公司得置顾问若干名。

业务

一、该公司对于下列事业为投资或融资，并统合调整其经营：

(一)交通运输港湾事业。

(二)通信事业。

(三)矿业。

(四)盐业及其贩卖利用事业。

债务

一、该公司得发行缴纳资本金额五倍以内之华北开发公司债券。

一、政府对于华北开发债券本息偿还及付息得加以保证。

政府监督

一、华北开发公司得由政府监督之。

一、借款、变更定款、分配利益须经政府认可。

一、政府于业务监督上得发必要之命令。

一、政府得于该公司置监理官。

一、利益分配金额，对于民间所有股份，如在年六分（百分之六）以内，则对政府所有股份不分配利益。

附则

一、本法案自公布日实施之。

一、政府得设立委员，处理关于该公司设立之事务。

近二、三年来，法案中规定屡有改变，如三十一年四月三十日，由临时股东总会议决增加资本九千三百万元，故现时资本总额为四亿四千三百万元。

三十二年十二月十七日，日本第八十四次议会对于该法案更有改正，由于此项改正，该公司将超越过去之投融资方面之机能，随战事之进展，对完成战争上之生产部门作多角之经营。今后该公司将积极扩充小型熔矿炉与夫铁增产之设施。再该公司发行社债之限度亦经改正，增高为实收资本之十倍。开发公司现时资本共四亿四千三百万元，收足款额为三亿一千一百七十五万元，故社债最高发行额为三十一亿一千七百五十万元。其公司法案改正要纲如次：

一、政府为推行完成战争上之紧要事业，对于华北开发公司将设置供给资金施设，或指示其他必要事项之制度。

一、实施现行命令时，政府依敕令所定实施之由此所生之损失，亦补偿之。

一、遇政府颁布第一次所定之命令时，开发公司为实行现行法上业务外之各该命令，得经营必要之业务。

一、公司债券之发行限度，增加至现时收足款额之五倍至十倍。

依据此项改正，故昨年度之事业补偿金决定为七亿五千万元，此项庞大补偿金，即系对建设小型熔矿炉、铅及其煤炉等三事业之损失补偿。

三、资负情形

开发公司成立之初，资本金规定为日金三亿五千万元，政府及民间各担任半数。后因业务发展，原有资金不敷，遂由三十一年四月三十日临时股东会议决定，增资九千三百万元，故现时资本总额为四亿四千三百万元。据三十二年九月底统计：实收资本计政府方面现金二千四百九十八万三千六百二十二元，现物二亿二千九百二十六万六千三百七十八元，合计二亿五千四百二十五万元；民间计现金四千四百万元，现物一千三百五十万元，计五千七百五十万元。实收资本总额为三亿一千一百七十五万元，占资本总数百分之七〇·三七。民间出资者多为大银行及保险信托会社，一小部份则公开募集，而大日本军人援护会及军人遗族有优先承受权。开发公司倡议成立之初，曾有邀请德、意两国协助参加之意，彼时适为日、满、德、意四国缔结反共协定之时，然其后终未实现。

开发公司之债券，政府原规定为实收资本之五倍，故发行最高限度为十五亿五千八百七十五万元，至三十二年九月底止，计前后发行债券三十二回，发行额达十亿三千七百五十万元，因之尚有五亿二千一百二十五万元之发行余力。同年十二月十八日，日本第八十四次议会复对开发公司发行社债之限度有所变更，即增改为实收资金之十倍。现时开发公司资本为四亿四千三百万元，实收资本为三亿一千一百七十五万元，故社债发行最高额可达三十一亿一千七百五十万元。承受开发公司债券者，多为日本第一流银行及信托机关，如兴业、正金、朝鲜、台湾第一、三井、三菱、安田、住友、三和、野村、东海、神户等银行，及三井、三菱、安田第一、野村各信托公司。债券之还本及付息均由政府担保，且债券持有者对公司之财产有优先处置权。

随日本对华政策之节节跃进，近一、二年开发公司对华北现地民族资本之需要益呈紧急，因是公司当局遂积极发行现地社债，使中国资金亦转向重要产业方面，策动开发公司之现地社债，以民国三十年联银负责发行之五百万元（年利七分，即百分之七）为始。其后因金利关系，不克发行巨额之社债，遂致中断。当兹产业开发已步入成熟时期，著拟切实施行中日之合作，并积极发展重要产业起见，势已不能拘泥金利之微差。同时因所属各会社事业之跃进，消化高度社债之能力亦相当增大，故现时对华北民族资金之动员计划，各方面已加以检讨。故此后开发公司发行现地社债之施策，殊堪注目。

四、内部组织

华北开发公司最高机关为股东总会，每年六月定期召开一次，临时股东会议，视情形必要时，由总裁召集。设总裁一名，副总裁二名，理事五名以上，监事二名以上，及顾问若干名。现任总裁为津岛寿一氏。内部组织采现地重点主义。总社设东京，支社设北京、张家口二处，事务所分设大阪，青岛，太原，天津，济南等处。北京之组织较繁，计设总裁室、计划局、经理部、物资部、监理第一部、监理第二部。兹将其组织系统详列如下，以明一班：

总裁室（分四课）：

庶务课　秘书系、庶务系、弘报系。

文书课　文书系、法规系。

人事课　人事系、给与系、练成系。

福祉课　福祉系、住宅系、生计系。

计划局（一课四班）：

总务课　总务系、资料系。

其他计划、食料物价、劳务、警防四班。

经理部（三课）：

会计课　出纳系、管财系、用度系。

主计课　预算系、决算系。

资金课　资金系、运用系。

物资部（三课）：

铁钢课　综合系、计算系、铁钢第一系（普通钢材）、铁钢第二系（特殊钢、土法铣铁及其他）。

机械课　机械第一系（物动机械）、机械第二系（普通机械）、非铁金属系、现地工场系（现地机械工业之调查育成）。

杂品课　杂品第一系（石油工业、药品、化学制品等）、杂品第二系（纤维、皮革、生树胶、木材等）。

监理第一部（三课）：

陆运课　第一系（输送计划及统制）、第二系（华北交通之运营监理）、第三系（其他陆运及石炭、自动车）。

海运课　第一系（港湾）、第二系（海上输送）。

电业课　第一系（关系事业之预算决算等）、第二系（同前业务之监理）。

监理第二部（五课）：

炭业第一课　第一系（山东方面及北京以东各煤矿监理）、第二系（京汉线、山西境内及北京以西各煤矿监理）、第三系（技术、生产、物动计划等）。

炭业第二课　第一系（贩卖关系）、第二系（输送及需给关系）、第三系（监理业务之综合及统计）。

矿产课　第一系（铁矿、矾土矿）、第二系（右以外各矿）。

制铁课　第一系（制铁关系事业之综合及旧制铁所之监理）、第二系（北支那制铁、山西产业二会社之监理）、第三系（小型炉关系）。

产业课　第一系（盐业）、第二系（化学工业）、第三系（铁锥工业）。

东京总社则设本社事务局，其内部组织如下：

东京总社事务局（四课）：

庶务课　庶务系、文书系、人事系。

经济课　会计系、资金系、株式系。

物资课　总括系、输送系、统制系、自营第一系、自营第二系。

业务课　业务第一系、业务第二系、资料系、计划系。

外张家口支社之组织分三课：

庶务课　庶务系、经理系。

物资课　粮谷系　资材系。

业务课　业务第一系、业务第二系。

二十九年五月，开发公司更设置调查局，着重地下资源及一般经济之调查，东京、张家口设立局。同年八月一日，设立开发训练所，召本科大学及专门学校毕业生训练之，使为开发华北之技术人才。翌年更设立矿山技术员养成所，召各矿场华人子弟授以必要学科及技术。

三十一年二月二十日，设置企划委员会，负华北经济开发各重要事项，企划审议之责。会长为开发公司总裁，以下设委员若干名（现有二十七名），由开发公司及关系会社高级人员充任之。

于华北积极推进治安强化运动时期，开发公司曾组有治安强化运动协力委员会，三十二年八月复改组为华北开发协议会。其设立宗旨，即在谋求开发公司管内各重要产业与关系各会社之强力结合，以确立巩固之决成体制。至该会之任务，即在实现：一、关于治安强化，并善邻对策事项。二、开发事业遂行上必要联络提携，及互相协力事项。三、各事业之紧要施策，及运营之改善事项。四、与前各项有关联事项。昨年华北食粮运转发生问题，遂于开发协议会上更有食粮对策特别委员会之设置，进行食粮之收买、保管、分配、调整、及与各关系机关之折冲联络工作。

五、最近事业概况

（一）投资及融资之统计

据三十二年九月底之正式统计，开发公司投资及融资经营之会社，计二十七会社，三矿业所，二贩卖组合。即

交通业　四社（外两港湾局）：

通信业　一社、

用电业　二社。

煤矿业　八社，二矿业所，二贩卖组合（外新设一大青山煤
　　　　矿公司，军管理开滦矿务局则未列其内）。

铁矿业　一社、一矿业所。

制铁业　一社。

矾土业　一社。

重石矿业　一社。

采金业　一社

化学工业　三社。

盐业　二社。

纤维业　一社。

一般产业　一社。

各会社资本总额为十五亿七千九百三十万元，开发公司引受者达百分之四九左右。至开发公司投资总额计六亿二千一百二十一万二千元余，融资总额计九亿七千一百七十七万四千元余，二者合计达十五亿九千二百九十八万六千元余。

兹为求明晰计，将开发公司资金之运用状况列表如下：

〔此处原文未见表〕

最近蒙疆大青山煤矿公司改组，资本金增为二千万元，其中由开发公司担任五百万元，故表中数字略有更改。各业之资本总额为十五亿九千九百三十万元，开发公司承受额增为七亿七千零六十二万三千元，百分数亦略有改变。再表中煤矿业一栏，军管理开滦矿务总局则未列入。

（二）一般物资调整业务

开发公司既担承华北经济开发之重任，业务庞大，自不待言，况自日美战争发生后，华北为后方兵站基地，军需资源率取给于此，开发资材之需要，遂较前更殷。而近年来第三国之输入杜绝，只能转而求诸日、满之现地生产物资。以是对于华北现地及日、满物资之调整，诸凡运转、购入、配给等亦非轻而易举之事，开发公司对物资调整遂有如左之计划：

一、谋开发资材之配给，统制机构一元化，及配给之适正圆滑，对内地产业机构将有适应新事态之编制。

二、资材运送数量之确保。

三、输出手续简略，且迅速化。

四、船只计划之确保。

五、禁止从来商社之营利性，并他方面之转用手续费，应力为减低。

六、对日、满及其他各地现地品之保有，抱极大之期待，至弹力性之配给，不应施行于紧急时，更应取消之。

职是开发公司之物资调整计划，除力求对华北现地及日、满资材之运转、购入、保有、配给等业务圆滑外，并组织各种产业之组合及协议会，以谋指导运营之适当。

现时于开发公司统辖下之组合及协议会共二十二种。

计各业组合七种：

北支钢材输入配给组合、北支绵材制品输入配给组合、华北铁钢制品共同贩卖组合、华北铁钢格落品加工指定业者组合、华北铣铁配给组合、华北木材输入配给组合、华北机械输入组合。

各业协议会十四种：

华北亚铅铁板配给协议会、华北伸铁类品需给协议会、华北铣铁协议会、华北木材输入配给协议会、华北纸纫制协议会、华北涂料类配给统制协议会、华北工业药品配给统制协议会、华北洋灰需给协议会、华北树胶需给协议会、华北大药类需给协议会、华北力一电石需给协议会、华北皮革制品配给协议会、华北酒精需给统制协议会、华北黑油及同制品统制协议会。

对策委员会一种：

华北石油类对策委员会。

现计划设立中者，尚有华北钢铁贩卖组合、华北化学制品统制协议会，及开发资材价格统制委员会三机关。

开发公司鉴于华北制铁事业之整备进展，为由此确立对日供给及现地需要起见，拟设立华北钢铁贩卖组合。该组合以开发公司为中心，其组织内容，除将现存之华北亚铅铁板配给协议会、北支钢材输入配给组合、华北铁钢制品共同贩卖组合、华北铣铁配给组合、华北铣铁协议会、华北伸铁类需给协议会、华北铁钢格落品加工指定业者组合等八团体吸收外，开发公司直接经营事业中之铁钢关系事业，亦将与之合并。其业务以普通钢材、钢铁制品、铣铁、铸铁管、特殊钢、铸钢、锻钢、铁屑、合金，及其他原料品或半制品等之一并收买、贩卖、输出入、保管、价格调整为目标。社址设北京，资金定为二千万元，已于三十三年二月十五日开第一次发起人会，第二次发起总会预定于三月十日前后举行。同时该组合创立总会亦将同时成立。

为谋华北之工业药品、农业用药品、染料、涂料、印刷油墨、颜料，以及化学用试验药品、照象用药品等输出入、生产、配给及价格之一元化，开发公司拟着手成立华北化学制品协议会，合并原有之华北涂料类配给统制协议会、华北工业药品配给统制协议会等机关，以求组织机构之单一。该协议会将设立五部：

一、工业；二染料；三、涂料；四、分析柏油；五、制品等五部，以调整华北之一般工业药品之制造与贩卖。

开发公司更基于现时华北物价制度之力求简素化，乃指定重要开发资材关系之物价统制团体，制定开发物资价格之统制规定，并组织实行机关。现该公司计划局已着手准备设置开发关系会社价格统制委员会，已得当局正式之许可。委员会之干部人员，由开发公司当局充任，干事则由各会社及重要物资需给协议会关系人员组成之，必要时得设立重要物资分科会。尤以现在开发关系资材之物价统制属于监理第一部及第二部，一般物资在计划局食粮物价班，职权散漫，该委员会则对之综合而调整之。至其统制之规定，大要如次：

一、依本规定，统制价格依关系团体之申请，而由开发公司总裁获得北京使馆认可之物资贩卖价格。

一、关系团体及其会员，不得将关系物资以超越统制价格而贩卖。

一、开发公司总裁，得对关系团体就其关系物资之价格，作必要之指示。

一、开发公司总裁在关系团体及其会员有违反价格统制行为时，得对关系团体作必要之措置。

然依该统制规定，关系会社中如交通、电力、通信、蒙疆地区，以及其间接所属会社则除外。

(三)调查业务

华北矿产资源蕴藏颇富，现既计划开采，则初步之调查工作实为必要，以是开发公司遂于二十九年有调查局之设。起初因华北地区治安尚未确立，作种野外调查尚感为难，近年来随治安之确立，开发公司之调查业务乃渐见跃进。复成立试验所，将搜集所得之矿物资料分别作成分、品位适性之分析试验。

三十一年度调查工作步入紧张时期，如对于铁矿粘结性、煤、石灰岩等原料矿物实行急速调查。至铁道沿线煤田，则着重特殊需用之液化用煤、燃料用煤调查。其余如坑内涌水、工业用水、堰堤基盘调查等工作，亦积极进行。

工业方面，则调查工作与技术改进并重，如施行华北综合化学工业企业条件调查、华北石灰液化工业企业条件调查、制铁立地调查、工业用水调查等。其他尚有劳动统计调查、黄河水力调查等，均为调查局之繁重工作。

开发公司近年来为顺应开发能率之增进，循当局要请，将煤铁输送并电力各事业置于重点，将施行精密调查，特组有考查班。对于煤之考查班，业已组成，计分四组，分赴各煤矿区作详细之考查。此后对于制铁事业、用电事业亦将作同样之考查，以期生产力之扩充。

三十一年六月，开发公司与中国官方及其他各会社为谋各种调查工作之密切合作，复组织华北综合调查研究所，设于燕京【大】学旧址内。其调查工作除着重矿工业外，于农业及自然产业亦颇注意。该所组成之重心为开发公司，其他中、日机关则有满铁、华北交通、华北电业、中华航空、商工会议所、产业科学研究所，及工务总署、联银、棉产改进会、劳工协会、合作事业总会等机关。

据最近报载，开发公司聘请工学博士河村晓氏为该公司调查顾问，可见该公司对调查工作之进行，未尝稍遗余力也。

(四)惠民工作

开发公司近年更推进惠民工作，以谋华北农耕人民生活之安定。其工作大纲计分四项：

一、促进农业之各项设施，如设立农业仓库，准备农田排水设施，努力凿井等。

二、促进交易之各项设施，如设立农产物交易所，确立生活必需品之配给机关。

三、金融方面，如贷予耕作资金、收获资金等。

四、展开造林运动。

是开发公司不仅锐意于交通整顿、资源开发等事业，即华北人民生活之基础——农业亦殊致力焉。

六、关系会社之业务经营及其计划

华北开发公司之关系会社，截至最近止，计有二十八会社、三矿业所、二贩卖组合、一矿务局。即

交通业　一社　华北交通股份有限公司。

运输业　一社　华北运输股份有限公司。

港湾业　二社　天津艀船运输株式会社、青岛埠头株式会社。

电气通信及用电事业　三社　华北电信电话股份有限公司、华北电业股份有限公司、蒙疆电业株式会社。

煤矿业　九社、二矿业所、二贩卖组合、一矿务局　井陉煤矿股份有限公司、磁县煤矿股份有限公司、军管理开滦矿务总局、焦作煤矿矿业所、山东矿业株式会社、中兴煤矿股份有限公司、大汶口煤矿股份有限公司、新泰煤矿矿业所、柳泉煤矿股份有限公司、山西煤矿股份有限公司、大同煤矿株式会社、大青山煤矿株式会社、华北石炭贩卖股份有限公司、蒙疆矿产贩卖股份有限公司。

铁矿业及制铁业　二社、一矿业所　龙烟铁矿株式会社、日本钢管株式会社金岭镇矿业所、北支那制铁株式会社。

矾土矿业　一社　华北矾土矿业股份有限公司。

重石矿业　一社　华北重石矿业株式会社。

采金业　一社　北支采金株式会社。

盐业　二社　华北盐业股份有限公司、山东盐业株式会社。

化学工业　三社　山东电化株式会社、东洋化学工业株式会社、华北灰素肥料株式会社。

纤维业　一社　华北纤维统制总会。

一般产业　一社　山西产业株式会社。

此二十八会社、三矿业所、二贩卖组合，资本金总额为十五

亿九千九百三十万元（矿务局除外），开发公司承受七亿七千零六十二万三千元，其百分数为四八·二弱。

开发公司之业务至为繁复，而关系会社又如此众多，其间之业务联络与监理当煞费苦心，故于开发公司成立之初，关于各会社业务上之联络与监理，即缔结有协定书（昭和十三年内阁甲第二七二号、内阁总理大臣命令书第二条第十二号）。开发公司对于各关系会社有如次之监理权：

一、定款之制定及其变更。

二、出资者及其出资额，并实收金额及时期之决定与变更。

三、特典及特殊业务。

四、资本金实收及社债之发行。

五、事业计划及资金计划之决定及变更。

六、决算及红利之处分。

七、物资调整上之必要事项。

八、中、日、满三国生产力扩充之重要事项。

九、重要财产之处分及债务之保证。

十、重要投资及融资。

十一、规程、职制、给与之制定与废改。

十二、社长、副社长、取缔役之任免。

十三、其他重要事项。

以下分交通、电业、各项矿业、盐业、化学工业、纤维工业及一般产业各部门概述，关系会社之组织、业务、营运以及将来之计划。

(一)交通业 分水陆交通、运输、港湾三项：

(甲)水陆交通

华北交通株式会社 事变发生后，华北之铁道交通事业即由满铁负责经营，其后因旧有路线之渐次规复，及新线之敷设业务渐趋兴盛，遂有设立单一经营机关之必要。乃于民国二十八年四月成立华北交通株式会社（简称华交），资本金计四亿元，内开发公司二亿三千五百万元，满铁一亿二千万元，华北政务委员会①四千五百万元。其业务除经营华北境内之铁道、公路、内河水运外，蒙疆地区之铁道亦委托其运营，并担任塘沽新港及连云港之修筑工事。兹分述铁道、公路、内河水运三项，以明其业务进行之一班。

铁道　事变前，华北铁道总延长约六千二百五十公里，约占全国之半数，迨事变发生，破坏及停顿者不少。由于人口之激增及圆滑煤、铁资源之输送，华交成立之初，即先着手规复现时华北铁道营业里数约六千余公里。主要路线计有：

京山线	北京一山海关	四五〇公里
津浦线	天津一蚌埠	一，〇五〇公里
胶济线	济南一青岛	四六三公里
石太线	石门一太原	二八二公里
京汉线	北京一开封	一，〇四五公里
同蒲线	大同一蒲州	一，一三九公里
石德线	石门一德州	一八一公里
京包线	北京一包头	九一九公里
京古线	北京一古北口	一五三公里
陇海线	连云港一开封	五〇三公里
合计		六，一八五公里

至事变后，新设路线计十五线，约九，一二公里。即

通古线	通州一古北口	一二六公里
新开线	小冀一开封	八九公里
同蒲线北段	朔县一原平	一〇四公里
大台线	门头沟一大台	三四公里

---

① 应为伪临时政府。

大青山线	包头—召沟	四一公里
西佐线	包头—西佐	二一公里
东潞线	东观—潞安	一七四公里
石德线	石门—德州	一八一公里
史家岗线	蒋村—史家岗	八公里
石滩线	轩岗镇—石滩	三公里
八陡线	博山—八陡庄	九公里
赤柴线	新泰—赤柴	四〇公里
柳泉线	柳泉—柳泉矿	一六公里
怀庆线	清化—怀庆	一八公里
庞家堡线	宣化—庞家堡	四八公里
合　计		九一二公里

现时华北因实行战时交通体制，华交对输送力之跃进，营业路线之延长，诸种设施之增补，客货列车调度之合理化，增送制之实施等，皆在逐步改进中。更为适应煤铁等战力资源之输送，华交于民国二十九年以来，即实行货车增载制度。例如载量五十吨之货车，使之装载六十五吨之货物，当时各方对此颇发生异论，同时技术上亦有发生危险之虞，然结果，昨年度输送量遂有急速之增加。现在日本各铁道当局亦皆采用此法。由于最近时局之推移，及输送之绝对量更需增大，华交为应此要求，乃使货车之积载量增加二成，并决定将机关车之牵引重量扩大。

华交之营业成绩：三十一年度货物发送数量较事变前约增百分之八十，其中以煤、铁矿产品占绝对多数，其余农产、林产、水产、畜产品亦不少。旅客输送数，三十年度统计为三千八百十八万四百人，三十一年度为五千五百四十七万四千人，有百分之四十五增加。

公路　华交经营之汽车路线，据去年十二月底统计，累计达一万七千六百六十五公里，其中与铁道并行路线及治安不良地区之路线未能运行者，约为一千五百七十四公里，故实际运行者为一万六千零六十一公里。然现因燃料不足之故，车辆多改为石炭车，现在运行之数约为百分之三十二，预备车为百分之十八，未运行者达百分之五十，输送力则逐年增加。三十一年度旅客运送约八百三十四万人，货物达三十四万吨。

内河水运　华北河川航线总延长达四千二百公里，重点河川为：

东北河（天津—新支镇间）

北运河（天津—杨村间）

保津运河（全航程）

子牙河（天津—衡水间）

南运河（天津—南馆间）

小清河（全航程）

大运河（运河—淮阴间）

航行船只小民船为多，有汽船之配置者，为东北河、保津运河、子牙河三河。华交对于华北河川运营有如次之计划：

(一)重要物资及一般民需物资之积极输送。

(二)河川之改良。

(三)输送力之确保。

(四)汽船、艀船之扩充强化。

(五)船主公会之组织强化。

(六)一般民船之确保。

(七)与铁道、公路紧密连系，以谋物资交流之圆滑。

华交刻鉴于贯通中国南北之大运河于战时下其重要性愈益增加，然该运河以多年未曾浚修，其输送能力已显见减低；故于本年度特决定以九万二千元之预算修浚该运河之一部。同时国府现亦组大运河改修筹备处，由殷汝耕氏任筹备处主任（现经辞职），积极着手该运河之改修。

华交为调整不急之务，并求组织及业务之简单化，曾于昨年十一月将其职制从新调整，彻底实行责任率先主义与适材适任主义。其内部机构，除必要之组织外，并辖有铁路局六（北京、天津、济南、开封、太原、张家口），及中央铁路学院、铁道技术研究所等教育机关。现任总裁为宇佐美宽尔氏。

华交下并统属华北车辆株式会社（资本三千万元）、蒙疆汽车股份有限公司（资本六百万元）、天津交通股份有限公司（资本二百万元）、青岛交通株式会社（资本四百万元）、青岛兴发股份有限公司（资本七百万元）五会社，及塘沽新港港湾局、连云港港湾局二局。

（乙）运输

华北运输株式会社　事变后，华北境内之运输任务曾一度由国际运输株式会社担任，后为确立运送之单一经营，遂于三十年十月一日成立华北运输股份有限公司，资本金二千万元，实收一千二百万元，计开发公司一百五十万元，华北交通六百万元，国际运输四百万元，福昌华工五十万元。其业务除经营水陆运输、劳力供应外，并兼营仓库事业、委托买卖业及资金之融通关系事业。现时力行扩充仓库设施，拟于北京、太原、唐山、徐州等地设立五处，以食粮之搜集及分配为主。昨年度仓库建筑费占全部事业费百分之六十六。

（丙）港湾

天津港

天津艀船运输株式会社　为尽华北煤、铁、棉、盐等资源对日输送，及一般物资圆滑输入之急务，更求天津港内运送事业统制一元化，遂于三十一年七月一日设立天津艀船运输株式会社，资本金实收一千四百六十万元，出资者为开发公司、东亚海运、华北盐业、大连汽船、北岛商店等会社。其业务除负责天津及塘沽附近艀船运输外，并经营造船及船舶修理，及其他附带事业。大沽造船所则属于此会社专负责汽船、帆船、木船之制造与修理，昨年曾有三百吨之木造船"第一兴华号"入水。此后仍将源源督造。

青岛港

青岛埠头株式会社　青岛为华北唯一不冻港，最先曾租与德国，然并无大规模筑港计划，因之设备甚为简陋。事变第二年四月，于日陆海军及领事馆之指导监督下，成立青岛埠头事务所，同年九月改组为青岛埠头株式会社。创立当初，资本金为二百万元，后因筑港修补事业之进展，遂于三十年九月增资为二千二百万元，计开发公司担任一千万元，华北交通五百五十万元，东亚海运五百九十万元，其他出资一百二十万元。于二十八年夏季，曾定有五年计划，实施青岛港之扩张：一、于现今之第一码头以南，更新建第六码头，以运取食盐为主。闻现已完成。二、凡以前搬运盐之码头，则全部改为装运煤炭用，实行扩大贮煤场及装煤用之地域。三、设置新小型船收容所。四、整备运输之机械化设施。该埠头会社除承担筑港事业外，更经营仓库业、栈桥业、船舶碇系场业、货物积卸业、海运业及其他代理等。三十一年度下半期结算获利五十七万一千八百六十四元。

塘沽港

塘沽新港港湾局　由于中、日、满物资之圆滑交流及海上运输之急速增进，华北之港湾，若秦皇岛、天津、青岛、连云港等，或因规模太小，或因河口淤塞，皆不足以应现时之需要，以是天津之门户——塘沽之建设，实为当前之急务。二十八年四月，由兴中公司设置北支新港临时建设事务局，开始大规模之筑港事业。三十年十月，由华北交通公司引继，改为塘沽新港港湾局。第一期计划预定三十五年度完成。

连云港

连云港湾局　连云港为陇海线之吞吐港，事变前我政府曾有筑港计划，由荷兰治港公司承办，事变发生，种种设施破坏无余，遂由前之新港临时建设事务局担任复旧及补修工事。三十一年六月，改由华交组织连云港湾局运营。现时已着手扩张计划，一部已开工，将来完成，则为中兴煤之主要出口港。

（二）电气通信及用电事业

华北电信电话股份有限公司　民国二十七年七月，以资本金三千五百万元创中日合办之华北电气电话股份有限公司（简称华北电电），独占电气通信事业之运营。昨年因业务之发展，由第六届股东总会议决，增资为一亿元，计开发公司三千九百五十万元，华北政务委员会四千万元，余数则由满州电电、日本电电工事，国际电气通信三会社分担。其业务种类计：

一、电气通信事业之设施及经营，但广播无线电话则不在其内。

二、电气通信施设之贷与及受托维持。

三、电气通信事业之受托管理。

四、前列各项附带事业。

五、对于电气通信有关各事业之投资。

六、其他经政府认可之事业。

现时通信业务之范围，以北京、天津、青岛、济南、徐州、太原六大都市（分设六管理局）为主，并力谋铁道沿线各城市通信之联络。各地电报局、电话局现时设置数目约三百局，电话加入者约六万余，较事变前有急激之增加。三十一年度，企业费约二千二百万元，该年度并开始办理与菲律宾、爪哇间之东亚特别电报，以促进华北与此等地区之紧密联络。昨年十月间，曾集合中、日、满、蒙及南方各地通信机关并东京举行大东亚电气通信会议，议决东亚电气通信业务协定改正要纲。此次改正，乃为使电气通信事业极度集中于战争目的，如电报规定改正中为谋重要国策通信之迅速传递，设立"特别至急制度"，至发电者，需以营紧要事业者为前提条件。其余如废止交际电报，祝贺电话等不必要之使用。

现为适应战时体制，谋增进通信事业之能率，特置重点于：一、与国防治安有关之通信设施。二、华北、华中及日、满间通信业务之扩充。用是华北电电已决定下列七项施策，力谋其实现：一、刷新勤劳管理；二、提高通信事业之能率；三、确保重要之通信，四、克复施设工事之难关；五、事务力求简素化，六、改正会社之机构；七、确保社员之生活。至该会社本年度事业预算，经数次检讨，决定增加五成，为四千四百万元。本年度预算之特征，系为适应战时情况，而谋煤、铁、铅、铝生产地区之通信设施及改造。

华北电业股份有限公司　为谋华北发送配电事业之一贯运营，二十七年二月继承兴中公司电业部门，设立华北电业股份有限公司，初合并华商电灯股份有限公司（北京）、天津电业股份有限公司（天津）、冀东电业股份有限公司（唐山）。三十一年二月及九月间，军管理工厂一部解除，于是保定、石门、新乡、彰德、开封、徐州、海州、高阳、晋县、连云十厂及山西太原城内、太原城外、输次、太谷、临汾、运城等电灯厂，皆统属于华北电业伞下。三十一年八月一日，更合并济南电力股份有限公司（资金四百万元）、芝罘电业股份有限公司（资金二百万元），十一月一日，复合并胶澳电气股份有限公司（资金八百万元）。于是华北之用电事业遂得一贯之统制经营。现时资本金三亿元，由开发公司担任八千二百二十五万元，华北政务委员会七千九百万元，其他由东亚电力等会社承受。

过去华北生产落后，用电事业极形不发达，近年来随矿产资源开发及其他化学工业之飞跃进展，因之电力需要乃日见庞大。然华北现在发电，在发电原动力仍为火力，尚无水力发电，虽华北含有无尽藏之煤，然因种种问题，恐采掘及供给亦殊有限制，故现时欲使华北成为一大电气圈，则用电资源非转而求诸水力不可。华北之巨大水力资源，若黄河、滦河、拒马河、永定河等皆可应用，惜以氾滥无常，致失其价值，故今后华北电业将转向于水力之开拓，此举实堪注目者也。

华北电业更为谋发展大陆电力，特联合满洲电力协议会、华北开发公司、蒙疆电气公司等电业会社及华北各主要煤矿、制铁及轻金属等关系者，于今年三月十一日召开"中满蒙电力联络会"，结果决定下列各要项：

一、设立中满蒙电力连络会议案，发展该会议为大陆连络会议案，加强大东亚电力恳谈会案等三案，由满洲电力协议会谷泽事务局长、开发公司西本电业课长、开发公司张家口分社中岛次长等三名组成小组委员会，制定具体方案。

二、关于中满国境开发产业及电力问题，将来决由两国关系者考虑。

三、关于开发产业用电力机材及技术之交流，决由满洲供给机材及技术，华北、蒙疆方面供给煤铁矿、石膏及劳力等。

四、关于电气机材自给一事，决互相提供游休资材，目下暂以柱上变压器、中小型电动机、电线、电灯泡为重心。

该联络会并希望朝鲜及华中电力界亦能参加。于该连络会圆满结束后，定可使大陆之电力事业有飞跃之进展。

蒙疆电业株式会社　蒙疆地方之电气供给事业，从来由各都市之小发电厂经营，后蒙疆政府为谋管下电气事业之扩充与统一，遂于二十七年五月以资金六百万元成立蒙疆电业株式会社。其后因业务之发展，年有增资，昨年六月资金增为一亿元，现实收四千二百四十万元。

该会社成立之初，即有蒙疆电业五年计划之树立，第一期计划则着重蒙疆各矿厂之发电设施。三十二年春，蒙疆之唯一大发电所——下花园发电所完成，以应电力之急切需要。现时正谋开拓水力资源，以为发电原动力，故对于黄河之调查研究，以及堰堤筑造计划等在努力进行中。至宣化等城，一般民用电灯亦力谋改进。

（三）煤矿业

我国煤之埋藏量，据二十五年地质调查所之调查，计有二千三百九十亿吨，其中华北即占有一千六百七十九亿吨之多，约占百分之七十。计：

河北省	三，一〇〇百万吨
河南省	七，八〇〇百万吨
山东省	一，九七〇百万吨
山西省	一一五，〇〇〇百万吨
蒙疆地区	四〇，一〇四百万吨
合计	一六七，九七四百万吨

华北主要之煤矿则分布于：

河北省　开滦、长城、柳江、门头沟、坨里、大台、井陉正丰、临城、磁县。

河南省　六河沟、汤阴、焦作、凭心。

山东省　淄川、黑山、悦昇、旭华、官庄、文祖、坊子、华宝、赤柴、新泰、莱芜、八宝、中兴。

江苏省　柳泉、孤山。

山西省　阳泉、寿阳、西山、轩岗镇、富家滩、孝义、介休、潞安、盂县、平定、阳城、雷州、临汾。

蒙疆区　下花园、宝兴、大同，大青山。

今仅就各省之主要矿厂及配给机关于开发公司统辖下，或与之有融资关系者，分别述其组织经过，开掘情形。

（甲）河北省

井陉

井陉煤矿股份有限公司　该公司成立于二十九年七月，资本三千万元，计开发公司九百万元，贝岛炭矿七百五十万元，及华北政委会一千三百五十万元。其业务除经营井陉、正丰二矿区外，并受托军管理六河沟煤矿（河南境内）之运营。井陉煤矿之埋藏量约七千万吨，煤质精良，为富有粘结性之高度沥青煤，适于汽锅、机车及一般家庭需用。正丰埋藏量约三千六百万吨，煤质与井陉矿同，唯于三十一年六月中全坑遭水没，现正锐意复旧中。六河沟煤矿位于河南省境内，埋藏量约七千五百万吨，煤质为强粘结性有烟煤，适于制焦及铁道运用。

井陉公司除营煤田开掘外，并在石门设有焦煤工场，由掘出之煤制造焦煤，设有废热炉及蓄热炉各一座，日产十余吨。

磁县

磁县煤矿股份有限公司 三十二年二月九日军管理解除，遂合并旧磁县煤矿矿业所、磁县官矿局及军管理之中和、怡立、永安诸煤矿，组磁县煤矿股份有限公司经营。埋藏量约一亿一千万吨，煤质为高度粘结性沥青煤，发热量七千七百加罗里。现时除对日输送外，并供京汉沿线各城工场及燃料之用。

开滦

军管理开滦矿务总局 三十年一二·八战争爆发，原中英合办之开滦矿务总局（天津）遂即收为军管理，继续负责开平及滦州一带煤矿之开采。埋藏量约十亿吨。现时开采中者为唐山、林西、赵各庄、唐家庄四坑。煤质精良，发热量颇大。开发公司有融资关系，唯金额尚无从探悉。现总局已移至唐山办公，天津改为支局。

（乙）河南省

焦作

焦作煤矿矿业所 二十九年十二月一日，由开发公司全额出资组织焦作煤矿矿业所，继续运营。现统属焦作及凭心二矿区。埋藏量约六亿吨。煤质为无烟煤，可供家庭燃料用。

（丙）山东省

淄川、博山、章印一带

山东矿业株式会社　民国十二年五月，山东诸权益发还中国后，山东省煤。铁矿仍由中日合营合采，遂由满铁、大仓、三菱、三井等公司组织山东矿业株式会社。其后合并中日合办之鲁大矿公司（淄川、坊子、金岭镇地区）、旭华矿业公司、官庄矿业公司（章印地区）及博山地区之悦昇公司、利大公司、博大公司等，为胶济沿线石炭之采掘贩卖一元统制。现时资本金三千五百万元，华北开发公司引受二千九百另二万七千元，满铁二百七十九万四千元，大仓矿业三百十八万八千六百元。

淄川区煤矿埋藏量约七亿吨，为华北有数之大煤田，煤层有十数层之多。事变发生后，该矿诸种设施率为破坏，后治安恢复，设备乃渐复旧，现有多数小竖坑在开采中。博山地区埋藏量约一亿吨，大部为粘结性煤，为制铁之良好原料。现开采已渐入深部。章印地区埋藏量约二千五百万吨，煤质不甚良，开采尚沿用土法。

峄县

中兴煤矿股份有限公司　中兴煤矿位于山东省枣庄北方之峄县，最初为兴中公司及三井协力经营，后开发公司及三井受军管理委托经营。昨年二月九日，军管理解除，遂成立中兴煤矿股份有限公司。出产量仅次开滦、大同，而为华北第三位。煤质为有粘性有烟煤，发热量可至八千加罗里，为最佳制铁用之原料，大部份系由青岛、连云等处运往日本。日本对此种煤非常珍视，每与日本内地所产者混合而用之。然在地理方面则稍逊，唯靠近大运河，故若能积极利用内河水运，则其价值更趋上游矣。现时开采者为枣庄、陶庄两区，前者埋藏量约二千万吨，产量颇多，后者埋藏量约三亿九千万吨，唯因受火成岩影响，煤层扰乱，致煤质稍差。

现时该公司除求采掘、搬运、通气、排气、排水等设备完善外，并力谋该区食粮确保之万全措置，同时并进行矿区爱邻工作，组织煤矿爱护会，如工人成绩优良者，得选拔为访日视察团。其余如组织巡回厚生、自动车农民道场之设置、农业技术班等工作，亦在进行中。

赤柴、华宝

大汶口煤矿股份有限公司 该公司经营山东省之赤柴、华宝二煤矿。赤柴煤矿旧为山东省政府经营，华宝为民营，事变后接收，由开发公司及三菱矿业共同出资，受军管理委托经营。昨年军管理解除，遂为独立会社。煤质为强粘结性有烟煤，发热量七千九百加罗里。埋藏量赤柴约五千万吨，华宝约一亿六千万吨，多向华中输送及供津浦线沿线之工厂动力用。

新泰

新泰煤矿矿业所 新泰煤矿位于山东省新泰县，旧由附近居民组织新裕煤矿公司经营，年产二、三万吨，事变后曾一度由三菱矿业与之合作。三十一年十月，开发公司与三菱矿业各半出资，成立新泰煤矿矿业所，资本一百九十万元。埋藏量推定约十数亿吨，现时坑中心确实埋藏量约二亿二千万吨。煤质为粘结性沥青煤，制铁颇为适用，现多向日本输送。昨年七月二十五日，赤柴至新泰间运煤铁路完成，长四十余公里。

（丁）江苏省

柳泉

柳泉煤矿股份有限公司 柳泉煤矿位于华北诸煤矿之最南方，军管理解除后，即组织独立会社经营。矿区分新、旧两区，新矿为现在公司所在地点，旧矿在贾汪镇，因年代久远，业已采尽，故民二十年在夏桥另立新矿，旧矿则作为职员宿舍。煤质为弱粘结性之有烟煤，可供汽锅及家庭燃料用。埋藏量尚在调查中。现有竖井两个，斜井两个，每日出煤量约千吨。该矿场设备极为完善，如为工人福祉方面，设有医院、学校、幼稚园等，其他尚有配给所，以廉价售与工人各种日用品。将来如徐州成立工业都市，则该矿之重要性当益见增加。

（戊）山西省

阳泉、寿阳、富家滩一带

山西煤矿股份有限公司　山西境内诸煤矿，原系由开发公司及大仓矿业共同出资，受军管理委托经营，军管理解除后，成立山西煤矿股份有限公司。现经营阳泉、寿阳、富家滩诸煤矿之采掘。

诸煤矿中以阳泉为最大，埋藏量约七亿吨，为高度无烟煤，即俗所称之山西红煤，从来即为人重视。此种煤与日本所称赞之安南海口煤不相上下，故日本无需转运安南煤，而用此煤即可从事化学工业，近时特殊燃料及化学工业用煤，率多取洽〔给〕于此。至寿阳所产，则为半无烟煤，可供炼焦煤及铁道用，埋藏量约一亿吨。富家滩则为含有硫黄成分之粘结性沥青煤，可供制铁用，埋藏量约八千万吨。

轩岗镇、西山一带

山西境内之轩岗镇及西山煤矿，均统属于山西产业株式会社，而为综合之运营。前者所产为富强粘结性之煤，可供制焦煤用，为太原铁厂及阳泉铁厂之炼铁用煤，后者为粘结性较弱之有烟煤，可供各种工业需用。附近新有、硫安二场之设立，其重要乃益见增大。

（己）蒙疆地区

大同

大同煤矿株式会社　大同煤矿于民国二十六年十月接收后，翌年二月满铁受蒙疆联合会委托经营，二十九年一月，大同煤矿株式会社成立。当初资本金四千万元，昨年七月增资为一亿二千万元，开发公司担任五千万元，蒙疆政府六千万元，满铁一千万元。

该矿据二十七年满铁地质调查队之精密调查，其埋藏量达二百九十三亿吨之多。现在开采中之矿坑，计有八宝、永定庄、裕丰、保晋、白洞、宝藏、同家梁等诸坑。煤质为非粘结性之高度沥青煤，灰分少，发热量高，为燃料汽锅及化学工业用适宜，曾与中兴、开滦、井陉等矿之强粘结性煤作混合用之试验，结果颇佳。现正大规模试验续行中。

大同煤矿之设备，为华北、蒙疆诸矿中最机械化者，惜以劳动条件不良，及因处于山岳地带，因之采掘、搬运颇感困难。现时该会社正力谋劳动力之确保与管理，并着手建设搬运铁道，以求输运圆滑。

大青山

大青山煤矿株式会社　蒙疆政府为积极开发埋藏量丰富与有优秀品质之大青山煤矿（位于阴山山脉南侧，埋藏量约五亿吨），近得开发公司与住友矿业两者之协力，改组现在之大青山煤矿股份有限公司，新设大青山煤矿株式会社，资本金二千万元，内蒙疆政府一千万元，华北开发与住友矿业各引受五百万元，于今年二月十日在张家口远来庄举行创立总会。以拥有精良技术与丰富资金之该煤矿，今后之增产当能飞跃前进也。

（庚）配给机关

华北石炭贩卖股份有限公司　二十九年十月三十日设立，资本金二千万元，内华北开发公司五百八十万元，华北政委会五百四十万元，井陉煤矿三百万元，其余由三井、三菱、明治、大仓、贝岛等有力煤矿者出资。其业务为经营华北煤之适正配给及制定公正价格，以图需给之合理化。

蒙疆矿产贩卖股份有限公司　二十九年十二月二十日设立，昨年五月增资为六百万元，内开发公司一百九十万元，大同煤矿一百五十万元，龙烟铁矿九十万元，蒙疆政府一百五十万元，其他二十万元。其业务为负责蒙疆地区煤之产销，及龙烟铁矿及其他矿产物之贩卖。

余尚有在山东矿业会社统辖下之山东煤矿产销股份有限公司，负责山东各煤矿会社及小煤矿之一元贩卖。

（四）铁矿业及制铁业

华北铁矿以蒙疆地区之龙烟、山东省之金岭镇及山西境内若干铁矿为重要。兹分论之：

（甲）龙烟铁矿

龙烟铁矿株式会社　龙烟铁矿为华北最大铁矿床，埋藏量据考查约有二亿数千万吨之多。此矿床位于蒙疆宣化省宣化、龙关、怀来三县，矿区则以龙关县内之三义口、辛窑，宣化县内烟洞山，宣化县与龙关共管之庞家堡，及怀来县内之麻峪口五处为最大。

此矿区为多年来未知之资源，民初始发现而加以开采，事变后，兴中公司受蒙疆当局之委托经营。二十八年七月，以资本金二千万元组织龙烟铁矿株式会社，由蒙疆联合委员会及开发公司各半出资，后因事业之节节进展，于三十一年五月增资为六千万元。

龙烟矿床为"宣龙式铁矿床"，矿石含铁分百分之四十五至六十，其形状多为锔状及肾脏状，后者含铁而〔品〕位较多，平均约百分之五七左右。现时开采之矿区为烟筒山及庞家堡两处。烟筒山矿区有东西南北四坑，设有输运铁道直通宣化站，庞家堡矿区有近代设备，全区机械化目下进行中。三十年十月，庞家堡至宣化站之搬运铁道亦完成，长约四十余公里。以上两矿之出产，除向日、满输出外，对于现时华北制铁所之供给亦多。

（乙）金岭镇铁矿

金岭镇矿业所　此矿床位于胶济线金岭镇与湖田站之间，距金岭镇约三公里。矿区分铁山、四宝山、刘公山三处，为大冶式接解变质铁床矿石，以磁铁矿为主，品位约百分之六十至六十六，埋藏量约一千四百吨。三十一年夏，京都帝大松山博士及开发公司调查局曾往探查，结果有新矿床发现，故埋藏量将有相当

1042

之增加。

事变前，此矿由中日合办之鲁大公司经营，事变后，由日本钢管株式会社接手，与开发公司共同出资，组金岭镇矿业所，进行大增产计划。现时铁山矿区在努力开采中。

（丙）山西省诸铁矿

山西省之铁矿亦相当丰富，主要产铁区域在平定、盂县、高长、晋城、太原东西山、宁武、静乐河口镇、湿县、临县、定襄、五台、代县等处。现时在山西产业株式会社统属下经营者，有定襄、宁武、太原东山三处，所产之铁均供太原铁厂应用。

定襄铁矿位于山西省忻县将村站之东南，矿质良好，开采方法近代化。宁武铁矿位于宁武、神池、崞县各县，为"山西式铁矿"，现用土法开采中。太原东山铁矿位于阳曲、榆次、寿阳三县，亦为"山西式铁矿"，闻现时已中止开采。

制铁业则以北支那制铁株式会社规模最大，其余山西产业株式会社及龙烟铁矿会社中，亦附设制铁厂。

北支那制铁株式会社　三十一年十二月十五日，成立北支那制铁株式会社，资本金一亿元，由开发公司及日本制铁会社各半出资。现时经营中者为石景山制铁所，矿石由龙烟供给，煤则仰求于井陉。内设熔铁炉数座，其余洗煤、焦煤及副产物精制设备均完善。三十一年末，更决定小型熔矿炉建设计划，预定三十二年度全部完成，如是，则出铁能力当更有增加。该公司为确立增强生产之体制，自本年四月一日起，实行改革机构，置重点于工作现场。

山西省内之制铁厂，则以隶属于山西产业株式会社下之太原铁厂及阳泉铁厂规模较大。太原铁厂现亦计划小型熔矿炉之建设，并增设大型熔矿炉，内部设备有焦煤并副产物工场、平炉工场、压延工场等。阳泉铁厂大型熔矿炉亦努力建设中。该厂以生产铸造管、铸铁管、军需器具为主，并附设窑业部，制造民间需用之陶磁器及工业用黑炼瓦、耐火砖瓦等。

其余，龙烟铁厂中现亦计划建设小型熔矿炉，一部已竣工，全部完工约在今年三月间　将来龙烟矿石即可就地熔炼。

（五）矾土矿业

华北矾土矿业股份有限公司　矾土为制铝、耐火砖瓦及研磨用材之原料，现时华北已勘明之矿区，计有长城附近石门寨、冀东及开滦一带，及山东淄川、博山等处，埋藏量相当丰富，品质经鉴定认为世界第一。二十八年十二月，华北矾土矿业股份有限公司成立，资金五百万元，由开发公司及华北政委会各半出资，负责华北矾土业之统制开发，并谋军需资材上及重工业上必需之铝原料，及耐火炼瓦、研磨材原料之圆滑供给。

华北矾土公司现在古冶及石门寨进行半加工品烧粉之制造，以应现地窑业工场之需求。古冶并附设工场制造耐火炼瓦之胶着剂，因需要之增大，现正努力生产中。

三十一年五月，该公司并与在古冶之德盛窑业共同出资，组东亚窑业厂，进行耐火炼瓦之制造，现时年产一万吨，拟计划增至三万吨。现在采掘中之矾土，以向日本输出为最多，因其耐火力颇高，故将来制铁业及烧窑业之兴盛，则其需要当更有急速之增加。

闻矾土公司有于今年四月间实行增加资本说，拟将现在之五百万元增为三倍一千五百万元，该增资本一千万元中，由华北政委会担任半数，该公司于增资后，并将断行机构改革。

（六）重石矿业

华北重石矿业株式会社　该会社于三十年十月成立，资金二百五十万元，后因业务之进展，现时资本增为六百五十万元，为开发公司之独资经营，负责冀东地区，以密云县为中心钨矿之收买及开发。此种原料可供制特殊钢之合金用，为军需上重要资源。先前采掘及选矿多用土法，三十二年秋，设备乃全改为机械化。

（七）采金业

北支产金株式会社　二十七年五月，由兴中公司及住友矿业共同出资二百万元设立，翌年五月，兴中公司之股本由开发公司继承，二十九年八月，增资为六百万元。其业务为经营冀东地区以遵化县为中心之四十一矿区及密云县地方数矿区之采金精炼事业，唯现时主要矿区已中止采掘工作。

（八）盐及其利用事业

华北蕴藏煤、铁而外，当以盐为最富，盖位于渤海、黄海之滨，引水晒盐亦自然之赐。华北盐场有二：一为河北省之长芦盐场；一为山东省之登莱胶澳带盐场。开发公司分组华北盐业股份有限公司及山东盐业株式会社经营。兹分述之：

（甲）长芦盐场

华北盐业股份有限公司　长芦盐场位于渤海沿岸，由河北省山海关以南达山东省之旧黄河河口，海岸线延长约一千余华里。此区为华北最佳之制盐场，得自然独厚，如一、雨量较少；二、土质优良；三、地形广阔，到处平坦；四、因有丘堤之形成，不需另筑盐田。其中以大清河、芦田、大沽等处产盐最富。

事变后，兴中公司与冀东政府协力，握有长芦盐之采取与运输之独占权。开发公司成立，于二十八年四月组华北盐业股份有限公司，继承其营业，资本金二千五百万元，开发公司担任一千八百万元，余则由华北政委会出资。以确保长芦盐对日输送为目的，并负责既设盐田，又改良新规盐田之开设，且经营曹达工业及其他盐之一切附带事业。而军管理之永利化学及久大精盐二厂，亦曾由该公司受托经营，新近始成立独立会社。

过去该公司积极复活荒废盐田，如汉沽、新河、塘沽、邓漕等处，由二十七年始，至三十一年三月止，已达预定面积。对于盐田之复活，贷与全面资金，并借予每年采盐所必要之资金，所产之盐，则全部为公司收买。至新设盐田，于大沽、大清河、大神堂等处约一万五千町步（每町步合一·六华亩）。对于此等新设盐田特种技术之改良，如海水导入、完全机械化。其他若盐田之整地，水利之改良，水沟之筑建等设备，亦应有尽有。最近之将来，复有动力完全电化之计划。长芦盐田此种努力经营，其产量于近三、四年中乃有数倍之增产。

华北盐业公司于汉沽并设有洗涤工场及苦汁处理工场，复曾受托经营军管理永利化学及久大精盐二工厂。唯该二厂近已移交与我国管理，改为中日合办之股份公司，前者名为永利化学工业股份有限公司，后者名为久大精盐股份有限公司。

水利化学公司之事业内容，为制造曹达类及材料之加工贩卖。资本金总数为一千五百万元，内中国方面九百万元（华北政委会现物出资为一百七十二万元，同现金出资四百二十八万元，华北盐业现金出资三百万元），日本方面六百万元（华北开发公司现金出资三百万元，朝日玻璃公司现金出资三百万元）。公司组织计设有董事长、副董事长及理事数名，董事长人选尚未定。

久大精盐公司之事业内容，为采盐及加工，并贩卖其制品。资本总数三百万元，现物出资一百八十八万元，现金出资一百十二万元，内华北政委会一百七十五万元，华北盐业一百二十五万元。董事长为吴锡永氏。

（乙）山东盐场

山东盐业株式会社　自德努力退出山东后，盐之生产采取即由中日〔合〕营。由于近代曹达工业之发达，工业用盐之需要乃急切增加，遂将原先成立之日华兴业、大日本盐业、田中商店三公司合并，以资金一百万元，于二十六年二月成立山东盐业株式会社，负责山东盐场之采取业务。二十七年四月，三井物产、三菱商事参加，资本金增为一千万元。三十年四月，开发公司承受山东盐业新股六万股，遂得统制该公司之经营。

自二十七年山东盐业会社确立后，即担负山东盐场之开采增产重任。山东盐场位于山东半岛北岸迤南突出地方，延长约二千华里，大致分为王官、永利、莱州一部盐场，及以外之莱州一部威宁、石岛、金口．胶澳盐场。近因新规盐田之开发、既设盐田之增产，奖励品质改良，输送机关之整备扩充等，使山东盐之采取乃得急速进展。三十二年度，新设盐田已在女姑口、阴岛两盐场终了，入湾式现已达完成之域。于既设盐田，如生产资金之贷付，搬运之便利，食粮之确保配给等，亦锐意进行。昨年度作为山东盐之飞跃增产年，力谋制盐技术之向上，贮盐场之扩充，后濠设备之增善，输送隘路之打破，及盐民生活之安定。近更于沧口建设苦汁处理工场，负责盐之一部加工工作。

（九）化学工业

山东电化株式会社　因现时化学工业中炭化钙之急切需要，于二十九年十二月设立山东电化株式会社，负责炭化钙及石炭窒素之制造贩卖业务。现资本收足四百〔二十〕万元，内开发公司一百二十九万元，三井矿业一百二十六万元，东洋化学工业一百二十六万元，山东矿业三十九万元。

钙之原料以山东博山附近产量最多，成立有工场，负责炭化钙之制造，年产约二千吨。然现时华北需要年达一万吨左右，其不敷则由朝鲜输入。现正进行年产八千吨之计划，预定今年三月完成。

目下该公司更考虑将来乙炔汽车之普及，及石炭窒素肥料之增加，故一待该增产计划完成后，更拟实行三倍至四倍之大增产计划。现已于京津各地选择工场基地中，同时资本金亦将由四百二十万元增至一千万元左右。

东洋化学工业株式会社　二十七年三月五日，以资金一百万元设立，后随事业之发展，增资为六百万元，最初系由华北盐业及东洋纺绩两会社各半出资，三十二年九月，华北盐业之资金由开发公司继承担负。其业务为负责臭素结晶、芒硝盐化、加里盐化镁、硫酸镁、盐酸等之制造与贩卖，现复与华北盐业公司合作，设立大沽及汉沽苦汁处理工场。

华北窒素肥料株式会社　因华北食粮、棉花之努力增产，窒素肥料之需要乃益见增大。三十一年九月，设立华北窒素肥料株式会社，资本金四千万元，内中开发公司担任一千九百万元，日本窒素一千九百万元，山西省政府二百万元。现时华北窒素肥料年需要百万吨上下，然现时年产仅二十五万吨，故现力谋增产之实施。同时对于硫安之制造，亦锐意增进，于太原设有工场，因山西境内石膏之埋藏量极富，可用以供制硫安用也。

（十）纤维业

华北纤维统制总会　华北政务委员会为推进华北棉花及其他纤维资源之增产改良，俾收买配给俱臻圆滑，同时并以纤维工业之整备及纤维制品之适正配给为目的，于昨年八月设立华北纤维统制总会。其组织单位计有华北棉产改进会、华北麻产改进会、华北皮毛统制协会、华北纺织工业会、华北纤维股份有限公司、华北纤维协会等机关。资本金六千万元，内计华北政委会一千三百五十万元，开发公司二千四百万元，华北纤维公司六百万元，华北棉产改进会四百五十万元，华北麻产改进会二百万元，华北纺织工业会五百万元，华北纤维协会五百万元。

其业务项目可分：一、特殊需用纤维品之管理、收买、配给、加工、输出入及移出入；二、特殊需用棉实之管理、收买、配给、加工、输出入及移出入；三、特殊需用纤维原料之打包及保管；四、特殊需用纤维制品之纺织委托及加工委托；五、特殊需用纤维制品之管理、收买、配给、输出入及移出入；六、其他各种与上有关之附带事业。

统制总会之组织系将从来之纤维业团体结成一元之有机的统合，并保持紧密之连络。对于棉花之增产将实施商工团体之一元开发成果，即对纺绩公司指定责任棉产地区，令其负责该地区之棉花增产，至收买商社，亦行指定。此外关于物动物资之统制方法，亦将由分离状态而转变为一元的强力推进。统制总会成立后，其初步计划即为棉花收买，其实施要领：一、基于三十二年度棉花增产计划分华北棉作地带为八地区，以为棉作重点，至于各地区统合中、日双方之纺绩及棉花商使对各该地区棉花生产改进收买事项，施以必要恒久之设施；二、担当业者应相互协力，以期实现棉花生产、配给、消费之一贯经营，同时由各企业团体负责供出增强战力之特需棉花；三、关于送定上项担当业者，应力谋动员其有实力之商社，更应诱导中国方面之商社。关于实施以上地区担当制时，应充分使之供出棉花。

（十一）一般产业

山西产业株式会社　为谋山西省内主要产业之综合运营及统制，三十一年四月成立山西产业株式会社，资本金原为三千万元，现时增至八千万元。出资者有开发公司、大仓、矿业、东洋纺、上海纺、钟纺、日本制粉、日本制纸、中华磷寸、日本火药、东亚烟草满洲工厂、华北电业等十三社。本会社下辖有三十五工厂，负责山西省内重、轻、化学工业之统一经营。

即

煤矿厂二	轩岗镇煤矿——崞县
	西山煤矿——阳曲
铁矿厂五	太原铁厂——太原
	宁武铁厂——宁武
	东山铁矿厂——阳曲
	阳泉铁厂——阳泉
	定襄铁矿厂——定襄
发电厂一	兰村发电厂——阳曲
电灯厂三	平遥电灯厂——平遥
	祁县电灯厂——祁县
	新绛电灯厂——新绛

纺织厂六　太原纺织厂——太原
　　　　　太原毛织厂——太原
　　　　　祁县染织厂——祁县
　　　　　新绛纺织第一厂——新绛
　　　　　新绛纺织第二厂——新绛
　　　　　榆次纺织厂——榆次
面粉厂五　太原面粉第一厂——太原
　　　　　太原面粉第二厂——太原
　　　　　榆次面粉厂——榆次
　　　　　平遥面粉厂——平遥
　　　　　临汾面粉厂——临汾
火药厂二　太原火药第一厂——太原
　　　　　太原火药第二厂——太原
火柴厂二　太原火柴厂——太原
　　　　　汾阳火柴厂——汾阳
纸厂二　太原纸厂——太原
　　　　兰村纸厂——阳曲
皮革厂一　太原皮革厂——太原
洋灰厂一　西山洋灰厂——阳曲
卷烟厂一　太原卷烟厂——太原
木　厂一　宁武木厂——宁武
印刷所一　太原印刷所——太原
窑厂一　太原窑厂——太原
制作厂一　中央制作所——太原

七、开发公司之将来

综前所述，可见开发公司业务之大，资力之雄，担承华北数千方里之全面经济开发事业，不仅限于煤、铁、棉、盐之开采增产已也，且进而求诸交通、运输及若干工业之发展与振兴，其毅力精神，至堪模范，该公司固未尝以现有成绩已达预想之目标，刻仍力谋各方面之进展。新近计划成立之会社有：

一、华北炉材公司　华北矾土矿业及华北制铁及高热度工业发展后，耐火砖瓦及炉材之需要当趋紧急，然为平炉耐火砖原料用之硅石一项，在华北方面仅五台有极少之产量，其他各地则罕产之。自昨年以来，得日本黑崎窑业及大阪窑业两会社之协力研究，取与矾土页岩并行埋存之蜡石试制平炉用耐火砖，结果发现较诸以硅石制之耐火砖约有五倍以上之耐火力，因是遂筹组华北炉材公司，谋大规模之制造。资本金预定三百万元，招募日本之优秀技术人材，谋耐火砖及炉材之大量生产。现已施行现地工场之建设，七月间可开始工作。

二、华北燃料化学公司　开发公司鉴于现时制铁事业之进展，并为确保所需要焦煤之生产，同时并分析沥青油以资生产铝电解用电极原料之沥青煤起见，近以获得帝国燃料兴业公司之协力，拟筹设华北燃料化学有限公司，预定于五月间成立，资本三千万元。该公司之成立，对于各种化学制品之现地生产，尤以对液体燃料制造之进展上贡献甚大。

三、华北电线公司　开发公司由于古川电气工业、住友电气工业、藤仓电线等会社之协力，拟筹设华北电线股份有限公司，谋华北电线之制造及贩卖一元化。资本金三千万元。二月十七日已在北京饭店召开成立总会。

又据最近消息，华北电灯泡原由东京芝浦公司担当供给，该公司曾企图对现地供给电灯泡而进行收买天津之灯泡制作工厂——义昌洋行，现收买已成功，并得当局之许可，将以该工厂为中心，着手扩张现地灯泡制作工业。又该公司并计划经营电气机械器具部门，现在天津只有极小规模之修理工厂，决定将此扩充，或与开发公司提携设立大规模之电器制造公司，此计划正着手进行中。

四、制铅公司　开发公司得日本内地业者之协力，准备设立制铅公司，现已于开发公司北京支社内设立事务所，华北铅之制造事业可期具体化。

此外，开发公司于铁之制造，现以建设小型熔矿炉及迁移日本熔炉为主。其于小型熔矿炉目下建设中者，计有京津地区、冀东地区、蒙疆地区、山西地区共若干处，担任该项建设者，为华北制铁等五会社。关于迁移日本熔矿炉至华北一项，现亦着手进行。与此并行者为华北盐业及山东盐业两会社，进行镁之现地生产计划，缘长芦盐及山东盐之生产，本年度益急激上升，数量上已可供中外之自给自足，此次更以之为原料，由盐化镁进而生产金属镁，如是华北轻金属工业之前途颇堪注目。开发公司更随去年度着手之大规模华北重工业化而置重于打开各种副材料准备之困难，故近复整备棉实油加工业、柏油处理工业、洋灰工业等。至开发公司三十三年度之事业计划亦已告成，其内容：一、因飞机需要增产，而确立轻金属工业，并盛大增产矾土；二、由于自日方输入资材之缺乏，而确立现地出产事业；三、加强督备力及普遍善邻工作；四、确立劳务对策，尤以其中关于加强督备力及确立劳务对策两项，在旧有各事业上，占有相当重大之要素。

根据该项计划，则开发公司本年度之事业资金将扩大为原有之数倍，其原因除进行各种新事业及继续事业外，并有下列各原因：一、物价显著昂腾，因之资金需有相当之增额；二、资金昔全期待于日、满，现正谋打开此项隘路，而由现地供给；三、劳工关系亦渐次穷困，故现时开发公司更力谋打破生产之隘路问题，各会社亦注全力将已有之劳力提高其效能，并使原有半农半工状态转为专属劳工化。

关于华北开发公司昨年度之各项事业损失补偿金，依据该会社之新规定为七亿五千万元，已由政府向议会提出通过。此项庞大补偿金系对小型熔矿炉、铅及焦煤炉（柏油处理）等三事业之损失补偿,此于短期内必须支付者,然究以如何具体方式支给,则尚未定。结果该公司将变更从来投资融资会社的资格,进而具备战时金库与产业设备营团的机能,为极完备之国策遂行机关。至开发公司之前途演变究竟如何,实为一殊难置答之问题。今年一月三十一日,日本众院召开华北开发法案委员会时,青木大东亚相曾有如下之说明:"中国事变发生后,两公司(华北开发及华中振兴)即开始积极活动,先向各事业公司投资,实行建设及统制上之任务。在新政策实施以后,中国方面增强战力及补充物资,亦以绝大之热诚予以协力,因此又发生调整问题。日本方面亦需顺应中国方面之意旨研究,尽量将中日合办之事业,由中国方面经营,华中蚕丝公司及华中盐业公司即为其例也。因此,华北开发及华中振兴两公司亦须顺应新事态而改革其机构及运营"。观此论调,将来开发公司或有国人收回自营之一日,然现时尚未达成熟时机耳。况华中振兴与华北开发因所在地域之不同,其政治背景亦各异,故华中振兴已有二会社收归自营,恐开发公司现尚未能到此地步也。苟他日果能如愿,深望国人好自守成,方不负苍天赋予之厚,亦且无愧于外人之一番经营苦心耳。

附表一 华北开发公司关系会社一览表（截至最近止）

业别	会社名称	资本总额	实收金额	成立年月	现在地址	支社及事务所	负责人	附属机关
交通业	华北交通股份有限公司	400,000,000	388,254,000	二十八年四月七日	北京市东单安街十七号	北京 天津 太原 张家口	总裁 宇佐美宽尔	华北车辆株式会社、蒙疆汽车股份公司、天津交通股份公司、青岛交通株式会社、青岛兴发股份公司、三港湾局
运输业	华北运输股份有限公司	20,000,000	12,000,000	三十年十月一日	北京市王府大街十四号	北京 石门 青岛 徐州 连云	董事长 户田直温	
港湾业	天津兴亚船运输株式会社	14,600,000	14,600,000	三十年七月一日	天津市兴亚三区六分路八号	北京 东京	取缔役社长 田冗昌次	大沽造船所
港湾业	青岛埠头株式会社	22,000,000	22,000,000	二十七年九月廿二日	青岛市大港沿十一号	北京 东京	取缔役社长 蒲业勇次	

业别	公司名称	资本	实收资本	成立日期	总公司所在地	分支机构所在地	负责人	关系公司
电气通信业	华北电信电话股份有限公司	100,000,000	51,250,000	二十七年七月卅一日	北京市西长安街一号	北京 天津 济南 太原 东京 青岛 徐州	总裁 井上乙彦	
用电事业	华北电业股份有限公司	300,000,000	177,000,000	二十九年二月一日	北京市中南海居仁堂	天津 北京 唐山 济南 石门 徐州 太原 东京 烟台 开封 青岛	总裁 韦仲和	北京华商电灯公司、天津电业股份公司、济南电气股份公司、芝罘电力股份公司、胶澳电气股份公司
	蒙疆电业株式会社	100,000,000	42,400,000	二十七年五月廿六日	张家口中央大街	厚和 大同 天津 东京	副理事长 益进	
	井陉煤矿股份有限公司	30,000,000	21,600,000	二十九年七月廿二日	北京市朝阳门大街六九号	石门 东京	董事长 曹汝霖	
	磁县煤矿股份有限公司			三十二年二月九日	河北省磁县	北京	常务董事 井上敏雄	
	军管理开滦矿务总局	英金 2,000,000镑	英金 2,000,000镑	三十年十二月八日	河北省唐山	北京天津	军管理官 白川	

煤业	资本金	资本金	设立年月日	事务所所在地	代表者	关系公司
煤 焦作煤矿矿业所	17,860,000	17,860,000	二十九年十一月廿七日	北京市东安街 河南省焦作	常务理事 秋田忠义	
山东矿业株式会社	35,000,000	35,000,000	十一年五月三日	青岛市安徽路三号 东京	取缔役会长 官泽惟重	山东矿业产销公司、华业公司，旭大公司、官庄矿业公司，悦利大公司、东大公司，博大公司、福大公司
炭 中兴煤矿股份有限公司			三十二年二月三日	山东省峄县枣庄 北京	常务理事 井本定祐	
大汶口煤矿股份有限公司			同上	山东省磁窑 北京	常务理事 横尾市力	
新泰煤矿矿业所	4,920,000	4,920,000	三十一年十月一日	北京市东交民巷三菱矿业内 山东省新泰县		
业 柳泉煤矿股份有限公司			三十二年二月九日	江苏省夏桥 北京	董事长 金城铢	
山西煤矿股份有限公司			同上	山西省平定县阳泉 北京	常务理事 太田文雄	

名称			年月日	所在地	地区	理事长／董事长
大同煤矿株式会社	120,000,000	48,000,000	二十九年一月七日	山西省大同县口定庄	北京 张家口 东京	理事长 段殁
大青山煤矿株式会社	20,000,000	20,000,000	三十三年二月十日	张家口市	张家口	董事长 佐吉田政六郎
华北石炭贩卖股份有限公司	20,000,000	15,000,000	二十九年十月三十日	北京市大木仓十三号	天津 济南 石门 开封 保定 新乡 徐州 青岛 南京 沽塘 连云	董事长 山本信夫
蒙疆矿产贩卖股份有限公司	6,000,000	4,000,000	二十九年十二月廿六日	张家口市东菜园综合事务所内	北京 东京 大同 厚和 包头 张家口 宣化 口泉 下花园	
铁矿业 龙烟铁矿株式会社	60,000,000	48,200,000	二十八年七月廿六日	同上	北京 天津 宣化 东京	董事长 卢锐如
日本照管株式会社金岭镇矿业所	6,000,000	6,000,000	三十二年二月廿一日	北京市东四四条川九号	青岛 张店 东京	

业别	会社名	资本金	払込资本金	设立年月日	本社所在地	支店	役职 姓名	
制铁业	北支那制铁株式会社	100,000,000	50,000,000	三十一年十二月十七日	北京市东四三条五号	东京 青岛 大原 天津	社长 田尻生五	东亚矿业厂
矾土矿业	华北矾土矿业股份公司	5,000,000	5,000,000	二十八年十二月十九日	北京市无量大人胡同二十八号	东京 横浜 天津 古冶 皇岛	董事长 小仓锋二	
重石矿业	华北重石矿业公司	6,500,000	5,812,000	三十年十月卅一日	北京王府井大衔甲九号	天津 密云	专务取缔役 佐藤弥	
采金业	北支产金株式会社	6,000,000	5,300,000	二十七年四月九日	北京市东四二条五号		常务取缔役 鲛岛龙雄	华北采金股份公司
盐业	华北盐业股份有限公司	25,000,000	25,000,000	二十八年八月三十日	天津第二区兴亚区一号	东京 神户	董事长 内田敬三	
盐业	山东盐业株式会社	10,000,000	5,500,000	二十六年二月五日	青岛市馆陶路二十二号	东京 京城 德山 门司 大阪	取缔役社长 金井宽人	
化学	山东电化株式会社	4,200,000	4,200,000	三十年二月十四日	青岛市壹邑路十一号		取缔役社长 近藤铁次	
工业	东洋化学工业株式会社	6,000,000	6,000,000	二十七年三月五日	天津市兴亚二区三分路二号			

分类	公司名称			成立日期	所在地	职位/姓名	备注
	华北窒素肥料株式会社	40,000,000	20,500,000	三十一年九月一日	北京市内一区二十四号房甲四号		
纤维业	华北纤维统制总会	60,000,000	60,000,000	三十二年八月十六日	北京市东交民巷 天津 青岛	会长 徐良	华北棉产改进会、华北麻产改进会、华北皮毛统制总会、华北纺织工业会、华北纤维股份公司、华北纤维协
一般产业	山西产业株式会社	80,000,000	30,000,000	三十一年四月一日	太原市典膳所十号 北京	总裁 阿木 作	统属三十五工厂

资料来源：《北支开发事业之概观》，昭和十八年，页五一七六二，华北开发公司，《北支开发事业之现况》，昭和十七年，页四一一五〇，大陆特辑版，《蒙疆年鉴》，昭和十六年，蒙疆新闻社。

附表二 三十一年度各会社营业状况

会社名称	收　　入	支　　出	盈　　余	股息分配
华北开发株式会社	59,044,000	55,280,000	3,764,000	6分
华北交通股份公司	471,997,000	440,580,000	31,417,000	4分
华北运输股份公司	68,873,000	68,840,000	33,000	
天津艀船运输株式会社	6,713,000	6,021,000	692,000	4分
青岛埠头株式会社	6,726,000	5,652,000	1,074,000	5分
华北电信电话股份公司	34,152,000	30,410,000	3,742,000	6分
华北电业股份公司	35,642,000	28,525,000	7,117,000	6分
蒙疆电业株式会社	9,805,000	8,693,000	1,112,000	4分
井陉煤矿股份公司	18,579,000	18,587000	损8,000	
山东矿业株式会社	8,220,000	7,227,000	993,000	6分
大同煤矿株式会社	36,423,000	33,300,000	3,125,000	
大北碳贩卖股份公司	10,911,000	9,419,000	1,492,000	6分
龙烟铁矿株式会社	11,454,000	9,448,000	2,006,000	5分
北支那制铁株式会社	203,000	212,000	损9,000	

华北矾土矿业股份公司	6,794,000	6,259,000	435,000	5分
华北重石矿业株式会社	1,509,000	935,000	574,000	
北支产金株式会社	61,000	46,000	15,000	
华北盐业股份公司	39,323,000	35,944,000	3,379,000	上半期五分 下半期六分
山东盐业株式会社	15,154,000	13,831,000	1,323,000	一成
山东电化株式会社	1,497,000	1,484,000	13,000	

资料来源:《中联银行月刊》第六卷第一、二期合刊,《中外经济要闻汇志》,页三六二一六三〇。

*本表为三十一年度各会社营业概况,其三十二年度营业收支数额尚未公布。再三十一年度以后所成立之各会社,在表内均无收支数。

〔汪伪财政系统档案〕

华中振兴公司及其关系公司之研究

（1944年）

序言

华中一带土地肥沃,人口稠密,水陆交通畅通,贸易额占全华之过半,成为工业金融之中心地带。自中日战争发生以后,华中各地相继沦陷,整个经济机构为之破坏无遗,而沦于战区内之官办或商办之各业工厂,因战事影响,受炮火兵燹之摧毁,残破不堪，业主流亡者有之，员工星散者有之，损失浩大，罄笔难书。

日军占据各地之后，乃将占据区域内之工厂、矿山等华方财产，置于日军管理之下，而委由日商经营、保管。日商受委之后，乃择其破坏程度较轻者，整顿修理，开工经营。其残破不堪，一时不易修理者，则暂予保管。

其后，乃计划先以上海为中心，谋通信、交通、矿业、电气、水产、产业及其他公共事业之复兴，其办法以中国之原有设备，加入日本之资本与技术，组成中日合办公司经营之。

持此方针，而先后设立之中日合办公司共达十五家，营业范围至为广泛，对于中日经济之建设及国民生计之确立关系深重，吾人实有检讨之必要。兹就各方所得资料，将各该公司之内容详为分析，以资参考。

华中振兴公司

一、设立经过　自中日事变发生，华中各地相继沦陷以后，日方为谋重建其占据区域之经济起见，举凡华中之重要产业，均依照中日合办方针，组织中日合办公司经营之。其首先成立者，为华中矿业、华中水电、上海内河轮船、华中电气通讯等公司。同时因感到对于此项合办公司之统制与投资、融资等事务之处理，有成立一执行国策之投资公司之必要，爰于昭和十三年（民国廿七年）四月卅日颁布华中振兴公司法案，并于同年十一月七日根据该项法案，以资本金一万万日元，第一次实收额三千一百余万日元，成立本公司焉。

二、公司概要

（一）法人人格　日本特殊法人股份有限公司。

（二）所在地　总公司：上海黄埔滩路二四号。分公司：东京市麹町区大手町二丁目二番地。南京办事处：南京灵隐路二二号。浙江办事处：浙江金华。

（三）资本　总额一万万元（每股五十元，共二百万股）。内计，

日本政府出资 50,000,000 元

民间出资 50,000,000 元

实收额：62,440,693 元

内计：日本政府　现金及实物出资

42,300,996 元（每股49.93）

实物出资

7,640,000 元（缴足全额）

民间出资　12,500,000 元（每股12.50）

（四）业务　据华中振兴公司法第十二条之规定，本公司得办理左列事业之投资或融资：

1．交通运输事业。2．通信事业。3．电气、煤气及自来水事业。4．矿产事业。5．水产事业。6．其他有关事业。

上列各事业中，华中振兴公司必要时得呈请政府准许自营之。

（五）政府之监督　日本政府对于华中振兴公司之监督，依据华中振兴公司法（民国廿七年十一月七日法律第八十三号）及内阁总理大臣之命令书（廿七年十一月七日内阁令甲第二七三号）之规定，其主要事项如左：

1．政府对于华中振兴公司之业务，得因监督上、国防上、或因华中之公益与产业振兴之必要命令遵行，但若因该项命令之遵行致使公司蒙受损失时，应由政府补偿之。

2．政府对于华中振兴公司设置监理官，监理官认为必要时，得随时检查该公司之金库、帐表、物品及文书等，并得查询关于业务及各项计算之状况，或出席股东会议及其他会议，听取其报告与意见。

3．政府对于华中振兴公司之决议或监、理事之行为，认为违反公司规程或有害公益之时，得取消其决议或解除监、理事之职务。

4．左列事项应呈请政府许可之；

（1）每营业年度之事业计划。

（2）每营业年度之事业预算、营业收支预算、资金计划及其他重要事项之决定或变更。

（3）重要财产之处分或抵押。

（4）重要投资与融资，或公司债之保证。

（5）决算及盈余之处分。

（6）资本之增加。

（7）公司债之募集，或股款之征收。

（8）借入款项。

（9）自营事业之举办。

（10）总裁、副总裁及担当业务之理事兼任他项职务或经营商业。

（11）理、监事及职员薪津、酬劳及退职金之决定或变更。

（12）理、监事之选任或解任。

（13）公司规程之变更。

（14）公司之合并或解散。

（六）公司之特典

1．股款缴足之前亦可增加资本。

2．得发行实收资本十倍之公司债，其发行时并不受旧债之限制，但应于发行后一个月内依照票面金额偿还旧债。又华中振兴公司债券之发行，毋庸遵照商法第二〇九条之规定。

3．该项公司债之还本付息，得由政府考虑其保证办法。

4．民间股东之股息不及其实缴股本之年息六厘时，得免发政府股份之股息。

5．每营业年度之投资、融资及自营事业之收入不及其所投资金总额之百分之六时，政府自第一届营业年度起五年内支付某一限额之补助金，用以确实保证民间股东之股息付息六厘。但于民间股东之股息超过年息六厘时，应首先偿还政府之补助金。

（七）决算期　三月卅一日

（八）重要职员：

总裁高岛菊次郎

副总裁植场铁三　统辖总裁室一切事务。

理事伴野清　统辖经理部之经理课及会计课，业务部之总务课，火柴部及地产部之各课事务。

理事坪内直文　统辖业务部之第一课及第二课所营水运、土地、建物，及第三课所营恒产、煤气等事务。

理事中山佐吉　统辖调查部及业务部第二课所营水产、购买，及业务部第三课所营盐业、蚕丝及其有关事务。

以上三理事常川驻上海总公司。

理事心田静男、冈部长二。

以上二理事常川驻东京分公司。

监事南条金雄、船田一雄。

总裁室　参事野村义男、坂本敬二、村上武一（兼庶务课长）。书记淹野正福（兼文书课长）。

业务部　参事隈忠彦（兼总务课长及第二课长）、上野良作（兼第三课长）。

经理部　参事横尾千三（兼物资调整课长）。书记佐藤俊八郎（兼会计课长）、甘浓信一（兼物资调整课帮办）。

调查部　参事上野良作（兼总务课长）、滨田申一（兼企划课长）。

东京分公司　参事长谷川实太郎（兼东京分公司经理）。书记守田义亮（兼庶务课长、经理课长）。

三、事业概况

（一）投资及融资　据民国卅二年三月底之营业报告，本公司所辖十五家关系公司及一家合作社之资本，总计二万五千四百五十八万四千日元，其中①日方之出资额共为一万六千零五十五万五千日元，占总额之百分之六二，本公司之出资额共为一万零八百七十八万日元，占总额百分之四一。

---

① 以下出资额及百分比有误，"本公司"应为"华方"。参看《关系公司资本明细表》。

关系公司资本明细编表（单位：千日元）

公司名称	资本额	现金出资			实物出资			决算期	设立年月
		振兴	其他日方	华方	振兴	其他日方	华方		
华中矿业	20,000	4,495	4,960	545			10,000	九月30日三月31日	民国27年4月8日
华中水电	43,000	16,088	5,392				21,520	同	6月30日
上海内河轮船	6,000	2,698	1,872	682		88	660	同	7月28日
华中电气通信	15,000	6,000	4,000				5,000	同	7月31日
华中蚕丝	10,000	2,000	4,990	10		156	2,844	同	8月19日
上海恒产	20,000	5,000	5,000				10,000	同	9月10日
华中都市公共汽车	3,000	1,555	1,388	2	45		10	同	11月5日
华中水产	5,000	2,770	700	200		1,050	280	同	11月6日
大上海瓦斯	3,000	1,798	1,001				200	同	12月27日
华中铁道	64,000	6,500	8,500	10,000	39,000			同	民国28年4月30
淮南煤矿	15,000	4,149	5,000	1,501			4,350	同	6月5日
华中盐业	5,000	2,000	500	2,500				同	8月21日
中华轮船	30,000	5,461	5,539			3,305	5,695	同	民国29年2月25日
华中运输	8,000	1,600	250			3,500	2,650	同	民国31年7月1日

华中火柴	中储券 10,000 折合日元 1,800	4,000 720			6,000 1,080	同
振兴住宅组合	甲种 3,500 乙种 2,784	950 215	2,550 2,569		500	同	民国28年9月15日
共　计	254,584	67,999	44,092	20,560 39,015	8,099	74,789

据上表　日方与华方之出资比较如下：

日方现金出资 112,091　　　　华方现金出资 20,560
　实物出资　47,144　　　　　　实物出资 74,789
　　　　　　159,235　　　　　　　　　 95,349
占资本总额之　62%　　　　占资本总额之　38%

日方华中振兴公司与其他日方之出资比较如下：

华中振兴公司出资 107,044
其他日方出资　　 52191
　　　　　　　　159,235

华中振兴公司占资本总额之41%
其他日方占资本总额之21%

其次，本公司对于关系公司之投资，卅二年度为二千五百二十五万七千七百元,年终累计共为八千六百七十六万二千一百元。

关系公司投资明细表

公司名称	卅一年度累计	卅二年度投资额	卅二年度累计
华中矿业	4,500,000.00		4,500,000.00
华中水电	5,902,500.00	1,976,500.00	7,879,000.00
上海内河轮船	600,000.00	2,105,200.00	2,705,200.00
华中电气通信	6,000,000.00		6,000,000.00
华中蚕丝	1,000,000.00		1,000,000.00
上海恒产	3,750,000.00		3,750,000.00
华中都市公共汽车	1,213,500.00		1,213,500.00
华中水产	1,385,000.00		1,385,000.00
大上海瓦斯	900,000.00		900,000.00
华中铁道	26,190,000.00	19,310,000.00	45,500,000.00
淮南煤矿	4,150,000.00		4,150,000.00
华中盐业	2,000,000.00		2,000,000.00
中华轮船	3,063,400.00		3,063,400.00
华中运输		1,200,000.00	1,200,000.00

华中火柴		360,000.00	360,000.00
振兴住宅组合	950,000.00	215,000.00	1,165,000.00
法币调节基金	100,000.00	(一)100,000.00	
共　计	61,704,400.00	25,257,700.00	86,762,100.00

其次，对关系公司之融资额，卅二年度约为四千八百七十三万一千八百元，历年累计共达一万五千七百五十五万一千八百元。

至于公司债之发行，自廿九年至卅二年底，三年间共发行公司债六次，总计一万六千万元（其中已偿还卅万元）。此外尚有公司债押款及普通借入款项一千五百万元。

公司债明细表（单位：千日元）

次数	发行额	发行年月日	年利率	偿还期限	备　考
第一次	20,000	廿九年四月廿日	四厘二	四十一年四月廿日	政府保证
第二次	20,000	廿九年十一月廿五日	四厘二	四十一年十一月廿五日	同
第三次	30,000	卅年五月五日	同	四十二年五月五日	同
第四次	30,000	卅年十一月十五日	同	四十二年十一月十五日	同
第五次	30,000	卅一年五月十五日	同	四十三年五月十五日	同
第六次	30,000	卅一年十一月廿七日	同	四十三年十一月廿七日	同
共计	160,000				

注：第一次发行额二千万元之中，已偿还卅万元，而抵卅二年底之发行额，累计一万五千九百七十万元。

(二)物资调整　自民国廿八年四月华中物资动员委员会成立以来．本公司开始担当调划各关系公司及华中日人关系事业之物资需给事宜，进而协力物动计划之施行。其后因时局之进展，物资需给统制愈益强化，爰于卅一年充实物资调整机构，直接经营华中方面对日本之物资供求及其配给事宜。

（三）调查计划　本公司之调查机构，于卅一年五月调整公司机构之时，实行扩充，迩来除办理公司业务上所需调查事宜外，并承受有关机关之委托调查各地方事件，又协助上海工厂之调查，以及在华敌产之调查等。因此本公司对于当局所施行之关于上海经济之编制及其他各种计划方案，贡献良多。

（四）地产事业之直接经营　民国卅一年十一月十日，日派遣军布告，对于上海区域内英、美等国籍名义之永租地权，其为中国人或第三国之真正所有权者，解除敌产处分。据此、并指定本公司为特定受托公司之一（计恒产公司等五家），迩来即开始经营上项地产之信托及其关系事业。

（五）日军管理企业之代营　自卅年十二月八日大东亚战争爆发以来，英美系敌性企业均置于日军管理之下，而委由日方关系公司代管经营。本公司于卅一年三月廿日由日本兴亚院华中连络部长官指定为美商美光火柴公司之管理人；又于同年五月七日指定为通和等十五家敌性不动产信托公司之管理人，更于卅二年一月十二日由日本驻华大使馆特命全权公使指定为佐治马可贝等四家敌性公司之管理清算人。

四、营业报告　〔略〕

1．华中矿业公司

一、设立经过　日本为确保华中方面之铁矿资源，以供应其制铁事业所需铁矿砂起见，于民国二十七年四月八日投资一千万日圆，设立华中铁矿公司统制经营之。其后又感到除铁矿之外，其他各种矿产均有统制开发之必要，乃于二十七年十二月十六日召开临时股东大会，修改公司章程，兼营各种矿产之开发事业，并变更公司名称为华中矿业股份有限公司。关于资本额之规定，于二十八年七月，据前维新政府实业部所任命之评价委员会对于中国之矿权：（一）铁道区（包括三山镇附近以东，长江沿岸及钱塘江以西，太湖附近之全部矿藏及其一切附属设备）估价为九百八十万日圆。(二)马鞍山矿区（包括马鞍山轻便铁道及其他一切附属设备）估价为二十万日圆。共计一千万日圆，以之为实物出资，而将公司资本定为二千万日圆。

二、公司概要

(一)法人人格　中日合办中国普通法人股份有限公司。

(二)总公司地址　上海北四川路六四一号。

(三)资本　总额20,000,000日圆（每股50圆，共40万股），缴足全额。

内计现金出资日方9,455,000圆
华方545,000圆
实物出资华方10,000,000圆

其主要股东如左：

日方	华中振兴公司	89,900股	计4,495,000圆（现金）
	日本制铁会社	59,390股	2,969,500圆（现金）
	日本钢管会社	15,800股	790,000圆（现金）
	小仓制钢会社	4,900股	245,000圆（现金）
	铁钢证券会社	8,000股	400,000圆（现金）
	中山制钢所	5,500股	275,000圆（现金）
	其他日人十四名	5,610股	280,500圆（现金）
华方	国民政府	121,423股	6,071,150圆（实物）
	福利民铁矿公司	54,415股	2,720,750圆（实物）
	振冶铁矿公司	14,102股	705,100圆（实物）
	宝兴铁矿公司	4,340股	217,000圆（实物）
	益华铁矿公司	1,520股	76,000圆（实物）
	福利民、宝兴、益华	4,000股	200,000圆（实物）
	陶国贤	100股	5,000圆（实物）
	章述均	100股	5,000圆（实物）

袁乃宽	6,000 股	1,200,000 圆	（现金）
盛恩颐	4,900 股	245,000 圆	（现金）

（四）业务　1．华中矿产资源之统制开发。2．矿业投资及附带事业之经营。

（五）政府之监督

1．实业部长对于本公司之业务，为增进公益或统制开发矿产资源认为必要时，得命令遵行，或予以适当之处分。

2．实业部长认为必要时，得指令本公司报告其业务或财产状况。

3．左列事项应呈请政府许可之：

（1）公司规程所载重要事项之变更。

（2）董事长及副董事长之选任或解任。

（3）公司之合并或解散。

（六）公司之特典

1．政府特准本公司确保及统制开发左列有关国防之重要矿产资源：

铜矿、铁矿、锡矿、铅矿、锑矿、镍矿、亚铅矿、铝矿、水铅矿、重石矿、流俺矿、萤石、煤炭、煤油及其他由实业部长所指定之矿产。

2．本公司既经取得之国营矿业权及矿业承租权，由实业部长批准后，可出租第三者，且无庸遵照矿业法第五条第二项及第三项之规定。

3．本公司及其承租人所采掘之矿产，不适矿业法第九条第二项之规定。

4．矿业法第五条所规定关于县、市政府及第五十二条关于所管地方政府之优先权，得由本公司呈请免除适用。

5．矿业权之申请及其设定登记，及许可证之交付，均免除手续费。

6．本公司所有矿业权，其为政府之出资者，或为本公司尚未采掘、亦未出租第三者之矿业权，免除其矿区税。

7．政府出资之矿业权免除矿产税。

(七)重要职员

董事长矶谷先亨（八幡制铁所次长）。副董事长朱朴。常务董事细木盛枝、室木隆三郎。董事植村癸已男（前日本商工省官吏）、白石元治郎（日本钢管会社社长）、袁乃宽（前农商部总长）、陶因贤（实业部司长）、章述均。监察人伴野清（华中振兴公司理事）、盛恩颐（前汉冶萍煤矿公司总经理）。

三、事业概况　本公司成立之后，设总公司于上海，并于南京、东京、八幡等地设办事处，于马鞍山、桃冲、凤凰山、铜官山等矿区设矿业所。其所辖矿山分散各地，势难全部开发，因此决定首先开采安徽省当涂县属之南山、大凹山，及马鞍山轻便铁路沿线各矿山，及钟山、黄梅山、小姑山，以及青山河流域之各矿山。

民国二十七年六月，南山、大凹山方面之准备次第完成，十月四日马鞍山轻便铁道亦已修复通车，各矿山之复兴工作进展颇速，是年十月已有铁矿砂运输日本。据估计，南山、大凹山之铁矿埋藏量约为五千五百万吨，每月出矿量最多可达三十余万吨，马鞍山每月出矿量最多可达七万吨。其次凤凰山于三十年一月开始出矿，铜官山于三十二年初完成采矿设备。

关于非铁部门之开采，于浙江省之湖州、象山、武义及义乌等优良萤石矿藏地带设立矿业所，又于三十一年六月设浙东总局于杭州，以便大量采掘。其次流俺矿及硫化铁矿亦已着手采掘。该公司又于三十年度进行修复汉口附近之保安煤矿，但因技术困难，而停止工事。至于埋藏量不下五六千万吨之大冶铁矿，则由日本制铁会社经营之。

兹将各矿区之采掘情形分列如左：〔略〕

以上各矿业所所属各矿山之出矿量及输日数量，如左列各表所示：

铁矿输日数量表（单位吨）

购买公司名	廿八年度	购买公司名	廿八年度
日本钢管	143,915	鹤见制钢	60,161
小仓制钢	46,530	中山制钢	18,258

铁矿采掘数量表（单位吨）

矿山名	廿八年度	矿山名	廿八年度
南 山	234,381	大 凹 山	110,883
黄 梅 山	16,246	钟 山	30,435
凤 凰 山	19,000		

其次，本公司为谋矿质之改善，于民国二十九年五月，以上海中山路大夏大学旧址设立中央分析所，试验分析各种矿物之品质，以求对于矿产资源之开发有所贡献。三十一年三月二十日，又由日本兴亚院华中连络部长官，委任经营军管理中之上海化验室。

四、营业报告〔略〕

2.华中水电公司

一、设立经过　日军占据上海以后，因军事上之需要，置电气及自来水事业于日军管理之下，进行恢复工作。自廿〔七〕年四月以降，大部份华方水电厂均委由兴中公司管理经营，旋于六月卅日投资二千五百万日圆，成立本公司，继承兴中公司所担当之军方委任经营之水电事业。本公司成立后，初步经营上海租界以外区域之水电事业，渐次扩大至整个华中占据区域。公司资本曾于廿八年十二月，因发现对于上海华商电气公司之出资财产估价多算二百一十万圆，公司资本遂减为二千二百九十万圆。其后又因接收南京、杭州、戚墅堰、安庆、芜湖等地电灯厂，以南京、杭州、镇江等地自来水公司成功，公司资本又增为四千三百万日圆。

二、公司概要

(一)法人人格　中日合办中国特殊法人股份有限公司。

(二)总公司地址　上海北四川路阿瑞里二号。

(三)资本

总额　43,000,000圆（每股50圆，共860,000股）。

内计现金出资日方21,480,000圆(老股实收二分之一,新股实收四分之一)

实物出资华方21,520,000圆（缴足全额）

（详见表第1076页）

(四)业务　1．华中一带电灯、电力、电热之供给。2．电气机械、器具之贩卖与租借。3.对有关事业之投资与融资。4．自来水之供给。5．以上附带事业之经营。

(五)政府之监督　〔略〕

(六)公司之特典

1．政府特准本公司统制经营华中一带电气及自来水事业，并禁止本公司以外者经营同种事业，其既存之同种事业，亦应迅速置于本公司统制之下。

2．自用发电除利用余热等特殊情形而外，亦在禁止之列。

3．本公司得发行实收资本二倍之公司债,其还本付息由政府保证之。

4．政府对于本公司免除左列税款：

（1）为复兴电气及自来水事业所需重要机械材料之进口关税，期限三年。

（2）登记税。

股东名簿（以股数多寡为先后）

股 份 数					氏 名
缴足金额50圆	缴二分之一25圆	缴四分之一12圆50钱	计	地址	
	149,560	172,200	321,760	上海	华中振兴公司总裁高岛菊次郎
145,685			145,685	南京	商办闸北水电公司代表实业部
51,100			51,100	同	建设委员会首都电厂代表实业部
51,062			51,062	同	商办内地自来水公司代表实业部
48,500			48,500	同	杭州电气公司代表实业部
34,069			34,069	同	上海华商电气公司代表实业部
26,200			26,200	同	建设委员会戚墅堰电厂代表实业部
25,400			25,400	同	南京市自来水厂代表实业部
	4,540	15,560	20,100	日本	关东配电会社社长新井章治
	7,500	8,610	16,110	同	中国配电会社社长铃川贯一
16,032			16,032	南京	浦东自来水厂代表实业部
	6,510	6,085	12,595	日本	中部配电会社社长海东要造
	6,395	5,470	11,865	同	关西配电会社社长田边隆二
	5,495	6,305	11,800	同	九州配电会社社长木村平右卫门
	5,850	5,290	11,140	同	东北配电会社社长白势量作
	5,000	5,740	10,740	同	发送电兴业会社社长岸田幸雄
9,087			9,087	南京	浦东电气公司代表实业部
8,700			8,700	同	芜湖明远电气公司代表实业部
8,000			8,000	同	杭州市自来水厂代表实业部
	2,620	3,120	5,740	日本	北陆配电会社社长山田昌作
3,500			3,500	南京	镇江自来水公司代表实业部
	2,680	210	2,890	日本	四国配电会社社长清明收吉
	2,500		2,500	同	南鲜合司电气会社社长小仓武之助
	810	1,010	1,820	同	北海道配电会社社长荻原文夫

缴足金额50圆	缴二分之一25圆	缴四分之一12圆50钱	计	地址	氏　名
1,404			1,404	南京	翔华电气公司代表实业部
900			900	同	安徽省电灯厂代表实业部
361			361	同	真如电气公司代表实业部
	100		100	日本	山田昌作
100			100	上海	汤澄波
	100		100	上海	青木竹郎
	100		100	同	堀江胜已
100			100	同	王学农
100			100	同	盛恩颐
	100		100	同	古城良知
	100		100	同	油谷恭一
100			100	同	徐春荣
		20	20	同	滕木越
		20	20	同	川村金太郎
430,400	200,000	229,600	860,000		共计三十八名

表头: 股　份　数

（3）国税以外之地方税及其他一切公课。

5．本公司经政府之许可，得进入他人之土地调查、测量、修理、或装置电气及自来水设备。

6．本公司为架设或保守电线路及自来水路起见，得移植或采伐有妨碍之树木。

（七）重要职员

董事长汤澄波（前广州市政府参事）。副董事长青木节（前东京电力会社川越支店长）。常务董事堀江胜已（前横滨水道局长）、王学农。董事盛恩颐（华中矿业公司监察人）、古城良知。监察人伴野清（华中振兴公司理事）、顾保廉。

三、事业概况　本公司初成立时，自来水之营业区域包括闸北、市中心区、南市、浦东、真如及吴淞等地，以供给军需为主，其后一般民需渐增。迩来公司竭力扩充营业范围，先后设立分公司、办事处于南京、安庆、苏州、无锡、常州、镇江、芜湖、九江、武汉、松江、杭州等地，以利推行其统制经营华中各地之电气及自来水事业之计划。据该公司于民国卅一年九月之营业报告，所辖水电公司如左：

（一）电气事业

电　厂　名	经　营　状　况	事变前之发电量 K.W	事变后之最高发电量K.W.	事变后平均发电量 K.W.
上海闸北水电公司	本公司经营	34,500	22,000	14,930
华商电气公司	同前	16,000	16,000	6,500
浦东电气公司	同前	600	600	
翔华电气公司	同前	2,000		
真茹电气公司	同前	30		
苏州电气公司	军管理委托经营	12,700	11,800	4,300
常州第一（戚墅堰）	本公司经营	17,100	8,000	5,900
常州第二（武进）	军管理委托经营	3,500	3,500	1,410
镇江大照电气公司	同前	5,950	5,950	2,980
南京首都电厂	本公司经营	30,000	30,000	11,000
芜湖电气公司	同前	2,160	2,160	950
杭州（艮山门）电厂	同前	1,000	3,000	2,570
杭州（闸口）电厂	同前	（停工）15,000	0	0
松江电气公司	军管理委托经营	223	140	115
扬州振扬电气公司	军管理由本公司委托经营	3,500	3,500	1,410
安庆安徽省会电灯厂	本公司经营	1,040	1,040	310
九江映庐电灯厂	军管理委托经营	846	846	810
汉口既济水电公司	同前	16,500	16,500	5,500
武昌武昌水电厂	同前	1,600	484	

南昌水电厂	同前	750	750	300
南昌电厂	英国系(停工)	3,200	0	0
庐山管理局电厂	军管理本公司协力	100	60	23
嘉兴永明电灯公司	军管理委托经营	308	308	300
合　计		169,207	126,638	

(二)自来水事业(见表第1080页)

大东亚战争爆发后，上海电力公司、沪西电力公司及上海自来水公司，均置于日军管理之下，而委任本公司经营之。

四、营业报告〔略〕

3．上海内河轮船公司

一、设立经过　日方为统制华中内河航路起见，爰于民国二十七年三月中旬以日清汽船公司为主体，设立江浙轮船公司，专营内河航运，并禁止其他一切船舶之航行。旋又将该公司解散，另行组织较为有力之统制公司，本公司乃于七月二十八日宣告成立，资本定为二百万日圆。其后因业务进展，于三十年五月将公司资本增为六百万日圆。

二、公司概要

(一)法人人格　中日合办中国普通法人股份有限公司。

(二)总公司地址　上海北苏州路四三四号。

(三)资本　总额六百万圆(每股五十圆共十二万股)，缴足全额。

内计现金出资日方　4,569,450圆　　华方　682,400圆

实物出资日方　88,050圆　　华方　660,100圆

其主要股东如左:(见表第1081页)

(四)业务1．华中主要内河航路之客货运输。2．船舶之租赁。3．仓库、码头及其他附带事业之经营。

(五)政府之监督〔略〕

(六)公司之特典

水 厂 名	经 营 状 况	水 源	最大管径	水管延长	事变前最大给水量	事变后最大给水量
上海闸北水电公司	本公司经营	黄浦江	900	188,082米	828,780立方米	110,000立方米
内地自来水公司	同前	同前	750	116,341	597,770	140,000
浦东自来水厂	同前	同前	500	13,220	26,209	20,000
南京自来水厂	同前	扬子江	750	127,180	1,125,500	55,000
杭州自来水厂	同前	贴沙河	400	75,045	188,541	15,000
镇江自来水厂	同前	扬子江	200	38,600	134,402	5,000
芜湖自来水厂	同前	同前	100	526		500
汉口既济水电公司	军管理委托经营	汉 水	120	114,000	2,214,270	100,000
武昌自来水厂	同前	扬子江	250	15,840	85,230	5,000

姓　　　　名	地　　址	股　份　数		
		新　股	老　股	共　计
华中振兴公司	上　海	42,054	11,900	53,945
东亚海运公司	东　京	6,715	13,429	20,144
顾庆毅	上　海	12,000		12,000
上海运输公司	上　海	1,082	2,165	3,247
昭和海运公司	上　海	1,000	2,000	3,000
何展云	上　海	2,500		2,500
益　记	上　海	2,000		2,000
鑫聚记	上　海	2,000		2,000
诚信记	上　海	2,000		2,000
相内重太郎	上　海		1,000	1,000
周友常	上　海	750	500	1,250
野田笃一	上　海	395	790	1,185
陆根元	上　海	772		772
山本德一	下　关	250	500	750
大阪海上火灾保险公司	大　阪	225	430	655
武子建	上　海	600		600
岩屋三男	上　海	195	390	585
李士群	上　海	50	532	582
王叔贤	上　海	321	241	562
江南产业公司	上　海	500		500
西村五郎	上　海	160	320	480
潘三省	上　海	155	309	464
代喜纯孝	上　海	150	300	450
佐野燦一郎	上　海	125	250	375
其他日人七十名		2,570	4,254	6,824
其他华人三一名		1,430	690	2,120
共计一二五名		80,000	40,000	120,000

1．政府特准本公司统制经营华中主要内河航路之小蒸气船、马达船及拖船等运输事业，并禁止本公司以外者经营同种事业，其既存之同种事业，亦应以合并收买或以其他方法置于本公司统制之下。

2．本公司经政府之许可，得进入他人之土地，实行调查、测量水路，或建筑必要工事。

（七）重要职员

董事长周友常。副董事长杉本久太郎（上海运输公司董事）。董事山中喜一（东亚海运公司上海支店长）、山本德一（日本下关商工会议所副所长）。监察人村上一武、王叔贤（竟成造纸厂经理）。

三、事业概况　本公司成立初时，自有蒸气船二十只，借用船十二只，共计三十二只。其后逐渐增加，至三十二年三月底，自有蒸气船增为一九六只，租船增为六七只，外加军方借用船二七只，计二九〇只。此外公司自有驳船四一八只，租用驳船一，三六一只，军方借用驳船四只，计一，七八三只。以上总计共二，〇七三只，经营左列各航线：

（一）苏州河线

上海—苏州—无锡	无锡—苏州
上海—太仓—沙溪镇	无锡—常州
苏州—常熟	无锡—江阴

（二）黄浦江线

上海—叶榭	上海—大通桥
上海—大团市	上海—卅四号桥
上海—南桥	上海—北蔡
上海—枫泾	上海—杜家行
上海—金山	上海—川沙
上海—湖州	上海—六里桥
上海—新五库	杭州—塘栖

（三）长江线

上海—浒浦	南京—浦口
上海—霍家桥	南京—扬州
镇江—扬州	高邮—天长
镇江—高邮	芜湖—小丹阳
镇江—秣陵关	芜湖—裕溪口
镇江—扬州—丹阳	芜湖—湾沚镇
镇江—仙女庙	芜湖—荻港
高邮—宝应	

至于运输情况，据该公司三十一年上半期（自四月一日至九月三十日）营业报告，本期之船客货物运输量，计船客一，六六二，一五八人，运费一，二四二，一五〇圆九角,货物七九三,四四二吨，运费四，六九七，一四九圆二角，较之前期船客减少八一一，三六三人，运费减少二七七，一九七圆五角三分，货物减少一〇九，〇八七吨，运费减少五二三，七一五圆二角。关于货运之主要品目如左：

	由上海运销内地	由内地运输上海
苏州河线	煤、杂货、重油、麸皮、砂糖、豆油、木柴、黄豆、煤油、柏油、桐油、纸等类	小麦、米、杂货、土酒面粉、煤、豆粕、纸板、磁器、旧棉花、泥罐、牛骨、木材、油粕等类
黄浦江线	麸皮、杂货、肥料等类	米、鱼、薪柴、竹等类
长江线	砂糖、烟草、煤、盐等类	蛋、米、小麦、竹等类

2．本公司对于关系公司之投资有两项：一为扬子江驳运公司，一为南京码头工人福利公司。两公司均为中日合办企业，资本金各为二十万圆，同于二十八年三月设立，前者投资四万圆，后者投资三万圆。

四、营业报告〔略〕。

3．华中电气通信公司

一、设立经过　战后华中各都市之电气设备多被破坏，日军于廿七年委任华中电信公司（日本国际电气通信会社、日本电讯电话工事会社等共同组织）办理恢复工作，旋于七月三十一日设立本公司，以谋统制经营华中各地电气通信事业，而上述华中电信公司之一切设备遂亦由本公司继承之。

二、公司概要

(一)法人人格　中日合办中国特殊法人股份有限公司。

(二)总公司地址　上海闸北育婴堂路一六〇号。

(三)资本　总额一千五百万元（每股五十元，共三十万股），缴足全额。

内计现金出资日方10,000,000元

　　实物出资华方　5,000,000元

其主要股东如左：

现金出资者：

华中振兴公司　6,000,000元　120,000股

国际电气通信公司　2,000,000元　40,000股

日本电信电话工事公司　1,000,000元　20,000股

其他　　　　　　　1,000,000元　　20,000股

实物出资者：

中国政府　　　　5,000,000元　　100,000股

(四)业务　1．电气通信事业之统制经营。2．电气通信设备之租赁。3．对关系事业之投资。4．其他附带事业之经营。

(五)政府之监督〔略〕

(六)公司之特典

1．政府特准本公司统制经营华中电气通信事业，并禁止本公司以外者经营同种事业，其既存之同种事业亦应从速置于本公司统制之下。

1084

2．本公司办理公众通信不负损害赔偿责任。

3．关于公众通信之欠付金额，本公司有次于国税之催收特权。

4．本公司遵照命令规定，得向电报收发人要求说明其所用密码之本义，若发报人拒绝说明时，本公司得拒绝拍发。

5．本公司之财产所得，营业契约登记，以及专供本公司使用之物件，免除税款及其他一切公课。

6．本公司得发行实收资本二倍之公司债，其还本付息由政府保证之。

7．民间股东之股息，不足实缴股本之年息六厘时，派息六厘。至于政府股份，须俟民间股份之股息分派后，仍有盈余时，方得分派之。

8．本公司为测量、修理或架设电线路起见，得进入他人之土地、家屋或于他人之土地上设置测量标，但于日没至日出之时间内，除紧急情形以外，不得违反占有者之意思，强行进入其家屋或庭园。

前项规定进入他人之家屋或庭园时，应预先通知该占有者。

前项规定进入他人家屋或庭园者，应携带身份证明文件。

9．本公司为架设电线路起见，得移植或采伐有妨碍之树木，或要求其所有权者移植采伐之，但公司应给以相当之补偿。

10．本公司需要在道路、桥梁、沟渠、堤防、公园及其他公用土地或官有地架设电线路时，在不妨碍其效用限度内，可征得管理者之许可后使用之。

11．本公司于他人之土地上架设电线路时，应预先通知其所有权者。

(七)重要职员

董事长福田耕（日本众议院议员）。副董事长赵以箦（前交通部技正）。常务董事平田耕藏、片三活三（台湾总督府通信技师）、周鸿熙。董事杨伟昌。监察人油谷恭一（华中振兴公司理事）、王建民。

三、事业概况　本公司自成立以来，积极整顿修理华中各地之通信设备，并致力于开拓国际通信。大东亚战争发生后，公司业务因国外电报激减，物价昂腾，资本困难之故，大受挫折，艰辛备尝。据民国卅二年三月底该公司之报告，现有报局一百廿一所，电话局五十一所。无线电设施除真茹及刘河两无线电台早经修复外，南京及汉口之新设电台亦已先后完成。无线电报可通东京、大阪、台北、柏林、罗马、日内瓦、盘谷、西贡、广东、北京、天津、青岛、大连、厦门、澳门、新加坡、香港及直通船舶等六十五线路。至于爪哇、马来、苏门答腊、菲律宾、缅甸、婆罗洲、赛列□斯等南洋各地，亦可经由日本及新加坡通报。此外，有上海东京间无线电话两线，无线电传影一线，又有上海大阪间与上海大连间无线电话各一线。关于有线电话，除管内各线外，有上海天津间，南京青岛间，南京徐州间，及蚌埠徐州间之长途电话线。以上共计七十三线。又如市内电话之加入者，亦达一万九千余名，电报收发达三百四十八万七千余件，达开办时之十倍以上。大东亚战争爆发后，上海公共租界内之美商电话公司及中国电气公司均置于日军管理之下，委任本公司经营之。至此，上海之电气通信事业遂亦由本公司统一经营矣。

四、营业报告　〔略〕

5. 华中蚕丝公司

一、设立经过　战后日商蚕丝业者于二十七年四月设立华中蚕丝组合，进行以中日合办方式恢复无锡、苏州一带蚕丝事业，至七月末已有九家工厂复工，其后因感到有设立蚕丝统制公司，实行统制华中各蚕丝工厂之必要，爰于八月十日成立本公司。当初资本为八百万圆，与华中振兴公司并无关系，至翌年（二十八年）七月，为扩充蚕丝事业起见，公司资本增为一千万圆，并由华中振兴公司认购新股一万股，旧股三万股，至此本公司遂亦成为振兴公司之子公司矣。

二、公司概要

(一)法人人格　中日合办中国普通法人股份有限公司。

(二)总公司地址　上海北京路二号。

(三)资本　总额一千万圆（每股五十圆，共二十万股，内计旧股十六万股，新股四万股）。

内计现金出资日方　6,989,500圆（实收二分之一）

华方　10,500圆（实收二分之一）

实物出资日方　155,850圆（缴足全额）

华方　2,844,150圆（缴足全额）

其主要股东如左：

日　　方			华　　方		
股东名号	种类	股数	股东名号	种类	股数
华中振兴公司	现金	40,000	振艺丝厂	实物	3,803
片仓制丝纺织公司	同	20,170	鼎昌丝厂	同	3,520
郡马制丝公司	同	11,000	江苏农民银行第二仓库	同	3,015
钟渊纺织公司	同	9,000	永裕丝厂	同	2,501
帝国蚕丝仓库纺织公司	同	3,750	禾丰丝厂	同	2,386
长野县养蚕业合作社	同	2,511	鼎盛丝厂	同	3,169
长野县制丝业合作社	同	2,030	永盛丝厂	同	3,055
其　他	同	51,319	崇裕丝厂	同	2,447
瑞丰丝厂	实物	3,117	其　他	同	33,937
			其　他	现金	210
共　计		142,907	共　计		57,093

（四）业务　1．蚕丝之制造及分配。2．蚕丝手缫工业之经营。3．买卖土丝。4．其他。

（五）政府之监督　〔略〕

（六）公司之特典　政府特准本公司统制经营华中之机械制丝业，及蚕种制造业，其既存之同种事业应纠合于本公司之伞下。

（七）重要职员

常务董事铃木格三郎、小林卫、王绍钧。董事池上照、波多野林一、李伯勤。顾问今井五介、黄士龙。监察人油谷恭一、沈联芳。

三、事业概况　本公司初成立时，正当生丝市价因法币贬值，外汇低廉，加之日销畅旺之故，日趋昂腾，公司获利甚丰。然而好景不常，日销呈滞，及至三十年七月二十六日，美国实行资金冻结令以后，美国市场又因而丧失，所受打击相当深刻。乃限制生产，并施以紧缩政策，此外，则设法增加羊毛代用品、短纤维原料之乾茧输日数量，又增设织绸工厂，藉以推广国内需要。

据该公司发表三十二年六月之营业报告，现有工厂数二二家，锅数六，九〇四锅①，其中开工工厂六，锅数二，〇九二锅。又收茧数量约四万六千六百八十七担，生丝产额约六千七百二十三担，原料茧消费额约三万六千五百十七担。

其所辖丝厂（见第1089页表）

四、营业报告：〔略〕

变迁：本公司于三十二年底宣告解散，旋由中日两方业者及关系当局进行筹备中华蚕丝公司，资本六千万元，中日各半，分为二十万股，每股三百元，于三十二年五月三日新公司成立，选定重要职员如左：

董事长许逊公。副董事长长冈哲三。董事顾孟辉、麦静铭、

---

① 此处工厂家数和锅数总数与下表所列不符。

地　名	厂　名	锅　数		备　考
		开工	休业	
无　锡	振　艺		256	休　业
	振　元		352	休　业
	鼎　盛	272	329	一部休业
	宏　余		548	休　业
	福　纶		248	休　业
	润　康	304	2C8	一部休业
	禾　丰		360	休　业
	大　生		208	休　业
	鼎　昌	512		开　业
苏　州	苏　州	428		开　业
	华　福		220	休　业
上　海	新　昌		2C8	休　业
嘉　兴	福　兴	240		开　业
硖　山	双　山		232	休　业
长　安	长　安		288	休　业
崇　德	长安分厂		12C	休　业
杭　州	杭　州		240	休　业
	纬　成	336	364	一部开业
	纬成第三		2C0	休　业
湖　州	湖　州		270	休　业
共　计		2,092	4,682	

其他工厂：

地　名	工　厂　名　称	运转机械	摘　要
上　海	华中蚕丝绸布总厂	75台	设备织机 102台
	华中蚕丝绸布ˊ厂	100台	同上　1C0台
	华中蚕丝织绸厂	6台	
	华中蚕丝裕泰丝厂	70锅	
	华中蚕丝丝织品工厂	3台	设备织机　12台

曾锡淳、劳荫予、吉田清二、朝冈庄三、明石国男、中山佐吉、林常吉。

6. 上海恒产公司

一、设立经过　日军占据上海以后，拟定上海新都市及港湾建设计划，禁止土地之自由买卖，并计划成立一家地产公司，办理各项建设事业，旋得维新政府之谅解，本公司乃于廿七年九月十日宣告成立。

二、公司概要

(一)法人人格　中日合办中国特殊法人股份有限公司。

(二)总公司地址　上海新市街共荣路二号。

(三)资本　总额二千万元（每股五十元，共四十万股）。

内计现金出资日方10,000,000元（实物〔收〕四分之三），实物出资华方10,000,000元（缴足全额）。其主要股东如左：

现金出资者日方：

华中振兴公司	5,000,000元	100,000股
裕丰纺织公司	1,250,000元	25,000股
上海制造绢丝公司	1,000,000元	20,000股
上海纺织公司	800,000元	16,000股
内外棉纺公司	800,000元	16,000股
大日本纺织公司	500,000元	10,000股
冈兴纺织公司	400,000元	8,000股
其　　他	250,000元	5,000股

实物出资者华方：

国民政府	10,000,000元	200,000股

(四)业务　1. 都市建设事业。2. 港湾建设事业。3. 房地产之买卖、投资管理及利用。4. 不动产之信托业务。5. 其他有关事业之经营。

(五)政府之监督〔略〕

（六）公司之特典

1．政府得因都市港湾建设事业之须要，征收土地交付本公司使用之。

2．本公司依照法令之规定，得因都市港湾建设事业之须要，而收用土地。

3．本公司依照法令之规定，对于因都市港湾建设事业之施行，获得显著利益者，可就其所获得利益之限度内，着令负担全部或一部份建设费。

4．本公司所有之土地，其未设定租赁权者，得免缴该项土地之地租。

5．本公司得发行一万万日元限度内之公司债，其票面金额最低十元，无庸遵照公司法第一七八条之规定。

6．政府对于本公司所发行之公司债，保证其还本付息。

7．本公司之第一期公司债，依照法令之规定，可提供政府作为保证或担保之用。

8．本公司之第一期公司债，经政府之许可，得用以缴纳股款。

9．本公司依照法令之规定，得发行彩票。

10．本公司在股本未收足之前，亦得增资。

11．本公司于每营业年度之盈余分配，其民间股东之股息不及实缴股本之年息六厘时，得免发政府股份之股息。

12．民间股东之股息不及实缴股本之年息六厘时，得由政府补足之，但于该项股息超过六厘时，其超过金额应首先偿还政府之补助金。

13．民间股东与政府股份派息六厘后，仍有盈余可供分配时，应以二对一之比率分配之。

（七）重要职员

总经理陈绍妫。副总经理吉富直贤。理事矢守贞吉（大连霞浦土地会社理事）、菱田逸次（裕丰纺织会社常务董事）、儿玉信次郎。监事坂本敬二、程进修。

三、事业概况 本公司成立以后，即拟定新上海都市建设计划，以苏州河口为中心，半径十五公里之圆圈内，约四千万平方米突之广大区域内，实行土地之收买与分让。至于开辟道路、公园、敷设下水道以及建筑港湾等各项工事，亦均积极推行。至三十二年六月，业经收买之土地约为六百七十余万平方米突，分让土地约为二百六十万平方米突，道路及下水道工事亦已大致完成。其后因物料艰难，都市港湾建设计划暂告停顿。

本公司之附带事业，现为出租临时官舍，一般民用住宅及承办土木工事之设计、监督与包工等。此外又于廿八年购入百老汇大楼，成为本公司最大附属事业之一。及至大东亚战争发生以后，上海租界内日军管理之中外地产公司三十余家，委任本公司经营之。

四、营业报告 〔略〕

7. 华中都市公共汽车公司

一、设立经过 战后华中各都市公共汽车事业均告停顿，至廿七年一月，乃有兴中公司营业汽车行驶京、沪两地，杭州则有市营江南产业公司营业汽车行驶，旋即开始筹备设立新公司，以杭州市营江南产业公司为实物出资，并收买兴中公司之汽车，至十一月五日一切筹备手续完毕，本公司乃宣告成立。

二、公司概要

(一)法人人格 中日合办中国普通法人股份有限公司。

(二)总公司地址 上海东体育支路七〇号。

(三)资本 总额三百万元（每股五十元，共六万股）。

内计现金出资日方 2,943,500圆（实收四分之三）

　　　　　　　华方 1,500圆（实收四分之三）

实物出资日方　　　45,000圆（缴足全额）

　　　　　　华方　　　10,000圆（缴足全额）

其主要股东如左：

	缴足全额股	缴足四分之三股	共计
华中振兴公司	900股	31,110股	32,010股
大日本电力公司		27,590股	27,590股
杭州市政府	200		200
华中铁道公司		100	100
日人森田重彦等七名		70,	70
华人杨效曾等三名		30	30

（四）业务　华中主要都市之市内公共汽车及其附带事业之经营。

（五）政府之监督：〔略〕

（六）公司之特典

　　1．政府特准本公司统制经营华中各主要都市之公共汽车事业，并禁止本公司以外者经营同种事业。

　　2．本公司之营业范围，限于经营华中各都市之市内公共汽车事业，至于都市与都市间之长途联络汽车事业不得经营，既继承既存事业之原有范围，不在此限。

　　3．本公司得兼营都市与近郊之联络公共汽车事业。

（七）重要职员

　　董事长杨效曾。副董事长森田重彦。常务董事但马祐治。董事荃明。监察人庄士龢、野村义男。

　　附职员统计表如左：〔略〕

三、事业概况　经营上海、南京、杭州、苏州、无锡、镇江、常州等地市内公共汽车事业，营业路线全长四二六公里，但实际运转者约为三〇〇公里，平均每日载客四万人。自大东亚战争发生以后，因燃料来源断绝，汽车完全停驶，乃改装代燃汽车，继续营业。又向上海电车公司借来车辆，行驶虹口区间，业务状况相当良好，旋于卅一年二月，奉命移交上海电车公司统一经营，因此占该公司大宗收入之北四川路与杨树浦两电车路线遂告丧失，公司收支亦因而失去平衡。其间代燃汽车之改装逐渐完成，乃积极整顿，致力训练员工，利用代燃汽车，恢复旧路线，开拓新路线，结果营业状况大见改善，但公司收支依然未得平衡。又该公司自卅年十二月八日以来，受托经营军管理上海电车公司及中国公共汽车公司。

四、营业报告 〔略〕

8．华中水产公司

一、设立经过　华中沿岸之渔获物，历来以上海为集散市场，其交易额年达二千万元，乃至五、六千万元。鱼市场一向设在法租界之十六铺。国民政府为挽回利权起见，于黄浦江下流之吴淞口，投资一百二十万元，建设一近代化之鱼市场，以与十六铺市场对抗，中日战争发生前，交易额年达一千五百万元。战后鱼市场复移回十六铺，更因日方禁止中国鱼船入港，而日本渔业者则纷纷来华发展，以致上海水产界顿呈混乱。旋经日方关系当局协议之结果，于廿七年二月二日议定华中渔业暂行方针，由日方水产会社、林兼商店、长崎县渔业组合三者共同组织华中渔业组合，准许该组合会员之渔船及运搬船入港。至于华方渔船虽被禁止入港，却改悬第三国国旗，依然通行运销十六铺鱼市场。至此，日方乃痛感禁止华方渔船入港之失策，且有诱入其势力范围之必要，乃向上海工部局借来杨树浦空地一方，着手建设临时鱼市场，资本十万元，中日各半出资，至八月十六日开始营业。旋又进行筹办华中水产事业之统制公司，至同年十一月六日，本公司乃告成立焉。

二、公司概要

（一）法人人格　中日合办中国普通法人股份有限公司。

(二)公司地址　总公司　上海杨树浦麦克利克路卅五号①。

(三)资本　总额五百万圆（每股五十元，共十万股）。

内计现金出资日方　3,470,000元（实收二分之一）

华方　200,000元（实收二分之一）

实物出资日方1,050,000元（缴足全额）

华方　280,000元（缴足全额）

其主要股东如左：

现金出资者

华中振兴公司	2,770,000元	55,400股
日本全国渔业组合联合会等	700,000元	14,000股
华人张则民等	200,000元	4,000股

实物出资者

日本水产会社	534,100元	10,682股
林兼商店	262,550元	5,251股
其他日方	253,350元	5,067股
华方国民政府	122,000元	2,440股
华东渔业公司	137,000元	2,740股
通源渔轮局	21,000元	420股

(四)业务　1.渔市场之经营及水产物之买卖。2.汽船网鱼业。3.制冰、冷藏及鱼类之运输。4.其他附带事业之经营。

(五)政府之监督　〔略〕

(六)公司之特典

1.政府特准本公司统制经营上海生鱼类之批发市场，在必要范围内，亦得经营其他水产物之批发市场，并禁止本公司以外者经营同种事业。

---

①除上海总公司外，在上海、南京、无锡、镇江、定海、沈家门等处还设有渔市场、冷冻工场，事务所等各类机构21个。此处略。

2．政府特准本公司对于南京及其他主要都市之前项业务有优先经营权。

3．政府特准本公司统制经营华中沿海之汽船网鱼业，并禁止同种事业之经营。

备注 政府为确保上海渔获物之供给起见，认有必要时，可在不妨碍华中水产公司之统制经营范围内，准许合法经营东海、黄海及勃海一带之汽船渔业，及机船底曳网鱼业之日本籍渔船在上海起卸其渔获物。

（七）重要职员

常务董事田口长治郎、内藤谐三郎、沈能毅。董事中部悦良、何士章。监察人横尾千三、张则民。

三、事业概况 本公司现有蒸气渔船三只，计七八五·九四吨，马达网渔船一四只，计七五六·五五吨，运搬船九只，计四八八·二一吨，近海渔业用渔船二只，计六二·一九吨，共计二八只，二，○九二·八九吨。此外尚有补助渔船两只。

据该公司于卅一年九月卅日之报告，本期内渔获额九万五千余箱，价值一百二十四万圆。又本期内上海鱼市场之交易额累计二千三百余万圆，南京鱼市场之交易额累计二十七万余圆。至于冷冻部之业务，自军管理班达冷冻工场委任本公司经营以来，冷冻能力渐增，对于自营渔船及一般民船之机制冰供给状况，亦甚良好。

四、营业报告 〔略〕

9．大上海瓦斯公司

一、设立经过 上海恒产公司成立以后，积极进行上海都市港湾之建设，因此该方面之煤气供给事业亦有同时进行之必要，爰于二十七年十二月二十七日成立本公司焉。

二、公司概要

（一）法人人格 中日合办中国普通法人股份有限公司。

(二)总公司地址　上海特别市新市街共荣路二号。

(三)资本　总额三百万日圆（每股五十圆，共六万股）

内计现金出资日方　2,799,000元（实收二分之一）

　　　　　　华方　　1,000元（同前）

实物出资华方　200,000元（缴足全额）

其主要股东如左：

　　现金出资者：

华中振兴公司　1,797,500圆　35,970股

东邦瓦斯公司　675,500圆　13,510股

东系瓦斯公司　150,000圆　3,000股

大阪瓦斯公司　50,000圆　1,000股

神户瓦斯公司　50,000圆　1,000股

西部瓦斯公司　25,000圆　500股

九州瓦斯公司　15,000圆　300股

日本瓦斯公司　15,000圆　300股

广岛瓦斯公司　10,000圆　200股

北海道瓦斯公司　5,000圆　100股

日人石仓吉巳等十名5,000圆　100股

华人陈绍妫、裴鸣玉1,000圆　20股

　　实物出资者：

上海恒产公司　200,000圆　4,000股

(四)业务　1.煤气之供给。2.瓦斯副产物之精制与贩卖。

3.其他附带事业之经营。

(五)政府之监督　〔略〕

(六)公司之特典

1.政府特准本公司统制经营上海市煤气之供给事业,并禁止本公司以外者经营同种事业。

2.本公司依照法令之规定,享有必要时得征用土地之特权。

3．政府免除本公司除国税而外之一切其他公课，但公司盈余超过一定限额，并应依照契约之规定，向上海市政府呈缴献纳金。

（七）重要职员

常务董事吉原迪。董事陈绍妫（上海恒产公司董事长）、石仓吉巳。监察人裴鸣玉、野村义男（华中都市公共汽车公司监察人）。

三、事业概况　本公司成立以后，即着手建筑工厂及埋设煤气管，只因资财缺乏，工作进行时受挫折。至二十九年十月底，吴淞工厂及由该厂通维新广场一带之煤气管均已敷设完成，乃于十一月起开始营业，供给该方面之东兴新村及振兴住宅等住宅区域之煤气需要。至三十一年九月底，供给用户增为一，○七三户，既经敷设之煤气管，计有总管二○，三三六·六七米，供给管一二，五○七·五七米，屋内管三，五三六·一三米，瓦斯计算表一，○七三个，煤气贩卖量二二五，二三八立方米。此外，副产品之焦炭产量亦达三，四六八吨，占该公司收入之大宗。

大东亚战争发生后，上海瓦斯公司亦置于日军管理之下，至三十一年三月二十日委任本公司经营之。只因上海瓦斯公司之煤气供不应求，乃于同年十月接通与该公司之联络管，自三十二年二月起，供应该公司之煤气以补其不足。

四、营业报告〔略〕

10．华中铁道公司

一、设立经过　战后华中各铁路，其在日军占据区域内者，由日军铁道队运转行驶。至二十七年春季，决定设立一中国特殊法人，组织公司，以谋统制经营华中之铁道及长途汽车之运输事业，爰于二十八年四月三十日成立本公司，资本金五千万元，经营江南一段之铁道约八百公里。至于江北部份之铁道，则仍为军管理，委由该公司经营之。其后于三十一年四月解除军管理，公司资本因而增为六千四百万元。

二、公司概要

(一)法人人格　中日合办中国特殊法人股份有限公司。

(二)公司地址

1．总公司　上海闸北民德路①

2．工厂　吴淞工场、常州工场、浦镇工场、九龙岗工场。

3．医疗卫生机关〔略〕

4．车站及其他　车站一五九。其他八七。

(三)资本　总额六千四百万元（每股五十元，共一百二十八万股）。缴足全额。

```
内计现金出资日方　15,000,000 元
                华方　10,000,000 元
    实物出资日方　39,000,000 元
```

其主要股东如左：

现金出资者：

华中振兴公司　6,500,000 元　130,000 股

其他日方　　　8,500,000 元　170,000 股

中国政府　　 10,000,000 元　200,000 股

实物出资者：

华中振兴公司　25,000,000 元　500,000 股

其他日方　　　14,000,000 元　280,000 股

(四)业务　1．铁道事业。2．长途汽车运输事业。3．其他附带事业之经营。

(五)政府之监督　〔略〕

(六)公司之特典

1．本公司之财产、所得、营业、契约、登记及公司事业所需物件，均免除一切税租或公课。

2．本公司得收用在事业之经营上所必要之土地、物件或权

_____

①　在南京设有分公司，在东京、淮南、汉口设有事务所。此处略。

利，又如关于同种事业之收买等事，亦享有其必要之权利与便利。

3．本公司之土地、物件及权利不得为其他事业而征收。

4．本公司可为其经营之事业架设专用电话线。

5．本公司得发行实收资本之三倍公司债，由政府保证其还本付息。

（七）重要职员

总裁郑洪年（前暨南大学校长）。副总裁田诚（前日本国际观光局长）。理事上林市太郎、何志杭、堀尾丰熊（前东京铁道局监察人）、村上义一、陈伯藩。监事园田三郎、王建民（华中电气通信公司监察人）。

（八）组织及人事　〔略〕

三、事业概况

（一）本公司之现有铁道营业路线一，一二九公里，长途汽车路线二，九八四公里。其在江南方面者，有京沪线、淞沪线、沪杭线、苏嘉线、京芜线等；其在江北方面者，有津浦线（南京至蚌埠）、淮南线（裕溪口至芦州）。此外，浙赣县自静江江岸至金华一段，全长一七六公里，于三十二年四月修复通车。详见左表

铁道营业路线及营业里程表

路线名	区	间	营业里程	
			旅　客	货　物
沪　宁　路	上海	南京	311	311
同　支　线	南京	南京江边		2
	镇江	镇江江边		2
	龙潭	南龙潭		2
吴　淞　路	上海	炮台湾栈桥	16	17
同　支　线	江湾	新兴	3	3
	年家宅	饭田栈桥		8
	年家宅	吴淞		2
沪　杭　路	上海	闸口	190	196

同 支 线	新龙华	上海南站	4	4
苏 嘉 路	苏州	嘉兴	74	74
南 宁 线	南京	湾沚	142	142
同 支 线	南京	惠民		2
	南京江口	大马路		1
	南京	小北门		4
津 浦 路	浦口	蚌埠	175	350
同 支 线	蚌埠	蚌埠埠头		8
淮 南 线	裕溪口	田家庵	214	224
金 武 线	金华	武义		
共 计			1,129	1,552

以上各线之运输成绩，据三十一年上期（自四月一日至九月三十日）之报告如左：

旅客乘车人员　7,881,451人　平均一日　43,068人

旅客收入　　16,224,140元　同　　　　88,657元

货物运输吨数　3,815,487吨　同　　　20,850吨

货物收入　　25,678,047元　同　　　140,316元

（二）关于长途汽车之营业路线，共计六四线，延长二，九○七公里。

其主要线路如左：

1．京常线（南京至常州）　2．溧水线（南京至溧水）

3．淳化线（南京至淳化）　4．南芜线（南京至芜湖）

5．浦扬线（浦口至六合）　6．苏兴线（苏州至嘉兴）

7．光福线（盘门前至光复）　8．上锡线（上海至无锡）

9．无锡线（坂本部至光福门　10．锡常线（无锡至常州）
　　　　　公园铃木兵团）

11．苏熟线（苏州至常熟）　12．浏河线（真茹至浏河）

13．昆山线（太仓至昆山）　14．句容线（句容至镇江）

15．平湖线（平望至震泽）16．高兴线（高邮至兴化）

17．海安线（海安至陈家洋)18．宁奉线（宁波至奉化）

19．宁慈线（宁波至慈溪）

大东亚战争发生以后，因汽油来源断绝，一部份路线，停止行驶，继续营业之路线亦多减少车辆，维持交通不断而已，营业上颇受影响。

三十一年度上半期之运输成绩如左：

旅客乘车人员　638,768人　平均一日　3,491人

旅客收入　　　1,081,828元　同　　5,912元

货物运输吨数　9,534吨　　同　　　51吨

货物收入　227,536元　　同　　1,243元

（三）附带事业　旅馆营业三、车站食堂三、车站卖店四、车内食堂六节车、车内贩卖三六节车。

本期内旅馆营业收入　324,235元　平均一日　1,772元

车站及车内食堂贩卖收入　787,682元　　同　　4,304元

此外又于三十一年五月受日军部委托经营上海都城饭店。

（四）投资　于三十一年六月，投资华中运输公司一百六十五万元，承购该公司股票三万三千张。

（五）护路工作　奖励铁路沿线居民组织铁道爱护村，结成爱路少年团，以与公司武装警护团及军警备队密切连络。据该公司三十一年上期之报告，本期内已组织爱护村二，八二四村，爱路团三八四团，团员数达三五三，四八〇名。

四、营业报告〔略〕

11．淮南煤矿公司

一、设立经过　淮南煤矿品质优良，日军占据该地之后，即实行军事管理，委任三菱与三井两矿业公司负责恢复采矿，旋因煤斤需要激增，有大规模采掘之必要，爰于二十八年六月十五日设立本公司。

二、公司概要

(一)法人人格　中日合办中国普通法人股份有限公司。

(二)总公司地址　上海吴淞路六六九号

(三)资本　总额一千五百万元（每股五十元，共三十万股），缴足全额。

内计现金出资日方　9,149,500 元

华方　1,501,000 元

实物出资华方　4,349,500 元

其主要股东如左：

现金出资者：

华中振兴公司	4,148,500 元	82,970 股
三井矿山公司	2,999,000 元	59,980 股
三菱矿业公司	1,999,500 元	39,990 股
华中矿业公司	1,499,500 元	29,990 股
倪道烺	1,000 元	20 股
小村千太郎	500 元	10 股
植村癸已男	500 元	10 股
伴野清	500 元	10 股
神谷春雄	500 元	10 股
中村秀子	500 元	10 股
孙其镛	500 元	10 股

实物出资者：

中国政府	1,849,500	36,990
大通煤矿公司	2,500,000	50,000

(四)业务　1．煤矿之采掘及运销。2．附带事业之经营。

(五)政府之监督　〔略〕

(六)公司之特典　并无特殊规定。

(七)重要职员

董事长倪道烺。常务董事神谷春雄（三井矿山会社董事）。董事小村干太郎（三菱矿业会社董事）、植村癸巳男（华中矿业公司董事）。监察人伴野清（华中振兴公司理事）、孙其镛（前长江轮船买办）。

三、事业概况　本公司所属矿区，分大通与九龙两区。在创立初期，每日出煤约一千吨左右，专供军需。廿九年度实行五年增产计划，以谋每年出矿量可达一百五十万吨。据该公司之报告，卅一年度上半期每月出煤七万五千吨，下半期增为七万七千吨。然就公司收支情形以观，该年度下半期总收入约为一千三百〇二万元，总支出约为一千二百九十五万元，纯益约七万元，较之同年上期纯益九十二万元，激减八十五万元。要为坑内状况不良，电力不足，九龙矿区又曾被游击军袭击破坏，出煤量未达预支数量，更受物价昂腾之影响，生产原价激增之故，以致无利可图。

关于运输情形，亦力谋改善，于芦州至田家庵之间所敷设之淮南铁道，已于廿九年十一月开始通车。至于淮河水路之运输，则商请上海内河轮船公司尽量增加船只，以便运输。

此外，该公司又于裕溪口修筑大规模之贮炭场，其第一期与二期计划工事业经完成，第三期工事亦已开始进行。

四、营业报告　〔略〕

12．华中盐业公司

一、设立经过　中日事变前，淮北存盐数十万吨，事变后，华中振兴公司于廿八年五月下旬设立临时盐业部，办理海州盐之贩卖及对日出口事宜。但以规模狭小，采购数量有限，乃于同年八月廿一日成立本公司，继承该盐业部所办业务。

二、公司概要

（一）法人人格　中日合办中国特殊法人股份有限公司。

（二）总公司地点　上海北四川路五二三号。

（三）资本　五百万元（每股五十元，共十万股），缴足全额。

内计现金出资日方　2,500,000元

华方　2,500,000元

其主要股东如左：

华中振兴公司　2,000,000元　40,000股

大日本盐业会社　500,000元　10,000股

国民政府　1,200,000元　24,000股

通源公司　300,000元　6,000股

其他　1,000,000元　20,000股

（四）政府之监督　〔略〕

（五）公司之特典

1．关于盐之买卖及输出入，由本公司统制经营之。对于淮北以外之华中各地盐业不加特别统制，必要时可予以技术指导或融通资金。

2．公司得发行实收资本二倍之公司债。

3．本公司为开发盐业须要收用土地权利及其他物件时，享有其必要之权利与便利。

4．本公司经政府之许可，得兼营制盐副产品及盐利用工业。

5．政府对于公司依照另案规定，免除一部份地方税。

（六）盐务：1．海州盐之买卖及贩运。2．制盐及精盐。3．制盐事业之指导及资金之融通。4．其他附带事业之经营。

（七）重要职员

董事长李阆非。剧董事长北村大亨。常务董事桑原重右卫门、罗茂仁。董事森田市松、杨惺华（中央信托公司副总经理）。监察人茂木一郎、谢眉生。

三、事业概况　本公司于民国廿七年八月成立以后，同年九月海州一带即为暴风雨所袭，大小堤防均告溃决，所有盐田多为海水所冲毁，盐民罹难者达九百九十九人，财产之丧失尤难数计。被害前，贮盐九，一七四，〇〇〇担，暴风雨过后，仅余二，五

七三，〇〇〇担，冲失四分之三。迩来锐意复兴，致力于旧盐田之整理与新盐田之开辟。又于海州实行三年计划，建筑模范盐田，以合理方法减低盐之生产成本。此项模范盐田业于卅一年底竣工。至于大浦精盐工场之修理工作，于廿九年十一月完竣复工。再者，以制造臭素为目的之苦汁工业计划之施行，在战时军需化学药品急切需要之前提下，尤为积极，该项工业盐制造工厂完成后，对于日本化学工业资源之确保颇有资助。此外，为防止私盐之逃避，于廿九年七月在上海吴淞镇建筑收买盐之贮存仓库，又与国民政府成立税率谅解，开始移入舟山岛、海南岛及余姚等地产盐，以补华中食盐之不足。

关于盐之配给数量，于三十一年上半期为八万五千吨，下半期为十六万四千吨，上期纯益约为五十九万元，下期增为七十一万元。

四、营业报告：〔略〕

变迁　本公司于三十二年底改组，日方资本退出，交由华人自办，公司名称改为中华盐业公司。

13．中华轮船公司

一、设立经过　一国航业之盛衰，与一国国力之消长表里相关，我国经济动脉之长江航运，向为外人所垄断，殊为遗憾。事变后，由日方发起，以招商局所属码头建筑物、平安协记、华丰宝记及东亚海运等公司所有船舶作为实物出资，加入华中振兴公司及东亚海运公司之现金出资，于二十九年二月二十五日成立本公司。

二、公司概要

（一）法人人格　中日合办中国特殊法人股份有限公司。

（二）公司地址　总公司上海北京路二号。办事处〔略〕

（三）资本　总额三千万圆（每股五十元，共六十万股）。内计现金出资日方 11,000,000 元（实收二分之一）。

实物出资日方　3,305,500元(缴足全额)

　　　　　　　　华方15,694,500元(同前)

其主要股东如左：

华中振兴公司(现金)5,461,100元　109,222股

东亚海运公司(同)　5,538,900元　110,778股

东亚海运公司(实物)3,305,500元　66,110股

中国国民政府(同)　15,000,000元　300,000股

平安协记轮船公司(同)408,900　8,178

华丰宝记轮船公司(同)285,600　5,712股

(四)业务　1。航业。2。码头仓库业。3。其他附带事业之经营。

(五)政府之监督：〔略〕

(六)公司之特典

1。本公司在业务上遇有必要时，得征收或占用他人之房屋、土地权利及其他物件，或限制他人之权利，但须给以相当之损失补偿。

2。本公司因业务上之必要，有强制收买他人所持总吨数五百吨以上之船舶之特权，但此项特权之行使，应预先呈请政府许可。

3。本公司对于特有总吨数五百吨以上之船舶之同种事业，有强制其与本公司协力之特权，但此项特权之行使，应预先呈请政府许可之。

4。本公司之物件及权利，不得为其他事业而征收。

5。本公司之所有物件、契约、登记、财产取得及营业收入，均免除税租及其他一切公课。

6。本公司得发行实收资本三倍之公司债，其还本付息由政府保证之。

(七)重要职员

董事长,苏锡文。副董事长渡部重吉。常务董事山口启三、黄

溥。董事山中喜一、张瀛曾。监察人伴野清、华翊。

(八)组织：〔略〕

三、事业概况　本公司初成立时，自有船舶四只，雇佣船四只，委托运航船五只，租用船四只，共计十七只，总吨数八，七六二·二五吨。航行路线有崇明线、天生港线、新港新生线、口岸瓜州线、北沙线等航线五条，货运总吨数为三○一，○九二吨，客运人数为一○九，五七五人。迩来致力于增加船舶，扩充航路，业务进展如左表所示：

	民国三十年下期（自三十年十月一日至卅一年三月卅一日）	民国三十一年上期（自四月一日至九月卅日）	增　减（△）
航行船只数	98 只	119 只	21 只
货运数量	157,268 吨	263,444 吨	106,176 吨
船客人数	1,254,528 人	996,429 人	△208,099 人
货运收入	1,481,272.83 元	2,970,433.72 元	1,489,160.89 元
客运收入	2,426,484.58 元	2,067,822.96 元	△358,661.62 元
委托运航手续费	146,248.78 元	77,860.38 元	△ 68,388.40 元

注：本表货运数量及客运人数，包括委托运航部份。至于运费收入则除外。

据该公司于三十一年上期之业务报告，本期内新辟航路有三，(一)镇江至中兴镇线，一日一往复，船名华仁。(二)口岸至南京线，二日一往复，船名沙头丸。(三)宁波至石浦线，三日一往复，船名旭茂。新购船舶如左：〔略〕①

至于仓库部之营业，本公司实物出资之码头、仓库尚未全部接收，然上海各栈之成绩甚为良好。

	前期末（卅一年	本期末（卅一	本期末	本期末

---

① 新购船舶共12艘，总吨数430吨，其中1艘在建造中，吨数未定。

	在库吨数	入库吨数	出库吨数	在库吨数
南市栈	1,889 吨	3,269 吨	4,819 吨	339 吨
杨家渡栈	21,458 吨	35,013 吨	25,782 吨	30,779 吨
杨子栈	3,360 吨	2,22I 吨	4,932 吨	649 吨
共计	26,707 吨	40,503 吨	35,533 吨	31,767 吨

本期内各货栈之收入如左：

	仓库费	搬运费	码头费	杂项收入	共计
南市栈	10,401.51元	143,045.33元	——元	4,844.40元	158,291.24元
杨家渡栈	132,785.39	116,367.37	10,606.40	616.54	260,375.70
杨子栈	46,018.04	14,739.82	7,375.75	——	68,133.61
其他货栈	3,531.08	378.05	992.35	14.50	4,915·98
共计	192,736.02	275,530.57	18,974.50	5,475.44	491,716.53

此外，宁波第一、第九号码头及石浦码头，同于卅一年六月卅日由当局许可本公司使用。

四、营业报告：〔略〕

14、华中运输公司

一、设立经过　中日事变后，华中一带小运输事业陷于停顿状态，因军事上之需要，及恢复一般经济状态之需要，关系当局于二十六年八月指令日本通运会社办理该项业务。其后治安逐渐回复，此项临急处置难应实际需要，乃计划成立一中日合办之强力的国策公司办理之。因种种牵制，延至卅一年筹备就绪，本公司乃于同年七月一日宣告成立。

二、公司概况

（一）法人人格　中日合办中国普通法人股份有限公司。

（二）公司地址　总公司上海北京路二号①。

（三）资本　总额八百万元（每股五十圆，共十六万股）。

---

① 各地分公司、营业所、办事处略。

内计现金出资日方 1,849,000 圆(实收二分之一)

华方　　　　1,000 圆(实收二分之一)

实物出资日方 3,500,000 圆(缴足全额)

华方 2,650,000 圆(同前)

其主要股东如左:

现金出资者:

华中振兴公司	1,596,500 圆	31,930 股
东亚海运会社	250,000	5,000
日人加贺山学等五名	2,500	50
华人金家凤、陈观	1,000	20

实物出资者

日本通运会社	3,500,000	70,000
华中铁道公司	1,650,000	33,000
中华轮船公司	500,000	10,000
上海内河轮船公司	500,000	10,000

(四)业务　1.运输业。2.运输关系仓库业。3.包揽劳力、代理报关。4.前项有关事业之经营,或对此种事业投资或融资。

(五)政府之监督:〔略〕

(六)公司之特典　并无特殊规定。

(七)重要职员

董事长未定。副董事长加贺山学。专务董事野田筍一。常务董事金家凤。董事杉本久太郎、上林市太郎。监察人伴野清。

三、事业概况　本公司成立以来,因主要搬运工具之载货汽车所需燃料不足,营业困难,乃一面改装木炭代燃汽车,同时增备马车,用以补助其输送能力。盖因大东亚战争之进展,对于特殊物资之运输迫切需要,而一般民需物资之运输亦相当增加。据该公司第一期(自卅一年七月一日至九月卅日)营业报告,本期内运输货物总计五,五六四,七八二吨,第二期(自卅一年十一月一日至卅二年三月卅一日)增为一二，三九七，四二四吨，第三期(自卅二年四月一日至九月卅日)增为一二，七九二，九八八吨。

此外，对于关系公司之投资，计有华中铁道公司四〇，〇〇〇股，上海内河轮船公司一，一八五股，扬子驳运公司八〇〇股，股款均已缴足。

四、营业报告〔略〕

15. 华中火柴公司

一、设立经过　中日事变前，大中华火柴公司所有上海荣昌火柴厂及镇江荣昌火柴厂，事变后由日军管理，委托中华全国火柴产销联营社经营之。其后于三十一年十二月八日发还华方，另行组织中日合办之火柴公司经营该两火柴厂，设立手续于三十二年二月末办理完竣，正在申请登记中。

二、公司概要

(一)法人人格　中日合办中国普通法人股份有限公司。

(二)总公司地址　上海博物院路八十八号。

(三)资本　总额储钞一千万元。

内计现金出资日方4,000,000元(实收二分之一)

　　　实物出资华方6,000,000元(缴足全额)

(四)业务　火柴之制造及有关事业之经营。

(五)重要职员

董事长陈伯藩。副董事长安野毅一。常务董事刘念义、田口武夫。董事陈仲东。监察人中村玄由、朱旭昌。

附录　振兴住宅组合

一、设立经过　中日事变以来，华中一带，尤以上海方面，日人来往者渐增，住宅困难，故华中振兴公司及其关系公司新由日本采用之日籍职员多无屋可居，为解决此项困难起见，乃于二十八年九月成立本组合，办理住宅及其附属设备之建筑事宜。

二、公司概要

（一）法人人格　根据日本民法之规定而设立之合作社。

（二）总公司地址　上海乍浦路二〇七号。

（三）出资金　三百万元（缴足全额）

内计华中振兴公司	现金	950,000 圆
上海恒产公司	实物	500,000 圆
华中铁道公司	现金	500,000 圆
华中水产公司	现金	250,000 圆
华中电气通信公司	现金	200,000 圆
华中蚕丝公司	现金	150,000 圆
华中矿业公司	现金	100,000 圆
华中水产公司	现金	100,000 圆
上海内河轮船公司	现金	40,000 圆
华中都市公共汽车公司	现金	40,000 圆
大上海瓦斯公司	现金	40,000 圆
淮南煤矿公司	现金	40,000 圆
华中盐业公司	现金	40,000 圆
中华轮船公司	现金	50,000 圆

（四）业务　住宅之建筑及附带事业之经营。

（五）重要职员

理事长矢守贞吉。理事山本拙郎。监事汨谷恭一。

三、事业概况　据该组合于民国三十一年度上半期（自四月一日至九月三十日）之营业报告，本期内房屋租赁契约数，计有望原公寓三一六室，明和街住宅三四〇户，平昌街住宅二六八户，广林街住宅七七户，车库五户，及望原公寓内食堂、饮料店、澡堂各一，房屋租赁契约率为百分之九一。房屋之租赁办法，系依照出资公司之出资比率分配之。

附带事业之幼稚园，现有在学儿童一〇五名。

四、营业报告〔略〕

〔日伪经济机构档案〕

汪伪财政部陈报华中盐业公司改组为中华盐业公司经过情形呈稿

（1944年1月6日）

窃于三十二年七月间准中央政治委员会秘书厅中政秘字第二七三九号函,奉主席交下关于中日合办国策公司调整之提案内,华中盐业股份有限公司调整要项计五款,遵经本部依据该要项第一款之办法,派员与振兴会社及日本大使馆分别接洽,一面设立筹备委员会筹组新公司,定名为中华盐业公司,准备届时接收。经振兴会社高岛总裁提出华中盐业公司调整要纲,与部委一再磋商结果,议定将华中盐业公司所有经营之制盐及运输等事业由中国官商合办之新公司办理,对于华中盐业公司日本方面所有股份让与中国方面,其华中盐业公司经营之苦汁工厂,连同目下正在建设准备中之电解工厂另由中华公司出资,与日方共同经营之。此项协议呈由本部核定后,即经实行日股让渡手续,并成立中华盐业股份有限公司,资本总额定为国币三千万元,分为三十万股,官股四成,商股六成。所有官股部份即以华中盐业公司原有官股折算抵缴,商股由商人认足,一次缴齐,业据拟具中华盐业股份有限公司章程,呈经本部核准,该公司即于十二月一日正式开业。除苦汁工厂及电解工厂另由中华盐业公司出资与日方合办之新公司,俟其组织就绪再行核议呈报外,兹谨将调整华中盐业股份有限公司改组为中华盐业股份有限公司经过情形及开业日期,具文呈报,并抄附中华盐业股份有限公司章程,仰祈钧院鉴核指令祇遵。谨呈

行政院院长汪

计抄呈中华盐业股份有限公司章程一份〔略〕

〔汪伪财政系统档案〕

许庆澄为取消华中蚕丝公司成立新公司高岛提出三项特权拟定对策的签呈

（1944 年 1 月 21 日）

查中支那振兴会社高岛总所裁提新公司之三项特权，有控制我国蚕丝命脉之趋向，核与取消华中蚕丝公司之本意完全相反，似不合理。关于此事，职曾与华中蚕丝公司南京支店长冈支店长作一度非正式之接洽。兹为谋该新公司①之事业计划及我国蚕丝事业之发展兼筹并顾起见，谨拟具对策三项，理合检同此项对策签请鉴核。谨呈

司长　转呈

次长

部长

附关于中支那振兴会社高岛总裁提出新公司三特权之对策一份

工业司帮办　许庆澄

中华民国三十三年一月二十一日

兹将关于中支那振兴会社高岛总裁提出新公司三特权之对策开列于后：

一、新公司经营短纤维之特权　按日方对于短纤维之制造，认为秘密发明，但实际上其制造甚为简单，故为防止他厂仿造与之竞争起见，提出专利之要求。查短纤维之制造专利权应归政府所有，政府得设模范工厂，受政府之委托，专营短纤维等新型工业品之

---

① 新公司，即伪中华蚕丝股分有限公司。

制造。对新公司方面，得以其为中日合办公司之资格，特许其分担模范工厂某定量之短纤维制造，而其他工厂则可以国家专营方式，不给许可证，禁止仿制，是新公司无形中已获得经营短纤维之优先权矣。

二、新公司优先收茧之特权　新公司恐日后收买蚕茧时，中厂方面与之抬价竞收，故提出优先收茧特权之要求。查我国产茧区域与数量均相当广大，事实上政府方面可规定各丝厂收茧之数量与采茧之区域，则各丝厂得在规定区域内，按规定之数量收买，不致发生竞收而互相抬价，如是则新公司对收茧方面之忧虑，可以解除，特权之说似不必要。

三、新公司蚕种专卖之特权　日本国内为推销蚕种起见，提出蚕种推销应归新公司专卖之要求。查蚕种专卖应归国营，非任何私人或法人所可专卖。至于我国对于蚕种之需要，每年约三百万张之多，而事实上国内所有者，确实不敷于用，须求日方供给一小部份。现似可以国营办法，直接向日本国内购运所需之约六分之一（五〇万张），以日本公定价格，每张日金二元五角购来，按市价日金十八元配售，计得利益金一千余万元。此利益金可充国家实业资金，对日方推销蚕种之目的可达矣。

〔汪伪实业部系统档案〕

汪伪实业建设两部附送与日签订中日合办各国策公司调整通则呈

（1944年4月1日）

查中日合办各国策公司自从上年在中日双方谅解之下，解散华中蚕丝公司及华中盐业公司，并调整华中水产公司以后，对其余与华中振兴公司有关之华中铁道公司、华中矿业公司、淮南煤矿公司、华中电气通信公司、华中水电公司、中华轮船公司、上海内河轮船公司、华中运输公司、华中都市公共汽车公司、大上海瓦斯公司及上海恒产公司等十一公司，即由职实业、建设两部赓续努力协议调整方案。以范围所涉颇广，乃先以概括方式决定"中日合办各国策公司调整通则"，对于指导监督、资金、人事及其他事项予以明白具体规定，全文都廿二条，经中日双方同意，于三月三十日在建设部由职君慧、春圃与日本特命全权公使堀内干城及华中振兴公司总裁高岛菊次郎正式调印作为定案。至对各公司之个别调整，即当根据本通则继续协议调整，一俟具体方案决定，再当另案呈请核示祗遵。此次签订之调整通则，往返磋商，费时累月，所幸中、日双方均能体察中日共同宣言之精神暨中日同盟条约之旨趣，在平等互惠之原则下，顺利进行，获得公允协调解决。所有签订"中日合办各国策公司调整通则"经过，理合检同副本，备文会报，仰祈鉴核备案。再此文由建设部主稿，会衔不会印，以资迅捷，合并陈明。谨呈

行政院院长汪

　　附呈中日合办各国策公司调整通则副本一份

实业部部长　　陈君慧

建设部部长　　陈春圃

中华民国三十三年四月一日

中日合办各国策公司调整通则

　　中日合办各国策公司所经营之事业，或为产业之母体，或为产业之命脉，凡有所兴革，关系于增加生产者，至重且大。而增加生产在"决战第一"之原则下，又为完遂大东亚战争，以达到大东亚共荣建设之急务。爰准据大东亚共同宣言及中日同盟条约之旨趣，拟订中日合办国策公司调整通则。此通则之方针，一方面以平等互惠为基调，以谋中日两国紧密之经济提携，他方面在

诱导中国人力物力之充分而合理的利用，尤在使游资之纳于正轨，俾收总力决战之实效。其有特殊情形之国策公司，或有因战争状态继续中而未能立刻解决之问题存在者，则分别另拟方案加以必要之调整。兹应列一般调整通则如次：

甲、关于指导监督者

一、中日合办各国策公司（以下简称各公司）应受国民政府主管部（以下简称主管部）之直接指挥监督。

二、各公司之组织经营管理，应遵照中国法令办理。国民政府对华中铁道股份有限公司、华中电气通信股份有限公司、华中矿业股份有限公司、中华轮船股份有限公司、华中水电股份有限公司，应从速制定关于指挥监督及助成保护等规程。

上项规程及关于其他公司之规程经整备后，前维新政府时代中日两方当局所订关于各公司之协定、规约、条例、部令及布告等概行废止。

国民政府于制订修改或废止前二项规程时，应预先与日方当局协议。

三、中、日当局对各公司有改进意见时，经双方协议后，由主管部发布命令，日本大使馆对各公司不以命令行之。

四、华方当局及各公司、应根据中日共同宣言旨趣，作军事上及其他各般之协力，尤其华中铁道股份有限公司、华中电气通信股份有限公司及中华轮船股份有限公司，仍照往例，直接受日军之军事上所必要要求与监督外，主管部对各该公司颁布与军事有关之法规或命令时，应预先与日军当局协议。

第一项旨趣，由外交部部长与日本大使交换公文，至其细目，于军事上有关事项者，则由华方当局与日军当局协议或订立协定，其他事项则由华方当局与日本大使馆协议或订立协定。

五、各公司之业务中、关于左列事项之处理，除该公司受主管部之指挥监督外，暂时应使预先与日方协议之。

1．关于石炭之配给事项。

2．关于重要物资之运输事项。

3．关于瓦斯副产物之生产及配给事项。

4．关于配电事项。

六、各公司与振兴公司间，应依照陷件要领，谋业务上之紧密连络。

振兴公司对各公司经营上有意见时，应征询主管部同意，俟决定后，由主管部发布部令行之。

七、日方对各公司作资金、资材及技术上之协力时，应依照向例、由振兴公司一括行之。

八、左列各项，应由各公司呈请主管部核准：

1．事业范围及事业计划。

2．收支预算。

3．资本之增减。

4．利益金之处分。

5．公司债之募集或整理。

6．公司之合并、解散，或分支店之开闭。

九、左列各项，应由各公司按期呈报主管部备查。

1．营业报告书、贷借对照表、财产目录、损益计算书、利益金之处分。

2．公司事业上应有之调查统计资料及图表。

3．重要职员之更动。

4．其他经主管部规定或指定之调查报告事项。

十、主管部得随时派员考核各公司之经营状况。

十一、各公司所定重要法规章则，应呈由主管部核准后，方得施行，其在调整前未经呈准者，均应补报主管部审核。

乙、关于资金者

一、各公司之资本，中日出资之比率，应依华方占百分之五十一以上，及日方占百分之四十九以下之原则处理之。

二、各公司之资本金，应以中国国币为单位。

三、有以敌产作股出资之各公司，其股票为记名式，中、日两国民以外，不得持有之，如欲得有此项股票者，须经中、日双方之协议。

前项以外之公司，亦应本中日合办之旨趣，准同前项办理。

四、现物出资之评价标准，及现物目录，应备正本送主管部备查。

对现物出资之评价标准，如有意见时，由主管部随时与日本大使馆协议之。

丙、关于人事者

一、各公司之董事长（或总裁或理事长）均应以华人充任，其余常务及普通董事、监事中、日各占半数。但华中铁道股份有限公司、华中电气通信股份有限公司、华中水电股份有限公司、中华轮船股份有限公司、华中矿业股份有限公司及淮南煤矿股份有限公司等六公司，合以董事长为中日同数（不必拘泥于出资比率之多寡）。

如有必要时，得置副董事长，由日籍董事兼任之。

二、华籍董事长，由主管部任免之，其余华籍董、监事，原则上由主管部推荐，经股东大会选出后，呈由主管部认可之，但必要时，主管部得取消其认可。

前项场合，主管部应预先与日本大使馆协议。

日籍董、监事，除由日方与主管部协议推荐之外，依照第一项办理。

三、各公司之重要职员，如处长（部长）、科长（课长及股长）及各地分支店长、局长、站长等，半数以上应以华人充任之（如中国一时无适当人选时，得以日人为正，华人为副，逐渐更换增加之）。

前项重要职员，其由华人充任者，得以日人为副，其由日人充任者，得以华人为副。

四、各公司之技术人员，如中国一时无适当人选时，得尽量采用或留用日籍人员。

五、服务于各公司之职员，其待遇规程，应一律平等，日籍职员除支给一定之"外勤津贴"外，不得有其他优遇。

丁、其他

一、一切簿册、文件、记录、报告、通知等，应以中文为主，日文为副。

二、各公司享有之各项特权（如专营权、统制权、免税权、受补助金权及官股之后配权等），应依照现实情势，予以重新检讨。

附件

华中振兴股份有限公司与中日合办公司间业务连络要领

振兴公司与中日合办公司间之业务连络，应使依左记要领办理，由两公司间为必要之协定。即

一、华中铁道股份有限公司、华中矿业股份有限公司、淮南煤矿股份有限公司、华中电气通信股份有限公司、华中水电股份有限公司、中华轮船股份有限公司等六公司，对左记事项，概须预先与振兴公司总裁协议，得其谅解后，再行讲求必要之处置。

（一）章程之重要变更。

（二）资本构成之变更。

（三）每一年度之资金与资材计划及其重要变更。

（四）预算之决定，或其重要变更。

（五）董事长、副董事长或分掌业务董事之连任或解任。

（六）决算及利益金之处分。

（七）有关事业基础重要而且属于异例之事项。

二、合办公司对振兴公司除应随时报告其营业状况之外，关

于经营方面并应作紧密之连络。

中华民国三十三年三月三十日　　　　实业部部长　陈君慧

建设部部长　陈春圃

特命全权公司　堀内千城

中支那振兴株式会社总裁　高岛菊次郎

〔汪伪行政院档案〕

汪精卫为中日合办公司调整饬对军事最有关系
三公司遇事应先同日陆海军方协议的训令

(1944年7月14日)

院字第 6283 号

行政院训令　中华民国三十三年七月十四日

令实业部

现据外交部三十三年七月五日亚字第一九八号呈称：案准日本大使馆六月二十六日经第二二二号照称：查华中振兴公司所投资或融资之中日合办公司中之华中水产股份有限公司、华中矿业股份有限公司、华中水电股份有限公司、上海内河轮船股份有限公司、华中电气通信股份有限公司、上海恒产股份有限公司、华中都市公共汽车股份有限公司、大上海瓦斯股份有限公司、华中铁道股份有限公司、淮南煤矿股份有限公司、中华轮船股份有限公司及华中运输股份有限公司等十二公司，经此次中日两当局协议之结果，决定加以必要之调整。关于该项合办公司之经营，拟请中国政府当局根据昭和十八年一月九日中日共同宣言之意旨，为完遂共同作战之各种协力予以万全之监督及指导，尤其华中铁道股份有限公司、华中电气股份有限公司暨中华轮船股份有限公司等三公司，系与军事上最有关系，故在华日本陆海军最高指挥

1121

官关于日本军队之驻兵期间，对该公司等直接有军事上之要求及监督应请谅解。又国民政府对该三公司有重要法规之制定或改废，或对该项公司发布军事上有关之命令时，应请事前与陆海军最高指挥官协议为荷。相应照请查照。等由到部。除照复同意并分咨建设、实业两部外，理合具文呈请钧院鉴核。等情。据此。除令饬建设部知照并指复外，合行令仰该部知照。此令。

院长　汪兆铭

〔汪伪实业部系统档案〕

汪伪建设部附送日使馆订定之中日合办各国策公司调整办法呈

（1944 年 9 月 30 日）①

呈　建甲字第一八三〇号

案准在中华民国日本帝国大使馆本年六月三十日经第二七四号函开：敬启者：关于调整中日合办公司事宜，三月三十日实业部、建设部及中支那振兴公司间，曾将"中日合办公司调整通则"商定，兹将华中水电股份有限公司、上海内河轮船股份有限公司、华中电气通信股份有限公司、华中都市公共汽车股份有限公司、大上海瓦斯股份有限公司、华中铁道股份有限公司、中华轮船股份有限公司，及华中运输股份有限公司等八公司之组织运营等，拟各别调整如附件第一至第八所载。又附件中关于特殊法人各公司之组织大纲有未言及者，即该项大纲系于战争继续中适用之，此点希予谅解。又根据六月二十六日谷大使、褚外交部长间交换公文之旨趣，凡各公司在战争继续中关于充足军事上要求，应期其无遗恨，尤其关于有关日本军事上之机密事项，拟使日籍董事长或副董事得单独处理之。以上各点至祈查照见复。等由。

---

① 此系汪伪行政院收文日期。

1122

并附件第一至第八各一份。准此。查本部自会同实业部与日本帝国大使馆及中支那振兴株式会社签订国策公司调整通则以来，对于各国策公司之详细调整办法，经迭与日本大使馆方面一再磋商，兹准前由，查各该附件所列均系根据调整通则及中日同盟条约之旨趣所订。除函复表示同意，并分别函咨全国经济委员会秘书处，及上海特别市政府暨外交部外，理合检同该项附件之中文及日文本第一至第八各一份，备文呈报，仰祈鉴核备案。谨呈

行政院院长汪

附呈该项附件中文及日文本第一至第八各一份

兼署建设部部长　陈君慧

附件一　华中水电股份有限公司

一、前上海电力公司、前沪西电力公司、及前上海自来水公司之资产，由中、日双方出资于本公司。

二、本公司之资本，暂定华方占百分之五十一，日方占百分之四十九。

三、本公司之董、监事，中日同数。

四、本公司以特殊法人存续之，由国民政府制订"华中水电股份有限公司组织大纲"公布施行之。

国民政府如变更上项组织大纲之内容时，须先与日方当局协议。

维新政府时代所订关于本公司中日当局间协定，及华中水电股份有限公司规程等概行废止。

五、中日当局对本公司之组织营运等有改进意见时，经双方协议后，由主管部发布部令行之。

中支那振兴株式会社对本公司经营上有意见时，应征询主管部之同意，俟决定后，由主管部发布部令行之。

六、关于本公司之配电暂由主管部组织委员会，以中、日双

方之协议铴由本公司执行之。

七、左列各项应由本公司呈请主管部核准：

1．事业范围及事业计划。

2．收支预算。

3．资本之增减。

4．董监事之选任或解任。

5．利益金之处分。

6．公司债之募集或整理。

7．公司之合并、解散及分支店之开歇。

8．公司章程及重要规程之制订或变更。

9．电费、水费之基本费率之规定或变更。

八、左列各项应由本公司按期呈报主管部备查：

1．营业报告书、贷借对照表、财产目录、损益计算书及利益金之处分。

2．公司事业上应有之调查统计资料及图表。

3．重要职员之更动。

4．其他由主管部规定或指定之调查报告事项。

九、主管部得随时派员考核本公司之经营状况。

十、本公司之股票为记名式，其所有人以中、日两国官民为限。

十一、本公司之董、监事人选，由主管部先与日本大使馆协议之。

十二、本公司与中支那振兴株式会社在业务上应紧密连络，其“要领”由双方另行协定之。

十三、武汉地区之电气自来水事业，及各地尚未归并经营之水电事业，应尽速归并于本公司。

十四、旧法租界电气自来水事业，应尽速统合于本公司。

十五、本公司之自来水事业，应设法使其将来易于分别经营。

十六、日方对本公司作资金、资材及技术上之协力时，一切仍由中支那振兴株式会社依照向例行之。

附件二　上海内河轮船股份有限公司

一、本公司为普通法人。

二、本公司之华方股份，得依华方希望增加之。

三、维新政府时代所订关于本公司之中日当局间协定，及关于上海内河轮船股份有限公司之件等概行废止。

四、关于本公司之重要物资输送及配船计划，暂时应与日方协议之。

五、本公司之股票为记名式，其所有人以中、日两国官民为限。

六、本公司与中支那振兴株式会社在业务上应紧密连络，其"要领"由双方另行协定之。

七、日方对本公司作资金、资材及技术上之协力时，一切仍由中支那振兴株式会社依照向例行之。

附件三　华中电气通信股份有限公司

一、前上海电话公司之资产，由中、日双方出资于本公司。

二、本公司之资本，暂定华方占百分之五十一，日方占百分之四十九。

三、本公司之董、监事，中日同数。

四、本公司以特殊法人存续之，由国民政府制定"华中电气通信股份有限公司组织大纲"公布施行之。

国民政府如变更上项组织大纲之内容时，须先与日本当局协议。

维新政府时代所有关于本公司之中日当局间协定，及关于华中电气通信股份有限公司之件等概行废止。

五、中、日当局对本公司之组织经营等有改革意见时，经双方协议后，由主管部以部令行之。

中支那振兴株式会社对本公司经营上有意见时，应征求主管部同意，俟决定后由主管部以部令行之。

六、关于左列各项应由本公司呈请主管部核准：

1．事业范围及事业计划。

2．收支预算。

3．资本之增减。

4．董、监事之选任及解任。

5．利益金之处分。

6．公司债之募集或整理。

7．公司之合并、解散及分支店之开歇。

8．公司章程及重要规程之制订或变更。

9．电报、电话等基本费率之规定或变更。

七、关于左列各项应由本公司按期呈报主管部备查：

1．营业报告书、贷借对照表、财产目录、损益计算书及利益金之处分。

2．公司事业上应有之调查统计资料及图表。

3．重要职员之更动。

4．其他由主管部规定或指定之调查报告事项。

八、主管部得随时派员检查本公司之营业状况。

九、本公司之股票为记名式，其所有人以中、日两国官民为限。

十、本公司之董、监事人选，由主管部先与日本大使馆协议之。

十一、武汉地区及华南地区之电气通信事业，应尽速归并于本公司。

十二、本公司与中支那振兴株式会社于业务上保持紧密之联络，其"要领"由双方另行协定之。

十三、关于海外有线通信，将来中、日双方另行缔结协定。

十四、日方对本公司作资金、资材及技术上之协力时，一切仍由中支那振兴株式会社依照向例行之。

附件四　华中都市公共汽车股份有限公司

一、本公司为普通法人，其名称改为上海都市交通股份有限公司。

二、前上海电车公司之资产，由国民政府出资于本公司。

三、本公司在各县、市之事业，由各该县、市政府依照中央法令监督之，其监督办法由主管部制定之。

国民政府如变更上项办法之内容时，须先与日方当局协议之。

维新政府时代所订关于本公司之中日当局间协定，及关于华中都市公共汽车股份有限公司之件等概行废止。

四、本公司之股票为记名式，除中、日两国官民外，不得持有之，但经中日双方协议同意者，不在此限。

五、本公司与中支那振兴株式会社在业务上应紧密连络，其"要领"由双方另行协定之。

六、前上海法租界之电车公共汽车事业，应尽速归并于本公司。

七、日方对本公司作资金、资材及技术上之协力时，一切仍由中支那振兴株式会社依照向例行之。

八、未缴付之专营费应速求解决。

附件五　大上海瓦斯股份有限公司

一、前上海瓦斯公司之资产，由国民政府出资于本公司。

二、本公司以普通法人存续之，由上海特别市政府依照中央法令监督之，其监督办法由主管部制定之。

上项办法之内容如变更时，国民政府须先与日方当局协议。

维新政府所订关于本公司中日当局间协定，及关于上海瓦斯股份有限公司之件等概行废止。

三、本公司瓦斯副生物之生产与配给，暂时应与日方协议。

四、本公司之股票为记名式，除中、日两国官民外，不得持有之，但经中日双方协议同意者不在此限。

五、本公司与中支那振兴株式会社在业务上应紧密连络，其"要领"由双方另行协定之。

六、日方对本公司作资金、资材及技术上协力时，一切仍由中支那振兴株式会社依照向例行之。

附件六　华中铁道股份有限公司

一、本公司之理、监事中日同数。

二、本公司以特殊法人存续之，由国民政府制订"华中铁道股份有限公司组织大纲"公布施行之。

国民政府如变更上项组织大纲时，须先与日方当局协议。

维新政府时代所订关于本公司之中日当局协定，及关于华中铁道股份有限公司之件等概行废止。

三、中日当局对本公司之组织、营运等有改进意见时，经双方协议后，由主管部发布部令行之。

中支那振兴株式会社对本公司经营上有意见时，应征询主管部之同意，俟决定后，由主管部发布部令行之。

四、关于本公司之输送及配车计划，暂时应与日方协议之。

五、左列各项应由本公司呈报主管部核准：

1．事业范围及事业计划。

2．收支预算。

3．资本之增减。

4．理、监事之选任或解任。

5．利益金之处分。

6．公司债之募集或整理。

7．公司之合并、解散及分支店之开歇。

8．公司章程及重要规程之制订或变更。

9．客货运之基本运费之规定或变更。

六、左列各项应由本公司按期呈报主管部备查。

1．营业报告书、贷借对照表、财产目录、损益计算书、及利益金之处分。

2．公司事业上应有之调查统计资料及图表。

3．重要职员之更动。

4．其他由主管部规定或指定之调查报告事项。

七、主管部得随时派员考核本公司之经营状况。

八、本公司之股票为记名式，其所有人以中、日两国官民为限。

九、本公司之理、监事人选，由主管部先与日本大使馆协议之。

十、本公司与中支那振兴株式会社在业务上应紧密连络，其"要领"由双方另行协定之。

十一、日方对本公司作资金、资材及技术上之协力时，一切仍由中支那振兴株式会社依照向例行之。

附件七　中华轮船股份有限公司

一、金利源及华通两码头由国民政府出资于本公司。

二、本公司之华方出资额约为六〇％。

三、本公司之董、监事中日同数。

四、本公司以特殊法人存续之，由国民政府制订"中华轮船股份有限公司组织大纲"公布施行之。

国民政府如变更上项组织大纲之内容时，须先与日方当局协议。

维新政府时代所订关于本公司之中日当局间协定，及中华轮船股份有限公司条例等概行废止。

五、中日当局对本公司之组织营运等有改进意见时，经双方协议后，由主管部发布部令行之。

中支那振兴株式会社对本公司经营上有意见时，应征询主管部之同意，俟决定后，由主管部发布部令行之。

六、关于本公司之输送及配船计划，暂时应与日方协议之。

七、左列各项应由本公司呈请主管部核准：

1. 事业范围及事业计划。

2. 收支预算。

3. 资本之增减。

4. 董、监事之选任或解任。

5. 利益金之处分。

6. 公司债之募集或整理。

7. 公司之合并、解散及分支店之开歇。

8. 公司定章、重要规程之制订或变更。

9. 客货运费之规定或重要变更。

八、左列各项应由本公司按期呈报主管部备查：

1. 营业报告书、贷借对照表、财产目录、损益计算书及利益金之处分。

2. 公司事业上应有之调查统计资料及图表。

3. 重要职员之更动。

4. 其他由主管部规定或指定之调查报告事项。

九、主管部得随时派员考核本公司之经营状况。

十、本公司之股票为记名式，其所有人以中、日两国官民为限。

十一、本公司董、监事人选，由主管部先与日本大使馆协议之。

十二、本公司与中支那振兴株式会社在业务上应紧密连络，其"要领"由双方另行协定之。

十三、日方对本公司作资金、资材及技术上之协力时，一切仍由中支那振兴株式会社依照向例行之。

附件八　华中运输股份有限公司

一、本公司为中国之普通法人。

二、本公司之华方股份，得依华方希望增加之。

三、关于本公司之重要物资之输送，暂时应与日方协议。

四、本公司之股票为记名式，其所有人以中、日两国官民为限。

五、本公司与中支那振兴株式会社在业务上应紧密连络，其"要领"由双方另行协定之。

六、日方对本公司作资金、资材及技术上之协力时，一切仍由中支那振兴株式会社依照向例行之。

〔汪伪行政院档案〕

汪伪建设部附送与日签订之各国策公司契约书呈

（1944年12月7日）

案查关于中日合办各国策公司之调整，前经本部会同实业部与日本特命全权公使堀内干城及华中振兴公司总裁高岛菊次郎根据中日同盟之旨趣，签订调整通则，曾于本年四月二十七日呈奉钧院核准备案，嗣准日本大使馆函送各公司组织营运等各别调整办法，当经函复同意，并又转呈钧院备案各在卷。兹经陈前部长依据各该项通则及办法与振兴株式会社签订各国策公司契约书共计八份，除函全国经济委员会备查外，理合录印订成一册，备文呈报，仰祈鉴核备案。谨呈

行政院院长陈

　　附契约书一册

建设部部长　傅式说

中华民国三十三年十二月七日

契约书目录　〔略〕

华中水电股份有限公司契约书

关于华中水电股份有限公司（以下简称公司）之中日合办调整事宜，国民政府建设部（以下称甲）与中支那振兴株式会社（以下称乙）间订定契约如左：

一、前上海电力公司、前沪西电力公司及前上海自来水公司之资产，其出资评定价额各如次，甲、乙各以左记分配所得额，现物出资于公司。

	出资评价额(日圆)	甲之所得额(日圆)	乙之所得额(日圆)
上海电力公司	50,800,000	26,162,000	24,638,000
沪西电力公司	2,350,000	1,210,250	1,139,750
上海自来水公司	26,900,000	13,853,500	13,046,500

一、左记武汉地区之电气、自来水事业，应尽速归并于公司，其资产分别由华方现物出资于公司。

汉口电灯公司、利中纱厂电厂（九江）、既济水电公司（汉口）（电气部门、自来水部门）、武昌电厂、武昌水厂、九江映卢电灯公司。

一、前法租界之电气自来水事业应尽速设法归并于公司。

一、公司之中、日出资比率，暂定华方为51％，日方为49％。

一、公司之股票额面金额改用中国国币为单位时，由甲、乙协议决定之。

一、公司之股票为记名式，其所有人以中、日两国官民为限。

一、公司依照别项之规定，在事业上与乙保持紧密连络。

一、日方对公司作资金、资材及技术上之协力时，一切由乙依照向例行之。

一、公司之自来水部门将来应设法使其分离，作独立之经营。

一、公司董、监事之中日员额分配如左：

董事长　一（华方）／（日方）

副董事长　／　　　　一

常务董事　一　　　　一

董　　事　二　　　　二

监察人　　一　　　　一

合计　五（华方）　　五（日方）

一、服务于前上海电力公司、前沪西电力公司及前上海自来水公司之员工，原则上由公司继续留用，员工按服务年数应享受之利益，公司亦予继承。

一、本契约所未规定之事项，均依照民国三十三年三月三十日中日合办公司调整通则之规定，逐渐处理之。

国民政府建设部部长　陈君慧

中支那振兴株式会社总裁　高岛菊次郎

民国三十三年
昭和十九　年　六月三十日

上海内河轮船股份有限公司契约书

关于上海内河轮船股份有限公司（以下简称公司）之中日合办调整事宜，国民政府建设部（以下称甲）与中支那振兴株式会社（以下称乙）间订定契约如左：

一、关于对公司之出资，如华方欲增加其股份时，悉依华方希望。

一、公司之股票额面金额改用中国国币为单位时，由甲、乙协议决定之。

一、公司之股票为记名式，其所有人以中日两国官民为限。

一、公司依照别项之所定，在业务上与乙保持紧密连络。

一、日方对公司作资金、资材及技术上之协力时，一切由乙依照向例行之。

一、公司中日董、监事之分配如左：

董事长	一（华方）	／（日方）
副董事长	／	一
常务董事	一	一
董事	二	一
监察人	一	一
合计	五（华方）	四（日方）

一、本契约所未规定之事项，应依照民国三十三年三月三十日中日合办公司调整通则之规定，逐渐处理之。

> 国民政府建设部部长　　　陈君慧
> 中支那振兴株式会社总裁　高岛菊次郎

民国三十三年
昭和十九年　六月三十日

华中电气通信股份有限公司契约书

关于华中电气通信股份有限公司（以下简称公司）之中日合办调整事宜，国民政府建设部（以下称甲）与中支那振兴公司株式会社（以下称乙）间订定契约如左：

一、前上海电话公司之资产，其出资评定价额为日金二五，〇〇〇，〇〇〇圆，其中归甲方者一五，四〇〇，〇〇〇圆，归乙方者为九，六〇〇，〇〇〇圆，分别现物出资于公司。

一、武汉电话事业（由甲以日金　　　圆现物出资于公司）及

1134

华南地区之电气通信事业，尽速归并于公司。

一、公司之中日出资比率，暂定为华方51％，日方49％。

一、公司股票额面金额改用中国国币为单位时，由甲、乙双方协议决定之。

一、公司股票为记名式，其所有人限于中、日两国官民。

一、公司依照别项规定，于业务上与乙保持紧密连络。

一、日本方面对公司作资金、资材及技术上之协力时，一切由乙方按照向例行之。

一、公司之董、监事中、日双方暂时分配如左：

	（华方）	（日方）	
董事长	/	/	现任日籍董事长继续留任，在本任期满或中途退职时，由华籍人员补充之。现任华籍副董事长继续留任，将来改派华籍董事长时，由日籍人员充任副董事长。
副董事长	/		
常务董事	二	二	
董事	一	一	
监察人	一	一	
合计	五(华方)	五(日方)	

一、前上海电话公司之员工，原则上由公司继续留用，员工按服务年数应享受之利益，公司亦予承认。

一、本契约所未规定之事项，均依照民国三十三年三月三十日中日合办公司调整通则之规定，逐渐处理之。

国民政府建设部部长 陈君慧

中支那振兴株式会社总裁 高岛菊次郎

民国三十三年
昭和十九年 六月三十日

华中都市公共汽车股份有限公司契约书

关于华中都市公共汽车股份有限公司（以下简称公司）之中日合办调整事宜，国民政府建设部（以下称甲）与中支那振兴株式会社（以下称乙）间订定契约如左：

一、前上海电车公司之资产，其出资评定价额 为日金一 三，三〇〇，〇〇〇圆，由国民政府现物出资于公司。

一、前法租界之电车、公共汽车事业 应尽速设法归并于公司。

一、公司改称为上海都市交通股份有限公司，其事业目的，加入经营上海之电车事业一项。

一、公司之股票额面金额，改用中国国币 为单位时，由甲、乙协议决定之。

一、公司之股票为记名式，中、日两国官民以外不得持有之，但经甲、乙间之协议同意者不在此限。

一、公司依照别项之所定，在业务上与乙保持紧密连络。

一、日方对公司作资金、资材及技术上之协力时，一切由乙依照向例行之。

一、公司董、监事中日员额之分配如左：

董事长	一（华方）	／（日方）
副董事长	／	一
常务董事	一	一
董事	二	一
监察人	一	一
合计	五（华方）	四（日方）

一、前上海电车公司之员工，原则上由公司继续留用，员工按服务年数应享受之利益，公司亦予承认。

一、本契约所未规定之事项，均依照民国三十三年三月三十日中日合办公司调整通则之规定，逐渐处理之。

国民政府建设部部长　陈君懋

中支那振兴株式会社总裁　高岛菊次郎

民国三十三年
昭和十九年　六月三十日

大上海瓦斯股份有限公司契约书

关于大上海瓦斯股份有限公司（以下简称公司）之中日合办调整事宜，国民政府建设部（以下称甲）与中支那振兴株式会社（以下称乙）间订定契约如左：

一、前上海瓦斯公司之资产，其出资评定价额为日金四，五〇〇，〇〇〇圆，由国民政府现物出资于公司。

一、公司之股票额面金额改用中国国币为单位时，由甲、乙协议决定之。

一、公司之股票为记名式，其所有人以中、日两国官民为限。

一、公司依照别项所定，在业务上与乙保持紧密连络。

一、日方对公司作资金、资材及技术上之协力时，一切由乙依照向例行之。

一、公司之董、监事中日分配如左：

董事长	一（华方） /	（日方）
副董事长	/	一
常务董事	一	一
董事	一	/
监察人	一	一
合计	四（华方）	三（日方）

一、前上海瓦斯公司之员工，原则上由公司继续留用，员工按服务年数应享之利益，公司亦予承认。

一、本契约所未规定之事项，均依照民国三十三年三月三十日中日合办公司调整通则之规定，逐渐处理之。

国民政府建设部部长　陈君慧

中支那振兴株式会社总裁　高岛菊次郎

民国三十三年
昭和十九年　六月三十日

华中铁道股份有限公司契约书

关于华中铁道股份有限公司（以下简称公司）之中日合办调整事宜，国民政府建设部（以下称甲）与中支那振兴株式会社（以下称乙）间订定契约如左：

一、公司之股票额面金额改用中国国币为单位时，由甲、乙协议决定之。

一、公司之股票为记名式，其所有人限于中、日两国官民。

一、公司依照别项之所定，在业务上与乙保持紧密连络。

一、日方对公司作资金、资材及技术上之协力时，一切由乙依照向例行之。

一、公司理、监事中日员额之分配如左：

总裁	一（华方）	／（日方）
副总裁	／	一
理事	三	三
监事	一	一
合计	五（华方）	五（日方）

一、本契约所未规定之事项，均依照民国三十三年三月三十日中日合办公司调整通则之规定，逐渐处理之。

国民政府建设部部长　陈君慧

中支那振兴株式会社总裁　高岛菊次郎

民国三十三年
昭和十九年　六月三十日

中华轮船股份有限公司契约书

关于中华轮船股份有限公司（以下简称公司）之中日合办调整事宜，国民政府建设部（以下称甲）与中支那振兴株式会社（以下称乙）间订定契约如左：

一、甲将金利源、华通两码头以左记价额现物出资于公司：

金利源码头	日金	圆
华通码头	日金	圆
合计	日金二，七〇〇，〇〇〇	圆

一、公司之股票额面金额改用中国国币为单位时，由甲、乙协议决定之。

一、公司之股票为记名式，其所有人限于中、日两国官民。

一、公司依照别项之所定，在业务上与乙保持紧密连络。

一、日方对公司作资金、资材及技术上之协力时，一切由乙依照向例行之。

一、公司之董、监事中日分配如左：

董事长	一（华方）	/ （日方）
副董事长	/	一
常务董事	二	二
董事	一	一
监察人	一	一
合计	五（华方）	五（日方）

一、本契约所未规定之事项，均依照民国三十三年三月三十日中日合办公司调整通则之规定，逐渐处理之。

国民政府建设部部长　陈君慧

中支那振兴株式会社总裁　高岛菊次郎

民国三十三年
昭和十九年　六月三十日

华中运输股份有限公司契约书

关于华中运输股份有限公司（以下简称公司）之中日合办调整事宜，国民政府建设部（以下称甲）与中支那振兴株式会社（以下称乙）订定契约如左：

一、对于公司之华方所有股份，得依华方希望增加之。

一、公司之股票额面金额改用中国国币为单位时，由甲乙协议决定之。

一、公司之股票为记名式，其所有人以中、日两国官民为限。

一、公司依照别项所定，在业务上与乙保持紧密连络。

一、日方对公司作资金、资材及技术上之协力时，一切由乙依照向例行之。

一、公司之董、监事中日分配如左：

董事长	一（华方）	／（日方）
副董事长	／	一
常务董事	一	一
董事	三	二
监察人	一	一
合计	六（华方）	五（日方）

一、本契约所未规定之事项，均依照民国三十三年三月三十日中日合办公司调整通则之规定，逐渐处理之。

国民政府建设部部长　陈君慧

中支那振兴株式会社总裁　高岛菊次郎

民国三十三年
昭和十九年 　六月三十日

〔汪伪行政院档案〕

(三)对沦陷区厂矿的摧残与掠夺

重庆经济部编战时经济事业财产损失统计

（1945年8月）

战时经济事业财产损失统计　廿六年七月至卅四年八月　单位，元

类别	共计		直接		间接	
	26年7月之法币价值	26年7月之美金价值	26年7月之法币价值	26年7月之美金价值	26年7月之法币价值	26年7月之美金价值
总计	20,099,395,999	5,929,025,368	12,112,620,128	3,573,044,286	7,986,775,871	2,355,981,082
工业	7,752.316,316,858	2,286,819,132	4,811,029,088	1,419,182,622	2,941,287,770	867,636,510
矿业	1,089,417,383	321,362,060	902,766,721	266,301,098	186,656,66?	55,060,960
电业	1,003,153,069	295,915,259	581,626,684	171,571,293	421,526,385	124,344,066
商业	10,254,508,689	3,024,928,817	5,817,203,635	1,715,989,273	4,437,305,054	1,308,939,544

〔经济部档案〕

1141

伪中日经济合作研究社为各华中公司强制归并重要实业拟具意见书呈

(1939 年10 月11 日)

谨陈者：窃维中国农工商业，近年锐意图进，甫树基础，经兹事变，毁坏殆尽，商民损失之重不可胜计。迨地方秩序稍平，各业方期收拾残余，企划规复，讵又有各华中公司相继成立，对于比较重要之实业均须归入统制，几有一网打尽之势，风声所播，群情惶骇，奔走呼吁，状殊狼狈。旋奉中央通令，凡属中日经济合作事业，其契约及办法未经议政会议通过者，一律无效等因，各业闻之如奉赦令，人心为之稍定。正拟继续规筹复业间，忽阅南京新报载，关于中日经济合作事业各种规程，均经行政院汇咨钧院提会讨论，将议决结果咨复公布施行等语。自此标榜经济合作实行经济独占之各华中公司，不独得行政方面之特许，更将得立法方面之保障，用意深切，殊堪隐忧。中日经济合作条件果能严守公平互惠之原则，本无不可合作经营，以期共存共荣。惟按诸各华中公司规程及其实施手段，完全违背经济提携之精神，动辄以军令威权强制归并，今若再加以法律上重重之保障，人民更无置喙之余地，原有工商事业势将陷于万劫不复。幸赖钧院各长官洞悉民隐，深谙国情，尤多法律巨子经济专家，今次审核各华中公司规程，定予依据学理事实，权衡利害轻重，逐项纠正，秉公处理，国家元气之能否恢复，人民痛苦之能否解除，全系乎今日钧院一席之议矣。谨就公众意见及事实需要，拟具意见书，奉乞鉴赐采纳，迅予明白规定，俾维残喘而安人心。国家幸甚！民众幸甚！谨上

立法院

附呈意见书

中日经济合作研究社

企业统制之意义及范围

统制云者，系指国家对于某种重要实业之生产、消费、技术、管理及价格等等在一贯之方策下，严格的予以限制，而使一般经营者在此原则之下谋适当而合理之前进，初无强制合并或迫令合作之行为。故统制意义为限制经济自由竞争而产生，以社会经济平衡前进为目的，此稍明经济原理者类能道之。

惟现者华中统制事业之各公司，对于此点似多误解，往往为急于成功，一切措置未免有断章取义之遗憾，以致引起一般人民之疑虑。政府为维持民众权益并推进统制政策计，亟应依据原理，为之明定范围，俾资遵守而免纷争。

企业统制之范围似应规定如左：

甲、统制事业应以左列各项为限：

一、某种事业为人民自由竞争漫无限制，以致生产过剩，物价低落，不能维持货本，势将同归于尽者。

一、某种事业为人民资力所不能启发或进展者。

一、某种事业人民不知改进，技术日渐衰落，影响及于国计民生者。

一、某种事业因有特殊性质，不容许人民自由经营者。

乙、统制方法应以左列各项为限：

一、在政府一贯政策下促进技术之向上。

一、在政府一贯政策下减轻消费者负担。

一、在政府一贯政策下调整产销之适合。

一、在政府一贯政策下划定营业之区域。

一、人民有需要时得予以经济上之扶助。

丙、实施统制政策应绝对避免左列各行为：

一、各个商业组织依旧保持原有法益，不得藉统制职权而企图分润。

一、人民已成事业，自己能力足资生存或进展，不得藉统制职权而强制合并或合作。

一、统制以事业平衡发展为目的，不得稍含有托辣斯之性质。

对于统制蚕丝事业应予补充规定之事项

查世界产丝国家，以中日为巨擘，而关系于两国之生产经济所系尤巨。当兹两国力谋亲善，一切经济事业均以相互提携为正鹄，此项重要物质输出品自应于同一步骤之下，作协调之整理，业经江苏省政府与华中蚕丝公司商定三项原则如左：

一、两国蚕丝品质共同向上。

二、两国蚕丝产量平均分配（以国际市场销额及两国生产力为标准）。

三、在国际市场价格两国一致。

依据此三原则，应予分别规定左列各事项：

关于丝厂部份

一、华中公司在左各地设置丝厂，应经该管省、市政府之核准，并遵守当地政府之一切管理法令。

一、民营丝厂自己能力足资经营者，仍得依旧营业，但一切设施不得与统制法令有所抵触。

一、民营丝厂如愿归入华中公司办理或合作经营时，其原有资产应由业主与公司双方推举负责代表，并聘请专家会同按照时价评定价值，呈经主管各级政府核准后，始得实行归并或合作。

一、缫制用户丝，即小型丝厂，应完全由地方商民自营，如需赖华中公司协助时，不得拒绝。

关于茧行部份

一、茧行应完全由地方商民自营，华中公司得与订立契约，合作收茧。

一、华中公司与各茧行合作收茧，应遵守当地政府之管理办法及其他一切规定。

一、未经与华中公司合作经营之各民营丝厂及缫制用户丝小型丝厂，仍得自行直接收茧，但其需要数量应先呈经该管省、市政府之核准。

关于制种场部份

一、制种场完全由地方商民自营，华中公司得依其需要品种及数量，请由当地主管机关转呈省、市政府核准，分配各种场遵照制造，直接售与蚕农应用。

一、原原种之制造，季制原种之监察、分配，各种场制种数量之分配及一切取缔工作，均应归该管省、市政府设立机关办理之。但关于技术及设备上，华中公司得提供意见，补助经费，并得呈请制造原种之部份。

以上各项规定，系经江苏省政府、苏州特务机关与华中公司三方迭次协议之结果，并有先已实施者，深望中央于饬令外明白订载，俾有依据而安人心。

对于统制水电事业应予补充规定之事项

一、民营水电事业自己能力足资经营者，仍得依旧营业，但其关于技术、价格以及营业区域一切设施，不得与统制法令有所抵触。

一、民营水电事业自己资力不能复业，或不足经营及进展者，得归入华中公司办理，或合作经营时，其原有资产应由业主与公司双方推举负责代表，并聘请专家会同按照时价评定价值，呈经主管各级政府核准后，始得实行归并或合作。

一、民营水电事业归入华中公司办理或合作经营，原有资产经核定价格后，业主于事实上有取付现金全部或一部份之必要时，公司不得拒绝。

对于铁道公司兼营汽车运输事业应予补充规定之事项

一、华中铁道公司兼营汽车运输事业之主要路线，应以各公路线与铁道并行而必要归入华中公司兼营者为范围，其路线之选定并其实行方法，须经该管省、市政府召集各关系方面协议定之。

一、在前项协定之主要路线内，华中公司对于原有长途汽车全部财产（如土地、桥梁、涵洞、路底、路面等工料以及一切设备）无论公营或民营，均应按照时值核实估计，经双方协议同意，并经主管各级政府核准后，或作现物出资，或价还现金。

一、其他各公路线之客货运输业务，仍由原有经营机关依照原经规定之专营年数继续经营，但须与铁道公司取得密切之联络。

以上各规定，前经江苏省政府提出呈奉行政院指令，所拟办法认为不无可采，将来何种路线应归华中铁道公司经营，及以何项办法办理之处，可予参照所拟办理等因，转发到各公司在案。深望中央早予于法令内规订明白，俾资确定，庶使各民营公司得以进行复业，而无所顾虑矣。

对于上海内河轮船公司统制内河轮船应予补充规定之事项

一、上海内河轮船公司经营之航线，以主要纲领所规定之七航线为限，但须向地方主管机关照章申请登记，领取行驶证，并遵守各项关系章则。

一、由上海内河轮船公司经营之航线内，其关于局部，或区间，或通过，或支线之各航线，不在限制之列。

一、在上海内河轮船公司经营之航线内，已有航商在同航线行驶营业者，如愿与该公司合作或让度，其契约及一切资产评定价格，应经地方主管机关之核准，倘不愿合作或让度，不得强制停业。其客运价目由地方主管机关核定之。

查上海内河轮船公司主要纲领完全违背经济合作之原则，应请予以撤销或全部修正之。

对于华中电信公司统制电信事业应予补充规定之事项

一、民营电信事业如须归入华中公司办理时，其原有财产应由双方推举负责代表，并聘请专家会同按照时值评定价格，呈经主管各级政府核准后，悉数以现金付给之。

一、在财产价值未经评定或评定价款尚未付清以前，公司不得先行接收办理。

一、内地各县民营电信事业经政府之特许，得保持原有组织经营电信，但须与华中公司取得密切之联络。

〔伪维新政府系统档案〕

王荫泰为五煤矿公司由军管理改组合办附送华北联络部修改之公告稿致王克敏函

（1940年2月7日）

叔老年伯委员长钧鉴：敬陈者：关于煤矿公司通告事，经与连络部商洽，拟具公告及通告稿各一件，随函附呈。是否可用，伏乞察核。比日正值春节假期，前途虽催迫甚急，似须俟星一行政会议讨论后再行发表矣。专肃，敬请崇安。

附稿两件〔略一件〕

年愚侄王荫泰谨上

二月七日

连络部修改公告稿

为公告事：查自事变以来，各省煤矿多由日本军部管理经营，兹拟将各矿本中日经济合作之原则，改组合办，所有各该矿一切财产，依照现值公平估价。为此通告，限于民国二十九年二月底止，派负责人员来京接洽，逾期不到，即由政府酌量处置，随后再将处置办法另饬知照，幸勿观望自误，是为切要。除将通告送

1147

达外，合将应行通知各矿开列于后，仰即周知。特此公告。

计开：

井陉煤矿公司

正丰煤矿公司

六河沟煤矿公司

中兴煤矿公司

柳泉煤矿公司

重庆财政部秘书处检送晋省工厂被敌寇掠夺情形摘抄件函

(1940年10月6日)

奉交下特种经济调查处本年八月十五日编印专报第九号"敌寇在山西经济侵略概况"一份，除分函外，相应将有关本部主管事项摘抄检送，即希查收，密存参考。此致

贸易委员会

附抄件

秘书处启　十月六日

摘抄专报第九号敌寇在山西经济侵略概况

一、晋省工厂被敌寇掠夺情形

山西各地我原有工厂被敌统制整理先后开工者,计有46工厂之多，此等工厂皆委托于日本内地及满洲等15会社办理,轻重工业计有22种.其大别如左：

工厂名称	所在地	业务种类	备考
第一工厂	太原	纺织	前晋生纺织.

第二工厂	太原	电气制粉	前太原新记电灯公司。
第三工厂	阳泉	制铁	前阳泉制铁所。
第四工厂	阳泉	煤	
第五工厂	西山	煤	前白家庄煤厂。
第六工厂	太原	制铁	前太原育才机械厂。
第七工厂	太原	制粉	前晋丰面粉公司。
第八工厂	太原	窑业	前太原砖瓦工厂。
第九工厂	榆次	制粉	前榆次面粉公司。
第十工厂	太原	机械	前太原冲锋机厂。
第十一工厂	祁县	染织	
第十二工厂	榆次	纺织	前晋华纱厂。
第十三工厂	太原	烟草	前晋华卷烟厂。
第十四工厂	太原	印刷	前西北印刷厂。
第十五工厂	太原	电气	前兵工厂发电所。
第十六工厂	太原	毛织	前西北毛织厂。
第十七工厂	太原	皮革	前晋裕皮革厂。
第十八工厂	太原	制碱	前西北纺织厂。
第十九工厂	太原	火药	前兵工厂旧火药厂。
第二十工厂	太原	火药	前兵工厂新火药厂。
第二十一工厂	太原	火柴	前西北火药厂。
第二十二工厂	太原	汽车	前聚和祥铁工厂。
第二十三工厂	太原	制线	前晋恒造线厂。
第二十四工厂	兰村	制线	前西北造线厂。
第二十五工厂	太原	电气	
第二十六工厂	东山	煤	前东山铁矿局。
第二十七工厂	寿阳	煤	
第二十八工厂	孝义	煤	前孝义煤矿局。
第二十九工厂	介休	煤	
第三十工厂	平遥	电气制粉	前平遥面粉厂。

第三十一工厂临汾	电气制粉	前临汾面粉公司。
第三十二工厂汾阳	火柴	前昆仑火柴公司。
第三十三工厂新绛	纺织	前雍裕纺织公司，闻现改运城特务机关管辖。
第三十四工厂新绛	纺织	前公益成纱厂，闻现改归运城特务机关管辖。
第三十五工厂太原	洋灰	前西北洋灰厂，负责者为新仓哲夫。
第三十六工厂太谷	电气制粉	
第三十七工厂新绛	火柴	前燮村火柴公司，闻现改归运城特务机关管辖。
第三十八工厂洪洞	煤	
第三十九工厂祁县	制粉电厂	
第四十工厂　运城	制盐	前运城晋丰面粉公司。
第四十一工厂代县	金矿	
第四十二工厂富家滩	煤	前富家滩炭厂。
第四十三工厂宁武	木材	
第四十四工厂定襄	铁	前定县铁矿局。
第四十五工厂忻口	煤	前忻口煤矿局。
第四十六工厂宁武	铁	前宁武铁矿局。

上述各工厂生产品除供给省内需要者外，如煤、洋灰、面粉等输出省外者甚多。自二十八年八月一日起，各工厂名称又一律更改，废弃前之数字，而冠以地名，或业务名称。其例如次（其余各厂所改名称在续查中）

旧名称	新名称
第一工厂	太原纺织厂
第二工厂	太原电工厂城内发电所制粉部太原面粉第二厂
第三工厂	阳泉制铁厂

〔财政部贸易委员会档案〕

汪伪工商部接收日军管理工厂委员会资源汇编

日方发还及解除军管理备工厂有关备表

（1942年）

（1）由本会交递而发还之车管工厂一览表

厂名	地址	日方委托人	发还年月	接收人	发还条件	发还次数	备注
仁丰机器染织厂	上海虹口	裕丰纺绩株式会社	29.10.31		由仁丰偿还裕丰管理期间之费用日金619圆47钱	1	大部份破坏，在整理中。
协新毛纺织染厂	无锡	上海制造绢丝株式会社	29.10.31		由协新偿还上海管理期间之费用日金2,042圆94钱	1	机械及动力大破坏。
信大新记纺织厂	上海浦东	日华纺绩株式会社	29.10.31		继续由信大和记公司承租，租期3年，自开工之月计算，对于日华之管理期间费用亦由信大和记公司负担，房屋，码头，空地租金每月法币1,500元，机器金，生财筹于每年6个月缴，账时提纯益1/10作租金。	1	二十九年七月，二十三日开工

厂	地点	会社	日期	处理情况		准备复工
恒源兴记轧花厂	上海浦东	日华纺绩株式会社	29.10.31	继续与恒大和记公司合作经营,对于日华之管理期间费用,亦由恒大和记公司负担。	1	
南洋铜厂	上海闸北	上海花王石碱株式会社	29.11.30	由茂昌公司代表郑源兴偿还上海花王管理期间之费用日金8,737圆28钱。	2	该厂于廿九年三月售与茂昌公司,收回后拟造房屋租赁作职员宿舍
维新染织厂	无锡		29.11.20	无条件无偿交还华方正当权利人。	2	
宏大橡胶厂	上海	上海昭和护谟株式会社	29.10.1	由宏大代表人任志远售与明华产业株式会社,售价日金20万圆,于接收工厂时全部付讫。	2	
勤兴袜衫厂	上海	康泰绒布株式会社	29.11.30	由勤兴偿还康泰管理期间之费用日金7,206圆50钱。	2	

厂名	地点		日期			备注
苏纶纺织厂	苏　州	内外棉株式会社	30.2.28	由苏纶及大隆机器厂共同偿还内外棉管理期间费用日金 2,251,727 圆。(根据廿九年十二月之契约,内外棉交还苏纶货物现金共计国币3,350,000 元,由苏纶以大隆机器厂作价国币1,850,000元,及借款国币 1,500,000 元,抵消之)。又现为第一炮辎队之邻埃苏纶公司钱房及医院空地无代价无期限供给日本海军之使用。	3	敌存日方登记会保留金日金53万圆。
大隆制造机器厂	上　海	内外棉株式会社	30.2.28	售与日方得价国币1,850,000元(参阅苏纶纺织厂条件栏)。	3	
丽华染织厂	无　锡	大日本纺绩株式会社	30.2.28	由丽华偿还大日本管理期间之费用日金4,881圆58钱	3	该厂于三十七年十二月出机与丽华南同丰织厂
丽新纺织印染整理厂	无　锡	大日本纺绩株式会社	30.2.28	由丽新偿还大日本管理期间之费用日金1,739圆	3	军管计川西南驻军队驻屯也,未能复兴。

厂名	地点	对方	日期	说明	备注	
贻成新记机制面粉厂	镇　江	新井洋行	30.2.28	井由大日本偿还丽新厂搬出机器之价值计日金24,722圆。	缴存日方整会会保留金日金89,663圆。改镇江面粉厂。	2
江南水泥厂	江　宁	三井物产株式会社	30.2.28	自发还之日起，由新井租借，经营期同三年，每年租金国币10万元，一次付清井由新井付给贻成日金63,490圆。此项金额为63,490圆。营业利益金3成，134,502圆，除去代管费用91,012圆，计43,490圆，再加双方同意贻发取得之利益金22,000圆，合为63,490圆。该厂解除军管理后，当与日本方面同业者取同一步骤。同时到全部和平为止，因军事上之必要须服从日本方面之各种统制。		3

仁德纺织厂	上　　海	东华纺绩株式会社	30.5.31	由仁德偿还东华管理期间之费用日金413,125圆。又现在华中电气通信株式会社所使用之仁德附属临背路西侧仓库二栋，其使用权应保留于日海军。	1 缴存日方整委会保留定金圆。27,552圆。
广勤纺织厂	无　　锡	上海纺绩株式会社	30.5.31	无条件交还华方正当权利人。	4 工场全毁，一部份残余机件运沪，故上海纺绩所收买。
中一纱厂	芜　　湖	裕丰纺绩株式会社	30.5.31	由裕丰与中一实业公司所属之公记公司合办，经营期间3年，最初出资双方各为国币60万元。裕丰货与中一之款共为国币260,752.93元，其年利为七分。合办后对中一实业厂费每半年为中国公司之租币3.5万元。	4

厂名	地点	公司	日期	内容		备注
鼎鑫纱厂	上海闸北	东华纺绩株式会社	30.5.31	鼎鑫与东华合办，经营期间五年，鼎鑫现物出资国币150万元，东华现金出资国币150万元。	4	
中华教育玩具厂	上海	东华纺绩株式会社	30.5.31	无条件将该厂土地交还华方正当权利人。	4	厂房全毁，仅余基地。缴整委会保留日金163,617圆。
振沪纺织厂	无锡	上海纺绩株式会社	30.7.31	该厂应承认辛泰与上海所订之合办契约，并偿还上海管理期间费用日金1,587,933圆，其中769,844圆为上海合办资金，其余818,089圆为上海之放款。	5	工场全毁，仅余基地。
振业公司租办业勤纱厂	无锡	大日本纺绩株式会社	30.7.31	无条件交还正当权利人。	5	
大公染织布厂	上海	同兴纺绩株式会社	30.7.31	该厂应承认并履行同兴与大公同所成立之委任经营解约之规定。	5	
裕通面粉厂	上海闸北	三兴面粉公司	30.7.31	裕通应履行与三兴所订之租约，曾经日本海军使用之房屋三间，今后有必要	5	缴日方整委会保留金日金376,275圆，该

厂名	地址	会社	日期	处理办法		备注
顺余榨油厂	上海曹家渡	日华制油株式会社	30.7.31	顺余应履行与日华所订之合办契约，所移转于信兴泰油厂之机器价日金6,600圆，由顺余、日华、信兴泰三当事者解决之。……时，当无代价供日海军使用。又海军部曾许可华中矿业公司使用裕通场地之一部份约230坪，当由中日当事人及关系当局之协议决定处置之。	5	公司于十五年租与上海阜丰面粉公司。缴日方整委会保留金日金4,084圆。
中华第一针织厂	上海杨树浦	内外编物株式会社	30.10.31	由中华偿还内外编物管理期间之费用日金33,000圆，嗣后不得加入第三国有权，并不得对第三国有出售、租借、委任经营设定抵押等之行为。	6	

厂名		日华制油株式会社	30.10.31	应确认民国三十年七月三十一日日华与恒兴泰所订将来适当时机合办为条件之租借契约，并使双方当事人履行之.租期为一年，租费为之机器日金6,600圆，移转之机器日金2.4万元，又由顺余由日华,顺余,恒兴泰自行解决之.	6	缴日方整委会保留金4,938圆.
恒兴泰榨油厂	上海曹家渡					
上海纺织印染厂	上海华德德路	裕丰纺织株式会社	31.5.9	章荣初应履行与裕丰纺织株式会社所成立之合办经营契约,裕丰现金出资国币300万元,上海现物出资国币300万元.	7	缴日方整委会保留金日金34,084圆.开工.
申茂打包厂	南通	江商株式会社	31.5.9	株举百应履行与江商株式会社所成立之租借契约,每月租金国币500元	7	开工.
中孚绢丝厂	上海	上海制造绢丝株式会社	31.5.9	崇节香无条件交还华方正当权利人.	7	工厂被毁,不能留工作,另立至小沙渡路置行复业.

					7	开工。
中国冷藏公司	上　海	株式会社前川制作所	31.5.9	周福庆	应履行与前川制作所所约定机器设备一切之卖买杀项。	7	开工。
华福制帽厂	上　海	上海堀拔制帽厂	31.5.9	陈达敬陈吉卿	应履行与堀拔制帽所缔结之卖买契约，售介为旧法币120万元。	7	开工。
开林油漆公司	上　海	大日本涂料株式会社	31.5.9	黎润生	应履行与大日本涂料株式会社所成立之卖买契约。	7	开工。

（2）由事实上之处置而解除军管理之工厂一览表
（此项统计除"解除办法"一栏系根据沪办事处书面报告外，余均根据金主任之口头报告）

厂　名	地址	委托管理人	解除年月	解除办法	备　注
世界书局工场	上海		27.12.12	中日合办	现改为华中印书局
△五丰机织漂练印染厂	上海	同兴纺绩株式会社	28.2.2	日方同兴收买	廿九年九月十五日经日使随员日高通知。
良新油罐厂	上海	上海电气工程厂	28.6.9	日方同兴收买	
△祥新面粉厂	上海	三兴面粉公司第五厂	28.10.6	由三兴买收	廿九年九月廿五日经日使随员日高通知。
△元通漂染厂	上海	上海制造绢丝株式会社	28.10.12	中日合办	廿九年九月廿五日经日使随员日高通知。
民丰纱厂	常州		29.2.28	发　还	该厂闻系由张啸林商得土肥原将军之同意，嘱令军部解除军管理者
大成纱厂第一二三厂	常州		29.2.28	发　还	该厂闻系由张啸林商得土肥原将军之同意嘱令军部解除军管理者。
△合记振华纱厂	上海	大康纺绩株式会社	29.4.1	日商大康纱厂收买	廿九年九月廿五日经日使随员日高通知。
△大中华造纸厂	上海	日华制纸	29.4.25	日方日华制纸收买	廿九年九月廿五日经日使随员日高通知张啸林、杜月笙所办，现作栈房用。
林笙军装第一分厂	上海	北海酪联上海工厂	29.5.21	日方租借	
大丰纱厂	上海	同兴纺绩株式会社	27.10.20	中日合办	以后由日方收买为条件。

(3) 军部主动削除军管理之工厂一览表

厂　名	地址	委托管理人	解除年月	解除办法	备　注
裕丰染色厂	上海	エビス织物会社	30.1.20		
吉田号制油厂	上海	吉田号	30.1.20		
益新面粉厂	芜湖	华友面粉公司	30.1.20	租与吉田	
大新绸厂	上海	岸木喜一郎	30.1.20	号	该厂系属敌产，物件由军借与民间者。
美亚第六织绸厂	上海	尾峤毛织株式会社	30.1.20		同上
杭州造币厂	杭州	渡逊银冶	30.1.20		同上
新昌碾米厂	上海	国际工业株式会社	30.1.20		同上
龙华兵工厂	上海		30.1.20		同上
美亚织绸第五七八厂	上海		30.1.20		该厂系属全部毁坏之工厂,无受托者虽解除军管理,而敌产性质依然存在。
美亚染织厂	上海		30.5.31		同上
启明染织厂	上海		30.5.31		同上
霖记木行	上海		30.5.31		同上
龙章造纸厂	上海		30.5.31		同上
中华煤球第一二厂	上海		30.5.31		同上
大中央橡胶厂	上海		30.5.31		同上
美亚杭州绸厂	〔杭州〕		31.5.9.		

附注：

以上各厂除全坏或属敌产者外，大部份系基于事实上当事者间之自由意思而协定者，在事实上与政府交涉后解除军管理者有同一之效果。

（4）广东省发还军管工厂一览表

厂名	地址	发还年月日	粤省府委托经营人	负债额至二九年九月底止	债权人	备注
广州市电力厂	广州市	29.10.15	台湾电力株式会社	901,127.91（日圆）年息七厘	即委托经营人	以上两厂，南方开发糖业组合因亏损基础太弱，于三十年六月解除委托经营合同，该组合代还全金円262,170.04円于十月间收，分别由该厅与广东省银行现订合资合营先将顺德糖厂及银行投资国币350万历于卅一年十一月七日先行组织成立。何同章兼任厂长。
广州市自来水厂	广州市增埗	29.10.15	台湾拓殖株式会社	1,142,663.92 年息七厘	即委托经营人	
广东饮料厂	广州市外西村	29.10.15	大日本麦酒株式会社	1,306,390.91 年息七厘	即委托经营人	
省营顺德糖厂	顺德廍村	29.10.15	南方开发糖业组合	固定资产 1,310,536.75	即委托经营人	

厂名	地点	日期	经营者	运转资金	委托经营人	备注
省营东莞糖厂	东莞	29.10.15	南方开发糖业组合	248,004.07 年息七厘	即委托人即委经营人	以上九厂为第一批交还者
省营西村土敏土厂	广州市外西村	29.10.15	浅野株式会社	1,252,792.68 年息七厘	即委托人即委经营人	
广东纺织厂	广州市河南岛	29.10.16		1,203,222.67 年息一分二厘	上海纺绩株式会社（以全厂财产为担保）	
广东硫酸苏打厂	西村	29.10.15		3,793,551 年息七厘	三井物产株式会社（以两厂财产为担保）	
广东肥田料厂						
南石头制纸工厂	广州市河南				财产厂全部	该厂破坏机件由粤省政府与省管日方约日，分两期交收，并定以后如恢复纸厂，日方并予我方以便利及协助
民营永业砖窑	广州河南	30.8				该厂无条件交还，由粤同接建厅于三十年十月通知业主收回保管，一面申报领还复业。以上二厂为第二批交还者
汕头自来水厂						

（5）华北解除军管理工厂一览表（苏北地区四厂包括在内）

厂名	厂址	申请人	解除军管日期	合作者	备注
△保定电灯厂	河北保定	董事长 王雨生	31年2月28日	华北电业公司接办	申请书内注明为德茂酒电灯厂
△晋县电灯厂	河北晋县	业主代表 张玉琢	31年2月28日	华北电业公司接办	
△石门电灯厂	河北石门	石门中国内地电灯公司代表 殷良简	31年2月28日	华北电业公司接办	
茉丰面粉公司	河北石门	董事长 俞其驹	定31年3月30日发还	日东制粉公司	
大兴纱厂	河北石门	股东代表 张格	定31年3月30日发还	钟渊纺织株式会社	
怡丰面粉公司	河北邯郸	业务董事并经理 朗海星	定31年3月30日发还	日东制粉公司呈请继续经营	
磁县轧棉厂	河北磁县	中棉轧棉公司代表张文奇	定31年3月30日发还	钟渊纺织株式会社	
顺德电气制粉厂	河北顺德	股东代表 李子参	定31年3月30日发还		申请书内注明为顺德同仁面粉工厂

厂		经理			
益纱厂	河南彰德	袁镜英			
彰德轧棉厂	河南彰德	中褚轧棉公司代表张文奇	定31年3月30日发还	钟渊纺织株式会社	原业主不明
普润制粉厂	河南彰德	董事长陈静斋	定31年3月30日发还	钟渊纺织株式会社	
豫安纱厂	河南彰德	彰德县知事郭鉴堂	定31年3月30日发还		
通丰面粉公司	河南新乡	常务董事孙锡三	定31年3月31日发还	声明与日东制粉株式会社定立租赁合同	

厂　名	厂　址	申请人	解除军管日期	合作者	备　注
△新乡水电工厂	河南新乡	工厂所有主王静澜	三十一年二月二十八日	华北电业公司接办	
○华新纺织公司	河南汲县	专任董事褰心湛	定三十一年三月三十日发还	与东洋纺合办	
×仁丰纱厂	山东济南	常务董事辛铸九等	定三十一年三月三十日发还	成立中日合办新公司，资本金400万元	据三十一年五月十七日中华日报载，该厂已于十六日发还
×成通纱厂	山东济南	常务董事王冠东	定三十一年三月三十日发还	成立中日合办新公司，资本金170万元。	同右（报载成通为济通之误）
×裕丰纱厂	山东济南	经理苗兰亭	定三十一年三月三十日发还	成立中日合办新公司，资本金230万元。	原为成大纱厂　同右
×宝丰面粉	山东济南	经理李锡三	定三十一年三月三十日发还	成立中日合办新公司，资本金100万元。	据三十一年五月十七日中华日报载，该厂已于十六日发还
×成丰面粉	山东济南	总成逸庵	定三十一年三月三十日发还	成立中日合办新公司，资本金135万元。	同右（报载成丰为咸丰之误）
×成记面粉	山东济南	经理苗兰亭	定三十一年三月三十日发还	成立中日合办新公司，资本金150万元。	同右
×丰年面粉	山东济南	经理孙墨村	定三十一年三月三十日发还	成立中日合办新公司，资本金80万元。	同右
×获泽洋灰公司	山东济南	董事长朱敬舆	定三十一年三月三十日发还	成立中日合办新公司，资本金30万元。	同右
○济宁面粉	山东济宁	常务董事刘竹樵	定三十一年三月三十日发还	成立中日合办新公司，资本金30万元。	同右

厂　名	厂　址	申请人	解除军管日期	合　作　者	备　注
×○宝兴制粉厂	苏北徐州		定三十一年三月三十日发还	组与东亚制粉合社	准苏淮特区公署函称,该厂系,卅,十二,一返还权利人杨树城后,租与东亚制粉合社经营,期限10年
☆△耀华电灯厂	苏北徐州		三十一年二月二十八日	华北电业公司接办	准苏北特区公署函称,该厂系,卅,十二,一返还权利人张曾少琴由该公署于卅,十二,归华北电业公司经营
☆△海州电灯厂	苏北连云		三十一年二月二十八日	华北电业公司接办	准苏淮特区公署于卅,十二,该厂因系,十二,接收后,归华北电业公司经营,
☆×△新苯电灯厂	苏北新海		三十一年二月二十八日	华北电业公司接办	苏淮特区来函中并无此厂名,另列连云电灯厂,处置与海州电灯厂相同。
△真阳电灯厂	河北高阳		三十一年二月二十八日	华北电业公司接办	
丰润操棉工厂	河北丰润		定三十一年三月三十日发还		
正定操棉工厂	河北正定		定三十一年三月三十日发还		
巨兴纱厂	河南武陟		定三十一年三月三十日发还		
大冀棻操棉工厂	河南彰德		定三十一年三月三十日发还		

厂　名	厂　址	申请人	解除军管日期	合　作　者	备　注	注
彰德打包工厂	河南彰德		定三十一年三月三十日发还			
△安阳电灯厂	河南彰德		三十一年二月二十八日	华北电业公司接办		
△开封电灯厂	河南开封		三十一年二月二十八日	华北电业公司接办		
天丰面粉	河南开封		定三十一年三月三十日发还	日东制粉株式会社呈请协力合办		
德丰面粉	河南开封		定三十一年三月三十日发还	日东制粉株式会社呈请协力合办		
益丰面粉	河南开封		定三十一年三月三十日发还	日东制粉株式会社呈请协力合办		
美蕖慎面粉	河南六河沟		定三十一年三月三十日发还	日东制粉株式会社呈请协力合办		

附注:

(一)向华北政委会办理申请手续已完竣者,计保定电灯厂以下共24家。

(二)申请手续正在办理中者,计宝兴制粉厂以下共16家。

(三)有"△"记号者,为已经解除军管理之工厂,其余各厂在定期发还中。

(四)有"〇"记号者,为曾向本会申请发还有案之工厂。

(五)本表系根据三十一年三月十一日准华北实业总署王督办函送之附表而制成。

(六)仁丰纱厂以下9工厂"解除军管后情形"栏,系根据三十一年五月十七日《中华日报》所载填入(附有"×"符)。

(七)苏北地区四厂包括在内(附有"☆"符)。

〔经济部档案〕

黄澂汇编日军未发还军管工厂各表

(1942年)

(1)未曾申请发还军管工厂一览表①

---

① 此表经核对,已删除与本组(2)(3)两表暨日方"发还"及"解除"军管理各工厂有关各表重复部分。

（1）未曾申请发还军管工厂一览表

（此项统计系根据日方登部队之调查表）

厂　　名	地址	原厂主姓名	委托经营者	现　　状	备注
富安纺织有限公司	崇明	杜少如	上海制造绢丝株式会社	操业中	
大通纺织有限公司	崇明	姚锡舟	同上	操业中	
利泰纱厂	太仓	张啸林	内外棉株式会社	操业中	
永安第一纱厂	上海	郭　乐	日华纺绩株式会社	陆军病院トシテ使用中未操业	
纬通合记纺绩厂	上海	郭　顺	丰田纺绩株式会社	操业中	
三友实业社杭厂	杭州		裕丰纺织公司	操业中38%	
美丰纺绩有限公司	上海		德玲洋行	操业中	
杭州缫丝厂（浙江省政府）	杭州			机械类八华中蚕丝へ拂下未操业	
惠纶制丝厂（浙江省政府）	杭州			同上	
汉冶萍煤矿公司湖北省矿区	湖北		大冶矿业所	操业中	
旧所有者　邱栃均	吴兴		日铁湖州矿务办事所	操业中	
和兴铁厂	上海		中山矿业所		
江南造船厂	上海	蒋介石政府	三菱重工业株式会社	海军监督二子经营中	
华丰塘厂	上海	刘鸿生	中山矿业所		
东南砖瓦公司	上海		高雄炼瓦株式会社		
泰山砖瓦公司	上海		同上		
宏业砖瓦公司	南京		江口作二		
上海水泥经营龙华工场	上海	刘鸿生	水野田株式会社	操业中	

厂　　名	地址	原厂主姓名	委托经营者	现　状	备注
有恒面粉厂	南京	中国实业银行	佐籐贯一	操业中25%	
制冰赵考林	上海		前川喜作		
中国植物油料厂	上海		大日本涂料株式会社		
大德新榨油厂	上海		大日本涂料株式会社第二工场		
无敌皂厂	上海		花王石碱株式会社	全坏操业不能	
天利淡气制品厂	上海		维新化学工艺社	操业中	
中孚化学染料公司	上海		日本化学工业株式会社	未操业	
大中染料厂	上海	诸文绮	兴亚染料制造株式会社	操业中	
大中华ゴム会社	上海		日本株式会社	操业中	
中国酒精厂	上海		大桥龟次郎		
振华油漆公司	上海		日本油脂株式会社	操业中	
南洋兄弟烟草公司	上海		东洋叶烟草株式会社	破坏甚大操业不能	
大中华火柴公司南汇中华厂	上海		中华全国火柴产销联营社	操业中	
大中华火柴公司上海荧昌厂	上海		同上	操业中	
大中华火柴公司东沟梗片厂	上海		同上	操业中	
大中华火柴公司苏州鸿生厂	苏州		同上	操业中	
大中华火柴公司镇江荧昌厂	镇江		同上	操业中	
大中华火柴公司光州光华厂	杭州		同上	操业中	
龙华造纸厂	上海		术本勇治		

厂　　　名	地　　址	申请人姓名	申请年月	日方委托管理人	重要机器
新东电灯公司	江苏东海	沈仲长 李稚扬	廿九、六、	海州电灯公司 泽井清	发电机等
西冷机制冰厂	杭州	孙锦文	廿九、七、	仓岛洋行	制冲盐水池制 冰模型桶等
信诚制蛋厂	安徽宿县	沈荣生	廿九、七、		飞黄车，筛黄 机等
○龙黄电灯公司	山东黄县 龙口市	陈子鉴	廿九、七、	芝罘电业公司	110千瓦及140 千瓦交流发电 机各一部
△振元、大生、禾 丰、润康、嘉泰、 宏绪、宏余、福 纶、永裕、裕生、 鼎昌丝厂	无锡	丝厂公会 主席 钱凤高	廿九、		
△常熟商办电话 公司	常熟	庞鸿渊	廿九、	华中电气公司 代管	自动磁石机五 百门九十门、 五十门、总机 各一座及发电 机等
中国水泥公司	句容 龙潭	顾志霄 史乃修	卅一、五、 廿六	磐城セノト株式 会社	资本540万元 轧石机、和泥 机、长钢磨、 气压机、旋 窑、水泥磨等
中国石公司	上海青岛	李淑周	廿九、八、		
△远东实业公司 陶磁厂	苏州	叶荫三	廿九、七、	日人伊藤铁卫 强占	
△金城砖瓦厂	江宁	王宏宪	廿九、		

　　① 此表经核对，已剔除与日方"发还"及解除军管理各工厂有关各表重复部分。又此表略去"损失情况"、"备注"两栏。

厂　　　名	地　址	申请人姓名	申请年月	日方委托管理人	重要机器
△森盛和堆栈	汉阳	符增康	廿九、八		
钱屏记采石工场	青浦	钱会勤	廿九、八	江南公司	轧石机五部
苏州电气公司	苏州	公司董事会	廿九、五	廿九、三开始军管理华中水电公司	汽轮发电机四座，共计13,450千瓦，及变压器等
大生纺织公司一、副、三厂	南通海门	成纯一沈燕谋	廿九、五	钟渊纺绩株式会社	一厂92,012枚，线锭2,000枚，布机504台副厂19,508枚，布机204台三厂37,900枚，线锭4,300枚，布机594台。
庆丰纺织漂染整理公司	无锡	陈湛如	廿九、十	大康纱厂	纺纱锭62,000枚线锭4,000枚漂染整理机全套
利用纺织公司	江阴	薛次炎	廿九、十四	大康纱厂	纺锭17,392锭
合众煤球制造厂	上海	邱国桢	廿九、十卅	菊田部队	制造煤球机全座烘灶一座
茂新公司第一面粉厂	无锡	杨景樋项家端	廿九、十、八	与仪喜助	钢磨、练粉机、方筛圆筛、清麦机
茂新公司第二面粉厂	无锡	同上	廿九、十、八	东洋拓殖会社	同上
兴商茶砖厂	汉口	黄浩芸	廿九、十、八		擦砖机、压砖机、打巴机等
九车机制面粉公司	无锡	黄敦复	廿九、十、八	华友面粉公司	老厂粉磨24副新厂粉磨11副进麦出粉机均金

厂　　名	地址	申请人姓名	申请年月	日方委托管理人	重要机器
六河沟制铁公司	湖北黄陂	朱灏	廿九、十、八		
△永和机器铁工厂	芜湖	曹铭珊	三十、六		各样车床、钻床、刨床等大件计九样
华澄染织公司二、七厂	江阴	张鼎奎徐绍虞	三十、十一、廿七	大康纺绩株式会社	二、七厂铁布机174台136台整理漂染机及酱缸等
开澄造酸厂	上海	黄鹏	三十、十二、廿二	钟渊纺绩株式会社	块矿炉、蒸浓炉、硫酸冷却器、反射炉古拉巴塔、格尔沙塔脱砒塔等
△太平卫生制冰厂	南京	于芜园	三十一、二	与日商太平洋行合办	压气机四座蒸溜水器一座
申新第三纺织厂	无锡西门外	荣鸿元荣一心	三十一、四、七	上海纺织	纱锭7万枚布机1,478台
申新第一纺织厂	上海白利南路	荣鸿元王云程	卅一、四、八	丰田纺织	纺机122,876锭,布机1,387台
申新第五纺织厂	华德路1316号高郎桥	荣鸿元荣尔仁	卅一、四、八	裕丰纱厂	清花车、钢丝车(161台)、条子车、粗纺机、细纺机,并条车(45部)等,共计纱锭49,588枚,线锭11,568枚
申新第六纺织厂	蓝路	荣鸿元荣鄂生	卅一、四、七	上海纺织会社	纱锭75,736枚布机864台,线锭6,144枚,走锭1,680枚

厂　　名	地址	申请人姓名	申请年月	日方委托管理人	重要机器
申新第七纺织厂	杨树浦路	荣鸿元 孙镇城	卅一、四、七	公大纺织	纺锭56,320枚 线锭8,400枚 毯纬纺锭326枚，平斜布力织机452台，毯力织机12台
申新第八纺织厂	上海 白利南路	同上	同上	丰田	
福新运输堆栈公司	上海闸北	王尧臣	卅一、四	三兴公司	资本28万元
晶华玻璃厂 戈登路新厂 白利南路旧厂	上海	徐肇和	卅一、六、一二	中华实业株式会社	资本1百万元，实收80万元，外资151,200元，林去制瓶机、哈德福供料机各2座，小型制瓶机20座及附属机器
汉口稳丰有限公司 亘丰棉花打包事业	汉口特二区一德街6号	经理 苏仲愚	卅一、六		
文化美术印刷公司	上海周家嘴路10200号	经理 陆翔	卅一、六	中华美术印刷公司	资本6万元。三色机6部，密勒机一部，德国机一部，普通书报机三7部，脚踏架部，照相机、□板机浇字机等
章华毛绒纺织公司	上海浦东周家渡西中华码头	总经理 董事 程年彭	卅一、六、卅	上海纺织株式会社	资本80万元，粗纺5套计1,800锭，精纺1套计1,200锭，梭织机120台，针织机18套，整染及其他附属机。

厂　名	地址	申请人姓名	申请年月	日方受托管理人	重要机器
中国化学工业社第一厂	上海槟榔路150号	董事并经理李祖范	卅一、七、二	日本油脂株式会社	资本旧币500万元，折新250万元机器种类甚夥
中国化学工业社第二厂	上海星加坡路70号	同上	同上		同上
中国化学工业社第三厂	上海槟榔路202号	同上	同上		同上
中国化学工业社第四厂	上海槟榔路103号	同上	同上		同上
嘉丰纺织整染股份有限公司	嘉定西门外	经理汤所均	卅一、七、四、	丰田纱厂	资本100万元，纱锭12,000枚布机414台，染缸10对，丝光机1部，准备整理各机全套
华丰造纸厂	杭州	董事并协理金润庠	卅一、七		资150万元。纸板机2部，打浆机5部，精浆机2部，蒸煮机4只
民丰造纸厂	嘉兴	同上	同上	王子造纸厂	资300万元，纸板机1部，卷烟纸机1部

〔原注〕有"△"符号者，为不属军管范围呈部核办之工厂，有"○"符号者，属于华北范围之工厂

（3）日方派会计监督官管理上海英美工厂一览表

（于卅一年一月十一日实行此项统计系根据卅一年一月份各种报纸所载）

纤维工业

厂　名	国别	备　注	厂　名	国别	备　注
怡和纱厂	英	该工厂计有3厂	纶昌纺织厂	英	该工厂计有2厂
中纺纱厂	英	该工厂计有3厂	统益纱厂	英	
崇信纱厂	英		信和纱厂	英	
安达纱厂	英		申新第九纱厂	英	
申新第二纱厂	美		德丰纱厂	美	
合丰企业	美		保丰纱厂	美	
永安第三纱厂	美		密丰绒线厂	英	
上海毛绒公司	英		不列颠羊毛产业公司	英	
尼可洛斯毛绒厂	美		隆茂洋行	英	
平和洋行	英		怡和洋行	英	

机械金属工业

厂名	国别	备注	厂名	国别	备注
上海船坞公司	英		慎昌公司工厂	美	
安迪生中国电料公司	美		莫拉轮船公司	英	

化学工业

厂名	国别	备注	厂名	国别	备注
永光公司	英		颐中烟草公司	英	该公司计有3厂
中国纸版制品公司	英		平和洋行	英	
上海皮革厂	美		利华肥皂公司	英	
美光火柴公司	美		江苏药水厂	英	
白礼氏洋烛公司	英		中国化学工业社	美	

五洲固本肥皂厂	美			

制材业

祥泰木厂	美			

食料品工业

上海啤酒公司	英	怡和啤酒公司	英
昌华玻璃有限公司	英	正广和有限公司	英
怡和冷气堆栈	英	和气洋行	英
海宁洋行	美	培林公司	英

以上共计英美商工厂 51 所

〔经济部档案〕

汪伪实业部陈报日方提出强制收买申新等三厂量

(1943 年 5 月)

(1)汪伪实业部呈 (5 月 8 日)

窃查华中各军管工厂'自二十九年友邦军部声明发还正当权利人．本部即着手组织接收委员会，办理接收事宜，迄今三年．计发还者达一百零四厂。本年三月二十七日，接日本大使馆通知，略称未发还之工厂中，除江北地区者外，其余二十四工厂已由日本侧关系机关协议决定发还方针，特列表通知等语。当经本部与原业主及日本关系官宪，按照方针，一再折冲，大部份幸获圆满解决，惟其中有申新第一、第八两纺织厂及和兴铁厂，日方颇强制收买。前者业主不愿将厂产价卖，后者则因业主不在沪上，本部未便代人出售。又中国植物油厂，日方亦拟将残余权器收买，该厂为前实业部所创办，机器为国家之财产，自应请示核办，当以此意分晰向日方表示。二十六日日本大使馆来函，略称拟将申新一、八两厂及和兴铁厂暂行移交国民政府管理，再由国民政府以日方估定之价格，售让于日方之受托经营人。二十七日复接日本大使馆笺函，补足前函理由，谓收买和兴铁厂，系为完成大东亚战争之故，收买申新一、八两厂，系因该厂破毁甚重，受托经营人所投修理复旧费用，占全部资产之四分三之故（查二十六日日使馆来函附件中关于申新一、八两厂收买价格，明载受托物件现在评价额，即华方财产为二百五十二万四千五百三十八日圆，两日方受托经营人有效投下固定资本为二百四十六万五千六百八十七日圆，故日方实较华方少五万八千余日圆）。此两项理由是否足为售让之根据，本部未便擅专，谨将各厂实情分别缕陈于后，敬祈指示，俾便遵循。

一、申新第一及第八纺织厂　两厂皆为商民荣鸿元所有，资本金计六百万元，原有纱锭十二万余枚，布机一千三百余台。事变时，地经激战，该厂受损甚重，由日方受托经营人丰田纱厂修理恢复，现尚剩有纱锭三万余枚，布机九百台。日本官宪因丰田纱厂之工厂，在事变时全毁，其纺织方面之基础全覆，乃决定将申新一、八两厂全部厂产估价二百五十二万余日圆，令丰田纱厂强制收买，而原业主则绝不愿售让，亦不愿合办或租借。且声称如于军事上有必要，则尽可牺牲，所以申新第七厂地基，愿售予日本海军作建设造船厂之用，申新第三厂发电设备亦愿售予日本制铁会社，以供炼钢之用，但丰田纱厂为一商民，今为一商民之利益而牺牲，则非所甘。意甚可伟，本部不得不力为折冲，但迄不能有效。此应请指示者一。

二、和兴铁厂　厂为沪上闻人陆伯鸿所办，资本一百万元，设有十吨与三十五吨化铁炉各一座，十吨炼钢炉二座，及轧钢厂翻砂厂等，设备完善，为江南第一。事变时，略有损毁，并不甚重，当由日军委托中山矿业所开工经营，数年来获益甚丰。此次日本官宪更决定将该厂全部厂产，估价为一百九十三万余日圆（外尚有遗留品及固定资产利益金七十九万余日圆可交华方）令中山矿业所收买。惟陆伯鸿已故，别无正当权利人存在，且闻该厂对西门子等外商负有旧债务甚多，关系复杂，日方收买时势须由政府负责，政府自未便将他人财产随意售让于人，致招物议。惟本部为完遂大东亚战争，凡所需要，曲意求全，曾提议以租借或合办方式，使该厂设备继续尽量利用，以待正当权利者之出现，顾迄不获日方谅解。此应请指示者二。

三、中国植物油厂　厂为前实业部所办，总资本额二百万元，为榨制各种油料之工厂（设备不详）。事变时，破坏甚重，尚剩有一部残余机器，已行他移，厂屋即由日军借用。现日本官宪决定请政府将厂屋借与日军暂时住用，残余机器估价日金十五万八千一百八十九圆，令受托经营人大日本涂料会社收买。事关国家财产，是否可行，此应请指示者三。

以上所陈，应如何办理，理合附具应归政府接收管理各工厂清单及日方拟强制收买各厂一览表，一并呈请钧院核示祗遵。谨呈行政院院长汪

附呈清单一纸，一览表一纸（表见第1182页）

实业部部长　梅思平

中华民国三十二年五月八日

谨将业主不在，应按发还军管理工厂申请规则第五条规定，由政府接收管理之工厂汇缮清单，附呈钧鉴。

一、天原电化厂　原定发还，现拟请政府负责出租。

二、天利淡气厂　原定租借，现因代表人不实，现请政府负

賣出租。

三、泰山砖瓦公司，原定租借，经理黄首民不愿出面申请发还，故应视为无业主。

四、宏业砖瓦公司

五、中国打包厂

六、和兴铁厂

指令　字第一四〇五号

　　令实业部

呈悉。查该部所请关于日方拟收买三项工厂，应如何处置一案，兹分别指示原则于下：

一、申新第一及第八纺织厂，兹据该厂厂主荣鸿元电呈，请予据理交涉，早日发还等情到院，当经令饬该部查核办理在案。如该厂主现果愿意卖给日方，自可听其自由。二、和兴铁厂本属国防物资，友军以完遂大东亚战争，要求购买，若就参战见地言，尚属可行。惟据称该厂负有旧债务甚多，关系复杂，应由该部斟酌办理。三、中国植物油厂，其厂屋既借与友军暂时住用，所有残余机器，应准如该部所拟办理，由日方收买。合行令仰该部审度实际情况，分别妥慎办理，具报为要。此令

　　附件存

〔汪伪行政院档案〕

南京普丰面粉厂为日军部强制征用
厂房请求复议呈

(1945 年 4 月 3 日)

案奉南京特别市政府府经字第三八七号批示，以盟邦商借普

日 方 拟 强 制 收 买 各 厂 一 览 表

厂名	厂址	业主	资本额	事变前设备	日方受托经营人	现在设备	预定收买价格
申新第一纺织厂	上海白利南路一七七二号	荣鸿元	3,400,000	纱锭72,467枚 布机1,387台	丰田纱厂	纱锭32,748枚 布机900台	2,524,538日圆
申新第八纺织厂	同前	荣鸿元	2,600,000	纱锭50,400枚	同		
和兴铁厂	上海浦东周家渡	陆伯鸿	1,000,000	化铁炉2座 炼钢炉2座 轧钢厂翻砂厂各一	中山矿业所	大致尚全	1,939,182日圆（外有资产及固定资产利益791,180日圆）
中国植物油厂	上海杨树浦定海桥	前国民政府实业部	2,000,000	不详	大日涂料会社	残余机器已他移运用	158,189日圆

丰工厂，恳乞解说，免予借用，仰乞鉴核由内节开：兹奉行政院院字第九四四九号训令内开：现据本院秘书处鉴呈称：案准南京特别市政府函，以关于友邦军部征用普丰面粉民营工厂一案，业经由处召集实业部及南京市政府代表，于三月十九日下午四时来院会商，审查结果：事关军需生产，为协助大东亚战争完遂起见，该厂虽系民营事业，似亦应予以协力，暂借使用。至于借用手续，拟仍由市府妥善办理。等语，记录在卷。本案拟请令饬京市府妥善处理，具报候核，并行知实业部。是否有当，理合签请核示。等情。据此。应如所拟办理。除分行外，合行令仰该市府遵照，妥善处理，具报候核为要。等因。奉此。自应遵办。除函复南京特别市连络部外，仰即知照。此批。等因。奉此。仰见钧座于令准借用商厂之中，仍饬市府妥善处理，以示备加爱护体恤之至意，无任感戴。惟以事关厂商整个权益，未便缄默，用敢冒昧陈词于后，仰乞垂察。

一、大东亚战争，已至决战阶段，为争取胜利，须总力以赴，俾人力、物力各致所用。商厂累年以还，即本斯旨，对于军需民食，靡不竭诚尽最大之协力，现在虽以电力限制及其他情形，办理困难，倍于往昔，但以关系食粮，始终未敢稍懈，力事增产，以求贡献于国家。事实俱在，可资复按者一。

二、酒精用途，容或比军粮为切要，事属军需，有不得不权衡重轻，暂借商厂使用者。殊不知南京工厂颇多，即就有恒面粉厂言之，其内部机器，共有二十五部，本厂机器，仅只三部，其规模之宏大，较之本厂，不啻一与十之比。而该厂现在开机磨粉者，尚不及四分之一，其余四分之三，皆停未使用，仓库尤多空余。其次沪宁一带，工厂之停歇者，亦到处皆有，曷不将此空闲停歇之厂，先行利用，而暂缓征此正在加紧生产之厂耶。此其二。

三、商厂职工百余人，其家属赖以生活者，奚只千百，加之股东依此营业利润，以维生计者，又不知几何，设一旦借用，影响殊为重大。如谓职工，可于酒精厂内尽量安插，勿庸过虑，不知面粉厂之职工，用之酒精厂，均属门外汉，假令勉强迁就，其于工作效率，亦必低下，殊不合战时经济上之措置。此其三。

四、本厂自国府还都后，为秉承政纲，提倡生产旨趣起见，历三、四年之惨澹经营，始于都门完成此小型工厂。在此一片苦心之下，似宜更予强化，俾倡导而资振奋，此不仅本厂之私愿，要亦鼓励增产，以济军用之一法也。此其四。

总此四者，并非囿于偏私之见，确系商民艰难，有不得不向钧座伸述，以求体恤者也。所有奉令暂借商厂使用，确具困难情由，理合具文呈乞鉴核，俯察下情，赐予复议，俾酒精及本厂两蒙其利，实为公便德便，谨呈
行政院院长陈

　　　　　南京普丰公司董事兼经理　苗海南

中华民国三十四年四月三日

　　　　　　　　〔汪伪行政院档案〕

1184

（四）对沦陷区交通的摧残与掠夺

伪维新政府关于中华航空公司有关文件

（1939 年 10—12 月）

（1）伪交通部致行政院呈 （10 月 2 日）

呈为呈请事：案准兴亚院交来关于中华航空股份有限公司之增资，日本帝国政府驻华当局与中华民国临时政府、中华民国维新政府及蒙古联合自治政府所签订之协定提案，及依中日合办航空公司之协定第二条关于监督委员会之构成及权限所订之协定书提案。查中华航空股份有限公司增资一案，经奉钧院秘书厅函知，已经议政委员会第一零四次会议议决，增资原则通过，余俟青岛联委会讨论后再议等由在案。该两协定书提案，前者系因增资之结果，而增加协定，后者系依据第一次协定办理。兹分别译就，理合检同日文原本，一并呈请鉴核，提交议政会议讨论，并乞指令祗遵，实为公便。谨呈

行政院院长梁

附呈中华航空公司增资协定提案原文及译文各一份，联合监督委员会之构成及权限协定书提案原文及译文各一份

交通部长 江洪杰

中华民国二十八年十月二日

兹因中华航空股份有限公司（以下简称公司）之增加资本，日本帝国政府驻华当局与中华民国临时政府、中华民国维新政府及蒙古联合自治政府各当局协订左列条款：

第一条　依据中华民国二十七年十二月十七日中华民国临时政府、中华民国维新政府及蒙疆联合委员会（以下简称三政府）所签订设立中日合办航空公司之协定，于联合监督委员会（以下简称委员会）内置日本人顾问一名（以下简称顾问），由日本方面所推荐。

第二条　委员会若有监督公司之事项，应先与顾问协议。委员会之构成及权限如有变更时亦同。

第三条　凡事业计划及技术员之训练，其他关于航空技术之指导监督等事，应委托日本方面。

第四条　凡在中华民国办理第三国之航空权益及设定其他关于公司事业发生重要影响之事项者，应先与日本方面协议，取一致之意见。

第五条　三政府对于公司若发公益上必要之命令时，应先与日本方面协议之后再行办理。

第六条　日本方面在驻兵期间，对于公司有军事上必要之要求权及监督权。

> 兴亚院华北连络部　长官
> 兴亚院华中连络部　长官代表华北连络部长官印
> 兴亚院蒙疆连络部　长官
> 　中华民国临时政府　当局官职名署名　捺印
> 　中华民国维新政府　当局官职名署名　捺印
> 　蒙古联合自治政府　当局官职名署名　捺印

昭　和　十　四　年　月　日

中华民国二十八年　月　日

依据中日合办航空公司之协定，关于联合监督委员会之构成及权限等，订定条例如左：

第一条　依据中华民国二十七年十二月十七日中华民国临时

1186

政府、中华民国维新政府及蒙疆联合委员会（以下简称三政府）所鉴订设立中日合办航空公司之协定第二条，关于联合监督委员会由三政府各自任命委员一名组织之。

第二条　委员会应照左开事项监督中华航空股份有限公司(以下简称公司)：

一、总裁及副总裁之选任及解任。

二、定章内重要事项之变更。

三、资本之增加。

四、合并及解散。

五、预算、决算及利益金之分配。

第三条　委员会关于左开事项应令公司报告：

一、股东总会之决议。

二、事业计划。

第四条　三政府对于公司若发公益上必要之命令时，致公司所生之损害应由关系政府补偿之。

第五条　三政府关于公司设立要纲及公司增资要纲所载，应与公司之特点及本协定所载条项内之必要事项各用法令公布等，须适当处理之。

中华民国临时政府当局官职名署名　捺印

中华民国维新政府当局官职名署名　捺印

蒙古联合自治政府当局官职名署名　捺印

中华民国二十八年　月　日

(2)伪行政院秘书厅致印铸局函　（12月1日）

迳启者：兹抄送中华航空股份有限公司条例一份，即希查收，发刊政府公报公布为荷。此致

印铸局

附抄件

中华民国廿八年十二月一日

中华航空股份有限公司条例①

第一条　中华航空股份有限公司为谋航空事业之振兴与发达统制经营之股份有限公司。

第二条　中华航空股份有限公司经营左列事业：

一、旅客及邮件或其他货物之航空运送。

二、航空机之租赁。

三、其他用航空机之一切事业。

四、资助航空事业发展之事业。

五、前各号附带之事业。

六、对于前各号所记载事业之投资或融资。

第三条　中华航空股份有限公司之资本定为五千万圆，但经按照设立中日合办航空公司之协定所设立之联合监督委员会之认可得增加之。

第四条　中华航空股份有限公司之股东每一股有一个议决权。

第五条　中华航空股份有限公司股款之第一次缴股额得减至股款之四分之一。

第六条　中华航空股份有限公司虽在股金全额缴齐前，得增加其资本。

第七条　中华航空股份有限公司得募集达缴纳股金额二倍为限之公司债。

募集公司债时，得使其分为数回缴款。

在募集公司债时，不必依公司法第百八十六条所规定之决议。

---

① 中华航空公司条例于1939年12月10日公布。

第八条　政府得保证公司债之还本及利息之支付。

第九条　公司债债权人就中华航空股份有限公司之财产较其他债权人有优先受偿还之权利。

第十条　中华航空股份有限公司置总裁一人，副总裁二人，理事四人以上，及监察二人以上。

第十一条　总裁代表中华航空股份有限公司，总理公司事务，副总裁辅佐总裁掌理中华航空股份有限公司之业务，总裁有事故或缺员时，副总裁中之一人代理其职务或执行其职务。

理事辅佐总裁处理中华航空股份有限公司之业务或参与业务，总裁、副总裁均有事故或缺员时，理事中之一人代理其职务或执行其职务。

监察监查中华航空股份有限公司之业务。

第十二条　总裁及副总裁由股东大会选任之，其任期定为四年。理事由股东大会选任之，其任期定为三年。监察由股东大会选任之，其任期定为二年。

第十三条　中华航空股份有限公司关于左列事项应经联合监督委员会之认可：

一、总裁及副总裁及其他重役（理、监事等）之选任及解任。

二、章程中重要事项之变更。

三、资本之增加。

四、合并或解散。

五、预算、决算及利益金之处分。

第十四条　中华航空股份有限公司关于左列事项应报告联合监督委员会：

一、股东大会之决议。

二、事业计划。

第十五条　政府对于中华航空股份有限公司得发公益上必要之命令。

依上项之命令，公司所受之损失由政府补偿之。

第十六条　政府对于中华航空公司股份有限公司依另所规定，支给必要之补助金。

第十七条　中华航空股份有限公司享有专用国有飞机场之特权。

第十八条　政府对于中华航空股份有限公司免除租税、关税及其他一切之公课及地方税捐。

第十九条　中华航空股份有限公司其事业经营上有必要时，得收用或使用他人之土地、建筑物及其他之物件或权利，且对于他人之土地、建筑物及其他之物件得限制其权利。

第廿条　中华航空股份有限公司为专用于所经营之航空事业，得设施及运用必要之通信标识及广播。

第廿一条　政府依另所规定，得使中华航空股份有限公司行使关于国有飞机场权限之一部。

　　附则

第廿二条　本条例自公布日施行之。

第廿三条　中华民国二十七年十二月十六日业经设立登记之中华航空股份有限公司，自本条例公布之日起，为依本条例之中华航空股份有限公司。

〔伪维新政府系统档案〕

伪华北政委会抄发华北船舶航运统制要纲训令稿

(1941年12月26日)

训令

　　　令华北航业总公会

为训令事：查中、日、满海上运输亟应强化，航运能率尤应增进，兹特颁发隶属华北船舶航运统制要纲，合行令仰遵照办理。

此令。

　　附颁发隶属华北船舶航运统制要纲一份

　　　又抄发参考资料一份

　　　　隶属华北船舶一览表一份

　　　　满洲国置籍船舶一览表一份

中华民国三十年十二月二十六日

译文

　　　　华北籍船舶航运统制要纲　　　　昭和一六．一二．八
　　　　　　　　　　　　　　　　　　　　兴亚院华北连络部

　　第一　方针

　　为谋强化中、日、满海上运输，增进航运能率计，应统制华
北籍船舶航运。

　　第二　要领

　　一、华北政务委员会应与日本政府紧密协力，饬华北籍船只
航行指定航路，输送重要物资。

　　二、华北政务委员会应竭力防止登记船舶逃避管辖境外。

　　三、华北政务委员会对于现被日本雇用之船只（包含委托者，
以下同），即在超过契约期限之后，亦应暂行继续，对于其他船只
亦应指导从速租与日本或出卖。

参考资料

　　　华北籍船

　　华方航运者

　1．1,000 吨以上者　　　　　　　　　　　三只

　2．1,000 吨——500 吨　　　　　　　　　二只

　3．500 　吨——300 吨　　　　　　　　　四只

　　日本雇用船内者

1. 1,000 吨以上者　　　　　　　　一一五只

2. 1,000 吨——500 吨　　　　　　四只

3. 　500 吨——300 吨　　　　　　四只

满洲国籍船

1,000 吨以上 {
自营　一只
日本佣船　六只
满洲国　五只
}

1,000——500 吨 {
自营　三只
日本佣船　一只
满洲国　四只
}

〔伪华北政务委员会档案〕

伪华北政委会政务厅交通局附送华北航运统制
暂行办法及施行规则草案付稿 [①]

（1942 年 7 月 11 日）

为移付事：奉交下兴亚院华北连络部送到华北航运统制暂行
办法及施行规则草案各一份，业会同法制局审核，大致尚无不合，
经签请提会议决，再行由会公布施行。奉批开：即提等因。相应
检附原草案及华北籍船舶航运统制要纲卷一宗，移请查照办理为
荷。此移

文案处

附签呈一件〔略〕，华北航运统制暂行办法及施行规则草案各
一份，华北籍船舶航运统制要纲卷一宗〔缺〕

----

① 暂行办法及施行规则于同年 7 月 20 日，由伪华北政委会公布施
行。

中华民国三十一年七月十一日

华北航运统制暂行办法草案　　　昭和一七．五．二八
　　　　　　　　　　　　　　　　　兴亚院华北连络部

第一条　凡在华北具有船籍船舶（命令规定者除外，以下同此）之所有者，或航运业者，关于船舶拟办左列各事时，按照命令规定，须经华北政务委员会许可。

变更船籍港或船名。

买卖、借贷及其他处分。

修理、改造及其他处置。

变更航路或就航区域。

船舶航运业务之废止、扩张或缩小。

凡在华北现无船舶，或未营船舶航运业务，拟新置船舶或开始船舶运航业务者。

第二条　华北政务委员会对于华北具有船籍港船舶之所有者，或航运业者，在航运统制上认有必要时，得指定航路、就航区域、及应当运送之人或物，命其航海，并指定船舶租金、航运手续费、水上运送费等额数。而于船舶之买卖、贷借、出资、航运委托、合同经营，或共同经营，及其他航运统制上必要事项，均得命令之。

第三条　凡未经本办法规定许可或违反命令时，得禁止该船航行，或取消其航行许可。

第四条　关于实施本办法之必要事项，以命令规定之。

第五条　华北政务委员会得将本办法所定权利之一部，依据命令规定，委任华北航业总公会办理之。

第六条　本办法自公布之日施行。

华北航运统制暂行办法施行规则草案　　昭和一七．五．二八
　　　　　　　　　　　　　　　　　　兴亚院华北连络部

第一条　华北航运统制暂行办法（以下简称法）第一条括弧内之船舶，系指左列者而言。

一、公务专用之船舶。

二、以橹擢航行之船舶。

三、渔船。

第二条　依据法第五条之规定，华北政务委员将左列事项委任华北航业总公会（以下简称总公会）办理之。

一、关于船籍港或船名之变更、买卖、其他处分，或修理、改造，及其他措置之许可事项。

二、关于变更航路、就航区域之许可事项。

第三条　依据法第一条之规定，凡欲请求变更船籍港或船名许可者，须具许可申请书正、副两份，注明左开事项，呈交总公会。

一、船舶之种类、名称、总吨数及登记吨数。

二、船舶所有者之国籍、姓名、住址、名称或主要事务所。

三、现在船籍港名或现在船名。

四、拟行变更之船籍港名或船名。

五、需要变更船籍港或船名之事由。

第四条　依据法第一条之规定，凡欲请求置卖、借贷及其他处分许可时，须具许可申请书正、副两份，注明左列事项，呈交总公会。

一、船舶之种类、名称、总吨数、登记吨数及船籍港。

二、船舶所有者之国籍、姓名、住址、名称，或主要事务所。

三、船舶航运者之国籍及姓名、住址、名称，或主要事务所。

四、船舶之买卖、借贷及其他处分之对方国籍、姓名、住址、名称，或主要事务所。

五、机关之种类、数目。

六、航海速力。

七、进水年月。

八、制造者之姓名或名称。

九、买卖价格或租金。

一〇、买卖、借贷及其他处分之预定日期或期限。

一一、需要买卖、贷借及其他处分之事由。

第五条　依据法第一条之规定，关于船舶拟行修理、改造及其他处置时，须具许可申请书正、副两份，注明左列事项，呈交总公会。

一、船舶之种类、名称、总吨数、登记吨数，及船籍港。

二、船舶所有者之国籍、姓名、住址、名称或主要事务所。

三、各船舶航运者之姓名、住址、名称或主要事务所。

四、需要修理、改造及其他处置之事由及内容。

第六条　根据法第一条之规定，凡欲请求变更航路或就航区域许可时，须具许可申请书正，副两份，注明左开事项，呈交总公会。

一、船舶之种类、名称及总吨数。

二、船舶所有者之国籍、姓名、住址、名称，或主要之事务所。

三、船舶航运者之姓名、住址、名称，或主要事务所。

四、现在之航路或就航区域。

五、拟航之新路或其区域。

六、需要变更之事由。

第七条　依据法第一条之规定，关于航运业务，凡欲请求开始、废止、扩张或缩小许可时，须具许可申请书两份，注明左开事项，呈由总公会，转华北政务委员会。

一、营业之组织形态及其名称。

二、代表者之姓名及住址。

三、本店、支店及其他营业所等地点。

四、航运船舶之种类、名称及总吨数。

五、航运船舶所有者之国籍、姓名、住址、名称，或主要事务所。

六、拟行开始、废止、扩张或缩小营业之事由。

第八条　本施行规则自法公布之日施行。

国民党战地党政委员会编印敌伪在沦陷区之交通

（1942 年）

导言

溯自东四省沦陷以后，敌寇对交通设施拟有全盘计划，十年经营不遗余力，今伪满铁路纵横，公路如网，水运大事扩展，空站星罗棋布，固无论矣，即长城以南各沦陷区域，因临江滨海之便，每于水陆交通干线所必经之名城重镇，集中人力、财力、物力，锐意图谋发展交通，以求保卫战略战术上势在必争之"点"与"线"。

敌伪在沦陷区之交通政策，其目的在配合作战计划，企图沦我全土为永久独占之殖民地，分析言之，如下数端。

一、在各沦陷区积极修筑交通线，其主要作用端在便利军事运输，同时加强搜括农产品及各种重要工业资源，企图准备与中、苏、英、美作长期战争。

二、敌国先天不足，资源缺乏，以武力侵占我沦陷区后，欲加强煤铁、矿产、皮毛、棉花之掠夺，必须加强运输力，始克有济，故兴筑与修改占领区之交通线，及与此项工程有不可分离性之港湾建筑，均为敌方视为刻不容缓之举。华北敌寇之所以采"开发"与榨取同时并进政策，所谓"开发"，首重于交通运输及港湾之设备者以此。

三、敌在沦陷区利用暴力强征壮丁，积极修筑公路，揆其企图，固以军事为主，然亦藉此沟通与自由区接近路线，作走私偷运之举，仇货大量内销，夺取我土产与军需原料，企图打击我经济及财政政策。至在各沿海地区加辟航线，添派敌轮行驶，垄断对外航业，肆意摧残我抗战力量，截断我海外交通线，尤为毒狠。

四、港敌最近组织"帆船运输组合"，显然暴露其轮船缺乏，补充不易，迫得采用原始运输方法，利用华人经营，以为掩护，逃避盟机及潜艇之威胁，聊以补偿交通工具之不足。

综观敌寇势力之侵入，莫不由于交通便利，而敌势之维持，亦端赖交通以苟延残喘，是故交通者，乃测量敌力之准绳，伪政府生命之所寄托。吾人苟能对沦陷区交通现状及其实施之政策洞烛底蕴，则对于敌伪之军事动向思过半矣。职是之故，对敌伪盘据之政治经济中心之交通动态岂容忽视。爰搜集各地材料，辑为《敌伪在沦陷区交通》，惟东北四省材料系今春所搜集，最近有系统之材料不易获得，以后当陆续搜集，另编第二辑。

壹、东北沦陷区交通状况

铁路

东北四省铁道交通素称发达，自沦陷后，敌寇更锐意经营，不遗余力。现有之伪满铁路完全归南满铁道公司附设之铁道总局经营，其所经营之路线，百分之五十四以伪满东部及北部之重要工业资源为主要对象。兹将倭寇"九一八"以后加速赶修之铁路线起迄里程及其企图，分别录述如左：

1．敦图线　敦化至图们，长一九二公里。

2．海克线　海伦至克山，长一六二公里。

（上二线以便应付紧急军事运输）

3．虎林线　虎林至林口，长二三六公里。

4．图佳线　图们至佳木斯，长五五九公里。

5．汪北线　汪青至北荒岭　长八二公里。

6．北黑线　北安至黑河，长三〇三公里。

7．宁墨线　宁年至嫩江，长一〇八公里。

8．白温线　洮安至温泉，长二六六公里。

（上各线均有加强对苏军事作用）

9．四西线　四平街至西安，长八三公里。

（此线乃为便利运输农产及加强统治）

10．新义线　新立屯至义县，长一二二公里。

（此线为开发阜新煤矿之用）。

11．梅辑线　梅河至辑安，长二四四公里。

（此线为掠夺东边道资源）

12．鸭林线　鸭园至林子头，长五二公里。

13．鸭大线　鸭园至大栗子，长二二公里。

（上二线为促进开发煤矿之用）

14．锦承线　锦县至承德，长四三六公里。

15．叶峰线　叶柏寿至赤峰，长一四七公里。

（上二线为侵略内蒙而修筑）

16．承古线　承德至古北口，长一〇六公里。

（此线为敌寇侵略华北之重要工具）。

倭寇除实行二十一条件中所要求之五路修筑权及与朝鲜联运之外，且将热河承德与北平间铁道通车，并在鸭绿江上修筑一座新式伟大铁桥，沈阳至朝鲜已完成四条巨大钢桥。

中东路收买后，改成南满标准轨，与呼海、洮昂、齐东已通车运输，大连与哈尔滨完全双轨。

公路

伪满在东北四省除加紧修筑铁路外，并在伪境积极开辟公路线，以补铁道之未逮，其公路运输事业亦系委托南满铁道公司经营，设六局管理，其区别如下：

甲、奉天铁道局直辖

　　A、奉天区　B、安东区　C、海城区　D、貔子窝区

公路里程共二，二一一公里。

乙、锦州铁道局直辖

　　A、赤峰区　B、承德区　C、通辽区　D、锦州区

公路里程共三，一四六公里。

丙、吉林铁道局直辖

　　A、新京区　B、通化区　C、朝阳镇区　D、敦化区

E、延吉区

　　公路里程共二，二九一公里。

丁、牡丹江铁道局直辖

　　A、佳木斯区　B、东安区　C、牡丹江区　D、绥芬河区

E、珲春区

　　公路里程共二，三七八公里。

戊、哈尔滨铁道局直辖

　　A、哈尔滨区　B、三岔河区　C、黑河区

公路里程共二，三七四公里。

已、齐齐哈尔铁路局直辖

　　A、齐齐哈尔区　B、拜泉区　C、洮南区　D、海拉尔区

公路里程共二，四九六公里。

总里程为一四，八九六公里。

　　按敌伪所修筑之公路线，均与铁路利益不相抵触，类多适合于军事上与政治上之需要，而为各铁路间之联络线，同时极力兼并民营汽车路线，以便于统制。故年来民营汽车路线里程日渐缩减（一九三四年有一三，七二八公里，至一九三九年减至六，九四七公里），而"国"营之公路线，则蒸蒸日上（一九三四年只有四五〇公里，至一九三九年增至一四，九九三公里），合共总里程为二一，九四〇公里。

空运

伪满民用航空系隶属于伪满交通部，委托伪满洲航空公司统制经营，以长春为中心航站，航线密布于伪满全境，划分五个管区，即奉天，新京、哈尔滨、齐齐哈尔及牡丹江是也。每一管区则分设若干支店及出张所(计共有支店六处，出张所四十二处——截至民国廿九年止)。

伪满空运线起迄距离如下：

(一)长春胪滨线　经龙江、呼伦，距离一，二八五公里，每日往复一次，需时七小时。

(二)滨江大连线　经长春、沈阳，距离八六五公里，每日往复一次，需五小时。

(三)长春新义洲线　距离四八五公里，每日往复一次，需时二时五十五分。

(四)长春新义洲线　经沈阳，距离五一五公里，每周往复三次，需时三时十五分。

(五)长春清津线　经图们、珲春，距离六〇〇公里，每周往复二次，需时三时三十分。

(六)沈阳承德线　经锦县，距离五〇五公里，每日往复一次，需时五十五分。

(七)长春承德线　距离九二〇公里，每日往复一次，需时五时廿分。

(八)龙江黑河线　经嫩江，距离四八〇公里，每周往复二次，需时二时四十分。

(九)滨江佳木斯线　距离三二五公里，每日往复一次，需时一时四十五分。

(十)滨江富锦线　经依兰、佳木斯，距离四六五公里，每日往复一次，需时二时四十五分。

(十一)佳木斯宝清线　距离一五〇公里，每日往复一次，需时一小时。

（十二）长春牡丹江线　距离三五〇公里，每周往复三次，需时二时十分。

（十三）沈阳大连线　经通化、辑安、安东。

（十四）长春中江镇线　经通化、辑安。

（十五）长春沈阳线　经通辽、开鲁、林东、西林、赤峰、锦县。

（十六）沈阳张家口线　经锦县、承德。

（十七）长春东林线　经牡丹江，穆棱、绥芬河。

（十八）滨江牡丹江线。

（十九）牡丹江密山线经勃利。

（廿）牡丹江富锦线　经密山、宝清、饶河、同江。

（廿一）滨江龙口线　经安镇、黑河、嫩江。

（廿二）佳木斯汤原线。

（廿三）佳木斯漠河线　经佛山、乌云、黑河、呼玛鸥浦。

（廿四）佳木斯饶河线　经萝北、富锦、同江。

（廿五）佳木斯富锦线　经宝清。

（廿六）沈阳北平线　经锦县、天津。

　　水运

伪满重要河流计有十一处：

（一）松花江　为最重要之航程，占伪满北部水运百分之九十，为北部交通与产业上之灵魂。由永安起直达三岔河，航程三七二公里，解冻时可通小汽船。再由三岔河通同江，航程九三四公里。水深常在二公尺以上，每年十二月至翌年四月为冰期。

（二）辽河　由辽源通营口，航程八八〇公里。每年十二月至翌年三月为冰期，解冰时航运颇盛，惟河口时患土沙淤积。伪满东南部以该河为最长，鸭绿江次之。

（三）鸭绿江　由安东通江口，航程四六公里，解冰时可航行六百吨之船只。

（四）嫩江　由龙江通三岔河，航程二六七公里。每年十一月至翌年四月为冰期，水运全停。

（五）黑龙江　由额勒和哈达通伯力，航程一，八二三公里，航运颇盛。冰期比松花江约长一个月。

（六）乌苏里江　由虎林通抚远，航程三五〇公里。

（七）湖系子河　由当壁通乌苏里江合流处，航程二.七五公里。

（八）穆棱河　由虎林通密山，航程三三五公里。

（九）额尔古纳河　由室韦通额勒和哈达，航程四二七公里。

（十）太子河　由辽阳通三岔口。

（十一）运河　由梅顺通三岔口。

伪满水运行政隶属于伪交通部，设五航务局，管辖如下：

（一）哈尔滨航务局，置有：轮船一二四艘，共五一，一七〇吨；拖船二五六艘，共七三，三三四吨；帆船一一一艘，三，〇〇六吨。

（二）营口航务局，置有：轮船七七艘，共二六，二六五吨；拖船一八艘，共一，八九六吨；帆船三五三艘，共一一，八一九吨。

（三）安东航务局，置有：轮船一三艘，共五四七吨；拖船六艘，共三七四吨；帆船三一七艘，共一〇，九七八吨。

（四）葫芦岛分局，置有：轮船一艘，一二四吨；帆船一一五艘，共七，五八四吨。

（五）黑河分局，置有：帆船一〇艘，共三二二吨。

　合计

轮船共二一五艘，总吨数七八，〇一六吨。

拖船共二八〇艘，总吨数七五，六〇四吨。

帆船共九〇五艘，总吨数三四，三〇九吨。

按上统计数字，限于廿吨以上之船只，截至廿九年七月止。

贰　漠南区之交通状况

一、察绥之地理形势

本区包括察绥二省，位于长城以北　大漠之东，南接热河，西连宁夏，为一广大高原，俗称内蒙古。拔海在一千二百公尺以上，广漠平坦，一片草地，为天然之大牧场，阴山山脉横亘于本区中部，峰峦起伏，名称不一，大青山、乌拉山、马群山其中之较著者也。本区河流有白河，源出马尼图岭，经热河入河北。桑乾河由晋省流入至察南，折入河北，在绥远境内作一半环形，称曰河套。其支流之较大者，为黑河，此外并多内河，水流最多，潴为湖沼，不能通海。

二、交通路线

铁路

本区交通路线在抗战前尚不如中部各省之发达，铁路方面已筑成者仅有平绥一线，自冀省经居庸关入本区西北行，经怀来、宣化、万全而至晋省大同，北折入绥境绥丰镇、集宁、归绥、萨拉齐而终于包头，全线共长八百十六公里，经本区者计六百公里。此线横贯察绥，为我通塞外之唯一干线，东南各省之皮毛均以此为运输孔道，对于安缉蒙旗，捍卫边疆，亦有极大作用，不幸于抗战后全部沦陷，且为敌于廿六年十二月修复通车，易名为"京绥铁路"。至敌寇新筑铁路，已成者有包头石拐子线，中经北包头、榆树沟、后坝子，于二十八年四月开工，现已完成通车。查石拐子附近矿藏极富，尤以煤斤及石棉为著，战前石拐子煤矿年产二万余吨，敌筑此线显拟接近平绥线，以便矿产输出。在建筑中者有宣化龙关线，全长约六十公里，宣化赵家川间亦已铺设路轨。查宣化烟筒山及龙关一带，铁矿（简称龙烟铁矿）质优量富，为华北敌寇垂涎已久，此线若成，则大量铁产可转平绥线运出。此外在计划中者有万全承德线，用以沟通察热物资，有包头安北线，用以发掘西北物产。尚有建筑中之大同塘沽线，由大同东经察南、阳原、涿鹿，而至北平，直达塘沽。其目的固在运输晋北之煤，而敌在晋察冀边境之防御亦将从此严密，使我军队在该地区活动益感困难，现我军正在设法阻止破坏中。

公路

本区旧有公路交通之进步，当推公路为首。今已通车者有张库路，自省垣经溠江，西北可通库伦，为汉蒙交通孔道。归绥有灵庙线，西跨戈壁，给哈可达迪化，通称绥新路，为民国十八年中俄绝交，张库路阻绝后之边区要道。以上二线，均已部份沦于敌手。此外原有公路为敌寇占据者，有万全青龙桥线、万全多伦线、万全怀安线、万全包头线、怀来蔚县线、涿鹿下花园线、宣化阳原线、柴沟堡榆树线、凉城杀虎口线、西河营线、沙城三岔口线、宣化沽源线、张北武川线、归绥七墩镇线、集宁溠江线、平地泉隆盛庄线、平地泉弓沟线、弓沟集宁线、四堡榆树铺线、凉城杀虎口线、凉城陶林线、陶林同庆庄线、河口镇木格台线、萨拉齐什儿登线、包头固阳线、包头西山嘴线等，均已先后被敌修复通车。敌伪新筑公路已成者，有延庆怀来线、涿鹿姚花堡线、蔚县天镇线、蔚县广宁线、丰镇得胜堡线、包头清水河线等。在建筑中者，有清水河平鲁线、清水河大红城线等。各线位置均集中于晋察绥边境，一面固可使平绥、同蒲两路关系更便于连络，惟其最要目的，则藉交通便利，由点之控制进而谋线之防护，再图面之统制。

水道

本区河道源流甚短，水势湍急。察省北部诸河行于砂碛诸于湖泊，无足称述。南部诸河多会于永定河、白河、滦河，而本省亦仅得其上流部份，鲜航行之利。绥省境内河流擅水运者厥为黄河，自宁夏省垣对岸之横城起，达于托克托县之河镇口间，舟楫畅通，前试航小轮，成绩尚佳（该处交通工具有木制及皮制两种），石嘴子、磴口、临河、包头均为沿岸之要埠。抗战以还，本区水运更趋没落。

空运

民用空运方面，战前原有欧亚航空公司所办之兰包线，自兰州起，飞经宁夏，至包头。敌寇入据后，即由"中华航空公司"于廿九年六月一日开办包头北平线，中经归绥、大同、万全，每二日往返一次。此外尚有"满洲航空公司"经营之万全沈阳线，中经承德、锦县。

大道

驿站大道亦为本区重要交通路线之一，以旗政府为中心，运输工具多为牛、马、骆驼及轿车，至今敌寇仍利用之，以运军需商货。

三、交通机构

当我军退出万全后，敌寇以察南军运浩繁，即唆使伪察哈尔治安维持会组织"察哈尔交通委员会"，以指导及统制察省之交通，由于逆殿一任伪委员长，并聘日人为顾问参议。廿六年九月四日伪维持会并入察南自治政府，而隶于蒙疆联合委员会，改称蒙古联合自治政府及取消"交通专门委员会"而成立"交通部"，由全逆永昌任部长，日人伊藤祐任次长。内分庶务、铁路、陆运、建设、航空等五科，并附设"蒙疆邮电总局"，办理邮电业务。三十年六月一日，伪蒙政府再度改组，伪交通部改称"交通总局"，隶于伪蒙政府下之政务院。局置局长、次长各一人，分设总务、经理、路政、邮政、电政、土木、都市、计划等八科，并于重要地点设置建设处，俾便就近监督指挥道路工程。此敌寇强据察绥二省后交通行政机构蜕变之大概情形也。

当敌寇最初占领察绥时，本区唯一铁路——北绥铁路即归敌军北支铁道司令部管辖，继由南满铁道北支事务局经营，至二十八年四月华北交通公司成立，本区平绥路仍由该公司接办，并在万全设置张家口铁路局，俾便就近统制经营。敌寇已筑成之包头石拐子铁路及建设中之铁路，均由该局管理。其内部组织有如下表：

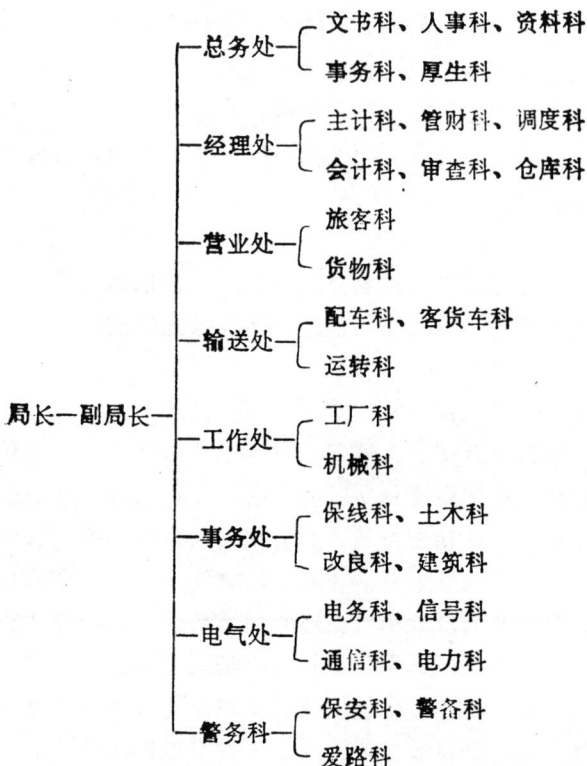

```
                              ┌─ 总务处 ──┬─ 文书科、人事科、资料科
                              │           └─ 事务科、厚生科
                              │
                              ├─ 经理处 ──┬─ 主计科、管财科、调度科
                              │           └─ 会计科、审查科、仓库科
                              │
                              ├─ 营业处 ──┬─ 旅客科
                              │           └─ 货物科
                              │
                              ├─ 输送处 ──┬─ 配车科、客货车科
                              │           └─ 运转科
   局长─副局长 ───────────────┤
                              ├─ 工作处 ──┬─ 工厂科
                              │           └─ 机械科
                              │
                              ├─ 事务处 ──┬─ 保线科、土木科
                              │           └─ 改良科、建筑科
                              │
                              ├─ 电气处 ──┬─ 电务科、信号科
                              │           └─ 通信科、电力科
                              │
                              └─ 警务科 ──┬─ 保安科、警备科
                                          └─ 爱路科
```

该铁路局现任局长为森田成之，副局长为武井外及刁逆汝言。据卅年初查报，该局共有机车一百五十四辆，客车九十九辆，货车则视需要，随时向总公司调用。同年七、八月间，以日、苏形势严重，曾一度将平绥路机车廿余及机厂机器调关外应用。运输方面，输入以敌货及军用品为主，输出则以煤、铁、皮毛为多。

平绥铁路沦陷后，察绥一带之货物运输即由南满铁路公司北支事务局独占经营，各小运输业亦被合并殆尽。嗣后敌寇为谋更进一步之统制起见，乃于廿七年七月八日创设蒙疆运输公司于万全，资金定伪蒙一百万元，计伪蒙政府及国际运输公司各五十万元。其业务除办理铁路运送外，并兼仓库、劳工之承包及委托买卖等，现任董事长为李逆裕之。

蒙疆汽车公司以经营军事运输为主，同时兼营客货，水运亦为营业项目之一。该公司曾于廿八年五月十九日一度改组，现在资金定伪蒙券六百万元，蒙疆银行投资一百万元，余则由敌商分认。总公司设万全，在张北、大同、宣化、归绥、包头、多伦、商都、贝子庙、阳原、怀安、代县、集宁、丰镇、沙城、赤城、涿鹿、永宁、康庄等地均有营业处。计现有营业路线约五百六十余里，汽车一百余辆，职员一千五百余人，修理工场九处，行车讲习所一所。

四、护路情形

敌寇侵略多沿交通路线进攻，盖适于机械化部队之活动也。其退守防御则多凭藉交通据点，盖便于军队集散也。故敌对于交通点线之防护不遗余力，但敌方常感兵力单薄，所据交通点线每遭我军袭击破坏。察绥晋冀边境岗峦起伏，最利游击，毁车炸轨之事日有所闻，敌寇殊感棘手，乃发动所谓"蒙疆运动"，强迫交通线附近居民分别组织"爱护村"，为之保护修筑道路。

爱护村之组织颇为严密，在伪铁路局设有爱路科，隶属于警务处，并将交通线地带划为若干"爱护区"，多以沿路车站为中心。每区设区长一人及干事若干人，区长由站长兼任，爱护区中之各村名曰"爱护村"，乃"爱护运动"之基本组织。爱护村村长多由原村村长兼任，下辖"爱路青年团"、"爱路少年团"及"爱路妇女团"等，再分别组织宣传、募捐、修理、救护、自卫、巡察、运输等队。

据华北交通公司二十八年底发表，伪张家口铁路局共有七十三爱护区，一千五百四十六爱护村，包括十四万三千八百十三户，七十八万五千〇六十五口，爱护团之已成立者有七十五个，团员二千三百一十人。在十五个月内之护路工作共一万八千七百八十一件，其中以守护交通线及报告游击队行踪为最多。同时期内，平绥铁路沿线修复铁路工作为一千一百八十七件，修复公路工作为七百五十八件，修理电线卅件，共计一千九百七十五件，平均每日约五件，较华北任何铁路为多。于此可见，平绥路被我方破坏之烈。

叁、黄河流域沦陷地区之交通状况

一、交通组织

华北敌寇之交通组织，在敌财阀经营之下，自成一系，与伪组织并立。其对沦陷区铁道政策，初攫归军铁管理，由南满铁道局派遣大批日人，分布各站，在北平设满铁北支事务局，分辖平、津、张、济四铁路局（北宁路因英款关系，于二十七年六月始并入）。至二十八年四月，扩为华北交通公司。此为华北开发公司下最大之子公司，计资金三亿元，总公司设于北平，在天津、济南、开封、太原、张家口等处则设铁路局及设水运部、汽车部，统制华北之水运，河海流域之小汽船航路，经营铁道及各公路线。全体社员及从业员，至去年底调查，计日人三万八千八百人，中国人及白俄共八万三千九百人，共计十二万二千七百人，而日人均占充机要职务，如各部首领、司机及工程、电气等技术人员。沿各铁路线设"爱护村"，强迫村民夜间梭巡护路，并开始铁甲车彻夜保护路轨，防我破坏。

二、交通路线

铁路

在华北交通公司未设之前，铁道之建筑与运营原系由"满铁"之北平事务局担任，廿八年四月以后，则归该公司作综合一无的经营。事变后敌方新建筑之主要路线如下：

（一）通古线 （通州"双桥通县间"至古北口一段）经顺义、怀柔、密云、古匣北与古热线衔接。

（二）石德线　（石家庄至德县）经藁城、束鹿、衡水，联络正太、平津、津浦三线。

（三）新开线　（新乡至开封）新筑黄河便桥，联络平汉，沟通陇海（东卧）各线。

（四）平苑线　（永定门至南苑飞机场）此线专运军用品。

（五）大台线　延长门齐线至大台连沟。

（六）东路线　同蒲支线修至潞安，将近至清化。

华北铁道在敌寇控制下，截至去年底止，计旅客营业路线五千五百二十一公里，货物营业路线计五千六百〇四公里，其中由华北交通公司所管理者计有：

京山线（全线）	436.893粁
津浦线（天津站—徐州附带线在内）	805.300粁
胶济线（全线）	451.092粁
平汉线（北平前门—小冀间及附带线在内）	815.406粁
道清线（全线）	81.440粁
石太线（全线）	263.693粁
同蒲线（大同—蒲州间附带线在内）	959.144粁
平古（全线）	148.877粁
陇海线（全线）	502.993粁
共计	5,350.473粁①

另有日本华北派遣军委托华北交通公司经营路线计有：

津浦线（徐州——蚌埠）	160.700粁
同蒲线（东潞线）	26.150粁
共计	186.850粁
总共计	5,537.323粁

敌为谋积极统制华北铁路、公路运输起见，有设置"华北运

---

① 以上各线里程之和为4464.838粁，与此数不符。

输公司"之议，经长时间之研究后，决于三十年八月十五日宣布成立，并于同年十月一日正式营业。总公司设北平，办事处分设天津、青岛、连云港、太原、开封、石家庄、济南、徐州等地，资金一千二百万元，计华北交通公司四百万元，国际运输公司四百万元，华北开发公司一百五十六万元，福昌公司五十万元，其余二百万元则邀敌伪商参加。重要职员，社长户田直温（前朝鲜铁道局营业课课长)，理事剌百井、喜原熊京、河野九郎、森永不二夫等四人，监事则为石渡六三郎、佐藤哲雄二人。

敌寇侵占华北后，运输车辆多自东三省及倭国内运来，嗣以经济情况窘迫，敌国及东三省亦感车辆缺乏，不能再事供应，乃由敌伪以联银券三千万元组设"华北车辆公司"，并于去年六月成立，藉图解决车辆困难。据传其第一期计划拟整顿山海关工厂，并以联银券七百万元扩充青岛车厂工场，第二期拟整理天津工厂，并制造车辆零件，第三期则开始制造客货车。

运输情形　（一）客运：每日由北平开往辽宁、长春、釜山、浦口、青岛、太原、开封、包头、承德，均有直达列车。(二)军输：现有病院列车五列，往来各路装载伤兵。(三)货运：以北宁、平汉两线为最繁，每日共达五十列以上，每列均装三百吨，除煤及粮食、日用品外，其他货物数量甚微。

公路

伪建筑总署为开发华北各地产业及确保各地治安起见，于二十八年曾拟定华北五年公路建设计划，使公路网普遍于华北各地，兹以大战发生，应事实之需要，乃以先时之五年公路建设计划为原则，而重新拟定应急建设计划一种，积极建设各地公路。故三十年度实行建设公路计划，分建设、改良、维持、补修四种，建设公路方面有三百余公里，改良公路方面有七十余公里，修补公里方面有一千二百公里，维持公路有三千三百公里，现以上之四种公路共计四千五百余公里。

敌兴筑铁路公路调查

敌寇自占领晋南垣曲后，即强迫人民兴建铁路、公路，俾便军事行动与经济掠夺。兹查得最近筑成及改修中之公路分述如下：

甲、已筑成者

公路名称	起迄地点	备考
横垣公路	横岭关至垣曲城	强迫沿路村民建筑
垣同公路	垣曲城至同善镇	同上
垣济公路	垣曲至河南济源	强迫沿路村民将原有破坏公路修复而成
王王公路	王茅镇至王村	强迫沿路村民建筑
王五公路	王茅镇至五福	同上
王青公路	王茅镇至青崖底	同上
晋博公路	晋城至博爱	每日均有大批装甲车汽车行驶
晋阳公路	晋城至阳城	
晋商公路	晋城至商平	每日有汽车四十辆至二百辆行驶

据报敌在鲁最近完成之公路，有济南大名线、济南抚河线、禹城顺德线、济南河间线、博平临清线、武定顺德线等，均开始通车。该公路除以军事应用为主要目的，其次运输伪东临道之棉花及伪武定道之杂粮。此外开封、济宁间之公路，刻已修至荷泽，该路筑成后，鲁、豫两省较之由开封经徐州、封达、衮寿、济南时间、金钱均可减半。

乙、在计划拟修筑中者

1．晋敌图包围太行山，近拟修通由冀邯郸至晋长治公路，然后再改为铁路，直接连贯平汉线，并先将邯郸至武安一段铁路修通，再逐步向太行山脉延长。该路长约六百里，路基已划定云。

2．敌近修筑由包头火车站至公庙子之□□□公路，现已修至公庙子者□百余里之芝芨壕，每日工作紧张，将来并拟改为铁路。

3．安北敌近征集民伕七百余，修筑包头至安北及包头至固阳之公路，将来亦将改为铁路。

4．大同敌令晋北各县对公路须加以碎石、细砂铺面，以防雨后泥泞。现各村镇正在分段修筑中。

5．敌在山东淄博矿区外修筑之"西昆铁路"，由河西至昆市，现已修至榴坡地村东门外凤凰山，再由该山修筑公路十里，与张博铁路衔接，足以架设电杆接通电讯。

水运

1．开凿津保运河计划

伪华北建设总署为沟通河北省省会保定与河北咽喉天津市两地间之物资运输及缩短行程起见，三十年春已开始开凿津保运河。该河全长二百二十六公里，由天津溯航，经新安至保定，沿途经过之地区均为冀中平原地带。全部工程定一年内完成，工程费共计二百五十万元。由新安至保安一段将浚深，两岸堤防亦将特别加高，现该项筑堤工事已大致完成。

2．疏导滹沱滏阳两河

河北献县地方因滹沱河与滏阳河会流，每当夏秋之交，水势湍急，灌于子牙河内，流至下游，使子牙河无法容纳，涨而外溢，遂至成灾，故有小黄河之称。伪建设总署为永绝此种灾患起见，前经决定开凿一运河，通至沧县，使滹沱、滏阳两河合流水量高涨将不流入子牙河，而转流向沧县入南运河，再经南城河入海，乃决定兴筑沧县城河。此种工程自二十九年春间经天津伪工程局水利科主办施工以来，进行颇为积极。兹将三十年度河北敌伪河工水利建设计划列表如下页：

华北内河航运亦遭敌人统治，水运事业从前年(二十九)开始营业，除用汽机船于华北诸河川输送旅客外，华北交通公司自去年三月起开始用民船输送货物，大清河、南运河、子牙河等三大河每月定期开行一次，小清河、大运河、东北河则随时组织船团运输货物。总计华北河内航行由华北交通公司统管之路线如下：

名　称	建设计划概要	完成期限	工程实施	已否冗成	备考
石津运河	在石家庄小范镇间开凿运河，长一百三十里宽十八呎，深二呎，并沿运河通过藁城、晋县、深县、武强等县城镇，开凿并筑成十二船闸	本年度着手实施	本年度着手实施	已完成	为整理滹沱河工程之一部，终止点为第六堡（静河属）
滹沱河工程	在威州(井陉属)冶河上游筑蓄水池，并在洪子店(平山属)设水力发电厂，在灵寿县开导水路，引滹沱水入石家庄，再经石津运河入子牙河	五年	今年着手实施	未完成	
保津运河	连接府河、白洋淀、赵五河、子牙河、大清河直达天津，全长一九〇哩。在保定、安新开设六个水闸，在东焦、东安、安新、十方院、新镇第六堡设船闸		去年已实施	已完成	
卫津河	疏治卫河，直接运河，以达天津			已完成	
滦河工程	在罗家屯建筑蓄水池，及水利发电堤堰，导引滦水入于圻河	在卅四年度完成	上年度已着手实施	未完成	
蓟运河工程	在下游建设上潮堰堤	五年	本年度已着手实施	未完成	

小清河(北关——羊角沟)276粁。

子牙河(天津——邯郸)1,755粁。

南运河(天津——新乡)1,069粁。

大清河(天津——保定) 216粁。

大运河(安居镇——淮安)565粁。

北运河(天津——通县) 143粁。

东北河(天津——胥庄)　229粁。
共计　　　　　　　4,163粁。

敌华北交通公司之营业路线，在铁路方面有六千公里。公共汽车方面由该公司汽车部在各铁路局设汽车营业处，分军用与营业两种，以收买"满铁"系之华北汽车公司为主体，并逐次吸收我国人所经营之汽车事业，现在路线已超过一万公里，只因汽油车辆修理技术人员不足，目前所开行者约八千公里，最近每日平均旅客约二万六千人，货运约十万吨，开业以来，收支不能相抵。至于内河水运之营业，水路亦达三千七百二十一公里。最近该公司与敌商东和汽船公司谋联合，经营华北、蒙疆、东北、朝鲜与日本间之水上货运联络，而日本与塘沽间已首先通航。

肆、淮北平原区之交通状况

一、本区之地理形势

本区为黄淮间之泛滥平原，包括黄河以南，黄泛以东，淮河以北，泰岱以西之豫东、鲁西、苏北、皖北等地域，境内川渠纵横，地势平坦，除苏、鲁交界之处或见孤峰三五突起天际外，余则一望千里，海拔高度概在五十公尺以下，故境内水流迟缓，地面坡度甚微，水系不显，或则河无定流，或则暂聚成沼，每值雨季，常有泛滥之虞，演成严重灾患。惟地坦则道路易修，河多则航运亦便，水陆交通网异常稠密，舟楫甚便，客商云集，通都繁邑历代不衰，古来豪杰之逐鹿中原者亦在于斯。此乃地形影响交通而更及经济与军事者也。

本区纯属黄淮冲积区，地坦土沃，灌溉称便，农产丰盈，苏、皖、鲁、豫接壤处，凤为棉花、小麦、大豆、高粱之主要产区。他如苏北之花生、甘薯、玉粟黍，鲁西、豫东之小米、烟草等，产额亦巨。矿产有阜宁、盐城、东台、灌云等县之丰富盐场，铜山、临、枣之煤田，铜山利国驿、东海屏山之铁矿。凡此丰饶农矿资源，暴敌早已垂涎三尺，故占据后即于境内竭力整顿交通，以利掠夺。连云港之港口工程，亦大加改善，盖谋掠取物资后，可由此而直达其本国焉。兹将本区辖境各省沦敌之交通状况分述于后：

二、交通路线

暴敌每于占领一地后，旋即锐意经营交通，一方修复原有铁路、公路，他方则选择适地另辟崭新路线，以便军、商运输，藉可达其政治占领与经济掠夺之双重目的。其经营本区交通亦本斯旨，盖本区为华北、华中两占领之接冲地，为便于军事调动，势必有高速度之运输，是故交叉境内之陇海、津浦两铁路修复甚早，用以拱卫军事据点，及接驳铁路之短段公路，亦着着兴筑。境内纵横交织之水道，运量多而运费廉，利于资源之搜运，敌寇更谋加强其利用，疏浚运河一项，动费日金一百五十万，其经营之积极，计划之周密，由此可知。兹分铁路、公路、内河航运及海运四项述之：

铁路

陇海路东段，当徐海我军转移时，即加以破坏，尤以自阿湖至连云港间九十八公里更为彻底，以断绝敌寇海上之接济。自敌占据豫东后，铜山至开封一段于廿七年九月十一日恢复通车，阿湖、连云港一段于廿八年十月廿一日重修完竣，于是自开封至连云港五百〇一公里遂于二十八年十二月一日全段通车。本线东端之连云港位居天津、上海二港间，与敌港长崎隔海相望，故本线复为本区驻敌与敌国取得联系之捷径，举凡军需物资莫不藉此转输。出口以盐、煤、麦、杂粮为主，入口以敌军火、敌货为大宗。

津浦线，二十七年我方为阻敌北上，曾破坏淮河铁桥，后经敌重修，廿八年一月十八日临城、蚌埠已恢复通车，运输以纱布、矿砂、军火为主。

除上述纵横二干线外，尚有支线数条：

(1)临枣台赵支线　由津浦铁路上之临城站而东至枣庄，津浦路局修筑长三十一公里之临枣支线，以便输运枣庄中兴煤矿公司之煤斤，从天津、浦口出口。该公司旋复自筑一枣台轻便铁路，由枣庄南达运河上之台儿庄，长四十八公里，以便利用廉价之运河水运。其后，陇海路局又从陇海线上之赵墩站向北筑一支线，与枣台线相接，是为台赵支线，长三十一公里；以便吸收中兴煤矿改从连云港捷径输出。现则出除枣台支线使归煤矿公司使用外，余二线已一律拨归华北交通公司经营。

(2)贾汪支线　本支线原为贾汪煤矿公司自筑之狭轨轻便铁道，由贾汪而至津浦线上之柳泉站，长十六公里，全供煤运，经于三十年由敌改敷标准轨，并拨归华北交通公司直接经营。

(3)孤三支线　为敌寇兴筑之津浦铁路一支线，由津浦线上之三堡站而至萧县之孤山，全长廿公里，廿九年冬通车，为轻便车道，专供孤山大中煤矿公司煤斤输出之用。

此外据报，敌又在海州北门站筑一轻便铁路至刘顶，长约十公里，已于廿九年七月底通车，专供刘顶矿砂由连云港输日之用云。

兹将本区路线名称起迄地点列表如下：

路线名称	起迄与经过地点	里程	备　考
陇海线	连云港　东海　东仁　开封　铜山	501	廿八年十二月一日全段修复通车
津浦线	临城　固镇　铜山　蚌埠　富县	232	廿八年一月十八日全段修复通车
临枣支线	临城　枣庄	31	计七年九月十日通车
台枣支线	台儿庄　枣庄	48	
台赵支线	台儿庄　赵墩	31	
贾汪支线	柳泉　贾汪	16	原为运煤之狭轨道，敌于卅年改敷标准轨
孤三支线	孤山　三堡	20	轻便专道，运大中煤矿之煤，廿九年冬通车

1216

公路

本区公路密如蛛网，县与县间四通八达，以县城为中心，向各方呈放射状，如铜山、蒙城、宿县、砀山、丰县、阜阳、东海、淮阴、永城、商邱、太康、开封、鹿邑等尤为显著。铜山原为陇海与津浦二铁路交叉点，与邻县公路交通亦素称便利，敌进占后，次第增筑放射线，间或与邻近铁路接驳，如铜山台儿庄线，或与铁路平行，如铜山官湖线、铜山砀山线、铜山宿县线。此外更筑连络放射线之弧线，如沛县萧县线、丰县水城线与双沟大许家线。其如核心与外围连系日臻完备，铜山一镇遂成本区敌寇交通之首要重心。从军事方面言，铜山北控鲁冀，南卫宁沪，西向可以进犯中原。从经济方面言，铜山正当苏、皖、鲁、豫间重要农矿区之中心，敌寇掠取之物资皆首先聚集于此，然后直输倭国，而敌货与毒品亦取道连云港进口运入，然后散之四方，故其交通机能之重要，莫可言喻。我方诚不能不特加注意，而予以严重打击者也。他如开封、商邱、宿县等亦为敌伪交通次要据点，不容忽视。兹将本区各省之原有及敌伪新筑路线表列如次，以便检阅：

江苏省

（一）敌伪强占路线

路线名称	经过地点	里程（公里）	备　考
铜山利国驿线	柳泉		
铜山鱼台线	敬安集、丰墨、□店		泥土路面
铜山大回村线	姚楼、萧县、王寨		
铜山塘沟线	潘塘 双沟 大王寨 睢宁 宿迁 沭阳 东海 新宾		泥土路面
铜山沛县线			泥土路面
丰县沛县线			泥土路面
丰县黄口线	朱家楼 区寨		泥土路面

路线名称	经过地点	里程(公里)	备考
萧县砀山线	曲里铺	60	泥土路面
运河台儿庄线	官湖　邳县		泥土路面
东海赣榆线	青口		泥土路面
东海沙河线			
东海淮阴线	灌云　大伊山　新安镇　浅上集　涟水　钦工镇		新安镇淮阴间于卅年七月十二日起由华北交通公司经营长途汽车
青口安东卫线	盐仓城　柘汪		
青口临洪口线			
盐仓城沙河线			
新安镇响水口线			
灌云大湾线	中正场		
灌云豫顺集线	杨家集　响水口		
涟水豫顺集线	东坎		
阜宁钦工镇线	东沟　菱楼镇		
阜宁东台线	刘庄　上冈　盐城		
淮阴沭阳线	王营　钱家集		泥土路面
淮阴宿迁线	众兴镇　泗阳　洋河城	100	泥土路面,卅年七月十二日起由东北交通公司经营长途汽车
淮阴马家坝线	高良涧　蒋坝		宝应商群间卅年四月起由邵市汽车公司经营长途汽车
淮阴高邮线	板闸　淮安　氾水　界首　宝应		
泗水金琐桥线			

(二)敌伪新筑路线

路线名称	经过地点	里程(公里)	备　考
铜山宫湖线	大庙　大许家　曹八集		泥土路面
铜山台儿庄线			
铜山砀山线	棠楼　唐寨		
砀山永城线			

路线名称	经过地点		备考
郑集张楼线			铜山县属泥土路面
双沟大许家线	毕集		铜山县属
丰县砀山线		41	
丰县峦口线	汪屯		
沛县龙堌集线	郝寨		
沛县萧县线	栖山		
萧县孤山线			
黄口曲里铺线			萧山县属
官湖炮车镇线			邳县属
邳县郯城线			
邳县北河湾线			
运河古邳线			邳县属
大伊山杨家集线			灌云县属
赣榆张家庄线			
青口城头线	叶家楼		赣榆县属
青口卢平线			赣榆县属
青口墩口线			同前
沭阳泗阳线	裴圩　小刘集		

山东省

敌伪强占路线

路线名称	经过地点	里程(公里)	备　考
济宁单县线	金乡　鸡黍集	104	民三十年十月十五日开始通车，由济南铁路局经营
济宁吕陵集线	嘉祥　巨野　荷泽　龙烟集		
济宁金乡线			
金乡曹县线	白浮图　成武		
金乡　单县线			
巨野蕫口线	丁官屯　郓城　箕山集		
荷泽杨闸线	临濮集蕫口　罗家楼	177	
荷泽定陶线		26	

1219

路线名称	经过地点	里程(公里)	备 考
临沂新安镇线	李家庄 红花埠 大埠 郯城		
临沂台儿庄线	咋城 项城 兰陵	124	

河南省

(一)敌伪强占路线

路线名称	经过地点	里程(公里)	备 考
开封柳园口线			
开封淮阳线	狝留 杞县 博集 龙白 大原 老冢集	166	
开封通许线	梁 木冈		
开封荷泽线	东仁 朱仙镇	140	
东明昌陵集线			
宋集王里集线	旧考城		
永城杞县线	商邱 葵邱 榆厢铺	177	
永城浑河集线	鄢 县		
永城涡阳县线	龙门集 高楼集 石弓山		
永城铁佛寺线			
永城大四村线			
永城夏邑线	樊 集		
夏邑砀山线	夏道口 薛口		
夏邑刘口线	虞城 贾寨		
夏邑会亭线			
夏邑商邱线	刘 店		
商邱砀山线	虞城 大阳集		
商邱亳县线	宋须集	50	
商邱鹿邑线		65	
鹿邑蔡邱线	柘城 河堤岭		
柘城李口线			
柘城旧宁陵线			
柘城太康县线			
太康蔡邱线			
太康通许线	江村集		

太康亳县线	安平 赵村集 鹿邑		
淮阳赵村集线	戴集		
陈留梁木冈线			

（二）敌伪新筑路线

路线名称	经过地点	里程(公里)	备　考
开封长垣线	留光		长垣系在豫北
东仁陈留线			

安徽省

（一）敌伪强占路线

路线名称	经过地点	里程(公里)	备　　考
阜阳濉溪口线	张村铺 龙山集 临涣集 百善站	130	
阜阳宿县线	马纱店 蒙城 赵家集	148	
阜阳灵壁线	凤台 怀远 固集	190	
凤台永城县线	蒙城 龙山集		
凤阳睢宁线	临淮关 五河		
凤阳鹿邑线	蚌埠 怀远 蒙城 涡阳 亳县		蚌埠至鹿邑210公里
泗县永城线	灵壁 宿县 百善站		
宿县濉溪口线			
宿县临涣集线			
涡阳新兴集线			
亳县卞家铺线			
蒙城原墙集线	张村铺		

（二）敌伪新筑路线

路线名称	经过地点	里程(公里)	备　　考
蚌埠固镇线			
宿县时村线			沿津浦铁路
宿县铜山线			
灵壁潘塘线	时村 褚兰		
坂桥许集线			□县境内

内河航运

本区主要通航水道为淮河、运河、运盐河三者，皆经敌伪积极修复与经营。淮河干流除三河尖至正阳关一段航运尚由我方控制外，余者皆为敌方利用。淮河航线由上海内河轮船公司经营，自清江铺至正阳关均可通小汽船，运河及运盐河航线由华北交通公司经营。运河自邳县至淮阴段经敌伪疏浚后，水深皆有一公尺以上，载重三十吨之民船可畅通无阻，苏北物资仍循此道输运。运盐河可通汽船，以运盐为大宗，昔者供给淮北之盐，集积淮阴北郊之西坝镇，然后由洪泽入淮，转输皖、豫。淮河则以输送皖北、豫东之农产品为主。除此三河外，淮河之支流亦均可通航，以颖河航线为最长，由正阳关上溯至太和县间一段水道最良，大民船四时可通，太和周家口间舟行尚畅，现均为黄泛新道所经。涡河自亳县怀远间亦可通民船。

兹将敌伪经营航线列表于下：

甲、敌华北交通公司管辖航线

（一）大运河

起迄地点	经过地点	里程（公里）	备 考
济宁淮安线	南阳镇 韩庄 台儿庄 运河 窑湾 宿迁 众兴镇 杨庄 淮阴	490	
济宁安山线	南旺 开河	75	

（二）运盐河

大浦淮阴线	东海 灌云 新安 涟水	172	

乙、敌上海内河轮船公司经营大淮河航线

蚌埠临淮关线	蚌埠高邮线	蚌埠五河线	蚌埠怀远线
蚌埠田家庵线	寿县田家庵线	寿县凤台线	寿县下窑线
下窑怀远线	下窑凤台线	临淮关五河线	

海运

苏北海岸自长江口至灌河口之开山岛间，海底低浅，沙洲纵横，皆为旧时黄河及淮河所输送之泥沙所沉淀者，轮船难以近岸，惟自开山以北至山东交界之岚山头，海水较深，有连云港在焉，由陇海路进出货物均赖此港。本港为华北口岸至日本本国最短距离之海港，最宜于军运。我军后撤时，曾将本港设备破坏无遗，将第一码头之岸壁用火药炸破，使完全不能利用，第二码头之栈桥及货栈，亦均炸毁，栈房至码头之轻便铁路一并折毁，港内炸沉船舶两艘。敌占据后，已将沉船捞出，并修筑第一码头及栈桥两座，现载重五千吨之轮船均可入港。进出该港之轮舶由连云港停泊司令管理，只许专运敌军需品及各种工业原料之军轮往来，而不许普通商轮入口。现每日约有敌轮十余艘进出，航行青岛、大连、日本间。

三、交通机构

本区铁路及陇海铁路以北之公路、河道与运河水运均由华北交通公司经营，淮河航运则由上海内河轮船公司包办。华北交通公司于本区交通重镇之铜山、开封二地设铁路局，分掌领区内之铁路、公路、水运，使水陆运输连成一气，并分别缓急，以统制货运。津浦路铜山至蚌埠段前因南北伪政权之纠纷，曾一度由敌芥川部队暂管，至民国二十九年底方移交华北交通公司接办。

本区航空则由伪府全国统一性之中华航空公司经营，有石门开封、青岛开封、北平开封汉口三线经过本区，定期飞航。海运则由敌之东亚海运公司经营，连云港仍在敌军管制下，由连云港停泊司令管理。除上述交通业务机构外，尚有伪建设总署济南工程局管理山东、河南、苏北之道路、水利建设等事宜。

四、走私路线

本区豫东、皖北敌我接壤地一望无阻，惟赖滔滔黄泛以为天堑，军事为然，经济亦然。敌走私货物必须设法偷过两岸敌我之检查哨。黄泛东岸敌伪水陆交通网纵横交错，前敌因欲吸收我法币，以夺取外汇，故向我大量倾销仇货，进出货物若非敌方严禁者，均可畅行无阻。民国二十九年豫东仇货输入极盛，日用货物经此入陕运川者时有所闻，去冬后情势剧变，敌严禁日用品输入我方，货物前来者日少，近更加强封锁，严限物资移动，除毒品及香烟仍鼓励输我外，日用品之由沦陷区私入者殆全绝迹。若有以日用必需品输入我方者，一经发觉，敌伪即认作走私通敌论，严惩不贷，甚或处死。是故目前敌伪所指之"走私"，乃由沦陷区输我必需物品之谓，至若我方私出输敌物资，则一入敌区，始终仍可畅通无阻也。

黄泛两岸之周家口、槐店、界首等渡口，为敌货私入及我物资私出之主要集散地，因我后方交通不便，入口货物皆须零星挑运，故必先屯集是地，然后从小路逐批分发各方，私出物资亦必先屯集是地，然后伺隙偷渡黄泛。太平洋战事爆发前，我方严禁仇货输入，凡内运敌货，均称"走私"，沿途检查关卡照例予以没收，然自今春改变对敌封锁办法后，举凡民生必需物品，无论仇货与否，一概准予输入，只要缴纳关税，皆可自由畅运。是则我方今后之所谓"走私"，乃只偷过税卡未曾纳税之入口货物，或根本禁止输入之毒品及私运资敌之后方物资而言，与年前所解释"走私"之意义已有不同。

伍、长江流域沦陷地区之交通状况

一、敌占领区之交通机构

敌伪统制其占领交通业务之机构，采用"一业一公司"之原则，先后成立种种交通公司，是等公司虽名受伪铁路部或伪交通部之监督，实由敌寇操纵之国策公司直接指挥。在本战区之沦陷地带内，除南浔线仍属敌军华中铁道司令部管辖外，其他铁道皆拨归华中铁道公司经营，主要公路之汽车运输事业亦由该公司兼办。都市之公共汽车运输统归华中都市汽车公司经营。长江及其支流之为河航运，由上海内河轮船公司经营统制；长江各条约港与非条约港间之航运，由华中轮船公司经营；沿海及长江各条约港江之航运，由东亚海运公司经营。民用空运由中华航空公司为全国性之伪方机构外，余皆为华中振兴公司之子公司。华中振兴公司者，即寇敌用以操纵中一切经济事业之国策事业之国策公司也。兹将上各公司经营之交通线及其现状分类表列如次：

二、交通路线

铁路

铁路名称	经过地点	里程(公里)	通车情形	备考
京沪线	镇江 武进 无锡 吴县	312		敌改称"海南线"
沪杭线	淞江 嘉兴	196		敌改称"海杭线"
淞沪线	吴淞 江湾	16		敌改称"吴淞线"
苏嘉线	吴江 平望	75		
江南线	马安山 采石 当涂 芜湖 湾沚 宣城	194	现由南京通至湾沚	敌改称"南宁线"
南浔线	沙河 马回岭 德安 乐化	129	民廿八年十月廿二日修复通车	
浙赣线	由江边至诸暨	64	尚未修复	

公路（战局无常，表中间有路段经于最近收复，因尚在游击区，故仍列入此表中）

路线名称	经过地点	里程(公里)	备考
南京杭县线	句容 溧阳 宜兴 长兴 吴兴 武康	322	
上海杭县线	闵行 南桥 柘林 金丝娘桥 乍浦 海盐	210	
上海南京线	龙潭 镇江 奔牛 武进 无锡 常熟 太仓 嘉定 南翔	326	
上海淞江线	北新镇		
上海江阴线	南翔 嘉定 太仓 常熟 无锡 青阳	166	
上海吴县线	南翔 嘉定 太仓 昆山	91	
上海宝山线	吴淞	20	

上海浏河线	大场　罗店	37	
太仓浏河线		18	
宝山嘉定线	罗店		
南翔昆山线	安亭		
吴县常熟线	陆墓　蠡口 吴塔市 莫城镇	39	
吴县无锡线	木渎　望亭	68	
吴县嘉兴线	吴江　平望　王江泾	74	
松江嘉兴线	金山　枫泾　嘉善	60	
无锡宜兴线	雪堰桥　漕桥　和桥	63	
无锡江阴线	青阳	36	
江阴武进线			
武进宜兴线	夏墅　漕桥　和桥	58	
武进金坛线	卜弋桥	37	
金坛溧阳线		41	
金坛丹阳线	洱陵	29	
丹阳句容线	白兔镇	34	
溧水郎溪线	毛公埠　东坝	74	
镇江丹阳线		21	
镇江句容线	东昌	43	
镇江宝堰线			敌伪修筑
镇江黄塘线			同右
高资石马庙线			同右
南京溧水线	秣陵关	53	
南京芜湖线	江宁镇 采石矶 当涂	106	
下新河社头镇线			敌伪修筑
高淳水阳线			同右
丹阳访仙桥线			苏省伪府修筑，廿九年五月通车
谏壁大港线			敌伪修筑
芜湖宣城线			芜湖湾沚段通车

1226

郎溪广德线	十字铺	52	广德至十字铺段 已破坏
宣城郎溪线			宣城至十字铺段 已破坏
广德吴兴线	泗安	57	已破坏
至德大渡口线	松林埠	40	同
大渡口贵池线	殷家汇		同
湖口松林埠线	彭泽 马当 东流		湖口至彭泽段者可 通，以下者尚未收 复
九江南昌线	星子 德安 永修 万家埠		已破坏
湾沚红杨树线	芳山		敌伪修筑
马当湖口线	彭泽 流泗桥	49(华里)	经我方破坏敌伪 又修复通车
流泗桥张青社线		20	敌伪修筑
杭县嘉兴线	桐乡 崇德 临平	94	
杭县当阳线	祝家村	42	
杭县余杭线	留下	26	
余杭武康线	彭公岭	38	
临平长安线	许村		敌伪修筑
吴兴南浔线		34	
嘉兴乍浦线	平湖	41	
硖石□□线			敌伪修筑
铜湖桥石宕山线			敌伪修筑

水运

(1)内河航线(现敌伪方经常有船舶行驶者)

航线名称	所 经 河 道		备 考
上海苏州无锡线	吴淞江	运河	货运为主
上海太仓昆山线	吴淞江	娄塘	
上海嘉定线	吴淞江		客运为主

上海常州线	吴淞江 运河		
上海昆山常熟线	吴淞江 大横泾		
上海平湖线	黄浦江		货
上海淞江线	同		同
上海潮丹线	太湖		同
上海杭州线	运河		客
无锡常熟线	谢根荡 □荡 元和塘		
无锡湖州线	太湖		
丹阳常州线	运河		
丹阳金坛线	漕河		
苏州常熟线	元和塘		货
杭州德清线	运河		
杭州湖州线	东苕溪 龙溪		
嘉兴平湖线	河渠		
嘉兴海盐线	海盐塘 嘉兴塘		
芜湖湾沚线	青弋江		
芜湖高淳线	丹阳湖		

(2)沿海航线

航线名称	里程(公里)	经营公司
上海青岛线	397	东亚海运公司
上海青岛大连线	672	东亚海运公司 大连汽船公司
上海青岛大连天津线	872	同右
上海烟台线	510	东亚海运公司
上海烟台天津线	720	同右
上海连云港线	350	同右
上海厦门线	561	同右
上海福州厦门香港汕头线	940	日清汽船会社

航空

航线名称	经过地点	里程(公里)	班期	备 考
上海北平线	南京 铜山	1,800	每日一往复需时	廿九年三月

1228

线路	站	号	班次/需时	开始
	济南 天津		五·五〇时	十六日开始
上海广州线	厦门		每周一往复 二次，需时 六·〇〇时	廿九年四月 十一日开始
上海汉口线		915	每日一往返需 时一·四五时	
上海海南岛线	厦门 广州		每日一往复	
南京汉口线	安庆 九江	67	每二日一往复	廿八年十一月 十一日开始
上海杭县线			每日一往复，需 时〇·一五时	廿九年六月一 日开始

观上各表，是知沦陷区内之铁路与公路，大半经已修复，盖年前我军撤退本甚匆迫，交通路线多未彻底破坏，嗣后敌伪修复诚举手之劳。因沦陷区内长江及其支流之水道系统素称完密，复有无数湖泊为之助，水上交通最感便利，费用廉而收效大，且为非人力所能破坏之天然运输线，比之铁道与公路诚不可同日而语，故敌伪对于区内沟河之修浚，航线之兴辟与轮舶之建造不遗余力。自太平洋战争爆发后，宁波旅沪人民因工厂停顿，多遭失业，携眷返里者甚众，其来申者除单帮客（即流动商）外，为数有限，闻常川行走沪甬间之敌轮，为鸣门、海通、华霖等三轮，万吉轮则有时与华霖轮互调行驶。因旅客骤增，原有船只不敷应用，故常山丸一艘亦加入航驶。在宁未沦敌前，沪工部局为鼓励旅沪甬人返籍，特予半价船票之优待，任何职业均可申请半价证，宁波方面亦有招待返籍甬人之组织，对抵甬后转道赴象、奉各县者亦予以半价优待，故沪甬交通营业上颇为繁盛。迨宁波沦陷后，航权更全落敌手。至新筑铁道，则截至现在尚未有所闻。修筑公路，则有浙东鄞（宁波）镇（镇海）慈（慈溪）公路，该公路于沦陷前曾经我方彻底破坏，近宁波敌军勒令鄞、镇、慈三县伪组织负责限期修复，各伪组织即强迫人民日夜赶修，现已全部蒇事，敌

军用车亦已行驶其间。又敌自将绍兴、宁波、萧山、西兴等地划入伪和平区域后，现由伪华中铁道当局修筑公路，其第一区为自绍兴至萧山间，约于八月底通车，第二区为绍兴至宁波间，约于本年十一月底通车，至其他地区虽新筑有公路多处，惟里程甚短，均供军用，颇少经济价值，与敌伪在华北平原之交通设施迥然不同，此皆本区地形使然也。

三、敌伪在皖境积极筑路

敌为加强淮南铁路一带防御，曾征用沿线附近民伕，添置横断汽车路两条，一自罗集车站至吴山庙，计长十七公里，一自罗集车站至吴店，计长五公里，并拟于最近期间陆续加筑，并限期一律完成。按此项横断公路，乃沿路每隔十数里至三十余里与铁路构成十字状之交通，以便扩展其两侧警戒。最近敌计划由田家庵沿淮南铁路东侧开掘宽约二丈之沟渠，直达合肥撮镇，企图严格绝我皖东与皖西之交通，藉以维护铁路安全。现已征夫，由田家庵动工开凿，我军则率民夫随时予以破坏填塞，迄今工程尚无进展。

敌前着手兴筑由巢县沿巢湖、庐江、盛家桥之公路，其巢属境内司公巷至散兵镇一段地方业已竣工，计宽五公尺，长约十七公里，现正加铺石子，所需经费系由伪巢县第六区署筹备处向各乡摊派。

敌伪为巩固南京四周三百里外围占领区起见，曾修复及兴筑各公路线如下：

名　　称	经过地点	里程(公里)	修成年月
乌江巢县线	和县 含山 清溪镇 巢县	60	分期修筑,全线完成于卅一年七月
滁县全椒线		25	廿九·二
芜湖无为线	汤家沟 三官殿	45	廿九·六

无为东关线	仓头 黄河	25	三〇·四
无为黄沽闸线	塔桥 襄安 蜀山	45	三〇·三
吴店吴山庙线	罗集 高塘集	22	三〇·五

四、武汉附近敌商用航运近情

(1)航运情形

起讫地点	经 过 地 点	航业公司及船名	载运	开行日期
汉口新堤	沌口、金口、新滩口、簰洲、嘉鱼、龙口、宝塔洲	长运汽船会社　第二行岛丸、海丸、龙照丸	客货	每隔二、三日一次
汉口石灰窑	阳逻、葛店、黄洲、鄂城、巴河、兰溪、黄石港	两湖公司　太兴丸瑞安丸	同	每隔一日一次
汉口牌洲	沌口、金口、新滩口	戴生昌汽船局　福中丸	同	每隔一日一次
汉口鄂城	青山、阳罗、葛店、黄洲	大口丸 太盛丸、补宝丸、共立丸、公口丸、大昌丸	同	每日一次
汉口葛店	青山、阳罗	交通公司　瑞宝丸	同	同
汉口仙桃	蔡甸、新沟	交通公司　鸿大丸鸿运丸	同	同
汉口蔡甸		交通公司　鸿昌丸	同	同
汉口沙湖	沌口、黄陵矶、沔阳	戴生昌汽船局　大运丸	同	每隔二、三日一次
汉口六指店	五通口、五湖，黄陂	长运汽船会社　丰丸	同	每日一次
汉口九江	武穴、龙坪	三光洋行、双龙洋行以汽轮拖帕船	货	不定

(2)营业状况

(一)以上各轮商仅两湖公司为华商经营,但仍用日人为护符,交通公司名为中日官商合办，实则日商独占，余则全系日商。

（二）各船客量仅太兴丸、瑞安丸均能载客百余，货百吨外，余只能载客五十名，货卅吨。

（三）各船燃料因煤价昂，多烧柴油。

（四）货物由汉装者多为各地伪合作社所采办之物品，装运汉者以棉麻、皮革为多。

五、湖北前线敌方交通情形

武汉到岳阳上下行火车，每天开四至六班，经常载运客货，前方吃紧时则全部改拨军用。蒲圻与云溪间之五里牌为铁路、公路交叉点，设总汽车站，从武汉向前方运输之货物均由此改装汽车南运。五里牌南五里为长安，系伪临湘县府所在地，长安以下之桃林、西塘、官山、丁家畈、忠防等镇均为敌寇军事地点，有敌筑之公路相通。其目的在保护湘北前哨，除行驶军用车外，亦有大批货车来往，一方载运湘北之棉花、苎麻、棉产与官山、丁家畈之金矿资敌，他方将武汉仇货向我方走私（此类走私货物是指敌人认为不在统制范围以内的物品而言）。目下各伪维持会均有运输汽车，专营资敌与走私业务。

在鄂南方面，有武汉敌伪汽车驶经楠林桥，直达通山，其东并有公路通大畈，敌伪在该处常勒派苦力，修筑公路，一方面施行怀柔政策，予苦力以小惠，发给食盐、糖果等。

敌为便利军运起见，赶筑孝感至应山铁路，刻已竣工，业于十月一日正式通车，同时敌并修宽黄陂至孝感公路，以利军运。

鄂南敌近积极修筑公路，已动工者计有：

1．荆门江陵两县，敌赶修由后港经罐咀、酒店子至王龙背桥公路，全长六十华里。

2．由后港经独枣树、清紫场至潜荆交界之蛟尾，亦修筑公路。

六、湘鄂间之私运路线

长沙近来奸商甚多，运出资敌物品数量亦巨，其种类以乾辣椒、猪鬃、松香、白矾等为大宗，其偷运方式不外伪装掩护、疏通检查人员及绕道避关三种办法。此项商人或以籍贯关系，深谙当地情形，出入沦区易于遮人耳目。月来湘资两江春水高涨，奸区利用湖区以之交通，大肆偷运，昔日之由湘北正面肩挑背负之零星走私，今则改用范围较大之水运走私矣。查水运走私路线系由长沙经沅江、三仙湖、南县、华容而入鄂境，再经窑圻场、监利、毛家口而抵新堤。新堤业已沦陷，系沔阳县之一市镇，商务向称繁荣，平日承销湖南沅江、益阳、南县、华容一带之出产，自沦陷后，表面上虽稍受阻挠，而其实货运往来仍极频繁。该地位于长江左岸，运输极便，由我后方运去之货物即可由此转运武汉。新堤、长沙间水运（绕经沅江及三仙湖等地）约五百华里，帆船行程约需一星期可以到达，目前为湘鄂走私要道，查缉当局不可不注意于此。

七、鄂省仇货内输路线

输入仇货计鸦片、香烟、布匹、人造丝制品、海味、化装品、酒、火柴等项，以石灰窑、沣源口、鄂城、富池口四处为其输入中心，以大王殿、太子庙、中庄铺三处为倾销据点，而内运地点又可分为三线：

（1）东线由大王殿、周家林——双港——阳港之线间，每日约三百担。

（2）西南线由大王殿——中庄庙——司马颈——过阳——罗臂口——余贤铺——紫金山——价铺——龙港、燕厦之线。

（3）中线由大王殿——十八折——石玉湾——老虎岔——潴口——龙港之线。以上各线全系挑贩运输约二千人。

陆、珠江流域沦陷地区之交通状况

一、粤省沦陷铁路近况

甲粤汉路

该路南段由广州黄沙站北行入花县平原区抵江村，有重要之江村铁路在焉。再行至新街站，为敌广州外围重要据点，前仅限于军运，本年一月间开始兼售客票，每日行车二次，票价军用票六角，每日乘客约千人，运货尚少。北段业经我方拆毁，二十八年底敌寇大举北犯时，曾强征民伕赶修新街军田段，故一时可通至军田。军田站以后地势渐高，车行上坡，入粤北山地。

粤南敌前次由广州沿粤汉铁路北犯，对于铁路交通之恢复，极端重视，由新街起，随军事之进展，将原有铁轨立即重新铺设，由新街而军田，而银盏坳，以迄源潭，现均修筑完竣。

查此次敌寇筑路之得以迅速完成，有二要因，一则利用花县饥饿民众万余名，给以米食，二则准许该项民众随军事之进展，沿途劫掠新沦陷区之物资，以为补偿。闻新沦敌手之龙塘、源潭、洲心等地被掠之耕牛牲口及谷米等，为量不少云。

乙、广三路

该线为粤汉路之支线，由广州西行直达三水县，全程四十九公里，沿途经富庶之区，有名之佛山镇（由广州起点石围塘站至此十八公里）为粤江三角洲之繁盛地区。再行二十三公里而至走马营站，渡一河，本线上之最重要桥梁在焉，再行八公里而抵终点之三水。该线战前客货运均甚繁荣，为西江重要之交通线，自广州沦敌后，三水相继失守，该线曾一度停顿，现已完全恢复通车，每日行车四次，乘客每日约三千余人。敌近在粤汉干线与该线接轨处之西南铁桥加紧修筑。按铁桥位于广州西南郊之泮塘口，桥桩工程于广州失守前完成，旋因战事关系即停止进行，敌占广州后以该桥对于粤垣有重大军事价值，故近日又增调大批工人积极修复，准备于最短期内完成。

丙、广九路

广九线由广州东行直达香港对岸之九龙半岛，从广州大沙头起点行五十六公里而至石滩，渡石滩铁桥折西南行于石龙附近渡东江，广九线上最要之石龙南、北二铁桥在焉。石龙为敌寇广州外围之东路重要据点、常川驻重兵扼守，对桥梁之保护尤为严密，时防我方破坏。由石滩行三十四公里而至樟木头站，为公路、铁道交叉点（有公路东通惠州，西至东莞），更南行四十四公里而至深圳，为华英交界处，深圳以南为英人所经营，属英段，长三十六公里，全线共一七九公里。战前每月客货频繁，为港粤陆路重要交通线，自香港沦陷后，该线停顿多时，现虽已恢复通车，然班次减少，非比往日。由广州至石滩站现规定每月通车四次，军运占重要地位，客货运尚少。

广九铁路英段与华界衔接之深圳铁桥破坏已久，近经敌加工修复竣事，于四月十三日通车，现已可由尖沙咀（在香港对岸，即广九线之经点）直达深圳。敌伪限制入境，规定由深圳入口须先经申请许可后，始准乘车到港。又由尖沙咀至罗湖一段，自敌寇占据香港后，积极修理，业于本年二月间起通车，全程票价为军票五十钱。

丁、黄埔支线

该线为广九、粤汉接驳线，七七事变后乃完成，全长仅二十公里。从广州东郊石牌起，绕过北郊，中穿小丘，于西村站与粤汉路衔接，现已完全通车，每日开行军车一次，客车二次。此线于军运上甚为重要，故敌军戒备亦甚为严密。

二、粤省沦陷公路与运输情形

(1)广云公路　此路由广州至云浮县，前已通至广三铁路之西南镇，广州失守时，我方自动将各桥梁破坏，敌占领广州后，即先行修复此路。盖此路为敌主要军运路线，敌对广三线以及西江之军事行动完全由此路运输，不通客车。

(2)禅炭公路　此路由佛山北行，经官窑而至花县之炭步镇，由炭步东北行有支线通新街，与粤汉路接，更东行至布潭，与广花路接，故此线为广三、粤汉、广花三线之外围连络线。广州未失守前，我方已由佛山通车至南海松冈墟，敌占领后即修复，且建筑至南海、金山寺敌军事据点，全为军运，不通客车。

（3）广花公路　此路由广州北行至花县，全长三十二公里，我于战前已全线通车，敌占领广州后亦即修复，通车至龙翔、新街等据点。此路略与粤汉铁道并行，故在军事上有互相掩护之作用，为敌寇之军运干线，除军运外，并通客车。

（4）江佛公路　广州、佛山经九江而达江门，全长七十三公里，凡广州、佛山之货物转入内地者，多循此路由佛山至九江，然后偷运入内地。现查悉江佛公路有营业汽车四辆行驶，由敌福大公司经营，专载乘客，由佛山至九江每日上午对开二次，下午停止。至货运汽车，则由华人经营，惟须由敌发给许可证方能行驶，中途经小布、澜石及水藤、龙江、现有浮桥、车可行驶而过。

（5）广增公路　本路为粤东干线，全长七十五公里，由广州北郊而入增从山系之丘陵区，路转峰回，形势险要，昔为土匪出没之地，商旅咸存戒心。自敌占领广州后，为维护其东路最大据点——增城——计，于中途镇龙、中新、朱村、蛇头岭各处皆派兵常川驻守，朱村有较大之桥梁一座，中新为福新、广增二公路之会合点，尤为重要。

（6）增龙公路　本线在增江右岸，由增城平原而上达龙门小盆地，全长百零九公里。公路大部沿江而行，谷地狭窄，河流湍急，途中穿越山隘数重，故颇称险阻。前年敌犯粤北时，其右翼曾从此进占龙门，上窥翁源，然以敌寇单薄之实力，用兵于此峰峦层叠路线稀少之山岳地带，连络极其困难，及其败也，随处遭我截击，损失綦重。

（7）增从公路　始沿增江北行，与增龙线同道，继折而西北，沿增江支流小谷地而至派潭墟，再越一山脊而抵从化，全长五十八公里。本公路为增从间之连络干线，惟两侧山头颇高，且紧接我方阵地，维护最感棘手，故敌自退出惠博，缩短广州外围防线后，立即加工修筑增从间之内连络线——即福新与福从二线——者，即因此。

(8)福新公路与福从公路　由广增线上之中新站西北行至福墟，是为福新公路，长仅十二公里，由福和圩西北行至广从线上之太平场，是为福从公路，长约二十余公里。二路相连，因成增从间之第二重连络线。公路之北全属山地，利于游击，故二路屡被我方破坏，然随毁随修，通车迄未中断。公路中站之福和为重要据点，敌有重兵驻守。

(9)增滩公路与莞龙公路　由增城而南下石滩公路，所经由石滩，而石龙，而东莞，路旁乃见冈阜，果树之种植甚盛。莞龙段长十三公里。

(10)广虎公路　本线由广州沿广九铁路东行于新塘附近，渡东江而抵东莞，沿途全属平坦之区，再由东莞至虎门，而至太平墟，是为莞太段，长二十七公里。南接宝太、宝深公路，而抵租界边境之深圳。因本路可达九龙，故为广九铁路之辅助线，亦为军运干线。广州未陷敌前，我方军运频繁，广九铁路日间因避空袭不能开行，故无数轻军用品皆循此公路不断输入广州，而虎门防守之所需亦赖此线供给，公路上车辆之往来日夜不绝，广州陷敌后本路之恢复运输亦颇早。

(11)莞樟公路　由东莞城而至广九铁路上之樟木头站，全长三十七公里，其中经丘陵地带，西接广虎公路之广州东莞段，东接惠樟公路而至我方前线之惠州，为广州、惠州间之另一公路线。惟中途并无高山峻岭，故其军事价值与广九路线北段之广惠公路不同。

(12)歧关公路　由澳门之关闸而至石歧，为国际路线，有东西二道，东道长六十一公里。本线因在三角洲南之山岛上，无频频渡越河川之烦，惟经山路或湾曲，故非如江佛、陈歧等公路之康庄大道者可比。

（13）广三公路　本路所经地多平坦，约略与广三铁路平行，皆为三水据点之供给线。

（14）芦西公路　本线由广三路上之西南镇北趋芦苞，沿途所经亦甚平坦。因敌之三水阵地正在三角形之顶点，向我方突出，时遭袭击，故敌在西南镇另置重兵扼守，芦西公路即同时可以控制西北两江。且得拱卫三水军事，意义甚大。

（15）护堤公路　本线为由汕头至潮安沿韩江西岸而行之公路，全长四十四公里，沿途最为平坦，因修筑本路之目的兼在保护江堤，以阻止泛滥，故路基凸出地面，易遭破坏。敌占潮汕后，即强迫民工修复此路，以供军运，汕头至庵埠段沿用旧日公路线，庵埠以北则将铁路路基加阔改建，直至意溪，而不沿旧道，盖突出地面之公路一经破坏，修复至感困难也。

（16）汕樟公路　为由汕头沿海经澄海而至樟林之公路，全长三十一公里，为入闽干线。再经钱车市或黄冈，可以上达饶平与粤闽边区。敌占领澄海后，即强征民工修复，汕澄段早已通车，除作军运外，尚供货运。

除上述各公路外，尚有次要之短段公路，非关重要，故未另述，惟自敌占广州后，敌伪新筑短段公路亦不少，大半皆供军运，其中有三线应特别提述者：

（17）新新公路　本路上接福新，由广增公路上之中新站南行，中穿广九铁路之新塘站而下达东江上之新塘墟，长约三十余公里，沿途皆为坦区，为广增公路、广九铁路、广虎公路及广州新塘墟之连络线，故有特殊军事价值。

（18）新江公路　为江村至新街之公路，下通广州，与粤汉路平行，藉分铁路输送之劳。

（19）广官公路　为由广州西北行，经里水、麻奢而至官窑之公路，可供进犯芦苞之用。最近敌寇犯我芦苞，即从此路进攻。

附沦陷公路路段里程表

路　　名	起迄点	经过重要市镇	里程(公里)	备　考（未另注明者已通车）
广增公路	广州至增城	中新　朱村	75	
增龙公路	增城至龙门	正果　永汉	109	仅增城正果段陷敌
增从公路	增城至从化	派潭	58	时通时不通
福新公路	福和至中新		12	
福从公路	福和至太平场		20余	
增滩公路	增城至石滩		15	
莞龙公路	东莞至石龙		13	
广从公路	广州至从化	太和市、神冈、太平场	63	
广花公路	广州至花县	鸦湖、人和墟、布潭墟、平山	53	
广虎公路	广州至虎门	太平　东莞	27	
莞樟公路	东莞至樟木头	保和墟	27	
江佛公路	江门至佛山	九江　乐从	76	
陈村石歧公路	陈村至石歧	顺德　容奇	53	
歧关公路	石歧至关闸	下栅　那州	61	国际线下通澳门，时通时闭，近已开放
广三公路	广州至三水	大沥	42	
军花公路	军田至花县			
禅炭公路	佛山至炭步	官窑	34	
芦西公路	芦苞至西南	杨梅圩		本年三月初，敌进犯芦苞，芦苞曾一度沦陷
宝太公路	宝安至太平		47	曾一度沦陷，时通时不通
宝深公路	宝安至深圳	沙头圩	20	
深沙公路	深圳至沙头角	北田		最近沦陷
炭步布潭公路	炭步至布潭	新街		

市新公路	市桥至新进			
新石公路	新造至石楼			
新江公路	新街至江村			
广官公路	广州至官窑	里水　麻奢		
护堤公路	汕头至意溪	庵埠　潮安	44	
汕樟公路	汕头至樟林	澄海	31	汕头澄海段修复通车
新新公路	中新至新塘		30余	敌伪新筑

粤敌方交通线屡被我破坏，敌寇以兵力不敷分配，戒备颇感困难，近饬令伪县府将附近铁路、公路二乡村民众组织护路青年团，以资防守。查花县、番禺、南海、三水等县均已先后成立，并由敌伪派专人指挥护路工作，所有交通线上之桥梁均装置铁丝网，并派兵以手摇车沿途巡查，约每半小时巡查一次。粤汉路江村铁桥近更建筑钢骨水泥堡垒二座，每座驻兵二十名。

三、粤闽沦陷区航路交通与走私路线

（1）广州江门航线已改道

往昔广州至江门内河小轮必经陈村及甘竹，现已迂回湾转马宁入西江至江门，因陈村水道不靖，同时河道阻塞未除。现航轮只日间启行，入夜停航以免意外。计由广州至江门须二日，第一日由广州启行，下午至容奇（顺德县属之大镇），在容奇停舶一夜，翌日上午再启行，下午至江门。往日广州至江门之航轮多在晚上启行，天晓抵埠，现已多费二倍时间。

（2）敌寇垄断下之汕头海运近况

自敌占汕头后，即实施其经济侵略，冀达“以战养战”之目的，除派大批日轮常川驶沪、厦、粤、台湾基隆各地外，对外商航业则肆意垄断及统制，每月只许英商太古公司轮船二艘，怡和公司一艘载客进出，惟不准运货。现在太古公司航行于汕港及沪线者，有安徽、安庆、安顺、济南及太原等五轮。怡和公司则临时指派。日商方面有福建丸、青岛丸、筑丸、庐丸、衡山丸、长崎丸、日东丸、嵩山丸、香港丸、日本丸、台南丸等十余艘。

(3)闽南漳州交通近况

漳洲、鼓浪屿交通船系由驿运管理处及当地驻军协同管理，计有二十艘轮流往还，每艘载重由五百担至一千，担行驶次数以前规定八天往返一次，后因种种关系，事实上无法限制，故限每月一次或二次，最多亦不过三次而已。其所载运货物，出口以糖、纸、茶叶及食品为大宗，进口以化装品及日常用品如牙膏、牙刷、热水瓶、肥皂等为大宗。一般商人有时利用金钱运动伪方，洽购布匹、棉花、腊烛及颜料等私运进口，数量颇巨，价值均在数万元以上。此系本年六月以前之事，最近因厦伪组织将所有西药、布匹、棉纱、油脂等项登记统制出口，是以进口货物均较上半年为稀少。

(4)粤东与潮汕间之货运路线

粤东紫金、五华、兴宁、梅县等地与潮汕沦陷区之物品调剂，均以揭阳为传递点，小汽轮由揭阳通至双港，起步行数里，再坐小舟至钱岗。从此步行至沦陷区，经大井而至汕头。钱岗上可望见我与敌之步哨，钱岗以东有一桥，先前敌防我渡过，夜则吊起，今则我方吊起以防敌。

至如较东之大埔、丰顺、蕉岭、梅县各属与潮安交通，则以潮属之垾潭为传递点，由垾潭小轮船或蓬船下驶蔡家围至潮城，水程十里，间则入敌之监视线区矣。故潮汕与腹地交通，以上二线为总路线，然禁者自禁，日夜通行，往来者固如昔也。

(5)广韶间之货运路线

曲江、广州间之走私路线，原有四途：即(一)由三水西南偷运，经杨梅、黄塘抵芦苞后运韶。(二)由广州运经石井偷渡，至高塘转往炭步、赤坭、白坭、石甬而抵清远，再转运韶。(三)由花县经源潭入琶江口运韶，自香港沦敌后，即在三水西南官窑一带加强封锁，则始终为本地人少量偷运，不容外人染指。现大宗货物从广州来韶，均改道高明、高要一途，即从广州先运江门，由美坑或杜阮偷运至棠下集中，再经沙坪、古劳、三洲、高明、白土、金渡抵金冈后，由水运或挑运。经广州、贝水、大沙圩、四会，再挑运经三坑抵清远转韶。或从大沙圩经黄冈抵芦苞对岸之蒋岸转韶。盐、糖、汽油三物多由各地偷运集中金利、贝水两地，然后取后述路线运韶，而芦苞与清远则始终为运韶最大集散地。芦韶间每日并有快艇往来。

(6)粤番禺市桥与顺德勒流之交通

珠江下游沦陷区番禺市桥及顺德勒流二市镇，为现时交通商业要点，市桥在三角洲之东缘，勒流之西缘，为入内地之孔道。二地距离约六十里，水程有小汽船，大拖船、民船往来，营业颇发达。该航线为市桥土坝汉奸某人所设（按：凡由广州至四乡镇之航业，皆为敌商福大公司经营，此线不经广州、想必经敌人许可而设）。

四、海南岛敌伪交通概况

海南岛敌伪交通状况约略如下：

(1)公路　该岛自敌人占领后，新建筑之公路占十分之七，每一重要据点周围十公里乡村，均开辟公路，经常有敌军巡逻。

(2)铁路　敌有计划建筑环岛铁路，但未动工，现仅有轻便铁路一段，由北黎市至榆林港，专运矿产，兼为军用。最近敌在该方面兴工赶筑之铁路，有三亚港至陵水，及三亚港至崖县之铁路。

(3)航空　敌在该岛最大之机场，东在嘉积市（琼东属），北在海口府墟间，西南在三亚港海口至三亚港，每日有敌军用机飞行来往一次外，海口并有由他处前来之军用机停降，大都载人及文件。

(4)海上交通　自敌对琼岛海上采取封锁禁止外籍船只入口后，民船出入多系偷渡，敌运输舰则经常出入海口及榆港。

五、香港对外运输近况

粤省海航素称发达，尤以香港一埠为最，五州轮船莫不毕隼，沿海航行亦以此为枢纽，汕头、广州、海口、广州湾、北海诸港，均为寄锭之所。小轮之往来，则沿海诸埠，如黄埔、潮阳、汕尾、中山、澳门、电白、吴川等处，皆通达焉。但自广州沦敌后，香港对内地交通遂告梗塞，敌自占据香港后，极图恢复交通，尤注意于航运。兹探得香港与各地运输交通状况如下：

（1）敌寇恢复香港澳门广州湾间交通

最近港澳湾间客货运输情形约略如次：

（A）港澳间　行驶此线者仅有敌轮岭南号一艘，隔日来回一次，全供载客，惟由澳赴港除少数领有敌通航证者外，余均不能行驶。

（B）港湾间　此线有敌轮宜阳丸及白银丸二艘行驶，每周来往各一次，由港经澳停泊一晚（必经澳门逗留），由澳抵湾又停一晚或二晚，故每次往返需时约一星期。由澳赴湾多系搭客，客票特等港币五十元，头等四十元，二等三十元，三等二十元。乘客于购票时须交一寸半身照片两张。至于货运方面，大宗货物几完全停顿，由湾赴港则以载运粮食为主，豆类、牲口、蔗糖等亦属大宗。

（C）澳湾间　此线只有葡轮永华号一艘，行驶船期无定，有时停航月余，缘该轮乃专为澳门运取湾方粮食之用，并无其他航业也。有时且须接受敌方命令，驶赴厦门或海防运米。由湾运澳除米粮外，豆类、牲口、蔗糖等亦属大宗。

综观上述港澳方面与广州湾来往之轮船，除载客赴湾外，其主要业务乃在运取湾方粮食，而湾方粮食之来源多系出自粤省南路，牲口、蔗糖则出产于遂溪及邻近各县，豆类如眉豆、绿豆等高□一带所产亦多。牲口之由湾运出者，以猪及鸡、鸭等为主。

香港与澳门及广州间航运虽甚畅通，但客运冷落异常，货运除少数由日人包运外，仍多停滞，其行走轮只计广州香港间每日有日船二艘，分由广州及香港对开。

(2) 敌寇辟港台及汕泰线

设于香港德辅道中之敌华南民船海运会社香港事务所，最近辟港台航线，经购得巨型民船五艘，已于七月中旬由港经汕、厦及闽江驶台，企图沟通港台货运。

敌轮近由泰国开行经港至汕，惟先无预告船期，临时准许少数客商附搭。又查最近有米轮九艘来往汕泰间数次，当轮船由泰京出口后，即有敌舰沿途护送。

六、广州与四乡交通航线

珠江三角洲上游河渠交错，故货物输送以水运为廉。寇敌占领广、汕后，一方赶修公路，以利军运，他方则恢复内河航线，以利货运。如广州至四乡轮渡早已次第开行，由福大公司及内河营运组合承办，四乡土产得以源源运送广州，而满载仇货而归。兹将恢复之航线及其通航情形表列如下：

航线名称	轮船数	开航次数	航线名称	轮船数	开航次数
广州石滩线	一艘	每日一次	广州容奇线	二艘	每二日一次
广州石龙线	一艘	每二日一次	广州澜石线	一艘	每日一次
广州东莞线	四艘	每二日一次	广州勒流线	一艘	同
广州太平线	三艘	同	广州官窑线	一艘	同
广州新塘线	二艘	同	广州雅瑶线	一艘	同
广州新造线	二艘	每日二次	广州佛山线	八艘	同
广州大良线	一艘	同	广州里水线	二艘	同
广州石楼线	一艘	每日一次			

补遗

1. 晋西南土门至黑龙关之公路，经夏雨冲毁，久已不能通车，阔现已修复。

2．翼城县敌强征民伕，修筑曲高公路，由翼城城内至沁水段业已修筑完竣。

3．晋南万安敌现拉民伕四百余，赶修由曹家庄、黄村至刘家垣汽车路。

4．汾西敌强征民伕，修筑霍县至汾西汽车路，现已竣工。

5．晋南襄陵敌向各村征集大车及木料，赶修汾河桥梁，又临汾城西金殿镇至西杜村之公路现已修成。

6．赵城敌近在汾河东各村拉民伕约三百余，修筑由好义至韩□公路。

7．敌前修筑之包头至西山咀公路于九月八日完成。

8．太原至风陵渡间公路，敌用石子水泥改筑中。

9．晋南陌南镇北廿里公路，敌已修至石坡。

10．新绛、稷山、汾城、襄陵、洪洞、赵城一带土公路均被水冲毁，敌正大征民伕赶修中。

11．百灵庙敌近由归绥及其他各地运到大批木料及各种工作器具，开始由百灵庙向外蒙古间修筑道路。

12．鲁省敌计划修筑由济南至潞安（长治）之铁路，已于本年四月中旬开始在邯郸武安间测量路基，最近已测至武安城附近。

13．皖敌刻积极修筑凤怀及蚌埠田家庵两公路，现桥梁工程业经修竣，似有贯通凤怀公路企图。

14．皖北盱眙敌军近勒令民众在明光至盱眙县城公路两旁，每隔半里筑一正方形大堆，高约六尺，敌兵在旁督工，刻正赶筑中。

15．晋敌近由灵石强征民伕千余，开辟候岭（灵石介休之间）修筑灵霍公路。又敌近由临汾至邯郸之新修铁路刻在赶筑中。

16．查湘北敌近以运输甚忙，原粤汉线湘北段铁道已拆至岳阳城止，敌由岳阳加修公路至汤家牌，似有所图。又鄂敌近由贸福寺至蒋家桥、曹家场两地赶筑公路。

17．据倭方讯，伪满政府现在计划开凿一长三百公里之运河，以联贯辽河与松花江，有此运河则伪满境内三大河（即松花江、辽河、嫩江）得互相通达，境内之河运亦因而加强，并可以之灌溉至今仍属不毛之地云。

18．据长春方面消息，伪满政府决定明年初开始修筑南满之母之运河，五年计划中分配于辽河支流之费用计一万万五千万元。计划第一步即以三千万元于太子河（辽宁辽阳县北十五里）及范河（辽宁铁岭县南卅里）筑堤。五年计划中大辽河之支流八处均须筑堤，计有东辽河、西辽河、太子河、运河（小辽河）、海昌河（译音）、柴河（源出辽宁开原县东）、范河及青河（译音）等。大辽河及其支流绕伪满东北，再流过南部，包括廿二万四千七百方公里肥沃之盆地，占伪满全境百分之十七，全部计划中开拓之农耕地共包括一百六十一万方公里之普通耕地，同时并修导工业水利。

19．浙江嵊县至东阳公路已修复。又宁波至奉化及溪口至新昌公路均由敌次第修复，奉化、绍兴汽车可直达金华。

20．据最近北平敌伪方面消息称，纵断冀中平原接连北京、济南四百五十公里之国道工事经日华军、官、民协力，于昭和十六年春开工，去年完成北京霸县间之一百公里，今年四月开始霸、德两县之三百公里，近已完成，由王逆揖唐命名为"经济国道"，明年将完成其余之德县、济南间之五十公里一段。过去北京至德县汽车需八小时，今可缩短为四小时，如全部完成后，北京济南间五小时可通。

附录

壹、敌占领中之粤汉平汉两路运输能力

甲、粤汉路

1．粤汉路机车现有川崎式第九六六四号、第三九六〇七号、

1246

第三九六五四号、第三九六六五号、第三九六六八号、第三九六七一号（以上六辆系由倭运来)，平汉路之第一二三号、第一三三号、第四〇七号、第四〇九号、第五〇六号、第五一七号、第六〇六号（共七辆)，胶济路之第五五号、第三七九号、第五〇一号、（共三辆)，北宁路之第五一六号、第五一一三号（共二辆)，道清路之第六号，粤汉路之第一〇六号各一辆，共计二十辆。

2．除平汉路之第五〇六号，粤汉路之第一〇六号，胶济路之第五〇一号三辆损坏不能修理外，现可作用者仅十七辆，但道清六号在武昌，平汉一三三号在咸宁，一二三号在蒲圻，四〇七号在岳州，胶济五五号在赵李桥，均作调车之用，故现作行车用者仅十二辆，惟此十二辆中且通常有二、三辆在修理。

3．其运输能力以徐家棚、岳州间为标准，估计每日约能开车四列，往返八列，若军运特忙，每日开车五列，往返十列。若行驶其他区域间，则以距离有长短，开车次数自亦有增减。

4．客货车约有五十辆〔?〕，以散在各站，详数不易确查，以每列车通常挂车十三四辆计算，足敷配车十二列之用。

5．若以每二列车运敌一个大队（马路用具在内）计算，一个师团（计八个联队，二十四大队）由武昌运往岳州，约需时十日。

6．但敌军运近因军事调度上种种关系，实际运输时间往往较预定时间延长在一倍以上，且其他战时必需之弹、油、粮秣等运输尚未计在内。

7．且我遗留机车大半损坏，修理材料以细烟管、汽缸箦最感缺乏，加热乾汽管次之，故经敌多方修理，而仍常中途停驶。

8．我铁路破坏队予敌运输打击颇大，惟所埋地雷力量过小，敌车受损后约经旬日修理即能行车。

乙、平汉路

1．平汉路机车有川崎式第九六〇〇号、第七九六二二号、第九六〇九号、第九六六号、第九六七二号、第六九六四六号（共七辆），平汉路之第一○四号、第五五一号、第五五号、第五五八号（共四辆），道清路之第一三号，津浦路小机车第一号、第三号（共二辆），共计十四辆。

2．除平汉路之第五五八号损坏不能修理外，余平汉一○四号在湛家矶，五五号在江岸，五五一号在广水，道清一三号在信阳，津浦第一、第三两号因公用行驶江岸汉口间，不能他用外，现行车用者，仅川崎式七辆，而此七辆通常有一、二辆在厂洗刷修理。

3．其运输能力若以循礼门信阳间为标准，估计每日约能开车三列，往返六列，最高可开车四列，往返八列。

4．客货车共约一百三十辆，约能配车八、九列，通常每列车能挂二十辆上下，至多有挂二十七、八辆者，因该路平坦，挂车较多。

5．若以三个列车运敌两个大队计算，一个师团由汉口运赴信阳，约需九日，由汉运孝感需时五日。

6．我铁道破坏队活跃地点在柳林一带，工作成绩似不及粤汉路之佳，惟敌实际运输时间较预定时间约长一倍左右。其他机车损坏材料缺乏情形与粤汉路同，且两路在夜间均不敢行车。惧我袭击及破坏铁路故也。

贰、港敌组织帆船运输组合调查

港敌感于运输船只缺乏，特组织帆船运输组合事务局，由敌督派交通部部员高田忠信为该组合筹备主任。本拟设一帆船课，因经费尚未确定，暂由高田以组合名义统辖，设机关于大道中五六五号法国银行五楼（前外部签证专员办事处）。前十月四日高田在组合召集组员乐钟等开会，探得其内容如下：

（1）统制占领地沿海帆船运输，组成组合。

（2）即日开始办理大小帆船登记，限期十月卅日截止。

（3）登记完毕后，派兵检查宽度与载重。

（4）辅助军运之不足。

（5）以占领地之少数日常用品接济沿海华人而运沿海物资，自该组合成立后，一般奸侨纷纷计划组织运输公司，向敌活动。

续又查得该组合最近情形如下：

1．该组合经费暂由各帆船保证金项下开支，每艘帆船登记后，须缴保证金军票五元至二十元，始得营业。

2．现已登记之帆船自五十吨至三百吨者共计一百廿余艘，已开始营业者只十余艘，均由各运输公司购用。

3．航行路线：

（一）港九本线　筲箕湾、铜锣湾、尖沙咀、油麻地、旺角深水埗、青山元。

（二）港九支线　长沙、平洲等。

（三）港南本线　南头、宝安、福永、太平、谭洲、太角、市桥、广州。

（四）港南支线　太平、厚街、东莞、石塘、新塘。

（五）港东航线　沙村涌、澳头、海门达澄海、汕头。

（六）港澳本线　唐家湾、澳门、中山、石歧、小榄、容奇、顺德达陈村、南海、西南、三水。

（七）港西支线　澳门、横门、江门、北街、甘竹、九江。

（八）港南航线　三灶岛、大新岛、大芝岛、高关、上川、下川、广州湾。

4．敌海军所封用之帆船，由敌海军所统治，不受该组合管理。

叁、倭寇之东亚纵贯铁路计划〔略〕

肆、倭在苏门答腊建设横断铁道〔略〕

伍、倭将开办朝鲜上海间铁道运输〔略〕

〔国民党中央宣传部档案〕

日伪毁损没收和占用交通事业财产损失及人员伤亡总表

（1943年11月24日）

（表见第1250页）

损失部份	直接损失	间接损失	小计	计	人员伤亡		备注
					伤	亡	
铁路	1,154,304,407.22元	63,972,514.00元	1,218,277,981.22元		2人	4人	一、本表所列损失仅系国币数字，其他外币及大洋之类，因折算大洋未详，故从略
公路	14,387,623,041.00元	5,143,095.00元	14,392,766,136.00元		0	1,215人	二、邮政部份尚有包裹26,754件，邮件81,477件，无法估计价值
电政	138,263,837.00元	934,451,750.00元	1,072,715,587.00元		61人	137人	三、航政部份尚有飞机12架，手册年十三月八日在香港被炸，损失数字未列
邮政	20,847,888.95元	339,163,048.37元	360,010,937.32元		151人	158人	
航政	85,218,518.73元	289,576,841.09元	374,795,359.83元		180人	551人	四、材料部份，沦陷厂库存储非代管性质，因来只计数量不列损失总值，故统计损失总值
驿运	2,313,404.74元	83,302.90元	2,396,707.64元		1人	33人	
材料	334,367,949.93元	0	334,367,949.93元		0	0	五、本表伤亡人数，大都在后方，所有沦陷区伤亡者尚难统计
其他	0	0	0		0	0	
总计	16,222,939,107.67元	1,632,390,551.36元	17,855,329,650.93元		395	2,098人	

〔国民政府交通邮档案〕

汪伪建设部附送华中铁道华中电气通信及中华轮船等公司之军事上协定草案有关呈

(1944年12月—1945年1月)

(1)1944年12月13日呈

案查本部前经会同实业部与日本特命全权公使堀内干城及华中振兴公司总裁高岛菊次郎签订中日合办各国策公司调整通则,业已呈奉钧院政字第五一四四号指令准予备案在案。兹依据该通则甲项第四款之规定,由本部与日本陆海军当局协议,拟具关于华中铁道公司、华中电气通信公司及中华轮船公司之军事上协定草案各一份,是否可行,理合检同该草案备文呈送仰祈鉴赐核准,俾便签订。谨呈

行政院院长陈

附呈关于华中铁道公司、华中电气通信公司及中华轮船公司之军事上协定草案各一份。

建设部部长　傅式说

中华民国三十三年十二月十三日

关于华中铁道股份有限公司之军事上协定草案

驻华日本陆军最高指挥官及海军最高指挥官,于日本军驻兵期内,为满足关于华中铁道股份有限公司之军事上之要求起见,与中华民国国民政府协定如左:

第一条　日本陆军最高指挥官及海军最高指挥官,对于华中铁道股份有限公司,得仍照往例直接实行军事上要求与监督。

第二条　关于日本军之军事机密事项,应由日本人之副总裁

单独处理之。

第三条　国民政府如欲制订或改废关于华中铁道股份有限公司与军事有关之重要法规时，应预先与日本陆海军最高指挥官协议之。

第四条　国民政府对于华中铁道股份有限公司之命令指示，如认为与作战警备有影响时，国民政府应预先与日本陆海军最高指挥官协议之。

第五条　本协定自中华民国三十三年十二月一日起发生效力。

本协定以中日两国文作成，中华民国国民政府及驻华日本陆军最高指挥官、海军最高指挥官各保有中文正本及日文正本各一份。

中华民国国民政府建设部部长
大日本帝国支那派遣军总参谋长
大日本帝国支那方面舰队参谋长

中华民国三十三年十一月十日
昭　和　十九年十一月十日

关于通信之军事上协定草案

驻华日本陆军最高指挥官及海军最高指挥官，于日本军驻兵期内，为满足关于通信之军事上之要求起见，与中华民国国民政府协定如左：

第一条　日本陆军最高指挥官及海军最高指挥官，对于华中通信股份有限公司，得仍照往例直接实行军事上之要求及监督。

第二条　华中电气通信股份有限公司经调整后，董事长为华人时，关于日本军之军事机密事项，应由日本人之副董事长单独处理之。

第三条　国民政府如欲制订或改废关于华中电气通信股份有

限公司与军事有关之重要法规时，应预先与日本陆海军最高指挥官协议之。

第四条　国民政府对于华中电气通信股份有限公司之命令指示，如认为与作战警备有影响时，国民政府应预先与日本陆海军最高指挥官协议之。

第五条　无线通信（包括广播、无线电话）之设施运用，应由驻华日本陆军最高指挥官及海军最高指挥官统制管理之。

第六条　日本陆军最高指挥官及海军最高指挥官，因军事上之必要，得直接实施通信检阅。

第七条　本协定自中华民国三十三年十二月一日起发生效力。

本协定以中日两国文作成，中华民国国民政府及驻华日本陆军最高指挥官、海军最高指挥官各保有中文正本及日文正本各一份。

中华民国国民政府建设部部长
支那派遣军总参谋长
支那方面舰队参谋长

中华民国三十三年十一月十日
昭和十九年十一月十日

关于中华轮船股份有限公司之军事上协定草案

驻华日本陆军最高指挥官及海军最高指挥官，于日本军驻兵期内，为满足关于中华轮船股份有限公司之军事上要求起见，与中华民国国民政府协定如左：

第一条　日本陆军最高指挥官及海军最高指挥官，对于中华轮船股份有限公司，得仍照往例直接实行军事上之要求与监督。

第二条　关于日本军之军事机密事项，由日本人之副董事长单独处理之。

第三条　国民政府如欲制订或改废关于中华轮船股份有限公司与军事有关之重要法规时、应预先与日本陆海军最高指挥官协议之。

第四条　国民政府对于中华轮船股份有限公司之命令指示，如认为与作战警备有影响时，国民政府应预先与日本陆海军最高指挥官协议之。

第五条　本协定自中华民国三十三年十二月一日起发生效力

本协定以中日两国文作成，中华民国政府及驻华日本陆军最高指挥官及海军最高指挥官各保有中文正本及日文正本各一份。

中华民国国民政府建设部部长

大日本帝国支那派遣军总参谋长

大日本帝国支那方面舰队参谋长

中华民国三十三年十一月十日

昭和十九年十一月十日

(2)1945年1月5日呈

案奉钧院三十三年十二月二十一日政字第五八三号指令，本部呈一件，为呈送关于华中铁道公司、华中电气通信公司及中华轮船公司之军事上协定草案，仰祈鉴赐核准由内开：呈件均悉，应予照准，仍仰将签订情形具报。此令。等因。奉此。遵经与日本支那派遣军总参谋长松井太久郎及支那方面船队总参谋长宇垣完尔于十二月二十六日在本部将协定正式签订。奉令前因，理合备文呈报，仰祈鉴核备案。谨呈

行政院院长陈

建设部部长　傅式说

中华民国三十四年一月五日

〔汪伪行政院档案〕

1254

陈公博与冈村宁次签订关于华北及华中铁道运营之军管理协定

（1945年3月30日）

关于华北交通股份有限公司及华中铁道股份有限公司（以下简称公司）所经营之华北及华中之铁道运营，暂由大日本帝国支那派遣军总司令官（以下简称总司令官）管理事件，中华民国国民政府行政院院长（以下简称行政院院长）与总司令官协定如左：

第一条　总司令官自中华民国三十四年四月一日起，暂行管理公司所经营之华北及华中之铁道运营。

第二条　国民政府对于公司之监督权仍旧存在，但关于军管理实施上有抵触之事项停止监督权之行使。

第三条　对国民政府之上纳金及公司股息，由军方保证之。

第四条　关于细目由军方与公司间另行协定，并通知国民政府备查。

第五条　本协定以中、日两国文字作成，行政院院长及总司令官各执中文正本及日文正本各一份。

中华民国三十四年三月三十日

昭 和 二 十 年 三 月 三 十 日

中华民国国民政府行 政 院 院 长　陈公博

大日本帝国支那派遣军总司令官　冈村宁次

〔汪伪组织档案〕

(五)对粮食物资与物价的统制

一、粮食统制

汪伪粮管会为收购各地国产米解作日本军米借款购买洋米以充民食有关呈

(1941年2—7月)

(1)2月12日呈

敬呈者:查本会代办友邦军米数目巨大,限期尤促,前经分饬皖南区(芜湖)、苏北区(江都)湖属分区(吴兴)积极征集收购公米,惟所需垫款极巨。又以各地国米均须收作解交军米之用,而各处民食必须以洋米接济,订购洋米需款亦多,前经呈奉核准由国库拨发征集公米基金五百万元,事实上已由财政部拨到二百七十万元,西贡米售款一百三十余万元,尚有一百万元因西贡米未尽售出,未能拨足。目前本会已付出之款约计征集公米四百六十余万元,订购洋米二百六十余万元,收买糯米六十余万元,购买麻袋三十余万元,总数已达八百余万元。除前项收入四百万元外,其余在三井洋行借有三百万元,收衣粮厂军米款八十余万元。此现在收支大略情形也。迩者征集公米须加紧进行,订购洋米亦亟待出货,目前需款至少须筹五百万元,庶能周转。本会筹思再四,颇感无法调动,又深恐因此贻误事机,经与财政部周兼部长切商,再由国库先行垫拨国币二百万元,以应急用,已承周部长允诺。理合签请钧长鉴核,批交财政部迅予照拨,实为公便。谨呈

行政院院长汪

　　　　行政院粮食管理委员会主任委员　梅思平
中华民国三十年二月十二日

(2)4月18日呈

　　窃查本会采购洋米补充食粮，前经向三井洋行订购第一批小绞米三百吨，及华商鸿大、大兴、同盛等三家小绞米五千吨，于本年一月十八日呈报钩院鉴核在案。旋因各地民食需大量接济，经续派本会总办事处主任顾宝衡前往上海陆续订购洋米，兹据呈复称：窃查本会第二次委员会议议决采购洋米，补充民食，奉谕派职着手购订，遵经详细研究定货手续，并调查市场情形及商业习惯，始向中外米商分头接洽，除第一批由三井洋行承办小绞米三百吨，华商鸿大、大兴、同盛等三家承办小绞米五千吨，业经具报备案外，所有三月初续由同盛号承办小绞米一千吨，每包上海交货，计价国币九一·七一元，又另为承办一千吨，每包计价国币一〇五·〇四元，由大森号暨大昌兴各承办米录一千五百吨，共计三千吨，每包上海交货，计价国币九六·九六元。以上各批均限于四月内陆续交清，按其价格，较诸当时市价尚属持平，经提出第五次委员会议议决通过，纪录在卷。在此五千吨以外，又向日商陆续订购，先后计共九批：（一）三井洋行承办小绞米一千吨，每包计价国币一〇一·五元。（二）日商洋行承办小绞米三百吨，每包计价国币一一〇·七元。（三）兴亚院介绍日本棉花株式会社承办小绞米二百五十吨，每包计价国币一〇五元。（四）三井洋行承办小绞米五百吨，每包计价国币一一四·五元。（五）三井洋行承办爪哇白米五百吨，每包计价国币一二八元。（六）三井洋行又承办小绞米五百吨，每包计价国币一四〇元。（七）三井洋行承办爪哇白米五百吨，每包计价国币一三一元。（八）三井洋行承办小绞米五百吨，每包计价国币一四六元。（九）三井洋行又承办小绞米四百吨，计价国币一四八元。以上各批，除日棉在上海交货外，余均订明在南京交货，于四月内一律交清。所提各批价格，虽步步增高，按照当时市场开价，尚属低廉。上海近自米价飞涨，工部局方面虽有限价，而米业市场暗盘小绞米每包贴费恒在三千至四千元之间，以致每包成本最近需一百四、五十元以上，尚属往往有市无货。据一般经营米业熟悉情形者察度趋势，金认为南洋轮船吨位日见减少，水脚即将增起倍蓰之多，此后来源益感困难，货价势必易涨难跌，众口一是，似非无因。经加再四考虑，本会既须急急补充民食，似以得机购进为宜，业经分别签订契约，正式成交。理合将续购各批洋米经过情形，并检同契约共计十三分，具折呈请鉴赐核准，并录转呈行政院备案。等情。据此。经将全部契约详加审核，尚属妥适，理合抄录原契约十三分，备文呈请钧院鉴核备案，指令祗遵。谨呈

行政院院长汪

　　计呈契约抄件十三份〔略〕

　　　　　　行政院粮食管理委员会主任委员　梅思平

中华民国三十年四月十八日

　　　　　　　　(3)7月4日呈

　　窃查本会采购洋米，补充民食，前经向三井洋行及华商鸿大等先后订购洋米十七批，均经抄录契约呈奉钧院令准备案在案。嗣因各地需米接济，为数甚巨，原购数量不敷分配，复经派本会总办事处主任顾宝衡前往上海陆续订购洋米十一批，兹据呈复称：窃查本会第二次委员会议议决采办洋米，补充民食，奉谕派职着手购订，遵经向中外商行分别订购洋米十七批，检同契约具报核转，已奉行政院令准备案在卷。嗣以所购各批数量不敷分配甚巨，复奉钧谕于四月中旬起至六月底止，陆续向中外商行订购洋米共计十一批,兹谨分别于下：(一)三井洋行承办小绞米二千包,

每包计价国币一二二·○○元，上海交货。（二）三井洋行承办小绞米一千五百包，每包计价国币一九五·九○元，上海交货。（三）三井洋行承办小绞米二千包，每包计价国币二○二·○○元，南京交货。（四）三井洋行承办小绞米三千五百包，每包计价国币一六九·○○元，南京交货。（五）三井洋行承办小绞米五千包，每包计价国币一五八·四○元，南京交货。（六）三井洋行承办小绞米三千包，每包计价国币一五○·○○元，南京交货。（七）三井洋行承办二号泰米二千包，每包计价国币一五○·○○元，南京交货。（八）三井洋行承办小绞米二千包，每包计价国币一五五·○○元，南京交货。（九）三井洋行承办小绞米三千包，每包计价国币一五六·五○元，南京交货。（十）华商裕泰兴承办小绞米一万包，每石计价国币一三八·○○元，上海交货。（十一）华商裕泰兴承办小绞米五千包，每石计价国币一三四·○○元，上海交货。以上共计三万九千包，因上海市价涨落无常，故各批价格高低不一，惟每批成交价格均酌核当时市情，并观察米市趋势，审慎妥议，认为各该商行开价尚属适宜，兼以各地民食需要迫切，亟待补充，以资接济，业经呈明钧座分别签订契约，正式成交。理合将四月中旬起至六月底止所有续购各批洋米经过情形，并检同契约十一份具折呈请鉴核，准予转呈行政院备案。等情。据此。经将全部契约详加审核，尚属妥当，理合抄录原契约十一份，具文呈请钧院鉴核备案，指令祗遵。谨呈
行政院院长汪
　　计呈契约抄件十一份〔略〕。
　　　　　　行政院粮食管理委员会主任委员　梅思平
中华民国三十年七月四日

　　　　　　　　〔汪伪行政院档案〕

江都米业公会为小麦统制日商包办压价营利陈请改善办法呈 [1]

（1941年8月）

抄呈

案奉钧处北字第四零三号训令尾开：查该会电称各节，究何实情，合行令仰遵照迅即详细声复，以凭转报为要。此令。等因。奉此。查我江都民生，事变以后，尚可苟延者，良以江北食粮尚以扬州为流通枢纽，其来源北由高邮、宝应达两淮以上，东有兴化、泰县等区，西则天长、盱眙等县客商水陆运扬，而销路则沿江以南之常、锡、苏、沪达浙江各埠之客商来扬采办，或本地粮商运出销售，而因粮业兴盛，各业随之繁荣。自二十九年麦熟，友邦方面对小麦搬运即有无形之统制，如粮商欲由扬运麦至沪，应先由日商洋行出面，在上海部队领取在品证明书，赴扬州宪兵队查明在品场所麦数相符，盖章证明后，始可在上海部队领取采办证，再赴扬州宪兵队验明盖章，方克领搬出证，装运上途，其时间辗转如每次能在一、二月内办齐已属幸事。且运之麦，限定售给日商，由日商照证收麦后，盖章缴原部队核销，不缴即违法，而领证手续上又种种严密之限制，稍有不符，证即作废，然即此千辛万苦，华商尚水过田肥。迨本年五月起，小麦统制办法更加强化。宝应之麦，不可运高邮，高邮之麦，不可运扬州，即扬州所属之邵伯镇距城不足四十里，小麦亦不可运扬州，扬州之麦外运自不可能。所可运者，惟日商巨擘之三井，三菱，吉田三洋行，有恒、新井、明记三粉厂。其限价每百市斤二十三元，近虽稍放，

---

① 此系汪伪全国经济委员会1941年9月13日抄送行政院呈之附件。

亦只二十五元，较江南无锡市价每百市斤三十八元相差十三元之巨。以一百市斤相差如此多数更可惊人。此在日商方面制止我华商活动固足达其分段之获利计划，而华商与农之惨痛为何如。农人方面以日用品无一不高，人工、肥料无一不贵，付出多而收入少，经济购买力自薄，几有终岁辛勤不敷半年生活之势。工人出品以农为对象，农既坐困，工品亦自滞销，而推销之商连带受其影响。粮商因农不出售，客又不能收买，日商限制严密，更无法以言经营。故自小麦出新迄今二月余，营业较往不及百分之一。夫农工商三界既不振，各界无不蒙其影响，所有症结即在统制，故非改善其办法，不足延江北全民一线之生机。再查此次小麦统制，系日商片面主张，范围仅在江北，且无任何主管机关之明文发表，侧闻秋后米稻、豆类，亦将有同样之办法。今除米稻已由钧处管理外，而豆类尚未受日商强化统制，倘一旦如小麦办法，食粮前途，粮商业务，全民生机均更不堪设想。爰将胪陈事实，呈请钧处转请层峰共本中日亲善精神，就经济提携原则下，妥筹良策，改善办法，江北全民咸受其赐，不仅粮商获沐鸿施已也。谨呈

行政院粮食管理委员会苏北区办事处处长赵

江都县米业同业公会主席　詹鹤皋

〔汪伪行政院档案〕

汪伪粮管会与日方签订关于苏浙皖三省食米采办运输谅解事项

(1941年9月18日)

一、日本方面军需米之采办及运输，以本谅解事项为准据，不受中国各项法规之拘束。

中国方面民需米之采办及运输，除受本谅解事项之拘束外，均依中国方面各种法规实施。

二、苏、浙、皖三省划分为左列二种区域：

甲、日本军需米区域　以左列各地域为日本军需米区域，日本军在不妨碍现地民食范围内，采办日本军军用米。

　1．松江区：松江、青浦、金山、嘉善、嘉兴、平湖六县。

　2．苏州区：吴县、吴江、太仓、昆山、常熟五县。

　3．无锡区：无锡、常州、江阴、宜兴四县。

　4．芜湖对岸区：和县、巢县、含山、无为、卢州五县。

但在芜湖对岸区内，务须将所需数量即速采办完了，移交中国方面采办。

　5．此后因作战而新扩大之区域。

但一俟治安恢复，应即逐次移交国民政府采办食米，其时期另行协议之。

乙、政府直接管制区域　除甲项列举之地域外，其余各地域均在中国政府直接管制及支配之下，由中、日米商采办食米，供给民食。

但津浦线以东之江北地区（现在粮食管理委员会已管理之地域除外）与日本方面另行协议决定之。

三、日本军在接近敌区地带，为生存之必要采办军用米，得由日本军自行采办之。

四、中、日双方采办地域接近之场合，尤其在芜湖方面，当采办之际，为避免彼此竞争，关于采办方法、价格等，中、日双方应预先连络协议，务使步调一致。

五、根据本谅解事项采办及搬运食米通过各区域时，中、日双方应互相予以充分之便利，并相互援助，因此关于运输护照特规定如左：

甲、在左列各情形之下，由日本军发行许可证：

1．在日本军需米区域内，互相搬运食米。

2．由日本军需米区域搬运食米，通过中国政府直接管制区域，运入日本军需米区域。

3．由日本军需米区域搬运食米，运入中国政府直接管制区域。

乙、在左列各情形之下，由行政院粮食管理委员会发行护照，加盖印信：

1．在中国政府直接管制区域内互相搬运食米。

2．由中国政府直接管制区域搬运食米，通过日本军需米区域，运入其他直接管制区域。

3．由中国政府直接管制区域搬运食米，运入日本军需米区域。

六、对于上海地区民需米搬出入之许可，依日本军所规定行之。

七、日本军对于中国政府粮食管理机关之事务执行，应协力援助之。

八、不问中国政府直接管制区与日本军需米区，中、日双方应协力对中、日米商严禁左列行为：

1．垄断食米为投机行为。

2．利用代理采办军需米或政府需用米之名义，为民需米之卖买。

3．强迫农民收买其米谷，为骚扰之行为。

4．擅作暗盘，抑制不当价格，以剥夺农民之利益。

九、行政院粮食管理委员会关于民需米之运销及其他事项，与日本军紧密协议连络。应协议连络之事项如左：

甲、协议事项：

一、民需米移动之整个计划。

二、食米运销管理区之划分及变更。

三、标准价格之决定。

四、食米运输许可路线之指定及变更。

五、其他必要事项。

乙、连络事项：

一、关于食米移动整个计划调查资料之交换。

二、关于各产米区及消费地食米最高、最低价格之决定所需情报之交换。

三、双方之食米买收地域与期间。

四、关于食米统制实施上之协力事项。

五、登记米商之通报。

昭和十六年九月十八日

署名　支那派遣军参谋部第四课长

行政院粮食管理委员会秘书长

大使馆经济部长

〔汪伪行政院档案〕

芜湖米商陈诉特约商等限价强购稻米舞弊营利呈

(1941年12月3日)

　　窃维国家以民为本，人民以足食为先，我芜本为聚米之区，每年出口向以米粮为大宗，惟自事变以还，各处萑苻遍地，交通不便，是以芜邑米粮顿形减少。兼之本年秋江北淮南一带又划归皇军军米之区，颗粒不能运芜，故芜湖所存之米，较之往年，仅有十成之一，即据此次粮管会皖南办事处令饬各米商呈报总数，稻二十余万担，米十余万担。本埠人口又因市面繁荣，约达二十余万，若以每人日食一升计算，日需二千担，迨至明年秋收，必须食米六十万担，以芜湖所存之米，供给芜湖民食，尚少三四十万担，其不敷之数甚巨。近来国家举行新政，轸念民瘼，客岁秋中央有粮食管理委员会之设，调剂民食，以有济无，法良意美，惟仍将芜湖列入产区之一，实未详加审核。查事变以前，我芜每年出口约计数百万担，不特我皖各县将所产之米在芜聚积，即湘、鄂、赣等省亦有多数米粮运芜报关输出，故芜湖为我国四大米市之一，良有以也。迨至事变以后，各处交通不便，仅邻近数十里范围以内，尚须用种种方法，沿途用钱，方能搬运来芜，故芜湖米市，与往昔相较，大有天壤之别。如本年春夏之交，本埠米荒亦颇严重，幸蒙粮管会运来洋米接济，内有少数奸商，竟将洋米掉换，售以霉烂之米，从中渔利，该办事处不闻不问，殊令贫民寒心。迨至本年秋，又有所谓特约商、期货商、委托商、承办商等名称，揆其用意，无非欲将本埠所存民食之米运至京沪一带，善价而沽，冀获重利。并限价强购，稻每百市斤二十三元五角，机米沚垿每石六十元，而米商等于新货登场之际（废历七月）所购籼稻，每石成本约在三十元左右，再加晒蚀、鼠耗、人工、使费、利息以及数月来店内开支，每石成本已逾三十五元六角。现在若照限价交货，米商等亏蚀血本，每石达七、八元之巨。而该特约商等竟于六七月间与粮管会订立承办契约，且领取款项有百万元之多，伊等当时目睹其他货物猛涨，较之稻米利益优厚，并不购存稻米，今见米价稍昂，忽然异想天开，规定限价，强购米商等所存储之稻米，以补伊等之空额。米商等亏折血本，其事犹小，将来民食缺乏，有关治安，其咎甚大，谁负其责。且风闻特约承购稻价每百市斤三十一元五角，并有加价之说，今对米商等竟以二十三元五角强购，每石获利已有八元。米商以偌大资本，负担水火盗贼之危险，其结果亏蚀血本，伊等仅凭长袖善舞之手腕，获得重利，相形之下，米商等何能甘服。况粮管会以抑平米价调剂民食为宗旨，今任该特约商等从中把持，抽取利益，米价何能抑平，民食何能调剂，徒使真正米商有亏血本，而令少数特约商顿成巨富。而该特约商等对于任何生意均可经营获利，而独对有关民食之稻米从中剥削，天良奚存，人心何在。况查安徽省府于最近期内曾明令奖励米商购储稻米，以备民食，而该特约商等竟强购偷运，获利肥己，其与省府命令大相违背。为此请求部长鉴核，俯准制止芜湖特约商强购稻米，并将其舞弊营利予以彻查严办，以维营业，而顾血本，实为公德两便。谨呈

内政部部长陈

芜湖杂粮米行业东关事务所〔下略厂商 69 家〕谨呈

中华民国三十年十二月三日

〔汪伪内政部档案〕

汪伪粮管会检送与日方签订1942年苏浙皖三省食米购办搬运谅解事项呈

(1942年8月24日)

呈　秘字第一号

窃查苏、浙、皖三省食米采办运输事宜，民国三十年下半年中、日双方所订谅解事项规定以适用一年为限，现已满期。本会详察过去情形，考虑现实状况，认为有加调整之必要，经与友邦有关方面迭次折冲商洽，于八月十五日与友军派遣军总参谋长及驻华特命全权公使签订民国卅一年苏浙皖三省食米购办搬运之谅解事项在案。理合检同协定原文一件，译本六份，备文呈递，仰祈钧院鉴核备案，并请俯赐密饬各省、市政府知照，实为公便。谨呈

行政院院长汪

计附呈协定原文副本一件，译本六份。

粮食管理委员会委员长　顾宝衡

中华民国三十一年八月二十四日

民国卅一年
昭和十七年　苏浙皖三省食米购办搬运之谅解事项

一、关于苏、浙、皖三省米谷事项之处置，概依本谅解事项办理，不受别项规定之限制。

1. 关于日本军用米之购办及运送，概依本谅解事项处理，不受中国方面各项法规之限制。

2. 关于中国方面民需米之购办、搬运、配给及其连带发生之事项，除受本谅解事项之限制外，概依中国方面各项法规办理之。

二、苏、浙、皖三省划分为下列各米谷采办区域：

1. 苏州区：吴县、吴江、太仓、昆山、常熟五县。

2. 无锡区：无锡、常州、江阴、宜兴四县。

3. 松江区：松江、青浦、金山、嘉善、嘉兴、平湖六县。

4. 安徽江北区：和县、巢县、含山、无为、合肥五县。

以上各区为日本军采办其所必需之军用米之区域，日本军于不妨碍当地民食之范围内购办日本军用米。

但关于第4项之区域，应将后开附件内所定之需要数量赶速办完，让予国民政府采办。

除上列四项区域外，概为国民政府直接管制区域，遵照粮食管理各条例购办，供给民食。

三、日本军在国民政府直接管制区域内，除根据日本军总司令部之命令得采办各该地驻屯部队直接生活上必要之军用米外，不采办米谷。

四、因今后作战新扩充之区域　随治安恢复，尽速协助国民政府进行采办，在承认国民政府采办之区域，日本军如实施作战上接敌地带物资搬出入之取缔者，应将米谷除外。

五、日本军所处理之米谷，以限于军用米为原则。

六、关于上海地区（包括租界周围）之民需米，另行研讨。

七、依据本谅解事项采办并搬运食米通过各区域时，中、日双方应互相供给充分便利，互相援助。

甲、军用米之搬出入适用日本军颁发之许可证。

乙、民需米之搬出入适用国民政府粮食管理委员会发行之采办护照。但虽属民需米，其由日本军用米区域运往中国政府直接管制区域时，应根据粮食管理委员会之护照，具领日本军许可证。

又从日本军用米区域运出上海所需民需米时，许可证之发给办法另定之。

丙、上海封锁区域民需米之搬入或搬出，依照别项规定办理。

八、为谋国民政府粮政设施之圆滑及便利运营起见，运输机关对于政府所办民需米之输送，应按照军需物资例，负优先处理之义务。

九、中国方面为谋民需米之购办、运输、配给及其连带发生之事项，与日本军用米之购办间互相圆滑处理起见，招聘总军经理部高级部员为顾问。

十、日本军总司令部应讲求措置，使日本军各当地机关对于粮食管理委员会之运营实施充分协力援助。

十一、中、日双方对于食米之流出及吸收邻近敌区之食米，应一致协力，以谋达到目的。

十二、本谅解事项中、日双方应分别饬知所属机关切实遵照，以避免发生事故，使无遗憾。

备考　本谅解事项之有效时期，自签约之日起约以一年为限，逾期另行协议。

附件

一、苏、浙、皖三省食米购办搬运之谅解事项第二项之 4 之区域内，军用米之需要数量为五万吨。

1. 在上开需要数量中，日本军于昭和十七年十二月底止购足三万吨时，日本军将该区域让予粮食管理委员会购办，惟粮食管理委员会应于十八年三月底止，将余额之二万吨依日本军所希望之价格供给日本军。

2. 日本军于十七年十二月底止未能购足三万吨时，粮食管理委员会能约定将上开三万吨中之余额，于十八年正月底止依日本军所希望之价格供给日本军时，将该地区让予粮食管理委员会购办。

3. 日本军于十七年十二月底止采办达三万吨以上时，粮食管理委员会能约定将五万吨中除去此项采办数之余额，于十八年三月底止依日本军所希望之价格供给日本军时，将该地区让予粮食管理委员会购办。

派遣军总参谋长

粮管会委员长

特命全权公使

〔汪伪行政院档案〕

汪精卫关于严禁米商反对统制政策的训令稿

（1942年10月7日）

训令

令　南京特别市市长　周学昌

首都警察总监　邓祖禹

查厉行粮食统制一事，系政府鉴于时局严重，本国产米不足，为统筹民食，供求平均起见，特设立粮食管理委员会，综理全国粮食行政，关于产销及其价格加以统制，以期酌盈剂虚，民食得以平均支配，推行以来，已有相当成效。据报南京市近有不肖米商，妄意造谣，反对统制，更有身为士绅，不明统制意义，不察时代需要亦随声附和，为奸商张目，制造种种似是而非之言，淆乱听闻，蛊惑人心，等情。似此蓄意破坏与民食为仇，殊可痛恨。须知从前米商囤积居奇，买卖可以自由，价格随意涨落，利润优厚，私人获益，民众受害，在平时已多不便，在此时局，更不能坐听其病民自利。现在改归政府统制，在民众可得平均甘苦，而在若辈则不能维持其非份之利益，若任令若辈造谣惑众，遂其私图，民食前途益不堪问。应即由该市长、总监会同首都警察总监、南京特别市政府剀切布告，严禁奸商造谣生事，如敢故违，即以破坏粮政垄断民食论罪，严行拘究，并随时密查造谣生事之人，尽法惩治，以重粮政而维民食。除分行外，合行令仰遵照办理，仍将遵办情形具报。切切。此令。

院长　汪○○　卅一年十·七·

〔汪伪组织档案〕

汪伪组织实施关于小麦统买暂行方案

（1943年6月）

粮食政策在战时体制下推行之重要自不待言，为军需之确保，民食之足给，必须有健全之机构，周密之设计，官商通力合作，强化供求管理，方克有济，惟欲达其目的，则增加生产实为第一要义。

面粉为主要食粮，而面粉之足给端在小麦之增产。华中为产麦最丰之区域，亦为面粉厂集中之所在，就以往情形而论，小麦收获之数量并不敷各厂之需求，因未有精确之统计，无从断定其农产量与收买之比率。现在关于增加农产计划，如推广繁殖、保护、贷款及技术改良等，粮食部已在积极进行，故农产之增加定可收效，无待赘言，但关于大量收买，充实仓储，尚待极大之努力。盖战事发生以还，环境复杂，移动维艰，货物不易集中，若再抑止其价格，使农民生活不能取给于其农作物之代价，面粉厂之原料必致受有影响。为求提高收买之成绩，兼为顾全物价之平衡，爰拟定小麦收买方案十条如左：

一、平均配给，集体生产　各面粉厂应受配给小麦之数量，经本会按照各厂生产能力比例拟定，由各厂依照拟定数量，指定委托商采办，不得溢额。

二、确定收买系统，集中管理　为集中管理，拟定买卖系统，如附图（一）〔缺〕。

三、便利采贩，集中来源　凡由农村乡镇采运至集中地市场者，绝对自由，使小麦集中市场。

四、防止投机囤积，取缔同等地位间之互相买卖　为补充第二条规定，藉以防止投机囤积起见，应取缔同等地位间之互相买卖。

1．同一集中地之麦行，不得作互相买卖。

2．委托商之间不得作互相买卖。

3．贩卖商之间不得作互相买卖。

4．面粉商不得卖出小麦。

5．委托商、贩卖商集中地麦行所收买而未售出之小麦，在某一限期内，本会得估价全部收买，配给于各面粉厂。

五、办理登记，完成精确统计　统计为统制之初步工作，而登记尤为必要手续。小麦产地区域辽阔，情形复杂，欲求办理周详，非短期内所能见效，为易于入手起见，登记手续先办已入市场小麦之登记，渐次推及于未入市场小麦之登记。

凡小麦到达集中地市场，须详实登记（包括数量、价格、存放、移动、售与贩卖商或委托商牌号）。其手续由集中地麦行办理之。

凡由贩卖商贩运登记麦至需要地区者，须于运出及运达地分别详实登记（包括购自行名、购买价格、数量、转运地点、目的）。

其手续由贩卖商办理之。

凡面粉厂购进小麦，须详实登记（包括数量、价格、委托商行名）。其解到及存放外栈手续亦同。

凡委托商向贩卖商购进或售与面粉厂，均须办理登记（包括数量、价格、购自贩卖商之牌号，或售与面粉厂之厂名及存放地点）。

上项登记表册由本会分别印制。凡经营小麦业务者，可就近向本会或分、支办事处依式填报，并由本会汇集报告制成统计。

六、普遍设立分、支办事处，加强收买机构于产麦主要及次要地区普遍设立分、支办事处，督促管理各收买机构，集中并强化收买事宜。暂设分、支办事处地点如附表（二）〔缺〕。

七、规定收买机构之资格登记及业务范围凡在前条规定本会所设分、支办事处各地之面粉厂，及具有经营小麦业务资格者，均须按照下列规定，向就近本会或各该地分、支办事处登记：

甲、面粉厂　凡为各地区面粉业同业公会制造组会员向本会登记者，得向本会请求配给小麦，其配给方法，由本会拟定数量，各厂依据其数量收买，并遵守左列各项规定：

1．依照本会之分配数量采办之，不得溢额收买。

2．每日收进之小麦，其价格、数量均应按日报告本会，或分、支办事处。

3．各厂之小麦均由各该厂指定委托商经办，但须将指定之委托商报告本会查核，必要时本会得令其改换或撤销之。

各厂不得向集中地麦行或贩卖商及农民直接收买。

乙、委托商　凡为各地区杂粮业同业公会会员，经面粉厂指定向本会登记者，得按经委面粉厂指定之数量，向贩卖商及集中地（即本会设立分、支办事处地方）麦行收买，并遵守左列各项规定：

1．应向本会登记。

2．须为各地杂粮业同业公会会员。

3．受面粉厂之委托，向贩卖商或集中地麦行收买小麦。

4．每日收买情形及解厂小麦数量，应按日报告本会或就地分、支办事处。

5．不得向农民直接收买。

6．不得与其他委托商互相买卖。

7．收购之小麦必须完全交与委托之面粉厂，不得转售他人。

8．委托商不得兼营集中地麦行。

丙、贩卖商　凡具有杂粮业同业公会会员之资格者，均得为贩卖商，但必须向采贩地分、支办事处登记后，方得向集中地麦行采办小麦，贩运至需要地区（设有面粉厂之所在地区），不得囤积，并须遵守左列各项规定：

1．应向采办地分、支办事处登记。

2．须为各地杂粮业同业公会会员。

3．贩运小麦应为集中地麦行已登记之小麦。

4．不得将贩运之小麦售与当地，必须运往目的地，经委托商转售与面粉厂。

5．采贩小麦应按日向采贩地分、支办事处报告。

6．不得贩卖未登记之小麦。

7．不得与其他贩卖商互相买卖。

8．不得转售与业外人。

丁、集中地麦行　凡为各该地杂粮业同业公会会员，向各该地分、支办事处登记者，为集中地麦行，得向农民或附近乡镇不须向本会登记之麦行直接收卖，售与贩卖商及委托商，并须遵守左列各项规定：

1．应向分、支办事处登记。

2．须为当地杂粮业同业公会会员。

3．可向农民或附近乡镇不须向本会登记之麦行直接收买。

4．收进小麦得售与贩卖商或委托商，但不得直接售与面粉厂。

5．每日收买售出情形应按时报告分、支办事处。

6．不得转售与业外人及与集中地麦行互相买卖。

面粉厂、委托商、贩卖商及麦行对本条规定均应切实遵守，如有违反时，立即取消其会员资格，并严行处罚。其罚则由本会呈请政府核准施行之。

八、实施调整方策，缓和竞争行为 某一面粉厂未能满足其核定之收买量时，经调查属实，有正当理由者，对其分配比例由本会作有效之调整。

遇总收买量发生不足时，全部面粉厂之配给量按比列递减之。

面粉厂验收小麦应严格执行，铲除竞买搀劣之恶习。

九、议定适当合理价格，奖励农村生产 为奖励农村生产，增加收买数量，对于小麦及面粉之价格由本会参酌耕种及制造之成本，给予相当利润，拟议合理价格，呈请政府核定之。

十、本暂行方案由粉麦专业委员会拟订，呈请全国商业统制总会理事会议决通过，呈报政府备案。

〔汪伪组织档案〕

汪伪全国商统总会检送面粉麸皮集中配给暂行方案草案呈①

（1943年7月14日）

窃查本会统买小麦，前经拟具小麦统买暂行方案，连同小麦标准价格表，呈奉钧院院字第七四四号训令核准试办在案，业经本会遵照实施统一收买，并正由各面粉厂加工制粉之中。兹以各

---

① 该"草案"由汪精卫于7月27日训令照准。

粉厂制成之面粉、麸皮即将次第出货，为期维持民食，确保军需起见，亟应统筹规划，集中支配，拟即依照本会暂行条例第五条之规定，将该项面粉、麸皮由本会统一收配，并参酌小麦标准价格及制造费用，拟订适当价格，以顾全厂方成本，兼平将来售价，特饬由粉麦专业委员会中日双方委员妥订面粉麸皮集中配给暂行方案计十六款。除俟粉麸集中后，一切办法当再行商同粮食部妥慎筹划外，理合检同该项配给方案草案及粉厂交货价格表各一份，具文呈送，仰祈鉴核俯赐照准，实为公便。谨呈

行政院

附面粉麸皮集中配给暂行方案草案暨面粉麸皮成本计算表各一份〔略一份〕

全国商业统制总会理事长　唐寿民

中华民国三十二年七月十四日

面粉麸皮集中配给暂行方案草案

粮食统制之目标，在生产方面，固应增加产量，以冀民生之安定，在消费方面，则应调节供求，以期支配之平衡，而于不必要之消耗，尤应尽量节制，然后民食军糈乃得适当之管理，是以粮食配给制度，实为战时经济政策下切要之图。查面粉、麸皮等小麦制品，均属主要食粮，其应缜密管理，适当配给，自不待言，而本会于小麦统买工作既经呈准政府付诸实施，则此项小麦制品之面粉、麸皮自应集中配给，为通盘之规划。爰本统买小麦方案之原则，拟具面粉、麸皮集中配给方案如次：

一、凡在全国商业统制总会（下称本会）粉麦专业委员会所登记之面粉厂，其所制成之面粉、麸皮，为实行统买统销，由本会依照规定价格，全部收买，以资配给。

二、各地区面粉厂应逐日将其制成之面粉、麸皮数量，报告各该地本会粉麦专业委员会分、支办事处登记。

三、收买面粉、麸皮之价格，根据小麦之标准价格及制造费用核定之。

四、本会所收买之面粉、麸皮，除遵照政府所指定之军需数量外，其余额按照下列二项支配之：

（一）当地配给（三省两市内已成立中日面粉业同业公会地区）。

（二）移出输出（华北、华南、蒙疆、满洲、日本、其他）。

五、移出输出交易，由本会粉麦专业委员会拟订计划，另行核定委托商办理，其价格依照运达地协定厘订之。

六、各地区面粉、麸皮之需要数量及配给方法，及其价格，由各地区中日面粉业同业公会参酌各地区情形会拟，报由各该同业公会联合会核转本会，交由粉麦专业委员会审核决定之。

七、本会为便于收买制粉原料起见，对于各地区面粉、麸皮之配给，订定原则如左：

产麦区　配给数量酌予充分。

消费区　按实际需要数量配给，但以最经济消费核定之。

八、本会粉麦专业委员会各分支办事处，对于各该地区面粉、麸皮之配给情形，应每周具报告一次，遇必要时，并应立即或以电报报告。

九、各面粉厂所制面粉、麸皮之品质，一律根据本会粉麦专业委员会所鉴定之等级为标准，如不及标准，应分别降价。

十、各地区各面粉厂面粉、麸皮之移动，必须经本会粉麦专业委员会之准许。

十一、面粉、麸皮之移出输出，除经本会粉麦专业委员会登记外，并须向本会物资许可事务所申请核发承认书。

十二、各地区配给面粉、麸皮之移动，订定手续如左：

（一）当地移动，其数额在十包以下，凭各该地中日同业公会或其事务所之证明书。十包以上，除照上项手续办理外，须向本会粉麦专业委员会分、支办事处加盖戳记。

(二)地区间之移动，须凭各该地本会粉麦专业委员会分、支办事处及省粮食局证明文件。

(三)搬入上海封锁线，除照前项办理外，并须向本会物资许可事务所申请核发许可证。

十三、本方案实施以前，各地区面粉厂及面粉商所存之面粉、麸皮，应遵照本会粉麦专业委员会所公布之登记办法，依限向就地分、支办事处登记。

十四、前条规定登记之面粉、麸皮，由本会按照定价全部收买之。

十五、如不遵守本方案办理登记者，援用囤积治罪条例惩除之。

十六、本暂行方案由全国商业统制总会拟定，呈报行政院核准备案。

〔汪伪组织档案〕

汪伪粮食部陈报锡、吴、虞等县民众要求配给食粮危及待拨军米的代电

（1943年7月）

储密字第九号

行政院院长汪钧鉴：窃查苏、松、常、嘉等县原为军米采办区域，前经本部与友邦关系方面商订协定收归本部采办，所有经过情形暨原协定业已呈报在案。依照上项协定，本部接管以后，仍须按月供给巨额军米，并担负上海民需米及参加清乡工作之军警米，爰于苏州地方设置苏松常嘉区米粮采销办事处，所有吴县、常熟、昆山、吴江、太仓、松江、金山、青浦、武进、无锡、宜兴、江阴、嘉兴、嘉善、平湖等十五县之米粮，均由该办事处委

托各该县米粮联营社统买统拨，自五月间开始收买，截至现在，虽经倾注全力筹划经营，而实收数量尚不满五十万石。揆其原因：一则由于本部接管之际，适届青黄不接，各地到货不畅；一则由于以上各县民众误认军管理既经解除，今后米粮可获自由运销，对于本部继续采办未能切实协调所致。上开实收数量，较之原协定所载应行供给数量，相差悬远。正深踌躇焦虑，计划应付方策，乃顷据该苏松常嘉区米粮采销办事处处长胡政电陈：职处近日收购存米益形紧张，无锡、吴县、常熟先后发生阻挠，各该地联营社及米商行号所存待拨军米，人民指为假名囤积，纷纷要求配给，人数众多，秩序混乱，几至酿成事端，情势至为严重。且职处收购之米，均系散存各米商行号，倘有疏虞，何堪负此重责，务乞迅赐设法，以保军需而免意外等情。按上列各县向为产米丰盛之区，现虽青黄不接，据报存底尚非过薄，就已购进总数量而论，其购自无锡、吴县、常熟三县者，仅占少数，绝不致影响各该地区民食。至此次收购方法，既由当地米粮联营社经办，米联社为当地正当米商集合经营之团体，对各该地方米粮盈虚需供情形知之极谂，更不致舍当地民食而不顾，尽为本部采办军米。据电前情，除电该苏松常嘉区米粮采销办事处胡处长、苏省粮食局后局长就近秉承李省长在确保军糈兼筹民食之原则下，衡情度势，妥慎处理外，理合肃电陈报，仰祈鉴核备查。粮食部部长顾宝衡叩。

中华民国三十二年七月

汪伪全国商统总会关于军麦收买暂行方案及差价弥补办法有关文件

(1943年8月)

(1)全国商统总会呈(8月7日)

案准粮食部函准日本驻华大使馆秘字第二三一号函送关于本年度至三月底止，配给日本军用，对日供给用，及华北、华南、蒙疆及满洲国关系当局之交易协定输出用之大麦、裸麦、小麦、小麦粉及麸等数量价格表，转函查照配给等由，并附表一份到会，当经转知粉麦专业委员会先为准备，一面于七月三十一日快邮电奉钩院政字第一九六〇号指令准予照办在案。兹已函据粉麦专业委员会向各方征集意见，拟具军用大麦、元麦、小麦收买暂行方案，并以原表所列价格核与目前市价计约须亏损国币四万万元。此项损失应如何另筹弥补，就各方意见分别拟具弥补方案，计列办法五种，请予核示前来，经于本月四日提交物资审议委员会干事会审核，拟采用第五种办法。复于本月五日物资统制审议委员会第五次会议时提出研讨，本会当场声明对于采用何种办法并无成见，唯对于收买小麦方面觉有值得考虑者，即产麦区配给粉价提高后，则粉麦价格之对比，麦贱粉贵，过失平衡，其影响所及，将使农民不愿售出小麦，于总收买量势必减少，请予注意。因出席人员认为采用第五种办法于产麦区之粉价并无多大影响，即经多数通过，纪录在案。所有原拟之军麦收买方案应否准予实施，及原拟弥补方案究应采用何种办法，理合检附原拟各件，具文呈请，仰祈鉴核，一并指令祗遵。谨呈

行政院院长汪

计附军用大麦元麦小麦收买暂行方案，暨差价弥补办法，暨差价试算表各一件。

全国商业统制总会理事长　唐寿民

中华民国三十二年八月七日

军用大麦元麦小麦收买暂行方案

关于军用大麦、元麦及小麦收买事宜，由行政院令饬全国商业统制总会责成粉麦专业委员会，经由中日同业公会联合会指定

中日麦类收买业者尽先收买之，并由军暨当局之协助，自行负责承担全部军需麦类关于上述物资之收买缴解，拟较其他物资优先处置，务必完成其缴解。

其收买方案如左：

一、民国三十二年度军需所要数量计：

大麦　30,334 吨。

元麦　3,000 吨。

小麦　36,500 吨。

合计　69,834 吨。

二、左列实施方案仅限于大麦及元麦，关于小麦所要数量，则由依照全国商业统制总会小麦收买暂行方案收买所得之数量中尽先缴解之。

三、负责收买数量，则由日方在华日本制粉同业组合联合会及华方杂粮公会联合会各半负担之。

四、中日双方联合会对各地区同业组合（日方）暨同业公会（华方）分配预定收买数量如左，由组合或公会负责完成收买。

同业组合 同业公会 地区名	大　麦	元　麦
泰县	8,000 吨	
镇江	6,334 吨	1,500 吨
苏州	1,500 吨	750 吨
无锡	1,500 吨	750 吨（包括常州在内）
南京	2,000 吨	
芜湖	5,000 吨	
蚌埠	500 吨	
安庆	5,000 吨	
合计	30,334 吨	3,000 吨

安庆地区方面　安庆地区中日杂粮业协同委员会另订合同。

五、各地区公会会员暨组合员之个别收买商社，其分配数暨依照收买小麦数量之比例，由该组合暨公会决定之。

六、军用品收买期间内，军当局暨国民政府严禁大麦、元麦之一般民用卖买暨其移动。

七、卖买系统则援用小麦收买暂行方案，采取卖买登记制，严禁同等阶级之卖买。

八、大麦、元麦之收买价格，暂定军指定仓库交货，每一百公斤无包装六五〇元，但各地同业组合及同业公会应随时报告该地情形，本委员会承认以上项价格进行收买为不适当时，得适当修正之。

小麦收买价格则援用全国商业统制总会粉麦专业委员会所定之议价。

九、收买价格及军纳价格之损失差额，其调整方法由全国商业统制总会协议后决定之。

一〇、缴解地点为本委员会分、支办事处所在地之军指定仓库，俟解入该仓库经验点完毕后，始谓之"纳入完了"。

一一、运输方面自收买地点（指能发给军事运输证地点）至军指定缴解场所止，各商号领取军事运输证，以便缴解。运输途中所受损失，由各商号负担之。

一二、各指定收买商号经决定后，由全国商业统制总会粉麦专业委员会将其牌号呈报大使馆事务所，取得经理军用品商之证明书。

军当局通令各该地部队，凡持有大使馆事务所发给之该项证明书者，给予必要之便利。

军需及输日麦类暨其制品差价弥补办法

办理收买军需及输日麦类暨其制品，估计其价格上之差额约共国币四万万元（见附表），为弥补上项损失起见，拟具办法五种，列述于后，请择一施行。谨先将本年度预计可以收买小麦之数量与此项小麦制成之面粉、麸皮数量，以及支配各方面之数量，分别陈明如左，以备参酌：

一、小麦　本年度预计可以收买六百五十万包（每包计重一百公斤），内应缴军需部份计为三十六万五千包。

二、前项小麦除去军需数量，可以制成面粉二千二百七十万袋。

杂质及超过水份比率以百分之五为原则，每包小麦可制粉三·七袋（面粉每袋廿二公斤）。

右列制成之面粉，其支配数量预定如下：

1．军需　十八万袋。

2．向华北输出　五百七十万袋。

3．向华南输出　四十三万五千袋，

4．向蒙疆输出　三十二万袋。

5．向满洲输出　一百万袋。

6．其余配给在三省两市内　一千五百零六万五千袋。

三、前项小麦除去军需数量及制成面粉外，可出麸皮三百二十五万袋。

杂质超过水份以百分之五为标准，每袋小麦可出麸皮〇·五三袋（麸皮每袋廿八公斤）。

右列麸皮，其支配数量预定如下：

1．军需　六十六万一千袋。

2．向日本输出　一百六十二万五千袋。

3．其余配给在三省两市内　九十六万四千袋。

四、所有军需及输日麦类暨其制品之差价损失，拟就小麦及其制成品同时征收弥补费，拟具办法五种如下：

甲、办法第一种

（一）对于收买小麦全部每包征收国币廿元，计国币一万万三千万元。

（二）对于输出面粉每袋征收国币廿元，计国币一万万四千九百十万元。

（三）对于配给在三省两市内之面粉，每袋征收国币十元，计国币一万万五千万元。

（四）对于配给在三省两市内之麸皮，每袋征收国币十元，计国币一千万元。

以上共计四万万三千九百十万元。

乙、办法第二种

（一）对于收买小麦全部每包征收国币廿元，计国币一万万三千万元。

（二）对于输出面粉每袋征收国币廿六元，计国币一万万九千三百八十三万元。

（三）对于配给在三省两市内之面粉每袋征收国币六元，计国币九千万元。

（四）对于配给在三省两市内之麸皮每袋征收国币廿元，计国币二千万元。

以上共计国币四万万三千三百八十三万元。

丙、办法第三种

（一）对于输出面粉每袋征收国币四十元，计国币二万万九千八百廿万元。

（二）对于配给在三省两市内之面粉每袋征收国币十元，计国币一万万五千万元。

（三）对于配给在三省两市内之麸皮每袋征收国币廿元，计国币二千万元。

以上共计国币四万万六千八百二十万元。

丁、办法第四种

（一）对于收买小麦每包征收国币廿元，计国币一万万三千万元。

（二）对于输出面粉每袋征收国币三十元，（原拟卅五元，现减改如上数），计国币二万万二千三百六十五万元。

（三）对于配给在三省两市内之面粉，分为左列三种：

（甲）种消费区（如上海区、杭州区、嘉湖区）五百九十四万袋，每袋征收国币十元，计国币五千九百四十万元。

（乙）种消费区七十二万五千袋，每袋征收国币五元，计国币三百六十万元。

产麦区　不征收。

三区计国币六千三百万元。

（四）对于配给在三省两市内之麸皮每袋征收国币四十元，计国币四千万元。

以上共计四万万五千六百六十五万元。

戊、办法第五种

（一）对于收买小麦每包征收国币廿元，计国币一万万三千万元。

（二）对于输出面粉每袋征收国币十七元，计国币一万万二千六百七十三万五千元。

（三）对于配给在三省两市内之面粉分为：

（甲）消费区五百九十四万袋，每袋征收国币十七元，计国币一万万零零九十八万元。

（乙）产麦区九百十二万五千袋，每袋征收国币七元，计国币六千三百八十七万五千元。

（丙）二区计国币一万万六千四百八十五万五千元。

（四）对于配给在三省两市内之麸皮每袋征收国币四十五元，计国币四千五百万元。

以上共计国币四万万六千六百五十九万元。

将来如因麦类收买价格之变动，以致所征费用不敷填补损失之际，当陈请增加其比率。又如所征费用有剩余时，即以此项剩余金额划入全国商业统制总会特别会计，遇有他项物资处理发生损失时，以此填补之。

军需及输日表类暨其制片差价试算表

品　名		数　量	交货价格	收买预定价格	差　　价
军 需	大　麦	30,344吨	每吨3,333.00	每百公斤650.00	＄96,067,778.00
	元　麦	3,000吨	每吨3,333.00	每百公斤650.00	9,501,000.00
	小　麦	36,500吨	每吨3,333.00	每百公斤700.00	133,845,000.00
	面　粉	180,000袋	每袋　78.65	每袋　250.00	30,843,000.00
	麸　皮	18,500吨	每吨2,310.00	每袋　120.00	36,556,000.00
对扣输出麸皮		45,500吨	每吨3,333.00	每吨　4,286.00	43,361,500.00
合　计					350,174,278.00

涨价时之预备金

大麦　＄　$8,000-6,500=1,500 \times 30,344$　45,501,000.00

元麦　　　$7,000-6,500=500 \times 3,000$　1,500,000.00

总计　　　　　　　　　＄397,175,278.00

(2)汪精卫指令稿(8月)

指令　字第　　号

令全国商业统制总会

呈件均悉。查军麦收买方案曾经以院字一九六〇号指饬准予照办在案，自应继续实施。至所拟弥补损失方案，既据该会提经全国物资统制审议委员会第五次常会决议采用第五种办法征收，仰即由该会按照该种办法征费，以资弥补，并仰将遵办情形具报备查。此令。

中华民国卅二年八月　　日

伪华北政委会抄发华北当地生产稻米统制要纲训令

（1943年8月12日）

华北政务委员会训令　秘文字第1117号

令内务总署

为训令事：据华北物资物价处理委员会密呈，以华北当地生产稻米统制要纲业经规定，关于统制机关设置天津米谷统制委员会，并定于本年度对天津地区（津海道、冀东道）之生产稻米指定军粮城精谷株式会社从事收买，其他机关及会社一律禁买。现届稻米登场，该会社即当派员分赴区内，备价购运，请予鉴核，转令内务总署分咨天津市署、河北省署转饬妥为保护，以利进行。等情。并附要纲。据此，应即准如所请，除指令外，合行抄发原呈，并检附要纲一份，令仰该总署遵照办理，具报备查。此令。

计抄发原呈一件〔略〕、要纲一份

华北政务委员会委员长　王克敏

中华民国三十二年八月十二日

华北当地生产稻米统制要纲（民国三十二年八月五日）

方针

关于华北食粮之需给，依据中、日担当分野调整方针之拟定（民国三十二年二月二十三日），于天津及其他重点地区生产之稻米由日本方面统制收买，是故拟于最重点地区之天津地区整备稻

1286

米生产收买之统制机构并指导机构，以求生产之确保与种稻农民福利之增进。同时于统制收买地区，并有中国方面之支援，俾日本方面尽量收买，以期食用稻米之圆滑供给。

要领

(甲)天津地区

(一)统制机关之设置

一、名称　天津米谷统制委员会。

二、职员

委员长　驻天津日本总领事馆总领事。

委员　领事馆关系人员、津海道道尹、冀东道道尹、关系县知事、建设总署、天津铁路局、合作社、新民会、天津农事协会、军粮城精谷株式会社、华北垦业、平衡仓库代表者等。

顾问　兵团参谋长、极第二九〇四部队长、甲第一八四九部队长、天津陆军连络部长、甲第一八二〇部队长、天津宪兵队长、河北省长、天津特别市长等。

参与　食粮管理局天津分局长、河北省建设厅长等。

三、目的

关于确保稻米生产并增产之统制业务事项。

关于收买稻米与稻草之统制业务事项。

关于种稻农民之耕种并增进福利之统制业务事项。

与前列三项有关之其他统制业务事项。

对于关系机关之接洽连络事项。

四、与中央之连络　关于重要事项与驻北京公使密切连络，并受其指挥。

五、设置时期　本年七〔八〕月末前使之成立，关于细目问题，天津总领事认有必要时得修正之。

(二)生产指导机构之整备

一、名称　天津米谷统制会

二、构成　以农事组合及农场组织之，并提供社团法人，天津农事协会及军粮城精谷株式会社，农村指导部门之人的物的设施，由其运用之，于必要时，铁路局、合作社等所有之种稻指导部门亦须一并提供之。

三、事业

耕种指导及副业指导。

土地改良之指导。

改善农业水利之指导及调查。

经营农业必需之资金与资材之贷予，并购买之斡旋，贩卖稻米及其他生产物之斡旋。

关于自卫警备事项。

生活改善及文化事业。

附带于前列各项之事业，及其他增产并增进福利之必要事业。

(三)统制收买方法

一、收买统制机关　天津米谷统制委员会。

二、收买地区　津海道、冀东道。

三、收买机关　定为财团法人华北食粮平衡仓库，但以军粮城精谷株式会社担当实际之收买。

四、收买价格　收买价格妥核生产费及其他各项费用后，应与中国主管机关酌商，于八月中旬决定之。

五、取缔　应公布军粮城精谷株式会社以外其他机关之收买禁止，各地收买所收买价格，稻米之移动统制，及由统制地域外之搬入统制，(稻米之移动运输须经天津米谷统制委员会之许可)，与根据以上各项而规定之严厉罚则为内容之领事馆令，并中国方面取缔令，根据此项命令，中、日官宪得施行各项取缔，同时关于天津米谷统制会之自卫警备亦应使之协力上项命令而为适当之设施。

六、其他　天津县、宁河县除稻米外，其他生产食粮亦使之受米谷统制委员会之统制。

乙、其他地区

（一）收买地区

北京地区（燕京道、北京特别市）。

保定地区（保定、真定、顺德、冀南道）

济南地区（济南道）

新乡地区（豫北道）

（二）收买机关　本地区稻米由中、日双方共同收买之。日本方面于财团法人华北食粮平衡仓库下以适当之日系商社实际收买之。中国方面收买机关由中方指定之。

三、稻米收买后之分配　收买稻米应按成分配与中、日双方，以百分之　　分配与中方，百分之　　分配与日方。

丙、对于军部之希望

对于稻米生产之确保并统制收买，希望军部与以强力适切之协力与援助。

丁、对于中国方面希望事项

依据华北食粮中日担当分野调整方针之规定，本年度华北当地生产稻米拟于天津地区、北京地区、保定地区、新乡地区、济南地区收买之，目前对于最重点地区之天津地区希望按照左述意旨颁发训令。

一、于七〔八〕月末前将以天津日本总领事馆总领事为委员长，由中日军、官、民共同组成天津米谷统制委员会，以为天津地区稻米生产并收买之统制机关，而预定由日本方面实施稻米之统制收买。河北省长、天津特别市长、食粮管理局天津分局长、关系道尹、县知事等关系官员均使之为该会职员而参加之，务望该员等由于该会委员长之请求或连络，随时讲求必要之统制收买措置，并关于统制收买方法第五项之取缔事项，公布中国方面之必要的取缔命令为是。

〔伪华北政务委员会内务总署档案〕

1289

伪华北政委会附发1943年度食粮收买要纲训令稿

（1943年10月23日）

训令

　　　　　财务
　　　　　　　　总署
　　　　　实业

　　令
　　　　　　　省
　　　　各　　　　公署
　　　　　特别市

　　为训令事：本年十月十八日，本会第三一八次常务会议临时动议主席提出：据物资物价委员会呈送民国三十二年度食粮收买要纲，请鉴核等情，提请公决案，当经议决通过，通令各省市及财务、实业两总署等因，纪录在卷。除分令外，合行抄同原要纲，令仰该署遵照。此令。

　　附发三十二年度收买食粮要纲一份

中华民国三十二年十月二十三日

民国三十二年度食粮收买要纲

　　第一　方针

　　本年度收买食粮，为确保需要数量，企图进行圆滑，应力求强化行政力量，俾达预期目的而收实效。

　　第二　要领

一、收买种类

本年度收买食粮之种类如左：

甲、小麦。

乙、杂粮：(1)小米；(2)谷子；(3)玉米；(4)高粱米；(5)高䉤；(6)秫子米；(7)秫子；(8)大豆(黄豆)；(9)绿豆；(10)黑豆；(11)江豆。

二、收买总量

收买总量：（一）小麦定为二十万吨；（二）杂粮定为三十八万吨。各省、市之责任供出量，应依据附表一及附表二之规定，除北京、天津两特别市应由市长斟酌实际情形尽量供出外，各省、市长官应按其责任供出总数量责成各县区妥为摊派，如数供出，并将指定数量分别通告合作社及采运社，以便采购。

三、收买机构

（一）收买食粮事宜：（1）各省应由兼任合作社省联合会理事长之省长责成兼任合作社县联合会理事长之县知事负责办理；（2）北京、天津、青岛三特别市由市长负责办理。

（二）执行收买食粮之合作社及采运社于收买事务范围内，应直接承受地方行政长官之监督。

（三）为期收买工作圆滑进行起见，应将采运社改组为少数健全粮商之中心组织，俾能充分发挥其机能。

（四）关于采运社及合作社收买业务之分担，应由地方行政长官斟酌地方情形妥为决定。

（五）关于收买食粮垫付资金及配给廉价物资，地方行政长官应依另定方针负责实施之。

（六）为强化收买统制，地方行政长官应筹设中日军、官、民合组之收买推进机构，俾期发挥行政力量，促进收买工作。

（七）食粮管理局（分局及办事处）负责接收食粮，并负保管、加工及分配各省、市应得配给总量之责。在本年度之铁路沿线接收事项，得由食粮管理局委托华北麦粉制造协会办理之。至保管、加工事宜，如经食粮管理局之委托，亦得代为办理。

四、收买办法

（一）收买地点　地方行政长官令行合作社及采运社于其区域

内适宜地点设置集货场，以便农民交货，并应励行集团交货办法，俾期促进收买效率。

集货场应设置于生产集中地。

(二)接收地点　食粮管理局（分局及办事处）接收食粮，务令代收食粮机关在铁道沿线负责验收。

(三)麻袋　凡送到之食粮，应尽量利用沿线仓库，务使其麻袋之使用得以迅速轮换。

(四)廉价物资　关于配给廉价物资，小麦每一千公斤配给农民价值一百三十元之物资，杂粮每一千公斤配给农民价值五十元之物资，应由各省、市长就其所领之物资分别配于其所属各县，或其管辖区域，并负监督指导之责。

(五)资金　关于资金，由华北物资物价处理委员会预交相当数额与省、市长官，以便分配各县区作为收买食粮之用，并由本会随时拨付华北麦粉制造协会需要款额，用备省方将食粮送到铁路沿线时清算粮款。

收买机关以利用自己之资金为原则，如不敷用时，得依左列办法办理之：

1．合作社呈准华北合作事业总会，向中国联合准备银行融通之。

2．日方采运社社员向日方银行融通之。

3．华方采运社社员依垫款办法办理之。

(六)关于收买、运输及其他必要之警备事宜，由地方行政长官负责办理。

五、收买价格

(一)沿线交货价格　依附表三之规定。

(二)农民净得价格　由执行收买食粮者协议拟定后，呈请各该省、市物资物价处理委员会主任委员之省、市长核定，并由各该省、市长呈报华北物资物价处理委员会备案。

六、惩罚及奖励

(一)负责收买之行政长官有违法情事或怠惰职守未克完成责任供出量者，得免职或严惩之。

(二)负责收买之行政长官收买食粮树有功绩，得依照"收买食粮奖励办法"奖励之。

(三)各地区之收买机关得依上列标准奖惩之。

(四)对于协力食粮政策踊跃供出之农民得奖励之。

附表一

各省市小麦责任供出量表

省市别	分担数量
河北省	27,839 吨
山东省	139,540 吨
河南省	26,825 吨
青岛市	1,000 吨
共　计	195,204 吨

附表二

各省市杂粮责任供出量表

省市别	分担数量
河北省	12 万吨
山东省	16 万吨
河南省	8 万吨
青岛市	2 万吨
共　计	38 万吨

附表三　统制收买小麦及杂粮价格表（单位：百公斤）

品　名	沿线装车或指定地点交货价格	备　考
小　麦	165元	系已公布者
小　米	139元	
谷　子	125元	
玉　米	129元	
高粱米	109元	系以小麦沿线装车
高　粱	85元	或指定地点交货价格
秔子米	139元	165元为准，按下列
秔　子	125元	比例而求得者：小麦
大豆(黄豆)	129元	100，秔子米84，秔
绿　豆	137元	子76，大豆(黄豆)78，
黑　豆	116元	绿豆83，黑豆70，江
江　豆	129元	豆78

注：算出要领系依民国二十九年以后至民国三十二年五月期间内各种类之平均市价与小麦之平均市价之比率，再就前项规定之小麦沿线装车交货价格为基准而算出者。

油料大豆(黄豆)包括于收买总量内，豆饼以食粮计。

〔伪华北政务委员会档案〕

汪伪国民政府修正公布苏浙皖米谷运销管理暂行条例

（1943年11月25日）

第一条　苏、浙、皖三省及京、沪两特别市内之米谷（包括糯米及各项糙米）收买及搬运，依据本条例所规定处理之。但关于上海统制线以内者，另行规定之。

第二条　米粮统制委员会呈奉行政院核准，将苏、浙、皖三省及京、沪两特别市区分为另表之米谷运销管理区公布之。其修正时亦同。

第三条 凡米谷之搬运于本条例规定以外者,均在禁止之列。

第四条 米商（凡经营米谷之交易,零售、批发、经纪业及设置碾米机营业者）搬运米谷时,在同一米谷运销管理区范围以内者,以米粮统制委员会所发给之米谷采办证行之,如从该管地区运至该管地区以外者,以米粮统制委员会所发给之米谷搬运护照行之。

米谷采办证及米谷搬运护照依另定之申请办法,申请米粮统制委员会发给之。但由清乡地区运出时,必须先将米谷搬运护照呈由所属封锁管理处长并该管联络部长验明盖印。

关于已移交军部后之米谷,搬运办法依照另文规定行之。

第五条 凡农民将自己所收获之米谷在同一乡村内,或从乡村运至所属县城内,或在同一管理区内搬运自己所消费（八公斤以内）之米谷,除另有规定者外,均得自由。

第六条 依照本规定,米谷之收买价格由米粮统制委员会决定,呈请行政院核准之,不能违反前项规定之价格为米谷之交易。

第七条 请得米谷采办证或米谷搬运护照者,在搬运米谷时,不得夹带隐匿,一经查获得扣留其米谷采办证或米谷搬运护照,从严处罚,并不得再行申请。

第八条 领有米谷采办证或米谷搬运护照者,当搬运米谷时,不得拒绝行政机关之检查。

各地行政机关对于领有米谷采办证或米谷搬运护照者,予以所需保护,不得稍有留难或征收捐税。

第九条 未曾领有米谷采办证或米谷搬运护照而搬运米谷者,得由当地行政机关没收之,并科以米谷价格一倍以上,二倍以下之罚金。

第十条 对于搀水或砂土于米谷之不正当行为者,当地行政机关得将该项米谷没收。

米商为前项之行为时，于吊销米谷采办证或米谷搬运护照以后，不得再行申请。

第十一条　对于举发第九条、第十条所规定之事实者，当地行政机关得酌给没收米价百分之二十之奖金。

第十二条　本条例中之罚则，适用于日本人时，须由国民政府商请日本官宪行之。

第十三条　本条例自公布之日施行。

第十四条　民国三十二年三月十二日所公布之苏浙皖米谷运销管理暂行条例于本条例公布之日废止之。但依照旧条例所发给之采办证及护照，在十月二十日前仍为有效。

〔汪伪外交侨务系统档案〕

汪伪全国商统总会粉麦专委会陈报小麦麸皮收配结存等情形呈[1]

（1944年3月17日）

谨呈者：窃查面粉为主要食粮之一，对于军需民食关系颇巨，在此战时体制之下，欲期供求之调节，价格之稳定，推行统制政策自属要图。本会为钧会专业部门之一，去年五月间，联合中、日双方同业组织成立，仲立等受命之时，即感工作艰巨，责任重大，汲深绠短，陨越堪虞，夙夜竞业，未敢因循。任事以来，举凡小麦之如何统买，价格之如何厘定，资金之如何筹措，以及粉麸之如何集中配给等等，曾经周咨博访，详加考核，先后拟定办法，呈奉钧会转呈行政院核准备案，公布实施。八阅月来，幸赖

---

[1] 此件系4月4日汪伪商统总会致行政院呈之附件。

中、日官商之共同协力，并得社会各界之热忱赞助，业务进展尚称顺利，此后自当本已往之精神，继续努力完成使命。惟近数月来，各种物价继涨增高，小麦产地市价亦随之激增不已，最高地方竟超过议定价格两倍以上，致本会统买工作大感困难。又各粉厂制粉费用系于上年七月议定，如按照现时物价之比例，实有难以维持之势，以后小麦之能否源源收购，与各厂之能否继续生产，关系本会整个计划至重且大。仲立等职责所在，再四思维，不得不设法予以救济，爰于本年二月份起，对于各厂制粉费用不敷之数，及委托商因运输不畅所受栈租、缺斤等损失，由会分别酌予弥补，以维生产。再面粉产量值兹麦收不易之际，一时恐难充裕，转瞬青黄不接，照预计数量尚少三百万包左右，更宜未雨绸缪，预为购存原麦一部份储供配给。故拟在面粉定价内加收百分之四十，合一百〇四元六角八分，特别调整费，为避免与收购小麦资金十万万元相混起见，故由会专款存储，藉以抵补上列三项用途，动用时自当随时呈报钧会备案。其支配方法，计补偿各厂制粉费占百分之二五·一七，其余百分之七四·八三为拨充委托商损失及收买小麦价格一部份之贴补。对于麸皮加收特别调整费一百〇一元二角，专以指充委托商损失及收买小麦价格一部份之贴补，一俟各种物价统筹方策全面抑平之后，再行另订办法，业经呈准钧会自三月份起实行。谨将本会办理情形截至本年一月底为止，所有小麦、粉、麸收配及结存数量等分列如次：

一、共收小麦数量　计共收买三百十二万六千二百五十五包，合五百六十六万一千八百七十八市担五十三斤。

二、制成面粉数量　计九百九十九万九千二百六十六包，连上年六月底存七十万一千五百十二包，合共一千〇七十万〇七百七十八包。

三、制成麸皮数量　计一百四十四万二千五百四十包，连上年六月底存十一万八千八百五十包，合共一百五十六万一千三百九十包。

四、结存小麦数量　计共三十二万六千五百〇九包，合五十九万二千五百七十九市担四十四斤。

五、配出面粉数量　计共九百三十九万六千九百五十一包。

内输出四，七九一，〇六四包，特殊二三五，二六〇包，军纳一一，六四三包，上海区二，〇三三，九五一包，苏州区四一七，二三九包，无锡区八一五，〇七一包，常州区二一三，五八四包，镇江区八〇，三四〇包，南京区三七二，四九〇包，芜湖区二二，八三六包，蚌埠区一二七，二八六包，本会买存二七六，一八七包。

六、配出麸皮数量　计共一百三十九万二千五百三十八包。

内输出七二三，〇九三包，军纳二一二，〇七八包，上海区九六，二〇九包，苏州区八二，一八七包，无锡区一四三，八五三包，常州区六四，六二九包，镇江区四七，六二三包，南京区一二，一七四包，芜湖区九一九包，蚌埠区八，七七三包。

七、结存面粉数量　计共一百三十万三千八百二十七包。

内存在上海各厂栈及三菱仓库者计共九十七万〇五百五十一包，其余散存内地各厂栈。

八、结存麸皮数量　计共十六万八千八百五十二包，分存各厂栈。

九、收购小麦资金　本会统一收买小麦，因无大量资金，曾与中、日双方银行订立贷款契约，额定国币十万万元，用承兑汇票方式，现计结欠各银行四万八千六百四十五万六千五百三十七元八角，结余五万一千三百五十四万三千四百六十二元二角，按月由会制具明细报告表，分报钧会及贷款银团备查。

十、现在各地小麦市价　查本会统买小麦价格，上年议定每公担七百元，按照现在各地市价，最高者须增二倍以上，最低者亦将加倍，对于统一收购工作大感困难。兹将各地小麦市价（均

（每公担计算）分别开列于后：

上海 1300 元	杭州 1860 元	苏州 2160 元
昆山 2000 元	无锡 1800 元	常州 1740 元
姜堰 1800 元	镇江 1900 元	扬州 1700 元
高邮 1400 元	宝应 1350 元	泰县 1750 元
东台 1800 元	蚌埠 1750 元	

十一、代办军纳大麦元麦情形　本会代办军纳麦类，按照契约数量计为大麦四〇，四八二，〇〇〇公斤，已交三三，七一二，八四〇公斤，未交六，七六九，一六〇公斤。元麦四，五〇〇，〇〇〇公斤，已交四，一二三，一六〇公斤，未交三七六，八四〇公斤。惟此项军需麦类均已由各委托商购齐，因去冬运输困难，现正继续交纳之中。

十二、面粉输出情形　查面粉输出，依照契约数量共计六百二十六万包，业已陆续输出四百七十九万一千〇六十四包，不足一百四十六万八千九百三十六包。

上列各项系择要报告，此外如小型粉厂之计划管理，苏北及芜湖地区收买小麦之试行，以一部份日用物资交换暨设立麦种试验场，以谋改进生产等，均在积极进行中。除随时秉承钧会意旨办理外，理合报请俯赐察核备查。谨呈

总会

粉麦专业委员会　主任委员　孙仲立　呈
　　　　　　　　副主任委员　井上泰忠

〔汪伪组织档案〕

汪伪米粮统制委员会检送1944年度苏浙皖米粮采购实施要纲草案呈

（1944年8月30日）

米粮统制委员会呈行政院呈　总字第四五号

案查本届新谷即将登场，业务亟待推进，所有拟订三十三年度苏浙皖三省米粮采购实施要纲草案及本会组织要纲草案各乙件，业于本月十五日召集第一次全体委员会议提付讨论，分别予以通过，纪录在卷。除检附上开各该要纲草案函请全国商业统制总会转呈钧院鉴核备案以便施行外，理合检同该项三十三年度苏浙皖三省米粮采购实施要纲草案暨本会组织要纲草案各乙件，备文呈报钧院迅赐备查，以利业务。谨呈

行政院院长汪

计检呈本会三十三年度苏浙皖三省米粮采购实施要纲草案暨本会组织要纲草案各一件〔略一件〕

全国商业统制总会米粮统制委员会主任委员　陈国权

副主任委员　植田贤次郎

中华民国三十三年八月三十日

民国三十三年度苏浙皖三省米粮采购实施要纲（草案）

第一　原则

一、本年度苏、浙、皖三省（接敌地区除外）采购事务由米粮统制委员会（以下简称米统会）统一办理，以专责成。

二、中央、地方有关机关及盟邦有关机关于米统会之采购工作上予以一元的协助。

三、加强各地米粮采办商同业公会之组织，俾健全米统会下部机构，以担当现地之采购工作。

四、本年度米统会在苏、浙、皖三省境内主要之采购地区规定如左：

（一）江苏省　松江、金山、青浦、太仓、昆山、吴县、吴江、常熟、无锡、江阴、武进、宜兴、丹阳、金坛、镇江、溧阳、仪征、溧水、句容、扬州、高邮、扬中、泰兴、靖江、如皋、南通、海门、启东、六合、江浦、江宁。

(二)浙江省　嘉善、嘉兴、平湖。

(三)安徽省　当涂、含山、芜湖、和县。

(四)上海特别市。

(五)南京特别市。

上列采办地区，米统会得斟酌实际情形予以改变或增减之，并呈报行政院备案。

五、本年度苏、浙、皖三省米粮采办数量暂定如次：

(一)江苏省　三九〇，〇〇〇吨。

(二)浙江省　　三三，〇〇〇吨。

(三)安徽省　一一六，〇〇〇吨。

　　　合计　　五三九，〇〇〇吨。

上列采办数量，米统会得斟酌实际情形增减之，并呈报行政院备案。

六、米统会采购担任数量：

采购数量以供给左列需用为原则：

(一)日本陆军用　二〇〇，〇〇〇吨。

(二)日本海军用　　二〇，〇〇〇吨。

(三)中央直辖军警　三〇，〇〇〇吨。

(四)清乡区保安队及警察米　九，〇〇〇吨。

(五)上海户口米、公务员（包括公役）中日重要产业团体二三〇，〇〇〇吨。

(六)南京户口米、公务员（包括公役）中日重要产业团体五〇，〇〇〇吨。

共计　　五三九，〇〇〇吨。

上列数量如采购数量发生不足时，应优先拨配中、日军警。

　第二　采购办法

一、收买方式　得并用分担制及自由收买制，但上项施行区域由米统会会同各主管地方政府协议规定之。

二、分担制收买方法如左：

甲、由行政机关协助摊派分担工作，同时监视采办商之采购，但行政机关不得直接参与现款或现货交易。

乙、米统会采办商在摊派分担制指定地区，须尽量与农民代表（保甲长、合作社等）订立合同。

丙、摊派数量原则上应根据左列要领计算决定之：

分担量等于（亩数乘单位生产量）减（人口乘每人每年消费量）。

上项农民如系佃农得与地主共同分担，佃农于规定期限内须负责缴清规定数量（包括地主分担量），而于缴纳地租时，扣除地主之应分担数量。

丁、上项采办数量由米统会与各主管地方政府协议决定之。

戊、对于农民分担缴出之米，米统会负责支付货款及验收。关于米款之支付及验收方法，由米统会决定后，呈报行政院备案。

己、按分担制所采购之米粮，于搬入米统会指定仓库后，应迅速验收完竣，并拨付应付米款。关于上项米粮交接日时、地点、数量等详细规定，由米统会与现地行政机关协议决定之。

三、自由收买方法如次：

甲、行政机关须对本会地区办事处以下机构之收买工作尽量协助。

乙、在自由收买地区之收买数量，亦应考虑当地消费量后加以适当决定。

四、在采购时不论其为分担制或自由收买制，概以现金交易为原则（如在使用交换物资时，则包括交换物资）。

五、缴纳期间（分两期）：

甲、第一期

自采办开始之日起至民国三十三年十二月三十一日止。

各地采办商及收买处最小限度须缴足本要纲全数量五分之

四。

乙、第二期

自民国三十四年一月一日至同年四月三十日止。

各地采办商及收买处须负责缴足本要纲全数量之余数。

第三　机构

一、本会　力谋机构之单纯，配以优秀职员，以期业务上之迅速推进。

二、撤废原有办事处，另设（苏州、嘉兴、扬州、南京、芜湖）五地区办事处，使担当各该所辖地区之采购全责。

办事处主任或副主任应特派地方有力而有声望者充任之，并聘少数日人以资辅助。

三、采办商　米统会在上列产米地区指定若干采办商（摒除投机份子，采用信誉卓著之米商）。

上项采办商须选任备有仓库、碾米厂等设备，或有相当资金，及过去成绩优良者充任之。

上项采办商须在各地组织公会并推派代表，对米统会负责采办规定数量并在规定期限内负责缴清。

必要时米统会得另设收买处所，直接办理采购工作。

第四　各地区办事处担任区域

一、苏州地区办事处

直辖　苏州。

吴江事务所　吴江。

昆山事务所　昆山、常熟、太仓。

无锡事务所　无锡、江阴。

武进事务所　武进、宜兴。

镇江事务所　镇江、金坛、溧阳、丹阳、扬中。

松江事务所　松江、金山、青浦。

南通事务所　南通、泰兴、靖江、如皋、海门、启东。

二、嘉兴地区办事处

　　直辖　嘉兴。

　　嘉善事务所　嘉善。

　　平湖事务所　平湖。

三、芜湖地区办事处

　　直辖　芜湖。

　　当涂事务所　当涂。

　　含山事务所　含山、和县。

四、南京地区办事处

　　直辖　南京。

　　句容事务所　句容。

　　溧水事务所　溧水。

五、扬州地区办事处

　　直辖　扬州、仪征。

　　高邮事务所　高邮。

　　注：事务所得应实际上之需要，随时酌量增减之。

　　第五　移动统制

　　一、米粮移动应予严厉统制之。统制办法由米统会拟定方案，呈报行政院备案，并公布施行。

　　二、凡属各地米商（包括碾米厂），须于每月月初将上月存贮数量呈报同业公会登记，由同业公会每月向米统会报告一次。

　　三、各地区米行、米店之碾米厂及仓库，得由米统会统制管理之。

　　四、为防堵米粮流入敌匪地区，当地有关机关及盟邦军政当局应予全面协助。

　　第六　价格规定及资金准备

　　一、采办价格须视米质优劣，并与其他农户物暨一般物价取得均衡，由米统会审定适当价格，呈请行政院备案。

二、采办价格务使恒定不变，惟一般物价发生剧变而影响采购时，米统会得斟酌实际情形，随时予以调节。

三、缴售价格分军需米、特需米以及民需米三种，其间附以适当差额，惟价格发生变动时，该项价格亦得随时变更之。

四、采米资金之准备及贷出方法，由米统会拟定方案，呈请行政院核准施行。

五、当局及有关机关应适应机宜，随时援助米统会对于采米资金之调拨。

第七　交换物资

一、为确保收买量起见，得使用交换物资。

二、原则上不得因调剂价格昇涨而使用交换物资。

第八　奖惩办法

一、在分担制采购地区，行政机关人员如公正严明，卓著成绩者，米统会除呈请行政院予以奖励外，并得根据规定，另行致送奖励金。

二、在自由收买制采购地区时，米统会对于出力之当地有力人员亦得给与手续费。

三、凡采办商依其采办数量之多寡，如数如期缴纳者，米统会得拨付奖励金。

四、对于营私舞弊妨碍米粮收买工作者，米统会得函请军警机关调查真相，视其情节之轻重，分别予以惩处，并得依其犯罪内情，函请有关当局按照军法惩办之。

〔汪伪组织档案〕

汪伪国民政府公布苏浙皖米谷运销管理暂行条例

（1944年9月27日）

第一条　凡左列地区（以下称统制收买地区）之米谷（包括

糯米、稻、米粉及碎米等）收买搬运，依据本条例所规定处理之。

一、江苏省　松江、金山、青浦、太仓、昆山、吴县、吴江、常熟、无锡、江阴、武进、宜兴、丹阳、金坛、镇江、溧阳、仪征、溧水、句容、江宁、江浦、扬州、高邮、扬中、泰兴、靖江、如皋、南通、海门、启东。

二、浙江省　嘉善、嘉兴、平湖。

三、安徽省　当涂、含山、芜湖、和县。

四、南京特别市。

五、上海特别市南汇、川沙、奉贤、宝山、崇明、嘉定。

但关于上海封锁线以内及对封锁线搬出入之移动另定之。

第二条　凡米谷之收买，其办法规定如左：

一、凡在统制收买地区内之米谷生产者及所有者（包括地主），对于其收获或所有之米谷，除自用者外，概须售给米粮统制委员会（以下简称米统会）所指定之采办商（以下简称指定采办商，包括承办商）。

二、除指定采办商外，任何人不得以营利为目的，在该地区收买米谷。

三、指定采办商所采购之米谷，应立即向当地米统会地区办事处或分办事处请予登记，在未奉米统会指示前，不得擅自处分。

四、米统会对指定采办商应分别发给采办证明书。

第三条　米统会得呈准行政院，将统制收买地区分为若干运销管理区。

第四条　凡在同一运销管理区域内之米谷得自由搬运。

于必要时，在同一运销管理区域内之米谷搬运，仍得加以限制或禁止。

第五条　凡米谷除领有"搬运护照"者外，严禁向运销管理区域外搬运。

搬运护照由米统会发给，并得由指定采办商或京、沪两市米谷配给机关请准米统会就近由搬出地之米统会，省或地区办事处发给之。

搬运护照应按照每次搬运数量分别发给。

向特别指定地区内之搬运另定之。

第六条　凡米谷由统制收买地区以外之地区向内搬运不加限制。

第七条　凡米谷之搬运不得夹带违禁或漏税物品，如违反时，得取销搬运护照或采办证明书。

第八条　对于米谷合法之收买及搬运，任何机关不得妨阻留难或非法征收捐税。各地行政机关对于领有搬运护照者，应予保护。

米谷向管理区域外搬运，如遇取缔机关检查，应即提示搬运护照，如不能提出时，得扣留所运之米谷。

第九条　采办商不得于搬运之米谷内搀水或夹杂砂土等，如有上项行为，得取销其采办证明书。

第十条　违反第二条第三项，第四条第二项或第九条之规定，得处五年以下之徒刑，或十万圆以下之罚金，但得以货物代纳。

第十一条　违反第二条第二项，第五条、第七条或第八条第二项之规定，得处十年以下之徒刑，或一百万元以下之罚金。

前条及本条之处罚，得并科徒刑及罚金，其所用之工具、米谷及物品等，同时均予没收。没收物资之处理办法另定之。

第十二条　凡对违反本条例之事实加以告发因而查获者，得给与告发人以奖励金。奖励金给予办法另定之。

第十三条　本条例自公布日起施行。

民国三十二年十一月二十五日公布施行之苏浙皖米谷运销管理暂行条例，及其他关于米谷收买搬运所公布之法令暨行政措置，概自本条例公布日起废止之。

本条例之施行细则另定之。

附表：苏浙皖运销管理区域表

苏州管理区　吴县、太仓、常熟、昆山、吴江。

松江管理区　松江、金山、青浦。

镇江管理区　镇江、扬中、丹阳、金坛。

无锡管理区　无锡、江阴、武进、溧阳、宜兴。

南通管理区　南通、泰兴、靖江、如皋、海门、启东。

嘉兴管理区　嘉兴、平湖、嘉善。

南京管理区　南京市、溧水、句容、江宁、江浦。

芜湖管理区　芜湖、当涂、含山、和县。

扬州管理区　高邮、江都、仪征。

上海管理区　南汇、川沙、奉贤、宝山、崇明、嘉定。

〔汪伪行政院档案〕

汪伪全国商统总会检送黄豆高粱苞米三项收配计划草案备案呈

（1944年11月30日）

　　案准本会油粮统制委员会本年十一月二十四日统秘字第二七八号函开：本会三十三年度大豆收配计划、苞米收配计划暨高粱收配计划共三种均经拟就，提交本会第八次常务会议议决通过，纪录在卷。除上项物资收买及保藏资金贷借办法已另案分别呈请核转外，理合检同上开三项计划草案各三份，备文呈请钧核，仰祈准赐转呈行政院备案，实为公便。等由。附黄豆、高粱、苞米三项收配计划草案各三份到会。当经本会详加审核，尚无不合，除上项物资收买及保藏资金贷借办法前已函知该会详加说明，另案呈核外，理合检同黄豆、高粱、苞米三项计划草案各二份，备文呈送，仰祈鉴核备案。谨呈

行政院院长陈

　　附呈黄豆、高粱、苞米三项收配计划草案各二份

　　　　　　全国商业统制总会理事长　闻兰亭

中华民国三十三年十一月三十日

　　　　　　　黄豆收配计划（草案）

　　本年度黄豆收成因气候良好，估计当可增收百分之三十或四十，淮海及蚌埠方面虽有害虫为害及治安关系，但大概可望丰收。

　　一、生产估计数量

蚌埠地区	70,000 吨
安庆地区	7,000 吨
芜湖地区	20,000 吨
南京地区	5,000 吨
扬州地区	5,000 吨
南通地区	5,000 吨
上海附近	10,000 吨
海杭地区	30,000 吨
计	162,000 吨

　　二、收买预定数量

蚌埠地区	30,000 吨（若用盐作交换则可达到 50,000 吨）
安庆地区	5,000 吨
芜湖地区	10,000 吨
南京地区	2,000 吨
扬州地区	3,000 吨
南通地区	2,000 吨
上海附近	8,000 吨
海杭地区	15,000 吨

計　　　　　75,000瓩

三、月别地区别收买计划

地区名称	十月	十一月	十二月	一月	二月	三月	計
蚌埠地区	2,000	5,000	8,000	7,000	5,000	3,000	30,000
安庆地区	1,000	2,000	1,000	1,000	/	/	5,000
芜湖地区	500	5,000	3,000	1,000	500	/	10,000
南京地区	100	500	1,000	300	100	/	2,000
扬州地区	100	500	1,000	1,000	300	100	3,000
南通地区	100	500	1,000	300	100	/	2,000
上海附近	500	1,500	3,000	2,000	500	500	8,000
海杭地区	1,000	3,000	5,000	4,000	1,500	500	15,000
計	5,300	18,000	23,000	16,600	8,000	4,100	75,000

四、所需资金额〔略〕

五、分配计划

　陆　　军　　　　45,000吨

　海　　军　　　　4,077吨

　华南交易　　　　1,500吨

　主食代用　　　　5,000吨

　味精酱油其他　　5,000吨

　　計　　　　　60,577吨

此外派作榨油之用14,423吨。

全国商业统制总会油粮统制委员会高粱收配计划

一、生产估计数量

今年高粱一般生产情形均属平常，生产数量估计如左：

　南通地区　　　　　　　4,000吨

　泰县地区　　　　8,000吨

　蚌埠地区　　　　13,000吨

　芜湖地区　　　　5,000吨

其他地区	5,000 吨
合计	35,000 吨

二、收买预定数量

南通地区	1,000 吨
泰县地区	3,000 吨
蚌埠地区	8,000 吨
芜湖地区	2,000 吨
其他地区	1,000 吨
合计	15,000 吨

三、分月分区收买计划

	十月	十一月	十二月	一月	二月	三月
南通地区	200 吨	250 吨	250 吨	200 吨	100 吨	／
泰县地区	500 吨	750 吨	800 吨	500 吨	250 吨	200 吨
蚌埠地区	2,000 吨	2,500 吨	2,500 吨	1,000 吨	／	／
芜湖地区	300 吨	500 吨	600 吨	300 吨	200 吨	100 吨
其他地区	200 吨	300 吨	300 吨	100 吨	100 吨	／
合计	3,200 吨	4,300 吨	4,450 吨	2,100 吨	650 吨	300 吨

四、收买方法

蚌埠、芜湖地区利用该地区日华协同委员会之机构，使负收买之责，上海附近及南通地区，由华方联合委托商及日方该地区委托商分别收买之。

五、收买资金计划〔略〕

六、配给计划

陆军	粮秣用	3,000 吨
	酒精原料用	10,000 吨
民需	主食代用	1,000 吨
预备	酒精原料用	1,000 吨

全国商业统制总会油粮统制委员会苞米收配计划

一、生产估计数量

由于上年度苞米市价与米市价之比率恶劣，又因栽种面积减少，及栽种后之气候不适，遂玖收成稍劣，故本年度较诸去年生产数量有减少之状况。

各地区生产估计数量如左：

上海附近（昆山、黄渡、浦东、崇明）	20,000 吨
南通地区（海门、启东、南通）	6,000 吨
蚌埠地区	8,000 吨
芜湖地区	15,000 吨
安庆地区	2,000 吨
其他地区	7,000 吨
合计	58,000 吨

二、收买预定数量

上海附近	17,500 吨
南通地区	3,000 吨
蚌埠地区	5,000 吨
芜湖地区	10,000 吨
安庆地区	1,500 吨
其他地区	3,000 吨
合计	40,000 吨

三、分月分区收买计划

	十月	十一月	十二月	一月	二月	三月
上海附近	3,500 吨	4,300 吨	4,400 吨	3,200 吨	1,400 吨	700 吨
南通地区	600 吨	750 吨	750 吨	550 吨	250 吨	100 吨
蚌埠地区	1,000 吨	1,500 吨	1,500 吨	800 吨	200 吨	／
芜湖地区	2,000 吨	2,500 吨	2,500 吨	1,500 吨	1,000 吨	500 吨
安庆地区	300 吨	400 吨	400 吨	300 吨	100 吨	／
其他地区	600 吨	750 吨	750 吨	500 吨	300 吨	100 吨
合计	8,000 吨	10,200 吨	10,300 吨	6,850 吨	3,250 吨	1,400吨

四、收买方法

蚌埠、芜湖、安庆地区利用该地区日华协同委员会之机构担任收买。

上海附近、南通地区及其他地区，则由华方联合委托商暨日方该地区委托商分别担任收买。

五、收买资金计划〔略〕

六、配给计划

陆军	粮秣用	3,000	吨
	酒精原料用	23,500	吨
海军	主食代用	10,352	吨
	酒精原料用		
民需	主食代用	2,000	吨
预备	酒精原料用	1,148	吨

〔汪伪组织档案〕

伪华北政委会总务厅为日使馆交到关于1944年度小麦杂粮收买要纲等件提供研讨的报告

(1944年)

报告事项

兹由日本大使馆交来计：（一）关于华北食粮公社设立及运营之件；（二）民国三十三年度小麦杂粮收买要纲；（三）关于民国三十三年度收买小麦杂粮之件；（四）小麦杂粮中央供出部份各省分摊量；（五）小麦之交付农民价格等共五件。查以上各件，或关华北食粮公社及各省市食粮公社施政要项，或系本年度收买食粮之全部计划，内容均极重要，特此提出报告，敬供研讨。

关于华北食粮公社设立及运营之件
（日本大使馆提出希望意见）

一、小麦上市为期已迫，希望从速设置食粮公社，设立委员会。

二、希望从速对各省市指示供出责任数量及农民贩卖价格。

三、因日本法人之华北开发公司、华北平衡仓库参加食粮公社，为出资者之关系，预料公社内当能采用日系职员。对该项日系之人事，均拟由大使馆先行决定，然后推荐，且该公司方面之希望，拟请任命副理事长，常务理事、理事、监事、科长各若干名。

四、对于有关战力增强之重要产业之食粮，虽素由华北食粮平衡仓库供给，然其不足数量应以现地生产食粮补充之。希望于食粮公社收买计划中，一般民需华侧特配之外，再加算补充数量，总括取得后，与大使馆协议，优先配给于关系方面。

五、希望指导各省市粮业公会，能如以前各地采运社活用日系商社。

民国三十三年度小麦杂粮收买要纲(案)
（日本大使馆提出）

第一　方针

一、为确保本年度之小麦与杂粮，仍应继续上年度之办法，以强大之行政力实施责任供出分摊制，俾期完成责任供出量，达到收买之圆滑。

二、供出之分摊分为中央、地方两部，中央供出部分由政务委员会委员长分配，指示省、市长，地方供出部分由各该省长决定指示之。

三、办理供出一切事项之最高责任者为省、市长，至于以下之县知事、区长、乡长、镇长等，则应于一定限度内各负其责。

各个供出责任者应视其供出量之成绩如何，信赏必罚，即对于省长由华北政务委员会委员长，对于县知事以下，由省长一一分别规定特别拔擢暨升迁、表彰与惩罚等事项。

四、为确保责任供出量，各省、市得实行征粮代赋。

五、中央供出部分买入后之业务，由华北食粮公社负责，地方供出部分买入后之业务，由各省、市食粮公社负责分别办理之。

第二　要领

甲、搜集

一、主要食粮之供出分摊及供出责任之分野

（一）小麦及杂粮之供出分摊，应由各省、市长就华北政委会所决定各省市应分摊之中央供出量（中央食粮公社应买入之部份），及分由各省长决定之地方供出量（地方食粮公社应买入之部份），合计其总数量，一一按县分摊，指示于各县知事。

（二）各省、市最高供出责任者之省、市长，对于县知事暨县知事对于区长、乡镇长以下人员，均应竭力指挥监督，尽量发挥地方行政力之全部，以完成中央及地方之供出量。

（三）各省、市长在原则上应讲求中央责任供出量优先于地方供出量之措置，使其纳入于中央食粮公社，但因地方实际情形不同，得由华北政务委员会与省长协商，将搜集量之一定比率同时保留作为地方供出部份。

（四）北京、天津、青岛各特别市，其供出量均为中央供出，应集积于各该特别市。

（五）关于小麦一项，纵系地方供出部份，亦应于中央食粮公社之管理下，制成面粉后，再行交还，配给于地方食粮公社。至关于地方配给之计划，另由华北政务委员会与省长协商决定之。

（六）对于特别指定之种米地区及种棉地区之种米人或种棉人，不依据本要纲施行供出之分摊。

（七）为谋分摊供出之迅速完成，在原则上应由省长令行县知事以其所管辖区域为限，严厉实行搬出之限制，但已完成分摊供出量者，经政务委员会或省、市长之认可，得解除搬出之限制。

（八）在实施征粮代赋县分，其实征数量比诸地方食粮生产量及消费量仅为少量，而认为尚有供出之余力时，得同时并行统制收买，如认为无供出之余力时，则仅实行征粮代赋，不必实施统制收买。

由征粮代赋征得之供出数量，均属于各省、市责任供出量之范围以内。

二、供出品交货场所及供出价格

（一）供出品交货场所，以县城内或县知事所指定之场所为原则。

（二）关于未交货于前记供出品交货场所以前之搜集事项，应依县知事之所定，由县合作社联合会乃至乡镇合作社，以及县知事所指定之粮商担任，但农民能自行送交者，应尽量准许之。

（三）供出于中央及地方之小麦及杂粮类之价格（食粮公社之收买价格），以在供出品交货场所每百公斤为基准，其品目由华北政务委员会一一规定之。

三、伴随供出之生活必需物资之配给

（一）随收买而配给之廉价物资，以不办理为原则，但按责任供出量，对于乡镇长（农民）得以奖励方式，施行必要物资之特殊配给。

（二）特配品为农民生活必需物资之棉布、食盐、火柴、纸烟、药品等，中央放出之价格系按公定价格，特配品之配给数量与供出数量之比率，由华北政务委员会另定之。

（三）特配品之交付，不问其为中央或地方之供出，小麦以十月底，杂粮以翌年一月底供出完了者为限，以后不适用之。

（四）特配品之配给责任者，在省、市之全部为省、市长，在县以下为县知事。至于配给方法及担当业务人，由省、市长妥为决定后实施之。

乙、收买

一、地方食粮公社

（一）地方食粮公社于主要食粮之供出收货场所（县城或县知事指定之地点），就县合作社联合会乃至乡镇合作社或粮业公会会员所搜集之主要食粮，依另行指示之价格，于检斤及检查品质后买入之。

（二）地方食粮公社就上项买入之食粮中，将属于中央供出部份，在供出收货场所卖交于中央食粮公社。

（三）关于地方供出部份之输送、保管、加工及配给等，由地方食粮公社遵照省长之指示管理之。

（四）地方食粮公社得将其食粮之买入、出卖、输送、保管、配给等管理业务之一部，使合作社或所属粮业公会会员代行之。

（五）北京、天津、青岛各特别市之地方食粮公社对各该市内供出之中央供出部份（三特别市无地方供出），由买入至配给之一切中央食粮公社业务均代行之。

二、中央食粮公社

（一）中央食粮公社由地方食粮公社所买入之中央供出部份（小麦则包括地方供出部份），其购买、输送或保管等事项，得委托于华北交通公司、华北运输公司或中央食粮公社所指定之人。

（二）粮谷之加工，以委托于麦粉制造协会为原则。

（三）食粮之配给，遵照华北政务委员会之指示办理之。

（四）关于在收货场所之买入，以及保管、输送及加工等计划，遵照华北政务委员会之指示，分别与关系机关另行商酌之。

丙、开发食粮组合现地生产食粮之买入与配给

一、开发食粮组合仍与去年相同，不于生产地自行购买小麦及杂粮，随时由中央供出部份内购买另行决定之需要量。

二、承受前项出让之主要食粮之接收，由开发食粮组合与中

央食粮公社互相连络后，使开发食粮组合所在地之支部于县城之收货场所接收之。

三、由开发食粮组合接收完了之主要食粮之输送、保管及配给，仍照现例办理。

备考　对于山西省另行措置之。

关于民国三十三年度收买小麦杂粮之件
（日本大使馆提出）

一、本年度小麦、杂粮之收买，仍继续上年度以强大之行政力实施责任供出分摊制。关于办理供出一切事务之责任者为省、市长，但对于天津地区种米地、种棉地之种米者，另行办理，并不分摊小麦杂粮之供出。

二、各省长在原则上应讲求优先办理中央供出量，使其纳入中央食粮公社之措置。

三、关于小麦一项，中央、地方均应于中央食粮公社之管理下，全部制成面粉，然后再将地方部份返还，配给于地方食粮公社。

四、在实施征粮代赋县分，于实征数量以外，尚认为有供出之余力时，得同时并行统制收买，依征粮代赋征得之供出数量，应加入省、市责任供出量之中。

五、应行供出之小麦。杂粮，其交货场所以县城或县知事所指定之场所为原则，供出价格以交货场所每百公斤小麦为基准，一一决定各品目之价格。

依据前项小麦之价格，预定为一六五圆乃至二〇〇圆。

六、伴随供出之生活必要物资之配给，系按责任供出量，依奖励的意义，施以特殊配给。

七、地方食粮公社应于主要粮谷之供出交货场所（县城或县知事指定地点）收买，对于移交中央部分于当场卖交于中央食粮公社。

八、中央食粮公社对买入之粮谷（小麦为供出量之全部），原则上应将其购买、输送、保管等业务委托于华北交通公司及华北运输公司，并将加工业务委托于麦粉制造协会。

小麦杂粮中央供出部分各省分摊量(单位万吨)
(日本大使馆提出)

省别＼种别	小 麦			杂 粮			合 计		
	中央一般	重要产业	计	中央一般	重要产业	计	中央一般	重要产业	计
河北省	5	3	8	10	2	12	15	5	20
河南省	3	2	5	5		5	8	2	10
山东省	7	5	12	8	3	11	15	8	23
小 计	15	10	25	23	5	28	38	15	53
山西省	2		2				2		2
(淮海省)	15		15	10	5	15	25	5	30
计	32	10	42	33	10	43	65	20	85

备考

（一）地方供出部分另由各省分配之。

（二）小麦一项，河北、河南、山东各省合计二五万吨，此外地方供出大约为一〇万吨，总计三五万吨，为收买预定量。

小麦之交付农民(指定场所交货)价格
(日本大使馆提出)

农民应向中央、地方供出之小麦及杂粮之价格（食粮公社之买入价格），以供出品收货场所每百公斤为基准，各品种均按以次所列，由华北政务委员会另定之。

小麦　　　　　　　一六五圆——二〇〇圆

对于杂粮，则以小麦之价格为一〇〇，依左列比率计算：

小米(粟)	八三%
谷子(带皮之粟)	五四%
高粱米	五〇%
高粱	四〇%
玉米(苞米)	七〇%

〔伪华北政务委员会档案〕

重庆国民政府粮食部调查处编印敌伪在华北之粮政设施

(1945年8月)

自七七抗战爆发后，华北各省首先陷敌，华北面积辽阔，地势平坦，土壤亦甚肥沃，为农产富庶之区，矿藏亦甚丰富，敌人蓄意侵略者积有年所，故自侵占华北后，即进行经济侵略，以遂其榨取企图。其在农业方面之掠夺，计划周密，而进行积极。本文为就敌寇在华北方面粮政之设施，作一简明叙述，以明敌寇对华北粮食生产运消费之统制情形及掠夺实况。

一、敌寇之农业政策

倭寇在侵占区内之农业政策，于太平洋战争前后略有不同，在珍珠港事变以前，倭之农业政策系采"中日满农业一元"政策，亦即谓中、日、满因自然地理条件之不同，应各守独立立场，建立适当之分业关系。根据此种立场，则中、日、满之农业设施应采分工合作互相补充，发挥个性而避免冲突之方针。换言之，日本国内已发达或足用之农作物，中、满应采抑制方针，日本国内有所不足之农作物，中、满应全力扩充增产。于业〔此〕方针下，则华北应以增产棉花及羊毛为中心，尤以棉花为主要增产对象，至华北所需粮食，则计划自伪满及华中补充。及太平洋战争爆发

1320

后，倭因国内食粮不足，而南洋运输又极感困难，上项政策乃因应事实改变，在侵占区之农业政策由分工合作而改为自足自给，由特产物之增产而改为粮食增产。一九四三年初大东亚建设审议会通过之"大东亚农业政策"，曾有以下三点之规定。

（一）日本主要食粮之米由国防观点言，应由满洲、中国等近距离之处供给，故应扩充食粮产量。

（二）为积极增强华北及华中之棉花生产，仍应确保棉花生产地带之食粮自给，对棉花之生产与收买价格等应实行适宜方策。

（三）主要食粮以确保内地自给为原则，但华中、华南之不足地域，应仰给于南洋各地。

由上述可知，倭寇在华北之农业政策以太平洋战事爆发为转换点，以前特重棉花、羊毛之增产，以后则棉花与粮食之增产并重，而此种改变完全基于敌寇之实际需要，以支持其灭亡中国统治世界之野心与企图。

二、粮食增产机构

自太平洋战事爆发后，敌寇在华北既以增产棉花与粮食并重，于是有种种增产机构之设置，以图达成其目的。华北方面之增产机构，以伪实业总署及日驻伪大使馆内所设之物资增产对策委员会为最高指导机关，以伪合作社为基层机构，担任农村指导之职务。至于中层之设计监督机构，则依作物之种类而不同，例如小麦、杂粮之增产，则由伪华北合作事业总会担任之，稻米之增产由天津米谷统制会担任之，至该会担任地区以外之其他地区，则由伪华北合作事业总会分任之。此外关于各种作物之土地改良事业，则由伪华北垦业公司担任之，并由伪华北交通公司及伪新民会负全面协助之责。

除上述各种机构外，尚有华北农事试验所及军粮城精谷会社二机关，对华北之棉粮增产业务极关重要，且拥有田土甚广，资本雄厚，敌寇对之尤为重视。分述如下：

（一）华北农业试验所　华北农业试验所乃为实业部与华北农业研究所之合作体，民国廿五年成立于青岛，原名华北农业科学研究所，廿六年与天津之农事试验场合并，廿六年冬移至北平，廿九年改称是名。总所及总场设北平，设分场于河北之天津、正定、军粮城、定县、通州、昌黎、滦县、抚宁、晋县、山东临清、齐东、青岛、邹平、荷泽、高密及山西之太原、临汾等地，在南苑、保定、邯郸、新德、辛集、唐山、德县、济南、泰安、临清、张家口等地各设棉花原种圃，其中多处设有小麦原种圃于各省市县之"劝农场"，如华北交通铁路局农场、伪新民会农场及□□□农场，均附设试作地三十亩。其组织分为农业、农业技术、训练事务系统三部，农业部设耕种科、农林化学科、病虫科、农业水利科、林农育产科、家畜、防疫等七科。主要业务为调查研究土壤与兴修水利，及改良小麦、棉花、玉蜀黍、粟、高粱、大豆及落花生等种子。

（二）军粮城精谷会社　军粮城精谷会社乃最主要杂粮水稻增产机关之一，年来对蓟运河下游滨海地带之水利工作贡献极多。在芦台、军粮城、小站、碱水沽、葛沽、八里台一带分别设有指导处，其业务为指导及办理上述各地之农业贷款、水利兴修、种子改良、肥料配给与碱地开垦，及农事试验场之设施。

三、粮食增产计划

敌伪关于华北粮食增产计划，三十二年度预定以较前年度增产十分之一为目标，其预计增产数目为水稻三〇，〇〇〇公吨，小麦一二七，〇〇〇公吨，杂粮一〇一，〇〇〇公吨，甘薯一二五，〇〇〇公吨。他如开垦水田，亦按计划进行。三年前军粮城精谷会社即以从事开垦工作，在军粮城及芦台两地区开辟水田六四，五六六亩，三十二年又在天津周围开辟成水田十余万亩。长芦盐区改良碱地委员会技术处并于同年订定五年计划，开始着手改良新海县私盐地区，预定第一年度于马厂城河建造放泥水路六公里（宽二百公尺）及设置五百亩之农作改良场一所 第二年度开垦荒地一万五千五百亩，第三年度建筑马城河之新导水工程，第四、第五年度开垦碱地六万五千亩。此外敌伪在保定地区又设有"劝农模范场"，定有极详尽之增产计划、其与粮食增产有关：（一）试验工作。试验小麦、大麦、粟、高粱、玉米等品种，分比较试验及地方试验等法。（二）研究调查工作。小麦栽培之经济研究调查，棉麦粟轮作制度之经济研究调查，棉麦轮作制度之经济研究调查。（三）采种工作。三十二年度采种圃预计种"河北一号麦"廿市亩，"劝农二号麦"五十市亩。（四）指导工作。指导并协力各县劝农场之整备，重点县、模范村之协力指导，示范农家之经营指导等。

四、粮食增产设施

敌伪在华北农业增产之设施，尽力最多而效果亦最彰著者。厥为水利工程之兴修及开垦荒地，此点容于他文另述之。

兹就其他关于粮食增产之各项措施分述如后：

（一）设置产粮重点县 敌伪在华北控制各县内，依地质与自然状况设定重点作物，俾集中实施于重点各县。其已定之重点县计河北六十三县，山东三十二县，河南二十六县，共计一二一县，每县各设五重点乡村，共六百零五乡村，详如左列：

河北省

	抚宁	昌黎	安次	密云	通县	香河	大兴	良乡
三河	顺义	昌平	宛平	涿鹿	靖苑	定兴	雄县	新城
满城	行唐	徐水	新乐	定县	安国	冀县	宁晋	赵县
无极	束鹿	获鹿	平山	藁城	元氏	正定	仓县	南皮
交河	献县	武邑	景县	衡水	故城	枣强	吴桥	内邱
任县	南和	沙河	肥乡	磁县	曲周	邯郸	永年	广平
大名	长垣	武清	青县	成安	安平	晋县	深县	邢台
东光								

山东省

	福山	昌乐	平度	昌邑	潍县	高密	安邱	长山
临淄	益都	惠民	邹平	历城	德县	郓城	巨野	泗水
城武	汶上	曲阜	邹县	滋阳	济宁	嘉祥	滕县	金乡
峄县	泰安	肥城	东平	临沂	桓台			

河南省

	彰德	武安	临漳	汤阴	获嘉	镇县	汲县	辉县
封邱	杨武	修武	武涉	新乡	沁阳	商邱	鹿邑	杞县
开封	中牟	陈留	通许	柘城	睢县	宁陵	虞城	清化

（二）设立示范农场 （1）综合农家经营综合农产，由伪渤海道设立之。(2) 水稻农家专事经营水稻，由伪顺德道设立之。(3) 小麦农家以小麦为中心之农业经营，由伪冀南道设立之。(4) 蔬菜农家为蔬菜之专业经营，由伪津海道设立之。

（三）训练农业指导员 三十二年度伪河北省公署训练农业技术人员四百名，伪华北合作事业总署训练农业技术指导员一千三百名，三十二年度再训练华系初级技术员六〇〇名，并对华系技术员七〇〇名，日系技术员三〇〇名再施短期训练，训练毕业后即分发产粮重点县及各劝农模范场等地作技术指导工作。

（四）种子选择与消毒播种 伪各县劝农场设立采种圃，选择优良种子，配给农民（伪山东省三十二年度种子配给小麦五千五百斤，杂粮种子一三九，四〇〇斤，稻种三六一石，地瓜种七万斤）。配给之种子经消毒后施种，播种 面积计定县小麦 为一〇三，一五五亩，谷（按即粟）八〇〇，〇〇〇亩；蠡县小麦七，七〇四亩，大麦一，三六六亩，谷一二三，五〇〇亩，高粱 九五六，八〇〇亩，玉米六七，二〇〇亩，豆类一，三〇〇亩；山西潞安区播种面积（作物种类不详）为八，六二三，六二九亩。

（五）防除虫害与施肥 敌伪制有防虫药剂配给各地应用，伪渤海道以沧县、盐山、新海、任邱四县为治蝗重点县，各伪县署并组有治蝗指挥部，编成治蝗队。伪河北省对各农物区配给硫安计水稻区一〇，〇一五吨，小麦区三，九八〇吨，谷区八五五吨。山东小麦及杂粮区配给硫安五，七九九吨。

（六）增产奖励与宣传　普遍设置劝农模范场、采种模范场、竞作田等，并于施种之际发放各种补助金、贷款、播种机及增产奖励费等，收获后召开品评会，品评农业之优劣，发给奖励金等。又由各县农业增产推进委员会举办讲习会，农暇时出发乡间宣传，并遍贴增产宣传标语。

（七）增产运动　（1）伪建设总署颁发"利用空地耕种办法"，令各伪署区处及附属机关，利用各所辖空地以及办公厅舍私人住宅之空隙地，或废花园内，从事农产品及蔬菜耕种工作，并规定耕种办法。（2）伪教育总署发起华北伪公立四万余学校百万学生从事粮食增产工作，其办法规定，小学生耕作面积一校为一亩，中等学校耕作面积男子一人为〇。〇五亩，女子一人为〇。〇一亩，中、小学全体耕作面积为六十四万亩，皆利用空地或新开垦地，一年间之增产劳动时间为一个半月，劳作以午后为主，农忙期须整日为之，更将假期缩短，以充作劳动时间。

（八）食粮防护工作　A、各伪县署组成"食粮确保班"，巡回乡村收集食粮，并劝诱农民将食粮存入指定之农民仓库保管。B、各县敌伪军与伪警察保安队组成"封销阵"，防止共军抢粮运动。C、伪县公署及伪新民会动员全体武装团队出动各乡村，一面"保护"，一面"协助农收割"，实际变象之掠夺。D、勒令乡民组织"集团麦场"，集数十户为一组，由伪警团队负责监护，"集团打麦"，以便掠夺。E、组织民众自卫团，协力防护工作。F、改良集资政策，敌伪为避免农产物之被农民与商人隐匿及输入我方起见，乃改变以往强制剥夺之收集农产物方法，力求农产价格之合理化，使农民自动提出其收获物，因此收买数量得以增加，掠夺之阴谋亦从而得以完成。

（九）强化农业资金　伪华北政务委员会以三十三年度预算三

分之一强用于该年农产政策之实施，当其确定三十三年度岁出岁入之平衡预算时，对行政费支出力求减少，而对增产方面之建设费则特予通融。又对于资金之运用，于春耕资金中之春耕贷款改称为额定资金，并自是年起，新设秋耕贷款，以助成秋季收买之资金，金额为五千万元。其他如凿井贷款为七千一百八十万元，推行土地改良事业贷款为五千六百万元，防除病虫害之设施支出经费定为二，四三八，一九〇元，设置各模范圃支出补助金三二五，〇〇〇元，对于甘薯之增产设施定为六，六三五，三四〇元，更施行七，二〇〇，〇〇〇元之贷款。由此可知敌伪对增加粮产之重视与努力矣。

（十）调查与研究　敌伪对华北粮食之调查与研究极为重视，以为增加并改进粮食生产之张本，如Ａ、伪华北综合调查研究所为树立"食粮对策"，向华北全区派遣调查生产部门十九班，流通部门廿三班，实行现地调查，调查地区按生产之优劣分为三类，即：甲地区，其种植面积增加生产良好者，如河北之伪保定道、伪顺德道，山东伪青岛特别市、伪登州道、伪曹州道、伪兖济道、伪泰安道、伪沂州道、山西雁门道、伪冀宁道、伪河东道，河南省伪豫东道、苏淮地区之苏北地区及安徽省北区均属之。乙地区，其种植面积减少而生产良好者，如河北省伪北京特别市、伪冀东道、伪津海道、伪燕京道、伪真定道、伪冀南道、伪东州道、伪贵州道，及河南省伪豫北道属之。丙地区，其种植面积减少生产不良者，如河北省伪渤海道，山东省伪武定道、伪济南道、伪东临道、山西省伪上党道属之。Ｂ、伪新民会为协力所谓"增产救民"运动，实施农产物生产费用调查，调查地点以每伪道二县，每县二村，每村十户为标准。调查人员分现地调查人员与中央调查人员两种，调查之作物以小麦为主，兼及其他作物。Ｃ、设置农业科学研究所，伪华北农业试验场及伪华北产业科学研究社，在北平西郊设一广大农业科学研究所，于三十二年八月已开始办公。

五、敌伪对华粮食之统制与掠夺

敌伪对华北粮食增产不遗余力，其目的无非在掠夺粮食，支持侵略战争，因有种种关于粮食统制之设施。兹就其统制机构、统制方法与掠夺之方式与实况分志如后：

(一)统制机构　敌伪为统制华北粮食，设有各种机构，且时有变迁。在先关于小麦之收集，设华北小麦协会，关于杂谷、小麦之运销及配给各制粉厂，设华北粮食平衡仓库，关于水果、蔬菜之运销，设山东蔬菜配给统制组合，关于主要□□□运销及配给，则由各地合作社担任。自敌寇之八十三届议会后，敌伪则依据其低物价政策及粮食统制机构"一元化"之措施，将前述各种粮食统制机构（除合作社外）之业务悉数归并，另设一新统制机构，直接办理或指导办理，于是在物资物价处理委员会指导之下，设置华北粮食管理局及天津市、青岛市分局，河北、山东、河南、山西等省分局。继之又由粮食管理局指导监督各地粮栈及日系粮商，在各省设立粮食采运社，规定各地粮食之采运配给诸事务由采运社及合作社经办。兹将粮食管理局与采运社及合作社之关系列如（见第1328页图）。

(二)统制方法　敌伪对华北粮食之统制极尽严密，关于采运之统制，以粮食采运社为中枢收买机构，规定加入该组织之粮商，须经粮管局核准，并须具备下列各项资格之一：(1)资金十五万元以上者。(2)以往从事采运业有显著成绩者。(3)有特殊采运能力者，资金虽不满十五万元，然联合二社或二社以上，可以形成资金十五万元之一社者。采运一般办法，为由华北物资物价处理委员会议定各地之粮食收买公定价格及配给公定价格，规定由合作社，采运社或与其他粮商社团分别依价采购，并按照各地环境，尽量禁止现金交易，依据各地农民需要状况，以物物交换而充当各物代金之一部，以补助农民生产及日常需要。采运成绩特优者，并由敌伪给予奖赏。各采运社团所采获粮食，均须随时运交就近

华北政务委员会

粮食部　　　　粮食管理会　　　物资物价处理委员会
　　　　　　　局　　　　长
　　　　　　　秘 书 主 任

第一科（处理主要粮食增产事项）　第二科（处理配给加工储藏诸事项）　第三科（处理水产著产及蔬菜等副食品之生产运销事项）

○○省粮食管理局或办事处　　　　○○市粮食管理局或办事处

○○地区采运社　○○地区合作社　○○地区采运社　○○地区合作社

监事会　理事长　　　　　　　监事会　理事长
　　　理事会　　　　　　　　　　　理事会

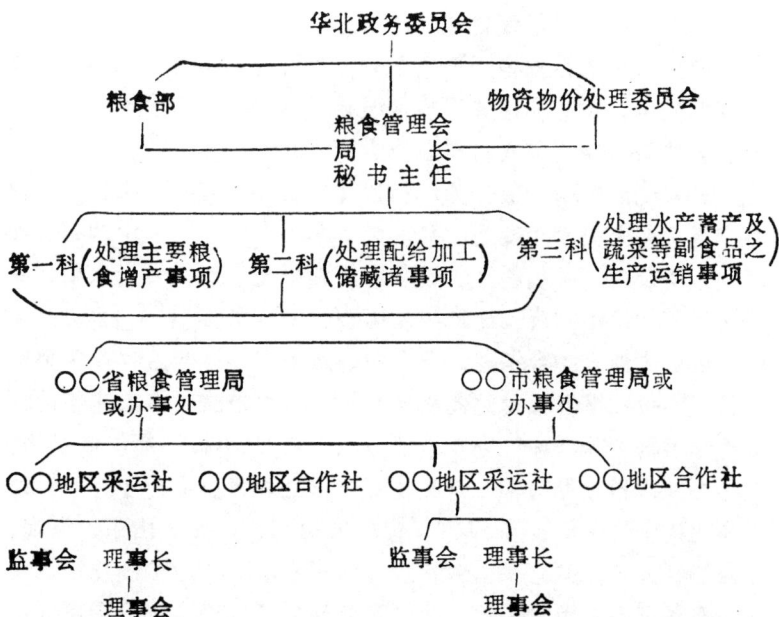

各当地粮管局指挥下之分局或办事处，或合作社，或采运社，并一律不得转售，然后由粮管局或合作社转交加工社团（或称加工厂）及配给机关，而配给予一般人民。至采运区域，则划分为产粮区重点县及非产粮区重点县二区域，前者只限合作社与采运社收购，后者则除指定合作社、采运社直接收购外，其他有采购能力者，一经申请得粮食管理局或其分局或办事处登记许可后，皆得从事采购。关于统制生产，在前节粮食增产设施 中业已述及，于此有须附带说明者，即在敌我势力接触之游击区，概 划为"无粮地带"，强迫农民种植罂粟或蓖麻子，无粮地带如发现有种植粮食者，皆予铲除，并受严厉惩罚。敌伪强迫种植罂粟之地区，东北、蒙疆、华中、华南、华北各处均有，而以华北 种植为 最广，估计约达六二〇，〇〇〇市亩之巨。敌寇用心之狠毒，于此概见。关于统制消费者，主要城市如平、津、太原等地居民，不分季节，一律限令购食杂粮、糙米、粗面，并实行配给制度，按月计口售粮，其配给量之微少，举世所无。一般而于初则每人每日可买米十五两，旋减为十两，老人、幼童则减半配给，方式则用凭券制。

(三)掠夺之方式与实况　敌伪对华北粮食之掠夺极尽苛索之能事，其最普通用之方式有下列数种：(1)勒令强征。强征办法各地大同小异，所采手段分怀柔、勒索二种。前者系由敌伪组织，"巡回诊疗班"至各县乡村与人民诊病，藉机施行征收，后者系派各县伪军宪警深入各村榨取搜索。(2)设法收购。敌伪收购方法因各地环境而区分为高价现款收购、低价现款或贷款收购。前一种方法，多行于敌我交界地带，如豫西及鄂省等地是，后二种方法多行于敌寇可以全力支配地带，如河北全省及豫东、鲁西各地区是。(3)强令献粮。于限期内不能缴交或抗交者，必遭重惩，并停止一切日用物品及盐配给。(4)田赋征实。华北伪政委会因鉴于物价波动过大，影响其财政收入，亏损甚多，及历年掠夺未能达到其所预定数量，乃于河北划定四县，山东十五县，河南一县，及山西中部汾河流域与南部平陆，芮城、安邑各地试将田赋改征粮食及棉花，用以除去其财政收入之亏损与补充其搜括不足之预定数额。(5)设兑换制。敌伪利用物物交换政策而搜括物资行之已久，尤其在华之豫西、晋南各地推行最力。其办法为敌伪合作社于各设区设立物品交换所，发动人民须以粮食或棉花向所在地之交换所换取棉布、煤炭、火柴等日用品，并预定缴交粮食、棉花愈多者，获得日用品之配给量亦愈多，反之其携来粮食、棉花较少或全无者，则减少配给或停止配给，以为奖惩。

年来敌伪搜括华北粮食之总额虽无确实统计可稽，但据报告，仅河北一省之密云、通县、香河、大兴、良乡、三河、顺义、昌平、涿县等九县于三十二年七月间，对小麦一项即一次被征去三千七百三十八吨，他如山西之汾阳、文来、孝义、交城等地，每年每月被掠去之粮食均在十万石以上，全省则在五百万石以上。

附注：本文为根据特种经济调查处资料编制。

〔国民政府粮食部档案〕

二、物 资 统 制

喜多诚一为关于临时取缔搬出物资事宜致王克敏公函

(1939年4月14日)

兴华北连经一第四三号

关于临时取缔搬出物资事

民国二十八年四月十四日　兴亚院华北连络部长官喜多诚一　临时政府行政委员长　王克敏殿

为确立华北通货制度及确保军用资源起见，有取缔华北物资之向陇海线以南地方搬出之必要，请暂照左列办法处理之。

列左

一、公布照别纸第一之临时取缔搬出物资办法。

二、制定照别纸第二之临时检查搬出物资规则，但此项规则定为不公布于大众。

三、关于依据别纸第三，临时取缔搬出物资办法，应发发给护照之命令。

四、制定照别纸第四之护照雏型。

别纸一　临时取缔搬出物资办法

第一条　附表一所记载之物资，除陇海线外，不得向陇海线以南区域搬出之。

第二条　附表二所记载之物资，非附有临时政府所发给护照，除陇海线外，不得向陇海线以南区域搬出之。

第三条　依照前条之规定，欲领护照者，向该地省公署缴纳另所规定之护照费，申请发给护照。

第四条　临时政府为取缔第一条、第二条之搬出物资起见，于必要地点设立物资检查所。

检查员应查验护照，并得检查搬运途中之物资。

第五条　凡违反本办法者，处以犯规货物价值三倍相当之罚款。

以搬出目的，已托搬运第一条及第二条所规定之物资，或将有此类行动时亦同。

犯规物件应没收之。

第六条　知情而帮助犯规者，处以五千元以下之罚款。

第七条　依第五条、第六条处罚时，应由发现犯规之物资检查所办理之。罚款及没收物件定为该省之收入。

附则　本办法由公布之日施行之。

附表一
一、牛皮
二、绵羊皮（小绵羊皮及寒羊皮亦包含在内）
三、羊毛（绵羊毛及寒羊毛）
四、麻（大麻及线麻）

附表二
一、蛋及蛋类加工品（蛋白、蛋黄、及蛋粉包含在内）
二、胡桃及胡桃仁
三、花生油
四、花生
五、杏仁
六、棉子

七、烟叶

八、粉条（以豆为原料）及通心面条

九、煤（即焦炭、练炭及枯炭）

十、毛毡（地毯及毡毯、棉毛交织物及状毯）

十一、草帽辫子（以麦秆做成者）

十二、棉花

别纸二　临时检查搬出物资规则草案

第一条　政府设立物资检查所于必要地点，或使省公署开办之。

第二条　检查员须受政府或省长之指挥，定为依据临时取缔搬出物资办法，检查护照，取缔货物搬运出境，及办理处罚犯规事件。

第三条　检查员认为必要时，得检查旅客之随身行李。

第四条　检查员虽在火车站或在火车中执行检查事务时，应注意切勿滥用职权，妨害火车站及火车中之业务，或使火车延误时刻。

第五条　对于官厅用品有政府证明者，军用品有军之证明者，或华北交通公司用品，不必施行检查。

第六条　处罚以没收物件为原则，不能没收时，以罚款代之。犯规性质恶劣时，没收后并应加以罚款。

第七条　处以罚款时，如犯规者不在其犯规地点时，应嘱托犯规者居留地之省公署处理之。

第八条　没收物件之运费或费用之一部或全部 尚未付 清时，或有加重金时（大约是后补未收足运费之意），收纳犯规物件或罚款之省政府，应对于交通公司依变卖该项充公物件 所得之款 项，或由罚款中支付之。

别纸三

依临时取缔搬出物资办法，关于发给护照，临时政府对于省公署之命令草案。

依据临时取缔搬出物资办法所规定之左列事项，暂时对于处理办法应受临时政府之指挥。

列左

一、第一条及第二条所记载物资没收时之处理方法。

二、依据第三条发给护照。

别纸四　运送物资护照〔略〕

〔伪临时政府行政委员会档案〕

伪维新政府行政院附送苏浙皖三省拟议推进统制事业三原则提案致原田函稿

（1939年6月2日）

迳启者：案据苏、浙、皖三省长电请将各省、市行政会议议决通过之推进统制事业三原则明令公布等情前来，相应抄录原代电及原提案各一份，备函送达，即希查照转知兴亚院连络部，并请见复为荷。此致

顾问部原田最高顾问阁下

附抄件〔代电略〕

行政院长　梁○○

中华民国二十八年六月二日

拟议推进统制事业三原则提请公决案

为提议事：查经济提携为我维新政府政纲之一，其目的为救

挤失业，开发资源，工业之振兴，农产物之改善，宣示有众，昭然共见。然各项企业之须经济上协助者若干数字，须技术上供给者若何程度，徒以机构散漫，难凭统计。为谋通盘筹划，以便调整计，则统制政策尚矣。

惟是我国经济生产素称落后，商业经营尚在自由竞争之阶段，习为故常，安之若素，一旦撤弦更张，一变成法，则上也者未有不迁延观望，藉词规避，下也者未有不骇汗奔走，疑惧交并者，良以衣食所系，生计所托，不有保障，何能憩置，此凡民可与乐成，难与图始之通病也。

查统制政策既基于经济提携而产生，而经济提携又为政纲所规定，是其推行所及，决不容其稍有阻滞，影响大计。惟政策不可变，而方式不妨变，操持过切，而难收实效，则迂回循序，以赴事功，其途虽殊，其归则一。谨就管见所及，以谓有应确立原则者三端。

一、明定施行细则也　查各项统制事业、公司规程，前经政府先后分别公布在案，惟一般商民所欲深切明瞭者，不在公司之权益若何，而在切身之利害若何，不在公司之责任问题，而在各该商民之以如何方式接受统制，以及实施之如何步骤。诚以一经节制，悉受羁绊，不明真相，何肯尝试，是现在推行之阻碍为其果，而当时细则之未明实其因。为推行尽利起见，亟宜明定章则，即公司之权限应以如何为阶段，接受者之权益应以如何为限度，公司应如何受政府之协助，接受者应如何受政府之保障，分别规定界限，显然在公允原则之下，自不难乐于接受，一蹴可几。再统制企业本属行政制裁行为，现政府既以法令赋予各公司以统制各事业之特权，但论其身份，仍为我国法律上之私法人，其一切事业仍应受各级政府之监督。此外，政府监督各公司，与各公司统制各该业之界限，亦应明白分配，以利推进而重职掌。

一、确立经济提携界限也　查经济提携为我政府政纲之一，亦为我国商民向来所服膺，证以过去各项企业，其与友邦人事合办事业之众多，可为铁证。现在两大民族握手言欢，精神亲善更进一步，各统制事业公司基于前项政策下组合，自应收事半功倍之实效。惟是所谓经济提携者，系属于两方面，彼此能力有相等，有雄弱，有甲擅天然之富源，乙具启发之雄力，总期双方以此之长补彼之短，条件须公允平等，权义须互惠相当，庶能共同发展，无偏无颇。友邦近卫首相宣言谓：断不为试行之独占，务于平等原则之下，贯彻经济提携之精神。大哉斯言！此诚经济提携之真谛也。各公司诚能躬行我政府政纲之精义，一方实践友邦近卫首相之宣言，岂特各项事业得收推行尽利之效，抑将使两国经济蒙受尽量发挥之功。

一、严守统制范围也 细绎统制意义，为限制经济自由竞争而产生，以社会经济平衡前进为目的。质言之，即应在政府一贯政策下，促进技术之向上，减轻消费者负担，调整产销之适合，至各个商业组织，依旧保持原有合法权益，绝无分润，与含有强制合并合作乃至托辣斯之性质迥不相侔。过去经过实施之统制事业，如蚕丝、棉、茶均以各该业接受统制方法为其最后阶段，堪为明证。现在各公司既经政府赋予统制特权，自应严守范围，以符实际。即使以政府统制与法人统制机构之不同，及为便利调整起见，有合作之必要，亦应以公平互惠之原则，无感荣枯之条件，在政府监督之下，双方成立协定，以资遵守。

以上各端，是否有当？敬请公决。

提议人江苏省长　陈则民

〔汪伪行政院档案〕

伪维新政府行政院秘书厅译送关于特定物资制限移动通牒函

（1939年9月19日）

迳启者：奉院长交下特务机关本部函一件，为函知关于特定

物资制限移动由。奉批抄送内、财、实各部等因。除分函外，相应抄录译函，送请察照为荷。此致
财政部

附译函一件

行政院秘书厅启

九月十九日

中文特政第八三五号通牒一件

关于特定物资制限移动之件

日本军基于军事上之必要，所有特定物资之移动现经规定，凡属左列第一项之物品，由日本军驻防区域向非驻防区域（以江阴下游扬子江沿岸为特要），或向上海租界（虹口区除外）搬出者，及由上海港搬移出口者，概行禁止。其属于左列第二项之物品，如为同样之搬出及搬移出口者，应得所在地兵团之许可。前项办法业经通告管辖各兵团及各特务机关知照，相应通牒，请烦查照。

以上系为达成军事目的，有规定紧急处置之必要，并为共同抗敌起见，有必需协力之处，务祈谅鉴为荷。

再对于业经知情而未得许可擅行搬出者，所有物品得予没收，或为临机严重之处置。对于未经知情而未得许可遽行搬出者，所有物品得予买收，或为其他适宜之处分。并此声明。

至关于日本军驻防地域内所有物资之移动，并无何等制限，亦希知照。

又所谓日本军驻防地域，即指现在维新政府治下政令所能及之地域而言。并希察照。

左列

第一项 禁止物品

一、铁钢（包括铁屑在内）、铜、黄铜、真输、锡、铅、亚铅、锑、锰、萤石、云母、铝等之制品、材料及矿石、钨、石绵、黑铅。

但铁钢制品、材料、铁屑及铁矿石由日本制铁株式会社搬出者不在此限。

二、煤。

三、麻类（包括市皮在内）、棉花、茧（包括榨蚕茧在内）、羊毛、毛皮、皮革。

但个人服装用之毛皮，每人在二枚以下，不加禁止。

四、漆。

五、空瓶。

第二项　须得许可之物品

一、米、麦、麦粉。

〔伪维新政府系统档案〕

汪伪全国经委会检送调整物资统制一般原则及纲要呈

（1941年2月24日）

窃查本会第三次会议，关于讨论调整 物资统制意 见书一案，业经决议修正通过，并经呈报在案。理合检同修正本案内调整物资统制一般原则、调整物资统制草案纲要各一份，备文送呈钧长鉴核备案，实为公便。谨呈

行政院院长汪

附呈　　调整物资统制一般原则　　一份
　　　　调整物资统制草案纲要

兼行政院全国经济委员会委员长　汪兆铭

中华民国三十年二月二十四日

调整物资统制一般原则

一、统制之主体属于国民政府，在事变继续中，随时与日方有关当局紧密连络，协力进行。

二、统一机构使统制手续明了而简单化，并按货物之性质及各地情形分别处理。

三、管辖区内物资之调节，以尽量达到盈亏相补为原则。

四、由国外及上海输进之货物，以必需品为原则。

五、管辖区域内之土产，按其性质之异同决定处理办法。其为生活所必需者，应先求管辖区之自足自给，其不为生活所必需，或虽必需而有剩余者，除必需储备者外，应鼓励其输出，以求管辖区对外贸易之平衡。

六、对于非管辖腹地，应鼓励必需品及特产品向管辖地之输入，以充实管辖地之物资。

对于由管辖地输至非管辖腹地之货物，除确为有关军事者外，应体察情形，酌予流通。

七、在管辖区内日方所需采购之物资，中国方面应协同办理之。

八、国民政府所管辖华北、华中、华南各地间物资之流通，即循渐进方式，先订特定物资流通办法，及通汇办法，以求经济活动之改善。

九、物资统制调整后，对于经营采购或运销之日方商人，在可能范围内，予以充分便利。

十、现有运输机关应斟酌情形，除军运外，尽量供给吨位，由中国运输机关统一配给之。

十一、物资统制调整后，励行增加生产。

十二、为便利上述各点之顺利推行，在组织方面应有下列各项之准备：

（一）执行机关，（二）连络机关，（三）监督与辅助机关，（四）

同业公会之健全化；（五）运输机关；（六）查缉之编成。

调整物资统制草案纲要

甲、物资统制权移交之原则

一、物资统制权，以全部移交中国方面为原则，但军事上确有特殊关系者，另行协议处理之。

二、前项统制权之移交，并以管辖区之全部为原则，但必要时，先以苏、浙、皖三省为试办区，渐次遍及全部管辖区。

三、在事变继续中，日方协助华方实施各项物资统制，华方对于禁运品及有关军需物资之统制，与日方保持密切联络。

乙、统制机构之设置

设置物资统制委员会，负责办理一切物资统制事宜。该会主要工作暂定如左：

一、计划及接管物资统制事项。

二、颁发统制物资运输许可证。

三、调查各地物资之供需状况。

四、监督及筹划水陆运输之调度。

五、设置中日连络机关。

六、组织查缉机构。

七、分设物资统制办事处于重要地点。

八、会同工商部、社会部指导各地同业公会，协助物资调节之实施。

丙、统制物资之暂定项目

一、统制物资项目之拟定，根据左列原则：

（一）管辖区内之物资，力求其盈亏相补。

（二）国外输进之货物，以必需品为限。

（三）禁止有关军需物资流入非管辖区。

（四）增进特产品外销，以谋出口外汇之集中，并与日方联络，而图两国国际贸易之合作。

（五）在可能范围内，力求减少统制物品之种类。

二、统制物资之种类如左：

（一）绝对禁运物资　左列各项物资，非专供军用即与禁政有关，均应绝对禁止一般商民贩运。

　　（1）军器及弹药；（2）火药及其原料；（3）鸦片及其代用品；（4）其他于作战上之必要，而临时禁止移动者。

（二）属于有关军需物资者　左列各项物资，与军需有关，应严行统制，防止流入非管辖区。

　　（1）汽车及货车；（2）汽车零件；（3）电池；（4）小型电灯泡；（5）电报机及材料品；（6）电话机及材料品；（7）电筒；（8）汽油；（9）水泥；（10）木材；（11）钢铁；（12）军服用料及胶底鞋；（13）军马及警犬；（14）测量仪器；（15）筑路机器。

（三）属于外销物资者　左列各项物资，应本出口外汇集中之原则，斟酌情形，加以统制或外销专营。

　　（1）丝；（2）茶；（3）植物油；（4）猪鬃；（5）矿砂；（6）蛋及其制品；（7）棉纱；（8）皮货；（9）肠衣；（10）麻。

（四）属于民生必需物资者　左列各项物资，为日用必需品，应以调节民生为主旨，斟酌供需情形，加以统制。

　　（1）食粮；（2）盐；（3）棉及棉织品；（4）煤；（5）食用油；（6）煤油；（7）火柴；（8）肥皂；（9）金属品；（10）皮制品。

三、奢侈品取缔项目，随时酌定之。

　　丁、管辖区与非管辖区间物资之流通

对于管辖区与非管辖区物资之流通，采取左列措置：

一、防止军需品流入，及辗转流入非管辖区，但不属军需之物资，得酌量情形，准其流通。

二、取缔奢侈品输入管辖区。

三、拟订奖励办法，增加非管辖腹地之能换取外汇及管辖区所缺乏之物资输进。特别奖励流入之物资及奖励办法如左：

(一)物资种类

(1)丝；(2)茶；(3)桐油；(4)钨；(5)锡；(6)铁；(7)米粮；(8)木材。

(二)奖励办法

(1)减免汇费；(2)便利运输；(3)特价收买。

戊、管辖区内物资之流通

管辖区内各地物资之调节措置如左：

一、各地物资盈亏情形，由各主管机关详细调查，并筹划调节办法。

二、增设交通工具，实施水陆联运，及筹划货运配给之合理化。

己、物资统制权移交后注意事项

一、防止军需物资输入非管辖区

(一)施行运输管理　为彻底防止军需物资输入非管辖区起见，加强运输管理。其主要工作如左：

(1)水陆运输工具之统筹调度。

(2)水陆运输之监督。

(3)水陆运线之规划。

(4)进出口货物之配运及押汇。

(5)水陆运输业之稽查。

(6)运输机关之特别注册。

(二)设立查缉机关　在各接近非管辖区之重要交通线中心，设立武装查缉机关，严为检查，并广置线人，杜绝私运。在事变继续中，所有运输管理及武装缉私工作，应与日方军事当局作密切之联络。

二、军票价值之维持

(一)现行物资交易，其经规定以军票支付者，暂维现状，随次项金融合作办法之进展逐渐调整之。

（二）由中央储备银行与日方金融当局协商金融合作办法。

三、日商营业之便利

在内地经营采购及运销之日商，继续原有合理之便利，并运用原有机构协助中国政府推行物资统制，以达到物资调节之目的。

〔汪伪行政院档案〕

梅思平检送长江下流地带物资统制暂行调整纲要呈

（1941年10月）

案查本会成立经过情形，前经具文呈报钧院有案。自成立以来，迭经举行委员会议，并召集各地方关系机关主管长官，举行谈话会，说明调整经过，听取各方报告，加以慎密规划，以期和平区域之物资流通得以合理改善。关于调整物资统制各项具体办法，经与友邦方面开诚协商，拟订长江下流地带物资统制暂行调整纲要，以为实施之依据。并经友邦方面根据是项"纲要"，将从来对于物资统制之规定，修正为扬子江下流日军占领地域物资移动取缔暂行规定，于九月二十六日公布，自十月一日起施行。所有"调整纲要"要领第四项规定之茶、茧、生丝、蛋及其制品等四种物资之运赴上海地域者，亦经实业部依照既定方针，设立特种商品运销管理局，专责管理。今后各地物资需给，当可因此次调整，逐步改善。伏查关于各地方之物资统制机关，依照"调整纲要"要领第三项规定，似应责成苏、浙、皖三省及京、沪二特别市政府在十月十五日以前，将各该省、市物资统制委员会组织成立，以期与当地日方关系机关，平行协力，藉谋内地物资统制之完善与配给之合理。理合检附长江下流地带物资统制调整纲要、扬子江下流日军占领地域物资移动取缔暂行规定及地方物资统制委员会暂行组织方案各六份，一并具文呈请，仰祈俯赐鉴核，分令苏、浙、皖三省政府及京、沪二特别市政府办理具报，实为公便。又长江下流地带物资统制暂行调整纲要及地方物资统制委员会暂行组织方案，均系不发表之极机密文件，合并陈明。谨呈

行政院院长汪

　　附呈长江下流地带物资统制暂行调整纲要、扬子江下流日军占领地域物资移动取缔暂行规定〔缺〕、地方物资统制委员会暂行组织方案〔缺〕各六份

实业部部长

兼中央物资统制委员会主任委员　　　　梅思平

中华民国三十年十月　　　日

长江下流地带物资统制暂行调整纲要

（八月二十八日修正案）

　　一、方针

　　关于长江下流地带物资之移动，为期达成作战之目的，尤其对于非和平区经济封锁之彻底，同时并求国民政府政治力之贯彻及和平区域民生之安定起见，中日关系当局亟应协力，以谋取缔之合理的强化及调整。

　　二、要领

　　(一)中日双方协力强化物资移动之取缔。随强化之进展，再进而图谋和平区内物资流通之调整。

　　1．日军与中国政府协力，于连接淮南铁路——芜湖——太湖西岸——沆州一线之附近，设定隔绝地带，同时为防止通过太湖之物资流出，讲求查缉游匪之措置。

　　2．经过上海关之物资出口(输出或转口）由华方积极协力施行封锁政策，使不至流向非和平区。

3．强化上海周围之统制，凡物资之移出或移入，由华方配置特别警察，协同日本宪兵，严厉取缔。

4．在重要车站及码头，厉行货物检查。由华方派遣警察，协同日本宪兵，取缔非正当移动之物资。

（二）食盐之走私，非特与经济封锁有关，其影响于国民政府财政之强化亦属严重，故其配给在前线附近，应迅速施行计口授盐或类似之制度，并逐渐扩大其范围，以期禁绝流向敌区及各地之走私。为此每一区域，应强化或增设合作社等类之食盐配给机构。再对于通源公司之改组，亦宜促使实现。

（三）设置左列委员会，以为中、日共同审议物资流通对策之机关：

1．中央物资统制委员会（斟酌情形，在上海或南京开会）。

2．地方物资统制委员会（设于上海以外之各重要区域）。

以上中央及地方各会之组织及任务，在战事期间，暂定如左：

（1）中央物资统制委员会

组织

日方：

日本中国派遣军总司令部、登集团司令部、日本在华海军舰队司令部、上海方面海军部队、宪兵队司令部、大使馆、华中连络部。

华方：

全国经济委员会、财政部、实业部、内政部、社会运动指导委员会。

任务

1．关于物资统制事项之审议（但有关军需采办之事项除外）。

2．每月移出许可标准数量之审议。

（2）地方物资统制委员会

组织

大概在每一警备区域，由关系日军及中国机关组织之。

任务

1．对于该区域准许移出主要物资每月标准数量之申请。

2．对于当地行将施行物资统制有关之民众及商号予以指导。

3．关于取缔非正当物资移动，尤其阻止物资流向非和平区等对策之审议。

(四)物资流通管理机关，应尊重中、日双方共同组织之意旨，拟先将左列物资，就其由长江下游和平区域移往上海者，讲求实现之措置。

茶、茧、生丝（废丝除外）、蛋及其制品。

(五)关于运输及配给机构，为尊重日、华商人同等待遇之意旨起见，先行左列之调整：

1．凡自上海输往主要都市（如左列）之圆系物资（包括在当地由日系资本或日本原料生产制造之物资）之配给，为防止流向非和平区及顾及完成军票策起见，由日方指导之商品别贩卖协议会、军配给组合及其他配给组合，继续实行；但鉴于物资流通调整之必要，在不妨碍作战之范围内，逐渐移由中、日协力组织之物资配给机构办理，藉以增进华方协力之活动。

主要都市：崇明、太仓、昆山、常熟、江阴、松江、嘉兴、杭州、苏州、无锡、常州、丹阳、镇江、南京、芜湖、嘉庆、庐州、蚌埠、滁县、扬州、南通、泰县。但前揭配给机构内，华方商号亦可使之适当参加。

2．在上列各都市第二层以后之配给，由当地日军及中国机关指导统制之机构行之。

3．圆系以外物资之配给，在不妨碍作战之范围内，由华方指导之机构行之。

(六)关于物资输出国外获取外汇之问题，在英、美对中、日满冻结资金之今日，固不得不变更从来之考虑，惟鉴于安定和平区内民生之重要起见，故对于(四)项列举茶茧等数种物品，应采

适当之措置，

(七)为使和平区内得以货畅其流，应根据撤除各地域之限制之宗旨，讲求必要措置（日军之措置，如附件"参考"所示）。

(八)为符合前揭各项之意旨，日军拟修改现行物资移动取缔规定，凡与民众有关之事项，则设法公布，俾令周知，以促进其理介与协力。国民政府亦讲求适当措置协同办理。

(备考)本案乃顺应现状之初步措置，随前线隔绝工作之强化，当更图内部之调整。

参考

和平区内物资，尤其生活必需品之流通，应力求其顺利，日军最高指挥官决定实行左列之措置：

一、在上海指定之日本陆海军许可机关外，其他机关发行之物资移动许可证或类似文件，俱认为无效。但在本纲要中各种措施完成以前，得讲求一过渡办法。

二、军需特定物资之移动限制，遇有必要，由日军最高指挥官决定办理之。

连络会议上之谅解事项
周部长　土桥总参谋副长

一、关于物资输往上海之种种问题，因与海关统制具有关系，拟由中日双方关系当局，另作根本的协议。

二、其他

(一)九月八日日方委员会成立。

(二)九月十日华方委员会成立。

(三)九月二十五日中央物资统制委员会成立，同时由中日双方公布规则。

(四)十月一日起开始施行。

〔汪伪行政院档案〕

汪伪组织拟订之物资管理实施方案

(1942年2月)

物资管理实施方案[①]

（壹） 理由

太平洋战事爆发后，物资供应之减少势所难免，如不缜密筹划对策，断然付诸实施，则今后物价趋涨，必益影响于民生。尝考当前最切要之物资问题，除积极的讲求增加生产外，实为改善分配，使如何以定量之物资，平均分配于全部管辖区之人口，以维持其生活。盖分配而能尽善，则投机操纵之弊可以消弭，而物价高涨之风亦可以遏止矣。爰本斯旨，拟订实施方案如次：

（贰）办法

（一）食粮管理办法

（甲）管理机构

（子）强化粮食管理委员会，以为统一管理全国食粮之中央机关，凡关于食粮之分配、采集、运输，均归其负责办理。

（丑）强化各省及行政院直辖市粮食管理局及各市、县办事处，以管理各该地一切食粮事宜。

（乙）管理原则

（子）采购食粮应求统一集中。

（丑）以计口授粮为分配原则。

（寅）先就主要城市试行举办，以次推及其他地方。

（卯）先行管理食米、小麦及面粉，以次推及其他粮食。

---

① 此件原封面标注有"三十一年二月二十八日，临时院议讨论事项第七案附件（无原呈）"字样。

(丙)中央调节办法

(子)中央粮食管理，分采购、分配、财务、统计四个部门办理业务：采购部门，负责国米及杂粮之采集与洋米之购买事宜；分配部门，负责全国食粮之分配事宜；财务部门，负责一切收支之管理事宜；统计部门，负责一切有关食粮之调查、统计、注册事宜。

(丑)各地粮管局及办事处，会同当地地方政府，查明当地：

(一)现在食粮之数量。(二)统计一个月应需食粮之数量。及(三)所需额与实存额比较有余或不足之数量，呈报粮食管理委员会，以为统筹调节之参考。

(寅)择定水陆交通便利，治安良好，并靠近重要产地之适当地点，作为食粮集散站，设立公仓及转运机关，办理储藏、集散事宜。

(卯)洋米之购买，应与日方取得密切联络，以求办事上之便利；国米之采集，则依下列原则办理之：

(一)分区规定划一之收买价格，由粮管局及办事处自行收买，或委托适当机关代为收买。(二)农家之粮产，除供一家之食用及种子外，应全部由粮管局或办事处按价收买，不准私人竞收。(三)订定特别优价及保证办法，以尽量吸收非管辖区之多余食粮。(四)各粮管局及办事处采集之食粮，应解运于最近之食粮集散站(其隶属分配另定之)，以待粮食管理委员会统一分配。

(辰)食粮之分配应依各地粮管局及办事处之呈报统计，根据计口授粮原则，分别配发之。

对于粮食酿酒、制糕饼及其他不正当消耗，应分别禁止或限制之，必要时对于食米之碾白程度及麦类磨粉之粗细，并作适当之规定。

(巳)分食米为"平民米"及"特种米"两种，其价格及各种杂粮之价格，均由粮食管理委员会分别评定公布之。

(丁)各地食粮分配办法

(子)复查户口，编制各地户口统计，以作食粮分配之根据。

(丑)以各地警察厅、局或公安局之区公署或区分局之分段，作为食粮分配之实施单位，指定户籍警兼办是项食粮分配事务。

(寅)每分段指定若干米号，用米票制度分发食米。米票分成年男子及妇女儿童两种（以颜色划分），各供一人一星期之消费量。

是项食粮分配，暂定以成年男子每日消费食米六合，妇女儿童每日消费食米四合为标准。

食用杂粮者，可向分段登记，配予杂粮。杂粮分配办法，准用食米分配办法以杂粮票行之，其个别分配量，应请专家慎重研究后决定之。

若干须以每日工作之收入以维持生活之特殊职业者（如洋车夫等）之食粮配给，另以分日购米证办法补救之。

若干因职业关系须在外就食之人，提供理由及证据，经主管官署核准后，得领用"外食米票"，向饭店或包饭作购食"外食饭"。是项"外食饭"所需之米，即由出售"外食饭"之饭店或包饭作，以食客所给之"外食米票"，向指定米号购买之。

(卯)另将较上等之食米划为"特种米"，分区指定米号，依限价发售，以供若干特殊需要及饭店宴会用米之需要。是项"特种米"之限价内，加计"奢侈消耗捐"若干成，以示寓禁于征之旨。

(辰)各指定米号对于其经营之食粮，按规定办法收取手续费，并于每星期结帐一次，每四星期总结帐一次，将营业情形详造清册，并汇集所收各项米票、杂粮票等，呈报所隶之粮管局或办事处，以凭查核。

(巳)各分段应将分发米票、杂粮票等统计及各种登记事项，每星期作一报告，每四星期作一总报告，呈报分区，再汇呈粮管局或办事处，以凭裁核。

（午）农村食粮分配，以就生产地先行配给，然后运至消费地为原则，以省往返搬运之耗费。

（各项详细办法详附件一）

（戊）食粮管理办法实施前后应有之准备

（子）重订食粮管理办法（详细条文另订之），并制定囤积居奇紧急治罪法（详细条文另订之）颁布之，均以缜密之检举，严厉之制裁为原则。

（丑）彻底检查各地各处存米（各项重要食粮同此），限期登记，过期不登记者即目为私米，私米若经检举或查获，立即全部没收，并将存米匿报之人按囤积居奇紧急治罪法分别重处以刑罚。

（寅）食米存底登记之后，任何数量之食米（各项重要食粮同此）进出口均须向主管官署报告注册，凭主管官署签发之许可证运输，其漏报走私者，除将原货没收外，并按囤积居奇紧急治罪法分别重处以刑罚。

（卯）对于私米，任何人均可公开检举，政府亦酌予奖励，但捏报陷害者反治其罪，知而不告或帮同私藏者同罪。

（辰）对于各级食米，均应依据不疲民不病商之原则，分别评定官价，此后一切买卖均绝对遵循是种官价，不许或高或低，亦不许限外售盘。凡不按官价之交易，不论多少，均予以严厉取缔，不但处卖方以重刑，即买方亦有相当处分。

（巳）对于登记之各地各处存米，不论商人囤积，抑是私人存粮，凡在食粮管理办法所规定限量之外者，均归粮食管理委员会全权处置．由粮食管理委员会分别按官价收买，以供酌盈济虚，平均分配之用。

（午）办理物资管理之人员，如有奉行不力，故意庇护，抑或收受贿赂（不论多少，不论金钱抑货物）者，应切实惩戒，加重刑罚，以利事功之进行（必要时，并可仿照财务行政征收人员犯赃治罪法暂行条例，制定办理物资管理人员犯赃治罪法暂行条例颁行之）。

（二）日用品管理办法

（甲）管理机构

（子）设立中央物资管理局，以集中管理物资分配事宜（详细组织规程另定之）。

（丑）中央物资管理局分注册、采集、保管、分配、出纳、查缉六组及物价评定委员会，办理关于全国物资管理业务。

（寅）各省及行政院直辖市设物资管理处，管理当地一切物资管理事宜（较小之市、县之物资管理事宜，则责成地方政府酌情办理，以暂时不另设机关为原则）。

各地物资管理处并受物资管理局之指导监督。

（卯）遇事实需要时，若干主要城市之物资管理事宜，得由物资管理局直接办理。

（乙）管理原则

（子）第一期先由行政院直辖市及省政府省会试行举办，以次推广及其他市县。

（丑）应将与民生关系较切之物资先行管理，以次及于其他物资。兹分别列举如下：

（一）应即行管理之物资：

（1）盐；（2）糖；（3）食物油；（4）灯油；（5）洋腊；（6）火柴；（7）薪炭；（8）煤；（9）棉布；（10）肥皂。

第一期可择定（1）（2）（3）（5）（6）及（10）各项物资先行试办。

（二）其次之物资：

（1）服用品（包括鞋、袜、帽、手套、内衣、外服等）；（2）食物（包括肉类、菜蔬、及罐头食品等）；（3）家庭使用器皿（包括厨具、茶具、及其他琐屑物事，如扫帚、畚箕、毛巾、牙刷等）；

(4)非奢侈性化妆品（包括普通牙膏、牙粉、润面油等）；(5)其他调味品；(6)家用纸；(7)药品。

（寅）凡关系平民生活切要之物资，应设法尽量抑低其限价，而属于较高生活消费之物资，则可稍稍宽其限价，对于商家之盈利，且可以二者价格之宽紧，互相抵补。

（卯）若干纯属于奢侈消耗之物资，如烟草等，应于评定限价时加计"奢侈消耗捐"若干成在内，以示寓禁于征之意，同时并可将其收入，拨充生产建设之用。

（一）本款物资包括下列各项。

(1)烟草；(2)其他烟类；(3)土酒及洋酒；(4)奢侈性化妆品；(5)咖啡、可可及其代用品。

（二）"奢侈消耗捐"暂定最高可征至原价之百分之五百。

（辰）规定每人每月应消费之各项物资数量，作为平均分配之标准，其非每月必购之物资，如鞋、袜、衣着等，应通以"衣服"一个项目，厨具、茶具等通以"家庭使用器皿"一个项目包括之，另订单位及计算办法，以便于消费及管理。此外肉类、蔬菜等亦应通以"食物"一个项目，牙膏、牙粉等通以"非奢侈性化妆品"一个项目包括之。

（巳）对于物资之经营，统使其维持现状，并不特别指定商号，以免钻营贿赂之弊；但经营之商号均须向主管官署呈报存货登记及此后每月贸易情形，以凭稽核，且作改善分配之参考。

为便利本款规定进行，应强化日用品同业公会之组织，以为辅助（日用品同业公会组织与调整办法详附件二）。

（午）以消费证方式管理全部应加管理之物资之分配，故在物资管理之后，一切应加管理之物资之零售交易，均须凭消费证办理。凡在消费证所允许以外之交易，均为违法之交易，统依日用品管理办法及囤积居奇紧急治罪法加以取缔与刑罚（日用品管理办法详细条文另订之）。

（未）为求推行尽利，根绝弊端起见，可于必要时设立经济警察，以协助物资之管理。其详细办法另订之。

（丙）中央筹划分配办法

（子）注册组负责全国现存物资之统计、登记及各商号经营应加管理之物资之注册表报事宜。应详细调查全国物资实况，举办全国仓库登记（私人囤积之超过规定数量者亦应呈报登记），并应着经营应加管理之物资之商号，随时将其存销运转等营业情形造册呈报，以便检查，以凭企划（商号注册登记办法另订之）。

（丑）采集组除协助商家向生产地极力搜求外，尤宜利用种种方法，使管辖区所需要之物资能由非管辖区流入（实际办法详附件三），以加强物资之供给。其对于圆系物资之采购与运输，则须与日本方面协定进行之。

（寅）对于违反日用品管理办法规定之物资及违反囤积居奇紧急治罪法之物资，均可分别情形轻重，予以没收或给价收买之处分，受处分之物资则统归保管组保管，以备必要时酌盈济虚之用。

是项物资应存于仓库，非在必不得已时，应勿轻易发出。

（卯）分配组负责全国物资之分配事宜。对于一般平民生活必需之物资，应力求其普遍平均分配，其维持高级生活之物资，则应以增加国库收入为管理原则，不必过虑于消费者之便利。

（辰）各项物资零售价格之评定及批发最高价格之限定，统由物价评定委员会负责办理，以将每类物资分成若干等级，各定零售价格及批发限价为原则（详细办法见附件四）。

（丁）各地消费管理办法

（子）慎重订定各项应加管理之物资之个别消费限额，以兼顾供给能力及民生需要为原则。

（丑）各地物资管理处或其他主管机关依据户口复查，仿照颁发市民证或县民证办法，颁发合格市民，以记名式之消费证，作为市民消费及商家出卖应加管理之物资之唯一凭证。

消费证分成年男子、成年女子及儿童三种（以颜色划分），各有其个别不同之消费限额，以免混淆（消费证施行办法详附件五）。

（寅）市民购买应加管理之物资时，应随带消费证作为凭证，除儿童外，均以亲自持证购买为原则。

（卯）经营应加管理之物资之商号，应依物资管理办法发展营业，并随时听受主管官署之指导监督（详细管理办法见附件六）。

（辰）"服用品"、"食物"及"家庭使用器皿"之单位计算及管理办法，应分别由专家详细研究，订定每项物资之应得单位数，及每个成年男子、成年女子及儿童每季或每月所应消费之各该项物资之单位数，以合于实际之需要。其中"服用品"与"家庭使用器皿"二项应定每季消费额，"食物"一项则定每月消费额为标准（详细办法见附件七）。

（戊）日用品管理办法实施前应有之准备

（子）先行指定各地有关机关，依据上述物资管理原则进行各项筹备工作。

（丑）根据各地警察厅、局或公安局之户口调查表格，由各地办理粮食管理机关及筹备办理物资管理之机关会同当地警察厅、局或公安局，举办户口复查，复查之后，整理其数字，制成各地户口统计及户口证。

（寅）彻底检查各地各处囤存之应加管理之日用品，不论其为商号抑为私人所有，均限期登记，以为企划之根据。

经营应加管理之日用品之商号，嗣后应随时将其存销运转等营业情形，造册呈报主管官署。

（卯）设法强化日用品同业公会之组织，以便于协助各项物资管理之推行（是项办法已详附件二）。

（辰）厘定训练科目，训练若干实施办理物资管理之人员，以谋物资管理推行之尽善（详细办法另订之）。

是项受训之人员，可以酌量抽调现有之有关各部、会所主办之训练班学员充之。

关于训练经济警察及抽训户籍警事宜，亦应于实施物资管理方案之前，早为准备。

附注：本方案通过后，其各项管理条例、暂行办法、组织规程等，可指定若干有关机关，依据通过之原则，共同审订，再行呈准颁布之。

附件一　食粮分配实施要项〔略〕

附件二　日用品同业公会之组织与调整办法〔略〕

附件三　采购非管辖区日用品办法

（一）凡管辖区需要之日用品，可尽量鼓励其由非管辖区输入，可由物资管理局分着各地物资管理处或主管机关自行采购，或委托各地统税办事处、地方银行，或日用品同业公会采购。其种类由物资管理局调查后决定之。

（二）采购日用品之资金，可由财政部酌拨专款，原则上暂定以因物资管理而收入之"奢侈消耗捐"项下充之，各地物资管理处或主管机关于物资管理局核准后即可领取资金。受委托之机关于领取资金时，则须向物资管理局提供保证。

（三）采购之日用品由物资管理局保管组保管，其销卖则由物资管理局与日用品同业公会商订办法，委托后者代办之。

（四）如遇资金调度不及时，物资管理局亦可斟酌情形，商由金融机关或日用品同业公会垫付，其利息由双方商订之。

（五）采购日用品之单位价格，由采购人员邀同物资管理局所派代表或各地物资管理处，或主管机关管理人员及当地之工商界有关人士，依据物资管理局所定标准，共同评订之。

（六）采购之日用品如于输入管辖区之中途，遇有不可抗之危险而蒙受损失时，经由各地地方政府负责证明，受委托机关可以不负赔偿之责任。

（七）关于采购日用品之帐目，物资管理局可以随时派员稽核。

（八）关于采购日用品之短期保管运输等事，物资管理局可以商请当地之军、警、宪机关及交通机关尽量予以保护及便利。

（九）采购之日用品如为圆系物资时，应先期与日本方面协定办法办理之。

（十）委托采购日用品之详细办法，可由物资管理局或各地物资管理处或主管机关分别与各受委托机关另订契约，共同遵守之。

附件四　日用品价格评定办法〔略〕

附件五　消费证施行办法

（一）对于应加管理之物资，以消费证办法管理之。消费证为市民购买与商家出卖应加管理之物资之唯一凭证。

（二）消费证由物资管理局制定式样，分着各地物资管理处或主管机关依式制就，依据户口复查，仿照颁发市民证或县民证办法，颁发予合格之市民。

（三）消费证在华中管辖区各地一律通用。

（四）消费证为记名式，载明持证者之姓名、年岁、职业、住址，并贴相片为凭。

（五）消费证暂定每半年颁发一次，市民具领新证时，须将旧证呈缴注销。

（六）消费证分成年男子、成年女子及儿童三种（以颜色划分），其消费额分配各有不同，应依生活习惯及实际需要数量分别审订之。

审订是项消费额时，须聘请专家详细研究，慎重从事，勿使轻重失宜，发生窒碍。

（七）消费证上除说明持证人身份外，评列各项日用品之名称，及六个月分月空格，以备购买日用品时商号填写数量，加盖图章之用。其背后则刊载消费备忘录，详列每人每月对于各项日用品之限定消费额，以促持证人及商号之注意。其式样大约如下〔略〕：

（八）消费证上所填某项物品之消费量已满规定限额时，本月即不能再购是项物品，但有若干物资（最要者如衣服）非须按月购买者，可另行订定每季（三个月）限额，以合于事实之需要。

（九）消费证上所限定之消费额不分等级，即每项物资虽有精粗等级之分，而价格亦不同，但消费者可视其本身购买力之所及自由选择，而消费额限制则相同。更换言之，在规定消费额之内，消费者可随意购买任何等级之货物。

（十）消费证所管理者，只限于应加管理之物资，此外之物资则无须凭证购买。但当物资管理范围推广时，是项消费证办法亦随之推广。

（十一）市民购买应加管理之物资时，应随带消费证作为凭证，除儿童外，成年之男女市民均须亲自持证购买应加管理之物资，以免假借冒充之弊，如遇情形可疑时，且应出示市民证。以供对照。

儿童购买货物，可由父母或其他保护人持证代购。

（十二）消费证不得转让或出质，并不得涂改挖补，如有遗失，应具保请求补发。

凡有假冒作伪等情，均依法处罚之。

附件六　商号管理办法〔略〕

附件七　"服用品""食物"等之单位计算及管理办法

（一）为方便管理起见，应将鞋、袜、帽、手套、内衣、外衣、大衣等通以"服用品"一个项目，肉类、菜蔬及罐头食品等通以"食物"一个项目，厨具、茶具及其他家用之琐屑物事，如扫帚、畚箕、毛巾、牙刷等通以"家庭使用器皿"一个项目，普通牙膏、牙粉、润面油等通以"非奢侈性化妆品"一个项目包括之。

（二）以最小之穿着物品定为一单位，对各种其他物品均分别作应得单位数之评定，譬如袜为一单位，鞋为五单位，长衫为十单位，西装为二十单位等。

仿前款办法评定各种"食物""家庭使用器皿"及"非奢侈性化妆品"之个别应得单位数。

是项应得单位数之决定，应由专家详细研究，慎重订定之。

（三）评定每个成年男子、成年女子及儿童每季所应消费之"服用品"及"家庭使用器皿"单位数。譬如成年男子每季消费额限定"服用品"为一百五十单位，"家庭使用器皿"为七十单位；成年女子"服用品"为一百八十单位，"家庭使用器皿"为八十单位，儿童"服用品"为一百单位，"家庭使用器皿"为四十单位等。是项限额既为一季之限额，则在一季之内消费者均可随时在其个别限额之内购置其所需要之"服用品"及"家庭使用器皿"。

仿前款办法评定每个成年男子、成年女子及儿童每月所应消费之"食物"及"非奢侈性化妆品"单位数。

是项消费额之决定，应由专家详细研究，慎重订定之。

〔汪伪行政院档案〕

重庆国民党战地党政委员会编印敌如何榨取华北

（1942年11月28日）

壹、引言

恍自"七七"事变以来，吾人以全国国力对抗倭寇之侵略，实行空前未有之全面战，究其重要意义，固在求吾民族之生存与发展，而导因实为保全华北，进以收复泮北也。

然所谓"华北"，本为日本帝国主义者阴谋分化及宰割我中国所用之一贯的术语，与所谓"满蒙"、"华中"、"华南"及"华西"四称谓同其狠毒作用，吾民不察，因沿成习，而不自觉。实则所谓"华北"，在日人之意识中，即我冀、察、晋、绥、鲁北方五省总称之别名也。

迹倭寇之用心，直谓中国非国家也，不过东亚地理上若干无组织之区域耳。而"华北"适为彼侵占东北后次一行动，朝思夕思，亟欲攫夺之目的物。

吾人试就其侵略之历程而言，始而企图我北方五省之特殊化，不成乃策动汉奸殷汝耕诸逆成立冀东伪政府，终而在芦沟桥发动"七七"事变，期由军事的占领而达到政治上彼所企求之所谓"华北独立"与"华北自治"，以遂其侵略之野心，达成经济上亡我之目的。

今者北方数省沦陷已久，水深火热自在意中，然敌人究如何蚕食鲸吞，鲜为人所详知，故特就现所搜集之材料，草成斯篇，以为专门研究者之参考。挂一漏万，自所难免，幸高明有以教之。

贰、华北的资源与我国的关系

本党临时全国代表大会宣言有云"……盖自塘沽协定以来，吾人所以忍辱负重以与日本周旋，无非欲停止军事行动，采用和平方法，先蒙北方各省之保全，再进而谋东北四省问题之合理解决。……乃日本弃和平解决之方法而不用，突然以兵力进攻芦沟桥，继之以进陷北平，旁及天津，无故杀掠我人民生命财产，摧毁我文化经济之建设，为状之惨，世所罕见。其处心积虑，无非欲以残忍手段，威胁我民族，使我北方各省先受其统制。夫北方各省之存亡，即中国之存亡也。北方各省为中国文化之发源地，经济之心脏区，有史以来，一切文化皆自黄河流域以次扩于长江流域、珠江流域，无北方各省，则中国之文化将归于枯涸。至于物产，不特农产物为人民所资以为生，矿产如煤，如铁，尤为中国所凭藉. 无北方各省，则中国之经济无由发展以为现代之国家，即无以自立于世界。故北方各省若不能保全，不特东北四省问题永无合理解决之望，中国领土之全部亦将沦胥以亡。……"由此可知"华北"各省不仅在我国经济资源上占重要之地位，而文化上亦然。兹就主要资源列表如左：

华北五省资源与我全国资源比较

类　别	全　国　数	华北五省数	占全国百分比较
土　　地	117万方里	258万方里	14.0%　①
人　　口	485¦6万	7800万	16.1%
煤　储　量	262,997百万吨	132 8 7百万吨	55.2%〔50.5%〕
铁　产　量	1,658万吨	87万吨	36.3%〔5.3%〕
铁　储　量	1,658百万吨	1,364百万吨	82.2%
铁道长度	18,720公里	4 628公里	25.3%〔24.7%〕
电机发电量	84万瓩	17万瓩	19.8%〔20.2%〕
棉　产　量	693,396石	545,¦23石	79%〔78.6%〕
麦　产　量	14,294兆石	4467兆石	32%〔31.3%〕
高粱产量	137,828石	77,18.石	63.8%〔56%〕
纱　厂　数	95家	19家	20%
麦粉厂数	104家	52家	50%
麦粉产量	3,100万元	1,200万元	38.7%
火柴产量	63.400箱	3 8000箱	60%
羊毛出口	320,267担	25¦,359担	78.5%
盐　产　量	缺	缺	缺

叁、敌在华北榨取的计划

自"七七"事变发生，华北伪组织在敌人卵翼下苟且成立，

---

① 此行数字有误。

敌方各关系当局即于北平设立一经济委员会，以树立所谓"新华北"经济建设之基本方针。其重要内容计划如次：

（一）一般方针

（甲）确立日、满、华三国产业之分野。

（乙）以重农政策为主，从速树立恢复农民经济及农业生产力之具体方策。

（丙）企业形态采"日中合办"主义。

（丁）凡重要产业均属于统制企业，以华北开发公司为轴心，施行强大之统制。

（戊）动员民族资本。

（己）利用外资。

（二）处理非统制之企业方针

（甲）极力阻遏日满及华北在产业上摩擦。

（乙）限制日本及华北重复投资之事业。

（丙）华北自由企业原则上采中国法人形态之合办方式。

（丁）防止同种企业在华北之滥施。

（戊）日本企业侵入华北，原则上只准加泰尔（cartel）之形态。

（己）对于日本在华之既存企业适用上述方针。

（三）部门别处理方针

（甲）纺织业　对于已与日本发生摩擦，或有成为日本及华北重复投资之可能性者，今后不许新设。

（乙）毛织业　原则上不许新设。

（丙）洋灰业　将华商经营之企业改为中日合办，同时采地域的统制方针及许可主义。

（丁）面粉业　依日清、日本及日东之三大日本面粉公司实施划分地域之协定。

根据上述方针，敌于一九三八年二月唆使华北伪组织成立伪联合准备银行，以排除我在华北之法币及其他金融之设施。同年三月华北棉花公司（资本三百万元），八月电信电话公司（资本三千五百万元），十一月敌人开发华北产业大本营之华北开发公司（资本三亿五千万元），以及中华航空公司（资本一千万元）先后成立；一九三九年四月华北交通公司（资本三亿元），同年七月龙烟铁矿公司（资本二千万元），八月华北盐业公司（资本二千五百万元），十二月华北矾土矿公司（资本五百万元），一九四〇年一月大同煤矿公司（资本四千万元），同年二月华北电业公司（资本一亿元），亦相继创设。他如华北产金公司，蒙疆、胶澳（青岛）、济南及芝罘等电业公司，以及井陉煤矿公司（统制华北煤炭贩卖之机关）、华北市场助成公司（育成华北交易所之母公司）及华北恳业公司（以榨取华北农村经济为目的）等均接踵成立。

按此等公司在过去之三年间，均在以敌兴亚院为中心之敌关系当局指挥监督之下，根据上述方针及华北主要资源开发计划（未见公布）经营我华北产业，掠夺我华北资源。迨至前年（一九四〇）九月，德、意、日三国同盟成立以后，敌方兴亚院华北联络部即依照所谓"超重点主义"，对于前述计划予以以下之修正。

一、开发产业之目标　集中全力开发地下资源（尤其煤炭）及农产资源。

一、开发产业之方针　除厉行重点主义外，并图开发计划之综合化及具体化。

一、增加煤之产量　为确保日、满对华北期望之数量，以及充实对华中、华南供给量及当地消费量起见，采如左之措置：

（甲）改良过去之开发方法，施行计划之开采。至其所需资金及新设备，得将日本国内煤产计划所规定的一部份资金及设备移至华北充用之。

（乙）除开发日军管理之煤矿外，并奖励日本炭矿业者积极进入华北。

（丙）利用增加煤产量所需电力之开发，兼营灌溉及治水。

（丁）利用经济的运输路线而行计划的运输，并加强运输力，并须极力注意避免新筑之路线，只宜加强现有路线，开通运河及整备港湾。

一、增加粮食之产量　为使当地日人获得充分粮食起见，须谋增加米之产量，为供给中、日双方纺织起见，须尽量增加棉花产量，并图增加华人所需小麦及杂粮之产量。上述计划之实施，应与"宣抚工作"并行。本年八月，据倭"工业新闻"载称，倭寇对于我北方经济之掠夺，近又拟定基本方针如下：

一、以融合日、满、华之经济为目标，对于三国之自然经济及土地的诸条件，予以有效之活用。

二、在资本与技术方面予以积极协力与指导，关于国防上重要基础产业方面则加以强力统制。

三、极力诱导现地资本参与开发，并推展民众经济活动之领域，以求全般生活之向上。

四、第三国资本若属于善意协助者，亦积极诱引使其参加。

五、除对国防的及公共的基础产业加以适当统制外，其余一般产业方面则任其资本自由进去。

基于右列方针，在第一期五年计划中，即注重于铁、石炭、石炭液化、盐、电力、羊毛、棉花以及交通事业之开发等。此外，敌人对北方诸省之资源，除上述之一般的榨取计划或方针外，尚有对于各部门之资源作个别的榨取计划如次：

（一）开垦华北荒地计划

华北开发公司与华北建设总署于三十年三月间，联合组设华北垦业公司，藉以经营开发荒地、生地，以冀增加农产。该公司为达成此项目的，曾经拟定开垦稻田十五年计划，预定十五年内开垦稻田十一万亩，并规定开垦区域如下：（一）滦河下游滦县一带荒地，十年开垦约计一万亩，十年度〔？〕开垦两千亩。（二）

永定河岸，十年开垦计划三万亩。(三)马厂河，两年计划三千亩。(四)小清河沿岸，计划二千亩。(五)天津以南沿海河一带肥沃庄地，四年开垦计划六千亩。该公司并规定对于一般移住垦荒之劳动者，均发给补助费，并予种籽、肥料及技术上之协助。除此尚有以下种种计划：(一)推广农业，以水稻、棉花、杂粮等等种植为主。(二)经营以上地区之土地改良事宜，并将敌国内及朝鲜移民于一地域开垦。(三)将农业机关，如农业管理所，各农场等设置优秀管理人员及指导员。(四)代付配制农业资金，以开垦一定地域，及一定时期实施农作经营。(五)其他如关于农作事业、土地改良、测量设计、营业监督、贷予资金、贩卖农产、购置农业必需品等，均在实施计划程序之内。

(二)增产食粮棉花计划

伪冀省署本年为谋增产食粮、棉花以供应敌寇之需索，前经开伪道尹会议，依照敌方之所示，协议所谓具体方案，嗣又由伪河北省合作社联合会提出左列增产计划：

甲、设置农业仓库，其详细办法如下：

(1)各县共为六十五所（保定道十七所，冀东道六所，津海道三所，燕京道六所，真定道十二所，顺德道十六所，冀南道五所），本年度共支付十五万，拟定每所助成金五千元。

(2)保定地区六所，天津地区十所，燕京地区五所，石门地区九所，计三十所。

(3)伪河北省合作社购合会直营农业仓库十六所，抗资四十万，设立在粮食散集地并消费地。以保持食粮之均衡及价格之公正。保定两所，天津地区廊房两所，军粮城两所，石门四所，邯郸两所，磁县两所，石德县冲水两所。

乙、大量凿井 伪河北省凿井工作计划共为十二万口，经费为四十八万元，计保定道二万口，津海道及勃海道三千口，真定、顺德道六万口，燕京道二千口，冀南道三万五千口。

丙、整顿交易所（合作社经营）　设在农村物资交易中心地之交易所，本年度投资为五万元。另外五县拟定交付一千元，保定地区七县七千元，天津地区十七县一万七千元，北京地区八县八千元，石门地区十八县一万八千元。

丁、其他

(1)为防止虫害，配布小麦、杂粮等种子消毒之药品。

(2)肥田粉之分配，春季三千吨，秋季七千吨。

(3)为促进土地改良事业，将开发若干水田。

(三)搜括盐产增产计划

华北产盐地区主要有二：一即塘沽一带之长芦盐，一即以胶州湾为中心之山东盐田，其他如晋东平原之运城盐池，绥远、蒙古草原若干之产盐地区，每年出产数字亦不少。

据敌人调查，河北之长芦盐场共有二十四所，山东共有七所，"七七"事变前每年产量最多时产一千万担（另据民国廿五年调查为三十七万七千八百吨）。运城盐池长四十里，南北宽十余里，面积约为四百方里，年产七千"各"（批发单位，每"各"三万二千斤）。合计产量约占全国总额百分之五十左右。惟自华北各省相继沦陷后，渤海化学厂等酸类工业均被敌寇占夺，因之各地工作均多停顿，产量锐减。计一九三九年运日盐额仅二十三万一千吨。按一九三八年兴中公司原决定开发长芦盐，并拟将洗盐工厂扩充，且用沧盐地区开发工业用盐，期供敌国化学工业专用。嗣又与东拓洒粉联合会社等计划从一九三八年起，五年后，使一亩盐产额提高至一百万吨，苏打灰至廿万吨。炭性苏打廿万吨。

其后在伪华北开发会社以资金二千五百万元成立华北盐业会社，第一即计划开辟一二百万町步之盐场（每町步产量四十五吨，每年增产至九十四万五十吨），并设法增产至每年一百万吨。根据最近统计，敌寇关于在华北最近五年产盐计划，一九四一年产额为一百廿一万八千吨。一九四二年为一百六十五万五千吨，一九四三年则二百一十一万七千吨，一九四四年为二百四十四万六千吨，至一九四五年总数将增至二百五十八万。

年代	一般食用	工业使用	运往日本
一九四一	200,000	150,000	200,000
一九四二	230,000	230,000	700,000
一九四三	250,000	300,000	850,000
一九四四	300,000	360,000	950,000
一九四五	320,000	400,000	1,000,000
合　计	1,300,000	1,440,000	3,700,000

另外该社尚成立有山东盐业公司，专用以开发山东滨海之盐场，依其所拟之五年计划，旧有盐场之生产量至一九四六年将增至七十万吨，同时又拟在其境内开辟新盐场，亦可于一九四六年同时达到增至七十万吨之同样数额，合计即为一百四十万吨。如此计划实现，则敌所计划之两处盐产则将达四百万吨。

（四）发展农村经济实施计划纲要

伪华北交通公司于本年拟订发展农村经济实施纲领，对于搜刮农村计划百出，并制定实施要纲如下：一、配给优良之农业种子。二、配给树苗。三、举办农畜产之品评会。四、指导家畜防疫。五、设置爱护劝农场。六、指导合作社。七、种子消毒。八、设置指导青年共同农园。九、奖励增产，配给肥料。十、举行优良农产展览。十一、改良棉花增产。十二、奖励蔬菜产品之栽培。十三、奖励副业生产品之贩卖。

肆、敌在华北榨取的机构和大本营

华北开发公司为敌方实行榨取我国所谓三大国策公司之一（外即华中振兴公司、东亚海运公司），亦为敌榨取我华北资源之大本营，系于一九三七年十一月七日在东京成立。其组织设总裁一人，副总裁二人，理事五人以上，监事二人以上，内部机构分庶务、经理、煤业、矿业、电业、产业、交通及物资调整等八部。现任总裁为津岛寿一（日本银行总裁），副总裁神鞭常孝（前南满铁道会社理事)及山西恒郎(前南满矿产开发公司理事长),理事为中村孝次郎、池井启次、森口繁治、三云胜次郎及整宫谷清松,监事为中村应、野村益三、小仓正恒诸人。资本定为三万万五千万日元,系由敌国政府与人民各出半资。除额定资本外,在必要时并得发行五倍于实收资本之公司债,以筹集所需之资金。业务范围为:(一)关于交通及港湾事业。(二)关于通信事业。(三)关于发电及送电事业。(四)关于矿业事业。(五)关于盐之制造、贩卖、利用事业。(六)其他促进华北经济开发有加以调整统制之事业。据该公司成立时之事业计划,自一九三八至一九四二之五年内,所需之事业费共为八万万七千九百余万日元,再加以五年间各子公司所必需要之资金,其总数将达十四万万二千余万日元。敌政府为加强该公司之活动计,特订以下种种奖励办法:(一)予商股以优先权,如商股每年派息在六厘以下时,官息即不派息。(二)使商股股息确实有保障起见,自第一个营业年度起,至其后之五年间,由政府支出一定补偿金。(三)该公司所发之公司债,由政府担保偿付股息。(四)自创业之次年起算之十年间,豁免所得税、营业税及地方税。现该公司之开发计划为:(一)关于发电配电事业计划,自一九四二年以后将原有之火力发电扩充为四十一万瓩,并拟利用永定河及其他之水力完成十九万瓩水力发电。(二)矿产事业,自一九四二年以后将华北方面之煤采掘力扩充至三千万吨,并预定以三分之二运往日本,以补充其国内煤斤之不足。将铁之制造力扩充至生产矿石三百万吨,生铁八十万吨,钢材四十万吨,并预定以钢材及铁之半运往敌国。一九四二年以后,并拟完成年产百万吨煤炭液化油之设备。(三)盐之制造及贩卖、利用,将现在之制盐能力一百二十万公吨在一九四二年以后扩充至二百五十万公吨,将曹达灰年产四万公吨增至卅万公吨,苛性曹达由三十万公吨增至一百二十万公吨。惟该公司后应供应敌国内之迫切需要,乃置重点于食盐、煤、铁之增产,交通运输之调整，及电力供给之增加，并于廿九年设调查局于北平，从事地下资源之调查。同时该公司为应付环境之需耍，特于本年五月又增加资本九千三百万日元，连同原资本共计达四万万四千三百万日元。六月该公司又实行以下之改组：(一)北京总公司机构缩小，将总公司事务局预算课一支局废止，只留勤务、经理、事业三课。(二)北京分公司成为实质上之总公司，新设总裁室，置企业、人事、文书三课，将属于庶务部之人事、文书两课废止，新设商报局。(三)为物资调整部事业扩大计，于天津、济南创设出张所，又成立开拓训练所，培置开拓之指导人员。最后该公司共有子公司廿一家及八个组合，公称资本合计七万万六千五百八十六万七千日元，其中属于该公司之投资认股额为二万三千五百另三万七千日元。其各子公司之名称及其在华北开发所用之资本额根据调查所得，约略如左：

华北交通公司：149,700,000 元

华北电报电话公司：6,500,000 元

华北电业公司：9,834,000 元

济南电业公司：500,000 元

胶济电业公司

井陉煤矿公司：4,710,000 元

蒙疆煤矿贩卖公司：100,000 元

石景山制铁组合：6,059,000 元

塘沽运输公司：3,600,000 元

青岛埠头公司

蒙疆电业公司：4,500,000 元

芝罘电业公司：300,000 元

大同煤矿公司：8,750,000 元

华北煤矿贩卖公司：2,900,000 元

龙烟铁矿公司：7,883,000 元

山西制铁组合：3,679,000元

华北煤矿公司：3,187,000元

山东电话公司：200,000元

华北矾土矿业公司：1,875,000元

华北棉花公司：500,000元

山东盐业公司：3,000,000元

华北产金公司：2,000,000元

山东矿业公司

兴中公司：10,000,000元

中兴煤矿组合、大汶口煤矿组合、山西煤矿组合、柳泉煤矿组合、焦作煤矿组合、磁县煤矿组合共五，六二〇，〇〇〇元。

又该公司最近营业之状况如左：

(1)收入支出及利益处分情形

收入部门	昭和十五年度（一九四〇）	昭和十四年度（一九三九）
投资收入	980（千元）	／ （千元）
放款收入	10,143（千元）	2,818（千元）
收受利息	160	367
杂项收入	131	831
政府补给金	6,199	2,133
事业调查补助费	691	／
合　计	18,304	6,149
支出部门		
营业费	4,882（千元）	2,551（千元）
付出利息	9,219	1,346
折旧	565	64
调查费	691	／
合　　计	15,357	3,961
本年度利益金	2,947（千元）	2,188（千元）

上年度滚存金	2(千元)	23(千元)
	2,949(千元)	2,211(千元)
处分情形		
法定准备金	295(千元)	219(千元)
公积金(职员退职金)	29	22
股东红利	2,625	1,969
	(年六厘)	(年四厘五)
滚存金	／	2

（备考）股东红利以民股为限，千元未满，四舍五入。

投资收入、放款收入及政府补给金，连同事业调查补助费，共为六百八十九万元，约合总收入一千八百三十四万四千元之三成。支出中之重要者为利息及营业费。

十五年度之纯益金为二百九十四万七千元，合政府补助金之四成余，对于民间已缴之股本四千三百七十五万元，利率合六厘七毫强。

（2）敌政府补给金之增加

昭和十三年，该公司开始营业时，敌政府之补给金仅有八千余元，十四年度增至二百余万元，十五年度又加至五百五十余万元，连同事业调查补助费六十九万一千元，达六百八十余万元之多。

（3）投资放款之澎涨

昭和十五年十二月底，该公司对于所属华北交通等子公司及石景山、山西两制铁矿业所以及炭矿组合等之投资总额为二亿三千九百三十四万九千元，较上年度一亿另四百七十一万八千元增加一亿三千四百六十三万一千元，其中对于华北交通之投资达一亿四千九百七十万元。该公司之前途可以华北交通今后之成绩卜之。

其放款数额亦有增加，昭和十五年度末计有三亿一千三百二十一万三千元，较上年度增加一亿九千一百三十二万二千元。

(4)昭和十六年度之事业计划

该公司昭和十六年度之事业计划，侧重强化煤、铁、盐及交通事业，所需经费三亿五千万元用公司债支付。

此外，敌人为加强对华北资源之榨取工作，最近又在北平成立一资源调查机关，其名为华北综合调查研究所，由敌伪双方各捐一百万元为设立之基金。兹将该所章则及职员名单分列如次：

(甲)章则

第一章　名称

第一条　本财团法人定名为华北综合调查研究所。

第二章　目的

第二条　本团法人以图华北调查之综合的统制运营，与施行华北经济、文化及民生调查研究，并促进诸般建设，增进民福为目的。

第三章　事业

第三条　本团法人为完成前项目的计，得行左列事务：

1．关于华北经济、文化及民生之调查及研究。

2．以利用资源的开发为目的，而行科学的研究。

3．华北诸般之调查研究之综合的统制运营。

4．资料、标本等之搜集。

5．各种文献及统计之整备编纂。

6．其他理事会决议认为必要事项。

第四章　事务及支部

第四条　本财团法人设事务所于北京特别市，更于必要之地方设置支部。

第五章　资产及会计

第五条　本财团法人以二百万元为基金，由中、日折半划资。

第六条　本财团法人之经费以华北政务委员会之补助金及华

北政务委员会承认之出资及资金利息充当之。

第七条　本财团法人之会计年度以每年一月一日起，十二月三十一日终。

第六章　人事

第八条　本财团法人设置左列人员：

理事长一人；

副理事长二人；

理事若干人；

监事二人。

以上前项人员由华北政务委员会委任之。

第九条　本财团法人置顾问及参议若干人，由理事长委之。

第七章　理事会

第十条　理事会由理事长召集之，以为决议重要之业务议案，须经半数以上出席者决议之。

第八章　附则

第十一条　关于本章则施行之必要细则，经理事会决议，由理事长决定之。

第十二条　本章则得经理事会总员三分之二以上之同意，且经华北政务委员会之认可更改之。

（乙）职员名单

理事长：实业总署督办王荫泰。

副理事长：北支那开发株式会社调查局长伊泽道雄。理事：日本侧：嘱托松泽国治，兴亚院嘱托小林青太郎，支那开发株式会社调查局次长大岩银象，南满铁路株式会社北支经济调查所长田伊九一，华北交通株式资业局长加藤新吉，华北产业科学研究所长秋元贞次郎。中国侧：华北政务委员会参事李国超，内务总署参事程绍伊，建设总署长周木平。

伍　敌在华北榨取之方式

（甲）设立合作社　敌伪令各县乡村遍设合作社，其上设有区联合社、县联合社及省联合社，由敌伪指导，层层节制。合作社资本以伪联银券充之。凡重要物资，如棉花等之买卖运销、出境、入境，均须由合作社办理，私人不得擅营。并为预防物资逃避起见，于临近国军及"奸共"区域，除各人生活必须之最少限制物资外，将人民所有物资一律收存于合作社，认为必要时再行酌量发给。据最近情报统计报告，敌在沦陷区域设立各种合作社，其情形如下：冀省方面在伪河北省合作社联合会奖励之下，近年已有发展，其中伪真定、顺德两道及石门市之三十七县乡村合作社，据去年十二月报告，即有二千七百八十一处，社员二十五万七千七百五十五名，出资股数三百五十股〔？〕。鲁省在省伪合作联合会管辖下，据去年十一月之统计，临清等二十县，共有单位合作社三百处，社员十七万四千七百十四人。晋省各地成立合作社者，至去年七月底止，已有五十三县，合作社分有限及无限两种，保证以合作社联合会及乡村合作为主要设施，全省合作社组织分潞安、运城、临汾、崞县、阳泉、汾阳、太原等七区，其资本与社员人数尚不详。除以上各省合作社外，去年十月复成立华北合作事业总会，统治一切云。

（乙）设立农业仓库　敌伪自三十年起，关于统制食粮除强化收买机构外，在其侵占区内，将各县分为若干区，建筑农业仓库，由合作社担任出纳，强迫民众将所获食粮除各家人口两个月生活必需量外，悉数送存仓库，必要时再予发给；若接近中共或国军地区，则将乡民所有食粮强迫尽数送存仓库，美其名曰保护，而实际私运平津，供作敌粮。其首先设立者，计有正定、满城、磁县、通县、邢台、诔水、赵县、定兴、昌黎、徐水、滦县、新乐、乐亭、定县、卢龙、抚宁、易县、顺义等十八县。

（丙）强制收买物资　敌伪于其认为安全区域内，强制收买各项物资，其方式约有下列三种：

（1）建设华北四大交易市场，统收物资。华北敌伪以四百万资金，设立北平、天津、石家庄、唐山四大交易市场。在北平、天津两市场收买一般必需物品，在唐山市场收集高粱、大豆，在石家庄市场收集小麦、小米等，于三十年三月下旬即开始实行。

（2）责令各地合作社统收物资。敌伪认为必需统制之物资，如小麦等，除各地另有特殊专办机构外，饬令各地合作社负责统制，指定机关或商号，以官价收买，不准农商自由买卖，并发行兴农奖券，以诱劝农民承购。据伪河北省合作社联合会天津区办事处宣称，统计八月份收买静海、新镇、安次、霸县、青县、文安、献县、固城、丰润、武清等处小麦共达十万余袋，其他各处可以想见。

（3）组织委员会统收物资。各地无合作社者，或有而不能负责者，则组织委员会强制收买。如保定收买小麦委员会强制收买民麦，即乾益面粉公司每日所出之面粉四十余袋，亦统归其收买。他如白洋淀周围（稻田约七十余万顷，与芦台、塘沽一带之稻米约四百万吨）之强制收买，均属此类。

（丁）施行食粮及日用品配给制。敌伪于掠夺物资时，采用强制收买制，于人民需要时，则采用配给制，以防物资之逃避。其配给情形如下：

（1）都市配给情形　如天津市区存有面粉及杂粮八百万袋，敌伪统制全部收买，并按户调查居民之日用品存贮量，发给居民配给制凭证，购买所规定各项物资。其配给总类计有小麦、面粉、大米、大豆、玉米面、香油、花生油、白糖、红糖、咸菜、煤球、硬煤、木炭、劈柴、煤油、火柴、洋烛、布匹、棉花、鞋袜、胰皂、碱、毛巾、食盐、茶叶等二十七种。

（2）临近我军及中共区域配给情形　敌伪对于我军临近地区封锁物资特别严厉，凡食粮及生活必需品，强迫民众悉数送存所指定之仓库，或合作社，每月按人口配给，先行发给配给券，人民凭券由合作社或新民会领取米、麦、香油、煤、烛、火柴、医疗用品及纸张等。

（戊）控制物价及经济封锁 敌自太平洋战起，即着手节节统制华北经济，所有生产之物资，多利用组合限价收买，以致物价日趋高涨。敌为稳定计，曾特令伪政务委员会实施紧急物价对策，以期所谓经济建设圆满进行。其实施要纲据公布，其要点为物价统制机构：（甲）中央在华北政委会中设置中央物价委员会，在地方各省伪公署中亦设置地方物价委员会。（乙）日本在军部、兴亚院、大使馆组织中央物资对策委员会，掌管物价对策，并设事务局。各地物资对策委员会掌管该区之物价事务，次对天津敌曾发布命令，加紧封锁。其命令如下：

一、绝对禁止贩运规定运输以外之物资，由规定之路线以外路线出入。

二、贩运物资之时间如下：（绝对禁止在此时间以外运输）五月至九月，自上午七时至下午八时；十月至四月，自上午八时至下午六时。

三、须经许可之物资如下：

（1）各种兵器弹药。（2）各种铁材及特殊钢。（3）火药原料、药品及一切汽油、杂壳、日用品、棉花类。（4）一切兽皮、毛羽类。

此外，北平敌人特务机关又制定流通物产取缔纲要项目如下：

1．许可申请书之项目

住所　姓名　一、品名数量　二、购入单价　三、出入期间四、出入方法　五、经路　六、用途或事由　七、购入商店及所在地　八、现在配给责任者

右呈请许可　　年　　月　　日

2．出入检查书内项目

证明机关　城门取缔机关　圆定、移动检查所　移动路线

监督机关　到着年月　到着通过数量　其他异常有无　备考

3．呈请许可石炭输送书内之项目

一、输送责任者　二、输送区间　三、输送车数　四、炭种及数量　五、送货人　六、受货人　七、输送方法　八、用途九、期间　十、现在机关之证明　十一、现在责任之配给者

兹因输送呈请许可　　　年　　　月　　　日

4．配给表内之重要项目

一、住户　住址　姓名

二、人口　男几口　女几口　成人几人　孩童几人

每日需米、面、煤炭、洋火及其他物品各若干？按表配给，不得多买多存。又敌人在冀省各县物资统制之情形，据调查所报，约略如下：

（一）邯郸　邯郸境内棉花、食盐、煤油、布匹、食粮、煤炭及一切必需物品，敌伪均加统制。棉花定价每百斤（籽花加三成）伪钞七十一元。统制购买食盐及面粉，盐每人每次只准买半斤，面粉每人每月只准买 5 斤。

（二）宁晋　敌寇对煤油、布匹、食盐等物实行配给制，商人不得任意买卖，一切必需品买卖多归伪合作社经营。规定每人每月食盐一斤，煤油每户一斤，煤炭十口以上者准购百斤，十口以下者五十斤。城内货物非领有搬运证不得携带出城，对我物资之封锁尤为严密。

三、霸县　霸县为一广大平原，土地肥沃，向系产棉地区，伪当局奉津敌特务机关命令，取缔制棉业及棉子制油业，出示布告，严令遵照规定办理，倘有未经许可而私行制棉、榨油或贩油者，定予严处云。

（四）衡水伪县当局受敌伪指使，特于十月（三十年）二十六日对我经济封锁，举凡日用品未经伪当局之许可者，均行禁运。

（五）冀县敌对煤油、煤炭、盐等项，普遍实行配给制，按户

口售买，任何人不得操纵垄断，统由城关合作社收售，即布匹、面粉及一切日用品亦将依照配给办法实施统制，城内物品只许城关有购货证之商人购买，否则不得携带成批物品出城。

又敌伪为严密各县经济纠察组织，特以县为单位，各县组织伪经济督察班，于大村镇或敌人占据地点，成立检问所，由伪警及伪自卫团队等严密纠察物资之外出。

(己)增加苛杂　敌人本年在华北积极推行所谓强化治安运动，其在经济上重要之目标，则在大量之掠夺，以求补偿其先天之不足与继续作战之资源。故一方对于我游击区实行严密之封锁与一切生产之控制，及日货之倾销，同时则大量增加苛捐杂税。其办法据调查约略如左：

(一)田赋每年每亩四元(最低数)。(二)烟酒税每季每家二十元至三十元。(三)牲口税按值抽百分之十一。(四)电灯捐每户三元(不管用不用)。(五)车牌捐每季每辆十元(推车每季两元，洋车每季五元至十元)。(六)屠宰税不论大小，每杀一猪二元，羊一元。(七)婚贴税每张八元。(八)猫、狗牌照税一年换四次，每次抽税八角至一元。(九)每间房每眼井五元。(十)吃馆饭一次约六分。(十一)大烟每亩二十元。(十二)门牌捐每户四角，每月三、四次不等。(十三)良民证(现改为身份证)每月换一次，每张一元。(十四)人头税每月每头二角。

以上之苛捐杂税，均从我民众身上榨取，据统计，平均每间(十余户)公共对敌经常负担每年约伪币一千一百余元，杂粮三千一百余斤，临时招待费每户平均竟达伪币一千余元，平均每人负担至少在伪币八十元以上。据察晋冀日报所载消息，涞源城内苛捐杂税增至一百二十余种之多。

(庚)大量投资　敌人在华北除利用明抢暗夺之手段外，尚藉"中日经济提携"之美名，大量的在华北投资，从事大规模之掠夺与榨取。兹将其投资概况列表于左，以见一般：

敌在华北投资概况统计（单位：千元）

矿 业	资 金	交 通 业	资 金
大 同 煤 矿	40,000	华 北 车 轮	30,000
龙 烟 铁 矿	20,000	蒙 疆 汽 车	6,000
北 支 产 金	10,000	天 津 交 通	2,000
井 陉 煤 矿	50,000	塘 沽 运 输	6,000
山 东 矿 业	50,000	青 岛 交 通	2,000
鲁 东 矿 业	40,000	青 岛 埠 头	2,000
山东煤矿产销	3,000	合 计	48,000
旭 华 矿 业	1,000	其 他	资 金
合 计	214,000	华北石炭贩卖	20,000
电 业	资 金	蒙疆矿业贩卖	2,000
华 北 电 业	100,000	华 北 盐 业	25,000
蒙 疆 电 业	18,000	山 东 盐 业	10,000
胶 澳 电 业	8,000	兴 中 公 司	100,000
济 南 电 业	4,000	北 支 棉 业	3,000
芝 罘 电 业	2,000	山 东 电 化	8,000
合 计	132,000	合 计	168,000

以上各业共计资金五六二，〇〇〇千元

（辛）控制进出口贸易　前伪华北输入组合总联合会近已改称华北贸易组合联合会，内设对日输入，对满输入及对华南、华中输入等三部，依其重要性分为三种实施贩卖许可制，并为应付新经济体制之推行，特将对日输入品依第一种输入品之贩卖，须经由该联合会之许可，第二、第三两种则须天津及山东输出入组合联合会之许可。该会除包括天津输出入组合联合会、天津对日输出统制组合及山东输出入组合联合会外，并直辖特殊组合二十二单位。

（壬）勒用伪钞敌票及压低法币　蠹者敌人能套用我外汇之

时，对于我法币极力吸收搜括，惟自南洋事变之后，情势变迁，敌人乃一变其从来之态度，大量推行伪钞敌票，实施恶币驱逐良币之格孟西法则。先之以收换，继之以禁止不行，乃实行其贬值降低法币与敌票伪钞之比率，即法币一元换合伪钞五角，一、二角不等，而与敌票之换率更大。影响所及，一方使我陷区法币回流后方，造成通货相当之膨胀及物资之外流，同时对于陷区人民之购买力削弱甚大。此外因敌票伪钞在陷区较法币比率既大，则榨取民众物资之力较强，比如一物民众可卖法币一、二元者，今则只卖伪钞敌票数角，其所受牺牲可想。此种情形，固不只华北，但唯华北受此种榨取及剥削方法最甚也。

结语

综上所述可知，敌人自"九一八"以来，对我北方数省谋之最深最毒者，首在华北经济之掠夺与政治之特殊化，企图使我国变成倭寇独占之殖民地。而所谓"中日经济提携"、"共存共荣"、"文化交流"等口号，真是敌人极端阴毒之骗语。我之不惜举起神圣抗战之大纛者，亦即在针对敌人之种种阴谋予以彻底打击，期由保全北方各省进而规复东北，以求中华民族之生存与发展。今者抗战五年，胜利在望，吾人应及时努力准备反攻，还我河山，完成抗建，中华幸甚！

〔国民党中央宣传部档案〕

汪伪最高国防会议秘书处附送囤积主要商品治罪暂行条例公函稿

(1943年5月)

公函　高秘字第一八八号

案奉主席交下最高国防会议三十二年五月三日临时会议讨论

事项第一案，主席交议：据内政部陈部长呈奉交审查囤积主要商品治罪暂行条例草案，经会同审查修正，检同修正草案呈核等情，请公决案，决议：照审查意见通过，送国民政府公布，并交立法院备查。等因。遵经纪录在卷。相应录案，并抄附上项治罪暂行条例，一并函达，至希查照转陈明令公布，并分令行政、立法两院知照为何。此致

国民政府文官处

　　附送抄件一份

　　　　　　　　　　　秘书长　周○○

囤积主要商品治罪暂行条例

　　第一条　非主要商品同业公会会员，以营利为目的囤积主要商品者，处三年以上七年以下有期徒刑，得并科五万元以下罚金。

　　第二条　非主要商品同业公会会员为主要商品之买卖，或主要商品同业公会会员对非会员卖出主要商品，而明知其不为直接消费者，处三年以上七年以下有期徒刑，得并科五万元以下罚金。但农业生产者出卖其生产之农作物，或依法令取得牙行或经纪人之资格，或资本不满一千元之小贩为主要商品之买卖者，不在此限。

　　第三条　主要商品同业公会会员违反主管官署命令或公会业规，对所存商品匿不登记者，处一年以上五年以下有期徒刑，得并科三万元以下罚金。

　　第四条　犯前三条之罪者，其商品不问属于犯人与否，没收之。

　　第五条　违反法令或营业规则，以金钱供人犯第一条至第三条之罪者，以共犯论。

　　第六条　犯第一条至第三条之罪，因之操纵市价扰乱市场者，处死刑或无期徒刑，得并科十万元以下罚金。

　　第七条　公务员犯第一条或第二条前段或第五条之罪者，处

1380

无期徒刑或十年以上有期徒刑，得并科十万元以下罚金。

公务员包庇他人犯第六条之罪者，处死刑。

第八条　本条例施行前有第一条、第二条情事者，应于本条例施行之日起一个月内，向当地主管官署自行陈报，依照当地公定价格售予同业公会。

违反前项规定或有第六条情形者，仍依本条例处断。

第九条　在本条例施行前有本条例第三条情形者，应于本条例施行之日起一个月内，向当地主管官署补行登记。

违反前项规定或有第六条情形者，仍依本条例处断。

第十条　第八条第一项及前条第一项之规定，公务员不适用之。

第十一条　在未经成立主要商品同业公会之地方，凡确实经营各该项商业二年以上者，或于本条例施行前三个月在当地主管官署曾经为商业登记者，以公会会员论。

第十二条　本条例自公布日施行。

〔汪伪中央政治委员会及国防委员会档案〕

汪伪军委会检发军需物资统制及委托采办暂行办法公函

（1943年6月27日）

国民政府军事委员会公函　　合经字第1305号
　　　　　　　　　　　　　中华民国三十二年六月二十七日

案查筹办军需物资特别规定之原则暨军需物资统制及委托采办暂行办法，前经最高国防会议通过，并于四月十日公布，业已函请查照各在案。兹查全国商业统制总会改隶行政院直辖，其机构及与本会之联系亦多变更，原筹办军需物资特别规定之原则第六条及军需物资统制及委托采办暂行办法第四条自不适用，业奉最高国防会议第十五次会议通过修正。除分别函令外，相应检附修正办法十份，函请查照，并转饬所属知照为荷。此致
华北政务委员会

附修正筹办军需物资特别规定之原则〔略〕暨军需物资统制及委托采办暂行办法十份

委员长　汪兆铭

军需物资统制及委托采办暂行办法

第一条　军需物资之筹办，以军事第一为主旨，应有绝对优先权，其统制及委托采办悉依本办法行之。

第二条　本办法所称之军需物资，凡由军事委员会经理总监署指定之一切军需品（包括军械、弹药、机械、工具、衣粮、装具、燃料、建筑材料、马匹等）、半成品及原料等均属之。

第三条　民营之军需工商业，以经营军需业务为主者，其生产运营均得由军事委员会经理总监署统制。

第四条　委办军需物资，由经理总监署按照军事上之需要，呈请军事委员会令饬全国商业统制总会办理。

第五条　委办军需物资之素质及数量，由军事委员会经理总监署根据军事需要规定之。

第六条　委办军需物资之价格，应照成本价格加上合理利润为准，在军事紧急而认为不可避免时，得由军事委员会经理总监署规定之。

第七条　委办军需物资，由军事委员会经理总监署规定期限，不得延误。

第八条　本办法如有未尽事宜，随时修正之。

第九条　本办法施行日期以命令定之。

〔伪华北政务委员会档案〕

汪伪行政院抄发长江上游地域物资收买及移动统制暂行规程训令

（1943年9月9日）

行政院训令　政字第1634号
　　　　　　中华民国卅二年九月九日

令实业部

案据汉口特别市政府三十二年八月五日呈称：查全国商业统制总会武汉分会业于本年八月一日在汉口正式成立，兹为该会成立后工作进行上有所依据，并切实防止囤积居奇及操纵物价等情事，特以全国经济委员会驻武汉经济顾问榎谷孝英为中心，会同湖北、江西两省政府及关系方面，订定"长江上游地域物资收买及移动统制暂行规程"，自本年八月一日起实行。除会同湖北、江西两省政府布告商民一体遵照，并由日本驻汉总领事馆饬知侨民遵照外，理合缮具原规程，备文呈请鉴核。等情。附呈长江上游地域物资收买及移动统制暂行规程一份。据此，核尚可行，除指令准予备查并分行物资统制审议委员会暨全国商业统制总会知照外，合行抄发前项暂行规程一份，令仰该部知照。

此令。

计抄发长江上游地域物资收买及移动统制暂行规程一份

　　　　　　　　　　　　　　　　院长　汪兆铭

长江上游地域物资收买及移动统制暂行规程
中华民国三十二年八月一日公布

第一　总则

第一条　本规程关于长江上游地域（指湘、鄂、赣三省及汉口特别市而言，以下简称本地域）物资之收买并移动之统制暂行规定之。

第二条　向敌性地域移动物资,除特定情形外,严行禁止之。

第三条　本地域内物资之移动,除特定者外,概不限制。

第二　物资收买之统制

第四条　欲于本地域内收买附表第一之物资时,须受全国商业统制总会武汉分会（以下简称分会）之许可,但少数自用者不在此限。

第三　物资移动之统制

第五条　附表第二揭载之物资严禁移动。

第六条　欲将附表第三之物资由本地域向长江下游地域移动者,或欲将附表第四之物资由长江下游地域移动者,须得分会之许可。

但附表第五及第六所载者不在此限。

分会对于长江下游地域与九江或南昌地域间物资之移动,得指定许可标准,将前项权限委任于分会驻赣办事处（以下简称办事处）行之。

第七条　欲将附表第六记载之自家用物资及第七所载以外之物资,由武汉或由九江向本地域内之各地移动者,须得分会之许可。

但由九江向武汉移动者不在此限。分会得将由九江向内地移动物资之许可权限委任办事处行之。

第八条　对于汉口特别市及本地域内各县食盐之配给,经武汉盐政管理局长核准,以武汉盐政管理局管理之盐充之。

第四　物资收买并移动许可及呈请手续

第九条　分会对于依据第四条许可收买者,发给附录第一格式之收买许可证,且将必要之事项应向关系方面报告或通知。

第十条　依据第六条欲申请物资移动之许可者,缮成申请书正、副三分,向分会或办事处提出之。

第十一条　依第七条将由申请由武汉或九江向当地域内各地移动物资之许可者，将必须记载事项填写于附录第四之格式内，向分会或办事处提出之。

第十二条　分会或办事处对前二条之许可申请加以审查，认为非利敌行为时，附以必要条件，许可其移动。

第十三条　物资移动许可之申请，除分会或办事处特别承认外，该物资所有者或买卖契约当事者自行为之，不得委任或代行。

第十四条　领到收买或移动许可证者，应服从许可证发给机关之指示条件。

第十五条　收买或移动许可证不得转售或转让他人。

第十六条　分会对于物资之收买既移动许可之业务标准，在每一定时期另行指示之。

第五　取缔及罚则

第十七条　省保安队及警察对于在接敌地域收买物资并移动之取缔，应协助日本陆海军、警备队、宪兵队及国民政府军队。

第十八条　对于非接敌地域之本地域内之取缔，日本人则由日本领事馆警察，中国人则由中国警察，第三国人则由关系机关行之。

第十九条　无许可而向敌方输出物资，或意图输出者，依法以通敌罪处罚。

第二十条　关于物资之收买及其移动而违反本规定或意图违反者，严行处罚，对其物资及运输器具，依照另定章则没收之。但轻微者得交保。

附则

驻赣办事处在未设立以前，对于九江及南昌地区物资移动许可事务，仍由从前之机关行之。

附表第一　本地域内收买统制物资

一、棉花、落棉、旧棉、屑棉、碎木棉、零打棉；

二、各种麻（包括屑麻）；

三、棕榈皮；

四、皮革及毛皮；

五、五倍子、皮油；

六、桐油、松脂、茶油；

七、猪毛；

八、生漆；

九、铁、非铁金属及同制品、铁矿石；

十、蓖麻子、蓖麻子油；

十一、叶子烟；

十二、木材；

十三、空瓶。

附表第二　移动禁止物资
一、兵器弹药类（日军许可者除外）；

二、火药及其原料（日军许可者除外）；

三、阿片及麻药（国民政府戒烟局许可者除外）。

附表第三　由本地域向长江下游地域移动之物资需要许可者
一、米、麦、高粱、玉蜀、豆类、胡麻、菜种、大豆类、棉实、甘薯类；

二、金属（原料、铁屑、非铁金属及同制品既银元）；

三、矿石类及同制品；

四、卵及卵制品；

五、胡麻油、大豆油、菜油、落花生油、棉实油、猪油，其他食用油；

六、麻类及同制品；

七、桐油、皮油、松脂、五倍子、麻子油；

八、棉花、落棉、屑棉、旧絮、丝棉、碎木棉、零打棉；

九、猪毛；

十、皮革、毛皮及同制品；

十一、牛、水牛、猪、马、驴、骡、羊、山羊；

十二、食肉同加工品；

十三、叶子烟；

十四、舟车类；

十五、石炭、木炭、薪；

十六、木柴、苇席；

十七、生漆；

十八、空瓶类；

十九、砖、瓦；

二〇、棕榈皮；

二一、瓶罐类；

二二、茶；

二三、麻袋；

二四、附表第四之物资。

附表第四　由长江下游地域向本地域移动之物资需要许可者

一、各种汽车及其附属品（零件）；

二、汽油及石油类；

三、各种机械类；

四、通信机材料（含附属品）及电池；

五、照相材料；

六、金属（原料、非铁金属及同制品）；

七、药品（限于医疗及工业用，汉药除外）及染料；

八、油漆及颜料；

九、橡皮（含旧橡皮）及同制品；

十、棉系布及同制品；

十一、毛线、毛织物及同制品；

十二、松紧棉织品及布帛制品；

十三、腊烛（含原料）；

十四、香烟；

十五、盐；

十六、洋火；

十七、肥皂；

十八、砂糖；

十九、海产物；

二十、纸类（土产纸除外）；

二十一、酒及清凉饮料水。

附表第五　本地域和扬子江下游地域间移动不用许可之物资

一、不超过旅行上或生活上必需之范围，如自家用携带物品或搬家物品（参照附表第六）；

二、不超过汉口市价五百五十元（储备券）之商品样子及广告用品；

三、官公署之官公用品；

四、学校或教化公共用团体供教授用之特殊物品，及教育用之标本、参考品等；

五、为定期上映，已得当局认可之欲输出入电影片子；

六、其他分会依本例认为适当者。

附表第六　所谓自家用物资之限度

| 一、棉布 | 五码； | 二、棉线 | 二两（温司）； | 三、人 |
| 绢系布 | 五码； | 四、毛织物 | 五码； | 五、毛 |

绳　　二两（温司）；　六、香烟　　五十支；　　　　七、洋火　　小盒五盒；　　八、腊烛　六支；　　　　九、肥皂　　六个（洗濯肥皂亦同）；　十、食用油　一瓶五合；十一、面类　五斤；　十二、砂糖　一斤；　十三、清凉饮料水　五瓶；　十四、果子　三斤；　十五、果物二斤；　十六、煤　一〇斤；　十七、钉　一斤；十八、石油　二合；　十九、洋品杂货　三件；二十、薪炭　五斤；　二十一、麦酒　五瓶；　二十二、罐头　五斤；　二十三、玻璃制品　五个；　二十四、日本酒　一瓶；　二十五、化妆品　二个；　二十六、鞋　一双；　二十七、纸　二斤；　二十八、肥料五斤；　二十九、文具　四个；　三十、染料　半斤；三十一、袜子　二双。

备考：一、盐、棉花不认为自家用。

二、本表以外物资之私有标准，依适宜认定行之。

附表第七　由武汉九江等地向内地移动之物资不用许可者

一、米、麦、高粱、豆、胡麻、菜子、棉实、其他杂谷。

二、五倍子；

三、猪毛、猪油、禽毛；

四、牛、水牛、猪、羊、马、山羊、家禽类等；

五、舟车类；

六、陶磁器类；

七、茧、生丝屑；

八、茶；

九、蔬菜；

十、农具。

〔汪伪实业系统档案〕

1389

伪华北政委会附发关于重要土产物资等之搜集
对策要纲密训令稿

(1943年12月13日)

密训令

　　　各$\frac{省}{市}$政府

　　为密令事：查关于华北各地搜集重要土产物资办法，前由关系方面交来要纲，曾于会议席次详加讨论，最后复经酌改，列为四款，面交定议。兹事关系重要，本会为明瞭各地搜集情形，应由各省、市政府于旬日内详实列报一次，密呈备查。至收集铜类物品，限期迫近，各地搜集如有成数，应即指定集中地点，赶速电会，以便核拟提运办法。除分令外，兹再抄发议定要纲一纸，仰即分别切实遵照办理，勿延为要。此令。

　　附发要纲一件

关于重要土产物资等之搜集对策要纲

　　下列所开之各项物资，向为华北多量之生产品，且保存之量亦复庞大，此等物资对目下大东亚战争之战力增强上尤为绝对不可缺少，故必期于搜集之数量上得以确保，此实为完成战争过程中华北最大任务之一也。但就迩来此等物资之上市状况观之，因流入敌匪之区及腹地消费增大等情形，则目下之施策对所期确保之数量殊有困难。本委员会有鉴于此，按附件所列各项物资之要纲加强所有施策，打破当前之障碍，以期确保之万全，并决意向完成军需及准军需之供出任务上迈进。

　　各省应即遵照前述方针，与各该地日本方面及领事馆紧密联络，并图民间各实行机关之全面活用，迅速强力推行，排除困难，俾早日达成所期目的。

又各省、市长依据各该管辖区域内之治安及其他之状况，认为必要时，与关系方面协议后，得自当收买之冲。

再者，于本件实施时，务希对所定之数量绝对确保，以期无憾。至各种物资中，尤以棉花一项如不克达到所定数量时，除确有不得已事实外，本委员会决以严惩不贷之方针处分之。主管者对此点极应注意为要。

计开：

棉花、麻类、植物性油脂及其原料（落花生、棉实、芝麻等）、毛革类、苇席、铜、铜元。

一、棉花搜集促进要纲

民国32年（自32年9月至33年8月）

华北棉花之搜集确保为吾华北对大东亚战争遂行上所课最大任务之一，然鉴于最近棉花上市之状况，以及向敌匪区流出，又或土布、土线在腹地消费之增大等情形，故对于确保所期数量实属困难。本委员会兹为强化一切施策而打破棉花上市之隘路，并期确保万全，而决意完遂吾等向军需及准军需供应之任务起见，希各省依照上项方针，斟酌下列诸点，迅速强力排除万难，向棉花确保之目标迈进。关于本案实施时，希与日本方面军及领事馆紧密连络，并图华北棉产改进会之各地棉业团体、华北纤维协会、华北纤维公司等各关系机关之全面活用，藉收实效。

（一）各省出货分担数量

河北省　　一，〇〇七，一八六担

山东省　　四四四，三八四担

河南省　　二九二，三三七担

右列出货分担数量，由各省令饬各道、县分别负责办理，由华北棉产改进会指定收买人员收买之。其超过前项责任数量者襄赏之，不足者另行处断。又关于出货分担量及收买之详细办法，须与华北棉产改进会及其所辖各棉业团体取得连络措置之。

(二)土布土线之限制

① 禁止自行消费以外之生产、加工及买卖，但对从来出产土布之地区，为谋治安之维持及民生之安定，未便立即禁止其生产者，务与日本军方面及领事馆取得连络后，容许其最少限度之生产。但此种情形下之制品，亦须使其向华北纤维协会缴纳之。

② 禁止一切土布、土线向县外搬出，其储存产品经所有者向各县公署或华北纤维协会声请登记后，由协会收买之。

③ 根据前开一及二之规定，由华北纤维协会收买之制品，其配给办法由中央另行筹措配给计划处理之。

(三)棉花、棉籽、杂棉、土布、土线、被褥、旧衣及其他棉制品之移动取缔

一 棉花、棉籽、杂棉由华北棉产改进会，土布、土线、被褥、旧衣及其他棉制品由华北纤维协会发给移动许可证，无许可证之铁路输送、船舶输送、汽车输送、小包邮寄等概行禁止。

再当实施前项移动取缔办法时，除华北棉产改进会及华北纤维协会外，并须与日本军方及领事馆、华北交通株式会社、华北运输株式会社等取得紧密连络，藉收实效。其有违反上项移动取缔之规定者，由华北棉产改进会、华北纤维协会、华北交通株式会社等各代统制机关予以没收，或强制收买之措置。

二 移动取缔之具体内容，依据华北棉产改进会及华北纤维协会告示之移动取缔规程施行之。

(四)免除产棉县区谷类产品之供应，以期确保棉花之供应，并可免除次年棉花增产之障碍。

又主要产棉县区之认定，应与日本军方、领事馆及华北棉产改进会连络决定之。

(五)防止流出敌区

对于敌区之流出及敌方之妨害行为之对策，应由各省负责调动县警备队，并取得日、华军队之援助，彻底防杜，以达搜集万全之目的。

二、麻类收集促进要纲

民国32年度(自32年9月至33年8月)

华北之麻类(线麻、青麻等)为军需等战力增强上之必需物资，关于收集此种物资之确保，虽经令由华北麻产改进会及该会管下指定收买人负责办理，然因最近上市状况极为不良，所期之数量或难确保。今鉴于此，仰各省与日本方面军及领事馆取得连系后，斟酌下列各项，援助前述改进会，协力本施策，以期搜集万全。

计开：

(一)确保目标数量

华北麻产改进会之确保目标数量如左，并仰各省对于此项物资之收集，确保强力援助之。

	线　麻	青　麻
河北省	95(万和斤)	350(万和斤)
山东省	200(万和斤)	220(万和斤)
河南省	／(万和斤)	30(万和斤)
计	295(万和斤)	600(万和斤)

(二)麻类及其制品之移动取缔

① 大麻、青麻、亚麻等之麻类及其制品与半制品，由华北麻产改进会发给移动许可证，故无前项移动许可证之铁路运输、船舶运输、汽车运输以及邮便运输等均须禁止之。再当实施移动取缔时，除华北麻产改进会外，并须与日本方面军及领事馆、华北交通公司、华北运输公司等取得密切连络，期收实效。违反前项移动取缔规则者，务须以华北麻产改进会、华北交通公司等为各统制机关之代行机关，令其没收或按一定价格强制收买之。

② 关于移动取缔之具体内容，以华北麻产改进会告示之移动取缔规程为准。

(三)防止向敌区流出

对于向敌区之流出及敌方之妨害行为，由各省负责动员县警备队，并由中、日军队援助之，以期搜集万全。

三、植物性油脂及其原料搜集促进要纲

民国32年度(自32年9月至33年8月)

查落花生仁、落花生油、芝麻油等植物性油及其原料等，华北产量素称丰富，而该项物资又为大东亚战争遂行上军需资源所不可或缺者，此项物资本年虽较往年丰收，然因各种关系以致上市状况极为不佳，此就华北所负兵站基地之使命上言之，不无遗憾。因此本委员会决依下列要领，迅速实施强力之统制，各省当局应按照下列方针，对华北油料协会及其所属各地油料组合等收货机关加以彻底之指导与运用，以资确保植物性油类之物资。

计开：

(一)中央确保计划书

①落花生仁	110,000 吨
河北省	35,000 吨
山东省	60,000 吨
河南省	15,000 吨
②芝麻	20,000 吨
河北省	5,000 吨
山东省	5,000 吨
河南省	10,000 吨

(二)上开数量乃中央之确保计划量，亦即向中央应供出充作军需品及准军需品之数量，各省与华北油料协会所属各地油料组合商洽后，并予指导，务令尽其可能将上定数量向中央供出。关于收买办法，现正发放廉价物资，以资调剂，各主管官署务与上

述各团体密切连络，官民结成一体进行收买。

（三）上开数量系换算为实（仁）之数字，如向中央供出及收买时，亦得以油代替，唯其换算率须按下开计算：

①落花生油三八吨——落花生仁一〇〇吨。

②芝麻油四〇吨——芝麻一〇〇吨。

（四）植物性油脂及其原料之输送统制及运出运入统制

落花生仁、落花生油、芝麻及芝麻油之外，蓖麻子、蓖麻子油、大豆油、芥子、芥子油、桐油以及棉子油等，均由华北油脂协会发给移动证明书，如无上项证明书时，对于用铁路、载重汽车、马车、船舶等一切输送均应禁止之。再当实施上项输送统制及运出统制时，除华北油料协会外，并须与日本方面军及领事馆，华北交通公司、华北运输公司等紧密连络，以收实效。至于对违反上述输送统制及运出统制者，得由华北油料协会及华北交通公司或华北运输公司代表各统制机关予以没收，或依一定价格强制收买之。

（五）防止向敌区流出

对于防止向敌区之流出及敌方之妨害行为，由各省负责调动县警备队，并由中、日军队援助之，以期搜集工作进行无憾。

四、毛革类搜集促进要纲

民国32年度（自32年9月至33年8月）

查华北牛、羊等毛革类系为遂行大东亚战争上极重要之物资，向悉供为军用，惟迩来毛革类之出产状况，或因流入敌匪区，或因腹地消费增加，故所期数量之确保自属非易。本委员会有鉴于此，决意强行各种施策，以资努力确保，而谋完遂吾等供应军需之任务。仰各省应照上述方针，斟酌下列各项，迅将毛革类加以强力之确保。

关于本案实施时，除随时与日本方面军及领事馆密切连络外，并希极力运用搜集机关之华北皮毛统制协会，以期效及广泛。

计开：

（一）中央确保计划量

省别 品名	单位	河北省	山东省	山西省	河南省	计	备考
羊毛　净毛	瓩	402,000	460,000	540,000	300,000	1.702,000	
山羊绒　净毛	瓩	40,000	60,000	50,000	30,000	180,000	
骆驼毛　净毛	瓩	48,000	2,000	50,000	1,000	101,000	
牛　皮	枚	175,000	88,000	12,000	50,000	325,000	
豚　皮	枚	15,000	30,000	5,000		50,000	
制革用羊皮	枚	250,000	633,000	100,000	333,000	1,316,000	

（二）前开数量为中央确保计划量，即充作军需应向中央供出之数量，迄今虽收买若干，然至来年三月止，尚仍须筹划大数量之收买。因此各省当局应与华北皮毛统制协会商洽后，务须指导使其于可能范围内，向中央供出前开数量。

（三）对于军方及协会配给品以外之羊毛禁止加工并硝制

对于军方及协会配给品以外之羊毛禁止加工及硝制，违者从严处罚。再库存品除使所有者至华北皮毛统制协会登记外，并须令由该协会收买之。

但少量之自用消费不在此限。

（四）毛革类之输送统制

现在军方所实施之军需轻工业原料输送规则，应彻底督及至关系机关管下各机关，对无许可之移动，皆严厉取缔。再须通告市民，呈请输送许可时，必须经华北皮毛统制协会通过之。

（五）防止流入敌区

对于流入敌区及敌方之妨害行为，由各省负责动员县警备队，或由中、日军队之援助，排除该种妨害行为，以期搜集之万全。

（六）于各县屠宰场所生产之原皮、原毛、均须向华北皮毛统制协会供出之。

五、席苇及苇加工品搜集促进要纲

民国32年度（自32年4月1日至33年3月）

苇席为对满洲输出之军需品，苇为制席及纸之原料，在大东亚战争遂行上均属华北应行担负之重要物资，此项搜集之确保及阂军需及特需之供出应圆滑，为华北之一大任务。故本委员会对席及苇之生产地及集散地，须依下列要领，迅速实施强力搜集统制。

各省顺应上述方针，斟酌左记诸点，排除一切障碍，以资向席、苇之确保目标迈进。再关于本件实施时，应与日本方面军及领事馆紧密联络，并希力求搜集机关之华北合作事业总会及华北席子协会之全面活用。

计开：

（一）席之上市数量

河北省

文安县	2,300,000张，
大城县	1,700,000张，
静海县	50,000张，
宁河县	60,000张，
丰润县	500,000张，
玉田县	800,000张，
安新县	3,400,000张，
雄县	200,000张，
徐水县	100,000张，
任邱县	200,000张，
清苑县	100,000张，
邢台县	500,000张，
计	10,900,000张。

山东省

桓台县	2,000,000张,
青城县	500,000张,
济宁县	200,000张,
广饶县	250,000张,
计	2,950,000张。

山西省

阳曲县	600,000张,
崞县	100,000张,
计	700,000张。
总计	14,550,000张。

(二)上项席之上市预想数量中，截至目下，已收买者约五，五〇〇，〇〇〇张，迄至来年三月，尚须施行大量之收买。故各省应参照上述各县之生产预想数量，与华北合作事业总会及华北席子协会协议，各县由目下抵明年三月末之应行分担数量，且实施下列所定诸施策，并于可能范围内努力确保上开数量。关于收买方法，目下正值廉价物资发送之时，希与各团体取得紧密连系，俾收买之措置臻于完善。

(三)关于苇，各省应依照华北合作事业总会及华北席子协会商洽，决定其各县应行分担数量及供给价格，其供给量以席为标准。

(四)席苇及苇加工品之输送统制并运出入统制

席苇及苇加工品均由华北合作事业总会或华北席子协会发给移动证明书，禁止一切无证明书之铁路输送、船舶输送、货物汽车输送、马车输送及县外输送等。关于上术输送统制并运出入统制实施时，除与上述团体外，并须与日本方面军及领事馆、华北交通株式会社、华北运输株式会社等紧密连络，藉收实效。关于上述输送统制并运出入统制已违反者，得由华北合作事业总会、华北席子协会、华北交通株式会社及华北运输株式会社等各代行统制机关没收之，或依一定价格强制收买之。

(五)防止向敌区之流出

对于向敌区之流出及敌方妨害之行为，应由各省负责出动警备队，并由中、日军队援助之，以期搜集万全。

六、关于铜之移动限制案

航空机子弹、鱼雷等所用原料之铜，为直接军需资材，由大东亚战争之现阶段观之，增强其供给力，实为当前之急务。华北虽无可观之铜，然一般民众所存铜元数量，其数量甚巨，故有强化彻底回收之必要。

关于铜元之回收，目下虽由日本大使馆指定之商号及中国回收总联合会从事收买，奈因迩来铜制品之市价飞涨，铜元收买价格与市价相差悬殊，以致在收买上渐觉困难，因而实施铜元之移动统制，以防其流散于不必要之地区，以为强化收回之一策，乃属必要。

现在华北交通公司对于一般人，除日本大使馆指定收买业者及其下级承揽人外，虽停止办理铜及铜制品之运输，以为暂时措置，惟以除用火车为输送以外之方法外，经他法运送者仍不在少。兹为彻底处置起见，决定对于一切铜元之移动，不论以何种方法，凡非携有日本大使馆或领事馆发给之证明书者，概不许可移运各地，应即依照本案实施。凡违反上项之规定，由各机关依一定价格强制收买或没收之。

关于设置铜类收回工作队案

查铜制品之收回，依据搜集铜类实施要纲既经实施在案，惟按大东亚战争之现下战局观之，不仅对于收回铜量须保其最大限度，在时间方面于可能范围内亦应早收实效。为顺应此种要求起见，爰案下列要领，于各地决定设置铜类收回工作队，以资迅速进行，切实办理。

计开：

(一)工作队设负责人一名，劳工五名至十名编成之。每市每县以设一班为原则，必要时市设数班，县设一班亦可。

(二)工作队应行收回之对象，以宦家、官廨、公共团体、学校、公园、寺庙等之公共设施及一般家庭铜制品为主。

(三)收回次序，先由官有、公有物着手，然后及于私有物。

(四)各市政府、县公署须按下列格式，制就收回工作预定表。

铜制品收回工作预定表　　工作队

负责人

品　　名	重　　量	所在地点	所有者	工作时日	代替品	备考

(五)为编成收回工作预定表，必要时得设少数委员组成之委员会。

(六)各市政府、省政府须将所需代替品之品名及数量从速报告委员会。可作代替品者分别如左：

陶磁器　木材　玻璃　钢品　生铁

(七)编成工作队之经费及代替品之代价，由委员会支给之。

〔伪华北政务委员会档案〕

汪伪国民政府抄发收集废金属办法训令

(1944年4月6日)

国民政府训令　　字第七三六号

中华民国三十三年四月六日

令华北政务委员会

据本府文官处签呈称：准中央政治委员会秘书厅中政秘字第

三一一八号公函开：查三十三年三月二十九日中央政治委员会第一三三次会议，讨论事项第二案，主席交议：据行政院呈：为第二〇一次院会通过实业部呈送收集废金属办法草案，呈请鉴核等情，请公决案，当经决议：通过。至收购价款及补偿拆卸费用，原则由国库负担，送国民政府通饬遵照，等因，记录在卷。相应录案，抄附原呈及附件函达，至希查照转陈通饬遵照等由，理合签请鉴核等情。据此，自应照办。除分令外，合行抄发原附各件，令仰该会知照。此令。

计抄发原附行政院呈一件〔略〕。收集废金属办法一份。

主席　汪兆铭

兼行政院院长　汪兆铭

收集废金属办法

一、负责机关

以新国民运动促进委员会各分、支会及当地行政机关为主干，督饬各区公所办理，由新国民运动促进委员会各分、支会负责劝导，当地行政机关负责收集。

二、废金属之范围

1．凡一切建筑物内外非必需之金属设备，确可收集而无妨碍者。

2．凡一切非必需之金属物品，确可收集而不妨碍民生者。

3．凡破烂废弃无用之金属。

4．凡破坏废弃而不能应用之机轮、车轴、路轨、自来水管等。

上述废金属之种类为铁类、铜类、铝、锌、钨及其他非铁金属。

附注：（甲）金属制造业之原料不在此例。

（乙）机器之因原料或原动力不足以致停止，而于将来复工时仍能应用者不在此例。

三、收集办法

废金属收集分自动献纳及自动出售两种，在实施之前，应利用报纸、刊物、播音台等广为宣传，劝导献纳或出售，以应国家需要。次将表格交由各区公所分发献纳或出售者，令将拟献纳或出售之种类、数量等填报，然后依照下列方法分别收集之。

1. 官署机关、公共场所之废金属，由当地行政机关直接收集。

2. 公司、工场、商店、私人住宅之废金属，由献纳或出售者自行送交区公所，由区公所汇转收集。区公所收到废金属后，应即掣给收据，并发给献纳证或出售证，俾便张贴门首，以资证明。

上项废金属之献纳，每户至少在二市斤以上，但如实无废金属可以献纳时，收集机关得斟酌情形，允许免除献纳。

废金属之收集以劝导自动献纳或出售为原则，经办收集人员如有藉端索诈或骚扰情形，应由主管机关严加惩处。

四、奖励大量献纳

1. 凡自动献纳废金属在一百市斤以上者，由各省、市政府发给奖状。

2. 凡自动献纳废金属在五百市斤以上者，由行政院发给奖状。

3. 凡自动献纳废金属在一千市斤以上者，由国民政府发给奖状。

五、付给收购价值

凡废金属经验明合用收购后，除由区公所制给收据，并发给出售证外，由当地行政机关核定价格，即将代价发交区公所转发领取。

六、负担或补偿拆卸费用

凡因献纳固定废金属而招致之拆卸修理费用，如须更换代用品，并其代用品之价值，由收集机关负担之。凡因出售固定废金属而招致之拆卸修理费用，如须更换代用品者，并其代用品之价值超过出售物品之核定价格时，其超过之费用由收集机关补偿之。

七、收集日期

自三十三年五月一日起至五月三十一日止。

〔伪华北政务委员会档案〕

汪伪国民政府公布物资统制调整纲要

(1944年7月7日)

一、统制之范围

(一)对棉花、棉纱、棉制品、米粉、麦、油、粮、肥皂、腊烛、火柴等日常必需品及其原料予以统制，于全国商业统制总会(以下简称商统会)之下，分别设置统制机构办理之。

(二)麻、羊毛、皮革等有关军需与民需之物资，于商统会之外另组机构，由主管机关监督办理之。

(三)烟叶及卷烟采销之管理，由主管机关拟订办法办理之。

(四)上列三项以外之物资暂不加以统制，但其移动有须管理者，另行规定之。

(五)第一、二、三项统制物资移动许可事务，如认为必要继续办理时，由各该统制机构自行办理，商统会不再设综合许可事务机关，但过渡时期得暂由商统会管理处办理之。

二、统制机构之组织系统(附表)

(一)行政院为决定施策及指挥监督各统制机构之最高机关。

(二)物资统制审议委员会为备行政院咨询与审议重要经济施策之机关。物资统制审议委员会委员由行政院就左列人员呈请国民政府特派或聘任之。

一、各有关部会长官。

二、各省及特别市政府代表。

三、商统会理、监事长。

四、各统制委员会主任委员。

五、金融界、产业界主干人士。

六、经济顾问代表。

七、日本有关机关代表。

行政院副院长为委员长，并设常务委员若干人，由行政院就委员中指定之。

（三）商统会为承转审查联络商议之机关，其下分设米粮统制委员会（以下简称米统会）、棉业统制委员会（以下简称棉统会）、粉麦统制委员会（以下简称粉麦统会）、油粮统制委员会（以下简称油粮统会）、日用品统制委员会（以下简称日用品统会），为事业实施之机关。

商统会设理、监事会，理、监事人选由行政院就该会下层机构负责人及金融、产业界主干人士中指派之，并分别指定一人为理、监事长，若干人为常务理事。设常务理事会，综理本会会务，于常务理事会下设秘书室及计划、管理两处，处理日常事务。

各统制委员会设主任委员一人，副主任委员二人，委员若干人，由行政院指派或聘任之，必要时并得增设副主任委员一人。

三、各商业统制机构之职掌

（一）各统制会之职掌分别规定如左：

一、商统会

（一）关于所属下层机构之指导监督事项。

（二）关于物资管理对策之研究建议事项。

（三）关于物资统制方案之初步核议事项。

（四）关于物资交换及输出入方案之初步核议事项。

（五）关于主要物资生产运销状况之调查统计事项。

（六）关于统制物资价格厘订之督导事项。

(七)关于政府之交办事项。

二、米统会

(一)关于米粮之采购营运事项。

(二)关于米粮统制方案及价格之拟订与实施事项。

(三)关于所属下层机构之指导监督事项。

(四)关于政府与商统会之交办事项。

三、棉统会

(一)关于棉花、棉纱及棉制品之采购营运事项。

(二)关于棉花、棉纱及棉制品统制方案及价格之拟订与实施事项。

(三)关于所属下层机构之指导监督事项。

(四)关于政府与商统会之交办事项。

四、粉麦统会

(一)关于粉麦之采购营运事项。

(二)关于粉麦统制方案及价格之拟订与实施事项。

(三)关于所属下层机构之指导监督事项。

(四)关于政府与商统会之交办事项。

五、油粮统会

(一)关于油粮之采购营运事项。

(二)关于油粮统制方案及价格之拟订与实施事项。

(三)关于所属下层机构之指导监督事项。

(四)关于政府与商统会之交办事项。

六、日用品统会

(一)关于肥皂、腊烛、火柴等及其原料之采购营运事项。

(二)关于肥皂、腊烛、火柴等统制方案及价格之拟订与实施事项。

(三)关于所属下层机构之指导监督事项。

(四)关于政府与商统会之交办事项。

（二）关于麻、羊毛、皮革、烟叶及卷烟等之管理办法及机构，由主管机关另订之。

四、附则

商统会所属各统制委员会得因事实之需要，呈准行政院增减之。

组织系统表

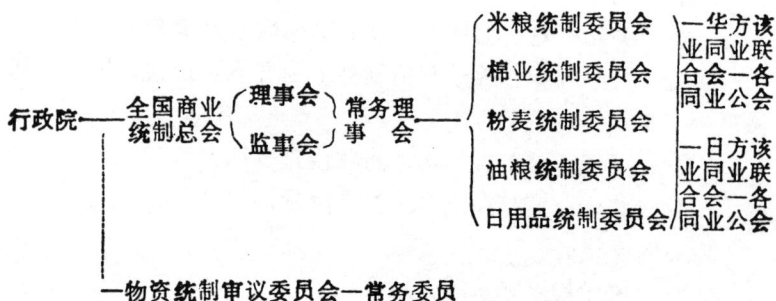

行政院——全国商业统制总会〔理事会／监事会〕常务理事会——米粮统制委员会·棉业统制委员会·粉麦统制委员会·油粮统制委员会·日用品统制委员会——华方该业同业联合会—各同业公会——日方该业同业联合会—各同业公会

—物资统制审议委员会—常务委员

〔汪伪行政院档案〕

重庆国民党战地党政委员会编华中敌伪加紧物资管制

（1944年）

一、组织华中输入配给组合与华中奥地贩卖协议会

敌寇为统一华中陷区日商组织，以便调整商品之输出入与加强物资管制力量起见，于本年上半年先后成立所谓华中输入配给组合与华中奥地贩卖协议会两种组织，该两种组织，均系以商品种类为单位。据报第一次组织之敌华中输入配给组合计有二十四种，即食料品、麦酒饮料、化装品化装用品、药品、印刷材料、

玻璃、文具、日本木料、照相材料、玩具、缝针、钮扣、海产、丝绢、西装用品、布匹、洋杂货、家俱、装饰品、帽子、陶瓷器、玻璃制造、电气材料、汽车等二十四种。其各别名称则以商品名目标示之。如食料品之称华中食品输入配给组合，其余类推。第二次组织者计有钟表、计□器、乐器、运动器具、金属用器及其他货物。至于所谓奥地贩卖协议会，亦以商品为单位，如金属、机械、石油及汽油、木材、盐、烟草、棉丝布、毛及毛织品、食用油、火柴、腊烛、人造丝及其制品、砂糖、肥皂等是。其已成立之华中奥地贩卖协议会计有棉丝布、铁钢及金属制品、火柴、烟草、肥皂、石油、食用品、砂糖、人造丝绢等九种。浙西方面敌方物资统制，即归华中输入配给组合、奥地贩卖协议会此两机构办理。职权方面，前者大于后者，如以华中砂糖贩卖协议会为例，此种协议会之组织，依规定须先得物资搬出入之许可机关（即当地敌军事机关及华中配给组合）之认可，或得两者之推荐，方可成立。此种贩卖协议会，上海本部之任务为：（一）调整输出入之数量，使适合于敌占领地域内各地之需要。（二）确切实施以军票之贩卖。（三）取缔私运或违反搬出许可条例等行为。杭州支部之任务则：（一）防止物资流出于占领地域之外。（二）监督当地繁荣军票之贩卖。（三）于扩充军票流通工作上协力于军事之企图。

二、成立物资交换所施行物物交换

伪米粮统制委员会（由伪商统会食粮专业委员会改组者）为谋强化收购米粮及推进统收统配业务计，于本年上半年决定实施物资交换购米办法，发行一种物资购买券，分发各地办事处转发各米粮采办筹备员，向农民交换购米。其实施纲要如下：

（一）所有采办米谷须经交换物资配给所办理，而该项配给所则以全国商业统制总会旧有配给机构充任之。

（二）物资购买券由全国商业统制总会印制发交米统会备用，该会按照收购米谷之计划再行分发各地办事处，各地办事处收到款项后，再经由各粮行发给各处农民交换米谷。

（三）购买券仅得在各办事处之管辖区内使用，若在其他地方使用则为无效。

（四）购买券分为白券、蓝券及红券三种，凡领取该项购买券之农民，即可将该券调换券面注明之物品中之任何一项，惟其数量限定如下：白券棉布三码半，肥皂二块，火柴一、二盒、白糖四两、香烟三包；蓝券棉布十七码半，火柴六盒，食糖二斤，香烟十五包；红券棉布三十五码，肥皂二块，火柴十二盒，食糖四斤，香烟三十五包。惟皖南、皖北及苏北地区，另有洋烛配给，其数量均于票面注明。缴米值一千元者付白券一张，缴米值五千元者付蓝券一张，缴米值一万元者付红券一张。其他准此类推。

（五）购买券仅付于缴纳米谷者。

（六）购买券自发行之日起，于九十日以内为规定之有效时间。

敌伪除实行物资交换米粮办法外，棉花、桐油、生漆皮、油、茶叶、五金、竹、木材炭亦均采用物资诱换办法。所有物资交换工作，由各地新成立之物资交换所负责办理。敌伪实施此种物物交换之政策，其唯一作用乃在于将控制较为严密与掠夺所得之存量较丰物资，换取无法严密控制而为敌伪所急需之缺乏物资。盖棉布一项，自敌伪于沪粤各地施行强买政策之后，华中陷区所有棉纱布已大量为敌伪所掠夺，储量至丰，而糖、火柴、肥皂、香烟则多系工业产品，制造集中，易于控制，自经敌伪分别施行严格管制以来，此项货品大部已为敌伪所控制。惟米粮、棉花、桐油、木材、油、炭、茶叶等项物品，多系农村产物，分布散漫，控制不易，且桐油、茶叶产地多在我自由区，更无法控制，是以敌人不惜以其掠夺所得之棉布等项物资以为诱换之用。由此亦可见敌伪物资窘逼之情状与搜括政策努力之一斑也。

三、实行油粮统一管理

敌伪为加紧食用油与什粮之搜括起见，除实施上述物物交换之办法外，又再实行所谓油粮管理统一办法，本年初着由伪行政院物资统制审议委员会制定所谓油粮统一管理暂行办法。该办法业经伪行政院例会通过施行，今后伪苏浙皖三省及京、沪两市内之油粮统一管理事宜（包括各种食用油及什粮，唯麦类除外），概由伪全国商业统制总会责成伪油粮专业委员会掌理，必要时并得由该会在各地区设置分支办事处办理油粮之买卖。关于收买价格，亦已明确规定，须参照各种重要农产物（如米、麦等）之规定收买价格及其已往比率，分别多种油粮之标准价格，呈准伪行政院核定。

伪油粮统一管理暂行办法如下（伪行政院一九三次会议通过公布施行）

第一条　苏、浙、皖三省及京、沪两特别市之各种食用油及什粮（麦类除外，以下简称油粮），概依本办法统一管理。

前项统一管理之油粮种类以行政院公布之主要商品什粮品目，及以此项什粮为原料所制成之油及饼类为准。

第二条　全国商业统制总会（以下简称商统会）秉承行政院之命，办理油粮之统一管理。

前项油粮之统一管理事宜，由商统会责成油粮专业委员会掌理之，必要时并得由该委员会在各地区设置办事处。

等三条　商统会应参照各种重要农产物如米、麦等之规定收买价值及其已往比率，分别拟订各种油粮之标准价格，呈请行政院核定。

第四条　各种油粮之标准品级由商统会审定之。

第五条　油粮之买卖以各地区各该业同业公会之会员为限，但在同一地区内同等资格之同业间不得互相买卖。

第六条　油粮之买卖概应报经所属公会登记，转报联合会汇呈商统会。

第七条　中、日军需及输出用油粮数量、价格，由商统会遵照行政院命令办理之。

第八条　各种油粮，商统会得就各地区各该业同业公会会员中指定委托商收买之。

前项商统会收买之油粮，为实施配给用者，其配给办法由商统会另行规定之。

第九条　各地区食用油业及什粮业同业公会会员违反本办法规定者，商统会得申请主管官署取消其公会会员资格。

第十条　本办法自公布之日施行。

又据本年五月八日伪申报载称，伪商统会向日敌军部请求撤销中日采办分区制度，已得允许，计决定办法三点：（一）所有甲地区中、日采办商划分区域案，因不能公允，特废除之。（二）嗣后双方采办商应和衷共济，努力采办米粮，务促成绩优良。（三）甲地区各办事处必须激励采办商尽力进行采购事宜，如有办事不力致乏成绩者，于相当时期后即取消其资格。是项办法三端，闻已由伪米统会报由伪商统会转呈伪行政院核备施行矣。

四、公布管理棉花布匹各项新办法

伪财部为管制花纱布，近成立管制局专为收管制之效，近公布管理棉花布匹土纱交易规则、棉花购运购存陈报办法，及棉纱布匹登记办法等三种，兹录如下：

甲、管理棉花布匹土纱交易规则

1．凡经营交易之商号、工厂，不论批发、零售、贩运、自营或代客居商等，均须申请管制局或其分支机关核发执照。

2．其交易应集中于核定之市场公开交易，按品质标准挂牌行之，不准黑市。

3．交易市场由棉花业、布业或纱业公司同业公会分别主持，管制局派员常驻市场监督。

4．各商号得派代理人到场。

5．各商号、工厂应照实际需要作实物交易，不得有期货交易及套空之信用交易情事。

6．各商号、工厂应随时将交易数量、价格、银期、存货地点、用途等填清单，于货交到日送管制局存查。

7．货物之交易及存储量应陈报。

8．运出仓栈应报该管制局核准。

9．外埠客商及非棉纱商时，同业公会会员经购棉布及土纱应开姓名、住址、用途、数量及取得同业公会至少一家之保方可购买，所购买棉纱数量不得超其三个月营业额，布匹、土纱数量不得超其两个月之营业额。

10．机关社团须在市场采购者，得迳填购买许可证声请书送管局核发。

11．违反本规则者，除触犯妨害国家总动员惩罚暂行条例或其他刑法之罪，送由审判机关依法判处外，应依限政执行惩处之。以下两款如不适用本规则，得由管制局另定规则管理。

(1)商品零售，市民零购，每次棉花不超过二十市斤，布匹不超过一匹，土纱不超过三十市斤者。

(2)棉花挑贩购花不超过二十市斤者。

12．本规则实施地区，由管制局斟酌情形，呈财部核定公告之。

乙、棉花购销运存陈报办法

1．凡营棉业之公司、厂铺，均须填其现存棉花数量登记表，向管制局登记。

2．凡购棉在三十市斤以上者，应以直接用户，或持有商号所在也县、市府或商会同业公会证明文件棉商为限。

3．进口后无论过境或就地销售，均须于三日内填具报告单。

4．凡转运棉花在五十市斤以上者，应以外埠采办，经由本埠转运其他地区，或经管制局核准运销出境棉花为限。

5．凡公司、厂商之存储，应将购销运存情形分别详细造具结存月报表,储实情形,管制局得随即会同当地之检查机关查验。

6. 管制局对棉花购销运存数量、价格及限期按实际情形予以限制。

丙、棉纱及布匹登记办法

关于棉纱者:

1. 存货登记。

2. 内运入境,应向入境处之管制局分支机关登记。

3. 转运时亦须登记,并须领取转运证。

关于布匹及土布登记:

1. 存货登记。

2. 凡布匹入口在整匹以上,土纱入口在三十市斤以上,应向入境处之管制局分支机关登记。

3. 凡转运布匹在三整匹以上,土纱在三十斤以上者,应登记取转运证。

五、订定棉商收花办法

伪上海市棉花业同业公会,为谋便利会员同业在国内各产区收买棉花及协助伪方顺利推展统配措置起见,特订定棉花业同业公会会员棉商收花规则一种,凡在苏、浙、皖三省,南京、上海两特别市各棉花商同业公会会员,如收买棉花,均应遵守。兹将上项规则要点搜录如次:

(一)棉商收买棉花,应由同业公会造具名册,报由棉花业同业联合会转向棉花统制委员会申请登记。凡未经登记许可者,不得收买棉花。

(二)登记棉商收买之棉花,应完全交由协会会员,不得囤积或售与他人。

(三)会员间以集中小数棉花,冠售与协会会员为目的之买卖,其成单应用棉统会制成之成单。

(四)棉商收买棉花,关于品质之检验,悉遵照棉花统制委员会验收规约办理之。

（五）棉商收买棉花之数量，应按旬报由同业公会，汇报棉花业同业联合会核转棉花统制委员会。

（六）棉商收买棉花除遵守规则各项规定外，并应遵守政府统制法令之规定，违者撤消其登记，并请依法惩处。

六、统一花纱布管制机构

伪商统会于纱布配给工作，原设棉业管理处以司其事，惟据四月二十日伪上海申报载称：该棉业管理处将合并于棉花统制委员会而改称棉业统制委员会。自此由花而纱，由纱布而棉制品，自原料以至最后制品之生产、加工、配给等管理事项，统由该会划一办理，俾以加强统制而资垄断。

七、皂烛统制机构业务之规定

伪商统会实施皂烛统制，经设置皂烛专业部，并闻于四月间规定该部业务范围如下：（一）建议皂烛类统制意见及答复有关机关之咨询事项。（二）建议及核议制皂制烛原料之收买及配给事项。（三）核议皂烛制成品之配给事项。（四）核议皂烛原料及皂烛制成品之运输事项。（五）核议皂烛原料及皂烛制成品之价格调整事项。（六）核议皂烛同业联合会及日商方面之华中石碱同业组合联合会、华中日商腊烛同业组合联合会之建议事项。（七）关于皂烛业机构应行调整之建议事项。（八）关于皂烛生产之设计及调整事项。（九）关于皂烛制成品成份之规定事项。（十）关于皂烛原料及制成品品质之鉴定事项。（十一）关于皂烛原料及制成品不正当搬出之应行防止事项。（十二）与有关机关之接洽及联络事项。（十三）其他关于皂烛原料及皂烛制成品之统制事项。（十四）其他理事长指定或交办事项等。

八、加紧物资调查工作

敌伪物资调查委员会为进一步掠夺我陷区物资，近又规定办法如下：调查委员会工作人员，如查得有囤积主要物资时，应立即报告本会，将所查获物资，以处分所得之款，按照给奖办法，报告之调查员给予百分之五十，经办之调查员给予百分之十五，协助军警给予百分之十五，其余百分之二十给予其他人员。

九、结论

由上各节所述，可见敌人对于华中陷区各地物资之管制逐步加紧，其所施办法，硬软兼施，对于已经有法严密控制之物资，则加紧其管制，如棉纱布、皂烛、火柴、食糖等项物资管制办法之逐步加紧是。对于无法严密控制之物资，则想出各种利诱方法，以达其掠夺搜刮之目的，如米粮、棉花、油炭等是。此外并加紧调查工作，使物资不易漏网，且调整机构使其有力化与敏捷化，种种措施，其目的无非加强其物资之掠夺耳。敌伪在此覆败期近之关头，对于陷区物资管制之加紧，以增加其物资掠夺之数量，自为必然之趋势也。

〔国民政府行政院档案〕

李正之关于伪蒙统治区域物资统制与掠夺情形报告[①]

(1945年3月3日)

四、敌寇对物资之种种统制 敌寇为积极榨取我蒙疆地区内之物资，并为达成其榨取目的，采用彻底统制方法，其统制名目虽多，大要不外三种，兹述如下：

(1)生产统制 生产统制可分为农业、工业、矿业三方面：

(子)农业方面 一面就已有出产加以管制，一面就敌寇所

---

① 节录自察南专员李正之编送之《察哈尔省敌伪政治经济侵略情形报告》之经济部分。

需要分别加以特别发展与节制。如敌寇在伪蒙疆地区内分派地训训练所卒业学生测量，所有地亩分为上、中、下三等，上地每亩每年迫令交纳粮谷五十四公斤，中地二十七公斤，下地九公斤（上述交纳粮谷公斤数目系以伪万安模范县为例，其余各县可以类推）。凡种鸦片地亩，除按鸦片特税纳税外，仍须按地亩等级交纳粮谷，名为粮谷集荷。又敌寇对察南涿鹿、怀来以及晋北大同、阳高等县沿河一带地亩，普遍发给倭国稻种，迫令种植，秋收后悉数由敌寇定价收买，不得偷食及私售。陆地所产小麦，其统制方法亦如前例，所异者仅不发给籽种耳。再宣化、涿鹿等县肥沃地带，又迫令种植大量烟叶，并由敌寇设立之蒙疆烟草统制会于各该县城内派遣日人组设东洋烟草股份有限公司，烟叶成熟后，悉数由该公司定价收买，不许私售。蔚县麻类之强迫种植与统制方法，亦与烟草同例。同时就各伪市县膏腴地带划定界限，树立木棕，设置多数增产重点区，以麻、高粱米（即红粮）为主要增产物。张垣西南高家屯，宣化县城西屈家庄，涿鹿县东北伊文屯，均置有增产重点区，且于每年秋收后举行农产展览会，成绩优良者并给予奖赏，因之一般农民竞事增产，以供其榨取。

（丑）工业与矿业方面　敌寇为企图夺取外商权利，限制民众营业，对于察、绥两省旧有之工厂及公司始则限制其生产，继则予以种种阻碍或破坏，因之在伪蒙疆地区内旧有之工厂及公司十之七八均以闭歇，即间有存在者，亦均已加入敌寇资本，甚至强迫廉价售与日人，而仍沿用其名义。又查在矿业原料生产方面，敌寇除藉统制力量尽量吸收所有出产外，并积极加以开发，如龙烟铁矿之铁，宣化县鸡鸣山、下花园暨晋北大同县口泉及绥西大青山等地之煤，以及怀安县南口村之钨矿，均为敌寇掠取之主要目标。

（2）消费统制　消费统制主要在节制消耗，以便敌寇榨取。如伪蒙疆地区内关于小麦、稻米两项，不准民众私食，已如前述，即其他日用生活必需品，如食品中之高粱米以及布匹、煤炭、食盐、洋火、煤油等项，一律由敌伪各主管机关分别按户配给，不得逾量购买，更不得囤集。且配给布匹之规定，以交纳粮谷多寡为配给布匹标准，赤贫之户不纳粮谷，即不得享受配给布匹之权利。

(3)贩运统制　敌寇为统制货币与货物流通，对于贩运一律严加统制，其采用方法可分为特别统制、普通统制二种：

(子)特别统制，即某货物在某地区指定某商家专卖或专买，其他商家不得□□□□□□□□□□□□①间敌寇特令伪皮裘组合会指定皮货庄十家专司皮货买卖，且以供给军用为限，其他皮业均告歇业，是特别统制之最著者。且敌寇为分化我民族国家起见，对各傀儡组织积极主张自给自足，如伪蒙疆地区内出产之小米、土豆等物不得越境向北平一带销售，北平所产之布匹、菜蔬等物亦不得越境向平绥线南口以西销售，并在南口、康庄两车站间派遣伪经济警察及稽查多人巡迴检查，计逐日没收货物多则数十起，少亦十数起。

(丑)普通统制　凡各商家购入货物，须先向敌伪经济机关购领许可证，货物购到后，又须将逐日销售情形造册报告，该伪经济机关根据逐日销售，再决定准否继续。贩运货物由甲地运到乙地，除缴纳捐税外，并须购领搬运证，否则一经敌伪查党，即全部没收，并扣押人员，予以处分。

五、敌寇榨取方法之种种　敌寇在伪蒙疆地区内种种榨取方法，如各种捐税、国防献金、飞机献金、义务储蓄、废铜废铁献纳外，更迫令民众大量种植鸦片。去年春间，因"奸军"猖獗，凡邻近"奸军"区域认为匪区，不令种植，特指定察南宣化、阳原、万安三县，察北张北、康保、宝源、崇礼四县暨晋北大同、天镇、阳高、怀仁四县为产鸦片区域，并于各伪县署内增设特产

---

① 此处原档缺损30余字。

科，专司鸦片、盐务两项征榨事宜，科长均由日人充任。各县种植鸦片多寡，视其地域广狭酌予定数，如伪万安县按照去年指定数，该县应种鸦片地亩为六百五十顷。至征收鸦片特税数目，分水地、旱地两种，水地每亩征鸦片乾砖二十二两，旱地十八两，如售熟膏，又须纳领牌照费、烟灯捐、营业税等。同时又于各伪市县城镇开设赌局，公开征税，征税方法采投标包征制，美其名曰俱乐部。如阳原县俱乐部每月包额为伪币五十万元，并以演剧号召赌徒，因之一般堕落青年或达旦通宵，沉迷黑籍，或呼卢喝雉，一掷巨万，荡产倾家，卖妻鬻女者日有所闻。民国三十二年虽一度停止包办，各奸伪以利令智昏，多未实行。窃以敌寇他种榨取方法仅物质上之损失，而烟赌两事则削弱民族意义，计毒害烈，言之痛心。

六、掠夺物资之伪农事合作社　伪蒙疆各市县均设有农事合作社。察南各县直属于伪宣化省农事合作社联合会，由各县伪县长充任社长，其内部组织，有副社长、理事长、专务理事及理事参与、副参与、部长、系长、雇员、役员等名目。其任务系按县区地域广狭，物资产量以及民众需要多寡设置交易场若干处，每交易场置主任一人，副主任一人，书记一人，雇员三人至五人，并以各交易场为该社附属机关。在农事合作社未组织前，各县均设有粮谷收买处，直属伪粮业公会管辖，现该社将各地粮谷收买处完全改组为办事处，负收买粮谷专责。又各县农事合作社之组织规模颇大，并设有多数仓库，其距县遥远镇村，就该镇村地区内指定若干商号为仓库，使其代负保存发放责任，而农民粮谷交纳，地亩指定种籽配给，以及勘查产量丰歉，统由该社负责。至一切物资配给，近亦由该社发交各交易场，再由各交易场转交民商各户。

七、龙烟铁矿之积极开发与敌寇重视之价值　查龙烟铁矿位于龙关县属庞家堡与宣化县属烟筒山交界地点，庞家堡所产铁矿有葡萄红、豆红、米红之别，烟筒山所产纯系米红，含铁成分最多百分之六十八，最少亦及百分之六十。敌寇初期侵略时，委任汉奸卢镜如（察省涿鹿县人）为该铁矿理事长。民国三十一年卢逆病故，理事长即由日人充任。前此开采工人仅八千余人，至三十二年秋，已增至两万余人。其招募工人方法，除伪华北劳工协会与该铁矿订立合同，每月募送两千人外，大部份由察省各县强迫募送至该铁矿。所出铣铁，则运赴石景山冶化，及宣化东关伪中央制铁厂，该厂预备设熔铁炉五十座，其规模之大可见一班。去年五月伪满洲国经济部次长青木视察该矿谓，该矿出产丰富，不仅为满蒙资源，且为大陆各地钢铁增产基地，其所居地位极为重要等语。同年六月敌寇大东亚省次官山木熊以蒙疆华北经济视察团团长名义亲赴该矿视察，归国后与产业新闻记者谈话，有吾人此次视察之目的，系在此重大时局下如何强化并促进日蒙华关于战事之协力，尤以产业方面如何可以励行促进增产，蒙华对于日本认真协力，在实质上亦大有贡献，如铁与煤，乃增强日本战力之重大基础。合计蒙疆、华北煤之埋藏量达四千亿吨以上，现在实际采掘者仅二、三千万吨。此外铁矿亦多，如龙烟铁矿矿石之良世罕其匹，且与日本相距较近，采运自易等语。就青木与山本熊之谈话，其重视龙烟铁矿可概见矣。

〔国民政府行政院档案〕

三、物价统制

汪精卫为米价上涨饬严惩囤积居奇奸商电稿

（1940年6月28日）

各省、市政府鉴：近来米价盛涨，民食维艰，政府正在调查种种原因，议订种种方法，以为救济。兹查得奸商囤积居夺亦为原因之一。当此无数饥民嗷嗷待哺，政府筹款举办平粜，公务员捐薪助赈之际，而此等奸商乃别有肺肠，只图不正当之利得，置同胞饥饿于不顾，深可痛恨。着各该省、市政府严行稽察，如查得有此等奸商囤积居奇属实，即严行惩办，以儆贪狠。事关民命，毋得隐徇。切切此令。行政院长汪兆铭。俭。

〔注伪行政院档案〕

汪伪实业部拟具物价管理对策原则的提案 ①

（1942年6月29日）

查本部于本年五月间拟订安定物价临时办法，呈经钧院提请中央政治委员会第九十五次会议决议修正通过在案。嗣复依据办法原则，拟订物价平定办法大纲草案、取缔私抬物价暂行条例草案，提由钧院第一一六次会议决议并案审查等因。经审查决定，改为平定物价暂行条例草案及修正取缔私抬物价暂行条例草案，已另文呈请提议。惟事关管理取缔中外商民，各关系当局主持办理时，须定有根本方案，以资互相遵循，再就各方面整理补充，订制具体办法，始能推行尽利。兹谨拟具物价管理对策原则十二条，理合提请公决。

附件　物价管理对策原则一份。

右提案请提出行政院会议为荷。此致

秘书长

实业部部长　梅思平
三十一年六月二十九日

---

① 此提案先后经汪伪行政院院会及中央政治委员会会议通过。

物价管理对策原则

一、物价管理之对策，应与新币制政策之推进相辅而行，其主要目的在求物资配给管理之合理，维持公正平稳之物价，以资安定民生，增加生产，进而协助盟邦加速完成大东亚战争之使命。

二、在新法币流通区域，应根据推行新币制政策之既定方针，努力打破旧法币之自由主义经济机构，积极建树新法币之统制经济基础，使通货政策与物价对策互为表里，形成安定物价之轴心。

三、物价管理对策，应采重点主义，逐渐推行，其施行区域先由主要都市着手，实施物资先就生活必需品、军需品、对日输出品及有关开发资源之重要物资等次第切实施行。至管理指导之对象，应就中、日各种工商业团体一律施行。

四、物价管理对策之施行，须由中、日双方军政关系当局及民间各方面互相理解，积极协力，一致以坚决之意志，最大之毅力，努力克服一切困难，始能期其彻底。故对于施行之区域，实施物资之种类及实施工作部门等，中日双方应分别明确指定负责机关，互相协力，俾对策之施行能期圆满之功效。

五、物价对策以维持公允价格为中心工作，应随时考虑各方面实际情形，维持公正稳妥之物价，不宜墨守固定不变之低物价政策，致阻碍物资之畅流，助长囤积居奇之风，甚至于促进物资流往敌区。

六、物价之动静，系乎物资收买配给机构之运用至为深切，故对于各种物资之收买配给机构，亟应加以合理之管理，逐渐使其归于一元的统制，尤其对于农产物之收买及主要日用品之配给，须尽速实施集中管理之办法。

七、为求和平区内民生之安定起见，宜实行相当之低物价政策，同时对于阻止物资流往物价较高之敌区，除军事方面应有之措施外，亟应讲求其他特殊之经济封锁办法。

八、作战期中物价对策之实施，须由中、日双方共同协力，其集中统制机构之设置尤属必要，中央物资统制委员会及地方协资统制委员会亟应加以强化，改组为中、日双方共同之物资统制中心机构。

九、上海为华中工业中心地，且因租界特殊之关系，故对于上海物价之管理，宜划为特别区域，中、日双方军政关系当局共同组织上海物价对策委员会，负责实施统制物价工作。

十、大东亚战争期中，物价对策尤应考虑者，即从来仰给于海外输入之物资，来源已绝，故应积极努力增加生产，以资代替，而对于生活必需品之增产，尤属必要，同时对于爱护资源节约消费，亦应彻底实行。

十一、物价对策之施行，所有取缔事项，应由中、日军政关系当局制定强力取缔办法，动员特殊军警，彻底执行。

十二、物价管理对策具有紧急性，于政治上社会上影响颇大，非仅单纯之经济问题，应就政治运动及社会运动方面从事有组织之指导宣传。

附注：本原则所订实施要项，应就各方面拟订具体办法，准备自本年九月起全体施行。

〔汪伪组织档案〕

汪伪国民政府公布平定物价暂行条例

（1942年7月3日）

第一条　国民政府为平定物价，除安定物价临时办法别有规定外，适用本条例之规定。

第二条　各种物价以安定物价临时办法第二条规定为最高标准，非经当地主管官署之评定或核定，不得变更。

关于私抬物价之取缔法令另定之。

第三条 一切商品不得为非法买空卖空之交易。

第四条 各特别市及商业繁盛之县城，应即设置物价评议委员会，由当地主管官署会同关系机关组织之。

第五条 各种主要商品，除主管官署别有规定外，均须依照评定价格买卖。

第六条 本条例所称主要商品之品目，由行政院以命令定之，但地方主管官署得就当地情形，呈请中央核准酌量增减之。

第七条 各主要商品之批发及零售商人，均须于本条例公布后十五日内，加入当地各该业同业公会，非公会会员，不得以任何方式经营各该项商品之买卖。

第八条 各主要商品之批发商人，应将其商品之进出数量、存积数量、堆存地点及其成本、售价，按期报告于各该业同业公会，公会按期汇报于当地主管官署。

前项批发数量之标准，由地方主管官署就当地情形核定公布之。

第九条 地方主管官署得随时检查各业商人之存货。

第十条 各地仓库应向当地主管官署登记并受其监督，仓存货物之进出应按期报告于当地主管官署。

第十一条 银行、钱庄及一切金融机关，不得对同业公会会员以外之任何个人或团体为商品担保之放款。

第十二条 银行、钱庄及一切金融机关为商品担保之放款时，不问数目多寡，须即报告当地主管官署备查。

第十三条 银行、钱庄及一切金融机关均不得为商品之买卖。

第十四条 本条例所称主管官署，除法令别有规定外，在中央为实业部，在省为建设厅，在特别市为社会局，在县、市为县、市政府。

第十五条　本条例各项施行规则，由实业部会同各关系部.会拟订，呈请行政院核定之。

第十六条　本条例自公布日施行。

〔汪伪组织档案〕

汪伪国民政府公布取缔私抬物价暂行条例

（1942年7月3日）

第一条　国民政府为取缔私抬物价，安定社会民生，制定本条例。

第二条　凡商店行号一切货物之买卖交易，无论趸售零售、均应遵照本条例之规定。

第三条　货物之买卖、应遵照安定物价临时办法及平定物价暂行条例之规定，不得任意抬高或变更品级，羼杂劣质，以及其他一切不正当之行为。

第四条　商店行号出售之货物，如因成本关系确有变更价格之必要时，得由同业公会向当地主管官署申叙理由，请求更定。

前项申请如尚无同业公会之组织者，得由该地同业过半数之同意，迳呈主管官署行之。

第五条　请求更定之物价，须经主管官署核定公布后方得实行。

第六条　商店行号所营货物，应逐项标明价格，县挂于营业所在地明显之处所，其陈列求售者，则应分别备具票签，标明价格。

前项标明货价之票签，不得使用暗记。

第七条　商店行号有下列情事之一者，除吊销营业执照外，处五百元以上五千元以下之罚金。

不按当地主管官署核定之价格，任意抬高出售者

虽经申请更定，尚未核准公布，擅自变更售价者。

伪称无货应市，意图囤积居奇者。

变更品级或羼杂劣质，意图欺朦渔利者。

第八条　商店行号有下列情事之一者，处三百元以上三千元以下之罚金，如属重犯，并应吊销其营业执照。

不将货价标明或不设票签，意图抬高出售者。

票签上之货价使用暗记，意图朦混取巧者。

第九条　违犯本条例第七条、第八条各项之规定，经主管官署裁定后，得以罚款全额十分之二，提充调查人或举发人之奖金。

第十条　本条例自公布之日施行。

〔汪伪组织档案〕

滨台绍明关于华北紧急物价对策实施后各地中国方面之反映状态调查

（1942年8月）

调查员　东亚经济恳谈会华北本部　科长　滨台绍明

调查期间　自七月二十日至八月十二日。

调查地址　保定、石门、太原、顺德、邯郸、新乡、开封。

调查方法　一、以各地商会为中心，与业者间开座谈会。

二、调查民间商店之实情。

据调查所得，各地希望事由概括如左：

一、希给予物资交流之便利。

二、希迅速实施配给。

三、希采取适合实情之施策。

四、希天津、青岛等大都市之物价低落。

五、希给予意见发表之机会。

六、希赐以与中央连络之机会。

兹再分别述之于后：

保定

保定因系政治都市，商业多维持旧态，杂粮之合理的收买乃现下之紧急问题，经济统制违犯者闻从未出现。

一、移输入配给组合组织中。

二、一般物价依然有腾贵趋势。

三、杂粮及一般必需品缺乏　市外杂粮价格较市内昂贵，故杂粮不能流入市内，小米市外一斗（十六斤）九圆，市内七圆。

四、乾义面粉公司（事变前设立）向由小麦协会援助下，得以由新乡搬入小麦，然现因新乡小麦缺乏，故该公司几陷于停业状态。

面粉配给每人十日间虽计划配给三斤，但事实每月只配给三斤（由特务机关配给之）。

五、土布暗盘亦正在继续昂腾。

六、金融不圆滑　银号十五家，资本总额二十三万五千圆。

七、希望意见

1．如继续现在之状态，各商号不能继续维持营业。

2．希望物资圆滑交流。

3．商务会经费微弱，业务推进困难。

石门

此处之反映状态较他处为甚，目下紧急问题乃为棉花合理的收买之实施，及杂粮公平收买价格之决定。

一、实施后一般物价状况：

除火柴外，物价皆呈昂腾。

食粮及其他日常生活必需品皆以暗盘继续飞腾。

二、棉花：

1．事变前之状况　石门市因系河北省中部之棉花集散地，华方商人向来皆自己组织花店从事收买，以此而向天津出卖其集散量，粗棉为三万二千余包（一包百五十斤），细棉为一万一千余包。

2．事变后本年之预想　河北省中部棉产区常年每亩平均产量约为五、六十斤，本年因雨量过多，且有交通不便及收买不合理等原因，预料产量定较往年减少。

3对棉花之意见　本市棉花输出入向由华商担当，市内花店林立，因之集散数量亦极丰多，事变后由于种种原因，数量虽见减少，但尚可勉强维持。然自本年度以来，于石门设有棉花协会，友邦商人直接从事棉花收买，华人花店相继陷于停业，故此石门集散棉花数量大有减少之虑。如谋棉花数量增加，还应经由华商之手，由各棉产区收买是为良策。

三、杂粮类：

小麦不良（约四成之收获），市内价格低廉，小麦不能流入，其他杂粮皆良好。小麦协会之小麦收买价格，百斤三十元三毛。

小麦百斤约为面粉两袋，每袋十八元六毛，故百斤约为三十七元二毛，然收买价格却为三十元二毛。

收买价格三十五元左右始为适宜，因收买价格过低，故小麦不得流入市内。

四、面粉：

工场制粉殆无公定价格，每袋虽为十八元六毛，但实际并无配给。

自制粉每元一斤半，一袋二十六元。

五、配给机构之准备　虽有面粉、石炭、盐、石油等配给组合，然除盐类而外，其他皆无配给，尤其是石油，因系灯火所必需，无配给颇感困难。

六、金融状况　银号十七，资本十万乃至数万元。

七、物资移动状况　因受统制关系，由天津不得移入。由开封亦不得转入谷类。

八、对施策之希望意见：

1．对策实施后，市场呈畸形状态。

2．对策实施时，须斟酌现地之实情，以求物价之安定，如斯，各地不满之声亦可消灭。

顺德

此处为邢台县商业中心地，问为物资之集散地，现下虽略呈不景气现象，但颇有持久力强大之感。

一、物价对策施行状况：

物价对策时，尚未见实施配给，只有计划而未实现。

一切交易与前相同。

物资移动停滞。

食粮于新民会交易场实行现金卖买。

物价无腾无落。

二、现状：

织品类虽尚可维持，但食粮在旧正月前颇有恐慌之虑。

三、希望：

1．顺德乃偏僻地方规模较大之商业都市，各地方之物资皆由顺德供给之，物资移动皆须有物资对策委员会之许可，然因手续繁多，一般商人颇感困难。

2．希赐予物资移动之便宜。

3．对吾等之一切，中央多有顾虑不到之处，故希出席东亚经济恳谈会，并希参加华北商会联合协议会。

邯郸

此处因系棉产区，关系上下皆为棉花而忙乱。

棉花收买因利用华商，故不满者较少，一切极为合理。

一、紧急物价对策毫无影响。

二、商会仅闻紧急物价对策实施，却无接到物价通知。

三、因无食粮输入，颇为困难。

四、希望：

希望参加华北商会联合协议会。

希与中央有所连络。

新乡

新乡乃较开封略次之繁华市街，情形与开封略同。除火柴问题而外，其他之价格统制皆未实施。

一、对策实施后，组合组织中配给与从前同样缺乏。

纤维组合　加入费五十元。

食料组合　加入费五十元。

纸张组合　加入费五十元。

杂粮组合（既存）　小麦收买价格，百斤三十五元，市价四十元以上。

二、市面比较繁荣　施策并不见奏效，一切皆为自由贩卖。

三、杂粮类因天旱关系，不收成。

四、金融银行（联银、朝鲜、河南、实业）皆统制于联银之下，银号事变后全停业。

五、火柴以开封同样理由，现尚未配给（于说明开封时总括说明之），如行配给，商人则将受莫大之损失。

六、希望意见：

希物资交流。

小资本商人损失极大，希予以适合实情之施策。

七、特务机关之意见：

今次施策只要大都市（如北京、天津等地）能得完善，各地方则不成问题，但无论如何施策必须适合实情。

火柴问题乃现下最大问题，此问题不能解决，其他问题亦难解决。

开封

开封之紧急问题便是火柴。以下光陈述急于解决之紧急问题，其次再陈述物价对策之实情。

一、火柴问题　紧急物价对策实施前，一箱（二百四十包）七〇元、六月七、八、九日由联营社向各零售商分卖。紧急物价对策实施后，一箱（二百四十包）三十二元，六月十日火柴一〇〇〇箱，总损失三万八千元。现在使零售者以三十二元，即一包一毛五分强制配给。

二、业者意见（商务会）　六月七日于特务机关举行会议，公定价格实施乃决定之事实，关此联营社早已知悉，使零售商人受损失，联营社却大发其财。

三、棉布类亦与火柴同样状态。实施前九六元，实施后六四元。其外尚有种种损失。

四、希望意见：

1．开封一般物价之高腾，乃友邦洋行家之所使，对策实施发表前，垦祈实行在库品之实情调查，以求业者不受损失。

特务机关虽云在三个月前业已调查完毕，但经济事情刻刻遽变，如火柴等仅差二、三日，便受极大损失，小资本经营者目下极为穷困，故希第二次适正价格早日发表。

2．开封因与北京相隔很远，与中央之连络缺欠，故希得以充分与中央连络。因商会自身无连络，故希华北商会联合会再为强化。

五、紧急物价对策实施前物价状况：

物价呈昂腾现象，原因：

1．外因　经济封锁

2．内因　物资移动停滞　　　因之招得物资缺乏结果

六、紧急物价实施后物价状况　物资囤集。

七、华人配给机构整备状况：

配给全由新民会、合作社担当。

面粉等虽有少量之配给，然因方法不完善，保、甲长独占，结果民众不得入手。各业组合之结成，乃现下之紧急问题。

八、对紧急物价对策之希望：

1．振兴物资来源，藉求物资交流。

2．希组织各业组合。

开封市本年一月至八月物价状况比较表
（开封市商会调查表）

品　别	单位	一月 元		八月 元		来　源	腾贵原因	备　考
小　麦	石	72		105		豫东各县	由于统制运营之不圆滑所招来之物资缺乏及旱灾等诸原因	1.例如甲无搬出许可，乙则将有物资不足之感。2.因有汇兑管理及移动许可之限制，颇感困难。3.货物购买许可证因指定品种关系，不能改换其他商品。
高　粱	石	42	50	85		豫东各县		
小　米	石	58		115		豫东各县		
芝　麻	石	91		115		豫东各县		
面　粉	袋	16	20	19	70	本　市		
土　面	百斤	42		66		豫东各县		
落花生油	斤		68	1	4	本　市		
棉　花	斤	2	60	2	60	各　县		
落花生	斤		30		50	开封地方		
火　柴	包		28		15	青岛、济南		公定价格

开封落花生生产额〔略〕

太原

太原从早便实施着低物价政策，故紧急物价政策之实施，山西省似无甚大影响。状况：

一、粮栈事变前六十户，资本金约十二万元，事变后因无交易关系，闻现在仅二十二户，资本金仅数万元。棉花、烟草事变后交通不便，栽培减少。

二、金融：

银行事变前有中国、交通、农民、山西省等银行。山西省银行资本金一千万元，其他资本不明。事变后有联银、朝鲜、山西实业等银行。山西省银行资本金为百五十万元。

银号事变前有铁路、盐业、垦业等官营银号，资本金小计为六百五十万元。民营银号二十户，资本金小计为百三十万元。官营、民营资本金合计为七百八十万元。

事变后官营无之，民营六户，资本金计三万九千元。其外新设者六户，资本金计十八万元。两者业务皆为信用放款。

三、山西省低物价政策实施后配给机构整备状况　事变前为自由贸易，事变后实施公定价格制度，强力统制。太原物价虽低，然因产地物价高涨，故来源杜绝，因之市内空有低行市存在，实际市况并无交易。配给机构除棉纱、盐类之外，其他移入配给组合虽有配给计划，然实际并无配给。

四、物资交流状态　因北京、天津等大都市物价过高及物资缺乏等关系，物资交流不圆滑。

五、食粮状况　自本年一月以来一直到现在，面粉之配给只有过一次（一袋），太原市内食粮极为缺乏，每日只以小米粥充饥。

六、希望：

如果继续现在之状况，市民将必趋于饿死之一途，公定价格虽好，但市民将必饿死，亦属困难问题。

民间虽有意见，然无陈述机会，故希东亚经济恳谈会于太原设立地方委员会。

〔伪华北政务委员会档案〕

梅思平附送华中物价对策纲要密咨

（1942 年 10 月 29 日）

中央物价对策委员会密咨　总字第十号

案查本会为平抑物价，安定民生起见．拟订华中物价对策纲要，提经中日物价对策中央联络委员会干事会第一次会议通过。除呈请行政院备案，并俟提交中日物价对策中央联络委员会分别联络进行外，惟其中所订方针，关系通货问题，相应检附是项纲要中、日文本各一份，先行咨请贵部查照，加以研讨。至纫公谊。此咨

财政部

计附送华中物价对策纲要中、日文各一份

主任委员　梅思平

中华民国三十一年十月二十九日

华中物价对策纲要（华方发表时应修正文字）

第一　方针

华中物价对策在大东亚共荣圈内，应为整个物价对策之一环而实施之，其目标为安定民生，藉谋华中经济之复兴发展，并使军需品就地采办得以顺利，期于完成大东亚战争之使命有所贡献。因此目前之通货、财政及其他各项办法，均应集中于物价对策而为适当之措置。

第二　大纲

根据上述方针，并鉴于大东亚战争之现阶段及在大东亚共荣圈内华中经济之特殊性，置重点于左列各项而定其办法：

（一）内地物资之有计划的增产与促进输出。

（二）当地产业之复兴发展。

（三）收买配给机构之整备。

（四）确保南方物资之输入。

物价对策之实施应避免一成不变之强制办法，使物资得以确保而无遗憾。

一、物价统制之目标

1432

物价之腾贵应极力抑制之，暂以本年五月新、旧法币脱离时之价格为物价统制之目标，更希望渐次抑平，同时谋各种物资之价格相互间之均衡。

二、物价对策之适用

物价对策以物价对策委员会为中心，在关系机关之指导统制下，联合中、日双方在华中各地区全面的计划实施之。

由中、日军、政、民各界一致协力，以期强力推行。

三、公正价格之规定

(一)规定公正价格之目标　规定公正价格之目标，暂以华中经济上最主要之物资为限，考虑其规定与维持之难易，并从各方面检讨其效果而规定之（关于规定公正价格之物品参照附表）。

(二)规定公正价格之方法　公正价格之规定方法，或由行政官厅直接指定之，或由行政官厅就组合、公会等所协订之价格予以核定，在原则上应自生产者以至消费者止，每一阶段各别规定之。

(三)煤价及米价之检讨　抑低煤价，同时使米价趋于合理化，以为一般物价抑低之标准。

(四)电费、运费、工资、地租、房租等　对于电费、运费、工资、地租、房租等价格之构成要素，亦以前述物价统制目标为基准，使其趋于公正化。

(五)品级之制定　对于各种物资在可能的广范围内，制定统一品级，确实推行。但品级务求单纯化。

四、供求之调整

因物价与物资供求之关系采左列措置：

(一)供给之增大　实施物价对策应特别注意促进内地物资之输出与当地产业之发展。

甲、须有计划的增强内地物资之生产，讲求各种万全的措置，使能确保最大限度之收买量。尤其对于生产物资相互间之价格，务使得其均衡，以求必需物资之确保得无障碍。

乙、努力收买内地物资，并确保其他由华北、蒙疆、满洲及南洋输入之原料、物资，使复兴当地产业，以谋其供给力之增大。对于米、砂糖等来源之确保亦须努力。

丙、与前项综合研究后，确定日本仰给物资之范围，以谋其输入之顺利。

丁、为实施上述各项顺利计，尤须努力于输送力之增强。

(二)收买配给机构之整备　为求物价对策之完善，尽速完整收买配给机构。

(三)市场管理　规定公正价格同时，动员原有之配给机关为物资之收买、贮藏、吐售等工作，在可能范围内实行公会协定价格制度，以管制市场。

对于上述配给机关所受损失之负担等，另行研求适当办法。

(四)物资交流之顺利　关于重要物资移动取缔制度之运用，在接敌地区当然严加限制，和平区内之移动限制，在中央统制之下可能的缓和之，极力避免地域区别化，并使输送计划化，以期物资交流之顺利。

(五)投机交易之禁止　迅速严禁投机交易，使华中商业渐入正轨。

(六)消费之管制　消费管制暂就米及其他生活必需品须确保其最少限度，供给之物资，并参照存栈数量而实施之。将来察酌情形，上项实施消费管制物资之范围，应逐渐扩大。

五、通货及资金对策

(一)通货对策　以新法币为基础，谋通货对策之顺利推进，使其流通扩大。

(二)资金对策　为确立资金对策，防止恶性通货澎涨，讲求各种办法，极力吸收游资，同时谋游资之动员于生产方面。

六、宣传　在中、日军、政、民各界一致协力之姿态下，动员关系机关以实施公正价格，防止黑市及囤积居奇，励行简朴之生活方式为目标，展开有组织之宣传运动。

七、物价之取缔　为谋物价对策之顺利推进，实施取缔物价，一面使民间团体励行自治的取缔，同时强化经济警察机构，以期取缔之整肃。

对于担任直接取缔责任之警察、官吏、严正监督之。

附表　第一次规定公正价格之预定物品表

一、食粮关系品

（1）食米；（2）小麦粉、麸皮；（3）杂谷类（高粱、玉蜀黍、大豆、蚕豆等）。

二、调味料

（1）食盐；（2）砂糖。

三、食用油及油粕类

（1）落花生油；（2）菜籽油；（3）豆油；（4）其他食用油；（5）油粕类。

四、纤维关系品

（1）绵纱布；（2）人造丝布。

五、燃料类

（1）煤；（2）煤球；（3）木炭；（4）石油类。

六、其他

（1）火柴；（2）肥皂；（3）腊烛；（4）烟草；（5）纸。

附表二　第二次规定公正价格之预定物品表

一、食粮关系品

（1）野菜类、肉类、鲜乾咸鱼类；（2）酱、酱油、其他调味料（3）乾制品类；（4）罐头食料品类；（5）酒、啤酒、汽水、其他清凉饮料水；（6）烟叶。

二、纤维关系品

（1）布帛制品；（2）卫生绒制品。

三、其他

（1）工业药品、农业药品、染料、涂料、颜料等；（2）医药品及医疗材料；（3）橡皮及其制品；（4）皮革及其制品；（5）纸制品；（6）动物性油脂类。

〔汪伪财政系统档案〕

重庆国民政府财政部编撰敌伪之物价管制

（1943 年）

一、沦陷区之物价概况
二、华中华南沦陷区安定物价之设施
三、华北沦陷区之物价对策
四、结论

一、沦陷区之物价概况

"南京居大不易，一切生活物资市价的飞涨，诚如士别三日，便当刮目相看。前三日别人以十元买来的物品，过后三日如果你仅带了十元再去购买此物，那时便会使你带愧走出店门，因为三日后的物价已非前三日的了。…实例举不胜举。涨风之炽，正如热浪与日俱增，寒暑计中的水银每日高升一样……。"

上述记载，系自三十一年七月十日伪汉口报所载南京通讯，题为："物价飞涨与安定民生"一文中摘出，特先介绍，以为沦陷区一般物价之说明。据本部调查结果，近年沦陷区物价上涨甚烈，尤以华中各地情形最为混乱。就米粮一项而论，据最近关系方面调查，去年九月间汉口米价每市石六三〇元，南京六〇〇元，无锡五二〇元，沪市八百余元，最近且已超过千二百余元，抢米风潮一日数传，其他物价亦莫不突飞猛涨。兹以汉口市一年来物价动荡之趋势为例，以说明沦陷区内物价变动之概况。

在敌人督导之下，汉口市之物价管制原称积极，早于去年二月末旬起，即已实施限价政策，但除食米、面粉及食油三项配给物品之公售价格始终钉著于其军票订价之外，其余大部物品因市价飞涨过速，所限定之价格仍不得不时加更定，然与实际市价，尚相差甚巨。兹姑依其所颁订之价格抉要列表于后，藉示其梗概。惟有须说明者，去年三月初以前，伪储券尚依附法币，无甚轩轾，正金银行军票挂牌法币百元合军票二十五元，三月五日突挂缩五元，二十三日以后，伪币与法币脱离联系，且规定市场交易须以伪币为本位，更贬低法币每百元值伪币七十七元，此后复继续压低法币价值，五月二十五日贬至五十元，军票自六月起则再度提高为十八元。法币愈遭压低，各地物价亦昂腾益甚，谣啄繁兴，人心不安，市场混乱。下表系依伪官方之订价编成：

汉口市物价提要表　　三十一年

类　别	货币单位	三月二日	三月二十七日	四月二十七日	六月二十日
一号食米 （担）	日元订价	45.00	45.00	45.00	45.00
	折合伪币(元)	180.00	225.00	225.00	250.00
	折合法币(元)	180.00	292.21	375.00	500.00
小麦（担）	日元订价	29.68	无市	无市	245.00伪币
	折合伪币(元)	118.72			245.00
	折合法币(元)	118.72			490.00
大豆（担）	伪币订价(元)	88.00	无市	150.00	无市
	折合法币(元)	88.00		250.00	
高粱（担）	伪币订价(元)	110.00		140.00	186.00
	折合法币	110.00		233.33	372.00

黄蚕豆	伪币订价	93.00	93.00	193.00	275.00
（担）	折合法币	93.00	120.73	321.37	550.00
白芝麻	日元订价	112.00	175.00	43.00	44.60
（担）	（或伪币）	伪币	伪币	日金	日金
	折合伪币	112.00	175.00	215.00	247.77
	折合法币	112.00	224.55	358.33	495.54
广糖（袋）	日元订价	154.00	155.00	155.00	137.00
	折合伪币	616.00	775.00	775.00	761.11
	折合法币	616.00	1006.49	1283.67	1522.22
汾酒（担）	日元订价	480.00	480.00	580.00	125.00
	或伪币	伪币	伪币	伪币	日金
	折合伪币	480.00	580.00	580.00	805.56
	折合法币	480.00	753.25	966.67	1611.12
四二支阳鹤	日元订价	1785.00	1795.00	1798.00	2300.00
棉纱（抬）	折合伪币	7140.00	8975.00	8990.00	12777.78
	折合法币	7140.00	11655.85	14983.33	25555.56
四君子	日元订价	86.50	87.50		91.00
新兴布（匹）	折合伪币	346.00	436.00		450.00
	折合法币	346.00	566.23		900.00
猪肉（斤）	伪币订价	4.00	3.60	4.40	7.50
	折合法币	4.00	4.68	7.33	15.00

说明：

（1）本表数字与实际市价相差甚巨，尤以食米一项为最甚。据伪报载：去年六月中旬食米市价每担市价法币九百元，末旬因米稻丰收，回跌至六百元，晚稻复因天时亢旱，入秋后又续趋上涨。

（2）日金折合伪币数，与伪币折合法币数，系按敌伪规定之比价折算。

兹再将汉口伪市府发表之该市生活费指数摘录列表于次，可为上项物价提要表之补充说明：

汉口市生活费指数提示表二十八年(三十一年)物价平均为一〇〇

类　别	二月中旬	二月下旬	三月中旬	四月上旬	四月中旬
米　粮	246.4	254.2	1,340.1	1,398.2	1,486.6
面　食	277.3	277.3	1,303.1	1,390.0	1,433.6
杂　货	995.3	1,015	1,130.6	1,156.1	1,187.3
服　用	968.9	968.9	1,093.2	1,095.1	1,180.5
海　味	506.3	539.2	757.7	952.8	969.7
油　盐	596.4	650.6	763.8	829.4	854.5
肉　鱼	800.2	725.4	778.3	766.6	836.9
蔬　菜	796.4	791.5	662.8	645.3	672.1
燃　料	499.3	478.7	529.3	557.0	568.5
总指数	914.5	913.3	1,004.4	1,034.9	1,093.8

此项资料不完全，故无法编成全套。

此项指数表之编制，系以限价为标准，属于政府公报性质，故与实际数字相距颇远。表中二月下旬之指数较该月中旬稍低，即因该市二月下旬起实施限价之故。又该表系以二十八年为基期，未将二十六年战事发生后至二十八年之时间因素计入，故该表之真确程度如何，不无问题，但该市物价飞涨，人民生活困迫之情形，则已显示无遗。

二、华中华南沦陷区安定物价之设施

自去年春间以还，华中各重要城市在敌人指挥之下，相继实施限价制度，然其效果甚眇，虽经限价，而物价仍续涨不已，南京伪府对物价问题，亦迄无切实具体之办法可资解决。后因情势日益严重，始由伪实业部召集各有关机关，拟具所谓"安定物价临时办法"五条，呈由伪中央政治会议修正通过，于五月二十八日由伪国民政府明令公布，通饬施行。该项办法内容简陋，毫无安定物价之作用，兹照录如次：

安定物价临时办法　三十一年五月二十八日　伪国民政府公布

（一）自即日起，一切货物之买卖交易，均应以储备券为本位。

（2）货物价格之更定，以本年五月二十六日至二十八日阳币平均价格之对折为最高标准。

（3）各地方政府已经核定以储备券为本位之物价，应再设法抑低，不准抬高，如其比值超过本办法第二项之规定者，尤应重行更定。

（4）未照规定以储备券更定物价之地方，应尽速调整取缔。

（5）本办法暂适用于江苏、浙江、安徽三省，暨上海、南京两特别市，由各该省、市政府斟酌当地情形切实实施。

此项办法，可谓空法已极，析其要点，厥有二端：一为斥逐法币，以伪币为交易本位；二为以原价对折更定新价，物价降低一倍。实则前者乃敌伪之一贯企图，并无新的内容，后者则因敌伪已一再贬低法币价值，百元折算伪币五十元，故对折后以伪币计算之新价，其本质原未更变，实际上物价并不因此抑低。不仅此也，事实上所谓以旧币平均价格对折为更定货价最高标准之规定，亦属虚设，因市场上以伪币为本位后之更定的物价，实际上即为旧日以法币计算之定价。换言之，改换币制之后，物价无形中较前加增一倍，请证之上文援引之伪报南京通讯：

"……以言旧币二元一瓶的苏打汽水，如今是公然售价新币二元，最矛盾的是市政府及各有关机关组成的物价调查队在市区内调查物价时，走到中央商场喝一瓶汽水，也照旧要给新币二元，大家都做一个会心的微笑！（材料来源见前）

是该项安定物价办法公布后，物价反而上扬，与其谓为安定物价，不如谓之为推行伪钞，斥逐法币，较为恰当。其政治的意义实亦较经济的为多，无可疑也。

南京伪府统制物价机构，系以伪实业部为最高机关，就经济委员会内成立物价统制委员会，负计划及拟订物价统制对策之专责。此外复有所谓中央物资统制委员会之组织。去年六月间，该会曾派出考察团，就京沪一带调查各地物价状况，由日籍顾问领导进行，其任务为与各地驻华敌军暨当地伪地方政府交换意见，商讨对策，实则另有企图。此外又由敌兴亚院策划实施华中、华北物资交换制，企图以华中之米麦北运易取华北之煤，藉救两地物资之穷蹙，惟施行未久，贸易数量不多，敌现正拟扩大实施，近况欠详。至南京市政府方面，于去年七月二十五日起实行食米计口分配办法，由伪市粮食管理委员会颁行，旋因毫无成效，闻现已取销。

其余南京伪府力所未及之城市，如汉口、南昌等地物价管制之概况，兹亦附带一述。汉口市自去年二月末旬开始实施限价以来，物资逃避，黑市层出，兹摘录伪报数段，用助说明：

"……武汉粮食，过去全由米商自动采购，售给于市民，近月以来，一般米商既因公订价格之限制，又因计口授粮之公令，遂致无形停业，使升斗之家深感有钱无市之苦。所贸以为生者，全赖四乡挑贩运来，但以人口七八十万之都市，食粮一项专靠挑贩供给，已够危险了，而近几天来，连这仅有的挑贩也寥若晨星了。在此供不应求的情形下，米价自然日见上涨。……其他的物价也自然日见增高。……假使四乡挑贩裹足不来，……而计口授粮又不能急速见诸实行……这一问题……影响治安甚大。……（三十一年四、二十九伪汉口日报：武汉当前两大问题）

"顷间四乡农忙，米粮等到货益淡，价格超越限价何止一倍，故极盼当局疏通来源。"（三一、五、四、伪汉口报商业周报）

伪市府鉴于汉市粮食恐慌日趋严重，乃于六月下旬令各保、甲长核查市民人数，汇转市粮食管理局计口配给，定于七月十五日起，市属各机关团体公务人员及市民同时开始配给，其详细办法如何，未获情报。除掌管米粮配给之市粮管局外，汉口市之物价统制机构，尚有市经济调查处，系于去年四、五月间成立，负责进行该市物价与黑市价格等经济调查工作，及食油实施平均分配之配给事宜，并从事全市物资，包括土产品及"宣抚"用物资等存底之调查，但工作进行，障碍滋多，各业多未遵令办理。至食油配给，则系由经济调查处监督之食油配给委员会负责分摊予油杂等市，以应门市之需要。该市原先之食油恐慌，已因管制而告消弭，食油之日元订价，亦甚稳定，其管制似尚成功。

南昌市之物价统制情形与汉市又复不同，纯系当地敌驻军出面干预，并有所谓标准价之拟订。由敌椿部队经理部颁行，惟订价之范围限于肉类、油类、蛋与蔬菜等日常食用品，及木柴、木炭两项燃料，除蔬菜一项之价格系按旬订颁外，其余概按月施行。该项价格表所订定之标准价格，又分为"军纳"与"一般"两种。所谓"一般价格"，事实上与市价相差已巨，而"军纳价格"较"一般价格"尤低约十分之一至十分之三不等。敌军之给养采购，即系依其所订军纳价格给价，强制收买，殆一种变相之征发耳。

敌驻军鉴于所颁之标准价格未能有效阻遏物价之趋涨，乃复于九月十日以在南昌日本司令官名义，发表"禁止物价昂腾布告"，内容如下：

（1）在南昌市内一切物价，不得无故昂腾，超过昭和十七年九月一日之原定额。

（2）对当局现在所指定或将来须指定之公定价格或标准价格等，必须绝对遵守。

（3）一般交易时，严禁漠视上列两项提高价格之一切黑市行为，违反前各项而使物价昂腾或施捣乱金融工作者，依军律而处断之。

此一纸命令之效果如何，不得而知，惟该市食米一项系由合作社采购，依成本平价出售，尚著成效，故年来该地米价颇称平稳，上涨尚缓。

华南之广州市自去年十二月起，亦已实施食粮计口配给，米价经统制公卖后，似有趋跌之势。煤油一项，亦已同时开始登记统制，其分配办法与食米略同。广州市米粮，木材、燃料、油类等物原均奇缺，然以敌军在半沦陷地带或以高价吸收物资，或武装保护抢运，故物资之恐慌赖以解除，一般物价尚称平稳。

三、华北沦陷区之物价对策

敌伪对于华北物价对策，据伪华北政务委员会所颁之"物价紧急对策"，系将中日混为一体，以天津、青岛为输入配给之基地，并在内地设置配给机构，实施华北全境物资之计划配给，作为输入配给基地之天津、青岛两地之配给机构，其业务包括：（1）输入配给；（2）批发配给及（3）零售等三个阶段。至内地各处之配给机构，则仅包含批发配给与零售二个阶段。输入配给与批发配给之机构系中日一体，至零售之机构则为各别的组织。该项对策复有不许兼业之规定，即凡属于第一阶段之输入配给业者，不得兼营第二阶段之批发配给，或第三阶段之零售业。此乃该对策之一大特点。

至对策之执行机构，以分两方面述之：

（1）民商方面有物价协议会之组织，以开发公司（日）与北京商工会议所（中）为中心，而包括官民物价恳谈会、东亚经济恳谈会及中华火柴联营社等商社团体，设置协议会总支部，总部附设于开发公司，各支部设于商工会议所。

（2）伪官方方面则有华北物价处理委员会之组织。河北省之冀省分会系由吴逆赞周兼任委员长，该会内分设总务、民生、金融、调查、取缔、宣传六组，分别掌管改善民生，节约物资，调剂食粮，流通资金，调查统计，调适物价，取缔流言、私藏与扰乱及宣传等事宜。复于各道设置支会，内设总务、企划与调查三组，由各伪道尹及特区署长兼任支会委员长。

上项物价紧急对策，系去年六月十日伪华北政委会所公布施行，兹照录如次：

物价紧急对策　华北政委会制定　三十一年六月十日公布

（一）物价统制机构

一、在中国方面，因华北政务委员会掌管物价关系事项，重新设置中央物价委员会。

又因在地方行政公署内亦掌管物价关系事项，重新设置物价委员会。

二、在日本方面，由现在之军、兴亚院、大使馆所组织之中央物资对策委员会掌管物价对策，并物价关系事务，故设事务局，同时强化各地地方物资对策委员会之事务机构，掌管物价事务关系。

三、日本方面及中国方面物价关系机构相互之物价关系政策及其他关系事项之连络机关，而有中央及地方日华连络会议之设置。

（二）适正价格之设定

此次物价对策，中日重新联合，对生活必需品及其他重要物资已设定适正价格。此次对策之适正价格，按当局认为妥当适正之最高贩卖价格，将从来日本方面使用之协定价格、公定价格、许可价格等一概归入此范畴内。又今次规定全中国方面之组合公会等协定价格，此协定价格亦同样成为最高贩卖价格，如在此贩卖价格以上，贩卖者即为不当，但在此价格以下，贩卖者不但无妨碍，且可视为适合时宜。

一、华人适正价格之设定　华人适正价格之设定，于中国方面行政机关指导之下，经所要手续，在各地区决定华人同业公会、组合等之自由协定价格。关于遵守该价格，该公会、组合等负责任，公会、组合员违反时，公会、组合负连带责任。

二、日本人适正价格　日人方面适正价格，在原则上经当局之认可，依下列方法而设定：

（甲）关于输入之物资，原则上依中央物资对策委员会所指示之基准价格（输入港天津、青岛之第一次批发价格），加上运费、杂费之适正利益等之价格，由各地物资对策委员会审议后，附议中日连络会议，以设定该地区之适正价格。

（乙）关于现地生产品　一般需要之重要物资，以中央物资对策委员会所指示之基准价格为标准。准于前项而定适正价格，由各地物资对策委员会审议后，附议于中日连络会议，设定该地区适正价格。关于现地生产品中需要只限于局地者，于地方物资对策委员会经地方中日地方连络会议之审议，设定该地区之适正价格。

三、认可手续及统制措置：

（甲）各地价格之认可申请，由日人组合提出于地方物资对策委员会，华人提出于中国方面地方物价委员会（暂称）。

（乙）有上述申请时，地方物资对策委员会及中国方面物价委员会（暂称）附议于中日物价连络会议后，为地方物资对策委员会及中国方面物价委员会之决定事项，而通知领事馆及中国方面行政公署。

（丙）领事馆基于上述公表日人方面适正价格。中国方面行政公署将上述适正价格提示同业公会及组合，令同业公会及组合等为其协定价格而发表。

（丁）关于输移入组合（无组合时，输移入业者）向中日批发组合等下部配给机构之第一次批发配给分配，须由中央物资对策委员会许可。

（三）配给机构之准备

配给机构勘察物资别之交易之实情，各地配给业者之现状，概依下列要点，于可能范围内速即整备之，以谋配给统制及价格调整之圆滑进行：

一、关于输移机构之整备，考虑实情，整备强化现在机构。

二、主要集散地内，另行整备批发机构及零售机构。

三、随配给统制之强化，关于重要物资，商品别重要机构及零售机构，但依地方之实情与实物之便宜上，不妨适宜统合。

四、重要物资之地方批发机构及零售机构，使关联于中央配给制机构。

五、批发机构，原则上以中、日人组织一组合。

六、零售机构，使中、日人分别组织，于此场合，谋日人方面同业组合，单人方面，同业公会等既存团体之活用(?)。

（四）物资需给关系

努力增强中、日、满、华南及南方物资之输入及现地生产之增加，逐渐推及于华北全域，以谋物资一元的调整与运用，用以矫正物资之偏在，而期需要供给之圆滑。

（五）金融通货关系。

在金融通货方面，吸收购买力，并抑制资金之放出，同时关于必要事业资金之供给，决尽力期其圆滑。

（六）生产费及中间费之降低

特别是关于矿业之生产品，决尽力降低其生产费。又经理主要物品之机关等之中间费用，亦当讲求合理之措置。

（七）生活必须物资生产工业之助长

适应生活必需品等之需给计划，容认并助长此等生产工场之设立。

（八）本对策以现地当局为中心，以期实施上万无遗憾。

此项对策之拟订，纯由日人代庖，其于物价统制之机构，适正价格之设定，配给机构之准备，乃至物资供需之调适，购买力之吸收与生产资金之统制，暨生活必需品之增产等，莫不明确规定，具有现代化之统制物价方式，允称周密。

四、结论

综上所述，足见年来沦陷区内一般物价激荡甚烈，而敌伪对物价之管制亦至积极，尤其对粮食一项管制最为严格，且不惜出以暴力之压迫。就华北与华中两地比较，华北情形单纯，不若华中之混乱复杂，且其管制工作具有一元的组织，并由敌人居间主持，沆瀣一气，其物价政策所收之效果稍与华中不同。如去年夏，华北关税之修改，伪方尝宣称此举系应实施物价对策之要求，实则华北经济殖民地化之持续，即为敌伪经济结合之前提，其物价管制之混成一体，即为达成其经济结合之手段，便利敌人对沦陷区资源之掠夺。然华北食粮奇缺，又复须听任敌之劫掠，故其物价之联锁管制并无裨于华北粮食恐慌之解决。所谓华中华北物资交换制，因其交换之物资必须为敌人之饶余，自亦，难寄以稍奢之希望。此殆为敌伪物价管制中无法弥补之漏隙。

考沦陷区内一般物价腾涨不已之原因，虽至复杂，惟其要者厥有二端：即敌在沦陷区内之物资劫掠与对我之物资封锁是也。此二者所及于沦陷区物价之影响均极严重。就前者言，日军在沦陷区以固定价格强制收购大批农产品，或竟出诸公然之掠夺，以补给其军糈之不足，或迳运本国济荒，使沦陷区生产萎缩，物价飞涨，尤以米粮一项腾涨最烈，自属必然之结果。其次敌为对我施行物资封锁，因以高压贬低法币之价值，提高物价，自去年五月以后，若干走私口子之物价已与我后方相若，甚且超过我方，其企图显在使我后方对沦陷区之汇价下降，促成我方物资之倒流。故沦陷区内一般物价，尤其以法币计算之价格之上升，原属敌人意料中事，不可不察。

总之，敌人一面统制沦陷区物价，实施限价及重要物品之配给制度，以巩固其占领与统治，及维持汉奸之政权，并遂其低价吸收物资之企图，他方面则又强制贬低法币，削除沦陷区人民之购买力，并有计划的提高价格，使我方对沦陷区之贸易关系完全变观，以遂其对我封锁与掠夺物资之阴谋。故其物价对策之运用，具有上述两重作用，至堪吾人注视也。

〔国民政府财政部档案〕

伪华北政委会检发主要食粮最高贩卖价格布告的训令

（1943年7月22日）

华北政务委员会训令　秘文字第433号
　　令内务总署
　　为训令事：查统制物资平抑物价定为本会施政主要方针，尤以管理食粮为当务之急。前以取缔囤积食粮，凡商民储存逾六个月消费量者，准其据实申报，由官家备价收买，迭径布告在案。惟商民遵令申报者固不乏人，而规避申报希图暴利者仍所难免，且闻有不肖商人将食粮移存民户巧为掩藏情事，实堪痛恨，自应重申前令，严行检举。复经制定小麦、小米等十种食粮之最高贩卖价格，定期实行，并指定华北主要物资之种类品目，以资遵守。除分令暨令行各省、市外，合亟检发布告三种，仰该总署遵照，一体随时协助为要。此令。
　　附布告三种〔选录一种〕

　　为布告事：查主要食粮之贩卖价格，关系民生至为密切，自应通盘核定，以资遵守。兹先制定小麦、小米、玉米、高粱米、谷子、高粱、麦粉、小米面、玉米面、高粱面等十种之最高贩卖价格，着自本年八月一日起在华北各地一体施行，无论何人均应格遵，倘有违反，定行严惩。特此布告，俾众周知。此布。

品名			
小　麦	（每百公斤）	234元	每公斤　2.40元
小　米		197元	2.02元
玉　米		183元	1.88元
高梁米		155元	1.60元
谷　子		178元	1.83元
高　梁		121元	1.25元
麦　粉	（每袋22公斤）	75元	3.51元
小米粉	（每袋20公斤）	50元	2.58元
玉米面		46元	2.38元
高梁面		40元	2.07元

注：一、凡一次购买小麦及杂粮在一百公斤以上者，以一百公斤之价格计算，未满一百公斤者，以每公斤之价格计算。

一、一次购买麦粉一袋（二十二公斤），小米面、玉米面、高梁面一袋（二十公斤）以上者，以一袋之价格计算，未满一袋者，以每公斤之价格计算。

华北政务委员会委员长

王克敏

华北物资物价处理委员会委员长

中华民国三十二年七月二十日

〔伪华北政务委员会内务总署档案〕

伪华北经济总署为平抑物价采取紧密措置办法呈

（１９４４年３月１７日）

查近来物价上腾，出乎常规，推厥原因，原属非常复杂，若非从各方面亟图补救，不特影响国民生活，且于巩固后方兵站基

地,强化战时体制,尤关重要。现正由本署详加研讨,以求在根本上树立对策,兹先采取紧急措置办法数项,分陈如左:

一、通咨各地方长官照左列办法协力办理:

(一)疏通物资来源 关于各地物资需供,务须调节平衡,此为物价涨落最大原因之一,应随时注意与各关系机关联络,并对于运搬力求圆滑敏速,不使偏枯滥集。

(二)取缔非法营业 现查未经领有商业许可之非法商人肆行买卖,以致人人皆商,处处囤积,以有限之物资,供无限之囤积,若不严加取缔,则正当商人无从营运,市场必致紊乱,应由各地方官署迅予纠正,以复正轨。

(三)严行监督消费 现在物资困难,世界同然,且在军事时期,何堪再有滥费。关于消费物资,应一面劝诱节约,一面严行监督,限制购置,如有不听劝告者,处以重罚。

二、通令各地商会遵照办理:

(一)各商会应与行政机关紧密联络,调查现有物资种类、数量,善为调节供求,并设法疏通来源,圆滑集配。

(二)各商会应负责密查非法经营商人,一面断绝往来,一面确查证据,密报当地行政机关,以凭严厉取缔。

(三)责令各工厂,商店切体时艰,不得盲目囤积,妄希厚利,如有不识大体,违犯告诫,一经查出,严加处罚。

三、函知中国联合准备银行:

(一)根据金融管理规则,对于放款严行监督或随时检查。

(二)各金融机关非经许可或章制所许外,不得经营金融业外之业务,违犯者除取销营业外,并严行处罚。

以上各项,业经本署通咨各省、市政府及通令各地商会,并函达中国联合准备银行分别照办。理合呈报钧会鉴核备案。谨呈华北政务委员会

经济总署督办　汪时璟

中华民国三十三年三月十七日

〔伪华北政务委员会档案〕

汪伪行政院抄发战时物价管理暂行条例的训令

（1944年1月29日）

行政院令　院字第3950号
　　　令外交部
　　现奉国民政府三十三年一月二十日第六四九号训令内开：据本府文官处签呈称：准中央政治委员会秘书厅中政秘字第三〇五九号公函内开：查中央政治委员会三十三年一月十三日第一三一次会议讨论事项第三案，主席交议：据行政院呈，据实业部呈为适应战时民生需要起见，拟定战时物价管理暂行条例草案十八条，所有前颁平定物价暂行条例，取缔私抬物价暂行条例及安定物价临时办法，并拟概予废止，呈请鉴核等情，请公决案。当经决议，通过，战时物价管理暂行条例送国民政府公布，并将平定物价暂行条例、取缔私抬物价暂行条例明令废止，安定物价临时办法，物价评议委员会组织规程准予废止，送国民政府转饬遵照，并交立法院备查。记录在卷。相应录案，抄附原呈及上项暂行条例一并函达，至请查照转陈分别明令公布废止，并饬行政、立法两院知照等由，理合签请鉴核。等情。据此，自应照办。除明令分别公布废止暨分行外，合行抄发战时物价管理暂行条例一份，令仰该院知照，并转饬所属一体知照。等因。同时并准中央政治委员会秘书厅函同前因到院，自应遵照。除分令外，合行抄发战时物价管理暂行条例一份，令仰该部知照，并转饬所属一体知照。此令。
　　计抄发战时物价管理暂行条例一份
中华民国三十三年一月二十九日
　　　　　　　院长　汪兆铭

战时物价管理暂行条例

三十三年一月二十日公布

第一条 国民政府为管理物价起见，特制定本条例。

第二条 管理物价之主管官署，除法令别有规定外，在中央为实业部，在各省、市（特别市）为经济局。

第三条 各省、市（特别市）政府所在地及商业繁盛之区域，应设置物价评议委员会，由当地主管官署会同有关机关拟定组织规则，呈准上级机关施行。

第四条 应行评价之物资品目，由当地经济局拟定，送请物价评议委员会核议。但应先行评定民生日用必需品。

评定之价格，由经济局公布，及送实业部备查。

第五条 评定价格之标准，除该项物资之成本、运费、事务费及一切捐税外，批发价格至多增加百分之十之利润，零售价格至多增加百分之二十之利润。

第六条 各评定价格之物资，如因成本或其他费用关系确有变更价格之必要时，物价评议委员会得随时酌核变更之。

前项评价之变更，应照第四条第二项之规定公布，并呈实业部备查。

第七条 出售评定价格之物资，应逐项标签标明售价，置于明显之地，不得便用暗记。

第八条 评定价格之物资，均应遵照评定价格买卖。

第九条 评定价格之物资，不得隐匿居奇，拒绝出售。

第十条 评定价格之物资，不得变更质量或羼杂图利。

第十一条 购买评定价格物资之数量，得由经济局核定最高限额，公布施行，如购买数量超过限额者，应提出经济局核准之证明文件，否则不得出售。

第十二条 商店如违反第七、第八、第九、第十、或第十一条之规定，经济局得没收其各该物资，如情形重大者，并得吊销其营业执照。

第十三条　各地经济局应会同有关机关，严密监督各商店切实遵守限价，各同业公会对于会员应负监督之责，当地大众对于私抬物价之商店，应向经济局告发。

第十四条　凡有关同业公会对于物价之评定，应提供确实资料，不得伪造虚报。

第十五条　除第四条规定之评价物资外，其他物资当地经济局得斟酌情形，拟定品目，令各该同业公会协定适当价格，督饬会员共同遵守。

第十六条　各地经济局应将每月物价评议情形，于月终呈报实业部备查。

第十七条　各地经济局对于物价之抑平，应切实办理，其成绩列为考绩要项之一，实业部得呈请行政院分别奖惩之。

第十八条　本条例自公布日施行。

〔汪伪外交侨务系统档案〕

汪伪实业部检送战时物价管理暂行条例实施补充办法呈

（1944年9月9日）

实业部呈　商字第２２８号
中华民国三十三年九月九日

窃本部前为管理战时物价起见，曾拟订战时物价管理暂行条例，虽经钧院转呈国民政府公布施行在案。惟实施以来，各地物价管理情形，尚未能达预期目的，似应加强督促严格管理，以期收获实效。兹谨依据上项条例拟具战时物价管理暂行条例实施补充办法草案，并附说明，俾物价管理暂行条例于实施上更为圆滑。理合检具上项草案暨说明，备文呈请钧院鉴核俯赐备案，并通

饬各省、市政府遵照办理，实为公便。谨呈

行政院院长汪

附呈战时物价管理暂行条例实施补充办法草案一份（附说明）

实业部部长　陈君慧

战时物价管理暂行条例实施补充办法

一、物价评议委员会应加强其组织，除由有关机关代表充任委员外，并得加聘当地商会、商统会及各统制会负责人员为委员（说明一）。

二、物价评议委员会之调查统计事务，由当地主管官署负责办理之（说明二）。

三、当地主管官署应加强各同业公会办理物价管理之责任，并随时派员督导之（说明三）。

四、当地主管官署应依照实业部主要商品登记规则之规定，限令各同业公会切实举办主要商品登记事宜，并应将主要商品登记事项按月列表，分别呈咨实业部备查（说明四）。

五、公定价格物资品目之主要者以部颁品目表（表附后）为准，其有特别情形者得事先呈准增减（说明五）。

前项物资，其在统制来源及有定期配给之地区，以不另订公定价格为原则，至于各该项物资黑市之取缔，由当地主管机关斟酌情形，严予处理（说明六）。

六、第五条所规定公定价格以外之物资，仍依照战时物价管理暂行条例实施办法第一项第四款之规定办理，其品目由当地主管官署斟酌决定，分别呈咨实业部备查（说明六）。

七、当地主管官署应与经济警察主管机关以预防物价之暴涨为目标，协订查缉联络办法，实施严密查缉工作，分别呈咨实业部备查。

八、商店违反物价管理法令时，除依照战时物价管理暂行条例之规定处分外，各同业公会应自行订定业务上惩罚之公约，并呈报当地主管官署备案。

九、当地主管官署因防止投机囤积，应与所在地之金融管理机关密切联络，限制资金之运用。

各行、庄以主要商品为抵押之放款，应呈报金融管理机关，并以副本转送物价管理机关备查（说明七）。

十、依据本办法重拟之评价品目，限于九月底分别呈咨本部，其他准备工作亦限于十月十日完成，并分别呈咨本部备查（说明八）。

公定价格物资品目表

类别	品目
食粮类	食米 面粉
调味类	食盐 食油
燃料类	煤块 煤球
杂用类	肥皂 火柴 洋烛 纸张 西药（选择用途普遍及标准化者）
服用类	棉花 棉纱 棉布
畜产类	牛肉 猪肉

附注：本表系以通用于各地为准则，各省、市主管当局应依照第五条之规定，再行拟订呈核。

说明草案

一、非商统会及统制会所在地区，即以其附属机关（例如办事处）代之，至加聘人员，应以各该会之首脑人物为主。

二、委员会现有办理调查统计人员，其成绩卓著而非当地主管官署之属员兼充者，仍可照常委用，而由当地主管官署负责督导之，以免过事更张。

三、督导之方式如次：

（1）集合式　召集各同业公会负责人为之解释有关物价管理之法令，使其透彻明瞭，并与其讨论执行之方法。

（2）分别式　分别派员经常前赴各同业公会视察物价管理实施之情形，从而指导督促之。此二式可并行不悖，尽可先用集合式以为普遍性之督导，继用分别式以为个别性之督导也。至如何分配督导人员，如何考核督导之工作，则由当地主管官署斟酌情形自行厘订，总求指挥灵活而无脱节之弊。

四、主要商品品目浩繁，一时全数举办自有困难，当地主管官署应择其重要者先行举办，渐次增加。至商品之价值，应登记其原成本或原购进价格，如有厂盘价格者，并应填报以资参考。

五、现行公定物价之品目过多者，应斟酌情形逐渐减少。

六、黑市物资应以彻查其来源为主，至处理办法，应由当地主管官署视各该物资供需情形酌定施行。

七、行、庄以主要商品为抵押之呈报。应由当地主管官署先与所在地之金融管理机关妥商办法，严令办理。

八、本条所谓其他准备工作，系指本办法第一条、第四条、第七条、第八条及第九条所规定应予办理之事宜而言。

注意事项：

关于物价管理事宜，各地主管官署应随时与各该地日本领事馆及全国经济委员会各驻在地经济顾问取得密切连络，以收加强管理之效。

〔汪伪行政院档案〕

汪伪实业部附送物价对策紧急措置方案等件呈

（1945年2月9日）

实业部呈　仁字第八四四八号
中华民国三十四年二月九日

查物价增涨，影响民生，至重且巨，本部迭经与各方面协力抑平，但最近涨风又起，实有施行紧急措置之必要。爰与有关方面联络，商定紧急措置方案，并由本部根据方案，拟具物价对策紧急措置草案十条，暨声明稿一份，如蒙裁可，拟请钩院将前项方案赐予备案，并将措置草案及声明稿分别公布发表，俾利进行。是否有当，理合检同原方案暨所拟措置草案及声明稿各一份，具文呈请鉴核施行。谨呈

行政院院长陈

附呈紧急措置方案暨紧急措置草案及声明稿各一份

实业部部长　陈君慧

物价对策紧急措置方案

第一　方针

为使华中经济适合战时体制及安定民生起见，势必施行根本的经济政策，惟以目前物价暴涨，不能不采取紧急措置，以期强化物价之统制，爰由国民政府积极发动，而日本方面则予以强力之支持。

第二　要领

壹、物价方面

以某某日（应在农历新年前）之价格为标准，为防止其后不合理之高涨，爰采取下列诸措置：

(一)国民政府公表决意禁止私抬物价，取缔囤积投机，同时日本方面亦声明予以强度协力。

(二)令饬各同业公会将某某日主要商品之价格呈报，于未经核准以前不得任意提高。

(三)主管机关得不依照其呈报价格而予规定之。

(四)对于主要商品囤积之行为，依照囤积主要商品治罪暂行条例严予取缔。同业公会应将指定日期之存货数量呈报，以后并

应按月办理。

（附注）

一、本措置实施地区，包括国民政府统治下全部地域，但置重点于上海、南京、汉口，斟酌情形，先于上海、南京施行。

二、除发表声明外，由物价评议委员会召集同业公会代表，并令饬其迅将指定日期之物价呈报，同时告诫其未经核准，不得擅抬物价，否则将予以严厉处分。

三、同业公会呈请更改价格，应迅速办理（限一星期内）。

四、迅速加强物价评议委员会，必要时得聘请日方有关人员参加。

五、斟酌情形，得准许物价适当之提高。

六、本措置取缔事项置重点于主要商品，并应顾及中、日双方之公平。

七、为彻底取缔囤积，应励行金融机关之检查（参照后列详细办法）。

八、取缔囤积之对象，为同业公会会员之未登记商品及一般市民之大批购存物资。

九、断然取缔不良经纪人。

十、本措置施行时，主要商品有流出上海市之虞，应考虑防止对策。

贰、金融方面

（一）为彻底检查金融机关，取缔囤积投机之金融业务起见，健全中央储备银行金融检查事务处，藉以强化其检查机能。

（二）依据上项办法，彻底检查及取缔囤积投机之金融业务。

（三）为取缔囤积投机起见，金融业务检查事务处应与中、日有关方面密切联络。

叁、本措置实施上应注意之要点

（一）本措置由华方积极推动，并与日本有关方面取得密切联格。

(二)煤价及公共事业加价问题应迅图合理之解决。

(三)为稳定通货，疏通重要物资来源，确保工业生产，以遂行平价之施策计，应迅图积极之处置。

物价对策紧急措置

一、国民政府为遂行战时经济施策，加强抑平物价以安定民生起见，特订定本措置。

二、主要商品同业公会应将三十四年二月五日所属商品当地批发及零售价格向该管物价评议委员会据实呈报，此后未经核准，不得再任意提高，否则依法严处，物价评议委员会得查明其呈报价格，重予核定。

三、各地物价评议委员会应加强组织，从严评价。

四、各地主管官署对于主要商品，应依法实施登记及厉行取缔囤积。

五、各主要商品同业公会，应将第二条指定日期所属商品存货数量迅向当地主管官署，详实呈报，以后并按月呈报一次。

六、各地主管官署对于同业公会会员未登记之主要商品及一般市民购存之大批物资，超过自用数量者，均应严厉取缔。

前项自用数量由各地主管官署另定之。

七、各地主管官署对于居间商之不法买卖行为，应严加取缔。

八、金融检查组织应予加强，并彻底检查金融业务。

九、实施本措置时，各地主管官署应严防主要商品之逃避。

十、本措置自公布日施行。

声明稿（以院长名义发表谈话）

增强战力，首重安定民生，其施策，治本固以增加生产确立治安为体，治标则以抑平物价统制物资为用，为其迅收实效，自应标本兼治，体用并施。溯自大东亚战争发生以来，政府对于增加生产确立治安，固已不断努力，而于抑平物价统制物资，更列为重点工作之一，·三年以还，措置设施，悉本此旨，总期物资供求得以平衡，市场交易渐趋合理，庶几民生赖以安定，国家得以复兴。惟最近物价，依然步涨，影响民生，莫此为甚。究其原因，虽由物资供求尚欠圆滑，而少数不良分子之贪图私利，实为物价狂涨之厉阶。兹为遂行战时经济施策，安定民生起见，特于本日颁布物价对策紧急措置，指定二月五日之价格为标准市价，于京、沪两地先行实施。此后各主要商品价格，不得擅再提高，但如确有调整之必要时，政府自当顾及实情，重予合理之核定，其有囤积居奇，意图操纵，或有藉金融之运用，助长囤风者，决从严惩治，不予宽贷。至于物资来源，亦当设法疏通，使能适应当前之需要，希望商民咸能深明大义，共体时艰，切实遵行，民生前途，实利赖之。

〔汪伪行政院档案〕